인간의 가치 탐색

인간의 가치 탐색

문명 전개의 지구적 문맥

HUMAN QUEST FOR VALUES

CIVILIZATIONS IN GLOBAL CONTEXT

경희대학교 후마니타스칼리지

KYUNG HEE UNIVERSITY HUMANITAS COLLEGE

경희대학교 출판문화원

| 책머리에 |

인간에 대한 이해

옛날 페르시아에 한 왕자가 있었는데, 그는 장차 자기가 왕이 되어 나라를 잘 다스리고 백성을 행복하게 하자면 무엇이 필요할까 곰곰 궁리하다가 좋은 왕이 되려면 우선 인간이 무엇인지 알아야겠다고 생각한다. 그는 나라 안의 학식 높은 사람들을 한자리에 불러 모아 명을 내린다. "인간이란 무엇이냐? 이 질문의 해답을 얻어 오라."

20년이 지난다. 그사이 왕자는 왕이 되어 있고, 학자들은 목 빠지게 해답을 기다리는 그 왕에게로 낙타 스무 마리에 책 2천 권을 싣고 나타난다. "너무 많다. 줄여 오라." 또 10년이 지나 학자들은 낙타 세 마리에 책 5백 권을 실어서 대령한다. "이것도 너무 많다. 더 줄여 오라." 또 여러 해가 지나고, 이번에는 나귀 한 마리에 책 1백 권을 실은 학자들이 돌아온다. 왕은 이미 늙고 병들어 임종의 침상에 누워 있다. 왕은 탄식하며 말한다. "인간을 이해하는 일이 그렇게도 어려운가? 죽는 순간까지도 나는 인간을 알 수 없단 말이냐?" 절망한 왕에게 늙은 학자 하나가 귓속말로 일러준다. "폐하, 사실은 단 한 줄이면 됩니다. 태어나서 살다가 죽는 것, 그게 인간입니다."

이 책의 목표는 '인간의 이해'다. 그런데 인간은 간단한 존재가 아니다. 인간을 보는 눈, 설명하는 이론, 연구하는 방법도 다양하고 복잡하다. 인간 존재의 복잡성을 이해하고 인간에 관한 이런저런 설명 방식들을 훤히 꿰어낸다는 것은 기대하기 어려운 일이다. 인간을 이해하려면 어떻게 해야 할까? 인간 탐구에 도움이 될 어떤 열쇠, 지도, 안내판은 없을까? 페르시아의 늙은 학자처럼 단 한 줄로 인간을 요약할 방법은 없을까?

우선 생각해볼 것이 있다. 인간을 이해해보고자 했던 페르시아 왕의 시도는 왜 실패하는가? 왕은 "인간이란 무엇인가?"라는 질문의 해답을 제 손으로 찾지 않고 남들이 찾아다 주기를 기다린다. 이것이 그의 가장 큰 실패 요인이다. 무언가를 탐구하는 사람은 어미가 먹이를 물어다 입에 넣어주기를 기다리는 새끼 제비가 아니다. 스스로, 제힘으로 질문을 던지고 해답을 추구하는 사람이다.

우리는 '탐구의 인간', 즉 자기 스스로 생각하고 문제를 해결하는 탐구자로 자기 자신을 변모시키지 않으면 안 된다. 이 변모는 '발명'과도 같다. 탐구자로 자기를 변모시키는 순간 우리는 탐구하는 인간을 제 손으로 만들고 발명한다. 이것은 큰 사건이다. 우리가 '발명자'가 되고 스스로 자기 자신을 만들어가는 대사건의 주인공이 되는 것이다.

'인간을 만들고 발명하는 인간'—이 관점은 인간 이해를 위한 첫 번째 열쇠이자 접근법이다. 인간이 이 지상에 태어난다는 것은 생물학적 사건이다. 그러나 그 태어난 인간이 어떤 인간으로 자라고 어떤 인간이 되는가는 생물학적 사건 이상의 것이다. 탄생은 발명이 아닐지라도 성장과 변모와 자기 형성은 발명이다. 인간은 인간을 만들고 인간을 발명하는 존재다. 이 관점으로 인간을 이해하고자 시도해보라. 그러면 우리에게는 "인간은 무엇인가?"라는 질문에 대한 해답을 추구할 단서들이 촛불을 켜고 나타날 것이다. 이야기 속의 그 페르시아 왕에게 없었던 것은 바로 이 '발명자 = 인간'이라는 관점이다. 인간은 스스로 해답을 찾아가는 탐구자이고 자기 발명자라는 생각이 그에게 있었더라면 그가 수십 년 해답을 기다리는 일도, 절망 속에 죽어가야 할 일도 없었을 것이다.

해답은 그 자체로 발명이다. 이 책이 선사하고 싶은 두 번째 열쇠는 이것이다. 어떤 문제에 대한 해답을 찾는 일은 그 자체가 '해답의 발명'이다. 해답은 발견되기도 하지만 많은 경우 그 발견은 누군가에 의해 발명되었던 것의 재발견이거나 누군가의 새로운 발명이다. 어떤 문제의 해답을 찾기 위해 우리는 이미 있는 발명에 의존하기도 하고 그런 의존이 불가능할 때에는 제 손으로 해답을 발명하거나 기존의 발명을 혁신한다. 여기서 '발명자 인간(the inventor-man)'이 나오고 '혁신자 인간(the innovator-man)'이 탄생한다. 혁신도 발명의 일종이다. 인간은 '솔루션(해법)'을 혁신하고 발명하는 존재다. 특히 새로운 문제가 발생했을 때, 시대가 바뀌고 새로운 일들이 벌어질 때, 그 변화가 내미는 도전장에 응할 만한 솔루션을 기존의 지식 창고로부터 얻기 어려울 때, 우리는 과감한 '혁신자-발명자'가 되어 새로운 해답을 발명하고 또 발명해야만 한다. 해답을 발명하는 인간—이 관점도 인간 이해를 도울 매우 요긴한 열쇠다.

인간은 해답의 발명자라는 관점을 "인간의 가치 탐색"에 적용한다면 어떤 일이 벌어질까? 우리는 '인간이 문명의 오랜 전개 과정에서 어떤 어려운 문제들을 만나고 어떤 해답들을 발명해왔는가'라는 접근법으로 인간과 역사와 문명을 이해할 새로운 눈을 얻는다. 예컨대 나사렛 예수의 '황금률(Golden Rule)'은 "자신이 대접받고 싶은 대로 남들에게 행하라"이다. 우리는 예수가 했다는 말을 무슨 지식처럼 머리에 입력하고 "아무개가 그렇게 말했어"라고 단순 기억하는 것으로 만족해서는 안 된다. 우리의 접근법은 달라야 한다. 우리는 이렇게 물어보아야 한다. "예수의 그 말은 무슨 질문에 대한 해답이고 무슨 문제에 대한 '솔루션'인가?" 그러면 우리는 그것이 "남들에게 어떻게 행동해야 합니까?"라는 질문에 대한 예수의 응답이라는 것, 타인과의 관계를 만들어나갈 때 우리를 안내할 만한 '행위 준칙'은 무엇일까 하는 문제에 대한 예수의 솔루션이라는 것을 알게 될 것이다. "네가 원치 않는 것은 남들에게도 행하지 말라"는 것은 예수보다 수 세기 앞서 공자가 내놓은 행위 준칙이다. 이 준칙 역시 "타인을 어떻게 대해야 합니까?"라는 질문에 대한 응답이고 해법이다. 근대 시기에 들어오면 철학자 이마누엘 칸트가 '정언명령(categorical imperative)'이라는 것을 내놓게 되는데 이 경우에도 우리는 "이건 무슨 문제에 대한 칸트의 해답인가?"라고 물어보아야 한다. 그러면 공자나 예수의 경우처럼 철학자 칸트도 인간의 행위를 안내할 근대적 준칙을 마련하고자 했다는 사실을 이해할 수 있게 된다. 공자, 예수, 칸트는 모두 어떤 해법의 '발명자들'이다. 이런 접근법을 적용할 때 우리의 공부는 죽은 공부가 아닌 산 공부가 되고 탐구의 호기심은 요동치고, 우리 앞에는 인간 이해의 유효한 길 하나가 열린다. 죽은 공부를 산 공부가 되게 하는 일, 이것은 지금의 젊은 세대에게 너무도 중요하다.

그러나 누가 무슨 해답을 내놓았는가를 탐색하는 일은, 위에서 말했듯, 그 해답이 '무슨 문제'에 대한 해답인가 하는 질문이 있고 접근법이 있을 때에만 살아 있는 활기찬 탐색이 된다. 그러므로 해답과 문제를, 또는 문제와 해답을, 반드시 연결해서 생각하라. 공자가 뭐라 말했고 소크라테스가 무슨 소리를 했는가 달달 외우는 일은 '하나도' 중요하지 않다.

그들은 왜, 무슨 문제를 풀기 위해 그런 말을 했는가. 이것이 문제와 해답의 연결이며 현재와 과거의 연결, 공부와 실천 과제의 연결이다. 이런 연결은 결정적으로 중요하다.

거기 보태어 "그런데 그들이 내놓은 해답에 문제는 없는가? 그 해답은 지금도 유효한가?"라는 질문을 던져보자.

중요한 것은 과거의 언어들, 발견들, 말씀들, 과거의 사유와 해법이 지금 여기 이 시대를 살아가는 사람들의 삶과 관심과 고민에 어떻게 '연결'되고 우리의 문제를 푸는 데 무슨 '도움'을 주는가라는 것이다. 과거와 현재를 이어 붙이고, 지나간 시대의 지평과 우리 시대의 지평을 만나게 하는 것이 중요하다. 이러한 만남은 이 시대의 관점으로 과거를 이해하고 과거의 관점에서 이 시대의 문제를 볼 수 있게 하는, 시대와 시대의 연결이자 사유 지평의 융합이다.

이 책이 선사하고 싶은 세 번째 열쇠는 인간이 '자기 삶의 발명자'라는 관점이다. 인간은 자기 삶을 만들고 발명하는 동물이다. 인간은 자기 삶을 발명한다는 점에서 특이한 존재다. '인간 = 삶의 발명자'라는 관점 역시 인간 이해에 아주 요긴한 안내판이 될 수 있다. 예컨대 그 관점으로 예의 그 페르시아 왕 이야기에 나오는 늙은 학자의 말을 따져보라. 그는 절망한 왕에게 단 한 줄의 말로 인간을 규정한다. 인간은 태어나 살다가 죽는 존재라고 말한다. 일단은 맞는 말이다. 그런데 인간만 그런 것이 아니라 이 지상의 모든 생명체들이 다 그러하다. "태어나 살다가 죽는다"는 것은 모든 생명체의 공통 운명이고 공통의 생물학적 전기다. 인간이 그 공통의 전기에서 제외되지 않는다는 사실은 자연 질서의 위대한 평등이며 이 평등성은 인간의 콧대에서 자만심을 꺾어내고 그를 낮은 곳으로 임하게 하는 효력을 가질 수 있다.

그러나 인간의 이야기는 거기서 끝나지 않는다. "태어나 살다가 죽는다"는 생물학적 일대기만으로는 인간의 개인적·집단적 삶이 지니는 가장 중요한 차원이 포착되지 않는다. 그것은 가치, 의미, 목적의 차원이다. 인간은 자기 존재의 가치를 따지고 자기 삶에 의미와 목적을 부여하는 동물이다. 삶의 의미와 가치를 발견하지 못할 때 미치거나 우울증에 빠지고 자살을 생각하는 동물이 인간이다. 인간은 빵으로 사는 것 못지않게 의미로 산다. 자기 삶이 의미도 가치도 없다고 느끼는 사람은 행복할 수 없다. 인간은 자기 존재의, 그리고 자기가 꾸려가는 삶의 의미와 가치와 목적을 묻지 않고서는 살 수 없는 동물이다. 내가 얼룩말도, 코끼리도, 긴꼬리원숭이도 아닌 '인간'으로 산다는 것은 어떻게 사는 것인가? 어떻게 살아야 나는 사람처럼 사는 것인가? 인간은 부단히 이런 질문들을 던진다. 왜 그럴까? 왜 그래야 할까? 인간이 자연계의 다른 동물들보다 더 잘나서? 아닐 것이다. 인간이 가치, 의미, 목적의 문제를 따지고 질문하는 이유는 자기 삶의 방식에 대해 '책임'을 지고, 책임을 생각하고, 책임을 묻도록 운명 지어진 존재가 바로 인간이기 때문이다. 아무도 이 책임으로부터 면제되지 않는다. 이것은 "태어나서 살다가 죽는다"는 생명체 공통의 운명 위에 덧씌워진 인간 특유의 운명이다. 인간은 누구나 태어나 살다가 죽는다. 그러나 어디서 어떻게 태어나 자라고 어떻게 살고 어떻게 죽는가는 사람마다 다르다. 그 '어떻게'가 우리 삶의 무늬와 색깔을 결정하고, 우리가 전개하는 삶의 의미와 가치와 목적을 부여한다. 특히 주목해야 할 것이 '살다가'라는 부분이다. 어떻게 사는가, 어떻게 살았는가에 따라 인간의 전기는 천차만별로 달라진다. 계몽 시대 철학자 볼테르는 생전에 자기 묘비명을 써놓고 죽은 사람이다. "친구를 사랑하고 적을 미워하며 죽노라"는 것이 그의 자작 묘비명이다.

이 명문(銘文)은 그가 어떻게 살고 왜 살았는가를 요약한다. 그것은 "태어나 살다가 죽었다"는 생물학적 보편 전기와는 다르다. 우리나라 아동문학가 이오덕은 자기 묘소에 비석 대신 '이오덕의 묘'라고 쓴 막대기 하나만 박아두게 한 사람이다. 이 소박한 막대기가 그의 살아온 길을 표현한다. 사마천은 자신이 왜 『사기』를 쓰게 되었는가를 밝힌 글 "임안에게 보내는 편지(報任安書)"에서 "사람은 누구나 한 번 죽지만 어떤 죽음은 태산보다 무겁고 어떤 죽음은 새털보다 가볍다"는 구절을 남긴다. 죽음의 차이에 관한 언명치고 동서고금에 이보다 더 빛난 표현은 없을지 모른다. 죽음의 차이는 사실은 '어떻게 살고 무엇을 추구하며 살았는가'의 삶의 차이에 좌우된다. 이 "어떻게 살았는가"라는 질문은 한 인간이 스스로 어떤 삶을 만들고 발명했는가라는 질문과 동일하다. 인간은 자기 삶의 발명자다. 그가 자기 삶에 책임을 지는 이유는 그 삶을 발명한 자가 바로 자기 자신이기 때문이다.

삶을 발명하는 사람의 가장 큰 관심사는 가치, 의미, 목적의 문제다. 자기 삶을 발명하는 사람 중에 가치도, 의미도, 목적도 없는 삶을 발명하고 싶어 하는 사람은 없기 때문이다. 여기서 '가치'라는 것이 왜 중요하고 큰 문제인가가 드러난다. 어떤 가치를 안내판으로 삼고 어떤 가치를 추구하며 사는가에 따라 삶이 달라지고 삶에 부여하는 의미와 목적도 달라진다. 인간은 자기 삶에 의미를 주고 목적을 부여하기 위해 (그렇다, 그 목적은 하늘에서 주어지는 것이 아니라 인간이 자기 손으로 '부여'하는 것이다.) 부단히 어떤 가치들을 추구하고 탐색해온 존재다. 인간이 그 자신을 끊임없이 새로 발견하고 발명하는 것도 가치의 추구와 탐색에 직결되어 있다. 인간은 '진리'라는 가치를 추구하다가 철학자와 과학자를 발명했다. '아름다움'을 추구하다가 시인과 예술가를 발명했다. '생명'이라는 가치를 위해 인간은 의사를 발명했고 지금도 새롭게 발명하고 있다. 인간은 사랑과 우정이라는 가치를 위해 자기를 희생하기도 하는 인간을, 자유, 정의, 평등 같은 가치를 추구하기 위해 자기 목숨도 내던지는 인간을 발명한다.

"인간의 가치 탐색", 다시 말해 인간이 역사를 만들고 문명을 전개해오는 과정에서 어떤 가치들을 추구하고 탐색하고 또 구성해왔는가를 보는 것은 인간 이해의 가장 효과적인 방법 가운데 하나다. 어떤 가치들이 왜 추구되었는가, 긴 시간에 걸쳐 인간의 삶에 지속적으로 영향을 끼쳐온, 그리고 지금도 강한 힘을 가진 가치들은 무엇인가? 동서양 문명을 포괄하는 넓은 지구사회적 문맥에서 인간이 중요하다고 생각한 가치들은 무엇이며 그 가치들은 어떻게 추구되고 구성되어왔는가, 여러 시대 여러 문명의 부침을 거치면서도 사람들이 강한 집착을 보여온 가치들은 무엇이며 지금도 소중하다고 생각하는 가치들은 무엇인가? 이런 질문을 추적해봄으로써 인간 이해의 길을 열어보려는 것이 "인간의 가치 탐색"의 과제이고 목표다. 문명의 아침이 열린 이후 지금까지 인간이 전개해온 긴 모색의 과정은 '가치추구와 탐색의 여정'이다. 그 오랜 서사의 중요한 순간과 장면들을 만나는 동안 우리는 인간의 사랑과 욕망, 행위와 사업의 동기들을, 갈망과 열정의 목표 지점을 이해할 단서들을 발견한다.

'후마니타스(humanitas)'란 누구인가? 더 나은 세계를 만드는 데 기여하려는 자, 문명을 만드는 자, 역사의 오류를 수정하며 세계를 변화시켜가는 존재다. 이 의미의 후마니타스는 앞에서 우리가 말한 발명자로서의 인간이라는 이해 방식을 그대로 적용한 것이다. 인간과 해답, 삶을 발명함으로써 인간은 문명을 만들었고 만들어간다. 어렵게 생각할 일이 아니다. 우선 우리가 자신을 어떤 인간으로 만들고자 하는가 하는 일부터가 문명 만들기다. 나는 어떤 인간이 되고 싶은가? 나는 어떤 사람을 친구로 삼고 누구를 사랑하며 무엇을 추구하고 어떻게 살고자 하는가? 이런 일들이 모두 문명 만들기의 작업에 속한다. 물론 역사상의 모든 문명이 다 빛나는 문명인 것은 아니다. 전쟁과 파괴와 약탈의 도구를 발명하기 위해 시작된 문명도 있고 공존의 정의를 찾아내어 무쌍한 변화의 소용돌이 속에서도 인간 존재의 문법을 정초시켜보고자 애쓴 문명도 있다. 문명의 이름으로 야만을 추구하는 문명도 있다. 그러나 문명은 만들어지고, 수정되고, 바뀐다. 역사를 성찰하고 문명의 잘못된 궤도를 수정함으로써 더 나은 세계를 만들어보려는 자, 그가 후마니타스다. 성찰하는 자가 있을 때에만 문명은 바뀌고 역사의 실패와 오류가 수정된다. 문명을 만들고 역사를 만드는 일에 참여함으로써 자기 자신을 만들어가는 자, 그가 후마니타스다. 이 후마니타스는 우리 자신이 만드는 인간이다.

후마니타스는 도리 없이 질문하는 자, 성찰하는 자, 탐구하는 자다. 그는 "인간을 인간이게 하는 것은 무엇인가?"라는 질문을 던지고 그 질문에 응답할 방법을 끊임없이 모색한다. "나를 인간이게 하는 것은 무엇인가?" 내가 박쥐도, 얼룩말도, 긴꼬리원숭이도 아닌 '인간'으로 산다는 것은 어떤 삶을 사는 것인가? 이웃은 내게 누구이며 이름도 얼굴도 모르는 세상의 타자들과 내가 어떤 관계를 형성하고 어떻게 공동체를 이루어 살아갈 수 있을까? 나는 내 식탁에 어떤 사람들을 초대하고 싶은가? 이웃을 사랑할 수 있는가? 정의와 연대할 수 있는가? 고르지 못한 세상에 어떻게 대응할 것인가? 억울한 일을 당했을 때 어찌할 것인가? 정의가 실종하고 정의롭지 못한 일들이 내 인생을 덮칠 때 나는 어떻게 대응하는가? 명령과 복종 사이에 갈등이 발생할 때 어찌할 것인가? 미칠 것인가, 도망칠 것인가, 저항할 것인가? 불의한 것에 굴복할 것인가? 국가는 내게 무엇이며 애국심은 무엇인가? 이런 질문들은 사랑과 배반, 성공과 실패, 영광과 수치의 모든 순간에, 중요한 결정을 내리고 판단을 행사해야 하는 모든 순간에 우리가 만나게 될, 그리고 만날 수밖에 없는 질문들이다. 그것은 궁극적으로 삶의 의미와 가치에 대한 질문이며 누구도 피해 갈 수 없는 본질적 질문이다. 이 책은 그 본질적 질문들을 만나고 그 질문의 도전에 응할 수 있도록 돕기 위해서 기획되었다.

이 책은 해답의 탐색, 혹은 해답의 발명을 돕기 위한 최소한의 안내자, 화살표, 참고 자료다. 그런 모험 여행을 지원하기 위해 이 책에는 총 6개의 장이 배치되어 있다. 판단과 선택, 사랑과 우정, 욕망과 행복, 자유와 정의, 평등과 불평등, 의미와 무의미, 개인과 공동체, 나와 타자, 증오와 배척, 공감과 관용과 포용, 삶의 문법들—이런 주제들을 비롯해서 다수의 크고 작은 연관 주제들이 담겼다. 나는 이 지상에 왜 없지 않고 있는가? 나는 왜

사는가? 내 삶의 의미와 목적은 무엇이며 누가 주는 것인가? 나는 왜 이것은 좋아하고 저것은 싫어하는가? 나는 왜 친구들을 사랑하고 또 증오하는가? 나를 좌절시키는 것은 무엇이며 그 좌절을 이겨낼 힘을 어디서 얻을 수 있는가? 나는 도대체 누구이며 나를 나이게 하는 것은 무엇인가? 내가 '나'라고 말할 수 있는 것은 어디서 어떻게 형성되는가?

각 장에는 우리의 응답을 돕고 인간 이해를 안내하기 위해 인간의 오랜 가치 탐색의 여정들을 요약해서 보여주는 글들이 동양과 서양, 고대와 현대에 이르는 여러 다양한 소스들로부터 발췌되어 실려 있다. 수록된 글 대부분은 인간, 문명, 가치에 대한 깊은 통찰을 담고 있어 고금의 고전 반열에 오를 만한 것들이다.

고전은 오래된 텍스트가 아니라 지금 현재에도 시퍼렇게 눈 뜨고 나를 향해, 나의 시대를 향해 발언하기를 멈추지 않는 자의 목소리, 말, 내게 날리는 문자 메시지다. 그 메시지를 '씹지' 말라. 그 발언을 경청하고 대화하며 난처하게 할 질문들을 던져보라. 고전 읽기란 대화이고 질의응답이며 메시지 교환이다. 고전은 우리 뇌 속 생각의 샘들을 쉼 없이 자극하고 상상력을 발휘해서 뛰어난 질문들을 발명해내도록 유도한다. 고전이 나를 풍요하게 하고 나를 발명가가 되게 하는 이유는 그 때문이다. 좋은 질문을 생산하는 사람은 이미 탁월한 탐구자이고 발명자다. 그 탐구의 능력과 비판적 사고력, 창조적 상상의 능력과 문제 해결력은 평생에 걸쳐 우리를 지원하고 중요한 순간마다 그의 결정과 판단을 안내할 것이다. 그렇다. '평생에 걸쳐' 내 삶과 나의 활동을 지원할 능력을 바탕에서부터 키우는 것, 그런 능력을 키우는 데 불가결의 힘을 우리는 고전 읽기, 더 정확히는 고전과의 대화에서 얻는다.

이 책이 우리가 찾는 가치의 두께에, 생각의 무게에, 안목의 넓이에 기여하게 되기를 바라고 바라고 또 바란다.

2025년 8월
경희대학교 후마니타스칼리지
문명 전개의 지구적 문맥 편찬위원회

차 례

CHAPTER 2

소유와 행복의 역설

나는 무엇을 원하는가

CHAPTER 3

자유를 향한 몸짓

우리는 어떻게 자유로울 수 있는가

CHAPTER 4

불환빈 환불균(不患貧 患不均)

고르지 못한 세상, 어떻게 대응할까

CHAPTER 5

환대의 식탁

타인은 내게 누구인가

CHAPTER 6

호모 프로스펙투스

더 나은 삶을 향한 꿈

일러두기

1. 학습 교재의 목적을 위해 전체 텍스트에서 일부를 사용한 경우 새로운 글 제목을 부여하기도 하였습니다. 원 제목은 반드시 출전을 확인하십시오.
2. 오래전에 출판된 텍스트는 현행 맞춤법을 지켜 고쳤습니다.
3. 번역문의 경우, 원문을 참고하여 재번역하거나 일부 표현을 수정하였습니다.
4. 출처가 따로 표시되지 않은 글은 편찬위원회가 작성한 것입니다.

CHAPTER 1

호모 에로티쿠스

누군가를 사랑한다는 것

1

내 인생의 세 가지 열정

버트런드 러셀

"열네 살 때 나는 자살을 생각했다. 인생이 너무 따분하고 지루했기 때문이다. 그 따분한 인생을 앞으로 수십 년은 더 살아야 한다고 생각하니 견딜 수 없었다." 버트런드 러셀이 『자서전』(1967~1969)에 써넣은 한 대목이다. 자살을 생각했던 아이는 자라서 한 시대를 대표하는 철학자, 옥스퍼드대학교 교수, '앰네스티 인터내셔널'을 이끈 인권 운동가, 노벨 문학상 수상자가 되었고 98세까지 살았다. 그가 말년에 돌아본 그의 일생은 열네 살 때 그를 따분하게 했던 그런 인생이 아니었다. 그의 삶을 이끈 뜨거운 열정과 그가 평생을 바쳐 추구한 가치들이 있었기 때문이다. 다음의 글은 그가 자서전에 쓴 프롤로그다.

단순하지만 매우 강렬한 세 가지 열정이 내 인생을 지배했다. 사랑에 대한 갈망, 지식 추구, 인간의 고통에 대한 견딜 수 없는 연민이 그것이다. 이 열정들은 마치 거센 바람처럼 나를 이리저리로, 고뇌의 깊은 바다로, 절망의 벼랑으로 휘몰았다.

내가 사랑을 추구한 첫 번째 이유는 사랑이 주는 황홀함 때문이다. 그 황홀함은 너무도 큰 것이어서 그 환희의 몇 시간을 위해서라면 나머지 인생을 모두 바치고 싶은 순간도 있었다. 내가 사랑을 추구한 그다음 이유는 사랑이 외로움을 덜어주었기 때문이다. 그 끔찍한 외로움 속에서 인간의 의식은 몸서리치며 세상의 가장자리 너머 차갑고 측량할 수 없는 죽음의 심연을 들여다본다. 내가 사랑을 추구한 마지막 이유는 사랑의 합일 속에서 성자들과 시인들이 상상했던 천국의 신비스러운 축소판을 보았기 때문이다. 그래서 나는 사랑을 추구했고, 인간의 삶에서 일어나기엔 너무 좋은 것일지도 모를 그 사랑을 나는 찾아내었다.

똑같은 열정으로 나는 지식을 추구했다. 나는 인간의 가슴을 이해하고 싶었다. 나는 별들이 빛나는 이유를 알고 싶었다. 그리고 나는 수(數)가 혼돈을 다스리는 저 피타고라스적 힘을 이해하고 싶었다. 많지는 않지만 약간의 지식을 나는 성취했다.

사랑과 지식은 가능한 한 높이높이 나를 천국으로 이끌었다. 그러나 늘 연민이 나를 다시 지상으로 끌어내렸다. 고통의 절규가 메아리치며 내 가슴속에서 울려 퍼진다. 굶주리는 아이들, 압제자에게 고문당하는 사람들, 아들들에게 미운 짐이 돼버린 무력한 노인들, 그리고 외로움과 가난과 고통에 찬 세계가 인간이라면 마땅히 누려야 할 삶을 조롱한다. 나는 세상의 악을 줄여보고자 했으나 역부족이었고, 그래서 나 또한 고통받고 있다.

이것이 내 삶이었다. 나는 그것이 살아볼 만한 삶이었다고 생각하며 기회가 주어진다면 기꺼이 그 삶을 다시 살아보고 싶다.

버트런드 러셀의 『자서전』
(우달임 옮김, 2011)

버트런드 러셀(Bertrand Russell, 1872~1970)

영국의 수학자, 철학자, 수리논리학자, 역사가, 사회비평가. 케임브리지대학교에서 공부했으며, 특히 수학을 이용해 논리학의 토대를 만들고자 했다. 휴머니즘과 양심의 자유를 주제로 한 다양하고 중요한 저술을 남긴 공로로 1950년 노벨 문학상을 수상했다. 평화, 인권, 사회정의에 기여한 러셀의 업적을 기리기 위해 1963년 러셀평화재단(Russell Peace Foundation)이 설립되었다. 주요 저서로 『자유로 가는 길』, 『수학원리』, 『행복의 정복』, 『나는 왜 기독교인이 아닌가』, 『자서전』 등이 있다.

2

에로스의 기원과 성질

플라톤

사랑이란 무엇인가? 무엇이기에 사람들은 그것 때문에 기뻐하고 그것 때문에 괴로워하는가? 우리를 환희와 비탄, 천국과 지옥 사이를 오가게 하는 것이 '사랑(에로스)'이라면 이는 도대체 사랑의 어떤 성질 때문인가?

에로스에 대해 최초의 철학적 탐구를 시도한 사람은 플라톤이다. 그의 대화록 『향연(Symposium)』은 사랑/욕망이라는 문제를 다룬 강력한 텍스트이며 대학이 계승하는 고전 중의 고전이다. 사랑과 욕망에 관한 후대의 저작들 가운데 『향연』의 통찰에 빚지지 않은 경우는 없다고 말해도 될 정도로 이 저술의 영향력은 막강하다. 『향연』은 어느 날 여섯 명의 아테네 지식인들이 모여 '에로스'에 관해 발언하는 형식을 취하고 있는데, 여기서는 그중에서도 가장 유명한 두 편의 발제문이 수록되었다. 하나는 극작가 아리스토파네스의 에로스론이고 다른 하나는 소크라테스의 에로스론이다. (두 사람의 발제가 실제 상황의 기록인지 플라톤의 머리에서 나온 창작인지는 정확히 가려낼 길이 없다. 『향연』의 저자는 플라톤 한 사람이다. 전체 구도를 보면 플라톤은 아리스토파네스 등 여러 사람의 입을 빌려 에로스에 대한 다양한 견해들을 서술한 다음 마지막 발제자 소크라테스를 통해 일종의 결론적 논의에 도달하는 방식을 쓰고 있다.)

아리스토파네스가 말하는 에로스와 소크라테스가 말하는 에로스는 그 의미의 범위가 좀 다르다. 아리스토파네스의 에로스가 '사랑(love)'을 의미한다면 소크라테스의 에로스는 사랑을 포함한, 그러나 그보다 큰 범주의 '욕망(desire)'이다. 아리스토파네스의 발제가 사랑의 기원과 성질에 초점을 맞추고 있다면 소크라테스의 경우는 욕망의 기원, 구조, 성질에 초점을 두고 있다. 발제 형식에도 차이가 있다. 아리스토파네스는 사랑의 기원과 성질을 말하기 위해 우화의 형식을 도입하고 소크라테스는 우화와 추론의 형식을 동시에 사용한다. 한쪽이 문학적 방식을 쓰고 있다면 다른 한쪽은 우화 외에 (소크라테스 특유의) 변증론적(dialectic) 대화법을 동원한다. 그러나 이런 차이에도 불구하고 두 사람의 발제는 사랑과 욕망에 대한 깊은 통찰을 담은 고전적 탐구로 대접받고 있다.

잃어버린 반쪽을 찾아서 - 아리스토파네스의 발제

에로스의 기원

우선 자네들은 인간의 본성이 무엇이고, 그 본성이 무슨 일을 겪었는지 알아야만 하네. 아주 먼 옛날, 인간의 본성은 지금과 전혀 달랐다네. 첫째, 인간은 오늘날처럼 남성과 여성, 이렇게 두 개의 성이 아니라 세 개의 성이 있었네. 그런데 이 세 번째 종류의 인간은 남성과 여성이 합체된 형태였지. 그것을 가리키는 이름[남녀가 한 몸으로 결합된 자웅동체 인간을 지칭하는 그리스 신화상의 명칭은 남신 헤르메스와 여신 아프로디테의 이름을 합친 '헤르마프로디토스(Hermaphroditus)'다. -편집자]은 오늘날에도 남아 있지만 실제 그 성은 사라지고 없다네. 둘째, 인간의 모양은 전체적으로 둥글둥글했고 등과 옆구리도 둥글었다네. 그들은 팔과 다리가 각각 네 개였고 둥근 목 위에는 완전히 똑같은 두 개의 얼굴이 서로 반대 방향을 보며 하나의 머리에 붙어 있었다네. 귀는 네 개이고 생식기는 두 개였지. 그리고 신체의 나머지 부분들은 지금까지 내가 한 말에서 상상할 수 있을 것이네. 그들은 지금 우리처럼 자신들이 원하는 대로 어디로든지 똑바로 서서 갈 수도 있었고, 빨리 달려가고 싶을 때에는 마치 재주넘기를 하는 사람들처럼 여덟 개의 팔다리를 이용하여 빙글빙글 재빠르게 굴러갔다네.

세 가지 성별이 왜 있었고, 왜 그들이 내가 방금 묘사한 것처럼 생겼는지 그 이유는 다음과 같다네. 남성은 본래 태양의 자식이고 여성은 지구의 자식이며 그 두 성의 특징을 모두 지닌 세 번째 성은 달의 자식인데 그 이유는 달이 그 두 행성에 모두 관여하고 있기 때문이라네. 그들의 형태가 둥글고 걸음걸이 또한 둥근 것도 부모를 닮았기 때문이지. 그들은 힘과 능력이 대단하고 자부심이 강해서 신들을 공격할 정도였다네.

제우스와 여러 신들은 그런 인간들을 어떻게 해야 할지 고민했지만 뾰족한 수가 없어서 매우 당혹스러워했다네. 신들은 인간들을 죽이거나, 거인족에게 그랬던 것처럼 벼락을 쳐서 멸종시킬 수도 없었지. 그러면 인간들이 바치는 제사와 공물을 받아먹을 수가 없게 될 테니까 말일세. 그렇다고 해서 인간들의 방종을 참을 수도 없었다네. 제우스는 한참 고민한 끝에 이렇게 말했지!

"나는 인간들을 살려두면서도 더 이상 못된 짓을 하지 못하게 막는 방법을 발견했노라! 인간들을 반쪽으로 나누겠다. 그러면 인간들은 힘이 약해지고 동시에 그 숫자는 늘어나서 우리 신들에게는 더 유익하게 될 것이다. 앞으로 인간들은 네 발 아닌 두 다리로 걸어 다니게 될 거야. 그런데도 인간들이 또 못된 짓을 하고 소요를 일으키면, 나는 그들을 다시 반쪽으로 쪼개어 한 발로 깡충깡충 뛰어다니게 만들겠노라."

이렇게 말하고서 제우스는 인간의 몸을 반쪽으로 잘랐다네. 그리고 아폴론에게 인간들의 얼굴과 목의 반쪽을 잘려나간 쪽으로 돌려놓도록 명령했는데, 그것은 인간이 항상 자신의 잘린 단면을 보면서 좀 더 분별력을 가질 수 있도록 하기 위해서였다네. 그리고 잘린 다른 부분들을 치료해주도록 명령했다네. 그래서 아폴론은 사람들의 얼굴을 돌려놓고 온몸의 피부를 오늘날 우리가 배라고 부르는 부분으로 당겨서 단단히 묶었다네. 이 묶은 주둥이가 바로 지금의 우리 배꼽이야. 그때 아폴론은 배꼽 주위에 약간의 주름을 남겨놓았는데, 그것은 인간들이 예전의 자기 상태에 대한 기억을 가질 수 있도록 하기 위함이었네.

이렇게 인간의 본래 상태가 반쪽으로 쪼개졌기 때문에, 쪼개진 반쪽은 원래 자기와 한 몸이었던 또 다른 반쪽을 그리워하고 갈망하면서 하나가 되기를 원했다네. 이것이 서로를 사랑하고자 하는 욕망의 근원이라네. 에로스는 모든 인간들 속에서 생겨나며, 원래 한 몸으로 존재했던 반쪽들을 다시 불러 모은다네. 그리고 둘을 하나로 만들어 인간 본성의 상처를 치유하게 한다네.

에로스, 완전함에 대한 열망

온전한 인간을 넙치처럼 반으로 갈라 둘로 만들어놓았기 때문에 우리는 각자 반쪽짜리 인간인 셈일세. 그래서 자신의 또 다른 반쪽을 끊임없이 찾게 되는 것이라네. 남자들 중에서 그 옛날 남녀가 자웅동체로 한 몸을 이루고 있다가 쪼개져 반으로 나뉜 남자는 여자를 매우 좋아하지. 이들 중에서 주로 호색한들이 나온다네. 마찬가지로 남자를 밝히고 간통죄를 저지르는 여자들도 이런 부류에서 주로 나온다네. 반면에 본래 여성의 몸이었다가 반으로 나뉜 여자들은 남자들에게는 전혀 관심이 없고 오히려 여자들에게 친근감을 느끼지. 이 부류로부터 레즈비언들이 생겨나는 법이라네. 마지막으로 남성의 몸에서 반으로 나뉜 남자들은 남자들만 쫓아다니게 마련이네. 그들은 소년일 때 성인 남자들을 사랑하고 그들과 동침하는 육체적 결합 속에서 즐거움을 찾기도 한다네. 이들이야말로 가장 남성다운 자들이기 때문에 청년들 중에서도 가장 훌륭한 자들이라 할 수 있다네. 어떤 사람들은 그들을 불순하다고 이야기하지만 그건 틀린 말이네! 그들은 불순해서가 아니라 자기 확신과 용기 그리고 남성다움 때문에 자신들과 비슷한 사람들을 사랑하기 때문이지. 그에 대한 확실한 증거는 그 같은 소년들만이 나중에 성장했을 때 국가를 위해 헌신하게 된다는 사실이라네.

어느 누구든 자신의 반쪽을 만나면 놀라울 정도로 애정이나 관심을 보이면서 사랑에 빠진다네. 그들은 서로 잠시도 떨어지려 하지 않을 걸세. 그런데 이 사람들은 함께 평생을 살아도 서로에게 무엇을 원하는지 말할 수가 없다네. 사실 연인들이 함께하면서 그토록 크고 깊은 즐거움을 얻는 이유가 단지 성적인 결합 때문이라고 생각할 사람은 없을 걸세. 사랑하는 사람들의 영혼은 성적 결합과는 다른 뭔가를 바라는 것이 확실하지만, 그것이 무엇인지는 말할 수 없고 어렴풋한 암시만 가능할 뿐이라네. 만약 그들이 함께 누워 있는데 그 옆에서 연장을 든 헤파이스토스(그리스 신화에 나오는 대장장이의 신)가 이렇게 묻는다고 생각해보세.

"인간들이여! 그대들은 이렇게 함께 있으면서 서로에게 원하는 게 뭔가?"

대답을 못 해 쩔쩔매는 인간들에게 헤파이스토스가 다시 이렇게 묻는다고 생각해보게.

"자네들이 바라는 것은 둘이 완전히 결합되어 밤이고 낮이고 절대 떨어지지 않는 것이냐?

그대들이 진정 그렇게 원한다면, 너희 둘을 녹여 하나로 만들어주겠노라. 그러면 한 몸이 되어 함께 살고, 죽음도 동시에 맞이하며 죽은 후에도 저 피안의 세계에서 하나로 살 수 있겠지. 너희들이 원하는 것이 바로 그것인지, 그러한 운명이 닥치면 자네들이 만족해할지 생각해보라."

이 말을 듣고서 거절할 사람은 아무도 없을 걸세. 그것이야말로 그 옛날부터 누구나 원해왔던 것, 즉 사랑하는 사람과 결합하여 둘이 하나가 되는 것이라고 생각할 것이네. 원초적 상태에서 인간은 완전하고 온전한 존재였으니까. 그리고 그 온전함을 추구하려는 욕망, 완전해지려는 욕망을 우리는 에로스라고 부르는 것일세.

에로스의 탄생과 그 성질 - 소크라테스의 발제

1. 아가톤과의 대화

에로스란 어떤 '대상에 대한 욕망'
그 욕망은 내가 갖고 있지 않은 것, 내게 없는 것을 가지려는 욕망
욕망은 '결핍(lack)'으로부터 일어난다

"친애하는 아가톤이여! 자네는 에로스가 어떤 자인지를 보여주고 그다음에 그가 한 일을 다루어야 한다면서 매우 훌륭하게 이야기를 시작해주었네. 자 그러면, 이번에는 내 질문에 답해주게나. 에로스는 어떤 대상을 사랑하는 자인가 아니면 아무것도 사랑하지 않는 자인가? 다시 말해 에로스는 어떤 대상에 대한 사랑인가 아니면 어떤 대상도 원치 않는 사랑인가?"

"어떤 대상에 대한 사랑이 확실하지요."

"어떤 대상에 대한 사랑이 에로스라는 점을 잘 기억해두게! 그렇다면 에로스는 자신이 사랑하는 대상 바로 그것을 욕망하겠는가, 그렇지 않겠는가?"

"물론 그 대상을 욕망하겠지요."

"그러면 에로스는 자신이 갖고 있는 뭔가를 욕망하고 사랑하겠는가, 아니면 갖고 있지 않은 것을 욕망하고 사랑하겠는가?"

"아마도 갖고 있지 못한 대상을 욕망하고 사랑하는 것 같은데요."

"내게 없는 것, 내게 결핍된 것을 욕망하고, 결핍되지 않은 것은 욕망하지 않는다—이건 필연적인 일 같은데, 자네 생각은 어떤가?"

"제 생각도 그렇습니다."

"그렇다네! 이미 몸집이 큰 사람이라면 어느 누가 더 커지기를 원하고, 이미 강한 사람이라면 어느 누가 더 강해지기를 원하겠는가?"

"그런 일은 있을 수 없지요."

"맞았어. 자기가 이미 가지고 있는 것을 필요로 하는 사람은 없으니까 말일세!"

"선생님 말씀이 옳습니다."

"그렇다면 에로스는 자기가 이미 갖고 있는 것을 욕망하겠는가, 아니면 자기에게 없는 것을 욕망하겠는가?"

"자기에게 없는 것을 욕망하겠지요."

"어떤 것을 욕망하는 사람들은 모두 자신에게 없는 것, 즉 자신이 갖고 있지 않은 것을 갈

구하는 셈이니, 결국 자신이 갖고 있지 않지만 본인이 필요로 하는 것, 바로 그러한 것들에 대해서만 욕망과 사랑은 존재한다고 할 수 있겠군."

"물론 그렇습니다."

"자, 그러면 지금까지 우리가 동의한 것을 요약해보세. 첫째, 에로스는 어떤 대상에 대한 사랑이며, 둘째, 에로스는 바로 자신에게 결핍되어 있는 대상에 대한 사랑이라네. 그렇지 않은가?"

"그렇습니다."

"그러면 자네가 앞서 연설에서 에로스가 무엇에 관한 것인지 말한 대목을 상기해보게. 자네는 대략 이렇게 말했네. 신들은 그들의 문제를 아름다운 것에 대한 사랑을 통해 해결했는데, 그 이유는 추한 것에 대한 사랑이란 도대체 존재하지 않기 때문이라고 말했지. 안 그런가?"

"그렇게 말했었지요."

"친구여! 제대로 이야기했네. 그렇다면 에로스는 아름다움에 대한 사랑이지 추함에 대한 사랑은 아니지 않겠는가?"

"그렇습니다."

"그러면 에로스는 자신에게 결핍된 것, 즉 자기가 갖고 있지 않은 것을 사랑하지 않겠는가?"

"그렇습니다."

"결국 에로스는 아름다움을 결핍하고 있고, 그것을 갖고 있지 않은 셈이 되나?"

"필연적으로 그렇습니다."

"그렇다면 아름다움이 결핍되어 있고 아름다움을 전혀 가지고 있지 못한 자를 자네는 아름답다고 주장하겠는가?"

"절대로 그렇지는 않습니다."

"논의가 이렇게 전개되었는데도 자네는 여전히 에로스가 아름답다고 주장할 것인가?"

"소크라테스여! 저는 아까 무엇을 말하고 있는지 잘 모르고 한 것 같습니다."

"그건 아닐세, 아가톤이여! 자네는 그 문제에 대해 훌륭하게 이야기했다네. 그렇지만 조금만 더 물을 테니 대답해보게나! 자네는 좋은 것들이 또한 아름답다고 생각하지 않나?"

"좋은 것들은 동시에 아름답다—그렇게 생각합니다."

"만약 에로스가 아름다움을 결핍하고 있다면 그는 좋은 것들도 결핍하고 있지 않겠는가?"

"소크라테스여! 저는 선생님 말씀을 반박할 수가 없군요."

"친애하는 아가톤이여! 사실은 진리를 반박할 수 없는 것이지, 나 소크라테스를 반박할 수 없는 것은 아니라네. 나를 반박하는 것은 전혀 어려운 일이 아니니까 말일세."

2. 디오티마의 가르침

에로스는 아름다운 것, 좋은 것을 결여한 존재
그래서 그는 아름다움과 선을 추구한다

소크라테스: 지금부터는 내가 예전에 만티네이아 출신의 여인 디오티마에게서 들은 에로스 이야기를 전해주겠네. 그녀는 내가 자네에게 했던 것과 똑같은 논법에 따라, 에로스는 아름답지도 좋지도 않다는 것을 증명하면서 나를 비판했다네. 그래서 나는 디오티마에게 질

문했지.

"디오티마여! 무슨 말씀이십니까? 그렇다면 에로스는 추하고 나쁜 신이란 말입니까?"

"당신은 아름답지 않은 것은 필연적으로 추한 것이라 생각하십니까?"

"물론 그렇게 생각합니다."

"그렇다면 현명하지 않은 자는 곧 무지한 자란 말입니까? 그대는 앎과 무지 사이에 어떤 중간의 것이 있다는 사실을 모르십니까?"

"그것이 무엇입니까?"

"가령 올바르게 판단하면서도 그 판단의 근거를 댈 수 없는 경우지요. 근거를 모르는데 그것이 어떻게 지식이 될 수 있겠습니까? 하지만 일단 그것이 올바른 판단이라면, 또 어떻게 무지일 수 있겠습니까? 그러니 올바른 판단이라는 것은 추론적 지식과 무지 사이의 중간에 있는 것이죠."

"그 말이 옳습니다."

"그렇다면 당신은 아름답지 않은 것은 무조건 추한 것이고, 훌륭하지 않은 것은 무조건 나쁜 것이라고 단정하는 일이 없도록 각별히 주의해야 할 것입니다. 에로스의 경우도 이와 같기 때문에, 비록 당신 스스로 에로스는 훌륭하지도 아름답지도 않다는 데 동의했어도 에로스가 반드시 추하고 나쁘다고 생각하기보다는 그 두 가지 사이에 있는 중간자라고 생각해야 할 것입니다."

"그렇지만 에로스가 위대한 신이라는 사실에는 모든 사람들이 동의하지요."

그러자 그녀는 웃으면서 말했다네.

"소크라테스여! 에로스를 신이 아니라고 주장하는 사람들이 어떻게 그 신이 위대하다는 데 동의할 수 있겠습니까?"

"누가 그런 주장을 하나요?"

"당신도 그중 한 사람이고, 나 또한 그렇지요."

"그것은 또 무슨 뜻입니까?"

"간단합니다. 대답해보세요. 당신은 모든 신들이 행복하고 아름답다고 주장하지 않으시나요? 신들 중에서 어떤 신은 아름답지도 행복하지도 않다고 감히 말씀하시겠습니까?"

"제우스에 맹세코 그런 말은 못 하지요."

"당신은 좋은 것과 아름다운 것을 지닌 자들을 행복한 사람이라고 부르지 않습니까?"

"물론이지요."

"그런데 당신은 에로스가 좋은 것과 아름다운 것을 결핍하고 있기 때문에, 그가 갖고 있지 못한 것을 욕망한다는 사실에 동의했었지요."

"맞습니다."

"그렇다면 어떻게 아름다운 것과 좋은 것을 지니고 있지 못한 자를 신이라고 할 수 있지요?"

"그건 불가능한 것처럼 보이는군요."

"그러면 당신도 에로스가 신이 아니라는 사실을 깨닫고 있는 것이군요!"

"그렇게 되면 에로스는 어떻게 되는 겁니까? 그가 신이 아니라면 죽을 수밖에 없는 존재란 말입니까?"

"전혀 그렇지 않지요."

"그러면 도대체 에로스는 무엇이란 말입니까?"

"앞에서 말한 것과 마찬가지로, 그는 가사적(可死的)인 것과 불사적(不死的)인 것의 중간자라 할 수 있지요. 에로스는 위대한 다이몬

(Daimon, 정령)이지요. 모든 정령은 신과 인간의 중간에 존재합니다."

3. 에로스 탄생의 우화

풍요의 신과 빈곤의 신 사이에 태어난 중간 존재
결여한 것을 추구하는 것이 에로스의 본성

소크라테스: 내가 다시 디오티마에게 물었다네.

"에로스는 어떻게 태어났습니까? 그의 아버지와 어머니는 누구입니까?"

"이야기는 길지만, 그래도 해보겠습니다. 아프로디테 여신의 생일날, 여러 신들이 그 여신의 생일 축하 잔치를 즐기고 있었는데, 그 신들 중에는 메티스의 아들인 포로스(풍요의 남성신)도 있었답니다. 신들이 식사를 마칠 무렵, 잔치 음식을 얻어먹기 위해 빈곤의 여신 페니아가 대문 앞에 와 있었지요. 그때 포로스는 술에 취해 제우스의 정원에서 곯아떨어져 잠이 들었고, 페니아는 자신의 빈곤을 해결하기 위해 풍요의 신 포로스의 아이를 낳고 싶었습니다. 그래서 그녀는 포로스 옆에 누워 동침을 했고 그 결과 에로스를 분만하게 되었답니다. 이런 사연으로 에로스는 아프로디테 여신의 동반자이자 그녀에게 봉사하는 시동이 되었답니다. 사실 그는 아름다운 존재인 아프로디테의 생일 축하연을 계기로 태어났기 때문에 본성상 아름다운 것을 사랑하는 자가 될 수밖에 없었지요.

이렇듯 에로스는 풍요의 신과 빈곤의 신 사이에 태어난 아들이었기 때문에 다음과 같은 성질을 지니게 되었답니다. 첫째, 그는 언제나 결핍 상태에 놓여 있어서, 사람들이 흔히 생각하는 것과는 달리 부드러움이나 아름다움과는 거리가 멀답니다. 그런 것들과는 정반대로 그는 조야하고 더럽고 맨발로 집도 절도 없이 떠돌아다니며 언제나 땅바닥에 덮을 것도 없이 드러누워 있습니다. 또 남의 집 대문 앞이건 길가이건 가리지 않고 하늘을 이불 삼아 잠을 자는데, 그것은 그가 어머니의 본성을 이어받아 언제나 결핍(lack)과 함께하기 때문이랍니다. 반면에 그는 아버지의 성질도 이어받아 아름답고 훌륭한 것을 획득하기 위해 계책을 잘 꾸며내기도 한답니다. 그는 용감하기 때문에 진취적이고 빼어난 사냥꾼이며, 끊임없이 계략들을 짜냄으로써 현명한 지혜를 얻고 새로운 수단을 개척해내며, 평생 지혜를 탐구하며 삽니다. 하지만 다른 한편으로는 대단한 협잡꾼이자, 마술사이며 소피스트이기도 하답니다. 그는 본성상 불사적인 존재도 가사적인 존재도 아닙니다. 그는 단 하루 동안에도 어떤 때는 꽃처럼 피어올라 생생하게 살아 있는가 하면 어떤 때는 죽어 있기도 합니다. 그렇지만 아버지로부터 물려받은 성질 덕분에 방법만 찾아내면 다시 살아나지요. 그에게는 방법과 수단을 찾아내는 능력이 끊임없이 솟아오르기 때문에, 한 번도 방법을 찾지 못한 상태에 처하지는 않습니다. 그럼에도 불구하고 그는 단 한 번도 풍족한 상태에 있는 법이 없지요.

다른 한편으로 그는 앎과 무지의 중간 상태에 있다고 할 수 있습니다. 신들 가운데 어느 누구도 지혜를 사랑하거나 지혜로운 자가 되기를 욕망하지 않습니다. 왜냐하면 신은 이미 지혜로운 자이고, 이미 지혜를 지닌 자는 더 이상 지혜를 사랑하지 않는 법이니까요. 그런데 무지한 자들 또한 지혜를 사랑하거나 지혜로운 자가 되기를 원하지 않습니다. 그 이유는 무지라는 것이 실제로는 전혀 아름답지도 훌륭하지도 지혜롭지도 않은 사람들로 하여금 자신들이 충분히 아름답고 훌륭하며 지혜로운 사람이라고 착각하게 만들어주는 불행한 것이기 때문이지요. 사실 자신에게 뭔가 결핍되어 있다고 생각하지 않는 사람은 그것을 원하지도 않는 법이니까요."

"그렇다면 디오티마여! 지혜를 추구하는 사람들이 지혜로운 자도 아니고 무지한 자도 아니라면 도대체 누구란 말입니까?"

"그러한 사람들은 지혜로운 자와 무지한 자의 중간에 있는 사람들이고, 에로스도 그러한 중간자들 중의 하나입니다. 사실 지혜란 가장 아름다운 것 중에 하나이고 에로스는 아름다운 것을 사랑하기 때문에, 에로스는 필연적으로 지혜를 사랑하는 자일 수밖에 없습니다. 그리고, 지혜를 사랑하는 한 그는 지혜로운 자와 무지한 자의 중간자가 되는 셈이지요. 에로스가 그러한 성질을 지니게 된 원인은 그의 탄생에서 찾을 수 있답니다. 사실 그는 지혜롭고 모든 수단이 풍부한 아버지와 지혜롭지 못하고 어떠한 수단도 갖고 있지 못한 어머니로부터 태어났으니까요. 친애하는 소크라테스여! 바로 그것이 에로스의 본성이랍니다. 당신의 말을 근거로 추론해보건대, 당신은 에로스가 사랑을 받는 대상이지 사랑을 하는 주체는 아니라고 생각한 것 같습니다. 바로 그 때문에 당신은 에로스가 완벽하게 아름다운 자라고 여겼을 것입니다. 사실 사랑 받을 만한 가치가 있는 것은 정말로 아름답고 우아하며 완벽하니까요. 그러나 사랑한다는 것은, 제가 지금까지 상세히 이야기하였던 바와 같이, 전혀 다른 본성을 지니고 있는 것이랍니다."

4. 에로스: 좋은 것[善]에 대한 욕망

인간은 좋은 것, 선한 것을 갈망한다
나의 반쪽이 '선한 것'이 아니라면? 그래도 그 반쪽을 갈망할 것인가?
선한 것을 가지는 것이 인간의 행복

그래서 나는 말했다네. "디오티마여! 아주 훌륭히 말씀하셨습니다. 그런데 에로스가 그런 성질을 지닌 신이라면, 그는 인간에게 어떤 쓸모가 있는 건가요?"

"소크라테스여! 그것이야말로 바로 내가 이 이야기의 끝에 당신에게 알려주고 싶었던 것이랍니다. 사실 에로스는 결핍과 충족의 본성을 지녔고, 앞서 말한 식으로 태어났기 때문에 당신이 말한 대로 아름다운 것을 자기 욕망의 대상으로 삼고 있지요. 그런데 만약에 어떤 사람이 우리에게 '소크라테스와 디오티마여! 아름다운 것에 대한 사랑이란 무엇입니까?'라고 묻는다면, 아니 더 분명하게 '아름다운 것을 사랑하는 사람은 무엇을 사랑하는 것입니까?'라고 묻는다면 뭐라 대답하시겠습니까?"

"아름다움이 제 것이 되는 상태를 사랑하는 것이라고 대답할 것입니다."

"그러면 아름다운 것을 갖게 된 사람에게는 어떤 일이 일어나게 될까요?"

"그 질문에는 쉽게 대답할 수 없겠는데요."

"만약에 어떤 사람이 아름다운 것 대신에 '좋은 것'이라는 말을 써서, '소크라테스여! 좋은 것들을 사랑하는 사람은 무엇을 사랑하는 것입니까?'라고 묻는다면 무엇이라 대답하겠습니까?"

"자신에게 좋은 것들이 생기기를 사랑하는 것이라고 말하겠지요."

"그러면 좋은 것들이 생긴 그 사람에게는 어떤 일이 일어나겠습니까?"

"그 사람은 행복해질 겁니다."

"맞습니다. 행복한 사람은 좋은 것을 소유함으로써 행복해지지요. 따라서 '사람은 무엇 때문에 행복해지기를 원하는가?'라고 물을 필요는 없겠지요. 답은 거기서 충분히 끝날 것 같으니까요."

"당신의 말이 옳습니다."

"그런데 당신은 좋은 것에 대한 소망과 사랑이 모든 사람들에게 공통적인 것이며, 사람들은 언제나 좋은 것들을 가지기를 원한다고 생각하십니까? 아니면 다르게 이야기하시겠습니까?"

"모든 사람들이 그렇다고 생각합니다."

"그렇다면, 소크라테스여! 모든 사람들이 동일한 대상을 언제나 사랑하는 것이 사실이라면 우리는 어째서 모든 사람들이 사랑한다고 말하지 못하고, 어떤 사람들은 사랑을 하고 어떤 사람들은 사랑을 하지 않는다고 말할까요?"

"그 점이 저도 의아합니다."

"의아해하실 필요 없습니다. 왜냐하면 우리는 사랑의 여러 유형들 중에 어느 한 가지만을 골라서 '사랑'이라 부르고 다른 유형들에 대해서는 다른 이름들을 사용하고 있으니까요."

"예를 들어 어떤 것을 말씀하시는지요?"

"일반적으로 좋은 것과 행복에 대한 욕망은 모든 사람들에게 가장 강력하고 간교한 사랑이지요. 그렇지만 우리는 공무의 수행이나 신체 훈련 또는 지혜에 대한 탐구 등과 같은 일에 흠뻑 빠져 있는 사람들에 대해서는 사랑을 하고 있다거나 또는 사랑을 하는 자라고 부르지 않습니다. 오로지 특정한 유형의 사랑에 전념하는 사람들만이 '사랑을 한다' '사랑하는 사람들'이란 명칭들을 독차지하지요."

"당신 말이 옳을 수도 있겠습니다."

"물론 자기 자신의 반쪽을 찾으려 하는 자가 사랑을 하는 사람이라고 주장하는 견해도 있지만, 제 생각은 다릅니다. 사랑의 대상이 좋은 것, 선한 것이 아니라면 자신의 반쪽은 물론이고 자신의 몸 전체라도 사랑의 대상이 될 수 없지 않겠어요? 사람들은 자신의 손과 발이라도 병들었다고 생각하면 기꺼이 잘라버리려고 할 테니 말입니다. 모든 사람이 자기 자신의 것이라 해서 무조건 애착을 갖는다고는 생각하지 않습니다. 사실 인간은 좋은 것 외에는 다른 어떤 것도 사랑하지 않기 때문이죠. 당신 생각은 다르신가요?"

"맹세코 달리 생각하지 않습니다."

"그렇다면 인간은 좋은 것을 사랑한다고 단적으로 말할 수 있겠습니까?"

"말할 수 있고말고요!"

"그렇지만 우리는 인간은 좋은 것을 사랑할 뿐만 아니라 그것을 소유하려고 한다는 사실도 덧붙여야 하지 않겠습니까?"

"그래야 되겠군요."

5. 사랑의 기능은 아름다움을 낳는 것

인간은 선한 것, 아름다운 것을 영원히 간직하고 싶어 한다
생식(reproduction)과 불멸성(immortality)

"그러면 인간은 좋은 것을 단순히 소유할 뿐만 아니라 그것을 영원히 소유하게 되기를 원한다고 덧붙여야겠지요?"

"그 또한 덧붙여야 할 것 같군요."

"결론을 짓자면, 사랑이란 좋은 것을 자기 자신 속에 영원히 간직하려는 욕망이로군요."

"당신 말씀이 옳습니다."

"만약에 사랑이 언제나 그런 목적을 가지고 있는 것이라면, 사람들은 어떤 방식으로 살아야 하고 어떤 행동으로 그런 목적을 추구해야만 할까요? 사랑이 정녕 어떤 기능을 가지고 있는지 말씀해주실 수 있는지요?"

"디오티마여! 내가 그럴 수 있다면 애써 이렇게 당신의 지혜에 탄복하며 그 지혜를 배우기 위해 당신을 따라다니지 않았을 것입니다."

"그렇다면 내가 말할 수밖에 없군요. 사실 사랑의 기능이란 육체적으로나 정신적으로 아름다움을 낳는 것이라 할 수 있습니다."

"사랑의 기능은 아름다움을 낳는 것이다? 당신의 말을 이해하자면 예언술이 필요하겠습니다. 나로선 잘 알아듣지 못하겠으니 말입니다."

"소크라테스여! 모든 인간은 육체적으로나 정신적으로 임신을 하고, 일정한 나이에 도달하면 본성상 그 잉태한 것을 낳고자 합니다. 그런데 그 잉태한 것은 추한 것 안에서는 결코 낳을 수 없고, 단지 아름다운 것 안에서만 낳을 수 있답니다. 사실 남자와 여자의 결합으로부터 어린아이를 낳는 일, 즉 임신과 출산은 신(神)적인 것이며 죽어야 하는 생물체 안에 들어 있는 불사적인 것입니다. 이런 일은 조화를 이루지 않는 것 안에서는 일어나지 않는 법이지요. 추한 것은 신적인 모든 것들과 조화를 이루지 않는 법이나, 반대로 아름다운 것은 항상 조화를 이루게 됩니다. 그러므로 출산을 관장하는 신은 바로 아름다움의 여신 칼로네랍니다. 그렇기 때문에 임신한 이가 아름다운 것에 가까이 가면 평온함을 느끼고 기쁨에 젖어 출산을 합니다. 반면에 추한 것에 접근하게 되면 얼굴을 찡그리고 고통에 움츠리며 결국 출산을 하지 못하고 잉태한 것을 고통스럽게 지니고 다니게 된답니다. 임신하여 이미 배가 부른 사람들이 아름다움에 대해 그토록 열광하는 까닭이 바로 이 때문입니다. 아름다움만이 잉태한 자를 출산의 커다란 고통으로부터 벗어나게 해줄 수 있으니까요. 따라서 소크라테스여! 에로스가 원하는 것은 아름다움만이 아닙니다."

"그렇다면 무엇입니까?"

"그것은 아름다움 안에서의 생식과 출산이지요."

"그럴 수도 있겠군요."

"확실히 그러합니다. 그렇다면 왜 생식이 사랑의 대상이 될까요? 생식이야말로 죽어야 할 존재의 삶을 영원히 살게 하여 불멸의 것으로 만들어주기 때문이랍니다. 만약 사랑의 목적

이 좋은 것을 자기 안에 영원히 소유하려는 것이라면, 우리는 좋은 것과 함께 반드시 불멸성(immortality)을 욕망하게 됩니다. 이 추론으로부터 사랑의 대상은 곧 불멸성이라는 결론이 필연적으로 도출되지요."

디오티마의 이야기는 더 계속되었다네.

"동물들 사이에서도 그 원리는 똑같습니다. 죽을 수밖에 없는 존재는 가능한 영원히 살고 불멸의 존재가 되려고 하는데, 그것은 오직 한 가지 방법, 생식을 통해서만 가능합니다. 다시 말해 예전의 존재를 대신해서 새로운 존재를 뒤에 남겨놓음으로써만 불멸은 가능해지는 것이죠. 사실 유한한 존재는 다 이런 식으로 보존됩니다. 즉 신들처럼 모든 면에서 늘 똑같이 남아있음으로써가 아니라, 늙어가고 떠나가는 존재가 원래 모습과 닮은 또 다른 새로운 존재를 남겨놓음으로써 보존되는 것입니다. 그러니 모든 것들이 본능적으로 자기 새끼를 소중히 여기더라도 놀라셔서는 안 됩니다. 모든 생명체가 이러한 열정, 즉 사랑을 보이는 것은 불멸성을 성취하기 위해서니까요. 육체 안에 잉태하는 사람은 여자에게 더 끌리고 그런 방식의 사랑을 추구하며 출산을 통해 불멸성과 기억과 행복을 얻습니다. 반면 영혼 안에 잉태하는 사람은 육체를 통해서보다는 영혼 안에 훨씬 더 많이 잉태하는 사람이고 영혼이 잉태하고 출산하기에 적합한 것을 임신하는 사람입니다. 그러면 무엇이 영혼에 적합한 것일까요? 바로 지혜와 그 밖의 탁월함입니다. 모든 시인과 창조적이라고 평가받는 모든 장인들이 그것을 낳습니다. 그러나 가장 위대하고 아름다운 지혜는 도시국가와 가정의 적절한 통치와 관련되어 있는데, 그것이 바로 절제와 정의입니다.

이 일을 향해 올바르게 가려는 자는 처음에는 하나의 육체를 사랑하고 그 속에서 아름다운 말이 생겨나게 해야 합니다. 다음으로 그는 한 사람의 육체의 아름다움이 다른 사람의 육체의 아름다움과 형제임을 깨달아야 합니다. 형상의 아름다움을 추구하면서 모든 육체의 아름다움을 하나이자 동일한 것으로 생각하지 않는 것은 매우 어리석은 일이지요. 이제 아름다움을 동일한 것으로 생각한다면 모든 아름다운 육체를 사랑하게 되고, 따라서 단 하나의 육체에 대한 과도한 열정은 줄어듭니다. 그러한 열정을 경멸하여 사소하게 여기게 되니까요. 그다음에는 육체에 있는 아름다움보다 영혼에 있는 아름다움을 더 귀중하게 여기게 됩니다. 그래서 누군가가 육체의 아름다움이 미미하더라도 영혼이 훌륭하다면, 만족스럽게 여기고 사랑하며 돌봐주고 젊은이들을 더 훌륭하게 만들어줄 그런 말들을 낳고 추구해야 합니다. 그렇게 하면 그 젊은이는 이번에는 관습과 법 안에 있는 아름다움을 바라보도록, 그리하여 그 모든 아름다움이 서로 동족이라는 것을 알도록 인도될 것입니다. 그리고 육체의 아름다움은 사소한 것으로 여기게 될 것입니다. 마지막으로 인도자는 그 젊은이를 지식으로 이끌어야 합니다. 그렇게 하면 그 젊은이가 지식의 아름다움을 보게 되고, 여러 가지 아름다움을 바라보고 있게 되면 더 이상 어떤 한 사람이나 혹은 한 가지 제도의 아름다움에 만족하며 그 하나의 아름다움에 노예처럼 종노릇하며 살아가는 미천한 자가 되지 않을 것입니다. 오히려 아름다움의 큰 바다로 나아가 그것을 관조함으로써, 많은 아름답고 격조 높은 말들과 생각을 지혜에 대한 사랑 안에 낳게 될 것입니다. 그리하여 결국 거기서 힘을 얻고 자라나 어떤 단일한 앎, 즉 아름다움에 대한 앎을 직관하게 됩니다.

소크라테스여! 그러니 최대한 주의를 기울이십시오. 아름다운 것들을 차례로 올바로 바라보면서 에로스의 일들이 무엇인지 여기까지 인도되어 알게 된 사람이라면, 이제 에로스의 끝점에 도달하여 갑자기 본성상 놀랍고 아름다운 어떤 것을 직관하게 될 것입니다."

플라톤의 『향연』

플라톤(Platon/Plato, 기원전 427~기원전 347)

고대 그리스 철학자. 소크라테스의 제자이며 아리스토텔레스의 스승. 그의 모든 저서는 소크라테스를 주인공으로 한 변증론적 대화록이다. 영국 철학자 화이트헤드는 "서양의 2000년 철학은 모두 플라톤의 각주에 불과하다"고 말했으며, 미국 시인 에머슨은 "철학은 플라톤이고, 플라톤은 철학"이라 평하였다. 『국가』, 『향연』, 『고르기아스』, 『법』, 『파이드로스』 등 수십 권의 대화편을 남겼다.

* 이 글은 경희대학교 후마니타스칼리지 문명 전개의 지구적 문맥 편찬위원회가 『Platon: Complete Works』(ed. by John M. Cooper, Hackett, 1997), 『향연: 사랑에 관하여』(박희영 옮김, 문학과지성사, 2003), 『향연』(이종훈 옮김, 지만지, 2008), 『향연: 에로스의 모든 것에 대한 고찰』(김영범 옮김, 서해클래식, 2008), 『향연(정암학당 플라톤 전집 10)』(강철웅 옮김, 이제이북스, 2010)을 참고하여 학생들의 이해를 돕기 위해 원문 내용을 편집하였습니다.

3

필리아(philia): 우애에 대하여

아리스토텔레스

남녀 간의 사랑만이 사랑의 전부가 아니다. 친구로, 동료로, 선후배로 맺어진 폭넓은 인간관계가 인생에서 훨씬 더 중요할 때도 있다. 친구들 사이에 맺어지는 인간관계는 어떤 종류의 사랑일까? 친구는 어떻게 만들어지는가? 내 친구는 누구이며 나는 누구에게 친구일 수 있는가? 아리스토텔레스는 친구를 '두 개의 몸에 깃든 하나의 영혼'이라 불렀다. 연인이 내 몸의 반쪽이라면 친구는 내 영혼의 반쪽일 수 있다.

경기 때마다 연전연승으로 유명한 어떤 구단 감독에게 누군가가 묻는다. "선수들을 어떻게 다루기에 승률이 그렇게 높습니까?" "나는 그들 모두를 사랑합니다. 얄미운 녀석도 사랑하죠." 어떤 동네 가게 주인에게 누군가가 묻는다. "이 가게에는 단골이 많다던데 비결이 뭡니까?" "저는 손님들을 사랑합니다. 그들은 무조건 절 믿습니다." 훨씬 옛날, 『손자병법』의 손자도 비슷한 질문을 받은 적이 있다. "병졸들을 어떻게 다루어야 그들이 목숨을 바쳐 장군을 지킬까요?" "그들을 아들처럼 사랑하시오. 그러면 당신 곁을 떠나지 않을 겁니다."

지금 여기 얘기되고 있는 사랑은 이성 간의 사랑과는 좀 다른, 그러나 넓은 의미에서는 남녀 관계까지도 포함하는 친근한 사람들 사이의 우애 또는 친애로서의 사랑이다. 그 사랑은 친밀성, 절대적 신뢰, 헌신 같은 소중한 가치들을 포함한다. 이런 친밀 관계의 문제를 깊게 사유했던 아리스토텔레스는 이 종류의 사랑에 필리아(philia)라는 이름을 붙여주고 그것을 '무조건적 관계'라 규정했다. 그의 이런 생각은 공자, 맹자 같은 동아시아 사상가들의 인간 관계론과도 아주 유사하다. 무조건적 관계란 어떤 관계일까? 친구라 해서 모두가 내게 '진정한' 친구이기는 어렵다. 로버트 스키델스키는 '행복의 7가지 기본재'에 우정을 포함시키고 있고 『행복의 조건』을 쓴 하버드 심리학자 조지 베일런트도 비슷한 생각을 피력한다. "평생의 친구를 만들라. 그는 당신의 삶을 지탱하는 의미의 공급자다." 그런데 평생의 친구는 어떻게 만드는가? 우정이라 부를 만한 진정한 우정과 그렇지 못한 우정을 우리는 어떻게 구별할 수 있을까?

1155a3~1155a31

이제 우애(philia)에 대해 논의할 차례다. 우애는 일종의 탁월성이거나, 탁월성을 내포하고 있는 것이며, 우리 삶에 가장 필요한 것이기도 하다. 아무리 좋은 것을 많이 가진 사람이라도, 친구 한 명 없이 살고 싶지는 않을 것이다. 오히려 부유한 사람들이나 지위와 권력을 얻은 사람들일수록 더욱 친구가 필요한 법이다. 호의는 친구에게 베풀 때 가장 빛이 나는 법인데, 막상 친구가 없어서 호의를 베풀 수 없다면 재물과 지위가 무슨 의미가 있겠는가? 또한 친구가 없다면 재물과 지위를 어떻게 지키고 유지할 수 있겠는가? 높이 올라가면 갈수록 위험도 커지는 법이다. 가난할 때나 다른 여러 불행이 닥쳤을 때, 사람들은 친구가 유일한 피난처라고 생각한다.

친구란 젊은이들에게는 실수를 하지 않도록 도와주고, 노인들에게는 필요를 채워주거나 몸이 쇠약해져서 할 수 없는 일들을 도와주며, 인생의 전성기에 있는 사람들에게는 고귀한 행위를 하도록 자극을 준다. '둘이 함께 가면'이라는 말이 있듯이,* 친구와 함께하면 더 잘 생각하고 실천할 수 있다.

그런가 하면 부모는 자식에 대해, 자식은 부모에 대해 본능적으로 우애를 느끼기 마련이다. 사람뿐 아니라 새나 여타 동물들도 마찬가지다. 같은 종들은 서로에 대해 우애를 느끼는 것 같다. 하지만 특히 우애는 인간에게서 두드러지게 나타나는데, 그렇기 때문에 우리는 인간을 사랑하는 사람을 칭송한다. 혹은 여행을 하다 보면 인간이 서로 얼마나 가까우며 좋은 친구가 될 수 있는지 볼 수 있다.

우애는 또한 시민들을 결속시킨다. 그래서인지 정치인들은 정의보다는 우애에 더 열의를 보이는 것 같다. 정치인들은 단합을 최우선의 목표로 삼고 적대적인 반목을 몰아내고자 하는데, 단합은 우애와 유사한 측면이 있기 때문이다. 우애하는 사람들 사이에서는 정의가 필요 없지만, 정의로운 사람들 사이에는 우애가 필요하다. 최상의 정의는 우애에 바탕을 둔 것이라 할 수 있다.

우애는 우리 삶에 반드시 필요할 뿐 아니라 고귀한 것이기도 하다. 우리는 우정이 두터운 사람들을 칭찬하며, 많은 친구를 갖는 것을 훌륭한 일로 여기기 때문이다. 게다가 좋은 사람이라 하면 곧 친구라고 생각한다.

1156a5~1156b34

사랑과 우애에도 종류가 있다. 사랑할 만한 것의 종류가 세 가지이듯 우애도 세 가지다. 이 세 가지 종류의 우애에는 각자 서로 인정하는 상호적인 사랑이 있는데, 서로 사랑하는 사람들은 사랑하는 만큼 상대에게 좋은 일이 있기를 바란다.

그런데 유익함 때문에 서로 사랑하는 사람들은, 상대방 자체를 사랑하는 것이 아니라 상대로부터 얻는 유익을 사랑하는 것이다. 쾌락 때문에 사랑하는 사람들도 마찬가지다. 그들이 재미있는 사람을 좋아하는 까닭은 그 사람의 성품 때문이 아니라 자신을 즐겁게 해주기

---

* 호메로스의 『일리아드』 10권 224행에 나오는 말인데, 디오메데스가 동행을 할 때의 유익한 점을 언급한 대목이다.

때문이다. 그들은 상대방을 그 사람 자체로서 사랑하는 것이 아니라 이익을 가져다주거나 즐거움을 주기 때문에 사랑하는 것이다. 따라서 이러한 우애는 부수적이다. 어느 한쪽이라도 변화가 있으면 쉽게 사라진다. 만일 어느 한쪽이 더 이상 즐겁거나 유익하지 않다면 그들은 더 이상 사랑하지 않게 되기 때문이다. 하지만 유익함이란 영속할 수 없으며 그때그때 변하기 마련이다. 그러므로 이런 우애는 동기가 사라지면 곧 사라진다. 우애의 목적이 유익함에 있었기 때문이다.

이런 우애는 주로 노인들 사이에서 생기는 것 같다(노인들은 즐거움이 아니라 이로움을 추구하기 때문이다). 또한 인생의 전성기에 있는 사람이나 편익을 좇는 젊은이들 사이에서도 이러한 우애가 존재한다. 그런데 이런 사람들은 함께 어울리기가 쉽지 않다. 서로에게서 즐거움을 찾을 수가 없기 때문이다. 그래서 피차 이롭지 않다면, 별로 교제하고 싶어 하지 않는다. 그들은 상대방한테서 무언가 좋은 것을 기대할 수 있는 한에서만 서로 반가워한다. 흔히 주인과 손님 사이의 우애도 이런 범주에 속한다.

한편 젊은이들은 쾌락을 위해 친구가 되는 것 같다. 젊은이들은 감정에 따라 살며, 무엇보다도 당장 눈앞의 쾌락을 추구하기 때문이다. 그런데 나이가 들면서 쾌락의 대상도 달라지기 마련이다. 그래서 그들은 쉽게 친구가 되었다가 쉽게 헤어진다. 젊은이들의 우애는 쾌락의 대상에 따라 변하고, 그런 쾌락은 빨리 변하기 때문이다. 또한 젊은이들은 성적 우애를 추구한다. 성적 우애는 대체로 감정적이며 쾌락을 목적으로 하기에, 쉽게 사랑했다가 또 쉽게 식어버린다. 심지어 하루에도 여러 차례씩 변한다. 그런데도 젊은이들은 함께 시간을 보내고 함께 살기를 바란다. 그럼으로써 그들이 원하는 우애의 목적을 이룰 수 있기 때문이다.

반면 완전한 우애는 탁월성에 있어 서로 닮은, 좋은 사람들 사이에서 이루어진다. 이들은 상대가 좋은 사람인 한, 서로에게 똑같이 좋은 일이 있기를 바란다. 그들 자신 역시 좋은 사람이기 때문이다. 친구가 잘되기를 바라는 사람이야말로 참으로 진정한 친구라고 할 수 있다. 이들은 성품상 그러는 것이지 유익함이나 쾌락 같은 다른 목적이 있어서 그러는 것이 아니다. 따라서 이들 사이의 우애는 그들이 좋은 사람들인 한 계속된다. 탁월성은 영속적이기 때문이다. 또한 이들은 각자 그냥 좋은 사람이고 친구에게도 그렇다. 좋은 사람들은 무조건 좋은 사람인 동시에 서로에게도 이로운 사람이기 때문이다. 마찬가지로 그들은 즐거운 사람들이기도 하다. 왜냐하면 자신의 행동이나 그와 비슷한 상대방의 행동은 서로에게 즐거운 것인데 좋은 사람들의 행동은 으레 같거나 비슷하기 마련이므로, 좋은 사람은 그냥 서로에게 즐거운 사람일 수밖에 없다. 결국 친구 사이에 있어야 할 모든 자질을 다 갖추었으므로, 이런 우애는 당연히 오래 지속된다. 모든 우애는 좋음이나 쾌락 때문에 생기기도 하고 무조건 생기기도 하며 사랑하는 사람에 대해 생기거나 일종의 유사성에 기초하기도 한다. 그런데 좋은 사람들의 우애에는, 지금 언급한 모든 요소들이 바로 친구들 자신의 성품 속에 들어 있다. 이런 우애의 경우, 그 친구들이 지닌 다른 자질도 서로 비슷하기 마련이다. 무조건 좋은 것은 무조건 즐거운 것이며, 그것이야말로 가장 사랑할 만한 것들이기 때문이다. 사랑과 우애는 바로 이런 사람들 가운데서 가장 좋게, 최상의 모습으로 나타난다.

물론 이런 우애가 흔하지는 않다. 애당초 그런 사람들이 흔치 않기 때문이다. 게다가 이런 우애는 상당한 시간을 통해 서로 친숙해질 때 비로소 가능하다. 속담처럼 '소금을 같이 먹어 보기 전에는' 서로를 알 수 없는 법이다. 두 사람 사이에 사랑할 만하다는 생각이 들고 또 신뢰가 생기기 전까지는 친구가 되거나 우애하는 관계가 될 수 없다. 우애의 표시를 빨리 드러내는 사람은 얼른 친구가 되기를 바라지만, 두 사람 모두 사랑할 만하고 또 그렇다는 사실을 서로 알기 전까지는 친구라고 할 수 없다. 친해지고 싶은 마음은 금방 생길 수 있지만 우애는 그렇지 않기 때문이다.

1158a1~1159b23

성마르거나 나이 든 사람들은 성격이 까다롭고 남과 함께 있는 것을 썩 좋아하지 않는 만큼, 우애도 쉽게 생기지 않는다. 그러므로 젊은이들은 쉽게 친구가 되지만 노인들은 그렇지 않다. 별로 반갑지 않은 사람은 아예 사귀려 들지 않기 때문이다. 마찬가지로 성마른 사람들도 쉽게 친구를 사귀지 못한다. 하지만 그런 사람들도 서로 호의를 보일 수는 있다. 그들도 상대에게 좋은 일이 있기를 바라고 곤경에 처하면 도와주기도 하기 때문이다. 물론 그렇다고 친구는 아니다. 함께 시간을 보내지도 않으며 서로를 즐겁게 여기지도 않기 때문이다. 이런 일들이야말로 우애의 가장 큰 징표라 할 수 있는데 말이다.

많은 사람들과 동시에 사랑할 수 없는 것처럼(사랑은 일종의 과도한 감정이라서, 한 사람에게만 느끼기 마련이다) 많은 사람들과 완전한 우애를 나누는 일은 불가능하다. 또한 많은 사람이 동시에 한 사람을 즐겁게 해주기도 쉽지 않을 뿐 아니라, 그 많은 사람들이 모두 그에게 좋은 사람이 되기도 어렵다. 더구나 서로 잘 알고 친숙해져야 하는데, 이는 매우 어려운 일이다. 하지만 유익함과 쾌락만 두고 말하자면, 많은 사람들이 한 사람을 즐겁게 해주는 일은 가능하다. 실제로 많은 사람들이 유익하고 즐거울 수 있으며, 이런 봉사는 짧은 시간 내에 해줄 수 있기 때문이다.

젊은이들의 우애에서처럼 두 사람이 모두 서로에게서 같은 것을 얻고, 서로 기쁨을 주거나 혹은 같은 것을 즐긴다면, 유익함으로 인한 우애보다 즐거움으로 인한 우애가 완전한 우애와 더 많이 닮아있다. 왜냐하면 이런 우애에서 자유인다운 모습이 더 많이 발견되기 때문이다. 반면 유익함에 기초한 우애는 장사꾼 같은 이들 사이의 우애다.

행복한 사람들은 유익한 친구는 필요 없어도, 즐거운 친구는 필요하다. 왜냐하면 그들도 누군가와 함께 살기를 바랄 텐데, 잠깐 동안 고통을 견딜 수는 있어도, 계속해서 참을 수는 없을 것이기 때문이다. 설령 좋음 자체라 해도 자신에게 고통스러운 것이라면 참을 수 없는 법이다. 그러므로 행복한 사람들은 즐거운 친구들을 찾는다. 아마도 이들은 즐거우면서도 좋은 사람들이며, 또한 그들 자신에게도 좋은 사람들이어야 할 것이다. 그런 사람들이라야만 친구가 지녀야 할 모든 조건을 갖추고 있기 때문이다.

권력자들은 친구를 잘 구분하여 사귀는 듯하다. 그들에게 어떤 친구는 유익한 사람이고, 또 어떤 친구는 즐거운 사람이다. 사실 유익하면서 즐겁기까지 한 사람은 극히 드물다. 그러므로 권력자들은 굳이 탁월함과 유쾌함을 모두 갖춘 사람이나 탁월함과 유용성을 모두 갖춘 사람을 찾으려 하지 않는다. 대신 즐거움을 원할 때는 재치 있는 친구들을 찾고, 또 다른 경우에는 그들의 명령을 잘 수행할 수 있는 유능한 친구들을 찾는다. 이 두 가지 성격을 모두 갖춘 사람은 매우 드물기 때문이다. 앞서 좋은 사람은 곧 즐거운 사람인 동시에 유익한 사람이라고 말했지만, 그런 사람은 자신보다 높은 지위에 있는 사람이 자신보다 더 탁월하지 않으면 친구가 되려고 하지 않는다. 탁월성에 비해 자신보다 지위가 우월해 그와 동등하지 않기 때문이다. 그러나 물론 지위뿐만이 아니라 탁월성에서까지 우월한 사람은 찾기 힘들다.

지금까지 언급한 몇 가지 우애는 동등성에 기초하고 있다. 두 친구가 서로에게서 원하는 것과 서로를 위해서 바라는 것이 같거나, 혹은 서로 필요로 하는 것, 이를테면 유익함과 쾌락을 교환하기 때문이다. 하지만 이미 말한 바와 같이, 유익함이나 쾌락을 위한 우애는 보다 덜 진실하고 덜 지속적이다. 이런 관계가 우애로 여겨지기도 하고 우애가 아니라고 여겨지기도 하는 까닭은 탁월성에 기초한 우애와 닮은 점도 있고 닮지 않은 점도 있기 때문이다. 일단 닮은 점이라면, 이런 관계들은 쾌락과 관련이 있거나 혹은 유익함과 관련이 있는데, 쾌락과 유익함 모두 탁월성에 기초한 우애에 속하는 성질인 것이다. 한편 탁월성에 기초한 우애는 비방에도 개의치 않고 영속적인 반면, 유익함과 쾌락을 위한 우애는 빨리 변하고 그 밖에 여러 면에서 다르기 때문에 우애로 보이지 않는다.

또 다른 종류의 우애는 우월성에 기초한 것이다. 이를테면 자식에 대한 아버지의 우애, 젊은이에 대한 노인의 우애, 아내에 대한 남편의 우애, 피통치자에 대한 통치자의 우애 같은 것이다. 이런 우애들 또한 서로 다르다. 왜냐하면 자식에 대한 부모의 우애는 피통치자에 대한 통치자의 우애와 같지 않으며, 자식에 대한 아버지의 우애는 아버지에 대한 자식의 우애와 같지 않고, 아내에 대한 남편의 우애는 남편에 대한 아내의 우애와 같지 않기 때문이다. 이들은 각자의 탁월성과 기능이 다르며 이들이 사랑하는 이유 또한 다르고, 따라서 애정과 우애도 다르다. 그러므로 저마다 상대방한테서 같은 것을 받을 수도 없고, 또한 구하려 해서도 안 된다. 자식이 자신을 낳아준 부모에게 도리를 다하고, 또 부모가 자식에게 도리를 다할 때, 이들 사이의 우애는 항상 변함이 없고 공평한 것이 될 것이다.

그런데 어머니가 자식을 사랑하는 것을 기쁨으로 여기는 데에서 볼 수 있듯이, 우애는 사랑받기보다는 사랑하는 것에 있는 듯하다. 자식을 남의 손에 맡긴 어떤 어머니는 사랑하고 사랑받는 게 모두 가능하지 않을 경우, 아이가 어떻게 자라는지 아는 한, 사랑하기만 할 뿐 사랑을 돌려받으려고 하지는 않는다. 그저 자식이 잘 사는 모습을 지켜보는 것만으로 충분하다. 또한 자식이 사정을 몰라서 어머니가 마땅히 받아야 할 것을 전혀 되돌려주지 못하더라도, 어머니는 자식을 사랑한다.

우애는 사랑받는 것이라기보다는 사랑하는 것이며, '친구를 사랑하는 사람'이 칭찬을 받는 까닭에, 사랑하는 것이야말로 친구들 사이의 탁월성인 것 같다. 그러므로 이런 탁월성이 친구의 가치에 상응하여 생겨날 때, 오랫동안 변치 않는 친구가 되고 또 이들의 우애는 영원할 것이다.

동등하지 못한 사람들도 바로 이런 방식을 통해서 친구가 될 수 있다. 사랑이 깃든 우애를 통해 그들은 동등해질 수 있기 때문이다. 우애는 서로 간의 동등성과 유사성이며, 특히 탁월성이 닮은 사람들의 유사성이다. 이런 사람들은 자신에 대해서나 서로에 대해서 확고부동하여 하찮은 것을 필요로 하지도 않고 거기에 종속되지도 않으며 오히려 그런 일을 하지 못하게 미리 막는다. 자신도 잘못을 범하지 않고 친구도 그렇게 하지 못하게 하는 것이 좋은 사람의 특징이기 때문이다. 그러나 못된 사람들은 확고함이 없다. 심지어 자기 자신들에게조차도 한결같은 상태를 유지하지 못하며 서로의 못된 점을 반기고 그저 잠깐 동안만 친구가 될 뿐이다. 한편 유익한 사람과 즐거운 사람은, 서로에게 즐거움이나 이로움을 가져다주는 한, 좀 더 오랫동안 친구로 남아있다.

유익함으로 인한 우애는, 이를테면 가난한 사람과 부자 사이의 우애, 무식한 사람과 유식한 사람 사이의 우애처럼, 무엇보다도 상반되는 사람들 사이에서 생기는 것 같다. 어떤 면이 부족한 사람은 자신에게 부족한 것을 추구하며, 그 대신에 다른 것을 상대에게 주기 때문이다. 사랑하는 사람과 사랑받는 사람, 아름다운 사람과 추한 사람도 여기에 속한다고 할 수 있다. 사랑하는 사람들이 때때로 자기가 사랑하는 만큼 사랑받기를 요구하는 게 우스워 보이는 이유는 바로 이 때문이다. 상대방만큼 사랑할 만한 사람이라면 똑같이 요구할 수 있겠지만, 전혀 그렇지 않은 사람이라면 그렇게 요구하는 것은 우스운 일이다.

아리스토텔레스의 『니코마코스 윤리학』

(김태경 옮김, 2012)

아리스토텔레스(Aristotéles/Aristotle, 기원전 384~기원전 322)

고대 그리스 철학자. 플라톤의 제자이며 알렉산더 대왕의 스승. 소크라테스, 플라톤과 함께 아테네 학파의 영향력 있는 철학자였으며 그리스 철학이 서양 철학의 근본을 이루는 데 이바지하였다. 자연과학에 대한 그의 견해는 뉴턴 물리학이 세계관의 패러다임을 전환하게 되는 르네상스 시대까지 영향을 끼쳤다. 저서로 『시학』, 『정치학』, 『니코마코스 윤리학』, 『자연학』, 『동물 탐구』 등이 있다.

4

인(仁)이란 무엇인가

배병삼

사람들은 사랑이나 우정을 쉽게 말할 수도 있지만, 한 인간이 다른 인간을 (서로 이용하거나 무관심한 관계에 그치지 않고) 사랑해야 할 이유를 찾기는 쉽지 않다. 인간 존중보다는 인간 파괴적 행위들이 판치는 세상에서라면, 어떻게 사람에 대한 사랑을 이야기할 수 있을까? 공자가 살았던 중국 춘추시대는 전쟁과 살인이 극도의 혼란을 야기하고 있었던 시대, 공자가 "어디다 발을 디뎌야 할지, 어디다 손을 놓아야 할지" 모르겠다며 몹시 두려워했던 시대다. 그 혼란의 시대에 홀연 나타나 폭력 아닌 사랑을, 전쟁 아닌 평화를 말하고 '인(仁)의 철학'을 제시했던 사람이 공자다. 그는 어둡고 혼란스러운 세상 어디에서 사랑의 가능성을 찾았을까? 그가 말한 '인'은 무엇이며 그것의 현대적 의미는 무엇일까? 왜 현대인은 2,500년 전 공자의 말에서 지금도 인간 세계를 인도할 가치와 지혜를 구하는 것일까?

물론 지금은 공자가 살았던 때와는 많이 다른 시대다. 그러나 인간관계나 사회관계에서 사람들의 삶을 고통스럽게 하는 조건들은 공자의 시대나 지금이나 별로 달라진 것이 없다. 공자가 고민했던 문제는 현대인에게도 여전히 고민거리다. 여러분이 공자를 만난다는 것은 옛사람을 만나는 일임과 동시에 우리의 '동시대인'을 만나는 일이다. 이것이 대학에서 여러분이 새삼 공자를 만난다는 것의 의미다. 가슴 깊은 곳에 도사린 불안한 질문들을 그에게 던져보라. 그의 답변이 어떤 것일지 여러분 스스로 생각하고 그 답변의 내용을 만들어보라. 우리를 불안하게 하고 불편하게 하는 질문들을 가차없이 던지는 것이 '인문학'이다. "인간을 인간이게 하는 것은 무엇인가" "사람은 어떻게 살아야 사람답게 사는 것인가"—이런 물음은 인문학이 어느 시대에도 포기하지 않는 근본적 질문들의 일부다. 공자라면 그런 물음에 어떤 대답을 들려줄까?

공자, 시대를 두려워하다

공자(孔子: 기원전 551~기원전 479)가 살던 때는 지금으로부터 2,500여 년 전, 이른바 춘추시대로 불리는 대혼란기였다. 권력을 잡기 위해 신하가 임금을 죽이고, 땅을 차지하려고 자식이 아비를 몰아내며, 한 웅큼의 밥을 위해 이웃을 살해하는 암울한 시대였다. 공자의 후예, 맹자는 그의 고민을 단 한 마디로 응축해서 전한다. "공자는 시대를 두려워하였다."(孔子懼)* 두려움의 정체는 "어디다 발을 디뎌야 할지, 어디다 손을 놓아야 할지 모를" 정도로 사회의 혼란이 극심해진 데 있었다. 다음 기사가 당대의 절망적인 상황을 웅변으로 증명한다.

> 공자가 제자들과 깊은 산속을 가던 어느 날. 한 여인이 통곡하고 있는 것을 보았다. 우는 까닭을 묻자, 여인은 '남편과 자식을 연이어 호랑이에게 잡아먹혀 잃었다'고 하소연한다.
> 공자는 '산을 떠나 마을에서 살면 될 것 아니냐'고 권한다. 그러자 여인은 '도시의 정치는 호랑이보다 더 무섭기 때문에 이곳을 떠날 수도 없다'고 답한다.
> 공자는 제자들을 돌아보고 말했다. '단단히 기억해두어라. 세상의 잘못된 정치는 호랑이보다 더 무섭다는 사실을!'
>
> 『예기(禮記)』

춘추시대란 기원전 770년~기원전 453년에 걸친 시기를 두고 말한다. 근 300년 동안 호랑이보다 더 무서운 전쟁과 공포에 휩싸인 세월이었다는 말이다. 우리가 일본 제국주의의 침탈을 받은 세월이 36년간이었다. 그동안 겪었던 조상들의 고통을 생각해본다면, 또 해방된 날을 두고 광복절(光復節), '빛을 되찾은 날'이라고 이름 붙인 내력을 생각해본다면, 그 10배에 가까운 세월 동안 어둠 속에 살았을 춘추시대 사람들의 절망감을 헤아릴 수 있을 것이다.

공자는 당시를 "잔혹하고 또 살인이 횡행하는 시대"로 규정하고, 이런 "잔혹과 살인을 치유하기 위해서는 적어도 100년은 걸릴 것"이라고** 암울하게 전망할 정도였다. 그러므로 공자의 어록, 『논어(論語)』 밑바닥에는 사람이 짐승으로 타락할지 모른다는, 아니 짐승보다 더 못한 동물로 추락할 것 같다는 두려움이 짙게 깔려 있다. 이 두려움이야말로 공자로 하여금 세상을 분주하게 돌아다니며 인(仁)으로 행하는 정치를 주장하게 만든 동력이었다.

공자의 핵심적 주장은 인(仁)이다. '인'은 다양하게 해석되지만, 쉽게 '사람에 대한 사랑[愛人]'으로 번역할 수 있다. 공자는 살상과 죽임으로 넘쳐나던 춘추시대에 도리어 날 때부터 사랑의 씨앗을 품은 존재가 사람이며, 그 씨앗을 잘 가꾸고 북돋우면 온 세상에 평화를 만들 수 있다는 사실을 발견하고 이를 설득하기 위해 천하를 돌아다녔다. 전쟁과 광란의 시대에 이런 제안은 비현실적이고 관념적인 것으로 치부되었고 또 그는 "상갓집 개"라고 조롱을 받기

---

* 『맹자』, 3b:8.

** 子曰, "'善人爲邦百年, 亦可以勝殘去殺矣.' 誠哉是言也!" (『논어』, 13:11)

도 했다. '상갓집 개'란 환영받지 못하는 불청객이라는 뜻이다. 그러나 공자는 영구적인 평화를 가져오기 위해선, 이 밖에 다른 길이 없다고 보았다.

인(仁)의 정체

석가모니의 사상을 '자비'로 압축할 수 있고, 또 예수의 생각은 '사랑'으로 꼽을 수 있다면 공자 사상의 핵심어는 인(仁)이다. '인'이란 무엇일까? '인'을 한자 사전에서 찾아보면 '어질다'라고 풀이되어 있다. 하면 또 '어질다'는 것은 무엇인가? '어질다'를 국어사전에서 찾아보니 "마음이 너그럽고 착하며 슬기롭고 덕행이 높음"이라고 되어 있다. '인'이라는 한 마디 속에 '너그럽고' '착하고' 또 '슬기롭고' 게다가 '덕행'까지 들어 있다니 더욱 아리송해진다. 문제를 더 꼬이게 만드는 것은, 현(賢)이라는 한자도 '어질다'로 해석된다는 점이다. 인(仁) 속에 '인'과 '현', '어질다', '너그럽다', '착하다', '슬기롭다' 등등 다양한 개념들이 뒤죽박죽 섞여 있으니, 도리어 우리를 혼란에 더 빠트린다.

그렇다면 사전을 통해 뜻을 추적하는 일은 일단 멈추고, '인'이라는 말이 『논어』 속에 어떻게 쓰이는가를 살펴봄으로써 그 뜻을 거꾸로 추적하는 방법을 써보자. 공자 제자들도 '인'의 정체에 대해 고민하고 있는 모습을 『논어』 속에서 확인할 수 있다. 자공(子貢)의 경우가 그렇다. 그는 '인'을 세상을 구제하는 큰 활동으로 여겼던가 싶다.

그는 "만백성을 모두 구제해서, 아픈 사람도 없고 가난한 사람도 없는 세상을 만드는 정도라야 인이라고 할 수 있습니까?"라는 질문을 던진다. 그러나 공자는 인이란 그런 대단한 것이 아닐뿐더러, 만백성을 한꺼번에 구제하는 과업이란 역사 속에서 실현되어본 적이 없는 환상에 불과하다고 일축한다. 중국 고대의 전설적인 성왕이었던 요(堯)임금과 순(舜)임금조차도 그런 성취는 이뤄내지 못했다는 것이다.*

공자가 제시하는 인의 실천 방법은 자공이 생각한 규모에 비하면 실로 초라할 정도다. 공자는 '인'을 이렇게 정의한다.

> "인(仁)이란 내가 이룬 것은 상대방도 함께 이루도록 해주고, 내가 아는 것은 상대방도 알려주어 함께하는 것이다. 내 주변에서 '함께하기'를 실천할 수 있다면 그게 '인'을 이루는 방법인 게지."**

우선 나의 자립이 앞장을 선다. 앎이든 돈이든 내가 가진 게 없다면 남에게 베푼다는 것은 불가능하지 않을까? 가령 학습의 즐거움을 내가 느끼지 못하고서야 어찌 남과 더불어 즐거워할 수 있을까? 그러니 인을 위한 첫째 조건은 자립한 사람이 되는 것이다. 그다음 내가 획득한 즐거움을 독점하지 않고 주변 사람과 함께 더불어 나누겠다고 손길을 내미는 것이다. 이

* 子貢曰 "如有博施於民而能濟衆, 何如? 可謂仁乎?" 子曰 "何事於仁, 必也聖乎! 堯舜, 其猶病諸." (『논어』, 6:28. 앞부분)

** 夫仁者, 己欲立而立人, 己欲達而達人. 能近取譬, 可謂仁之方也已. (『논어』, 6:28. 뒷부분)

손길에 '인'이 들어 있을 따름이라는 것.

그러니까 유엔 사무총장이 되어 인류를 구제하겠다는 것이거나 대통령이 되어 국민을 잘 살게 해주겠다는 그런 큰 포부가 아니라, 그저 내가 아프리카 사람이라면 그 이웃에서부터, 또 내가 중국인이라면 또 그 주변 사람에게 손을 내미는 것이 '인'일 따름이다. 명심하자. 공자의 사랑[仁]이란 다만 주변의 사람들과 '더불어 삶' 속에 깃든다는 사실을! 사랑의 손길은 저 먼 데 사람에게 미치기 전에, 혹은 거대한 프로젝트나 캠페인을 통해서가 아니라 고작 '내 주변에' 있는 이웃의 고민을 함께 해결하려는 노력으로부터일 뿐이라는 사실도!

요컨대 내가 획득한 기쁨과 즐거움을 주변 사람들과 '함께 나누기', 이것이 '인'일 뿐이다. 이 점을 두고 공자는 "인이란 곧 주변 사람을 아끼는 것"으로 정의하기도 하고*** 또 "인이 멀리 있느냐? 아니다. 내가 상대방을 안타까워하며 손을 내미는 순간, 인이 깃들인다"****라고 지적한 바다. 이처럼 지금 당장 살아가는 와중에 그저 내 주변에서부터 내가 가진 걸 나누는 것이 '인'이 된다.

가족

나와 가깝기로는 부모 형제만 한 사람이 없다. 특히 부모님은 나의 살과 뼈, 피부와 머리카락을 만들어준 은인들이다.***** 그리고 "진자리 마른자리 가려 가시며" 당신을 희생하면서 나를 길러주신 분들이다. 부모의 사랑이야말로 '인'의 순수한 결정체라고 할 수 있을 것이다.

공자는 이 점을 특별히 주목하였다. 남편과 자식을 호랑이에게 잡아먹히면서도 마을에 나가 살기를 두려워할 만큼 가혹했던 춘추시대에도, 맑고도 짙은 '사랑의 지하수'가 부모로부터 자식에게로 흘러내리고 있음을 발견하고 무릎을 쳤다. 공자는 춘추시대의 폭력과 광기를 극복할 동력을 가족 속에서 흘러내리는 부모자식의 사랑에서 발견했던 것이다.

부모의 피 속에는 자식 사랑의 유전자가 심어져 있다. 이건 인간만이 아니라 모든 동물이 다 그렇다. 〈동물의 왕국〉이란 TV 프로그램 속에서 수천 킬로미터 바닷길을 헤치고 제 고향으로 돌아온 연어가 온몸이 다 부서진 상태로 알을 낳고 장렬하게 죽어가는 장면 앞에서 우리는 숙연해진다. 개울에 사는 수달의 자식 사랑은 일연 스님이 전하는 『삼국유사』에 전해진다.

> 승려 혜통의 본래 이름은 알 수가 없다. 다만 속세에 살 때 그의 집이 경주 남산의 서쪽 기슭에 있었다 한다. 어느 날 동쪽 시냇가에서 놀다

*** 공자 제자 번지가 인(仁)을 물었다. 공자 말씀하시다. "애인(愛人)이라, 사람을 아끼는 것이지." (樊遲問 "仁". 子曰 "愛人." 『논어』, 12:22)

**** 子曰 "仁遠乎哉? 我欲仁, 斯仁至矣." (『논어』, 7:29)

***** "신체발부, 수지부모(身體髮膚, 受之父母)"라, '몸과 뼈, 터럭과 살갗은 다 부모에게서 받았다'라는 『효경(孝經)』의 첫 구절이, 유교에서 보는 사람의 기원을 잘 말해주고 있다.

> 가 수달 한 마리를 잡았다. 그 살은 발라 먹고, 뼈는 동산 안에 버렸다. 이튿날 새벽에 그 뼈가 없어졌으므로 핏자국을 따라서 가보니 뼈는 전에 살던 굴로 되돌아가서 새끼 다섯 마리를 안고 있었다.
>
> 혜통이 이를 바라보고 한참이나 놀라고 이상히 여겨 탄식하고 망설이다가 마침내 속세를 버리고 출가하여 이름을 혜통이라고 바꿨다.
>
> 『삼국유사』, 「혜통항룡」 조

혜통 스님이 동굴에서 어미 수달의 뼈가 새끼 다섯 마리를 안고 있는 모양을 보고 놀란 것은 무엇이었을까? 죽어서도 새끼들을 염려하여, 하루 밤새라도 차마 죽어 있을 수 없는 그 지극한 어미의 사랑 때문이었으리라. 어린 새끼들이 배고파 우는 울음소리가 죽은 어미의 뼈조차 움직여 동굴로 이끈 것이었으므로. 이런 어미의 자식 사랑을 우리는 '내리사랑'이라고 불렀고, 한자로는 자(慈)라고 썼다. 물이 위에서 아래로 흐르듯, 사랑도 부모로부터 자식에게로 자연스럽게 흘러내린다는 뜻이다.

그런데 내리사랑은 모든 동물이 다 갖고 있지만 부모님이 베푼 사랑을 기억했다가 그 은혜를 되갚겠다는 동물은 오로지 인간밖에 없다. 이 지점이 중요하다. 모든 동물의 사랑은 부모에서 자식으로 흘러내릴 뿐이지만, 유독 인간의 사랑만은 흘러내릴뿐더러 '미약하지만' 자식에서 부모 쪽으로 거슬러 올라가는 특성이 존재한다. 이 되갚으려는 사랑을 우리말로는 '치사랑'이라 부르고, 한자로는 효(孝)라고 썼다.

치사랑 = 효가 가능한 것은 '가족'이라는 사회를 인간만이 구성한다는 특성 때문이기도 하다. 동물의 가족은 새끼를 낳아 기르는 동안 생겨났다가 곧 사라지지만, 인간의 가족은 태어나 죽을 때까지 언제나 함께 존재한다. 가족 속에서야 사람이 사람다워진다는 점에서 인간은 '가족적 동물'이다. 인간은 가족이라는 공동체 속에서 내리사랑과 치사랑을 주고받으면서 화목이라는 꽃을 피워낸다. 가화만사성(家和萬事成)이라, 가족 속의 화목이 만사를 성취하게 만드는 힘이라는 낙관주의가 여기서 비롯한다.

뿐만 아니다. 가족 속에서 서로 살갗을 맞대며 빚어낸 따뜻한 에너지인 화목을 집의 문턱을 넘어 마을로, 나라로 나아가 온 천하에 퍼뜨림으로써 세계 평화를 이뤄낼 수 있다는 비전이 공자의 '평천하 프로그램'이다. 이 점을 이해할 때 왜 공자가 가족을 그토록 중시하고 또 효를 중요시했던가를 납득할 수 있다. 가족은 사랑[仁]의 샘이요 또 사람다움의 배양장임을 잊어서는 안 된다. 다음을 보자.

> 맹무백이 효를 여쭈었다.
>
> 공자 말씀하시다. "부모는 오로지 자식이 아플까 염려하시니라."*

부모는 자식이 세상의 목표를 다 이루어 부귀한 사람이 되고 또 드높은 명예를 얻었어도 내내 그 자식의 건강을 걱정한다는 말이다. 그러니까 효란 딴 게 아니다. 건강하게 내 몸을

* 孟武伯問 "孝". 子曰 "父母, 唯其疾之憂." (『논어』, 2:6)

건사하는 것이 효가 된다. 속담에 "여든 먹은 어머니, 예순 먹은 자식더러 차 조심하라고 한다"는 말처럼, 다 늙어 몸조차 건사하기 어려운 어머니가 이미 노인이 되어 손자까지 둔 아들에게 찻길을 조심하라며 염려하는 그 마음을 아는 것, 그 내리사랑을 거슬러 알아채어 조심하며 살아가는 것, 이것이 효의 정체다. 또 다음을 보자.

> 공자 말씀하시다. "부모님의 나이는 알지 않을 수 없네. 한편으로는 기쁘고[喜] 또 한편으로는 두렵기[懼] 때문이다."**

부모의 나이를 알아 한편으로 기쁜 까닭은 무엇인가? 오늘까지 살아계셔서 내가 부모님을 뵐 수 있기에 기쁜 것이다. 반면 두려운 까닭은 무엇인가? 하루에 비유하면 부모는 이제 정오를 지나 서쪽으로 기울기 시작한 해와 같음을 아는 까닭이다. 서쪽으로 기운 해가 언제 저물지 모르니까 두려운 것이다.

한 가지에 겹쳐 존재하는 기쁨[喜]과 두려움[懼]이라는 상반된 느낌의 동거. 이 상반된 느낌이 한데 동거하는 역설이야말로 사랑의 정체일 것이다. 사랑의 정체는 역설인 것이다. 사랑하는 애인과의 만남을 생각해보자. 사랑하는 사람을 만나는 순간, 그 얼마나 기쁜가? 허나 그 순간 겹쳐 드는 초조함이 있으니 머지않아 또 헤어져야 한다는 사실이다. 기쁨/두려움의 상반된 감정이 한데 동거하는 '역설의 심정'이 사랑의 본질이다. 공자는 그 사랑의 역설을 부모-자식 간의 사랑에서 확인했으니, 효가 사랑[仁]의 출발이 된다. 이에 공자 제자 유자(有子)는 "효와 공손은 인(仁)의 근본일진저!"라고 찬탄했던 것이다.***

정리하면 이렇다. 부모가 자식을 아끼는 마음, 이것은 원초적이고 동물적인 사랑이다. 그것을 보고 배워서 사랑을 되갚으려는 마음, 이것이 또 효가 된다. 다만 유의할 것은 효가 부모에 대한 복종을 의미하는 것이 아니라는 사실이다.**** 이 점을 공자를 이어 유학을 발전시킨 순자(荀子)가 잘 지적하고 있다.

> 집에 들어와서 효도하고 사회에 나가서 공손한 것은 사람의 작은 행실이다. 윗사람에게 순종하고 아랫사람을 따뜻이 보살피는 것은 사람의 중간 행실이다. 바른 이치를 따르지 임금은 좇지 않고, 정의를 따르지 아버지 말씀이라고 그저 순종하지 않는 것은 사람의 가장 큰 행실이다.*****

그저 부모님의 명에 복종하는 것은 효가 아니고, 올바른 길을 배우고 익혀서 그 길로 나아

** 子曰 "父母之年, 不可不知也. 一則以喜, 一則以懼." (『논어』, 4:21)

*** "孝弟也者, 其爲仁之本與!" (『논어』, 1:2)

**** 우리는 여태 유교를 충효(忠孝)라는 이름으로 오해해왔다. '부모에게 복종하는 자식이, 나라에 충성한다'는 식이다. 그 출발점이 효를 '부모에 대한 복종'으로 잘못 아는 데서부터다. 그러나 공자와 맹자는 충효를 말한 적이 없다. 아니 유교에는 충효(忠孝)가 없다. 이 점은 배병삼, 「충효는 없다!」, 『우리에게 유교란 무엇인가』, 녹색평론사, 2012를 참고하자.

***** 入孝出弟, 人之小行也. 上順下篤, 人之中行也. 從道不從君, 從義不從父, 人之大行也. (『순자』, 자도(子道)편)

가는 것, 그리고 부모님께도 그 길을 권하고 함께 손잡고 나아가는 것이 참된 효임을 순자는 지적하고 있다는 점에 주의하자.

공자가 꿈꾸는 사랑, 인(仁)의 세계란 고작(!) 가족 속에서 주고받으며 피워내는 부모와 자식 간의 사랑인 '화목'을 문턱 너머 세계로 퍼뜨리려는 것에 불과하다. 이것만이 짐승보다 못한 세계로 추락하던 춘추시대를 극복하고 참된 평화를 이룰 에너지라고 보았던 것이다. 그러니까 〈논어〉는 가정에서 솟아난 인(사랑)이 흘러넘쳐 저 먼 세계에까지 미치는 길을 여러 가지 예화를 통해 설명한 책이라고도 할 수 있다.

이제 가족 속에서 발견하고 배양한 사랑[仁]은 문밖으로 나아간다. 이 대목에서 공자의 사랑이 결코 집안 속에, 제 가족 사랑에 머물지 않는다는 점을 기억해두는 것이 중요하다. 공자가 가족을 중시한 까닭은 여기가 사랑[仁]을 잣는 샘이라는 것 때문이지, 이른바 '가족주의'에 매몰되어 내 자식, 내 부모만 챙기라는 것이 결단코 아니다. 도리어 가족에서 자아낸 사랑의 샘물을 문지방 너머 마을로, 국가로 세계로 나아가 온갖 동식물에까지 미쳐야 한다는 것이 공자의 본심이다. 그것을 프로그램화한 것이 〈대학〉의 '수신-제가-치국-평천하'다. 제 자식만 챙기고 제 부모만 존중해서 집안의 문턱을 넘어서지 못하는 사랑이라면 그것은 고작 이기적이고 동물적인 것일 뿐, 공자가 지적하는 '인'과는 거리가 멀다는 점을 재차 강조해 두고자 한다.

극기복례: 인으로 가는 길

그런데 수신—제가로부터 치국—평천하에 이르는 인의 행로는, 공자 정도 되는 성인에게나 가능한 일이지 평범한 우리에겐 어려운 일로 여겨질 수 있다. 또 남으로부터 사랑받는 것이야 얼마든지 좋으나, 내가 남을 사랑하기란 쉽지 않다. 인의 실천, 곧 '내 것을 남과 함께 나누기'란 말처럼 쉬운 일이 아니라는 것이다. 더욱이 우리 마음속에는 공자에게 항변하고 싶은 말이 숨어 있을 수 있다. '아니, 내가 애써서 노력하여 얻게 된 것을 왜 남에게 나눠준단 말인가?' 또는 '밤새워가며 알아낸 것을 왜 일없이 남과 함께 나눈단 말이야?' 등등. 그런데 공자는 눈을 하얗게 치뜨고서 이렇게 말한다.

> 지금 자네가 '나'라고 생각하는 사람은 실은 '참된 나'가 아니라네!

아니, 웬 뚱딴지 같은 말씀일까? 내가, 나 자신이, 내가 아니라니? 공자의 설명을 따라가 보자. 공자는 우선 나를 만든 사람이 누군가를 질문한다. 기독교에서라면 창조주 하나님이겠고, 불교에서라면 '인연의 법칙[緣起]'이겠지만, 유교에서는 단연코 부모님이다. 아버지의 피와 어머니의 살로 이뤄진 것이 내 몸뚱이니까 그렇다. 그다음에는 농부들이 있다. 그들이 만든 쌀과 고기를 통해서 내 몸이 영위된다. 그 뒤에도 많은 이들이 존재한다. 내 몸을 감싼 옷과 신발, 안경과 집 등이 다 남의 손으로 만들어진 것이기에 그러하다. (내 머리카락도 내 스스로 자르지 못한다.)

곧 '나'를 낳고 채우고 살리는 것은 나 자신이 아니라 모두 남이다. 나라는 존재는 고작 남에게 빚진 사람이다. 부모, 형제, 농부, 어부, 광부, 그리고 먼 나라의 낯선 사람들. 나아가 동물과 식물, 공기와 물에게조차 빚지고 살아가는 인생이다.

공자는 여기서 '내가 노력해서 얻은 것을 왜 남과 나누느냐'고 주장하는 '거짓된 나'의 정체를 바로 보라고 권한다. 실제로는 남과 관계 맺지 않고서는 단 하루도 살아갈 수 없는 것이 '진짜 나'라는 사실을 똑바로 알아야 한다고 주장한다. 공자는 이것이 생명의 진리라고 본다. 수제자 안연(顔淵)이 '인(仁)'을 물었던 데 대해 공자가 내린 답변에 주목해야 하는 까닭이다.

> 안연이 인(仁)을 여쭈었다.
> 공자, 말씀하시다. "극기복례(克己復禮)라, 단독자로서의 나를 이겨내고 상대방과 더불어 함께하는 순간 인(仁)이 되지. 단 하루라도 극기복례할 수 있다면 온 세상이 문득 인(仁)으로 바뀔 거야. 그 변화는 나로부터인 게지, 상대방으로부터가 아님이랴!"*

극기복례는 우리에게 낯익은 말이다. 극기란 '나를 이긴다'는 뜻인데, 여기서 나[己]란 상대방을 수단으로 삼으려는 나, '내가 애써서 노력하여 얻게 된 것을 왜 남에게 나눠준단 말인가?'라고 질문하는 나를 뜻한다. 보고 듣는 감각에 사로잡혀 너와 나를 구분하고 너를 나의 도구로 삼는 나, 곧 에고(ego) 덩어리가 기(己)다. '극기'란 에고를 부수고 툭 트인 마음으로 상대방에게 손을 내미는 과정을 말하고, '복례'란 너와 나의 경계가 툭 터지면서 '우리'로 승화하는 과정을 뜻한다.

오해하기 십상이지만, 복례의 예(禮)는 리바이어던으로 몸을 바꿔 사람을 잡아먹던 조선 말기의 경직된 의례들을 뜻하는 말이 아니다. 여기 예란 상대방을 세계의 주인공으로서 영접하는 길들을 말한다. 너와 내가 마음을 열고 소통하는 길이 예다. '복례'에는 '함께 더불어 살기'가 사람의 본래적 가치라는 뜻이, 더불어 살 때라야만 사람의 사람다움이 드러난다는 생각이 전제되어 있다. 그러므로 복례의 복(復)에는 현재 나(에고) 중심의 세계를 벗어나 '우리'의 세계로 되돌아가자는 지향성이 들어 있다.

복례의 세계는 남과 함께 더불어 살아가기, 즉 '우리'가 되는 곳이다. 다시금 내 등 뒤에는 수많은 타인들이 존재하고 있다. 내 몸뚱이는 부모님으로부터 받은 것이요, 음식은 농부에게 빚지고 있는 것이다. 나아가 현재의 '나'는 아들과 아내, 그리고 학생들과 관계 맺고 있기도 하다. 극기복례란 막상 나는 저 수많은 이웃들과 함께할 때라야, 겨우 존재하게 된다는 전도된 진실을 깨닫는 길이다. 다음 시는 나라는 존재의 관계적 맥락 속에, 함께 더불어 사는 곳에 사랑[仁]이 존재함을 넌지시 지시해준다.

> 나는
> 나의 아버지의 아들이고
> 나의 아들의 아버지고

---

* 顔淵問 '仁'. 子曰 "克己復禮爲仁. 一日克己復禮, 天下歸仁焉. 爲仁由己而由人乎哉?" (『논어』, 12:1 전반부)

나의 형의 동생이고
나의 아내의 남편이고
나의 집의 가장이다

그렇다면 나는
아들이고
아버지고
동생이고
형이고
남편이고
가장이지

오직 하나뿐인 나는 아니다*

여기서 "나의 아버지의 아들"이자 "나의 아들의 아버지"인 '나' 속에는 아버지도 들어 있고 아들도 들어앉아 있다. 나 속에 든 너와 함께할 적에야 제대로 된 사람이 된다는 뜻이다. 전래된 속언에 "사람이라고 다 사람이냐, 사람 짓을 해야 사람이지!"라는 말도 이와 다르지 않다. 속담 속의 '사람 짓'이란 곧 상대방(너)과의 관계를 제대로 수행할 적에야, 즉 소통할 적에야 올바른 인간이 된다는 말이다.

또 그러고 보면 한자어 인간(人·間)도 다를 바 없다. 공자에게서든, 우리 전통에서든 사람이란, '인·간'이라는 한자가 뜻하듯 '사람-사이'로 구성된다. 너와 나 '사이'에 '사람됨'이 존재한다는 말이다. 그러니까 단독자, 즉 개인은 사람이 아니다! 독재, 독백, 독점, 독선으로 이어지는 '홀로 독(獨)' 자를 공자가 왜 그토록 증오했는지도 이즈음 분명해진다. '너'와 '나'가 함께·더불어 살아갈 때, 곧 각각의 만남에 따라 적절한 소통에 성공할 적에야 사람다움을 획득하는 것이다.

여기서 다산 정약용이 '仁'을 쪼개 "인이란 것은, 두 사람이다(仁者, 二人也. 〈논어고금주〉)"라고 지적했던 점도 상기할 만하다. '仁'이란 사람[人]과 둘[二]이 엮인 합성 글자다! 즉 '두/사람'이 '仁'을 구성한다. 여기 두 사람 가운데 한 사람은 바로 '나'다. '두 사람'이란 나와 상대방과의 만남, 예컨대 나와 아내, 나와 부모, 나와 자식, 나와 학생, 나와 친구로 구성된다. 다산이 '仁이란 두 사람이다'라고 선언했을 때, '仁'이 상대방과 관계를 맺고 또 상호 간에 소통하는 행위임을 그가 잘 알고 있었음을 보여준다. 다만 안연에게 준 가르침의 끝마디도 주의해야 한다.

"그 변화는 나로부터인 게지, 상대방으로부터가 아님이랴!"

그렇다. 내가 먼저 손을 내밀어 그대 손을 잡을 때라야, 너와 나는 우리로 변화한다. 말하자면 내 손을 내미는 것은 '극기'요, 그대의 손을 잡는 때가 '복례'요, 우리로 변모하는 순간이 곧 인(仁)이 된다. 극기복례란 상대를 나와 동등한, 그러면서도 나와 또 다른 주인공으로 영접할 때 '우리'로 변모하는 과정이다.

요컨대 "단독자로서의 나를 극복하고 상대방과 더불어 하는 순간 인(仁)이 되지. 단 하루

* 김광규, 「나」(부분), 『반달곰에게』(민음사).

라도 극기복례할 수 있다면 온 세상이 문득 인(仁)으로 바뀔 거야!"라는 공자의 가르침은 "내가 변하는 순간, 툭 세상이 바뀐다!"라는 말로 재번역할 수 있다. 결국 공자 사상의 핵심어 인(仁)이란 '함께 더불어 살기'다. '함께 더불어 살기'의 원동력은 '그대가 있기에 내가 존재한다'는 생각으로의 전환에서 비롯된다. '내가 있기에 네가 있다'라는 자기애(自己愛)에 가득 찬 일상을 완전히 뒤집어 '그대가 있음으로 내가 존재한다'로 전환하는 순간, 평화의 길이 툭 열린다. 공자는 이 전환의 극적인 순간을 "단 하루라도 극기복례할 수 있다면 온 세상이 문득 인(仁)으로 바뀔 거야. 그 변화는 나로부터인 게지, 상대방으로부터가 아님이랴!"라고 표현한 것이다.

여태 '나'만이 존재하던 세계, 혹은 '내가 있음으로 네가 있다'라는 오만한 생각으로부터 '당신, 곧 부모, 형제, 농부, 친구가 있기에 겨우 내가 존재할 수 있다'는 생각으로 바꾸는 순간 '함께하기'가 가능해지는 것이다.

그렇다면 사람다움은 결코 홀로, 따로, 눈에 보이는 사물로서 존재하는 것이 아니다. 사람다움은 너와 나 사이 어디쯤에 있는데, 그것은 너를 나의 대상이나 수단이 아니라 도리어 네가 있음에 내가 존재함을 깨닫는 순간 문득 드러난다. 시 한 구절을 또 빌리자면 "그대 있음에, 내가 있네. 나를 불러 손잡게 해"(김남조 시인)라며 손을 내밀어 그대를 영접하는 순간 피어난다. 그 꽃송이의 이름을 따로 인(仁)이라 부를 따름이다.

(배병삼, 2013)

배병삼(1959~)

영산대학교 교수. 1980년 광주민주화항쟁을 계기로 국가의 정체와 권력의 의미, 미국과 한국의 관계를 고민하고 성찰해왔다. 1993년 『다산 정약용의 정치사상에 관한 연구』로 정치학박사 학위를 받았다. 정치학의 관점에서 살핀 『맹자』의 주석 작업에 힘을 쏟고 있다. 저서로 『우리에게 유교란 무엇인가』, 『공자, 경영을 論하다』, 『논어, 사람의 길을 열다』, 『한글 세대가 본 논어』 등이 있다.

한 조선 여인의 편지

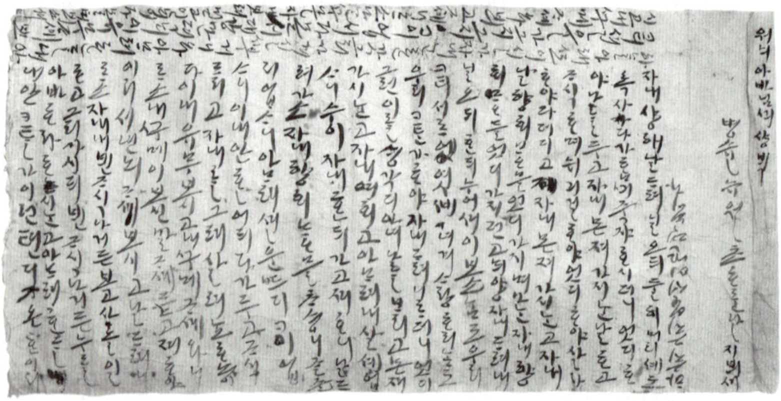

조선 여인의 편지 원문

미투리

이 편지는 선조 2년(1586년)에 이응태(1556~1586)의 처가 쓴 것으로 31살의 나이로 죽은 남편의 관 안에 다른 친지나 가족들의 편지와 함께 안치되었던 것이다. 1998년 5월 안동시의 택지 개발을 위해 무덤을 이장하다 발견되었을 때, 시신 가슴팍에 편지가 얹혀 있었다. 남편의 병을 낫게 하려고 직접 머리카락을 잘라 짚과 함께 삼은 미투리도 시신의 머리맡에서 발견되었다. 조선 중기까지 아내가 남편을 "자네"라고 호칭한 사실이 확인되어 화제가 되기도 한 이 편지는 조선시대에 유교적 남존여비 의식이 사회를 지배했을 거라는 일반의 인식을 뒤엎고, 남편과 아내 사이에 진솔한 사랑의 언어가 오갔던 것을 알려주는 중요한 문서다. (편지 전문 및 사진 자료: 안동대학교 박물관 제공)

원이 아버지께

자네 언제나 나에게 둘이 머리 희어지도록 살다가 함께 죽자 하시더니
어찌 나를 두고 자네 먼저 가시나요
나와 어린아이는 누구의 말을 듣고 어떻게 살라고 다 버리고 당신 먼저 가시나요
당신 나에게 어떻게 마음을 가져왔고, 나는 당신에게 어떻게 마음을 가져왔었나요
함께 누우면 언제나 나는 자네에게 말하곤 했지요
여보 다른 사람들도 우리처럼 서로 어여삐 여기고 사랑할까요
남들도 정말 우리 같을까요
어찌 그런 일들 생각하지도 않고 나를 버리고 먼저 가시나요
자네를 여의고는 아무리 해도 나는 살 수 없어요
빨리 자네에게 가고 싶어요
나를 데려가 주세요
자네를 향한 마음을 이승에서 잊을 수 없고, 서러운 뜻 한이 없습니다
내 마음 어디에 두고 자식 데리고 자네를 그리워하며 살 수 있을까 생각합니다
이내 편지 보시고 내 꿈에 와서 자세히 말해주세요
자네 말을 자세히 듣고 싶어서 이렇게 글을 써서 넣어드립니다
자세히 보시고 나에게 말해주세요
자네 내 배 속의 자식 낳으면 보고 말할 것 있다 하고 그렇게 가시니
배 속의 자식 낳으면 누구를 아버지라 하라시는 거지요
아무리 한들 내 마음 같겠습니까
이런 슬픈 일이 또 있겠습니까
자네는 한갓 그곳에 가 계실 뿐이지만 아무리 한들 내 마음같이 서럽겠습니까
한도 없고 끝도 없어 다 못 쓰고 대강만 적습니다
이 편지 자세히 보시고 내 꿈에 와서 자네 모습 자세히 보여주시고 또 말해주세요
나는 꿈에는 자네를 볼 수 있다고 믿고 있습니다
몰래 오셔서 보여주세요
하고 싶은 말, 끝이 없어 이만 적습니다

병술 유월 초하룻날 집에서 아내 올림

5

공감하는 유전자

요아힘 바우어

인간에게 '본성'이라는 것이 존재할까? 인간의 '본성'은 과연 어떤 것일까? 이것은 오랫동안 다양한 분야의 전문가들이 반복적으로 질문해온 물음 가운데 하나이다. 어릴 적부터 지나친 경쟁에 노출된 채 살아온 우리 시대의 사람들은 대개 인간을 '이기적 존재'로 인식하는 경향이 있다. 실제로 전쟁, 팬데믹, 가난, 혐오 등이 지배하는 시대를 경험한 인간은 자기중심적으로 살아가려고 노력하기 마련이다. 그렇다면 인간은 정말 '이기적 존재'일까? 최근 다양한 분야의 과학자들이 동일한 질문을 던지고 있다. 독일의 신경생물학자이자 정신의학자인 이 글의 저자도 그 과학자 가운데 한 사람이다. 이 글에서 요아힘 바우어는 '공감과 공존'이라는 가치를 중심으로 인간성을 설명하고 있다. 인간의 유전자가 의미 있고 인간 친화적이며 사회적 태도에 반응한다는 그의 주장을 동시대의 과학자, 철학자의 주장과 나란하게 놓고 검토해보면 인간의 '본성'에 대해 한층 유의미한 결론을 도출할 수도 있을 것이다.

'머리부터 발끝까지 사랑을 위해 태어난 사람'이라는 노랫말이 있다. 작곡가 프리드리히 홀랜더가 만든 노래의 한 구절로, 베를린 출신의 세계적 배우이자 가수인 마를레네 디트리히 덕분에 전 세계에 널리 알려졌다. 이 노랫말은 언뜻 과장되어 보이지만 실제로는 핵심을 찌르고 있다. 인간은 하루 24시간 내내 사랑할 수 있는 게 아니라고, 일에도 전념해야 하고 휴식도 필요하다며 누군가 이의를 제기한다면, 틀린 말은 아니라고 인정하면서도 동시에 의학적 사실이라고 반론을 제기할 수 있다. 사랑받고 있다고 느끼고 또 사랑할 수 있는 사람만이 제대로 일하고 제대로 쉴 수 있다. 사랑 없는 삶을 영속적으로 살게 된다면 일을 잘 해내기 위해 필요한 동력을 언젠가 잃게 된다.

인간에게 휴식이 꼭 필요하다는 사실은 이

론의 여지가 없다. 차분히 쉴 수도 없고 제대로 잠을 잘 수도 없다면, 많은 경우 사랑과 직접적 혹은 간접적으로 연관된 문제로 인한 것이다. 인간이 '머리부터 발끝까지 사랑을 위해 태어난' 존재라는 주장에 대해 나는(우리가 아직 살펴보지 않은 근거들을 바탕으로) 과학적인 관점에서 반대하지 않으려고 한다. 물론 홀랜더의 노래 뒷부분에 이어지는, 사랑을 제외하면 인간은 '아무것도 할 수 없다'라는 구절도 마찬가지다. 왜냐하면 사랑은 인간을 제약하지 않으며, 인간을 이루는 모든 것에 대한 문을 활짝 열기 때문이다. 창의성, 의미 있는 일, 노력하려는 의지, 선을 향한 책임과 참여, 그리고 무엇보다 생을 즐기는 데 있어서의 문을 열어준다. 마를레네 디트리히는 이를 보여주는 살아있는 본보기였다.

그렇다면 마지막 질문이 하나 남는다. 사랑이 아닌 공격성은 우리 인간과 어떤 관계일까? 이 부분은 나중에 다시 언급하겠다.

사회적 연대를 위한 기본 토대

우리가 왜 사랑 없이 살 수 없고 건강한 삶을 유지하지 못하는지, 공격성이 어떤 목적을 가지고 있는지는 현대 신경과학이 새로이 밝힌 지식을 통해 이해해볼 수 있다. 인간에게 삶에 대한 의지는 선천적으로 주어지지 않는다. 삶의 의지는 부유물을 수면 위로 올리는 부력처럼 저절로 생기는 것이 아니다. 우리로 하여금 아침마다 침대에서 일어나도록 도와주고, 일상의 도전과 난관에 대비하도록 하고, 생의 즐거움을 느끼도록 만드는 모든 에너지는 신경생물학적 토대를 가진다.

이런 에너지는 두뇌 중앙에 있는, 이른바 중뇌에 자리한 신경세포 연결망에서 도파민, 베타-엔도르핀, 옥시토신이라는 전달물질을 생성할 때에만 생겨난다. 매체에서는 이런 신경전달물질을 '행복전달물질' 또는 '행복호르몬'이라 칭하기도 한다. 도파민은 인간에게 정신적 에너지를 부여하며 베타-엔도르핀은 고통을 경감시켜준다. 옥시토신은 친밀감과 신뢰를 느끼게 하며, 공감 능력을 촉진시킨다. 이러한 전달물질이 생성되는 신경망을 '동기 체계' 또는 '보상 체계'라고 한다.

사람 사이에서 경험한 애정과 사랑은 이러한 체계를 활성화시키고 앞서 말한 신경전달물질들의 생성을 자극해 우리가 좋은 감정을 느끼도록 하며 생기를 일깨운다. 반드시 늘 사랑일 필요는 없다. 온갖 종류의 사회적 유대를 우리는 일상생활에서 경험한다. 이는 신경세포 연결망을 활성화시켜 우리 안에 유쾌한 감정을 불러일으킨다. 즉 보상인 셈이다(그래서 보상 체계라 불리는 것이다). 편안하고 즐거운 감정은 우리가 노력해서 얻을 준비가 되어 있기 때문에 우리의 동기를 자극한다(그런 까닭에 동기 체계라고도 한다).

사회적 유대를 향한 욕구는, 특별히 이에 초점을 맞춰 진행된 여러 연구에서 보여주듯이 유쾌한 감정에 대한 욕구보다 더 깊은 곳에 자리한다. 사랑이 재미나 즐거움을 만들어낸다는 사실은 실로 경이롭다. 그런데 왜 어려운 시절이나 재미없는 시기를 견뎌내야 하는 경우에도 상당수의 연인 또는 부부 관계가 유지되는 것일까?

우리 몸의 관점에서 사회적 결속은, 특히 어려운 시기에는 그 자체로 가치가 있다. 관계가 의미 없어졌거나 견딜 수 없어졌단 이유로 관계를 끝내는 것은 몸의 관점에서 보면 의문의 여지 없이 충분히 그럴 만하다. 때문에 버티는 경우만큼이나 다소 성급히 이별하는 경우도 적지 않다. 하지만 이는 우리를 그리고 주변의 소중한 사람들을 일회용품처럼 만들 위험성을 품고 있다. 긴밀한 유대의 상실은 하나하나 엄청난 힘이 소모되는 사건으로 질병을 유발한다. 나이 든 사람의 경우는 심지어 치매의 출발점이 되기도 한다.

인간관계에서 풀리지 않는 문제들, 관계의 단절 또는 부재는 우울증을 일으키는 전형적인(사회심리학적) 요소 중 하나다. 사회적 고립이나 고독, 또는 애정 관계에서 발생하는 문제들은 동기 체계를 더 이상 활성화시키지 않으며, 신경전달물질을 분비하게 만들지도 않는다. 삶에 대한 기쁨은 시들해지고 생에 대한 권태에까지 이를 수 있다.

많은 사람이 주변 사람들과 잘 어울리고 관계 속에서 충분한 즐거움을 느끼며 자신의 연인이나 배우자에게 만족한다. 반면 인간관계에서 매번 지속적으로 어려움을 겪는 사람들은 교우나 연인 관계가 거의 한결같이 편안한 상태와는 먼 곳에 다다르곤 한다. 이런 경우 대부분은 어린 시절에 겪은 좋지 않은 경험과 관련이 있다. 즉 초기 아동기라 불리는 유아기에 부정적 경험을 자주 했기 때문이다.

생애 첫 3년 동안 당한 방치와 냉대, 관계 부족, 폭력의 경험 또는 다른 식의 트라우마, 예컨대 장기간의 병원 입원이나 고통스런 치료 과정 등으로 인한 정신적 외상은 동기 체계를 지속적으로 약화시킬 수 있으며, 이는 좋은 관계를 맺고 발전시킬 수 있는 능력을 떨어뜨린다. 이에 속하는 사람은 종종 깊은 무력감을 느끼며 추진력이 부족하다. 스스로 무가치하다고 느끼며 타인에게 다가가는 것을 어려워한다. 이와는 달리 만 세 살을 넘긴 아이가 애정 결핍이나 방치를 경험하면 동기 체계가 과잉 활성화된다. 이런 아이들은(그리고 이들이 자라 성인이 되면) 끊임없이 '킥(Kick)'을 필요로 한다. 흥분이나 자극 같은 킥이 도파민을 분비해주는 탓으로, 킥이 없으면 이들은 안정을 찾지 못한다.

인간관계를 맺거나 지속하는 데 어려움을 겪는 사람들은 삶에 대한 만족감이 지극히 낮다. 이들의 동기 체계는 늘 자기 능력치의 하한선을 계속해서 달린다. 조만간 수명이 다할까 싶어 매 순간 걱정해야 하는, 털털거리는 자동차에 올라탄 것처럼 말이다. 이런 경우 자신의 동기 체계에 다른 대안으로 자극을 가할 위험이 높아진다. 즉 인간관계라는 영역에서 혼란이나 단절이 일어나 제대로 이루지 못한 것을 물질이나 대체 행동으로 메우려는 것이다. 달콤한 간식거리에 집착한다거나 디지털 장난감에 몰두하는 아이들이 그렇다. 실제로 설탕은 동기 체계를 자극하며 디지털 단말기도 마찬가지다.

청소년과 성인의 경우 자신들의 가라앉은 동기 체계를 알코올로 고무시키며, 코카인 같은 약물로 자극하는 이들도 적지 않다. 두 가지 모두 도파민 생성을 강력하게 활성화시키는 물질이다. 인류 역사에서 비교적 최근에 발명된 돈도 그 사이 동기 체계의 막강한 자극제로 자리잡았다. 돈은 약물 같은 위험성을 품고 있다. 왜냐하면 착각을 불러올 수 있기 때문이다. 돈으로 인정, 격려, 애정 같은 부족한 것을 대체할 수 있다는 착각 말이다. 성적 행위도 마찬가지다. 성행위는 사랑이 주는 관능적인 보너스일 때 가장 이상적이다. 그런데 진정으로 사랑을 할 줄 모르거나 그러한 관계가 결여되면, 섹스가 중독성 강한 약물을 대체하게 되며 섹스 중독으로도 이어질 수 있다. 이는 인터넷 덕분에 널리 확산된 정신적 질환 중 하나가 되었다.

차별로 인한 고통

인간 사이의 유대나 사랑을 '선'이라고 한다면, '악'은 무엇일까? 공동체적 결속 또는 사랑이 부족하면 그저 삶에 대한 긍정적 감정만 해를 입는 것이 아니다. 오랫동안 지속된 고독이나 사회적 고립은 면역체계를 약화시키며 질병의 위험, 무엇보다 나이 많은 사람들의 사망 위험을 높인다.

인간관계 속에서 경험한 소외와 차별은 적어도 독만큼이나 유해하다. 가까운 사람들에게 의도적인 무시를 당하며 그 사이에 끼지 못하고, 그들끼리의 끊임없는 대화에 참여하지 못하는 것은 고통이다. 대부분의 사람이 아마 생생히 기억할 것이다. 어린 시절 운동장 가장자리에 밀려나 있었을 때의 감정을, 같이 놀자는 청이 차갑게 거절당하던 경험을 말이다. 부모나 교사가 고의로 외면하며 처벌을 가했을 때의 느낌은 또 어떠했던가? 많은 아이가 처벌의 일환으로 몇 시간 혹은 하루 종일 부모와의 대화를 거부당한 경험이 있다. 체벌처럼 끔찍한 상황은 자녀 교육에 있어 절대 가서는 안 되는 '금지' 구역에 속한다. 그런데도 사람들은 이와 같은 일들을 종종 저지른다. 어른들에게도 말이다.

가정이나 일터에서, 또는 사교모임에서 우리는 늘 반복적으로 의도적이게 없는 사람 취급을 당한다. 환영받지 못하고 '단절'되며 소외되는 상황을 누차 겪는다. 이런 차별과 무시의 경험은 인간을 깊은 충격과 슬픔에 빠뜨린다. 일을 벌인 가해자를 좋아하지 않거나, 가해자의 관심과 애정을 중요하게 여기지 않더라도 말이다. 왜 그럴까?

사회적 소외는 단지 어떤 휘발성의 부정적 감정을 불러일으키는 데서 그치지 않으며, 인간의 몸에 생물학적 흔적을 남긴다. 나오미 아이젠버거와 매튜 리버먼은 의도적인 무시나 소외의 경험이 '일반적으로' 인간에게 신체적 고통이 가해질 때 활성화되는 신경망을 마찬가지로 활성화시킨다는 사실을 발견했다. 신체적 고통은 통증 신호가 뇌로 전달된 다음(이 신호가 들어가는 입구는 시상이다), 뇌의 두 곳에 기록된다. 인간이 경험한 신체적 통증은 체성감각 피질에 새겨지고, 고통의 경험은 전방 대상 피질을 활성화시킨다. 신체적 고통뿐만 아니라 사회적 소외나 거부 또는 차별도 ACC(Anterior Cingulate Cortex, 전방 대상 피질)를 활성화시킨다. 따라서 놀이터나 가정에서 혹은 유치원이나 학교에서 소외된 아이들이 느끼는 것은, 일터에서 집단 따돌림을 당하거나 모임에서 무시와 차별을 당하며 타인과 '단절된' 사람들이 느끼는 것은 모두 고통이다.

고통은 공격성을 낳는다

고통을 겪을 때 우리 몸은 방어 반응으로 대응한다. 공격성은 그 자체가 목적이 아니다. '공격 욕동'이라는 것은 없다. 이 점에 있어선 욕동의 개념을 만들어낸 정신분석의 창시자인 지그문트 프로이트도, 공격성의 관점에서 본능을 관찰한 동물학자 콘라드 로렌츠도 틀렸다고 할 수 있다. 공격성은 불안이나 공포처럼 진화로 생겨난, 필요에 따라 불러낼 수 있는 감정 및 행동 프로그램이다. 이 프로그램의 기능은 인간 유기체를 신체적 습격과 혐오스러운 경험으로부터 보호하는 데 있다.

고통은 공격성을 낳는다. 소외당했거나 굴욕적인 경험을 한 아동 및 청소년들이 다른 이들보다 더욱 공격적인 성향을 보이는 것은 이 때문이다. 즉 고통이 분노로 전환된 것이다. 인간은 자기 안의 공격성이나 분노를 감지하는 법을 배워야 한다(가능하다면 일찍이 유년기에 습득하는 것이 제일 좋다). 이를 하나의 신호로서 진지하게 받아들이고, 사소하게 넘기지도 말고 미심쩍은 것으로 치부하지도 말며, 억제하는 법을 배워야 한다.

공격성이 발휘되는 곳에서 공격이 되풀이된다. 사람들(대부분 아이들)은 분노의 감정 때문에 처벌을 받게 되면, 그 지점에서 끓어오른 공격성은 쉽게 '자신'을 향하게 되고, 불안이나 우울로 이어진다. 공격성은 혈액 순환을 촉진시키며 혈압 상승을 불러온다. 모욕을 받아 높아진 혈압은 상처 입은 감정이 적절한 방법으로 해소될 경우 다시 정상화된다. 그렇지만 마음의 상처나 모욕이 해소되지 않은 채로 남아 있으면 이로 인해 고혈압이 될 수 있다.

'좋은 삶'의 전제 조건

사회적 수용과 인간 사이의 연대, 애정이 없으면 생기도 활력도 동기부여도 삶의 기쁨도 없다. 그렇다면 여기서 한 가지가 분명해진다. 사회적 공존을 잘 이루는 것이 인간의 운명임을. 지금껏 우리가 이야기한 내용을 바탕으로 '좋은 삶'을 정의하자면 에우다이모니아적 삶의 태도와 부합한다. 그리고 이는 건강에 이로운 유전자 활동 패턴을 낳는다.

서로를 무시하고 경시하는 일, 사회적 소외와 차별은 우리 자신은 물론이고 다른 사람에게도 해를 입히는 파괴적인 과정이다. 이는 가족같은 작은 집단에서만 일어나지 않는다. 강자의 법칙이 통용되는 거대 사회단체에서도 나타난다. 이를테면 미국처럼 사회적 소외와 차별로 불이익을 당하는 집단이 존재하거나, 러시아나 중국처럼 억압적인 지배질서가 강하고 소수 민족을 향한 폭력이 자행되는 곳도 있다. 유럽은 대안적인 구상을 그리고 있다. 공정한 사회 참여와 분배로 모두가 '좋은 삶'을 실현하고 삶의 만족을 누릴 수 있는 평화를 이루려고 시도 중이다.

사회적 소외와 차별은 통증 체계에서 다뤄지며 공격성에 불을 붙인다. 공격성은 불안 및 공포를 느낄 때처럼 불안 중추인 편도체의 활성화를 불러온다. 따라서 편도체를 '공격 중추'라고 불러도 무리는 아니다. 불안 중추의 활성화 정도는, 온몸에서 진행되며 은밀하게 '레이

더망 바깥을 날아다니는' 위험하고도 만성적인 염증수준과 상관관계가 있다. 이런 염증은 심혈관 및 암 질환, 치매의 출발점이 된다. 이 모두가 '좋은 삶'으로 가는 길도, 인간의 정해진 운명도 아니라는 사실은 너무나 분명하다.

우리는 무엇을 할 수 있을까? 내일의 세계로 향하는 우리의 길은 무엇에 달려있을까? 의학자 및 신경과학자들은 우리가 무엇을 '해야 하는지'와 같은 철학적 질문보다는 주어진 생물학적·심리적·사회적 조건을 고려하여 우리가 무엇을 '할 수 있는지'에 더 초점을 맞춘다. 철학적 접근과 의학적·심리학적 접근은 상호 배타적이지 않다. 만일 양측의 관점이 서로 어울리지 않고 어긋났다면 상당히 불행했을 것이다. 하지만 다행히 그래 보이지는 않는다. 동기부여와 사회 참여, 삶의 만족은 우리가 서로 관심을 기울이고 협력하도록 북돋는다. 우리가 서로에게 귀를 기울이고 감정과 생각을 자유로이 표현할 수 있는 기회를 상호 간에 제공하면, 이는 자연스레 동기 체계의 활성화라는 결과로 이어진다.

우리가 앞서 살펴본, 소외와 무시가 미치는 치명적인 영향은 특히 자원이 부족한(애정과 관심이라는 자원도 빈약한) 세계에선 절대 피할 수가 없다. 강렬한 차별의 경험은 이로 인해 공격성이 높아지면서 통증 중추에 영향을 가하지만, 자신이 속한 사적 영역에서 친구나 구성원으로부터 충분히 그리고 확실히 보호받고 있다고 느끼면 그 위험성이 차차 완화된다. 긴밀한 인간관계는 모든 종류의 고통으로부터 우리를 보호해준다.

사회적 소외는 심리적 차원에서뿐만 아니라 경제적 차원에서도 일어난다. 거대한 부의 세상에서 빈곤은 그저 정치적·사회적 폐해에서 그치지 않는다. 상대적 빈곤에 처한 사람은 불이익과 차별 대우를 당했을 뿐만 아니라 사회적 소외를 경험했다는 뜻이다. 인간의 두뇌는 공산주의적이지 않으며 차이에 관대하다. 하지만 어느 정도까지만 허용한다. 만약 부유한 사람들이 결핍에 시달리는 다른 이들을 위하여 더 많이 갖는 것을 포기한다면, 이는 한 연구결과에서도 나와있듯이 (사회적으로 불이익을 당한) 빈곤한 사람들뿐만 아니라 소유를 포기한 부유한 사람들에게도 행복전달물질이 분비된다. 따라서 에우다이모니아적인 '좋은 삶'에는 최소한의 사회 정의도 포함된다.

요약하면 이렇다. 인간은 개인적 관점에서는 의미 지향적 삶을, 사회적 관점에서는 사회 친화적 공존의 삶을 살도록 정해진 존재다. 이 둘이 합쳐진 것이 바로 '좋은 삶'이며, 다르게 표현하면 '인간성'이라 할 수 있다.

요아힘 바우어의 『공감하는 유전자』
(장윤경 옮김, 매일경제신문사, 2022)

요아힘 바우어(Joachim Bauer, 1951~)

신경과학자이자 내과 의사 및 정신과 의사. 독일 튀빙겐 출생으로 분자생물학과 신경생물학을 전공하였다. 내과뿐만 아니라 정신과에서도 전문의 과정을 밟고 교수 자격을 취득(하빌리타치온)하였으며, 프라이부르크 대학병원 심신의학과 과장으로 재직했다. 저서로 『왜 우리는 행복을 일에서 찾고, 일을 하며 병들어갈까』, 『협력하는 유전자』, 『공감의 심리학』 등이 있다.

6

에로스와 문명

지그문트 프로이트

100여 년 전 프로이트가 신경증과 같은 정신질환의 원인이 억압당한 리비도적 성적 충동이라는 사실을 밝혀냈을 때 많은 이들은 엄청난 충격에 휩싸였고 그의 이론을 범성욕주의라 비난했다. 이런 비난에 맞서 프로이트는 자신이 말하는 리비도는 플라톤 이래 서양에서 연인 간의 열정적 사랑을 가리키는 데 사용되어 온 고대 그리스어 에로스와 다른 말이 아니라고 주장한다. 심지어 그에 따르면 신약 성서에서 신과 인간의 이타적 사랑을 가리키는 데 사용된 고대 그리스어 아가페와도 전혀 다른 말이 아니다. 그러므로 성적 충동은 넓은 의미의 사랑을 설명하는 데 두루 사용될 수 있다.

다른 한편 그는 인류가 어쩔 수 없이 겪게 되었던 외적 결핍(그는 그것을 운명, 결핍을 뜻하는 고대 그리스어 단어 '아낭케'로 지칭한다)으로 인해 성립된 현실원칙과 리비도적 성적 충동으로 인해 성립된 쾌락원칙 사이의 긴장 관계를 통해 인류문명이 발전해왔다는 견해를 제시한다. 과연 그가 생각하는 바와 같이 넓은 의미의 사랑이라는 뜻으로 사용되는 리비도/에로스가 인류의 존재 방식을 근원적으로 결정한 가장 중요한 원인 중 하나였을까? 매우 극단적으로 보이기까지 하는 이런 견해에 여러분은 동의할 수 있는가? 동의할 수 없다면 에로스와 문명 발전 사이의 관계를 여러분은 어떤 방식으로 설명할 수 있겠는가?

에로스와 리비도

리비도(libido)는 감정이론에서 쓰는 표현이다. 우리는 사랑이라는 말로 요약할 수 있는 모든 것과 관련된 충동의 에너지를 리비도라고 부른다. 지금으로서는 그 양을 측정할 수 없지만, 우리는 그 에너지가 양적인 크기가 있다고 여긴다. 우리가 사랑이라고 부르는 것의 핵심을 이루는 것은 당연하게도 사람들이 보통 사랑이라 부르고 시인들이 찬미하는 바로 그것, 즉 성적인 결합을 목적으로 하는 성애(性愛)이다. 그러나 우리는 그 외에도 사랑이라는 명칭을 포함하는 것들, 이를테면 한편으로는 자기애, 다른 한편으로는 부모 사랑과 자식 사랑, 우정과 보편적 인류애, 그리고 구체적인 사물이나 추상적인 이념을 향한 애착까지도 성애와 구분하지 않는다. 정신분석학 연구는 사랑하는 대상을 향해 다가가려는 이 모든 성향이 동일한 본능적 충동의 표현이라는 사실을 가르쳐주었다. 그 충동은 남녀 사이에서는 성적인 결합 욕구를 느끼게 하지만, 다른 관계에서는 성적인 목적에서 벗어나게 하거나 그러한 목적 달성을 저지하기도 한다. 물론 이 경우에도 (예컨대 자기희생이나 사랑의 대상에 가까워지려는 노력처럼) 동일한 충동임을 알아차리기에 충분할 정도로 언제나 그 충동의 근원적 본질을 유지한다.

따라서 우리 언어에서 '사랑'이라는 단어가 여러 의미를 함축하고 있는 것은 전적으로 정당한 일이며, 이 용어를 우리의 학문적 논의와 서술의 토대로 삼는 것보다 더 나은 방법은 없다고 생각한다. 이런 결정으로 인해, 정신분석학은 마치 신성모독을 저지르기나 한 것처럼 폭풍과도 같은 분노를 불러일으켰다. 하지만 사랑을 좀 더 넓은 의미로 파악했다고 해서 정신분석학이 무언가 독창적인 것을 만들어낸 것은 아니다. 철학자 플라톤이 말한 '에로스'는 그 기원과 기능 및 성애와의 관계 측면에서 정신분석학이 말하는 사랑의 힘, 곧 리비도와 완전히 일치한다. 또한 고린도 교회 교인들에게 보낸 저 유명한 편지에서 사랑을 다른 무엇보다도 높이 찬양한 사도 바울 역시 사랑을 더 넓은 의미로 이해하고 있음이 분명하다. 이러한 사실로부터 우리는 사람들이 위대한 사상가들을 존경해 마지않는다고 주장하면서도, 그들의 말을 언제나 진지하게 받아들이지 않는다는 것을 알 수 있다.

앞에서 언급한 사랑의 주된 특징과 기원을 고려하여, 이제 정신분석학에서는 그러한 사랑의 충동을 성적 충동이라고 부른다. 다수의 '교양 있는 사람들'은 이런 호명을 모욕으로 받아들였고, '범성욕주의'라는 비난을 가함으로써 그러한 조치에 반발했다. 그렇게 성(性)이 인간 본성을 부끄럽고 저급하게 만든다고 여기는 사람은 에로스나 에로틱 같은 더 고상한 표현을 사용해도 된다. 나 자신도 처음부터 그렇게 할 수 있었고, 그렇게 함으로써 수많은 항의를 피할 수도 있었을 것이다. 하지만 나는 소심함 때문에 양보하는 것은 피하고 싶어서 그렇게 하지 않았다. 계속 그런 식으로 양보하다 보면 결과가 어떻게 될지 알 수 없기 때문이다. 처음에는 용어에서 양보하지만, 그다음에는 점차 사실에 대해서도 양보하게 될 것이다. 나는 도대체 성을 부끄럽게 여기는 것에 어떤 이득이 있는지 모르겠다. 그리스어 에로스가 사람들의 모욕감을 누그러뜨릴 수는 있겠지만, 그것은 결국 독일어 사랑(Liebe)의 번역어일 뿐이다. 마지막으로 말하자면, 기다릴 줄 아는 사람은 아무것도 양보할 필요가 없다.

그러므로 우리는 애정 관계(중립적인 표현으로 감정적 유대)가 집단 정서의 본질을 이룬다는 전제가 맞는지 시험해 볼 것이다. 우선 언뜻 떠오

에드워드 번 존스(1833~1898)의 〈큐피드와 프시케〉(1881)

르는 다음과 같은 두 가지 생각에 근거하여 우리의 추정이 맞는지 확인해 보기로 하자. 첫째, 집단은 분명 어떤 힘을 통해 결합한다. 그런데 세상 만물을 결합하는 에로스 말고 어떤 힘이 그런 일을 할 수 있단 말인가? 둘째, 개인이 집단 속에서 자신의 개성을 포기하고 다른 사람들의 암시에 동화될 때, 그가 그렇게 하는 것은 다른 사람들과 대립하기보다 화합하기 위해서, 그러니까 어찌 됐든 '그들을 사랑해서' 그런다는 인상을 준다는 것이다.

지그문트 프로이트의 『집단심리학과 자아분석』
(김동훈·오흥명 옮김, 2025)

문명 속의 불만

원시인들이 노동을 통해 지상에서 자신의 운명을 개선하는 일이 말 그대로 자기 손에 달려 있음을 알게 된 뒤부터 그들은 다른 사람이 자기와 협력하느냐 아니면 자기에게 맞서느냐의 여부에 더 이상 무관심할 수 없었다. 이제 타인은 함께 살아가는 데 유익한 동료라는 가치를 얻게 되었다. 그보다 훨씬 전, 인류는 원숭이와 유사한 삶을 살아가던 선사 시대에 가족을 구성하는 관습을 갖게 되었고, 가족 구성원이 아마도 최초의 조력자들이었을 것이다. 추측건대, 인간이 가정을 꾸리게 된 것은 성교를 통해서 충족할 수 있는 성욕이 개개인의 삶에 갑자기 나타났다가 사라져서 오랫동안 소식이 없는 손님이 아니라 지속적으로 머무르는 장기 체류자로 자리 잡게 되었다는 사실과 관련이 있을 것이다. 이렇게 되자 수컷에게는 암컷, 좀 더 일반적인 표현으로 성적 대상을 자기 곁에 두고 싶은 이유가 생겨났다. 의지할 데 없는 자식들과 헤어지고 싶지 않았던 암컷들은 자식들을 위해 자기보다 강한 수컷 곁에 남을 수밖에 없었다. 이 원시 가족 안에는 아직 문명의 본질적 특징 하나가 빠져 있었다. 우두머리와 아버지의 독단적 횡포에 아직 아무런 제한도 없었다는 점이다. 나는 『토템과 터부』에서 가족에서부터 공동생활의 다음 단계인 형제들의 연맹 형태로 발전해 나가는 과정을 보여주려고 시도한 바 있다. 아버지를 제압하는 과정에서 아들들은 여럿이 연합하면 혼자보다 더 강할 수 있음을 경험했다. 아들들이 이 새로운 상태를 유지하려고 서로에게 부과해야만 했던 여러 제약이 토템 문화의 기반이 되었다. 그 금기(터부) 규정들이 최초의 '법률'이었던 셈이다. 따라서 인간의 공동생활에는 두 가지 토대가 존재했다. 하나는 외적인 결핍이 만들어내는 노동의 불가피함이고, 다른 하나는 남성에게는 성적 대상인 여성과, 여성에게는 자기 몸에서 나온 자신의 분신과 함께 지내고 싶게 만드는 사랑의 힘이다. 이렇게 에로스(사랑)와 아낭케(결핍)는 인류 문명을 낳은 부모가 되었다. 이렇게 탄생한 문명의 첫 번째 성과는 상당히 많은 수의 사람들이 하나의 공동체 안에 머물 수 있게 되었다는 것이다. 그 과정에서 사랑과 결핍이라는 두 거대한 힘이 함께 작용했기에, 앞으로도 문명이 바깥 세계를 점점 더 잘 통제할 뿐만 아니라 공동체 구성원의 수도 점점 증가하는 방향으로 순조롭게 계속 발전해 나가리라 기대할 수 있을 것이다. 이 문명이 그 안에 속한 사람들을 행복하게 해주는 것 말고 어떻게 달리 작용할 수 있을지 생각해내기란 쉽지 않다.

성애(성교를 통한 사랑)가 인간에게 가장 강렬한 만족의 체험을 가져다주며 모든 행복의 모범을 제시한다는 것을 경험하게 되자, 삶에서 얻게 되는 행복의 충족을 계속해서 성적 관계에서 찾고, 성교를 통한 사랑을 삶의 중심에 두려는 생각이 사람들에게 떠올랐을 것이다. 이렇게 해서 사람들은 매우 우려스럽게도 외부 세계의 한 부분, 즉 자신이 선택한 사랑의 대상에 의존하게 되었고, 그에게 퇴짜를 맞거나 배신이나 죽음으로 그를 상실했을 때 너무나 심한 고통에 빠지게 되었다. 이런 이유로 모든 시대의 현자들은 지극히 단호한 태도로 그런 식의 인생행로를 밟지 말라고 충고했다. 그럼에도 이런 삶의 방식은 아주 많은 사람들에게 그 매력을 잃어버린 적이 없다.

소수의 사람들은 타고난 기질 덕분에 어찌됐든 사랑의 여정에서 행복을 찾을 수 있지만, 그러려면 먼저 사랑의 작용에서 느끼는 정서적 측면에서 광범위한 변화가 일어나야 한다. 그들은 자신이 중요하게 생각하는 주된 가치를 사랑받는 것에서 사랑하는 것으로 전환함으로써, 사랑하는 대상이 자신의 사랑을 받아들이느냐 아니냐에 얽매이지 않게 된다. 그들은 자신의 사랑을 개별적인 대상이 아니라 모든 사람에게 베풂으로써, 사랑의 대상을 잃었을 때 겪게 될 상실감으로부터 자신을 보호한다. 그들은 또한 본래의 성적 목적에서 벗어나 자신의 성적 충동을 목적 달성이 금지된 활동으로 변형시킴으로써, 성교를 통한 사랑이 주는 만족감의 변덕스러움이나 실망스러움을 회피한다.

이런 방식으로 그들은 일정하게 유지되면서 동요하지 않는 부드러운 감정 상태에 도달한다. 이 상태는 본래 격정적으로 요동치는, 성교와 관련된 사랑의 삶에서 유래한 것이지만, 이제 외면적으로는 더 이상 그것과 유사한 점이 많지 않다. 아시시의 성 프란체스코(San Francesco d'Assisi)는 내면의 행복감을 얻기 위해 이런 식으로 사랑을 가장 광범위하게 활용한 인물일 것이다. 나아가 우리가 쾌락원칙을 실현하는 기술 중 하나로 인식하는 이것은 다양한 방식으로 종교와 연결되는데, 자아와 대상 간의 구분이나 대상들 간의 구분이 경시되는, 현실과 동떨어진 영역들에서는 사랑과 종교가 결합할 수도 있는 것이다. 어떤 특정한 윤리적 견해를 대변하는 사람들은 이렇게 인간이나 세계에 대한 보편적인 사랑을 기꺼이 실천할 준비가 되어 있는 모습에서 인간이 자신을 고양시켜서 도달할 수 있는 가장 숭고한 태도를 확인하게 된다고 주장한다. 하지만 나는 여기서 그런 견해에 대하여 품고 있는 주된 의구심 두 가지를 감추고 싶지 않다. 우선, 나에게 무차별적인 사랑은 그 대상을 부적절하게 다룸으로써 사랑의 고유한 가치를 부분적으로 희생시키는 것처럼 보이며, 아울러 모든 사람이 다 사랑할 만한 가치가 있는 것은 아니다.

가족의 토대가 된 사랑은 문명 속에서 다음과 같은 두 가지 형태로 계속 작동한다. 하나는 직접적인 성적 만족을 포기하지 않는 사랑의 본래 형태이고, 다른 하나는 성적 만족이라는 목적 달성이 금지된 변형된 형태인 다정함이다. 이 두 가지 형태로 사랑은 적지 않은 수의 사람들을 서로 연결하는 기능을 계속 수행하는데,

이러한 결속은 공동 노동이 가져다주는 이익에 기초한 결속보다도 더 강력하게 이루어진다. '사랑'이라는 단어의 발생 과정을 보면, 이 단어가 하나의 언어에서 느슨하게 여러 의미로 사용되는 것을 납득할 수 있다. 사람들은 성적 욕구로 가정을 꾸린 남녀 관계를 사랑이라 부르지만, 부모와 자식, 그리고 가족 내에서 형제자매 사이에 느끼는 긍정적인 감정들도 역시 사랑이라 부른다. 우리는 이러한 관계를 본래의 목적이 금지된 사랑, 즉 다정함으로 묘사해야 하지만 말이다. 본래의 목적인 금지된 사랑은 원래 전적으로 관능적인 사랑이었고, 인간의 무의식 속에서는 지금도 여전히 그렇다. 전적으로 관능적인 사랑과 본래의 목적이 금지된 사랑은 둘 다 가족의 영역을 넘어서서 지금까지는 몰랐던 사람들과 새로운 유대관계를 형성하게 해준다. 성교를 통한 사랑은 새로운 가족의 형성으로 귀결되고, 본래의 목적이 금지된 사랑은 친애로 귀결된다. 이 친애는 성교를 통한 사랑의 여러 한계, 예를 들어 배타성을 넘어서므로 문화적으로 중요한 가치를 지니게 된다. 하지만 사랑이 문명과 맺는 관계는 그것이 발전하는 과정에서 명백한 특징을 상실한다. 한편으로는 사랑이 문명의 이해관계에 맞서게 되고, 다른 한편으로는 문명이 매우 혹독한 제약을 가함으로써 사랑을 위협하기 때문이다.

사랑과 문명 사이에 발생하는 이러한 불화는 불가피해 보인다. 그 이유가 무엇인지 곧바로 알아낼 수는 없지만 말이다. 우선 이 불화는 가족과 개인이 속해 있는 더 큰 공동체 간의 갈등으로 나타난다. 이미 우리는 문명의 주된 열망 중 하나가 인간을 더 큰 단위의 집단으로 결집하는 것임을 확인한 바 있다. 그러나 가족은 개인을 자유롭게 놓아주려 하지 않는다. 가족 구성원들의 유대가 긴밀할수록 그들은 자주 다른 사람들로부터 자신들을 분리하려는 경향을 갖게 되고, 그럴수록 그들에게 더 큰 삶의 영역으로 들어서는 것이 어려워진다. 계통발생학적으로 보자면 더 오래되었지만, 오늘날에는 어린 시절에만 존재하는 공동생활의 방식인 가족은 나중에 획득한 문명적인 공동생활의 방식인 사회로 대체되기를 거부한다. 하지만 가족에서 벗어나는 일은 모든 청년이 해결해야 하는 하나의 과제다. 사회는 그 과제를 해결하는 과정에서 종종 사춘기 의식(儀式)이나 성년 의식을 통해 도움을 제공한다. 우리는 이것이 모든 심리적 발달 과정, 아니 근본적으로는 모든 유기체의 발달 과정에 수반되는 어려움이라는 인상을 받는다.

나아가 처음에는 사랑을 요구함으로써 문명의 토대를 놓았던 바로 그 여성들이 곧 문명의 흐름에 대립하게 되어 문명의 발전을 지연시키고 억제하는 영향력을 행사하게 된다. 여성들은 가족과 성생활의 이해관계를 대변하게 되고, 문명과 관련된 일은 점점 더 남성들의 일이 되어갔다. 문명은 남성들에게 점점 더 어려운 임무를 부과했으며, 여성들에게는 거의 감당할 수 없는 성적 충동의 승화를 강요했다. 인간에게 심리적 에너지의 양이 무한히 주어져 있지는 않기 때문에, 남성이 자신에게 부과된 임무를 수행하려면 그 목적에 맞게 리비도를 배분해야 한다. 남성이 문명과 관련된 목적을 위해 사용하는 리비도는 대부분 여성과의 성생활에 쏟아야 할 리비도에서 가져온 것이다. 다른 남성들과 지속해서 함께하고 그들과의 관계에 의존하게 되면, 그는 심지어 남편과 아버지로서 수행해야 할 임무에서도 멀어지게 된다. 그러면 여성은 문명의 요구로 인해 자신이 뒷전으로 밀려난 것을 확인하고는 문명과 적대적 관계에 들어서게 되는 것이다.

문명에서는 성생활을 제한하려는 경향이 문화적 공동체의 범위를 확장하려는 경향 못지않게 분명하게 나타난다. 이미 문명의 첫 단계인 토테미즘 단계에서부터 근친 중에서 성적 대상을 선택하는 것이 금지됐다. 아마도 이것이 지금까지 인간이 성생활에서 경험하게 된 제약 중 가장 강력한 영향력을 행사한 제약일 것이다. 터부와 법률과 관습을 통해서 남성뿐만 아니라 여성에게도 적용되는 추가적인 제약들이 만들어졌다. 물론 모든 문명이 똑같은 수준으로 제약을 만든 것은 아니다. 제한하지 않고 남겨두는 성적 자유의 정도에 각 사회의 경제구조가 영향을 미쳤기 때문이다. 문명을 위해 사용하는 심리적 에너지의 많은 부분이 성에서 유래하므로, 문명이 제약을 만들 때도 경제적 필요의 법칙에 따를 수밖에 없다는 사실을 우리는 이미 알고 있다. 이 과정에서 문명이 성욕을 대하는 태도는 어떤 민족이나 특정 계층이 다른 민족이나 계층을 착취하면서 취했던 태도와 마찬가지가 된다. 억눌린 자들이 반란을 일으킬지 모른다는 불안감이 더욱 엄격한 예방 조치를 마련하도록 몰아붙이는 것이다. 우리 서유럽 문명은 이런 발전 과정의 정점을 보여준다. 서유럽 문명이 아동기에 성생활을 드러내는 것을 엄격하게 금지하기 시작한 것은 심리학적으로 볼 때 전적으로 정당한 일이다. 아동기에 미리 사전 작업을 해두지 않으면, 성인들의 성적 욕망을 제어할 가망이 전혀 없기 때문이다. 하지만 쉽게 입증할 수 있는, 아니 두드러지게 눈에 띄는 현상들을 부정할 정도로 문명사회가 지나친 태도를 취하는 것은 어떤 방법으로도 정당화될 수 없다. 성적으로 성숙한 개인이 선택할 수 있는 성적 대상은 반대편 성으로 한정되어 있고, 성기를 사용하지 않고 성적 만족을 얻는 것은 대부분 성도착이라 하여 금지하고 있다. 이런 금지규정들 안에는 모든 사람이 같은 종류의 성생활을 영위해야 한다는 요구가 드러나 있다. 이러한 요구는 인간의 선천적이거나 후천적인 성적 기질의 차이를 무시하는 것이며, 상당히 많은 수의 사람에게서 성적 만족을 누릴 기회를 차단함으로써 심각한 불공평의 원인이 된다. 성적 기질로 인한 방해를 받지 않는, 이른바 정상적인 사람들의 경우에는 그러한 제한 조치들로 모든 성적 이해관계가 아무런 손실 없이 공공연하게 허락된 경로로 흘러 들어간다. 하지만 금지되지 않은 사랑, 즉 이성 간에 성교를 통해 나누는 사랑 역시 합법성과 일부일처제라는 추가적인 제약을 통해 제한된다. 오늘날의 문명은 한 남자와 한 여자를 묶어주는 유일하고 해체할 수 없는 결합인 결혼을 근거로 해서만 성관계를 허용하고, 성욕을 쾌락의 고유한 원천으로 인정하려 하지 않으며, 지금까지 다른 대체 수단이 없는 인류 번식의 원초적 수단으로서만 성관계를 용인할 뿐이다.

물론 이는 하나의 극단적인 사례이다. 아주 짧은 기간이라도 그러한 제약을 관철하는 것이 불가능하다는 것은 이미 잘 알려져 있다. 심약한 사람들만이 그토록 광범위한 성적 자유의 침해에 순응했고, 보다 강한 본성을 지닌 사람들은 나중에 우리가 다루게 될 보상을 조건으로 해서만 그에 따랐다. 문명사회는 규칙대로라면 억제해야 했을 수많은 탈선을 암묵적으로 허용할 수밖에 없었다. 그렇다고 정반대로 잘못 생각한 나머지, 문명이 스스로 의도하는 바를 모두 실현하지는 못하기 때문에 그러한 문명의 성격이 전적으로 해가 없다고 가정해서는 안 된다. 어쨌든 문명화된 인간의 성생활은 심각하게 손상되었고, 우리의 신체 기관인 치아와 머리카락이 그렇게 보이는 것처럼 마치 퇴화 과정을 겪고 있는 신체 기능과 같다는 인상을 준다. 아마도 사람들은 우리 삶의 목적 달성 수단으로서 성생활의 중요성, 그러니까 행복감의 원천으로서 그것의 중요성이 현저히 줄어들었다고 가정해야만 할 것이다.

지그문트 프로이트의 『문명 속의 불만』

(김동훈·오흥명 옮김, 2025)

지그문트 프로이트(Sigmund Freud, 1856~1939)

오스트리아의 정신과 의사, 철학자, 정신분석의 창시자. 이성적인 사유의 배후에서 인간의 정신을 지배하는 무의식의 영역을 발견하고, 무의식과 억압의 방어 기제에 대한 이론을 연구했다. 피분석자와 정신분석가의 대화를 통해 무의식을 탐색하는 정신분석학의 임상 치료 방식을 창안한 것으로 유명하다. 정신분석학은 임상과 의학만이 아니라 문학, 철학, 문화 연구 영역에서도 활발하게 논의되고 있다. 저서로 『꿈의 해석』, 『창조적 작가와 백일몽』, 『문명 속의 불만』 등이 있다.

7

사랑의 기술

에리히 프롬

여러분은 지금 누구를 사랑하고 있는가? 그 사랑은 여러분이 늘 생각했던 사랑, 원했던 사랑, 서로 행복한 사랑인가? 당신의 사랑은 잘 진행되고 있는가, 비틀대고 삐걱거리는가? 지금 당장은 누구를 사랑하고 있지 않아도 여러분은 조만간 사랑을 찾아 사랑에 빠질 모든 준비를 하고 있을 것이 틀림없다. 젊음은 무엇보다 사랑의 장르이기 때문이다. 그런데 여러분은 어떤 사랑을 하고 싶은가? 무엇을 사랑하려 하는가? 사랑한다는 것은 물 마시듯 쉬운 일일까, 힘들고 까다롭고 위험한 사업일까?

누구나 하는 것, 누구나 할 수 있는 것, 그러므로 전혀 어려울 것 없어 보이는 것이 사랑이다. 그런데 에리히 프롬에 따르면 현대인에게 사랑은 결코 손쉬운 일이 아니다. 왜 그런가? 사랑하기가 몹시 어려워진 시대에는 어떤 '사랑의 기술'이 필요할까? 프롬의 글을 읽으면서 그의 해답을 찾아보고 그의 관찰이 21세기 청년들에게도 적절하고 타당한 것인지 검토해보라. 이 시대 사랑의 풍속도에 발생한 특징적인 변화는 무엇이며 그 변화의 원인은 무엇일까?

사랑의 기술

사랑은 하나의 기술인가? 그렇다면 사랑에는 지식과 노력이 필요하다. 아니면 사랑은 하나의 유쾌한 감각인가? 그리하여 운이 좋은 사람만이 기회를 잡아 사랑에 '빠지게 되는' 것인가? 이 작은 책은 사랑을 하나의 기술로 보는 전자의 전제에 기초하고 있다. 그러나 의심할 것도 없이 오늘날 대다수의 사람들은 후자의 관점을 믿고 있다.

그러한 사람들이 사랑을 중요하지 않게 생각한다는 뜻은 아니다. 그들도 사랑을 갈망하며, 행복한 사랑과 불행한 사랑을 다룬 수많은 영화를 관람하고, 사랑을 읊는 수백 가지 시시

콜콜한 유행가에 귀를 기울이고 있다. 그러나 어느 누구도 사랑에 대하여 배워두어야 할 무언가가 있다고 생각하는 사람은 없다.

이러한 특이한 태도는 그것을 뒷받침하는 몇 가지의 전제(개별적이거나 또는 몇 가지가 합쳐진)에 기초하고 있다. 대부분의 사람들은 사랑의 문제를 사랑하는 것, 즉 자신이 사랑할 수 있는 능력의 문제로 보기보다는 주로 사랑받는 문제로 생각하고 있다. 그러므로 이들에게는 어떻게 하면 사랑을 받을 수 있으며, 또 어떻게 하면 사랑스럽게 되는가 하는 것이 문제다. 이러한 목적을 추구하기 위하여 그들은 몇 가지 방법을 따른다. 그 하나는 특히 남자들이 사용하는 방법으로, 성공을 하거나 사회적 지위가 허용하는 한 최대의 권력과 부를 누리는 것이다. 또 다른 하나는 주로 여자들이 택하는 방법으로, 몸매와 옷차림을 맵시 있게 가꿈으로써 매력적으로 보이게 하는 것이다. 그리고 마지막 방법은 남녀가 다 같이 쓰는 것으로서, 호감을 사는 예절이나 재미있는 대화를 나누는 방법을 계발하고, 항상 남에게 도움이 되며, 겸손하고 모나지 않게 행동하는 것이다. 자신을 사랑스럽게 만드는 이와 같은 여러 가지 방법은, 성공하기 위하여 친구들을 얻고 또 사람들에게 영향력을 발휘하는 방법과 같다. 사실 현대인의 대부분은 무엇보다도 '사랑스럽다'의 의미를 인기와 성적 매력의 혼합체로 생각하고 있다.

사랑에 대하여 배울 것이 없다는 태도의 배후에 도사린 두 번째 전제는, 사랑의 문제를 '능력'이 아니라 '대상'이라고 가정하는 것이다. 사람들은 '사랑하는 것'은 간단한 일이지만, 사랑할 만한, 혹은 사랑을 받을 만한 올바른 대상을 발견하기가 어렵다고 생각한다. 이러한 태도가 현대사회의 발전 때문이라는 것에는 몇 가지의 이유가 있다. 그 하나는 '사랑의 대상' 선택과 관련하여 20세기에 일어난 커다란 변화를 들 수 있다. 빅토리아 왕조 시대에는, 많은 전통적인 문화에서와 마찬가지로 사랑은 결혼으로 이어지는 개인의 자발적인 경험이 아니었다. 그와는 반대로 결혼은 각각의 가문에 의해서든 중매인을 통해서든, 또는 그러한 중개가 없더라도 오직 관습에 따라서 성립되었다. 결혼은 사회적 고려의 기초 위에서 결정되었고, 사랑은 결혼이 이루어진 다음에야 발전하는 것으로 생각되었다.

서구 세계에서 낭만적인 사랑의 개념이 거의 보편화되기 시작한 것은 지난 몇 세대 동안의 일이었다. 미국에서도 이러한 재래의 관습적인 사고방식이 전혀 없었던 것은 아니지만, 대다수의 사람들은 결혼의 길잡이가 될 '낭만적인 사랑'을 추구하고 있다. 사랑에 있어서 자유라는 이러한 새로운 개념은 '기능'의 중요성에 비하여 '대상'의 중요성을 크게 부각시키는 작용을 하였을 것이다.

이러한 요인과 밀접하게 관련된, 현대 문화의 또 다른 특성을 지적해보자. 우리의 전체적인 문화는 구매욕과 상호 유리한 교환이라는 관념에 근거하고 있다. 현대인의 행복은 상점의 진열장을 바라본다든지 현금이나 월부로 살 수 있는 것은 뭐든 사들이는 데 있다. 그는 사람 또한 같은 방식으로 본다.

매력적인 이성이 바로 그들이 구하고 있는

상품인 것이다. '매력적'이라는 것은 보통 '개성의 시장'에서 인기가 있고 많은 사람이 찾는 요소를 하나로 모은 양질의 상품 꾸러미를 의미한다. 내가 물건을 사러 시장에 나간다고 하자. 대상은 사회적인 가치의 관점에서 볼 때 바람직한 것이어야 하고, 동시에 그 대상은 나의 공개된, 또는 숨겨진 자산과 잠재력을 고려하여 나를 원해야 한다. 이처럼 두 사람은 자신들의 교환가치의 한계를 고려하여, 시장에서 가장 좋은 대상을 발견했다고 느낄 때 사랑에 빠지게 된다. 흔히 부동산을 살 때와 마찬가지로 장래 발전될 가능성이 있는 숨겨진 잠재력이 이러한 매매계약의 성립에 상당한 역할을 하기도 한다. 이러한 시장적 성향이 만연하고 물질적 성공이 높이 평가되는 문화에서는, 인간의 사랑 방식이 상품과 노동시장을 지배하고 있는 교환 방식과 동일한 유형을 따르고 있다는 것도 별로 놀랄 만한 일이 못 된다.

사랑에 대하여 아무것도 배울 것이 없다는 가정으로 유도하는 세 번째 잘못은, 사랑에 '빠지는' 최초 경험을, 사랑하고 '있는' 지속적인 상태, 더 적절히 표현하면 사랑 속에 '머물러 있는' 상태와 혼동한다는 데 있다. 만약 우리 모두가 흔히 그러하듯이, 지금까지 서로 낯설었던 두 사람이 갑자기 그들 사이의 벽을 무너뜨리고 가까워진다든지 서로 일체감을 느낀다면, 이 하나 되는 순간은 일생에서 가장 유쾌하고 가장 흥분된 순간이 될 것이다. 그러나 이러한 종류의 사랑은 오래 지속되지 못한다. 두 사람이 서로 잘 알게 되면 그 기적적이었던 감정은 점차 사라진다. 그리고 마침내는 적대감이 생기고 실망하며 권태를 느끼게 되어 최초 흥분은 흔적조차 남지 않는다. 그러나 처음에 그들은 이 모든 일을 전혀 알지 못한다. 이렇게 정신 나간 상태(즉 서로에게 '미친' 상태)의 강도를 사랑의 강도라고 생각한다. 그렇지만 그 느낌은 단지 그들이 전에는 얼마나 고독했던가를 증명하는 것일 뿐이다.

이러한 태도(사랑보다 더 쉬운 일은 없다는 태도)는 이와 반대되는 충분한 증거가 있음에도 사랑에 대한 일반적인 견해로 자리 잡아왔다. 다른 활동이나 사업에 있어서는 사랑처럼 그렇게 거대한 희망이나 기대를 품고 시작하였다가 실패하고 마는 일은 거의 찾아볼 수 없다. 사람들은 다른 일이라면 실패의 이유를 연구하고 어떻게 하면 더 잘할 수 있을까를 배우려고 애쓰든가, 아니면 그 행동을 포기할 것이다. 그런데 사랑의 경우에는 포기란 불가능한 일이다. 그러므로 사랑의 실패를 극복하는 적합한 방법은 오직 하나밖에 없다. 즉 실패의 이유를 조사하고 이를 통해 사랑의 의미를 연구하는 것이다.

제1단계로 해야 할 일은 생활이 하나의 기술인 것과 같이, 사랑도 하나의 기술임을 깨닫는 일이다. 만약 우리가 사랑을 어떻게 하는가를 배우기 원한다면, 음악이나 예술, 건축, 혹은 의학이나 공학의 기술 등과 같은 어떤 다른 기술을 습득하고자 할 때와 똑같은 방법으로 시작하여야 한다.

이런 기술을 습득하는 데 거쳐야 할 꼭 필요한 단계들은 무엇인가? 기술을 습득하는 과정은 편의상 두 가지로 나눌 수 있다. 하나는 그 이론을 완전하게 아는 것이고, 다른 하나는 실천을 열심히 하는 것이다.

즉 실행의 결과를 하나로 융합해 자기 나름의 직관을 얻을 때까지, 수많은 실천을 거친 후에야 비로소 이 분야에서 숙련가가 되는 것이다. 직관을 얻는 것이야말로 숙련가가 되기 위한 핵심이다. 그러나 우리는 성공·지위·돈·권력 등과 같은 목적을 어떻게 달성하는가를 배우기 위해 모든 에너지를 쏟는 반면, 사랑하는 기술을 배우기 위해서는 힘을 전혀 쓰지 않고 있다.

사랑, 인간 실존에 대한 해답

사랑에 관한 모든 이론은 인간, 즉 인간의 실존에 관한 이론에서 시작되어야만 한다. 동물에게서도 사랑이라든가 혹은 사랑이라고 여길 만한 점을 발견할 수는 있다. 그러나 동물의 애정은 주로 본능적 장치의 일부분에 지나지 않는다. 물론 그러한 본능적인 부분은 인간에게도 약간 남아있다. 인간이 자연으로부터 완전히 벗어난 것은 아니다. 인간은 여전히 자연의 일부다. 그렇지만 일단 자연으로부터 떨어져 나온 이상, 그곳으로 되돌아가기란 불가능하다.

인류 전체든 한 개인이든 간에, 인간은 태어나는 순간 본능이 지배하는 확실한 세계에서 불확실하고 열린 상황으로 내던져진다. 확실한 것은 오직 미래에 맞이하게 될 죽음뿐이다.

인간은 태어나면서부터 이성을 부여받는다. 인간은 '스스로 인식하는 살아있는 존재'다. 자기 자신과 동료를 알고, 자신의 과거와 미래의 가능성을 알고 있다. 자신을 독립적인 실재로서 인식하고, 자신의 짧은 인생을 의식한다. 또한 자기의 의지와는 상관없이 태어났고, 자기의 의지와는 반대로 죽는다는 사실을 알고 있다. 사랑하는 사람보다 자기가 먼저, 또는 자기보다 그 사람이 먼저 죽을 것도 알고 있다. 또 자신이 고독한 존재이며, 자연이나 사회의 힘 앞에서 무력한 존재임을 알고 있다. 이런 모든 인식들이 고립되고 분열된 인간의 존재를 견딜 수 없는 감옥으로 만든다. 이 감옥으로부터 빠져나와 어떤 식으로든 다른 사람들과 접촉하지 않는다면, 인간은 미쳐버릴 것이다.

고립되었다는 의식은 불안을 야기한다. 그것은 실로 모든 불안의 근원이다. 고립되어 있다는 것은 무력하고, 세계, 즉 사물과 인간에 능동적으로 관여하지 못함을 의미한다. 고립은 극심한 불안의 근원이며, 수치심과 죄의식을 일으킨다.

결국 모든 시대, 모든 문화에 걸쳐 인간은 하나의 동일한 질문에 직면하게 된다. 어떻게 하면 이 고립을 극복하고 타인과 결합할 수 있는가? 그러나 문제는 동일해도 해결 방법은 제각각이다. 동물 숭배, 인간의 희생, 군사적인 정복, 사치, 금욕적인 포기, 강제 노동, 예술적인 창조, 신의 사랑 또는 인간의 사랑 등, 그 방법은 실로 다양하다. 그것이 바로 인간의 역사다. 하지만 방법이 많다고 그 해답도 무수한 것은 아니다. 그와는 반대로, 문제의 핵심을 벗어난 다소 불충분하고 사소한 차이점들을 무시한다면, 지금까지 다양한 문화 속에 살아왔던 사람들이 줄 수 있었던 해답이 극히 제한되어 있음을 알 수 있다. 종교나 철학의 역사는 바로 이 대답의 역사이며, 역시 그 수가 제한되어 있다.

과거와 현재를 통틀어 인간이 고립을 극복하는 해결책으로 가장 많이 선택한 방법은, 집단의 관습이나 관례, 신앙에 동조하는 것이었다. 현대의 서양 사회에서도 집단에 동조하는 것은 고립감을 극복하는 보편적인 수단이다. 집단에 동조하는 행위는 한 개인의 자아를 극도로 사라지게 하고, 그를 집단의 일원으로 만든다. 만약 내가 모든 사람과 마찬가지라면 내가 다른 사람과 다르다는 느낌이나 생각이 전혀 없으며, 관습이나 의복이나 사고도 집단의 그것에 동조한다면 나는 고독감이라는 무서운 체험으로부터 구원받는 것이다.

하지만 집단 동조에 의한 결합은 강렬하지도 격렬하지도 않다. 그것은 조용하고 일상적으로 움직이며, 바로 이러한 이유 때문에 고립감을 해소하는 데 불충분할 때가 많다. 현대 서구 사회에서 볼 수 있는 알코올 중독, 마약 중독, 강박적인 섹슈얼리즘, 자살 등의 경우는 집단 동조가 상대적으로 불완전한 해결책임을 말해주는 증상들이다.

고립감을 해소하는 방법으로써, 집단 동조와 더불어 현대 생활의 근간을 이루는 또 하나의 요소, 즉 일상적인 노동과 오락도 고려되어야 한다. 인간은 아침부터 저녁까지 일하는 노동자나 사무원 또는 관료 조직의 경영자가 된다. 그가 하는 일은 직장 조직에 따라 이미 정해져 있으며 자발성이라고는 찾아볼 수 없다. 조직은 맨 꼭대기에서부터 밑바닥까지 아무런 차이도 없다. 그들은 조직 안에서 이미 정해져 있는 과업을 규정된 속도로 규정된 방법에 따라 수행할 따름이다. 심지어 감정까지도 규정되어 있다. 쾌활함, 인내심, 신뢰, 야망, 그리고 아무 마찰 없이 누구와도 사귈 수 있는 능력까지.

오락도 이렇게까지 철저하지는 않지만 거의 규정화되어 있다. 읽을 책은 독서 클럽이, 영화는 영화 제작자나 극장주가, 광고 표어는 스폰서들이 제시해준다. 휴식의 방법도 거의 획일화되어 있다. 일요일에는 드라이브, 텔레비전 시청, 카드놀이, 친교 모임 등 거의 일정한 형태로 정해져 있다. 태어나서 죽을 때까지, 월요일에서 다음 월요일까지, 아침부터 저녁까지 우리가 하는 모든 행동은 이미 기성품이 되었다. 이렇게 일상의 그물 속에 붙잡혀 있는 인간이 자신이 인간이며 독특한 개인임을, 그리고 희망과 절망, 슬픔과 두려움, 사랑에의 갈구, 공허와 고립에 대한 공포감을 가지고 있으면서도 오직 단 한 번뿐인 삶의 기회를 부여받은 존재라는 사실을 어떻게 잊지 않을 수 있겠는가!

결합을 이루는 세 번째 방법은 예술가나 직공의 '창조적인 활동'에 있다. 어떠한 종류의 창조적 일이든 간에, 창조적인 인간은 외부 세계를 대표하는 물질과 자신을 결합시킨다. 인간은 그 창조의 과정에서 세계와의 일체감을 맛보는 것이다. 그러나 이것은 내가 계획하고 생산하며, 내 노동의 결과를 내가 볼 수 있는 그러한 생산적인 작업에만 적용된다. 그런데 현대의 노동자는 어떤가. 끝없는 컨베이어벨트 앞에 놓여 있으므로 작업하는 대상과의 일체감을 맛볼 수가 없다. 그저 기계나 관료적 조직의 부속물이 되어버린 것이다. 그는 이미 본래의 그가 아니다. 따라서 동조 이상의 일체감은 얻지 못한다.

생산적인 작업을 통해 성취된 결합은 상호

인간적인 것은 아니다. 집단에 동조함으로써 성취된 결합은 오직 허위적 결합일 뿐이다. 그러므로 이 모든 것들은 실존 문제에 대한 부분적인 해답에 불과하다. 완전한 해답은 상호 인간적인 결합, 타인과의 융합, 즉 사랑에 있는 것이다.

이러한 상호 인간적인 결합의 욕구는 인간의 가장 강력한 욕구다. 그것은 가장 기본적인 정열이자, 인류를, 또는 가족 사회를 하나로 뭉치게 하는 힘이다.

그런데 만약 상호 인간적인 결합의 달성을 '사랑'이라고 부른다면, 우리는 상당히 곤란한 처지에 빠지게 된다. 결합은 여러 가지 다른 방법으로 성취될 수 있다. 그리고 그 차이들은 사랑의 여러 다양한 형태의 차이 못지않게 중요하다. 그러한 것들을 모두 사랑이라 부를 수 있겠는가? 문제는 우리가 사랑에 대하여 이야기할 때 어떤 종류의 결합을 말하고 있는지를 아는 것이다. 우리는 사랑을 실존 문제에 대한 성숙한 해답으로 이해하고 사용하는가? 그렇지 않으면 공생적(共生的)인 결합이라고 할 수 있는 미숙한 형태의 사랑을 말하는가? 이제부터 나는 오직 전자의 형태만을 사랑이라고 부를 것이다.

공생적인 결합과는 대조적으로 성숙한 사랑은 개인의 통합성과 개성을 유지하는 조건 하에 이루어지는 결합이다. 사랑은 하나의 능동적인 힘이며, 인간을 그의 친구들로부터 분리시키는 장벽들을 파괴시키는 힘이고, 그를 다른 사람과 결합시키는 힘이다. 사랑은 고립감과 고독감을 극복케 하는 한편, 개성과 통합성을 지켜준다. 사랑은 두 사람이 하나인 동시에 둘이라는 역설을 성립시킨다.

한편 사랑은 행동이며 인간 힘의 실천이다. 이 힘은 오직 자유로운 상태에서만 표출되며, 결코 어떤 강요로도 행사되지 않는다.

사랑은 수동적인 감정이 아닌 능동적 활동이다. 그것은 '스스로 발을 들이는' 것이지 '빠져 버리는' 것이 아니다. '사랑은 주는 것이지 받는 것이 아니다.' 우리가 흔히 쓰는 이 말에 사랑의 능동성이 잘 나타나 있다.

그렇다면 주는 것이란 무엇인가? 이 질문에 대한 대답은 간단한 듯 보이나 실제로는 상당히 모호하고 복잡하다. 가장 널리 퍼져있는 오해는 주는 것이란 무언가를 '포기'하고, 빼앗기고, 희생하는 것이란 생각이다. 수용적이고 착취적이며 소유적인 단계에서 인격 성장이 멈춘 사람은 준다는 행동을 이렇게 오해한다. 한편 타산적인 사람은 주는 것도 좋지만, 그 대신 받을 건 받아야 한다는 주의다. 받는 것이 없이 주기만 한다면 속았다고 생각할 것이다. 또한 비생산적인 사람은 준다는 것을 하나의 손해로 생각한다. 그러므로 대부분 주기를 거부한다. 그런데 어떤 사람들은 희생이라는 의미에서 준다는 것을 하나의 미덕으로 삼는다. 그들은 준다는 것이 고통스럽다는 바로 그 이유 때문에 주어야 한다고 생각하고, 준다는 것의 미덕은 희생을 감수하는 바로 그런 행동에 있다고 믿는다. 받기보다 주기가 더 좋다는 그들의 규범은, 기쁨의 달콤함보다 박탈당하는 괴로움이 더 나음을 뜻한다.

그러나 생산적인 사람은 준다는 것을 이와는 전혀 다른 의미로 받아들인다. 준다는 것은 자기 힘을 표현하는 가장 고도의 방법이다. 베풂, 바로 그 행동에서 자신의 강함과 부와 그 역량을 경험한다. 이렇게 생명력과 권력을 과시하는 경험은 기쁨으로 그를 충만케 한다. 그는 충만한 생명력을 소비하며 살아있다는 기쁨을 느끼는 것이다. 주는 것은 받는 것보다 더 기쁜 일이다. 왜냐하면 그것은 박탈이 아니라 생명력의 표현이기 때문이다.

이러한 원리를 여러 가지 상황에 적용시켜 그 타당성을 확인해보자. 가장 기본적인 예는 성(性)의 영역에 있다. 남성의 성적인 절정은 준다는 행동에 있다. 남성은 여성에게 자기 자신을, 즉 성기(性器)를 준다. 오르가슴을 느낄 때 그는 여성에게 자신의 정액을 준다. 성적인 능력이 있는 한, 그것을 주지 않을 수 없다. 만약 줄 수 없다면 그는 성적 불구자다. 여성의 경우에도 약간 복잡하기는 하지만 그 과정은 별로 다름이 없다. 여성 역시 자기 자신을 준다. 자신의 중심의 문을 열며 받는 행위 속에서 그녀는 자신을 주는 것이다. 만약 여성이 이와 같은 주는 행위를 하지 못하고 오직 받기만 한다면, 그녀는 불감증 환자다. 여성의 주는 행위는 애인으로서의 기능이 아니라 어머니의 기능으로 다시 일어난다. 여성은 자기를 자신의 배 속에서 자라는 아이에게 주며, 또 유아에게 그의 젖을 주며, 자신의 몸의 따뜻함을 준다. 주지 않는다는 것은 오히려 고통일 것이다.

물질적인 영역에서의 준다는 것은 부유함을 의미한다. 많이 '가지고' 있는 사람이 부유한 것이 아니라 많이 주는 사람이 부유한 것이다. 자나 깨나 무엇을 잃지 않을까 걱정하는 소유형의 사람은, 갖고 있는 재산과는 관계없이 가난하고 궁상맞은 사람이다. 반면 기분 좋게 줄 수 있는 능력을 가진 사람은 누구나 부유한 사람이다. 그는 자신이 이웃에게 뭔가를 줄 수 있는 사람이라고 실감한다.

그러나 가장 중요한 베풂은 물질이 아니라 매우 인간적인 영역에 있다. 인간적인 영역에서 우리는 타인에게 물질이 아닌 무언가를 준다. 그는 자신을 주고, 자기가 가지고 있는 것 중에 가장 귀한 것, 즉 생명을 준다. 이것은 단지 타인을 위하여 자신의 생명을 희생한다는 의미만은 아니다. 자신 안에 살아있는 모두를 아낌없이 주는 것, 그의 기쁨을, 흥미를, 이해를, 지식을, 유머를, 슬픔을 주는 것이다. 이와 같이 생명을 줌으로써 그는 다른 사람을 풍요롭게 하며, 또한 자신의 생명감을 높이 북돋움으로써 타인의 생명감을 일으킨다. 그는 받기 위하여 주는 것이 아니다. 주는 것 그 자체가 최상의 기쁨인 것이다. 그런데 그가 준 무언가는 상대에게 반드시 영향을 미치고, 그 영향으로 생겨난 무언가는 그에게 되돌아온다. 진실로 줌으로써 되돌아온 것을 그는 받지 않을 수 없다. 준다는 것은 어떤 사람을 주는 사람으로 만들고 그로 인해 기쁨을 함께 나눔을 의미한다. 주는 행동에서 무엇인가 새로 탄생된다. 그리고 두 사람은 서로를 위하여 태어난 자신의 생명에 대하여 감사하게 된다. 특히 사랑에 대하여 언급될 때 이것은 다음을 의미한다. 즉 사랑은 사랑을 생산해내는 힘을 뜻하며, 무능하다는 것은 사랑을 만들어내는 능력이 없음을 뜻하는 것이다.

주는 것 이외에도 사랑의 능동성은, 모든 형

히에로니무스 보스(1450?~1516)의 〈쾌락의 정원〉(15세기 말경)

태의 사랑에 공통적으로 들어 있는 기본 요소들을 통해서도 드러난다. 그 요소들이란 바로 배려, 책임, 존경 그리고 지식이다.

배려는 자녀에 대한 어머니의 사랑에서 가장 뚜렷하게 나타난다. 만약 어머니가 육아를 게을리하는 모습을 본다면, 아기에게 젖을 먹이고 목욕을 시키고 육체적인 안정을 주는 일을 소홀히 하는 모습을 본다면, 그녀가 아무리 자식을 사랑한다고 말해도 믿지 못할 것이다.

반면에 그녀가 아이를 정성스레 돌보는 모습에서 우리는 감동을 받는다. 심지어 꽃이나 동물들에 대한 사랑에 있어서도 별로 다를 바가 없다. 만일 자기는 꽃을 사랑한다고 말했던 여성이 꽃에게 물 주기를 잊어버린 것을 보았다면, 우리는 그 여자가 진실로 꽃을 사랑하는지 의구심이 들 것이다. 사랑이란 그 대상의 생명과 성장에 대한 능동적인 관심을 말한다. 이런 능동적인 관심이 결여된 곳에는 사랑이 피어날 수 없다.

배려와 관심은 사랑의 또 다른 측면, 즉 책임의 측면을 의미한다. 오늘날의 책임은 흔히 의무를 가리키는 것으로, 외부로부터 그에게 부과된 어떤 일을 가리키는 것으로 해석되고 있다. 그러나 참된 의미의 책임은 완전히 자발적인 행동이다. 그것은 타인의 표현되거나 표현되지 않은 요구에 대한 나의 반응인 것이다. 책임이 있다는 것은 반응할 능력이 있다거나 준비가 되어 있음을 의미한다. 성인들 사이의 사랑에서는 책임이란 주로 다른 사람의 정신적인 욕구와 관계되는 것이다.

만약 사랑의 제3 구성 요소인 존경이 없다면 책임은 지배 또는 소유욕으로 쉽게 타락할 것이다. 존경은 단순히 두려움이나 경외심이 아니다. 그것은 어원(語源)에 따른다면 사람을 있는 그대로 보고, 그의 독특한 개성을 지각할 줄 아는 능력을 말한다. 존경이란 타인이 있는 그대로 성장하고 발전하도록 배려하는 것이다. 그러므로 존경은 착취의 부재(不在)를 의미한다. 나는 사랑하는 사람이 그 자신을 위하여 그 자신의 방식대로 성장하고 발전하기를 원한다. 만약 내가 어떤 사람을 사랑한다면 나는 그 혹은 그녀와 하나인 것을 느낀다. 이때 있는 그대로의 그와 하나인 것을 느끼는 것이지 이용 대상으로 나에게 필요한 그와 하나가 되는 것은 아니다. 존경이란 오직 내가 독립을 성취하였을 때만, 내가 똑바로 서서 부축 없이 걸을 수 있을 때만, 또 어떤 사람을 지배하거나 착취하지 않을 때만 분명코 가능하다. 존경은 자유가 있어야 비로소 존재한다. '사랑은 자유의 산물'이라고 프랑스의 노래가 말하듯이, 사랑은 자유의 아들이지 결코 지배의 아들이 아니다.

사람을 존경한다는 것은 그 사람을 모르고는 불가능하다. 즉 배려와 책임도 지식의 인도를 받지 않을 때에는 장님과 마찬가지다. 한편 지식도 배려하는 마음 없이는 무가치하다. 지식에는 많은 층이 있다. 사랑의 한 축을 이루는 지식은 주변에서 머무르지 않고 중심부로 뚫고 들어간다. 나 자신에 대한 관심을 초월하여, 다른 사람을 그의 시선으로 볼 수 있을 때에만 그를 진정으로 알 수 있다.

지식과 사랑 문제 사이에는 보다 근본적인 하나의 관계가 존재한다. 어느 한 사람이 고립감의 감옥으로부터 벗어나기 위하여 다른 사람과 융합하고자 하는 기본적인 욕구는, 인간의 비밀을 알려고 하는 또 하나의 인간적 욕구와 밀접하게 관련되어 있다. 단순히 생물학적인 면에서도 생명은 하나의 기적이며 비밀이지만, 인간적인 면에서도 인간은 그 자신에게나 동료들에게나 무한히 알 수 없는 하나의 신비다. 우리는 우리 자신을 알고 있다. 그러나 아무리 노력을 기울여도 아직 우리 자신을 잘 알지 못한다. 우리는 우리의 동료들을 안다. 그러나 아직도 그들을 잘 모른다. 왜냐하면 우리는 하나의 물건이 아니며, 우리의 동료도 물건이 아니기 때문이다.

그 신비를 아는 한 가지 극단적인 방법이 있는데, 그것은 타인을 힘으로 완전하게 지배하는 폭력적 방법이다. 그 힘은 그에게 우리가 원하는 것을 행하게 하고 우리가 원하는 것을 느끼게 하고 우리가 원하는 것을 생각하게 하여 그를 하나의 물건, 즉 우리의 물건, 우리의 소유물로 만들도록 하는 힘이다. 알고자 하는 이러한 시도의 궁극적인 단계는 극단적인 사디즘이며, 인간을 괴롭히는 욕구이며 능력이다. 즉 그를 괴롭히며, 그 괴로움으로 인해 그의 비밀을 누설하게 강요하는 힘인 것이다. 인간의 비밀에 파고들고자 하는 이러한 갈망, 그것이 타인이건 우리 자신의 비밀이건, 그 속에는 깊고 강렬한 인간의 잔인성과 파괴성의 본질적인 동기가 있는 것이다. 우리는 이런 행동을 아이들에게서 아주 뚜렷하게 볼 수 있다. 아이들은 어떤 것을 알기 위하여 그것을 분해한다. 또 어떤 때는 동물을 잡아놓고 그것을 분해한다. 나비의 신비를 알고자 나비의 날개를 잔인하게 떼어놓는다. 이러한 잔인성 자체는 보다 깊은 어떤 것, 즉 어떤 사물과 생명의 신비를 알고자 하는 욕망에서 비롯된 것이다.

'신비'를 아는 또 다른 방법은 사랑이다. 사랑은 상대에게 능동적으로 침투하는 것이다. 알고자 하는 나의 욕구는 결합에 의하여 달성된다. 결합의 행위를 통해 나는 당신을 알며, 나 자신을 알며, 모든 인간을 안다. 그리고 나는 '아무것도 아닌 것'을 안다. 살아있는 것에 대한 지식은 인간에게 가능한 오직 한 가지 방법, 즉 결합의 경험을 통해서만 알 수 있다. 생각만으로는 알 수 없다. 사디즘은 그 신비를 알고자 하는 욕구에 의하여 촉발되었지만, 여전히 이전과 마찬가지로 모르는 상태에 남아있게 된다. 나는 다른 것을 조각조각 분해하지만, 내가 한 일이라고는 고작 그것을 파괴한 것뿐이다. 앎의 유일한 방법은 사랑이며, 우리는 결합을 통해 지적 욕구를 채운다. 사랑하는 행위 속에서, 즉 나 자신을 주며 타인에게 침투하는 속에서 자신을 발견하며, 자신을 깨우치며, 우리라는 두 사람을 발견하고, 인간을 발견한다.

완전한 지식에 달하는 오직 한 가지 방법은 사랑이다. 왜냐하면 이 행위는 사고를 초월하고 말을 초월하기 때문이다. 그것은 결합이라는 체험 속으로 과감하게 뛰어드는 행위다.

에리히 프롬의 『소유냐 삶이냐/사랑한다는 것』

(고영복/이철범 옮김, 동서문화사, 2010)

에리히 프롬(Erich Fromm, 1900~1980)

독일 출신의 사회심리학자, 정신분석학자, 철학자. 사회학, 심리학, 철학을 공부했고, 하이델베르크대학교에서 박사학위를 받았다. 파시즘의 심리학적 기원을 밝히고 민주주의가 나아갈 방향을 탐색했다. 프랑크푸르트 심리분석 연구소에서 근무하다 나치의 유대인 탄압을 피해 1934년에 미국으로 이주했으며, 예일대학교, 뉴욕대학교, 미시간대학교에서 강의했다. 평화운동에 참여했고 핵무기 경쟁과 베트남 전쟁을 강도 높게 비판했다. 저서로 『자유로부터의 도피』, 『사랑의 기술』, 『소유나 존재냐』 등이 있다.

8

남녀의 짝짓기 전략

전중환

현대 진화심리학은 인간의 사랑이나 구애 행위에 대해 인문학적 논의와는 매우 다른 '진화론적' 설명을 내놓는다. 이 설명에 따르면 사랑이라는 것은 무슨 신비하고 아름다운 현상이 아니다. 그것은 '번식'을 위한 짝짓기 행동의 생물학적 메커니즘이다. 짝짓기에 실패한 개체는 자기 유전자를 전할 후손을 남기지 못한다. 그 개체는 번식의 실패자이며, 번식의 실패자는 당연히 적응의 실패자다.
인류의 조상은 짝짓기 대상을 어떻게 찾았을까? 대상을 선택하는 기준은 무엇이었을까? 역사시대 이전 인류의 성생활에 대한 생물학적 기록은 없기 때문에 진화론자들은 자연계 동물들의 행동을 관찰하고 연구해서 짝짓기의 진화적 기원을 추적한다. 여기서 핵심 어휘는 '경쟁'과 '유혹'이다. 생존(survival)과 번식(reproduction)은 진화론의 두 주축 개념이다.
사랑의 고귀함과 아름다움을 찬미하는 멋진 말들은 허울일 뿐 사랑은 단지 번식을 위한 짝짓기 행동이라고 한다면 여러분은 어떤 반응을 보일까? 사랑의 행위가 그저 짝짓기 상대를 얻기 위해 치열하게 경쟁하고 유혹하는 '전략'에 불과하다면? 인간의 연애가 동물들의 짝짓기와는 다르다고 주장할 근거가 있을까? 사랑과 욕망이라는 복잡한 마음의 움직임을 진화론적으로 설명할 때, 우리가 얻는 새로운 통찰은 무엇이고 놓치는 부분은 무엇인가?

"오늘 자고 갈래?"

오늘은 아주 매력적이고 멋진 이성과 사귀기 시작한 지 벌써 5년이 되는 기념일이다. 데이트를 즐기는 와중에 상대가 조심스럽게 말을 꺼낸다. "오늘 밤 같이 있을까?" 당신은 어떻게 답할 것인가? 사귄 지 2년이 되었다면? 1년이라면? 6개월이라면? 한 달이라면? 일주일이라면? 하루라면? 사귀기로 한 지 이제 1시간 지났다면?

실험에 참여한 여성들의 반응을 먼저 살펴보자. 여성들은 사귄 지 1년 이상 된 애인의 성관계 제안에 "뭐, 좋아요"라고 답했다. 사귄 지 6개월이 된 애인의 제안에는 "잘 모르겠어요"라고 답했다. 사귄 지 일주일 혹은 그 미만인 애인의 성관계 제안에는 "절대로 안 돼요"라고 답했다.

남성들의 반응을 보자. 남성들은 사귄 지 한 달 이상 된 애인의 성관계 제안에 "뭐, 좋아요"라고 답했다. 사귄 지 일주일 된 애인의 제안에는 "잘 모르겠어요"라고 답했다. 여기서 돌발 문제가 나간다. 사귄 기간이 어느 정도나 짧으면, 남성들은 애인의 성관계 제안에 "절대로 안 돼요"라고 단호히 거부할까?

미국 대학생들을 설문 조사한 연구에서 진화심리학자 데이비드 버스는 그 답을 찾지 못했다. 문항에 포함된 선택지 중에 가장 짧은 기간은 1시간이었다. 남성들은 사귄 지 1시간 된 애인의 성관계 제안에 대해서조차 단호히 거절하기보다는 어느 정도 여지를 남긴 채 일단 보류했다. 나중에 버스는 30분, 10분, 1분, 30초, 1초 등 더 짧은 기간을 새로 포함해 조사했다. 사귄 기간이 아무리 짧더라도, 남성들은 결코 상대방이 제안한 성관계를 무조건 거부하지는 않았다.

남녀는 어떤 짝짓기 전략을 구사하는가?

위의 연구는 매력적인 연인과 사귀기 시작하여 성관계에 이르는 데 걸리는 시간은 남성이 여성보다 더 짧음을 명확히 보여준다. 이야, 역시 진화심리학은 재미있다. 그런데, 마음 한 구석이 왠지 찜찜하다.

다른 동물들에게서 흔히 관찰되는 전형적인 성차는 누구나 안다. 암컷 앞에서 화려한 꼬리를 한껏 과시하는 숫공작을 떠올려보라. 모두 그렇지는 않지만, 대다수 종에서 수컷들은 여러 암컷과 짝짓기를 하고자 서로 치열하게 경쟁하는 반면, 암컷들은 신중하게 짝짓기 상대를 고르고 자식을 열심히 돌본다.

진화심리학자들은 이 전형적인 성차가 인간에게서도 똑같이 나타난다고 주장하는 걸까? 남성은 언제나 피 터지게 경쟁하고, 여성은 언제나 꼼꼼하게 고르는 것이 남녀의 본성이란 말인가? 에드워드 윌슨 등의 초창기 사회생물학자들이 펼친 이러한 주장을 '공작 이론'이라고 부르자.

다른 학자들은 우리 인간은 남녀 모두 오직 한 사람을 선택해 백년해로하면서 자녀를 함께 돌보게끔 진화했다고 주장했다. 엄격한 일부일처제가 남녀 모두의 본성이라는 견해다. 또 다른 학자들은 인간이 남녀 모두 평생에 걸쳐 여러 상대와 문란하게 성관계를 하게끔 진화했다고 본다. 보노보처럼 난잡한 다처다부제가 남녀의 참된 본성이라는 견해다. 마지막으로 다수의 진화심리학자가 인정하는 '성 전략 이론'이 있다. 버스는 남녀가 어느 한 가지 짝짓기 전략만 구사하는 것이 아니라 단기 혹은 장기적 맥락, 자신의 배우자 가치(mate value), 배란주기, 문화적 환경, 성비 등에 따라 다양한 전략을 유연하게 구사한다고 주장했다.

요컨대, 남녀가 고를 수 있는 짝짓기 전략의 '메뉴판'이 있고, 이 중 어느 하나를 상황에 맞게 택한다는 것이다. 따라서 여성들끼리 치열하게 경쟁하고 남성이 신중히 고를 수도 있다. 배란주기에 따라 여성은 외도할 수도, 파트너에게 충실할 수도 있다. 어떤 상황에서는 한쪽이 강제로 성관계를 요구할 수도 있다.

이 장에서는 인간이 어떤 짝짓기 체계를 진화시켰는지 살펴보자. 전통적인 사회과학자들은 진화심리학이 남성은 다양한 성관계를 능동적으로 추구하는 우월한 존재, 여성은 배우자를 수동적으로 고르는 열등한 존재로 그린다며 날 선 비난을 퍼붓는다. 하지만 현대의 진화심리학이 '공작 이론'을 신봉한다는 이런 비난은 근거가 없음을 알게 될 것이다.

부모 투자량의 차이가 성선택을 만든다

앞에서 언급했듯이, 인간이 아닌 동물에게서 대체로 수컷들은 더 많은 성관계를 얻고자 서로 경쟁하는 반면, 암컷들은 까다롭게 짝짓기 상대를 고르는 모습을 볼 수 있다. 1871년에 찰스 다윈은 명저 『인간의 유래와 성선택(The Descent of Man, and Selection in Relation to Sex)』에서 배우자를 얻으려는 경쟁에서 승리하기 위해 수컷들은 강력한 무기나 화려한 장식물을 진화시켰다고 설명했다.

즉, 주로 수컷들이 지닌 무기와 장식물은 수컷의 생존율을 늘리기 위함이 아니라 짝짓기 성공을 늘리기 위해 진화한 형질이다. 그런데 대다수 종에서 배우자를 얻기 위한 경쟁, 즉 성선택(sexual selection)이 수컷들 사이에서 더 강하게 작동하는 이유는 무엇일까?

여기서 잠깐 암컷과 수컷이 어떻게 정의되는지 짚고 넘어가자. 암컷은 크고, 비운동성이고, 영양분이 풍부한 난자를 만드는 성이다. 수컷은 매우 작고, 운동성이고, 유전물질만 덜렁 담은 정자를 매우 많이 만드는 성이다. 암수의 근본적인 차이는 생식세포의 차이에 있다(곧 나오지만, 누가 자식을 돌보느냐는 암수의 정의와 무관함에 유의하시라).

1972년에 로버트 트리버스는 성선택이 주로 수컷들에게 강하게 작동하는 이유는 암수가 자식에게 주는 '부모 투자(parental investment)'의 양이 다르기 때문이라고 설명했다. 부모 투자는 생식세포에 든 영양분, 임신, 출산, 젖 주기, 음식물 공급, 보호, 안아주기 등등 부모가 자식의 생존율을 높이기 위해 실행하는 모든 형태의 노력을 말한다.

트리버스는 이러한 부모 투자량의 차이가 어느 성이 경쟁하고 어느 성이 고르는지를 결정한다고 주장했다. "한 성이 다른 성보다 더 많이 투자한다면, 적게 투자하는 성의 개체들은 많이 투자하는 성의 개체들과 짝짓기하기 위해서 자기들끼리 경쟁하게 된다"라고 말했다. 즉, 수컷은 무조건 경쟁하고 암컷은 무조건 고르라고 하늘이 운명을 정한 게 아니다. 암컷이건 수컷이건 상대적으로 자식에게 많이 투자하는 성은 누구와 성관계를 할지 심사숙고해서 고르게 된다는 말이다.

트리버스의 부모 투자 이론을 이해하는 핵심은 이렇다. 적게 투자하는 성은 번식률을 최대한 끌어올릴 수 있는 잠재력이 더 크다. 달리 말하면, 적게 투자하는 성은 수정란 하나를 어른으로 길러내기 위해 최소한 부담해야 하는 의무 투자량이 훨씬 더 적다. 부모 투자의 성차가 잠재적인 번식률의 성차를 만들어서 결국 암수의 서로 다른 성행동으로 이어진다는 트리버스의 통찰을 우리 종을 통해 살펴보자.

남녀가 최대한 얻을 수 있는 번식률은 다르다

인간 여성은 어떤가? 쌍둥이를 낳는 드문 경우를 제외하면, 여성은 1년에 한 명의 자식만 낳을 수 있다. 과거의 수렵-채집 환경에서 엄마는 아기에게 젖을 물려야 했다. 수유 중에는 배란이 중단되기 때문에 아무리 자식을 더 낳고 싶어도 적어도 3~4년은 기다려야 했다. 짝짓기 상대가 많다고 한들 이 사실은 변치 않는다. 즉, 우리 조상 여성이 평생 낳을 수 있었던 자식 수(번식 성공도[reproductive success] = 적합도[fitness])는, 짝짓기 상대를 되도록 많이 확보하기보다는, 장기간의 임신, 출산, 수유, 양육에 드는 자원을 어떻게 꾸준히 확보하느냐에 달려있었다.

인간 남성은 어떤가? 남성이 만일 한 여성과 결혼에 성공해서 아빠로서 자식에게 장기간 투자하는 양만 놓고 본다면 엄마가 자식에 투자하는 양에 비해 그리 큰 차이가 나진 않는다. 그러나 최소한 부담해야 하는 의무 투자량은 남성이 훨씬 더 적었다. 그저 한 번의 성관계면 충분했다. 오늘 처음 만난 여성을 임신시킨 뒤 바로 헤어졌는데 그 자식이 무사히 어른으로 자랐다면, 조상 남성으로선 극히 적은 비용을 치르고서 번식에 성공한 셈이다. 즉, 우리 조상 남성의 번식 성공도는 짝짓기 상대를 얼마나 많이 확보하느냐에 달려있었다.

극단적인 예로, 17세기 모로코를 지배한 폭군 물레이 이스마일(Moulay Ismael)은 네 명의 부인과 500여 명의 첩 사이에 무려 1,171명의 자식을 낳았다. 반면에 기네스북에 등재된 여성 최고 기록은 평생 27번 임신해서 69명의 자녀를 낳은 러시아 농부의 아내였던 발렌티나 바실리예브(Valentina Vassilyev)라는 여성이었다.

부모 투자 이론은 그냥 그럴듯하게 들리는 사후 설명이 아니라 검증 가능한 새로운 예측을 제공해준다. 이 이론이 맞는다면 실고기, 해마, 모르몬귀뚜라미처럼 수컷이 암컷보다 자식에게 투자를 많이 하는 몇몇 종에서는 암컷이 아니라 수컷이 짝짓기 상대를 신중하게 고르는 식으로 성 역할이 역전되어 나타날 것이다. 과연 그럴까?

이 예측은 여러 종에서 확인되었다. 예를 들어, 실고기 암컷은 알을 수컷의 육아낭에 집어넣고 홀연히 가버린다. 이렇게 '임신한' 수컷은 여러 주 동안 수정란에 산소와 영양분을 공급하는 등 암컷보다 자식에게 투자를 더 많이 한다. 아니나 다를까, 암컷들은 수컷 앞에서 서로 간택을 받으려 치열하게 경쟁하고, 수컷은 작고 밋밋한 암컷보다 크고 화려한 암컷을 신중하게 선택하여 알을 받는다.

잠시 요약하고 넘어가자. 트리버스는 배우자를 얻기 위한 경쟁이 어느 한 성(주로 수컷)에서 더 강하게 나타나는 까닭을 부모 투자량의 성차에서 찾았다. 적게 투자하는 성(주로 수컷)은 최대한 얻을 수 있는 번식률이 더 높다. 번식 성공도가 짝짓기 상대의 수에 달려 있으므로, 적게 투자하는 성은 짝짓기 기회를 늘리고자 서로 치열하게 경쟁한다. 많이 투자하는 성(주로 암컷)은 최대한 얻을 수 있는 번식률이 더 낮다. 번식 성공도가 자식을 키우는 데 드는 자원 확보에 달려 있으므로, 많이 투자하는 성은 누구와 짝짓기 할지 신중하게 고르고 자식을 더 보살핀다.

난잡한 일부일처제 혹은 약한 일부다처제

자, 그렇다면 어떤 짝짓기 체계가 우리에게 주어진 본성인가? 남성은 항상 경쟁하고 여성은 항상 고르는 '공작 이론'인가? 엄격한 일부일처제인가? 문란한 다부다처제인가? 아니면 때론 여성들끼리 경쟁하고 남성이 신중히 고르는 등 상황에 따라 다양한 짝짓기 전략의 메뉴를 진화시켰는가?

알다시피, 대형 유인원 중에선 유일하게 인간 남성은 아버지로서 자식을 정성껏 돌본다. 그렇다고 남녀 모두 절대 한눈팔지 않고 백년해로하는 엄격한 일부일처제가 인간 본성은 아니다. 법적으로 일부일처제를 강제하는 현대사회에서조차 이혼과 재혼을 반복하거나 배우자 몰래 바람을 피우는 행태를 통해 실질적인 일부다처제가 이루어진다.

물론 여성도 이혼과 재혼을 되풀이하여 실질적인 일처다부제를 누릴 수 있지만, 남성은 어느 연령대에서나 여성보다 재혼할 가능성이 더 높다. 특히, 재혼에 성공할 가능성의 성차는 나이가 들수록 더 커진다. 예컨대 미국에서 25~29세 사이의 이혼남은 같은 나이의 이혼녀보다 재혼할 가능성이 30퍼센트 더 높았다. 50~54세 사이의 이혼남은 같은 나이의 이혼녀보다 재혼할 가능성이 네 배, 즉 400퍼센트나 더 높았다! 남성이 여성보다 더 쉽게 재혼하는 현상은 미국뿐만 아니라 47개국에서 공통으로 나타났다.

고고학적 증거들과 인류학적 증거들을 종합하면, 수백만 년에 걸쳐 형성된 인간의 짝짓기 체계는 엄격한 일부일처제도 아니고 완전한 일부다처제도 아닌 그 중간 상태로 추정된다. 즉, 난잡한 일부일처제 혹은 약한 일부다처제가 우리에게 주어진 본성이다.

지금껏 인류학자들이 조사한 모든 인간 사회에서는 남편과 아내가 함께 오랫동안 가정을 꾸리는 짝-결속(pair-bonding)이 나타날 뿐만 아니라, 배우자 몰래 다른 상대와 맺는 일시적인 성관계도 함께 나타난다. 인간사회의 17퍼센트에서는 일부일처제가 법적으로 강제되어 있다. 82퍼센트에서는 일부일처제와 일부다처제가 모두 존재하지만, 이 중 대다수는 일부일처제다.

물론 수렵-채집 생활을 하던 우리의 조상 집단 내에서는 한 남편이 여러 아내와 자식들을 거느린 가정도 있었을 것이다. 그러나 당시에는 한 남성이 사냥을 통해 여러 아내와 자식들을 동시에 부양할 만큼 많은 자원을 확보하긴 매우 어려웠을 것이므로, 그런 가정은 상대적으로 드물었다. 즉, 왕이나 귀족이 여러 부인을 두는 일부다처제는 1만여 년 전 농경이 시작되어 한 사람이 다량의 잉여 자원을 소유할 수 있게 된 다음에야 비로소 흔해졌다.

난잡한 일부일처제 혹은 약한 일부다처제가 인간이 적응한 짝짓기 체계라는 결론은 인간의 짝짓기 심리에 대해 중요한 예측을 제공한다. 만약 인간이 암수가 공평하게 자식을 돌보는 참새와 같았다면, 성관계는 부부 사이에만 벌어지고 남녀 모두 결혼 상대자를 얻기 위해 똑같이 경쟁했을 것이다. 만약 인간이 수컷은 경쟁하고 암컷 혼자서 자식을 돌보는 공작과 같았다면, 남성은 평생 성관계 기회만 찾아 헤매고 여성 혼자서 자식을 낳아 키웠을 것이다. 인간은 그 중간이다.

즉, 남녀가 장기적인 일부일처제적 짝-결속을 이루는 동시에, 남녀 모두 다른 사람과의 일시적 성관계에 열려있다.

성 전략 이론: 짝짓기 전략의 '메뉴판'에서 적절한 전략을 선택한다

앞에서 언급한 버스의 성 전략 이론에 주목하자. 남성은 일시적 짝짓기 전략만 구사하고 여성은 장기적 짝짓기 전략만 구사한다는 '공작 이론'은 틀렸다. 남녀는 어느 한 가지 짝짓기 전략에만 매달리는 것이 아니라, 단기적 혹은 장기적 맥락, 자신의 배우자 가치, 배란주기, 문화, 성비 등 주어진 환경 조건에 따라 다양한 전략을 유연하게 구사하게끔 진화했다. 결혼 상대자 같은 장기적 짝짓기 상대를 구할 때는 남녀의 짝짓기 전략이 상대적으로 차이가 적다. 하룻밤 성관계 같은 일시적 상대를 구할 때는 남녀의 짝짓기 전략이 한층 더 큰 차이를 보인다.

이 장에서 한 이야기를 요약하자. 인간은 어떤 짝짓기 체계를 진화시켰는가? 트리버스는 배우자를 얻기 위한 경쟁이 어느 한 성(주로 수컷)에서 치열하게 전개되는 까닭을 부모 투자량의 성차로 설명했다. 우리 종에서는 여성이 남성보다 자식에게 투자를 많이 하긴 하지만, 암컷 혼자서 자식을 돌보는 공작처럼 남성이 자식을 아예 나 몰라라 하지는 않는다. 인간은 난잡한 일부일처제, 즉 남녀가 장기적인 짝-결속을 이루면서 동시에 일시적인 성관계도 자주 벌어지는 독특한 짝짓기 체계를 진화시켰다. 이는 남녀 모두 어느 한 전략에만 매달리기보다는 다양한 짝짓기 전략의 '메뉴판' 가운데 주어진 상황에 맞는 전략을 유연하게 구사하게끔 진화했다는 성 전략 이론을 뒷받침한다.

종종 일반인들은 진화심리학이 '공작 이론'을 설파한다고 비난한다. 즉, 남성은 원래 씨를 퍼뜨리는 데 혈안이 되게끔 진화했고, 여성은 결혼하면 그저 집에 들어앉아 평생 자식만 돌보게끔 진화했다는 성차별적인 담론을 퍼뜨리는 주범이라는 것이다(필자도 자신의 전공 분야가 어떻게 난도질당하는지 다 안다). 이는 순전히 오해일 뿐이다.

그런데도 진화심리학이 종종 남녀의 본성이 다르다는 점을 지나칠 정도로 강조하는 인상을 주는 이유는 이렇다. 진화심리학이 나오기 이전에 전통적인 사회과학의 지배적인 흐름은 남녀의 본성이 근본적으로 똑같다는 입장이었다. 이를 바로잡고자 초창기 진화심리학자들은 남녀의 본성이 매우 다르다고 때론 지나칠 만큼 강조할 수밖에 없었다. 사실, 남녀의 본성이 기본적으로 같다고 믿는 사회과학자들이 요즘도 많다!

전중환의 『진화한 마음』
(휴머니스트, 2019)

전중환(1973~)

경희대학교 후마니타스칼리지 교수. 서울대학교 생물학과에서 학사·석사학위를, 텍사스대학교 오스틴 캠퍼스에서 진화심리학으로 박사학위를 받았다. 인간 사회의 협동과 갈등, 이타적 행동, 근친상간과 성관계에 대한 혐오 감정 등을 연구하며 심리학의 영역을 넓혀가고 있다. 저서로 『진화한 마음』, 『본성이 답이다』, 『오래된 연장통』 등이 있다.

그때

허수경

알 수 없는 거리에서 자라나는 아이가
꿈으로 들어왔다

아이는 총을 들고 아이는 군복을 입고
주머니에 박하사탕을 한 움큼 넣어달라고 했다

알 수 없는 거리에서 자라난 아이가
해를 고요하게 넘겨받는 하늘이
저쪽에 있듯 자명하게 꿈으로 들어왔다

지진으로 사라진 도시를 추억하거나
이제는 방문할 수 없는 전쟁 속의 도시를 추억하며
오래 도서관에서 서성인 날

오래된 쐐기문서에 씌어진 양파 수확량을
들여다보는 그런 날

총을 들고 거리에 서 있는 아이
우리들이 그리워한 세계의 얼굴이 저 멀리에서

마치 불타는 뉴질랜드 숲의 동물들처럼 사라지는 것을
멍하니 바라볼 때

이 밤 어느 곳에서는 비행기가 날고 거리에는
아직 제가 태어난 곳을 잊지 못하는 아이들

모닥불을 피우며 양고기를 굽는
아직 피 묻은 손으로 양고기를 들썩이는 노인들을 위하여
아직 아무도 관을 준비하지 않은 그때

머리에 가득 얼굴을 열고 다니는 여자들
여자처럼 생긴 남자들은 울면서 가슴을 두들기고
있는 그때

허수경의 『청동의 시간 감자의 시간』
(문학과지성사, 2005)

9

세 가지 사랑 이야기

오비디우스

고대 로마시인 오비디우스가 그의 대표작 『변신 이야기』에서 묘사하는 사랑은 오늘날 우리에게는 매우 그로테스크하고 비도덕적, 심지어는 반도덕적으로 들린다. 아폴로와 다프네 이야기는 끔찍한 스토킹, 나르키소스와 에코 이야기는 지독한 자기애, 뮈라와 키뉘라스 이야기는 심지어 근친상간에 관한 이야기다. 중세 성직자들, 근대의 청교도들이나 예수회 등에서 그의 작품을 신랄하게 비난할 뿐만 아니라 심지어 그의 책들을 불태우기까지 했던 이유도 여기에 있다. 하지만 에로스적 사랑을 배격하고 심지어는 악마적이라 배척하기까지 했던 중세 유럽에서도 그의 작품은 많은 사랑을 받았다. 단테, 셰익스피어, 밀턴, 세르반테스 등 근대 서양 문학 거장들에게 지대한 영향을 미쳤다. 보티첼리, 루벤스, 푸생, 들라크루아 같은 거장 화가들에게도 마찬가지다. 오늘날에도 그의 작품은 서양 문학 최고의 고전 중 하나로 꼽힌다.
그 이유는 아마도 그의 작품이 우리가 감추고 싶어 하는 인간 내면의 본질을 드러내주기 때문일 것이다. 정신분석학의 창시자 프로이트가 나르키소스 이야기에서 착안한 나르시시즘이라는 용어를 모든 인간에 내재해 있는 자기애적 성향을 가리키는 데 사용한 것도 이런 맥락에서 이해할 수 있을 것이다. 여러분은 어떻게 생각하는가? 오비디우스가 전하는 세 가지 변신 이야기를 통해 우리가 얻을 수 있는 통찰과 교훈은 무엇일까?

1. 다프네를 사랑한 아폴로

아폴로 신의 첫사랑은 강의 신 페네이오스의 딸 다프네였는데,
이 사랑을 선사한 건 눈먼 우연이 아니라 큐피드의 사나운 분노였다네

얼마 전 괴물 뱀을 이겨 자부심 넘치던 델로스의 신이
활시위 팽팽하게 당기는 큐피드를 보았다네.
"이 장난꾸러기 녀석아, 저 강한 무기들을 가지고 뭘 하려는 거야?
네가 들고 있는 저 무기는 내 어깨에나 어울려.
난 맹수든 적이든 확실하게 상처 입힐 수 있지.
얼마 전엔 역병 퍼뜨리는 독기 찬 배로 아주 넓은 땅을 뒤덮던
사나운 괴물 뱀 퓌톤을 무수히 화살 쏘아 쓰러뜨리기도 했다니까.
넌 네 횃불로 나는 뭔지 모를 사랑을 불 지르는 걸로
만족하고 내 영광을 요구하지는 말아!"라고 말했다네.
아름다움의 여신 비너스의 아들이 그에게 말했다네.
"아폴로여, 그대의 활은 모든 걸 상처 입히지만 내 활은 그대를 상처 입히죠.
모든 동물이 신보다 열등한 정도만큼이나 그대의 영광도 내 영광보다 못해요."
이렇게 말하곤 날개를 퍼덕여 대기를 가르며 재빨리 날아올라
어스름한 파르나소스산 꼭대기에 서서는
화살통에서 효과가 서로 다른 화살 두 개 꺼냈다네.
하나는 사랑 쫓아내고, 다른 하나는 불 지르는 것이었다네.
사랑 불 지르는 화살 뾰족한 촉은 금빛으로 빛나고
갈대 화살대 꼭대기 달린 사랑 쫓아내는
무딘 화살촉은 납으로 만든 것이었는데,
큐피드는 이 화살로는 페네이오스의 딸 요정 다프네를 맞추고
저 화살로는 아폴로의 뼈를 지나 골수까지 꿰뚫었다네.
그러자 곧바로 하나는 사랑에 빠지고
다른 하나는 사랑이란 말만 들어도 도망가게 되었다네.
어지러이 흐트러진 머릿결 머리띠로 묶고는
어두운 숲속 짐승들 사로잡아 전리품처럼 즐기며
처녀신 아르테미스와 경쟁하려 했다네.
많은 이들 그녀에게 청혼했지만, 청혼자들을 싫어했던 그녀는
그들을 물리치곤 사람 발길 닿지 않은 숲과 초원 쏘다닐 뿐
남자를 알지 못했네. 사랑도, 결혼도, 결혼식 축가도 몰랐네.
가끔 아버지가 "딸아, 내게 사위를 데려와야지."
"딸아, 넌 내게 손자 손녀를 빚지고 있단다"라고 말했네.
하지만 결혼식 날 밤 밝히는 횃불조차 무슨 범죄처럼 싫어했던

아름다운 그녀는 부끄러움에 얼굴 붉히며
두 팔로 아버지 목에 매달리며 말했네.
"너무나 사랑하는 아빠, 아르테미스에게
그 아버지 제우스가 해준 것처럼
영원히 처녀로 남아 삶을 즐길 수 있게 해주세요."
아버지는 그 말을 들어주었네.
하지만 다프네여, 너는 네 아름다움으로 인해 원하는 삶 살지 못하고
네 고운 모습 때문에 네 간절한 소망 이루지 못하네.
다프네를 보자마자 아폴로는 사랑에 빠져 결혼하기를 열망하게 되었네.
그가 욕망하는 것을 바라니, 자신의 신탁이 그를 속인 셈이었네.
이삭을 수확하고 나면 메마른 밀짚이 불태워지듯
나그네가 우연히 횃불을 너무 가까이 갖다 댔거나
새벽 어스름 녘에 버리고 가는 바람에 울타리에 불이 붙듯
이 신도 사랑의 불길에 휩싸인 채 가슴 온통 불타올라
헛된 사랑의 희망 키워가고 있었네.
흐트러진 채 목덜미에 매달린 그녀 머리카락 보고는
"빗질했다면 어땠을까?" 하고 그는 말했다네.
그녀 두 눈은 별처럼 불꽃같이 반짝이고
입술은 아무리 보아도 만족할 수 없었네. 그는 그녀 손가락과 손
어깨, 피부가 반쯤 드러난 팔을 찬미했고
보이지 않는 것은 더 훌륭하리라 생각했다네.
하지만 그녀는 가벼운 산들바람보다 더 빠르게 달아났고
불러 세우려는 아폴로의 말에도 멈춰 서지 않았네.
"요정이여, 페네이오스의 딸이여 내 부탁이니 멈추시오!
그대를 뒤쫓기는 하지만 난 그대의 적이 아니오.
요정이여, 멈추시오! 이렇게 그대처럼 도망가는 건 어린 양이 늑대에게서,
암사슴이 사자에게서, 비둘기들이 두려움에 날개를 퍼덕이며 독수리에게서,
온갖 짐승이 그 천적에게서 달아날 때뿐이라오.
하지만 내가 그대를 쫓는 건 그대를 사랑하기 때문이오.
아, 내가 얼마나 불행한지! 그대가 엎어지거나 아무 죄 없는 그대 다리에
가시덤불 자국이 나 내가 그대에게 고통의 원인이 될까 봐 겁이 나오.
그대가 급하게 달려가는 이곳은 지면이 울퉁불퉁하오. 그러니 제발

좀 더 조심해서 달려 도망가시오. 나도 좀 더 조심해서 쫓아갈 테니 말이오.
하지만 누가 그대를 마음에 들어 하는지 물어보시오.
나는 산골 주민도, 양 떼나 소 떼 지키는
사나운 목동도 아니라오. 성급한 이여, 그대는 모른다오.
누구에게서 그대가 달아나는지 모르니 달아나는 거요.
델피 땅이, 클라로스와 테네도스와 파타라*의 궁궐이 나를 섬긴다오.
제우스께서 내 아버지라오. 앞으로 있을 일, 과거에 있었던 일,
지금 일어나고 있는 일이 나를 통해 드러나고,
노랫소리가 현악기 소리와 어우러져 조화롭게 울려 퍼진다오.
내 화살은 과녁을 정확하게 맞히지만, 내 화살보다 더 정확한 화살 하나가
그전에는 없던 깊은 상처를 내 가슴에 입혔소.
의술도 내가 발명한 것이고, 그래서 난 구원자로 불리고
약초들의 효능도 내게서 나온다오.
슬프도다! 효험 있는 어떤 약초로도 내 사랑은 고칠 수 없으니
모든 이에게 도움 되는 온갖 기술도 그 주인인 내겐 도움이 되지 않는구나!"
그는 더 많은 말을 하려 했지만, 두려운 나머지 페네이오스의 딸은
아직 그의 말이 끝나지도 않았는데 뛰박질해서 그에게서 도망갔다네.
그럴 때도 그녀는 아름다워 보였다네.
뒤에서 부는 바람은 그녀 몸 드러냈고
마주쳐오는 바람결엔 그녀 옷깃 펄럭였으며
산들바람에 밀려선 그녀 머릿결 뒤로 나부꼈으니,
그녀는 달아날수록 더욱 아름다웠다네.
그런데 그래선지 이 젊은 신은 달콤한 말로 더는 시간 낭비하지 않고
사랑의 신이 몸소 일러주는 대로
발걸음 허락하는 한 빠르게 그녀 발자취를 쫓아갔다네.
그건 마치 갈리아 산 사냥개가 탁 트인 들판에서 산토끼를 보고는
빠른 발로 이 사냥감을 뒤쫓고 산토끼는 목숨을 건지려 도망치는 광경 같았다네.
사냥개는 토끼를 거의 따라잡아 이제 곧 사로잡기를 기대하면서
주둥이를 쭉 뻗어 그 발뒤꿈치를 건드리고

* 델피는 아폴로 신전이 있던 그리스 지역 이름이고, 클라로스와 테네도스, 파타라는 모두 아폴로 신전이 있던 소아시아 지역들의 이름이다.

토끼는 붙잡힐락 말락 한 상황 속에서도
자신의 발을 건드리며 물어뜯으려는 개의 입에서
필사적으로 벗어나 달아나는 그런 광경 말일세.
이렇듯 신도, 처녀 요정도 민첩하게 달렸는데
신은 사랑의 희망, 요정은 두려움 때문에 그랬다네.
하지만 사랑의 날개가 도왔기에 쫓는 이가 더 빨랐는데,
그는 그녀에게 숨 쉴 틈조차 주지 않았다네. 도망가는 그녀 등 뒤로
바짝 다가서서는 목덜미 뒤 흩날리는 머릿결에 입김 뿜어댔다네.
달리느라 힘을 다 써버려 낯빛 창백해지고
도망치느라 고생해 기진맥진한 그녀는
페네이오스 강 물결 보곤 이렇게 말했다네.
"아버지, 도와주세요! 강물이여, 네가 신의 능력 지녔다면
사람들이 그토록 마음에 들어 했던 이 모습을 바꾸어 없애다오."
기도가 끝나자마자 그녀의 사지가 무거워지더니 마비되었고
부드러운 가슴은 얇은 껍질이 휘감았으며
머리카락에선 나뭇잎, 두 팔에선 가지가 자라났고
조금 전까지 그토록 재빨랐던 발은 뿌리에 달라붙어 꼼짝하지 않았으며
얼굴은 우듬지 차지가 되었는데, 그 안엔 아름다운 광채만 남아있었다네.
그래도 아폴로는 그녀를 사랑했기에 줄기에 오른손 올려놓고는
새로 생겨난 나무껍질 아래 아직도 두근거리는 그녀 심장을 느꼈고
마치 사람 몸인 양 두 팔로 나뭇가지들을 껴안곤
나무에 입 맞추었지만, 나무는 입맞춤을 피했다네.
아폴로 신이 그녀에게 말했다네.
"그대가 내 배우자가 될 수는 없어도 어찌 됐든
그대는 분명코 내 나무가 될 거요. 월계수여,
내 머릿결에도, 내 키타라*에도, 내 화살통에도 언제나 그대가 있을 거요.
사람들이 기쁜 목소리로 승리를 노래하고
카피톨리움 언덕**이 긴 개선행렬 내려다볼 때

---

* 키타라는 고대 그리스에서 연주되던 현악기의 일종이다.

** 카피톨리움은 제우스(주피터) 신전이 있던 로마의 한 언덕 이름이다.

그대는 라티움***의 장군들과 함께 있을 것이고
아우구스투스 황제의 진정 충성스러운 파수꾼 되어
문 앞에 서서 문 한복판에 걸려 있는,
떡갈나무**** 잎으로 만든 관(冠)을 지키게 될 거요.
또 내 머리가 젊고 그 머리털 자른 적 없듯
그대도 그 잎의 영광 영원히 간직할 거요!"
파이안*****이 말을 마치자 월계수가 갓 뻗어난 가지들로
우듬지를 흔들어댔는데 마치 머리를 끄덕이는 것 같았다네.

2. 나르키소스의 자기 사랑

이오니아 도시들에 두루 소문 퍼져 너무도 유명해진 예언자 티레시아스는
신탁 들으러 오는 이들에게 나무랄 데 없이 대답했다네.
그가 한 말이 얼마나 신뢰할 만하고 확실한지 처음으로 체험하게 된 것은
언젠가 강의 신 케피소스가 굽이치는 물길로 감싸 안아
그 파도 속에 가두고는 겁탈했던 검푸른 물의 요정 리리오페였다네.
너무나 아름다운 이 요정이 만삭 되어 아이를 낳았는데,
처음부터 이미 사랑스러운 아이였다네.
그녀는 이 아이 이름을 나르키소스라고 지었다네.
아이가 원숙한 노년의 때까지 오래 살게 될지 그녀가 물었을 때
운명을 전해주는 예언자가 말했다네.
"그럴 거라네. 그 아이가 자신을 알게 되지 않는다면 말일세."
오랫동안 그 점쟁이의 예언은 헛된 말이라 여겨졌다네.
하지만 결국에는 나르키소스가 실제로 죽은 방식과
그를 죽음으로 몰아넣은 기이한 광기가 그 예언자가 옳았음을 증명해주었다네.
한편 케피소스의 아들은 열여섯 살이 되자
소년처럼 보이기도 하고 청년처럼 보이기도 했다네.

*** 라티움은 고대 로마제국의 발상지로 로마시 동남쪽에 있는 지역 이름이다.

**** 떡갈나무는 제우스(주피터) 신을 상징하는 나무였다.

***** 파이안은 질병을 낫게 하는 의술의 신이라는 뜻으로 아폴로 신의 별명이다.

수많은 청년, 수많은 소녀가 그를 원했지만
그 가냘픈 외모 속엔 너무도 강한 자존심이 있어서
어떤 청년, 어떤 소녀도 그 마음 움직이지 못했다네.
한 요정이 겁먹은 사슴들을 쫓아가 그물로 몰아넣고 있는 그를 보았다네.
그녀는 말하는 사람에게는 침묵하지 못하지만
누군가 말하기 전에는 말할 수 없는,
소리를 되울려 내는 에코였다네.
그때까진 에코에게 목소리뿐만 아니라 육체도 있었다네.
하지만 수다스럽긴 했어도 입을
지금과 다른 방식으로 사용하지는 못했고
많은 말 중 마지막만 다시 말할 수 있었다네.
헤라가 그녀를 그렇게 만들었는데,
가끔 산속에서 그녀의 남편 제우스가 요정들과 함께 누워 있을 때
그들을 덮칠 수 있었는데
에코가 일부러 말을 길게 하면서 여신을 붙잡아
요정들이 그사이에 도망갈 수 있었기 때문이라네.
크로노스* 신의 딸이 이 사실을 눈치채곤
이렇게 말했다네. "나를 속인 이 혀의 능력이
미약해져 너는 아주 짧은 말만을 할 수 있게 되리라."
그러고는 이 위협을 실제로 증명해 보였다네.
에코는 다른 사람 말의 끝부분만
다시 말하면서 자신이 들은 단어를 되돌려줄 뿐이었다네.
그러던 어느 날 외딴 들판 떠돌아다니는 나르키소스 보곤
사랑의 열기에 달아올라 몰래 그 발자취 따라다녔다네.
더 많이 따라다닐수록 더 가까워진 불꽃에
그녀의 사랑 더욱 불타올랐다네.
불이 잘 붙는 유황을 횃불 꼭대기에 발라놓고
다른 불꽃 갖다 대면 곧 불이 붙는 것처럼 꼭 그렇게 말이네.
아, 몇 번이나 원했던가! 상냥한 말로 그에게 다가가
부드럽게 애원하기를! 하지만 그녀의 본성이 그렇게 못 하게 막아서

---

* 크로노스는 제우스(주피터)와 헤라(주노)의 아버지로 시간과 농경의 신이다.

먼저 말하기를 허락하지 않았다네. 그래서 에코는 허락된 일을 하기로,
자신의 말로 대꾸해줄 수 있는 소리를 기다리기로 작정했다네.
마침 믿음직한 친구들 무리에서 떨어지자 소년이 이렇게 말했다네.
"누구 있니, 여기?" 그러자 에코가 대답했다네. "여기."
소년이 깜짝 놀라 눈길을 사방으로 보내며
"이리 와" 큰 소리로 외쳤다네. 그녀도 그를 오라고 불렀다네.
뒤돌아보았는데 아무도 오지 않자 그가 말했다네. "왜 넌 날 피하지?"
그러곤 자기가 한 말을 똑같이 돌려받았다네.
그는 버티고 서서는 돌아오는 목소리의 메아리에 속아 말했다네.
"이리로 와서 만나자."
이보다 더 기꺼이 대답하고 싶은 소리는 없었던 에코가 대답했다네. "만나자."
그러고는 자기 말을 따라서 몸소 숲에서 나와 달려가서는
갈망하던 그의 목을 두 팔로 껴안았다네.
그는 도망쳤고, 도망치며 말했다네. "나를 껴안은 손을 치워!
그전에 죽고 말 거야. 네가 내게 접근하게 하느니."
그녀는 "네가 내게 접근하게 하느니"라는 말만 되돌려주었다네.
퇴짜맞은 그녀는 숲에 숨어 부끄러움에 겨워
우거진 잎으로 얼굴을 가리고는 굴 속에서 혼자 살았다네.
하지만 사랑은 계속 남아 거절당한 고통과 함께 점점 자라났다네.
잠을 앗아가는 근심으로 그녀의 몸은 비참할 정도로 말라
뼈와 살이 맞닿을 정도였고, 몸속의 진액은 모두 공기 속으로 사라져버렸다네.
목소리와 뼈만 남았고 마지막엔 목소리만 남았다네.
사람들 말로는 뼈가 돌의 형상으로 변했다고 하네.
그때부터 그녀는 숲속에 숨어 산속 어디서도 보이지 않지만
누구나 들을 수는 있었다네. 그녀 안에 살아있는 건 목소리니까 말이네.
이렇게 나르키소스는 강에서 아니면 산에서 생겨난 다른 요정들을 농락했고,
그전엔 여러 무리의 남자들을 조롱했다네.
그래서 누군가 조롱당한 이가 손을 하늘로 쳐들고는 기도했다네.
"그도 이처럼 사랑하다가 사랑하는 것을 얻지 못하도록 해주소서!"
그러자 복수의 여신 네메시스가 이 정당한 기도를 들어주었다네.
은빛 물결 반짝이는 맑은 샘이 하나 있었는데,
양치기들도 산에서 풀 뜯는 양들도 다른 가축들도 건드린 적이 없고,

어떤 날짐승도 어떤 야수도 나무에서 떨어진 어떤 가지도
소란스럽게 한 적이 없었다네.
주위에는 가까이 있는 샘물 덕분에 풀이 자라났다네.
그리고 그곳이 어떤 햇빛으로도 더워지지 않게 숲도 펼쳐져 있었다네.
열심히 사냥하다가 더위에 지친 소년은
그곳의 모습과 샘에 끌려 여기 엎드려 있었다네.
그가 갈증을 가라앉히려 할 때 다른 갈증이 자라났다네.
그는 물 마시면서 물에 비친 아름다운 형상을 보고는
실체 없는 희망을 사랑하게 되었고 물에 비친 그림자를 진짜 육신으로 여겼다네.
그는 자기 얼굴에 깜짝 놀라 마치 파로스 섬에서 난 대리석으로 만든 신상처럼
미동도 하지 않고 물에 비친 자기 얼굴을 뚫어지게 쳐다보았다네.
땅바닥에 엎드려 쌍둥이별과도 같은 자기 두 눈,
디오니소스 신이나 아폴로 신에게나 어울릴 머릿결,
아직 수염이 나지 않은 턱과 상앗빛 목, 아름다운 얼굴,
눈처럼 흰 색조가 섞여 있는 뺨의 홍조를 응시했다네.
그러곤 자신을 경탄의 대상으로 만드는 그 모든 것에 경탄했다네.
그는 자신도 알지 못하는 사이에 자신을 원했다네. 칭찬하는 자신이 칭찬받으며
열망하면서 열망의 대상이 되고 불태우면서 동시에 불타오르고 있었다네.
샘물의 거짓 그림자에 속아 입 맞추려다 실패한 적이 몇 번이고
눈에 보이는 목을 안으려 두 팔을 물에 담그고도
자신을 붙잡지 못했던 적 몇 번이던가!
그는 자신이 보고 있는 것이 무엇인지 몰랐다네.
하지만 자신이 보는 것으로 인해 불타올랐다네.
그를 속인 바로 그 착각이 눈을 계속 자극했다네.
잘 속는 이여, 왜 덧없는 허상을 헛되이 잡으려 하오?
그대가 찾는 것은 어디에도 없소.
눈길만 돌려도 그대가 사랑하는 것을 잃게 될 거요.
그대가 인식하는 이것은 물에 되비쳐진 어떤 형상의 그림자일 뿐
그 자체로는 아무것도 아니오. 그것은 그대와 함께 와서 머물고,
그대가 떠날 수 있다면 그대와 함께 떠날 것이오.
음식 걱정도, 잠 걱정도 그를 거기서 떼어낼 수가 없었다네.
그는 그늘진 풀숲에 널브러져서는

그를 속이는 형상을 탐욕스러운 눈으로 바라보고 있었고
자기 눈 때문에 죽어가고 있었다네. 그가 몸을 조금 일으켜
주위에 있는 숲을 향해 자기 팔을 뻗고는 말했다네.
"아! 숲이여 나보다 더 잔인한 사랑을 한 자가 도대체 있기나 할까?
너는 사랑하는 많은 이들에게 알맞은 은신처였으니 알겠지.
그토록 많은 세월을 지나온 네 삶에서
그 오랜 세월 동안 이처럼 초췌해진 자를 본 기억이 있는지.
나는 좋아서 바라보지만 내가 바라보며 좋아하는 것을
나는 찾을 수가 없네. 이토록 큰 착각이 사랑하는 나를 붙잡고 있구나.
그리고 우리를 갈라놓는 것이 거대한 바다도, 길도, 산맥도,
문 닫힌 성벽도 아니라는 사실이 나를 더욱 고통스럽게 하네.
얼마 되지도 않는 물이 우리를 방해하다니!
그도 내가 그를 품에 안길 바라네.
몇 번이고 내가 맑은 물을 향해 입을 내밀 때마다
그도 얼굴을 젖히고 내게 다가오려 하니까 말이다.
그대는 내가 그대에게 가닿을 수 있으리라 말하겠지.
사랑하는 자들을 방해하는 것은 아주 하찮은 거니까.
그대가 누구든 이리 나오시오! 오직 하나뿐인 소년이여
왜 나를 속이고 간청하는 날 두고 어디로 떠나가는 거요?
요정들도 나를 사랑했으니, 분명 내 외모나 나이 때문에 날 피하지는 않겠죠!
상냥한 얼굴로 그대는 왠지 모를 희망을 내게 약속해주네요.
내가 그대에게 팔을 뻗으면 그대도 내게 내밀고
내가 웃으면 그대도 나를 향해 함께 웃고
내가 울 때면 그대 눈에도 눈물이 흐르는 것을 종종 보았소.
그대도 고개를 끄덕여 내가 보낸 신호에 응답하지요.
그리고 아름다운 그대 입의 움직임으로 난 추측하오.
그대는 내게 듣는 말만큼 내게 다시 말해주지만,
우리 귀에는 그 소리가 들리지 않는다는 걸 말이오.
그는 바로 나야. 난 깨달았어. 내 모습이 날 속이진 못해.
나는 나에 대한 사랑으로 불타고 있어.
내가 사랑의 불길을 일으키고 그로 인해 고통받고 있어.
뭘 해야 하지? 청혼할까, 아니면 청혼받을까?

그런데 내가 바라는 게 내게 있는데 청혼은 왜 하지?
풍요가 나를 가난하게 만들었네.
아, 제발 내 육체에서 떠날 수 있었으면!
사랑하는 사람의 기도로는 듣도 보도 못한 것이겠지만
나는 내가 사랑하는 것이 없어지기를 바라네.
벌써 고통이 내게서 힘을 빼앗고 내 인생 남은 시간은 길지 않다네.
나는 이른 나이에 죽고 마는구나.
죽는 건 내게 중요하지 않아. 죽음이 오면 고통이 멎을 테니까.
내가 사랑하는 그가 나보다 더 오래 살기를 나는 원하지만
이제 우리 둘 다 단숨에 함께 죽게 되겠지."
이렇게 말하곤 제정신이 아닌 채로 자신과 똑같은 얼굴로 돌아서서는
눈물로 수면을 흔들어놓았고 연못의 물이 움직이자
그 형상은 다시 흐릿해졌다네. 그 모습이 사라지는 것을 보자
그는 외쳤다네. "어디로 도망치는 건가요?
잔인한 사람이여, 그대를 사랑하는 날 버리지 말고 그냥 남아있어 주오.
그대를 만지는 것이 허락되지 않는다면 바라볼 수 있게라도 해주어
걷잡을 수 없는 비참한 내 연정에 양분을 공급해주오."
이렇듯 슬퍼하며 그는 웃옷 윗부분을 끌어내리고는
드러난 가슴을 대리석같이 흰 두 손으로 내리쳤다네.
그러자 흔히 그렇듯 일부는 새하얗고 일부는 붉게
과일이 물들어갈 때나 아직 덜 익은 포도송이가
여기저기 자줏빛 물이 들어갈 때처럼
두 손에 맞은 가슴이 장밋빛 홍조를 띠었다네.
다시 잔잔해진 물속을 들여다보고 이 모든 것을 확인하자마자
더는 견딜 수가 없었다네.
마치 황금빛 밀랍이 작은 불꽃에 녹아내리듯,
이른 아침 서리가 따스한 태양 빛에 녹아 사라지듯
그는 그렇게 사랑 때문에 쇠약해져 사라져갔고
은밀한 사랑의 불길이 조금씩 그의 생명을 갉아먹었다네.
어느새 홍조와 뒤섞인 눈부신 흰색 피부는 사라졌고
활력도, 힘도, 조금 전까지도 보는 이들을 즐겁게 해주었던 모든 것들도,
한때 에코가 사랑했던 그 육체의 모습도 남아있지 않았다네.

그때 일을 기억하면서 여전히 화가 나 있었지만,
그녀는 그 광경을 보고는 슬픔을 느꼈다네.
그 가엾은 소년이 "아, 슬프도다" 하고 말할 때마다
그녀가 되풀이하는 "아, 슬프도다"라는 소리가 메아리쳤다네.
그가 두 손으로 자신의 팔을 때릴 때도
그녀도 때리는 소리를 똑같이 되돌려주었다네.
이제는 친숙해진 물속을 들여다보며 그가 남긴 마지막 말은 이랬다네.
"아, 헛되이 사랑받은 소년이여!" 그러자 그 장소도 똑같은 말을 되풀이했고,
그가 "안녕" 하고 말하자 에코도 "안녕" 하고 말했다네.
마침내 그가 지친 머리를 푸른 수풀 속으로 떨구자
죽음이 그 주인의 아름다움을 감탄하던 그 두 눈을 감겨주었다네.
지하세계 자기 거처로 받아들여진 후에도 그는
스틱스 강물에 비친 자기 모습을 바라보고 있었다네.
물의 요정들은 자신들의 머리카락을 잘라 오라비 시신 옆에 놓았다네.
숲의 요정들은 통곡했고 에코는 이들의 통곡 소리를 되풀이했다네.
그들은 벌써 화장용 장작더미와 흔들거리는 횃불과 상여를 준비하고 있었다네.
하지만 어디에도 그의 시신은 없었다네. 시신 대신 그들은
흰 꽃잎들로 둘러싸인, 가운데가 노란 꽃 한 송이를 발견했다네.

3. 아비를 사랑한 딸

(비너스 여신이 조각가 피그말리온의 열렬한 기도를 들어주어 그가 만든 여인 조각상이 실제로 사람이 되어 그와 결혼했고 둘 사이에 파포스라는 딸이 태어났다.)

파포스가 낳은 아들이 키뉘라스인데, 그에게 자녀가 없었다면
그는 행복한 사람 중 하나일 수 있었을 거라네.
이제 내가 불길한 일을 노래하려 하니 딸들도 어버이들도 이곳에서 멀리 떠나시오.
혹 내 노래가 그대들 마음 어루만져 준다 해도
이 부분은 내 말을 신뢰하지도 그런 일이 실제로 일어났다 믿지도 마오.
그렇지 않고 혹시 믿는다면 그 일로 인해 내려진 벌도 믿어주오!
하지만 만일 자연이 그런 범죄가 발생하는 것을 허용한다 해도

이스마로스*의 백성들과 우리가 사는 도시와 이 땅이
저 끔찍한 죄악이 일어났던 바로 그 지역에서
이렇게나 멀리 떨어져 있어 기쁘다오.
뮈라여, 큐피드 자신도 자기 화살로 그대를 맞추지 않았고
그의 횃불도 이 범죄와는 아무 상관이 없다고 주장하고 있소.
그대를 강의 여신 스틱스의 불꽃과 그녀의 딸,
독으로 부어오른, 반은 인간이고 반은 뱀인 에키드나의 기운에 쏘이게 한 것은
복수의 세 자매 여신 중 하나였소.
이 사랑은 증오보다 더 흉악한 범죄라오.
—사방에서 훌륭한 귀족들이 와서 그대를 원했고,
동방 모든 나라에서 젊은이들이 그대와의 결혼을 위해 경쟁하려 모여들었소.
뮈라여, 이 모든 이들 중에서 한 남자를 고르시오.
하지만 한 남자만은 그 모든 이들 안에 포함되면 안 되오.
사실 그녀는 자기 사랑이 너무나 끔찍함을 깨닫고는 그것에 저항했고
혼자서 이렇게 말했다네. "어디로 내 마음이 끌리는 거지? 난 뭘 원하는 걸까?
신들이시여, 제가 기도하오니 거룩한 가족애와 어버이의 법도가
이 흉악한 범죄를 막게 해주시고 나의 패륜을 멈추게 해주세요.
그런데 만일 이 범죄가 실제로 일어나게 된다면?
하지만 사실 가족애가 이런 사랑을 단죄하는 건 아니지 않나?
짐승들은 상대를 가리지 않고 다른 짐승과 교미하며,
젊은 암소는 아버지를 등에 태우기를 부끄럽게 여기지 않고,
수말에게는 그 딸이 배우자가 되며 숫염소는 제가 낳은 암염소들 몸속으로 들어가고,
새는 그 정자를 통해 자신이 잉태되었던 그 수컷에게서 자신도 새끼를 배는데 말이야.
그런 사랑이 허락되는 짐승들은 행복하구나!
인간의 염려가 악독한 법률을 만들어내고
자연이 허락하는 것을 시기심 많은 법이 막는구나.
하지만 어머니와 아들과, 딸이 아버지와 결혼하고
그래서 가족애가 이중의 사랑으로 더욱 커지는 그런 종족들도 있다고들 하던데.
그곳에서 태어나지 않은데다 운명이 정해준 출생지로 인해 상처받은 나는 불행하구나.
그런데 어째서 내게 계속 이런 생각이 드는 걸까?

* 이스마로스는 트라케 지방에 있던 고대 그리스 도시의 이름이다.

금지된 희망이여, 내게서 떠나가라!
그분은 사랑받을 만하지만, 아버지로서나 그렇지.
그러니까 내가 위대한 키뉘라스의 딸이 아니라면 난 키뉘라스와 동침할 수 있을 텐데.
하지만 그분은 이미 내 아버지시기에 내 남자가 아니셔.
혈연관계 자체가 내겐 손해야.
내가 그분과 아무 혈연관계도 없는 여자라면 더 행복할 텐데.
여기서 멀리 벗어나 내 조국의 경계 너머로 떠나고 싶어.
이 흉악한 범죄에서 벗어날 수 있다면 말이야.
그런데 사악한 열정이 못 가게 막는구나.
다른 게 허락되지 않는다면 여기 있으면서
키뉘라스를 바라보고 만지고 대화하고 입맞춤이라도 하려네.
그런데 부도덕한 소녀여, 그 이상의 무언가를 바랄 순 없겠지?
네가 얼마나 많은 권리와 이름들을 뒤섞어 놓았는지는 알고 있니?
넌 어머니의 씨앗이 되고 아버지의 정부가 되려는 거니?
네 아들의 누이이자 네 오라비의 어머니로 불리고 싶은 거니?
넌 머리털이 검은 뱀인 자매 괴물들**이 무섭지도 않니?
죄지은 사람들은 맹렬하게 타는 횃불로 눈과 입을 공격하는 그 괴물들을 본다면서?
그런데 너의 육체가 아직 죄를 짓지 않았을 때 끔찍한 죄악을 마음에 품지 말고
동침해서는 안 될 사람과 동침해서 자연의 계약을 위반하지 말아!
넌 원한다고 해도 사태 자체가 그걸 금하고 있어.
그분은 경건하고 도덕 관습을 아시는 분이야.
아, 그분도 나처럼 걷잡을 수 없는 연정을 품고 있으면 좋으련만!"
이렇게 그녀는 말했다네.
그런데 키뉘라스는 훌륭한 구혼자가 너무 많아
무엇을 해야 할지 망설이다 구혼자들의 이름을 말하면서
그녀에게 누구와 결혼하고 싶은지 물었다네.
그녀는 처음에는 말없이 아버지 얼굴을 빤히 쳐다보며
이리저리 왔다 갔다 하다가 결국엔 눈물로 눈시울을 적셨다네.
키뉘라스는 이것이 처녀다운 두려움 때문이라고 믿고는
울지 말라 말하며 뺨의 눈물을 닦아주고는 입 맞춰 주었다네.

** 고대 그리스 신화에 등장하는 괴물 고르곤 자매들로, 메두사, 스테노, 에우뤼알레를 가리킨다.

그가 이렇게 해주자 뮈라는 너무나 기뻐하며
어떤 이를 남편으로 삼고 싶으냐는 물음에 "아빠 같은 사람이요"라고 대답했다네.
하지만 그는 그 말이 무슨 뜻인지 이해하지 못하고는 칭찬해주면서
"언제나 이렇게 효도하렴" 하고 말했다네.
효도라는 말을 듣자 그 처녀는 자기 죄를 자각하고는 고개를 떨구었다네.
때는 한밤중이었다네.
다른 사람들에게는 잠이 염려를 누그러뜨리고 육체의 긴장을 풀어주었지만,
키뉘라스의 딸인 그 처녀는 밤새도록 잠을 못 이루면서
억누를 수 없는 불꽃 같은 열정에 시달리다 미쳐 날뛰는 열망을 되살리고는
때로는 낙담하는가 하면 때로는 그래도 한번 시도해보기를 바랐고
부끄러워하면서도 열망하고 그러면서도 뭘 해야 할지 몰랐다네.
마치 도끼에 찍힌 거대한 나무가 최후의 일격이 남아있는 상황에서
어디로 쓰러질지 확실치 않고 어떤 쪽으로든 넘어질 수 있어서
사람들을 불안하게 하는 것처럼,
그녀의 영혼도 수많은 고통으로 쇠약해져 빠르게 이리저리 움직이며 갈팡질팡했다네.
그녀는 죽음이 아니면 자신의 사랑에 절제도 안식도 발견할 수 없었다네.
그녀는 죽기로 마음먹었다네.
목을 매어 죽기로 작정하고는 일어나서 문설주 꼭대기에 허리띠를 묶고는
"안녕히 계세요, 사랑하는 키뉘라스여, 내가 죽는 이유를 알아주세요!"
라고 말하고는 핏기가 없는 목에 밧줄 매듭을 짓고 있었다네.
사람들이 전하는 바로는 그녀가 중얼거리는 소리가
밖에서 방을 지키고 있던 충성스러운 유모 귀에 들어갔다네.
이 노파가 문을 열고는 그 처녀가 죽음을 예비한 도구들을 발견했다네.
그러자 노파는 그 자리에서 바로 소리 지르며 자기 가슴을 치면서
그 처녀를 구했고 구해낸 그녀 목에서 밧줄을 끊어냈다네.
그녀를 껴안고 마음껏 울게 해주고는
그러고 나서야 비로소 왜 목매려 했는지 이유를 말해달라 물었다네.

이 나라에선 매년 축제를 열어 농경의 신 케레스를 기렸는데,
이때면 이 나라의 어머니들이 눈처럼 흰옷으로 몸을 두르고
처음 수확한 곡식을, 그 이삭을 엮어 만든 꽃다발을 바쳤다네.
그러곤 남자와 접촉해 사랑 나누는 일을

아흐레 밤 동안의 금기 목록에 끼워 넣었다네.
그녀들의 무리 가운데는 왕의 부인 켕크레이스도 있었는데,
성스러운 신비 의식에 자주 참석했다네.
그래서 왕의 침대에 합법적인 배우자의 자리가 비게 되었을 때
포도주에 거나하게 취한 키뉘라스를 우연히 만나자
그 유모는 너무나 주제넘게도 거짓 이름을 대며
진정 사랑할 만한 사람이 있다고 말하곤 그 외모를 칭찬했다네.
왕이 그 처녀의 나이를 묻자 "뮈라와 같사옵니다"라고 말했다네.
그녀를 데려오라는 명령을 듣자마자 집으로 돌아와서는 이렇게 말했다네.
"나의 아가씨, 기뻐하세요. 우리가 이겼어요!"
그렇지만 불쌍한 그 처녀는 가슴 가득 기쁨을 느끼진 못했다네.
그녀 가슴이 슬픈 예감으로 가득 찼기 때문인데, 그러면서도 기뻐했다네.
이렇듯 그녀 마음은 이리저리 갈라져 있었다네.
때는 만물이 활동을 멈추고 농부 자리 별들이 방향을 바꾸어
큰곰자리 별들 사이로 수레를 비스듬히 끌고 가는 시간이 되었다네.*
이제 그녀는 범죄를 저지르러 왔다네.
하늘에선 황금빛 달님이 사라지고 검은 구름에 가려 별들은 숨어 있었다네.
그래서 그 밤엔 불빛이 없었네.
이카리오스여, 맨 먼저 얼굴을 가린 것은 그대와
아버지에 대한 사랑으로 거룩함의 반열에 든 효심 깊은 에리고네였다오.**
그녀는 세 번이나 발에 걸려 비틀거리게 되는 기이한 징조에 놀라 물러섰는데,
장례를 상징하는 새 올빼미도 세 번이나 죽음의 노래로 불길한 징조를 보여주었다네.
그런데도 그녀는 앞으로 나아갔으니,
밤의 칙칙한 어둠이 수치심을 덜어주었기 때문이라네.
왼손으로는 유모 손을 잡고,
다른 손을 움직여서는 어두운 길을 살피며 그녀는 나아갔다네.
벌써 침실 문턱에 이르러서 이미 문은 열렸고 이제 방안으로 이끌려 들어갔다네.

---

* 고대 서양의 별자리 지도에서 농부 자리(또는 목동자리) 별들은 농부가 소들이 끄는 수레로 밭을 가는 형상이다. 이 별자리 별들이 큰곰자리 별들 사이로 비스듬하게 지나갈 때는 자정이 넘은 시간이다.

** 고대 그리스 신화에 따르면 이카리오스는 디오니소스 신을 잘 대접한 보상으로 포도 농사와 포도주 주조 기술을 전달받았다. 그가 만든 포도주에 취한 목동들이 자신들을 독살하려 했다고 착각해 그를 죽였는데, 그 딸 에리고네가 그 시체를 발견해 묻어주고는 그 무덤 옆 나무에 목매달아 죽었다. 디오니소스(혹은 제우스)가 그들을 불쌍히 여겨 밤하늘로 올려주어 이카리오스는 목동자리, 에리고네는 처녀자리가 되었다고 전해진다.

하지만 오금이 꺾이고 무릎이 덜덜 떨렸으며
얼굴은 핏기가 가셔서 새하얘지고 방으로 걸어 들어갈 땐 넋이 나갔다네.
게다가 자신의 범죄에 가까이 다가갈수록 그만큼 더 겁이 났기에
자기가 이 일을 감행한 것을 후회하면서
정체가 발각되지 않고 돌아갈 수 있기만을 바랐다네.
그러자 노파가 주저하는 그녀의 손을 잡고
높은 침대로 그녀를 데려가 그에게 넘겨주며
"키뉘라스여, 맞아들이소서, 이 여인은 당신의 여자랍니다." 말하곤
저주받은 두 육체를 하나가 되게 해주었다네.
아버지는 음란한 침대로 자기 혈육을 맞아들이면서
그녀의 처녀다운 두려움을 덜어주려 애쓰면서 무서워 떠는 그녀를 격려했다네.
어쩌면 그녀의 나이 때문인지 그는 그녀를 "딸아" 하고 불렀고
그녀는 그를 "아버지"라고 불렀다네.
근친상간의 죄에 그 명칭이 빠질 수는 없었던 거라네.
마침내 그녀는 아버지의 정액을 가득 품은 채 침실에서 나왔고
그 가증스러운 자궁 속에 부도덕한 범죄의 씨앗을 잉태한 채 품고 있었다네.
다음 날 밤에도 범죄는 반복되었고, 그것으로 끝이 아니었다네.
그토록 여러 번 동침한 다음 마침내 키뉘라스가
자신과 사랑을 나누는 사람이 누군지 몹시 알고 싶어
자신이 가져온 등불에 비친 딸의 모습을 보게 되자
자신이 무슨 죄를 저질렀는지 깨달았고
괴로움에 말문이 막힌 채 벽에 걸려 있던 칼집에서 번쩍이는 칼을 뽑았다네.
뮈라는 도망쳤고 캄캄한 밤의 어둠 덕분에 죽음을 면하고는
넓은 들판 이리저리 떠돌다가 종려나무가 나는 아라비아와 팡카이아* 지방을 떠났다네.
초승달의 뿔들이 아홉 번 다시 돌아오는 동안 그녀는 여전히 방랑을 계속했고
마침내 기진맥진한 채 사바족**의 땅에서 휴식을 취했다네.
그녀는 자궁 안의 태아를 간신히 품고 있었다네.
그래서 기도할 줄 모르는 그녀도

* 팡카이아(Παγχαία)는 고대 그리스·로마 문헌에 등장하는 섬으로 그 주민들은 이상적인 유토피아적 삶을 살았다고 전해진다. 예멘 남쪽 소코트라 섬이나 섬나라 바레인이었을 것이라 추측된다.

** 사바족은 오늘날 예멘에 해당하는 남부 아라비아 지역에 거주하던 고대 민족이다. 유향과 몰약 무역으로 많은 부를 축적했다고 전해진다.

죽음에 대한 공포와 삶에 대한 혐오 사이에서 갈팡질팡하다가
이렇게 기도했다네. "아, 신들이시여 만일 어떤 식으로든 내 고백을 들으신다면
간절히 기도하오니 나는 벌 받아 마땅하니 벌 받기를 마다하지는 않겠습니다.
하지만 내가 살아남아서는 산 자들을, 죽어서는 죽은 자들을 모독하지 않도록
두 나라에서 모두 쫓아내시되 나를 변모시키셔서
변모된 내게는 삶도, 죽음도 없게 해주소서!"
어떤 신이 그녀가 고백한 말들을 들었다네.
그녀의 마지막 소원을 들어주는 신이 확실히 있었던 거라네.
그래서 대지가 이렇게 말하는 그녀 다리를 덮고
부러진 발톱을 통해 비스듬하게 뿌리가 뻗어 나와
긴 나무줄기를 받쳐주었으며 뼈는 딱딱한 줄기가 되었고
가운데 골수는 그대로 남았다네. 피는 수액이 되었고, 팔은 큰 가지,
손가락은 작은 가지가 되었으며 피부는 딱딱해져 나무껍질이 되었다네.
나무는 자라나서 어느샌가 무거워진 자궁을 옭아매고는
가슴을 덮은 다음 목을 감싼 채비를 하고 있었다네.
그녀는 지체하지 않고 다가오는 나무를 마중 나가
그 위에 내려앉으며 얼굴을 나무껍질에 파묻었다네.
육신과 함께 예전에 느꼈던 감정들도 잃어버렸지만
눈물은 계속 흘러내려 나무에서는 따스한 방울들이 똑똑 떨어졌다네.
이런 그녀의 눈물에 사람들은 경의를 표했다네.
이제 나무껍질에서 방울방울 떨어지는 몰약은
주인의 이름을 갖게 될 것이고***
어느 시대건 이름 불리지 않는 적이 없을 거라네.

오비디우스의 『변신 이야기』
(김동훈 옮김, 2023)

*** 몰약을 뜻하는 라틴어 단어 무라(murrha)는 뮈라(Myrrha; 고대 그리스어 원어로는 Μύρρα)와 철자가 거의 같다.

오비디우스(Publius Ovidius Naso, 기원전 43~기원후 17/18)

베르길리우스, 호라티우스와 함께 고대 로마의 3대 시인으로 불리며, 『변신 이야기』, 『사랑의 기술』, 『사랑의 치유』 등의 시집을 저술하였다. 아우구스투스 황제 시대에 활동하였는데, 엄청난 대중적 인기를 누렸지만, 황제에게 미움을 받아 오늘날의 흑해 지방으로 유배되어 거기서 생을 마감하였다.

10

지독한 우정

공선옥

'나'는 엄마와 함께 살고 있다. '나'의 엄마는 뇌성마비 장애인이자 미혼모이다. 어느 날 '나'와 엄마는 주문진 바닷가로 여행을 떠나는데, 이 여행에는 엄마의 남자친구인 '아저씨'도 함께한다. '아저씨'는 젊어서 당한 교통사고로 다리를 전다. 이 소설은 가족 아닌 가족 관계인 이들 세 사람이 힘겹게 주문진 바닷가로 여행을 다녀오는 과정을 통해 진정한 사랑의 의미를 되묻는다. 장애인이자 미혼모로서 외동딸을 키우고 있는 엄마의 숨겨진 과거, 그런 엄마의 내면을 이해하고 받아들이는 딸 수정의 관계는 '사랑'과 '우정' 가운데 어느 쪽에 가까운 것일까?

어머니는 틀림없이 또 내 물건을 버렸을 것이다. 어려서부터 내가 모아온 것들, 중학교, 고등학교 때의 교복, 교과서, 가방, 편지, 그때 그때 유행하는 가수들의 사진들, 하다못해 차표들까지 나는 무엇이든 버리지를 못했다. 내 버리지 못하는 습관은 어쩌면 어머니 때문에 생긴 것일 수도 있다. 늘 버리기만 하는 어머니에 대한 일종의 거부반응, 반항, 또 생활이 바뀌는 데서 오는 불안감의 호소. 내 버리지 못하는 습관이 간절히 말하고 있는 것들일 게다. 그러나 어머니는 한번도 내가 습관으로, 그러니까 몸으로 말하고 있는 것들에 귀 기울여보려고 하지 않았던 것 같다. 왜냐하면 그 소리들에 귀 기울이다 보면 어머니 자신이 더 아플 것이기에. 나는 그렇게 믿고 있다.

내일은 그와 강릉엘 가기로 했다. 강릉에 가서 허난설헌 생가랑 오죽헌이랑 경포대랑 그리고 주문진엘 갈 것이다. 큼직한 자루를 가져가서 주문진 그 푸른 바닷가에 널려 있던 비리고 짜고 쓰고도 달콤한 미역을 가득 담아올 것이다. 미역은 물기가 많아 아무리 자루를 단단히 묶는다 해도 물이 잘 새지 않는 방수가방이 필요할 것이다. 이왕이면 등에다 멜 수 있는 방수가방이. 그런 가방이라면 고등학교 때의 책가

방이 제격일 것이다.

지난여름에 어머니와 주문진 바닷가에 갔다. 어머니의 남자친구도 함께였다. 처음엔 어머니와 단둘이 가는 여행인 줄 알았다. 그런데 어머니와 내가 간단한 여행복 차림으로 아파트 엘리베이터에서 내리자 머리카락이 온통 새하얗게 센 어떤 중년의 남자가 옷은 양복을 입었는데 신발은 운동화에 차양 모자를 쓰고서 우리를 향해 수줍은 듯, 어벙벙하게 웃고 서 있는 것이었다.

"내 친구야. 차 때문에 부른 거야. 그냥 아저씨라고 불러."

어머니가 낮고 빠르게, 읊조리듯이 말했다. 어머니가 낮고 빠르게, 읊조리듯이 말할 때는 뭔가 말로는 설명하기 어렵지만, 분명한 것은 수줍음을 타고 있다는 것이다. 세상에서 어머니의 몸짓과 말투를 온전히 볼 수 있고 알아들을 수 있는 사람은 오직 나뿐이다. 나는 감정의 변화에 따라 달라지는 어머니의 목소리, 말의 결, 떨림 같은 것들을 얼마든지 구별해낼 수 있지만 다른 사람들에게는 어머니의 슬픔 가득한 목소리나 기쁨에 겨운 목소리나 그저 '뇌성마비를 앓는 환자'의 '알아듣기 어려운 말', 혹은 단순한 소리일 뿐이다. 좀 더 심하게는 그것을 바보의 말로 치부해버리기도 한다. 그런 사람들 앞에서 바보가 아닌 어머니는 순식간에 바보가 될 수밖에 없다. 그러니, 그런 세상의 사람들이 지금같이 수줍어할 때 내는 내 어머니의 말투를 어떻게 구별해낼 수 있겠는가.

어쨌든 참으로 난감하지 않을 수 없는 순간이었다. 나는 사전에 어머니의 남자친구에 대한 정보를 전혀 전달받지 못한 상황이었다. 나는 어머니가, 차 때문에 아저씨를 불렀다는 말을 믿지 않았다. 어머니는 결코 우리가 차가 없어서 그래서 불편하다고 누구를 부르거나 할 사람이 아니다. 그와는 반대되는 사람이 내 어머니이다. 어머니는 당장에 그것이 없으면 상황이 불편해질 걸 뻔히 알면서도 누군가 필요하다는 사람이 있으면 줘버리는 사람이다. 남에게 폐를 끼치기보다는 내가 불편한 것을 기꺼이 감수하는 사람이 단지 차가 없다고, 오직 그 이유 때문에 불렀다니, 왜 어머니는 그렇게 뻔한 거짓말을 하는 것일까. 나는 어머니가 좀 더 솔직해지기를, 무엇보다 자신의 감정에 솔직해지기를 누구보다 바라는 사람이다. 설령 어머니가 나쁜 짓을 한다 해도 나는 그 나쁜 짓에 화가 난다기보다 어머니가 나쁜 짓을 솔직히 털어놓지 않는 것에 화가 날 것 같다. 혹시 어머니가 내 눈치를 보고 있는가?

"전 그냥 빠질래요."

아저씨가 있으니까, 굳이 내가 동행하지 않아도 불편한 몸을 가진 어머니를 도와줄 사람이 있으므로 빠지겠다는 것은 결코 아님을 어머니도 알 것이었다. 그러나 어머니는 이미 아저씨가 열어둔 차 안으로 쏙 들어가버린 후였다. 아저씨가 휠체어에 앉은 어머니를 업어다 차 안에 들여앉혀버린 것이다. 어머니는 휠체어를 타야 할 정도로 심하게 불편하진 않지만, 장거리여행을 할 때면 만일을 대비해서 휠체어도 가지고 간다. 어머니는 어쩌면 아저씨가 업어줄 것을 노리고서 휠체어에 턱하니 앉아있었던 것은 아닐까? 어머니를 업고 차로 이동할 때 아저씨는 심하게 절뚝거렸고 절뚝거림 때문인지 한쪽 어깨가 심하게 기울어져 있었다. 그래도 그가 어머니를 차로 이동시킬 때의 손길은 의외로 섬세한 바가 있어 보였다. 어머니를 그래놓고는 이제 다음 차례는 나라고 말하듯, 아저씨가 차문을 잡고 특유의 어벙벙한 웃음을 웃고 서 있었다. 그 모습을 바라보고 있자니 나 또한 쿡 하고 웃음이 터져나왔다. 나는 별 수 없이 꾸역꾸역 차 안으로 기어들어갔다.

아저씨 옆에 앉은 어머니는 뒷자리에서 내가 보고 있는 것을 의식해서 그러는지 알 수 없게 말 한마디 없이 꼿꼿하게 앞만 보고 있었다. 그것은 아저씨도 마찬가지였다. 하다못해 음악도 틀지 않았다. 차는 십 년도 넘은 고물차임이 분명했다. 에어컨은 작동되지 않았고 엔진소리는 귀를 먹먹하게 했다. 내가 불편해하는 기색이 느껴졌는지 아저씨가 라디오를 틀었다.

이 시간 전국 고속도로 상황 알아보겠습니다. 서울 톨게이트에 나가 있는 김진원 통신원 나와주세요. 김진원 통신원, 지금 그곳 도로 사정은 어떻습니까? 아, 김진원 통신원과 전화 연결이 되지 않고 있습니다. 영동고속도로 상황 알아보겠습니다. 이경호 통신원? 네, 이경호 통신원입니다. 지금 이 시간 영동고속도로 주말 피서 차량으로 극심한 정체현상 빚고 있습니다. 횡성 대관령 구간, 차들이 가다 서다를 반복하고 있고……

라디오는 오래전부터 오직 교통방송 한곳에만 주파수가 맞추어져 있었는지도 몰랐다.

"에잇, 꺼버리자."

교통체증이 마치 교통방송 탓이라도 된다는 듯 어머니는 발작적으로 라디오를 껐다.

구리 톨게이트를 벗어날 무렵부터 차들은 이미 거북이걸음을 하고 있었다.

"심심해요?"

아저씨가 나를 돌아보고 물었다.

"네."

나는 솔직하게 대답했다.

"껌통 안에 껌 있을 거예요."

심심하면 껌이라도 씹으라는 것인가. 껌통은 먼지가 부옇게 앉아있었다. 나는 껌통을 열어 바닥에 서너 개 남은 자일리톨껌을 모두 입속으로 털어넣었다. 껌에서 단물이 다 빠져나와 더이상 씹는 것이 번거롭게 느껴질 때까지도 앞의 두 연인은 말이 없었다. 나는 껌을 뱉어 손가락으로 풍선을 만들어 딱딱거리다가 그나마도 창밖으로 버리고 나서는 앞의 연인들이 연출하는 나로서는 기괴하게만 느껴지는 분위기를 감당할 자신이 없어 그만 눈을 감아버렸다.

자연만 놓고 말한다면 나는 그곳 바다가 생각보다 좋았지만 어머니는 강릉에 사는 어머니의 친구 집에서 하룻밤을 묵고 그다음 날 바닷가에서 하루 더 놀려고 했던 계획을 취소하고 친구와 함께 밥만 먹고 곧 주문진을 떠났다. 아저씨가 몸이 좋지 않았기 때문이다. 강릉까지 올 때도 휴게소에서, 국도변에서 몇 번을 쉬었는지 모른다. 운전을 하기가 어려울 정도로 몸이 안 좋은 사람을 단지 차를 가졌다는 이유로 부른 어머니나, 그런 몸으로 두 여자를 데리고 여행을 하겠다고 나선 아저씨나 내가 보기엔 그저 한숨이 절로 나오는 사람들이기는 마찬가지였다. 바다가 보이는 횟집에서 다른 사람들은 이제 겨우 밥을 반나마 먹고 있는 참인데 아저씨는 물회에 국수를 후딱 말아먹고는 갑자기 벌떡 일어나 밖으로 나갔다. 의아해하는 사람들을 위해 어머니가 친절하게 설명했다.

"젊어서 교통사고를 당했어. 원래 의자에 앉아야 하는데 오늘 바닥에 앉아서 순환이 안 돼서 그러는 거야."

"그럼 여기 눕잖고."

어머니 친구, 경희 아줌마가 말했다. 경희 아줌마와 어머니는 같은 뇌성마비 친구다. 나 말고 어머니와 가장 잘 통하는 사람이기도 하다. 두 사람이 온몸을 흔들면서 때로는 자지러지게 웃으며 이야기하는 모습을 사람들은 되게 신기해하거나 아주 나쁠 때는 못 볼 것 보았다는 투로 고개를 돌리기도 한다. 그러거나 말거나 두 사람은 만나면 명랑하다.

"자기 차 안에서 눕는 게 편해서일 거야."

"니 팔자도 차암, 그렇다 이? 어떻게 만나는 사람마다……"

"애 보는 앞에서 별소릴 다 한다."

경희 아줌마가 어머니의 핀잔에 움찔해서 내게로 고개를 돌렸다.

"니 엄마는 만나는 남자마다 꼭 어디서 그런 남자만 골라 만나는지 원. 넌 절대 그러지 마라. 남자는 그저 신체 건강하고 사상 건전하고 직업 확실한 남자라야만 해. 수정이 너도 이제 스무 살이잖니. 아줌마 말 명심해라?"

이럴 땐 경희 아줌마 말을 제대로 알아먹는 사람이 나뿐이라는 사실이 다행이라는 생각이 든다. 경희 아줌마의 남편은 다른 건 몰라도 정말 신체는 건강해 보이는 사람이었다.

경희 아줌마 말이 채 끝나기도 전에 어머니는 이미 식당 밖으로 나가고 있었다. 경희 아줌마 말에 토라져서 나가는 건 아니라는 걸 나도, 경희 아줌마도 알고 있었다.

어머니는 아저씨한테 가 있었다. 아저씨는 차 의자를 뒤로 젖혀놓고 누운 상태였고 어머니는 아저씨의 다리를 열심히 주무르고 있었다. 나는 바닷가 모랫벌로 갔다. 며칠 전의 태풍 때문인가. 백사장엔 미역줄기가 지천이었다. 나는 미역줄기를 그러모았다. 금방 한아름이 되었다. 그러나 그뿐, 가져갈 방도는 없었다. 나는 미역잎을 찢어서 물에 씻어 씹었다. 생미역은 몹시 비렸다. 비리고 쓰고 짜고 그러고는 끝내는 달콤한 듯도 했다. 어머니는 나를 낳아놓고 미역국 한 그릇도 먹지 못했다고 했다. 내 열다섯 살 생일에 미역국을 끓여놓고 어머니가 한 그 말을 나는 아직 잊지 않고 있다.

"나는 너 낳고 미역국도 한 그릇 먹지 못했다."

그뿐이었다. 왜 미역국 한 그릇도 못 먹는 산모가 될 수밖에 없었는지, 그런 상황에서 왜, 어떻게 나를 낳을 생각을 하게 되었는지, 내 출생의 앞뒤에 얽힌 이야기는 도통 하려 들지 않았다.

나는 뒤를 돌아보았다. 어머니는 이제 아저씨의 머리를 감싸안다시피 하고서 지압을 하고 있었다. 나는 잠깐 아버지를 생각했다. 그러나 나는 아버지에 대해서 그 누구에게도 들은 바가 없으므로 그 어떤 기억도 없다. 내 생애 중 기억이 시작되는 처음의 풍경에도 어머니와 나 둘뿐이다.

"엄마아, 엄마아."

나는 마루에 앉아 어머니를 불렀다. 사위는 적막했다. 나는 벌에 손가락을 쏘였던 것 같다. 천지사방이 온통 꽃나무였다. 꽃나무가 많으니 또 천지사방이 벌이었다. 꽃과 벌 들 속에서 놀다보니 내 몸 사방도 벌에 쏘여 부풀어올랐다. 벌에 쏘이면 나는 울지도 않고 어머니에게 달려갔다. 그러면 어머니는 어떤 날은 호오 한 번 불어주기만 하고 어떤 날은 침을 발라주기도 하고 또 어떤 날은 된장을 바르고 비닐로 처매주기도 했다. 그날은 손가락이 된통 쏘였는데 지금도 된장 냄새가 코끝을 간질이면 이상하게 손가락의 통증이 느껴진다. 열이 나면서 욱신거리는 통증, 어쩌면 된장으로 인해서 더 아팠을 통증. 그러나 어머니가 처매준 것만이 좋아서 아픈 것도 행복했던 내 기억의 첫날.

아픈 왼쪽 가운뎃손가락을 불편하게 쳐들고서 어머니를 애타게 불렀으나 대답이 없었다. 그곳은 외갓집이었다. 며칠 전까지 함께 살던 외할머니도 보이지 않았다. 언젠가 내가 문득 생각났다는 듯이 무심을 가장하며 그날을 말했더니, 어머니는, 그 며칠 전에 외할머니가 돌아가셔서 그렇지, 라고만 말했다. 그렇지만 내 기억에 외할머니의 죽음이나 장례 풍경 같은 것은 없다. 단지 그 며칠 전의 일이었다는데도. 다만 그날, 그 적막한 저녁 무렵의 풍경만이 내 기억의 시작일 뿐이다. 나는 사방으로 어머니를 찾아헤맸다. 먼저 부엌문을 열었다. 외가는 아직 부엌 개량이 안 된 구식 부엌이었다. 부엌은 캄캄했다. 옛날 부엌 특유의 그을음 냄새와 시큼한 개숫물 냄새가 어둠과 적막과 함께 뒤섞인 부엌내가 어린 나를 진저리치게 했다. 나는 진저리를 꾹 참으며 어둠에 눈이 익기를 기다렸다. 그러면 거기 어둠속에서 어머니가 보일 것을 기대하면서. 어둠에 눈이 다 익도록 어머니는 보이지 않았다. 나는 침착하게 부엌문을 닫고 그리고 다시 엄마아, 엄마아를 주문처럼 외우며 대문 옆 화장실 문을 열었다. 어머니가 측간이라고 불렀던 외갓집 화장실에서는 시골 화장실 특유의 푸근한 냄새가 났다. 부엌 냄새가 늘 낯설고 때로 공포스럽기조차 했던 반면에 화장실 냄새는 아직도 내 기억에 푸근하게 남아있다. 그것은 말하자면 짚벼늘 냄새였다. 건실한 농부였던 외할아버지는 화장실을 창고 겸 헛간 겸으로 지어놓았다. 여타의 시골 화장실이 어린아이에게는 그 구조만으로 '똥통에 빠질 것만 같은 공포심'을 불러일으키기에 충분하건만 어쩌자고 우리 외할아버지는 그토록 정답고 푸근한 화장실을 만들어놓았는지 모른다. 화장실 안에는 소와 돼지와 염소와 닭과 강아지와 고양이와 쥐가 함께 살았다. 그 짐승들이 모두 짚벼늘을 자기들 몫만큼씩 차지하고서 살았다. 지금 생각해도 믿어지지 않는 풍경이다. 내가 어둡기는 부엌이나 한가지인 그 속으로 들어간 것은 순전히 그 안에 사는 짐승들에게 내 외로움을 위로받고 싶어서였는지도 모른다. 지금은 내가 그런 능력을 잃어버린 지 오래되었지만 자연 속에서 오래 산 어린아이들이 흔히 그렇듯이 말 못하는 짐승이라고 어른들이 흔히 말하는 그 짐승들하고 얼마든지 말을 나눌 수가 있었다. 짚벼늘 속에 몸을 파묻고 염소 등허리를 문지르며 염소처럼 엄마아. 몇 번쯤 했을 때였을까. 내 머리 위 짚벼늘 위에서 어머니 목소리가 들렸다.

"악아, 엄마, 여　다."

그 목소리는 너무나 가늘어서 조심하지 않으면 금방이라도 툭 끊겨나가 다시는 이 세상에 존재할 수 없을 것만 같이 불안한 목소리였다.

어머니는 짚벼늘 위 닭둥우리가 매달린 시렁 밑에 있었다. 어머니 머리 위에 하얀 무명끈이 시렁 밑에서 둥글게 대롱거리고 있었다. 나는 그때 그것이 무엇인지 몰랐다. 내가 한참 커서 나 또한 아파트 화장실에 그런 무명끈을 매달기 전까지는.

어머니는 짚벼늘을 데구루루 굴러내려와 나를 끌어안았다. 어머니 몸은 신 내린 무당이 잡고 있는 깃대가 떨듯이 떨고 있었다. 어머니는 이를 딱딱 부딪힐 정도로 떨면서 중얼거렸다. 사랑, 그까짓 게 다 뭐야, 사랑 없으면 어때…… 나는 다만, 어머니 품에 안겨서도 습관처럼 염소 울음 같은 엄마아 소리만 연발했을 뿐이다. 그 순간에도 구수한 짚벼늘 냄새는 내 코끝을 간질이고 있었다. 나는 그래서 나중에도 자꾸만 그런 생각이 들었던 것이다. 혹시 어머니가 죽을 결심을 그만둔 것은 나 때문이 아니고 그 푸근하고도 구수한 짚벼늘 냄새 때문이 아니었을까, 하는.

외할머니가 돌아가시고 없는 외갓집은 적막했다. 특히 어둠이 짙어지면 그 적막을 가로질러오는 발걸음 소리들이 있었다. 그럴 때마다 어머니는 나를 꼭 끌어안고 고슴도치처럼 몸을 웅크렸다. 어느 날, 저벅거리며 다가오던 발걸음 소리가 문앞에서 딱 멈추었다.

"낼 우시장에 소 팔아줄게."

소장수는 소를 팔아서 소값을 주지 않았다. 얼마 후에 돼지장수가 왔다. 돼지장수 또한 돼지값을 주지 않았다. 염소도, 닭도, 강아지도, 고양이도 누군가들이 가져갔다. 이제 어머니와 내게 남은 것은 빈집과 빈집 텃밭에 심은 고구마와 고추뿐이었다. 고구마를 윗집 사람이 캐갔다. 고추는 병이 들어 그랬는지 아무도 따가지 않았다. 어머니는 병든 빨간 고추와 늦게 달려서 파란 채로 시들어가는 풋고추와 고춧잎을 따로따로 따서 세 개의 비닐봉지에 담았다. 그것을 가지고 읍내 시장으로 가서 하루종일 시장터 한쪽에 앉아있었다. 시장도 파하고 사람들도 지나다니지 않았다. 그때 어둠속에서 어떤 남자가 나타났다. 그가 어머니에게 돈을 주었다.

"이걸 가지고 아무데나 가거라. 다시는 이런 데서 병든 고추 같은 것 팔지 말고 눈에 안 보이는 먼 곳으로 가거라."

무서리가 하얗게 내리는 깊은 겨울밤이었다.

나는 그가 내 아버지였느냐고 묻지 않았다. 다만 어머니로부터 그 적막한 시절의 이야기를 듣고 난 후 여러 날 동안 몹시 앓았을 뿐이다. 그리고 어머니는 다시는 그 시절 이야기를 하지 않았다. 어머니와 내가 어딘가로, 어딘가 아주 먼 곳으로 가려고 터벅터벅 걷고 있는데 어둠속에서 이번에는 수녀가 나타났다고 했다. 수녀는 우리 모녀를 수녀원으로 데리고 갔다. 수녀원에서 모자원으로 모자원에서 복지원으로 복지원에서 영구 임대 아파트로 옮겨다니며 우린 살았다. 그렇게 옮겨다니며 살았으므로 우리에겐 옛날을 추억할 만한 물건들이 남아나지 않았다. 어머니는 말했다.

"잊어버려, 잊는 게 좋아, 그래야 살 수 있어."

그러나 나는 내가 목격하지 못한 나의 과거가 잊혀지지 않아 살 수가 없었다.

"나는 너 낳고 미역국 한 그릇도 먹지 못했다."

왜 어머니는 하필 그날 생전에 하지 않던 그

말을 했을까. 이젠 내가 그런 말을 들어도 괜찮을 정도로 다 컸다고 생각한 것일까. 아니면 비록 영구 임대 아파트지만 이제야말로 남의 눈치 안 보고 오직 어머니와 나 둘이서 다리 뻗고 살아갈 수 있는 '우리 집'이 생겨났다는 편안함이 그런 말을 무심코 내뱉을 만큼 어머니의 마음을 풀어지게 했던 것일까. 열다섯 살 생일에, 나는 어머니가 나 낳고도 먹지 못한 미역국을 생일이라고 먹을 수가 없었다. 나는 어머니가 나를 낳고서 미역국도 못 먹고 벌벌 떨고 있었을 십오 년 전의 어느 날을 잊을 수가 없었다. 내가 기억하는 날들은 무섭지 않았다. 내가 기억하지 못하는 날들이 나는 무서웠다.

내가 무섭지 않을 수 있는 유일한 길은 하나밖에 없는 것 같았다. 나는 화장실 문을 잠갔다. 그리고 십여 년 전 어느 날, 어머니가 외갓집 화장실 시렁에 매달았던 그 무명끈과 똑같은 끈으로 수건걸이에 둥근 고리를 만들었다.

"악아아, 악아아……."

어머니는 나를 꼭 악아, 라고 불렀다. 내 이름은 수녀원에 들어가서야 지어졌다. 어머니가 짓지 않은 이름을 부르는 게 어머니는 쉽지 않은 모양이었다. 딴은 막달레나는 어머니가 부르기에는 결코 쉽지 않은 이름이기는 할 것이다.

"악아아, 악아아……."

어머니가 나를 부르는 소리가 아득하게 들려왔다.

나는 지금도 생각한다. 어머니가 죽지 않은 이유는 나 때문이 아니고 짚벼늘의 푸근한 냄새 때문인 것 같았듯이, 내가 무명끈의 고리를 잡아당기지 않은 이유는 오직 엄마 때문이라고. 엄마의 악아아, 소리 때문이라고.

그러니, 내게 어머니의 '악아'는 어머니의 짚벼늘인지도 모른다. 짚벼늘과 악아를 그러나, 어머니와 나 말고 세상사람들 누가 알 것인가. 어머니와 나, 두 사람만이 알고 있는 것들이 어머니와 나를 살리는 것이라고 나는 믿었다.

그런데 이제, 어머니와 나를 살리는 것은 무엇인가. 어머니에게 아저씨인가? 나를 살리는 것은 그라고 내가 생각하듯이.

귀로는 생각보다 험난했다. 가장 첫째는 아저씨의 몸이 짙은 어둠속에서의 길찾기를 감내해도 되는 상태가 아니었다. 지도가 있는데 어둠속이라고 길을 못 찾을 리는 없었다. 아니, 굳이 지도를 찾을 것도 없이 낮에 왔던 길을 거슬러가기만 해도 될 것이었다. 그러나 모든 것이 아저씨의 건강하지 못한 몸 때문에 불가능하다는 게 문제였다. 아저씨는 지금 당장 휴식이 필요했던 것이다. 휴식을 위해 어딘가 쉴 자리를 찾아야만 했다. 쉴 자리란 말하자면, 아저씨에게는 찜질방이었다. 돌아가는 길 찾는 게 문제가 아니라 찜질방을 찾는 게 문제였다. 나는 그것을 나중에야 알았다. 두 사람이 눈에 불을 켜고, 특히 어머니가 거의 혈안이 되다시피 하여 찾은 것이 결국 찜질방이었다는 사실을 나는 찜질방에 들어오고 나서야 알았다.

하여간 우리는 찜질방을 찾아 어두운 밤길을 헤맸다. 낮에는 그리도 눈에 잘 띄던 게 찜질방 간판이더니 어인 일인지, 목욕탕 간판은 보여도 찜질방 간판은 보이지 않았다. 그 며칠 전에 영동지방이 수해를 입어 도로 사정도 좋지 않았다. 차는 어느 순간 울퉁불퉁한 비포장도로를 달리기도 하고 한참 달려가다보니 도로가 뚝, 끊겨 있기도 했다.

어머니는 거의 울음이 터질 것 같은 얼굴이었다. 정작 아픈 사람보다 어머니가 더 아파 보였다. 찜질방을 찾느라 헤매는 동안 우리는 어느새 속초까지 와 있었다. 속초 시내를 헤매다 우리가 찾아간 곳은 환락가를 방불케 하는 바닷가 피서지였다.

우리는 그날 밤, 드디어, 마침내 속초 바닷가의 한 찜질방에서 잤다. 물론 찜질방 입실료는 아저씨가 치렀다. 근사한 호텔은 못 되어도 찜질방값 치를 정도는 된다는 거겠지, 하는 심사를 가질 수도 있었겠으나, 어머니나 아저씨나 내 앞에서 호텔 대신 찜질방 가는 것에 대해 그다지 주눅 들어 하는 태도는 아니었다. 두 나이 든 연인들이 보이는 자연스럽고 정직한 태도에 비틀려지려던 내 심중의 어느 곳이 오히려 스스로 무안해졌다고나 할까. 하기야 어쩌다 남아있는 방이 있어 막상 호텔에 간다 해도 비용도 비용이려니와 난감하기는 세 사람 다 마찬가지일 터였다. 비용절감 차원에서 한 가족인 척 한 방을 쓰자니 그렇고 비용은 생각하지 말자 하고서 두 방을 잡자니 '그것도 그럴 것이기' 때문이다.

한여름 한밤중 휴가철의 찜질방이라니. 나는 그냥 그때 그 순간의 풍경을 참혹하다는 정직한 수사 대신에 '장관'이라고 해두고 싶다. 여름휴가철 휴가지의 한밤중 찜질방은 참 대단한 풍경을 연출하고 있었다.

일단 드넓은 광장이라고 해두자. 그 광장에 말 그대로 입추의 여지없이 들어찬 사람, 사람들이라니. 더구나 그 사람들이 모두 똑같이 하얀 티셔츠에 하얀 반바지를 입고서 한치의 빈 공간도 없이 드러누워 있는 광경이라니. 어머니는 그 광경에 기겁을 했다. 나로 말할 것 같으면, 어지럼증이 일었다. 어머니와 나는 동시에 아저씨를 바라보았다. 그러나 그는 한눈에 봐도 병색이 완연했다. 어머니나 나나 운전을 할 줄 모른다. 운전을 할 줄 아는 사람은 병자뿐이다. 그 병자는 지금 당장 교통사고 후유증으로 순환이 안 되는 몸을 찜질로나마 풀어주어야 한다. 그러지 않으면 그는 곧 쓰러져버리고 말지도 모른다. 어머니와 나는 그날 밤의 이동은 더 이상 불가능하다는 것을 인정해야 했다. 어머니와 나는 절망으로 후들후들 떨리는 심정으로 여탕으로 들어가고 그는 남탕으로 들어갔다. 우리는 한 시간 뒤, 찜질방 내 게르마늄방 앞에서 만나기로 했다. 그때 이미 시간은 새벽 한 시를 넘어가고 있었다.

어머니와 나는 목욕탕 구석자리로 갔다. 어머니는 언제나 어디를 가도 구석을 찾아들어가는 게 습관이 되어 있었다. 어머니가 사람들 한가운데로 들어가면 그 자리는 금방 어머니 혼자 남겨지기 십상이었다. 전염병 환자가 아닌데도. 그런 일이 일어나지 않도록 되도록 사람들 눈에 띄지 않는 구석으로, 구석으로 어머니는 들어갔다.

"엄마, 아저씨는 어디가 좋아요?"

"안 좋아."

어머니는 놀랍게도 안 좋다면서도 깔깔거렸다. 어머니 몸 어딘가를 누가 지금 막 간지럼을 태우고 있기라도 한 것처럼.

"말도 없고 몸도 아프고 멋도 없고 돈도 없고, 뭐가 좋다고."

어머니는 슬며시 딴 곳을 바라보았다. 어머니 마음을 설명할 수 없을 때면 늘 그러듯이.

아저씨와 우리가 찜질방 안에서도 가장 귀퉁이 자리인 게르마늄방 앞에서 만난 것은 새벽 두 시. 찜질방 안은 한 시간 전보다 더 고요해졌다. 일부 쪽은 불도 꺼졌다. 게르마늄방 앞에서 만나긴 했지만 이제부터는 우리가 몸을 누일 만한 공간을 찾는 게 급선무였다. 목욕탕하고는 달라서 이상하게 찜질방은 구석자리가 인기인 모양이었다. 우리가 마음 편하게 있을 만한 자리는 다른 자리보다 누워있는 사람들의 밀도가 더 촘촘했다. 간신히 좀 헐겁다 싶은 공간을 찾긴 했지만 그곳은 헐거울 만한 이유가 충분했다. 찜질방 안에서도 가장 밝은 매점 앞이자 화장실 옆이었기 때문이다. 두 사람은 하는 수 없다는 듯 그곳에 자리를 잡으려는 눈치였다.

"전 다른 곳을 알아봐야겠어요."

어머니는 굳이 말리지도 않았다. 나는 두 사람의 눈을 피해 되도록 아주 먼 곳으로 갔다. 세 바퀴를 돌았는데도 자리는 나지 않았다. 나는 이따금 두 사람이 있는 쪽을 돌아보았다. 아무리 멀리 있어도 그쪽이 유독 환해서 두 사람의 일거수일투족은 환히 보였다. 처음에는 그럴 마음이 없었는데 그쪽이 워낙 환해서 두 사람을 관찰하고픈 묘한 호기심이 발동했다. 마침 두 사람과 정확히 대각선 쪽의 자리 하나가 비어 있는 것이 포착되었다. 방금 조그만 여자아이가 잠에서 깨어나 울상을 짓다가 어디론가로 떠났던 것이다. 아이의 엄마와 아빠도 지금 저 환한 곳의 두 사람처럼 아이를 버려두고 이 찜질방 어느 구석에선가 두 사람만의 즐거운 시간을 갖고 있는 것일까. 나는 아이가 떠난 자리에 잽싸게 기어들어갔다. 아저씨가 매점에서 달걀과 사이다를 사고 있었다. 두 사람은 잠시 나를 찾는 시늉을 하다가 포기하고 음식을 먹기 시작했다. 나는 두 사람을 오래 바라보았다. 보기는 좋았다. 그런데도 알 수 없는 상실감이 스멀스멀 피어오르는 것도 어쩔 수 없었다. 나는 그만 자리에 누워 눈을 감았다. 막 잠이 들려는 순간, 어디선가 여자의 비명소리가 들려왔다. 아니 그것은 비명이라기보다 거의 욕설에 가까운 고함소리였다. 고요하던 찜질방이 순식간에 와글거리는 시장통이 되었다.

"왜 그래?"

"무슨 일이야?"

"어디서 그래?"

누군가 악을 쓴 여자가 있는 곳으로 재빠르게 갔다 와서 말했다.

"응, 웬 병신들이 지들도 사람이라고 육갑을 하고 있대나 뭐래나. 나 원 참, 둘이 보듬고 와들와들 떨고 있드만."

"징그럽구만."

가슴이 쿵 하고 내려앉았다. 나는 반사적으로 환한 곳을 바라보았다. 두 사람이 보이지 않았다. 견딜 수 없는 불안감이 엄습했다. 찜질방에서 남녀가 부둥켜안고 있는 모습은 예사 풍경이었다. 그러나 그런 풍경도 장애인이 하면 징그러운 것이 된다. 남자 품 안에서 와들와들 떨고 있던 여자가 결국 울음을 터뜨렸다. 흔히 왜소증이라고 불리는, 어린아이처럼 작은 몸을 가진 여자였다. 그런데 정작 내가 찾는 두 사람은 어디를 갔을까.

"어⋯⋯ 엄마야."

엄마아를 발음하는 바로 그 순간에 내 눈에서 갑자기 눈물이 비 오듯 쏟아져내리기 시작했다.

"엄마아, 엄마아."

게르마늄방 문이 열리며 어머니가 나왔다.

"악아, 나 여깄다."

어머니는 아저씨와 함께 게르마늄방에 있었다. 어머니는 적어도 '육갑'은 하지 않고 찜질을 하고 있었던 것이다.

새벽에 화장실을 가려고 일어났는데 어머니 방에서 속닥이는 소리가 들려왔다. 어머니가 전화에 대고 경희 아줌마에게 속삭이고 있었다. 나는 소변을 보고 나서 어머니 놀랄까 봐 물을 내리지 않았다. 어머니는 경희 아줌마하고든 누구하고든 통화를 할 때 한번도 속닥이는 법이 없었다. 더구나 새벽시간에 누구와 통화를 한 적도 없었던 것 같다.

"경희야, 난 어떡하면 좋니. 그 사람이 애와 자기 중 선택하래."

나는 침을 한번 꿀꺽 삼켰다. 드디어 올 것이 온 모양이다. 나는 소리 안 나게 조심조심 소변을 보았다. 엄마, 걱정 마세요. 저도 이제 스무 살이에요. 저도 이제 엄마 곁을 떠날 때가 됐죠. 근데 어디로 떠난다지? 그는 그의 집에서 아직 애 취급을 받는 막내아들이다. 집은커녕 그만의 방도 없다.

"경희야, 내 나이 마흔다섯이야. 이번이 마지막일지도 몰라."

그럴지도 모른다. 아저씨는 어머니의 처음이자 마지막 사랑일지도 모를 일이다. 어머니 나이가 꼭 마흔다섯이 아니라도 말이다.

"그럼 나보고 어떡하란 말이야."

어머니 목소리가 격정으로 떨려나오고 있었다. 마흔다섯이라도 사랑을 하면 격정이 치밀어오르기도 할 것이다. 스무 살인 나의 사랑에는 없는 격정 말이다.

"그 사람은 영영 건강하지 않을지도 몰라. 그래도 난 포기할 수 없어."

최악의 조건에서 최선의 사랑을 하고 있는 사람들은 그러나, 자신들의 상황이 최악임을 알지 못한다. 왜냐하면 사랑하고 있으므로. 사랑이 그 모든 최악의 조건들을 덮어버리므로.

"난 다른 건 다 버리고 살아왔어. 수정인 버리려야 버릴 수 없었을 뿐이야. 수정이 빼놓고 버릴 수 있는 건 다 버렸어. 그치만 이번만큼은 안 돼. 내가 바보라는 건 나도 알지. 그치만 바보라도 그것만은 알 거야. 무엇이 진짜고 무엇이 가짠지를 말이야. 무엇이 사랑이고 무엇이 사랑이 아닌지를 말이야."

난 이제 어머니에게서 그 어떤 모진 말을 듣는다 해도 열다섯 살 생일날 같은 일은 벌이지 않을 만큼 컸다. 어머니가 아저씨를 버리지 않기를, 혹은 놓치지 않기를 나는 바랐다.

나는 화장실에서 나와 내 방으로 조심조심 옮겨갔다.

"그 사람이 그랬어. 자기를 놓치지 않으려면 애를 지우라고 말이야"

방문을 열려는 순간이었다. 나는 그 자리에 얼어붙어버렸다.

"수정이한테도 창피하니까, 그냥 몰래 가서 지울래. 돈은 그 사람이 준댔어."

애란 말하자면 내가 아니라, 어머니 뱃속의 아이였던 것이다.

"그 사람이 그랬어. 우리 나이가 몇인데 새삼스럽게 애한테 코를 꿰냐고. 즐기기만 하고 살기에도 모자랄 나이라고 말이야."

내 손이 부르르 떨려왔다.

"그치만, 경희야, 난 어떻게 해야 할지 모르겠어. 이번 임신이 마지막 임신이 될 수도 있잖아. 앞으로는 다시는 이런 식으로 애기 가질 기회가 없을지도 모르잖아. 내 나이가 그렇잖아."

"엄마, 내 가방 어디다 두셨어요?"

"무슨 가방?"

"왜 있잖아요, 내가 고등학교 때 썼던 책가방요."

"야야, 니 고등학교 졸업한 지가 언젠데 아직도 그 가방을 찾고 있냐 야."

"그 가방 좋은 거잖아요. 엄마가 옛다, 메이커 가방이다, 하면서 입학선물로 사주셨잖아요."

"야야, 널린 게 메이커인 세상이다 야, 메이커 같은 소리 하지도 마라."

"꼭 메이커라서가 아니고, 그냥 그 가방이 맞춤할 것 같아서, 왜 작년 여름에 강릉 갈 때도 그 가방 가지고 갔잖아요."

"어디 가니?"

"강릉이요."

"강릉은 왜?"

"그때, 난 되게 좋았는데, 아저씨 땜에 제대로 놀지도 못하고 와버렸잖아요. 그래서 올핸 꼭 실컷 놀다오려고 친구들하고 약속했단 말예요."

나는 어머니 얼굴을 바라보고 말했지만 어머니는 얼른 딴 곳으로 고개를 돌렸다.

"가방은 말이야, 나도 모르겠어."

"할 수 없죠 뭐. 그냥 아무거나 메고 가죠 뭐."

사실 가방이 무슨 대수란 말인가. 나는 내가 쓴 쪽지가 어머니 눈에 잘 띄도록 전화기 옆에 놓고 집을 나섰다.

'엄마, 제 동생 낳아주세요. 그래도 이번 아이는 사랑해서 생긴 아이잖아요. 제가 보기에 이젠 사랑이 아닌 것이 확실하지만요.'

나는 그에게 전화를 걸었다.

"나야, 오늘 강릉 못 가."

그가 팩 악을 썼다,

"왜?"

"안 가고 싶어."

"너 마음이 변했구나?"

그와 오늘 강릉에 간다면 나는 오늘 중으로 귀가하지 못할 것이다. 귀가하지 못한다면 나는 그와 함께 밤을 나야 하리라. 그가 기대하는 것이 바로 그것임을 나는 알고 있다.

"그럼 뭐 하나 물어봐도 돼?"

"뭔데?"

"나 애기 가져도 되니?"

"뭐, 뭐라구? 야, 우리 나이가 몇 살인데, 애를 갖냐? 그냥, 즐기기에도 모자랄 나이에 애 가지고 누구 코 꿸 일 있어?"

전화를 끊었다. 나는 시장으로 갔다. 주문진 앞바다의 싱싱한 자연산 미역을 자루 가득 담아오면 좋겠으나, 우선 시장 건어물가게에서 두툼한 산모용 미역 한 다발이라도 살 요량이었다. 나는 어머니가 내가 두고 온 쪽지를 발견할 수 있도록 집에 전화를 걸었다.

"엄마, 전화기 옆에 쪽지……."

"이미 봤어."

"미역 사가지고 갈게."

"벌써?"

"나 낳아놓고 못 먹었던 미역국, 이번에는 실컷 먹어보지 뭐."

전화를 끊고 나서 나는 한참 동안 시장통 한가운데 서 있었다. 장사하는 사람들이 외치는 소리, 손뼉소리, 물건 흥정하는 소리 들 틈에서 문득, 악아, 하는 소리가 들려왔다. 나는 마른 미역이 주렁주렁 걸려 있는 건어물 가게로 들어갔다. 비리고 짜고 쓰고 그러고도 달콤한 듯한 냄새가 확 끼쳐왔다. 그것은 바로 어머니와 내가 살아오면서 맺은 우정의 냄새인지도 몰랐다. 왜 말이 있지 않은가. 사랑은 가도 우정은 변치 않는다고. 하지만 변하지 않는 우정의 맛이란 그렇듯 비리고 짜고 쓰고 그러고도 달콤하기까지 한, 지독한 것임에는 틀림없었다.

공선옥의 『명랑한 밤길』

(창비, 2007)

공선옥(1963~)

소설가. 1991년 〈창작과 비평〉에 중편 소설 「씨앗불」을 발표하며 등단하였다. 여성의 운명적인 삶과 모성애를 뛰어난 구성력으로 생생히 그려냈다는 평가를 받고 있다. 주요 작품으로 「오지리에 두고 온 서른 살」, 「영란」, 소설집 『나는 죽지 않겠다』, 『피어라 수선화』 등이 있다.

CHAPTER 2

소유와 행복의 역설

나는 무엇을 원하는가

1

세상에서 가장 행복한 사람

헤로도토스

고대 그리스 역사가 헤로도토스는 그의 주저인 『역사』에서 행복에 관해 보통 사람들이 생각하는 바와는 사뭇 다른 견해를 제시한다. 날카로운 통찰력을 사용하여 주변 국가들과 적절한 관계를 유지함으로써 당대 소아시아 지방에서 가장 큰 권력과 부를 구가하던 리디아 왕 크로이소스가 마침 자기 나라에 와 있던 고대 그리스 7대 현인(賢人) 중 한 사람인 솔론에게 세상에서 가장 행복한 사람이 누구라고 생각하는지 물었다. 솔론이 당연히 자신을 지목하리라 생각하면서 말이다.

하지만 솔론의 대답은 그의 이런 예상을 완전히 빗나갔다. 솔론은 크로이소스 왕에 비하면 겉으로 보기에는 너무나 보잘것없는 삶을 살다간 사람들을 세상에서 가장 행복한 사람이라고 주장한다. 본문을 읽어보면서 그 이유가 무엇인지 음미해보기를 바란다. 과연 우리도 솔론의 견해에 동의할 수 있을까? 그가 세상에서 가장 행복한 사람으로 제시한 이들과 크로이소스 왕 사이에는 어떤 차이가 있는가? 여러분이 보기에도 그 차이가 행복의 정도를 결정할 정도로 중요하다고 생각되는가?

알뤼아테스의 아들 크로이소스는 리디아인으로, 할뤼스강* 서쪽 지역에 살던 여러 종족의 왕이었다. 우리가 확인한 바에 따르면 이 사람 크로이소스는 우리 그리스인 중 일부는 굴복시켜 조공을 바치게 하고 일부는 우방으로 삼은 최초의 비그리스인이다. 알뤼아테스가 죽자 그 뒤를 이어 35세의 나이로 왕위에 오른 그는 그리스인 중에서 에페소스인들을 맨 먼저

* 할뤼스강은 오늘날 튀르키예 중부를 가로질러 흑해로 흘러 들어가는, 튀르키예에서 가장 긴 강이다.

공격했고 다음에는 이오니아와 아이올리스 지방에 있는 그리스인들의 도시를 차례차례 공격했다. 공격의 근거는 그때그때 다르게 제시했는데, 비교적 중요한 근거를 찾을 수 있을 때는 중대한 이유를 제시했지만, 그렇지 않을 때는 하찮은 이유를 제시하기도 했다.

그는 일단 소아시아의 그리스인들을 굴복시켜 조공을 바치게 한 다음, 전함들을 건조하여 섬에 거주하는 그리스인들을 공격할 계획이었다. 그런데 전함 건조에 필요한 모든 준비가 끝나갈 때, 누군가가 리디아의 수도 사르데이스에 도착했다. 어떤 사람들은 그가 프리에네** 사람 비아스라고 하고, 다른 사람들은 뮈틸레네*** 사람 피타코스라고 한다. 어쨌든 크로이소스가 그에게 그리스에 관한 새로운 소식이 있는지 물었다. 그런데 그 사람과 다음과 같은 대화를 나누고서는 크로이소스가 전함 건조를 중단했다고 한다. 그가 말했다. "왕이시여, 섬사람들은 사르데이스, 그리고 당신과 전쟁할 생각으로 수없이 많은 말을 사들이고 있습니다." 크로이소스는 그가 진실을 말한다고 믿고는 이렇게 말했다고 한다. "아, 신들께서 섬사람들이 말을 타고 리디아의 자손들을 공격하는 쪽으로 생각하게 해주셨으면 좋으련만!" 그 말을 듣고 그는 이렇게 말했다. "오 왕이시여, 왕께서는 말을 타고 오는 섬사람들을 뭍에서 사로잡기를 정말로 바라시는 듯한데, 아마도 그렇게 될 겁니다. 그런데 왕께서 그들을 공격하기 위해 전함을 건조하려 한다는 소식을 듣자마자 그들이 무엇을 할 거로 생각하십니까? 육지에 거주하는 그리스인들을 왕께서 노예 삼은 일을 복수할 수 있도록 바다에서 리디아인들을 사로잡게 해달라고 간절히 바라며 기도하는 것 말고 그들이 달리 무얼 하겠습니까?" 크로이소스는 이런 추론을 듣고는 아주 기뻐하며 그의 말이 적절했다고 여기고는 전함 건조를 포기했다. 그래서 크로이소스는 여러 섬에 거주하는 이오니아인들과는 우호 동맹을 맺었다.

세월이 흘러 크로이소스는 할뤼스강 서쪽 지역에 거주하는 거의 모든 그리스인을 굴복시켰다. 그러자 당시 생존해 있던 그리스의 모든 지혜로운 사람들이 그 부유함이 절정에 이르렀던 사르데이스를 찾아왔다. 아테네사람 솔론도 그중 한 명이었다. 솔론은 아테네인들의 간청에 못 이겨 그들에게 법을 마련해주고 나서는 그곳을 떠나 10년 동안 외국에 머물렀다. 그는 세상을 둘러본다는 핑계를 대고 배를 타고 그곳을 떠나왔지만, 사실은 자신이 제정한 법 중 어느 것이라도 폐기하도록 강요받지 않으려고 그렇게 한 것이었다. 솔론이 그들을 위해 만들어준 법을 10년 동안 지키겠다고 엄숙히 맹세했기에 아테네인들 스스로는 그의 법을 폐기할 수 없었으니까 말이다.

이런 이유로, 그리고 세상도 둘러볼 생각으로 여행을 떠난 솔론은 이집트로 가서는 파라오 아마시스를, 사르데이스로 가서는 크로이소스 왕을 방문했다. 크로이소스는 그를 맞아 궁

** 소아시아 서안의 항구도시 이름.

*** 레스보스섬에 있는 도시 이름.

전에서 대접했다. 그가 온 지 3, 4일째 되었을 때 크로이소스는 신하들에게 자신의 보물 창고들로 그를 두루 안내하라고 명령했다. 그러자 그들은 거기 있는, 그것을 가진 사람을 행복하게 해줄 만한 엄청난 보물들을 모두 그에게 보여주었다. 솔론이 그것들을 보고 음미해본 다음 적당한 시간이 지났을 때 크로이소스가 그에게 물었다. "아테네에서 온 손님이여, 그대에 관한 숱한 소문이 내게까지 들려왔소. 그대가 지혜로운 사람이며, 지혜를 사랑하기에 세상을 둘러보려고 많은 나라를 방문했다고 말이오. 그래서 이 세상 모든 사람 중에서 가장 행복한 이를 만난 적이 있는지 그대에게 묻고 싶은 간절한 마음이 내게 생겼소." 크로이소스가 그렇게 물은 건 자신이 세상에서 가장 행복한 사람이라 믿었기 때문이다. 하지만 솔론은 아첨해서 그의 환심을 사려 하지 않고 자신이 진실이라고 믿는 바에 따라 이렇게 말했다. "왕이시여, 아테네사람 텔로스가 가장 행복한 사람입니다." 그 말을 듣고 깜짝 놀란 크로이소스가 서둘러 물었다. "그런데 어째서 그대는 텔로스가 가장 행복한 사람이라고 말하는 거요?" 솔론이 말했다. "텔로스는 번영하는 폴리스의 시민이었고 그에게는 아름답고 선한 자녀들이 있었는데, 그들에게서 태어난 아이들도 모두 살아남아 그들과 함께 지내는 것을 그 스스로 확인할 수 있었으니까요. 이렇듯 그의 삶은 우리 기준으로 볼 때 유복한 것이었는데, 그 최후도 가장 빛나는 것이 되었습니다. 그는 아테네인들이 엘레우시스에서 이웃 나라 사람들과 싸울 때 그들을 도와 적군을 패주케 하고는 가장 아름다운 죽음을 맞이했습니다. 그래서 아테네인들은 그가 전사한 곳에 모두 모여 국장을 거행함으로써 그를 극진하게 예우해주었습니다."

이처럼 텔로스에 관해 많은 이야기를 늘어놓으면서 그가 행복한 사람이라는 말로 솔론이 자신을 자극하자, 크로이소스는 궁금증이 생겨 누가 그다음으로 행복하다고 생각하는지 그에게 물었다. 자신이 적어도 두 번째는 되리라 굳게 믿으면서 말이다. 하지만 솔론은 이렇게 말했다. "그다음은 클레오비스와 비톤입니다. 아르고스 출신인 이들 형제는 삶이 풍요로웠고 게다가 신체 능력도 넘쳐났습니다. 두 사람 모두 스포츠 경기에서 우승한 적이 있는데, 심지어 이들에 관해서는 다음과 같은 이야기도 전해집니다. 아르고스에서 헤라 여신을 기리는 축제가 열렸고 마침 이들의 어머니는 무슨 수를 써서든 수레를 타고 신전으로 가야 했는데 소들이 밭에서 제시간에 돌아오지 못했습니다. 그러자 시간에 쫓긴 두 젊은이는 어머니를 수레 위에 태우고는 스스로 멍에를 멘 채 그 수레를 끌고 9킬로미터 정도를 달려 신전에 도착했습니다. 그들이 행한 이 일을 축제에 모인 사람들이 다 보았습니다. 그런 다음 그들은 가장 고상한 죽음을 맞이했습니다. 신께서는 그들을 통해 인간에게는 삶보다 죽음이 더 좋은 것임을 분명하게 보여주신 것입니다. 주위에 있던 아르고스 남자들은 두 젊은이의 힘을 칭찬했고, 여자들은 그런 자식들을 둔 어머니를 칭찬했습니다. 그러자 어머니는 자식들이 행한 일과 사람들이 해준 말에 너무나 기뻐서 헤라 여신상을 마주 보고 서서는 클레오비스와 비톤을 위해 기도했습니다. 자기 명예를 엄청나게 높여준 자식들에게 여신께서 인간에게 가장 좋은 것을 베풀어달라고 말입니다. 기도가 끝나자 그 젊은이들은 제물을 바치고 제사 음식을 배불리 먹은 다음 바로 그 신전 안에서 잠자리에 들었다가 다시는 일어나지 못했습니다. 거기서 죽음을 맞이했던 거죠. 아르고스인들은 이렇게 살다 죽은 이 젊은이들이 가장 훌륭한 사람들이라 생각해서 그들의 동상을 만들어 델포이에 세워주었습니다."

솔론이 이들에게 두 번째로 행복한 사람의 지위를 부여하자 크로이소스가 흥분해서 말했다. "아테네에서 온 손님이여, 그대는 분명코 내 행복을 무시해서 그런 평범한 사람들 행복에도 전혀 미치지 못하는 걸로 만들어버리는군요." 솔론이 말했다. "크로이소스 왕이시여, 왕께서는 제게 인간들의 일에 관해 물으시는데, 저는 신들이 하나같이 시기심 많고 변덕스러우시다는 사실을 잘 알고 있습니다. 저는 인간 수명의 한계가 70세라고 보는데, 그 오랜 세월 살면서 사람들이 원치 않는 일을 많이 보고 겪어야 하니까요. 70년은 윤달 없이는 25,200일입니다. 그런데 날짜를 원래대로 맞추려고 2년에 한 번씩 윤달을 끼워넣고자 하면 윤달이 서른다섯 번이 되고 날수로는 1,050일입니다. 이렇게 더하면 70년은 날수로는 전부 해서 26,250일이 됩니다.* 그런데 그중 어떤 날에도 다른 날에 일어난 것과 같은 일은 전혀 일어나지 않습니다. 크로이소스 왕이시여, 사정이 이러하기에 인간의 삶이란 이 모든 것들이 합쳐져서 생겨나는 결과물일 뿐입니다. 제가 보기에 왕께서는 아주 부자이신 데다 많은 백성을 다스리고 계십니다. 하지만 저는 왕께서 삶을 잘 마치셨다는 사실을 알기 전에는 제게 물으신 바에 관해 말하지 않을 것입니다. 아주 부유한 사람이라도 운이 좋아서 자신이 가진 모든 좋은 것들을 지닌 채 삶을 잘 마치지 못한다면, 그날그날 살아가는 사람보다 더 행복하다고 할 수는 없을 테니까요. 아주 부유한 사람이라도 행복하지 못한 경우가 있는가 하면, 소박하게 사는 사람이라도 운이 좋은 삶을 사는 경우가 많습니다. 아주 부유하지만 행복하지 못한 사람은 오직 두 가지 면에서만 운이 좋은 사람보다 낫지만, 후자는 여러 면에서 전자보다 나을 수 있습니다. 전자는 자신의 욕망을 쉽게 충족시키고, 커다란 재난이 닥쳐도 후자보다는 더 잘 견딜 수 있습니다. 하지만 후자는 다음과 같이 여러 면에서 전자보다 나을 수 있습니다. 그는 전자처럼 그렇게 쉽게 욕구를 충족시키고 재난을 견딜 능력은 없지만, 행운이 그런 재난에서 벗어나게 해주어 무탈하고 건강하게 살며, 나쁜 일을 겪지 않고 자녀 복이 있으며 용모가 훌륭할 수 있습니다. 이 모든 것에 더해 그가 삶을 잘 마치기까지 하면, 이 사람이야말로 왕께서 찾으셨던 사람, 즉 행복하다고 불릴 만한 자격이 있는 사람입니다. 하지만 그가 생을 마감하기 전에는 아직 행복한 사람이라 부르지는 마시고 지금까지는 운이 좋은 사람이라 부르십시오. 그런데 하나의 땅이

* 이 주장은 잘못된 것이다. 헤로도토스의 계산대로라면 윤달을 뺀 1년은 360일이 되고, 거기에 1,050일을 더해서 다시 70으로 나누면 1년은 375일이 된다.

내어주는 모든 것이 풍족한 경우는 절대로 없습니다. 하나가 있으면 다른 하나는 부족하기 마련입니다. 어쨌든 가장 많은 것을 내어주는 곳이 있다면, 그곳이 가장 훌륭한 곳입니다. 이와 마찬가지로 한 사람에게 이 모든 일이 다 이뤄질 수는 없습니다. 어떤 사람도 모든 면에서 풍족할 수 없고, 하나를 가지면 다른 것은 부족한 법입니다. 오 왕이시여, 어쨌든 제가 생각하기에는 사는 동안 가능한 한 가장 많은 것을 줄곧 소유한 뒤 삶을 편안하게 마치는 사람, 이 사람이 행복한 사람이라고 불리는 것이 옳습니다. 모든 일의 마지막 결과가 어떤지 잘 살펴보아야 합니다. 신께서는 많은 사람에게 행복을 살짝 맛보게 해주고는 그 결과를 완전히 반대로 뒤집어버리시니까요."

솔론이 이렇게 말하자 크로이소스는 그 말이 전혀 마음에 들지 않았다. 그래서 아무 말도 하지 않고 그를 떠나보냈다. 지금 있는 좋은 것을 무시하고 모든 일의 결말에 주목하라고 자신에게 요구하는 그를 아주 어리석은 사람이라 여기면서.

솔론이 떠난 후, 크로이소스에게 무서운 신벌(神罰)이 내렸다. 아마도 그가 자신을 모든 사람 중에서 가장 행복하다고 여겼기 때문인 듯하다. 그는 아들에게 닥칠 재앙의 진실을 보여주는 꿈을 꾸었다. 크로이소스에게는 두 아들이 있었다. 한 아들은 청각장애와 언어장애가 있었고, 다른 아들은 같은 나이 또래의 모든 친구들을 훨씬 능가했다. 이 후자의 이름은 아티스였다. 꿈은 크로이소스에게 아티스가 무쇠 창끝을 맞고 죽을 것이라고 예고했다. 잠에서 깨어나 스스로 이 문제를 곰곰이 생각했을 때, 그는 꿈 때문에 두려움에 사로잡혔다. 그는 먼저 아들을 결혼시켰고, 아들이 리디아 군대를 이끌곤 했지만 이제는 더 이상 그런 일로 어디에도 내보내지 않았다. 그리고 창과 투창 등 사람들이 싸움에 사용하는 모든 물건들을 남자들의 거처에서 옮겨 안방에 쌓아 두었다. 혹시 걸려 있는 것이 아들에게 떨어질까 봐 두려웠기 때문이다.

아들의 결혼을 준비하고 있을 때 사람을 죽인 불운한 이방인 하나가 사르데이스에 왔다. 그는 프리기아인으로 왕족이었다. 이 남자는 크로이소스의 집에 와서 그 땅의 관습에 따라 자신을 살인죄에서 정화해달라고 요청했다. 크로이소스는 그를 정화해주었다. 리디아인들의 정화 방식은 헬라스에서 사용하는 방식과 거의 같았다. 크로이소스는 정화 의식을 마친 후, 그에게 어디서 왔고 누구인지 물으며 다음과 같이 말했습니다. "여보게, 자네는 누구인가? 프리기아의 어느 지역에서 와서 내 화롯가에 앉아 있는가? 그리고 어떤 남자나 여자를 죽였는가?" 그가 대답했다. "오 왕이시여, 저는 고르디아스의 아들이자 미다스의 손자입니다. 제 이름은 아드라스토스입니다. 저는 실수로 제 친형제를 죽였고, 그래서 아버지에게 쫓겨나 가진 것을 모두 잃고 이곳에 왔습니다." 크로이소스는 이렇게 대답했습니다. "자네는 우연히도 우리의 친구인 사람들의 후예이며 친구들에게 왔으니, 우리 땅에 머무는 동안 아무것도 부족함이 없을 것이네. 그리고 이 불운을 가능한 한 가볍게 여기는 것이 자네에게 가장 이로울 것일세." 그리하여 그는 크로이소스의 집에서 머물게 되었다.

그 무렵 미시아의 올림포스산에 거대한 멧돼지 한 마리가 나타났다. 이 멧돼지는 산에서 내려와 미시아인들의 밭을 황폐하게 만들었다. 미시아인들이 여러 번 맞서 싸웠지만, 멧돼지에게 해를 입히기는커녕 오히려 자신들이 피해를 입었다. 마침내 미시아인들은 크로이소스에게 사절을 보내어 말했다. "오 왕이시여, 저희 땅에 거대한 멧돼지가 나타나 저희 밭을 망치고 있습니다. 저희가 간절히 잡으려 하지만 할 수 없습니다. 그러니 청하건대, 저희와 함께 왕자님과 정예 젊은이들을 개들과 함께 보내주셔서 저희 땅에서 그 멧돼지를 없앨 수 있도록 해주십시오." 그들이 이렇게 요청하자, 크로이소스는 꿈의 말을 떠올리며 그들에게 다음과 같이 말했다. "내 아들에 대해서는 이 문제에 대해 더 이상 언급하지 말게. 그는 갓 결혼하여 이제 결혼 문제에 전념해야 하므로 당신들과 함께 보내지 않을 것일세. 하지만 리디아인들 중 정예 병사들과 모든 사냥개들을 함께 보낼 것이며, 가는 자들에게 당신들이 그 야수를 당신들의 땅에서 없애는 것을 최대한 열심히 돕도록 명령할 것이네."

크로이소스가 이렇게 대답하자 미시아인들은 그 대답에 만족했다. 그러나 이때 크로이소스의 아들도 미시아인들의 요청을 듣고 그곳에 나타났다. 크로이소스가 아들을 그들과 함께 보내지 않겠다고 말하자, 젊은이는 다음과 같이 말했다. "아버지, 지난날 전쟁터나 사냥터에 나가 명성을 얻는 것은 제게 가장 명예롭고 고귀한 낙이었습니다. 하지만 지금 아버지는 제게서 이 두 가지를 모두 금하셨습니다. 제가 비겁하거나 나약한 마음을 보인 적이 없는데도 말입니다. 이제 제가 도시의 시장을 오갈 때 어떤 낯으로 나타나야 하겠습니까? 시민들은 저를 어떤 사람으로 여길 것이며, 갓 결혼한 제 아내는 저를 어떤 사람으로 여길까요? 그녀는 어떤 남편과 짝을 이루었다고 생각할까요? 그러니 저를 사냥에 보내주시거나, 아니면 지금처럼 하는 것이 제게 더 좋다는 것을 이치에 맞게 설득해 주십시오."

크로이소스는 다음과 같이 대답했다. "내 아들아, 내가 너에게서 겁먹은 기색이나 다른 불미스러운 점을 보았기 때문에 이렇게 하는 것이 아니다. 잠결에 꿈에 나타난 환영이 내게 말하기를, 너는 요절할 것이고 쇠창 끝에 죽임을 당할 것이라고 했다. 그러므로 나는 이 환영을 염두에 두어 너를 위해 이 결혼을 서둘렀고, 지금 추진 중인 일에 너를 보내지 않는 것이다. 내가 어떻게든 너의 운명으로부터 적어도 내 생전에는 너를 지킬 수 있을까 하여 너를 보호하려는 것이다. 너는 우연히도 나의 유일한 아들이기 때문이다. 다른 아들은 듣지 못하니 아들로 여기지 않는다."

젊은이는 이렇게 대답했다. "아버지, 그런 환영을 보셨으니 저를 염려하시는 것은 당연합니다. 하지만 아버지께서 이해하지 못하시고 꿈의 의미를 놓치신 부분이 있으니, 제가 설명해 드려야 할 것 같습니다. 아버지는 꿈이 제가 쇠창 끝으로 삶을 마칠 것이라고 예언했다고 말씀하셨습니다. 그런데 멧돼지에게 무슨 손이 있고, 두려워하시는 쇠창 끝이 어디에 있습니까? 만약 꿈이 제가 엄니나 그와 비슷한 다른 것으로 삶을 마칠 것이라고 말했다면, 아버지께서 지금처럼 행동하시는 것이 분명 옳았을 것입니다. 하지만 꿈은 '쇠창 끝으로'라고 말했습니다. 그러니 저희 싸움이 사람들과의 싸움이 아닌 만큼 이제 저를 보내주십시오."

크로이소스가 대답했다. "내 아들아, 네가 꿈에 대한 너의 판단을 말해주니 부분적으로 내 마음을 움직이는구나. 그러므로 너에게 설득당했으니 내 결심을 바꾸어 네가 사냥에 가도록 허락하겠다."

이렇게 말한 크로이소스는 프리기아인 아드라스토스를 불러오게 했다. 그가 오자 크로이소스는 그에게 이렇게 말했다. "아드라스토스, 자네가 심한 불운에 처했을 때(내가 자네를 비난하는 것이 아니다), 나는 자네를 정화해주었고, 자네의 모든 비용을 대주며 내 집으로 맞아들였다네. 그러니 이제 자네는 먼저 나에게서 친절을 받았으니 친절로 보답할 의무가 있네. 내가 자네에게 부탁하건대, 사냥에 나가는 내 아들의 수호자가 되어주게. 길을 가다가 어떤 악한 강도들이 너희를 해치지 않도록 말일세. 그리고 또한 자네도 자신의 행동으로 유명해질 수 있는 곳으로 가야 할 것이네. 그것은 자네 조상으로부터 물려받은 유산이기도 하고, 게다가 자네는 그럴 만한 힘을 가지고 있다네."

아드라스토스가 대답했다. "오 왕이시여, 그렇지 않았다면 저는 이러한 용맹을 겨루는 일에 나가지 않았을 것입니다. 첫째로, 저처럼 큰 불운을 겪는 사람이 자기보다 행복한 동년배와 어울리는 것은 적절치 않고, 둘째로, 저는 그런 욕구도 없습니다. 저 또한 여러 가지 이유로 사양하곤 했습니다. 하지만 지금 왕께서 저에게 간곡히 청하시고, 제가 왕을 기쁘게 해 드려야 하니(왕의 친절에 보답할 의무가 있기 때문입니다), 저는 기꺼이 이 일을 하겠습니다. 그러니 왕께서 저에게 보호를 명하신 아드님은, 그를 보호하는 제가 그를 안전하게 지킬 수 있는 한, 다치지 않고 왕께 돌아올 것이라 기대하십시오."

아드라스토스가 크로이소스에게 이와 같은 말로 대답한 후, 그들은 엄선된 젊은이들과 개들을 데리고 출발했다. 올림포스산에 도착하자 그들은 짐승의 흔적을 쫓았고, 멧돼지를 찾아내어 원형으로 둘러선 채 창을 던졌다. 그때 살인죄를 정화받았던 손님, 즉 아드라스토스가 창을 던졌는데, 멧돼지를 빗나가 크로이소스의 아들을 맞혔다. 그리하여 그는 창끝에 맞아 꿈의 예언을 이루었다. 한 사람이 크로이소스에게 일어난 일을 보고하기 위해 달려갔고, 사르데이스에 도착하여 그에게 사냥의 상황과 아들의 비극적인 운명을 알렸다.

크로이소스는 아들의 죽음에 너무나 큰 충격을 받았고, 특히 자신의 손으로 살인죄를 정화해주었던 사람에게 아들이 살해당했다는 사실에 더욱 비통해했다. 이 비극적인 불운에 깊이 고통스러워하며 그는 정화의 신 제우스를 불러 손님으로부터 겪은 일을 그에게 항변했다. 또한 그는 화로의 신 제우스와 우정의 신 제우스를 부르며 호소했다. 화로의 신 제우스를 부른 것은 손님을 집에 맞아들일 때 자신이 무지하게 아들의 살해자를 보살펴주었기 때문이며, 우정의 신 제우스를 부른 것은 그를 수호자로 보냈는데 그가 최악의 적이 되었기 때문이었다.

오래지 않아 리디아인들이 시신을 들고 왔

고, 살인자가 그 뒤를 따랐다. 살인자는 시신 앞에 서서 크로이소스에게 자신을 내맡기며, 손을 내밀고 왕에게 시신 위에서 자신을 죽여 달라고 청했다. 그는 자신의 이전 불운을 언급하며, 이제 그 불운을 정화해준 사람마저 파멸시켰으니 더 이상 살 가치가 없다고 말했다. 크로이소스는 이 말을 듣고 자신 또한 너무나 큰 고통을 겪고 있었음에도 아드라스토스를 가엾게 여겨 그에게 말했다. "여보게, 자네가 스스로 죽음을 택하겠다고 하니, 나는 이미 자네에게서 받아야 할 모든 배상을 받았네. 자네 혼자만이 이 악의 원인이 아닐세. 자네는 자네의 의지와 상관없이 그 도구가 되었을 뿐이네. 그 책임은 오래전에 내게 일어날 일을 예고한 어떤 신에게 있네." 그리하여 크로이소스는 합당하게 아들을 장사 지냈다. 그러나 고르디아스의 아들이자 미다스의 아들인 아드라스토스, 즉 자신의 형제를 죽였고 또한 자신을 정화해준 사람마저 죽였던 그는 무덤 주위의 모든 사람들이 침묵에 잠기자, 자신이 세상 어떤 사람보다도 더 비참한 불운에 짓눌려 있음을 깨닫고 무덤 위에서 스스로 목숨을 끊었다.

헤로도토스의 『역사』

(김동훈·고봉준 옮김, 2025)

헤로도토스(Herodotos; Ἡρόδοτος, 기원전 484~기원전 425)

서구 역사의 아버지로 불리는 고대 그리스의 역사가. 페르시아 전쟁의 내용을 서술한 『역사』의 저자로 유명하다. 이 책에 등장하는, 당시 유럽과 북아프리카, 중근동 여러 나라의 풍습과 지리에 관한 방대한 서술 내용은 오늘날에도 매우 중요한 역사자료로 여겨진다.

2

얼마나 있어야 충분한가

로버트 스키델스키/에드워드 스키델스키

플라톤과 아리스토텔레스가 살았던 아테네에서 공자와 맹자가 살았던 고대 중국까지, 종교적인 세계관이 지배했던 중세 유럽에서 힌두교와 이슬람교의 인도, 중동에 이르기까지, 인류는 거의 공통적으로 '좋은 삶(good life)'은 어떤 삶인가라는 문제를 끊임없이 생각하고 고민해왔다. 하지만 근대 자본주의가 등장한 이후, 경제학이 인간의 삶을 '경제'의 이름으로 설명하기 시작하면서부터 '좋은 삶'이라는 문제는 사람들의 관심 밖으로 밀려난다. 좋은 삶 대신 '효율적인 삶'이 사람들의 관심사가 되고 '가치(values)'는 '효율(efficiency)'로 대체된다. 무엇이 의미 있고 가치 있는 것인가라는 질문은 어느 것이 가장 '효율적'인가 하는 질문으로 바뀌고 좋은 삶 대신 효율적인 삶이 추구되기 시작한다. 효율적인 삶에서는 "내 욕구를 어떻게 효율적으로 충족시킬 것인가?"라는 것이 가장 중요한 질문이 되고 욕구 충족이 '삶의 목적'이 된다.

무엇이 문제인가? 경제학자들은 인간이 어떻게 욕구를 충족시킬 것인가에 대해서만 말할 뿐 욕구 자체의 문제에 대해서는 애써 침묵한다. '욕구'는 절대적이고 객관적인 것이 아니라 타인과의 비교에서 생겨나는 상대적인 것이므로 "이만하면 충분하다"고 말할 수 있을 만큼 충족의 선을 그을 수 있는 것이 아니다. '충분한 정도'란 없기 때문이다. '충분'을 말할 수 없는 것에 대해 '충분'을 추구함으로써 현대인의 삶은 무의미하고 고통스러워졌다. 이런 삶의 방식을 어떻게 바꿀 수 있을까? 인간의 삶이 어떻게 인간의 삶다운 의미와 목적을 회복할 수 있을까? 스키델스키 부자가 저서 『얼마나 있어야 충분한가』에서 모색하고 있는 것은 바로 그런 문제에 대한 해답이다. 경제학, 철학, 정치학을 두루 공부한 그들은 어떤 해답을 내놓고 있는가?

> 누가 부자인가? 아무것도 원하지 않는 사람.
> 누가 가난한 자인가? 구두쇠.
> – 아우소니우스(Ausonius)

부란 무엇을 위한 것인가? 좋은 삶을 살아가려면 얼마나 많은 돈이 필요한가? 이러한 물음이 대답하기 불가능해 보일 수는 있다. 그러나 중요하지 않은 물음은 아니다. 돈 버는 것 자체는 목적이 될 수 없다. 적어도 심각한 정신 이상자가 아니라면 그렇다. 내 삶의 목표가 더 많은 돈을 버는 데 있다고 말한다면, 이는 점점 더 뚱뚱해지려고 먹는다는 말이나 마찬가지다. 개인에게 진리인 것은 사회에서도 진리다. 돈을 버는 것이 인류의 영원한 목표일 수는 없다. 그 이유는 단순하다. 돈이란 써버리는 것 외에 다른 용도가 없기 때문이다. 하지만 돈을 계속 써댈 수는 없다. 언젠가는 욕망이 채워지거나 아니면 돈을 쓰는 게 역겨워지거나 아니면 두 가지 모두를 느낄 것이다. 만약 그렇지 않다면 우리는 어떻게 된 것일까?

케인스의 오류

경제학자 존 메이너드 케인스(John Maynard Keynes)는 자본주의의 기저에 깔려 있는 동기가 "돈벌이에 대한 개인들의 강렬한 이끌림과 돈을 좋아하는 본능"이라고 보았다. 따라서 그는 부가 충분해지는 시대가 되면 이러한 동기에 따른 충동은 더 이상 사회적으로 용인되지 않을 것이라고 생각했다. 물질적 욕구가 충족될 수 있다고 보았던 것이다. 다시 말해 풍요가 어느 정도에 이르면 '충분히 가졌다'고 만족할 수 있을 것이라고 믿었다. 그러나 케인스와는 달리, 그러한 욕구가 충족될 수 없는 것이라고 가정한다면 어떨까? '끝없는 욕구'라는 말의 사전적 의미는 '가진 것보다 끊임없이 더 많이 원하는 불만족 상태'다. 어느 광고 문구는 '이 낭만적인 주피터 텐트는 (3,800달러짜리인데) 정원에다 아주 훌륭한 오락 공간을 만들어줍니다'라고 '모든 걸 다 가진 사람들'을 겨냥해서 말한다. 우리는 묻는다. 왜 '모든 걸 다 가진' 사람들이 항상 더 많이 원하는 것처럼 보일까?

이 물음에 답하는 방식은 두 가지다. 하나는 이러한 욕구의 본성을 개인적인 것으로 상정해서 접근하는 방식이고, 또 하나는 개인의 욕구를 타인의 욕구와 관련해서 따져보는 것이다.

예를 들어 티보 시토브스키(Tibor Scitovsky)는 『기쁨 없는 경제(The Joyless Economy)』라는 책에서 '끝없는 욕구'를 아주 단순하게 조바심이라고 설명한다. 사람들은 자기가 가진 것에 대해 지루함을 느끼기 마련이다. 필요가 다 충족되고 불편함이 사라지면 고요한 만족감이 아니라 불만의 상태가 남는다. 이러한 상태에서는 새로운 것이 나와서 그 불만을 없애주어야 한다. 마치 가려운 곳을 긁어줘야 하는 것처럼 말이다. 풍요로움이 증가하면서 지루함이 커지고 뭔가 자극적인 경험을 하려고 점점 미친 듯이 새로운 것을 찾게 된다. 그러니 인간은 물려버린 입맛을 자극하기 위해 계속 일을 하지 않을 수 없다.

또 다른 설명은 어떤 재화가 가진 원천적 희소성에 초점을 맞추는 것이다. 최고급 리조트에서 보내는 휴가, 아름답게 꾸며진 정원, 또 다른 여러 희귀한 재화는 사회가 아무리 부유해진다 해도 그 사회의 모든 사람이 누릴 수 있는 것이 아니다. 공급량은 고정되어 있는데 욕구가 점점 커지니 압박이 심해진다. 그래서 그러한 재화의 가격은 평균적 재화의 가격에 비해 계속 상승한다. 그럼으로써 그러한 재화는 일반인의 소득으로서는 도저히 미칠 수 없는 영역으로 달아나버린다. 그러나 사람들은 이러한 불행한 사실을 받아들이지 못하고 세상일이 보통 그렇듯이 모두가 가질 수 없는 최고의 재화를 계속 원한다. 그리하여 이러한 상황은 곧 끝없는 욕구의 또 다른 중요한 연원이 된다.

케인스의 제자인 로이 해로드(Roy Harrod)는 자기 스승의 장밋빛 비전(물질적 욕구가 충족될 수 있다는)에 은연중 흠집을 내는 한 논문에서 그러한 원천적인 희소재를 '과두적 재화'라고 불렀다. 과두적 재화의 고전적인 사례가 옛 거장들의 예술작품이다. 지금 존재하는 오래된 걸작 미술품들은 모두 이미 제작이 끝난 것들로 더 이상 공급될 수 없다. 물론 미술관에 가면 누구나 그것을 볼 수는 있고, 또 그것이 이 특수한 문제에 대한 민주적 해결책이다. 하지만 개인의 만족감이라는 기준에서 본다면, 최고의 작품을 사적인 공간에 가져다놓고 소유할 수 있는 것에 비하면 훨씬 열등한 방법일 것이다.

경제학자 프레드 허시(Fred Hirsch)는 해로드의 과두적 재화를 '지위적 재화'라고 부른다. 그것을 손에 넣는 길은 부의 절대적 수준이 아니라 다른 사람들에 대한 상대적 지위에 달려 있기 때문이다. 토너먼트 경기에서의 우승처럼 지위적 재화는 누구나 획득할 수 있는 것이 결코 아니다. 그것은 사회의 전반적인 풍족함의 수준과는 상관없이 늘 사회의 최고 부자들이 가져가는 몫이다. 따라서 그것을 손에 넣으려는 경쟁은 절대 끝나지 않는다. 사실 그러한 경쟁은 경제가 성장할수록 더욱 치열해진다. 가계 소득의 더 큰 부분이 그러한 지위적 재화를 얻는 데 점점 더 많이 투입될 것이다. 지위적 재화는 케인스가 예측했던 사회, 즉 모든 사람들이 '충분히' 가진 사회에 그늘을 드리운다. 설사 모든 사람들이 한 해 500파운드의 수입이라는 필요 요건을 달성한다 하더라도 그들이 다 최고급 주택에 살거나 가장 비싼 오페라 좌석표를 구한다는 것은 불가능할 테니 말이다.

결국 '끝없는 욕구'를 인간의 본성적 조바심이나 지위적 재화 등 단순히 개인의 문제로 설명하려는 이론은 개인이 원하는 것과 타인이 가진 것 사이의 비교를 전혀 고려하지 않고 있다. 하지만 욕구의 표현은 언제나 사회적 성격을 띠기 때문에 이러한 설명은 비현실적이다. 어느 정도 물질적인 부를 가졌더라도 우리는 나보다 더 많이 가진 사람이 늘 있기 마련이므로 자기가 가진 것에 만족하지 않는다. 일단 부의 경쟁이나 소비의 경쟁이 시작되고 나면 그것은 바로 지위의 경쟁이 된다. 그것은 제로섬 게임이다. 누구나 다 높은 지위에 오를 수는 없으니까 말이다. 내가 더 많은 돈을 특권적 재화에 쓰면 나는 지위를 얻지만 다른 사람들은 나 때문에 지위를 잃게 된다. 지위를 얻고 유지하기 위한 소득의 상승이 언제든 끝날 까닭이 없는 것이다.

경제학자들은 지위를 높이기 위한 소비를

세 유형으로 분류했다. 첫째 '밴드웨건 재화(bandwagon goods)', 즉 다른 사람들이 이미 가졌기 때문에 나도 갖고 싶어지는 재화다. 이는 부분적으로는 시기심의 문제이지만 다른 사람들과 동일해지고 싶은 욕구일 수도 있다. 이 두 가지 갈망은 특히 아이들에게서 강하다. 아이들이 사달라고 조르는 것을 들어주기 위해 부모는 더 많은 일을 하게 된다. 그다음이 '속물성 재화(snob goods)'다. 다른 사람들이 갖고 있지 않기 때문에 갖고 싶어지는 재화를 말한다. 이것은 특이하고 고가이며 군중으로부터 돋보이고 싶은 욕구를 채워주는 재화들이다. 반드시 제일 비싸지는 않지만 소유자의 우월한 취향을 드러내 주는 것들이다. 예를 들어 언더그라운드 음악 밴드나 컬트 영화, 특별한 맛집 등이 있다. 속물성 재화 가운데 여러 가지가 밴드웨건 재화로 변해서 고상한 척하는 진짜 속물들은 심지어 원래 자신이 좋아하던 것들을 포기하기도 한다.

이 두 가지와 중첩되는 것이 베블런 재화(Veblen goods)인데, 과시적 소비에 관한 미국의 위대한 이론가 소스타인 베블런(Thorstein Veblen)의 이름을 딴 것이다. 베블런 재화는 비싸고 또 비싸다고 알려져 있는 한에서 욕구의 대상이 된다. 사실 이 재화의 기능은 부를 광고하는 것이다. 저명인사들이 선호하는 브랜드는 대체로 비싼 것이고, 그 비싼 가격이 그 제품이 가진 매력의 큰 부분(아마 전부일 듯)을 차지한다. 가격이 높을수록 그 브랜드는 더 배타적인 것이다. 가격이 낮아진다면 그 브랜드를 원하는 수요도 줄어들 수 있다.

분명한 것은 끝없는 욕구의 개인적인 원인과 사회적 원인이 서로 얽혀 있다는 사실이다. '사회적으로 부족한' 것이라고 말하는 재화의 희소성은 주로 그 속물적 매력 때문만이 아니라 과시적 소비의 기회가 될 수 있다는 데서 나온다. 세련된 취향을 가진 사람이 '삶에서 가장 좋은 것들' 그 자체를 좋아할 수도 있겠지만, 그것을 가짐으로써 자기가 더 나은 취향의 소유자임을, 또 부의 소유자임을 표시해주기 때문에 좋아하는 수도 있다. 그러나 끝없는 욕구에 대한 여러 가지 설명 중에서 어느 하나를 고를 필요는 없다. 혹은 그것들 중에서 어느 것이 더 중요한지 판단할 필요도 없다. 단지 끝없는 욕구가 도를 넘어 더 심해지면 좋은 삶을 살지 못하게 된다는 것을 깨닫기만 해도 충분하다.

이 논리로부터 벗어날 길이 있을까? 사실 인간의 끝없는 욕구의 성향은 오래전부터 간파되어왔고 수많은 철학자들과 도덕가들의 지탄의 대상이었다. 탐욕의 뿌리는 특정한 경제 시스템인 자본주의가 아니라 인간 본래의 본성과 사회적 성격에 있다. 그러나 다음 주장에 관한 한 마르크스주의자들이 옳다. 자본주의가 '끝없는 욕구'라는 인간의 원천적 성향을, 과거에 그것을 가두어두고 있던 관습과 종교로부터 해방시킴으로써 불을 붙였다는 것이다. 이 점화는 서로 연관성 있는 네 가지 형태로 나타난다.

첫째, 자본주의의 경쟁적 논리는 회사들로 하여금 욕구를 조작함으로써 새 시장을 만들어내도록 몰아붙인다. 광고가 끝없는 욕구를 창출하지는 않는다 하더라도 그것을 이용하는 데 주저하지 않으며, 더 많이 소비하지 않는다면 너의 삶은 너절하고 이류에 불과할 것이라고 우리 귀에 속삭인다.

둘째, 자본주의는 지위 경쟁의 범위를 엄청나게 넓혀놓았다. 토크빌은 19세기에 쓴 고전적 저서 『미국의 민주주의』에서 미국의 '전반적으로 평등한 삶의 여건'이 근로 윤리와 획득 본능이 성장하기 위한 가장 비옥한 토양임을 간파했다. 토크빌에 따르면 유럽에서는 돈을 버는 데 관심을 가지는 사람이 없다. 하층계급은 돈을 벌 희망이 없고 상층계급은 돈벌이를 저속하다고 여기기 때문이다. 노동자들이 힘들게 일하면 자기들도 부자들과 같은 사치를 누리는 데 필요한 재산을 모을지도 모른다고 믿는 것은 미국에서나 가능하다. 사회적 평등과 소득 불평등의 미국적 혼합이 그 후 자본주의의 규칙이 되어, 사회의 모든 구성원들이 서로서로 경쟁하는 상황을 낳았다. 불평등이 커질수록 경쟁의 압력도 커진다.

셋째, 자유시장 자본주의는 어느 정도의 돈이라면 '충분하다'는 생각 자체를 한결같이 적대시했다. 그러한 생각은 무능력하고 간섭주의적이며 삶의 여건을 개선시키려는 자연적 욕구를 좌절시킨다는 것이다. '자신의 상황에 매우 완벽하게 만족하여 조금이라도 바꾸거나 개선시키려는 마음이 없는 사람은 아마 하나도 없을 것이다.' 애덤 스미스는 이러한 말로 자본주의의 전반적인 분위기를 설정했다. 돈벌이에 적극 임하라는 스미스의 권유는 품위 있는 삶이라는 관습에 의해 오랫동안 저지당했다. 그러나 마침내 그의 태도가 모든 장애물을 뚫고 승리를 거두었다.

마지막으로 자본주의는 경제를 점점 더 '화폐화'함으로써 끝없는 욕구를 확대한다. 여기에는 두 가지 측면이 있다. 첫째 재화와 서비스를 점점 시장화하려는—다시 말해 돈과 교환 가능하게 만들려는—경향 때문에 자본주의는 화폐에 의한 측정 가능성의 영역을 끊임없이 넓힌다. 그럼으로써 모든 것들을 직접 비교하기가 더 쉬워진다. 우리가 귀중하게 여기는 더 많은 것들에 가격이 매겨지고 그럼으로써 상대적 경쟁의 영역에 들어간다. 가령 교육 같은 것도 좋은 삶을 위한 준비로서가 아니라 '인적 자원'의 가치를 높이는 수단으로 간주되는 것이다. 두 번째로 자본주의는 화폐로 측정되는 영역을 넓힘으로써 돈 그 자체에 대한 사랑에 불을 붙인다. 마르크스가 괴테를 인용해서 상기시키듯이 '돈은 자기 몸에 대한 사랑을 갖게' 되는 것이다.

케인스의 오류는 자본주의가 해방시킨 '돈에 대한 사랑'이 결국 자본주의가 가져온 풍요를 통해 충족될 수 있고, 사람들은 그 결실을 자유롭게 맛보게 되리라 믿은 데 있다. 이것은 사람들이 가진 욕구의 양이 한정되어 있다고 믿은 탓이었다. 그는 자본주의가 인간의 욕구를 제어해온 전통적 관습과 건전한 상식의 힘을 압도할 만큼 엄청난 욕구 창출의 새로운 역할을 세우리라는 것을 알지 못했다. 자본주의는 부를 창출하는 면에서는 타의 추종을 불허할 정도로 발전했지만, 그 부를 활용할 능력이 우리에게는 없어졌다. 우리는 어떻게 돈에 대한 사랑이 그것을 규제하던 도덕에서 풀려나는 시스템을 세우게 되었는가? 그것을 다시 도덕의 통제하에 두는 것은 왜 거의 불가능해졌는가?

부의 한계

근대 이전까지 부에 대한 생각은 '한계'라는 개념의 지배를 받았다. 이러한 한계가 정확히 어느 정도인지에 대해서는 논란이 많았지만, 한계가 존재한다는 사실은 아무도 의심하지 않았다. 베르길리우스, 마키아벨리, 성 프란체스코 등 모두 견해가 달랐던 사람들도 이 점에서는 동의했다. 인도와 중국처럼 멀리 떨어진 곳의 저술가들 역시 이 점에 대해서는 동의할 수 있었다.

가령 아리스토텔레스는 '좋은 삶'에는 탁월한 성격과 지성뿐 아니라 이러한 탁월함을 실현하는 데 필요한 '외적 재화'들도 필요하다고 주장했다. "어떤 사람이라도 필수품이 갖춰지지 않은 상황에서는 잘 살 수 없다. 아니, 애당초 살아갈 수조차 없다." 여기서 아리스토텔레스가 생각하는 필수품이란 농토와 노예, 집, 의복, 가구와 같이 사용가치를 지닌 것들을 가리킨다. 어떠한 형태의 좋은 삶이든 필수품 없이는 유지될 수 없다. 하지만 동시에 소박하든 화려하든 좋은 삶이란 이러한 추구에 대한 적절한 한계를 의미하기도 한다. 의복, 침대, 집 등은 어느 정도만 있으면 된다. 2,700켤레의 신발을 가진 이멜다 마르코스처럼 적정 수준을 넘어서 더 많이 가지는 것은 그저 미친 짓일 뿐이다.

그런데 소유물은 사용가치 외에 또 다른 성격의 가치를 지니고 있다. 그것은 교환될 수 있는 능력에 따르는 가치다. 이 교환가치와 사용가치의 관계는 아리스토텔레스에게 상당한 두통거리였다. 사용가치는 복잡하고 비교 불가능한 것이다. 침대 하나와 돼지 한 마리는 매우 다른 방식으로 좋은 삶에 기여한다. 하나는 누워 잠을 자게 해주며 또 하나는 먹을거리를 제공한다. 어떤 침대가 다른 침대보다 나을 수는 있지만, 침대가 돼지보다 낫다고 하면 말이 안 된다. 게다가 5배나 낫다고 하면 문제는 더 심각해진다. 그러나 우리가 침대를 돼지와 맞바꿀 때는 언제나 공통의 척도(즉 화폐)를 미리 상정한다. 이처럼 '동등하지 않은 것'을 '동등한 것'으로 전환하는 것은 아리스토텔레스에게 결코 해결할 수 없는 수수께끼였다. 교환은 여전히 터무니없는 사건이며 사물의 질적 고유성에 위배되는 일이다. 화폐는 에덴동산에 숨어 있던 뱀이다. 그것은 물물교환을 할 때에는 전혀 알지 못했던 가능성, 즉 단순히 사용하기 위해서가 아니라 더 비싸게 팔기 위해 구매할 가능성을 보여주었다. 그리고 원래는 교환의 수단이었던 화폐가 얼마 안 가서 목적 그 자체가 되었고 사용가치는 오히려 돈을 벌기 위한 수단으로 전락했다. 집과 농토와 생활 도구는 그 진정한 목적을 박탈당했다.

이 과정에서 유달리 아리스토텔레스를 괴롭힌 두 가지 측면이 있다. 하나는 모든 인간 행동이 갖고 있는 올바른 목적을 '화폐 획득(돈벌이)'이라는 부수적인 목적에 종속시켜버리는 힘이다. 의사들은 오로지 진료비를 벌기 위해 환자를 치료하고 군인들은 보수만 염두에 두고 싸우며 선생들은 대가를 얻기 위해서만 지혜를 파는 것이다. 아리스토텔레스를 괴롭힌 또 하나는 끝없는 욕구다. 앞에서 보았듯이 사용가치에는 어느 정도 욕구가 충족되는 종착점이 있었다. 이 지점을 넘어서 계속 더 얻으려 하는 것은 무의미하다. 반면 화폐에는 욕구가 멈추는 종착점이 없다. 백지처럼 비어 있고 만병통치약 같은 역할을 하는 화폐의 용도는 인간의 욕구만큼이나 천의 얼굴을 지니고 있으며 그만큼 무한하다. 아무리 많아도 충분치 않은 것이 바로 화폐다. 이유는 간단하다. 화폐에는 충분하다는 개념이 논리적으로 적용되지 않기 때문이다. 더할 나위 없이 좋은 건강과 행복은 있지만 더할 나위 없이 좋은 부란 없다.

고대 그리스에서는 끝없는 욕구에 대한 아리스토텔레스의 우려에 공감하는 사람들이 많았다. 시인이자 입법가인 솔론은 "인간에게 부의 한계는 없다"고 말했다. 전설적인 왕 미다스는 손을 대는 모든 것을 황금으로 바꿀 수 있는 능력을 얻었지만 그 때문에 황금 더미 속에서 굶어 죽었다. 이것이 교환가치 때문에 희생된 사용가치의 경악스러운 이미지다.

아리스토텔레스나 고대의 다른 철학자들이 오늘날 현대인들이 처한 곤경을 보면 어떻게 생각할까? 탐욕과 사치를 누리는 사람들에 대해서는 별로 놀라지 않을 것이다. 고대 세계에도 미다스나 크로세우스처럼 사치한 사람은 얼마든지 있었으니까. 그러나 그러한 일들이 특정 개인의 예외적인 사례가 아니라 사회 전체의 정상적인 메커니즘으로 여겨지고 있다는 사실을 알면, 심지어 그 사회의 활력을 보여주는 지표로 받아들여진다는 사실을 알면 몹시 놀랄 것이다. 아리스토텔레스에게 끝없는 욕구란 개인적인 악덕으로만 존재했다. 집단적이고 정치적으로 조직화된 욕구, 우리가 '성장'이라고 부르는 끝없는 욕구에 대해서는 전혀 짐작도 하지 못했다. 끊임없이 '아직도 더 많이'를 부르짖는 문명은 아리스토텔레스에게는 도덕적 광기이자 정치적 정신이상으로 보였을 것이다.

고대 중국의 문헌에는 사람을 부패하게 만드는 돈의 힘에 대한 아리스토텔레스의 치밀한 논증 같은 내용은 없다. 그러나 그 기저에 깔린 생각은 기원전 1세기의 역사가 사마천의 글에서 당당하게 표현된 바가 있다.

부에 대한 욕망은 배워야 하는 게 아니다. 욕망은 모든 인간 본성에 원래 들어 있는 부분이다. 그러므로 군대의 병사가 도시를 공격하고 성벽을 무너뜨리려 할 때, 적진에 뛰어들어 적을 물리칠 때 그들이 그렇게 하는 것은 후한 보상을 바라는 마음 때문이다. 이와 마찬가지로 조나라 여자와 정나라 처녀들이 얼굴을 단장하고 거문고를 타며 긴 소맷자락을 펄럭이고 뾰족신을 놀려 춤을 추며 눈짓과 손짓으로 진심을 다하여 상대방을 꾀어내는 것, 노소를 가리지 않고 후원자를 만나기 위해 천릿길을 마다하지 않고 내달리는 것을 생각하면 이는 그 여자들이 부를 좇기 때문이다. 관리들이 법조문을 제멋대로 해석하고 문서와 인장을 위조하면서 이러한 일이 발각되면 그들에게 가해질 참형도 무릅쓰는 것은, 그들이 뇌물 맛에 흠뻑 빠져 있기 때문이다. 그러므로 사람들은 지혜를 다하고 능력을 다 쏟아 그저 돈을 모으려고 애를 쓴다. 어떻게 쓸지에 대해 생각할 힘을 조금도 남겨두지 않는다.

사마천은 아리스토텔레스처럼 인간의 모든 기획을 돈을 위한 것으로 왜곡시켜버리는 돈의 힘에 경악했다. 훌륭한 유가답게 그는 공적인 나랏일이 매춘과 전쟁의 수준으로 퇴보한 것을 특히 언짢아했다.

유럽과 인도, 중국과 같은 오랜 문명들은 모두 기본적으로 아리스토텔레스적인 세계관을 지니고 있었다. 모두들 상업은 정치와 명성 아래 있는 것이 마땅하다고 보았으며, 상업이 다른 모든 활동을 종속시켜 자신을 목적으로 섬기게 만드는 능력을 인식하고 우려했다. 모두들 돈 그 자체에 대한 사랑을 예외적인 현상으로 생각했다. 인간의 좋음에 관한 문제에서 세상의 보편적인 견해가 완전히 틀릴 수는 없다. 성장을 옹호하는 자들이 우리에게 무어라 말하든 간에 돈 그 자체가 본질적인 목적이 아니라, 좋은 삶을 누리기 위한 수단임을 우리는 은연중에 알고 있다. 결국 종잇조각 한 묶음을 더 얻으려고 건강과 사랑과 여가를 희생시킨다면 그보다 더 바보 같은 일이 또 있겠는가.

'좋은 삶'이 사라진 세계, 충분함이란 가능한가?

하지만 이제 '좋은 삶'이란 개념은 흔적만 남았다. 정치가들은 선택과 효율 또는 권리의 보호만 주장할 뿐, '사람들이 유익하고 좋은 삶을 누리는 데 기여하는 정책'을 말하지 않는다. 많은 교사들이 도덕적 물음이나 미학적 질문을 던져 학생들의 흥미를 끌어보려 애쓰지만 학생들은 그저 지겹다는 듯 경멸조로 그런 건 각자가 판단할 일이 아니냐고 대답할 뿐이다. 이러한 변화는 뭔가를 획득하려는 욕망을 모든 한계로부터 해방시키는 결과를 낳았다. 좋은 삶과 같은 것이 없다면, 획득은 절대적인 어떤 목표가 아니라 '누구만큼' 혹은 '누구보다 더 많이'라는 상대적인 목표만 남는다. 어떤 마을 쪽으로 걸어가고 있는 두 남자의 비유를 들어보자. 그들은 도중에 길을 잃었지만 그래도 계속 간다. 이제 그들에게는 오로지 옆 사람보다 앞서겠다는 목표만 남았다. 이것이 우리가 처한 상황이다. 모든 내재적인 목적들이 소멸하면 우리에게는 두 가지 선택만이 남는다. 남보다 앞서거나 뒤처지거나 둘 중 하나뿐이다. 도달해야 할 곳이 없다면 남보다 앞서는 게 최선이 된다.

이런 변화를 어떻게 설명할 수 있을까? 가장 중요한 변화는 경제학이라고 하는 분야에서 일어났다. 경제학자들은 의식적으로 욕구에 대한 윤리적 판단을 하지 않으려고 한다. 갤브레이스(John Galbraith)는 "음식을 더 먹고 싶은 욕망이 과연 적절한지, 더 고급 승용차를 사고 싶은 마음이 단순한 변덕인지를 논하는 사람이 있으면 순식간에 학문적 훈련을 받지 못한 사람이란 딱지를 붙여버린다"고 썼다. 경제학자들은 모두 욕구의 충족을 선호한다. 하지만 욕구 자체에 대해 말하라면 애써 무관심한 표정을 짓는다.

경제학자들의 이러한 특성은 아리스토텔레스에 맞섰던 경험주의자들의 반발에서 나온 결과물이다. 그 선봉인 로크는 이렇게 말했다. "과거 철학자들은 최고의 선이 부인지 쾌락인지 덕성인지 아니면 명상인지를 헛되이 탐구해 왔다. 아마 그들은 최고의 맛이 사과인지 자두인지 호두인지에 대해서도 똑같이 이성적으로 따져보았을 것이다." 로크는 어떠한 삶의 방식도 다른 방식보다 더 낫다고 할 수 없다고 주장했다. 이러한 회의론적 관점은 '욕구는 주어진 것'이라는 구호를 걸고 주류 경제학으로 들어왔다. 이제 욕구는 과녁을 맞히거나 빗나갈 수도 있는 화살 같은 것이 아니다. 그것은 죄책감도 없고 잘못일 수도 없는 심리적 사실일 뿐이다. 본질적으로 바람직한 삶이란 없다. 단지 바람직한 삶의 방식들의 범위가 있을 뿐이다.

이렇게 한 번 경계를 제거하고 나면 다른 것들은 순식간에 바닥으로 굴러떨어진다. 제일 먼저 허물어지는 것이 필요와 욕구를 나누는 경계선이다. 고전적 경제 사고에 따르면 필요는 객관적인 것이다. 그것은 말 그대로 삶 혹은 좋은 삶을 영위하기 위해 필요한 것을 가리킨다. 이와 달리 욕구는 심리적인 현상이다. 그것은 욕구하는 자의 '마음속'에 있다. 필요와 욕구는 서로 무관하다. 아픈 아이에게는 약이 필요하지만 그것을 원하지는 않는다. 고서 애호가는 블레이크 초판본을 원하지만 꼭 필요한 것은 아니다. 어떤 것에 대해 필요가 있으면, 그것에 대한 도덕적 요구를 하게 되지만 단지 어떤 것을 원한다고 해서 그것을 공급해야 할 도덕적 요구가 성립하지는 않는다.

좋은 삶이라는 개념을 내다 버린 근대 경제학자들은 필요와 욕구를 구분하는 것에 대해 의미를 두지 않는다. 집요하게 추궁한다면 경제학자들은 생계유지를 위한 필수 품목이 존재한다는 것은 인정하겠지만 아마 그러한 것조차 살아 있고자 하는 욕망이 있는 한 필요하다고 덧붙일 것이다. 필요와 욕구의 구별과 함께 폐기되는 것이 이와 밀접하게 관련된 필수품과 사치품 간의 구분이다. 고전적인 의미에서 필수품은 삶이나 좋은 삶을 위해 반드시 필요한 것들이다. "필수품을 갖추고 있지 않으면 아무도 잘 살지 못한다. 아니 애당초 살아갈 수도 없다." 이와 달리 사치품은 사람들이 원하기는 하지만 꼭 필요하지는 않은 것들이다. 여기서도 두 개념에는 도덕적 함의가 실려 있다. 필수품은 사람들이 다른 무엇보다도 늘 우선적인 것은 아니지만 어느 정도는 요구하는 품목들이다. 이에 비해 사치품은 선택의 대상이자 사람들을 타락시킬 수도 있는 여분의 재화다. 필요가 사치 때문에 희생당해서는 안 된다. 그러나 좋은 삶이라는 것이 없다면 '필수품'이라는 것은 근근이 생계를 유지할 정도의 식량과 주거, 기타 특정한 사회적 역할이 요구하는 품목들만을 가리킬 것이다. 그리고 이러한 후자의 의미에서 필수품과 사치품은 자연적으로 구분되는 것이 아니라 오로지 관습에 의해서만 구별된다. 사장들에게는 일등석으로 여행하는 것이 필수적인 일이겠지만 배낭 여행자에게는 그렇지 않다. 실내 화장실은 현대 영국에서는 필수품이지만 50년 전에는 그렇지 않았다.

그다음으로 사라진 것이 충분함(enoughness) 혹은 넉넉함(sufficiency)이라는 개념이다. 아리스토텔레스의 기준에서 '충분함'은 '좋은 삶을 위한 충분함'의 의미밖에 없었다. 하지만 욕구와 관련해서 '충분함'을 이해한다면 "얼마나 있어야 충분한가?"라는 물음에 대해서 우리는 어깨를 한 번 으쓱하고는 "대체 얼마나 있으면 좋겠어?"라고 되물을 수밖에는 없다. 탐욕이라는 악덕은 우리 눈앞에서 사라진다.

그리고 마지막으로 사라진 것이 근대 경제학자들이 폐기한 '사용가치'라는 중심 개념이다. 아리스토텔레스에게 어떤 사물의 사용가치는 좋은 삶에 기여하는 그 사물의 고유한 가치였다. 가령 포도주는 음식과 우정이라는 중요한 인간적 좋음의 가치를 높여준다. 따라서 그것은 사용가치를 지닌다. 반면에 코카인은 그렇지 않다. (다른 어떤 좋은 것들의 가치를 높여주지 못하기 때문에) 설령 내가 포도주보다 코카인을 더 선호한다고 해도 이 사실은 바뀌지 않는다. 그저 내 취향이 타락했음을 보여줄 뿐이다.

아리스토텔레스의 사용가치 개념은 스미스와 리카도 그리고 당연히 마르크스에게로 전승되었는데, 특히 마르크스는 자본주의에 대한 견고한 비판적 작업을 펼치는 데 이를 활용했다. 그러나 19세기 후반에, 특히 마르크스에 대해 반발하는 경제학자들은 사용가치라는 개념을 해체하는 작업을 시작했다. 이 새로운 접근법의 선두 주자인 카를 멩거(Carl Menger)는 이렇게 썼다. "가치는 원천적으로 재화 속에 존재하는 어떤 것이 아니고, 그 자체의 특성을 갖고 있지 않으며, 그것 자체로 독자적으로 존재하는 것도 아니다. 사용가치는 경제활동을 하는 인간이 자기가 쓸 수 있는 재화의 중요도에 대해 내리는 판단이다." 이와 같은 새로운 가치 개념은 '효용(utility)'이라는 영어 이름으로 더 잘 알려져 있는데, 그러한 논의 이후 이 개념은 경제 분과의 표준이 되었다. 효용은 순전히 기술적인(descriptive) 개념으로, 내가 원해야만 하는 것이 아니라 실제로 원하는 것을 표현한다. 내가 포도주보다는 코카인을 사는 데 돈을 쓰고 싶다면, 그래, 그렇다면 코카인이 내게는 더 효용이 있는 것이다.

경제 분석에서 '효용'의 발견은 획기적인 진전으로 일컬어졌다. 특히 그것이 사용가치와 교환가치의 관계라는 아리스토텔레스의 오래된 문제를 해결해주는 것으로 보였기 때문에 더욱 그러했다. 아리스토텔레스는 돼지 한 마리와 침대 하나가 각기 매우 다른 방식으로 좋은 삶에 기여하는데도 어찌하여 단일한 화폐 기준에서 가치를 매길 수 있는지를 설명하기 힘들어했다. 그러나 효용이라는 새로운 시각에서 본다면 문제가 사라진다. 멩거에 따르면 사용가치는 단지 소비할 때의 효용이고 교환가치는 교환할 때의 효용이라면, 이 두 가치는 단일한 일반적 현상의 서로 다른 형태에 불과한 것이다. 이제 하나의 가치를 다른 것으로 변환해야 하는 형이상학적 문제는 더 이상 없다. 단지 어떤 지점에서 소비적 재화가 사용되지 않고 교환될 것인지를 결정하는 기술적인 문제만 남는다. 그러나 사상사에서 으레 그렇듯이 아리스토텔레스의 문제는 실제로는 해결된 것이 아니라 더 다루기 쉬운 다른 문제로 대체된 것에 불과했다. 소비에서의 단순한 효용이 아니라 실제의 유용성이라는 그것의 원래 의미로 받아들인다면, 색채가 길이로 바뀔 수 없는 것과 마찬가지로 사용가치 또한 교환가치로 변환될 수 없다.

사용가치와 교환가치의 구별을 하지 않음으로써 여러 문제가 빚어졌다. 아리스토텔레스에서 케인스에 이르기까지 교환가치 혹은 교환가치의 순수한 화신인 화폐는 다른 것과 뚜렷이 구별되고 미심쩍은 추구 대상으로 간주되어왔다. 베르길리우스는 황금에 대한 저주스러운 갈망, 즉 황금을 향한 끔찍한 탐욕에 대해 이야기했다. 케인스에게는 돈을 "삶에서 즐거움과 실제로 존재하는 것을 갖게 해주는 수단으로서"가 아니라 "소유물"로 사랑하는 것은 정신병 의사들의 몫인 "어깨가 오싹해지는 느낌이 드는,

반쯤은 범죄적이고 반쯤은 병리학적인 성향의 하나였다." 그러나 근대의 정통적 견해가 옳다면 여기서 케인스가 그은 구분선(수단과 소유물의 구분)은 실체가 없다. 화폐 그 자체는, 그것이 지배하는 재화와 별개의 것으로서 특별한 애정의 대상이 될 수 없기 때문이다. 미다스 왕과 샤일록이 드러낸 돈에 대한 열정은 진정한 애정이 아니라 단지 현재의 소비보다 미래의 소비를 더 선호하거나 위험을 어느 정도 기피한 결과가 되기 때문이다. 어떤 사람들은 이것을 지적 진전의 지표로 보기도 한다. 그러나 우리는 그것을 경제적 사유에서의 퇴보로 보고자 한다.

잠시 걸음을 멈추고 상황을 정리해보자. 근대 이전의 경제적 사유에 의해 그어진 필요와 욕구, 필수품과 사치품, 사용가치와 교환가치 사이의 다양한 구분선은 모두 어떠한 방식의 삶이 다른 것들보다 원천적으로 더 우월하다는 가정에 근거하고 있다. 그런데 근대 경제학은 이 가정을 채택하지 않았다. 근대 경제학은 더 이상 좋음 그 자체(the Good)를 실현하고자 갈망하지 않고 그저 사람들마다 자기들이 인식하는 대로 '좋은 것'을 실현할 수 있는 여건을 만드는 데만 관심을 기울일 뿐이다. 경제학자 로버트 프랭크(Robert Frank)는 정통파 경제학의 견해를 요약하면서 이렇게 썼다. "좋은 삶에 대한 개념이 경쟁적으로 여러 개 주어질 때 우리가 우리의 사회 제도 속에서 기대할 수 있는 최선은 그것들이 우리 각자에게 적합한 삶을 만들어낼 수 있는 허용 범위를 최대한 넓게 만들어주는 것이다." 경제학자들은 인간 본성을 개조할 야심이 없다. 그들은 인간을 그렇게 되어야 하는 존재가 아니라 있는 그대로의 존재로 받아들인다. 천국과 유토피아라는 이름으로 온갖 악행이 자행된 이후이니 그들에게는 이것이 당연히 겸손한 자세로 보인다.

그러나 이 지점에서 다음과 같은 비판이 가능하다. 우리가 왜 경제학자들의 말에 특권을 부여해야 하는가? 어쨌든 그들 역시 그저 일개 학자 집단에 불과하고, 게다가 아주 인기 있는 집단도 아니지 않은가 하고 말이다. 그러나 그런 식으로 무시하는 것은 어리석은 짓이다. 경제학은 단지 하나의 학술 분과 역할에만 그치지 않는다. 이제 경제학은 우리 시대의 신학이며, 높고 낮은 모든 이익단체가 권력의 법정에서 제대로 발언권을 얻고 싶다면 반드시 구사해야 하는 언어다. 경제학이 특별한 지위를 누리게 된 것은 부분적으로는 다른 분과 학문들이 정치적 논쟁에서 각자의 인상을 확실하게 각인시키는 데 실패했기 때문이다.

경제학이 학문상의 다른 경쟁 분과들을 제치고 승리했다는 사실은 보다 광범위한 사회 변화를 반영하는데, 그것은 제도적 권위의 와해라 불릴 만하다. 교회와 토지 귀족에 의해 신봉되고 작가, 예술가, 교수 등 '지식 계급'에 의해 고양되었던 좋은 삶의 이상은 영국의 경우 20세기 초입까지도 강력한 힘을 발휘했다. 산업화된 도시에서는 공유된 작업 방식들이 정확하게 아리스토텔레스적인 의미에서의 좋음은 아닐지라도 적어도 순전히 극대화만은 아닌 삶의 방식을 만들어냈다. 그 모든 것들이 이제는 사라져버렸다. 정치적 역할을 빼앗긴 귀족 계급은 부유층에 섞여들었다. 지식인 사회는 규모도 작고 영향력도 없는 동류들의 집단이 되어버렸고, 낡은 교회는 과거에 비하면 그림자에 불과하다. 노동계급은 뿔뿔이 흩어졌고 무력해졌다. 이러한 상황에서 원자론적이고 주관주의적인 신고전주의 경제학이 팽창하여 그 공백을 메운 것이다.

두 갈래의 사유 전통, 롤스 이후의 자유주의와 신고전주의 경제학은 둘 다 어느 특정한 삶의 방식에 대한 공적인 선호를 일체 금지한다. 둘 다 개인들이 어떤 생활 스타일이 좋다고 결정하고 그것을 누리기 위해 꼭 필요한 만큼만 일한다 하더라도 전혀 반대하지 않는다. 그러나 이러한 양해는 겉보기만큼 관대하지 않다. 우리 같은 사회적 동물에게 좋은 삶이란 본질적으로 타인들과 공유하는 삶이다. 좋은 삶의 본거지는 개인들의 머릿속에 있는 것이 아니라 함께 행하는 사람들의 집단 속에 있다. 도시 광장에서 하루 종일 공놀이를 하고 싶은 마음이 있더라도 함께 공놀이를 할 사람이 없다면, 또는 도시 광장이 없다면 내 욕망은 아무런 의미도 없다. 집단적 참여는 인간의 완성에 필수적이다.

물론 자유주의 사회에서 개인들이 좋은 삶을 누리기 위해 함께 어울리겠다는데 그렇게 하지 말라고 막는 것은 아니다. 그러나 이러한 모임들이 활력을 계속 유지하려면 주변의 문화로부터 인정을 받아야 한다. 이것이 바로 좋은 삶이 본질적으로 공적인 것이라는 하나의 더 강력한 의미를 일깨워준다. 주변의 문화로부터 인정받지 못한다면 그 모임은 불신과 원망 속에서 소멸해버리기 십상이다. (현대 공동체 대부분의 운명을 중세 수도원의 운명과 비교해보라. 중세 수도원 공동체는 사회 전반으로부터 도덕적 물질적인 지원을 받았기에 지속될 수 있었다.) 사적인 욕구를 만족시키는 것에 몰두하는 세계에서 좋은 삶이란 기껏해야 괴짜와 열성분자들이나 하는 일인 중요치 않은 관심사를 충족시키는 것 이상이 될 수 없다. 그러한 것에 매달리는 사람들은 자기들이 경쟁의 압력을 '감당하지' 못하는 건 아닌가 하는 불안에 시달리기 쉽다. 혹은 자신들의 이상이라는 것이 그저 실패를 은폐하는 가면은 아닌지에 대한 의혹도 떨치지 못한다. 그리하여 자유주의 사회는 좋은 삶에 관한 비전들이 얼마나 되든 간에 모두 허용하지만, 그와 마찬가지 이유에서 그러한 비전들 중 어느 것에도 호의적이지 않다.

로버트 스키델스키·에드워드 스키델스키의
『얼마나 있어야 충분한가』
(김병화 옮김, 부키, 2013)

로버트 스키델스키(Robert Skidelsky, 1939~)

영국의 정치경제학자. 케인스 전기를 써서 명성을 쌓은 케인스 연구 전문가. 옥스퍼드대학교에서 역사학을 전공했다. 미국 존스홉킨스대학교 교수를 지냈으며 워릭대학교 정치경제학 석좌 교수다. 보수당 상원의원이었으나 나토의 코소보 폭격에 반대하며 의원직에서 물러났다. 저서로 『정치인과 불황』, 『영국의 진보학파』 등이 있다.

에드워드 스키델스키(Edward Skidelsky, 1973~)

로버트 스키델스키의 아들. 옥스퍼드대학교에서 철학과 신학을 공부, 정치학으로 박사학위를 받았다. 19~20세기 독일철학 전문가로 엑서터대학교 철학과에서 강의하고 있다. 저서로는 『에른스트 카시러: 마지막 문화철학자』가 있다.

3

부르주아 사회에서 화폐의 힘

카를 마르크스

자본주의하에서 화폐는 인간의 삶에서 욕구와 대상을 연결해주는 가장 손쉽고 강력한 수단이 되었다. 마르크스에 따르면 무엇이든 구매할 수 있는 화폐의 보편성은 신(神)의 역할을 대체하기에 이르렀다. 화폐는 늙은이를 젊게 하고 추한 것을 아름답게 하며 절름발이에게 24개의 다리를 만들어줄 뿐 아니라 사악하고 비열한 자를 존경받게 하고 똑똑하지 못한 자를 똑똑하게 해주는 전능성을 가진 지고의 존재다.
마르크스는 다시 화폐는 성실함을 성실하지 않음으로, 사랑을 미움으로, 미움을 사랑으로, 덕을 패덕으로, 패덕을 덕으로 전환시킨다는 점에서 만물을 혼동시키고 세계를 전도(顚倒)하는 비인간적 힘이라고 규정한다. 인간적 관계에서 사랑과 교환할 수 있는 대상은 사랑뿐이고 신뢰와 교환할 수 있는 대상은 신뢰뿐이며 예술을 향유하려면 예술적 소양을 쌓는 길 외에 다른 방법이 없다는 것이 그 근거다. 무엇이든 할 수 있는 화폐의 전능성은 인간적 관계라는 전제하에서는 무력한 존재가 된다.

화폐는 모든 것을 구매하는 속성을 가짐으로써, 또 모든 대상을 자기 것으로 만드는 속성을 가짐으로써 특별하게 소유되는 대상이다. 화폐가 가진 보편성은 그 존재의 전능성(全能性)이다. 따라서 화폐는 전능한 존재로 여겨진다. 화폐는 욕구와 대상 사이, 인간의 생활과 생활 수단 사이에 있는 뚜쟁이다. 그러나 나에게 나의 삶을 매개해주는 것, 그것은 나에게 다른 인간의 나에 대한 현존재도 매개해준다. 그것은 나에게 있어서는 다른 인간이다.

> "뭐라고 하는가, 교수대 형리여! 물론 손과 발과 머리와 등은 자네 차지네! 그렇지만 내가 생생하게 맛보는 모든 것, 그것을 어찌 나의 것이 아니라

하겠는가? 내가 육두마(六頭馬)의 돈을 지불할 수 있다면 그 말의 능력은 곧 나의 것이 아니겠는가? 나는 힘차게 뛰어가네, 나는 정상인일세. 마치 스물네 개의 다리를 가진 사람처럼 말일세."

괴테, 『파우스트』(메피스토)

"금? 귀중하고 반짝거리는 순금? 아니라네, 신들이여! 실없이 내가 그것을 기원하는 것은 아니라네. 이만큼만 있으면, 검은 것을 희게, 추한 것을 아름답게 만든다네. 나쁜 것을 좋게, 늙은 것을 젊게, 비천한 것을 고귀하게 만든다네. 이것은 사제를 제단으로부터 꾀어낸다네. 다 나아가는 병자의 머리 밑에서 베개를 빼 가버린다네. 그렇다네, 이 황색의 노예는 성스러운 끈을 풀기도 매기도 하네, 저주받은 자에게 축복을 내리네. 그것은 문둥병을 사랑스러워 보이게 하고 도둑을 영광스러운 자리에 앉힌다네. 그리고 원로원 회의에서 도둑에게 작위와 궤배와 권세를 부여한다네, 또 이 노예는 늙어빠진 과부에게 청혼자를 데리고 온다네. 양로원에서 상처로 인해 심하게 곪고 있던 그 과부가 메스꺼운 모습을 떨쳐버리고 오월의 청춘으로 되어서 청혼한 남자에게 간다네. 에이. 빌어먹을 금속아, 너는, 국민들을 모욕하는 인간 공동의 창녀로다."

"너 달콤한 왕의 살해자, 아들과 아버지의 고상한 절별! 휘멘(고대 그리스 결혼 예식의 신)의 순수하기 그지없는 침대의 번쩍거리는 모독자여! 용감한 마르스! 너는 영원히 생기발랄하고 온화한 사랑을 받는 청혼자. 디아나의 순결한 무릎 위에 놓여 있는 거룩한 백설을 녹여버리는 노란 빛의 구혼자! 눈에 보이는 신(神), 너는 불가능한 일들을 친숙한 일로 만들고, 억지로 입 맞추게 하지! 너는 온갖 목적에 대하여 온갖 말로 이야기하지! 오 너 마음의 시험자! 너의 노예가, 인간이 성내고 있음을 알라! 너의 힘이 그들을 미혹시키며 파괴하고 있노라, 짐승이 이 세상의 지배자가 되도록!"

셰익스피어, 『아테네의 타이몬』

셰익스피어는 화폐의 본질을 탁월하게 묘사하고 있다. 그를 이해하기 위해서 우리는 우선 괴테의 문장의 해석으로부터 출발한다.

화폐를 통하여 나에게 존재하는 것, 내가 그 대가를 지불하는 것, 즉 화폐가 구매할 수 있는 것, 그것이 나, 즉 화폐 소유자 자신이다. 화폐의 힘이 크면 클수록 나의 힘도 크다. 화폐의 속성들은 나—화폐 소유자—의 속성들이요 본질력들이다. 따라서 내가 무엇이고 내가 무엇을 할 수 있는가는 결코 나의 개성에 의해서 규정되지 않는다. 나는 추하다. 그러나 나는 아름답기 그지없는 여자를 사들일 수 있다. 따라서 나는 추하지 않는데 왜냐하면 추함의 작용, 즉 추함이 갖고 있는 사람들을 질색케 하는 힘은 화폐에 의해서 없어지기 때문이다. 나는—나 개인으로 보아서는—절름발이다. 그러나 화폐는 나에게 24개의 다리를 만들어준다. 따라서 나는 절름발이가 아니다. 나는 사악하고 비열하고 비양심적이고 똑똑하지 못한 인간이지만 화폐는 존경받으며 따라서 화폐의 소유자 또한 존경받는다. 화폐는 지고의 선(善)이며 따라서 그 소유자도 선하다. 그 밖에도 화폐는 내가 비열하기 때문에 겪는 곤란에서 나를 벗어나게 한다. 따라서 나는 존경할 만한 사람으로 가정된다. 나는 똑똑하지 못한 사람이다. 그러나 화폐는 세상의 모든 능력을 실제적으로 구입할 수 있다. 그런데 어떻게 그 소유자가 똑똑하지 못한 사람일 수 있겠는가? 게다가 그 소유자는 똑똑한 사람들을 살 수 있다. 똑똑한 사람들을 지배할 수 있는 힘을 가진 자가 그 사람들보다 더 똑똑하지 않겠는가? 인간의 속마음이 동경하는 모든 것을 화폐를 통해 마음대로 할 수 있는 나란 사람은 인간의 모든 능력을 가진 것이 아니겠는가? 따라서 나의 화폐는 나의 모든 무능력을 그 정반대의 것으로 전환시키는 것이 아니겠는가?

화폐가 나를 인간적 삶에 결합시키고, 사회를 나에 결합시키고, 나를 자연 및 인간과 결합시키는 끈이라면, 화폐는 모든 끈들의 끈이 아니겠는가? 화폐는 모든 끈을 풀기도 하고 매기도 할 수 있는 것이 아니겠는가? 그러므로 화폐는 보편적인 절연수단(絕緣手段)이지 않겠는가? 그것은 진정한 분할화폐이자 진정한 결합 수단이며 사회의 전기 화학적 힘이다.

셰익스피어는 화폐가 지닌 두 가지 특별한 속성들을 부각시킨다.

① 화폐는 눈에 보이는 신이며, 모든 인간적·자연적 속성의 그 반대의 것으로의 전환이요, 사물의 보편적 혼동과 전도다. 그것은 불가능한 일들을 친근한 것으로 만든다.
② 화폐는 인간과 국민들의 보편적 창녀요 보편적 뚜쟁이다.

화폐에 의한 모든 인간적·자연적 질(質)들의 전도와 혼동, 불가능한 일들을 친근한 것으로 만듦—신적인 힘—은 인간의 소외된, 외화하는, 양도되는 유적 본질로서의 화폐의 본질 속에 놓여 있는 것이다. 화폐는 인류의 외화된 능력이다.

인간으로서 내가 할 수 없는 것, 따라서 나의 모든 개인적 본질력으로도 할 수 없는 것, 그것을 나는 화폐를 통해서 할 수 있다. 따라서 화폐는 이 각각의 모든 본질력들을 본질력들 자체가 아닌 무엇으로, 즉 그 반대의 것들로 만들어버린다.

만약 내가 어떤 음식을 먹고 싶거나, 자기 발로 걸어갈 만큼 튼튼하지 않기 때문에 우편 마차를 이용하고 싶어 한다면, 화폐는 나에게 그 음식과 우편 마차를 제공해준다. 즉 화폐는 나의 소원들을 표상의 존재로부터 전환시킨다. 즉 그것들을 사고된, 표상된, 의욕된 현존재로부터 감각적·현실적 현존재로 전환시키며, 표상으로부터 생활로, 표상된 존재에서 현실적 존재로 전환시킨다. 이러한 매개로서 화폐는 진정한 창조적 힘이다.

수요는 화폐를 전혀 가지고 있지 못한 사람에게도 존재한다. 그러나 그의 수요는 한갓 표상의 존재일 뿐인바, 이러한 표상의 존재란 나에게 어떠한 현존도 가지지 못하는 것이다. 따라서 그것은 나 자신에게도 비현실적으로 비대상적으로 존재한다. 화폐에 근거한 유효 수요와 나의 욕구, 나의 정열, 나의 소원 등등에 기초한 비유효 수요 사이의 차이는 존재와 사유의 차이요, 나 안에 실존하는 단순한 표상과 현실적 대상으로서 나 바깥에서 나에 대해 존재하는 표상 사이의 차이이다.

만약 내가 여행할 돈이 없다면, 나는 여행의 욕구, 즉 현실적이고 자기 실현하는 여행 욕구를 가지지 못한 것이다. 만일 내가 연구의 소명은 있으나 연구할 돈이 없다면, 나는 연구의 소명을 전혀 갖지 못한 것이다. 즉, 어떠한 효과적인 소명도 진정한 소명도 전혀 갖지 못한 것이다. 이와는 반대로 만일 내가 현실적으로 연구의 소명을 전혀 갖고 있지 않으면서도, 의지 돈을 갖고 있다면 나는 효과적인 연구의 소명을 갖고 있는 것이다. 화폐는—외적인, 요컨대 인간으로서의 인간, 사회로서의 인간 사회에서 유래하지 않는 보편적 — 수단과 능력으로서 표상을 현실로, 현실을 단순한 표상으로 만드는 수단이요 능력이다. 화폐는 또한 현실적인 불완전성들과 몽상들, 개인의 상상 속에서만 존재할 뿐 현실적으로 무력한 개인의 본질력들을 현실적인 본질력들과 능력으로 전환시키는 것과 마찬가지로, 현실적·인간적·자연적 본질력들을 추상적 표상들로, 따라서 불완전성들, 고뇌에 찬 몽상들로 전환시킨다. 이러한 규정에만 의지해볼 때 화폐는 확실히 개성들의 보편적인 전도인바, 이 보편적 전도는 개성들을 그 반대의 것으로 뒤바꾸고 개성의 속성들에 그것과 모순되는 속성들을 부여한다.

그 때문에 또한 화폐는 개인에 대해서도 그 자신 본질이라고 주장하는 사회적 등등의 끈들에 대해서도 그와 같은 전도시키는 힘으로 나타난다. 화폐는 성실함을 성실하지 않음으로, 사랑을 미움으로, 미움을 사랑으로, 덕을 패덕으로, 패덕을 덕으로, 종을 주인으로, 주인을 종으로, 우둔을 총명으로, 총명을 우둔으로 전환시킨다.

화폐는 현존하며 활동하고 있는 가치의 개념으로서 만물을 혼동시키고 전도시키기 때문에, 화폐는 만물의 보편적 혼동이요 전도이며, 따라서 전도된 세계요, 모든 인간적 자연적 질(質)들의 혼동이요 전도이다.

용감함을 구매할 수 있는 사람은 비록 그가 비겁하다 할지라도 용감한 사람이다. 화폐는 특정의 질, 특정의 사물, 특정한 인간적 본질력과 교환되지 않고 인간적·자연적·대상적 세계 전체와 교환되기 때문에, 화폐는 — 그 소유자의 관점에서 보자면 — 모든 속성을 모든 속성과 — 그 속성과 모순되는 속성 및 대상까지도 — 교환한다. 화폐는 불가능한 일들을 친숙한 것으로 만들며, 자신과 모순되는 것들로 하여금 자신과 입 맞추도록 강요한다.

인간을 인간이라 전제하고, 세계에 대한 인간의 관계를 인간적 관계라고 전제한다면 우리는 사랑을 사랑과만, 신뢰를 신뢰하고만 교환할 수 있다. 네가 예술을 향유하기를 바란다면 너는 예술적인 소양을 쌓은 인간이어야 한다. 네가 다른 사람에게 영향력을 행사하고자 한다면 너는 현실적으로 고무하고 장려하면서 다른 사람에게 영향을 끼치는 인간이어야만 한다. 인간 — 그리고 자연 — 에 대한 너의 모든 관계는 너의 의지의 특정한 대상에 상응하는, 너의 현실적·개인적 삶의 특정한 표출이어야 한다. 네가 사랑을 하면서도 되돌아오는 사랑을 생산하지 못한다면, 네가 사랑하는 인간으로서의 너의 생생한 표현을 통해서 너를 사랑받는 인간으로 만들지 못한다면 너의 사랑은 무력하며 너는 불행하다.

카를 마르크스의 「1844년의 경제학 철학 초고」
『칼 맑스·프리드리히 엥겔스 저작선집1』
(최인호 옮김, 박종철출판사, 1991)

카를 마르크스(Karl Marx, 1818~1883)

과학적 공산주의의 창시자. 독일 트리어에서 부유한 변호사의 아들로 태어났다. 자본주의를 비판하고 사유재산 폐지를 통해 평등한 세계를 만들어야 한다고 주장했다. 1842년 라인 신문 편집장으로 활동, 1848년 독일에서 혁명이 일어나자 엥겔스와 함께 『공산당 선언』을 발표했다. 이후 브뤼셀, 파리 등 여러 지역의 혁명에 가담하였으나 모두 실패로 돌아갔고 추방과 망명을 반복하다가 런던에 정착한 뒤 집필에 전념하였다. 1859년에는 『경제학비판』을 펴냈고 1862년에는 『자본론』을 출판했다.

4

현대 문화에서의 돈

게오르크 짐멜

'돈'은 무엇인가? 많으면 많을수록 좋은 것? 별 의미 없는 것? 아리스토텔레스에 의하면 부와 돈은 필요하지만 그것들 자체로는 결코 목적이 아니다. 부와 돈은 인간이 추구하는 최고의 선(eudaimonia)을 구현하기 위한 수단에 불과하다. 그러나 현대사회에서는 돈 그 자체가 목적으로 인식된다. 돈이 신의 자리를 대체한 것이다. 현대인의 불안과 불만족의 근본 원인도 거기 있다. 돈은 인간 사회에 오랫동안 이어져오던 자연, 사물, 인간 사이의 보이지 않는 관계의 끈을 끊어버리고 오로지 돈에 대한 이해관계로만 얽힌 새로운 세상을 창출해낸다. 돈의 마력(등가성/교환가능성)에 의해 사물과 사람의 질적 가치가 양적 가치로 전환되고 사회적 판단의 기준 또한 "가치가 있는가"에서 "(돈에 의한) 가치가 얼마나 되는가"라는 쪽으로 빠르게 변한다. 교환의 수단으로 탄생한 돈이 삶의 궁극적 목적으로 자리 잡는다. 그러나 돈을 부정적 시각에서만 바라보아야 하는가? 짐멜은 아니라고 대답한다. 돈의 양면성을 저울질하는 짐멜의 분석은 현대인이 돈에 대해 어떤 태도를 취해야 하는가 하는 문제에 유익한 통찰을 제공한다.

화폐경제는 자연경제의 고유 특성인 인격성과 물질적 관계의 결합을 해체한다. 화폐경제에서는 완전히 객관적이며 그 자체는 아무런 특성이 없는 화폐 및 화폐가치가 매 순간마다 사람과 특정 성질을 가진 사물 사이로 끼어든다. 화폐경제는 인격과 소유 사이에 존재하던 결합을 매개된 관계로 만들어 이 둘 사이에 거리를 초래한다. 이렇게 하여 화폐경제는 이전에 존재하던 인격적 요소와 지역적 요소의 밀접한 결합을 다음과 같은 정도로 분리시켰다. 즉 나는 지금도 미국 철도, 노르웨이 저당권, 그리고 아프리카 금광에서 나온 수익을 베를린에서 받을 수 있다. 오늘날 우리가 당연한 것으로 받아들이는 이러한 원거리 소유 형식은 돈이 소유와 소유자 사이를 연결시키는 동시에 분리시키는 요인으로 등장하고 나서야 비로소 가능해졌다.

이렇게 해서 돈은 한편으로는 모든 경제적 소유 형태에서 전대미문의 비인격성을, 다른 한편으로는 그와 같은 정도로 고양된 인격의 독립성과 자율성을 창출한다. 그리고 인격이 조직체와 맺는 관계는 인격이 소유와 맺는 관계와 유사하게 발전한다. 중세의 길드는 전인격적 관계를 포함하고 있었다. 이를테면 직조공의 길드는 순전히 직조업의 이익만을 추구하는 개인들의 조합이 아니었다. 그것은 직업적, 사회적, 종교적, 정치적 측면 및 그 외의 많은 측면을 포함하는 '삶의 공동체'였다. 중세의 조합은 비록 물질적인 이익을 둘러싸고 형성되었다 하더라도 그 조합원들을 통해서 직접적으로 존재했으며, 그들은 아무런 개인적 권리도 없이 조합과 일체가 되어 있었다.

이러한 중세적 통합 형태와는 반대로 화폐경제는 구성원들에게 재정적인 기여만을 요구하거나 순전히 화폐상의 이익만을 추구하는 수많은 이익집단을 창출했다. 그리하여 한편으로는 그러한 조직체가 순전히 실용적인 목적을 선택할 수 있게 되고, 순수한 기술적 특성만을 지닐 수 있게 되며, 그리고 인격적인 색채를 탈색시킬 수 있게 된다. 하지만 다른 한편으로는 인간 주체가 자신을 제한하는 구속들로부터 자유롭게 된다. 왜냐하면 그는 이제 더 이상 인격체로서가 아니라 주로 돈을 주고받는 존재로서 전체와 연결되어 있기 때문이다. 더 직접적으로든 더 간접적으로든 참여자 개개인의 이익을 돈으로 표현할 수 있게 된 이후로, 돈은 소유자와 소유 사이에 그랬듯이 조직체의 객관적인 전체와 인격의 주관적인 전체 사이로 끼어들게 되었다. 이 둘은 돈을 통해 새로운 상호 자립성과 독립성을 획득했다. 이러한 발전의 정점을 보여주는 것이 주식회사인데, 주식회사의 경영은 개별 주주에 대해서 완전히 객관적이며, 주주에 의해 영향을 받지 않는다. 반면에 주주는 절대로 자신의 인격이 아니라 돈의 액수로만 회사에 참여하고 있다.

이러한 비인격성과 무특성(無特性)이 모든 특정한 가치와는 달리 돈의 고유한 성질이다. 돈은 점점 더 많아지고 다양해지는 사물을 계량해야 하기 때문에 이러한 돈의 성질은 문화의 발전 경과에 따라 계속해서 증대되지 않을 수 없다. 하지만 돈은 바로 이러한 무특성 덕분에 헤아릴 수 없이 많은 공헌을 해왔다. 왜냐하면 이렇게 해서 돈은 그 외의 모든 면에서는 분리와 거리를 각별히 강조하는 개인 및 집단의 행위를 하나로 연결할 수 있는 공통성을 형성하기 때문이다. 그리하여 인간 삶의 영역 전체를 가로질러 완전히 새로운 길이 열리게 된다.

돈은 우리에게 모든 인격적인 것과 특수한 것을 절대적으로 유보한 채 개인 및 집단을 통합시킬 수 있는, 지금까지는 유일한, 가능성을 가르쳐주었다. 이는 오늘날에는 매우 자명한 것으로 여기는 통합 형태지만, 우리의 문화에서 일어난 가장 놀라운 변동과 진보 가운데 하나다.

따라서 우리는 화폐 거래가 사람들을 분리시키고 소외시키는 방식으로 영향을 끼친다고 한탄할 때에도 다음과 같은 점을 잊어서는 안 될 것이다. 돈을 지불하고 그 대가로 한정적이고 구체적인 가치를 보유해야 하는 필연성에 의해 돈은 동일한 경제 영역에 속하는 구성원들 사이에 매우 강력한 결속을 만들어낸다. 우리가 직접적으로 돈을 소비할 수 없다는 바로 그 이유 때문에 돈은 우리가 실제로 소비하고자 하는 것을 제공해줄 수 있는 다른 개인들을 우리와 연결시켜준다. 따라서 현대인은 고대 게르만족의 자유인이나 그 후의 농노와는 비교할 수 없을 정도로 많은 공급자와 공급원에 의존한다. 현대인의 삶은 매 순간 돈에 대한 이해관계에 따라 창출된 수백 가지의 결합 관계에 의존한다. 만약 이러한 결합 관계가 존재하지 않는다면 현대인은 마치 혈액순환이 차단된 유기체의 일부처럼 더 이상 존속할 수가 없을 것이다.

그리하여 결국은 모든 사람들을 위한 포괄적인 공동 이익 수준을 산출한 것은 돈이었다. 물론 자연경제 시대에는 결코 이 수준에 이를 수 없었다. 사람들은 돈과 더불어 서로 간의 직접적인 이해의 기반과 법령의 평등을 확립한다. 이 평등은 18세기 이래로 문화사와 사회사에서 그토록 큰 역할을 했던 '보편적 인간'에 대한 표상을 만들어내는 데 대단히 많은 기여를 했다. 화폐경제가 로마제국에 완전히 침투되어 있었을 때에도 이와 비슷한 현상이 제국의 문화에서 나타났다.

하지만 이미 앞에서 밝힌 바대로 화폐 일반이 자유와 구속 사이에 전적으로 새로운 비례 관계를 형성한 것처럼, 돈이 초래한 이러한 결합의 두드러진 밀착성과 불가피성으로 인해 다른 한편 개성과 내적 독립성에 특별히 폭넓은 활동 공간이 열리게 되는 독특한 결과가 나오게 된다. 이전의 경제체제에서 살던 사람들은 아주 소수의 사람들과 상호의존 관계를 이루고 있었지만, 이 소수는 개인적으로 특정하게 존속하고 있었던 반면에, 오늘날 우리는 일반적으로 공급자에게 훨씬 더 의존하고 있긴 하나 개인을 자주 그리고 임의로 교체시키고 있기 때문이다. 다시 말해 우리는 개개의 '특정 공급자'로부터 훨씬 더 독립적이다.

바로 그러한 사정으로 인해 강력한 개인주의가 출현하지 않을 수 없다. 그 이유는 다른 사람들로부터의 고립이 아니라 그들이 구체적으로 누구인지를 막론하고 타인들과 맺은 관계, 그들의 익명성, 그들의 개성에 대한 무관심 때문이다. 이런 것들로 인해 사람들은 서로 소외되고 각자가 자기 자신에게만 의존하게 된다. 다른 사람과의 외적인 관계가 동시에 인격적인 성격을 지녔던 다른 시대에 비하여, 화폐제도는 객관적인 경제행위와 개인적인 색채 및 고유한 자아 사이를 더 분명하게 구별할 수 있게 해준다. 여기서 인간의 고유한 자아는 이제 그러한 외적인 관계들로부터 전적으로 물러나서 이전보다 더 자신의 가장 내면적인 심층으로 회귀할 수 있게 된다.

현대 문화의 흐름은 일견 서로 상충되어 보이는 두 방향으로 나아가고 있다. 동등한 조건에서 아주 멀리 떨어져 있는 것을 결합시킴으로써 점점 광범위해지는 사회적 영역을 평준화하고 균등화하는 방향이 그 하나이며, 가장 개성적인 것이 도출되고 인격이 독립하며, 인격 형성이 자율적으로 되는 방향이 또 다른 하나다. 이 두 방향을 지탱하는 것이 화폐경제다. 화폐경제는 한편으로는 어디서나 동일하게 통용되는 매우 보편적인 이익과 접속 수단 및 의사소통의 수단을 제공해주며, 다른 한편으로는 매우 향상된 인격 보존과 인격의 개인화 및 자유를 가능하게 해준다.

여기서 두 번째 방향은 아직 더 검토할 필요가 있다. 지불 의무를 돈으로 표현하고 상환할 수 있는 가능성은 예로부터 늘 인격적 자유의 수단이자 버팀목으로 여겨져왔다. 그래서 고대 로마법은 어떤 특정한 지불 의무를 진 사람은 이를 현물로 갚는 것을 거부하고, 수령인의 의지에 반할지라도 그에 상응하는 값을 돈으로 지불함으로써 청산해도 좋다고 규정했다. 이렇게 해서 인격에 결부된 모든 의무를 돈으로 갚을 수 있는 기회가 주어지며, 이러한 점에 비추어 민사법 영역에서 사람들은 그 규정을 인격적 자유의 '대헌장'이라고 불렀다.

농노해방도 대체로 이와 동일한 방향에서 이루어졌다. 예를 들면 중세 장원에 예속된 수공업자는 의무 봉사를 먼저 규정하고 나서 이를 명기하고 마지막에 이를 화폐 조세로 전환함으로써 자유를 획득하는 일이 자주 있었다. 그래서 13세기 이래 영국의 봉건 귀족들이 군인과 노역자를 공납해야 하는 의무를 화폐 지불의 형태로 대체할 수 있도록 허용받았던 것은 자유를 향한 강력한 진보로 보였던 것이다. 이와 유사하게 합스부르크 왕가의 요제프 2세가 농민해방을 유도하고자 제시한 가장 중요한 규정들 중 하나는 농민들이 부역과 현물 납세를 화폐 납세로 대체할 수 있다는, 아니 대체해야만 한다는 규정이었다. 의무 봉사를 돈으로 대체하게 한 것은 그러한 행위가 인격에 부과한 속박의 부담을 즉각 덜어준다. 이제 타자는 더 이상 직접적인 인격적 행위가 아니라 그러한 행위를 대신하는 비인격적인 결과만을 요구하게 되었다. 돈을 지불함으로써 사람은 더 이상 자기 자신을 제공하는 것이 아니라, 개인과 연관된 모든 내적인 관계에서 분리된 그 어떤 것을 제공하게 되었다.

그러나 바로 이러한 이유 때문에 의무를 돈으로 대체하게 된 것이 굴욕을 주기도 했다. 아테네 동맹국들의 권리가 박탈당한 것은 그들이 그때까지 분담해오던 선박과 선원을 화폐 지불로 대신하게 되면서 시작된 일이었다. 이는 그들이 겉으로는 인격적인 의무에서 해방된 듯이 보였지만, 결국 자신들의 정치적 활동을 포기하게 될 뿐만 아니라 특정한 봉사를 수행함으로써 실제적인 역량을 펼칠 때에만 요구할 수 있던 그들의 가치를 포기하게 되는 결과를 낳았다. 확산된 화폐경제 제도하에서 사람들은 너무도 자주 이 점을 간과한다. 돈으로 변제한 의무 속에는 불분명해서 사람들이 쉽게 포기해버린 권리와 더불어 중요한 가치가 숨겨져 있는 경우가 종종 있는 것이다.

돈의 지불과 관련된 결과의 이러한 이중성이 동일한 방식으로 돈의 획득에도 결부되어 있다. 한편으로 사람들은 어떤 소유물을 돈으로 전환하는 것을 해방으로 여긴다. 예전에는 어떤 대상의 가치를 하나의 특정한 형태로 포착했던 반면에 이제 우리는 돈의 도움으로 이 같은 가치를 온갖 임의의 형태로 주조할 수 있다. 예전에 우리는 소유하는 대상의 보존 및 손실을 염려했던 반면에, 지금 우리는 주머니에 있는 돈으로 인해 그런 것으로부터 자유로워졌다. 하지만 동시에 바로 이러한 자유로 인해 삶의 내용이 공허해지고 삶의 실체가 해체되어버린 일이 얼마나 잦았던가! 그러므로 농민들의 의무 봉사를 돈으로 대신하도록 규정한 지난 세기의 동일한 입법에 의해 인클로저 운동과 같은 것이, 즉 지주들이 돈을 벌기 위해 농민들을 강제로 내쫓는 일이 금지되었다. 만일 지주가 (농민의 토지를 자신의 소유지로 확정하기 위해) 적당한 가격으로 농민의 토지 소유권을 사들였다면 그 농민은 어떤 부당함도 당하지 않은 것처럼 보였을 것이다. 하지만 농민들에게 토지는 단순한 재산 가치 이상의 그 무엇을 의미했다. 농민들에게 토지는 그들이 소유권을 잃고 그 가치를 돈으로만 보유하는 한 상실해 버리고 마는 의미 있는 활동의 영역이자 삶의 방향을 제시하는 실천적 현실이었다. 이전 세기에 농민은 돈을 받고 땅을 내줌으로써 일시적인 자유를 얻긴 했지만 그 자유에 가치를 부여하는, 돈으로도 살 수 없는 어떤 것을 빼앗겼다. 말하자면 그것은 인격적 활동의 한정된 조건이었다.

다른 한편 이것은 후기 아테네나 후기 로마, 혹은 현대세계의 문화처럼 돈에 정향된 문화가 지니는 문제점이었다. 점점 더 많은 사물을 돈으로 지불하고 돈을 통해 획득할 수 있게 됨에 따라 돈은 현상의 급속한 흐름 속에서 부동의 축으로 등장하고 사람들은 경제적 교환의 대상에는 돈으로 표현할 수 없는 측면이 여전히 존재한다는 점을 너무나 자주 간과하게 된다. 사람들은 심지어 화폐가치에 그 대상에 대한 정확하고 완벽한 등가물이 내포되어 있다고 쉽게 믿어버린다. 여기에는 확실히 우리 시대가 안고 있는 의문스러운 성격과 불안과 불만에 대한 깊은 근거가 놓여 있다. 화폐경제에 의해 대상의 질적인 측면이 지닌 심리적인 중요성은 상실되었다. 모든 것은 화폐가치에 따라 평가되도록 요구받고 있는데, 이러한 지속적인 평가로 인해 결국 화폐가치는 유일하게 통용되는 가치로 등장한다. 사람들은 사물이 지니는 경제적으로는 표현할 수 없는 특수한 의미를 간과한 채 점점 더 바쁘게만 살아간다. 그러한 의미 상실은 둔감함이라는 매우 현대적인 감정을 통해 우리에게 복수한다. 그 감정은 삶의 핵심과 의미가 거듭 우리의 손아귀를 빠져나가고, 확실한 만족은 점점 더 드물어지며, 인간적인 노고의 고유한 가치가 사라진다는 느낌이다. 나는 이미 우리 시대가 전적으로 그러한 정신 상태에 처해 있다고 주장하고 싶지는 않다. 그러나 이러한 상태에 접근해 있는 곳에서 확실히 이 감정은 순전히 양적인 관심이, 즉 단순히 더 많고 적음에 대한 관심이, 질적인 가치를 계속해서 덮어버리는 것과 밀접한 연관이 있다. 왜냐하면 우리의 욕구를 최종적으로 만족시키는 것은 오로지 질적인 가치이기 때문이다.

실제로 사물 자체 또한 일체의 임의적인 것에 통용되는 이 교환 수단과의 등가성을 통해 더 고차적인 의미에서 가치를 박탈당한다. 돈은 '천한데', 그 이유는 그것이 모든 것에 대한 등가물이기 때문이다. 개별적인 것만이 귀하다. 다수와 동일한 것은 다수 중 가장 낮은 것과 같으며, 그래서 가장 높은 것도 가장 낮은 것의 수준으로 내려간다. 모든 평준화의 비극은 이런 평준화가 '가장 낮은 요소'의 수준으로 수렴한다는 것이다.

가장 높은 것은 언제나 가장 낮은 수준으로 내려갈 수 있다 하더라도 가장 낮은 것은 가장 높은 곳으로 결코 올라가지 못하는 법이다. 그래서 사물의 가장 고유한 가치는, 돈을 매개로 해서 가장 이질적인 것이 등가적으로 전환될 수 있다는 점에 의해서 손상된다. 따라서 전적으로 특별하고 탁월한 것을 '돈으로 지불할 수 없는' 것이라고 표현하는 것은 합당한 일이다. 부유층의 '둔감함'은 이러한 사실의 심리적인 반영에 불과하다. 가장 다양한 것과 특별한 것을 구매할 수 있는 수단이 지닌 무색무취의 획일성에도 불구하고 부유층이 현재 그 수단을 소유하고 있기 때문에, 또한 부유층의 경우 그것의 '가치가 얼마인가' 하는 물음이 그것이 '어떤 가치가 있는가' 하는 물음에 앞서기 때문에 특수하고 가장 개별적인 사물이 주는 자극에 대한 섬세한 감수성은 갈수록 더 퇴락하지 않을 수 없는 것이다. 바로 이 둔감함 때문에 사람들은 대상들이 차지하는 등급과 고유성에 대해 그에 상응하는 감각의 미묘한 차이를 느끼면서 반응하는 것이 아니라, 획일적이고 무감각하며 어떤 이렇다 할 변화도 없는 방식으로 모든 것을 감지한다.

하지만 점점 더 뚜렷해지는 돈의 성격으로 말미암아 돈이 더 많은 사물을 계산하면 할수록, 다시 말해 문화가 더욱 발전하면서 돈은 예전에 품었던 더 고차적인 의미를 상실한다. 예를 들어 사람들은 벌금의 영역을 한정시켰다. 고대 게르만법은 살인을 포함하여 가장 중대한 범죄를 벌금으로 처벌했다. 7세기부터 교회의 속죄는 돈으로 대신할 수 있었다. 반면에 근대법은 벌금형을 비교적 가벼운 범행에 국한시킨다. 이는 돈의 의미가 축소된 것을 입증하는 것이 아니라, 오히려 돈의 의미가 확대된 것을 입증하는 것이다. 돈은 현재 훨씬 더 많은 사물을 계산하면서 이 때문에 점점 더 색깔과 특성을 잃어가기 때문에 인격의 가장 내면적이고 본질적인 것을 접촉하게 되는 아주 특별하고도 예외적인 관계에서는 더 이상 계산에 적합할 수 없을 것이라고 한다. 사람들은 만사를 돈으로 '살 수 없는데도 불구하고'가 아니라 '살 수 있기 때문에' 교회의 속죄가 의거하고 있는 윤리적이고 종교적인 요구를 충족시킬 수 없게 되었다.

이 지점에서 역사적인 발전의 두 가지 주요 흐름이 서로 만난다. 원시사회에서 살인의 처벌을 돈으로 할 수 있었다면, 이는 한편으로 개인의 가치 자체를 아직은 그렇게 중요하게 여기지 않았음을, 그래서 이후의 시대에서처럼 개인을 아직은 그렇게 비교 불가능하고 대체 불가능한 존재로 여기지 않았음을 의미한다. 후대에서는 개인이 더 결정적으로, 더 개인화되어 집단에서 두드러지게 나타난다. 다른 한편 이는 돈이 그렇게 무차별적이 되지 않았음을, 아직은 모든 질적인 의미를 넘어서지 않았음을 의미한다. 증대되는 인간의 분화와 마찬가지로 증대되는 돈의 무차별성이 서로 만나면서 살인의 처벌을 벌금형으로 대신할 수 없게 된다.

돈에 대한 등가물의 범위가 확대됨으로써 돈의 가치가 이렇게 마멸되고 하락하는 것과 비슷한 방향에서 지배적인 화폐 체제가 지니는 극히 중요한 두 번째 결과가 드러난다. 사람들이 다양한 재화를 얻는 수단인 돈을 독립적인 재화로 느낀다는 것이 그것이다. 반면에 돈은 이행 과정으로만, 다시 말해 일정한 목적과 향유로 이끄는 계열 속의 한 고리로서만 전적인 의미를 가진다. 이 계열이 심리적으로 이 단계에서 끊어진다면, 우리의 목적의식은 돈에서 멈추어버린다. 다수의 현대인이 생애의 대부분에 걸쳐 가장 우선적인 추구 목표로 돈의 획득을 염두에 두지 않을 수 없기 때문에 행복과 삶에 대한 일체의 확실한 만족은 일정한 액수의 돈의 소유에 확고히 연계되어 있다는 믿음이 생겨난다. 단순한 수단과 전제조건이었던 돈이 내적인 변화를 거쳐 최종 목적이 된다. 그러나 이제 이러한 목표에 도달한다고 하더라도 극단적인 권태와 환멸이 무수하게 나타난다. 이는 어느 정도의 금액을 저축한 뒤 은퇴 생활에 들어간 사업가들에게서 가장 두드러지게 관찰될 수 있다. 돈의 가치 의식에 힘입어 돈 버는 일에 집중할 수 있었던 상황이 사라지고 나면, 사람이 돈에만 의존하는 한 돈은 쓸모없고 불만족스럽게 되는 단순한 수단에 불과하다는 돈의 진정한 성격이 드러난다. 돈은 단지 최종적인 가치들로 가는 다리에 불과하며, 사람이 다리 위에서 살 수는 없는 노릇이다.

돈을 통해서 소유할 수 있는 대상들의 범위가 광범위하게 확대되면서 돈이 차지하는 중심적인 지위는 현대 생활의 다양한 유형의 개별 특성들 속에서 드러난다. 돈은 개인에게 자신의 욕구를 충분히 만족시킬 수 있는 기회를 제공해주었다. 따라서 개인은 이전보다 훨씬 더 많은 유혹으로 가득 찬 생활환경에 처하게 된다. 돈은 눈에 보이는 모든 것을 단번에 손에 넣을 수 있도록 하면서, 사람과 그의 욕구 사이에 일종의 매개체를, 즉 욕구를 쉽게 성취시키는 메커니즘을 끼워넣는다. 그래서 하나의 대상을 취득함으로써 수많은 다른 것을 얻을 수 있게 된다. 그렇기 때문에 돈은 사람들에게 그 외의 다른 방법들보다 더 쉽게 모든 것을 획득할 수 있다는 환상을 심어준다.

하지만 행복에 다가서면 그에 대한 열망은 커지게 마련이다. 이는 사람이 어떤 것으로부터 절대적으로 멀리 떨어져 있어서 소유할 수 없는 것으로 여겨질 때 단념하게 되지만, 아직 소유하지 않았지만 소유가 점점 더 가까워 보일 때(이는 바로 화폐제도를 통해 발생한다.) 가장 커다란 열망과 열정의 불이 지펴지는 법이기 때문이다. 돈의 이러한 마력이 행복에 대한 현대인의 거대한 갈망에 자양분을 공급하고 있음은 명백한 사실이다. 이 갈망은 쇼펜하우어와 칸트에서도, 그리고 요즈음 확대되고 있는 아메리카니즘 못지않게 사회주의에서도 나타난다.

여러 계층과 개인들이 보이는 특별히 현대적인 '탐욕'을 우리는 저주할 수도 있고 문화 발전의 자극제로서 환영할 수도 있을 것이다. 하지만 이러한 탐욕은 오늘날 그 자체 내에 일체의 바람직한 것을 농축시킨 슬로건이 존재하기 때문에 자랄 수 있었다. 이 슬로건은 마치 동화에 나오는 마법의 열쇠처럼, 삶의 모든 기쁨을 얻기 위해서는 단지 손에 쥐기만 하면 되는 일종의 중심점이다. 이렇게 해서 돈은 어떤 순간에도 누구나 원칙적으로 추구할 수 있는 무조건적인 목표가 되었다. 이것은 고정불변의 목표들과는 대립되는데, 이 목표들 중 어느 것도 아무 때고 원하거나 추구할 수 있는 것이 아니다. 그로 인해 현대인은 활동에 박차를 가하는 열망을 지속적으로 갖게 된다. 현대인은 이제 하나의 목표를 갖는데, 이 목표는 다른 목표들이 여지를 허용하는 순간 바로 주된 목표로 등장한다. 이 목표는 언제나 잠재적으로 존재한다. 결국 현대적 삶에 돈이라고 하는 멈출 수 없는 바퀴가 주어졌으며, 이 바퀴는 삶이라는 기계를 영구기관(Perpetuum mobile)으로 만든다. 그리하여 현대적 삶은 불안, 열광, 휴식의 부재라는 특성을 갖는다.

슐라이어마허(Schleiermacher, 독일의 개신교 신학자 및 철학자, 1768~1834)가 강조한 바와 같이 기독교는 경건함, 즉 신에 대한 갈망을 영혼의 지속적인 상태로 만든 최초의 종교다. 반면 그 이전의 신앙 형식들은 종교적 정서를 어느 특정 시간과 특정 장소에 국한시켰다. 돈에 대한 열망은 현재 관철된 화폐경제에서 영혼이 보여주는 항구적인 상태다. 그래서 심리학자는 일반적으로 돈이야말로 우리 시대의 신이라는 빈번한 탄식을 주목하지 않고 지나치지 않을 수 없는 것이다. 물론 심리학자는 이런 탄식을 그냥 지나치지 않고 멈추어 서서 신에 대한 표상과 돈에 대한 표상 간의 의미 있는 연관을 드러낼 수 있는데, 신성모독을 범하지 않을 수 있는 것은 바로 심리학자의 특권이기 때문이다.

신에 대한 표상의 더 깊은 본질은 이 세상의 모든 다양성과 대립은 신 안에서 통일성에 이른다는 데에서, 그리고 중세 말기에 기묘한 근대적 정신을 소유한 니콜라우스 쿠사누스(Nikolaus Cusanus, 독일의 신학자 및 철학자, 1401~1464)의 아름다운 표현에 의하면, '대립의 지양'이라는 데에서 성립된다. 존재의 모든 낯섦과 갈등이 신 안에서 통일성과 조화를 찾게 된다는 이념으로부터 기쁨, 안정감 및 모든 것을 포괄하는 풍부한 감정이 유래한다. 그런데 이 감정은 신에 대한 표상 및 우리가 신을 소유한다는 확신과 함께 심화된다. 돈이 초래하는 감정들은 이러한 신 개념이 야기하는 감정들과 심리학적으로 유사하다는 것은 의심할 여지가 없다.

돈은 점점 더 모든 가치를 절대적으로 충분히 표현하게 되고, 모든 가치와 등가적이 됨으로써 아주 추상적인 고지(高地)에서 대상들이 지니는 매우 광범위한 다양성을 초월한다. 그리고 돈은 가장 상반되고, 가장 낯설며, 가장 멀리 떨어져 있는 사물들이 자신들의 공통점을 발견하고 상호 접촉하는 중심이 된다. 또한 이렇게 해서 돈은 실제로 개별적인 것을 넘어서고, 돈이 지닌 전능을 마치 유일한 최고 원리가 지닌 전능인 양 신뢰하게 만든다. 이 원리는 우리에게 개별적인 것과 비천한 것을 매 순간 보존할 수 있게 하고 다시 이러한 것들로 전환할 수 있게 해주는 원리다. 돈의 소유가 허용하는 안정과 평온의 감정, 그리고 돈에서 가치들이 교차한다는 이러한 확신은 순수 심리학적으로 볼 때, 돈이 우리 시대의 신이라는 저 탄식에 더 깊은 근거를 제공한다.

돈이라는 동일한 근원으로부터 현대인의 다양한 특성들이 흘러나온다. 화폐경제는 일상적인 교류에서 지속적인 수학적 조작들의 필요성을 초래한다. 수학적 규정과 측량과 계산, 그리고 질적 가치로부터 양적 가치로의 전환이 수많은 사람들의 삶을 채우고 있다. 이것은 더 충동적이고 전체 지향적이며 감정적인 이전 시대의 성격에 반해서 확실히 근대의 이성적이며 계산적인 본질에 기여한다. 그래서 돈 계산이 생활 영역 속으로 침투함으로써 훨씬 더 큰 정확성과 경계 설정이 심화되지 않을 수 없었다. 돈 계산은 모든 가치를 페니히(Pfennig, 유로화 이전의 독일 화폐 단위. 100페니히는 1마르크에 해당)의 차이까지 상세하게 규정하도록 가르쳤다. 사물들을 일반적 공통분모인 돈으로 환산하지 않고 상호 간의 직접적인 관계에서 바라보는 곳에서는 반올림과 단위와 단위 사이의 비교가 훨씬 더 많이 발생하게 된다. 삶의 경제적 관계에서 정확성, 정밀성, 명확성은 삶의 다른 내용에도 영향을 미치는데, 이 영향은 화폐제도의 확대와 보조를 맞춘다. 물론 그렇다고 해서 거대한 스타일의 삶의 운영을 촉진하는 것은 아니다.

화폐경제의 확장을 예고하는 소액화폐 사용의 지속적인 증가는 동일한 효과를 초래한다. 1759년까지 영국 중앙은행은 20파운드 이하의 화폐는 발행하지 않았다. 그러나 이 기준은 나중에 5파운드로 낮추어졌다. 더 특기할 만한 점은 1844년까지는 지폐가 평균 51일 동안 유통된 후에 소액화폐로 상환되었다는 사실이다. 반면에 1871년에는 단지 31일밖에 유통되지 않았다. 다시 말하면 27년 만에 소액화폐에 대한 요구가 무려 25%나 증가한 것이다. 모든 사람이 주머니에 소액화폐를 지니고 다니면서 순간적인 유혹에 따라 즉각 사소한 것들을 구입할 수 있게 되었다는 사실은 이 같은 가능성을 기반으로 성장하는 산업들을 촉진시키지 않을 수 없다. 이와 더불어 돈을 가장 작은 액수로 분할할 수 있다는 사실은 확실히 현대에 외적인 측면, 특히 심미적인 측면에서 소규모 양식의 삶이 형성되는 데 기여하며, 삶을 장식하는 사소한 것들의 숫자가 증가하는 데에도 기여한다.

회중시계의 보급과 마찬가지로 화폐제도가 사람 사이의 외면적인 관계에 부여한 정확성과 정밀성에 상응할 만큼 윤리적인 영역에서 내적 양심이 결코 성장하지 않는다. 오히려 돈에는 가장 비천한 행동뿐만 아니라 가장 고귀한 행동에 대해서도 동등하게 아무런 내적 관계도 없이 돈을 지불하게 하는 전적으로 객관적이고 무차별적인 성격이 존재한다. 이러한 성격으로 인해 돈은 쉽사리 어느 정도 방종하고 사려 깊지 못한 행위를 하도록 오도한다. 또한 이러한 방종과 사려 깊지 못함은 단순히 돈과 관련된 행위가 아닌 경우 자주 대상의 고유한 구조에 의해, 그리고 행위자가 이것과 맺는 개인적인 관계에 의해 저지당한다. 그래서 돈으로 살 수 없는 인격적인 명예를 가진 사람들은 일반인으로서는 가장 이해할 수 없는 '명예 쌓기'에 관여했다. 하지만 많은 사람들은 여타의 관계에서보다 돈 문제에서 더 비양심적이고 윤리적으로 의심스러운 행동을 한다. 최종적으로 획득한 결과물인 돈의 근원에 대해선 아무것도 알 수 없다. 반면 다른 소유물 및 상태는 더 개인적이고, 질적으로 풍부하기 때문에 실제적으로나 심리적으로 그 근원을 자체 안에 보유한다. 사람들은 그러한 소유물이나 상태에서 돈보다 더 많이 그 근원을 보며, 그것들은 더 많이 그 근원을 상기시켜준다. 이에 반해서 행위가 일단 돈이라는 거대한 바다로 흘러들어가기만 하면 그 행위를 더 이상 인식할 수 없으며, 또한 돈의 바다로부터 흘러나오는 것들은 더 이상 흘러들어간 것들의 특성을 지니지 않는다.

이제 화폐 거래의 개별적 결과들에 대한 논의는 그만두고 돈이 우리 문화의 보다 더 심층적인 특성과 동기에 대해 갖는 관계에 대해 매우 일반적인 언급으로 논의를 끝내려고 한다. 근대적 삶의 성격과 위대함을 하나의 공식으로 감히 요약하고자 한다면, 이는 아마 다음과 같을 것이다. 인식과 행위와 이상 확립의 내용들은 고정되고 실체적이며 안정적인 형태에서 발전과 운동과 불안정의 상태로 넘어갔다. 그러한 삶의 내용들이 품고 있는, 우리의 눈앞에서 펼쳐지는 운명을 바라보면 아주 분명하게 다음과 같은 윤곽이 드러난다. 즉 우리는 모든 발전에 상충하는 절대적인 진리들을 포기하며, 우리의 인식을 기꺼이 지속적으로 변형하고 확장시키며, 수정한다. 왜냐하면 인식이란 모든 영역에서 경험을 지속적으로 강조하는 것일 뿐 다른 것이 아니기 때문이다.

이 같은 거대하고 통일적인 삶의 과정에 의해 근대의 정신적 사회적 문화는 고대뿐만 아니라 중세와도 결정적으로 대립된다. 그리고 돈의 지배는 이러한 근대적 삶의 과정을 지탱하고 역으로 그 과정에 의해 존속되면서 이에 편입된다. 완전히 무색무취이며 모든 특수한 규정성의 피안에 있는 교환 수단에서 사물의 등가물을 찾고, 매 순간 그러한 등가물을 대가로 사물을 변환시킴으로써 사물은 어느 정도 마멸되고 매끄러워지면서 그 마찰 면들이 감소한다. 사물들 사이에는 끊임없는 균등화 과정이 진행된다. 사물의 유통과 교환은 자연경제 시대와는 완전히 다른 속도로 진행된다. 교환 거래의 피안에 있는 듯이 보였던 사물들이 점점 더 많이 쉼 없는 거래의 흐름 속으로 흘러들어간다. 나는 가장 조야한 예들 중 하나로서 돈의 지배 이후에 토지 소유가 처한 운명을 상기할 뿐이다. 안정성에서 불안정성으로 이행하는 것이 전체적인 근대적 세계관을 특징짓는데, 화폐경제가 도래하면서 경제적 세계 또한 이러한 이행에 사로잡히고 말았다. 경제세계의 운명은 위와 같은 전체적인 과정의 한 부분을 이루고 있지만, 동시에 그러한 전체적인 과정의 상징이자 거울이기도 하다.

여기에서는 단지 다음과 같이 암시할 수 있을 뿐이다. 화폐경제와 같은 현상은 아무리 그 현상이 경제의 내적 법칙에 복종하는 듯이 보인다 하더라도 동시대적인 문화 운동 전체를, 심지어 가장 먼 시대의 문화 운동까지도 규정하는 동일한 리듬에 따른다. 전체 문화 과정을 경제적 관계에 의존하게 하는 역사적 유물론과는 다르게 우리는 돈에 대한 성찰을 통해 다음과 같은 것을 배울 수 있다. 즉 경제적 삶의 구조가 그 시대의 심리적이고 문화적인 상태에 실로 막대한 결과를 초래하긴 하지만, 다른 한편으로는 이러한 구조 자체가 역사적 삶의 거대하고도 통일적인 흐름으로부터 자신의 특성을 얻게 된다는 것이다. 물론 이러한 흐름의 궁극적인 힘과 동기는 신성한 비밀처럼 아직 알려지지 않았다. 하지만 우리는 이러한 형태들의 동등성과 깊은 연관성으로부터 화폐제도가 우리 문화의 모든 개화를 촉진시키는 같은 뿌리에서 자라난 여러 가지들 중 하나라는 것을 볼 수 있다. 사실이 그러하다면 이로부터 사람들은 바로 정신적이고 정서적인 가치를 돌보는 사람들이 황금을 향한 저주받은 탐욕과 화폐제도의 폐해에 대해 한탄하는 것에서 일종의 위안을 얻을 수 있을 것이다.

왜냐하면 인식이 그 근원에 접근하면 할수록, 우리 문화의 그늘진 측면뿐만 아니라 가장 우아하고 수준 높은 측면과 화폐경제가 지니는 관계가 더욱더 명백하게 드러날 것임에 틀림없기 때문이다. 그래서 모든 위대한 역사적 동력들과 마찬가지로 돈은 아마도 자신이 낸 상처를 스스로 치유할 수 있는 능력이 있는 신비의 창(槍)을 닮을 수 있을 것이다.

게오르크 짐멜의 『글과 논문들 1894~1900: 전집 5권』
「현대 문화에서의 돈」(홍기수 옮김, 2011)

게오르크 짐멜(Georg Simmel, 1858~1918)

독일의 사회학자. 베를린대학교에서 역사학, 민족심리학, 철학 및 예술사를 연구했다. 사회학은 과학이 되기 위해서 과학적 방법으로 연구되어야 하고 잘 규정된 연구 주제를 가져야 한다고 제안했다. 그에게 사회는 형식이었고 문화는 그 형식을 채워넣는 내용이었다. 도시사회학, 상징의 상호작용, 사회 네트워크 분석의 선구자로 일컬어진다. 저서로 『돈의 철학』, 『철학의 주요 문제들』, 『사회학의 근본 문제』, 『대도시와 정신적 삶』 등이 있다.

5

에우다이모니아(eudaimonia): 행복이란 무엇인가

아리스토텔레스

행복이란 무엇인가? 그것은 우리가 달성하거나 성취하고 획득할 수 있는 어떤 것인가? 행복의 파랑새가 있어서 그걸 잡기만 하면 우리는 누구나 행복해질 수 있는 것일까? 지금은 행복의 추구와 달성이 개인 차원의 문제이기를 넘어 사회와 국가의 집단적인 정책적 목표가 된 시대다. 대학에서는 '행복학' 강의가 열리고 각국의 이런저런 조사기관들은 어느 나라 사람들이 가장 행복하다고 느끼는지 심심찮게 조사해서 발표하고 있다. 여러분은 행복한가? 여러분에게 행복이란 무엇인가? 행복도 조사에 따르면 한국인의 행복감은 100여 개 조사 대상국들 가운데 거의 바닥권에 머물고 있다. 한국인에게 행복은 무엇이기에 많은 사람들이 불행감과 불만족을 호소하는 것일까? 여러분은 행복을 정의할 수 있는가? '삶의 목적'이 뭐냐고 물으면 거의 모든 사람이 '행복해지는 것'이라 대답한다. 전혀 놀랄 일이 아니다. 불행과 비참을 삶의 목표로 잡는 사람은 없을 것이기 때문이다.

그런데 행복은 삶의 목적인가? 그렇다면 어째서?

행복의 문제를 생각해보기 위해 우리가 맨 먼저 면담 신청을 내볼 만한 사람은 아리스토텔레스다. 그는 누구보다도 일찍 '삶의 목적은 행복'이라 말했던 사람이기 때문이다. 그러나 우리가 아리스토텔레스에게서 기대할 것은 행복에 관한 단편적 정의가 아니다. 정의 내리는 일은 사실 누구나 쉽게 할 수 있다. 우리가 그에게서 배울 것은 행복이라는 문제를 사유하는 방식, 다시 말해 그가 어떤 생각의 절차를 거치고 어떤 질문들을 거쳐 행복의 정의에 도달하는가라는 부분이다. 그가 내리는 행복의 정의를 우리가 수용하는가 않는가는 사실 부차적인 문제일지 모른다. 중요한 것은 그가 어떻게 그런 정의, 주장, 결론에 도달하는지 그 생각의 과정과 절차를 따라가 보는 일이다. 그 사유의 과정을 임의의 질문 형식으로 처리해보면 이런 절차가 나올 수 있다.

절차 1 삶의 목적? 철학자는 "당신의 삶의 목적이 뭐냐?"라고 곧바로 묻지 않는다. 철학자는 그 질문을 바꾸어 이렇게 물을 것이다. "당신은 왜 없지 않고 있는가?" 이것은 당신이 세상에 존재하는 이유에 관한 질문이다. 존재할 이유가 없다면 존재의 목적이 있을 수 없다. 세상에 존재하는 모든 생명체들은 그것들이 없지 않고 '있는' 이유, 곧 존재 이유와 목적을 갖고 있다고 생각해보자. (이것은 물론 아리스토텔레스의 생각이다.) 개구리에게는 개구리의 존재 이유와 목적이 있고, 도토리는 도토리의 존재 이유와 목적을 갖고 있다. 도토리의 존재 목적은 무엇인가? 도토리는 왜 없지 않고 있는가? 아리스토텔레스의 가상적 답변: "도토리는 도토리나무가 되기 위해 존재한다. 고로 도토리의 삶의 목적은 도토리나무가 되는 것이다."

절차 2 인간의 삶의 목적은? 도토리의 목적이 도토리나무가 되는 데 있다면 인간의 삶의 목적에 관한 답변도 비교적 쉽게 나올 수 있다. "인간의 삶의 목적은 인간다운 인간이 되는 데 있다." 인간다운 인간이란 어떤 인간인가? "그가 가진 '탁월성(arete, excellence)'을 가장 잘 발휘하고 실현하는 인간이 가장 인간다운 인간이다." 탁월성? 무슨 탁월성? "인간을 인간이게 하는 최고의 능력이 인간의 탁월성이다." 인간을 인간이게 하는 최고의 탁월성은 무엇인가? "그것은 가장 좋은 것을 추구하는 능력이다. 인간은 좋음을 추구하는 동물이다." 사랑, 쾌락, 이성, 명예, 권력, 돈 — 이것들은 인간이 추구하는 좋은 것들이다. 어느 것이 가장 좋은 것인가? "좋은 것들에는 삶의 궁극적 목적을 실현하기 위한 수단으로서 좋은 것들이 있고 그 자체로 목적인 좋음, 곧 가장 좋은 것이 있다. 그 자체로 목적인 것이 궁극적 목적이다. 이 궁극적 목적이 가장 좋은 것이고 그것을 추구하는 것이 인간다운 인간의 삶의 목적이다."

절차 3 가장 좋은 것? 세상에는 여러 가지 좋은 것들이 있다. 그러나 "수단이 아니라 그 자체로서 추구할 만한 가치가 있는 것, 그것이 가장 좋은 것이고 그것을 추구하는 것이 삶의 궁극적 목적이다." 언제나 그 자체로 바라고 다른 어떤 것 때문에 바라는 일이 절대로 없는 궁극적인 것은 무엇인가? "그것이 바로 가장 좋은 것으로서의 '행복(eudaimonia)'이다. 행복은 인간이 언제나 그 자체로 바라는 것이고 궁극적인 것이며 인간이 행하는 모든 행동의 궁극적 목적이다. 고로 삶의 목적은 행복이다."

절차 4 그런데 그 행복은 어떻게 달성되는가. 탁월성, 정의, (정치사회) 공동체는 아리스토텔레스가 말하는 '행복'과 분리할 수 없는 핵심 개념들이다. 그에 따르면 인간이 가진 탁월성 중에서 최고의 것은 윤리적 탁월성이며, 정치 공동체의 존재 이유인 '공동선'을 위한 조건들을 만들어내고 그것들을 보전하는 것이 '정의(dikaiosyne)'다. 정의는 윤리적 탁월성이자 완전한 탁월성이다. 정의가 완전한 탁월성인 이유는 정의로운 사람은 그 탁월성을 자기 자신뿐만 아니라 다른

사람들과의 관계에서도 발휘하기 때문이다. 탁월성 중에서 정의만이 유일하게 '타인에게 좋은 것(allótrion agathón)'이 된다. 개인은 혼자서는 행복할 수 없다. 그는 공동체의 관계 안에서만 행복할 수 있다. 공동체가 존재하는 이유는 구성원 전체의 행복의 조건인 공동선을 구현하기 위해서이고, 이 공동선의 구현은 정의라는 윤리적 탁월성의 발현 여부에 달려 있다.

1094a1~6

모든 기술과 추구, 모든 행위와 선택은 어떤 좋음을 목표로 한다고 생각된다. 그러므로 모든 것의 목표는 좋음이라는 주장은 옳다.

1094a18~25

만약 우리가 하는 행위에 어떤 목적이 있어서, 그 자체 때문에 이루고 싶어 하고 다른 모든 것들도 바로 그것 때문에 하기를 바란다면, 그것은 무엇일까? 만약 우리가 무슨 목적을 선택할 때마다 항상 또 다른 목적을 위한 수단으로 선택하는 것이 아니라면(만약 그렇다면, 모든 목적은 또 다른 목적의 수단이 되어 무한히 이어질 것이며, 그 결과 우리의 욕구는 공허한 것이 될 테니까), 그 궁극적인 목적은 반드시 좋음, 그것도 최상의 좋음일 것이다. 그렇다면 이 좋음에 대한 앎이 우리의 삶에 커다란 영향을 미치지 않겠는가? 마치 분명한 과녁이 있는 궁수처럼, 우리는 마땅히 해야 할 바를 더 잘 이룰 수 있지 않겠는가?

1095b14~1096a7

이제 다시 우리의 주제로 돌아가서, 모든 앎과 선택이 좋음을 목표로 한다면, 정치학이 목표하는 바는 무엇인지, 그리고 우리가 행위를 통해서 얻을 수 있는 좋은 것들 가운데 가장 좋은 것은 무엇인지 논의해보자. 명목상으로는 거의 대부분의 사람들이 의견 일치를 보고 있다. 대중이나 교양인 모두 가장 좋은 것은 행복(eudaimonia)이라고 말하며, '잘 살며 잘 행위하는 것'을 곧 '행복'으로 여기기 때문이다. 그러나 행복이 무엇인지에 대해서는 서로 생각이 다르며, 대중의 대답과 지혜로운 사람의 대답이 다르다. 어떤 사람들은 행복이 쾌락이나 부, 명예처럼 단순하고 분명한 것이라고 말하고 또 다른 사람들은 다른 것을 주장하기도 한다. 심지어 한 사람이 경우에 따라 말이 달라지기도 한다. 병이 들었을 때는 건강이 행복이라고, 가난할 때는 부(富)가 행복이라고 말하는 것이다.

1095b14~1096a7

대부분의 사람들, 특히 가장 속된 사람들은 자신의 삶에 비추어서 쾌락을 좋음이나 행복이라고 생각하는데, 사실 근거 없는 말은 아니다. 따라서 그런 사람들은 향락적 삶을 좋아한다.

삶의 방식에는 크게 세 가지가 있다. 방금 언급한 향락적 삶, 정치적 삶, 그리고 관조적 삶이다. 그런데 대다수의 사람들은 짐승 같은 삶을 선택하여 노예처럼 보이기도 한다. 그들은 지위가 높은 사람들 중에 많은 이들이 사르다나팔루스(Sardanapallos)*와 취향이 같다는 말로 자신의 선택을 변호한다.

반면 교양 있고 실천적인 사람은 명예를 좋음과 행복이라고 생각한다. 대체로 명예가 정치적 삶의 목적이기 때문이다. 하지만 명예는 지금 우리가 찾고 있는 가장 좋은 것이 되기에는 너무 피상적으로 보인다. 왜냐하면 명예는 명예를 얻는 사람보다는 명예를 주는 사람들에게 달려 있는 반면, 우리가 생각하는 좋음은 그 사람에게 고유한 어떤 것으로 자신과 쉽게 분리해낼 수 없기 때문이다. 게다가 사람들은 자신이 좋은 사람이라는 확신을 얻기 위해 명예를 추구하는 경향이 있다. 그들은 자신을 잘 아는 사람들 중에서도 특히 지혜로운 사람들이 탁월성을 알아보고 명예를 안겨주기를 기대한다. 따라서 이들에 의하면 탁월성은 분명히 명예보다 더 좋은 것이다. 아마 어떤 사람은 명예보다 탁월성이 정치적인 삶의 목적에 더 부합한다고 여길 것이다. 그러나 탁월성 또한 여전히 불완전한 것 같다. 왜냐하면 탁월성을 지니고 있더라도 일생 동안 잠만 자거나 활동을 하지 않을 수도 있고, 더 나아가 엄청난 고통과 불행을 당할 수도 있기 때문이다. 어떻게든 자기주장을 내세우려는 사람이 아니라면, 어느 누구도 그렇게 사는 사람을 행복하다고 하지는 않을 것이다.

1097a15~1098a21

다시 우리가 찾는 좋음으로 돌아가서 도대체 그것이 무엇인지 살펴보자. 좋음은 각기 다른 행위와 기술(技術)에서 저마다 다르게 나타난다. 의술(醫術)에서의 좋음과 전술(戰術)에서의 좋음이 각기 다르고, 그 밖의 기술들에서도 마찬가지이기 때문이다. 그렇다면 각각의 기술에서의 좋음은 무엇인가? 그 좋음을 위해서 그 밖의 다른 일들이 행해지는 그런 것이다. 의술에서는 건강이고, 전술에서는 승리이며, 건축술에서는 집이고, 다른 기술에서는 다른 어떤 것이며, 모든 행위와 선택에서는 목적이다. 바로 이것을 위해서 모든 사람은 그 밖의 것들을 하기 때문이다. 따라서 우리가 하는 모든 행위에 어떤 목적이 있다면, 그것은 우리가 행위를 통해 얻을 수 있는 좋음일 것이다.

이제 우리의 논의는 한 걸음 한 걸음 나아가서 동일한 지점에 이르렀다. 하지만 우리는 이 점을 한층 더 명확히 해야만 한다. 분명 여러 목적들이 있고, 우리는 이 목적들(이를테면 부[富], 피리, 도구들) 가운데 하나를 다른 어떤 목적 때문에 선택하므로, 모든 목적이 완전한 목적은 아니다. 그러나 최고의 좋음은 완전한 어떤 것이어야 한다. 그러므로 만일 완전한 것이 하나뿐이라면 바로 이것이 우리가 추구하는 목적일 테지만, 만일 여럿이라면 이들 가운데 가장 완전한 것이 우리가 추구하는 목적일 수 있다. 그런데 우리는 그 자체로 추구할 만한 가치가 있는 것이 다른 어떤 것 때문에 추구되는 것보다 더 완전하다고 생각한다. 또한 그 자체

* 아시리아의 왕으로서 호사스런 삶을 누린 쾌락주의자로 알려져 있다. 재위 기원전 668~기원전 627.

때문에 선택하는 것이, 그 자체 때문에도 선택하지만 다른 어떤 목적 때문에 선택하기도 하는 것들보다 더 완전하다고 말한다. 한마디로, 결코 다른 것 때문이 아니라 언제나 그 자체 때문에 선택되는 것이 완전한 것이다.

그런데 무엇보다 행복이 그처럼 완전한 것이라고 생각된다. 왜냐하면 우리는 언제나 행복을 결코 다른 무엇 때문이 아니라 그 자체로 선택하기 때문이다. 우리는 명예나 쾌락이나 지성, 그 밖에 여러 탁월성들을 그 자체 때문에 선택하기도 하지만(설사 아무런 이득이 생기지 않을지라도, 이런 것들을 선택하는 경우가 있으므로), 이런 탁월성으로 인해 행복해질 것이라고 생각하고 행복을 위해서 선택하기도 한다. 그렇지만 아무도 이런 탁월성이나 다른 여타의 것을 위해서 행복을 선택하지는 않는다.

자족(自足)이란 관점에서 보더라도 똑같은 결론이 난다. 왜냐하면 완전한 좋음은 자족적인 것이다. 우리는 자족이란 그 자체만으로 삶을 선택할 만한 것으로 만들고 아무런 부족함이 없게 만드는 것이라고 정의한다. 그리고 행복이야말로 그처럼 자족적인 것이라고 생각한다. 더 나아가 행복이란, 그저 여러 좋음들 가운데 하나가 아니라, 모든 것들 가운데 가장 선택할 만한 것이라고 생각한다.

그렇지 않고 만약 행복을 여러 좋음들 중에 하나로 본다면, 좋음들 중 가장 사소한 것 하나만 행복에 덧붙여도 더 추구할 만한 것이 될게 분명하다. 이렇게 덧붙여진 것은 여타 좋음을 능가하는 어떤 것이 될 테고, 좋음들 중에서 보다 더 큰 좋음이 언제나 더 추구할 만한 목적이 되는 것은 당연한 일이기 때문이다. 따라서 행복은 완전하고 자족적인 어떤 것이며, 모든 행위의 목적이다.

행복이 최상의 좋음이라는 말은 어쩌면 진부한 것 같지만, 행복이 무엇인지는 좀 더 명확하게 논의될 필요가 있다. 먼저 인간의 기능을 확실히 파악하면, 이 문제도 해결될 수 있을 것이다. 피리 연주자와 조각가, 기술자, 그리고 일반적으로 어떤 기능과 활동을 하는 모든 사람들에 있어서, '좋음'과 '잘함'은 그 기능에 깃들어 있는 것 같다. 마찬가지로 인간에게도, 인간의 기능이라는 게 있다면, 그 기능 안에 좋음과 잘함이 깃들어 있지 않겠는가? 목수와 제화공에게는 어떤 기능과 활동이 있는데, 인간에게는 아무런 기능과 활동이 없겠는가? 인간은 본래 아무 기능도 없이 태어났을까? 아니면 눈과 손과 발, 그리고 각각 신체 부분들에 어떤 기능이 있는 것처럼, 우리 인간에게도 이 모든 것들 이외에 어떤 기능이 있다고 가정할 수는 없을까? 그렇다면 대체 그 기능은 무엇일까? 생존은 식물들에게서도 발견할 수 있는 공통된 기능인데, 지금 우리가 찾고 있는 것은 인간에게만 고유한 기능이므로 영양을 섭취하고 성장하는 삶은 제쳐두기로 하자.

그다음으로는 감각적인 삶인데, 이것 또한 말이나 소, 그 밖의 모든 동물에게 공통된 삶이다. 그렇다면 결국 남은 것은 이성적 활동의 삶뿐이다. 이것은 한편으로는 이성에 복종하는 삶이며, 다른 한편으로는 이성을 소유하고 사유하는 삶이다.

그런데 인간의 기능이 이성을 따르거나 이성을 내포한 정신의 활동이라고 한다면, 평범한

라파엘로 산치오(1483~1520)의 〈아테네 학당〉(1509~1511년경)

키타라 연주자와 뛰어난 키타라 연주자가 동일한 기능을 가지고 있는 것처럼, 어떤 일을 그냥 하는 사람과 훌륭하게 하는 사람도 결국 동일한 종류의 기능을 소유한다고 말할 수 있다. 그러나 평범한 키타라 연주자의 기능은 단지 키타라를 연주하는 것인 반면 훌륭한 키타라 연주자의 기능은 '잘' 연주하는 것이므로, 탁월성에 따른 우월함이 그 기능에 덧붙여질 것이다. 다시 말해서 우리는 인간의 기능을 일종의 삶으로 간주하고, 이 삶이란 이성을 동반한 정신의 활동과 행위로 간주한다. 따라서 훌륭한 사람의 기능은 이러한 정신의 활동과 행위를 '잘' 그리고 '훌륭하게' 수행하는 것이다. 그리고 그 기능은 자신이 지닌 고유한 탁월성에 따라 '잘' 완성될 수 있다. 결국 인간의 좋음은 탁월성에 따른 정신의 활동이 될 것이다. 그런데 만약 탁월성이 하나가 아니라 여러 가지라면, 그중에서도 최상의, 가장 완전한 탁월성에 따른 정신의 활동이 바로 인간의 좋음이 될 것이다.

우리는 여기에 '완전한 삶'을 하나 더 덧붙여야 할 것이다. 그 좋음은 (전 생애에 걸친) '완전한 삶' 안에 있을 것이기 때문이다. 한 마리의 제비가 봄을 불러올 수 없듯이, 단 하루만으로 축복받은 행복한 사람이 될 수는 없기 때문이다.

1098b30~1099a7

이제 우리의 논의는 행복을 탁월성, 혹은 일종의 탁월성이라고 주장하는 사람들의 생각과 일치한다. 왜냐하면 탁월성에 따른 활동은 탁월성에 속하기 때문이다. 하지만 가장 좋은 것을 탁월성의 소유에 있다고 생각하는지 아니면 탁월성의 사용에 있다고 생각하는지에 따라, 즉 탁월성의 상태에 있다고 생각하는지 아니면 탁월성의 활동에 있다고 생각하는지에 따라 현저한 차이가 나타난다. 왜냐하면 잠만 자는 사람이나 달리 활동을 하지 못하는 사람의 경우처럼, 비록 탁월성의 상태에 있더라도 아무런 좋은 것도 이루어내지 못할 수 있기 때문이다. 반면 탁월성의 활동은 그럴 수가 없어서 탁월성에 따라 활동하는 사람은 반드시 행하며, 또 잘 행하기 마련이다. 올림피아 경기에서 승리의 월계관을 쓰는 사람은 단지 가장 잘생기고 가장 힘센 사람들이 아니라 우선 경기에 '참가한' 사람들인 것처럼, 올바르게 행하는 사람들이 삶에서 '최고로 훌륭한 것들'을 얻게 될 것이다.

1099a33~1099b9

그럼에도 앞서 말했듯이, 행복은 또한 외적인 여러 가지 좋은 것들을 필요로 하는 것 같다. 외적인 좋은 것들의 도움이 없다면, 훌륭한 일들을 행하기란 불가능하거나 쉽지 않다. 왜냐하면 많은 일들이, 마치 도구를 이용해야 하는 것처럼, 친구들이나 재산이나 정치적 힘에 의해 이루어지기 때문이다. 이를테면 좋은 집안, 훌륭한 자녀, 빼어난 외모 등이 없어서 불행해지기도 한다. 외모가 몹시 추하거나 출생이 좋지 않거나 자식 없이 혼자 사는 사람은 행복해지기 어렵다. 또한 아주 못된 자식이나 나쁜 친구를 둔 사람이나, 혹은 착한 자녀나 좋은 친구가 있었지만 죽어버린 사람들도 그럴 것이다. 그래서 우리가 말한 것처럼 행복은 이런 외적인 조건들을 부수적으로 갖춰야 하는 것 같다. 이런 까닭에 어떤 사람들은 행운을 행복이라고 여기기도 하지만, 또 다른 사람들은 탁월성을 행복으로 여긴다.

1099b25~1100a9

우리가 찾고 있는 해답은 지금까지의 논의를 살펴보면 분명하게 드러난다. 행복은 탁월성에 따른 일종의 정신 활동이라고 말했다. 그 밖의 좋음에 대해 말하자면, 어떤 좋음은 행복에 반드시 필요한 것이며, 다른 어떤 좋음은 행복에 도움이 되고 도구적으로 유용한 것이다. 그런데 이런 결론은 애초에 우리가 이야기한 내용과도 일치한다. 우리는 정치학의 목적을 최고의 좋음으로 간주했는데, 정치학은 특정한 자질을 갖춘 시민들을 만드는 데에, 즉 훌륭한 시민 그리고 좋은 일들을 실천하는 시민을 만드는 데에 최대한의 노력을 기울이고 있기 때문이다.

따라서 우리가 소나 말, 그 밖의 다른 어떤 동물들을 두고서 행복하다고 말하지 않는 것은 당연하다. 왜냐하면 이런 동물들은 그와 같은 활동을 할 수 없기 때문이다. 똑같은 이유에서 어린아이도 행복하다고 할 수 없다. 아이는 아직 어리기 때문에 그와 같은 정신 활동을 할 수 없기 때문이다. 이른바 행복하다는 어린이들은 미래에 대한 희망 때문에 그렇게 불릴 뿐이다. 앞서 말했던 것처럼, 행복은 완전한 탁월성과 완전한 삶을 필요로 하기 때문이다. 일생 동안 온갖 우여곡절과 변화가 찾아오기 마련이다. 트로이 전쟁 이야기에 나오는 프리아모스(Priamos)처럼, 최고로 성공한 삶을 살던 사람도 노년에 커다란 불행을 당할 수 있다. 누구도 그와 같은 불운을 겪고 비참하게 생을 마감한 사람을 행복하다고 말하지는 않는다.

아리스토텔레스의 『니코마코스 윤리학』

(김태경 옮김, 2012)

아리스토텔레스(Aristotélēs/Aristotle, 기원전 384~기원전 322)

고대 그리스 철학자. 플라톤의 제자이며 알렉산더 대왕의 스승. 소크라테스, 플라톤과 함께 아테네 학파의 영향력 있는 철학자였으며 그리스철학이 서양철학의 근본을 이루는 데 이바지하였다. 자연과학에 대한 그의 견해는 뉴턴 물리학이 세계관의 패러다임을 전환하게 되는 르네상스 시대까지 영향을 끼쳤다. 저서에는 『시학』, 『정치학』, 『니코마코스 윤리학』, 『자연학』, 『동물 탐구』 등이 있다.

유용(有用)과 무용(無用)의 사이에서

장자

1. 지리소의 행복

지리소는 턱이 배꼽 아래에 숨어 있고, 어깨가 이마보다도 높고, 상투는 하늘을 가리키고, 오장이 위에 있으며, 두 넓적다리는 옆구리에 닿아 있다. 바느질과 세탁으로 충분히 입에 풀칠할 수 있으며, 키를 까불고 쌀을 골라내서 생기는 곡식으로 족히 열 사람을 먹여 살린다. 나라에서 군인을 징집하면 지리소는 팔뚝을 걷어붙이고 그 사이를 휘젓고 돌아다니며, 나라에 큰 부역이 있으면 지리소는 일정한 병이 있으므로 일을 받지 않고, 나라에서 병자에게 곡식을 나눠주게 되면 3종의 곡식과 열 다발의 땔나무를 받는다. 그 몸을 지리(支離)하게 한 사람도 충분히 자기 몸을 잘 기르고 천수를 마치는데, 또 하물며 그 덕을 지리하게 한 사람이겠는가.

2. 소 잡는 백정의 행복

포정이 문혜군을 위해서 소를 잡는데 손으로 쇠뿔을 붙잡고, 어깨에 소를 기대게 하고, 발로 소를 밟고, 한쪽 무릎을 세워 소를 누르더니 획획하는 소리가 울리며, 칼을 놀리자 쐐쐐 소리가 나는데 음률에 맞지 않음이 없어서 상림의 무악에 부합되었으며 경수의 박자에 꼭 들어맞았다. 문혜군이 말했다.

"아! 훌륭하다. 기술이 어찌 이런 경지에 이를 수 있는가!"

포정이 칼을 내려놓고 대답했다.

"제가 좋아하는 것은 도인데 기술에서 더 나아간 것입니다. 처음 제가 소를 잡을 때에는 눈에 보이는 것이 온전한 소 아닌 것이 없었습니다. 그러다 3년이 지나고 나자 온전한 소는 보이지 않았습니다. 지금은 제가 신목(神目)으로 소와 만나고, 육안으로 보지 않습니다. 오관(五官)의 지각이 멈추고, 신묘한 작용이 움직이면 천리(天理)를 따라 커다란 틈을 치며, 커다란 구멍으로 칼을 들이밀되 본래 그러한 결을 따르는지라, 경락과 긍경을 건드리지 않는데 하물며 큰 뼈다귀겠습니까?"

"솜씨 좋은 백정이라도 일 년에 한 번은 칼을 바꾸는데 살코기를 베기 때문입니다. 보통의 백정은 한 달에 한 번 칼을 바꾸는데 뼈를 치기 때문입니다. 지금 제가 쓰고 있는 칼은 19년이 되었고, 그동안 잡은 소가 수천 마리인데도 칼날이 마치 숫돌에서 막 새로 갈아낸 것 같습니다. 저 뼈마디 사이에는 틈이 있고 칼날 끝은 두께가 없습니다. 두께가 없는 것을 틈이 있는 곳으로 들어가게 하기 때문에 넓고 넓어서 칼날을 놀리는 데 반드시 넉넉한 공간이 있기 마련입니다. 이 때문에 19년이 지났는데도 칼날이 마치 숫돌에서 막 새로 갈아낸 것 같은 겁니다. 비록 그러하지만 뼈와 근육이 얽히고설킨 곳에 이를 때마다, 저는 그것을 처리하기 어려움을 알고, 두려움을 느끼고 조심하여, 시선을 한 곳에 집중하고, 손놀림을 더디게 하여 칼을 아주 조금씩 움직여서 스르륵 뼈와 살이 마치 흙이 땅 위에 떨어져 있는 것처럼 떨어져 나가면, 그제야 칼을 잡고 우두커니 서서 사방을 돌아보며 머뭇거리다가 제정신이 돌아오면 칼을 닦아서 간직합니다."

문혜군이 말했다.

"훌륭하다. 나는 포정의 말을 듣고 양생의 도를 터득했다."

3. 송나라의 문지기

제(齊)나라 사람 가운데 송(宋)나라에 자기 자식을 팔아넘긴 자가 있었는데, 문지기라도 시키려 했는데 온전한 몸으로는 문지기가 안 되기 때문에 자식을 불구자로 만들었다. 이런 자는 목이 긴 종을 구하면 혹시라도 그것이 훼손될까 봐 소중하게 싸서 묶는 주제에, 팔려 간 아들이 송나라에서 도망쳤다는 소식을 듣고서도 국경 밖으로 나가 아들을 찾으려고 하지는 않으니, 참으로 본말이 전도(顚倒)된 자라 할 것이다.

4. 상수리나무의 천수(天壽)

장석이 제나라에 갈 때 곡원에 이르러 사당에 심어진 상수리나무를 보았는데, 그 크기는 수천 마리의 소를 그늘에 가릴 수 있고, 둘레를 헤아려보면 백 아름이나 되며, 높이는 산을 내려다볼 정도여서 땅에서 열 길을 올라간 뒤에 비로소 가지가 뻗어 있었으며, 배를 만들 수 있는 것이 거의 수십 척에 달할 정도였다. 나무를 구경하는 사람들이 마치 저잣거리처럼 많이 몰려와 있었는데 장석은 돌아보지도 않고 그대로 길을 가서 걸음을 멈추지 않았다.

장석의 제자는 실컷 그 나무를 보고서 장석에게 황급히 달려가 이렇게 말했다.

"제가 도끼를 잡고 선생님을 따라다닌 이래로 재목이 이토록 아름다운 나무는 아직 보지 못했습니다. 그런데도 선생님께서는 보려 하지도 않으시고 걸음을 멈추지 않고 떠나가시는 것은 무엇 때문입니까?"

장석은 이렇게 대답했다.

"그만둬라. 그 나무에 대해 말하지 말아라. 쓸모없는 잡목이다. 배를 만들면 가라앉고, 관(棺)이나 곽(槨)을 만들면 빨리 썩고, 그릇을 만들면 빨리 부서지고, 대문이나 방문을 만들면 나무 진액이 흘러나오고, 기둥을 만들면 좀벌레가 생기니 이 나무는 쓸모없는 나무이다. 쓸 만한 데가 없는지라 그 때문에 이와 같은 장수를 누릴 수 있었던 것이다."

장석이 돌아왔는데 사(社)의 상수리나무가 꿈속에 나타나 이렇게 말했다.

"그대는 무엇에다 나를 비교하려 하는가? 그대는 나를 문목(文木)에 비교하려 하는가? 아가위나무, 배나무, 귤나무, 유자나무는 나무 열매와 풀 열매 따위의 과실이 익으면 '사람들에게' 잡아 뜯기고, 잡아 뜯기게 되면 욕을 당하게 되어서, 큰 가지는 꺾이고 작은 가지는 찢겨지니, 이것은 그 잘난 능력으로 자신의 삶을 괴롭히는 것이다. 그 때문에 천수를 누리지 못하고 도중에 요절해서 스스로 세속 사람들에게 타격을 받는 것들이니, 모든 사물이 이와 같지 않음이 없다."

"또한 나는 쓸 데가 없어지기를 추구해온 지 오래되었는데, 거의 죽을 뻔했다가 비로소 지금 그것을 얻었으니, 그것이 나의 큰 쓸모이다. 가령 내가 만약 쓸모가 있었더라면 이처럼 큰 나무가 될 수 있었겠는가? 또한 그대와 나는 모두 사물(事物)인데, 어찌하여 상대방을 사물로 대할 수 있겠는가? 그대도 거의 죽어가는 쓸모없는 사람이니 또 어찌 쓸모없는 나무를 알 수 있겠는가?"

장석이 꿈에서 깨어나 그 꿈의 길흉을 점치자 제자가 이렇게 말했다.

"스스로의 뜻이 쓸모없음을 취하는 데 있었다면 사당의 신목이 된 것은 무슨 까닭입니까?"

장석이 이렇게 대답했다.

"쉿! 너는 아무 말도 하지 마라. 저 상수리나무는 다만 몸을 사(社)에 기탁했을 따름이다. (저 나무는 네가 하는 말을 두고) 자기를 알아주지 않는 자의 욕지거리 정도로 생각할 것이다. 사당의 신목이 되지 않았다 한들 어찌 잘림이 있었을 것이겠는가. 또한 저 상수리 나무는 마음속에 보존하고 있는 것이 보통 사람들과는 다른데 세속의 도리를 기준으로 평가한다면 또한 멀지 않은가."

5. 쓸모없는 나무의 쓸모

남백자기가 상구의 폐허에서 노닐 때 커다란 나무를 보았는데 보통 나무와는 다른 점이 있었다. 그 나무는 말 네 필을 묶은 수레 천 대를 그 그늘에 덮어서 가릴 수 있을 정도였다. 남백자기가 이렇게 말했다.

"이것은 무슨 나무인가? 이것은 반드시 특별한 쓸모가 있을 것이다."

하고, 위로 가지를 살펴보았더니 구불구불해서 대들보로 쓸 수 없었고, 아래로 커다란 뿌리를 살펴보았더니 가운데가 갈라져서 관을 만들 수도 없었고, 잎사귀를 혓바닥으로 핥아봤더니 불에 덴 것처럼 상처가 나며, 냄새를 맡으면 사람으로 하여금 미친 것처럼 취하게 하여 사흘이 지나도록 가라앉지 않았다. 자기는 이렇게 말했다.

"이 나무는 과연 쓸모없는 나무로구나. 그 때문에 이처럼 크게 자람에 이르렀구나. 아! 신인(神人)들도 이처럼 쓸모없음으로써 자신의 생명을 보존했을 것이다."

6. 나무와 거위의 쓸모

장자가 산속을 거닐다가 가지와 잎사귀가 무성한 큰 나무를 보았는데 벌목하는 사람들이 그 옆에 머물러 있으면서도 그 나무를 베지 않았다.

그 까닭을 물었더니 "쓸 만한 것이 없다"고 하였다.

장자가 말했다.

"이 나무는 쓸모가 없기 때문에 천수를 다할 수 있구나."

장자가 산에서 내려와 옛 친구의 집에서 묵게 되었다. 친구가 기뻐하여 아이 종에게 거위를 잡아서 요리하라고 시켰더니, 아이 종이 여쭙기를

"한 마리는 잘 우는데, 한 마리는 울지 못합니다. 어느 것을 잡을까요?" 하였다.

주인이 말했다.

"울지 못하는 놈을 잡아라."

다음 날 제자가 장자에게 물었다.

"어제 산중의 나무는 쓸모없었기 때문에 천수를 다할 수 있었고 지금 주인집 거위는 쓸모없었기 때문에 죽었으니 선생께서는 장차 어디에 몸을 두시겠습니까?"

장자가 웃으면서 말했다.

"나는 쓸모 있음과 쓸모없음의 사이에 머물 것이다. 그런데 쓸모 있음과 쓸모없음의 사이에 머무는 것은 한편으로는 그럴듯하지만 아직 완전한 올바름이 아니기 때문에 세속의 번거로움을 면치 못할 것이다.

하지만 도와 덕을 타고 어디든 정처 없이 떠다니듯 노니는 사람은 그렇지 않다. 명예도 없고 비방도 없이 한 번은 하늘에 오르는 용이 되었다가 또 한 번은 땅속을 기는 뱀이 되어 때와 함께 변화하면서 한 가지를 오로지 고집하는 것을 기꺼워하지 않는다. 한 번 하늘 높이 올라가고 한 번 땅속 깊이 내려감에 조화로움을 한량으로 삼아서 만물의 시초에 자유롭게 노닐며, 만물을 만물로 존재하게 하면서도 스스로는 다른 사물에 의해 대상으로 규정받지 않으니 어떤 사물이 번거롭게 할 수 있겠는가? 이것이 옛날 신농과 황제가 지켰던 삶의 법칙이다.

그런데 만물의 실정과 인간 세상사의 전변은 그렇지 않다. 그래서 합하였다 하면 이윽고 분열하고, 완성되었다 하면 이윽고 파괴되고, 날카롭게 모가 났다 하면 어느새 꺾이고, 존귀하게 되었다 하면 어느새 몰락하고, 훌륭한 행동을 하는 인간이다 싶으면 무너지고, 현명하면 모함에 걸리고, 어리석으면 기만당하니 어찌 세상의 번거로움을 면할 것이라고 기약할 수 있겠는가. 슬픈 일이다. 제자들은 잘 기억해두어라. 내 몸을 둘 수 있는 곳은 오직 도와 덕의 고장일 뿐이다."

(전호근 옮김, 2023)

기다리는 사람

최지인

회사 생활이 힘들다고 우는 너에게 그만두라는 말은 하지 못하고 이젠 어떻게 살아야 하나 고민했다 까무룩 잠이 들었는데 우리에게 의지가 없다는 게 계속 일할 의지 계속 살아갈 의지가 없다는 게 슬펐다 그럴 때마다 서로의 등을 쓰다듬으며 먹고살 궁리 같은 건 흘려보냈다

어떤 사랑은 마른 수건으로 머리카락의 물기를 털어내는 늦은 밤이고 아픈 등을 주무르면 거기 말고 하며 뒤척이는 늦은 밤이다 미룰 수 있을 때까지 미룬 것은 고작 설거지 따위였다 그사이 곰팡이가 슬었고 주말 동안 개수대에 쌓인 컵과 그릇 들을 씻어 정리했다

멀쩡해 보여도 이 집에는 곰팡이가 떠다녔다 넓은 집에 살면 베란다에 화분도 여러개 놓고 고양이도 강아지도 키우고 싶다고 그러려면 얼마의 돈이 필요하고 몇년은 성실히 일해야 하는데 씀씀이를 줄이고 저축도 해야 하는데 우리가 바란 건 이런 게 아니었는데

키스를 하다가도 우리는 생각에 빠졌다 그만할까 새벽이면 윗집에서 세탁기 소리가 났다 온종일 일하니까 빨래할 시간도 없었을 거야 출근할 때 양말이 없으면 곤란하잖아 원통이 빠르게 회전하고 물 흐르고 심장이 조용히 뛰었다

암벽을 오르던 사람도 중간에 맥이 풀어지면 잠깐 쉬기도 한대 붙어만 있으면 괜찮아 우리에겐 구멍이 하나쯤 있고 그 구멍 속으로 한계단 한계단 내려가다 보면 빛도 가느다란 선처럼 보일 테고 마침내 아무것도 없이 어두워질 거라고

우리는 가만히 누워 손과 발이 따듯해지길 기다렸다

최지인의 『일하고 일하고 사랑을 하고』
(창비, 2022)

6

행복이라는 이름의 형벌

파스칼 브뤼크네르

'행복'에 대한 현대인들의 관심은 가히 병적인 수준이다. 우리에게 '행복'은 권리일까 의무일까? 우리 대부분은 망설임 없이 '권리'라고 답할 것이다. 대한민국 헌법이 국민에게 행복을 추구할 권리가 있음을 천명하고 있기 때문이다. 기독교가 지배했던 중세 서양에서 행복은 지상의 것이 아니라 천상의 것, 인간의 것이 아니라 신에게 맡겨진 것이었다. 당시의 사람들에게 중요한 것은 행복이 아니라 구원이었다. 하지만 신의 시대가 지나고 인간의 시대가 시작되자 상황은 완전히 달라졌다. 근대인들은 '행복'을 인간의 몫이라고 주장하기 시작한 것이다. 문제는 그 다음이다. 현대사회에서 '행복'은 '의무'의 일종으로 간주된다. 행복이 각자의 의무로 간주되면서 행복을 획득하지 못한 사람은 무능하고 불행한 인간이 되고 만다. 그는 행복해야 할 권리를 행사하지 못하고 자신을 행복하게 할 책임을 수행하지 못했다는 불행감에 사로잡힌다. 자기가 무능한 인간이라 인식하는 순간 사람들은 그 무능력이 드러날까 두려워 행복한 척 연기하기도 한다.
'건강'의 경우에도 사정은 마찬가지다. 현대인들은 먹는 즐거움을 잃어버리고 대신 건강을 위해 음식의 재료와 성분에 집착하기 시작했다. 현대사회는 사람들에게 건강을 '의무'로 부가하고 있다. 현대인은 행복 때문에 오히려 불행해져야 하는 시대에 살고 있다고 브뤼크네르는 말한다. 행복을 좇는 일이 일종의 형벌이 되고 "나는 행복해야 한다"는 것이 시민의 의무가 되어버렸다는 브뤼크네르의 진단을 여러분은 어떻게 생각하는가? 브뤼크네르가 현대인의 행복 추구 방식에서 진정으로 문제 삼고 싶어 하는 것은 무엇일까? 행복이 의무로 여겨질 때 발생하는 문제는 무엇일까?

1670년 8월 21일, 주교이자 루이 14세의 궁정 사제인 자크 보쉬에는 콩데 왕자 앞에서 영국의 헨리에타 공주를 위한 조사를 낭독했다. 오를레앙 공작부인인 공주는 독이 든 치커리 차를 마시고 스물여섯 살의 나이에 세상을 떠났는데, 죽음의 문턱에 이르렀을 때 의사 대신 사제들을 불러 종부성사를 요청하며 십자가를 붙들고 하나님께 탄원했다고 한다. 보쉬에는 성 안토니우스의 말을 인용하며 죽음의 경이로움을 이렇게 표현했다.

"기독교인에게 죽음이란 삶의 끝이 아니라 오히려 사는 동안 만날 수밖에 없는 죄와 위험의 끝을 의미합니다. 하나님은 우리의 수명을 짧게 줄이시면서 우리가 겪어야 할 유혹도 줄여주십니다. 그 덕분에 우리는 어쩌면 영원하고 진정한 삶을 잃어버릴지 모를 기회도 줄일 수 있습니다. 이 세상은 우리 모두에게 잠깐 지나가는 유배지에 불과하기 때문입니다." 결국 선한 죽음은 영원을 향한 문이며 '진정하고 영원한 삶'으로 들어가는 통로였다. 반면 이 세상에는 고통만이 있을 뿐이었다.

오늘날 우리들과는 전혀 다른, 행복과 삶에 대한 이런 태도를 여러분은 상상이나 할 수 있는가?

프랑스 대혁명 당시 자코뱅 당의 지도자였던 루이 생쥐스트의 유명한 말('유럽에서 행복이란 새로운 개념이다.' - 옮긴이)에도 불구하고, 유럽에서 행복은 결코 '새로운 개념'은 아니었다. 사실 행복은 고대인들이 추구했고 위대한 철학자들이 깊이 사색했던 가장 오래된 개념들 중 하나였다. 하지만 기독교는 그리스와 라틴 학자들로부터 물려받은 그 개념을 초월성의 관점으로 바꾸어버렸다. 이 땅에서 인간의 관심사는 행복이 아니라 구원이어야 했고, 그리스도만이 우리를 원죄에서 벗어나게 하고 신성한 진리의 길로 인도해줄 수 있었다. 기독교 저자들에 따르면, 세상의 모든 쾌락들은 천상의 더없는 행복에 비하면 한낱 환상에 불과했다. 세속적 행복을 바라는 것은 성령을 거스르는 죄악이며, 순간적인 쾌락은 죄인들을 기다리고 있는 지옥을 생각하면 아무것도 아니었다.

이런 준엄한 인생관은 몇 세기에 걸쳐 서서히 좀 더 융통성 있는 입장으로 바뀌어왔다. 그러다가 18세기에 농업 생산성을 급격히 향상시킨 새로운 기술들과, 놀라운 치유력과 진통 효과를 보이는 새로운 의약품들이 등장하자, 갑자기 이 세상은 눈물의 골짜기라는 비난에서 벗어났다. 이제 인간은 굶주림을 막고 질병을 치료하며 더 나은 미래를 만들 수 있게 되었다. 사람들은 삶의 고통을 신의 뜻으로 정당화하는 말에 더 이상 귀 기울이지 않았다. 알약 몇 알만 삼키면 간단하게 고통이 사라지는 마당에 위로와 평온을 달라고 기도할 필요가 뭐 있겠는가?

1736년 볼테르가 쓴 짧은 문장은 행복에 대한 새로운 개념을 잘 담고 있었다. "지금 내가 있는 이곳이 세상의 낙원이다." 물론 볼테르는 교회와 정부의 탄압을 받았고 목숨을 위협받았으며 그의 저서는 불태워졌다. 하지만 그의 주장은 주목할 만한 것이었다. 만약 지금 내가 있는 이곳이 낙원이라면, 행복 또한 향수에 젖어 그리워하는 과거나 불확실한 미래가 아니라 바로 지금, 여기에 있는 것이다. 이렇게 현세적인 관점이 부상함에 따라 가난과 고통은 모든 정당성을 잃어버렸다. 계몽 국가의 과업은 교육과 이성, 궁극적으로는 과학과 산업을 통해 가난과 고통을 근절하는 것이 되었다. 머잖아 인간의 불행은 구시대의 잔재가 될 것이었다.

미국과 프랑스 대혁명(선언문에 행복 추구권을 최초로 명시한) 이후, 품위 있는 삶을 살 권리와 쾌락의 특권적 지위는 유럽 전반에서 일어난 진보적 운동의 지배적 풍조가 되었다. 물론 20세기 초반에 볼셰비키와 같은 과격한 공산주의자들이 프롤레타리아들에게 위대한 혁명이 도래할 때까지 투쟁하고 노동할 것을 독려하며 기독교적인 희생정신을 부활시켰던 것은 사실이다. 아이러니컬하게도 종교를 대중의 아편이라고 비난하며 사제와 목사들과 신도들을 무자비하게 박해했던 이념이 금욕주의를 되살린 것이다. 하지만 전체적으로는 20세기 동안 쾌락주의가 프로이트주의나 페미니즘, 아방가르드의 영향을 받아 점점 더 지배적인 것이 되었다.

1960년, 두 가지 중요한 변화가 '행복에 대한 권리'를 '행복에 대한 의무'로 전환시켰다. 첫 번째는 자본주의 성격 자체의 변화였다. 오랫동안 생산과 욕구 충족의 유예(검약과 저축)를 두 축으로 해서 돌아갔던 자본주의가 이제 모든 사람을 좋은 소비자로 만드는 데 초점을 맞추기 시작했다. 더 이상 노동만으로는 충분하지 않았다. 공장제 산업 기계가 자기 생산성을 완전히 발휘하기 위해서는 소비가 필요했다. 이런 변화가 가능하도록 하기 위해서 천재적인 발명품 하나가 등장하는 데에는 별로 오랜 시간이 걸리지 않았다. 그 발명품은 처음 미국에서 1930년대에 등장했고 유럽에서는 1950년대에 등장했다. 바로 신용 판매다. 그 전까지는 자동차나 가구, 집을 사고 싶은 사람은 누구나 한 가지 규칙을 따라야만 했다. 한 푼 두 푼 돈을 모으며 참고 기다렸던 것이다. 하지만 신용 판매가 모든 것을 바꾸어놓았다. 욕망의 좌절은 용납할 수 없는 일이 되었고 욕망의 충족이 일상적인 일이 되었다. 이제 우리는 지금 당장 풍요롭게 살고 그 빚은 나중에 갚는다. 오늘날 이 제도가 어떤 과도한 무절제를 가져왔는지는 전 세계가 알고 있다. 미국의 재정 파탄은 바로 너무 많은 사람들이 빚에 의존해서 살아온 결과였다. 자신이 지닌 실제 자산 가치보다 수백 배나 많은 돈을 빌렸기 때문이다.

두 번째 변화는 개인주의의 등장이었다. 더 이상 어떤 것(교회나 정당이나 사회적 계급 등)도 우리의 욕망 충족을 가로막을 수 없게 됨으로써 우리 자신에게 일어난 일에 대해 책임질 사람은 오직 자기 개인밖에 없게 되었다. 이것은 엄청난 부담을 의미했다. 만약 내가 행복하지 못하다면, 나 자신 말고는 어느 누구도, 어느 무엇도 탓할 수 없게 된 것이다. 그러므로 성형수술에서부터 다이어트 약, 온갖 치료 요법에 이르기까지 욕망을 충족시켜주는 산업이 우후죽순 생겨난 것은 놀라운 일이 아니다. 이런 모든 산업들은 나 자신과의 온전한 화해와 내가 지닌 잠재력의 완전한 실현을 약속해준다. "당신 자신에게 가장 좋은 친구가 되어주십시오. 자기 존중을 배우십시오. 긍정적으로 생각하고 조화롭게 사십시오." 수많은 자기 계발 서적들이 이렇게 가르친다. 하지만 그토록 많은 서적이 계속 쏟아져나온다는 사실은 역설적으로 그렇게 하기가 얼마나 어려운지를 보여줄 뿐이

프란시스코 고야(1746~1828)의 〈미치광이들이 있는 마당〉(1794년경)

다. 욕망 충족 그 자체가 이제는 하나의 필수적인 요구가 되었다. 오늘날 지배 질서는 더 이상 우리에게 궁핍과 고통을 형벌로 내리지 않는다. 오히려 물질적 갈망을 통해 자아실현에 이르는 길을 제시해준다.

하지만 이러한 관대함은 결코 해방이 아니다. 사실 자비로운 강제는 막연한 불안감을 낳는다. 지배 질서가 널리 공표하는 통계와 모델들은 새로운 죄인 무리를 만들어냈는데, 그들은 더 이상 탕아나 사치꾼들이 아니라 흥을 깨는 사람들이다. 행복이 의무가 되어버린 사회에서 슬픔은 단지 질병일 뿐이다. 행복은 더 이상 우리의 단조로운 삶에 우연히 찾아오는 놀라운 은총이나 하늘이 주신 선물이 아니다. 이제 우리는 행복해져야 할 의무가 있으며 자신의 행복을 많은 사람들에게 널리 보여줘야 한다.

행복은 이 시대의 가장 큰 산업이자 새로운 윤리적 명령이 된 것이다. 우리는 행복하지 못하는 자신에 대해 죄책감을 느끼고 다른 모든 사람들과 자기 자신에게 그 이유를 소명해야 할 의무감을 느낀다. 프랑스의 한 신문이 실시한 설문조사 결과를 보면 90퍼센트의 사람들이 행복하다고 대답했다. 어느 누가 감히 자신이 때로는 불행하다는 사실을 인정하고 사회적 수치를 당하려고 하겠는가? 예전에는 즐거움을 쫓는 일이 금기시되었지만, 이제는 의무가 되었다. 행복을 얻기 위해 심리적이든 육체적이든 화학적이든 영적이든, 어떤 방법을 선택하든지, 결국 똑같은 전제와 맞닥뜨린다. 최상의 행복은 너의 가까이에 있고, 너는 그것을 붙잡기 위해 단지 '긍정적인 마음'을 잘 이용하기만 하면 된다는 것이다. 급기야 우리는 인간의 의지로써 정신 상태를 지배하고 감정을 통제할 수 있으며, 만족이란 개인적 결단의 산물이라고 생각하게 되었다.

우리에게는 자기 자신을 행복하게 만들 수 있는 능력이 있다는 이런 믿음은 오늘날 건강에 대한 지나친 집착 뒤에도 깔려 있다. 사실 건강이란 육체와 평화롭게 살며 걱정하지 말고 지내라는 신의 허락이 아닌가? 그런데 요즘 우리는 어떻게든 인간의 유한성에 저항하라는 요구에 시달린다. 대부분의 치료법들이 예전에는 잘 사는 법에 속했던 것들을 죄다 끌어다 쓰고 있다. 가령 음식만 해도 맛있는 음식과 맛없는 음식으로 나뉘는 것이 아니라 몸에 좋은 음식과 좋지 못한 음식으로 구분된다. 건강의 적합성 여부가 맛보다 우선하는 것이다. 저녁 식탁은 지방과 칼로리를 따지는 일종의 건강 상담소가 되었다. 식탁 앞에서 사람들은 약과 다를 바 없는 음식을 성심껏 씹는다. 포도주조차 그 맛을 즐기기 위해서가 아니라, 식이요법에 따라 심장 혈관을 튼튼하게 하기 위해 마셔야 한다. 통밀빵은 소화를 돕기 위해 먹어야 하고 마늘은 온갖 건강상의 이유 때문에 날로 삼켜야 한다.

가능한 한 오래 사는 것이야말로 최고의 가치가 되었다. 설사 그것을 위해 끔찍한 구속을 당하거나 세상에서 누릴 수 있는 가장 좋은 즐거움을 포기해야만 하더라도 말이다. 오늘날 거의 모든 공공장소에서 애연가들을 추방하고 박해하는 모습은 마치 집단적인 마녀사냥을 보는 듯하다. 사회 전체가 한때 담배를 즐겼던 자신들의 죄를 말끔히 씻고 싶어 혈안이 된 것 같다. 심지어 프랑스에서는 담배를 물고 있는 사르트르나 자크 시라크의 사진을 수정하여 그 유해한 물건을 지우기도 했다. 마치 소련에서 추방당한 지도자의 사진을 지웠던 것처럼.

하지만 모든 일탈이나 결함들을 제거하려고 애쓰면 애쓸수록, 우리는 결국 건강에 가장 유익한 한 가지 사실을 부인하게 된다. 바로 어느 위대한 의사가 '신체 기관의 침묵'(프랑스의 의사 르네 레리시의 말. 건강은 '신체 기관의 침묵 속에 지속되는 생명이다'라고 말했다. 건강한 상태란 끊임없이 몸을 염려하고 돌보는 것이 아니라 신체 기관이 있는지도 모를 정도로 몸을 의식하지 않아도 되는 상태라는 뜻 – 옮긴이)이라고 불렀던 자기 자신에 대한 초연함이다. 오늘날에는 모두가 무언가로부터 자신을 지켜야만 한다. (누구도 초연할 수가 없다.) 고혈압을 예방하고 소화불량을 예방하고 비만을 예방해야만 한다. 어느 누구도 알맞게 날씬

하고 알맞게 건강하고 알맞게 튼튼하지 않다. 건강에도 건강 순교자, 건강 개척자, 건강 영웅, 건강 성인이 생겨났다. 아픈 상태와 건강한 상태를 구별하기가 점점 더 어려워짐에 따라 우리는 건강 염려증 환자들의 사회를 만들어내고 있다.

이제 행복은 근심과 불안으로 온통 둘러싸여 있다. 우리는 온갖 종류의 불가능한 계명들을 자신에게 주입하면서 끊임없이 지금 상태로부터 달라져야 할 것 같은 압박감에 시달리고 있다. 하지만 우리의 쾌락주의는 건강하지 못하며 항상 실패의 위험이 도사리고 있다. 우리가 아무리 조심하고 잘 살아도, 우리의 육체는 계속해서 우리를 배신하기 마련이다. 세월은 반드시 그 흔적을 남기고 질병은 우리가 어느 길로 가든 우리를 찾아낸다. 반면 행복이란 우리가 아무리 정신을 바싹 차리고 굳은 의지를 발휘해도, 그것과는 전혀 상관없이 자기 길을 따라 간다.

결국 우리에게 필요한 것은 겸손한 자세를 되살리는 것이다. 인간은 결코 행복의 주인이 될 수 없다. 행복은 우리가 전혀 예상하지 못한 순간에 샘물처럼 솟아올랐다가, 손에 붙잡았다고 생각할 때 달아나기도 하면서 끊임없이 우리와의 약속을 어긴다. 정신과 육체를 허약하게 하는 모든 요인들을 근절하고 슬픔이나 분노, 공허감 같은 감정과 정신 상태를 완전히 통제하겠다는 지나친 야심은 인간의 유한성을 거스르는 일이다. 인간의 본성은 단순한 물질처럼 멋대로 조작할 수 없다. 물론 우리 인간은 나쁜 것을 피하고 잘못된 것을 고칠 수 있는 능력이 있다. 하지만 식당에서 음식을 시키듯 행복을 주문할 수는 없는 것이다.

행복에 대한 서구 사람들의 광적인 숭배는 집단적 도취처럼 참으로 이상한 현상이다. 행복이라는 형벌을 받은 우리는 '반드시' 행복해져야만 하고, 그렇지 못하면 사회에서 모든 입지를 잃게 되는 상황에 처하고 만다. 이것은 우리가 예전 사람들보다 더 행복하냐 아니냐의 문제가 아니다. 행복에 대한 개념 자체가 바뀌었고, 우리는 인류 역사상 최초로 단지 행복하지 않다는 이유로 사람들을 더욱 불행하게 만드는 사회에 살고 있다.

파스칼 브뤼크네르의 〈씨티저널〉 2011년 겨울호 칼럼

(최인자 옮김, 2013)

파스칼 브뤼크네르(Pascal Bruckner, 1948~)

프랑스의 소설가, 철학자. 파리 고등사범학교에서 수학했으며, 경제학 에세이인 『번영의 비참』으로 경제학도서상을 수상했다. 파리정치대학교 교수로 재직했으며, 그라쎄 출판사의 편집인으로 활동하였다. 〈누벨 옵세르바퇴르〉와 〈르 몽드〉의 칼럼니스트로도 활동하고 있다. 『순진함의 유혹』, 『영원한 황홀-행복의 의무에 관한 에세이』 등의 저서가 있다.

7

이기적 인간을 위한 변명

양주

만약 어떤 사람이 천하보다 자신의 털 한 오라기가 더 소중하다고 주장한다면 여러분은 어떻게 반응할 것인가? 실제로 그렇게 주장한 사람이 있다. 바로 중국 전국시대의 철학자 양주다. 그는 터럭 한 올을 뽑아서 천하를 이롭게 할 수 있다 해도 하지 않는 것이 옳다며, 천하를 위해 헌신한 우임금 같은 성인은 자신을 위해 살지 못한 어리석은 사람이라고 낮추어보았다. 그의 주장에 따르면 세상 사람들이 떠받드는 청렴과 정직은 불행의 근원일 뿐 개인의 행복에 전혀 도움이 되지 않는다. 죽은 뒤의 명예는 소용없는 것이며 살아서 누리는 행복이 더 중요하다. 따라서 명예를 비롯한 일체의 사회적 가치는 추구할 만한 가치가 못 되며 인간은 오로지 자신의 욕망을 추구하며 살아갈 때 행복할 수 있다고 주장한다. 나아가 그는 사람들이 모두 자신을 천하보다 소중히 여겨 천하를 이롭게 하려 하지 않으면 천하는 저절로 다스려질 것이라고까지 주장한다.

이 같은 양주의 행복관은 그의 시대가 개인이 존중받기 어려운 전란기였음을 감안하더라도 충격적이지만, 집단보다 개인의 가치를 중시했을 뿐 아니라 우리의 내면에 자리 잡은 이기적 욕망을 부정하지 않고 자연스러운 감정으로 긍정했다는 점에서 평범한 인간의 본질을 정확하게 간파한 견해일 수 있다. 양주의 주장에 따르면 세상의 어떤 가치도 나의 생명보다 중요한 것은 없다. 그 때문에 그는 동시대의 유가가 강조했던 살신성인(殺身成仁, 자신을 죽여서 인을 이룸)이나 묵가가 강조했던 겸애(兼愛, 모든 사람을 차별 없이 사랑함)와 같은 가르침은 가장 중요한 가치를 중요하지 않은 가치와 바꾸라는 기만일 뿐이라고 비판한다. 그는 천하를 위해 헌신한 사람들이 실제로는 불행했을 뿐 아니라 천하 사람들을 행복하게 해주지도 못했다는 사실을 지적하며 개인이 각자 자신의 생명을 존중하고 욕망에 충실하면 천하는 저절로 다스려질 것이라고 주장했다.

인간의 참된 행복은 자연스러운 욕망을 거부하지 않을 때 이를 수 있다는 양주의 견해를 공자, 맹자, 묵자의 상반된 주장과 비교하면서 참된 행복이 무엇인지 생각해보자.

참된 명예는 가난을 초래하고 거짓 명예는 부를 얻는다

양주(楊朱)가 노나라에 가서 맹씨 집에 묵었다.

맹씨가 물었다. "사람으로 태어났으면 그만이지 무엇 때문에 명예를 구합니까?"

양주가 대답했다. "명예를 구하는 까닭은 부(富)를 얻기 위해서입니다."

맹씨가 물었다. "이미 부유해진 뒤에도 어찌 그만두지 않습니까?"

양주가 대답했다. "높은 지위를 얻기 위해서입니다."

맹씨가 물었다. "이미 높은 지위를 얻은 뒤에도 그만두지 않는 까닭은 무엇입니까?"

양주가 대답했다. "죽을 때 성대한 장례를 치르고자 해서입니다."

맹씨가 물었다. "죽을 때 성대한 장례를 치를 수 있게 된 뒤에도 여전히 명예를 추구하는 까닭은 무엇입니까?"

양주가 대답했다. "자손을 위해서입니다."

맹씨가 물었다. "명예가 어찌 자손에게 이롭습니까?"

양주가 대답했다. "명예는 몸과 마음을 수고롭게 한 뒤에야 얻을 수 있는 것입니다. 명예를 얻으면 은택이 종족과 향당에까지 미치는데 하물며 자손이겠습니까?"

맹씨가 말했다. "무릇 명예를 얻고자 하는 자는 반드시 청렴해야 하는데 청렴하면 가난해집니다. 또 명예를 얻고자 하는 자는 반드시 겸양해야 하는데 겸양하면 다른 사람에게 자신을 낮추게 됩니다."

양주가 말했다. "관중(管仲)이 제나라의 재상이 되어 나라를 다스릴 적에는 임금이 그릇된 일을 하면 자신도 그릇된 일을 하고 임금이 사치스럽게 행동하면 자신도 사치스럽게 행동했습니다. 관중은 자신의 뜻을 임금에게 맞추고 말도 임금을 따라 했기 때문에 군신간의 도리가 지켜져 제나라는 패자가 될 수 있었습니다. 하지만 관중만 그 혜택을 누렸을 뿐 그가 죽은 뒤에는 혜택이 끊어지고 말았습니다. 반면에 전씨(田氏, 田和)가 제나라의 재상이 되어 다스릴 적에는 임금이 곡식창고를 가득 채우면 자신은 재물창고를 비우고 임금이 백성에게 세금을 거두어들이면 자신은 백성에게 베풀어 민심이 모두 그에게 돌아갔습니다. 이윽고 제나라를 차지했으니 자손들은 지금까지 그 혜택을 누려서 끊어지지 않고 있습니다. 그러니 참된 명예는 가난을 초래하고 거짓 명예는 부를 얻게 합니다. 참으로 아름다운 행실에는 명예가 붙지 않고 명예롭다고 알려진 경우에는 참된 행실이 없으니 명예란 거짓일 뿐입니다. 옛날 요임금과 순임금이 허유(許由)와 선권(善卷)에게 거짓으로 천하를 양보했지만 그들은 천하를 잃지도 않고 100년 동안 천자의 지위를 누렸습니다. 반면 백이와 숙제는 참으로 고죽국의 임금 자리를 양보했는데 끝내 나라가 망하고 자신들도 수양산에게 굶어 죽었습니다. 참과 거짓은 이렇게 다릅니다."

자연스러운 욕망을 어기지 말라

양주가 말했다.

"백 년을 사는 것은 인간 수명의 한계인데 백 년의 수명을 누리는 자는 천 명 중 한 명도 있을까 말까다. 가령 한 사람의 일생을 기준으로 말하자면 어려서 어른 품에 안겨 지내는 기간과 늙어서 정신이 흐려져 분별하지 못하는 기간이 거의 절반을 차지하고 밤에 잠들었다가 낮에 깨기까지 버려지는 시간이 절반 가까이 되며 질병으로 고통받고 근심과 두려움 때문에 잃어버리는 시간이 또 절반 가까이 된다. 수십 년을 헤아리는 세월을 보내면서 즐겁고 만족스러운 때는 거의 한 순간도 없다. 그렇다면 인생을 어떻게 살아야 하는가? 무엇을 즐겨야 하는가? 맛있는 음식과 배부름을 즐길 것인가? 귀를 즐겁게 해주는 아름다운 소리와 눈을 즐겁게 해주는 아름다운 색깔을 즐길 것인가? 맛있는 음식과 배부름은 항상 만족감을 줄 수 없고 아름다운 소리와 아름다운 색깔도 늘 누릴 수 없다. 그러면 형벌로 금지하는 일을 하지 않고 상으로 권장하는 일을 하며 법으로 규정된 바에 따라 행동해야 하는가? 황망히 한 때의 거짓된 명예를 다투어 죽은 뒤에 영예롭기를 꾀하고 잠시도 쉬지 않고 눈과 귀로 보고 듣는 쾌락을 따라 몸과 뜻이 하고자 하는 것만 아낀다면 도리어 한 해의 즐거움마저 잃어버릴 뿐 아니라 잠시도 스스로 자유롭지 못할 것이니 중죄를 지어 족쇄를 차고 있는 죄인과 무엇이 다르겠는가? 옛 사람들은 삶이란 잠시 오는 것이고 죽음이란 잠시 가는 것임을 알았다. 그 때문에 마음대로 하고 싶은 대로 행동하여 자연스러운 욕망을 어기지 않았으며 자신에게 즐거운 것을 받아들여 버리지 않았다. 그 때문에 명예에 구속되지 않고 본성을 따라 살며 만물의 즐거움을 마다하지 않을 수 있었다. 죽은 뒤의 명예는 취할 만한 것이 아니라고 생각했기 때문에 형벌이 미치지 못했다. 그들에게는 명예의 선후(先後)와 수명의 길고 짧음은 중요하지 않았던 것이다."

삶을 누리고 죽은 뒤를 기약하지 말라

양주가 말했다.

만물은 살아 있을 때는 차이가 있지만 죽고 나면 다 같아진다. 살아 있을 때는 슬기로움과 어리석음, 귀하고 천함의 차이가 있지만 죽고 나면 다 썩어서 소멸된다는 점에서 같다. 그런데 슬기로움과 어리석음, 귀하고 천함은 인간이 어찌할 수 있는 것이 아니라 타고나는 것이며 썩어서 소멸되는 것 또한 인간이 어찌할 수 있는 것이 아니다. 태어나는 것도 인간이 태어나고자 해서 태어나는 것이 아니고 죽는 것도 죽고자 해서 죽는 것이 아니며 슬기로움과 어리석음과 귀하고 천함도 마찬가지다. 만물은 똑같이 태어나고 똑같이 죽는 것이며 똑같이 슬기롭고 똑같이 어리석으며 똑같이 귀하고 똑같이 천하다. 십 년을 살고 죽어도 죽는 것이며 백 년을 살고 죽어도 죽는 것이며 어질고 성스러운 사람도 죽고 흉악하고 어리석은 자도 죽는다. 살아서는 요임금이나 순임금 같은 성인이라도 죽으면 썩어서 뼈만 남게 되며 살아서는 걸(桀)왕이나 주(紂)왕처럼 폭군이라 하더라도 죽으면 마찬가지로 썩어서 뼈만 남게 된다. 그렇다면 누가 그들이 다르다는 것을 알겠는가?

그렇다면 마땅히 살아 있을 때를 누릴 뿐이니 어느 겨를에 죽은 뒤를 기약하겠는가?

청렴과 정절은 불행의 근원이다

양주가 말했다.

백이(伯夷)는 욕심이 아주 없지는 않았으나 청렴을 긍지로 여겼기 때문에 굶어 죽는 데 자신을 던지고 말았다. 전계(展季)는 감정이 아주 없지는 않았으나 정절을 긍지로 여겼기 때문에 종족의 대가 끊어지는 화를 당하고 말았다. 청렴과 정절의 그릇됨이 이와 같다.

가난과 부는 모두 삶을 해친다

양주가 말했다.

공자의 제자 원헌(原憲)은 노나라에서 가난하게 살았고 자공(子貢)은 위나라에서 부자가 되었다. 원헌의 가난은 생명을 해쳤고 자공의 부는 육신에 누를 끼쳤다. 결국 가난도 옳지 않고 부도 옳지 않은 셈이다. 그렇다면 옳은 것은 무엇인가. 옳은 것은 삶을 즐기는 데 있고 몸을 편안히 하는 데 있다. 그 때문에 삶을 잘 즐기는 사람은 가난하게 살지 않고 몸을 편안히 할 줄 아는 자는 재물을 증식시키지 않는다.

살아서는 서로 사랑하고 죽어서는 버린다

양주가 말했다.

옛말에 이르길 "살아서는 서로 사랑하다가 죽어서는 서로 버린다"고 했으니 이 말이 참으로 옳다. 서로 사랑한다는 것은 감정만 두고 한 말이 아니다. 부지런함은 몸을 편안하게 할 수 있고 굶주림은 배불리 먹을 수 있게 하고 추위는 따뜻함을 누리게 할 수 있고 곤궁함은 영달을 추구할 수 있게 한다. 서로 버린다는 것은 슬퍼하지 않는 것이 아니라 구슬과 옥을 죽은 자의 입에 물리지 않고 비단옷을 입혀주지도 않고 희생을 진열하지도 않고 사자(死者)를 위해 그릇을 진설하지 않는 것이다.

삶과 죽음의 도리

안평중(晏平仲)이 관이오(管夷吾)에게 양생(養生)의 도리를 물었다. 관이오가 대답했다. "하고 싶은 대로 행동하되 집착하지 말아야 합니다." 안평중이 말했다. "더 자세히 일러주시지요." 관이오가 말했다. "귀는 듣고 싶은 것을 듣고, 눈은 보고 싶은 것을 보고, 코는 맡고 싶은 냄새를 맡고, 입은 말하고 싶은 것을 말하고, 몸은 편안하기를 바라고, 의지는 원하는 대로 행동하고자 합니다. 무릇 귀가 듣고 싶어 하는 것은 아름다운 소리인데 그것을 듣지 못하면 귀가 먹었다고 하고, 눈이 보고 싶어 하는 것은 아름다운 색깔인데 그것을 보지 못하면 눈이 멀었다고 하며, 코가 맡고 싶어 하는 것은 좋은 향기인데 그것을 맡지 못하면 코가 막혔다고 하고, 입이 말하고 싶은 것은 옳고 그름인데 그것을 말하지 못하면 지혜가 막혔다고 하며, 몸이 편안하기를 바라는 것은 아름답고 건강함인데 그것을 따르지 못하면 적절함을 잃었다고 하고, 의지가 바라는 것은 뜻대로 하는 것인데 그것을 하지 못하면 본성을 어겼다고 합니다. 무릇 삶을 망가뜨리는 이 같은 장애는 모두 생명을 해치는 것들입니다. 이런 장애를 제거하면 기쁜 마음으로 죽음을 기다릴 수 있으니 하루나 한 달, 1년이나 10년을 산다 하더라도 양생을 잘했다고 할 수 있습니다. 반면 삶을 망가뜨리는 장애에 얽매여 그것을 버리지 못하고 붙들고서 늘 근심걱정을 달고 오래 산다면 백 년, 천 년, 만 년을 산다 하더라도 양생을 잘했다 할 수 없습니다."

관이오가 말했다.

"내가 이미 그대에게 양생의 도리를 일러주었으니 이제 그대에게 죽은 이를 보내는 도리를 듣고 싶습니다."

안평중이 말했다.

"죽은 이를 보내는 도리는 간단한데 어찌 말할 것이 있겠습니까?"

관이오가 말했다.

"그래도 듣고 싶습니다."

안평중이 말했다.

"이미 죽고 나면 그것이 어찌 나에게 속한 일이겠습니까? 불태워도 좋고 물에 빠트려도 좋고 땅에 묻어도 좋고 그냥 내버려둬도 좋고 섶나무로 덮어서 구덩이에 던져도 좋고 화려하게 수놓은 곤룡포를 입혀 석관에 안치한다 해도 좋으니 그때그때 처지에 따라 다를 뿐입니다."

관이오가 포숙(鮑叔)과 황자(黃子)를 돌아보며 말했다.

"우리 두 사람은 죽고 사는 도리를 다 알았습니다."

내면을 다스리는 일이 나라를 다스리는 일보다 중요하다

자산(子產)이 정나라 재상이 되어 국정을 담당한 지 3년 만에 선한 사람들은 그의 다스림에 복종하고 악한 자들은 그의 금법을 두려워하여 정나라가 잘 다스려지자 다른 나라의 제후들이 정나라의 세력이 강해질까 두려워했다.

당시 정나라에 형제가 살고 있었는데 형의 이름은 공손조(公孫朝)였고 아우의 이름은 공손목(公孫穆)이었다. 공손조는 술을 좋아했고 공손목은 여색을 좋아했다. 공손조의 집에는 술통이 천 개나 저장되어 있었고 누룩이 산더미처럼 쌓여 있어서 백 보 밖에서도 술지게미 냄새가 코를 찔렀다. 바야흐로 술에 취하면 세상이 편안한지 위태로운지도 모르고 후회할 줄도 아낄 줄도 몰랐으며 아내가 있는지 없는지도 몰랐고 친척의 멀고 가까움이나 누가 살았는지 죽었는지도 몰랐으며 물난리나 불난리가 나도 병기의 칼날이 눈앞에 닥쳐도 알지 못했다.

공손목의 집 후원에는 수십 개의 방이 있었는데 방마다 아리따운 자태를 지닌 여인들이 가득 차 있었다. 그가 여색에 한번 빠지면 친척들도 몰라라 하고 친구들과의 교제도 끊고 후원에 들어가 밤낮을 지새우다가 석 달에 한 번 정도 밖으로 나오곤 했다. 그러고서도 미진하다고 여겨 고을에 아리따운 여인이 있으면 선물을 보내거나 사람을 보내 반드시 차지한 뒤에야 그만두었다.

자산은 그 형제들 때문에 밤낮으로 걱정하다가 몰래 등석(鄧析)을 만나 해결책을 상의했다.

자산이 말했다. "저는 들으니 자기 몸을 잘 다스려 집안에 이르고 집안을 잘 다스려 나라에 미친다고 했습니다. 이 말은 가까운 데서 시작하여 먼 데 이른다는 뜻인데 저는 나라는 잘 다스렸으나 집안은 어지럽히고 말았으니 거꾸로 된 셈이 아니겠습니까? 어떻게 해야 저 두 사람을 구제할 수 있겠습니까? 가르쳐주시기 바랍니다."

등석이 말했다. "저도 괴이하게 여기고 있었는데 감히 먼저 말씀드리지 못했습니다. 당신은 어찌 생명의 중요함과 예의의 엄중함으로 때에 맞추어 그들을 다스리지 않으십니까?"

자산은 등석의 말을 듣고 틈을 내 두 사람을 찾아가 이렇게 일렀다. "사람이 짐승보다 귀한 까닭은 지혜를 갖고 있기 때문이고 그중에서도 중요한 것은 예의입니다. 그 때문에 예의를 갖추면 명예와 높은 지위가 따라오는 것입니다. 만약 욕정에 이끌려 움직이고 하고 싶은 대로 산다면 생명을 위태롭게 할 것입니다. 그대들이 내 말을 듣고 지금까지의 행실을 후회한다면 바로 벼슬이 주어질 것입니다."

공손조와 공손목이 말했다. "우리도 그런 사실을 안 지 오래되었고 이렇게 살기로 마음 먹은 지도 오래되었으니 어찌 당신의 말을 듣고 비로소 알게 되었겠습니까? 무릇 사람이 태어나기는 어려우나 죽기는 쉽습니다. 누군들 얻기 어려운 생명을 타고 나서 쉽게 죽기를 바라겠습니까? 예의를 갖추어 사람들에게 과시하고 타고난 본성을 꾸며 명예를 꾀하는 일은 우리로서는 죽기보다 싫은 일입니다. 평생의 환락을 다하고 이 순간의 즐거움을 누리고자 할 뿐입니다. 오히려 배탈이 날까 염려하여 맛있는 음식을 먹지 못하고, 힘을 허비할까 걱정하여 여색을 좋아하지 못하며, 명성에 누가 될까 걱정하여 허둥지둥한다면 이야말로 생명을 위태롭게 하는 일입니다. 그대는 나라를 다스리는 일이 다른 일보다 중요한 것처럼 과장하고 그럴듯한 말로 우리의 마음을 어지럽히려 하고 영예와 녹봉으로 우리의 뜻을 기쁘게 하려 하니 이 또한 비루하고 가련한 일이 아니겠습니까. 우리는 그대와 작별하고자 합니다. 무릇 바깥을 잘 다스리려고 하는 자는 세상이 다스려지지 않으면 몸이 고달프고, 내면을 잘 다스리려고 하는 자는 세상이 다스려지지 않더라도 본성이 편안합니다. 그대가 바깥을 다스리는 것은 잠시 한 나라에 시행될 수 있으나 모든 사람의 인심에 부합하는 것은 아니지만 우리가 내면을 다스리는 것은 천하에 미루어 갈 수 있으니 그렇게 되면 군신간의 도리도 필요 없게 됩니다. 우리는 이런 도리로 그대를 깨우치려고 했는데 그대는 도리어 그대의 도리를 가지고 우리를 가르치려고 하십니까?"

자산은 멍하니 대꾸할 말을 찾지 못했다. 며칠 뒤 자산이 등석에게 두 사람과 만나서 나눈 이야기를 일러주자 등석은 이렇게 말했다. "당신은 참다운 사람과 함께 살면서도 알아차리지 못했군요. 누가 그대를 지혜롭다 했습니까? 정나라가 잘 다스려지는 것은 우연일 뿐 그대의 공이라 할 수 없겠습니다."

삶과 죽음을 모두 자연에 맡겨라

맹손양(孟孫陽)이 양주에게 물었다. "여기에

어떤 사람이 있는데 생명을 소중히 여기고 몸을 아껴 죽지 않기를 바란다면 그게 가능하겠습니까?" 양주가 말했다. "죽지 않을 도리는 없습니다." 맹손양이 말했다. "오래 살기를 바라는 것은 가능합니까?" 양주가 말했다. "오래 사는 도리도 없습니다. 생명은 소중히 여긴다고 해서 보존되는 것이 아니고 몸도 아낀다고 해서 풍요로워지는 것이 아닙니다. 또 무엇 때문에 오래 살기를 바라겠습니까? 다섯 가지 감정과 좋아하고 싫어하는 마음은 예나 지금이나 같고 사지의 편안함과 위태로움도 예나 지금이나 같으며 세상사의 괴로움과 즐거움도 예나 지금이나 같고 치세와 난세가 뒤바뀌는 것도 예나 지금이나 같습니다. 그런 일을 이미 들었을 뿐 아니라 직접 보고 경험하기까지 했으니 백 년도 너무 길다고 싫증 낼 만한데 하물며 더 오래 사는 괴로움이겠습니까?" 맹손양이 말했다. "말씀대로 빨리 죽는 것이 오래 사는 것보다 낫다면 창과 칼을 밟고 끓는 물에 몸을 던지면 뜻을 이룰 수 있겠습니다." 양주가 대답했다. "그렇지 않습니다. 이미 태어났다면 삶을 그대로 자연에 맡겨두고 바라는 것을 추구하면서 죽음을 기다릴 뿐입니다. 장차 죽게 되면 죽음 또한 그대로 자연에 맡겨두고 가는 길을 따라 가다가 다함에 이를 뿐입니다. 삶이든 죽음이든 맡겨두지 않음이 없으니 그사이에 어찌 빠르고 더딤이 있겠습니까?"

터럭 한 올을 뽑아서 천하를 이롭게 할 수 있다 해도 하지 않는다

백성자고(伯成子高)는 터럭 한 올을 뽑아서 천하를 이롭게 할 수 있다 해도 하지 않겠다며 나라를 버리고 농사를 지으며 숨어 살았다. 우(禹)임금은 자신을 위해 일하지 않고 천하를 위해 한 몸을 바쳐 피골이 상접했다. 옛 사람들은 터럭 한 올을 뽑아서 천하를 이롭게 하지도 않았고 천하의 모든 사람들이 한 사람을 받드는 것도 받아들이지 않았다. 사람들이 모두 터럭 한 올을 뽑지 않고 사람들이 모두 천하를 이롭게 하려 하지 않으면 천하는 저절로 다스려질 것이다.

금자(禽子)가 양주에게 물었다. "당신의 몸에서 터럭 한 올을 뽑아서 세상을 구제할 수 있다면 그렇게 하겠습니까?" 양주가 말했다. "세상은 터럭 한 올로 구제할 수 없습니다." 금자가 말했다. "가령 할 수 있다면 그렇게 하겠습니까?" 양주가 대답하지 않았다. 금자가 밖으로 나가 맹손양에게 있었던 일을 말했다. 맹손양이 말했다. "그대는 선생님의 마음을 이해하지 못했군요. 제가 시험 삼아 묻겠습니다. 만약 그대의 살갗을 조금 벗겨내서 만금을 얻을 수 있다면 그대는 그렇게 하겠습니까?" 금자가 대답했다. "그렇게 하겠습니다." 맹손양이 말했다. "그대의 팔다리를 부러뜨려서 한 나라를 얻을 수 있다면 그렇게 하겠습니까?" 금자는 대답하지 못했다. 맹손양이 말했다. "터럭 한 올은 살갗에 비해 하찮은 것이고 살갗은 팔다리에 비해 하찮은 것이지만 터럭 한 올이 모여 살갗을 이루고 살갗이 모여 팔다리를 이루는 것입니다. 터럭 한 올은 참으로 신체의 만분의 일도 안 되는 물건이지만 어찌 가볍게 여길 수 있겠습니까?" 금자가 말했다. "나는 뭐라 대꾸할 말이 없습니다. 하지만 그대의 말을 노담(老聃)이나 관윤(關尹)에게 전하면 그대의 말이 옳다 하겠지만 내 말을 우임금이나 묵적(墨翟)에게 전하면 내 말이 옳다 할 것입니다." 맹손양은 고개를 돌리고 자신의 벗들과 다른 이야기를 하기 시작했다.

명예는 쓸모없는 물건이다

양주가 말했다.

"세상 사람들은 모두 순(舜)임금, 우(禹)임금, 주공(周公), 공자(孔子)를 칭송하고 걸(桀)왕과 주(紂)왕은 비난한다. 하지만 순은 하양에서 밭 갈고 뇌택에서 그릇을 구우면서 사지가 잠시도 편안할 겨를이 없었고 맛있는 음식을 먹지도 못했으며 부모의 사랑을 입지도 못하고 형제자매가 가까이 하지도 않았다. 서른이 되어서 부모에게 알리지 않고 장가를 들었고 요임금의 자리를 물려받았을 때에는 나이가 너무 많아 지혜가 이미 쇠잔해졌다. 아들이었던 상균(商鈞)의 재능이 뛰어나지 못해 우(禹)에게 임금 자리를 물려주고 쓸쓸하게 죽음에 이르렀으니 천하에서 가장 괴로운 사람이었다.

우임금의 아버지 곤(鯀)은 치수를 담당했지만 여러 해가 지나도 공을 이루지 못하고 우산에서 죽임을 당했다. 우는 치수 사업을 이어받고 아버지를 죽인 원수인 순을 섬기며 오직 거친 토목 공사에 매진하여 자식이 태어나도 돌보지 못하고 집 문 앞을 지나면서 들어가 보지도 못했다. 몸은 비쩍 마르고 손발은 모두 굳은 살이 박혔는데 순임금의 자리를 물려받은 뒤에는 자기가 머무는 궁궐은 낮게 짓고 예복만 아름답게 치장하다가 쓸쓸하게 죽음에 이르렀으니 천하에서 가장 근심 걱정이 많았던 사람이었다.

무왕이 죽고 아들 성왕의 나이가 어려 주공이 천자를 대신해 다스렸다. 이때 소공이 불만을 품고 사방에 유언비어를 퍼뜨리자 주공은 동쪽 낙양에 3년간 머물면서 형을 죽이고 아우를 유배 보낸 뒤에야 겨우 자신을 보전할 수 있었다. 이렇게 살다가 쓸쓸히 죽어갔으니 주공은 천하에서 가장 위태로웠던 사람이다.

공자는 제왕의 도리에 밝아 당시 임금들의 초빙에 응했으나 송나라에서는 환퇴가 나무를 쓰러뜨려 해치려는 위험을 당했고 위나라에서는 머물렀던 자리마저 소멸되는 화를 당했으며 상과 주에서는 곤경에 빠졌고 진나라 채나라 사이에서는 포위를 당했으며 계씨와 양화에게 갖은 모욕을 당하다가 쓸쓸히 죽음에 이르렀으니 천하에서 가장 바빴던 사람이다.

무릇 이 네 성인은 살아서는 하루도 기쁜 날이 없었다가 죽어서 영원한 이름을 얻었다. 그러나 이름이란 본디 실리와는 상관이 없는 것이다. 세상 사람들이 아무리 칭송하더라도 죽은 사람은 그것을 알 수 없으며 아무리 커다란 상을 내리더라도 죽은 사람은 그것을 받을 수 없다. 그렇다면 이름이란 나무 그루터기나 흙덩이처럼 쓸모없는 물건과 다를 것이 없다.

반면 폭군이었던 걸왕은 여러 세대에 걸쳐 천하를 다스리는 존귀한 자리를 차지했으니

사사표(査士標, 1615~1698)의 산수화

지혜는 충분히 여러 신하들을 굴복시킬 수 있었고 위엄은 천하에 진동했다. 눈과 귀가 하고 싶은 것들을 마음껏 즐기고 뜻이 바라는 것을 실컷 누리며 즐겁게 살다가 죽음에 이르렀으니 그는 천하에서 가장 방탕했던 사람이다.

주왕은 여러 세대에 걸쳐 천하를 다스리는 존귀한 자리에 앉아 위엄을 두려워하지 않는 이가 없었고 뜻대로 하지 못함이 없었다. 호화로운 궁전에서 제멋대로 정욕을 발산하고 긴긴 밤을 욕정에 탐닉하며 예의범절로 자신을 괴롭히지 않아서 즐겁게 살다가 죽임을 당했으니 주왕은 천하에서 가장 방자한 사람이었다.

이 두 흉악한 사람은 살아서는 즐거움을 마음껏 누렸지만 죽어서는 어리석은 폭군이라는 이름을 얻었다. 그러나 실리는 본디 이름과 부합하지 않는 것이다. 아무리 헐뜯어도 죽은 자는 알 수 없으며 아무리 칭송해도 죽은 이는 알 수 없으니 이름과 같은 것들은 나무 그루터기나 흙덩이처럼 쓸모없는 물건과 차이가 없는 것이다.

네 성인은 비록 아름다운 이름을 얻었지만 한평생 괴롭게 살다가 결국에는 죽음에 이르렀다. 두 흉악한 자들은 비록 악명을 얻었지만 평생토록 즐겁게 살다가 그들 또한 똑같이 죽음에 이르렀을 뿐이다."

내 몸과 외물(外物)을 사유해서는 안 된다

양주가 말했다.

"사람은 천지를 닮은 존재로 인의예지신(仁義禮智信)이라는 오상(五常)을 품고 있으며 생물 중에서 가장 영명한 존재다. 사람의 발톱과 이빨은 스스로 지키기에 부족하고 피부는 스스로 방어하기에 부족하며 달리는 속도는 해로움으로부터 도망치거나 이익을 쫓아가기에 부족하고 터럭은 추위와 더위를 막기에 부족하다. 그 때문에 사람은 반드시 외물(外物)에 의지해야 삶을 기를 수 있다. 사람은 타고난 본성상 지혜에 의지하고 힘을 믿지 않으니 지혜를 소중히 여기는 것은 나를 보존해주기 때문이고, 힘을 천시하는 것은 힘으로 맞서면 외물의 해침을 당하기 때문이다. 그러나 내 몸은 나의 소유가 아니다. 이미 태어났다면 몸을 보전하지 않을 수 없다. 외물 또한 나의 소유가 아니지만 이미 얻었다면 버려서는 안 된다. 몸은 본디 생명의 주인이고 외물 또한 생명을 기르는 주인이다. 비록 살아 있는 몸을 온전히 보전하더라도 몸을 소유해서는 안 되며 비록 외물을 버리지 않더라도 외물을 소유해서는 안 된다. 외물을 소유하고 몸을 소유하는 일은 천하의 몸을 멋대로 사유하는 것이고 천하의 외물을 멋대로 사유하는 것이다. 천하의 몸을 멋대로 사유하지 않고 천하의 외물을 멋대로 사유하지 않는 사람은 오직 성인일 것이다. 천하의 몸을 공공의 것으로 삼고 천하의 외물을 공공의 것으로 삼는 사람은 오직 지극한 사람일 것이다. 이것을 일러 지극함에 이르렀다고 한다."

(전호근, 2023)

양주(楊朱, 기원전 440~기원전 360)

중국 전국시대(기원전 475~기원전 221) 초기의 도가 철학자. 양자, 양자거, 양생이라고도 한다. 위(魏)나라 사람으로 중국 역사에서 철저한 개인주의자이며 쾌락주의자라는 비난을 받았다. 양주는 방종과 방탕이 아닌 자연주의의 옹호자였다. "삶을 대하는 유일한 방식은 방해하지 말고 그대로 내버려두는 것이다"라고 하여, 즐겁게 사는 것은 자연스럽게 사는 것이며 이는 자신에게 달려 있는 것이라고 주장했다.

8

행복한 자아를 팝니다

에바 일루즈/에드가르 카바나스

현대는 '행복'의 시대이다. 우리는 하루에서 몇 번씩 '행복'이라는 단어를 입에 올리며 살아가고, 광고는 우리에게 상품이 아니라 '행복'을 판매한다. 이 상품을 구매하거나 사용하면 저절로 '행복'이 뒤따라오는 것처럼 말이다. 어디 그뿐인가. 휴대전화 문자나 이메일을 주고받을 때면 '행복한 하루 되세요'라는 문장을 습관적으로 사용한다. 이런 현상을 놓고 보면 '행복'의 시대보다는 수단과 방법을 가리지 않고 '행복해야 하는' 시대라는 말이 더 잘 어울릴 듯하다. 오늘날 사람들은 이러한 현상을 가리켜 '행복 산업'이라고 부른다. 문제는 이러한 논리는 부와 가난, 성공과 실패, 건강과 질병이 모두 개인이 책임져야 할 것이라는 생각을 퍼뜨린다는 것이다. 행복한 개인으로 살아가기 위해서는 특정한 상품을 구매해야 하고, 자신의 생각이나 감정을 이성적이고 전략적으로 지배할 수 있는 자기 관리의 주체가 되어야 한다는 주장이야말로 이데올로기가 아닐까?

웹사이트 '변화의 가능성(Possibility of change)'에는 개인사를 고백하는 글들이 수천 개씩 올라온다. 자신의 놀라운 변화에 대한 이야기, 역경과 싸워 마침내 승리한 이야기다. 사용자들은 삶을 수월하게 해준다는 정보들을 열심히 주고받는다. 코치, 카운슬러, '자조론' 전문 작가가 여기 와서 광고를 해대고 누구든 더 나은 삶과 행복의 비결을 얻고자 하면 큰돈 들이지 않고도 자기네들의 서비스, 노하우, 기법을 이용할 수 있노라 홍보한다. 예를 들어 인터넷에서 활발하게 활동하는 코치 에이미 클로버는 자기가 어떻게 우울증과 강박 성향을 극복하고 마침내 행복을 알게 되었는가를 거의 하루도 빠짐없이 이야기한다. 비결이 무엇이었느냐고? 모든 것은 오로지 자기 하기에 달렸다는 자각, 결국은 자기 생각과 감정을 지배해야 한다는 깨달음, 그리고 자기 상황을 긍정적으로 바라보는 시각이었다나.

> 나는 늘 행복한 사람들은 연기를 하는 거라고 생각했다. (……) 나는 그날그날이 전쟁 같은 나날에 너무 익숙한 나머지 편안한 마음으로 또 하루를 맞이하는 삶을 상상할 수조차 없었다. 다른 사람들이 정말로 행복할 수 있다는 것도 이해가 가지 않았다. 아니, 어쩌면 그저 이해하고 싶지 않았는지도 모르겠다. (……) 나는 술을 많이 마셨고 살 빼는 약을 먹었다. 더 매력적인 사람, 외모만으로 시선을 확 끄는 사람이 되고 싶었다(그래야 남들이 내 외모 외에는 아무것도 보지 않을 테니까, '정말로' 문제가 있는 부분은 보지 않을 테니까). 함정에 빠진 기분이었다. 내가 내 문제에 꽁꽁 매여 사는 것 같았다. 어떨 때는 도저히 벗어나지 못할 거라는 생각이 들 만큼. (……) 그리하여 나는 내 삶을 완전히 바꾸기로 결심했다. 그 후 몇 년 동안, 정말 믿을 수 없게도, 나는 우울증에서 차츰 벗어났다. 나는 포기하지 않기를, 힘든 일에도 지지 않기를 선택했다. 자주 실패했지만 무너질 때마다 반드시 다시 일어났다. 7년이 지난 지금, 나는 힘들어하는 이들을 돕겠다는 의지가 투철하고 활력 넘치는 전문 코치가 되어 있다. 나는 여러분의 힘, 여러분의 행복을 방해하는 모든 것을 알려줄 수 있다. 여러분의 현 상황은 별로 중요하지 않다. 사는 게 행복하다고 느껴지지 않는다면 뭔가 바뀌어야 하는 부분이 있는 거다. 절망의 안개 속에 머물기에는 인생이 너무 짧다. (……) 물론 우리가 어찌할 수 없는 질병, 문제, 상황은 분명히 있다. 그런 것들은 바뀌지 않는다. 하지만 그것들에 어떻게 반응하느냐는 여러분에게 달렸다. 그것들이 정말로 심각한 위협이 될 때 어떻게 하느냐는 여러분에게 달렸다. (……) 내가 심리치료를 열렬하게 옹호하는 이유는 실제로 심리치료가 나를 살리는 역할을 했기 때문이다. 설령 심리적 문제가 없다는 진단을 받은 사람 일지라도, 심리치료가 진정한 행복을 가로막는 어떤 정신적 혼란, 아주 오래전부터 떨치지 못했던 곤란한 심경을 말끔히 해소하는 쪽으로 도움을 줄 수 있다. (……) 가장 중요한 것은 행복을 선택하는 것, 행복을 쟁취하기를 선택하는 것이다. 언제나 꿈꿔왔던 삶을 살아보면 어떨까? 잡지에서 볼 수 있는 성공담을 직접 살아보면 어떨까? 여러분도 세상을 더 좋은 방향으로 변화시키는 사람이 되지 말란 법 있을까?

이 이야기는 여느 사연들과 마찬가지로 우리가 여기서 살펴보려는 몇 가지 생각을 분명하게 드러낸다. 우선, 행복이 얼마나 도덕적·심리적으로 성공한 삶의 기준이자 인생의 꼭대기가 되었는지를 새삼 명백히 볼 수 있다. 그 꼭대기에 다다르려면 자기 개선에 힘써야 하고, 싸워야 하고, '스스로 도우며', 장애물조차 반드시 잡아야 할 기회로 변화시켜야 한다. 이 이야기의 출발점은 개인의 노력이 항상 보답을 받는다는 원칙이다. 행복하고 긍정적인 순간과 연약함, 고통, 실패의 순간에 대한 구분도 흥미롭다. 전자는 남들에게 보여주어야 할 것처럼 얘기되지만 후자는 잘 다스리지 못한 약해빠진 정신의 부끄러운 표출이니만큼 감춰야만 한다("나는 술을 많이 마셨고 살 빼는 약을 먹었다. 더 매력적인 사람, 외모만으로 시선을 확 끄는 사람이 되고 싶었다"). 에이미는 자기가 겪은 어려움을 공유하지만 그렇다고 해서 위에서 설명한 내용이 달라지지는 않는다. 일단 행복을 '싸움', 즉 자기 자신과의 싸움이자 역경과의 싸움으로 보는 생각은 더 강해진다. 게다가 그러한 어려움은 나중에, 회고적으로만 이야기된다(에이미는 행복의 길을 가기로 결심한 후 비로소 스스로 자기 개선의 한 예가 되기 위해 자기가 겪은 어려움을 말하기로 결심한다).

둘째, 이러한 인생 사연들은 행복이 얼마나 막연하고 일반적인 이야기를 바탕으로 구성되는지 보여준다. 결국 어떤 상황에서든 각자 적응하려고 노력하는 게 중요하다는 이 이야기는 늘 동일한 도식, 모든 것에 갖다 붙이는 심리치료의 도식과 흡사하다. 우선 문제가 있음을 아는 게 중요하다. 그다음에는 스스로 해결해 보겠다고 굳게 결심한다. 필요하다면 전문가의 도움을 받는다. 그리고 에이미의 자화상에서 알 수 있듯이 자기 생각과 감정을 고려하는 방식 자체를 바꾼다. 이런 이야기는 특별한 길을 전혀 제시하지 않는다. 이 '프리사이즈'가 어떻게 자기 삶, 자기 문제에도 적용될 수 있는지 깨닫는 것은 각 사람의 몫이요, 그들이 어떤 사람들인가는 아무 상관이 없다. 행복학자들과 그 업계 사람들은 삶에 의미를 부여하는 것이 행복하게 사는 데 중요하다고 주장하지만 그게 결국 무슨 뜻인지 명확하게 설명하려는 노력은 하지 않는다. 그들은 이 질문에 답하는 것은 각자의 몫이라는 말만 되풀이한다. 알맹이 없는 막연한 이야기는 아무 데나 갖다 붙이기 딱 좋다. 이 이야기는 아주 다양한 상황에 적용할 수 있거니와 아주 많은 사람이 공유할 수 있다. 사실, 여기서 뭔가 개인적인 특성이 보이면 사람들이 자기 것으로 삼을 수 없을지도 모르겠다.

셋째, 이 이야기는 다른 이야기들과 마찬가지로 (삶의 만족 수준과 상관없이) 누구나 더욱더 행복해지기를 원한다는 원칙에서 출발한다. 여기서 행복은 단지 부정적이지 않은 상태가 아니라 긍정적인 방향으로의 지속적 개선을 뜻한다. 사실, 행복은 특정 단계 혹은 삶의 최종 단계처럼 제시되지 않고 지속적인 과정으로 제시된다. 누구나 참여하는 끝없는 자기 개선의 과정, 자기를 만들어가는 과정 말이다. 이 이야기는 자기 개선의 약속과 자아의 근본적인 불완정성이라는 전제를 한데 묶는다. 개인은 여기서 원칙적으로 불완전한 존재, 늘 뭔가 더 보완하거나 발전시켜야 할 존재다. 그렇기 때문에 충만하고 온전한 행복과 자기 계발은 언제나 다다를 수 없는 이상으로 남는다.

우리의 주제를 제대로 이해하려면 이러한 측면들이 모두 중요하다. 사실 행복이 오늘날 왜 이렇게 시장에서 잘나가게 됐는지, 어떻게 그 자체로 하나의 엄연한 상품이 되었는지 알려면 이러한 측면들을 들여다보아야 한다. 행복은 이제 다른 상품을 팔 때 써먹기 좋은 슬로건으로만 머물러 있지 않다. 행복은 이제 단골들을 허망하고 덧없는 기쁨으로 유인하는 기만적인 약속이 아니다. 행복은 시장에서 개인의 발전과 '역량 증진(empowerment)'을 평가하는 잣대라는 점에서 명실상부한 '상품'이 되었다.

'이모디티(emodities)', 즉 정서적 상품의 수요와 공급이 날로 증가하는 이 시대에, 행복은 이미 수십억 이상을 좌우하는 세계적인 산업의 물신적 상품이 되었다. 정서적 상품들은 단지 즐거움, 평온, 해방감, 희망, 위안 등을 잠시 제공하는 게 아니다. 이 상품들은 무엇보다 행복의 추구를 라이프스타일, 존재와 행동의 방식, 그 자체로 독립적인 사고방식으로 정착시키고, 신자유주의 사회의 시민들을 진정한 '사이티즌(psytizen)'으로 만드는 데 이바지한다.

사이티즌은 개인주의적이고 소비 지상주의적인 주체성이다. 이 주체성을 드러내는 신자유주의 사회의 시민들은 근본적으로 행복의 추구가 제2의 천성이 되어 있는 고객들, 자신의 가치는 언제나 자신을 최적화할 수 있는 역량에 달려 있다고 생각하는 사람들이다. 우리가 다른 지면에서도 주장한 바 있듯이, 이 개인성 모델은 시장의 요구(정서적 '자기 조절', 진정성, 끊임없는 자기 개선 등 자본주의가 부추기는 태도)와 완벽하게 맞아떨어질 뿐 아니라 거기서 더 나아간다. 이 모델은 그러한 전제들을 감정적이고 심리적인 어법으로 다시 쓰고 재생산함으로써 정당성까지 부여한다. 우리는 행복이 시장에 딱 맞춰진 데다가 시장이 행복을 감정이 아니라 일종의 규범으로 만들었다는 점을 생각해야 한다. 이 주장은 심리치료 문화에 대한 사회학적 분석들과 맞닿아 있으며, 시장과 행복 이데올로기의 동질적 관계에 대한 이전의 연구들과도 맞닿아 있다.

우리는 지금부터 행복 상품화의 다양한 형태와 이 상품들이 전제하고 겨냥하는 주요한 심리적 특성이 (학문적 지식과 전문성이 긴밀하게 연합한 상황에서) 어떤 밀접한 관계를 맺고 있는지 살펴볼 것이다. 그러한 심리적 특성은 사이티즌의 전형적 성격에 부합한다. 그렇기 때문에 완전히 행복한 사이티즌은 최적 기능을 할 수 있다. 우리는 '자기감정관리', '진정성', '자아실현'이 행복 산업과 활발히 상호작용하는 사이티즌의 성격을 가장 잘 규정하는 세 가지 심리적 특성이라고 본다. 이러한 심리적 특성들은 서로 긴밀하게 얽히고설켜 있으나 우리는 이것들을 하나씩 따로 살펴보려 한다.

감정을 '관리'하세요!

행복한 개인은 자신의 생각과 감정을 이성적이고 전략적으로 '지배'할 수 있는 사람이니만큼, '자기 관리'는 그러한 개인의 가장 주요한 특징 중 하나일 것이다. 이 사람은 스스로 동기 부여가 되고, 유리하지 않은 상황에서도 집념을 드러내고, 효율적으로 활동하며, 성공의 기회를 극대화한다. 긍정심리학 지지자, 자조론 저자, 코치, 그 외 모든 행복 전문가들이 거듭 주장하는 대로라면, 자기 자신을 잘 다스리는 능력을 습득하고 계발하는 것은 삶의 모든 영역에서 대단히 중요하다. 가령 피터슨과 셀리그먼은 분별력에 대한 저작에서 "자제력을 꾸준히 훈련하는 어린이, 청소년, 성인이 더 행복하고, 더 생산적이며, 더 성공을 많이 거둔다"라고 썼다.

미셸 푸코를 위시한 여러 저자가 이들의 주장을 매우 설득력 있게 비판했다. 일단 자기 자신을 지배하려는 태도는 (인생을 자기 마음대로 다스릴 수 있다는 생각을 바탕에 깔고 있거니와) 자기에게 일어난 모든 일이 자기 책임이라고 믿게 만든다. 그러한 믿음은 실증적이고 과학적인 것처럼 보이는 담론이 자기 관리를 심리적 특징으로 보는 데 그치지 않고 개인의 기술인 것처럼 만들기 때문에, 즉 이데올로기의 요구를 자연스럽고 보편적인 속성인 것처럼 변형시키기 때문에 더욱 강화된다. 행복학자들은 누구나 자기 자신을 전적으로 다스릴 수 있는 동일한 심리 기제 혹은 동일한 내적 근육을 지니고 있다고 주장한다. 무엇보다. 그들은 적합한 심리학적 기법들을 활용하기만 하면 이 기제를 얼마든지 계발하고 개선할 수 있다고 본다.

행복을 습관으로 삼으세요

정신 및 신체 건강 증진, 질병 예방, 스트레스와 무력감 극복, 실패를 긍정적이고 생산적인 방향으로 생각하기 등, '과학적으로 입증되었으며' 각 사람의 욕구와 상황에 부합할 수 있다는 다양한 기법들은 이 모든 것이 가능하다고 약속한다. 어떤 기법들은 성공과 실패의 원인을 이성적으로 생각하도록 인지 및 정서 유형을 변화시키고 좀 더 많이, 좀 더 긍정적으로 자기 가치 확인을 할 수 있도록 돕는다고 한다. 또 어떤 기법들은 희망을 가르쳐준다고 하는데, 여기서 희망 훈련은 "원하는 것으로 나아가는 길을 만들 수 있음(pathways thinking, 경로 사고)과 그 길로 나아갈 동기를 스스로 끌어낼 수 있음(agency thinking, 주도 사고)을 감지하는 목표 지향적 사고"로 정의된다. 그 밖에도 실생활에서 감사와 용서를 실천하게끔 돕고 긍정적 태도, 즉 "사람이 얼마나 자기 미래에 이로운 기대를 키울 수 있는지 보여주는 개인적 변수"를 강화하는 기법들이 있다.

이 기법들의 예외 없는 공통점을 짚고 가는 게 중요하다. 일단, 이 기법들은 신속하게 소비될 수 있게끔 각별히 고안되었다. 심리를 근본적으로, 구조 자체를 바꾼다는 기법은 없다. 이 기법들은 철저하게 일상생활의 실제 측면들만 겨냥하고, 그러한 측면들을 쉽게 이해하고 다스리고 조직하고 수정할 수 있는 것처럼 말한다. 다른 한편으로, 이 기법들은 그리 크지 않은 노력과 투자만으로도 신속하게 얻을 수 있고 쉽게 측정 가능한 결과를 약속한다. 또한 심오하고 복잡한 분석을 끌어들이지 않고 이해하기 쉬운 실질적 조언을 제공함으로써 일상의 어려움을 해결하고 장애물을 생산적 자극으로 바꾸는 법을 가르친다고 말한다.

그런데 첫째, 이 기법들은 무의식을 완전히 묵살한다. 인간 심리의 어떤 부분은 개인이 어찌할 수 없기 때문에 개인이 심리에 영향력을 행사하기는 매우 어렵다. 그런데 이러한 기법들을 신봉하는 자들의 주장대로라면 인간 심리는 온전히 알 수 있고 이해할 수 있는 것, 우리 뜻대로 탐색하고 조종할 수 있는 것이다. 둘째, 이 기법들은 전문적이지 않은 친근한 언어로 제공된다. '심리'와 친숙해지도록 돕는다는 핵심 용어들만 보더라도 '낙관주의', '희망', '자기 가치 확인', '감사', '만족' 등 일상 용어와 다를 바가 없다. 이처럼 기술적이지 않은 언어는 특히 '자기 치료'에 적합한 것, 다시 말해 자신의 욕구, 목표, 문제, 두려움 등을 완벽하게 이해하고 자기 자신을 치료하는 사람을 위한 것이다.

셋째, 이 기법들은 자기 자신과의 싸움, 자기 자신에 대한 비판적 판단과 비슷한 모든 것을 '자기 조절'이라는 말로 묵살한다. 정서적·인지적 자기 조절은 제법 수월한 과정처럼 묘사된다. 그러한 과정에서 개인은 성취, 장점, 긍정적 감정과 기억에 집중하고 부정적인 감정, 기억, 자기 평가를 피해야 한다.

습관, 즉 완전히 내면화되고 자동화된 일상 행동이야말로 이 기법들이 행복을 만들기 위해 목표로 삼는 것이다. 사실 이 목표는 긍정심리학과 코칭에서 허구한 날 부르짖는 주제요, 습관 하나만으로도 자조론 저술에서 독자적인 한 장르가 나올 지경이다. 자조론은 행복해지고 싶다면 행복을 추구하고 그러한 탐색을 일상에서 습관화하는 것이 가장 좋은 방법이라고 끊임없이 주장해왔다.

습관 만들기는 생각뿐만 아니라 감정에도 적용된다. 실제로 건강하고 생산적이며 최적 기능을 하는 개인이라는 정의는 정서 지능 개념을 통해 이루어진다. '정서 지능', 즉 "감정을 느낀 그대로 표현하고 감정을 활용하여 생각의 깊이를 더하며 감정을 이해하고 올바로 대처하여 정서적인 면에서 발전할 수 있는 역량"은 이제 모순 어법이 아니다. 정서 지능은 그 자체로 하나의 어엿한 자질이 되었을뿐더러 가장 중요한 자질 축에 든다. 상상할 수 있고 존재할 수 있는 모든 환경(특히 노동계와 시장경제 전반)에서 개인은 성공을 꿈꾼다면 반드시 이 자질을 습득해야만 하는 것처럼 되어버렸다. 정서 지능 같은 개념들은 일종의 사회적 요구와 정서적 합리화의 표현일 뿐이다. 그렇기 때문에 오늘날 감정이 신자유주의 사회에 에토스의 중심을 차지하는 것이다. 그리고 이 에토스에서 심리치료와 자기 돌봄은 필수적인 구성 요소다. 이 요소들이 정신적·신체적 건강과 사회적 적응의 주요한 원천으로 생각되므로 고통, 부적응, 정신적·신체적 질환 등을 겪지 않기 위해서라도 개인은 죽을 힘을 다해 이 요소들을 조절하고 한 걸음 더 나아가 '관리'까지 해야 한다. 점점 더 거세어지는 이 요구는 당연히 소비를 촉구한다. 그런고로 오늘날 소비자를 움직이게 하는 것, 언제나 더 많이 소비하게끔 소비자를 부추기는 것은 사회적 상승 욕구라기보다 자기 자신을 효율적으로 다스리고 싶은 욕구, 다시 말해 감정생활에 대한 조절 욕구다.

여러분 자신이 되세요!

진정성은 행복한 개인의 또 다른 필수 요소다. 인본주의심리학을 대표하는 인물 칼 로저스는 그의 저서 『진정한 사람 되기』에서 이 진정성을 키르케고르적이고 실존주의적인 의미로 정의했다. 그가 말하는 진정성은 "참다운 자기 자신으로서 존재함"이다. 로저스에 따르면, 진정성은 "겉으로 보이는 모습 뒤에 자기를 감추고 사실은 더 근원적이거나 무의식적인 수준에서 전혀 다른 태도를 취하기보다는" 아무 두려움 없이 자기 생각과 감정을 표현하는 것이다. 그가 생각하기에 사람이 되는 과정은 두 가지 주요 측면을 의미한다. 첫째, 사람이 되어가는 과정은 자신이 겪는 심리적 문제들의 근원이 자기 안에 있고, 그것이 다 기본적으로는 개인의 관점 문제라는 것을 깨닫게 되는 것을 의미한다. "행동에 직접 영향을 미치거나 아예 행동을 결정하는 것은 생물적이거나 문화적 요인들이 아니라, 뭐니 뭐니 해도 (어쩌면 유일하게) 이 요인들에 대한 지각이다. 달리 말하자면 행동을 결정하는 중요한 요소는 개인의 지각장(perceptual field)이다." 둘째, 사람이 되어가는 과정은 마음 깊이 자기다운 것이라고 느끼는 자질과 재능을 발견하는 것을 의미한다. 에이브러햄 매슬로는 이후에 이러한 측면을 더욱 발전시켰다. 매슬로는 『동기와 성격』에서 인간이 자기가 어떤 일에 적합한가를 발견하고 실행함으로써 개인적 차원에서 자기를 실현하게 된다고 주장한다. "자기 자신과 완전히 평안하기를 원한다면 음악가는 음악을 해야 하고, 화가는 그림을 그려야 하며, 시인은 시를 써야 한다." 자신에게 딱 맞는 바로 그 일을 잘 해냄으로써 개인은 인간적으로 발전해나간다. 자신에게서 깊이 우러난 자질과 재능을 구현할 때 심리적으로 건강한 삶, 자아실현과 일치하는 삶을 살 수 있다. 긍정심리학의 사도들은 이러한 접근법에 크게 기댔다. 그들에게도 진정성은 "숨김없이 자신을 보여주는 것", "진실하게 행동하는 것", "가식을 전부 벗어던지는 것", "자신의 감정과 행위에 책임을 지는 것"이다. 마찬가지 맥락에서 그들은 진정성 있게 행동하고 "자기가 잘 하는 일에 집중하는 개인이야말로 크나큰 성공을 거두게 마련"이라고 주장한다. 그렇지만 긍정심리학은 인본주의 심리학이나 이전의 다른 유파들, 이를테면 19세기 후반의 낭만주의 운동, 19세기 말 자유에 대한 접근과 개인주의, 20세기 미국에서 특히 성행한 종교적인 '뉴에이지' 운동들과 분명 다른 점이 있다. 긍정심리학은 진정성을 진화론적이고 실증주의적인 관점에서 굳이 다시 개념화하고 일종의 심리적 특성으로 만들었다. 이리하여 진정성은 생물학적 성격을 띠는 안정적인 특성, 객관적으로 측정하고 분류하고 기술하기에 무리 없는 특성이 되었다.

인격의 특징으로서의 진정성

피터슨과 셀리그먼의 저 유명한 '매뉴얼'은 진정성에 대한 '실증적' 접근을 뚜렷하게 보여주는 예다. 이 두 저자는 인간에게 보편적인 여섯 가지 '덕성'과 마찬가지로 보편적이지만 "생물학에 근거를 두고, 진화의 과정을 거치면서 종의 생존에 필요한 과업을 잘 수행하는 자질들로서 선택된" 스물네 가지 '강점'이 있다고 보았다. 이러한 덕성과 강점 중에서 '창의성', '끈기', '자기 통제', '정서 지능', '시민다운 행동', '타인을 지도하는 능력', '희망', '영성'이 눈에 띈다. 피터슨과 셀리그먼에 따르면, 이러한 덕성과 강점들의 특수하고 양적인 결합이 진정성을 규정한다. 그러니까 인간에게 진정성을 느끼게 하는 것, 사람을 기운 나게 하고 고무하는 원천은 덕성과 강점이다. 덕성과 강점은 사람이 바람직한 목표를 정하고 그것을 달성하는 데 크게 도움이 된다. 그리고 덕성과 강점은 어떤 상황에서든 완전히 안정적이다. 긍정심리학의 사도들은 이러한 전제들에 기대어 개인은 "진정성 있고 에너지를 북돋우는 방향으로 지각, 사유, 행동하는 데 결정적 역할을 하는" 심리적 특성들을 자연히 갖추고 있다는 생각을 널리 퍼뜨렸다.

이런 식으로 고찰된 진정성은 격려하고 고무해야 하는 것일 수밖에 없다. 따라서 진정성을 잘 계발하고, 사생활에서나 공적인 생활에서나 일상적으로 드러내는 것이 중요해졌다. 여기에는 진정한 자기 자신을 많이 드러낼수록 환경, 인간관계, 개인적 선택, 자기가 몸담은 기업 속에서 더 행복해질 수 있을 거라는 가정이 깔려 있다. 진정성은 개인으로 하여금 자신의 뿌리 깊은 본성에 걸맞게 행동하게 할 것이다. 그러므로 자존감을 살려주고 자기 효능감도 높여줄 것이다. 심리적으로 약해지거나 균열이 생길 때 자존감과 자기 효능감은 보호 장치가 되어줄 수 있으므로 이건 아주 중요한 문제다. 이리하여 진정성은 개인적 차원에서는 정신 건강과 동의어가 되었고 사회적 차원에서는 자율, 독립과 동의어가 되었다. 진정성은 자신감 넘치는 개인, 자신의 뿌리 깊은 정체성을 표현하는 데 거리낌 없는 개인의 특징이다. 게다가 이 진정성 있는 개인들은 '타인과 맞추어나가려'는 모습을 더 많이 보이고 더 '자발적이기' 때문에 신뢰할 만한 사람들이기도 하다. 진정성 있는 개인은 자연스레 자기가 흥미를 느끼고 준비도 되어 있는 업무를 선택하기 때문에 직장에서 진정성은 훌륭한 성과와 성공을 의미한다.

진정성이 효용의 동의어가 되는 순간부터 어떤 시장에서 꼭 필요한 것이 된다는 것, 이게 우리 논의의 핵심이다. 그 시장은 개인이 자신의 취향과 선호에 맞게 자아를 만들 수 있다고 가정하며 그러한 생각을 널리 전파하려고 아등바등한다. 그리고 이 생각은 개인적인 선택 하나하나가 선택 주체의 의지와 정체성을 정확히 반영할 것이라고 암시한다. 이것은 소비자가 짝퉁보다 진품을 선호할 거라는 의미가 아니라, 모든 소비 행동이 개인의 이미지에 진정으로 부합하는 선택을 표현하고 재확인해줄 거라고 여겨진다는 의미이다. 이리하여 시장과 행복학은 완벽한 일치를 보았다. 차이는 딱 하나, 시장은 진정성을 수많은 선택지 가운데 자신의 본성과 가장 잘 맞는 것을 고르는 행위로 보지만, 긍정심리학 신봉자들과 그 밖의 행복학자들은 개인이 자신에게 가장 자연스럽고 좋게 보이는 일을 하게 되는 일종의 반사 행동처럼 정의한다. "어떤 일을 해서 주관적 안녕감이 더 나아질 것 같은 생각이 든다면 일단 한번 해보세요." 이런 유의 문장은 긍정심리학 논문, '자조론' 서적, 돈이 많이 드는 코칭 강좌에서만이 아니라 상업 광고에서도 흔히 보인다.

진정성으로 장사를 하세요: 우리 자신이 브랜드가 되는 법

이제 진정성은 일급의 사회적 요구이자 행복한 개인을 규정하는 데 아주 중요한 과학적 개념이다. 이 개념은 고객들에게 심리적 자질 계발을 가르치기로 작정한 행복 산업에도 필수적인 것이 되었다. 그러한 조언들은 제공자가 누구냐에 따라서 다양한 형태를 취한다. 가령, 학계에서라면 개인이 지금까지 깨닫지 못했던 재능을 자기 안에서 발견하고 실행하게끔 도와준다는 다양한 방법을 고안하는 것이 중요하겠다. 학계는 그러한 목적으로 여러 가지 도구를 개발했는데 ISA(Individual Strength

Assessment, 개인 강점 평가), VIA(Values in Action, 행동의 가치) 같은 설문 검사들이 여기에 해당한다. 해피파이류의 애플리케이션들은 이러한 도구들을 득달같이 대중화했다. 우리가 보기에 이 도구들은 심리치료사와 내담자의 교류를 바탕으로 하는 심리치료 서비스를 잘 보여주는 예이다. 이러한 서비스 속에서 진정성은 발견해야 할 것이라기보다는 치료사와 내담자가 교섭하면서 함께 만들어나가야 할 것에 가깝다.

자기 관리 기법들도 다 그랬지만 진정성을 겨냥한 방법들 역시 근원적인 심리 문제, 트라우마, 부정적 정서를 치료할 정도의 포부는 없고 고객들에게 그저 '자기 발견'에서 출발하는 간단하고 힘들지 않으며 신속한 수단들만 제안한다. 요컨대 오로지 긍정적인 경험·관점·추억에 집중함으로써 '자기 자신을 발견하는' 방법들이라고 할까. 린리와 번스 같은 심리학자들은 "ISA 설문이 제기하는 물음들은 모두 응답자가 살면서 겪었던 가장 대단한 경험, 가장 강렬한 기쁨, 가장 큰 성공, 심원한 정체성, 습관적으로 가장 편안하게 느끼는 순간 등을 이야기하게끔 자극하는 데 그 목적이 있다"라고 지적한다. 자기 심리의 부정적 측면에 집중하는 사람은 주의력이 떨어지고 과제에 잘 몰입하지 못하는 경향이 있다나. 참으로 다행스럽게도 ISA 설문 같은 방법들은 주요 고객층에게 심리치료 몇 번만 받으면 이러한 과정을 충분히 내면화할 수 있고 그다음부터는 자기 자신에 대한 성찰을 더없이 건강한 습관으로 삼아 혼자서도 잘해나갈 수 있노라 약속한다("고객이 좋은 습관들을 쌓게끔 도우라. 그들이 몰두하고 싶은 일을 실제로 하는 습관을 들여 그러한 몰두가 자연스러운 것이 되게 하라").

코칭, 자조, 직업 경영에서도 심리학자들의 조언은 주로 실제로 지니고 있는 자질의 상징적 가치를 강력한 정서적·경제적 자산으로 삼으라는 것이다. 이런 의미에서 업계 전문가들은 긍정심리학의 사도들이 개발한 도구와 어휘에 기대지만 진정성은 '퍼스널 브랜딩'의 효과적 형태로 만들었다. 이 업계에서 진정성은 자기 홍보, 자기를 돋보이게 하는 효과적 형태일 뿐이다. 진정성은 자신의 브랜드 이미지에 이바지해야 한다. 이 개념은 최근 몇 년 사이에 다양한 책, 잡지, 웹사이트, 연수 프로그램 등에서 특히 화제가 되고 있다. 레이, 설리번, 체니 같은 연구자들은 이 현상의 역사적 변천과 사회에 미친 결과를 조목조목 비판적으로 분석했다. 그들은 이제 퍼스널 브랜딩이 단순히 불안한 경제 상황과 노동계에서 살아남으려는 직업적 전략만은 아니라고 본다. 노동계는 과거보다 훨씬 개인화되고 책임 소재가 불분명해졌기 때문에 경쟁이 심화되었다. 퍼스널 브랜딩은 우리가 이 책에서 이미 여러 번 문제시했던 과정, 즉 회사가 직면한 어려움의 책임을 노동자들 자신이 져야 한다고 노동자들을 설득하는 과정의 징후이기도 하다. 그러므로 이 개념은 개인화되고 책임 소재가 불분명해졌으며 신자유주의 이데올로기와 개인의 개인주의적 성공 신화에 완벽하게 부합하는 이 직업 세계를 정당화하기에 아주 편리한 개념이다.

퍼스널 브랜딩은 진정성의 상품화, 다시 말해 자기 상품화를 특히 잘 보여준다. 성공의 기회와 고용 가능성을 높이기 위해 자기 자신을 돋보이게 하는 기술로 정의되는 퍼스널 브랜딩은 자기 홍보와 진정성을 결합하여 개인을 멋지게 '포장'하며(좀 더 정확히 말하자면 개인이 '자기 자신을 잘 포장할 수 있도록' 도우며), 아예 대놓고 그렇게 한다. 퍼스널 브랜딩은 개인을 하나의 브랜드로 만들기 때문에 개인은 어떤 점에서 다른 사람들과 차별화될 것인지 정해야만 한다. 무엇이 자신을 타인들에게 없어서는 안 될 진정성 있는 인물로 만드는지, 무엇이 자신만의 (독특한) 강점이고 덕성인지, 타인들에게 영감을 줄 수 있는 자신의 개인적 가치관은 무엇인지, 자신을 훨씬 효과적으로 팔기 위해서 어떤 전략들을 취할 수 있는지 정해야만 하는 것이다. 개인은 일단 자신의 특이성을 정확히 파악하고 난 후에도 자기표현과 설득의 기술을 배워야 한다. 그러한 기술들로써 타인들에게 영향력을 끼치고 인맥을 효율적으로 '관리'해야 하기 때문이다. 굳이 말할 필요도 없이, 개인이 이 목표에 도달할 수 있도록 도와준다는 서비스들이 차고 넘친다. 특히 소셜네트워크상에서 말이다.

여러분 자신을 실현하세요!

2005년에 셀리그먼은 또 한 번 "계시"를 받았다. 이번에는 자기 집 정원이 아니라 펜실베이니아대학교(긍정심리학 사도들의 총본산)에서 '응용긍정심리학'을 한창 강의하던 중이었다. 셀리그먼이 이야기한 바로는, 어떤 똑똑한 여학생과 얘기를 나누다가 문득 인간 행복 이론(자신이 2002년에 『진정한 행복』을 통해 기초를 마련한 이론)이 행복에 반드시 포함되어야 하는 요소 하나를 간과했음을 깨달았다고 한다. 그 요소가 바로 자아실현이다.

자아실현이 셀리그먼에게 중요하게 보였던 이유는, 그가 생각하기에 이 개념만큼 행복과 개인의 성공 사이의 밀접한 관계를 잘 포착하고 있는 개념이 없기 때문이다. 그는 성공은 당연히 기쁨과 만족을 안겨주지만 그러한 성공이 개인의 진정한 역량을 잘 계발한 결과여야만 비로소 진정한 행복을 얻을 수 있다고 말한다. 셀리그먼은 이 조건에서만 개인이 자기 계발을 통하여 진정성을 느끼고 키워나갈 수 있다고 말한다. 그렇지 않다면 행복과 쾌락을 혼동하기 십상이라고 그는 결론 짓는다.

이런 면에서 자아실현이라는 개념은 긍정심리학이 행복경제학과 차별화되는 데 도움을 주었다. 사실, 행복경제학은 일반적으로 공리주의적이고 쾌락주의적인 관점을 취한다. 게다가 행복은 그 자체로 당연한 것이라는, 이데올로기적이고 동어 반복적인 정의에 대한 비판에 반박할 때에도 이 개념은 요긴하다. 레이어드가 재차 그랬듯이 행복경제학자들은 행복이 왜 보편적이고 가장 정당한 목표인지를 정당화할 필요가 없다고 주장했던 반면, 셀리그먼의 두 번째 계시는 긍정심리학의 사도들이 그러한 전제를 정당화하는 발판이 되었다. 행복을 추구하면 개인이 자신의 잠재력을 온전히 계발하고 최적의 기능을 다하는 데 도움이 된다. 덕분에 어떤 이는 유독 건강하게 살고 더 큰 성공을 경험한다. 하지만 이 추론이 행복경제학자들의 추론보다 덜 이데올로기적이고 덜 동어 반복적이라고 할 수 있을지는 논의를 해봐야 알 것이다. 어쨌든 이제 행복은 쾌락을 추구하기 때문에 좋은 것이라기보다 자기 개선을 추구하기 때문에 좋은 것이다.

"나는 이제 주관적 안녕감 측정의 기준이 자아실현이고 긍정심리학의 목표가 그러한 실현의 증진이라고 생각한다"라고 셀리그먼은 말한다. 정말로 자아실현을 하는 사람들(끊임없이 자아실현을 하는 사람들)이 그렇지 않은 사람들에 비해 정신적으로나 신체적으로 더 건강하고 생산성도 더 높다는 사실은 아주 많은 과학적 연구로 입증된 것처럼 보인다. 그들은 결혼 생활도 잘하고 친구들과도 잘 지낸다. 그들은 힘겨운 상황에 훨씬 더 효율적으로 대처할 수 있다. 물론, 우울증에 걸릴 위험도 훨씬 덜하다. 원칙은 이것이다. 그들이 인생에서 더 잘해나가고 있기 때문에 더 행복한 게 아니라 자아실현을 하면서 살기 때문에 인생에서 더 잘해나가고 더 행복하다는 것. 자아실현은 어떤 사회가 다른 사회들보다 유독 발전하고 앞서나가는 이유이기도 하다. 셀리그먼이 하는 말을 믿어보자면, 덴마크가 세계에서 가장 행복한 나라가 된 이유는 국민의 33%가 행복을 자아실현의 동의어라고 생각하기 때문이다. 그러므로 자아실현을 하며 살고 있다고 생각하는 국민이 전체 인구의 6%밖에 안 되는 러시아가 행복 순위에서 하위권에 머무는 것은 당연하다. 바꾸어 말하자면, 사회는 그 구성원들이 자아실현을 하면서 살아갈 때 발전하는 것이지 사회가 발전해서 구성원들이 자아실현을 더 잘하는 게 아니다.

'끊임없는 자아실현'이라는 생각은 긍정심리학 담론의 근본적인 요지다. 긍정심리학은 자아실현을 끝이 없는 과정으로 간주하고 이 과정이 지속된다는 조건에서만 개인적으로나 사회적으로나 유익이 있을 수 있다고 본다. 자아실현이 행복한 개인의 정의에서 핵심인 이유는 단지 이 개념이 다른 개념들([자기 생각과 감정의] 자기 관리, [덕성과 강점의] 진정성)까지 통합하고 설명할 뿐만 아니라, 끊임없는 자기 개선을 바탕으로 하는 탐색으로서의 행복을 가장 잘 표현하기 때문이다. 앞으로 보겠지만 이 개념은 발전한 자본주의 사회들의 탐욕과 지속적인 자기 개선의 핵심 요구에 완벽하게 부합한다.

새로운 유형의 '행복염려증': 쉴 새 없이 자기를 진단하고 만들어나가는 사람들

행복학이 제시하고 연출한 대로 행복을 탐색해나가는 자아상에는 양면성이 없지 않다. 개인은 스스로 키워온 이상적 시각에 자기를 맞추려고 애쓰지만 근본적인 완전성을 완전히 떨쳐버릴 수는 없다. '자아의 비(非)실현'이라는 상태를 영원히 벗어날 수는 없다는 얘기다. 자기 자신을 완전히 만족스럽게 다스리거나, 자기를 더 예리하게 파악하거나, 언제나 삶에 더 큰 의미를 부여하거나, 긍정적 시각과 회복 탄력성을 더 많이 불어넣을 수는 없다. 이러한 의미에서 자기를 잘 만들어나가려 노력하는 개인은 결코 완성을 보지 못하고 그 점은 전혀 놀라울 것이 없다. 그는 자기 자신을 언제나 조금 더 발전시킬 수 있는 대상으로 상정하고 있기 때문이다.

따라서 우리는 중대한 역설을 발견한다. 행복의 궁극 목적이 자아를 온전히 계발하고 실현하는 것이라고들 하지만, 이 이야기 속에서 자아는 근본적이고 영원한 불완전성으로 정의되어 있지 않은가. 자아의 불완전성은 이 이야기의 '풀기 어려운 문제들' 중 하나다. 불완전성은 자기 계발, 동기 부여, 실력 발휘의 추진력이다. 쉽게 말해, 자아는 불완전하기 때문에 애를 쓰는 것이다. 개인의 삶이 얼마만큼 성공했는가와는 별개로, 행복한 자아는 이 분야 전문가들의 도움을 받아가면서 끊임없이 자기 자신을 만들어나가고 자기 자신을 치료한다. 이 역설은 어떻게 그토록 쉽게, 행복을 완벽하고 귀중한 상품으로 만들 수 있었는지 설명해준다. 끝없는 자기 개선이라는 신자유주의의 이상이 항구적 소비라는 원칙과 완벽하게 맞아떨어지기 때문이다. '불완전성'의 개선이 모든 분야에 통하는 셀링 포인트(selling point)가 되었으므로 자아실현이 행복 산업에서 가장 큰 지분을 차지하게 된 것은 지극히 당연한 결과다. 미용, 스포츠, 친구 관계나 업계 인맥, 인지 유연성, 스트레스, 자기 가치 확인 등 어떤 것이 주제가 되더라도 그와 관련하여 교정해야 할 결함이나 좀 더 개선해야 할 자질이 있으니 새로운 상품 혹은 서비스를 이용하자는 생각을 깔고 갈 수가 있다. 자기 개선을 원치 않는다면 그 자체가 심리적으로 문제가 있다는 신호다. 따라야 할 요법, 시도해볼 만한 자기 진단법이나 자기

조절법, 버려야 할 악습, 몸에 익히면 좋은 습관, 새로운 치료, 달성해야 할 목표, 해볼 만한 경험, 만족시켜야 하는 욕구, 최적화해야 하는 시간 사용 등은 언제나 있다. 결코 더 바랄 수 없을 정도로 역량 있고 건강하며 행복한 사람은 아무도 없다.

자기 개선 개념이 점점 더 패권을 휘두르는 이유는 무엇인가? 그에 대한 가장 합리적인 설명은 소비자의 욕구(언제나 새로운 방법, 새로운 조언을 시도해보고 싶은 소비자의 욕구)가 점점 더 절실해지기 때문이라는 것이다. 이전의 시도들이 얼마나 성과가 있었는지는 중요하지 않다. (……) 소비 지상주의 사회에서 우리는 청바지 한 장을 사고서 그 한 번의 소비로 온전히 만족하지 않는다. 자기 개선에 대해서도 마찬가지다. 우리는 자기 개선을 한 번으로 만족스럽게 끝낼 수가 없다. 우리는 언제나 삶의 모든 부분, 모든 면을 개선하라는, 그리고 한꺼번에 개선하라는 자극을 받는다. 우리는 늘 더 활력이 넘쳐야 하고, 더 행복해야 하고, 더 건강해야 하고, 더 멋져야 하고, 더 차분하면서도 더 생산적이어야 한다. 그것도 오늘부터 당장, 이 모든 걸 한꺼번에 이뤄야 한다. 우리는 완벽한 삶을 영위하는 법을 알아야 하고, 그 앎을 완전히 명확하게 드러내야 한다.

우리는 시장이 강하게 부추기는 것은 개인의 완벽성이 아니라 자기 개선 강박을 평범하고 정상적인 것으로 만드는 것이라고 본다. 행복 산업이 새로운 유형의 "행복염려증" 환자들, 다시 말해 늘 자기 자신을 살피고 늘 자신의 심리적 문제를 바로잡을 생각을 하며 자기를 더 좋은 방향으로 변화시키고 개선하는 것이 정상적이고 잘 돌아가는 삶이라고 믿어 의심치 않는 소비자들을 양산함으로써 이익을 보는 것은 확실하다.

자기를 실현한 창업가

행복학은 일반적으로 조직 입장에서 요긴하다. 조직은 규제가 완화되고 불안정하며 경쟁적인 직업 및 경제 환경에서 유연성과 자율성을 갖춰야만 한다고 노동자를 설득해야 하는 입장이다. 따라서 조직이 자아실현 개념을 쌍수를 들고 환영한 것은 당연하다. 이 개념은 사회 이동을 하려면 자기 개선을 해야 한다고 설명하기에 너무나도 편리한 개념이기 때문이다. 여기서 이데올로기적 전제는 특히 중요하다. 사회를 떠받치는 것은 말 그대로 스스로 동기 부여가 가능한 개인들, 경제 활동을 좀 더 잘살기 위한 수단으로만 보지 않고 자기가 정한 목표나 꿈을 성취하려 애쓰고 여러 가지 위험과 리스크를 감수하면서도 인생 프로젝트를 잘 끌고 나감으로써 경제 발전에 이바지하는 개인들이다. 오늘날의 조직들은 이러한 이데올로기적 전제를 완전히 자기 것으로 삼았기에 이 전제를 과학적으로 뒷받침하거나 정당화할 수 있는 모든 것을 좋아라 한다.

이것이 현재 수많은 대학과 경제 연구 기관에 보편적으로 존재하며 활발히 연구되고 있는 창업가 정신 담론이다. 이 담론은 자아실현 개념과 경제 활동을 매우 인상적으로 결합한다. 끈기와 전략적 감각이 있지만 무모하고 스스로 동기 부여가 되는 인물로 제시되는 창업가는 사회 변화와 경제 발전의 원동력, 쉽게 말해 완벽한 신자유주의적 시민으로 간주된다. 창업가는 자기가 원하는 바를 뚜렷이 알고 목표를 향해 분연히 나아가며 불리한 여건에도 빠르게 적응한다. 그는 시행착오를 통해 배우고 실패에서 교훈을 끌어내며 자기에게 주어지는 기회를 잘 잡아 최선의 결과를 얻어낸다.

게다가 창업을 한다는 것은 순전히 개인적 선택의 문제다. 출신이나 인격에 상관없이 누구라도 창업을 할 수 있는 데다가 누구라도 대박을 터뜨리지 말라는 법은 없다. 창업을 한다는 것은 필연적으로 더 큰 행복을 만날 가능성이 있고, 더 큰 자신감을 내보이며, 자율성과 미래를 내다보는 혜안을 입증한다는 것이다.

그러나 창업가 정신 이데올로기가 원래 선진국에서 나왔을지언정 이 이데올로기가 특히 만연한 사회는 세계에서 실업률이 가장 높고 경제가 불안정한 국가들이라는 사실을 잊어서는 안 된다. 선전론자들은 이러한 사회학적 데이터를 좀체 언급하지 않는다. 실제로 개인은 노동시장이 더없이 험악해진 상황에서 각자도생의 논리를 강도 높게 주입받고 있는 셈이다.

그러나 이데올로기는 자신과 방향이 다른 데이터나 논증에 좀체 여지를 주지 않는 법이다. 행복의 경우도 마찬가지로 보인다. 신자유주의와 행복이 손발 잘 맞는 강력한 한 쌍을 이루는 지금 당장은 어떤 진지한 비판도 무감각과 무관심에 부딪힐 뿐이다. 행복 추구와 긍정적 사고에 힘입어 더 높은 자리로 올라간다는 생각을 이데올로기의 절대명령이 아니라 지극히 정상적이고 바람직하며 인생에 도움이 되는 방식이라고 간주하는 한 이 상황은 변하지 않는다.

에바 일루즈/에드가르 카바나스의 『해피 크라시』
(이세진 옮김, 청미, 2021)

에바 일루즈(Eva Illouz, 1961~)

사회학자. 파리 10대학에서 사회학, 커뮤니케이션, 문학을 공부하고 히브리대학교 석사과정에서 커뮤니케이션을 공부했으며 펜실베이니아대학교 아넨버그스쿨 박사과정에서 커뮤니케이션과 문화이론을 공부했다. 저서로 『낭만적 유토피아 소비하기』, 『감정 자본주의』, 『사랑은 왜 아픈가』, 『사랑은 왜 불안한가』 등이 있다.

에드가르 카바나스(Edgar Cabanas, 1985~)

마드리드자치대학교에서 심리학 박사학위를 받았으며, 카밀로호세셀라대학교에서 강의를 하면서 베를린 막스플랑크연구소에 적을 두고 있다. 오늘날 심리학, 특히 긍정심리학이 검토하고 구성하고 '판매하는' 행복의 정치적 · 경제적 · 사회적 효용을 주로 연구한다.

9

우리는 소비를 통해 무엇을 얻는가

장 보드리야르

현대는 '소비'의 사회이다. 산업자본주의 시대에 세상은 우리에게 '생산'하라고 명령했지만, 오늘날 세상은 '소비'야말로 가장 인간다운 미덕이라고 주장하고 있다. 근대 사회에서 인간은 무엇을 생산할 수 있는지를 증명해야 했으나, 현대사회를 살아가는 우리는 매 순간 자신이 무엇을 소비, 즉 구매할 수 있는가를 증명해야 한다. 오늘날 사회적으로 칭송되는 인간은 생산하는 존재가 아니라 소비하는 존재이다. 그렇다면 현대인들이 '소비'를 통해 얻는 것은 무엇일까? 얼핏 일상생활을 영위하기 위한 물품을 얻는다고, 그것으로 인해 일상의 안정을 얻는다고 생각할 수도 있다. 하지만 오늘날 우리의 일상적 지출에 가운데 생필품 구매에 사용되는 몫은 매우 제한적이다. 우리는 마음이 우울할 때면 쇼핑에서 위안을 얻는다. 우리는 다른 누군가에게 주목받기 위해, 혹은 불특정 다수에게 과시하기 위해서도 기꺼이 지갑을 연다. 이때 우리가 '소비'를 통해 얻는 것은 과연 무엇일까?

개성화 또는 최소한계차이

자기 자신이어야 하는가 말아야 하는가 그것이 문제다

"제아무리 요구가 많은 여성이라도, 메르세데스-벤츠로 개성적인 취향과 욕망이 만족되지 않는 여성은 없습니다! 시트와 차체의 색부터 바퀴 그리고 표준적인 또는 선택할 수 있는 수많은 편리한 장치에 이르기까지 부속품 일체가 그녀를 만족시킬 것입니다. 남성도, 차의 기술적 특성 및 성능을 특히 염두에 둔다 하여도, 역시 기꺼이 아내의 소원을 들어주는 것이 될 것입니다. 벤츠를 선택한 당신의 훌륭한 취향에 아내가 넋을 잃는 것을 보고 당신은 자랑스럽게 생각할 것입니다. 당신의 취향에 따라 76가지 색과 697가지 종류의 내장(內裝) 중에서 당신의 벤츠를 선택할 수 있습니다……."

"자신의 개성을 발견하여 발휘하는 것, 그것은 진실로 자기 자신이 되는 즐거움을 발견하는 것이다. 이를 위해서는 종종 대수롭지 않은 것으로도 충분하다. 나는 이것을 오랫동안 찾았는데, 머리카락에 조금 밝은 색을 주는 것으로도 나의 얼굴 및 눈빛과 완전히 조화를 이룬다는 것을 깨달았다. 이 블론드색을 나는 레시탈의 모발염색제 시리즈에서 찾았다……. 이처럼 자연스러운 이 레시탈의 블론드색으로, 나는 변하지 않았다: 나는 지금까지보다 훨씬 더 나 자신이 된 것이다."

(많은 선전 중에서 선택한) 이 두 문장은 〈르 몽드〉지와 어느 여성 주간지에서 인용한 것이다. 각각 다루고 있는 상품의 위세와 수준은 큰 차이가 있다. 호화로운 메르세데스 300SL과 레시탈 모발염색제의 '조금 밝은 색' 사이에는 사회 전체의 위계가 소용돌이친다. 이 두 문장에 나오는 두 여성은 아마도 결코 만나지 못할 것이다(지중해클럽에서 만날지도 모르지만). 사회 전체가 두 사람을 분리시키지만, 차이화와 개성화라는 똑같은 강제가 두 사람을 결합시킨다. 한쪽이 'A'라면 다른 쪽은 '비(非)A'인데. '개성적' 가치의 도식은 양쪽에게 똑같다. 그리고 '선택할 수 있는(optionnelle)' 상품의 '개성화된' 밀림 속에서 길을 개척하고, 얼굴색의 자연스러움을 나타내주는 파운데이션, 즉 우리의 깊은 곳에 잠재해 있는 특질을 드러내줄 수 있는 무엇인가를, 우리를 바로 우리 자신이게 하는 차이를 필사적으로 찾고 있는 우리 모두에게 똑같다.

소비의 기본적인 이 주제를 표현하고 있는 말의 절망적인 곡예에서, 또한 주술적이고 불가능한 종합을 끊임없이 추구하는 시도 속에서 이 주제가 내포하는 모순 모두가 눈에 뜨인다. 어떤 사람이 대단한 사람이라면 그의 개성을 '찾을' 수 있는가? 이 개성이 당신을 따라다니고 있을 때 당신 자신은 도대체 어디에 있는가? 또 어떤 사람이 자기 자신이라면 '진실로', 자기 자신일 필요가 있는가? —아니면, 그 어떤 사람이 거짓된 '자기 자신'으로 인해 이중적이 되었다면 존재의 기적적인 통일을 회복하는데 '조금 밝은 색'으로 충분한가? '이처럼' 자연적인 이 블론드색은 도대체 무엇을 뜻하는가? 이 블론드색은 자연적인가 그렇지 않은가? 그리고 또 내가 나 자신이라면 나는 어떻게 해서 '그 어느 때보다 더' 나 자신일 수 있는가? 그렇다면 어제의 나는 내가 아니었는가? 나는 2제곱으로 고상하게 될 수 있는가? 기업자산 중의 일종의 잉여가치처럼 나 자신에게 가치를 부가할 수 있는가? 이런 종류의 비논리적인 표현, 즉 오늘날 개성을 말하는 모든 사람들을 좀먹고 있는 이 내재적 모순에 대해서는 수많은 예를 찾을 수 있을 것이다. 그런데 리스먼은 다음과 같이 말한다. "오늘날 가장 많이 요구되는 것은 기계도, 재산도, 일도 아니다. 바로 개성이다." 개성화를 주문(呪文)처럼 지루하게 늘어놓는 태도는 다음의 슬로건에 의해 절정에 도달한다.

당신의 아파트를 당신이 직접 개성 있게 꾸미세요!

이처럼 자신이라는 말을 '겹겹이 포개는' 표

현(자신이 직접 자기 자신을 개성화한다……!)이 현재 진행 중인 사태의 진상을 분명하게 보여준다. 진상을 분명하게 보여줄 수 없기 때문에 허우적거리는 이 수사(修辭) 모두가 말하는 것은 바로 개성이 없다는 것이다. 다른 것으로 환원될 수 없는 특질과 특별한 무게를 지닌 절대적 가치로서의 '개성'(이 개념을 서양의 전통은 정열, 의지, 특성 또는 평범함을 지닌 주체를 창조하는 신화로 꾸며냈다), 그러한 개성은 존재하지 않으며 이미 죽었고, 또 우리의 기능적 세계로부터 쫓겨났다. 그런데 이 존재하지 않는 개성, 잃어버린 심급(審級)이 지금 '개성화'되려고 한다. 이 잃어버린 존재는 차이의—점차 줄어드는—다양성 속에서, 즉 메르세데스 벤츠와 '조금 밝은 색' 그리고 그 밖의 수많은 집중적 혹은 산재적인 기호 속에서 기호의 힘을 통해 추상적인 형태로 부활하여 종합적인 개성을 재창조하고, 결국은 완전한 익명 속에서 나타나려고 한다. 왜냐하면 차이라는 것은 원래 이름이 없는 것이기 때문이다.

차이의 산업적 생산

모든 선전은 의미(sens)를 갖고 있지 않다. 선전은 의미작용(significations)을 전달할 뿐이다. 선전의 의미작용(그리고 그것이 일으키는 행동)은 결코 개성적인 것이 아니다. 그 의미작용은 모두 시차적(示差的)이며, 한계적(marginales)이고 조합적이다. 즉, 선전의 의미작용은 차이의 산업적 생산에 속한다—이것이 소비의 체계를 가장 강력하게 정의한다고 나는 생각한다.

개인을 특정지었던 실제적인 차이는 그들을 서로 용납하지 않는 존재로 만들었다. '개성화하는' 차이는 이제 개인들을 서로 대립시키는 것이 아니라 어느 무한한 척도 위에서 서열화되며 또 모델들 속으로 수렴한다. 차이는 이 모델들에 입각해서 교묘하게 생산되고 재생산되는 것이다. 그러므로 자기를 타자와 구별하는 것은 바로 어느 한 모델과 일체가 되는 것, 어느 한 추상적 모델 및 어느 한 양식의 결합형태에 근거해서 자기를 특정짓는 것이며 따라서 바로 그러한 방법으로 실제적인 모든 차이와 특이성(singularité)을 포기하는 것이다. 특이성은 타자 및 세계와의 구체적인 대립관계에서만 생길 수 있기 때문이다. 이것이야말로 차이화의 기적이며 비극이다. 따라서 소비과정 전체는 (세제의 상표처럼) 인위적으로 그 수가 감소된 모델의 생산에 의해 지배된다. 그곳에서는 다른 생산부문의 경우와 마찬가지로 독점화 경향이 보인다. 차이생산의 독점적 집중(concentration monopolistique de la production des différences)이 존재하는 것이다.

독점과 차이가 논리적으로 양립할 수 없다는 것은 터무니없는 견해다. 양자를 결합시키는 일이 가능한 것은 바로 여기에서 말하는 차이가 실제적인 차이가 아니기 때문이다. 즉, 차이가 어떤 한 사람의 개인적 특징을 의미하는 것이 아니라, 반대로 코드에의 그의 복종, 가치들의 유동적 서열에의 통합을 나타내는 것이기 때문이다.

'개성화'에는 현재 도처에서 진행되고 있는 환경의 '자연화(naturalisation)'와 유사한 효과가 있다. '자연화'는 자연을 해체한 후에 기호로서 현실 속에 부활시키는 것이다. 따라서 사람들은 숲을 베어내고서 그곳에 '녹색 도시'라고 명명한 마을을 세운다. 그곳에 몇 그루의 나무를 다시 심고서는 그것이 자연을 '대신한다'고 하는 것이다. 모든 선전에 붙어다니는 '자연스러움'은 따라서 '메이크업(make-up)'의 효과를 갖는 것이 된다: "울트라 뷰티는 오래 지속되는 보드랍고 고운 화장을 약속하며, 당신의 얼굴빛에 꿈 같은 자연스러운 아름다움을 줄 것입니다!" "물론 나의 아내는 화장하지 않습니다." "눈에는 보이지 않지만 확실히 남아 있는 파운데이션의 베일." 이처럼 어느 사물의 '기능화(fonctionnalisation)'는 도처에서 그 객관적 기능 위에 포개져서 그것을 대신하는 일관된 추상적 작용이다['기능성(fonctionnalité)'은 사용가치가 아니라 기호로서의 가치다].

개성화의 논리도 똑같은 것이다: 자연화, 기능화, 교양화 등과 동시적인 것이다. 이런 현상들이 일어나는 일반적인 과정은 역사적으로 규정된다: 산업의 독점적 집중은 사람들간의 실제적 차이를 없애고 개성과 생산물을 균질화하며, 동시에 차이화 지배에의 길을 열었다. 이 과정은 종교운동이나 사회운동의 경우와 조금 유사하다: 교회나 사회제도가 확립되는 것은 그 운동들이 본래 갖고 있는 추진력이 퇴조했을 때이다. 여기에서도 역시 차이의 숭배는 차이들의 상실에 근거한다.*

그러므로 현대의 독점적 생산은 결코 단순히 재화의 생산만은 아닌, 항상 제(諸) 관계의 (독점적) 생산이며, 여러 차이의 생산이기도 하다. 따라서 거대한 트러스트와 미소(微小)한 소비자, 생산의 독점적 구조와 소비의 '개인주의적' 구조 사이에는 논리적 공범관계가 존재한다. 왜냐하면 개인이 욕심부리며 '소비하는' 차이는 또한 일반화된 생산의 중요한 영역 중의 하나이기 때문이다. 동시에 오늘날에는 독점의 영향하에서 대단히 폭넓은 균질성이 생산 및 소비의 여러 내용(재화, 생산물, 서비스, 관계, 차이)을 결합시키고 있다. 옛날에는 별개였던 이 모든 것들이 오늘날에는 동일한 양식에 따라서 생산되며 또 동일한 방식으로 소비될 수밖에 없게 되었다.

조합적(組合的) 인격의 내부에는 앞서 말한 조합적 문화가 반영되고 있다. 이 문화가 대중매체를 통해 이루어지는 최소공통문화(最小共通文化, la Plus Petite Commune Culture)에의 집합적 재학습(recyclage)이었던 바와 같이, 개성화는 최소한계차이(最小限界差異, la Plus Petite Différence Marginale)에의 일상적 재학습이다. 즉, 스타일과 지위를 분명하게 해주는 작은 질적인 차이를 추구하는 것이다. (……)

한계적인 차이는 모두 차이표시용구의 분배에 일반적 법칙(형법 이상으로 무시될 수 없는 법칙)에 따라 가장 엄격한 사회적 차이를 강조하고 있다. 아무것이나 허용되는 것은 아니다. 유동적이면서 하나의 의례이기도 한 이 차이의 코

---

* 관계라는 개념에 대해서도 똑같이 말할 수 있다: 체계는 인격적인 유대 및 구체적인 사회적 관계의 전면적인 제거 위에 성립하며, 그런 한에 있어서 필연적으로 또 체계적으로 (공적인 인간관계 등의) 관계의 생산자가 된다. 관계의 생산은 생산과정의 중요한 한 부문이 되었다. 이런 관계들은 더 이상 자연발생적인 것이 아니라 생산된 것이기 때문에, 생산된 모든 것과 마찬가지로 필연적으로 소비될 수밖에 없다(사회의 제 관계의 경우는 그렇지 않다. 이것들은 사회적 노동의 무의식적 산물이며, 계획적이고 통제된 산업적 생산의 결과가 아니다: 그것들은 '소비되는' 것이 아니라 반대로 사회모순이 발생하는 장소이다).

드에 대한 침범은 벌받는 것이 된다. 이 점에 대해서는 흥미 있는 에피소드가 있다. 경영자와 똑같은 벤츠를 산 어느 세일즈맨이 해고되었다. 소송을 건 결과 그는 노사분쟁 조정위원회에서 보상은 받았지만 복직은 되지 못했다. 사용가치로서의 사물 앞에서는 모든 사람이 평등하지만, 엄하게 등급이 매겨진 기호 및 차이로서의 사물 앞에서는 전혀 평등하지 않다.

메타소비

개성화, 즉 지위 및 명성의 추구는 기호에 기반을 두고 있다는 것, 달리 말하면 사물 및 재화 그 자체가 아니라 차이에 기반을 두고 있다는 것을 이해하는 것이 중요하다. 이 사실만이 '과소소비(underconsumption)'나 '비(非)과시적 소비(inconspicuous consumption)'의 역설을, 달리 말하면 위세의 초(超)차이화(la surdifférenciation de prestige)라는 역설을 설명할 수 있다. 그것은 더 이상 [베블런에 따르면 '과시적인(conspicuous)'] 뽐냄에 의해서가 아니라 남의 눈에 띄지 않는 태도와 검소함, 겸손함으로 자신을 나타내는 것인데, 이런 행동들은 결국은 그 반대로 바뀌는 한층 더한 사치, 과시의 증가이며 보다 교묘한 차이이다. 차이화는 이 경우에는 사물 거부, '소비' 거부의 형태를 취할 수 있는데, 그것은 또한 소비 중에서도 최고의 소비이다. (……)

기호의 수준에서는 절대적인 부도 절대적인 빈곤도 없으며, 부의 기호와 빈곤의 기호 사이의 대립도 없다: 그것은 차이의 건반상의 샤프[#, 반음올림표]와 플랫[b, 반음내림표]에 불과하다. "부인, 모(某) 미장원은 세계에서 제일 머리를 잘 흐트러줍니다!" "이 심플한 옷은 고급의상실이 주는 인상을 없애줍니다."

이러한 반(反)소비(l'anti-consommation)의 매우 '현대적인' 증후군은 어디나 있는데, 그것은 결국 메타소비(méta-consommation)이며 계급의 문화지수(文化指數)로서의 역할을 한다. 중간계급은 오히려—이 점에서는 19세기와 20세기 초의 자본주의라는 거대한 공룡의 상속자인데—과시적으로 소비하는 경향이 있다. 이 점에서는, 그들이 문화적으로 순진하다. 계급의 전략 전체가 이러한 상황의 배후에 있다는 것은 말할 필요가 없다: 리스먼은 이렇게 말하고 있다. "사회적 이동을 하는 사람의 소비가 겪는 제한 중의 하나는 상류계급이 과시적인 과소소비의 전략을 통해 '출세제일주의자들'에게 행하는 저항이다: 이처럼 이미 도달한 사람들은 동료가 되고자 하는 자들에게 그들 자신의 경계선을 세우려는 경향이 있다." 이 현상은 실로 다양한 형태를 취하면서 나타나는데, 현대사회를 해석하는 데 매우 중요하다. 왜냐하면 기호의 이 형식상의 역전에 속아서 계급간 거리의 변신에 불과한 것을 민주화의 결과로 착각할 수 있기 때문이다. 사라진 검소함은 사치라는 기반 위에서 완성된다—그리고 그 결과는 모든 수준에서 다시 발견된다. 지적(知的) '미제라빌리즘(misérabilisme)' [가난한 자인 체하는 것]과 '프롤레타리즘(prolétarisme)' [무산자(無産者)인 체하는 것]은 부르주아적 조건에 의거해 완성되는 것이다. 마치 수준은 다르지만 사라진 영웅적 과거에 의거해서 현대의 미국인들이 집단적인 오락으로서 서부의 하천으로 사금을 찾으러 가는 것과 같다: 역전된 효과, 사라진 현실, 모순된 표현에 의한 이 '마귀를 쫓는 것

(exorocisme)'은 도처에서 소비 및 과잉소비의 효과가 나타나고 있다는 것을 보여주는데, 이 효과는 어디에서나 차이표시 논리(une logique de la distinction)에 통합된다.

이 차이화의 사회적 논리를 분석의 기본적인 축으로 결정적으로 파악하고, 차별적인 것으로서의 그리고 기호로서의 사물의 개발(이 수준만이 소비를 독자적으로 정의한다)이 그 사물들의 사용가치(그리고 그것과 관련된 '욕구')의 추방 위에서 성립한다는 것을 이해하지 않으면 안 된다. 리스먼도 인정하는 바와 같이, "소비에 있어서 기호(嗜好)라는 것은 개인과 이러저러한 문화적 대상물 사이에 의식적인 관계를 세우는 이러한 인간능력의 개발이 아니다. 기호라는 것은 타인과 접촉할 때 유리하게 시작할 수 있는 방법을 나타낸다. 요컨대 문화적 대상물은 모든 인간적 의미를 상실했다: 그 소유자는 그 문화적 대상물들을, 말하자면 어떤 한 태도를 유지할 수 있게 해주는 물신(物神)으로 만들고 있다." 리스먼이 '문화적' 사물(그런데 이 점에서는 '문화적 사물'과 '물질적 사물' 사이에 차이가 없다)에 적용하고 있는 이것, 즉 시차적 가치의 우선성(優先性)은 퀘벡의 침엽수림지대에 있는 광산마을의 예로 설명되었다. 보고자에 따르면, 이 마을에는 숲이 가까이 있어 자동차가 거의 이용되지 않음에도 불구하고 각 가정은 자가용차를 갖고 있다고 한다: "깨끗이 씻고 닦아 놓은 이 차는 가끔 마을 주변의 군용도로(다른 도로는 없다)를 수킬로미터 달리는 데 쓰일 뿐이며, 미국식 생활의 상징이고 차주인이 기계문명 속에 살고 있다는 것의 기호이다(그리고 리스먼은 이 호화로운 리무진이 세네갈의 어느 미개간지 마을에 돌아온 흑인 퇴역 하사관의 집에서 발견한 완전히 불필요한 자전거와 유사하다고 말하고 있다)." 더 좋은 예로, 유복한 관리직 간부들이 사가지에서 10마일 떨어진 곳에 똑같은 과시적 욕구의 반사작용에서 자신들의 비용으로 별장을 지었다. 그렇지만 넓고 통풍이 잘 되며 기후가 건강에 좋고 도처에 자연이 존재하는 이 마을에서는 별장만큼 불필요한 것이 없다! 이러한 예에서 위세를 위한 차이화가 순수한 상태로 작용하고 있다는 것을 볼 수 있다—자동차나 별장을 갖는 '객관적' 이유는 결국 그 이유들보다 더 기본적인 규정성[과시의 차이효과]에 대한 변명에 불과한 것이다.

구별인가 순응인가?

전통적인 사회학은 일반적으로 차이화 논리를 분석 원리로 삼고 있지 않다. 이 사회학은 '개인이 타인과 구별되고 싶은 욕구'를 찾아낸다. 달리 말하면 개인의 욕망의 일람표에 또 하나의 욕구를 덧붙여서 이 욕구와 순응에의 반대욕구를 교대로 등장시킨다. 사회 심리학적 묘사의 단계에서는 이론도 논리성도 없이 두 개의 욕구는 그런대로 사이가 좋다. 그리고 이 비논리성은 '평등과 차별의 변증법' 또는 '순응주의와 독자성의 변증법' 등으로 다시 명명된다. 따라서 이러한 견해에서는 모든 것이 혼동된다. 소비라는 것은 우선 처음에 개인적 욕구를 지닌 개인을 중심으로 질서지어지고, 이어서 이 욕구가 권위 내지 순응의 요청에 따라서 집단의 문맥상에 지수화되는 것이 아니라는 것을 알아야 한다. 실제로는 우선 먼저 차이화의 구조적 논리가 있으며, 이 논리가 개인들을 '개성화된' 것으로, 즉 서로 다른 것으로 만들어낸다. 그러나 이것은 자신을 개성적인 존재로 만드는 행위에서조차도 개개인이 순응하는 일반적인 모델과 하나의 코드에 따라서 이루어진다. 개인이라는 항목에 대한 독자성/순응주의의 도식은 본질적인 것이 아니라 체험 수준의 문제인 것이다. 근본적인 논리는 코드에 지배된 차이화/개성화의 논리이다.

달리 말하면 순응이라는 것은 지위의 평등화 및 집단의 의식적 균질화(각각의 개인이 일렬로 정렬하는)가 아니라 동일한 코드를 공유하고 어떤 사람들을 다른 집단의 사람들과 구별하게 하는 바로 그 기호들을 나누어갖는 것이다. 어떤 집단 성원들의 (순응이라기보다는) 동질성을 만들어내는 것은 다른 집단과의 차이이다. 따라서 차이표시로 합의가 만들어지며, 순응효과란 그 결과로서 생기는 것에 불과하다. 이것은 대단히 중요하다. 왜냐하면 이 사실이 사회학의 분석(특히 소비에 관한)을 권위, '모방', 의식적인 사회역학의 표면적 영역에 대한 현상적인 연구로부터 코드, 구조적 관계, 기호 및 차이표시용구의 체계에 대한 분석으로, 즉 사회적 논리의 무의식적 영역의 이론으로 이행시키는 것이 되기 때문이다.

따라서 이 차이화 체계의 기능은 위세과시 욕구의 충족을 넘어선다. 앞에서 언급한 가설을 인정한다면, 체계는 개인간의 (없앨 수 없는 독특한) 실제적인 차이에 근거해서 작용하는 것이 아님을 알 수 있다. 체계가 체계로서 성립하는 것은 바로 그것이 각 개인의 (어쩔 수 없이 다른) 고유의 내용 및 존재를 없애고 그것을 차이표시 기호로서 산업화될 수 있고 상업화될 수 있는 시차적 형태로 대체하기 때문이다. 체계는 일체의 독특한 성질을 제거하고 차별적 도식과 이 도식의 체계적 생산만을 보유한다. 이 단계에서 차이는 더 이상 배타적이 아니다: 여러 차이들이 [다른 색깔들이 서로 '놀고(jouent)' 있는 것처럼] 유행의 조합 속에서 논리적으로 서로 포섭하고 있을 뿐만 아니라 사회학적으로는 여러 차이의 교환이 집단의 통합을 공고하게 한다. 이렇게 코드화된 차이는 개인들을 분할하기는커녕 반대로 교환용구(matériel d' échange)가 된다. 이것이야말로 기본적인 사실이며, 소비는 이 사실에 의해 다음과 같이 정의된다:

1) 소비는 더 이상 사물의 기능적 사용 및 소유 등이 아니다.
2) 소비는 더 이상 개인이나 집단의 단순한 위세과시의 기능이 아니다.
3) 소비는 커뮤니케이션 및 교환의 체계로서, 끊임없이 보내고 받아들이고 재생되는 기호의 코드로서, 즉 언어활동으로서 정의된다.

옛날에는 출생, 혈통, 종교의 차이는 교환되는 것이 아니었다: 그것들은 유행의 차이가 아니라 본질적인 것과 관련되어 있었다. 그것들은 '소비되는' 것이 아니었다. 현대에서는 차이, 복장, 이데올로기 및 성(性)의 차이조차도 소비의 거대한 연합체 속에서 서로 교환된다. 그것은 기호들의 사회화된 교환이다. 모든 것이 이처럼 기호의 형식을 통해 교환될 수 있다면, 그 이유는 습속의 어느 정도의 '자유화' 덕분이 아니라 모든 차이를 승인의 기호로 통합하고 질서에 따라서 차이가 계통적으로 생산되기 때문이다. 또한 차이들은 서로 대체될 수 있기 때문에, 계급의 상하, 우익과 좌익의 차이 이외에는 서로간에 긴장도 모순도 없기 때문이다.

그러므로 리스먼에 따르면 동년배집단(peergroup)의 구성원들은 자신들의 선호를 사회화하고 평가를 교환하며 서로간의 끊임없는 경쟁을 통해 집단의 내적 상호성과 자기도취적 응집력을 보증한다. 그들은 '경쟁'을 통해 집단에 '협력'하는데, 이때의 경쟁이라는 것은 더 이상 시장경쟁이나 투쟁과 같은 공공연한 폭력적 경쟁이 아니라 유행의 코드에 의해 여과된 유희적인 추상적 경쟁이다.

코드와 혁명

이상과 같이 하여 사회정치체제에서 소비체계가 지니는 주요한 이데올로기적 기능을 보다 정확하게 파악할 수 있을 것이다. 이 이데올로기적 기능은 차이적 가치의 일반화된 코드의 제도화로서의 소비의 정의와 이미 본 바 있는 교환 및 커뮤니케이션 체계의 기능으로부터 추론된다.

현대의 사회체계(자본주의적, 생산지상주의적 '탈공업화' 체계)는 평등주의적 및 민주주의적 대원칙, 즉 도처에 퍼져 있으며 또 작용하고 있는 이 이데올로기적, 문화적 가치체계에 근거해서 사회적 통제를 행하는 것도 아니며, 또 체계를 저해하는 정치적, 경제적 모순의 이데올로기적 규제도 행하는 것이 아니다. 학교교육 및 사회적 훈련을 통해 사람들의 마음속 깊이 내면화되었다 하더라도, 권리, 정의 등의 이 의식적인 평등주의적 가치들은 여전히 상대적으로 허약하며 사회의 객관적 현실과 너무나 분명하게 모순되기 때문에, 사회를 통합하기에는 결코 충분하지 못한다. 이 이데올로기적 수준에서는, 모순이 언제든지 새롭게 폭발할 위험이 있을지라도 체계는 통합 및 규제의 무의식적 장치를 훨씬 더 효과적으로 믿을 수 있다. 이 장치는 평등이라는 장치와는 반대로 개인들을 차이의 체계와 기호의 코드에 끌어들이는 것이다. 문화, 언어활동, 가장 깊은 의미의 '소비'가 그러한 것이다. 정치적 유효성은 모순이 있는 곳에 평등과 균형이 있도록 하는 것이 아니라, 모순이 있는 곳에 차이가 있도록 하는 것이다. 사회적 모순의 해결이라고 하는 것은 평등화가 아니라 차이화이다. 코드의 수준에서는 혁명이 있을 수 없다—아니, 혁명은 매달 일어난다. 그것은 '유행의 혁명'이며 무해한 혁명인데, 다른 혁명들을 실패하게 한다.

여기에서도 또한 소비의 이데올로기적 역할에 대한 고전적 분석의 옹호자들의 해석에는 오류가 있다. 소비가 사회의 유독성을 완화하는 것은 개인들을 쾌적한 생활 및 욕구 충족 그리고 명성으로 달래는 것에 의해서가 아니라(그것은 욕구에 대한 단순 소박한 이론과 연결되며, 사람들이 반란을 일으키는 것을 보기 위해서는 그들을 더욱 비참한 상태에 이르게 해야 한다는 어리석은 희망만을 가리킬 수 있을 뿐이다), 반대로 하나의 코드를, 따라서 이 코드의 수준에서 경쟁적 협동을 무의식적으로 받아들이도록 개인들을 훈련시키는 것에 의해서이다. 사람들의 생활을 더 유복하게 함으로써가 아니라, 반대로 그들을 게임의 규칙에 참가시킴으로써다. 따라서 소비는 그 자체만으로도 모든 이데올로기를 대신할 수 있으며, 또 장기적으로는 미개사회의 위계질서적 또는 종교적 의례가 행했던 바와 같이 그 자체만으로 사회 전체의 통합을 담당할 수 있다.

장 보드리야르의 『소비의 사회』
(이상률 옮김, 문예출판사, 2015)

장 보드리야르(Jean Baudrillard, 1929~2007)

프랑스의 철학자이자 사회학자, 미디어 이론가이다. 현대사회를 '시뮬라시옹'의 시대라고 규정하고, 기호와 이미지에 의해 통제되고 조작되는 현대 소비사회를 비판적으로 고찰했다. 『소비의 사회』, 『시뮬라시옹』, 『기호의 정치 경제학 비판을 위하여』, 『생산의 거울』, 『상징적 교환과 죽음』 등 다수의 저서를 남겼다.

이력서 쓰기

비스와바 쉼보르스카

무엇이 필요한가?
신청서를 쓰고,
이력서를 첨부해야지.

살아온 세월에 상관없이
이력서는 짧아야 하는 법.

간결함과 적절한 경력 발췌는 이력서의 의무 조항.
풍경은 주소로 대체하고,
불완전한 기억은 확고한 날짜로 탈바꿈시킬 것.

결혼으로 맺어진 경우만 사랑으로 취급하고
그 안에서 태어난 아이만 자식으로 인정할 것.

네가 누구를 아느냐보다, 누가 널 아느냐가 더 중요한 법.
여행은 오직 해외여행만 기입할 것.
가입 동기는 생략하고, 무슨 협회 소속인지만 적을 것.
업적은 제외하고, 표창받은 사실만 기록할 것.

이렇게 쓰는 거야. 마치 자기 자신과 단 한 번도 대화한 적 없고,
언제나 한 발자국 떨어져 객관적인 거리를 유지해왔던 것처럼.
개와 고양이, 새, 추억의 기념품들, 친구,
그리고 꿈에 대해서는 조용히 입을 다물어야지.

가치보다는 가격이,
내용보다는 제목이 더 중요하고,
네가 행세하는 '너'라는 사람이
어디로 가느냐보다는
네 신발의 치수가 더 중요한 법이야.
게다가 한쪽 귀가 잘 보이도록 찍은 선명한 증명사진은 필수.
그 귀에 무슨 소리가 들리느냐보다는
귀 모양이 어떻게 생겼는지가 더 중요하지.
그런데 이게 무슨 소리?
이런, 서류 분쇄기가 덜그럭거리는 소리잖아.

비스와바 쉼보르스카의 『끝과 시작』
(최성은 옮김, 문학과지성사, 2021)

수바 비구니와 난봉꾼

『쿳다까 니까야』의 「테리가타」

붓다의 지혜는 우리의 지각적 현상이란 어떤 조건에 의해 만들어진 것으로서 그 자체로는 본질적 가치가 있는 것이 아니라고 가르친다. 그에 따르자면 눈에 보이는 시각적 대상이란 아무런 지속적 본질도 가지지 못하는 일시적 환영이다. 그것이 의미 있게 보이는 것은 우리의 마음이 거기에 의미를 부여하기 때문인데, 우리의 마음이 욕망에 의해 움직인다면 시각적 대상의 의미란 욕망이 만들어낸 허상에 불과하다. 다음 이야기는 불교의 초기 경전인 『쿳다까 니까야(Khuddaka Nikāya)』의 한 편인 「테리가타(Therīgāthā)」에 나오는 이야기로 팔리어 원문은 운문의 형태로 전해지고 있다.

지와까의 아름다운 망고 숲속을 비구니 수바가 걸어가고 있는데 금세공사의 아들인 난봉꾼이 길을 막았다. 수바 비구니가 그에게 말했다.

"내가 그대에게 무슨 잘못을 저질렀길래 길을 막고 있습니까? 출가 비구니에게 접근하는 것은 옳지 않습니다. 나는 부처님이 정하신 계율을 존중하고 따릅니다. 나는 티 없이 청정한 삶을 살고 있습니다. 그대는 왜 길을 막고 있습니까? 그대의 마음은 평온하지 못하고 욕망으로 뒤흔들리고 있습니다. 그러나 나의 마음은 평온하며 맑습니다. 그대는 왜 길을 막고 있습니까?"

남자가 말했다.

"당신은 젊고 아름답습니다. 출가한 삶에서 무엇을 구합니까? 가사를 벗어던지고, 꽃이 만발한 이 숲에서 즐깁시다. 꽃들의 향기는 숲에 가득하고 키 큰 나무들은 꽃가루를 뿌리고 있습니다. 이른 봄은 즐거운 계절입니다. 자, 꽃 피는 숲에서 즐겨봅시다. 꽃봉오리들을 매단 나무들은 봄바람에 신음하고 있습니다. 혼자 이 숲에 들어가서 무슨 즐거움이 있겠습니까? 맹수들이 출몰하고 화난 코끼리들이 어슬렁거리는 이 외지고 무서운 숲에 혼자 들어가시렵니까? 당신은 금으로 만든 인형 같고 천상의 정원을 거니는 여신 같습니다. 섬세하고 부드러운 까시산의 옷을 입으면 당신은 오, 비할 수 없이 아름다울 것입니다. 나와 함께 이 숲에서 산다면 그대가 원하는 것은 무엇이든 다 하겠습니다. 나른한 눈길로 나를 보는 요정이여, 내게 그대보다 더 사랑스러운 것은 아무것도 없습니다. 내 집에 가서 행복하게 삽시다. 궁전 같은 집에서 하녀를 부리며 섬세한 카시천으로 지은 옷을 입고 꽃과 향수로 치장하십시오. 온갖 금은보화로 당신을 장식시켜드리겠습니다. 백단향나무 향내 나는 값비싼 침대에 오르면, 잘 세탁한 이불보와 아름다운 새 양모 이불이 있을 겁니다. 당신이 지금같이 성스러운 삶을 계속 살아간다면 그건 마치 인간이 아닌 딴 영혼들이 사는 세계의 어느 연못에서 자라는 푸른 연꽃처럼 당신은 당신의 팔다리를 남에게 보이지 않고 늙어갈 겁니다."

수바 비구니가 말했다.

"당신은 썩어 문드러질 육신과 시체로 채워진 묘지가 점점 커져가는 이곳에서 무얼 바랍니까? 지금 제정신이 아닌 당신은 나를 볼 때 무엇을 봅니까?"

남자가 말했다.

"그대의 눈은 어린 사슴의 눈과 같고, 산속 요정의 눈과 같습니다. 당신의 눈을 보면 나의 감각적 쾌락은 더욱더 솟아납니다. 금빛 얼굴에 당신의 눈은 연꽃 봉오리같이 티끌 하나 없습니다. 당신의 눈을 보면 나의 감각적 쾌락은 더욱더 솟아납니다. 그대가 설령 멀리 가버린다 하여도 나는 그대의 긴 속눈썹 속의 청순한 눈빛만을 생각할 겁니다. 오, 나른한 눈길의 요정이여!"

수바 비구니가 말했다.

"이미 부처님의 자식으로 새로 태어난 나를 가지고자 그대는 길을 벗어나 헤매려고 하는군요. 당신은 달을 장난감으로 가지길 원하고 수미산을 뛰어넘고 싶어 합니다. 천상에서도 이 지상에서도 나에게 욕망의 대상이 되는 것은 아무것도 없습니다. 욕망이라는 것이 무엇인지도 모릅니다. 붓다의 가르침에 의하여 욕망은 뿌리째 뽑혔습니다. 흙구덩이에 던져진 불꽃처럼 흩어지고, 그릇에 담겼던 독처럼 증발했습니다. 나는 이제 욕망이라는 것이 무엇인지도 모릅니다. 붓다의 가르침에 의하여 욕망은 뿌리째 뽑혔습니다. 이런 걸 모르는 사람이나 부처님의 가르침을 받아보지 못한 사람을 유혹하세요. 하지만 이런 가르침을 아는 사람을 유혹하려 하는 것은 당신이 당신 자신에게 폭력을 행사하는 것입니다. 나를 욕하건 말건 숭배하건 말건, 그것이 고통이든 아니면 쾌락이든, 나의 깨어 있는 마음은 굳건합니다.

만들어진 허상이 아무런 매력도 없다는 걸 아는 나의 마음은 어디에도 집착하지 않습니다. 나는 팔정도*의 법륜을 따르는 부처님의 제자입니다. 내게서 번뇌의 화살은 뽑혔으며 세상을 더럽히는 폐수를 더 이상 만들어내지 않습니다. 가구 없이 텅 빈 집으로 출가해 사는 것이 나는 즐겁습니다. 나는 잘 칠해진 인형이 작대기와 줄에 묶여 이리저리 춤추는 것을 본 적이 있습니다. (공연이 끝나고) 작대기와 줄이 치워지면 인형은 버려지고 뜯겨지고 발기발기 찢겨져 나중에는 흔적도 없어집니다. 거기에 무슨 마음으로 집을 삼겠습니까? 내 육체는 그것과 꼭 같습니다. 육체는 인연 따라 만들어진 육체적 현상이 사라지면 그것은 이미 육체가 아닙니다. 그런데 어떻게 마음이 육체를 집으로 삼겠습니까? 벽에 그려진 벽화를 본 적이 있겠지요? 벽에 스며든 물감 때문에 당신의 시각은 어지럽혀집니다. 인간의 지각이란 의미가 없습니다. 사라지는 신기루처럼, 꿈속에 본 황금 나무처럼, 관객 앞의 마술 쇼처럼, 있지도 않는 것을 당신은 눈먼 사람처럼 쫓습니다. (당신이 찬탄하는) 내 눈이란 것도 그렇습니다. 그것은 봉합용 밀랍덩어리와 같이 동그랗게 생겼고 빈 구멍에 끼워져 있으며 그 속에는 거품이 있고 눈물로 적셔져 있습니다. 거기서 눈곱도 생기며 눈은 또 전체가 이리저리 회전하기도 합니다."

수바 비구니는 이렇게 말하고는 아무런 집착도 없이 아름다운 눈을 뽑아내었다. 그녀는 아무런 후회도 느끼지 않았다. 그리고 바로 그에게 주며 말했다. "자, 이 눈을 가지세요. 이제 당신 것입니다."

그 남자의 욕정은 즉시 사라졌다. 그리고 그는 수바 비구니에게 빌었다.

"안심하십시오, 성스러운 삶을 따르는 이여, 이 같은 짓은 두 번 다시 하지 않을 것입니다. 당신 같은 사람을 해치는 것은 타오르는 불을 껴안는 거나 마찬가지입니다. 마치 독사를 손으로 쥔 것 같습니다. 안심하십시오. 그리고 나를 용서하십시오."

---

* 바르게 보기[正見], 바르게 생각하기[正思惟], 바르게 말하기[正語], 바르게 행동하기[正業], 바르게 생활하기[正命], 바르게 정진하기[正精進], 바르게 깨어 있기[正念], 바르게 삼매 집중하기[正定].

자유로운 몸이 된 수바 비구니는 부처님이 계신 곳으로 갔다. 그녀가 위대한 공덕을 지닌 부처님을 보았을 때 그녀의 눈은 원래대로 회복되었다.

『쿳다까 니까야』의 「테리가타」,
타니싸로 비쿠(Ṭhānissaro Bhikkhu)의 영역본으로부터
(이영준 옮김, 2012)

10

보석

기 드 모파상

독신으로 살던 랑탱은 한 여자를 만나 사랑에 빠지고 결혼한다. 내무성 관리인 랑탱의 월급은 결코 넉넉한 편이 아니었지만 아내는 풍족한 살림을 꾸려내어 랑탱을 행복하게 한다. 어느 날 외출에서 돌아온 아내는 감기 폐렴으로 갑자기 사망한다. 랑탱은 비참에 빠지고, 자기 월급으로는 홀아비 삶을 지탱하기도 힘들다는 것을 알게 된다. 랑탱은 아내가 수집했던 가짜 보석들이라도 팔아 궁핍을 면해보고자 한다. 그는 아내가 남긴 가짜 목걸이 하나를 들고 보석상을 찾아가는데…….

어느 저녁 장관 저택에서 그 아가씨를 만난 뒤로 랑탱은 그물에 덮친 듯 사랑에 휩싸이게 되었다.

그녀는 여러 해 전 사망한 시골 선생의 딸이었다. 그 후 그녀는 어머니와 함께 파리로 왔고, 어머니는 딸 혼처를 구할 요량으로 이웃에 사는 몇몇 부르주아 가문들을 예사로 드나들었다. 모녀는 가난했지만 점잖고 조용하고 온화했다. 어린 아가씨는 젊은 사내라면 누구나 자신의 미래를 걸어보고 싶어 할 순수하고 착한 여자의 완벽한 전형 같아 보였다. 수수한 미모는 천사가 수줍어하는 듯한 매력을 뿜고 있었고, 입가의 엷은 미소는 그녀의 마음씨를 비추고 있는 것 같았다.

모두가 그녀를 칭찬했다. 그녀를 아는 모든 사람들은 노상 이렇게 말했다. "저 여자를 얻는 남자는 복 터진 거야. 저보다 더 괜찮은 여자는 못 찾지."

그 당시 내무성 사무과장으로 3,500프랑의 연봉을 받고 있었던 랑탱은 그녀에게 청혼을 했고, 결혼했다.

그녀와 함께 사는 건 말할 수 없이 행복했다. 살림 솜씨가 아주 좋아서 정말 호사를 누리며 사는 것 같았다. 그녀는 그 이상은 생각할 수 없을 정도의 아내다운 관심과 다정함과 장난스러운 손길을 남편에게 아낌없이 쏟아부었다. 이토록 매력이 넘치는 사람이었던지라, 결혼하고 6년이 지났는데도 그는 처음보다 훨씬 더 많이 그녀를 사랑하게 되었다.

그가 여태껏 그녀에게서 찾아낸 흠이라곤 딱 두 가지밖에 없었는데, 연극을 좋아하고 가짜 보석에 열광한다는 것이 그 흠이었다.

아내가 친하게 지내는 부인네들이(그녀는 몇몇 시시한 공무원의 아내들과 아는 사이였다.) 늘 연극 티켓을 들고 찾아왔다. 선풍을 일으키는 공연이 있을 때면 그게 초회 공연일지라도 그녀는 늘 특별석을 확보해두었다. 그리고 이 모든 유흥에 남편을 끌고 다녔는데 온종일 일을 하고 온 남편은 이렇게 질질 끌려다니는 게 끔찍하게 피곤했다. 그래서 결국 그는 아내에게 공연 끝나고 집까지 데려다주겠다고 하는 부인들이랑 극장에 가라고 애걸했다. 그녀는 꽤 오랫동안 싫다고 했다. 남편을 대동하지 않고 외출하면 그 모양새가 썩 좋아 보이진 않을 거라고 생각했던 것이다. 하지만 결국 고집을 꺾었다. 순전히 남편을 기쁘게 해주기 위해서였다. 그는 그런 아내가 무척 고마웠다.

그런데 끝내는 이 연극에 대한 열정이 옷에 대한 욕망을 불러일으켰다. 그래도 간소하고 품위 있고 얌전한 아내의 몸치장은 그대로였다. 소박한 옷이 아내의 사랑스러운 단아함, 미소와 수줍음이 곁들어진 거부할 수 없는 단아함에 신선한 매력을 더해주는 것 같았다. 하지만 그녀는 그 앙증맞은 귀에 다이아몬드를 본떠 만든 커다란 마노석 귀걸이 두 개를 걸고 다니는 버릇이 생겼다. 그리고 가짜 진주 목걸이와 가짜 금팔찌를 찼으며, 모조 보석이 줄줄이 박힌 머리빗을 꽂고 다녔다.

남편은 이 요란한 치장에 내심 충격을 받았고, 그래서 곧잘 이렇게 말하곤 했다. "여보, 진짜 보석을 살 형편이 안 되는 사람은 오로지 타고난 아름다움과 우아함으로 치장한 것처럼 보여야 하는 거요. 하늘이 주신 그것들이야말로 가장 희귀한 보석이라오."

그러면 그녀는 사랑스러운 미소를 지으며 대답했다. "그게 무슨 상관이에요? 난 저것들이 좋은걸요. 제 작은 허영이라고요. 저도 당신이 옳다는 건 알아요. 하지만 사람이 이것저것 다 뜯어고치고 살 수는 없잖아요. 늘 그랬지만 전 보석이 무지 좋아요."

그러고 나서 그녀는 손가락 사이로 목걸이 진주알을 굴렸고, 잘 연마된 크리스털의 단면들을 빛에 번쩍이며 이렇게 되풀이했다. "자, 이것들 좀 보세요. 얼마나 잘 만들어졌는지 보라고요. 진짜 보석이라고 장담할 정도예요."

그러면 그는 빙긋 웃으며 그녀에게 한마디 했다. "완전 집시 취향을 가졌구려."

그녀는 저녁에 이따금 난롯가에 앉아 둘이 함께 담소를 나누다가도 홀연히 일어나 '재고품'(랑탱은 이렇게 불렀다.)을 간직해두는 모로코 상자를 가져와서 차탁 위에 놓고 열심히 가짜 보석을 들여다보며 황홀해했다. 마치 그것들을 감상하면서 어떤 비밀스럽고 불가사의한 쾌락을 맛보는 듯했다. 그러다 목걸이 하나를 굳이 남편 목에 둘러주고는 더 이상 웃을 수 없을 때까지 웃다가 이렇게 소리쳤다. "아! 당신 정말 우스꽝스러워 보여요!" 그러곤 그의 품에 뛰어들어 맹렬히 키스를 퍼부었다.

어느 겨울 밤, 오페라를 보러 간 그녀가 오한

이 들어 온몸을 오들오들 떨며 집으로 돌아왔다. 이튿날에는 심하게 기침을 했다. 그러다 여드레 뒤, 폐렴으로 죽었다.

랑탱은 그녀를 따라 무덤으로 들어가고 싶은 마음이었다. 절망이 어찌나 컸던지 한 달 새에 머리가 백발이 됐다. 아침부터 밤까지 울었고, 말할 수 없는 고통에 가슴이 갈기갈기 찢기는 듯했다. 그녀에 대한 기억, 그 미소, 그 목소리, 죽은 여자의 그 모든 매력이 한시도 떠나지 않아 괴로웠다.

시간도 그의 슬픔을 달래지 못했다. 근무 시간에 종종 직장 동료들끼리 사무실 한구석으로 가서 그날의 이런저런 화제를 가지고 수다를 떨다가도 (아마 그의 두 볼이 갑자기 부풀어 오르고, 코에 주름이 잡히고, 눈물이 그렁그렁해지는 것을 봤을지도 모른다.) 그는 갑자기 끔찍한 표정을 짓고선 서럽게 울기 시작하는 것이었다.

그는 죽은 아내의 방을 생전의 아내가 해놓은 그대로 두었다. 그러곤 매일 저녁 그 방에 틀어박혀서 그녀를 생각했다. 모든 가구와 옷가지까지도 그녀가 살아 있던 마지막 날과 똑같은 곳에 그대로 두었다.

그런데 그의 삶이 고단해지기 시작했다. 아내의 수중에 맡겨두었을 때에는 살림에 넉넉할 정도로 충분한 것 같았던 그의 봉급이, 알고 보니 필요할 게 별로 없을 듯한 홀아비 살림을 꾸리는 데도 빠듯한 돈이었던 것이다. 자신의 변변찮은 수입을 가지고 이제는 꿈도 못 꿀 것 같은 좋은 포도주와 맛있는 음식을 아내는 어떻게 마련해서 늘 자기한테 먹였을까 하고 그는 놀라며 자문해보았다.

머리로 먹고 사는 사람들처럼, 그도 빚을 좀 지게 됐다. 그러다 결국 어느 아침에 일어나보니 주머니에는 동전 한 푼도 남아 있지 않았다. 꼬박 일주일을 기다려야 월급을 탈 수 있었기 때문에 뭘 좀 팔아볼까 그는 생각했다. 그러자 바로 아내의 '재고품'을 팔아야겠다는 생각이 퍼뜩 들었다. 예전에 무척 자기 신경을 거스른 그 가짜 보석들이 그는 내심 늘 못마땅했다. 그것들은 매일 눈에 띄는 것만으로도 죽은 아내를 그리워하는 그의 애틋한 즐거움을 잡치고 있었던 것이다.

그는 아내가 남기고 간 싸구려 보석 더미를 뒤지며 한참을 골랐다. 아내는 마지막 날까지도 고집스럽게 가짜 보석을 사들였고 거의 매일 밤 새로운 것을 가져왔다. 마침내 그는 아내가 가장 좋아했던 큰 진주 목걸이를 내다 팔아보기로 결정했다. 모조 목걸이치곤 진주를 박아 넣은 솜씨가 매우 훌륭해서 6프랑 내지 8프랑은 족히 받을 수 있을 것 같았다.

그는 목걸이를 주머니에 넣고 사무실 쪽으로 걸었다. 큰길을 따라가면서 그는 어색하지 않게 당당히 들어갈 만한 보석 가게가 있나 찾아보았다.

그러다 드디어 적당한 곳을 한 군데 발견하고 안으로 들어섰다. 이렇게 자신의 비참한 처지를 만천하에 알리고 하찮은 물건을 팔겠다고 나선 것이 그로선 한참 창피했다. "주인 양반, 이거 얼마나 나가는지 좀 봐주시오."

보석상은 목걸이를 가져다 자세히 살펴보고 무게를 달아보고 돋보기를 들었다. 그리고 점원을 불러 작은 소리로 속삭이더니, 판매대 위에 목걸이를 내려놓고는 멀찍이서 전체적 인상을 보려는 듯 몇 걸음 뒤로 물러섰다.

랑탱은 이 모든 절차에 크게 당황해서 입을 열고 말했다. "그리 값나가는 물건이 아니라는 건 나도 압니다." 그러자 보석상이 그의 말을 가로막았다.

"자, 손님, 만 2천 프랑에서 만 5천 프랑 정도 나갑니다. 하지만 어떻게 입수하셨는지 정확히 알려주셔야 우리가 살 수 있습니다."

랑탱의 눈이 화등잔처럼 커졌다. 그는 이해가 안 가서 입을 떡 벌리고 서 있었다. 그렇게 한참을 있다가 더듬더듬 말했다. "뭐라고 하셨습니까? …… 확실한가요?" 보석상은 그가 놀라는 까닭을 잘못 넘겨짚고서 냉담한 어조로 대꾸했다. "다른 데 가셔서 어디 더 많이 받을 수 있나 보세요. 더 좋은 값을 받을 수 없으면 그때 다시 와서 저를 찾으세요."

랑탱은 완전 바보가 된 기분으로 목걸이를 들고 나왔다. 따로 생각할 기회를 갖고 싶다는 막연한 충동에 따랐던 것이다.

그런데 다시 거리로 나온 순간 그는 웃음을 터뜨리며 혼자 중얼거렸다. "바보! 오, 저 친구 정말 바보 아냐? 저 사람 말을 믿을 수 있으면 좋겠다만, 진짜 보석이랑 가짜 보석도 구분하지 못하는 보석상이라니!"

그는 드 라 뻬 거리 모퉁이에 있는 다른 보석 가게로 들어갔다. 보석상은 목걸이를 보자마자 유심히 들여다봤다. "아! 그 목걸이는 제가 잘 압니다. 여기서 팔았으니까요!"

랑탱은 몹시 긴장하며 물었다. "값이 얼마나 나갑니까?" "손님, 제가 그 목걸이를 2만 5천 프랑에 팔았습니다. 법 규정에 따라 어떻게 입수하게 되셨는지 충분히 증명해주시면 만 8천 프랑에 다시 사겠습니다."

랑탱은 이번엔 그저 놀라서 마비 상태가 됐다. "글쎄요…… 다시 한 번 봐주시죠. 저는 지금까지 줄곧…… 가짜라고 생각했습니다."

보석상이 말했다. "성함을 알려주시겠습니까, 손님?" "물론이죠. 내 이름은 랑탱이고, 내무성에서 근무하고 있습니다. 사는 곳은 마르티르가 16번지입니다."

상인은 장부를 펴고 들여다보았다. "맞습니다. 이 목걸이는 1876년 7월 20일에 마르티르가 16번지 랑탱 부인의 주소로 발송됐습니다."

두 남자는 서로의 눈을 들여다보았다. 랑탱은 놀라서 흥분해 있었고, 보석상은 눈앞에 도둑이 있다고 생각했다.

보석상은 다시 말을 이었다. "이 물건을 24시간 동안만 여기에 맡겨주시겠습니까? 영수증을 드리겠습니다." 랑탱은 더듬거리며 말했다. "네! 물론이죠." 그리고 가게를 나오며 영수증을 접어서 주머니에 넣었다.

그는 길을 건너서 엉뚱한 데로 걸었다. 길을 잘못 들었다는 것을 알고는 튈르리로 해서 다시 돌아와 센강을 건너고 나서 또 다시 엉뚱한 길을 택했다는 걸 알았고, 별생각도 없이 머릿속이 멍한 채로 샹젤리제 쪽으로 다시 걸어갔다. 그는 논리적으로 생각하고 이해해보려고 애썼다. 아내는 그렇게 값비싼 물건을 결코 살 수 없었을 것이다. 당연했다. 그렇다면, 선물로 받은 게 틀림없다! ……누가 선물을 줬는가? 뭣 때문에?

그는 걸음을 멈추고 길 한복판에 꼼짝도 않고 서 있었다.

끔찍한 의심이 그의 마음을 휩쓸고 지나갔다. 아내가? 그렇다면 다른 보석들도 몽땅 다 선물인 게 틀림없어! 발밑의 땅이 흔들리는 것 같았다. 눈앞의 나무가 그를 향해 쓰러지고 있는 것 같았다. 그는 본능적으로 두 팔을 뻗었다. 그리고 기절했다.

그는 지나가던 사람들이 옮겨다준 약국에서 의식을 되찾았다. 그는 사람들한테 좀 데려다달라고 부탁해서 집에 왔고, 방으로 들어가 틀어박혔다.

해 질 녘까지 그는 쉬지도 않고 울었다. 비명을 참으려고 손수건을 입에 물었다. 그러다 슬픔과 피로로 완전히 녹초가 돼서 잠자리에 들었고 깊은 잠에 빠졌다.

한 줄기 햇살이 그를 깨웠다. 그는 사무실에 가려고 일어나서 천천히 옷을 챙겨 입었다. 심한 충격을 받은 뒤끝인지라 일을 하러 가기가 힘들었다. 봐주겠거니 하는 생각이 들어 장관에게 편지를 썼다. 그러고 나니 보석 가게로 다시 가야 한다는 것이 생각났고, 수치심에 얼굴이 빨개졌다. 그는 그대로 한참을 생각했다. 아무래도 목걸이를 거기에 둘 수는 없었다. 그는 코트를 입고 밖으로 나갔다.

화창한 날이었다. 도시 위로 하늘이 온통 파랗게 펼쳐져 있는 게 꼭 도시를 미소 짓게 하는 것 같았다. 산책하는 사람들은 주머니에 손을 넣고 정한 곳 없이 걷고 있었다.

사람들이 지나가는 모습을 보며 랑탱은 생각했다. "재산이 많은 사람은 정말 운이 좋은 거야! 돈만 있으면 슬픔도 떨쳐버릴 수 있어. 가고 싶은 데도 마음대로 여행하고 즐기는 거지! 오! 나도 부자라면!"

그는 갑자기 배가 고프다는 걸 깨달았다. 어제 저녁부터 아무것도 먹지 않았으니 당연한 일이었다. 하지만 주머니가 비어 있었다. 그는 보석이 생각났다. 만 8천 프랑! 만 8천 프랑! 꽤 큰돈이지, 큰돈이고말고!

그는 드 라 뻬 거리로 갔다. 그러곤 가게 건너편 보도를 서성였다. 만 8천 프랑! 스무 번이나 들어가려고 발을 뗐지만, 그럴 때마다 수치심이 발목을 잡았다.

하지만 배가 고팠다. 엄청 고팠다. 그런데 동전 한 푼도 없었다. 그는 재빨리 결단을 내리고 그 문제에 대해 다시 생각할 겨를을 갖지 않으려고 거의 한달음에 길을 건너 보석 가게로 급히 들어갔다.

보석상은 그를 보자 서둘러 나와 미소를 지으며 공손하게 의자를 내밀었다. 가게 점원들까지도 나와서 그를 뚫어지게 쳐다봤다. 눈엔 명랑한 기운이 넘쳤고 모두 입가에 미소를 띠고 있었다.

보석상이 말했다. "손님, 제가 조사를 좀 해봤습니다. 아직도 파실 생각이 있으시다면, 제가 제시한 액수를 현찰로 드릴 준비가 돼 있습니다." 랑탱이 더듬거리며 대답했다. "아, 네, 물론이죠." 보석상은 서랍에서 큰 지폐 18장을 꺼내 세어보고 랑탱에게 내밀었다. 랑탱은 작은 영수증에 서명을 하고 주머니에 돈을 미친 듯이 쑤셔넣었다.

그렇게 이제 막 떠나려다가 그는 연방 미소를 짓고 있는 보석상에게로 몸을 돌려 눈을 내리깔고 말했다. "다른 보석들도 있는데 모두 똑같은, 똑같은 사람에게서 상속받은 겁니다. 그것들도 사시겠습니까?"

상인은 머리를 조아리며 대답했다. "물론입죠, 손님, 당연히……." 점원 한 명이 부리나케 뛰어나가서 맘껏 웃었다. 다른 점원은 연방 코만 세게 풀고 있었다.

랑탱은 동요하지 않고 얼굴을 붉히며 진지하

게 말했다. "그럼 가져오겠습니다."

그는 이륜마차를 타고 보석을 가지러 갔다.

그는 한 시간 뒤 가게로 돌아왔다. 그때까지 아침밥도 먹지 못했다. 그들은 보석을 하나하나 살펴보며 값을 매겼다. 거의 모두가 바로 이 집에서 구입한 것들이었다.

이제 랑탱은 보석상이 뽑은 감정가에 이의를 제기하고 화를 내다가 장부 좀 보자고 고집을 부렸다. 그리고 감정가가 높아질수록 그의 목소리도 점점 더 커졌다.

큰 다이아몬드 귀걸이는 2만 프랑, 팔찌는 3만 5천 프랑, 브로치와 반지와 메달은 합해서 만 6천 프랑, 에메랄드와 사파이어 세트는 만 4천 프랑, 금 목걸이에 달린 외알 보석은 4만 프랑, 그렇게 해서 총 액수는 약 19만 6천 프랑이었다.

보석상은 좋은 의도로 농담 삼아 한마디 했다. "이것들의 임자였던 분은 저축한 돈을 몽땅 보석에 투자했나 봅니다."

랑탱이 진지하게 대답했다. "돈을 모으는 덴 아마 이 방법도 괜찮을 겁니다." 그러곤 상인의 말대로 이튿날 전문가한테 재감정을 받기로 동의한 뒤 가게를 나왔다.

거리에 다시 나온 그는 방돔의 원형 기둥을 쳐다보며 그게 무슨 축제 때의 메이폴 기둥이라도 되는 양 거기로 기어 올라가고 싶어졌다. 거기서 있는 황제 동상의 머리를 짚고 저 파란 하늘 위로 풀쩍풀쩍 뛰어오르고 싶을 만큼 그는 기분이 좋았다.

그는 부아쟁 식당에서 아침 식사를 하며 한 병에 20프랑짜리 포도주를 주문했다.

그러곤 이륜마차를 타고 브와 공원까지 달렸다. 지나가는 사륜마차를 경멸의 눈초리로 바라보았고, 행인들에게는 "나도 부자다, 나도 부자야. 나에겐 20만 프랑이 있어!"라고 소리치고픈 욕망이 거세게 일었다.

갑자기 사무실 생각이 또 났다. 그는 사무실까지 마차를 타고 가서 곧장 장관의 집무실로 걸어 들어가 말했다. "장관님, 사표를 드리러 왔습니다. 방금 제게 '30'만 프랑의 거금이 생겼거든요." 그러곤 한 바퀴 쭉 돌며 동료 직원들과 악수를 한 뒤 앞으로의 계획을 전부 다 떠벌렸다. 그리고 저녁을 먹으러 카페 앙글레로 갔다.

거기서 그는 꽤 품위 있어 보이는 남자와 같은 테이블에 앉게 됐다. 그는 입이 근질근질해서 참지 못하고 아양을 좀 떨며 자기가 방금 '40'만 프랑의 재산을 상속받았다고 자랑했다.

극장에 가서도 공연이 지루하지 않기는 생전 처음이었다. 그리고 여자를 끼고 흥청망청 먹고 마시며 밤을 보냈다.

6개월 후 그는 다시 결혼했다. 두 번째 아내는 배우자로선 행실이 매우 올곧은 사람이었지만, 성깔이 지독했다. 그녀는 그의 인생을 매우 불행하게 만들었다.

기 드 모파상의 『모파상 단편선집』
(우달임 옮김, 2011)

기 드 모파상(Guy de Maupassant, 1850~1893)

프랑스의 소설가. 파리에서 법학 공부를 시작하지만 1870년에 발발한 독일과의 전쟁에 참전하면서 학업을 중단한다. 단편 「비곗덩어리」가 대중적 성공을 거두며 작가로서 명성을 얻게 된다. 서너 번의 자살 시도가 실패로 돌아간 뒤, 정신병원에 갇혀 비극적 최후를 맞는다. 작품으로 『두 친구』, 『여자의 일생』, 『벨아미』 등의 장편과 「보석」, 「목걸이」 등의 단편이 있다.

CHAPTER 3

자유를 향한 몸짓

우리는 어떻게 자유로울 수 있는가

1. 자유를 향한 머나먼 길 · **넬슨 만델라**

2. 개인의 탄생 · **로베르 르그로**

3. 자연적 자유에서 정치적 자유로 · **존 로크/장자크 루소/토머스 홉스**

4. 자유론 · **존 스튜어트 밀**

5. 소요유(逍遙遊) · **장자**

6. 군중심리 · **귀스타브 르 봉**

7. 두 가지 자유 · **이사야 벌린**

8. 자본주의와 자유 · **밀턴 프리드먼**

9. 신자유주의와 자유의 위기 · **한병철**

10. 지속 불가능한 자유주의 · **패트릭 드닌**

11. 나는 편의점에 간다 · **김애란**

문화 산업을 통한 대중의 획일화 · **아도르노/호르크하이머**

슬픔이 없는 십오 초 · **심보선**

1

자유를 향한 머나먼 길

넬슨 만델라

남아프리카공화국은 20세기 말까지 백인의, 백인에 의한, 백인을 위한 국가였다. 국민의 80퍼센트가 원주민 흑인이었지만 정작 그 흑인들은 국토의 10퍼센트 남짓한 흑인 구역에서만 살아야 했다. '아파르트헤이트(apartheid)'라는 인종 분리 정책 때문이었다. 이러한 인종 분할과 차별은 넬슨 만델라가 27년간의 수감 생활을 마치고 출옥한 1990년 이후까지도 지속되었다. 기록에 따르면 남아프리카공화국에서 백인 정부에 의해 학살당한 흑인의 수는 300만 명이 넘는다. 흑인 차별은 일반적인 관례였고, 백인은 물론 일부 흑인들조차도 백인에 의한 흑인 지배가 미개한 남아프리카공화국에 문명을 전파하고 학교와 병원을 세워 원주민들에게 문명의 혜택을 나눠주는 은혜로운 행위라고 생각했다.
만델라도 그런 사람의 하나였다. 그는 남아프리카공화국의 현실과 흑인 차별을 비판하는 사람들이야말로 "백인들이 소개한 교육과 여러 혜택에 제대로 고마워할 줄 모르는 무지한 자의 지나친 언동"이라고 비난했다. 흑인 인권 운동에 투신하기 이전까지 그는 백인들이 주입한 사고방식을 충실히 따르며 살았다. 그랬던 그가 왜 흑인 인권 운동에 평생을 바치기로 결심한 것일까? 만델라의 그런 변신과 인생 전환은 어떻게 발생했을까?

학교 첫날, 그리고 내 이름 넬슨

쿠누라는 좁은 세계에서, 부족 간의 경쟁이라고는 코사족과 우리 마을에 살고 있는 소수의 음펭구족 간의 경쟁뿐이었다. 음펭구족은 음페카네(Mfecane), 즉 1820년부터 1840년 사이에 샤카국(Shaka state)과 줄루국(Zulu state)이 등장해서 생긴 일련의 전쟁과 이민 때문에 샤카 줄루의 군대에서 도망쳐 나온 뒤에 희망봉의 동쪽 지역에 도달했다. 당시에 줄루 군사들은 모든 종족들을 점령하여 군사 통치하에 통합하고자 했다. 원래 코사어를 사용하지 않는 음펭구족은 음페카네 때 생겨난 피란민들이었고, 다른 아프리카 사람들이 꺼려 하는 일들을 할 수밖에 없었다. 그들은 백인들의 농장이나 사업장에서 일을 했는데, 그러한 일들은 좀 더 일찍 뿌리를 내린 코사족들이 천시하던 것들이었다. 그러나 음펭구족 사람들은 근면했고, 유럽인들과 교류해 다른 아프리카인들보다 교육 수준도 높았고, 더 '서구적(Western)'이었다.

내가 어렸을 때 음펭구족은 우리 마을의 가장 진보된 계층이었고, 종교 지도자, 경찰, 교사, 사무원 및 통역 등을 담당했다. 그들은 가장 먼저 기독교인이 되었고, 더 좋은 주택을 지었고, 과학적인 영농법을 채택함으로써 코사 사람들보다 부유할 수 있었다. 그들은 기독교인이 되는 것은 개화하는 것이고, 개화하는 것은 기독교인이 되는 것이라는 선교사들의 논리를 실제로 증명해주었다. 여전히 음펭구족에 대한 적대적인 감정이 조금 남아 있긴 했지만, 나는 이것이 종족적인 적대심 때문이라기보다 시기심 때문이었다고 생각한다. 내가 소년 시절에 목격한 이러한 부족주의는 그다지 심한 것이 아니었다. 이후 남아프리카의 백인 통치자들이 조장한 폭력적인 부족 간의 경쟁을 당시에 나는 목격하지도 못했고, 그것을 상상조차 하지 못했다.

우리 아버지는 음펭구족에 대한 편협한 편견에 사로잡히지도 않았고, 오히려 음펭구족의 조지 음베켈라나 벤 음베켈라 형제와 친구가 되었다. 그들 형제는 쿠누에서 이례적인 사람들이었다. 그들은 교육을 받은 기독교인이었다. 형 조지는 은퇴한 교사였고, 벤은 경관이었다. 음베켈라 형제들의 개종에도 불구하고 아버지는 기독교에 대해 무관심했으며, 그 대신에 조상들이 숭배했던 코사의 위대한 신인 카마타에 대한 믿음을 유지했다. 아버지는 비공식적인 제사장이었으며, 염소나 소의 도살 의식을 집전했고, 씨뿌리기, 추수, 출산, 결혼, 성인식, 장례식 등의 전통 의식을 주재했다. 그는 정식으로 성직을 부여받을 필요가 없었다. 왜냐하면 코사의 전통적인 종교는 우주론적 전체성이 특징이기 때문에 신성한 것과 세속적인 것 사이의 구별이나 자연과 초자연적인 것 사이의 구별은 별 의미가 없었다.

음베켈라 형제의 신앙은 우리 아버지에게 영향을 주지는 못했지만, 어머니를 고취시켜 기독교인으로 만들었다. 사실 파니(Fanny)는 교회에서 지어준 어머니의 기독교식 이름이었다. 음베켈라 형제의 영향으로 나도 당시에 웨슬리언 교회로 알려진 감리교의 세례를 받았고, 그 학교를 다녔다. 교회 사람들은 내가 놀고 있거나 양 떼 돌보는 것을 자주 보러 왔으며, 내게 말을 걸었다. 하루는 조지 음베켈라가 어머니를 찾아왔다. 그는 어머니에게 "참으로 영리한 아들을 두셨네요. 그 아이는 학교에 꼭 보내야 합니다"라고 말했다. 어머니는 아무런 대답도 하지 않았다. 우리집에서 학교에 가본 사람은 아무도 없었다. 그래서 어머니는 음베켈라의 제안에 대해 아무런 준비도 되어 있지 않았다. 하지만 어머니는 그 이야기를 아버지에게 전했다. 아버지는 비록 자신은 아무런 교육도 받지 못했지만—아마도 바로 그러한 사실 때문에—자신의 가장 어린 아들을 학교에 보내기로 즉시 결정했다.

학교는 쿠누 언덕의 맞은편에 있었다. 서양식 지붕을 한 교실 한 칸이 전부였다. 나는 일곱 살이었다. 그리고 내가 등교하기 바로 하루 전날 아버지는 나를 불러 학교에 갈 때는 옷을 단정하게 입어야 한다고 말씀하셨다. 그때까지는 나는 쿠누의 여느 다른 소년들처럼 담요 한 장만을 어깨에서부터 걸쳐 허리에 여미고 있었다. 아버지는 바지 한 벌을 꺼내 무릎께까지 잘라낸 뒤 내게 그것을 입어보라고 하셨다. 길이는 거의 맞았지만 허리가 너무 컸다. 그러자 아버지는 줄을 꺼내서 허리에 묶어주셨다. 내 모습은 우스꽝스러웠지만, 이후 나는 아버지가 줄여준 이 바지보다 더 자랑스러운 양복을 입어본 적이 없다.

학교에 나간 첫날, 음딘가네 선생님이 우리에게 저마다 영국식 이름을 지어주면서, 지금부터 학교에서는 그 이름을 사용해야 한다고 말했다. 이것은 당시 아프리카인들 사이에서는 관습이었고, 그것은 의심할 바 없이 우리의 교육에 대한 영국인들의 편견 때문에 생겨난 것이었다. 내가 받은 교육은 영국식 교육이었고, 영국식 사고방식으로는 영국의 이상, 영국의 문화, 영국의 제도 등이 더 우월하다고 자동적으로 여겨졌다. 아프리카 문화 같은 것은 존재하지도 않았다.

지금 세대의 아프리카인들조차도 일반적으로 영국과 아프리카식의 두 가지 이름을 갖고 있다. 백인들은 아프리카식 이름을 발음할 수 없거나 아니면 발음하려고 하지도 않았다. 그러한 이름을 가지고 있는 것은 미개하다고 여겼다. 그날 음딘가네 선생님은 내 새로운 이름이 넬슨(Nelson)이라고 말했다. 왜 그녀가 내게 그 이름을 지어주었는지는 모른다. 아마 그 이름이 영국에서 유명한 제독인 넬슨 경과 무슨 관련이 있는지도 모르겠다고 단순히 추측할 뿐이다.

추장의 연설

우리의 유배 생활이 끝나는 날 오두막과 모든 잡동사니들을 불에 태워서, 우리의 어린 시절과 관계된 모든 것들을 없애버렸다. 그리고 사회에서 우리를 남자로 받아들이는 성대한 의식이 열렸다. 우리들의 가족, 친구들, 지역의 수장들 등이 모여 대화하고 노래하며 선물도 주었다. 나는 암소 두 마리와 양 네 마리를 받았는데, 그 어느 때보다 부자가 된 것 같았다. 과거에 어떤 것도 소유해본 적 없던 내가 갑자기 재산을 갖게 된 것이었다. 비록 소 떼 전부를 선물로 받은 친구 저스티스에 비하면 하찮은 것이었지만, 그때 내 기분은 매우 좋았다. 나는 저스티스의 선물에 신경 쓰지 않았다. 그는 왕의 아들이었고, 나는 단지 왕의 자문가가 될 운명이었으니까. 나는 그날 강인하고 자랑스러운 기분이 들었다. 그날 나는 평소와 다르게 어깨를 똑바로 쭉 펴고 힘차게 걸었던 것으로 기억한다. 나는 희망에 부풀었고, 언젠가 부와 재산 그리고 높은 지위를 가질 것이라고 생각했다.

그날의 연사는 달린디에보의 아들인 멜리그킬리(Meligqili) 추장이었는데, 그의 말을 듣고 나자 내 화려한 꿈이 퇴색되는 듯한 느낌이

들었다. 그는 우리가 오랫동안 지켜온 전통을 계승하는 일이 얼마나 훌륭한가 하는 판에 박은 듯한 말로 시작했다. 그러고 나서 그는 갑자기 우리를 보더니 목소리를 바꿔 말했다. "여기 우리의 아들들, 젊고 건강하고 잘생긴 코사족의 꽃이며 우리 민족의 긍지가 있다. 우리는 막 이들에게 남성을 약속하는 의식으로 할례를 해주었다. 그러나 나는 이 자리에서 그대들에게 그것은 헛되며 결코 이루어질 수 없는 환상 속의 약속이라는 것을 말해주지 않을 수 없다. 왜냐하면 우리 코사족, 그리고 남아프리카의 모든 흑인들은 피정복민이기 때문이다. 우리는 우리 자신의 나라에서 노예가 되었다. 우리는 우리가 태어난 땅에서 우리의 운명을 결정할 힘도 권력도 없다. 우리가 이들에게 번성하고 자손을 증식할 수 있는 땅을 줄 수 없기 때문에, 이들은 도시로 가서 빈민촌에서 살며 싸구려 술을 마시게 될 것이다. 이들은 백인들이 소유한 금광의 갱도 속에서 숨을 몰아쉬다 건강을 해치고, 태양도 결코 볼 수 없게 될 것이다. 결국 백인들만 더할 나위 없이 잘살게 될 것이다. 이 젊은이들 중에는 우리가 스스로를 다스릴 수 있는 힘이 없기 때문에 결코 지배할 기회가 주어지지 않을 무사들도 있고, 공부할 수 있는 곳이 없기 때문에 결코 가르칠 수 없는 학자들도 있다. 이 젊은이들의 능력과, 지성 그리고 포부는 백인들을 위해 하찮은 허드렛일을 하면서 생계를 꾸리는 데 낭비될 것이다. 지금 이들의 재능은 아무 소용이 없다. 왜냐하면 우리가 이들에게 가장 훌륭한 선물인 독립과 자유를 줄 수 없기 때문이다. 나는 카마타가 결코 자지 않고 모두 보고 있다는 것을 잘 알고 있다. 하지만 나는 그가 사실은 졸고 있는 게 아닌가 의심스럽다. 만약 그것이 사실이라면 나는 가능한 한 빨리 죽는 것이 낫다. 왜냐하면 내가 죽으면 나는 그를 만나게 될 것이고, 그를 깨워 그에게 응구멩쿠카의 아이들, 코사족의 꽃이 죽어가고 있다고 말할 수 있기 때문이다."

멜리그킬리 추장의 말이 계속되면서 청중은 숨을 죽이고 있었고, 그들의 얼굴은 점점 더 분노로 일그러지고 있다는 생각이 들었다. 아무도 그가 오늘 한 말을 듣고 싶어 하는 것 같지 않았다. 나 또한 그러한 말을 듣고 싶지 않았다. 추장의 연설은 나에게 감동적이라기보다는 나를 혼란스럽게 만들었다. 나는 그의 말을 백인들이 우리나라에 소개한 교육과 여러 혜택에 제대로 고마워할 줄 모르는 무지한 자의 지나친 언동이라고 치부했다. 당시에 나는 백인들은 탄압자가 아니라 혜택을 주는 사람들이고, 추장은 고마움을 모르는 사람이라고 생각했다. 이 건방진 추장이 그날의 분위기를 망쳐놓았고, 멍청한 말로 그날의 내 자랑스러운 감정을 버려놓았다.

그러나 웬일인지 알 수는 없지만 그의 말이 곧 내 가슴속을 파고들었다. 그는 내게 씨앗을 뿌려놓았던 것이다. 비록 내가 오랫동안 그 씨앗을 방치해두기는 했지만. 그 씨앗은 결국 싹을 틔우기 시작했다. 훗날 나는 그날의 무지한 사람은 추장이 아니라 바로 나 자신이었다는 것을 깨달았다.

의식이 끝난 뒤 나는 강가로 다시 가서, 몇십 리를 흘러 인도양으로 유입되는 강을 바라보았다. 나는 그 강을 건너본 적이 한 번도 없었고, 그 강 너머의 세계에 대해 아는 것이라곤 아무것도 없었다. 그러나 그날 그 세계가 나를 부르고 있다는 것을 알았다. 거의 석양 무렵에 나는 급히 우리의 은둔처였던 오두막이 있던 곳으로 갔다. 비록 오두막이 타고 있을 때 그곳으로 되돌아가서 살펴보는 것이 금지되어 있긴 했지만, 나는 유혹을 참을 수가 없었다. 내가 그곳에 갔을 때에는 커다란 아카시아 나무 옆에 타버린 잿더미 두 개밖에는 아무것도 남아 있지 않았다. 그 잿더미 속에 이제는 가버린 즐거운 세상, 내 어린 시절의 세상, 쿠누와 음케케즈웨니에서 달콤하게, 무책임하게 보냈던 시절들이 놓여 있었다. 이제 나는 어른이 되었다. 이제 다시는 신터 놀이를 할 수도, 옥수수를 훔칠 수도 없고, 암소 젖을 짜 먹을 수도 없었다. 나는 이미 내 유년 시절을 떠나보내고 있었다. 그러나 되돌아보면 나는 그날 어른이 된 것은 아니었다. 진정한 어른이 되기까지는 오랜 세월이 걸렸다.

분노와 갈망

내가 언제부터 정치에 관심을 갖게 되었고, 또 언제부터 자유를 위한 투쟁에 일생을 바치겠다고 결심했는지 정확히 기억할 수는 없다. 남아프리카에서 흑인으로 산다는 것은 흑인이 태어나는 순간부터 그의 인식 여부에 상관없이 정치화될 수밖에 없음을 의미한다. 아프리카 흑인 어린이는 일반적으로 흑인 전용 병원에서 태어나 흑인 전용 버스로 집에 돌아오고, 흑인 거주 지역에서만 살아야 하며, 만약 학교라도 다니고 싶다면 흑인 전용 학교에 다녀야만 한다.

그 흑인 아이는 커서도 흑인들만 다니는 직장에만 취직할 수 있고, 흑인 거주 지역 내에서만 집을 세낼 수 있으며, 흑인 전용 기차만 탈 수 있다. 밤낮을 불문하고 통행증을 제시하기 위해서 수시로 가던 길을 멈춰야만 하며, 통행증을 제시하지 못하면 경찰서에 연행된다. 이 흑인 아이는 그의 성장을 가로막고 잠재력을 짓밟고 그의 삶을 위기에 빠뜨릴 수도 있는 인종차별적인 법률과 규제에 둘러싸여 생활한다. 이것이 남아프리카 흑인의 현실이었다. 사람들은 나름대로 이러한 현실에 대처하고 있었다.

나는 어느 한순간에 깨달음을 얻었다거나 계시를 받았다거나 또는 진리를 깨우쳐서 투사의 길에 들어선 것은 아니었다. 오히려 지속적으로 쌓여온 모욕감과 모멸감, 그 기억할 수 없는 수많은 순간들이 내 안에서 분노와 저항심 그리고 우리 민족을 가두고 있는 사회체제에 대한 울분을 키운 것이었다. 어느 특정한 날에 "자! 이제부터 나는 우리 민족의 해방을 위해서 살겠다"라고 선언했던 것도 아니다. 그보다는 나는 어느 순간 그렇게 행동하고 있는 나를 발견했을 뿐이었다. 달리 행동할 수도 없었다.

내게 영향을 준 많은 사람들에 대해 앞에서 이미 언급했지만 그들 중에서도 나는 월터에게서 현명한 가르침을 가장 많이 받았다. 월터는 강하고 이성적이며 현실적이고 헌신적인 사람이었다. 그는 위기 상황이 닥쳐도 결코 이성을 잃는 법이 없었다. 그는 때때로 사람들이 고함치는 가운데에서도 침묵을 지키고는 했다. 그는 흑인들의 소망과 열망의 결집체로서

ⓒPaul Weinberg

1980년대 남아프리카공화국의 아파르트헤이트 반대 시위

ANC(아프리카민족회의)가 남아프리카에 실질적인 변화를 가져올 수 있다고 확신했다. 사람들은 흔히 ANC에 속해 있는 회원들의 됨됨이를 보고 ANC에 대한 평가를 내렸다. 나 역시 예외는 아니어서 월터가 소속되었다면 그 어떤 단체라도 기꺼이 참여했을 것이고, 그 점을 자랑스럽게 여겼을 것이다. 당시 남아프리카에는 ANC 말고는 별다른 대안은 없었다. ANC는 유일하게 모든 사람들에게 개방된 단체였으며, 모든 아프리카인들에게 안식처를 제공해주는 거대한 우산 같은 구실을 했다.

1940년대부터 서서히 변화의 조짐이 나타났다. 1941년, 루스벨트와 처칠이 서명한 「대서양 헌장」은 모든 인간의 존엄성을 재확인했고, 일련의 민주주의적 원칙을 주장했다. 일부 서방세계 사람들은 「대서양 헌장」을 무용지물로 보았으나, 당시 우리 남아프리카 사람들에게는 사정이 달랐다. 「대서양 헌장(Atlantic Charter)」의 발표와, 독재 권력에 맞서는 연합국들에 고무되어 ANC는 '아프리카인의 주장(African Claims)'이라는 ANC 나름대로의 헌장을 만들었다. 이 헌장은 모든 남아프리카인의 시민권과 토지 소유권, 그리고 인종차별법을 완전 철폐할 것을 주장하고 있다. 당시 우리 정부는 물론 평범한 남아프리카인들도 해외의 다른 나라 사람들이 지키기 위해 싸우고 있는 가치와, 국내에서 우리가 주장하는 가치가 같다는 것을 알게 되리라 기대했다.

인간성에 대한 신념, 그리고 이상에 충실하기

감옥에서는 시간이 더디게 지나간다. 하루가 끝이 없는 것처럼 느껴진다. 흔히들 시간이 더디게 지나간다는 말을 할 때는 게으름과 무기력이 원인일 때가 많다. 그러나 (내가 갇혀 있었던) 로벤섬에서는 사정이 다르다. 우리는 노동과 공부 그리고 논쟁을 해결하느라 거의 항상 바빴다. 그럼에도 불구하고 시간의 흐름은 빙하처럼 느렸다. 밖에서는 몇 시간이나 며칠 걸려 해결될 일이 감옥에서는 수개월이나 수년 걸려 이루어지기 때문이기도 하다. 새로운 칫솔을 요청하면 6개월이나 1년이 지나야 받을 수 있다. 언젠가 어떤 친구가 감옥에서는 몇 분이 몇 년처럼 느껴지지만 몇 해는 몇 분처럼 지나간다고 말했다. 마당에서 바위를 부수는 오후가 마치 영원할 것 같은데도 갑자기 연말이 다가오고, 그 모든 날들이 어떻게 지나가 버렸는지 알 수 없는 것이 감옥 생활이다.

모든 재소자들에게 그렇지만 특히 정치범들에게 최대의 과제는 어떻게 감옥 생활에서 자신을 온전히 지킬 수 있는가, 어떻게 약해지지 않고 출소할 수 있는가, 어떻게 자신의 신념을 보존하고 재충전까지 할 수 있는가다. 이를 이루기 위해 제일 먼저 해야 할 일은 생존하기 위해 내가 무엇을 해야 하는가를 아는 것이다. 그렇게 하기 위해서는 적을 무너뜨리기 위한 전략을 세우기 전에 적의 목적을 먼저 알아야 한다. 감옥은 사람의 정신을 파괴하고 결의를 무너뜨리도록 되어 있다. 이 목적을 위해 당국은 재소자들의 모든 약점을 이용하고, 모든 자발적인 움직임을 분쇄하고, 개인성의 모든 징표를 부정한다. 이는 우리를 인간이도록 하며 우리 자신이도록 하는 그 불꽃을 일소하겠다는 발상에서 나온 것이다.

우리의 생존은 당국이 우리에게 하고자 하는 바를 알고 이것을 서로 공유하는 데 달려 있다. 혼자서 저항한다는 것은 불가능에 가까울 정도로 힘든 일이다. 혼자였다면 내가 과연 그만큼 해낼 수 있었을지 알 수 없다. 그만큼 당국이 우리를 함께 있게 한 것은 결정적 실수였다. 함께 있을 때 우리의 결의는 더욱 강해지기 때문이다. 우리는 우리가 아는 모든 것과 배운 모든 것을 함께 나누었고, 그렇게 함께함으로써 개개인이 가지고 있는 작은 용기들을 배가시킬 수 있었다. 그렇다고 해서 우리 모두에게 가해진 곤경에 똑같은 방식으로 대응했다는 말은 아니다. 사람은 각자 갖고 있는 능력이 다르고, 스트레스에 대한 반응도 다르다. 그러나 강한 사람은 약한 사람의 용기를 북돋워 줄 수 있으며 그 과정에서 약자와 강자 모두가 더 강해질 수 있다. 결국 우리는 감옥에서 우리 자신의 삶을 창조해야 했다. 당국조차도 인정하는 것처럼 감옥에서 질서는 간수들에 의해 강제된다기보다는 우리들 자신에 의해 지켜졌다.

지도자는 때로 사람들에게 인기 없는 행동을, 또는 결과가 수년이 지나도록 알려지지 않을 행동을 취해야 한다. 승리는 그것을 성취한 사람에게만 알려지는 의로운 영광이 될 때가 있다. 감옥에서 특히 그러하다. 감옥에서 사람은, 설사 다른 사람들이 알지 못한다 하더라도 자신의 이상에 충실하다는 데서 위안을 찾아야 하기 때문이다.

이제 나는 한쪽으로 물러나 있으나 내가 결코 투쟁을 포기하지 않으리라는 것 또한 알고 있었다. 나는 관중이라고는 우리들 자신과 우리의 적들뿐인 규모가 더 작은 다른 싸움터에 있었다. 우리는 감옥에서의 투쟁을 전체 투쟁의 축소판으로 생각했다. 인종차별과 억압은 이곳에서도 마찬가지였다. 단지 다른 조건에서 싸워야 할 뿐이었다.

교도소와 당국은 재소자들의 존엄성을 박탈하려는 음모를 꾸민다. 그러나 나의 존엄성을 박탈하려는 어느 누구도 어떤 제도도 패배할 수밖에 없을 것이고 이는 곧 내가 살아남는다는 것을 의미한다. 왜냐하면 나는 어떤 대가를 치르더라도, 어떤 압력이 가해지더라도 존엄성을 포기하지는 않을 것이기 때문이다. 나는 내가 감옥을 나갈 수 없을지도 모른다는 생각을 한 번도 진지하게 해본 적이 없다. 나는 단 한 번도 종신형이 진짜 평생 감옥에서 살게 된다는 것을 의미한다고 생각해본 적이 없고, 내가 감옥에서 죽음을 맞이하게 되리라고 생각해본 적도 없다. 아마도 그렇게 생각하면 너무나 참담해지기 때문에 그럴 가능성을 애써 부인했는지도 모른다. 그러나 나는 언젠가는 자유인으로서 발밑에 풀의 감촉을 다시 느끼고 햇볕 아래 걷게 되리라는 것을 알고 있었다.

나는 근본적으로 낙관론자다. 그것이 타고난 것인지 교육된 것인지는 알 수 없다. 낙관적이라는 것은 머리를 태양을 향해 똑바로 치켜들고 발을 앞으로 내딛는 것이기도 하다. 인간성에 대한 나의 신념이 혹독한 시련을 겪는 어두운 순간도 많았다. 그러나 나는 절망에 굴복하지 않으려 했고 굴복할 수도 없었다. 그것은 곧 패배와 죽음의 길이었기 때문이다.

자유의 길

나는 자유를 갈망하며 태어나지 않았다. 나는 내가 알 수 있는 한 모든 면에서 자유롭게 태어났다. 내 어머니의 오두막 근처의 평원에서 자유롭게 뛰어놀 수 있었고, 내 고향 마을 옆으로 흐르는 개울에서 자유롭게 헤엄칠 수 있었고, 별빛 아래서 옥수수를 구워 먹었으며, 천천히 걸어가는 황소의 널찍한 등에 올라탈 수 있었다. 내가 아버지에게 복종하고 내 부족의 관습을 지키는 한 인간의 법이나 신의 뜻에 대해서 나는 아무런 어긋남이 없었다.

내가 소년 시절의 자유는 환상일 뿐이라는 것을 배우기 시작했을 때부터, 그리고 내가 젊은 시절 나의 자유를 이미 빼앗겼다는 것을 발견했을 때부터 나는 자유를 갈망하기 시작했다. 제일 처음, 학생으로서 나는 오직 나 자신을 위한 자유를 원했다. 밤을 새울 수 있고, 읽고 싶은 책을 읽을 수 있고, 가고 싶은 곳을 갈 수 있는 그런 일시적인 자유를 원했다. 나중에 요하네스버그의 젊은이로서 나는 나의 잠재력을 실현하는 자유, 돈을 모으는 자유, 결혼하고 가족을 갖는 자유 등 가장 기본적이며 고귀한 자유를 갈망했다. 이것은 법으로 허용된 생활에 방해가 되지 않는 자유였다.

그러나 나는 나만이 자유롭지 못한 것이 아니라 나의 형제와 자매들도 자유롭지 못하다는 사실을 천천히 깨닫게 되었다. 나의 자유뿐만 아니라 나와 같은 모든 사람들이 자유를 빼앗겼다는 사실을 알게 되었다. 이때가 바로 내가 ANC에 가입했을 때이며, 나 자신의 자유에 대한 갈망이 나의 동포들의 자유에 대한 더 큰 갈망으로 바뀐 때였다. 존엄과 자존심 있는 삶을 살 수 있는 자유를 내 동포들이 갖기를 바라는 내 욕망이 내 삶에 활기를 불어넣어 주고, 겁이 많은 청년을 용감한 청년으로 변화시키고, 법에 따르는 변호사를 범법자로 만들고, 가족을 사랑하는 남편을 가정이 없는 사람으로 만들고, 삶을 사랑하는 사람을 수도승처럼 살도록 만들었다. 나는 다른 사람보다 더 고결하고 희생적이지 않았으나, 자유롭지 못한 내 동포들을 알게 되자 나는 내게 허용되었던 제한적이고 빈약한 자유마저도 누릴 수 없다는 점을 발견했다. 자유는 분리될 수 없다. 즉 내 국민 누구 하나에게 묶여진 쇠사슬은 다른 모든 사람들에 묶여진 쇠사슬이며, 모든 내 국민들에게 묶여진 쇠사슬은 나에 대한 쇠사슬이었다.

길고 외로운 여러 해 동안 내 민족의 자유에 대한 내 갈망은 흑인과 백인을 포함하는 모든 국민들의 자유에 대한 갈망으로 변화되었다. 나는 억압받는 사람과 마찬가지로 억압하는 사람도 해방되어야 한다는 사실을 어느 무엇보다도 잘 알고 있었다. 다른 사람의 자유를 빼앗은 사람은 증오의 포로가 되어 편견과 편협심의 창살에 갇혀 있게 된다. 내가 만약 다른 사람의 자유를 빼앗는다면 남에게 나의 자유를 빼앗긴 것과 마찬가지로 나는 진정으로 자유롭지 못하다. 억압하는 사람과 억압받는 사람은 마찬가지로 인간성을 상실하게 된다.

내가 감옥에서 풀려나왔을 때 억압하는 자와 억압받는 자 둘 다를 해방시키는 것이 나의 사명이었다. 어떤 사람은 그것이 이제 달성되었다고 말한다. 그러나 나는 아직 자유롭지 못하다는 것이 진실이다. 우리는 자유롭게 될 자유와 억압받지 않을 권리를 거의 성취했다. 우리는 우리 여정의 마지막 발걸음을 내딛지는 못했지만, 길고 어려운 첫 발걸음은 내디뎠다. 자유로워진다는 것은 단지 쇠사슬을 풀어버리는 것이 아니며, 다른 사람의 자유를 존중하고 증진하는 방식으로 사는 것이기 때문이다. 자유에 대한 우리의 진정한 헌신은 이제 막 시작되었다.

나는 자유를 향한 머나먼 길을 걸어왔다. 나는 주춤거리지 않으려고 노력했다. 나는 도중에 발을 잘못 내딛기도 했다. 그러나 나는 커다란 언덕을 올라간 뒤에야 올라가야 할 언덕이 더 많다는 것을 발견하게 된다는 비밀을 알았다. 나는 여기서 잠시 쉬면서 내 주위를 둘러싸고 있는 멋진 경치를 보며 내가 온 길을 돌아볼 수 있다. 그러나 자유는 책임이 따르기 때문에 나는 오로지 잠시 동안만 쉴 수 있을 뿐이다. 나의 머나먼 여정은 아직 끝나지 않았기 때문에 나는 감히 꾸물거릴 수가 없다.

넬슨 만델라의 『자유를 향한 머나먼 길』

(김대중 옮김, 두레, 2006)

넬슨 만델라(Nelson Mandela, 1918~2013)

남아프리카공화국의 정치인, 전 대통령. 남아공 백인 정권의 인종차별정책에 맞서다 1962년 8월부터 1990년 2월까지 27년 6개월 동안 로벤섬에서 수감 생활을 했고, 1993년 노벨 평화상을 수상했다. 1994년 남아공 최초의 흑인 대통령으로 선출되었고, '진실과 화해 위원회'를 결성하여 용서와 화해의 정신에 입각한 과거사 청산을 호소했다. 2009년 유엔은 만델라의 생일인 7월 18일을 '국제 넬슨 만델라의 날'로 지정했다.

2

개인의 탄생

로베르 르그로

근대적 개인은 어떻게 출현했을까? 언제부터 개인이 하나의 고유한 원리와 가치로 확립되었을까? 프랑스 캉대학교 철학 교수 로베르 르그로는 「근대적 인간의 탄생」에서 전근대적 위계질서가 붕괴하면서 태동한 '세계와 인간에 대한 민주적 경험'의 토대 위에서 개별성과 인간성 개념이 정립되는 과정을 보여준다. 저자는 전통사회와 근대사회가 인간과 세계를 각각 어떻게 다르게 경험하는지 대비시킴으로써 신분적 위계질서와 태생적 소속관계에 귀속되었던 전근대적 인간이 근대적 개인으로 변모해가는 과정을 서술한다. 먼저 유사성의 원칙이 위계의 원칙을 대신한다. 근대의 개인화는 타인을 자신과 닮은 존재로 체험하게 되는 것과 연계된다. 유사성의 원칙은 동시에 개별성의 원칙으로 귀결된다. 모든 소속관계에서 벗어난 인간은 어디에도 포섭되어 있지 않은 존재이다. 그에게 '인간'은 '개별적 존재'로 인식된다. 타인은 그의 개별성 속에서 인간인 다른 한 사람으로 경험된다. 이렇게 근대적 인간은 보편적인 것과 개별적인 것의 기이한 결합으로 존재한다. 인간관계에서 공존의 원칙으로 확립된 평등, 자율, 개인의 독립은 개별화의 조건들이고, 이런 개별화 없이는 인간적인 것의 의미 자체가 소멸한다. 근대적 개인에게 인간적으로 존재한다는 것은 자신을 개별화시키는 것이다. 인간성에 소속되는 것 이외의 어떤 소속관계도 본질적인 것이 아니라는 사실은 모든 개인에게 인간적 존엄성이 가치와 규범으로 부과된다는 것을 말해준다.

근대에서의 개인의 탄생? 어떤 의미에서 모든 사회는 개인들로 구성되어 있다. 인간이 인간인 이래로 그들은 서로서로를 알아보고, 스스로를 상대와 구별하고, 자신에게 고유한 성격을 부여하고, 각기 개인적으로 자신의 정체성을 확보한다. 즉 그들은 개인으로서 행동하고, 자신을 개인으로 간주하고, 자신을 개인으로 인식한다. 그러나 근대사회는 새로운 종류의 인간들로 구성되어 있다. 그들이 서로를 평등한 존재로, 서로에게서 독립해 있는 자율적 존재로 간주하고, 그렇게 서로를 대하게 되었을 때 인간들은 사실 이 말이 일찍이 가져보지 않았던 의미로, 즉 이 말의 고유한 의미로 개인들이 되었다. 민주주의의 기원을 이루는 이러한 인간관계의 변화는 근대의 여명기에 태동했다. 인본주의가 그것을 증명한다. 르네상스 예술도 마찬가지로 그것을 증명한다. 15~16세기의 조형예술 작품들, 문학작품들, 음악들은 인간의 새로운 모습에 형태를 부여하고, 개인의 새로운 유형이 나타났음을 알리고 있다.

위계의 원칙이 함께 살기의 기본이 되어 있을 때, 하나의 사회적 위치를 내포하는 소속관계는 원칙적으로 태생적 소속관계이고, 따라서 자연스러운 것으로 보이며, 일반적으로 본질적인 것으로 간주된다. 이를테면 소속관계는 사람들에게 정체성을 부여해주면서 그들의 천성과 본질을 무차별적으로 결정짓는다. 인간은 누구나 자신의 출생에 따라 계급, 종교, 성(性), 민족, 가족, 집단 혹은 종족, 국가의 일원으로서 행동하고, 자신을 드러내도록 고무되고, 흔히 그러한 성향을 띠게 된다. 누구나 자신이 대표하는 집단의 기준에 따라 자신을 나타내고, 자신의 계급에 따라 행동해야 한다. 그렇게 되면 일상생활에서 타인은 단순히 하나의 타인으로 나타나지 않고 항상 '이런 사람 혹은 저런 사람으로서' 우선적으로 나타난다. 즉 이미 '포섭된' 존재로 나타난다. 이것은 옛 의미에서의 개인이란 본질적으로 '특정한' 개인으로 인식되었다는 것을 의미한다.

민주적 관계를 낳게 한 근대의 개인화는 자연스러운 것으로 여겨진 신분의 위계질서, 권위의 주장, 개인의 소속관계에 대한 집단적 반발을 전제로 한다. 따라서 그것은 자신의 사회 계급, 소속관계, 기능에서 독립되어 있는 존재로 자신을 인식하는 데 익숙해진 인간들을 전제로 한다. 다시 말해 그들에게 정체성을 부여하거나 그들을 특정한 존재로 만드는 것들을 제거하고 자신을 인식하는 인간을 전제로 한다. 즉 근대의 개인화는 일상생활 속에서 타인을 자신과 동일한, 닮은 존재로 경험하게 된 사실과 관련이 있는 것이다. 타인은 그저 이런 존재 혹은 저런 존재로서 나타나는 것이 아니라 항상, 우선적으로 모든 소속관계에서 벗어나 있다. 즉 이미 어디에도 포섭되어 있지 않은 존재로 나타난다. 이것이 의미하는 것은 근대적 의미의 개인이란 본질적으로 '개별적인' 개인으로 인식된다는 것이다. 보다 정확히 말하면, 인간이므로, 그는 '개별적인' 개인으로 인식되는 것이다.

물론 개인들은 어떤 인간 사회에서나 자신을 개별화한다. 그러나 위계질서에 기반을 둔 이른바 귀족사회에서는 각 개인의 개별화는 일반적으로 엄폐되어 있다. 그들은 각기 자신의 신분에 자신을 맞추도록 되어 있고, 자연스럽고 본질적인 것으로 간주되는 소속관계에 따라 행동하는 성향을 지니고 있다. 그러므로 개별화는 예외적으로 우월한 존재의 행위가 아닌 한, 잘못된 독단의 출현, 비뚤어짐의 징조, 타락의 결과로 해석된다. 상궤를 벗어남으로써 자신을 개별화하는 행위는 사악한 의지, 타락한 영혼, 퇴폐를 증명하는 것이다. 반면 영웅으로서 자신을 개별화하는 행위는 그의 우월성, 미덕, 범상하지 않은 영혼, 개인적 고귀성을 증명하는 것이다. 그와 반대로 민주적 개별화는 악에 있어서나 선에 있어서나 예외적으로 두드러지는 사람들에게 제한되어 있지 않다. 그것은 보편적인 것과 개별적인 것의 기이한 융합을 보여준다. 근대적 인간은 개별화가 인간의 본질을 드러내는 것으로 보일 때 태어난다. 인본주의는 인간의 인간성(인간의 본질)은 개별화에, 즉 모든 소속관계에서 자유로운, 모든 기능에 앞서는, 모든 분류에서 벗어나 있는 존재 속에 있다는 새로운 사상을 보여준다.

근대 민주주의의 기본 원칙은, 인간은 누구나 태어나면서 자율성의 권리, 개인적 독립의 권리로 이해되는 자유에의 동일한 권리를 지닌다는 것을 말해준다. 전근대의 어떤 사회도 이런 원칙의 지배를 받은 적이 없다. 전근대의 사회들은 인간이 '인간인 한' 자유롭다는 사상과 관련이 있는 모든 평등의 원칙을 알지 못하거나 혹은 거부한다. 그 사회들은 타율성의 원칙과 공동체의 원칙에 결합되어 있는 태생적 불평등의 원칙, 위계적 원칙에 기반을 두고 있다. 고대의 민주주의가 자율성의 원칙, 시민들의 평등의 원칙, 다른 시민으로부터의 독립의 원칙에 기반을 두고 있었다는 것은 사실이다. 그러나 민주적 도시의 시민들이 스스로를 평등한 존재로, 자율적이고 독립적인 개인으로 간주한 것은 시민으로서이지 인간으로서가 아니다. 어느 사회에서나 자유를 증명해 보이는 사람들이 있다. 그러나 개인이 태어나면서부터 '본성적으로' 자신의 운명을 결정할 수 있는 권리를 지녔다는 사상, 개인으로서의 권리가 모든 인간 존재에게 천부적으로 주어져 있다는 사상, 혹은 인간이 인간으로서 자유롭다는 사상은 근대에 와서야 사회 전체에 전파되었고, 함께 살기의 기본 원칙이 되었다. 물론 인간에 의한 인간의 착취, 새로운 형태의 노예 상태가 근대의 민주주의 한가운데에서 전개되어온 것도 사실이다. 그러나 기존의 절대적 권위를 제한하고, 인간 각자에게 자유를 누릴 수 있는 능력을 부여할 순수한 목적으로 끊임없는 투쟁을 일으키고, 그 투쟁을 고무하는 원칙의 이름으로 그것들은 비난받을 수 있었다. 그러한 원칙, 인간이 인간으로서 자유롭다는 사상이 어떻게 공동체적 삶의 원칙으로서 정립될 수 있었던 것일까?

근대인이 평등, 자율, 개인의 독립을 인간의 공존의 원칙으로 정립한 것은 선택에 의해서가 아니다. 계산 혹은 추론의 결과도 아니고, 스스로 생각하고 행동할 수 있는 용기를 마침내 갖게 되었기 때문도 아니다. 사람들은 세계와 인간에 대한 새로운 경험에 의해서 자신을 점차 인간으로서 평등한 존재로 인식하고 자율적인 존재로 느끼고, 서로서로 독립적인 존재가 되었다. 그와 동시에 그들은 새로운 방식으로 자신을 개인화하게 되었다.

위계적 원칙과 공동체의 원칙이 관습을 지배하고 인간관계를 구조화할 때, 인간은 누구나, 우선적으로 그리고 항상, 그에게 정체성을 부여하고 그를 특수화하는 소속관계 속에 포섭된 존재로 나타난다. 개인들이 스스로를 평등한 존재로 인식하고 자율적이고 독립적이기를 원하게 될 때, 그들은 모든 소속관계에서 벗어나 비특수화된다. 비특수화된 개인은 추상의 공허 속으로 사라질 수 있고, 자신의 정체성의 상실과 비특수화를 자기 자신의 죽음으로 느낄 수 있다. 또한 홀로 생각하고 행동하려는 개인은, 가시적 권위의 사라짐으로 방향감각을 상실하여 여론의 유혹에 끌리지 않는 한, 즉시 자기 자신 속에서, 오로지 자기 자신 속에서 판단의 근거를 발견하고, 자신의 생각과 행동의 궁극적 주체로서 스스로를 믿고, 그렇게 되기를 원하고, 자의적인 개인으로서 자신을 자유롭게 느끼는 것도 사실이다. 서로에게서 독립적인 개인들이 스스로를 '원자화된' 존재로 느끼고, 따라서 타인들과의 연합은 모두 그들의 자연스러운 이기심을 제한할 수밖에 없는 것이고, 모든 평화는 규약에 의해 일시 중단된 전쟁 상태라고 생각하는 것도 또한 사실이다. 요컨대 개인성의 근대적 원칙이 개인주의의 기원이라는 사실에는 의심의 여지가 없다. 그런데 그들의 인간적 보편성의 익명성과 주관성의 자의성에 갇혀 있는 개인들은 인간 속에서 인간을 초월하는 것, 즉 그들의 '인간성'에 대한 의식을 잃어버릴 수밖에 없다. 그러나 비특수화, 권위의 탈신성화, 개인의 독립성은 또한 개인들의 개별화의 조건들이고, 그 개별화 없이는 인간적인 것의 의미 자체가 엄폐된다.

귀족정치체제에 있어서의 인간 경험

세계를 경험하는 일은 필연적으로 인간을 경험하는 일이다. 사람들이 서로서로를 우선적으로 그리고 항상 자연적·규범적·초자연적 질서에 포섭되어 있는 개인으로 인지할 때, 그들은 그들의 인간성을 보편적인 동시에 본질적인 것으로 느낄 수 없다. 물론 타인과의 만남에서 서로 닮아 있다는 느낌을 가질 수는 있지만 그것은 인류만큼이나 오래된 것이다. 위계적 질서에 기초한 사회, 공동의 삶의 규범이 자연적이고 초자연적인 것으로 보이는 공동체 안에서는 그가 태생적으로 어떠한 존재인지, 그가 어떠한 존재이어야 하는지를 말해주는 것은 위계적 공동체적 질서이다. 우리의 인간성의 경험은 자아 경험과 불가분의 관계에 있다. 세계 경험이 자연적, 규범적, 포섭적, 초자연적 질서의 경험일 때 자아 경험은, 우선적으로 그리고 항상, 근대적 의미에서의 주체일 수 있는 자아의 경험이 될 수 없다. 사회적 지위를 부여해주는 소속관계가 자연적, 규범적인 것으로 인식될 때, 사람들에게 특권과 의무를 부여해주며 그들이 어떤 존재인지, 어떤 존재이어야 하는지를 드러내 보여주는 것으로 인식될 때, 인간은 누구나 나를 나이게 하는 것, 나로 하여금 내가 되어야 하는 나로 만들어주는 것은 나로부터 오지 않고 나의 태생적 소속관계에서 온다는 확신으로 늘 고무되어 있다. 보다 분명히 말한다면, 내가 나인 것은, 내가 행동하는 것처럼 내가 행동하고, 내가 생각하는 것을 내가 생각하고, 내가 느끼는 것을 내가 느끼고, 내가 원하는 것을 내가 원하고, 내가 욕망하는 것을 내가 욕망하는 것은, 나에 앞서 있고, 나를 초월하는 질서에 내가 자연적(초자연적)으로 편입되어 있기 때문이다.

자신의 인간성의 경험과 자아 경험은 타인에 관한 경험과 불가분의 관계에 있다. 타인은 어떤 지위, 어떤 공동체, 어떤 집단에 속한 존재로 자신을 보여주는 까닭에 단번에 포섭된 존재로 나에게 나타난다. 어떠어떠한 소속관계로 자신을 보여줌으로써 그는 즉각 그를 어떤 맥락 속에 위치시키는 하나의 의미를 지니고 나타난다. 내가 그를 '이러한 존재로' 혹은 '저러한 존재로' 이해하는 까닭에, 다시 말해, 그의 존재에 대한 선결적인 이해에서 출발하여 그를 대하는 까닭에 그는 이러저러한 맥락과 상관되는 의미를 지니고 나타난다. 물론 인간은 개인으로서 서로에게 나타난다. 즉 그들은 서로 개인적 관계를 유지한다. 그러나 그들은 우선적으로, 그리고 항상 '개별적' 개인으로서가 아니라 '특정한' 개인으로서 자신을 보여준다.

민주적 인간 경험

위계적, 공동체적 질서가 와해될 때, 사회적 신분을 부여해주고, 특정한 삶의 방식을 부과하던 태생적 소속관계는 더 이상 본질적이지도 규범적이지도 않은 것으로 나타난다. 그것은 더 이상 우리가 본질적으로 어떤 존재인지, 우리가 자연적으로 어떤 존재가 되어야 하는지를 가르쳐주지 않는다. 반면 각각의 인간 속에 있는 인간성이 그 어떤 특정한 소속관계보다 더 근원적인 것으로, 우리의 본질적 존재를 구성하는 것으로 느껴지기 시작한다. 인간성에 소속되는 것 이외의 어떤 소속관계도 본질적인 것으로 나타나지 않는다. 아울러 우리의 보편적 본질적 인간성은 각자에게 규범적인 것으로 주어진다. 인간성이 그 어떤 특정한 소속관계보다 더 근원적인 것처럼 느껴지고, 인간적 삶의 방식의 기원처럼 느껴지게 되면서부터, 인간은 자율성을 가졌다는 생각이 통용되기 시작하고 따라서 타인을 하나의 인간 존재로, 즉 자율적 존재로 대해야 하는 의무가 지상 명령처럼 느껴지기 시작한다. 즉 모든 인간 존재를 하나의 인격적 존재로 대해야만 하는, 칸트의 말대로 '절대로 단순한 수단으로서가 아니라 항상 목적으로' 대해야만 하는 의무가, 모든 관습, 모든 인습, 모든 실증적 법률을 초월하는 원칙으로서 즉각적으로 주어진다. 그것은 어떤 관습, 전통에서 연원하는 것이 아니다. 그것은 어떤 인습 혹은 실증적 법률에서 오는 것이 아니고, 모든 인간적 결정보다 높은 데에서 온다. 그것은 모든 개인적 혹은 집단적 의지를 초월하지만 그러나 모든 종교적 계시에서 벗어나 있다. 순수한 도덕성은 모든 종교적 기반과 결별하고, 동시에 관행·관습·규정, 개인들과 집단들의 결정을 초월할 때 솟아난다. 각각의 인간을 초월하는 '인간성'에서 오는 '법', 즉 인간을 목적으로 존중해야만 하는 의무는 순수한 도덕성에서 연원한다. 인간의 인간성을 경험하는 것은 사람들이 서로를 평등하고 자율적으로 느끼고, 자신이 그렇기를 원하기 시작할 때 성립되는데, 그것은 탈종교적 경험이다. 즉 그것은 전통에서 오는 것도, 관례에서 오는 것도, 어떤 결정, 어떤 권력에서 오는 것도 아닌 명령('정언명령')을 받아들이는 것이다.

그러한 도덕(모든 종교적 근원에서 독립해 있고 우연적 규범에서 분리되어 있는 도덕률)이 지상 명령처럼(모든 계산, 모든 추론, 모든 반성에 앞서서) 주어진다고 말하는 것은, 종교적 혹은 공동체적 모든 복종에서 해방된 도덕적 행위가 인간 각자 속에 있는, 인간의 존엄성에 대한 윤리적 감수성을 전제로 한다는 것을 의미한다. 도덕적 반성(어떤 경우에 어떤 일정한 상황에서 어떻게 행동해야 하는지)은 만일 내가 오로지 나 자신의 쾌락만을 좇아 행동한다면, 나는 나 자신이, 내가 되어야만 하는 내가 아닐 것이라는 즉각적 확신, 도덕적 감정을 전제로 한다. 법이 신적 기원을 가진다는 원칙과 정당한 권위가 종교적 기반을 가진다는 원칙에 의해 지배되는 세계에서도 도덕적 반성은 물론 윤리적 감수성을 전제로 한다. 그 사회에서도 인간은 만일 그가 본질적이라고 판단하는 소속관계에 충실하지 못하다면 그 자신이 될 수 없다는 확신에 의해 움직인다. 그러나 귀족체제에서 성립된 윤리적 감수성은 '있는 그대로의 인간'에 대한 윤리적 감수성은 전혀 아니다. 인간의 자율성이 느껴지기 시작할 때, 도덕적 반성은 자율적 존재로서의 인간 각자 속에 있는, 인간성에 대한 감수성, 혹은 그 존엄성 앞에서, 그 존엄성을 통해 나의 자아(개별적 자아로서의 나)는 즉각적으로 책임이 있게 됨을 알게 된다. '있는 그대로의 인간 존재'에 대한 연민의 감정이 근대에 태어났다는 사실이 증명하듯이 생활방식의 민주화가 새로운 윤리적 감수성의 기원을 이룬다. 생활방식이 민주화할 때, 견디기 힘든 것으로 느껴지는 것은 어떤 일정한 사람들의 고통을 보는 것만이 아니라, 이방인이든, 죄인이든, 적이든, 그 누구든 고통받는 것을 보는 것이다.

로베르 르그로의 『개인의 탄생』

(전성자 옮김, 기파랑, 2006)

로베르 르그로(Robert Legros, 1945~)

벨기에 출신의 철학자. 2011년부터 프랑스 캉대학교와 벨기에 브뤼셀 자유대학교 명예교수로 재직하고 있다. 그의 연구 분야는 헤겔, 독일 낭만주의, 토크빌, 현상학이다. 대표적인 저서로 『인간성이라는 관념』, 『민주주의의 출현』, 『예술에서 개인의 탄생』, 『자유의 경험』 등이 있다.

3

자연적 자유에서 정치적 자유로

존 로크/장자크 루소/토머스 홉스

근대 들어 인간을 태어날 때부터 자유롭고 평등한 권리를 갖는 독립적인 개인으로 바라보기 시작했다. 이러한 '근대적 개인'이라는 시각은 동시에 풀어야 할 골치 아픈 문제를 안고 있었다. 우리가 모두 자유롭고 평등한 개인이라면 공동체의 결속과 질서 유지는 어떻게 가능한가? 개인의 기본권(자유)과 공동체의 이익(공동선)이 모두 포기할 수 없는 소중한 가치라면 이 둘은 어떻게 양립할 수 있는가? 개인의 자유가 무제한으로 허용되면 공동체의 질서나 사회통합 같은 공동체적 가치가 무너지고, 공동체의 이익을 지나치게 강조하다 보면 개인의 자유가 침해될 수밖에 없다.

토머스 홉스, 존 로크, 장자크 루소 같은 대표적인 근대 정치사상가들이 풀고자 한 문제는 본질적으로 '개인과 공동체의 딜레마' 또는 '개인의 자유와 공동체 질서의 딜레마'라고 불리는 정치철학의 핵심 문제이다. 필연적으로 위계적일 수밖에 없는 정치 질서를 어떻게 개인의 자유와 조화시킬 것인가? 정치사회로 결합한 개인의 자유(정치적 자유)는 자연상태에서의 자유(자연적 자유)와 어떻게 다른가?

정치사회의 기원

자연상태

정치권력을 올바르게 이해하고 그 기원을 파악하기 위해서 우리는 모든 인간이 자연적으로 어떤 상태에 놓여 있었는지 생각해보아야 한다. 자연상태는 다른 사람에게 허락을 구하거나 타인의 의지에 종속되지 않고, 자연법의 테두리 안에서 스스로 적절하다고 생각하는 바에 따라 자신의 행동을 결정하고 자신의 소유물과 신체를 처분할 수 있는 완벽한 자유의 상태이다.

자연상태는 또한 평등의 상태이다. 자연상태에서 모든 권력과 사법적 권한이 상호적이며 어느 누구도 다른 사람보다 더 많은 권력과 권한을 갖지 않는다. 동일한 종의 피조물들은 자연으로부터 동일한 혜택을 받고 태어나 동일한 재능을 사용한다. 따라서 그 피조물들의 주인이자 지배자가 자신의 의지를 명시적으로 선언함으로써 어떤 것을 다른 것보다 우위에 놓고 뚜렷하고 명백한 지명을 통해 확고한 지배권과 주권을 부여하지 않는 한, 피조물들은 어떠한 종속이나 예속 없이 평등해야 한다는 것은 지극히 자명한 사실이다. (……)

그러나 이 자연상태는 자유의 상태이지 방종의 상태가 아니다. 자연상태에서 인간은 자신의 신체와 소유물을 자신의 의지대로 처분할 수 있는 무제한의 자유를 누리지만, 그렇다고 해서 자기 자신이나 자기가 소유한 다른 생명을 파괴할 자유는 없다. 다만 단순히 생명을 보존하는 것보다 더 고결한 용도가 있는 경우를 제외하고 말이다. 자연상태는 자연법의 지배를 받으며, 이 법은 모든 사람에게 적용된다. 자연법의 근간을 이루는 이성은, 그 이성에 의지할 수밖에 없는 전 인류에게 인간은 동등하고 독립적인 존재이므로 누구도 다른 사람의 생명, 건강, 자유, 재산상의 피해를 끼치면 안 된다고 가르쳐준다. 왜냐하면 인간은 유일하고 전지전능한 조물주의 창조물이기 때문이다. 모든 인간은 한 주인을 섬기는 하인으로 주인의 명령에 따라 그의 사업을 돕기 위해 이 세상에 보내졌다. 그래서 인간은 조물주의 소유물이자 창조물로서 다른 누구도 아닌 조물주의 뜻이 지속되는 동안만 살아야 하는 운명을 짊어지고 있다. 인간은 모두 비슷한 재능을 부여받았고 하나의 자연공동체에서 모든 것을 공유한다. 그래서 인간들 사이에서는 열등한 피조물이 우리의 쓸모에 봉사하도록 만들어진 것처럼 우리도 상호 간의 쓸모에 봉사하기 위해서 만들어졌다는 듯이 서로를 파괴할 수 있는 권한을 가지는 종속적인 관계를 상정할 수 없다. 모든 사람은 자기 자신을 보존해야 하며, 자신의 지위를 강제로 빼앗기면 안 된다. 마찬가지 이유로 우리는 자신의 보존이 위태로운 경우가 아니라면 최대한 다른 사람들을 보호해야 한다. 공격자에 대한 정당한 반격이 아니라면 다른 사람의 생명이나 생명을 보존하는 데 필요한 자유, 건강, 신체, 재물을 빼앗거나 훼손해서는 안 된다.

노예상태

인간의 자연적 자유는 지상의 어떤 상위 권력으로부터도 자유로우며, 타인의 의지나 입법권에 종속되지 않고 오로지 자연법의 지배만 받는 상태를 가리킨다. 사회를 이루고 있는 인간의 자유는 동의로 확립된 국가의 입법권 아래에서만 존재하며, 그 입법부가 위임받아 제정한 것 이외에 어떤 의지의 지배나 어떤 법의 제약도 받지 않는다. 그러므로 자유는 로버트 필머 경이 말하는 것처럼, "모두가 하고 싶은 대로 하고 자기 마음대로 살면서 어떠한 법에도 구속되지 않는 자유"가 아니다. 정부 아래에서 살아가는 인간의 자유는 사회 안에서 수립된 입법권이 제정하고 모든 사회 구성원들에게 적용되는 일정한 규칙을 가진다. 그것은 규칙이 규정하지 않는 모든 사안에 대해서 나 자신의 의지를 따를 자유이며, 다른 사람의 변덕스럽고 불확실하고 알 수 없고 자의적인 의지에 종속되지 않을 자유이다. 이는 자연의 자유가 자연법 이외에 어떤 규제도 없는 것과 마찬가지이다.

이러한 절대적이고 자의적인 권력으로부터의 자유야말로 인간의 생존에 필수적이고, 생존과 밀접하게 연관되어 있다. 그러므로 인간은 자신의 보존과 생명을 박탈당하지 않는 한 이 자유를 결코 양도할 수 없다. 인간은 자신의 생명에 대한 권한을 갖고 있지 않으므로 협정이나 자신의 동의에 의해서도 다른 사람의 노예가 될 수 없으며, 자신의 생명을 빼앗아가도록 자기 자신을 다른 사람의 절대적이고 독단적인 권력 아래에 둘 수도 없다. 그 누구도 자신이 가지고 있는 것보다 더 많은 권력을 다른 사람에게 줄 수 없다. 따라서 자신의 생명을 박탈할 수 없는 인간이 타인에게 그러한 권한을 준다는 것은 불가능하다. 실제로 어떤 사람이 죽어 마땅한 어떤 행동을 저질러 자신의 생명을 박탈당하게 된 경우에, 그 생명을 박탈할 수 있는 권리를 획득한 사람이 상대방을 자신의 권력하에 둔 상태에서 그의 목숨을 빼앗는 것을 미루고 자신을 위해 일하도록 할 수도 있을 것이다. 그러면 상대방에게 아무런 상해도 입히지 않을 수 있다. 이 상대방이 노예로서 당하는 고통이 생명의 가치보다 크다고 생각하는 경우에는 언제라도 주인의 의지에 저항함으로써 자신이 원하는 죽음을 택할 권리가 자신에게 있기 때문이다. (……)

정치사회의 기원

앞에서 말한 바와 같이, 인간은 본래 모두가 자유롭고 평등하고 독립적인 존재이기 때문에 그 누구도 자신의 동의 없이 그러한 상태에서 벗어나 다른 사람의 정치권력에 종속될 수 없다. 하나의 공동체에 가담하여 결합하는 것은 다른 사람들과 합의함으로써 가능하다. 그것은 재산을 안전하게 향유하고 외부의 위협으로부터 더 많은 안전을 누리면서, 상호 간에 안락하고 안전하며 평화로운 삶을 살아가기 위해서이다. 이러한 합의는 사람 수가 많고 적은 것과는 상관이 없다. 왜냐하면 이 합의는 다른 사람들의 자유를 침해하지 않으며, 그들이 자연상태에서 누리던 자유를 여전히 누릴 수 있기 때문이다. 이렇게 특정한 수의 사람들이 하나의 공동체나 정부를 만들기로 동의하면 곧바로 통합을 이루어 하나의 정치체를 구성하고, 이 정치체 안에서는 다수가 나머지 사람들을 움직이고 판단할 권리를 가진다. (……)

이렇게 다른 사람들과 하나의 정부 아래 하나의 정치체를 만드는 것에 동의함으로써, 모든 사람은 다수의 결정과 판단을 따르고 그에 복종해야 할 의무를 갖게 된다. 그렇지 않으면 타인과 더불어 하나의 사회를 구성한 원초적 협약이 아무런 의미가 없게 된다. 만일 그가 예전의 자연상태에서처럼 여전히 자유롭고 아무런 제약도 없다면, 그것은 협약이 아닐 것이다. 그런 상황에서 어떤 형태의 협약이 있을 수 있겠는가? 그 자신이 스스로 적절하다고 생각하고 실제로 동의한 것을 넘어서는 사회의 결정에 구속되지 않는다면, 어떤 새로운 협약이 가능하겠는가? 이는 여전히 협약 이전에 그가 가졌던 자유, 또는 누구나 자연상태에서 가졌던 만큼의 커다란 자유이며, 그런 사람은 오로지 자신에게만 순종하고 스스로 적절하다고 생각하는 사회의 결정에만 동의할 것이다. (……)

그러므로 자연상태에서 벗어나 하나의 공동체로 결합한 사람은 사회로 결합하기 위해 필요한 모든 권력을 공동체의 다수에게 위임한 것으로 이해해야 한다. 그 다수파보다 더 많은 수의 사람들이 다른 합의를 하지 않는다면 말이다. 이러한 권력의 위임은 하나의 정치사회로 결합하는 데 단순히 동의하기만 하면 이루어지는데, 이것이 바로 국가(commonwealth)에 가담하거나 국가를 설립하기 위해서 개인들 간에 체결했거나 체결할 필요가 있는 협약의 전부이다. 따라서 정치사회를 출범시키고 실제로 설립한다는 것은 다수를 이룰 수 있는 일정한 수의 자유인들이 하나의 사회로 결합하여 그 일부가 되는 데 동의하는 것이다. 바로 이러한 동의만이 유일하게 지상의 모든 합법적인 정부를 출범시켰고, 또 출범시킬 수 있었다.

존 로크의 『통치론』
(이기라 옮김, 2023)

사회협약과 도덕적 자유

인간은 자유롭게 태어났지만 도처에서 쇠사슬에 묶여 있다. 자기 자신을 다른 사람들의 주인이라고 생각하는 사람도 실제로는 그들보다도 더 노예인 것이다. 어떻게 하여 이런 변화가 생겼을까? 나는 그것은 알지 못한다. 무엇이 그것을 정당하게 만들 수 있을까? 나는 이 문제를 풀 수 있다고 생각한다.

만일 내가 무력과 그로 인한 결과만을 고려한다면, 나는 다음과 같이 말할 것이다.

"한 인민이 복종을 강요당해서 복종하고 있다면 그것은 좋다. 그들이 그 멍에에서 벗어날 수 있게 되자마자 거기서 벗어난다면 그것은 더욱 좋다. 왜냐하면 그들로부터 자유를 빼앗은 것과 똑같은 권리를 통해 자기 자신의 자유를 되찾는 것이므로 인민이 자유를 회복하는 것은 정당하거나, 애초에 그들에게서 자유를 빼앗아 간 것이 부당하기 때문이다."

하지만 사회질서는 다른 모든 권리들의 기초가 되는 신성한 권리이다. 그런데 이 권리는 자연으로부터 나온 것이 아니라 협약들에 기초한 것이다. 이러한 협약들이 무엇인지 아는 것이 중요하다.

사회협약

나는 인간의 생존을 방해하는 장애물들이 그 저항력에 있어서 각 개인이 자연상태에서 생존하기 위해 사용할 수 있는 힘을 능가하는 시점에 이르렀다고 생각한다. 그렇게 되면 그 원초적 상태는 더는 존속할 수 없게 되고, 인류는 생존 방법을 바꾸지 않는다면 멸망하고 말 것이다.

그런데 인간은 새로운 힘을 만들어낼 수는 없고, 단지 이미 존재하는 힘들을 결합하여 방향을 설정할 수 있을 뿐이다. 그래서 인간이 생존하기 위해서는 결집을 통해 장애물들의 저항력을 능가하는 힘의 총화를 이루어 그것을 유일한 원동력으로 삼고 일률적으로 움직이게 하는 것 외에는 다른 방법이 없다.

이 힘의 총화는 여러 사람의 협력에 의해서만 만들어질 수 있다. 그러나 각자의 힘과 자유는 자신의 생존을 위해 가장 기본적인 수단인 만큼, 어떻게 각자는 자신을 해치지 않고, 자신을 돌볼 의무에 소홀함이 없이 힘과 자유를 맡겨둘 수 있을까? 이 난제는 나의 주제와 관련하여 다음과 같이 표현될 수 있다.

"각 구성원의 신체와 재산을 공동의 힘으로 지키고 보호하는 결합의 한 형식을 찾아낼 것. 이를 통해 개인은 전체에 결합하지만, 이전처럼 자기 자신에게만 복종하고 자유로울 것." 이것이 바로 사회계약이 그 해결책을 제공하는 근본 문제이다.

이 계약의 조항들은 그 성격상 엄격하게 규정되어 있기 때문에 조금만 수정하더라도 공허해지고 효력을 잃어버릴 것이다. 그래서 이 조항들은 한 번도 명문화되어 공포된 적은 없었겠지만, 어디에서나 같은 내용으로 어디에서나 암묵적으로 받아들여지고 인정되었다. 사회협약이 침해되어 각자 자신의 최초 권리상태로 돌아가서, 협약에 의한 자유를 잃고 그것을 위해 포기했던 자연적 자유를 되찾을 때까지는 말이다.

이 조항들을 잘 이해하면 모두 하나의 조항으로 귀결된다. 즉 구성원 각자가 자신의 모든 권리와 함께 자신을 전체 공동체에 전적으로 양도한다는 것이다. 왜냐하면 우선 각자가 자신을 전적으로 양도하게 되면, 모두의 조건이 평등해져서 어느 누구도 다른 사람들에게 부담을 지우는 것에 관심을 갖지 않을 것이기 때문이다.

게다가 이 양도는 전적인 것이므로 결합도 더할 나위 없이 완전한 것이 되고, 어떤 구성원도 더 이상 요구할 것이 없게 된다. 만일 특정인들에게 어떤 권리가 남아 있다면, 그들과 공중 사이에서 심판을 내려줄 공동의 상위자가 없으므로 각자가 어떤 점에서 자기 자신의 심판자가 되고, 급기야는 모든 점에서 자신이 심판자라고 주장하고 나설 것이다. 그러면 자연상태가 여전히 지속될 것이며, 그 결합은 필연적으로 전제적이거나 있으나 마나 한 것이 되고 말 것이다.

마지막으로, 각자는 자기 자신을 전체에 양도함으로써, 자신을 아무에게도 양도하지 않게 된다. 구성원은 누구나 자신이 다른 구성원에게 양보하는 것과 동일한 권리를 다른 구성원으로부터 획득하는 것이므로, 결국 사람들은 자기가 상실한 모든 것에 상응하는 대가를 얻게 되고, 자기가 가진 것을 보존하기 위한 더 큰 힘을 갖게 된다.

그러므로 본질이 아닌 것을 제거하면 사회협약은 다음과 같은 말로 요약될 수 있다.

> "우리 각자는 자신의 신체와 모든 능력을 공동의 것으로 만들어 일반의지의 최고 지도 아래에 둔다. 그리고 각 구성원이 전체의 나눌 수 없는 일부임을 우리 모두 함께 받아들인다."

그 순간, 이러한 결합행위는 각 계약 당사자의 개인적인 인격을 대신하여 정신적이고 집합적인 결사체를 만들어낸다. 총회의 투표자와 같은 수의 구성원으로 구성되는 이 결사체는 바로 그 결합행위로부터 자신의 통일성과 공동 자아, 그리고 생명과 의지를 부여받는다. 이렇게 모든 개인들의 결합으로 형성한 이 공적

인격을 예전에는 도시(cité)라고 불렀고, 지금은 공화국(république) 또는 정치체(corps politique)라고 부른다. 구성원들은 그것이 수동적일 때는 국가(État)라고 부르고, 능동적일 때는 주권자(souverain)라고 부르며, 그와 유사한 것과 비교할 때는 권력체(puissance)라고 부른다. 그 구성원의 경우에, 집합적으로는 인민(peuple)이라는 이름을 갖지만, 주권적 권위에 참여하는 존재로서 특별히 시민(citoyens), 국가의 법률에 복종하는 존재로서 신민(sujets)이라고 부른다. 하지만 이 용어들은 자주 혼동되어 서로 뒤바뀌어 쓰이기도 한다. 우리는 이 용어들을 정확하게 사용해야 할 때 어떻게 구별하는지 아는 것으로 충분하다. (……)

사회상태

자연상태에서 사회상태로의 이행은 인간에게 매우 놀라운 변화를 가져온다. 인간의 행위를 이끄는 것이 본능에서 정의로 대체되고, 인간 행동에 이전에는 없었던 도덕성이 부여된다. 즉 육체적 충동이 의무감으로, 욕구가 권리로 대체됨으로써, 지금까지 자기 자신만을 바라보던 사람도 다른 원칙에 따라 행동해야 한다는 점, 자신의 본능에 귀 기울이기 전에 자신의 이성에게 조언을 구해야 한다는 점을 깨닫게 된다.

이 상태에서 인간은 자연으로부터 얻었던 여러 가지 이점을 잃게 되는 대신에 훨씬 더 많은 이익을 얻게 된다. 인간의 능력이 훈련되고 개발되며, 생각은 넓어진다. 인간의 감정이 고상해지고, 영혼 전체가 고양된다. 그 결과 이 새로운 조건이 악용되어 그가 벗어났던 상태로 다시 추락하는 상황이 자주 벌어지지 않는다면, 인간은 자신을 영원히 자연상태에서 벗어나게 해주고, 어리석고 무지한 동물에서 지적인 존재이자 한 인간으로 만들어준 저 행복한 순간을 끊임없이 기뻐해야 할 것이다.

이 모든 이익과 손해를 비교하기 쉽게 요약해보자. 인간이 사회계약으로 잃는 것은 자연적 자유와 자신이 원하면 취할 수 있는 모든 것들에 대한 무제한적인 권리이다. 인간이 얻는 것은 사회적 자유와 자신이 소유한 모든 것에 대한 재산권이다. 이러한 이해득실을 잘못 계산하지 않기 위해서는, 개인의 힘 이외에는 어떠한 한계도 없는 자연적 자유와 일반의지에 의해 제한받는 사회적 자유를 엄격히 구별해야 한다. 그리고 무력의 결과이거나 먼저 차지한 사람의 권리일 뿐인 점유권과 확실한 명분에 토대를 둔 재산권을 구별해야 한다.

이외에 인간이 사회상태에서 얻는 것으로 도덕적 자유를 덧붙일 수 있다. 도덕적 자유야말로 유일하게 인간을 자신에 대한 진정한 주인이 되게 한다. 왜냐하면, 단순한 욕구의 충동에 따르는 것은 노예상태지만, 스스로 규정한 법률에 복종하는 것은 자유이기 때문이다.

장자크 루소의 『사회계약론』
(이기라 옮김, 2023)

인간의 자연적 조건

자연은 신체와 정신의 능력에 있어 인간을 매우 평등하게 창조했다. 어떤 사람이 다른 사람보다 신체적으로 더 강하거나 두뇌 회전이 더 빠를 수 있지만, 모든 것을 종합해보면 사람과 사람 사이의 차이는 그리 크지 않아서 한 사람이 다른 사람보다 더 많은 이익을 주장할 수 있는 근거가 되지 않는다. 신체적으로 가장 약한 사람이라 하더라도 비밀리에 음모를 꾸미거나 자신과 같은 위험에 처한 다른 이들과 연합하면 아무리 강한 사람도 죽일 수 있을 만큼 충분한 힘을 가지고 있다.

정신 능력에 관해서는 신체 능력보다도 더 큰 평등이 있다고 생각한다. 다만 언어에 기초한 기예(arts), 특히 과학이라 불리는 일반적이고 확고한 규칙에 따라 수행하는 기술을 제외하고 말이다. 이런 능력을 지닌 사람은 극소수에 불과하며, 그 능력을 발휘할 수 있는 영역도 매우 제한되어 있다. 그것은 타고나는 것이 아니고, 우리가 다른 어떤 일을 하는 동안에 저절로 습득하는 분별력(prudence)처럼 쉽게 얻어지는 것도 아니다. 그러나 인간의 분별력은 경험에서 생기므로, 동일한 시간 동안 똑같이 전념한 일에 대해서 모든 사람에게 동등하게 주어진다. 이러한 평등을 받아들이지 않는 것은 자신의 지혜에 대한 헛된 자만일 뿐이다. 거의 모든 사람이 다른 평범한 사람들보다 자신이 더 현명하다고 생각한다. 특별히 이름난 사람이나 경쟁을 통해서 능력을 인정받은 소수의 사람에 대해서만 예외를 인정할 뿐이다. 자기보다 더 재치 있거나, 연설을 더 잘하거나, 더 많이 배운 사람이 많다는 것을 인정하면서도, 다른 사람들이 모두 자기만큼이나 현명하다는 사실을 좀처럼 받아들이지 않는 것이 인간의 본성이다. 이는 자신의 지혜는 가까이서 보지만, 다른 사람의 지혜는 멀리서 접하기 때문이다. 하지만 이것은 오히려 사람들이 그 점에서 불평등하기보다는 평등하다는 것을 증명한다. 어떤 것이 평등하게 분배되어 있다는 것을 보여주는 가장 명확한 증거는 모든 사람이 자신의 몫에 만족하고 있다는 사실이기 때문이다.

이러한 능력의 평등에서 목표를 달성하려는 희망의 평등이 생겨난다. 그래서 어떤 두 사람이 같은 것을 원하지만 그것을 동시에 누릴 수 없다면, 그들은 적이 된다. 그리고 주로는 자기보존, 때로는 단지 자신의 쾌락이라는 목표를 추구하는 과정에서 그들은 서로를 파괴하거나 정복하려고 노력하게 된다. 따라서 다른 사람 혼자의 힘 외에 침략자가 두려워할 것이 없는 곳에서는 누군가 작물을 심고 씨를 뿌리거나, 건물을 짓고 안락한 거처를 마련해 놓으면, 다른 사람들이 힘을 합쳐 그를 몰아내고 그가 투여한 노동의 결실뿐만 아니라 그의 생명이나 자유까지 빼앗으려 할 수도 있다. 그리고 그 침략자 역시 다른 사람에 의해 같은 위험에 놓이게 된다.

그리고 이러한 서로에 대한 불신으로 인해, 누구든 자신을 보호할 수 있는 가장 합리적인 방법은 미리 선수를 치는 것밖에는 없다. 즉, 가능한 한 많은 사람들을 힘이나 계략으로 제압하여 자신에게 위협이 될 만한 다른 큰 힘이 없도록 하는 것이다. 이는 자기보존을 위해 요구되는 것이므로 일반적으로 허용된다. 또한, 정복 행위를 통해 자신의 힘을 과시하는 것에서 쾌감을 느끼며 자신의 안전을 위해 필요한 것 이상으로 추구하는 사람들이 있기 때문에, 적절한 범위 안에서 안락함을 누리기를 원하더라도 침략을 통해 자신의 힘을 증가시키지 않고 단지 방어에만 의존해서는 오랫동안 존속할 수 없다. 결과적으로, 타인에 대한 지배력을 확장하기 위해 힘을 키우는 것은 자기보존을 위해서 필요한 일이므로 허용되어야 한다.

또한, 모든 사람을 제압할 수 있는 권력이 없는 곳에서는 다른 사람과 함께하는 것이 즐거움이 아니라 오히려 큰 고통을 준다. 사람은 누구나 자기 스스로에게 부여한 가치만큼 동료들도 자신을 높이 평가해 주기를 기대한다. 그리고 그들이 자신을 경멸하거나 과소평가하려는 낌새라도 보이면, 자연스럽게 그들로부터 더 좋은 평가를 끌어내기 위해, 그들 사이에 공통의 권력이 없을 때는 충분히 서로를 파괴할 수 있을 정도로 손해를 입히려고 노력한다.

따라서 인간의 본성에는 세 가지 주된 다툼의 원인이 있다. 첫째는 경쟁(competition), 둘째는 불신(diffidence), 셋째는 공명심(glory)이다.

첫 번째는 이익을 위해, 두 번째는 안전을 위해, 세 번째는 평판을 위해 다른 사람을 공격하게 한다. 첫 번째 경우에는 다른 사람의 신체, 아내, 자녀, 가축의 주인이 되기 위해, 두 번째 경우에는 그것들을 방어하기 위해, 세 번째 경우에는 말 한마디, 웃음, 다른 의견 등 직접적으로 자신을 경멸하거나, 간접적으로 친족, 친구, 민족, 직업이나 가문을 얕잡아 보는 사소한 표현들 때문에 폭력을 사용한다.

이로써 다음과 같은 사실이 명백해진다. 모든 사람을 두렵게 하는 공통의 권력이 없이 살아가는 동안 사람들은 전쟁이라고 불리는 상태에 있다. 이 전쟁은 모두에 대한 모두의 전쟁이다. '전쟁'은 단지 전투나 싸우는 행위로만 있는 것이 아니라, 싸우려는 의지가 일정 동안 충분히 확인되는 것으로도 존재한다. 따라서 전쟁의 본질은 날씨의 본질과 마찬가지로 시간 개념을 고려해야 한다. 악천후의 본질이 단지 비가 한두 번 내리는 것이 아니라 여러 날 동안 계속되는 경향에 있는 것처럼, 전쟁의 본질도 실제 전투가 아니라, 전투 의지가 확인되면서 전투가 벌어지지 않는다는 보장이 없는 모든 기간을 포함하는 것이다. 그 외의 기간이 '평화'일 뿐이다.

토머스 홉스의 『리바이어던』
(이기라 옮김, 2025)

존 로크(John Locke, 1632~1704)

잉글랜드의 의사이자 철학자로서 가장 영향력 있는 계몽사상가 중 한 사람이며, 흔히 '자유주의의 아버지'로 불린다. 프랜시스 베이컨의 전통을 잇는 초기 경험론자이자 토머스 홉스에 이은 대표적인 사회계약론자이다. 로크의 고전적 공화주의와 자유, 재산권에 관한 이론은 1776년 미국 혁명에 결정적인 영향을 끼쳤으며, 미국 독립선언서에 고스란히 반영되어 있다.

장자크 루소(Jean-Jacques Rousseau, 1712~1778)

제네바 출신의 철학자, 작가, 작곡가. 루소의 정치사상은 계몽시대의 유럽 전체에 커다란 영향을 주었다. 특히 프랑스 대혁명과 근대 정치사상, 경제사상, 교육사상에 미친 영향이 막대하다. 그가 쓴 『인간 불평등 기원론』(1755)과 『사회계약론』(1762)은 근대 정치사상과 사회사상의 초석이 되었다.

토머스 홉스(Thomas Hobbes, 1588~1679)

잉글랜드의 정치철학자이자 사회계약론자. 인간의 본성을 이기적으로 보고, 자연상태를 '만인의 만인에 대한 투쟁'으로 규정했다. 그로부터 사회질서와 안전을 위해 개인의 권리를 주권자에게 양도하는 '사회계약'을 주장했으며, 이에 의해 '리바이어던'과 같은 강력한 국가권력의 필요성을 강조했다. 대표 저서 『리바이어던』(1651)은 근대 정치철학의 토대를 마련한 책이다.

4

자유론

존 스튜어트 밀

자유가 모든 개인이 누릴 수 있는 소중한 권리라면 그것의 한계는 어디까지인가? 이에 대한 19세기 영국 철학자 존 스튜어트 밀의 답변은 다른 사람의 자유를 침해하지 않는 한 어떤 이유로도 개인의 자유를 제한할 수 없다는 것이다. 그는 1859년에 쓴 『자유론(On Liberty)』에서 개인을 상대로 정당하게 행사할 수 있는 권력의 성격과 한계를 규명하고자 했다. 밀은 집단의 생각이나 의사가 개인의 독립성에 함부로 관여하거나 간섭해서는 안 되며, 그 한계를 명확히 하여 부당한 침해가 일어나지 않도록 하는 것이 정치적 압제를 방지할 뿐만 아니라 인간다운 삶을 유지하는 데에도 꼭 필요하다고 주장한다. 그는 사회가 개인에 대해 강제나 통제를 가할 수 있는 경우를 최대한 엄격하게 규정할 목적으로 이 책을 썼다.

밀에 따르면, 인간사회에서 개인이든 집단이든 다른 사람의 자유를 침해할 수 있는 경우는 오로지 자기보호를 위해 필요할 때뿐이다. 다른 사람에게 해를 끼치는 경우를 제외하고는 문명사회에서 구성원의 자유를 침해하는 그 어떤 권력의 행사도 정당화될 수 없다. 자신의 생각을 마음대로 말할 자유(표현의 자유)와 남에게 해를 끼치지 않는 한에서 자신의 행동을 간섭받지 않을 자유(사생활의 자유)가 인류의 공익과 개인의 행복에 있어서 그 어떤 것보다 중요하다고 생각했기 때문이다. 그는 정치적 압제에 의해서뿐만 아니라 비정치적 영역에서 다수에 의해 개인의 자유가 억압되는 '다수의 횡포(tyranny of the majority)'에 대해서도 경계했다. 이러한 밀의 자유론은 19세기 고전적 자유주의의 핵심 기반이 되었다.

밀의 관점에서 현재 대한민국은 충분히 자유로운 사회일까? 여러분은 혹시 자신의 도덕적 기준으로 다른 사람의 생각이나 사적인 행동을 섣불리 재단하고 비난한 적은 없는가?

자유의 원칙과 사회적 책임

이 글의 목적은 사회가 개인들을 강요와 통제의 방법으로 다루는 데 있어서 절대적으로 지켜야 할 아주 간단명료한 원칙을 제시하는 것이다. 법적인 처벌의 형태로 물리적 힘을 사용하는 경우이든 공중이 도덕적으로 강제하는 경우이든 상관없이 말이다. 그 원칙이란 인류가 개인적으로든 집단적으로든 다른 사람들의 행동의 자유에 간섭하는 것을 정당하게 해주는 유일한 목표는 오로지 자기보호뿐이라는 것이다. 문명사회의 구성원에 대해 당사자의 의지에 반하여 권력이 정당하게 행사될 수 있는 유일한 목적은 다른 사람에게 해를 끼치는 것을 막는 것이다. 육체적으로나 정신적으로 자신에게 도움이 된다는 명분으로는 충분하지 않다. 그렇게 하는 것이 당사자에게 더 좋은 결과를 가져다주거나 더 행복하게 만든다고 해서, 또는 다른 사람이 볼 때 그렇게 하는 것이 현명하다거나 옳은 일이라는 이유로 본인의 의사와 관계없이 무슨 일을 강요하거나 금지해서는 안 된다. 그런 이유들은 충고하거나 이해시키고, 설득하거나 간청하기에는 좋지만, 말을 듣지 않는다고 해서 강요하거나, 어떤 식으로든 처벌을 가하는 근거가 될 수는 없다. 그것을 정당화하려면, 제지하려는 행동이 다른 사람에게 해악을 끼칠 것이라는 분명한 예측이 있어야 한다. 어떤 사람이 사회의 요구에 따라야 하는 경우는 오로지 다른 사람에게 영향을 미치는 행위를 할 때뿐이다. 이에 반해 자기 자신에게만 영향을 주는 행위는 그 자체로 정당하고 절대적인 독립성을 가진다. 자기 자신, 즉 자신의 신체나 정신에 대해서는 개개인이 주권자이다.

이러한 원칙이 정신적으로 성숙한 사람에게만 적용된다는 사실은 굳이 설명할 필요가 없을 것이다. 우리는 어린아이나, 법률로 규정된 성년에 이르지 않은 청소년들을 대상으로 이야기하고 있는 것이 아니다. 아직 다른 사람의 보호가 필요한 이들은 외부의 위협 못지않게 자신의 행동에 따른 결과로부터도 보호받아야 한다. 마찬가지 이유로, 인종 자체가 미성년 상태에 있는 것으로 볼 수 있는 미개사회에 사는 사람들도 이 대상에서 제외하는 것이 좋다. 자발적인 진보를 이루는 과정에서 초기 단계의 어려움이 너무나 크기 때문에, 그것을 극복하기 위해 선택할 만한 수단이 별로 없기 때문이다. 그래서 나라를 발전시켜보려는 의욕으로 충만한 지도자가 목표를 달성하기 위한 다른 방법이 없을 때, 어떤 편법을 사용하는 것을 탓할 수 없다. 미개인들을 개명시킬 목적이라면 전제정치는 그들에게 정당한 통치방식이며, 그 목적을 효과적으로 달성함으로써 정당화될 수 있는 수단이다. 하나의 원칙으로서 자유는 인류가 자유롭고 평등한 토론을 통해 진보를 이룰 수 있는 시점에 이르지 못한 상태에는 적용할 수 없다. 그런 시대가 오기 전까지는, 운이 좋아서 아크바르(Akbar)나 샤를마뉴(Charlemagne) 같은 지도자를 발견한다면 그에게 암묵적으로 복종하는 것 외에 다른 방도가 없다. 그러나 사람들이 일단 확신이나 설득에 의해 자기 자신의 발전을 도모할 수 있는 능력을 갖추게 되면(우리가 이 글에서 관심을 두고 있는 나라 사람들은 모두 이미 오래전에 그런 상태에 도달했다), 직접적인 강요의 형태든 불복종에 대해 고통이나 처벌을 가하는 형태든 모든 강제는 자신들의 이익을 위한 수단이 될 수 없고, 오로지 다른 사람의 안전을 지킬 필요가 있을 때만 허용된다.

효용(utility)과는 별개인 추상적인 권리에 관한 생각으로부터 나의 주장을 끌어낼 수도 있겠지만 그것을 언급하지는 않겠다. 나는 효용을 모든 윤리적 문제의 궁극적인 기준으로 여긴다. 그런데 이 효용은 진보하는 존재인 인간의 항구적인 이익에 기반을 둔 가장 넓은 의미의 개념이어야 한다. 나는 이런 이익 개념 때문에, 오로지 다른 사람의 이익에 영향을 주는 행위에 대해서만 개인의 자발성이 외부의 통제에 종속될 수 있다고 주장한다. 만약 누군가 다른 사람에게 상처를 주는 행동을 한다면, 마땅히 법률에 따라서, 또는 법적 처벌을 적용하기 어려운 경우라면 대중적인 반감을 통해서 처벌하는 것이 당연하다. 그런가 하면 다른 사람에게 도움이 되는 긍정적인 행동들도 많이 있는데, 그런 행동들을 하도록 강제하는 것도 정당하다. 이를테면 법정에서 증언하는 일, 자신이 속한 사회의 이익을 위해 필요한 공동 방위나 공동 작업의 일정 부분을 감당하는 일, 그리고 동포의 생명을 구해주고, 자기방어 능력이 없는 사람이 학대당하지 않도록 보호해주는 일 같은 것들이다. 이런 일들은 언제나 인간이 행해야 할 명백한 의무로서, 그런 일을 하지 않는다면 정당하게 사회적 책임을 물을 수 있다. 사람은 어떤 행동을 하는 것을 통해서만이 아니라, 하지 않음으로써 다른 사람에게 해악을 끼칠 수도 있는데, 어느 경우든 그 손해에 대해 마땅히 책임을 져야 한다. 그러나 후자의 경우, 전자의 경우보다 강제력의 행사에 훨씬 신중해야 하는 것이 사실이다. 누구든 다른 사람에게 해악을 끼쳤을 때 그 일에 책임을 묻는 것이 원칙이지만, 다른 사람이 입을 해악을 미리 막지 못했다고 책임을 추궁하는 것은 상대적으로 예외적인 경우이다. 하지만 그런 예외를 정당화할 정도로 분명하고 심각한 사례들이 많이 있다. 개인은 타인과 관계되는 모든 일에 있어서, 이해관계가 걸려 있는 사람들에게, 그리고 필요하다면 그들의 보호자인 사회에 대해 법적으로 순응해야 한다. 개인에게 책임을 부과하지 않아도 될 충분한 이유가 있는 경우도 종종 있지만, 그것은 특수한 사정이 있는 경우일 뿐이다. 즉 사회가 권력을 행사하는 방식으로 개인을 통제하는 것보다 자신에게 맡겨두는 편이 더 잘 행동할 것 같은 경우이거나, 사회의 통제 시도가 그것을 통해 방지하려는 것보다 오히려 더 큰 해악을 불러올 수 있는 경우가 여기에 해당한다. 이런 이유로 사회적 책임을 부과하지 못할 때는, 자기 양심으로 비어 있는 심판자의 자리를 대신해야 하며, 외부의 보호를 받지 못하는 사람들의 이익을 보호해야 한다. 이 경우 동포들의 심판에 책임을 지지 않아도 되는 만큼, 자기 자신에게 훨씬 더 엄격한 심판을 내려야 하는 것이다.

자유의 세 가지 영역

그러나 개인이 아니라 사회가 아무런 이해관계가 없거나, 있다 하더라도 간접적인 이해관계만 있는 행동 영역이 있다. 즉 자기 자신에게만 영향을 주는 어떤 사람의 삶과 행동, 또는 다른 사람에게 영향을 주더라도 그것이 속임수를 통해서가 아니라 그의 자유롭고 자발적이며 동의와 참여로 행동하는 경우가 여기에 속한다. 여기에서 '자기 자신에게만'이라고 말하는 것은 어떤 행위가 낳는 최초의 직접적인 결과를 염두에 둔 것이다. 왜냐하면 자기 자신에게 영향을 주는 행동은 모두 그 자신을 통해서 다른 사람들에게도 영향을 끼칠 수 있기 때문이다.

이것이야말로 적절한 인간 자유의 영역이며, 그것은 다음의 세 가지로 구성된다. 첫째, 내면적 의식의 영역이다. 이것은 가장 포괄적인 의미의 양심의 자유, 사상과 감정의 자유, 그리고 과학, 도덕, 신학 등 실질적이든 사변적이든 상관없이 모든 주제에 대한 의견과 느낌의 절대적 자유를 요구한다. 의견 표명과 출판의 자유는 다른 사람들에게 영향을 미치는 개인행동의 영역에 속하므로 다른 원칙을 적용해야 한다고 생각할지 모른다. 그러나 이것도 사상의 자유만큼이나 중요하고, 또 사상의 자유와 거의 동일한 이유에서 보호되어야 하므로, 사상의 자유와 분리할 수 없다. 둘째, 이 원칙은 기호의 자유와 그것을 추구할 자유, 자신의 특성에 맞게 우리의 삶을 스스로 설계할 자유, 그로 인해 초래되는 결과를 감수하면서 우리가 원하는 것을 할 자유를 요구한다. 즉 우리의 행동이 다른 사람들이 보기에 바보스럽거나 이상하거나 틀렸다고 해도, 그들에게 해를 끼치지 않는 한 그들에게 방해받지 않아야 한다. 셋째, 이러한 개인의 자유로부터 그와 동일한 원리의 적용을 받는 결사의 자유가 도출된다. 즉 무력이나 속임수에 의해 끌려온 것이 아닌 모든 성인은 다른 사람들에게 해를 주려는 목적 이외에 어떤 목적의 모임이든 자유롭게 결성할 수 있어야 한다.

이 세 가지 자유가 온전히 존중되지 않는 사회라면 어떤 정부 형태를 취하든 결코 자유롭지 않다. 이런 자유를 절대적이고 무조건적으로 누릴 수 없다면 완전하게 자유로운 사회라고 할 수 없는 것이다. 자유라는 이름으로 불리기에 합당한 유일한 자유는, 다른 사람의 자유를 박탈하거나 자유를 얻기 위한 노력을 방해하지 않는 한, 우리 자신이 원하는 방식으로 자신의 좋음(good)을 추구할 자유이다. 각자는 자기 자신의 육체나 정신, 영혼의 건강을 지키는 데 가장 적임자이다. 남들이 좋다고 생각하는 대로 살도록 강요받는 것보다, 자기 스스로 좋다고 생각하는 방향으로 살아가는 고통을 감내하는 것을 통해 인류는 훨씬 더 많은 것을 얻을 수 있다.

생각과 토론의 자유

이제 우리는 네 가지 분명한 이유로 생각의 자유와 그것을 표현할 수 있는 자유가 (인류의 모든 복리의 기초가 되는) 정신적 복리를 위해 중요하다는 사실을 알게 되었다. 그 내용을 간단히 정리해보자.

첫째, 어떤 의견이 침묵을 강요당하는 경우, 그것이 참인지 확실히 알 수 없더라도 참일 가능성이 있다. 이 사실을 부인하는 것은 자신의 절대적인 무오류성을 전제하는 셈이다.

둘째, 침묵을 강요당하는 의견이 틀린 것이라 하더라도, 그것이 일정 부분의 진실을 담고 있을 수도 있으며, 실제로 그런 경우가 자주 있다. 어떤 주제에 대해서든 일반적이거나 지배적인 의견이 전적으로 옳은 경우는 드물거나 아예 없다. 오로지 대립하는 의견들을 서로 논쟁하게 함으로써 나머지 진실을 찾을 수 있는 기회를 얻을 수 있다.

셋째, 기존의 통설이 참일 뿐만 아니라 전적으로 진실이라 하더라도, 엄격하고 정직하게 검증하지 않는다면 그것을 받아들이는 사람들 대부분은 그 진리의 합리적인 근거를 그다지 이해하거나 느끼지도 못한 채, 그저 하나의 편견과 같은 것으로만 간직하게 될 것이다. 이뿐 아니라 네 번째로, 그 주장의 의미 자체가 실종되거나 퇴색하면서 사람들의 성격과 행동에 대한 결정적인 영향력을 상실하게 될 것이다. 그러한 교의는 단지 형식적 신앙고백이 되어 아무런 좋은 효과도 미치지 못할 뿐만 아니라 그 근거가 훼손되며, 이성이나 개인적 경험으로부터 실질적이고 진심 어린 확신이 자라나는 것을 가로막는다.

의견의 자유에 대한 검토를 마치기 전에, 모든 의견의 자유로운 표현은 절제된 방식으로 공정한 토론의 틀을 벗어나지 않는 조건에서만 허용되어야 한다는 주장에 대해 간단히 언급하는 것이 좋겠다. 여러 가지 이유로 공정한 토론의 범위를 어디까지로 할지 결정하는 것은 불가능하다. 왜냐하면 공정한 토론의 틀이라는 것이 공격당하는 사람에게 불쾌감을 주는지의 여부라면, 다음과 같은 사실들이 경험을 통해 증명된다고 보기 때문이다. 즉 공격이 효과적이고 강력하다면 언제든지 불쾌감을 느끼기 마련이며, 강하게 몰아붙이고 대응하기 어려운 상대가 해당 주제에 대해 강한 감정까지 드러낸다면 무절제한 상대로 비쳐질 것이다.

이것은 현실적인 관점에서 아주 중요한 고려사항이긴 하지만, 더 근본적인 반대론에 수렴된다. 아무리 옳은 의견이라도 그것을 주장하는 태도가 적절하지 않다면 심한 반발을 불러일으킬 수 있고, 그러면 당연히 심각한 비난을 초래할 것이다. 그런 식으로 불쾌감을 주는 태도로는 (우발적인 자기기만을 통해서가 아니라면) 다른 사람들에게 확신을 심어줄 수 없다. 그중에서도 가장 심각한 경우는 궤변을 늘어놓거나, 사실이나 주장을 숨기거나, 사례를 구성하는 요소들을 거짓으로 기술하거나, 반대편의 의견을 엉터리로 전달하는 것 등이다. 그러나 이 모든 행태는 무지하거나 무능하다고 여겨지지 않거나 여러 면에서 그렇게 여겨질 수 없는 사람들에 의해 완벽하게 선량한 신념 위에서 가장 심각한 수준까지 지속적으로 행해져왔다. 그래서 그러한 왜곡에 대해 양심적으로 적절한 근거를 제시하면서 도덕적으로 비난받을 만하다고 낙인찍는 것은 거의 불가능하다. 하물며 이렇게 논란의 대상이 되는 비행을 법적으로 제재하는 것은 더더욱 어렵다. 흔히 무절제한 토론이라고 하면 욕설, 빈정거림, 인신공격 같은 것을 꼽는데, 만약 이런 무기들의 사용을 금지하는 것을 양쪽 모두에게 똑같이 제안한다면 그런 무기들에 대한 비난이 더 큰 공감을 얻을 것이다. 그러나 실제로는 단지 지배적인 의견에 대해 무차별적인 공격을 억제하기를 원할 뿐이다. 소수 의견에 대해서는 아무런 제약 없이 그런 무기들이 사용될 뿐만 아니라, 그런 식의 공격을 가하는 사람에게 순수한 열정과 정의로운 분노라는 찬사를 얻게 해줄 것이다. 그런데 이런 식의 공격이 가장 해로운 경우는 비교적 방어 능력이 없는 사람들을 상대로 이루어질 때이다. 그런 방식으로 의견을 주장함으로써 얻게 되는 불공정한 이익이 무엇이든 거의 독점적으로 기존의 통설에게 돌아간다. 치열한 논쟁에서 벌어지는 이런 종류의 부당 행위들 중에서 최악은 반대 의견을 가진 사람들을 사악하고 부도덕한 인물로 낙인찍는 것이다. 대중적이지 않은 의견을 가진 사람들이 특히 이런 종류의 비방에 노출되기 쉽다. 왜냐하면 그들은 일반적으로 소수인 데다 영향력도 없고, 자신들 외에는 아무도 그들이 공정한 대우를 받는지 관심을 갖지 않기 때문이다. 사정이 이렇다 보니 지배적인 의견을 공격하는 사람들에게는 그런 무기가 제공되지 않는다. 이들은 자신에게는 안전하게 그 무기를 사용할 수 없고, 설령 그것을 사용할 수 있다 하더라도 결국 자신들의 주장에 대한 공격으로 되돌아오고 말 것이다. 다수가 받아들이는 생각과 반대되는 의견들은 일반적으로 심사숙고하여 언어를 순화하고, 상대방에게 불필요한 자극을 주지 않도록 극도로 세심한 주의를 기울여야만 발언권을 얻을 수 있다. 조금이라도 이러한 주의로부터 벗어난다면 그들의 의견은 지지를 잃게 된다. 반면에 지배적인 의견을 따르는 이들은 온갖 독설을 퍼부음으로써 사람들이 반대 의견을 피력하는 것을 단념하게 하고, 반대 의견에 귀 기울이지도 못하게 한다.

그러므로 진리와 정의를 위해서는, 지배적인 의견에 대해서보다도 소수 의견에 대한 언어폭력을 억제하는 것이 훨씬 더 중요하다. 예를 들어 둘 중에 하나를 선택해야 한다면, 정통 신앙보다는 이교도에 대한 모욕적인 공격을 막는 것이 훨씬 더 필요하다. 그러나 이러한 억제는 법과 권위와 아무런 관련이 없음은 분명하다. 어떤 경우라도 개별 사안의 정황에 따라서 의견에 대한 판단을 내릴 수 있어야 한다. 자신의 주장을 변호하는 태도에서 솔직하지 못하거나, 악의나 편견을 드러내거나, 타인의 감정에 관용적이지 못한 사람이라면, 그가 누구든 어느 쪽 주장에 동조하든 상관없이 비판받아 마땅하다. 반면에 설령 우리와 반대되는 견해를 가진 사람이더라도, 단지 그 이유 때문에 그가 위에서 언급한 나쁜 태도를 보일 것이라고 지레 짐작해서는 안 된다. 자신의 반대자들이 누구이며 그들의 의견이 정말 무엇인지 차분하게 들어보고 정직하게 진술하며, 상대에게 불리한 점을 과장하지 않고, 또 유리하거나 유리할 수도 있는 점을 숨기지 않는 사람은 그가 어떤 의견을 가졌든 상관없이 모두 존경받아 마땅하다. 이것이야말로 공적인 토론에서 견지해야 할 진정한 도덕이다. 비록 이 도덕이 자주 침해당하기는 하지만, 이를 대부분 준수하는 많은 논객들이 있고, 그보다 더 많은 사람들이 양심적으로 노력하고 있음을 생각하면 다행스럽다.

존 스튜어트 밀의 『자유론』

(이기라 옮김, 2023)

존 스튜어트 밀(John Stuart Mill, 1806~1873)

영국의 철학자이자 정치경제학자. 경험주의 인식론과 공리주의 윤리학, 그리고 자유주의적 정치경제사상을 바탕으로 현실 정치에도 적극적으로 참여했다. 밀은 영국이 식민지 지배를 위해 설립한 동인도회사에서 35년간 일했고, 자유당 소속 하원의원으로서 여성 참정권 보장을 위한 입법 활동을 하기도 했다. 그는 19세기 고전적 자유주의 역사에서 가장 중요한 위치를 차지하고 있는 인물로 국가권력이나 사회적 통제에 반하여 개인의 자유를 적극적으로 옹호했다.

5

소요유(逍遙遊)

장자

오늘날 '소요(逍遙)', '방황(彷徨)', '배회(徘徊)', '혼돈(混沌; 渾沌)' 등의 말은 일반적으로 '무질서'라는 부정적인 상태를 묘사하는 데 사용된다. 그러나 이들 단어가 철학적인 의미로 사용되기 시작한 『장자』에서는, 삶의 가장 높은 가치를 표현하는 말이었다. 『장자』를 펼치면 곧바로 대하는 글귀가 '소요유'이다. 여러분이 「소요유」를 읽으면서 갖는 소감은 어떤 것일까? '후련하고 유쾌하다'는 것일지, 아니면 '황당하네'라는 것일지. 고대에도 장자의 글을 두고 '황당지언(荒唐之言)' 또는 '광언(狂言)'이라고 평가한 사람이 있었다.

그런데 지금 황당무계하다는 느낌을 가졌음에도 책을 내팽개치지 않는 독자라면, 『장자』를 본격적으로 읽어갈 첫걸음을 내딛고 있는 셈이다. 왜냐하면 장자가 기획한 글쓰기 전략에 제대로 걸려든 것이니까. 이렇게 하여 『장자』의 독자들은 이제 약 2,300여 년 전에 실존했던 장자의 안내를 받아 상식·편견·독단에 대한 철저한 반성의 길로 접어든다. 그 길을 걸으면서 상상다운 상상의 나래를 마음껏 펼쳐보는 일은 독자들의 자유의지에 달려 있다. 이런 경험을 해보는 것이야말로 장자가 바라 마지않는 것이다. 그런 상상력의 발휘를 통해 독자인 여러분은 오늘날 인간의 가치로운 삶, 우주적인 삶, 자유로운 세계를 어떻게 설계해보는가? 그것을 여러분만의 독특한 어떤 방식이나 기법으로 드러내는 즐거움을 누려보고 싶지 않은가?

『장자』는 우언(寓言)·중언(重言)·치언(卮言)의 방식이 적용된 글이다. 『장자』의 철학적 의미를 독해하려면 이 방식을 알아야 한다. 그리고 동양 전통의 고전 가운데는 오늘날 글쓰기 체제에서의 결론 부분을 맨 앞에 위치시킨 경우가 많은데, 노자의 『도덕경』을 비롯한 사마천의 『사기』도 그렇거니와 『장자』 「소요유」도 바로 그런 성격의 것이다. 또한 장자는 비유의 달인이라고 평가되고 있다. 그렇다면 「소요유」는 궁극적으로 무엇을 말하고자 한 글일까? 「소요유」에는 『장자』 전체 사상의 중핵이 압축파일의 형태로 제시되어 있어 그 의미를 파악하기가 쉽지 않다. 『장자』 전체에 대한 연역적 읽기와 귀납적 읽기를 반복할 필요가 있다. 한 가지 더, 『장자』에 담긴 사실 세계에 대한 이해를 도모하기 위해서는 전국시대(戰國時代)라는 시대적 배경, 즉 세상을 구제하겠노라고 야심 차게 나섰던 위정자와 학자들의 극심한 폐해에 대한 선이해를 갖출 필요가 있다. 『장자』에 대한 이해의 버전은 매우 다양하다. 장자는 절망적인 혼란의 시대에서 개인주의·상대주의의 입장을 취함으로써 일신의 안위를 꾀한 사람, 영혼의 전회를 통해 누구보다도 철저하게 자유(自由)를 추구한 철학자였다는 것이 그중 대표격이다. '자유'라는 문법으로 「소요유」 읽기를 시도할 때, 여러분 자신이 대붕이 되어 구만 리 위로 날아올라 온 세상을 굽어보며, 거침없이 남쪽의 따뜻한 바다로 날아가는 자적감(自適感)을 갖는 일도 가능하다. 비행기 티켓을 사야 할 걱정도 않고 공항에 가야 하는 번거로움도 없이 할 수 있으니, 이 얼마나 자유로운 일인가!

첫 번째 이야기

저 멀리 북쪽 바다에 물고기가 있어. 그 이름이 곤이야. 곤의 크기는 몇천 리가 되는지 아무도 몰라. 이 물고기가 변[化]해서 새가 되는데 그 이름을 붕이라 해. 붕의 등은 몇천 리인지 알 수 없어. 이 붕새가 온 힘을 다해 한번 날아오르면 그 날개가 마치 하늘에 드리운 구름 같아. 이 새는 바다에 바람이 불기 시작하면 남쪽 바다로 옮겨갈 준비를 하는데 남쪽 바다는 하늘의 못이야.

제해라는 친구는 이상한 이야기를 많이 알고 있지. 그 친구의 이야기를 들려주지. 붕새가 남쪽으로 옮겨갈 때 날갯짓으로 물이 삼천 리나 튀어 오르고 회오리바람을 타고 구만 리를 날아올라가 한 번 떠나면 여섯 달 만에야 쉰다고 하더군. 그런데 아지랑이나 티끌같이 작은 것들은 생물체들이 숨쉬는 대로 따라 움직이지. 하늘이 끝없이 푸른 것은 제 색깔일까? 아니면 멀어서 끝이 없어서 그런 걸까? 아마 아래를 내려다볼 때도 마찬가지일 게야.

물이 두터이 쌓이지 않으면 큰 배를 띄울 힘이 없지. 예를 들어 마룻바닥 팬 곳에 한 잔의 물을 쏟아놓으면 겨자씨 정도는 띄울 수 있지만 잔을 놓으면 바닥에 붙어버려. 물은 얕은데 배는 크기 때문이지. 그처럼 바람이 두터이 쌓이지 않으면 큰 날개를 실을 힘이 없어. 그 때문에 붕새는 구만 리를 날아올라 가는 거야. 그래야 바람이 아래에 쌓이게 돼. 그런 뒤 비로소 바람을 타고 푸른 하늘을 등지고 아무것도 막는 것이 없어지면 드디어 남쪽으로 향하는 거야.

그런데 매미나 새끼 새는 붕새를 비웃으며 이렇게 말하지. 나는 온 힘을 다해 날아올라 느릅나무나 다목나무에 다다르려 하지만 때론 거기에도 이르지 못하고 땅에 떨어질 뿐이야. 그런데 저놈은 도대체 무엇 때문에 구만 리를 날아올라 남쪽으로 가는지 모르겠다고 말이야.

가까운 곳에 바람 쏘이러 가는 사람은 세 끼만 먹고 돌아와도 배가 부르지만 백 리 길을 갈 사람은 전날 밤부터 양식을 찧고 천 리 길을 갈 사람은 석 달 동안 양식을 모으는 법이야. 저 두 버러지야 그걸 알 턱이 없지.

작은 앎은 큰 앎에 미치지 못하고 짧은 삶은 긴 삶에 미치지 못하지. 어떻게 그런 줄 아느냐고? 조균이란 버섯은 그믐과 초하루가 뭔지 모르고 매미나 쓰르라미는 봄가을이 뭔지 몰라. 짧게 사는 것들이니까. 초나라 남쪽에 명령이란 거북이 있는데 500년을 봄으로 삼고 500년을 가을로 삼는다고 그래. 상고시대에 대춘이란 나무가 있었는데 8,000년을 봄으로 삼고 8,000년을 가을로 삼는다고 해. 그런데 세상 사람들은 800년 산 팽조가 가장 오래 산 사람이라고 특별히 이야기하면서 그와 맞서려고 하니 슬픈 일이지.

옛날 탕임금이 현자였던 극에게 물었던 것도 이거야. 불모지 북쪽에 검은 바다가 있는데 바로 하늘의 못이야. 물고기가 있는데 그 너비가 수천 리이고 그 기럭지를 아는 이가 없어. 이름은 곤이야. 새가 있는데 그 이름은 붕이야. 등은 마치 태산 같고 날개는 하늘에 드리운 구름 같아. 회오리바람을 타고 양 뿔처럼 빙글빙글 돌면서 구만 리를 날아올라 구름을 뚫고 푸른 하늘을 등에 진 뒤에야 남쪽으로 몸을 돌려 비로소 남쪽 바다로 날아가지. 메추라기는 그걸 보고 웃으면서 말하지. 저놈은 도대체 어디로 가는지 모르겠군. 나는 폴짝 뛰어올라야 몇 길 지나지 않고 내려와서 쑥대밭 사이에서 날갯짓할 뿐이지만 이것도 나는 것임에는 틀림이 없지. 그런데 저놈은 대관절 어디로 가는지 모르겠군. 이것이 바로 작은 것과 큰 것의 차이지.

지식이 벼슬살이를 맡아 다스릴 정도로 풍부한 사람, 행동이 고을에서 이름날 정도로 훌륭한 사람, 덕망이 한나라의 임금에 맞먹을 정도로 훌륭하여 나라에 불려 가는 사람들도 스스로 이 메추라기처럼 자기 능력이 충분하다고 생각하겠지. 하지만 송영자는 그런 것들을 우습게 여겨. 그래서 온 세상이 칭찬한다고 해서 하지도 않으며 온 세상이 비난한다고 해서 포기하지도 않아. 안팎의 구분과 영욕의 경계를 분명히 알기 때문이야. 하지만 이 정도 수준일 뿐 더는 아니야. 이는 세상의 일에 얽매이지 않지만 여전히 세우지 못한 게 있어. 열자는 바람을 몰고 움직이는데 가뿐하게 날아다니다가 열흘하고 다섯 날이 지난 뒤에야 돌아와. 그 사람 부자 되는 일에는 관심이 없지. 하지만 그도 걸어 다니는 수준은 벗어났지만 여전히 바람에 기대지. 이를테면 하늘과 땅 사이에 있는 정기를 타고 여섯 가지 기운의 변화를 몰아서 끝없는 세상에 노니는 사람은 그 무엇에도 기대지 않아. 그러기 때문에 지극한 사람[至人]은 자기를 내세우는 법이 없고 신묘한 사람[神人]은 공을 자랑하는 일이 없고 성인은 이름을 내거는 일이 없다고 하는 거야.

두 번째 이야기

옛날 요임금이 허유에게 천하를 양보하면서 이렇게 말했어.

해와 달이 높이 떠올랐는데 횃불을 아직도 끄지 않는다면 빛나기가 어렵지 않겠습니까. 때맞추어 단비가 내렸는데도 계속 도랑물을 끌어대려 한다면 또한 쓸데없는 고생이 아니겠습니까. 선생님이 임금 자리에 앉으면 천하가 다스려질 텐데 내가 아직도 주인 노릇 하고 있으니 스스로 생각하기에도 부족한 점이 많습니다. 천하를 당신께 바칠까 합니다.

그러자 허유가 이렇게 대답했어.

당신이 천하를 다스려서 천하가 이미 다스려졌는데 내가 당신을 대신한다면 나더러 이름만 차지하란 말입니까? 이름이란 마치 알맹이를 감싸고 있는 껍데기와 같은 것인데 나는 껍데기가 되고 싶지는 않습니다. 뱁새가 깊은 수풀 속에 집을 짓지만 나뭇가지 하나면 충분하고 생쥐가 황하 강물을 마시지만 배를 채우면 그만입니다. 임금께서는 돌아가시지요. 나는 천하같이 넓은 물건을 쓸 데가 없습니다. 게다가 요리사가 요리를 잘 못한다 하더라도 축문 읽는 사람이 제사상을 뛰어넘어 대신하는 일은 없는 법이 아니겠습니까.

세 번째 이야기

견오가 연숙에게 말했어.

내가 접여에게 들었는데 그 이야기가 거창하면서도 너무나 터무니없어서 끝없이 뻗어나가기만 할 뿐 돌아올 줄 몰라. 그래서 나는 그 이야기를 듣고 두려움마저 느꼈다네. 마치 강물처럼 끝이 없더군. 너무 크게 차이가 나서 보통 사람들의 생각과는 비슷한 점도 없었거든.

연숙이 견오에게 물었어.

뭐라 그러던?

견오가 말했어.

막고야 산에 신선이 사는데 그들은 피부가 마치 얼음이나 눈처럼 희고 처녀의 살결처럼 부드러운데 곡식은 먹지 않고 바람과 이슬을 마시며 구름을 타고 나는 용을 몰아 사해 밖에서 노니는데 그들의 정신이 응집되면 백성들이 힘들게 농사짓지 않아도 햇곡식이 저절로 익는다고 하기에 나는 미친 소리라고 여겨서 믿지 않는다네.

연숙이 말했어.

그렇겠지. 본래 눈먼 이는 아름다운 옷 장식을 감상하는 데 끼어들 수가 없고 귀먹은 이는 아름다운 악기 소리를 감상하는 데 함께할 수 없는 법이지. 어찌 몸에만 눈먼 이나 귀먹은 이가 있겠는가. 사람을 알아보는 능력에도 그런 게 있다고 하는데 이 말은 바로 자네 같은 친구를 두고 하는 말이야. 그런 사람과 그런 덕은 만물을 반죽해서 하나로 만들 것이야. 세상 사람들이 다스려주기를 바라지만 누가 구질구질하게 천하를 일거리로 삼으려 하겠는가. 그런 사람은 그 무엇도 해칠 수 없는지라 홍수가 나서 하늘까지 물에 잠길 지경이라도 빠지지 않으며 가뭄이 들어 쇠나 돌까지 녹아내리고 흙산까지 그을릴 정도가 되어도 뜨거워하지 않을 터. 이 사람들의 때나 찌꺼기를 가지고도 요임금이나 순임금을 빚어낼 수 있을걸. 그러니 그들 중 누가 천하를 위해 일하겠다고 나서겠는가.

송나라 사람이 은나라의 화려한 장보관을 밑천으로 장만해서 월나라에 갔는데 월나라 사람들은 머리를 짧게 깎고 몸에 문신을 새기는지라 쓸 곳이 없었다고 해. 요임금이 천하의 백성들을 다스리고 해내의 정치를 고르게 한 다음에 네 신선을 막고야 산에서 찾아뵙고 분수의 북쪽에서 멍하니 천하를 잊어버렸다고 하더군.

네 번째 이야기

혜시가 장자에게 이렇게 말했어.

위나라 왕이 나에게 커다란 박씨를 주기에 내가 심어서 키웠더니 그 열매의 크기가 다섯 섬이나 되더군. 거기에다 물을 담았더니 그 무게가 들 수 없을 정도로 무거웠고, 그걸 쪼개서 바가지로 만들었더니 너무 넓고 평평해서 담을 수 있는 게 없었어. 터무니없이 크긴 했지만 나는 그게 쓸모가 없다고 여겨서 부숴버리고 말았다네.

장자는 이렇게 대답했어.

자네는 참으로 큰 걸 쓰는 데 서툴군. 송나라 사람 중에 대대로 손 트지 않는 약을 잘 만드는 이가 있었는데 대대로 솜 빨래하는 일을 업으로 삼아 먹고살았어. 어느 날 지나가던 나그네가 그 이야기를 듣고 비싼 값을 주고 약 만드는 비방을 가르쳐달라고 했어. 그래서 가족들을 모아놓고 상의하기를 우리 집안은 대대로 솜 빨래를 업으로 삼았지만 푼돈밖에 벌지 못했는데 지금 하루아침에 큰돈을 벌게 되었으니 비방을 가르쳐주는 것이 좋겠다고 했어. 나그네는 비방을 얻어 오나라 왕에게 가서 이야기했는데 월나라가 쳐들어오자 오나라 왕이 그 나그네를 장수로 삼아 겨울에 월나라 군대와 수전을 벌여 월나라 군대를 크게 이기자 오나라 왕은 땅을 쪼개 그 나그네에게 영지를 하사했어. 손 트지 않는 비방은 똑같이 알고 있었지만 어떤 사람은 영지를 하사받고 어떤 사람은 솜 빨래하는 신세를 면치 못했어. 어떻게 쓰느냐가 달랐기 때문이지. 지금 자네에게 다섯 섬짜리 박이 있다면 어찌하여 그걸 가지고 큰 배를 만들어 강이나 호수에 띄울 생각은 아니하고 넓고 평평해서 담을 것이 없다고 걱정하는가. 자네에겐 여전히 얄팍한 마음이 남아 있는 게 아닌가.

다섯 번째 이야기

혜시가 장자에게 이렇게 말했어.

나에게 큰 나무가 있는데 사람들이 가중나무라 하더군. 커다란 줄기는 울퉁불퉁해서 먹줄에 맞춰 자를 수 없고 작은 가지는 구불구불해서 그림쇠나 곱자에 맞질 않아. 그래서 길가에 서 있는데도 목수들이 돌아보지도 않는다네. 지금 자네의 말도 이 나무와 같아서 크기만 하지 쓸모가 없어. 그래서 사람들이 듣지 않고 다 떠나버리는 게야.

장자는 이렇게 대답했어.

자네는 살쾡이를 본 적이 없나? 몸을 바짝 낮추고 엎드려서 놀러 나온 짐승들을 엿보다가 아무 데나 뛰어다니는데 높은 곳이든 낮은 곳이든 피하지 않다가 결국 덫에 걸리거나 그물에 잡혀 죽고 말지. 그런데 저 검은 들소는 크기가 마치 하늘에 드리운 구름 같지만 크기만 할 뿐 쥐새끼 한 마리도 잡질 못해. 지금 자네에게 큰 나무가 있는데 그게 쓸모없어서 걱정된다면 어찌하여 무하유의 고을 아득한 들판에 심어두고 그 곁에서 아무 하는 일 없이 이리저리 돌아다니고 그 아래에서 한동안 거닐다가 잠깐 낮잠이나 자지 않는가. 도끼에 베여 일찍 죽을 염려도 없고 아무도 해칠 이가 없을 것이니 쓸모가 없다는 것이 어찌 괴로운 일이기만 하겠는가.

장자의 『장자』
(전호근 옮김, 2012)

장자(莊子, 기원전 369?~기원전 286?)

중국 전국시대 중기의 철학자. 성은 장(莊)이고 이름은 주(周)다. 출신 내력이 불분명하지만 그에 대한 최초의 전기인 사마천의 『사기』「장자열전」에 따르면 몽(蒙) 지역의 말단 관리로 맹자와 동시대를 살았던 인물로 추정된다. 그는 당시 유행하던 모든 학파의 주장을 비판했는데 특히 세상을 위해 헌신해야 한다고 주장하는 유가의 인의(仁義)와 묵가의 겸애(兼愛)야말로 세상을 어지럽히는 근원이므로 일체의 인위적 행위를 버리고 무위자연에 맡겨야 한다고 주장했다. 그가 남긴 『장자』의 내용은 대부분 우화로, 현실에 대한 날카로운 풍자와 해학이 담겨 있다.

6

군중심리

귀스타브 르 봉

인간은 언제나 자유롭고 독립적이며 합리적인 '근대적 개인'인가? 우리는 여러 사람이 무리를 이루면 혼자 있을 때와 달리 다수의 언동에 쉽게 휩쓸리거나 자제력을 잃고 충동적인 행동을 하는 경우를 자주 볼 수 있다. 이렇게 여러 사람이 모인 집단 내에서 개인적 특성이 소멸하고 서로 동질화되어 나타나는 심리현상을 '군중심리'라고 부른다. 사람들은 왜 혼자 있을 때와 달리 여러 사람과 무리를 이루었을 때 쉽게 동조하고 비이성적인 행동까지 하게 되는 것일까?

혁명과 쿠데타, 왕정복고와 전쟁의 혼란이 이어졌던 19세기 프랑스 사회를 경험한 귀스타브 르 봉은 이 글에서 군중은 어떤 존재이고, 그런 군중의 행동을 지배하는 심리적 메커니즘이 무엇인지 분석하고 있다. 르 봉에 따르면, 군중에 침잠(submergence)하는 개인은 '나'에 대한 생각을 잊은 채 자신의 행동에 대한 통제력을 상실한다. 군중 속에서 사람들은 개인의식이 사라지고 집단정신을 갖게 되며, 이 집단정신은 각자가 고립된 개인으로서 느끼고 생각하고 행동하던 방식과는 전혀 다른 방식으로 느끼고 생각하고 행동하게 만든다. 군중은 증거, 이성, 논리보다 편견과 감정의 자극에 더 큰 영향을 받는다는 것이다.

르 봉은 군중심리가 부정적인 현상으로 나타나기도 하지만 영웅적일 때도 적지 않다고 지적한다. 실제로 군중심리는 히틀러나 무솔리니 같은 영리한 선동가들이 자신의 의지를 관철하기 위해 대중을 동원하는 수단으로 사용되기도 했지만, 역사를 바꾸는 원동력으로 작용하기도 했다.

일반적으로 군중(Crowd, Foule)이라 함은 개인의 집단을 말하며 국적이나 직업, 남녀의 구분, 모이게 된 동기에 구애받지 않는다. 그러나 심리적 관점에서 군중이라는 말은 다른 의미를 갖는다. 어떤 특수한 상황에서는 그리고 그런 상황에서만 인간의 집단은 그 집단을 구성하는 개인의 성격과는 전혀 다른 성격을 나타내게 된다.

집단화된 모든 개인의 감정과 사상은 하나의 동일한 방향을 향하게 되고 각자의 개성 있는 의식은 종적을 감추며 새로운 집단심리가 발생한다. 이 집단심리는 일시적인 것이지만 명확한 특징을 보인다. 이같이 형성된 집단을 나는 '조직화된 군중'이라고 부를 것이며, 또는 '심리적 군중'이란 용어로 부르는 것도 무방하다고 생각한다. 군중은 단일한 개체를 구성하며 '군중의 정신일치의 법칙'에 지배된다.

단지 다수의 개인이 동일한 장소에 우연히 모였다는 사실만으로 그들이 '조직화된 군중'이 되지 않는다는 것은 명백하다. 어떤 확고한 목적 없이 광장에 우연히 모인 개인들은 그 수가 1,000명이라도 심리학적 측면에서 군중이 될 수 없다. 그들이 심리적으로 군중의 특성을 가지려면 어떤 근본적 원인의 영향력이 작용해야 하는데 우리는 그 원인의 본질이 무엇인지 규명해야 할 것이다.

개개인의 개성 있는 의식의 소멸과 감정 및 사상의 일정한 방향으로의 전환은 조직화된 군중의 일차적 성격이긴 하지만 다수의 개인이 동일한 장소에 모여야만 발생하는 심리현상은 아니다. 수천 명의 분산된 개인들도 어떤 순간에 격렬한 어떤 감정의 영향을 받아—예를 들면 국가적 중대사태—심리적 군중의 특성을 드러낼 수 있다. 이 경우, 아주 우연한 기회만 있어도 이들은 즉각 군중의 행동으로 나서게 된다.

또 어떤 순간에는 대여섯 사람이 심리적 군중을 형성하는가 하면, 수백 명이라도 우연히 모이면 심리적 군중이 되지 않는다. 심리적 군중은 일단 형성되면 어느 정도 잠정적이지만 분명한 일반적 성격을 갖게 된다. 이러한 일반적 성격에 더하여 특수한 성격이 군중에게 부가되는데 그것은 군중을 구성하는 구성요소에 따라 달라지며 군중의 심리구조를 변화시킨다.

따라서 심리적 군중은 분류가 가능하다. 이 문제를 본격적으로 다룬 제3부에서는 상이한 구성요소로 이루어진 이질적(異質的) 군중과 비교적 비슷한 구성요소(당파-신분-계급)로 이루어진 동질적(同質的) 군중이 어떤 공통적 성격을 지닌다는 문제와 더불어 양자가 이 같은 공통성에도 불구하고 제 나름의 특수성을 수반하기 때문에 양자 간의 구분이 가능하다는 문제에 관해 살펴볼 것이다.

그러나 군중의 차이점을 파고들기 전에 우선 군중의 공통점을 알아봐야 할 것이다. 그러기 위해서 우리는 자연주의자들의 작업방식을 따를 것이다. 자연주의자들은 어떤 과(科)에 속하는 개체 전체의 일반적 특성을 먼저 밝힌 다음, 그 과에 속하는 속(屬)과 종(種)의 차이에 따른 각 개체의 특성으로 접근해 들어간다.

군중의 심리를 정확히 서술한다는 것은 쉬운 일이 아니다. 왜냐하면 군중의 조직은 민족성과 구성분자에 따라 다를 뿐 아니라 군중을 지배하는 자극요인의 성격과 강도에 따라서도 달라지기 때문이다. 하지만 이 같은 어려움은 개인에 대한 심리적 연구에서도 마찬가지로 나타난다. 어떤 개인이 일관된 성격으로 일생을 살아간다는 것은 소설에서나 볼 수 있는 일일 것이다. 성격의 표면적인 불변성은 환경이 불변하는 조건에서만 가능할 것이다. 내가 다른 곳에서 지적했듯이, 모든 심리적 구조는 어떤 환경의 갑작스런 변화에 의해서만 드러나는 성격들을 내포하고 있다. 프랑스 혁명 때의 국민공회(國民公會:

1792~1795)에서 가장 잔혹한 의원 가운데는 평소 온순한 시민이었고 점잖은 공증인이거나 덕망 있는 법관이던 사람이 많았다는 사실이 이것을 잘 설명해준다. 태풍이 지난 다음, 이들은 평상시의 조용한 성격으로 되돌아왔고 법을 잘 지키는 시민이 되었던 것이다. 나폴레옹의 가장 충직한 부하가 된 것도 바로 이들이었다.

군중이 형성되는 과정을 단계별로 하나하나 연구해간다는 것은 사실상 불가능한 일이므로 완전히 조직화된 단계의 군중에 대해 집중적으로 파고드는 것이 좋을 것이다. 이 같은 방법을 통해 우리는 군중이 변함없이 불변하는 존재가 아니라 어떤 형태로도 나타날 수 있다는 것을 알게 될 것이다.

이런 진전된 조직단계에서만이 민족의 불변적이고 지배적인 성격 위에 겹쳐져 새롭고도 특별한 군중의 성격이 두드러지게 나타나는 것이다. 또한 이미 언급한 바 있는 집단의 감정과 사상이 한 방향으로 기울어지는 것도 이때인 것이다. 또한 내가 앞에서 말한 '군중의 정신일치에 관한 심리적 법칙'도 바로 이런 상황에서만 작용하기 시작한다.

군중의 심리적 특징 가운데는 고립된 개인과 공통되는 것도 있지만 반대로 군중에게만 있고 집단성에서만 나타나는 특성도 있다. 우리가 연구하려는 것은 바로 이런 특성이며 무엇보다도 이런 특성의 중요성에 초점을 두게 될 것이다.

심리적 군중에서 나타나는 가장 두드러진 특징은 다음과 같이 말할 수 있다. 군중을 형성하는 개인이 누구이건, 그들의 생활양식, 직업, 성격, 교양이 비슷하건 비슷하지 않건, 그들이 군중으로 화(化)했다는 사실 자체가 그들로 하여금 일종의 집단심리를 갖게 하며 여기에서 사람들은 평상시의 개인이었을 때와는 전혀 다르게 느끼고 생각하며 행동하게 된다. 개인이 군중을 형성할 때가 아니면 결코 나타나거나 행동화되지 않을 사상과 감정들이 존재한다. 심리적 군중은 그때그때 이질적인 개인들이 결합하여 구성되는데, 그것은 생물체를 구성하는 세포들이 융합을 통해 새로운 생물체를 구성할 때 이들 세포들이 개별적으로 존재할 때와는 전혀 다른 성격을 갖는 것과 전적으로 동일한 이치인 것이다. 허버트 스펜서 같은 예리한 철학자의 펜 끝에서 나온 것을 알고 놀라게 되는 의견과는 상반되게도, 군중을 구성하는 결합에는 각 구성분자들 간의 요약이나 평균 같은 것은 존재하지 않는다는 것이다. 실제로 일어나고 있는 현상은 두 개의 상이한 요소, 예를 들면 염기(鹽基)와 산(酸)이 접촉할 때 투입한 요소와는 전혀 다른 성질을 가진 새로운 화합물이 생기는 것과 같은 것으로, 많은 사람이 모여 군중을 이루면 전혀 다른 속성을 갖게 된다.

군중의 일부를 형성하는 개인과 고립된 개인이 얼마나 다른가를 증명하기는 쉬워도 이 같은 차이를 가져온 원인을 밝히기란 그렇게 간단치가 않다.

이 같은 차이의 원인을 대략적으로나마 파악하기 위해서는 근대 심리학이 입증해낸 사실, 즉 유기체의 생존에서만이 아니라 지능작용에 있어서도 무의식적 현상이 압도적인 역할을 한다는 사실을 염두에 두어야 할 것이다.

정신의 무의식적인 활동에 비교하면 의식적 활동은 하찮은 정도에 지나지 않는다. 아무리 예리한 분석자라도, 또 아무리 치밀한 관찰자라도 자신의 행동을 결정하는 무의식적 동기 가운데 지극히 미미한 동기 이외의 것을 발견하기는 어렵다.

우리들의 의식적인 행동이라는 것도 주로 유전(遺傳)의 영향에 좌우되는 심리의 무의식적 저변의 소산에 불과하다. 이 같은 심리적 무의식의 저변(substratum)은 세대에서 세대로 전승된 무수한 공통적 성격으로 이루어지며 이것이 민족의 성향을 결정한다.

우리들의 공공연한 행동 동기의 배후에는 반드시 공언되지 않은 비밀의 동기가 숨겨져 있으며 이 감추어진 동기의 배후에는 우리들이 의식하지 못하는 또 다른 동기들이 도사리고 있는 것이다. 일상적인 행위의 대부분은 우리들이 간파하지 못하는 숨겨진 동기에서 연유한다.

같은 민족에 속하는 모든 개인들이 서로 닮고 같은 성향을 보이는 것은 이 같은 무의식적인 요소와 관련되며 이들 민족 구성원 개개인이 서로 다른 것은 성격의 의식적 요소—교육의 효과와 보다 두드러진 유전적 조건—와 관련된다.

지적인 측면에서 전혀 다른 사람들도 아주 유사한 본능, 격정, 감정을 갖고 있다. 감성의 영역—종교, 정치, 도덕, 애정과 증오 등등—에 속하는 사항의 경우, 가장 탁월한 인간도 가장 평범한 사람들의 수준을 넘어서는 일이 드물다. 지적(知的) 차원에서는 위대한 수학자와 제화공이 하늘과 땅의 격차를 보일 수도 있겠지만 양자의 성격적 차원에서는 격차가 미미하거나 전무하다.

다시 말해서, 성격의 이런 일반적인 특성은 우리가 의식하지 못하는 힘에 의해 지배되며 한 민족의 대부분의 일반 개인들에게 똑같이 분포되어 있는 것이다. 그리고 바로 이것이 군중의 공통적 기질인 것이다. 집단심리에 있어서 개인의 지능과 그 결과로 생겨나는 개성은 약해진다. 동질성이 이질성을 압도하고 무의식적 특성이 지배권을 행사한다.

군중이 공통적으로 평범한 자질을 갖는다는 사실 그 자체가 왜 군중이 고도의 지성(知性)을 요구하는 행동을 하지 못하는지를 설명해준다. 전반적인 이해관계에 영향을 주는 결정이 저명한 인사들의 모임에서 내려지고 있지만 그러나 제각기 다른 길을 걸어온 전문가들이기 때문에 이들의 결정이 우매한 사람들의 모임에서 내려진 그것보다 월등히 뛰어난 것은 아니다. 왜냐하면 이들은 다 같이 평균적 인간의 범용한 자질로 그런 문제를 다루려 들기 때문이다.

군중 속에 누적되는 것은 우둔이지 타고난 지혜가 아니다. 흔히들 볼테르보다는 전 세계가 더 많은 지혜를 갖는다고 이야기들 하지만, 만약 '전 세계'라는 것이 군중을 의미한다면 전 세계보다는 분명히 볼테르가 더 많은 지혜를 가진 사람이다.

만약 군중의 각자 개인들이 다 같이 제각기 갖고 있는 범용한 자질을 발산하는 데 그친다면 그 결과는 평균의 연속일 뿐, 우리들이 얘기해왔던 바와 같은 새로운 성격의 창조는 있을 수가 없을 것이다. 그렇다면 군중의 특성은 어떻게 형성되는가?

바로 이 문제를 우리는 다루려는 것이다.

군중에게만 특별히 나타나고 분산된 개인에게는 나타나지 않는 특성을 결정하는 여러 가지 원인이 있다.

첫째, 군중을 형성하는 개인은 오직 수적(數的)인 요인만을 생각한 나머지 수적인 힘을 느끼게 되고 혼자 있을 때는 억제했던 본능을 마구 발산한다. 일단 그렇게 되면 군중이 익명적이고 따라서 무책임해질 수 있다는 것을 고려해서 자신을 억제할 그런 입장이 아니기 때문에 책임감이라는 것이 전면적으로 소멸해버린다.

두 번째 원인은 감염성인데 이것 역시 군중의 특성이 표명되도록 작용하고, 군중의 향방을 결정한다. 감염현상을 판명하기는 쉽지만 그것을 설명하기는 쉽지 않다. 아무래도 최면상태의 일종이라고 볼 수밖에 없는데 간략히 분석하기로 한다. 군중의 경우에 모든 감정과 행동은 감염성을 갖고 있으며 집단이익을 위해 개인이익을 희생할 정도로 감염성은 대단하다. 이것은 개인의 본성과는 상반되는 성향이며 사람이 군중의 일원이 되는 경우가 아니면 가능하지 않은 일인 것이다.

가장 중요한 세 번째 원인은 군중 속의 개인에게는 고립된 개인으로 있을 때와는 전혀 다른 특성이 나타난다는 것이다. 이것을 나는 피암시성(被暗示性: suggestibility)이라고 부른다. 알고 보면 위에서 말한 감염성이라는 것도 피암시성의 효과에 지나지 않는다.

이와 같은 현상을 이해하기 위해서는 최근의 생리학적 발견을 염두에 둘 필요가 있다. 우리는 오늘날 개인이 여러 과정을 거쳐 자신의 개성 있는 의식을 완전히 상실하는 상태까지 유도되어 자신의 개성적인 의식을 빼앗아간 조작자의 지시에 복종하고 그의 성격이나 습관과는 전혀 반대되는 행동을 할 수도 있다는 사실을 알고 있다.

아주 신중하게 관찰해보면 상당 기간 군중 속에서 행동한 개인이—군중이 발산하는 마법적인 영향력 때문인지 아니면 우리가 알 수 없는 어떤 원인 때문인지는 알 수 없지만—아주 특별한 상태에 빠져 있는 것을 보게 된다. 즉 최면에 걸린 사람이 최면술사가 시키는 대로 움직이는 감응상태와 비슷한 경지에 빠져드는 것이다. 최면술에 걸린 사람은 뇌신경의 활동이 마비되어 있기 때문에 최면술사가 마음대로 지배하는 무의식적인 척추신경 활동의 노예가 되어버린다. 의식적인 인격이 완전히 사라지고 의지와 판단력을 상실한다. 감정과 사상도 최면술사가 지시하는 방향으로 따라갈 뿐이다.

심리적 군중을 구성하고 있는 개인 역시 이와 비슷한 상태라 하겠다. 이러한 개인은 더 이상 자신의 행동을 의식하지 못한다.

그의 경우도 최면술에 걸린 사람과 마찬가지로 어떤 기능이 파괴됨과 동시에 다른 어떤 기능은 고도로 고양된다. 그는 암시에 감화되어 누구도 막지 못할 파죽지세(破竹之勢)의 기세로 어떤 행동에 돌진해 들어간다. 이 같은 맹렬한 힘은 최면술에 걸린 사람보다 군중의 경우가 훨씬 위력적인데 그것은 암시가 모든 사람에게 똑같이 감화되어 군중의 모든 개개인이 상호 침투 작용하는 힘을 얻기 때문이다.

군중 속의 개인들이 암시에 충분히 저항할 만한 개성을 가질 수도 있지만 대세(大勢)와 싸우기에는 수가 모자란다. 기껏해야 다른 암시를 던져 방향 전환을 시도할 수 있을 뿐이다.

어떤 이미지가 요행히 환기시킨 시의적절한 표현으로, 때로는 군중들이 유혈까지 무릅쓰는 잔인한 행동에 들어가지 않도록 방지하는 경우가 바로 그런 방식의 하나인 것이다.

이 밖에도 의식적인 인격의 상실, 무의식적인 개성의 지배, 암시와 감염에 의한 감정 및 사상의 획일화, 암시된 사상의 즉각적 행동화 경향 등등이 군중 속의 개인이 갖는 기본 성격인 것이다.

군중 속의 개인은 자기상실 상태이며 자신의

의지와 단절되어버린 자동기계이다. 더구나 조직화된 군중에 참여했다는 사실 자체만으로 인간은 문명의 사닥다리 몇 계단을 내려와 버린다. 홀로 있을 때는 교양 있는 사람들도 군중이 되면 본능에 움직이는 야만인이 되어버린다. 그는 원시인의 자발성과 난폭성, 나아가서는 광신(狂信)과 영웅주의를 발산하며 심지어 고립된 개인에게는 전혀 영향을 주지 못할 언어와 이미지에 감화됨으로써 가장 명백한 자신의 이익이나 주지의 관습에 위배되는 행동을 서슴지 않는다. 군중 속의 개인은 수많은 모래 더미의 한낱 모래알 같아서 바람결에도 맥없이 흩날린다.

바로 이 때문에 배심원이 개인적으로는 결코 승복하지 않을 판결을 서슴없이 내리고, 의원 개인으로서는 인정하지 못할 법안이나 정책들을 의회가 채택하는 것이다. 개별적으로 보면 국민공회의 의원들은 천성이 어진 사람들이었다. 그러나 일단 군중에 합세하자 이들은 가장 잔인한 제안에 찬동했고, 가장 죄 없는 사람을 단두대에 올렸으며 그들의 이익에 역행하여 자신들의 불가침권을 폐지시키고 자신들을 파멸시키는 데 앞장선 것이다.

군중 속의 개인이 본래의 자기 자신과 달라지는 것은 행동에서만이 아니다. 그의 독자성을 완전히 상실하기 이전에 사상과 감정의 전환이 일어나고 이러한 전환은 인색한 자를 낭비자로, 회의주의자를 신앙자로, 정직한 사람을 범죄자로, 비겁자를 영웅으로 만들어버릴 만큼 철저하다.

저 유명한 1789년 8월 4일 밤에 열렬히 격앙된 귀족들은 자신들의 특권을 폐지하는 제안에 찬동하고 나섰는데 의원 개인적으로는 어느 누구도 여기에 동의하지 않았을 것이 분명하다.

지금까지의 결론을 요약하면 군중은 고립된 개인보다 지적으로 뒤지기 마련이라는 것, 그러나 감정과 그런 감정이 야기시키는 행동의 관점에서 보면 군중은 상황에 따라 개인보다 상위일 수도 하위일 수도 있다고 하겠다. 모든 것은 군중 속의 개인들에게 제시되는 암시의 성격에 따라 좌우된다. 항시 범죄적 관점에서만 군중을 보아온 작가들은 바로 이 점을 완전히 잘못 판단한 것이다.

군중이 때로 범죄적이라는 것은 두말할 것도 없지만 그러나 영웅적일 때도 적지 않다. 신조와 사상의 승리를 얻기 위해 생명을 걸었고 명예와 영광을 위해 처형되었으며—십자군시대처럼 식량이나 무기도 거의 없이—이교도로부터 예수의 무덤을 지키기 위해 나섰고 1793년의 경우처럼 조국을 지키기 위해 앞장선 것은 고립된 개인보다는 군중이었다.

그 같은 영웅주의가 무의식적인 것임에는 틀림이 없지만 역사를 창조하는 것은 바로 그러한 영웅주의인 것이다. 냉철하게 행동한 사람만이 위대한 행위자로 간주된다면 역사의 기록에 남을 사람은 극소수에 지나지 않을 것이다.

귀스타브 르 봉의 『군중심리』
(이상돈 옮김, 간디서원, 2005)

귀스타브 르 봉(Charles–Marie Gustave Le Bon, 1841~1931)

의학, 물리학에서부터 인류학, 사회심리학, 사회학에 이르기까지 다양한 분야를 연구한 프랑스의 학자이자 사상가이다. 의사로서 사회 경력을 시작한 르 봉은 파리 코뮌과 드레퓌스 사건을 둘러싼 혼란 속에서 대중사회의 문제를 해결할 방책을 찾고자 사회심리학 연구에 몰두하게 되었다.

문화 산업을 통한 대중의 획일화

아도르노/호르크하이머

기성 종교의 객관적 권위가 상실되고, 자본주의 이전 시대의 마지막 잔재마저 해체되면, 기술과 사회의 분화와 전문화가 심화됨으로써 문화적 혼란이 초래된다는 사회학적 견해는 매일매일 거짓임이 드러나고 있다. 왜냐하면 오늘날 문화는 모든 것을 동질화시키기 때문이다. 영화와 라디오와 잡지는 개개 분야에 있어서나 전체적으로나 획일화된 체계를 만들어내고 있다. 대립된 정치적 견해들은 그럴듯한 미사여구에도 불구하고 사실은 모두 비슷하게 강철의 리듬을 찬양하고 있다. 기업의 장식적인 본사 건물이나 전시장은 권위주의 국가에서나 그렇지 않은 국가에서나 별 차이가 없다. 온 사방에 솟아 있는 으리으리한 기념탑 같은 고층 건물들은 다국적 기업의 치밀한 계획성을 과시하며, 이 다국적 기업이 보인 모범을 향해 모든 기업은 맹렬한 기세로 달려간다. 위로할 길 없는 도시에 널려 있는 삭막한 주거 집단과 사무실들은 이러한 기업들이 만들어낸 기념물이다. 시멘트로 이루어진 도시 중심가 주변에 남아 있는 옛 가옥들은 슬럼처럼 보이며, 국제 상품 전람회장에 세워진 임시 구조물들처럼 도시 변두리의 새로 지어진 간이 주택들은 기술 진보를 찬양하지만 잠시 사용된 후에는 통조림 캔처럼 버려지기를 기다리고 있다. 도시의 주택 사업은 위생적인 소주택을 보급하여 개인들을 자율적인 주체로 보이게 하지만, 사실은 그들의 반대편에 있는 절대적인 자본의 힘에 개인들을 좀 더 철저히 종속시키고 있다.

독점하에서 대중 문화는 모두 획일적인 모습을 하고 있는데, 독점에 의해 만들어지는 대중 문화의 골격과 윤곽이 서서히 드러나기 시작한다. 대중 문화의 조종자들은 독점을 숨기려 하지도 않는다. 독점의 힘이 강화될수록 그 힘의 행사도 점점 노골화된다. 영화나 라디오는 더 이상 예술인 척할 필요가 없다. **대중매체가 단순히 '장사(business)' 이외에는 아무것도 아니라는 사실은 아예 한술 더 떠 그들이 고의로 만들어낸 허섭스레기들을 정당화하는 이데올로기로 사용된다.** 그들 스스로 자신을 기업이라 부르며, 사장의 수입이 공개되면 그로써 그들의 생산물이 사회적으로 유용한가 아닌가에 대한 의심은 충분히 제거된 것으로 간주한다.

대중 문화의 관계자들은 문화 산업을 기술적 용어로 설명한다. 그들은 문화 산업에 수백만이 참여하기 때문에 수많은 장소에서 동일한 상품에 대한 동일한 욕구를 충족시키기 위해서는 어떤 방식이든 재생산 과정이 필요하다고 주장한다. 생산의 중심지는 몇 안 되지만 수요는 여기저기 산만하게 흩어져 있다는 기술적 문제가 경영에 의한 조직과 계획을 필요하게 만든다고 얘기한다. 규격품이란 본래 소비의 욕구에서 나왔다는 것이며 그 때문에 규격품은 별 저항 없이 받아들여진다는 것이다. 이러한 주장 속에 가려져 있는 것은 문화 산업의 조종과 이러한 조종의 부메랑 효과인 수요가 만드는 순환 고리로서

1930년대 미국 루이지애나주 뉴올리언스, 리버티 극장 외관

이러한 순환 고리 속에서 체계의 통일성은 사실 점점 촘촘해지고 있다. 이러한 기술적 설명 뒤에 은폐되어 있는 것은, 기술이 사회에 대한 통제력을 획득할 수 있는 기반은 사회에 대한 경제적 강자의 지배력이라는 사실이다. 오늘날 **기술적 합리성이란 지배의 합리성 자체다.** 이러한 합리성은 스스로로부터 소외된 사회가 갖게 된 강압적 성격이다.

문화 산업의 물샐틈없는 통일성은 정치의 영역에서 무슨 일이 일어날 수 있는지를 짐작케 한다. 갑이라는 영화와 을이라는 영화 사이에, 또는 상이한 가격층의 잡지 내용들 사이에 차이가 없는 것은 물론 아니지만, 그 차이란 사실 자체로부터 나오는 본질적 차이라기보다는 소비자들을 분류하고 조직하고 장악하기 위한 차이에 불과하다. 어느 누구를 위해서도 무엇인가가 마련되어 있지만 그것은 누구도 그것으로부터 빠져나가지 못하게 하기 위해서다. 이를 위해 차이는 오히려 강조되고 선전된다. **대중에게는 각계 각층을 위해 다양한 질(質)의 대량 생산물이 제공되지만 그것은 양화(量化, Quantifizierung)의 법칙을 더욱 완벽하게 실현시키기 위한 것이다.** 모든 사람은 미리 자신에게 주어진 수준에 걸맞게 '자발적으로' 행동하며 자기와 같은 유형을 겨냥해 제조된 대량 생산물을 고른다. 소비자들은 정치 선동을 위한 조사 단체와 구별되지 않는 조사 단체의 통계표 위에서 소득 수준에 따라 빨강·초록·파란 부분으로 분류된다.

소비자가 직접 분류할 무엇은 더 이상 남아 있지 않다. 생산자들이 소비자를 위해 그러한 분류를 다 끝내놓았기 때문이다. 여러 유형의 인기 가요나 인기 배우, 멜로물들이 돌고 돌지만 실제로는 전혀 변화가 없는 것처럼, **오락물의 내용들도 겉보기에는 변하는 것 같지만 사실은 전혀 변화 없는 반복**일 뿐이며, 세부 사항들만이 대체 가능하다. 인기 가요에서 효과를 보이는 짧고 단속적인 인터벌, 유쾌한 재밋거리에 불과하겠지만 간혹 벌어지는 인기 배우의 창피스런 실수, 남자 배우가 연인에게 휘두르는 억센 손찌검 또는 응석받이 상속녀를 거칠게 다루는 것 등은 다른 자질구레한 사항들처럼 어떤 작품에서나 임의로 사용할 수 있는 준비된 상투 수법들로서 그 역할이란 이미 짜여진 틀 속에서 그들에게 부여된 목표를 달성하는 것뿐이다. 이러한 것들의 존재 이유란 그들이 오직 전체 틀을 유지하기 위한 구성 부분이 됨으로써 그 틀을 확인하는 것이다. 영화가 시작되자마자 끝이 어떻게 될지, 누가 상을 받고 누가 벌을 받으며, 누가 잊혀질지는 분명하게 드러난다. 가벼운 음악에서는 이미 단련된 귀로 인기 가요의 처음 몇 마디만 들어도 노래가 어떻게 진행되어갈지를 짐작할 수 있으며 자신의 추측이 맞아떨어질 때 행복감을 느낀다. 단편소설의 표준화된 길이는 엄격히 준수되어야만 하는 것이다. 익살이나 농담, 효과들도 사전에 치밀하게 계산된 것이다. 이러한 것들은 특별한 전문가들이 떠맡게 되는데 이들의 세분화된 업무는 사무실 안에서 분담된다. 문화 산업은, 눈에 띄는 효과나 성과 또는 기술적 사항들이 작품 자체보다 더 높이 평가되는 추세와 병행하여 발달해왔는데, 예전에 어떤 '이념'에 의해 지탱되던 작품이란 관념은 그 '이념'과 함께 해체되어버린다.

문화 상품의 속성은, 제작물을 제대로 파악하기 위해서는 민첩성과 관찰력과 상당한 사전 지식을 요구하지만 관객으로 하여금—재빨리 스쳐 지나가는 사실들을 놓치지 않기 위해—**적극적으로 사유하는 것을 불가능하도록 만든다**는 데 있다. 그때그때 신경을 곤두세우지 않더라도 관람객의 긴장은 어느 정도 유지되지만 상상을 위한 공간은 남겨져 있지 않다. 영상과 제스처와 말들이 만드는 영화의 세계에 사로잡혀서 그 세계에 무언가를 덧붙여 자신의 세계로 만들 능력이 없는 사람들은 필름이 돌아가는 동안 전체 조합이 만들어내는 특별한 효과에 몰두할 필요가 없다. 지금까지 그들이 보아온 다른 영화나 유흥물들로부터 이미 관중들은 무엇을 기대해야 하는지를 알고 있으며 그들은 그것에 대해 자동적으로 반응한다. 산업 사회의 폭력은 사람들 마음속에서 언제나 작용한다. 문화 산업의 생산물은 여가 시간에조차 소비가 활발히 이루어지기를 노린다. 개개의 문화 생산물은 모든 사람들을 일하는 시간과 마찬가지로 휴식 시간에도 잡아놓는 거대한 경제 메커니즘의 일환이다. 어떤 영화나 방송 프로그램이건 언뜻 보면 임의적인 것처럼 보이지만 사실은 사회 속에 사는 사람이면 누구도 벗어날 수 없는 작용을 사람들에게 가하려 한다. 문화 산업은 하자 없는 규격품을 만들 듯이 인간들을 재생산하려 든다.

세상에 나타나고 있는 모든 것에는 예외 없이 문화 산업의 인장이 찍혀지기 때문에 문화 산업의 흔적을 갖고 있지 않은 것이나 확인 도장이 찍히지 않은 것은 어떤 것도 세상에 등장할 수가 없다. 문화 산업의 생산이나 재생산에 종사하는 인기 연예인들은 문화 산업의 은어를, 오랫동안 참아왔던 말문이 터진 양, 자유자재로 기쁨에 넘쳐 구사할 수 있는 사람들이다. 문화 산업의 분야에서 그러한 태도는 자연스러움이라는 이상(理想)이 되었다. 문화 산업의 최종 생산물과 일상 현실의 차이에서 오는 긴장을 완화시키는 기술이 완벽해질수록 문화 산업의 영향은 점점 더 절대적이 된다.

위대한 예술가들이란 결코 매끈하고 완전한 양식을 구현한 사람들이 아니라 카오스적인 고통의 표현에 대항하기 위한 강인함으로서, 즉 양식을 '부정적 진리'로서 작품 속

1930년대 미국 뉴욕 맨해튼

에 받아들인 사람들이다. 그러한 작품들의 양식은 표현된 것에 그 어떤 힘을 부여하는데 이러한 힘이 없다면 삶은 아무 소리도 못 내고 죽음 속으로 흘러들어가버렸을 것이다. 모차르트의 음악처럼 고전이라고 불리는 저 예술 형식들은 그들이 구현한 양식과는 다른 무엇이고자 하는 객관적 경향을 내포하고 있다. 쇤베르크나 피카소에 이르기까지 위대한 예술가들은 양식에 대한 불신감을 품고 있으며 결정적 국면에서는 양식보다 '사물의 논리'를 따른다. 위대한 예술 작품의 양식이 옛날부터 자기 부정에까지 이르는 좌절에 스스로를 노출시킨다면 열등한 예술 작품은 '동일성'에 대한 대용물로서 다른 작품과의 유사성에 매달린다. 문화 산업에 오면 이러한 모방은 절대적인 것이 된다. 양식을 넘어서는 무엇이 되려는 노력을 포기하면서 문화 산업은 양식의 비밀을 폭로한다. 양식에 숨겨져 있는 비밀은 바로 사회적 위계 질서에 대한 순종이다.

'항상 동일한 것'이라는 관념은 또한 과거에 대한 관계도 주재한다. 후기자유주의의 단계에 비해 대중 문화의 단계에서 새로운 것은 '새로움'을 배제하는 것이다. 기계는 항상 같은 자리를 돌고 있다. 소비를 결정하는 과정에서, 아직 시험해보지 않은 것은 위험 부담이 있는 것으로서 배제된다. 영화 제작자는 베스트셀러에 의해 보증된 안심할 수 있는 원고가 아닌 경우 모든 원고에 대해 의심의 눈길을 보낸다. 바로 그 때문에 모두에게 친숙한 것이지만 아직 존재해본 적이 없는 무엇인가를 머릿속에 떠올리게 만드는 말인 '참신한 아이디어' '신선한 무엇' '경이스러운 것'이라는 단어가 끊임없이 들먹여진다. 이러한 추세를 부추기는 것은 템포와 역동성이다. 아무것도 옛날 상태에 머물러 있어서는 안 된다. 모든 것은 끊임없이 뛰어야 하며 잠시도 멈추어서는 안 된다. 왜냐하면 기계적인 생산·재생산 리듬의 보편적 승리가 약속해주는 것은 아무것도 변하지 않으며 부적합한 것은 아무것도 출현 못 한다는 것이기 때문이다. 이미 충분히 입증된 문화 목록에 무언가를 덧붙인다는 것은 엄청난 투기다. 스케치나 단편, 문제작, 히트 송과 같은 형식들은 후기자유주의적인 취향에서 유래한 것이지만 대중 문화의 단계에서는 화석화되어 문화 산업에 의해 강요된 평균적 규범이 되었다. 대학을 나왔건 나오지 않았건 상관없이 사이좋게 함께 일하는 경영인들처럼 강력한 문화 대리인들은 이미 '객관적인 정신'을 정비하고 합리화시켜왔다. 그것은 어디에나 보편적으로 존재하는 권위가 재료를 체로 쳐서 걸러내고 공식적인 문화 상품 카탈로그를 설정하며 공급 가능한 일련의 목록표를 일목요연하게 내거는 상황과 비슷한 것이다. 그 이념들은 이미 문화의 이상 국가에 기록되어 있는데, 그 이상 국가에서 플라톤은 이미 그 이념들의 수를 세어놓았다. 그 숫자 자체는 이미 더 이상 더할 수도, 변경할 수도 없는 숫자인 것이다.

아도르노/호르크하이머의 『계몽의 변증법』
(김유동 옮김, 문학과지성사, 2001)

7

두 가지 자유

이사야 벌린

서양 역사에서 자유의 의미는 시대에 따라 다양하게 이해되어왔다. 고대 그리스에서 자유롭다는 것은 정치에 참여하여 스스로 다스린다는 말이었으나, 근대에 들어서는 예외적인 경우가 아닌 한 정치 권력이 삶의 영역으로 침투해서는 안 된다는 생각이 등장했다. 고대인들이 '어떻게 나를 스스로 통치할 것인가?'에 중점을 두었다면, 근대인들은 주로 '통치의 한계(범위)는 어디까지인가?'를 고민했다. 영국의 정치철학자 이사야 벌린은 이것을 각각 적극적 의미의 자유(……를 향한 자유, freedom to)와 소극적 의미의 자유(……로부터의 자유, freedom from)로 구분하여 설명했다.

이 글은 벌린이 1958년 옥스퍼드대학 교수로 취임한 후 행한 '자유의 두 개념'이라는 제목의 강연으로, 소책자로 발간된 이후 자유 개념에 관한 논의에 커다란 영향을 미쳤다. 우리는 어떤 자유를 추구할 것인가? 개인주의(또는 자유주의)자들은 소극적 자유를 옹호하고, 공동체주의자들은 적극적 자유를 강조한다. 우리가 개인과 공동체 중 하나의 가치만을 선택할 수 없듯이, 자유의 두 개념도 단순히 양자택일의 문제는 아닐 것이다.

한 개인의 행동을 강제하는 것은 자유의 박탈이다.—그런데 무엇으로부터의 자유를 박탈함인가? 인류의 역사상 도덕 이론가들은 거의 모두 자유를 찬양하였다. 행복, 선, 그리고 자연, 실재 등의 단어와 마찬가지로 이 단어 역시 그 의미가 워낙 다양하기 때문에 웬만한 해석치고 그르다 할 만한 것이 거의 없다. 따라서 이 글의 목적은 이 변화무쌍한 단어에 관하여 사상사를 연구하는 학자들이 기록해놓은 역사를 논하는 것도 아니고 그 수백에 달하는 의미를 논하는 것도 아니다. 나는 다만 그중 두 의미만을 검토해보려 한다.—이 두 의미는 그 가운데 핵심적인 것으로서, 그 배후에는 인류 역사의, 그리고 감히 단언하건대 미래의—많은 부분이 배경으로 깔려 있다. 둘 중 첫 번째의 의미를 (수많은 선례를 따라) 나는 소극적(negative) 의미라 일컫기로 한다. 이는 다음과 같은 질문에 대한 답에 함유되는 종류의 것이다. "인민—한 사람 또는 일군(一群)의 사람—이 다른 사람의 간섭 없이 스스로 할 수 있는 일을 할 수 있도록, 또는 스스로 될 수 있는 존재가 될 수 있도록 방임되어야 할 영역은 무엇인가?" 두 번째 의미를 나는 적극적(positive) 의미라 지칭할 것이며, 이는 다음과 같은 질문에 대한 답에 함축되는 종류이다. "한 사람으로 하여금 이것 말고 저것을 하게끔, 이런 사람 말고 저런 사람이 되게끔 결정할 수 있는 통제 및 간섭의 근원이 누구 또는 무엇인가?" 이들 질문에 대한 답은 비록 중복될 수 있으나 그 질문들 자체가 서로 다른 질문이라는 점은 분명하다.

소극적 자유의 개념

다른 사람 어느 누구도 내 활동에 개입하여 간섭하지 않는 만큼 내가 자유롭다는 것이 통상의 어법이다. 이러한 의미에서 보면 정치적 자유는 단순히 한 사람이 다른 사람의 방해를 받지 않고 행동할 수 있는 영역을 의미한다. 가만히 놔두었더라면 내가 할 수 있었을 일을 다른 사람으로 인하여 내가 못 하게 되었다면 그만큼 나는 자유롭지 못하다. 그리고 다른 사람 때문에 그 영역이 일정한 한도 이상으로 축소될 때 내가 강제를 받고 있다든가 또는 어쩌면 노예가 되었다는 서술이 가능하게 된다. 하지만 강제라는 단어가 모든 형태의 무능력을 포괄하는 것은 아니다. 내가 공중으로 3미터 이상을 뛸 수 없는 경우, 또는 내가 장님이기 때문에 책을 읽을 수 없을 때, 또는 헤겔의 책을 읽는데 군데군데 이해할 수 없는 부분이 나오는 경우, 그렇다고 해서 그만큼 내가 노예화되었다든지 강제받고 있다고 말한다면 아주 이상한 말이 될 것이다. 강제란 내가 그것만 아니라면 이렇게 행동하였을 영역에 다른 사람이 의도적으로 간섭하여 다르게 행동하게끔 만드는 경우에 해당되는 말이다. 누구에게 정치적 자유가 허용되지 않았다는 말은 그가 어떤 목표를 추구하는데 다른 사람 때문에 그 목표를 달성하지 못하였을 때에만 말이 된다. 어떤 목표를 달성하지 못한다는 것만으로는 정치적 자유가 결여되었다고 말할 수 없다. 이에 관한 논의는 근대 이래 인구(人口)에 회자(膾炙)된 "경제적 자유" 또는 "경제적 노예 상태"라는 문구에 의하여 제기된다. 이러한 문구가 주장하는 바는 다음과 같다. 그리고 이는 매우 그럴듯한 주장이다. 만일 법적인 규제는 존재하지 않더라도 어떤 사람이 너무나 가난하여 그가 원하는 어떤 것—예를 들어 빵 한 조각, 세계일주 여행, 사법 소송의 청구 등—을 구입하지도 향유하지도 못한다면, 그 사람에게는 그것을 가질 자유가 법적으로 금지되어 있는 것이나 마찬가지라는 것이다. 나로 하여금 빵을 사지 못하게 하고, 세계일주를 못 하게 하고, 법정에서 내 주장을 호소하지 못하게 하는 나의 빈곤이 만약 일종의 병과 같은 것이라면, 그런 종류의 무능력을 자유의 결핍으로 서술할 수는 없게 된다. 하물며 정치적 자유의 결핍이라고는 더욱 말할 수 없을 것이다. 내가 나 자신을 강제 또는 노예제의 희생자로 파악한다면 그것은 오로지 다른 사람이 짜놓은 모종의 틀 때문에 다른 사람은 그렇지 않은데 나만 원하는 물건을 살 수 있는 돈을 구하지 못할 때뿐이다. 다른 말로 하자면, 이런 식으로 단어를 사용하는 데에는 나의 빈곤 또는 약점의 원인을 특정 방식으로 설명하는 경제 사회 이론이 배경으로 깔려 있다. 내가 얼마만큼의 물질적 수단을 가지느냐는 문제가 나 자신의 정신적 육체적 능력과 관련되는 경우에 내가 그 사정을 (단순히 빈곤에 기인하는 것으로 보지 않고) 자유의 결핍이라 말한다면, 그것은 오직 내가 그러한 특정 이론을 받아들일 때에만 가능한 일이다. 첨언하자면, 내가 생각하기에 정의롭지 못하고 불공정한 특정 질서 때문에 내가 결핍 상태에서 벗어나지 못한다고 내가 믿을 때, 나는 경제적 노예제 및 억압을 말하게 되는 것이다. 루소는 "우리를 미칠 지경으로 화나게 만드는 것은 사물의 본질이 아니라 악의(惡意)"라고 말하였다. 내 소원이 좌절되는 과정에서 다른 사람들이—직접적이든지 간접적이든지, 그렇게 하려는 의도가 있었든지 없었든지—어느 정도 작용하였느냐가 곧 억압의 기준이다. 따라서 이 의미에서 자유가 다른 사람에 의한 간섭이 전혀 없는 상태를 의미한다는 것은 내가 뜻하는 바가 아니다. 내 뜻은 불간섭의 영역이 넓어질수록 내 자유의 영역이 따라서 넓어진다는 점이다.

영국의 고전 정치 철학자들이 자유라는 말을 사용하면서 의미한 바가 바로 이것이다. 자유의 영역이 얼마나 넓어질 수 있는지 또는 얼마나 넓어져야 하는지에 관해서는 이들 철학자 사이에 많은 이견이 있었다. 그러나 자유가 결코 무제한일 수는 없다는 점에 대해서는 그들 모두가 동의하였다. 왜냐하면 자유가 무제한으로 허용된다면 모든 사람들이 자기 외의 모든 사람의 행동에 무제한으로 간섭하는 상황이 벌어질 것이기 때문이다. 이런 식의 "자연적" 자유는 사회적 혼돈을 야기하여 최소한도의 인간 욕구조차 충족되지 못하게 될 것이다. 그렇게까지 되지는 않는다고 양보하더라도, 적어도 약자의 자유가 강자에 의하여 억눌리는 상황은 피할 수 없게 될 것이다. 영국의 고전 정치 철학자들은 인간의 목적과 활동이 저절로 서로 조화를 이룰 것으로는 생각하지 않았다. 그리고 그들은 (각자가 명시적으로 표명한 입장이야 어찌되었든) 정의, 행복, 문화, 안전, 또는 철학자에 따라 정도의 차이는 있지만, 평등과 같은 자유 이외의 목표에도 높은 가치를 부여하였다. 그랬기 때문에 그들은 자유를 다른 가치와 상충되는 만큼 제한할 태세가 되어 있었고, 또는 심지어 자유 자체를 억제할 태세마저 갖추고 있었다. 왜냐하면 이와 같은 제한이 없이는 그들이 바람직하다고 생각하는 사회적 결합을 창출하기가 불가능하였기 때문이다. 그 결과 이들 사상가들은 인간의 자유 행위의 영역이 법에 의해 제한되어야 한다고 보았다. 하지만 동시에 그들은 어떤 이유로도 침해되어서는 아니 될 개인 자유의 최소 영역 역시 존재해야 한다고 생각하였다. 영국의 로크 및 밀, 그리고 프랑스의 콩스탕 및 토크빌이 이 점을 특히 강조하였다. 이 영역마저 침해받게 된다면, 각 개인이 좋다 또는 옳다 또는 신성하다고 생각하는 여러 가지 목적을 추구하거나 아니면 그런 추구를 상상하는 일 자체가 불가능해지는 사태가 초래되리라는 것이 그들의 생각이었다. 즉 각 개인이 타고난 능력을 최소한으로나마 발현할 수 있는 영역이 허용되지 않는다면 어떤 종류의 인간 목표의 추구도 가능할 수 없기 때문이다. 이러한 고려는 자연스럽게 사생활의 영역과 공공 권위의 영역 사이에 경계가 그어져야 한다는 생각으로 이어진다. 그 경계가 구체적으로 어디에서 그어져야 할 것인지는 논쟁에 따라, 실은 흥정에 따라 결정될 문제이다. 인간 생활의 대부분은 상호의존의 맥락 안에서 이루어지기 때문에, 다른 사람의 삶에 어떤 식으로도 방해가 되지 않을 정도로 사적 영역에 완전히 국한된 인간의 행동은 있을 수 없다. "곤들매기의 자유가 붕어에게는 죽음"이라는 말과 같이 이편 사람의 자유는 저편 사람의 자유를 제한하는 토대 위에서 가능하다. 어느 상황에서도 실제적 타협이 이루어져야 한다.

인간의 본성을 낙관적으로 파악하고 인간의 이해득실이 조화를 이룰 수 있다고 믿은 철학자들, 예컨대 로크 및 아담 스미스 (밀 역시 이러한 태도를 상당한 정도 가지고 있다) 등은 개인 사생활의 영역을 인정하는 일이 사회의 조화 및 진보와 모순되지 않는다고 생각하였다. 개인 생활의 영역을 국가의 권위 또는 그 밖에 어떤 형태의 권위도 침범하지 못하도록 하는 일이 사회 전체의 조화와 병행할 수 있다고 생각하였다. 한편 홉스 및 그의 견해에 동의하는 사람들, 특히 보수주의자 또는 반동 사상가들은 중앙집권적 통제를 강조하였다. 인간이 서로를 해치지 않게끔 하기 위해서는, 즉 사회생활이 밀림 또는 황야의 삶과 같지 않도록 하기 위해서는 각 개인으로 하여금 각자의 위치를 벗어나는 일이 없도록 하는 장치가 제도적으로 마련되어야 한다고 생각하였다. 따라서 그들은 중앙에 의한 통제를 늘리고 개인에게 맡겨지는 영역이 축소되어야 한다고 주장하였다. 그러나 한 가지 점에 있어서는 양쪽의 견해가 일치하였다. 인간 존재의 일부분은 사회적 통제로부터 독립되어 있어야 한다는 점을 부인하는 사람은 없다. 그러한 영역이 어느 정도의 크기로 허용되어야 하는지는 사람마다 의견이 다르다. 하지만 그 영역이 아무리 작다고 하더라도, 그것마저 침범하는 것은 곧 전제(專制)가 될 것이다. 자유 및 사생활을 가장 웅변적으로 옹호한 사람으로는 뱅자맹 콩스탕을 들 수 있다. 자코뱅의 독재가 어떠하였는지를 결코 잊지 않았던 콩스탕은 적어도 종교, 의견, 표현, 재산의 자유만은 자의적 침해로부터 보호되어야 한다고 선언하였다. 제퍼슨, 버크, 페인, 밀 등등, 어떤 영역 및 어떤 종류의 개인적 자유가 어느 정도로 보호되어야 하는지에 관한 의견은 사상가마다 다르다. 그러나 권위에 제한이 가해져야 한다는 점에 있어서는 그들 모두의 의견이 내용상으로 일치한다. "우리 자신의 본성을 타락시키거나 부인하는" 것이 우리의 목표가 아닌 한, 개인적 자유의 최소한은 지켜져야 한다. 우리가 절대적인 의미에서 자유로울 수는 없다. 자유를 누리기 위해서는 자유 가운데 일정 부분을 포기하지 않으면 안 된다. 그러나 개인 생활 전체를 권위에 내맡긴다는 것은 그 자체로 모순적인 말이다. 이제, 바로 그 최소한이라는 것이 무엇이냐는 질문이 제기될 것이다. 이에 대하여, 각 개인에게 있어 본성을 구성하는 핵심 부분에 타격을 받지 않기 위하여 반드시 지켜야 할 부분이라고 대답해보자. 그렇다면 그 핵심 부분은 무엇인가, 그리고 그 핵심 부분으로부터 어떠한 표준이 도출되느냐는 질문이 계속 이어질 것이다. 이런 종류의 논쟁은 끝없는 논쟁을 낳게 된다. 지금까지 항상 그랬고 앞으로도 그럴 것이다. 게다가 이 영역의 경계선을 구획하는 근거로 수많은 개념들이 개발되어 사용되었다. 자연법, 자연권, 공리(功利, utility), 정언명령, 사회계약의 신성함 등을 비롯하여 수많은 개념들을 각 사상가들은 자신이 확신한 바를 표명하고 정당화하기 위하여 탐구하였다. 그러나 어떤 개념 및 원칙을 근거로 삼아 불가침의 영역을 구획하든지, 이런 방식으로 옹호되는 자유는 언제나 ……로부터의 자유이다. 그 경계선은 긋는 사람마다 달리 그어지지만, 그 경계가 어디엔가 존재해야 한다는 점은 항상 변함이 없다. 그리고 그 경계선이 침범되어서는 안 된다는 것이 이 의미에서 파악되는 자유의 핵심 요소이다. 이러한 입장을 대표하는 이 가운데 가장 유명한 사람에 따르면 자유란 다음과 같다. "그 이름에 합당한 유일한 자유는 우리 자신의 방식으로 우리 자신의 목표를 추구하는 자유이다." 만일 이 말이 맞다면 강제가 정당화될 수 있는 길이 있을까? 그러한 길이 있다는 점에 있어 밀은 아무런 의심도 가지지 않았다. 개인들 모두가 최소한의 자유를 향유할 권리를 가지기 때문에, 어느 한 사람의 자유라도 침해하지 못하도록 모든 사람들이 제약을 받아야 한다. 만일 이 제약을 분명히 하기 위해서 필요하다면 물리적인 힘이라도 사용되어야 하리라고 밀은 생각하였다. 사실 밀에 있어서, 바로 그와 같은 충돌을 방지하는 것이 법이 할 일의 처음이자 끝이다. 이 이론에 따른다면 국가의 영역이 매우 축소되게 된다. 그래서 라살레는 이러한 국가가 방범대원 또는 교통순경에 불과하다고 비꼬았던 것이다.

적극적 자유의 개념

"자유"라는 단어의 "적극적" 의미는 자신의 주인이 되기를 원하는 각 개인의 소원에 뿌리를 둔다. 나는 내 인생 및 결정이 나 자신에 의하여 좌우되기를 바라지 어떤 종류가 되었든 외부의 힘에 의존하기를 바라지 않는다. 나는 내가 나 자신의 의지에 따른 행동의 도구가 되기를 원하지 다른 사람의 의지에 따른 행동의 도구가 되기를 원하지 않는다. 나는 객체가 아닌 주체가 되고 싶다. 나는 나 자신으로부터 나오는 이유 및 목적에 따라 움직이고 싶지 외부로부터 나에게 영향을 주는 원인에 따라 움직이고 싶지 않다. 나는 개성을 가진 하나의 인격체이기를 원하지 아무 의지 없는 기계가 되고 싶지 않다. 무엇을 지향할 것인지 스스로 결정하고 그에 따라 행동하기를 원한다. 다른 사람이 나를 위해 결정해주는 대로 따라가고 싶지 않으며 외부 자연의 힘 또는 다른 사람의 행동에 수동적으로 영향만을 받고 싶지는 않다. 하나의 물체, 동물, 또는 노예와는 달리 인간으로서 역할—즉 나 자신의 목표 및 계획을 고안하여 그것을 실현시키는 역할—을 수행할 수 있기를 원한다. 나 자신을 합리적 존재라 칭할 때, 인간으로서 내가 나를 제외한 세계의 나머지와 구별되는 것은 나에게 이성이 있기 때문이라 칭할 때, 내가 의미하는 바에는 지금까지 열거한 것들이 포함된다. 나는 무엇보다도 사고하며, 의지를 가지고, 능동적인—자신의 선택에 책임을 지고 자신의 생각과 목표에 준거하여 그 선택을 설명할 수 있는—존재로 나 자신을 인식하고 싶은 것이다. 이 명제가 나에 관하여 참이라 내가 믿을 때 그만큼 나는 자유롭다고 느낀다. 이 명제가 사실이 아니라고 내가 인식할 수밖에 없을 때 그만큼 나는 예속을 느낀다.

스스로 자신의 주인이 됨을 구성요소로 하는 자유와 내가 선택한 행동을 다른 사람 때문에 방해받지 않음을 구성요소로 하는 자유가, 겉으로만 보면, 논리적으로 별로 떨어져 있는 개념이 아닌 것처럼 보일지도 모른다. 즉 똑같은 일을 두고 표현방식을 소극적으로 하느냐 아니면 적극적으로 하느냐의 차이에 불과한 것처럼 보일지도 모른다. 역사적으로 자유에 관한 "소극적" 및 "적극적" 관념은 매우 다양한 관점에서 다양한 방향으로 발전되어온 것이 사실이다. 하지만 그러한 발전 방향이 거쳐온 단계들이 항상 논리적인 짜임새를 갖추었던 것은 아니다. 그리하여 마침내 이 두 개념이 정면에서 부딪치게 되고야 만 것이다.

내가 나의 주인이라는 은유 자체에는 문제가 없어 보인다. 하지만 이 은유가 독자적인 추진력을 획득하여 앞으로 나아가게 되면 방금 언급한 충돌이 분명하게 드러난다. "나는 나 자신의 주인이다", 그리고 "나는 어느 누구에게도 예속되어 있지 않다." 하지만—그린(T. H. Green)이 줄곧 지적하였듯이—나는 어쨌든 자연에는 예속된 것이 아닌가? 아니면 나 자신의 "걷잡을 수 없는" 열정에 대하여는 어떠한가? 이러한 것들 역시 "예속"이라는 하나의 유(類, genus)에 속하되, 단지 법적 정치적 종(種, species)과는 다른 도덕적, 영적 종류라 보는 것이 옳지 않을까? 영혼의 노예 상태로부터, 또는 자연에 대한 예속으로부터 해방되어본 경험 역시 인류에게는 있지 않나? 그리하여 그러한 해방의 와중에서 한편으로는 자아를 자각하였고, 동시에 인류의 내면에 무언가 치유가 필요한 것을 깨닫게 된 것이 아닌가? 그 후 인간의 의식을 지배하게 된 자아는 아주 다양한 형태로 규정되었다. 이성, 나의 "보다 높은 본성", 장기적으로 보아 보다 많은 만족을 가져다줄 것이 무엇인지 계산에 의하여 찾아내는 자아, 나의 "진정한" 또는 "이상적인" 또는 "자율적" 자아, 그리고 내가 "최선의 상태"에 있을 때의 자아 등등이 무엇이 자아인가에 대한 답으로 제시되었다. 자아가 이런 방식들로 규정되는 이면에는 분명한 대조가 깔리게 된다. 즉 비합리적 충동, 절제되지 않은 욕망, 나의 "낮은" 본성, 즉각적(卽覺的) 쾌락의 추구, 나의 "경험적" 또는 "타율적" 자아 따위가 아니라는 강조가 수반된다. 자아가 그 "진정한" 본질의 높이까지 완전히 도달하기 위해서는 욕망 또는 열정의 바람에 휩쓸리는 부분을 엄격하게 훈육하여 버릇을 잡아야 한다는 것이다.

오늘날에는 자아의 개념을 다양하게 만드는 차원 하나가 추가되었다. 어쩌면 진정한 자아는 (여태까지 통상 생각되어온 것과는 달리) 개인보다 좀 더 넓은 범위를 포괄하는 것이 아닌가 하는 생각이 대두되었다. 즉 자아란 일종의 사회적 "전체(whole)"로서 개인은 그것을 구성하는 하나의 요소 또는 국면이라는 생각이다. 이렇게 보는 사람들은 부족, 인종, 교회, 국가 등 하나를 이루는 사회적 실체, 또는 산 자와 죽은 자 및 심지어 아직 태어나지 않은 사람들까지를 포함하는 거대한 사회를 곧 자아의 "진정한" 모습으로 파악한다. 이들 사회적 실체는 단일한 집단적—또는 "유기적"—의지를 가지고, 말을 잘 안 듣는 "구성원"에게 전체의 의지를 부과하며, 그럼으로써 집단 자신 및 개별 구성원들을 위하여 "보다 높은" 자유를 성취한다는 것이다. 유기체의 은유를 사용하여, 사람들의 삶을 자유의 "보다 높은" 수준으로 끌어올리기 위한다는 명목으로 강제를 정당화하는 논법에 어떠한 위험 요소가 들어 있는지는 수많은 사람들이 지적해온 바 있다. 그럼에도 이와 같은 식의 언어가 여전히 그럴듯한 얘기로 들리게 되는 까닭은 다음과 같은 가능성을 우리가 인정하지 않을 수 없기 때문이다. 사람들이 만약 좀 더 개명되었다면 그들 스스로 추구하였을 목표(예컨대 정의 또는 공공 보건)가 있는데, 단지 그들이 눈이 멀어서 또는 무지하기 때문에 아니면 정신이 부패하여 그러한 목표를 추구하지 않는 경우가 있을 수 있다. 그런 경우 그와 같은 목표를 위하여 그들에게 강제를 가하는 것이 가능할 뿐만 아니라 때로는 정당화될 수도 있는 것이다. 이 점을 염두에 둔다면 내가 다른 사람에게 강제를 행함에 있어 나 자신의 이익을 위해서 그리하는 것이 아니라 그 사람을 위해서 그리하는 경우를 상정하기가 전혀 어려운 일이 아닌 것이다. 그런 경우 내가 행하는 강제의 이면에는 그들에게 진정으로 필요한 것이 무엇인지에 관하여 그들 자신보다 내가 더 잘 알고 있다는 주장이 포함된다. 이 주장이 이 정도에서 그친다면 그 논리적 종착점 역시 큰 문제를 일으키지는 않는다. 즉 만약 그들이 합리적으로 생각할 수 있다면, 나만큼 현명하다면, 무엇이 자신에게 이익인지를 내가 이해하듯 그들 스스로 이해할 수 있다면, 나에게 저항하지는 않을 것이라는 주장에 그치기 때문이다. 하지만 이러한 논법에서 파생되는 주장이 여기에 그치는 것은 아니다. 다른 사람에 대하여 강제를 행하면서 나는 다음과 같이 주장하게 될지도 모른다. 그들의 무지몽매한 의식이 저항하는 목표가 실제로는 그들 스스로 지향하는 목표이다. 왜냐하면 그들의 마음속에는 모종의 실체가—잠재적으로 존재하는 이성적 의지 또는 그들의 "진정한" 목적이—아직 싹이 트지 않았을 뿐 존재하는 것이 분명하기 때문이다. 비록 그들의 표면적 느낌 및 언행에 가려 이 실체가 드러나지는 않지만, 그것이 그들의 "진정한" 자아이다. 단지 시간과 공간에 얽매인 그들의 경험적 자아가 그 "진정한" 자아를 전혀 또는 거의 깨닫지 못하고 있을 뿐이다. 그러나 오직 그 내면적 영혼에서 나오는 소원만이 진지한 고려의 대상이 될 자격을 갖추고 있다. 일단 내가 이와 같은 견해를 취한다는 말은 곧 여러 사람 및 사회의 구체적 소원을 무시할 태세를 갖추었다는 말과 같다. 그들의 "진정한" 자아라는 기치 아래 그들을 억누르고 협박하며 고문할 준비를 갖추었다는 말과 같다. (행복, 의무의 수행, 지혜, 정의로운 사회, 자아실현 등등) 내용이 무엇이건 간에, 인류의 진정한 목표가 곧 각 개인의 자유와 동일하다는 부동의 확신, 비록 표면에 드러나지도 않고 분명한 형태를 띠고 있지도 않지만 "진정한" 자아가 내리는 선택이 곧 그 개인의 자유라는 부동의 확신 아래 그 모든 일이 행해지게 된다.

이사야 벌린의 『자유론』
(박동천 옮김, 아카넷, 2014)

이사야 벌린(Isaiah Berlin, 1909~1997)
러시아 출신의 영국 자유주의 정치철학자이다. 볼셰비키 혁명 이후 12세 때 가족과 함께 영국으로 망명했고, 옥스퍼드 코퍼스 크리스티 칼리지에서 고전학과 근대사를 공부했다. 제2차 세계대전 중에는 미국으로 건너가 영국 정보원으로 활약했고, 전쟁이 끝나자 모스크바 주재 영국대사관에서 외교관으로 지냈다. 1957년 옥스퍼드대학 사회정치이론 석좌교수로 임명되었으며, 여기서 행한 '자유의 두 개념' 강의로 20세기를 대표하는 사상가 반열에 올랐다.

8

자본주의와 자유

밀턴 프리드먼

정치적 자유와 경제적 자유 사이에는 별다른 연관이 없을까? 둘 사이에 연관이 있다면 그것은 어떤 관계일까? 정치적 자유와 경제적 자유 중에서 무엇을 우선시해야 할까? 밀턴 프리드먼은 이 글에서 정치적 자유를 지향하는 수단으로서 경제적 자유가 필요하다고 주장한다. 자유시장이 존재하는 자본주의가 개인의 정치적 자유를 보장하는 민주주의의 필요조건이라는 것이다. 프리드먼은 미국의 신자유주의(neoliberalism)를 대표하는 경제학자이다. 신자유주의는 1980년대에 영국의 '대처리즘', 미국의 '레이거노믹스'를 통해 구체적인 정책으로 추진되었다. 1979년 영국 최초로 여성 총리가 된 마가렛 대처와 1980년 미국 대통령이 된 로널드 레이건은 번영과 자유로 향하는 열쇠는 정부가 아니라 시장이 쥐고 있다는 신념을 정책으로 옮겼다. 1980년대 영미권이 주도하던 신자유주의는 1990년을 전후로 소비에트연방이 해체되고 동유럽 사회주의권이 몰락하자 전 세계로 확산하였다. 하지만 몇몇 비판적인 학자들은 신자유주의라는 용어부터 문제가 있다고 지적한다. 고전적 자유주의의 자유는 산업과 무역의 자유뿐만 아니라 진보주의자들이 추구하는 정치적 자유도 포함한다. 그래서 미국에서는 자유주의가 보수주의에 반하는 진보주의나 좌파의 이념으로 이해되고 있다. 하지만 비판적인 학자들이 볼 때 신자유주의가 추구하는 자유는 시장에서 가장 강한 자들의 자유일 뿐이다. 그래서 그들은 신자유주의가 시장의 가치를 최우선시하고 시장원리를 삶의 모든 영역으로 팽창시키려 한다는 점에서 시장지상주의(market triumphalism)라고 부른다.

신자유주의 이후에 우리는 경제적으로나 정치적으로 더 자유로워졌을까? 우리는 신자유주의가 불러온 변화를 이미 경험했고 지금도 경험하고 있다. 신자유주의 정부들이 시장규제를 완화함으로써 실업과 비정규직이 폭발적으로 증가하고 노동시장이 불안정해졌다. 친기업적 행보와 복지재정 축소는 불평등을 확대하고 서민들의 경제적 삶을 더욱 열악하게 만들었다. 그러나 무엇보다도 신자유주의가 야기한 가장 치명적인 변화는 시장가치 또는 시장원리가 우리 삶의 모든 영역으로 스며든 것이다. 이제 우리는 무엇이든 돈이라는 획일적인 기준으로 가치를 평가하는 시대에 살게 되었고, 무한 경쟁과 승자독식이라는 시장적 가치가 개인의 일상을 지배하게 되었다.

사람들은 일반적으로 정치와 경제는 별개로서 서로 별다른 연관이 없고, 개인적 자유는 정치적 문제인 데 반해 물질적 복지는 경제적 문제이며, 어떠한 정치체제도 임의의 경제체제와 결합될 수 있다고들 생각한다. 많은 사람들이 오늘날 소련에서 전체주의적 사회주의가 강요하는 개인적 자유의 속박을 너무도 당연히 비난하면서도 다른 한편으로는 러시아식 경제제도의 본질적 특성들을 수용한 국가에서도 정치체제를 통해 개인의 자유를 보장할 수 있다고 확신한 나머지 '민주사회주의'를 옹호하고 있는데, 이런 현상이야말로 위와 같은 생각이 표출된 비근한 예다. 그러한 견해야말로 한갓 망상에 불과한 것이고, 정치와 경제는 서로 밀접하게 연관되어 있어 정치체제와 경제체제 사이에는 오로지 특정한 조합들만이 가능하며, 특히 민주적이라는 말을 개인의 자유를 보장한다는 의미로 이해하는 한 사회주의 사회는 결코 민주적일 수 없다는 것이 바로 이 장의 주제다.

경제체제는 자유사회를 진흥하는 데 있어 두 가지 역할을 한다. 첫 번째로 경제체제에서의 자유는 그 자체가 넓은 의미로 이해한 자유의 한 구성요소이기 때문에 경제적 자유 자체가 하나의 목적이 된다. 두 번째로 경제적 자유는 정치적 자유를 성취하기 위한 필수불가결한 수단이 되기도 한다.

경제적 자유의 첫 번째 역할은 각별히 강조할 필요가 있다. 특히 지식인들 사이에서 자유의 경제적 측면은 중요하지 않다는 편견이 있기 때문이다. 지식인들은 삶의 물질적 측면으로 간주되는 것들을 경멸하고, 이른바 한층 고귀한 가치를 추구하는 것이야말로 다른 차원의 중요성을 띠는 일이자 특별하게 관심을 기울일 만한 일이라고 생각하는 경향이 있다. 하지만 지식인들에게는 어떨지 몰라도 이 나라의 시민 대다수에게 경제적 자유의 직접적인 중요성은 최소한 정치적 자유의 수단으로서 경제적 자유가 갖는 간접적인 중요성과 대등한 의미가 있는 것이다.

제2차 세계대전 후의 외환통제 때문에 미국에서 휴가를 보낼 수 없었던 영국인이나 자신의 정치적 견해 때문에 러시아에서 휴가를 보낼 수 없었던 미국인이나 똑같이 본질적인 자유를 박탈당하고 있는 것이다. 전자는 자유에 대한 경제적 제한이고 후자는 정치적 제한이지만, 둘 사이에 본질적인 차이는 없다.

미국 연방정부가 운영하는 특정 종류의 퇴직연금기금에 자기 소득의 10퍼센트쯤을 납입해야 한다고 법이 강제하고 있다면, 이러한 강제를 받는 시민은 그에 상응하는 만큼 개인적 자유를 박탈당하고 있는 것이다. 이러한 자유의 박탈이 얼마나 강하게 느껴질 수 있는지, 또 누구나 '경제적' 자유라기보다 '시민적' 내지 '정치적' 자유라고 간주할 종교적 자유의 박탈과 얼마나 밀접하게 연관되어 있는지는 아미쉬 교파 농부들에 관한 일화에 잘 드러나 있다. 이들은 강제적 연방노령연금계획이 자신들의 개인적인 자유를 침해한다고 주장하면서, 자신들의 원칙을 지키기 위해 세금을 납부하는 것은 물론 혜택을 받는 것까지 거부했다. 결국 연방정부는 사회보장부담금을 충당하기 위하여 아미쉬 교파 소유의 가축 일부를 공매에 부쳤다. 사실 강제적인 노령연금보험이 개인의 자유를 박탈하는 것이라고 보는 사람들은 거의 없을지도 모르지만, 자유를 신봉하는 사람은 머릿수를 따지지 않는 법이다.

여러 주의 법적 규제 때문에 면허 없이는 자기가 선택한 직업을 가질 수 없게 된 미국 시민도 마찬가지로 자기 자유의 본질적인 부분을 박탈당하고 있는 것이다. 자기 물건의 일부를, 예를 들어 스위스 사람의 시계와 바꾸고 싶지만 법으로 정해진 교역할당량 때문에 그렇게 하지 못하는 사람도 마찬가지다. 그리고 자기가 원하는 만큼의 밀을 재배할 수 없는 농부 또한 그와 같다. 그 외에도 얼마든지 예를 들 수 있을 것이다. 분명한 것은 경제적 자유는 본질적으로, 그리고 당연히, 전체적인 자유의 매우 중요한 일부분이라는 것이다.

정치적 자유를 달성하기 위한 수단이라는 관점에서 볼 때, 경제체제는 권력의 집중이나 분산에 영향을 미치기 때문에 중요하다. 직접 경제적 자유를 제공하는 경제조직, 다시 말해서 경쟁적 자본주의는 정치적 자유도 촉진시킨다. 경제적 권력을 정치적 권력으로부터 분리하고, 그러한 방식으로 전자가 후자를 상쇄하도록 하기 때문이다.

정치적 자유와 자유시장의 관계에 관해서는 역사적 증거가 일치하고 있다. 광범위한 정치적 자유를 자랑하면서도 주요한 경제활동을 조직하기 위해 자유시장에 필적하는 제도를 도입하지 않은 사회는 어느 시대 또는 어느 지역에서도 그 실례를 찾을 수 없다.

우리는 상당히 자유로운 사회에 살고 있기 때문에, 정치적 자유 같은 것이 보장되었던 시대나 지역이 얼마나 제한적이었는지를, 그리고 인류의 전형적 상태가 폭정, 예속, 빈곤이었다는 사실을 잊어버리는 경향이 있다. 19세기와 20세기 초의 서방세계는 역사발전의 일반적 추세에서 하나의 두드러진 예외로서 자리 잡고 있다. 이 경우에도 정치적 자유는 분명히 자유시장과 함께, 그리고 자본주의적 제도의 발전과 함께 왔다. 고대 그리스의 황금시대나 고대 로마의 초창기에도 또한 그러했다.

역사는 자본주의가 정치적 자유의 필요조건이라고 말해주고 있을 뿐이다. 분명히 그것이 충분조건은 아니다. 파시스트 치하의 이탈리아와 스페인, 지난 70년 동안 독일이 거쳐왔던 여러 정권, 양차 세계대전이 일어나기 전의 일본, 제1차 세계대전 전 수십 년 동안의 제정 러시아는 생각건대 모두 정치적으로 자유로웠다고 묘사할 만한 사회는 아니었다. 그러나 위에서든 각각의 사회에서도 민간기업은 경제조직의 지배적 형태였다. 그러므로 근본적으로 자본주의적인 경제체제와 자유롭지 못한 정치체제의 조합도 분명 가능하다.

그러한 사회들에서조차, 일반 시민들은 소련이나 나치 독일처럼 경제적 전체주의와 정치적 전체주의가 결합되어 있는 현대적 전체주의 국가의 시민들보다는 상당히 많은 자유를 누렸다. 제정 러시아에서조차 집중된 국가권력을 다소나마 견제하는 자본주의와 사유재산의 존재로 일부 시민들은 특정 상황에서 정부당국의 허가 없이 직업을 바꿀 수 있었다.

19세기 초 벤담과 철학적 근본주의자들은 정치적 자유가 경제적 자유를 위한 수단이라고 생각했다. 그들은 일반대중이 그들에게 부과된 제약으로 인해 구속받고 있다고 보고, 정치개혁을 통해 대다수의 민중들에게 투표권이 주어진다면 자기들에게 이로운 일을 할 것이라고, 즉 경제적 자유방임에 찬성표를 던지리라고 믿었다. 되돌아보건대, 그들이 틀렸다고 할 수는 없다. 수많은 정치적 개혁조치가 대폭적 자유방임을 수용하는 방향의 경제적 개혁을 동반하기도 했다. 일단 경제제도가 이렇게 변화된 후에는 일반대중의 복지가 엄청나게 향상되었다.

벤담류(類)의 자유주의가 19세기 영국에서 개가를 올린 이후 경제문제에 대한 정부 개입의 증가를 지향하는 반작용이 뒤따랐다. 집산주의에 대한 이러한 경도는 양차 세계대전을 계기로 영국과 그 밖의 나라들에서 크게 가속화되었다. 민주주의 국가들에서는 자유보다 복지가 사회적 주조를 이루게 되었다. 개인주의에 대한 내재적 위협을 감지한 다이시, 미제스, 하이에크, 사이먼스 등 철학적 근본주의자들의 후예들은 경제활동의 중앙통제를 향한 계속적인 움직임이, 하이에크가 그러한 과정에 대한 통찰력 있는 분석에 붙인 제목처럼, 『예속으로 가는 길』이 될까 봐 염려했다. 그들이 강조한 바는 정치적 자유를 지향하는 수단으로서의 경제적 자유였다.

제2차 세계대전 종전 후의 사건들은 그럼에도 경제적 자유와 정치적 자유의 또 다른 관계를 보여주고 있다. 집산주의적 경제계획은 실제로 개인의 자유를 방해해왔다. 그러나 적어도 몇몇 나라에서는 그 결과 자유의 억압이 아니라 경제정책의 역전이 이루어졌다. 잉글랜드는 또다시 가장 두드러진 실례를 제공해주고 있다. 경제정책의 전환점은 아마도 '고용통제' 명령이었을 것인데, 그에 대한 우려의 목소리가 드높았음에도 노동당은 경제정책을 수행하기 위해 이를 부과할 필요가 있다고 판단했던 것이다. 이 명령이 전면적으로 철두철미하게 시행되었다면 불가불 중앙집중적인 직업 할당으로 이어졌을 것이다. 이것은 개인의 자유와 너무나도 첨예하게 충돌하는 것이기 때문에 몇 안 되는 경우에만 적용되었고, 그나마 그저 짧은 기간 시행된 후에 폐지되었다. 이 법의 폐지는 중앙집권화된 '계획'이나 '프로그램'에 대한 의존도의 감소, 수많은 규제의 철폐, 민간시장에 대한 강조 등으로 특징지을 수 있는, 경제정책의 결정적 전환을 예고하는 것이었다. 대부분의 다른 민주국가들에서도 비슷한 정책 전환이 일어났다.

개략적으로 설명하자면, 이러한 정책 전환은 중앙계획이 제한적인 범위에서만 성공했거나 아니면 처음에 표방했던 목적을 달성하는 데 숫제 실패했기 때문에 일어난 것이다. 하지만 이러한 실패 자체는, 최소한 어느 정도는 중앙계획의 정치적 함의 때문이기도 하다. 하지만 일부는 소중한 사적 권리를 무도하게 짓밟아야 할 상황에서는 오히려 중앙계획의 논리를 철저히 추구하려 하지 않았다는 데서 기인하는 것이기도 하다. 이러한 정책 전환은 집산주의적 경향에 대한 일시적인 중단에 지나지 않는 것일지도 모른다. 그렇더라도, 이는 정치적 자유와 경제체제의 밀접한 관계를 잘 보여주고 있다.

역사적 증거만으로는 설득력이 없다. 어쩌면 자유의 확장이 자본주의제도 및 시장제도의 발전에 때맞춰 이루어졌다는 것이 순전한 우연일 수도 있다. 왜 그 둘 사이에 연관이 있어야만 하는가? 경제적 자유와 정치적 자유를 잇는 논리적 연결고리는 무엇인가? 이 문제를 논의하면서 우리는 먼저 자유의 직접적인 구성요소로서 시장을 살펴볼 것이고, 다음으로는 시장체제와 정치적 자유의 간접적인 관계를 살펴볼 것이다. 그 과정에서 자유사회를 위한 이상적인 경제체제의 윤곽을 부산물로 얻게 될 것이다.

자유주의자로서 우리는 사회체제를 평가하면서 개인의 자유를, 어쩌면 가족의 자유까지 우리의 궁극적 목표로 생각한다. 이러한 의미에서 가치로서의 자유는 사람들 사이의 상호관계와 연관이 있다. 예를 들어 절해고도에(그의 종복인 프라이데이 없이) 살고 있는 로빈슨 크루소에게 자유란 아무런 의미가 없는 것이다. 그는 '제약'을 받지 않을 수 없고, 한정된 '힘'을 가지고 있으며, 선택의 폭이 극히 제한되어 있으나, 우리의 논의와 관련된 맥락에서 보자면 자유의 문제란 있을 수 없다. 마찬가지로 어느 사회에서건, 자유는 개인이 자유를 가지고 무엇을 하느냐의 문제를 내포하는 개념이 아니며, 매사를 포괄하는 윤리도 아니다. 실로 자유주의자의 주된 목적은 윤리적 문제를 개인이 해결하도록 내버려두는 것이다. 그리고 '진실로' 중요한 문제는 자유사회에서 개인이 직면하는 문제들, 이를테면 자유를 가지고 무엇을 해야 할 것인가와 같은 문제다. 그러므로 자유주의자는 두 가지의 가치를 강조한다. 하나는 사람들 간의 관계에 관련된 가치로서, 자유주의자는 바로 이 맥락에서 자유를 최우선으로 생각한다. 다른 하나는 개인이 스스로 자유를 행사하는 과정과 관련된 가치로서, 이는 개인윤리와 철학의 영역이다.

자유주의자는 인간을 불완전한 존재로 본다. 그는 사회조직의 문제를 '좋은' 사람으로 하여금 선을 행할 수 있도록 하는 것 못지않게, '나쁜' 사람으로 하여금 악을 행하지 못하도록 하는 소극적인 문제로 본다. 물론 누가 판단하느냐에 따라 같은 사람이 '좋은' 사람이 될 수도, '나쁜' 사람이 될 수도 있다.

사회조직의 기본문제는 수많은 사람의 경제행위를 어떻게 조정해나가느냐 하는 것이다. 상대적으로 낙후된 사회에서도 가용자원을 효과적으로 사용하기 위해서는 분업과 전문화가 필요하다. 선진사회에서는 현대과학과 기술이 제공하는 기회를 최대한 살리기 위해서는 그러한 조정이 엄청나게 거대한 규모로 이루어져야 한다. 이러한 사회에서는 문자 그대로 수백만의 사람들이 세용(歲用)할 자동차부터 일용할 양식에 이르는 온갖 것들을 제공하는 과정에 서로 얽혀 있다. 자유의 신봉자에게 주어진 난제는 이러한 광범위한 상호 의존성을 개인의 자유와 조화시키는 것이다.

근본적으로, 수백만 명의 경제행위를 조정해나갈 수 있는 방법은 단 두 가지뿐이다. 하나는 군대에서나 현대 전체주의 국가에서 하듯이 강제력을 동원하여 중앙에서 지시하는 것이다. 다른 하나는 개인들의 자발적 협력인데, 이것이 바로 시장의 방식이다.

자발적인 협력을 통한 조정의 가능성은, 종종 부정되곤 하는 기본적인 명제, 즉 경제적 거래가 '쌍방 당사자 모두에 의해 자발적으로 이루어지고 동시에 쌍방에게 똑같이 충분한 정보가 주어져 있다면' 쌍방 당사자 모두가 이득을 본다는 명제에 기반하고 있다.

따라서 상호교환을 통해 강제력 없이도 조정이 이루어질 수 있다. 자발적 교환을 통해 조직된 사회의 실용적 모형은 우리가 경쟁적 자본주의라고 불러온 '자유 민간기업 교환경제'다.

가장 간단한 형태로, 그 같은 사회는 일군의 독립적 가계들, 말하자면 로빈슨 크루소들의 집합체로 구성된다. 각 가계는 보유한 자원을 사용하여 재화와 용역을 생산하고, 거래 당사자 쌍방이 서로 받아들일 수 있는 조건에 따라 이를 다른 가계가 생산한 재화 및 용역과 교환한다. 따라서 각 가계는 필요한 물건을 직접 생산하는 대신 다른 사람들이 필요로 하는 재화와 용역을 생산하는 간접적인 방식으로 자신들의 필수품을 충당할 수 있다. 이러한 간접적 과정을 택하는 유인(誘因)은 두말할 것도 없이 분업과 기능 전문화로 가능해진 생산량의 증가다. 각 가계는 언제든지 직접 생산하는 대안을 유보하고 있기 때문에, 굳이 이득을 보지 못하는 거래관계는 맺을 필요가 없다. 그러므로 쌍방이 교환에서 이득을 보지 못한다면 교환은 일어나지 않는 것이다. 그로 인하여 강제력 없이도 협력은 이루어진다.

만약 궁극적 생산단위가 가계라면 기능의 전문화와 분업은 크게 진전되지 않을 것이다. 현대사회에서는 전문화와 분업이 훨씬 더 진척되었다. 우리는 용역의 공급자로서의 개인과 재화의 구매자로서의 개인 사이의 매개체로서 기업을 도입했다. 마찬가지로 우리가 물물교환에 계속 의존해야 한다면 기능의 전문화와 분업은 진전될 수 없을 것이다. 그 결과 교환을 용이하게 해주고 구매 행위와 판매 행위를 분리해주는 수단으로서 화폐가 출현했다.

실물 경제에서 기업과 화폐가 맡은 중요한 역할에도 불구하고, 또한 기업과 화폐가 야기하는 수없이 많은 복잡한 문제들에도 불구하고, 협력을 달성하는 시장 메커니즘의 주요한 특질은 기업과 화폐가 없는 단순교환경제에서도 온전히 드러난다. 단순한 시장모형에서와 마찬가지로, 기업과 화폐를 매개로 하는 복합교환경제에서도 다음의 조건들이 충족되면, 즉 (a) 기업이 민간소유이고, 그 때문에 개인이 계약의 궁극적 당사자이며, (b) 개인이 특정교환에 참가할 것인지 말 것인지 실제로 자유로이 결정할 수 있어 모든 거래가 엄밀히 자발적이라면, 협력 역시 순전히 개별적이고 자발적일 것이다.

이러한 조건들에 관해 일일이 설명하거나 그 보전에 가장 도움이 되는 제도적 구성을 면밀히 특정하기보다 개략적으로 서술하는 것이 훨씬 쉽다. 실제로 많은 전문적 경제학 문헌들이 바로 이 문제를 다루고 있다. 기본적인 전제조건은, 한 개인이 다른 개인에게 물리적인 강제력을 행사하지 못하도록 막고 자발적으로 맺은 계약을 이행하도록 강제함으로써 '사적 자치(私的自治)'에 실체를 부여하기 위하여, 법과 질서를 유지하는 것이다. 이 조건을 빼면, 아마도 가장 어려운 문제들은 독점—개인들에게 특정한 교환의 대안을 인정하지 않음으로써 실질적 자유를 억압하는—과 '외부효과'—제3자에 미치는 영향으로서 그에 대한 비용을 물리거나 보상을 해줄 마땅한 방법이 없는—에서 비롯될 것이다.

교환의 실질적 자유가 유지되고 있는 한, 시장에서 이루어지는 경제활동의 조직화가 보이는 주된 특징은 어떤 개인의 활동 전반에 대하여 다른 개인이 방해하는 것을 막을 수 있다는 점이다. 소비자는 거래할 수 있는 다른 판매자들이 있기 때문에 어느 한 판매자의 횡포로부터 보호받을 수 있다. 판매자는 거래할 다른 소비자들이 있기 때문에 어느 한 소비자의 횡포로부터 보호받을 수 있다. 노동자는 일할 수 있는 다른 직장이 있기 때문에 어느 한 사용자의 횡포로부터 보호될 수 있다. 그 밖에도 이러한 사례들은 얼마든지 있다. 그리고 사람들은 특정인의 의도적 계획이나 중앙집권화된 권력의 개입 없이도 경제활동을 해나가고 있다.

실제로 자유경제에 대한 반대의 대부분은 자유경제가 이러한 일을 대단히 잘 수행한다는, 바로 그 사실에 기인한다. 자유경제는 사람들이 틀림없이 원해야 한다고 특정집단이 규정짓는 바를 제공하는 것이 아니라 사람들이 실제로 원하는 바를 제공한다. 자유시장에 반대하는 거개의 논의는 자유 그 자체에 대한 신뢰의 결핍을 그 기저에 깔고 있다.

물론 자유시장이 존재한다고 정부가 필요 없어지는 것은 아니다. 도리어 정부는 '게임의 규칙'을 정하는 토론장으로서나, 정해진 규칙을 해석하고 집행하는 심판자로서나 필수불가결하다. 시장은 정치적 수단을 통해 결정해야 할 사항의 범위를 대폭 축소하고, 그럼으로써 정부가 게임에 직접 개입해야 하는 정도를 최소화한다. 정치적 경로를 거친 행동은 전폭적인 복종을 요구하거나 강요하는 경향이 있다. 반면, 시장의 가장 큰 장점은 폭넓은 다양성을 허용한다는 것이다. 이것을 정치적 용어로 '비례대표제'라고 한다. 예를 들어 각 개인은 자기가 원하는 색깔의 넥타이를 선택하여 구매할 수 있으며, 다수가 선호하는 색깔이 자신의 선택과 다르더라도 다수의 선택에 따를 필요는 없다.

이것이 바로 시장이 경제적 자유를 제공한다고 말할 때 우리가 말하는 시장의 성격이다. 그러나 이러한 특성은 협애하게 경제적인 것을 훨씬 넘어서는 의미를 함축하고 있기도 하다. 정치적 자유는 어떤 사람이 다른 사람에게서 강제를 받지 않는 상태를 의미한다. 자유에 대한 본질적 위협은 강제력이니, 그것이 군주의 손에 있건 독재자의 손에 있건 과두집단의 손에 있건 일시적 다수파의 손에 있건 간에 자유를 위협하기는 마찬가지다. 자유를 보장하기 위해서는 권력의 집중이 최대한 제거되어야 하고 제거될 수 없는 모든 권력은 철저하게 분산시키는, 견제와 균형의 제도가 요구된다. 경제행위의 조직을 정치권력의 통제로부터 벗어나게 할 때 시장은 이러한 강제력의 원천을 제거할 수 있다. 그럼으로써 경제력은 정치권력을 보강하는 대신 견제할 수 있게 된다.

경제력은 폭넓게 분산될 수 있다. 새로운 경제력의 중심이 성장하려면 그만큼 기존의 중심이 쇠퇴해야 한다는 식의 보존법칙 따위는 없다. 반면, 정치권력은 분산시키기가 매우 어렵다. 수많은 작은 독립정부는 존재할 수 있다. 그러나 단일한 대규모 정부 안에 동등한 힘을 갖는 정치권력의 소(小)중심을 다수 유지하는 일은, 단일한 대규모 경제 안에 수많은 경제력의 중심을 두는 것보다 훨씬 어려운 일이다. 하나의 대규모 경제에는 다수의 백만장자가 있을 수 있다. 그러나 국민의 힘과 열정을 한 몸에 모을 수 있는, 진실로 특출한 지도자가 하나 이상 존재할 수 있겠는가? 만약 중앙정부가 권력을 늘린다면, 그만큼 지방정부의 권력은 침해되기가 쉬울 것이다. 배분할 대상으로서 정치권력에는 고정된 총량 같은 것이 있는 듯하다. 따라서 경제력과 정치권력이 결합하면 권력집중은 거의 불가피하다. 반면, 경제력은 정치권력과 분리된 채로 남으면 정치권력을 견제하고 맞서는 힘으로서 기능할 수 있다.

아마도 이상과 같은 추상적인 주장은 실례에 비추어볼 때 그 설득력이 가장 잘 드러날 수 있을 터이다. 먼저 관련된 원리들을 추출하는 데 도움이 될 수 있는 하나의 가상적인 예를 생각해보고, 그런 다음 최근의 경험에서 시장이 정치적 자유를 어떻게 지켜왔는지를 보여주는 몇몇 실례를 검토해보기로 하자.

자유사회의 특징 가운데 하나는 개인이 사회구조의 급격한 변화를 공개적으로 주장하고—그러한 주장이 설득에 그치고, 폭력이나 다른 형태의 강제를 수반하지 않는 한—선전할 수 있다는 것이다. 사람들이 공개적으로 사회주의를 지지하고 사회주의를 위한 활동을 할 수 있다는 것이 자본주의 사회의 정치적 자유가 갖는 특징이다. 마찬가지로 사회주의 사회에서도 정치적 자유란 사람들이 자본주의의 도입을 자유로이 주장할 수 있는 것이어야 마땅하다. 그런데 자본주의를 주장할 수 있는 자유가 사회주의 사회에서 어떻게 보장되고 유지될 수 있을까?

사람들이 무엇인가 주장하기 위해서는 먼저 스스로 생계문제를 해결할 수 있어야만 한다. 이 점은 벌써 사회주의 사회에서 문제점을 야기하는데, 왜냐하면 사회주의 사회에서는 모든 직업이 정부의 직접적인 통제를 받기 때문이다. 사회주의 정부가 그 피고용인들에게 정권의 공식적 이념과 정면으로 배치되는 정책을 주장할 수 있게 허용해준다는 것은 자기부정적인 행동이다.

그러나 이러한 자기부정이 실제로 일어났다고 가정해보자. 자본주의를 옹호하는 행동이 어떤 결실을 보기 위해서는, 그 옹호자들이 공개집회를 열고, 소책자를 발간하고, 라디오 광고를 내는 등 그들의 주의·주장을 위한 활동에 돈을 댈 수 있어야만 한다. 그들이 어떻게 이 자금을 모을 수 있겠는가? 사회주의 사회에도 아마 고소득자들, 심지어는 국채나 그 비슷한 형태로 막대한 자본을 가진 사람들이 있을 수 있고, 또 십중팔구 있을 것이지만, 이들은 틀림없이 고위 공직자들일 것이다. 자본주의를 공개적으로 지지하면서도 자기 자리를 유지할 수 있는 사회주의 국가의 하위직 공무원을 생각해볼 수는 있다. 그러나 사회주의체제의 고관대작들로서 그러한 '체제전복' 활동들을 재정적으로 지원하는 사람이 있으리라 상상한다면 이는 지나치게 고지식한 일이다.

자금 확보를 위한 유일한 방법은 다수의 하급 관리들에게서 조금씩 모금하는 것이다. 하지만 이것이 실질적인 해답은 되지 못한다. 이러한 통로를 개척하려면 이미 많은 사람을 설득해놓았어야 하는데, 이들을 설득시키는 운동을 어떻게 시작하고 이를 위한 자금은 또 어떻게 조달할 것인지가 문제다. 자본주의 사회에서 행해지는 급진주의 운동들은 이런 방식으로 자금을 조달해오지 않았다. 그러한 운동들은 통상 이미 그 주의·주장에 설득당한 몇몇 부유한 개인들로부터 재정적 지원을 받아왔다. 이렇듯 불균등한 부는 정치적 자유를 보존하는 데 기여했는데, 이러한 후원자 역할은 거의 주목받지 못하고 있다.

자본주의 사회에서는 몇몇 부자만 설득하면 아무리 이상한 사상일지라도 그 사상을 전파할 자금을 동원할 수 있고, 나아가 그런 부자들, 지원활동을 할 독립적 구심점들은 얼마든지 있다. 실제로는 여유자금을 가진 사람들이나 금융기관들을 상대로, 전파하려고 하는 사상의 건전성을 납득시킬 필요도 없다. 그저 그 사상의 전파가 재정적으로 매우 수지맞는 일이라는 점, 즉 신문, 잡지, 책, 기타 사업으로 이익을 볼 수 있다는 점만 설득하면 된다. 예를 들어 경쟁에 노출된 출판업자는 개인적으로 공감하는 글만 출판할 입장이 아니며, 출판비용을 투자했을 때 만족스러운 소득을 올릴 수 있을 만큼 그 글의 시장성이 충분한지를 기준으로 출판 여부를 판단할 뿐이다.

시장은 이러한 방법으로 악순환을 깨고 궁극적으로는 많은 사람에 대한 설득을 전제하지 않고서도 십시일반으로 그러한 사업의 자금조달을 가능하게 한다. 사회주의 사회에서는 이러한 가능성이 없으며, 그저 전능한 국가만이 있을 뿐이다.

상상력의 나래를 펼쳐, 사회주의 정부도 이러한 문제들을 알고 있으며 그 구성원들도 자유의 보전을 갈망하는 사람들이라고 가정해보자. 그 정부가 자금지원을 해줄 수 있을까? 아마 그럴지도 모르나, 그것이 어떻게 가능할지는 알기 어렵다. 정부는 체제파괴적인 선전을 지원해주는 행정기구를 설립할 수도 있다. 그러나 누구를 지원할 것인지 어떻게 선택할 수 있을까? 만약 요청하는 사람 모두를 지원해준다면 자금은 곧 동나버릴 것인데, 사회주의도 충분히 높은 가격은 더 많은 공급을 야기한다는 초보적인 경제법칙을 무력화할 수는 없기 때문이다. 급진적 대의의 옹호에 충분한 보수를 준다면 이를 옹호하는 사람들의 공급은 무한히 늘어날 것이다.

더 나아가 대중의 지지를 받지 못하는 주의·주장을 지지할 수 있는 자유가 있다는 것과 그러한 지지행위에 희생이 따르지 않는다는 것은 별개의 문제다. 오히려 급진적 변화를 지지하는 데 어떤 희생도 따르지 않고, 더 나아가 보조까지 받을 수 있다면 어떤 사회도 안정적일 수 없을 것이다. 자기가 깊이 신봉하는 주의·주장을 옹호하는 데 희생을 감수해야 한다는 것은 전적으로 타당하다. 그뿐만 아니라 기꺼이 자기억제를 하려고 하는 사람에게만 자유를 보장해주는 것이 중요한데, 그렇지 않다면 자유는 방종이나 무책임으로 전락해버릴 것이기 때문이다. 가장 중요한 것은 대중의 지지를 받지 못하는 주의·주장을 옹호하는 데 드는 비용이 적절해야 하며, 아예 그런 행동을 하지 못할 만큼 비용이 높아서는 안 된다는 것이다.

그러나 우리의 논의는 아직 끝나지 않았다. 자유시장 사회에서는 자금을 확보하는 것으로 충분하다. 종이를 공급하는 사람들은 〈월스트리트 저널〉은 물론 〈데일리 워커(Daily Worker)〉에도 흔쾌히 종이를 판매한다. 그러나 사회주의 사회에서는 자금을 확보하는 것만으로는 충분하지 못하다. 사회주의 사회에서 자본주의를 옹호하는 자가 있다면, 그는 자기에게 팔 종이를 생산하도록 정부가 운영하는 제지공장을 설득하고, 소책자를 인쇄해주도록 정부가 운영하는 인쇄소를 설득하고, 인쇄된 소책자를 사람들에게 배송해주도록 정부가 운영하는 우체국을 설득하며, 연설할 수 있는 강당을 빌리기 위해 정부기관을 설득하는 등등의 활동을 해야만 할 것이다.

어쩌면 사회주의 사회에도 개인이 이러한 어려움을 극복하고 자유를 확보할 수 있는 모종의 방법이 있을지 모른다. 그것이 절대 불가능하다고까지 말할 수는 없다. 하지만 사회주의 사회에서 정치적 반대의 가능성을 효과적으로 보장해줄 수 있는 제도를 확립하는 데 매우 현실적인 어려움이 있음은 분명하다. 내가 아는 한 사회주의에 찬동하면서 동시에 자유를 지지한다던 사람들 중 실제로 이 문제를 진지하게 직시하고 사회주의 아래서 자유를 가능케 하는 제도적 준비작업을 전개하는 데 제대로 손이라도 댄 사람은 아무도 없다. 이와는 대조적으로 자유시장을 기축으로 하는 자본주의 사회가 얼마나 자유를 촉진하고 있는지는 분명하다.

밀턴 프리드먼의 『자본주의와 자유』
(신준보/변동열 옮김, 청어람미디어, 2007)

밀턴 프리드먼(Milton Friedman, 1912~2006)

미국의 신자유주의를 대표하는 경제학자. 1946년부터 30년간 시카고대학 교수로 재직하면서 시카고학파를 이끌었다. 존 메이너드 케인스와 더불어 20세기에 가장 영향력 있는 경제학자로 평가된다. 그는 케인스와는 정반대의 입장에서 정부의 시장 개입을 반대하고, 화폐 가치의 안정을 최우선 목표로 삼는 통화주의(monetarism)를 제창했다. 1976년에 '소비분석, 통화의 역사 및 이론에서의 업적과 경기 안정화 정책의 복잡성을 명쾌하게 설명한 공로'로 노벨 경제학상을 받았다.

9

신자유주의와 자유의 위기

한병철

나는 정말 자유로운가? 내가 하고 싶은 것, 내가 하려고 하는 것, 이런 나의 욕망과 의지는 과연 나의 것인가? 어떤 힘이 내 욕망과 의지를 어느 한쪽으로 향하도록 이끄는 것이라면?

현재 독일에서 활동하고 있는 한국인 철학자 한병철은 이 글에서 은밀하고 세련된 신자유주의 통치술이 '할 수 있다'를 넘어 '하고 싶다'라는 욕망을 창출하고 자극함으로써 사람들이 자기 자신을 자발적으로 착취하게 만든다고 주장한다. 오늘날은 모두가 자유롭게 자기 자신을 기획함으로써 무한한 자기 생산이 가능하다는 환상을 품고, 자기 자신의 기업에 고용되어 스스로를 착취하는 노동자라는 것이다. 저자에 따르면, 신자유주의적 지배 질서의 독특한 영리함은 그것이 사회적 저항을 유발하기보다 우울증 환자를 양산한다는 점이다. 신자유주의적 성과사회에서 실패하는 사람은 사회나 시스템에 의문을 제기하기보다 자기 자신에게 실패의 책임을 돌리며 자기 자신을 공격하기 때문이다.

신자유주의는 사적 이익 추구와 그것을 위한 경쟁이라는 시장의 원리를 시장 외부에 있는 삶의 영역으로까지 팽창시켰다. 이렇게 만들어진 '시장사회'는 개인들 간에 피할 수 없는 경쟁을 끊임없이 확산시킴으로써 승부욕과 불안이라는 행위 동기를 촉발한다. 그 결과 우리는 '성공하기 위해서' 또는 '루저가 되지 않기 위해서' 끊임없이 자신을 스스로 채찍질하는 '성과주체'가 된다. 그렇다면 혹시 나도 스스로 자유롭다고 여기는 신자유주의적 성과주체가 된 것은 아닐까? 신자유주의의 자기 착취적 질서 속에서 스스로를 자책함으로써 우울해진 것은 아닐까? 진정 자유롭다는 것은 어떤 것이고, 그것을 위해 우리에게 필요한 것은 무엇일까?

자유의 착취

자유는 결국 에피소드로 끝날 것이다. 에피소드란 막간극을 의미한다. 자유의 감정은 일정한 삶의 형태에서 다른 삶의 형태로 넘어가는 이행기에 나타나 이 새로운 삶의 형태 자체가 강제의 형식임이 밝혀지기 전까지만 지속될 뿐이다. 그리하여 해방 뒤에 새로운 예속이 온다. 그것이 주체의 운명이다. 주체, 서브젝트(Subjekt)는 문자 그대로 예속되어 있는 자인 것이다.

우리는 오늘날 우리 자신이 예속된 존재로서의 서브젝트가 아니라 계속해서 스스로를 기획하고 창조해가는 자유로운 프로젝트(Projekt)라고 믿고 있다. 서브젝트에서 프로젝트로의 이행은 자유의 감정을 동반한다. 그런데 이제 이러한 프로젝트 자체가 강제의 형상, 심지어 더 효과적인 예속화의 형식임이 밝혀진다. 외적 강제나 타인의 억압에서 해방되었다고 믿는 프로젝트로서의 자아는 성과와 최적화의 강요라는 형식으로 작동하는 내적 강제와 자기 강제에 예속된다.

우리는 자유 자체가 강제를 생성하는 특수한 역사적 시기를 살고 있다. 할 수 있음의 자유는 심지어 명령과 금지를 만들어내는 해야 함의 규율보다 더 큰 강제를 낳는다. 해야 함에는 제한이 있지만, 할 수 있음에는 제한이 없기 때문이다. 따라서 할 수 있음에서 유래하는 강제는 한계가 없다. 그리하여 우리는 역설적 상황에 빠진다. 자유는 본래 강제의 반대 형상이다. 자유롭다는 것은 강제가 없음을 의미한다. 그런데 이처럼 강제의 반대여야 할 자유가 강제를 가져오고 있는 것이다. 우울증이나 소진 증후군과 같은 심리적 질병은 자유가 직면한 깊은 위기의 표현이다. 즉 그것은 오늘날 자유가 도처에서 강제로 역전되고 있음을 드러내는 병리학적 표징인 것이다.

스스로 자유롭다고 여기는 성과주체는 실제로는 노예에 지나지 않는다. 성과주체는 주인에 묶여 있지 않으면서도 스스로를 자발적으로 착취한다는 점에서 절대적 노예라고 할 수 있다. 그에게 노동을 강요하는 주인은 없다.

신자유주의적 주체는 자기 자신의 경영자로서 목적에서 자유로운 관계를 맺을 능력이 없다. 경영자 사이에서는 목적 없는 우정도 생겨날 수 없다. 하지만 자유롭다는 것은 본래 친구들 곁에 있음을 의미한다. 인도게르만어에서 자유(Freiheit)와 친구(Freund)는 같은 어원에서 나온 말이다. 자유는 근본적으로 관계의 어휘다. 사람들은 좋은 관계 속에서, 타인과의 행복한 공존 속에서 비로소 진정한 자유를 느끼는 것이다. 신자유주의 체제가 초래하는 개개인의 전면적 고립 상태는 우리를 진정으로 자유롭게 해주지 못한다. 그러므로 오늘날 우리는 자유를 새롭게 정의해야 하는 것이 아닌가, 새롭게 창안해내야 하는 것이 아닌가 하는 질문에 직면해 있다. 자유를 강제로 전복시키는 숙명적인 자유의 변증법에서 벗어나고자 한다면 말이다.

신자유주의는 자유 자체를 착취하는 매우 효율적이고 영리한 시스템이다. 여기서는 기분(Emotion), 놀이, 커뮤니케이션 등 자유의 실천과 표현 형식에 속하는 것은 무엇이든 착취의 대상이 된다. 사람을 그의 의지에 반하여 착취하는 것은 효율적이지 못하다. 타자의 착취는 그다지 많은 성과를 올리지 못한다. 자유의 착취야말로 최상의 수익을 낳는다.

흥미롭게도 마르크스 역시 자유를 타자와의 좋은 관계라는 면에서 정의한다. "모든 개인은 다른 사람들과의 공동체 속에서 비로소 자신의 소질을 모든 방향으로 온전히 발전시킬 수 있는 수단을 획득한다. 그러니까 공동체 안에서 비로소 개인의 자유가 가능해진다." 따라서 자유롭다는 것은 타인과 함께 자아를 실현한다는 것을 의미한다. 자유는 성공적인 공동체와 동의어다.

개인적 자유는 마르크스에게 자본의 간계, 자본의 음모로 나타난다. 개인적 자유의 이념 위에 세워진 "자유 경쟁"은 "자본의 자기 관계, 즉 자본이 다른 자본과 맺는 관계이며, 자본이 자본으로서 취하는 실제적 태도"일 뿐이다. 자본은 자유 경쟁을 통해 자기 자신, 즉 또 다른 자본과 관계함으로써 자신의 증식을 추진한다. 자본은 개인적 자유를 수단으로 또 다른 자기 자신과 교접한다. 사람들이 자유롭게 경쟁하는 사이에 자본은 스스로 증식해간다. 개인적 자유는 스스로의 증식을 추구하는 자본에 악용된다는 점에서 노예 상태와 다름없다. 그러니까 자본은 자신의 번식을 위해 개인의 자유를 착취하는 것이다. "자유 경쟁 속에서 자유롭게 해방되는 것은 개인이 아니라 자본이다."

개인의 자유를 통해 실현되는 것은 자본의 자유다. 그리하여 자유로운 개인은 자본의 성기로 전락한다. 개인의 자유는 자본에 "자동적인" 주체성을 부여하며 이로써 자본의 능동적 번식을 추동한다. 자본은 끊임없이 "살아 있는 새끼들"을 "친다." 오늘날 과도한 형태에 이른 개인의 자유는 결국 자본 자체의 과잉을 의미할 따름이다.

자본의 독재

마르크스에 따르면 생산력(인간의 노동력, 노동 방식, 물질적 생산 수단)이 일정한 발전 단계에 이르면 지배적인 생산 관계(소유 및 지배 관계)와 모순에 빠진다. 모순이 발생하는 것은 생산력이 계속 발전하기 때문이다. 이를테면 산업화가 낳은 새로운 생산력은 봉건적인 소유 및 지배 관계와 모순을 일으킨다. 이러한 모순은 사회적 위기로 이어지고 결국 생산 관계의 변화를 촉진한다. 생산력과 생산 관계의 모순은 부르주아지에 대한 프롤레타리아트의 투쟁을 통해 공산주의 사회 질서가 수립됨으로써 종식된다.

마르크스의 생각과는 달리 생산력과 생산 관계의 모순은 공산주의 혁명을 통해 지양되지 않는다. 모순의 지양은 불가능하다. 자본주의에 내재하는 이러한 영구적 모순이야말로 자본주의로 하여금 끝없이 미래를 향해 달아나도록 만드는 동력이다. 그리하여 산업자본주의는 공산주의로 전복되지 않고 후기산업적, 비물질적 생산 양식을 특징으로 하는 신자유주의와 금융자본주의로 변신한 것이다.

자본주의의 변이체인 신자유주의는 노동자를 경영자로 만든다. 공산주의 혁명이 아니라 신자유주의가 타자에 착취당하는 노동 계급을 철폐한다. 오늘날은 모두가 자기 자신의 기업에 고용되어 스스로를 착취하는 노동자다. 모두가 주인인 동시에 노예다. 계급투쟁 역시 자기 자신과의 내적 투쟁으로 탈바꿈한다.

신자유주의적 질서 속에서는 생산 수단의 소유자에 의해 착취당하는 프롤레타리아트 또는 노동 계급은 존재하지 않는다. 비물질적 생산 과정에서는 어차피 누구나 자신의 생산 수단을 소유하고 있는 것이다. 신자유주의 시스템은 더 이상 계급 시스템이 아니다. 그것은 서로 적대하는 다수의 계급으로 이루어져 있지 않다. 이 시스템의 안정성은 바로 여기에 바탕을 두고 있다.

오늘날 프롤레타리아트와 부르주아지의 구별은 더 이상 불가능하다. 프롤레타리아는 문자 그대로 자식 말고는 아무것도 가진 게 없는 사람을 가리킨다. 그의 자기 생산은 생물학적 재생산에 국한된다. 하지만 오늘날에는 누구나 자유롭게 자기 자신을 기획하는 프로젝트로서 무한한 자기 생산이 가능하다는 환상이 널리 유포되어 있다. 따라서 "프롤레타리아트의 독재"는 구조적으로 불가능하다. 오늘날은 모두가 자본의 독재 속에서 지배당하고 있는 것이다.

신자유주의 질서는 타자에 의한 착취를 어떤 '계급'도 빠져나갈 수 없는 자기 착취로 탈바꿈시킨다. 마르크스는 이러한 무계급적 자기 착취를 전혀 알지 못했다. 사회 혁명이 착취하는 자와 착취당하는 자의 구별을 전제로 한다면, 무계급적 자기 착취는 바로 사회 혁명의 불가능성을 의미한다. 자기 자신을 착취하는 성과주체는 고립화되고, 이로 인해 공동의 행위를 할 수 있는 정치적 우리 자체가 형성되지 못한다.

신자유주의적 성과사회에서 실패하는 사람은 사회나 시스템에 의문을 제기하기보다는 자기 자신에게 실패의 책임을 돌리고 부끄러움을 느낀다. 바로 여기에 신자유주의적 지배 질서의 특별한 영리함이 있다. 신자유주의 질서는 시스템에 대한 저항 자체가 일어나지 않게 만든다. 반면 타자 착취의 질서 속에서는 착취당하는 자들이 연대하고 함께 착취자에 맞서 봉기할 수 있다. "프롤레타리아트 독재"라는 마르크스의 이념은 바로 이러한 논리에 바탕을 둔 것이다. 프롤레타리아트 독재는 억압적 지배 관계를 전제한다. 하지만 신자유주의의 자기 착취적 질서 속에서 사람들의 공격성은 오히려 자기 자신을 겨냥한다. 이러한 자기 공격성으로 인해 피착취자는 혁명가가 아니라 우울증 환자가 된다.

오늘날 우리는 더 이상 우리 자신의 욕구를 위해서가 아니라 자본을 위해서 일한다. 자본에서 생성되는 자본의 고유한 욕구를 우리는 우리 자신의 욕구라고 착각한다. 자본은 새로운 초월성, 새로운 예속의 형식이다. 우리는 삶이 어떤 외적 목적에 종속되지 않고 오직 삶 자체로 머물러 있는 차원, 즉 삶의 내재성에서 다시 추방당한다.

초월적 질서에서의 해방, 즉 종교적 기초 위에 세워진 모든 전제에서의 해방이 근대 정치의 본질적 특징을 이룬다. 근대에 이르러 초월적 차원을 떠받치던 논거들이 타당성을 상실한다면, 그때 비로소 정치가, 사회의 완벽한 정치화가 가능해질 것이다. 이로써 행위 규범은 전적으로 자유로운 협상의 대상이 될 것이며, 초월성은 사회적 내재성의 담론에 밀려날 것이다. 만일 그렇게 되었다면, 사회는 자체적으로, 순수한 내재성의 차원에서 새롭게 정립될 수 있었을 것이다. 하지만 이러한 자유는 자본이 새로운 초월성으로, 새로운 주인으로 등극하는 순간 버려진다. 정치는 이로써 다시 노예 상태에 빠지고 만다. 정치는 자본의 하수인이 된다.

우리는 정말로 자유롭고자 하는 것일까? 우리는 자유롭지 않아도 되려고 신을 발명하지 않았던가? 신 앞에서 우리는 모두 빚(Schuld, 이 단어는 죄를 의미하기도 한다-옮긴이)을 진 존재다. 그런데 빚은 자유를 파괴한다. 오늘날 정치가들은 거액의 부채 탓에 마음대로 할 수 있는 것이 없다고 주장한다. 우리가 빚이 없다면, 즉 완전히 자유롭다면, 우리는 정말로 행동해야 한다. 어쩌면 우리는 행동하지 않아도 되려고, 즉 자유롭지 않아도 되려고, 책임을 지지 않으려고, 영원히 채무자로 머무는 것인지도 모른다. 거액의 부채는 우리가 자유로울 능력이 없다는 증거가 아닐까? 자본은 우리를 다시 채무자(죄인)로 만드는 새로운 신이 아닐까? 발터 벤야민은 자본주의를 종교로 파악한다. 자본주의는 "죄를 씻기는커녕 오히려 빚을 지우는 제의를 벌이는 최초의 사례"다. 죄를 씻을 길이 없기 때문에, 부자유의 상태가 영구화된다. "죄를 씻을 길을 알지 못하는 엄청난 부채의식은 빚을 갚기 위해서가 아니라 빚을 보편화하기 위해서 제의에 의존한다."

투명성의 독재

디지털 네트워크는 처음에 무제한의 자유를 주는 매체로 환영받았다. "오늘 어디로 가고 싶으세요?(Where do you want to go today?)"라는 마이크로소프트의 첫 광고 문구는 웹에서의 무한한 자유와 이동 가능성을 암시하는 것이었다. 하지만 이와 같은 초기의 열광은 환상에 지나지 않는 것이었음이 오늘에 와서 분명해졌다. 무제한의 자유와 커뮤니케이션은 이제 전면적 통제와 감시로 돌변한다. 소셜미디어 역시 점점 더 사회적 관계를 감시하고 가차 없이 착취하는 디지털 파놉티콘의 모습을 띠어간다. 우리는 규율사회의 파놉티콘에서 겨우 벗어났나 싶었는데, 그러기가 무섭게 어느새 새로운 파놉티콘, 더 효율적인 파놉티콘으로 들어와버렸다.

벤담의 파놉티콘에 갇힌 수감자들은 훈육을 위해 격리되며 서로 이야기를 나누는 것도 금지된다. 반면 디지털 파놉티콘의 주민들은 서로 격렬하게 커뮤니케이션하고 자발적으로 스스로를 노출한다. 그럼으로써 그들은 디지털 파놉티콘의 건설에 적극적으로 동참한다. 디지털 통제사회는 고도로 자유에 의존한다. 그것은 오직 자발적인 자기 조명과 자기 노출을 통해서만 유지될 수 있다. 디지털 빅브라더는 자신의 일을 수용소 주민들에게 떠넘긴다. 데이터는 강요에 의해서가 아니라 주민들 각자의 내적 욕구에 따라 빅브라더에게 넘겨진다. 여기에 디지털 파놉티콘의 효율성이 있다.

투명성 또한 정보의 자유라는 명분에 따라

장려되고 있다. 하지만 투명성은 사실 신자유주의의 요구일 뿐이다. 투명성은 모든 것을 폭력적으로 겉으로 드러내어 정보로 만든다. 오늘날의 비물질적 생산 양식 속에서 더 많은 정보와 더 많은 커뮤니케이션은 곧 더 높은 생산성과 가속화, 더 큰 성장을 의미한다. 정보는 감추어진 것이 없는 긍정성이며, 아무런 내면도 없는 까닭에 콘텍스트와 무관하게 유통시킬 수 있다. 그래서 정보의 순환 과정은 임의로 가속화할 수 있는 것이다.

비밀, 낯섦, 이질성은 무제한의 커뮤니케이션을 가로막는 장애물이기에 투명성의 이름으로 해체된다. 커뮤니케이션은 매끄럽게 다듬어짐으로써, 즉 모든 문턱과 장벽, 갈라진 틈이 제거됨으로써 더욱 빠른 속도로 진행된다. 사람들도 내면이 없는 존재로 바뀌어간다. 내면은 커뮤니케이션을 방해하고 느리게 하기 때문이다. 하지만 인간의 탈내면화는 폭력에 의해서가 아니라 자발적인 노출을 통해 일어난다. 부정성으로서의 이질성과 낯섦은 탈내면화되어 소통 가능하고 소비 가능한 차이나 다양성과 같은 긍정적 특징으로 전환된다. 투명성의 명령은 정보와 커뮤니케이션의 순환 속도를 더 높이기 위해 전면적인 외면성을 강요한다. 개방성은 궁극적으로 탈경계적 커뮤니케이션에 기여한다. 폐쇄성과 내향성은 커뮤니케이션을 가로막는다.

전면적 획일화는 투명성의 명령이 초래한 또 하나의 귀결이다. 투명성의 경제는 불일치를 억압한다. 전면적 네트워크화, 전면적 커뮤니케이션 자체가 이미 평준화를 촉진한다. 그것은 마치 첩보 기관이 감시하고 조종하기도 전에 모두가 모두를 감시하는 것 같은 획일화 효과를 낳는다. 오늘날에는 감시자 없이도 감시가 이루어진다. 커뮤니케이션은 보이지 않는 진행자에 의해 평평하게 다듬어지고 모두가 동의하는 지점으로 하향 조정된다. 이처럼 자발적인 일차적 감시는 첩보 기관에 의한 외적이고 이차적인 감시보다 훨씬 더 심각한 문제를 낳는다.

신자유주의는 시민을 소비자로 만든다. 시민의 자유는 소비자의 수동성으로 대체된다. 오늘날 소비자가 된 유권자는 정치에 대한 진정한 관심이 없다. 즉 적극적으로 공동체를 형성해가고자 하는 의욕이 없는 것이다. 그는 공동의 정치적 행동을 할 의지도 능력도 없다. 그는 궁시렁궁시렁 불평하면서 정치에 수동적으로 반응할 따름이다. 그는 마음에 들지 않는 상품이나 서비스에 대해 불만을 늘어놓는 소비자와 똑같다. 정치가와 정당 역시 이러한 소비의 논리를 따른다. 그들은 "납품"의 의무를 지닌다. 그들은 유권자 고객에게 만족스러운 상품을 제공해야 하는 납품업자로 전락한다.

오늘날 사람들이 정치가에게 요구하는 투명성은 정치적 요구와는 아무런 관계도 없다. 이때 요구되는 것은 정치적 결정 과정의 투명성이 아니다. 소비자는 그런 것에는 전혀 관심이 없다. 투명성의 명령은 무엇보다도 정치가를 벌거벗기고 폭로하고 추문 속으로 몰아가는 데 기여할 뿐이다. 투명성의 요구는 추문을 즐기는 구경꾼의 위치를 전제한다. 그것은 참여하는 시민의 요구가 아니라 수동적인 구경꾼의 요구다. 참여는 고객 불만 신고, 환불 요청과 같은 형식으로 이루어진다. 구경꾼과 소비자들이 거주하는 투명사회는 구경꾼 민주주의를 수립한다.

정보에 대한 자기 결정권은 자유의 본질적 부분이다. 1984년 독일 연방헌법재판소가 인구조사와 관련하여 내린 유명한 판결도 그 점을 지적하고 있다. "정보에 대한 자기 결정의 권리는 시민이 자신에 대하여 누가 무엇을 언제 어떤 기회에 알게 되는지 더 이상 알 수 없는 사회 질서, 그리고 그것을 가능하게 하는 법질서와 양립할 수 없다." 하지만 이러한 판결문은 시민이 자신의 의사에 반하여 정보를 빼내는 국가라는 지배 기구와 대적할 수 있다고 믿던 시대의 산물이다. 그런 시대는 오래전에 끝났다. 오늘날 우리는 누구의 강요나 명령도 받지 않고 자발적으로 스스로를 노출한다. 우리는 자발적으로 우리 자신에 관한 온갖 데이터와 정보를 웹에 올린다. 누가 무엇을 언제 어떤 기회에 알게 될지 알지 못한 채. 이러한 통제 불능의 상태는 심각하게 받아들이지 않으면 안 될 자유의 위기에 대한 증거다. 사람들이 자발적으로 주위에 뿌리는 수많은 개인 정보 앞에서는 개인 정보 보호라는 관념 자체가 무색해진다.

우리는 오늘날 디지털 심리정치의 시대로 들어가고 있다. 디지털 심리정치는 수동적 감시의 단계에서 능동적 조종의 단계로 전진하는 중이며, 이로써 우리를 더 깊은 자유의 위기 속으로 빠뜨린다. 자유 의지 자체가 위기에 빠진다. 빅데이터는 사회적 커뮤니케이션의 동력학에 대한 포괄적인 지식을 획득하는 데 매우 효과적인 심리정치적 도구다. 이러한 지식은 지배를 위한 지식으로서, 이를 통해 개인의 심리 속에 파고들어 반성 이전의 층위에 영향을 미치는 것이 가능해진다.

미래가 열려 있다는 것은 행동의 자유를 구성하는 본질적 요인이다. 그러나 빅데이터는 인간 행동에 대한 예측을 가능하게 한다. 이로써 미래는 계산하고 조종할 수 있는 대상이 된다. 디지털 심리정치는 자유로운 결정의 부정성을 사실 관계의 긍정성으로 탈바꿈시킨다. 인간 자체가 긍정화되어 양화하고 측정하고 조종할 수 있는 사물이 된다. 사물은 자유롭지 않지만, 어쨌든 인간보다 더 투명하다. 빅데이터는 인간의 종언, 자유 의지의 종언을 선포한다.

모든 명령 체계, 모든 지배의 기술은 피지배자를 예속시키기 위한 고유한 성물(Devotionalie)을 만들어낸다. 성물은 지배 관계의 물질화로서 지배 관계를 공고히 하는 데 기여한다. 성물은 곧 예속됨(Devot)을 의미하는 것이다. 스마트폰은 일종의 디지털 성물이다. 아니, 디지털의 성물이 곧 스마트폰이다. 스마트폰은 묵주처럼 예속화의 도구로 기능한다. 묵주 또한 손에 쥘 수 있는 물건으로서 일종의 휴대용 기기(Handy, 독일어에서 핸디는 휴대폰을 뜻한다-옮긴이)라고 할 수 있을 것이다. 스마트폰과 묵주는 모두 자기 검열과 자기 통제에 사용된다. 지배는 감시 업무를 개개인에게 떠넘김으로써 효율성을 제고한다. 좋아요는 디지털 아멘이다. 우리는 좋아요를 클릭하는 순간 스스로 지배에 예속되는 것이다. 스마트폰은 효과적인 감시 도구일 뿐만 아니라, 모바일 고해실이기도 하다. 페이스북은 디지털 교회, 글로벌

한 디지털 시나고그(Synagoge, 유대교 예배당으로 본래 집회를 의미한다 - 옮긴이)이다.

한병철의 『심리정치』

(김태환 옮김, 문학과지성사, 2015)

한병철(1959~)

서울 출생으로 고려대학교에서 금속공학을 전공하고, 독일 프라이부르크대학과 뮌헨대학에서 철학, 독일 문학, 가톨릭 신학을 공부했다. 2010년 『피로사회』를 통해 독일에서 주목받는 문화비평가로 떠올랐으며, 2012년부터 2017년까지 베를린예술대학에서 철학·문화학 교수를 지냈다. 『투명사회』, 『심리정치』, 『에로스의 종말』, 『권력이란 무엇인가』, 『죽음과 타자성』 등 현대 사회를 예리하게 통찰하는 책들을 써내고 있다.

10

지속 불가능한 자유주의

패트릭 드닌

자유주의(liberalism)란 자유, 안전, 정치적 평등, 재산권과 같은 개인의 권리를 옹호하는 사상이다. 이것은 각각의 인간이 어떤 권력도 침해할 수 없는 고유한 권리를 소유하고 있다는 생각에 기초한다. 그래서 자유주의자들은 권력이 강제하는 사회적 의무를 제한하고자 하며, 각 개인의 자유로운 선택에 맡기고 싶어 한다. 자유주의는 계몽시대에 등장하여 철학자들과 경제학자들에게 확산되었으며, 현대 사회의 지배적인 이념이 되었다.

미국의 정치이론가 패트릭 드닌은 이 글에서 자유주의의 승리가 완전하고 명백하지만, 바로 그 이유로 자유주의는 지속 불가능하다고 주장한다. 자유주의는 그것의 토대가 되었던 '사회적 유대'와 같은 인류사회의 유산과 자연 자원을 소진해왔고, 이러한 유산과 자원을 다시 복원할 수 없다는 것이다.

자유주의라는 이름 자체가 자유주의가 가장 열중하는 목표가 무엇인지 말해준다. 바로 자유다. 자유주의가 매력과 회복력을 겸비한 것으로 입증되어온 까닭은 무엇보다 인간의 영혼에 아주 깊숙이 박혀 있는 자유에 대한 갈망에 집중하기 때문이다. 자유주의가 역사적으로 부상하고 전 세계에서 매력을 발휘해온 것은 결코 우연이 아니다. 자유주의는 특히 임의적 통치, 부당한 불평등, 만연한 빈곤에 시달리는 사람들에게 호소해왔다. 자유주의를 뺀 다른 어떤 정치철학도 실제로 번영을 촉진하고, 비교적 안정적인 정치를 제공하고, 개인의 자유를 일정하고 예측 가능한 방식으로 증진시킬 수 있음을 입증하지 못했다.

프랜시스 후쿠야마는 자유주의와 경쟁하던 마지막 이데올로기가 무너진 이후 1989년에 쓴 중요한 기고문 「역사의 종말(The End of History)」에서 자유주의가 완전무결한 승리를 거두었다고 선언했다. 후쿠야마는 자유주의가 유일하게 정당한 정체임을 스스로 입증했다고 주장했다. 그 근거로 모든 도전자를 견뎌내고 모든 경쟁자를 물리쳤다는 점, 더 나아가 인간 본성에 부합하기 때문에 작동했다는 점을 들었다. 대략 500년째 진행 중인 도박, 후쿠야마가 대담한 주장을 펴기 정확히 200년 전에 미국 건국자들이 자유주의적 공화국을 세우는 정치실험을 통해 처음으로 예시한 도박은 대개 혼탁하고 경쟁이 치열한 정치철학과 정치관행의 영역에서 유례없이 명백한 승리를 거두었다.

자유주의의 승리가 완전하고 명백하다—실은 경쟁자들의 주장을 더 이상 고려할 필요가 없다—는 널리 퍼진 견해가 가져오는 주된 결과는, 자유주의 질서 안에서 시민적 영역과 사적 영역뿐 아니라 정치체까지 감염시키는 각종 질병을, 자유주의를 충분히 실현하지 않아서 생기거나, 또는 자유주의의 지평 안에서 정책이나 기술적 해법으로 바로잡을 수 있는 우연한 문제로 단정한다는 것이다. 자유주의의 성공 자체가 현재 자유주의를 가장 위협하는 요인이 자유주의 외부가 아닌 내부에 있을 가능성을 성찰하기 어렵게 만든다. 이 위협 요인의 잠재력은 자유주의의 근본적인 성격에서, 즉 사람들이 생각하는 자유주의의 강점(특히 자유주의가 스스로를 교정하는 능력을 갖고 있으며, 계속해서 진보하고 좋아진다는 믿음)에서 생겨난다. 그리하여 자유주의는 자신의 최대 약점을, 심지어 스스로 초래하는 쇠퇴마저 대체로 파악하지 못하고 있다. 현시대의 병폐가 무엇이든, 자유주의의 해법을 더욱 완벽하게 적용해 해결할 수 없는 문제는 없다는 입장인 것이다.

이런 병폐 중 하나가 사회와 시민을 좀먹는 자기이익이다. 고대의 덕성 의존을 극복하려는 치료법에서 생겨난 이 병폐는, 모든 사회적 상호작용과 제도에서 갈수록 뚜렷하게 드러날 뿐 아니라 자유주의 정치에까지 침투하고 있다. 자기이익은 공동선에 호소하는 모든 주장을 무력화하여 일종의 제로섬 게임 사고방식을 유도한다. 그 결과 시민들은 사적이고 대체로 물질적인 관심사에 점점 집착하다가 전국 규모로 양극화된다. 이와 비슷하게 권위적인 문화로부터 개인을 해방할 수 있다는 '치료법'은 사회적 아노미를 초래하는데, 그런 상황에서는 부득이 법적 교정책, 경찰의 통제와 감시를 확대해야 한다. 예를 들어 사회 규범과 예절이 약해졌거니와 인성을 강조하는 견해가 가부장적이고 억압적이라는 이유로 거부되어온 까닭에, 오늘날 전국에서 점점 더 많은 학구들이 학교에 감시 카메라(사후 처벌을 유발하는 익명 감독장치)를 설치하고 있다. 인간의 자연 지배라는 치료법은 그런 지배가 기껏해야 일시적이고 결국 환상에 지나지 않음을 보여주는 결과를 낳고 있다. 예컨대 화석연료 사용의 생태적 비용, 항생제 남용의 한계, 노동력을 기술로 대체하는 데 따르는 정치적 악영향 등이 그런 결과다. 오늘날 인류의 최대 난제 중 하나는 진보를 견디고 살아남는 능력을 갖추는 것이다.

자유주의는 무엇보다 자유주의 이전의 유산과 자원을 소진해왔다. 자유주의를 지탱해온 그 유산과 자원을 자유주의는 다시 채우지 못한다. 삶의 거의 모든 측면에서, 즉 가족, 이웃, 공동체, 종교, 심지어 국가의 측면에서 사회적 유대가 헐거워지는 현상에는 자유주의의 논리와 근원적인 불안정성이 반영되어 있다. 중앙집권화된 국가 정부와 심지어 세계 정부의 역할이 점점 더 중시되고 그 역할을 둘러싼 정치적 투쟁이 격화되는 추세는 자유주의의 균질화 추구에 따른 결과인 동시에 자유주의의 취약성을 드러내는 증거다. 세계시장은 비인격적 거래의 가차 없는 논리, 이제껏 자본주의의 위기를 불러왔고 오늘날 세계시장 자체를 파탄내고 있는 논리를 강요함으로써 다양한 경제적 하위문화들을 대체한다. 교육과 보건 같은 정책 영역에서 벌어지는 전투에는 지역 수준의 노력과 헌신에 더욱 의지하는 보살핌의 형태들이 약해지는 추세가 반영되어 있다. 그런 보살핌은 국가도 시장도 똑같이 제공하거나 대체하지 못한다. 자유주의의 의기양양한 행진은 성공을 거두는 동시에 사회와 자연의 자원을, 스스로 만들어내지도 않았고 다시 채울 수도 없는 자원을 소진해왔다. 그러나 그 자원이야말로 자유주의를 지탱해온 토대다. 자유주의는 그것을 모른 채 앞으로 나아가며 자신의 토대를 허물어왔다.

자유주의는 투입되는 비용보다 더 많은 이익을 창출할 수 있다며 도박을 해왔다. 그동안 자유주의적 인류는 점증하는 비용이 널리 홍보된 이익의 결과라는 사실에 무감각해졌다. 그리하여 오늘날 대다수 사람들은 이 도박을 이미 결판이 난 내기로, 더 이상 결과를 따질 필요가 없는 문제로 여긴다. 그러나 쌓여가는 증거, 우연히 생기는 것이 아니라 분명 자유주의의 결실에서 직접 기인하는 것으로 보이는 증거들은 이제 도박장의 수금원이 돈을 갚으라며 문을 두드리고 있음을 드러낸다. 우리는 승산이 도박장 쪽에 있었음을 뒤늦게 깨달았다. 그러나 다름 아닌 자유주의의 성공에서 기인한다는 발뺌할 수 없는 증거는, 오직 편협한 이데올로기만이 자유주의의 지속 불가능성을 감출 수 있다는 것을 알려준다.

근대 입헌주의의 엄격한 법적·정치적 제도 자체가 자유주의 정체를 이루는 것은 아니다. 하지만 그 제도는 두 가지 근본적인 신념에서 생기를 얻는다. 자유주의는 가장 근본적으로 보면 자유주의 제도에 특정한 지향성과 특색을 부여하는 한 쌍의 인간학적 가정으로 이루어진다. 하나는 인간학적 개인주의와 주의주의(主意主義)적 선택 개념이고, 다른 하나는 인간이 자연과 별개이고 자연과 대립한다는 생각이다. 인간 본성과 사회에 대한 이해에 혁명을 일으킨 이 두 가지 가정은 근본적으로 새로운 '자유'의 정의를 도입했다는 점에서 '자유주의'를 구성한다.

자유주의적 주의주의

첫 번째 혁명이자 자유주의의 가장 기본적이고 뚜렷한 측면은 주의주의 이념—개인의 규제받지 않는 자율적 선택—을 정치의 토대로 삼는다는 것이다. 이 주장을 처음으로 분명하게 표현한 사람은 원형적 자유주의의 입장에서 군주정을 변호한 토머스 홉스다. 홉스에 따르면 인간은 근본적으로 독립적이고 자율적인 상태로 존재한다. 이런 취약한 조건에서의 삶이 "추하고 잔인하고 짧다"는 것을 인식한 사람들은 합리적인 자기이익에 따라 주권자로부터 보호와 안전을 보장받기 위해 자신의 자연권을 대부분 포기한다. 정당성은 사람들의 동의에서 생겨난다.

국가는 개개인의 외적 활동을 제약하고 근본적으로 개별 존재인 사람들의 잠재적 파괴 활동을 법적으로 제한하기 위해 만든 것이다. 법은 이기적인 개인들을 구속하는 일군의 실질적인 규제다. 홉스는 사람들의 자제가 상호 관심에서 생겨난다고 가정하지 않는다. 그가 『리바이어던』에 썼듯이, 법은 "보행자를 가로막기 위해서가 아니라 길을 따라 걷게 하기 위해" 세운 울타리와 비슷하다. 다시 말해 법은 "충동적인 욕구나 성급함, 경솔함"에 따라 행동하려는 사람들의 본성적 경향을 억제하고, 따라서 언제나 우리의 선천적 자유를 구속하는 외적 제약으로서 기능한다. 반면 자유는 "법이 침묵하는" 곳에 있으며, 국가의 "공인된" 규칙이 명시적으로 있는 경우에만 제한된다. 국가만이 우리의 선천적 자유를 제한할 수 있다. 국가는 실정법을 유일하게 창안하고 강제할 수 있으며, 어떤 신앙의 표현이 정당한지 아니면 부당한지까지 결정한다. 국가는 사회의 안정을 유지하고 자연적 무정부 상태로 돌아가는 것을 막는 책임을 지며, 그로써 우리의 자연권을 "보호한다."

요컨대 인간은 본래 서로 관계없는 존재, 개별적이고 자율적인 존재다. 자유주의가 프로젝트를 개시한 이래 모든 인간관계—정치적 결속으로 시작하지만 이것으로 국한되지 않는—의 정당성에서는 해당 관계를 선택했는지 여부, 그리고 합리적 자기이익에 도움이 되는지를 기준으로 선택했는지 여부가 갈수록 중시되어왔다.

홉스의 철학을 계승한 존 로크가 생각한 대로, 주의주의 논리는 궁극적으로 가족관계를 포함해 모든 관계에 영향을 미친다. 최초의 자유주의 철학자 로크는 『통치론』에서 자녀를 양육할 부모의 의무와 "네 부모를 공경하라"는 계명에 복종할 자녀의 의무를 인정하면서도, 모든 아이가 궁극적으로 동의의 논리를 통해 유산을 받아야 하고, 그리하여 사람들이 자율적 선택을 내리는 개인으로서 행동하는 일종의 자연상태에서(인간 사회의 기원을 가리키는 표현) 시작해야 한다고 주장했다. "모든 인간은 날 때부터 본래 자기 아버지 또는 자기 조상들과 마찬가지로 자유롭고, 그들이 자유로운 한 스스로 어떤 사회에 속할지, 어떤 국가의 지배를 받을지 선택할 수 있기 때문이다. 그러나 만약 조상의 상속재산을 향유하고자 한다면, 그들은 조상이 받아들였던 조건과 동일한 조건으로 상속재산을 취득해야 하고, 그 소유물에 부가되는 모든 조건에 복종해야 한다." 심지어 부모의 유산을 물려받는 사람도 모든 면에서, 설령 암묵적일지라도 오직 동의의 논리를 통해 그렇게 하는 것이다.

로크에 따르면 결혼마저 결국에는 하나의 계약이다. 결혼 조건은 일시적이며 특히 자녀를 양육하는 의무를 끝마치고 나면 계약을 변경할 수 있다. 이 포괄적인 선택의 논리가 가장 기본적인 가족관계에 적용된다면, 더 헐거운 유대관계인 단체나 결사는 말할 것도 없다. 달리 말해 그런 단체와 결사의 구성원 지위는, 그것이 개인적 권리에 이로운지 아니면 지나치게 부담이 되는지 끊임없이 감시하고 평가해야 할 대상이다.

이 말은 자유주의 이전 시대에는 개인의 자유로운 선택이라는 생각을 일축했다는 뜻이 아니다. 자유주의 이전에 기독교는 여러 가지 방식으로 인간의 선택권을 넓히는 데 기여했다. 그중 하나가 결혼 관념을 바꾼 것이다. 즉 결혼은 가문과 재산을 고려하는 제도라는 관점에서, 개인이 성스러운 사랑을 바탕으로 서로 합의해서 내리는 선택이라는 관점으로 바뀌었다. 새로운 점은 사람들이 제도와 사회, 소속, 구성원 지위를 평가할 때, 심지어 개인적 관계를 평가할 때도 자기이익에 근거하는 개인의 선택을 가장 중시하게 되었다는 것이다. 이제 사람들은 자신의 선택이 공동체에 미칠 영향도, 창조된 질서에 대한 의무도, 궁극적으로 신에 대한 의무도 더욱 폭넓게 고려하지 않게 되었다.

처음에 자유주의가 명시적으로 내세운 주장은 우리의 정치적·사회적·사적 의사결정을 그저 기술할 뿐이라는 것이었다. 그러나 자유주의는 암묵적으로 하나의 규범적 프로젝트였다. 자유주의가 주장한 인간의 주의주의에 대한 기술은 사실 인간의 자기이해와 경험을 바라보는 기존의 시각을 매우 다른 시각으로 대체할 수밖에 없었다. 실제로 자유주의 이론은 사람들이 그들 자신과 그들의 관계에 대해 기존과 다르게 생각하도록 교육하려 했다. 자유주의는 사람들이 자유주의 사회에서 내리는 선택에 대해 중립을 지킨다고 곧잘 주장한다. 자유주의는 '권리'를 옹호하지 그 어떤 의미에서도 특정한 '좋음'을 옹호하지 않는다.

그러나 자유주의는 사람들이 결정을 내리는 토대에 대해 중립적이지 않다. 경제학 강의가 인간을 그저 효용을 극대화하는 개별 행위자로 기술할 뿐이라고 주장하면서도, 실은 학생들에게 영향을 끼쳐 더 이기적으로 행동하게 만드는 것과 마찬가지로, 자유주의는 사람들에게 헌신을 피하고 유연한 관계와 유대를 받아들이라고 가르친다. 자유주의에 따르면 정치적·경제적 관계만 대체 가능하고 끊임없이 재규정되는 것이 아니다. 장소와의 관계, 이웃과의 관계, 국가와의 관계, 가족과의 관계, 종교와의 관계를 막론하고 모든 관계가 그러하다. 자유주의는 느슨한 연계를 조장한다.

자연과의 전쟁

두 번째 혁명이자 자유주의를 구성하는 두 번째 인간학적 가정은 첫 번째 가정보다 정치적 성격이 확연히 덜하다. 근대 이전 정치사상, 특히 아리스토텔레스의 자연학에서 영향을 받은 정치사상은 인간을 포괄적인 자연계 질서의 일부로 이해했다. 인간은 텔로스(telos), 즉 자연이 정하는 불변의 고정된 목적을 가진 존재라는 것이다. 인간 본성은 자연계 질서와 이어져 있었다. 따라서 인간은 자신의 본성에 순응하고 더 넓게는 자신이 속한 자연계 질서에 순응할 필요가 있었다. 사람들은 자신의 본성과 자연계 질서에 맞서 자유롭게 행동할 수 있었지만, 그런 행동은 그들을 추하게 만들고 인간의 이로움과 세계에 해를 입혔다. 아리스토텔레스의 『니코마코스 윤리학』과 토마스 아퀴나스의 『신학대전』은 둘 다 자연이 설정하는 인간의 한계—자연법—를 상세히 서술하려는 노력이다. 두 저작은 이 한계 안에서 덕성의 실천을 통해 가장 잘 사는 법과 번영의 조건을 달성하는 법을 인간에게 가르치려 한다.

자유주의 철학은 이런 인간의 자기제한이라는 요건을 거부했다. 자유주의는 먼저 인간을 구속하는 자연계 질서 관념을 대체했으며, 그런 다음 인간 본성 관념 자체를 대체했다. 자유주의는 자연과학과 인간과학, 그리고 인류와 자연계의 관계를 변형하기 시작했다. 이 혁명의 첫 번째 물결—르네상스 시대까지 거슬러 올라가는 근대 초 사상가들이 처음 일으켰다—은 인간이 자연과학과 변형된 경제체제를 이용해 자연을 지배해야 한다고 역설했다. 두 번째 물결—대체로 여러 역사주의 학파들이 특히 19세기에 일으켰다—은 고정된 인간 본성이라는 관념을 인간의 '가소성'과 도덕적 진보 역량에 대한 믿음으로 대체했다. 이 자유주의의 두 갈래('보수적' 자유주의와 '진보적' 자유주의)는 오늘날 우위를 차지하고자 서로 다투지만, 우리는 양자가 깊이 연결되어 있음을 이해해야 한다.

자유주의의 첫 번째 물결을 인도한 원형적 자유주의 사상가는 프랜시스 베이컨이다. 홉스(베이컨의 비서였다)와 마찬가지로, 베이컨은 아리스토텔레스와 토마스 아퀴나스의 자연과 자연법 이해를 공격했고, 인간에게 자연을 '지배'하거나 '통제'할 역량이 있다고 주장했다—심지어 인간의 필멸성을 극복할 가능성을 포함해 원죄의 결과를 뒤집을 수도 있다고 보았다.

자유주의는 자연과학의 이런 새로운 지향과 긴밀히 얽히게 되었다. 아울러 자유주의는 자연과학과 비슷하게 인간의 자연계 이용과 정복, 지배를 조장한 경제체제—시장에 기초하는 자유기업 체제—를 받아들이고 발전시켰다. 근대 초에 자유주의는 인간 본성을 바꿀 수 없다는 견해를 취했다. 즉 인간은 본래 이기적인 존재이며, 인간의 기본 충동을 활용할 수는 있지만 근본적으로 바꿀 수는 없다는 것이다. 하지만 우리 본성의 이기적이고 소유욕 강한 측면을 유익하게 활용할 경우 경제적·과학적 체제의 발전을 촉진하고 자연현상에 지배력을 행사하는 인간의 역량을 키움으로써 자유를 확대할 수 있다고 보았다.

이 혁명의 두 번째 물결은 이런 인간관을 명시적으로 비판하며 시작한다. 루소부터 마르크스까지, 존 스튜어트 밀부터 존 듀이까지, 리처드 로티부터 오늘날 '트랜스휴머니스트'까지 아우르는 다양한 사상가들은 인간 본성이 불변이라는 생각을 거부한다. 그들은 인간이 자연을 정복할 수 있다는 첫 번째 물결을 이끈 이론가들의 생각을 받아들여 인간 본성에도 적용한다.

첫 번째 물결의 자유주의자들은 오늘날 '보수주의자들'에 해당한다. 이들은 과학적·경제적 자연 지배의 필요성을 강조하면서도 이 프로젝트를 인간 본성에까지 확장하는 것은 꺼린다. 그리고 경제적 목적을 위해 세계를 공리주의적으로 이용하는 거의 모든 방안을 지지하면서도 생명공학적 인체 '증강'의 형태들에는 대부분 반대한다.

두 번째 물결의 자유주의자들은 인체의 생물학적 본성으로부터 인간을 해방하는 거의 모든 기술적 수단에 점점 더 찬성하고 있다. 오늘날 정치적 논쟁은 대체로 이 두 부류의 자유주의자들 사이에 벌어진다. 양편 모두 자유주의 이전 전통에서 옹호했던 인간 본성과, 인간과 자연의 관계를 근본적으로 다르게 이해하는 견해를 직시하지는 않는다.

요컨대 자유주의는 흔히 말하듯이 입헌 정부와 사법적 권리 방어에 좁게 초점을 맞추는 정치 프로젝트가 아니다. 오히려 자유주의는 인간의 삶과 세계 전체를 변형하고자 한다. 자유주의의 두 차례 혁명—하나는 인간학적 개인주의와 주의주의적 선택 개념, 다른 하나는 인간이 자연과 별개 존재이고 자연과 대립한다는 주장—은 인간의 자율적 활동의 영역을 최대한으로 넓히는 새롭고 독특한 자유관을 낳았다.

자유주의는 고대의 자유 개념, 즉 자유란 저급하고 쾌락적인 욕구를 노예처럼 추구하고픈 유혹을 이겨내는 학습된 역량이라는 개념을 거부한다. 이런 자유는 도시와 영혼 둘 모두의 자치 조건으로서, 덕성을 도야하고 실천하는 개인의 활동과 스스로 법을 제정하는 집단의 활동을 긴밀하게 연결한다. 그런 사회에서는 개인과 시민을 양성하고 자치의 기술과 덕목을 가르치는 일이 중차대한 관심사가 된다.

이와 달리 자유주의가 이해하는 자유는 실정법의 제약을 받지 않는 영역 안에서 자유롭게 행동할 수 있는 상태다. 이 자유 개념은 지난날 이론에 지나지 않았던 상상 속 자연상태를 실제로 만들어낸다. 다시 말해 선천적 개인주의 이론이 점점 더 현실이 되는 세계를 만들어낸다. 오늘날 그 세계는 법과 정치, 경제, 사회라는 구조물의 보호를 받고 있다. 자유주의 체제에서 사람들은 갈수록 자율성의 상태에서 살아가며, 그 상태에서는 법을 시행하고 그에 상응해 국가의 역할을 확대하는 방법으로 이른바 자연적 인간 조건의 위협적인 무질서를 통제하고 억누른다. 사람들이 자신이 속한 공동체에서 해방되는(그리하여 느슨한 연계만 남는) 한편 자연을 이용하고 통제함에 따라, 자율적 자유의 영역은 한없이 팽창하는 것처럼 보인다.

아이러니하게도 자율성의 영역을 더욱 완전하게 보호하려면 국가의 역할을 더 확대할 수밖에 없다. 자율성의 영역에서 자유를 누리려면 가족부터 교회까지, 학교부터 마을과 공동체까지, 비공식적이고 익숙한 기대와 규범으로 행동을 통제하는 모든 형태의 결사와 관계로부터 해방될 필요가 있다. 이런 통제는 대체로 정치적인 통제가 아닌 문화적 통제였다—법은 가족과 교회, 공동체를 통해 배우는 비공식적인 행동 기대치인 문화 규범만큼 포괄적이지 않았고, 대체로 문화 규범의 연장선상에 있었다. 개인들이 이런 결사들로부터 해방됨에 따라 실정법을 통해 그들의 행동을 규제해야 할 필요성은 더욱 커진다. 그와 동시에 사회 규범은 권위를 잃어가면서 갈수록 과거의 임의적이고 억압적인 잔재로 느껴진다. 국가가 적극적으로 개입해 뿌리 뽑아야 할 잔재인 것이다.

자유주의는 결국 두 가지 존재론적 요소, 즉 해방된 개인과 통제하는 국가에 이른다. 홉스는 『리바이어던』에서 이 두 실체를 완벽하게 묘사했다. 국가는 오로지 자율적인 개인들로만 구성되고, 이 개인들은 국가에 의해 '억제'된다. 개인과 국가는 존재론적으로 가장 상위에 있는 두 가지 요소를 나타낸다.

오늘날 세계에서는 과거에 대한 존중과 미래에 대한 의무가 즉각적인 만족 추구로 대체되고 있다. 문화는 자제와 예의의 덕목을 도야할 수 있도록 과거의 지혜와 경험을 전달하기보다는 쾌락 자극, 본능만 좇는 천박함, 오락거리 등 소비와 욕구, 무신경함을 조장하는 것들과 동의어가 되어가고 있다. 그 결과 얄팍하게 자아를 극대화하는, 사회적으로 파괴적인 행위들이 사회를 지배하기 시작했다.

학교에서는 겸손, 바른 행실, 학문적 정직의 규범이 무법행위와 부정행위(그에 따라 갈수록 늘어나는 청소년 감시)로 대체되고, 우려스러운 성년 학생들 사이에서는 교제 규범이 '하룻밤 섹스'와 공리주의적인 성적 접촉으로 대체된다. 안정적인 평생 결혼생활의 규범은 결혼을 했든 안 했든 개인들의 자율성을 보장하는 다양한 합의로 대체된다. 자녀는 갈수록 개인의 자유를 제한하는 원인으로 간주되며, 이런 시각은 원하면 낙태를 할 수 있게 해주겠다는 자유주의의 약속을 강화한다. 그 결과 선진 세계 전반에서 출생률이 감소한다. 경제 영역에서는 대개 당장 이익을 내라는 끊임없는 요구에 쫓겨 단기 수익을 올리려는 충동이 투자와 신탁을 대체한다. 그리고 자연과의 관계에서 지구의 풍부한 자원을 단기적 시각으로 착취하는 것이 우리의 생득권이 된다. 설령 훗날 우리 자녀들에게 표토와 식수 같은 자원이 부족해질지라도 개의치 않는다. 이런 활동을 규제하는 일은 실정법을 시행하는 국가의 소관으로 치부되지 문화 규범의 산물인 교양 있는 자치의 결과로 여겨지지 않는다.

인생의 기본적인 활동은 홉스가 말한 '죽어야 멈추는 연이은 권력' 추구—훗날 토크빌이 말한 '불안' 또는 '안달'—라는 생각을 전제로 끊임없이 자기실현을 추구하고 갈망 충족을 위해 더 많은 권력을 원하는 이들에게는, 언제나 가속되는 경제성장과 사회에 만연한 소비가 필요하다. 자유주의 사회는 경제성장이 둔화될 경우 여간해서는 생존하기 어렵고, 경제성장이 얼마간이라도 멈추거나 역행할 경우 무너질 것이다. 이렇게 인간의 목적에 무관심한—'좋음'보다 '권리'를 강조하는—사람들의 유일한 목표이자 명분은 자유주의적 인간, 스스로를 형성하고 표현하는 개인을 받아들이는 것이다. 이 목표를 이루기 위해 진정으로 어려운 선택을 내릴 필요는 없다. 그저 선택할 수 있는 생활방식이 여럿 있기만 하면 된다.

자유주의 창시자들은 사회 규범을 지탱하는 여러 결사와 자기제한 교육으로부터 개인을 해방하려 하면서도 사회 규범의 존속을 대체로 당연하게 받아들였다. 초창기에 그들은 가족과 학교, 공동체의 건강과 연속성을 가정하면서도 이 결사들의 철학적 토대를 공격했다. 뒤이어 자유주의가 전진함에 따라 규범을 정하는 권위 있는 제도가 흔들리는 가운데, 이 이로운 결사들도 현실에서 약해져갔다. 나중에 자유주의는 이 결사들의 힘을 소극적으로 소진시키던 방침을 적극적으로 파괴하는 방침으로 바꾸었다. 지금은 역사상 규범 함양을 책임졌던 결사들의 잔재가 갈수록 자율적인 자유의 장애물로 간주되고 있다. 이제 국가 기구가 그런 구속으로부터 개인을 해방하는 과제를 직접 수행하고 있다.

물질적·경제적 영역에서 자유주의는 자연을 정복하기 위해 오래된 자원 저수지를 고갈시켜 왔다. 오늘날 지도자들의 정치 프로그램은 그게 무엇이든 명백히 더 많은 자원을 요구한다. 자유주의가 기능하려면 이용하고 소비할 수 있는 물질적 재화를 끊임없이 늘려야만 하고, 따라서 자연 정복과 지배를 끊임없이 확대해야만 한다. 제한과 자제력을 요청하는 사람은 정치 지도자 자리를 넘볼 수 없다.

요컨대 자유주의는 오래된 행동 규범을 새로운 형태의 해방이라는 명목으로 철폐할 수 있고, 자연을 정복해 거의 무한한 선택에 필요한 연료를 공급할 수 있을 것이라는 거대한 도박이었다. 이 노력이 낳은 한 쌍의 결과—도덕적 자제력의 고갈과 물질적 자원의 고갈—를 마주한 우리는 자유주의 다음에 무엇이 올지 고민하지 않을 수 없다.

패트릭 드닌의 『왜 자유주의는 실패했는가』

(이재만 옮김, 책과함께, 2019)

패트릭 드닌(Patrick J. Deneen, 1964~)

미국의 정치이론가이자 노트르담대학 정치학 교수. 러트거스대학에서 영문학 학부를 졸업한 후 정치학으로 박사학위를 받았다. 그의 박사학위 논문 「정치이론 오디세이」는 1995년 미국정치학회에서 정치철학 분야 최우수 박사논문에 주는 레오스트라우스상을 받았다. 고대 정치사상, 미국 정치사상(특히 자유민주주의), 그리고 정치와 종교, 문화 간의 관계에 관한 집필 활동을 활발히 하고 있다.

슬픔이 없는 십오 초

심보선

아득한 고층 아파트 위
태양이 가슴을 쥐어뜯으며
낮달 옆에서 어찌할 바를 모른다
치욕에 관한 한 세상은 멸망한 지 오래다
가끔 슬픔 없이 십오 초 정도가 지난다
가능한 모든 변명들을 대면서
길들이 사방에서 휘고 있다
그림자 거뭇한 길가에 쌓이는 침묵
거기서 초 단위로 조용히 늙고 싶다
늙어가는 모든 존재는 비가 샌다
비가 새는 모든 늙은 존재들이
새 지붕을 얹듯 사랑을 꿈꾼다
누구나 잘 안다 이렇게 된 것은
이렇게 될 수밖에 없었던 것이다
태양이 온 힘을 다해 빛을 쥐어짜내는 오후
과거가 뒷걸음질 치다 아파트 난간 아래로
떨어진다 미래도 곧이어 그 뒤를 따른다
현재는 다만 꽃의 나날 꽃의 나날은
꽃이 피고 지는 시간이어서 슬프다
고양이가 꽃잎을 냠냠 뜯어먹고 있다
여자가 카모밀 차를 홀짝거리고 있다
고요하고 평화로운 듯도 하다
나는 길 가운데 우두커니 서 있다
남자가 울면서 자전거를 타고 지나간다
궁극적으로 넘어질 운명의 인간이다
현기증이 만발하는 머릿속 꿈 동산
이제 막 슬픔 없이 십오 초 정도가 지났다
어디로든 발걸음을 옮겨야 하겠으나
어디로든 끝간에는 사라지는 길이다

심보선의 『슬픔이 없는 십오 초』
(문학과지성사, 2008)

11
나는 편의점에 간다

김애란

'나'가 살고 있는 대학가 근처의 주택 단지에는 세 개의 편의점이 있다. 어느 날 '나'는 필요한 물건을 구입하기 위해 들른 첫 번째 편의점에서 사장으로부터 신상에 관한 질문, 즉 이곳에 사느냐, 학생이냐, 무슨 과 학생이냐 등의 질문을 받는다. 편의점 사장의 질문에 당황한 '나'는 잠시 생각한 끝에 귀찮은 질문을 받지 않기 위해 '식품공학'을 전공한다고 거짓말을 하고 가게를 나온다. 그날 이후 '나'는 그 편의점에 가지 않는다. 하지만 살다 보면 필요한 물건은 언제나 생기는 법. '나'는 필요한 물건이 있을 때마다 두 번째 단골로 삼은 편의점에 간다. 그러던 어느 날 '나'는 두 번째 편의점에서 신분증을 제시해달라는 요구를 받는데…….

나는 편의점에 간다. 많게는 하루에 몇번 적게는 일주일에 한번 정도 편의점에 간다. 그러므로 그사이 내겐 반드시 무언가 필요해진다.

약속과 우연과 재난이 이삿짐처럼 사라진 2003년 서울. 빈손을 물끄러미 쳐다보고 있는 우리에게 편의점은 기원을 알 수 없는 전설처럼 그렇게 왔다. 시치미를 떼고 앉은 누군가의 정부처럼. 혹은 통조림 속 봉인된 시간처럼. 수상할 것도 없이.

2003년 서울 사람들에게 습관이란 구원만큼 중요한 문제가 되었다. 그리하여 2003년 서울 사람들에게 중요한 문제가 뭘까 항시 고민하는 창백한 사람들은 우리에게 편의점을 지어주었다. 그것은 많이 그리고 신속하게 생겨났다.

편의점에는 많은 사람들이 오간다. 그들은 모두 누구일까? 자세히는 알 수 없으나, 저마다 하나씩 사진 앨범을 가지고 있는 사람들이 틀림없다. 운동회 때 2등으로 달리던 중 뒤를 돌아보는 1등 아이의 얼굴을 보고 같이 흠칫 놀랐거나, 형제에게 돈을 꾸어 여자를 만나고, 모든 문제집의 첫장만을 풀어봤거나, 뜻을 알면서도 국어사전에서 '음부'나 '성교'라는 단어를 찾아봤을 사람들. 혹은 하게 될 사람들. 그러나 우리는 서로를 알아보지 못한다. 그런 건 아직 습관이 들지 않았다.

하루에도 몇번씩 편의점에서 오가는, 내가 한번쯤 만났을 수도 그렇지 않았을 수도 있는 사람들. 그중에는 조금 전 비디오방에서 섹스를 한 뒤 같이 컵라면을 나눠먹는 어린 연인도 있고, 아버지께 꾸중듣고 담배를 사러 온 백수 총각, 얼굴을 공개한 적 없는 예술가나 실직자, 간첩, 심지어는 걸인으로 위장한 예수조차 있을지 모른다. 그러나 편의점은 묻지 않는다. 참으로 거대한 관대다.

이곳은 대학가 근처의 주택단지이다. 이곳에는 모두 세개의 편의점이 있다. 세개의 편의점은 주택단지를 중심으로 서로 삼십 미터가 안 되는 거리에 삼각형 모양으로 배치됐다. 엘지25시는 주택단지 근처에, 바로 맞은편에 패밀리마트가, 패밀리마트에서 조금 떨어진 곳에 세븐일레븐이 있는 식이다. 주택단지로부터 엘지25시는 일직선, 패밀리마트는 니은자 모양, 세븐일레븐은 디귿자 모양을 그리고 있다.

세 편의점이 언제부터 이곳에 생겼는지는 기억나지 않는다. 이곳은 쉴새없이 무언가 생겼다 사라지고, 생긴 게 또다시 생기곤 했다. 여관, 피시방, 테이크아웃 커피점, 호프집, 교회 …… 편의점은 언제부턴가 그것들 틈에 말쑥한 차림의 전입생처럼 앉아 있었다.

내가 자주 갔던 편의점은 세븐일레븐이었다. 특별한 이유는 없고 그저 그곳이 귀갓길에 가장 먼저 눈에 띄는 편의점이었기 때문이다. 도로 위 퇴근 차량이 긴 트리를 만들며 깜빡이는 시간, 나는 종종 편의점에 들렀다. 집으로 가는 길, 그곳 어딘가 환하게 간판을 밝히며 선 세븐일레븐. 숨길 것도 감출 것도 없다는 듯 투명유리 사이로 훤히 내장을 드러내는 그곳. 나는 세븐일레븐을 지나며 '설마 저렇게 많은 물건 중 내게 필요한 게 한가지도 없을까' 의심하게 된다. 그러면 세븐일레븐은 틀린 답을 고쳐주며 학생의 머리를 쓰다듬는 선생님처럼 내 손에 무언가를 들려보낸다.

나는 집에 화장지가 있지만 화장지가 언제 떨어질지 모르므로 화장지를 산다. 나는 집에 밥이 없지만 밥은 언제나 해먹어야 되는 것이므로 참치캔을 산다. 나는 참치캔을 샀으니 밥을 해먹을 것이고, 밥을 해먹으면 입가심을 하고 싶을 것이므로 요구르트를 산다.

어느날 초록색 조끼를 입은 세븐일레븐의 사장이 내게 말을 건다.

"안녕하세요?"

엉겁결에 서로 눈이 마주친 순간 그의 손에 들린 리더기가 잽싸게 컵라면의 바코드를 읽어낸다.

"여기 사세요?"

구리색 피부에 살집이 좋다. 나는 컵라면 값 650원과 함께 '네'라는 말을 지불하며 세븐일레븐을 황급히 나온다. 그런데 그후 세븐일레븐에 갈 때마다 내가 물건을 사는 족족 그 남자가 말을 걸기 시작한다.

"학생이에요?"

"네."

"3학년?"

"네."

"혼자 살아요?"

"네."

"여기 K대학?"

"아니요."

"그럼 어느 학교 다녀요?"

나는 대충 학교 이름을 얼버무린다. 그러곤 다음 질문이 설마 '전공이 뭐예요?'는 아니겠지 생각한다. 그가 묻는다.

"전공이 뭐예요?"

아마 내가 문학을 전공한다고 하면 그는 자신의 문학관에 대해 열변할 것이고, 미술을 전공한다고 하면 개중 유명한 미술작가를 들먹일 것이며, 이벤트학이나 국제관계학을 전공하고 있다고 말하면, 또 '그게 뭐 하는 과냐' '언제 생겼냐' '그거 졸업하면 뭐 하게 되냐' 등의 질문을 퍼부을 것이다. 그러고는 나중에 그는 나를 '안다'라고 말하겠지.

나는 그에게 거짓말을 한다. 식품공학. 그는 "어유, 그럼 살림 잘하시겠네"라고 농담을 건다. "그럼 언제 졸업……"이라고 남자가 다음 말을 이으려 한다. 그때 만일 전자레인지가 삐―소리를 내지 않고, 잘 익은 햇반이 내게 무사히 건네지지 않았다면, 그는 내게 '좋아하는 체위는 뭐냐'고까지 물어봤을지 모른다. 내가 세븐일레븐 로고가 새겨진 반투명 비닐봉지를 들고 황급히 문을 나설 때, 그가 내 뒤에서 순서를 기다리고 있던 여고생에게 막 말을 거는 소리가 들렸다.

"언니 잘 있어요? 그 시립대 다닌다는……"

나는 그후로 세븐일레븐에 가지 않는다.

엘지25시와 주택단지 골목 사이에 이동식 포장마차가 한대 들어섰다. 떡볶이와 순대, 어묵 등을 파는 곳으로 인상 좋은 할머니와 그녀의 젊은 아들이 함께 운영하는 데였다. 포장마차는 편의점의 인스턴트 밤참에 싫증이 난 손님들로 항상 붐볐다. 새벽에 배가 고플 때 나 역시 그곳을 이용했다. 나는 그곳에서 못난이만두를 섞은 떡볶이를 꼭 이천원어치 샀다. 그들 모자는 내게 전공을 물어오지는 않았지만 내가 떡볶이를 살 때면 못난이만두나 고구마튀김을 한개씩 더 얹어주었다. 포장마차 할머니는 덤을 주기 위해 가판대 너머의 내게 항상 상체를 기울이곤 했다.

나는 여느 때와 다름없이 떡볶이를 사러 포장마차에 갔다. 그날은 할머니의 아들이 혼자 가게를 보고 있었다. 그는 이십대 후반으로 해사하게 생겼으나 말투는 조금 촌스러운 사람이었다. 그는 못난이만두에 떡볶이 국물을 묻히며 과거 세븐일레븐의 사장이 그랬던 것처럼 내게 이것저것을 어눌하게 물어왔다. 나는 그의 질문에 건성으로 대답했다. 그는 그의 노모가 그러는 것처럼 내게 덤을 주기 위해 잠시 상체를 내 앞으로 기울였다. 나는 그의 상체가 제자리로 갈 때까지 잠시 숨을 멎고 있었다. 그는 나에게 전공을 물어왔다. 나는 잠시 망설이다 국문과라고 거짓말을 했다. 그는 국문과를 나오면 뭐가 되느냐고 진심으로 궁금해하며 물었다. 나는 대충 생각해내어 "뭐 그냥 학자가 되기도 하고, 기자가 되기도 하고, 선생님이 되기도 한다"며 둘러댔다. 지금 생각해보면 정성은 없으나 악의도 없는 그런 말투였다. 그런데 무럭무럭 피어오르는 김 사이로 그의 얼굴이 잔뜩 흐려졌다. 내 앞에서 긴 국자로 어묵 국물을 휘이휘이 젓던 그는 잠시 뭔가 생각하더니 우울한 목소리로 말했다.

"저도 대학 나왔어요. 그냥 편하게 살려고 이런 거 하는 거예요."

잠시 어색한 침묵이 흘렀다.

그후 나는 그 포장마차에 가지 않는다.

갑자기 그들 모자 특히 그 아들과 인사를 해야 되나 말아야 되나 하는 문제가 생겼다. 인사를 하자니 하루에도 몇번씩 오가는 그 골목에서 번번이 귀찮을 것 같고, 그렇다고 안 하자니 그들이 나를 어떻게 볼지 걱정됐다. 그곳을 지날 때면 몇 미터 전부터 신경이 쓰였다. 하지만 나는 조용히 그곳을 지나쳤다. 그것이 내게는 더 익숙하고 편한 방법이었다. 모자와 나는 서로를 발견하면 약속한 듯 시선을 피하고 딴청을 부렸다.

내가 두번째 단골로 삼은 편의점은 패밀리마트다. 패밀리마트는 사십대 후반으로 보이는 여성이 계산대를 지킨다. 그녀는 풀린 파마머리에 문신한 눈썹을 가지고 있다. 그녀는 그녀 주위를 에워싼 물건들 사이에서 언제나 죽도록 심심해 보였다. 나는 심통난 듯한 그녀의 얼굴로부터 등을 돌린 채 종종 그곳에서 컵라면을 먹었다.

패밀리마트는 세 편의점 중 가장 장사가 안 되는 편의점이다. 그것은 아마도 세븐일레븐과 달리 주인이 지나치게 불친절한 까닭인 듯했다. 딱 한번 패밀리마트가 제법 분주해진 적이 있다. 맞은편의 엘지25시가 문을 닫았을 때였다. 엘지25시의 간판은 내려지고 그 안에서는 내부 공사가 한창 진행 중이었다. 그때 패밀리마트의 여자가 가장 먼저 한 일은 손님들이 라면이나 죽 따위의 인스턴트식품을 먹는 간이 탁자를 치워버린 거였다. 여자는 바빠졌고, 손님들이 와서 시간을 죽이고 가는 간이 탁자가 갑자기 성가셔졌다. 여자는 아마도 몇달 후 엘지25시의 자리에 훨씬 크고 화려한 큐마트가 생겨나리라고는 상상 못한 모양이었다. 맞은편 큐마트 개점 후 패밀리마트는 예전처럼 다시 조용해졌다. 그래도 나는 패밀리마트를 계속 이용했다. 나처럼 혼자 자취를 하는 사람에겐 일정한 동선, 일정한 습관이 필요하기 때문이었다. 그러던 내가 패밀리마트에 가지 않게 된 건 어느날 콘돔 한갑을 계산대 앞에 내민 내게 그녀가 주민등록증을 요구하고 나서부터다. 무책임한 것보다 잠시 민망한 게 낫다 싶어 죽도록 심심해 보이는 주인 여자 앞에 화투패를 열듯 과감히 콘돔을 내보였을 때, 그녀는 정말 심심했던 까닭인지 수상한 눈초리로 내게 물었다.

"몇살이에요?"

지갑에서 주민등록증을 꺼내느라 애를 먹는 동안 계산이 지체되고 있는 이유를 궁금해하며 두리번거리는 사람들을 의식하느라 나는 진땀을 뺐다. 그녀는 콘돔 한갑을 사기 위해 열

번도 더 고민하고, 필요없는 과자까지 덩달아 산, 한 손님의 민망함을 순식간에 짓밟아버렸다. 그후로 나는 세븐일레븐과 아울러 패밀리마트도 가지 않게 되었다. 세븐일레븐이든 패밀리마트든 그와 같은 편의점에서 손님 하나 잃는 게 그리 큰 문제가 아님에도 불구하고 당시 나는 그게 대단한 복수라도 되는 듯 생각했다. 패밀리마트에서 물건을 살 때마다 주인여자가 속으로 나를 '콘돔샀던여자콘돔샀던여자' 하고 생각할지도 모른다는 사실도 그곳에 발을 끊는 데 일조했다.

그리하여 한 개인의 편의점에 대한 이러저러한 소심하고 보잘것없는 경험, 나름의 근거로 인해 나의 마지막 단골 편의점은 큐마트가 되었다. 큐마트의 특징은 우선 센서식 자동문에 있다. 큐마트의 자동문은 코가 예민한 짐승처럼 잔뜩 웅크리고 있다가 조금이라도 기웃거리는 손님이 있으면 컹 하고 짖듯 문을 활짝 열어주었다. 자동문은 항상 구원처럼 열렸다.

큐마트를 경영하는 부부는 사십대 후반이다. 아마도 그들은 지난 IMF 때 명예퇴직금으로 큐마트를 연 것 같다. 확실한 것은 아니다. 그러나 그들 부부의 관상이 온화했던 탓에 나는 내 추측을 확신했다. 그 나이에도 의심이 적고, 성격이 부드러운 사람들이란 대개 그들을 부드럽게 만들 수밖에 없는 환경에서 살던 사람들이다. 그들은 사기를, 배반을, 착취를, 불평등을 모른다. 그들은 아마 그들이 노력한 만큼 벌거나 노력한 것 이상으로 벌어온 사람들일 것이다. 모든 부드러움에는 자신들이 의식하지 못하는 어떤 잔인함이 있다. 그게 사실이 아닐지라도 내가 그걸 사실로 만들어버리는 이유는 그러고 나면 내 처지가 덜 속상해지기 때문이다. 나는 그들을 폄하하는 대신, 그들의 환경을 덜 부러워할 수 있게 된다. 나는 정직하므로 가난하고 그들은 부정직했으므로 풍족하다. 가치란 편의점의 물건과 같아서 그런 식으로도 교환될 수 있는 것이다.

큐마트의 두번째 특징은 음악이다. 큐마트는 언제나 매장 내에 음악을 틀어놓는다. 음악은 대개 잔잔한 클래식이다. 큐마트의 음악은 손님들로 하여금 물건 앞에 오래 머물도록 해준다. 산책로에서 천천히 허리를 구부려 낙엽을 줍듯 큐마트에서 양반김이나 제주삼다수를 드는 나의 몸짓은 갑자기 우아해진다. 내가 편의점에 갈 때마다 어떤 안심이 드는 건, 편의점에서 물건이 아니라 일상을 구매한다는 실감 때문인지도 모르겠다. 비닐봉지를 흔들며 귀가할 때 나는 궁핍한 자취생도, 적적한 독거인도 무엇도 아닌 평범한 소비자이자 서울시민이 된다. 그곳에서 나는 깨끗한나라 화장지를, 이오요구르트를, 동대문구청에서 발매한 10리터용 쓰레기봉투를, 좋은느낌 생리대를, 도브 비누를 산다.

큐마트의 마지막 특징은 아르바이트생이다. 그곳의 아르바이트생은 이십대 중반의 청년으로 말수가 적고 무심하다. 잘생긴 호남형은 아니나 빤히 들여다보면 볼수록 정이 들게 생긴 얼굴이다. 그러나 빤히 들여다볼 일이 없는 이상 지하철역에 가면 오분마다 한번씩 볼 수 있는 외모다. 물론 그가 절색이든 박색이든 나와 상관없다. 내게 중요한 것은 그가 수다쟁이인가 아닌가뿐이다. 큐마트의 청년은 내게 꼭 필요한 말만 건넨다. '이천오백원입니다' 혹은 '데워드릴까요?' 혹은 '빨대 넣어드릴까요?' 등이 그것이다. 나는 그 점이 아주 마음에 든다. 그가 상품의 바코드에 스캐너를 댈 때면, 모니터에 가격과 잔액 등이 모두 표시된다. 마음만 먹는다면 우리는 어떤 말도 안할 수 있다.

큐마트의 계산대는 주로 그 청년이 지킨다. 주인 부부는 잘 보이지 않는다. 내가 청년을 자주 보는 것은 청년의 근무 시간과 내가 편의점에 가는 시간이 일치하기 때문인지도 모른다.

큐마트 로고가 새겨진 푸른 조끼는 그와 잘 어울린다. 그는 사무적이므로 내게 가끔 성적이다. 때론 신명조의 말투로, 때론 침묵으로, 때론 유니폼으로 표현되는 그의 위치란 그것이 가지고 있는 바로 그 '입는다'는 성격 때문에 그 뒤에 숨겨진 육체를 상상하게 만든다.

큐마트 개점 이후 줄곧 큐마트에만 들르던 내가 간만에 세븐일레븐에 간 적이 있다. 갑자기 세븐일레븐에서 파는 삼각김밥이 먹고 싶어서였다. 세 편의점은 모두 조금씩 밀고 있는 상품이 달랐다. 외제 상품이 유난히 많은 곳이 있는 반면 국산품이 주인 곳, 유독 야참거리가 많은 데가 있었다. 새벽. 트레이닝 바람으로 도로 위를 무단횡단해 세븐일레븐에 다다랐을 때 세븐일레븐의 사장은 언제나 그래왔듯 방긋 미소 지었다.

"오랜만이네요."

나는 가볍게 목례를 하며 예의를 차린다. 나의 반응에 힘입은 그는 다시 다정하게 묻는다.

"왜 이렇게 안 왔어요."

나는 삼각김밥을 집은 뒤 편의점을 둘러본다. 모든 게 있어야 할 자리에 있고 또 있었던 자리에 있다.

"칠백원입니다."

계산대 앞 남자가 나를 빤히 쳐다본다. 말똥말똥한 눈으로 나의 지불을 기다린다. 그 눈빛이 하도 천진해 나는 생각난 듯 점퍼 주머니를 뒤적였다. 그런데 주머니 안에서 아무것도 잡히지 않았다. 갑자기 나는 식은땀이 났다.

"저…… 지갑을 두고 온 것 같아요."

내가 기어들어가는 목소리로 변명하자 남자는 정말 상냥하게 삼각김밥을 슬며시 자기 앞으로 끌어놓은 뒤 답했다.

"다녀오세요."

큐마트의 크기는 스무평 정도 된다. 마트 양쪽 벽에는 가로로 긴 대형냉장고가 있다. 그곳에는 주로 유제품과 냉동식품 등이 비치돼 있다. 자동문을 기준으로 마트 내부를 정면으로 바라봤을 때, 그 끝에는 또 세로로 긴 냉장고가 있다. 그곳에는 주로 음료수가 있다. 자동문이 달린 유리벽 안쪽에는 또 냉장고가 있는데 그곳에는 빙과류가 있다. 말하자면 냉장고가 미음자 모양으로 큐마트 내부를 감싸고 있는 모양이다. 그리고 그것은 다른 편의점의 구조와 크게 다르지 않다. 편의점은 바깥과는 다른 시간이 흐르는 곳이다.

큐마트의 계산대는 자동문 바로 안쪽에 있다. 계산대 뒤로는 각종 양주와 담배가 진열돼 있고, 우측으로는 휴대전화 급속충전기가 있다. 계산대 앞쪽에는 신문과 복권이 있다. 신문이 낮게 진열된 까닭에 손님들은 박찬호의 수

염 위로, 김대중 대통령의 미소 위로, 마약을 복용한 가수의 고개 숙인 정수리 위로 생수를, 휴지를, 면도기를 내민다.

최근 고향에 갔다 본가에 휴대전화 충전기를 두고 왔다. 집에서 충전기를 택배로 보내주겠다는 연락이 왔다. 택배가 도착할 때까지 큐마트에서 휴대전화를 급속충전 하기로 했다. 휴대전화 충전 가격은 삼십분에 천원이었다. 큐마트의 푸른 조끼 청년은 내 휴대전화의 배터리를 열어 기종을 확인한 뒤 휴대전화를 충전기에 넣었다.

"비밀번호 뭐로 할까요?"

청년이 물었다. 휴대전화 충전에도 비밀번호가 필요한지 몰랐던 나는 번호를 얼른 생각해내지 못해 당황했다. 청년은 손가락을 충전기 번호판에 올려놓은 채 나를 물끄러미 바라보았다.

"공칠이사요."

그것은 나의 생일이었다. 청년은 "공칠이사……" 하고 조그맣게 중얼거리며 '비밀'인지 '번호'인지 모를 것을 기계에 눌러박았다. 청년이 나의 생일을 만지는 것을 나는 잠시 바라보았다.

"계산이오."

한 사내가 내 앞을 치고 들어왔다. 청년은 그 사내가 내민 유아용 젖병에 스캐너를 댄다. 나는 젖병을 사는 사내의 얼굴이 궁금해 고개를 돌리지만 사내는 바쁜 듯 나가버린다. 내게서 천원을 받은 편의점 청년은 더이상 나에게 볼일이 없다. 나는 삼십분간 계산대 앞에서 기다린다. 괜히 물건들을 구경하는 척 큐마트 안을 거닌다. 그러다 자동문 근처에 너무 가까이 가버렸는지 자동문이 스르륵 열리는 걸 보곤 당황해 결백을 증명하듯 뒤로 성큼 물러선다. 그러나 청년은 나에게 별로 주의를 기울이지 않는다. 나는 철제 선반들 사이를 돌아다니다 필요도 없는 물건 몇개를 더 샀다.

삼십분이 지나고 드디어 휴대폰 충전기가 충전완료를 나타내며 깜빡거리자 청년이 내게 다시 한번 묻는다.

"번호요."

내가 "공칠이사……" 하고 조그맣게 대답하는 동시에 한 남자가

"계산이오."

말한다. 남자는 계산대에 이쑤시개 다섯통을 내민다. 얼굴을 보니 최근 내가 가지 않은 포장마차의 '대학 나온' 총각이다. 총각과 나는 순간 눈이 마주친다. 총각은 나를 못 본 척 얼른 문 밖으로 나간다.

그후에도 몇번 휴대전화를 충전하러 큐마트에 갔다. 급속충전의 경우 배터리가 오래가지 않기 때문이다. 청년은 번번이 비밀번호를 묻고 나는 매번 똑같이 '공칠이사'라고 답한다. 시골에서 택배를 받아본 이후에도 사실은 몇번 더 큐마트에서 충전을 했다.

큐마트에 다니면서 내가 한 가장 큰 착각은 푸른 조끼 청년과 사적인 말을 하지 않으므로 내 사생활이 전혀 드러나지 않을 것이라고 생각한 거였다. 내가 아는 한 큐마트는 '어서 오세요'와 '감사합니다'의 세계였다. 그의 관심은 그가 파는 물건에, 나의 관심은 내가 사는 물건에 있어야 마땅했다. 그런데 큐마트를 오래 다니다

보니 뜻밖에 의도하지도 원하지도 않은 내 정보들이 매일매일 그가 들고 있는 바코드 검색기에 찍혀나가고 있다는 것을 깨달았다. 예컨대 그는 나의 식성을 안다. 대여섯 종류의 생수 중 내가 어떤 물을 가장 좋아하는지, 자주 사가는 요구르트가 딸기맛인지 사과맛인지, 흑미밥과 쌀밥 중 무엇을 더 선호하는지 등을 말이다. 원한다면 그는 내 방의 크기도 추측할 수 있다. 쓰레기봉투를 매번 10리터짜리로 사가는 나는 결코 큰 방에 살고 있을 리 없다. 그는 나의 가족관계도 알 수 있을 것이다. 새벽마다 와서 햇반을 사가는 여자, 생필품을 스스로 사는 어린 여자, 젓가락은 한개만 가져가는 그 여자는 독신이리라. 그는 내 고향을 안다. 편의점에 겨울옷을 정리한 택배를 부치러 갔을 때 수수료를 받으며 양쪽 주소를 확인했다. 그는 나의 생리주기를 안다. 그는 정기적으로 생리대를 사가는 나를 본다. 그는 콘돔갑을 뒤집어 계산대에 올려놓는 나를 본다. 그는 나의 식생활에서 성생활에 이르기까지 모든 영역을 본다. 왜냐하면 편의점이란 모든 걸 파는 곳이기 때문이다. 큐마트가 나의 가장 오랜 단골이 된 덕에 청년은 내게 단 한마디의 사적인 대화를 걸지 않고도 나에 대해 많은 것을 알게 되었다. 그는 나도 모르는 나의 습관을 알고 있을지 모른다.

그는 내 전공을 묻지 않는다. 나는 그에게 내 전공을 말하고 싶다. 나는 쓰레기봉투나 사가는 여자와 구별될 것이다. 그와 사랑하고 싶어졌다는 얘기는 아니다. 다만 내 사생활을 아는 그가 못마땅해졌을 뿐이다. 알면서도 침묵하는, 그의 무심함이 서운하게 느껴졌을 뿐이다. 전자레인지에서 햇반이 돌아가는 일분삼십초 동안, 혹은 서울우유가 돌아가는 이십초 동안 아무 말도 하지 않는 그가 궁금해졌다. 나는 네 앞에서 하루에도 몇번씩 내장을 꺼내놓듯 내가 먹고 싸고 하는 것을 드러내는데 너는 언제나 푸른 제복을 입은 채 무심하다. 나는 너에 대해 아는 게 하나도 없다. 세븐일레븐에서는 식품공학을 전공하는 학생으로, 포장마차에서는 국문학을 전공하는 학생으로, 패밀리마트에선 콘돔을 샀던 미성년자 같은 성년으로 모두 다르게 알고 있는 동네에서 그는 최소한의 진실을 알고 있을지도 모르는데 말이다.

나는 상상한다. 어느날 세개의 편의점이 마주보고 있는 도로 한가운데서 한 여자가 차에 치여 죽는다. 세 편의점의 모든 주인, 즉 증인들은 그녀를 '안다'고 증언하고 나섰으나 저마다 진술이 달랐다. 편의점의 주인들은 어긋나는 진술 속에서 자신의 기억을 의심하며, 이번엔 다시 그녀를 '모른다'고 부정하고 나선다. 그러면 세번의 부정 속에서 여자는 그때 어떻게 되며, 누가 되는가. 그것은 계산대를 등진 채 누군가에게 문자메시지를 보내고 있는 저 편의점 청년의 마음의 수신자가 누군지 아무도 모르는 것과 같다. 그것이 궁금하여 누군가 당장 도로로 뛰어든다 하더라도 답은 얻어지지 않을 것이다. 그러므로 나는 도로 한가운데로 가지 않고 편의점에 간다.

크리스마스 저녁이었다. 서울의 거리가 꽝꽝 얼어붙은 날. 거리는 한산했고 모두가 번화가로 몰려간 탓에 도시의 변두리는 을씨년스러웠다. 모 보험회사에서는 올 크리스마스에 눈이 내리면 가입자에게 돈을 준다는 광고를 내세웠다. 그날은 아침부터 눈이 내렸고 얼마 전 수능을 마친 동생이 재수학원을 알아보러 올라오기로 한 날이었다. 동생은 우선 내 방에 들러 하루 묵고 노량진 입시학원을 알아본 뒤 고향에 내려갈 계획이었다. 동생을 기다리는 동안 나는 집 근처를 크게 벗어나지 않는 한도 내에서 피시방과 식당을 오갔다. 그런데 열시쯤 동생이 막차로 막 서울에 도착했다는 전화를 해온 지 얼마 지나지 않아 대학 친구의 위급한 전화를 받았다. 그녀는 복통을 호소하며 고통스러운 목소리로 내게 와줄 것을 부탁했다. 대충 급한 대로 현금카드와 휴대전화만을 챙긴 채 집밖으로 나왔다. 그러곤 순간 당황했다. 동생에게 내 방 열쇠가 없었기 때문이다. 한두시간이라면 피시방에 들어가 있으라 하면 될 일이었지만, 응급실에서 몇시간을 있어야 될지 모르는 상황이었다. 게다가 동생은 서울 지리를 잘 몰랐다. 단골 가게에 열쇠를 맡기자니, 시간이 너무 늦은데다 크리스마스까지 겹쳐 문 닫은 집이 많았다. 그렇다고 아무데나 부탁하자니 낯선 이에게 열쇠를 맡긴다는 게 내키지 않았다. 어떻게 해야 할지 몰라 잠시 문앞에서 망설였다. 그런데 그때 한 사람이 떠올랐다. 바로 큐마트의 푸른 조끼를 입은 청년이었다. 그는 이 동네에서 나를 아는 몇 안 되는 사람 중에 한명이었다.

큐마트에 도착했을 때 가게 안에는 청년 혼자 자리를 지키고 있었다. 큐마트의 청년은 도시락세트에 스캐너를 댄 뒤 자기 주머니에서 도시락값을 꺼내 금고에 집어넣고 있었다. 한가한 틈을 타 식사를 하려는 모양이었다. 숨을 헉헉대며 내가 계산대 앞에 서자 그가 의아한 얼굴로 나를 바라보았다. 나는 잠시 망설이다 웅얼거리듯 말했다.

“저 죄송하지만 부탁이 있는데요.”

청년은 도시락을 손에서 놓지 않고 답했다.

“네?”

열쇠 이야기를 꺼내기 전 먼저 우리의 친밀함을 그에게 설명하는 게 도움될 거란 생각이 들었다.

“저…… 아시죠?”

그가 도시락을 쥔 채 내 얼굴을 빤히 쳐다보았다.

“저, 이 근처 사는…… 항상 제주 삼다수랑 디스플러스랑 사갔었는데……”

그가 계속 의아한 표정을 짓자 조바심이 일었다.

“깨끗한나라 화장지랑 쓰레기봉투는 꼭 10리터짜리만 사고, 햇반은 흑미밥만 샀는데 …… 모르시겠어요?”

그는 양미간을 찌푸리며 마치 취중에 함께 하룻밤을 보낸 상대를 기억해내려는 듯 난처한 표정을 지었다. 그러고는 마침내 천천히 입을 열어 답했다.

“손님, 죄송하지만 삼다수나 디스는 어느 분이나 사가시는데요.”

나는 잠시 멈칫했다. 그는 여전히 나를 말갛게 쳐다봤다. 주머니 속 열쇠를 쥔 손바닥에서 땀이 났다.

그즈음 포장마차가 없어졌다. 들리는 말에 의하면 다른 동네에 크게 가게를 냈다고도 하고, 편의점 주인들이 신고를 했다고도, 노모가 아픈가보다라고도 했다. 나는 그들의 안부가 조금 궁금했다. 동시에 그곳을 지나칠 때마다 겪어야 했던 수고로움을 덜하게 될 것이라는 안도를 느꼈다.

크리스마스에서 꼭 6일이 지난 어느날, 나는 방안에 꼼짝 않고 누워 있었다. 이웃집에서 연말행사에 관한 뉴스가 간헐적으로 새어나왔다. 새해를 맞을 기대로 아나운서의 목소리는 잔뜩 상기되어 있었다. 크리스마스 때와 마찬가지로 사람들은 모두 번화가로 몰려나갔을 것이다. 목이 말라 소형냉장고를 더듬으니 빈 생수통만 덩그러니 손에 잡혔다. 이불 속에서 한참을 꿈지럭대다가 결국 자리에서 일어났다. 점퍼를 든든히 입고, 휴대전화와 천원짜리 몇 장을 주머니 안에 구겨넣은 채 집을 나섰다. 마침 출출하기도 했다. 집 밖을 나왔을 때 거리에는 눈이 내리고 있었다.

큐마트는 조용했다. 2003년 12월 31일 밤 열한시. 푸른 조끼를 입은 청년은 고개 숙인 채 누군가에게 문자메시지를 보내고 있었다. 수신자에게는 메시지와 함께 도착 시간이 전달될 터였다. 큐마트의 긴 통로를 가로질러 냉장고 앞으로 갔다. 냉장고에서 생수 한병을 꺼내 들고 그 옆 냉동고에서 포장 만두를 꺼낸 뒤 계산대 앞으로 가자, 청년은 메시지를 보내다 말고, 휴대전화를 자기 뒤에 있는 선반에 올려놓았다. 크리스마스 때 일을 상기하며 잠시 그의 눈치를 봤다. 그러나 그는 그때와 마찬가지로 나를 알아보지 못하는 것 같았다. 혹은 부러 무심한 척하는지도 몰랐다. 사실 어느 쪽이라도 상관없었다. 학교 친구는 금세 회복했고, 동생 역시 주인댁의 도움을 받아 내 방에 들어올 수 있었다. 그가 생수병의 바코드를 리더기에 댔다. 순간 뚜뚜뚜— 하는 신호음이 들렸다. 청년은 계산을 하다 말고 선반 쪽으로 몸을 돌려 휴대전화를 확인했다.

"이천팔백원입니다."

메시지를 확인한 청년이 다소 실망한 듯한 표정을 지으며 비닐봉지를 꺼냈다.

"이것 좀 데워주세요."

나는 포장 만두를 내밀었다. 편의점 안에 복음성가가 흘렀다. 가게 안에는 그와 나밖에 없었다. 나는 유리창 앞 간이 탁자에 몸을 기대 바깥 풍경을 바라보았다. 거리는 한적했다. 내가 자리를 옮기자 청년은 다시 휴대전화를 들고 자판을 만지기 시작했다. 버스 안에서 가방을 놓아둔 내 옆자리에 갑자기 누군가 앉았을 때처럼 나는 창밖만 바라봤다. 자동차들이 마음놓고 과속 질주를 할 때마다 도로 위에 얇게 쌓인 눈들이 소용돌이쳤다. 세븐일레븐의 간판은 그날도 환히 빛났고, 맞은편 패밀리마트의 연두색 간판 역시 눈부셨다. 그사이 청년은 자신의 휴대전화를 몇번 확인했으나 수신메시지를 알리는 신호음은 한번도 울리지 않았다.

누군가 큐마트 안으로 들어왔다. 파란색 야구모자를 눌러쓴 이십대 후반의 남자였다. 남자는 철제 선반 사이를 돌아다니며 신중하게 물건을 골랐다.

그때 도로에서 갑자기 끼익— 하는 소리가 들렸다. 나와 큐마트 청년과 야구모자를 쓴 사내는 동시에 창밖을 쳐다봤다. 유리창 밖 한 여고생이 우리 눈앞에서 붕— 하고 떠올랐다 도로 위로 떨어져나갔다. 횡단보도 앞 은색 소나타 한대가 놀란 듯 멈추어 선 게 보였다. 소나타는 갑자기 전속력을 내며 그곳을 벗어나기 시작했다. 큐마트 청년이 밖으로 곧장 뛰어나갔다. 나는 얼어붙은 듯 그 자리에 서 있었다. 유리창 너머로 사람들이 모여드는 게 보였다. 그중에는 패밀리마트의 주인 여자도 있었다. 사람들은 각기 휴대전화를 들고 경찰서, 애인, 가족에게 전화하는 듯했다. 여고생의 머리 주위에서 피가 흘렀다. 뒤집어진 교복 치마 사이로 드러난 다리가 추워 보였다. 현장에 둥그렇게 모인 이들 모두 끔찍했던 탓인지 아무도 여고생 곁에 다가가지 않았다.

나는 계산대 앞으로 갔다. 그런데 그때 파란색 야구모자를 눌러쓴 남자가 계산대 앞 복권을 한뭉치 집어 자신의 앞가슴에 넣었다. 나는 간이 가판대 쪽으로 황급히 몸을 돌렸다. 동시에 아르바이트 청년의 휴대전화에서 문자메시지 도착을 알리는 신호음이 들렸다. 순간 파란 야구모자와 눈이 마주쳤다. 나는 숨이 멎는 것 같았다. 시선을 피하려는데 전자레인지가 땡— 소리를 내며 작동을 멈췄다. 그와 나의 팽팽한 침묵 사이로 그 소리는 아교를 잘 먹인 현악기의 줄처럼 정말 가볍게 튀어올랐다. 내 눈과 마주친 작고 깊은 눈. 모든 것이 싱싱한 이곳에서 그의 눈은 왠지 몹시 상해 보였다. 그리고…… 낯이 익었다. 나는 태연한 척 그의 얼굴을 어디에서 봤는지 기억해내려고 애썼다. 어디에서였더라? 패밀리마트에서 봤던가? 엘지25시에서 봤던가? 어디지? 곧이어 청년이 헉헉대며 큐마트 안으로 들어왔다. 나와 파란 야구모자 사내는 얌전히 계산대 앞에 섰다.

"봤어요? 팬티가 훤히 다 드러났어요."

청년의 흥분에 대꾸할 것도 없이 파란 야구모자 사내는 껌 한통을 계산한 뒤 황급히 나가버렸다. 나는 한동안 꿈쩍 않고 계산대 앞에서 있었다. 편의점 청년은 갑자기 중요한 걸 깨달은 듯 다시 전자레인지 앞으로 갔다.

"죄송합니다."

나는 그가 건네는 포장 만두를 받아들었다. 볼일이 끝난 뒤에도 내가 계속 꼼짝 않자, 청년은 나를 이상한 듯 쳐다보았다. 나는 그에게 뭔가 얘기하지 않으면 안 될 것 같았다. 그런데 도통 무슨 이야기를 해야 할지 생각이 나지 않았다. 나는 한참 망설이다 어물쩍 한마디 내뱉고는 큐마트를 나왔다.

"문자 왔어요."

큐마트 밖으로 나와 현장으로 다가갔다. 현장에는 여전히 많은 사람들이 모여 있었다. 도로 위 김이 모락나는 핏물 위로 하얀 눈이 떨어져내렸다. 눈은 피에 닿자마자 순식간에 녹아버렸다. 이상한 것은 패밀리마트 여자가 몹시 흥분했다는 점인데, 공기총에 맞아 놀란 목마처럼 눈을 똥그랗게 뜬 채 쓰러져 있는 여고생을 향해 손가락질을 하며 사람들에게 무언가 열심히 설명하고 있었다.

"아니, 쟤가 나더러 콜라 한 박스를 갖다달라길래 창고에 갔더니, 그사이 담배 한보루를 들고 뛰어나가잖아. 그래서 쫓아나온 건데 지가 급했는지 도로로 막 뛰어들더라구."

경찰차와 응급차는 아직 도착하지 않은 모양이었다. 담배를 훔친 여고생은 도로에 계속 방치됐고 주위에 몰려든 이들은 구경나온 어린아이들을 쫓아냈다. 그런데 그때 횡단보도를 건너던 파란 야구모자 사내가 여고생에게 걸어가는 게 보였다. 조금 전, 복권을 한뭉치 훔친, 가슴 안에 묵직한 절망을 쟁여안은 사내는, 아무도 가까이 가지 않는, 머리가 깨진 채 도로에 쓰러진 여고생에게 점점 가까이 다가섰다. 청년은 사람들 틈을 비집고 여고생 앞으로 다가가 허리를 수그렸다. 그런 뒤 가슴 위로 뒤집어져 올라간 여고생의 치마를 다소곳이 내려주었다.

나는 편의점에 간다. 다음날도, 그 다음날도, 편의점에 간다. 그사이 그곳에선 어떤 사건도 일어나지 않았다. 큐마트의 푸른 조끼의 청년이 몇번 바뀌었으나 그곳의 남자들은 항상 푸른 조끼를 입으므로 상관없다. 몇번 더 휴대전화를 충전하러 갔으나, 편의점 사장들은 충전기를 없애고 일회용 배터리를 들여놓았다. 몇번의 폭설이, 장마가, 안개가 있었으나 그것은 원래 그런 것이므로 상관없다. 이따금 '말'이 듣고 싶을 때 당신은 수다쟁이 사장이 있는 세븐일레븐에 가라. 비디오방에서 서로를 안은 학생들을 퇴학시킨 선생은 컵라면을 사먹고, 아직도 아버지께 꾸중듣는 백수 청년은 오늘도 담배가 떨어졌을 것이다. 그리하여 아무 일도 일어나지 않은 것에 대한 이 기록은 마침내 시시해진다.

한번도 휴일이 없었던 그곳에서 나는—나의 필요를 아는 척해주는 그곳에서 나는—그러므로 누구도 만나지 않고, 누구도 껴안지 않았다. 내가 편의점에 간 사이, 나는 이별을 했고, 내가 어디까지 내려갈 수 있는 사람인지 깨달았다. 그러나 이 모든 것을 아무도 알지 못한다. 그 거대한 관대가 하도 낯설어 나는 어디를 봐야 할지 몰라 서성거린다. 당신이 만약 편의점에 간다면 주위를 잘 살펴라. 당신 옆에 한 여자가 편의점에서 물을 살 때 그것은 약을 먹기 위함이며, 당신 뒤에 남자가 편의점에서 면도날을 살 때 그것은 손목을 긋기 위함이며, 당신 앞에 소녀가 휴지를 살 때 그것은 병든 노모의 밑을 닦기 위함인지도 모른다는 것을. 당신은 이따금 상기해도 좋고 아니래도 좋다. 큐마트, 세븐일레븐, 패밀리마트는 모른다. 편의점의 관심은 내가 아니라 물이다, 휴지다, 면도날이다. 그리하여 나는 편의점에 간다. 많게는 하루에 몇번, 적게는 일주일에 한번 정도 나는 편의점에 간다. 그리고 이상하게 그사이 내겐 반드시 무언가 필요해진다.

김애란의 『달려라 아비』 「나는 편의점에 간다」
(창비, 2019)

김애란(1980~)

인천에서 태어나 충남 서산에서 자랐고, 한국예술종합학교 연극원 극작과를 졸업했다. 계간 〈창작과 비평〉 2003년 봄호에 단편 「노크하지 않는 집」을 발표하면서 작품활동을 시작했다. 2005년 단편집 『달려라 아비』를 통해 한국 소설의 샛별이라는 평가를 받았다. 단편집으로 『침이 고인다』, 『비행운』, 『바깥은 여름』, 『안녕이라 그랬어』가 있고, 장편소설 『두근두근 내 인생』, 『이중 하나는 거짓말』과 산문집 『잊기 좋은 이름』 등을 썼다.

CHAPTER 4

불환빈 환불균(不患貧 患不均)

고르지 못한 세상, 어떻게 대응할까

1

천도(天道)는 있는가

사마천

공자는 일찍이 "나라를 다스릴 때는 재화가 부족한 것보다 고르게 분배되지 않는 것을 걱정해야 하고 가난한 것보다 구성원들의 관계가 편안하지 못한 것을 근심해야 한다"고 이야기하면서 "고르게 분배되면 가난함이 없어지고 서로 화합하면 부족함이 없어지고 편안하면 나라가 기울어지는 일도 없게 된다[有國有家者 不患寡而患不均 不患貧而患不安 蓋均無貧 和無寡 安無傾]"고 주장했다. 이른바 '불환빈 환불균(不患貧 患不均, 가난함을 근심하지 않고 고르지 못함을 근심한다)'이라는 말이 여기에서 나왔다. 공자는 공동체를 다스리는 기본 이념은 당시 제후들이 선호했던 부국강병(富國強兵)이 아니라 고른 분배[均]에 있어야 한다고 주장한 것이다. 공자 시대의 문맥에 굳이 얽매일 필요 없이, '균'의 현대적인 의미는 평등, 공정성, 정의다. 세계의 주요 신화들에는 거의 예외 없이 '정의의 신'이 등장한다. 그리스 신화의 테미스, 로마 신화의 유스티티아, 이집트신화의 마아트는 모두 옳고 그름을 따지고 심판하는 정의의 신이다. 이집트 『사자의 서』에 나오는 마아트 신은 죽은 자의 생전 행적을 '저울대'로 심판한, 그래서 정의와 저울대의 아이콘을 연결한 인류사 최초의 신화적 법정이다. 그 저울대의 한쪽에는 사자의 혼이, 다른 한쪽에는 새의 깃털이 올라 있다. "너는 옳게 살았는가?" 인간 서사문화의 가장 이른 시간대부터 정의의 신이 등장한다는 것은 예나 지금이나 인간 세상이 불평등과 불의(不義)의 문제에 아프게 시달려왔다는 사실을 반증한다. 『향연』의 에로스론을 참작하면, 인간이 정의를 부단히 추구하고 그리워했다는 것은 정의가 그에게 항구한 '결핍'이었기 때문이다. 그리고 그 불평등, 고르지 못함, 정의롭지 못함의 문제에 대응하고 정의의 결핍이라는 문제를 풀기 위해 지금도 인간은 끊임없이 정의의 관념에 매달리고 정의란 무엇인가를 거듭 사유한다.

철학은 정의를 사유하고 문학은 정의를 향한 인간의 그리움을 표현한다. 정의는 플라톤 『국가론』의 중심 주제 가운데 하나다. 무엇이 정의인가? 『국가론』에서 트라시마쿠스는 "권력이 정의다"라고 나서고 소크라테스는 "변덕은 정의가 아니다"라며 정의의 불변 토대를 제시한다. 아리스토텔레스도 『니코마코스 윤리학』에서 정의의 문제에 매달린다. 도스토옙스키 소설 『죄와 벌』

에서는 세상의 불의 때문에 실성해버린 한 여자가 "정의는 어디에 있는가? 정의는 어디에 있는가?"라며 시장 바닥을 헤맨다. 그 미친 여자의 후예들은 지금도 소설에서 사라지지 않고 있다. 이 장을 열기 위해 선택된 글은 뜻밖에도 2천 년 전 역사가 사마천이 『사기』를 쓰면서 제기한 질문—"하늘의 도리[天道]라는 것이 과연 있는가?"라는 물음이다. 오랜 기간 중국인의 세계관과 윤리, 인식론과 존재론의 토대가 되고 세상을 바르게 할 도덕적 질서와 정의의 기초이자 통치 권력의 근거로 여겨진 것이 천도다. 그 '천도'를 향해 사마천은 "이것이 천도란 말인가?"라고 묻고 있다. 『사기』 전편을 통틀어 이처럼 신랄하고 절절한 질문이 따로 없다. 그것은 고르지 못한 세상을 향한 사마천의 항의다.

무릇 학자는 수많은 문헌을 탐독하지만 그래도 육경에서 신뢰할 만한 기록을 얻는다. 『시경』과 『서경』에는 비록 빠진 부분이 있지만 우(虞)나라와 하(夏)나라의 기록을 알 수 있다. 요(堯)임금이 순(舜)에게 임금 자리를 물려주고 순임금이 우(禹)에게 나라를 물려줄 때는 제후들의 대표와 지방 수령들이 천거한 뒤 마침내 지위를 주고 관직을 맡겨 수십 년간 시험하여 공적이 드러난 뒤에야 국정을 맡겼으니, 천하는 중대한 물건이고 왕은 천하를 통괄하여 다스리는 자이므로 천하를 물려주는 일이 이토록 어려운 일임을 보여준 것이다.

그러나 어떤 사람은, "요임금이 천하를 허유(許由)에게 양보하려 했는데 허유가 받지 않고 그 일을 부끄럽게 여겨 도망쳐 숨었고, 하나라(夏) 시대에 이르러서도 변수(卞隨)와 무광(務光) 같은 이들이 있었다"고 말한다. 이것은 무엇을 근거로 일컬은 것인가?

태사공(太史公)은 이렇게 말한다. 내가 기산(箕山)에 오른 일이 있는데, 산 정상에 허유의 무덤이 있다는 이야기를 들었다. 공자는 옛 성현을 차례대로 열거하면서 오(吳)나라의 시조인 태백(太伯)이나 백이(伯夷) 같은 무리를 상세히 기록했다. 내가 들은 바로는 허유와 무광의 절의(節義) 또한 지극히 높은데도 그들에 관한 기록은 소략한 것도 찾아볼 수 없으니 무슨 까닭인가?

일찍이 공자는 "백이와 숙제(叔齊)는 사람들의 지난 허물을 오랫동안 마음에 넣어 두지 않았기 때문에 사람을 원망하는 일이 드물었다. 인(仁)을 구했는데, 인을 얻었으니 무엇을 원망하겠는가." 하고 말했다. 그러나 나는 백이와 숙제의 뜻을 슬퍼한다. 더구나 그들이 남긴 시를 보면 공자의 말과 다른 점이 있다.

전해 오는 기록에 따르면, 백이와 숙제는 모두 고죽국(孤竹國) 임금의 아들이었다. 평소 아버지는 셋째였던 숙제에게 임금 자리를 물려주려 했다. 그런데 아버지가 죽고 나자, 숙제는 맏형인 백이에게 왕위를 양보하였다. 그러나 백이는 "아버지의 명령을 따라야 한다"고 말하고는 도망쳐 버렸다. 숙제 또한 임금이 되려 하지 않고 달아나버렸다. 고죽국 사람들은 할 수 없이 둘째 아들을 임금으로 세웠다고 한다.

그 뒤 백이와 숙제는 주나라의 서백(西伯)이 늙은이들을 잘 대우해 준다는 말을 듣고, 그에게 가서 몸을 맡기려 했다. 그런데 그곳에 가 보니 서백은 이미 세상을 떠났고, 그의 아들 무왕(武王)이 아버지 서백의 신주를 나무로 만들어 '문왕(文王)'이라고 호칭한 뒤 동쪽으로 은(殷)나라의 주왕(紂王)을 정벌하려 했다. 백이와 숙제는 무왕의 말고삐를 붙잡고, "부왕이 돌아가시고 아직 장례도 치르지 않았는데, 전쟁을 일으킨다면 '효(孝)'라 할 수 있겠습니까. 또 신하로서 임금을 죽이려 하니 어진 일이라 할 수 있겠습니까." 하고 말렸다.

무왕의 좌우에 있던 사람들이 두 사람을 해치려 했지만, 태공(太公)이 의로운 사람들이라며 부축해서 떠나게 했다. 이윽고 주나라 무왕이 은나라의 혼란을 평정하자, 천하는 주나라를 종주국으로 섬기게 되었다. 백이와 숙제는 그것을 부끄럽게 여겨 의리상 주나라의 곡식을 먹을 수 없다 하고 수양산(首陽山)에 숨어 살며 고사리를 캐 먹다가 마침내 굶어 죽었다. 그들은 죽기 전 채미가(采薇歌)를 지어 이렇게 노래했다.

> 저 서산에 올라 고사리를 캐노라.
> 폭력을 폭력으로 바꾸고서도 잘못된 줄 모르는구나.
> 신농씨와 우나라, 하나라는 어느덧 사라졌으니
> 내 돌아갈 곳이 어디인가.
> 아! 이제 떠나야 하겠구나. 목숨도 이미 다했구나!

그러고는 마침내 수양산에서 굶어 죽었다. 공자는 백이와 숙제가 아무 원망도 없다 했지만, 이 노래를 보면 그들이 원망하지 않았다고 말할 수 있겠는가.

사람들은 말하기를, 하늘의 도리[天道]는 사람을 사사로이 사랑하는 일이 없어서 늘 착한 사람에게 복을 내려준다고 한다.

그렇다면 백이와 숙제 같은 이는 과연 착한 사람이었다고 할 수 있는가. 인덕을 쌓고 깨끗하게 행동했는데도 결국 굶어 죽었으니 말이다. 또 공자는 70명의 제자 중에 유독 안연을 가리켜, 배우기를 좋아하고 성품이 훌륭하다고 칭찬하였다. 그런데 막상 안연은 쌀독이 자주 빌 만큼 가난해서, 지게미나 쌀겨조차 배불리 먹지 못하다가 끝내 일찍 죽고 말았다. 하늘이 착한 사람에게 내려준다는 복이 도대체 이런 것인가.

그런가 하면 도척이란 자는 날마다 죄 없는 사람을 죽이고, 사람의 간을 회로 쳐서 먹는 등 포악한 짓을 저지르면서 수천 명의 무리를 모아 천하를 휘젓고 다녔다. 그렇지만 타고난 수명을 누리며 오래오래 잘 먹고 잘 살았다. 이런 결과는 대체 무슨 덕을 따라서 그리 된 것인가. 이런 일은 그중 명백하게 드러난 경우라 할 것이다.

오늘날에도 마찬가지다. 행실이 나쁘고 거리낌 없이 못된 짓을 저지르고서도 죽을 때까지 편안하고 즐겁게 살 뿐 아니라, 자손 대대로 부유하게 사는 경우가 많기 때문이다. 반대로 어쩌다 작은 생물이라도 다칠까 봐 땅조차 가려 밟으며, 말을 삼가서 때를 살핀 뒤에야 비로소 입을 열고, 길을 갈 때도 지름길로 다니지 않으며, 공정한 일이 아니면 나서지 않는 사람들이 도리어 재앙을 당하는 경우가 헤아릴 수 없이 많다. 그렇다면 의심하지 않을 수 없다. 도대체 천도란 옳은가 그른가.

공자는 일찍이 "추구하는 도가 같지 않으면 함께 일하지 않는다"고 했다. 이 말은 사람들이 각자 자기의 뜻에 따라 사는 것이 좋다는 것을 의미한다. 그 때문에 공자는 "만약 부유해질 수 있다면, 비록 채찍을 잡는 마부 일이라도 기꺼이 하겠다. 그렇지만 부유해지는 게 내 몫이 아니라면 나는 내가 좋아하는 것을 따르겠다"고 한 것이다. 또 공자는 "날씨가 추워진 뒤에야 비로소 소나무와 잣나무가 늦게 시든다는 것을 알 수 있다"고 했는데, 이는 온 세상이 어지러워진 뒤에야 비로소 깨끗한 선비가 드러난다는 것을 가리킨 말이다. 그것은 아마도 깨끗한 선비는 저들이 그토록 중시하는 부귀를 이토록 가볍게 여기기 때문이 아닐까.

공자는 "군자는 세상에서 사라진 뒤에 이름이 칭송되지 않는 것을 싫어한다"고 했다. 한(漢)나라의 가의도 "탐욕스러운 자는 재물에 목숨을 걸고, 의로운 사람은 명예에 목숨을 걸고, 과시를 좋아하는 자는 권세에 목숨을 걸고, 보통 사람들은 그저 목숨을 부지하려 한다"고 했다.

모름지기 같은 종류의 빛은 서로를 비춰주고, 같은 종류의 사물은 서로를 찾기 마련이다. 그래서 '구름은 용을 따르고, 바람은 범을 따르며, 성인이 일어나면 만물이 제 모습을 드러낸다'고 한다. 백이와 숙제는 비록 어진 사람이었지만 공자가 알아주었기에 이름이 더욱 밝게 드러났고, 안연이 배움을 성실히 했지만 공자라는 천리마의 꼬리에 붙어서 행실이 더욱 빛났다.

그러나 산림 속에 숨어 사는 훌륭한 선비 가운데는 그 이름이 묻혀 칭송되지 못하는 경우가 많으니, 슬픈 일이다! 촌구석에 묻혀 사는 사람이 행실을 곧게 닦아 이름을 떨치려 하더라도, 뛰어난 선비가 그를 알아주지 아니하면 어찌 후세에 이름을 전할 수 있겠는가.

사마천의 『사기』 「백이열전」

(전호근 옮김, 2012)

사마천(司馬遷, 기원전 145?~기원전 86?)

중국 전한(前漢) 시대의 역사가. 흉노와의 전쟁에서 패한 이릉(李陵) 장군을 두둔하다가 한무제(漢武帝)의 노여움을 사서 궁형을 받게 된다. 아버지 사마담의 유언에 따라 중국 최초의 통사 『사기(史記)』를 편찬했다. 『사기』는 모두 130권 총 52만 6천여 자에 이르는 방대한 기록으로 전설의 시대인 황제(黃帝) 시기부터 사마천 자신이 살았던 한무제 시기까지 2600년간의 역사를 기록하고 있다.

기게스의 반지

플라톤

"좋습니다." 그가(글라우콘) 말했네. "자, 그럼 제가 말씀드리겠다고 이야기한 첫 번째 사안에 귀를 기울여주십시오. 그러니까 정의란 어떤 것이며, 그것이 어떻게 생겨나는지 말입니다. 나쁜 일을 하는 것은 본성상 좋은 일이고, 나쁜 일을 당하는 것은 좋지 않은 일이지만, 나쁜 일을 당할 때의 해악이 나쁜 일을 행할 때의 이로움을 능가한다고 사람들은 말합니다. 그 결과, 사람들이 서로 나쁜 일을 행하기도 하고 당하기도 하며, 그 두 가지 모두를 겪게 될 때, 하나를 피하고 다른 하나를 취할 수 없는 사람들은, 서로 나쁜 일을 행하지도 말고 당하지도 말자고 서로 합의에 도달하는 것이 그들에게 이익이 될 것이라고 생각하죠. 그것이 바로 사람들이 법률과 협약을 만들고, 그 법에 의해 명문화된 것을 합법적이고 정의로운 것이라 부르기 시작하게 된 경위입니다. 이것이 정의의 기원이자 핵심적인 본질이라고 사람들은 말합니다. 이것은 나쁜 일을 행하고도 처벌을 받지 않는 최선의 경우와, 나쁜 일을 당하고도 보복을 할 수 없는 최악의 경우 사이에서 체결된 타협이라는 겁니다. 정의는 이 두 가지 극단 사이의 중간에 존재해서 좋은 것으로 우대를 받는 것은 아닙니다. 정의는 다만 나쁜 일을 저지를 수 있는 힘에 대한 사람들의 열망 속에서 그 가치를 발견할 뿐입니다. 나쁜 일을 저지를 수 있는 힘을 가진 사람, 즉 참된 남자는 결코 누구와도 나쁜 일을 저지르지도 당하지도 않기로 약정을 맺지 않습니다. 그렇게 하는 것은 그에게 터무니없는 일이 될 것입니다. 대략 이것이 정의의 본질입니다, 소크라테스. 이것이 정의의 특성이고, 이러한 주장에 따를 때, 나쁜 일을 저지를 수 있는 힘을 가진 사람들이 정의를 탄생시킨 그러한 원인인 것이죠.

정의를 실천하는 사람들이 나쁜 일을 저지르기에는 너무 나약해서 마지못해 그런다는 주장에 관해서는, 그것이 사실이라는 걸 알기 위한 가장 쉬운 방법은 이런 것을 상상하는 것입니다. 우리가 정의로운 사람과 불의한 사람 각자에게 그들이 하고 싶은 일은 무엇이든 할 수 있는 자유를 준 다음, 그들을 따라가 눈여겨보면서 그들의 욕망이 그들을 어디로 데려가는지 본다고 가정해보죠. 우리는 곧 정의로운(정의롭게 보이는) 사람을 적발해낼 것입니다. 탐욕과 다른 사람들을 능가하려는 욕망에 이끌려서, 그 정의로운 사람은 불의한 사람이 좇는 것과 동일한 경로를 따라갈 것입니다. 그 길은 모든 사람의 자연스런 경향이 선으로 추구하는 길이지만, 사람들은 단지 법률에 의해 강제로 등을 떠밀려서 평등에 가치를 두는 방향으로 돌아갈 뿐이죠. 대략적으로 말해서, 만약 리디아인인 기게스의 조상이 옛날에 가지고 있었던 그런 힘을 그들이 지녔다면, 그들은 제가 지금 말하고 있는 자유를 가지고 있을 것입니다. 그는 목동이었다고 하는데, 당시 리디아의 통치자였던 사람의 노예였다고 합니다. 하루는 그가 양을 먹이던 곳에 심한 폭풍우와 지진이 있었는데, 땅의 일부가 갈라져 커다란 구멍이 생겼죠. 그 구멍을 보고 몹시 놀랐지만, 그는 그 속으로 들어갔습니다. 전설에 따르면, 온갖 경이로운 것들이 있었는데 그는 그중에서 속이 비어 있고 창문이 달린 청동 말을 보았다고 합니다. 안을 들여다봤더니, 사람보다 큰 시체처럼 보이는 것을 보았는데, 벌거벗은 채로 손에 금으로 된 반지만을 끼고 있었죠. 그는 반지를 빼내 밖으로 나왔다고 합니다.

목동들이 매달 왕에게 양떼들에 관한 보고를 하기 위해 정기모임을 가지고 있었는데, 그도 그 반지를 끼고 나타났습니다. 그가 나머지 사람들과 함께 앉을 때, 우연히 그 반지의 받침을 자신을 향해 손 안쪽으로 돌렸습니다. 그렇게 하자, 그는 그와 함께 앉아 있던 사람들에게 보이지 않게 되었고, 그러자 그 사람들은 마치 그가 떠나버린 것처럼 그에 관해 이야기하기 시작했습니다. 그는 놀라서 반지의 받침을 밖을 향해 다시 돌렸습니다. 그렇게 하자마자, 그는 다시 보이기 시작했죠. 이 사실을 알아차린 그는 반지에 그런 힘이 있는지를 알아보기 위해 시험을 하기 시작했습니다. 그리고 그는 반지가 그렇다는 사실을 알게 되죠. 그가 반지 받침을 안으로 돌렸을 때는 보이지 않게 되고, 바깥으로 돌렸을 때는 보이게 되었습니다. 이 사실을 확인하자마자, 그는 지체 없이 일을 꾸며 왕에게 보고를 하는 사람들 사이에 끼어들었습니다. 그곳에 도착하자, 그는 왕비를 유혹했고, 그녀와 음모를 꾸며 왕을 배반하고, 그를 죽인 후 권력을 차지했습니다.

그런 반지가 두 개 있어서, 정의로운 사람이 하나를 끼고, 불의한 사람이 다른 하나를 끼었다고 상상해 보십시오. 둘 중 누구도 정의의 경계 안에 머물러 있을 만큼 충분히 의지가 굳세지 못할 거라고 사람들은 생각합니다. 만약 시장에서 별생각 없이 자신이 원하는 것은 무엇이든 가질 수 있거나, 남의 집에 들어가 아무나 하고 잠자리를 할 수 있다면,

작자 미상, 〈기게스의 반지〉(16세기경)

누구도 다른 사람의 소유에 손대지 않거나 그 일을 멀리할 수는 없을 겁니다. 아니면 자신이 선택한 사람을 죽이거나 감옥에서 풀어줄 수 있다면, 그는 일반적으로 사람들 사이에서 신처럼 행동하고 다닐 겁니다. 만약 그가 이렇게 행동한다면, 정의로운 사람은 불의한 사람과 조금도 다르게 행동하지 않을 겁니다. 둘은 동일한 방향을 따르고 있겠죠.

누구도 자발적으로가 아니라 강요 아래에서만 정의로운 것이라는 주장을 위해서는 이것이 강력한 논증이라고 말할 수 있을 겁니다. 개개인에게는 정의가 좋은 일이라고 생각되지 않습니다. 누구든 자신이 나쁜 일을 할 수 있다고 생각하는 곳에서는, 나쁜 일을 저지를 테니까요. 모든 사람은 불의가 정의보다 개인에게는 훨씬 더 이익이 된다고 믿죠. 그리고 이러한 견해를 제시하는 사람에 따르면, 그가 이렇게 생각하는 것이 옳을 겁니다. 제가 이야기했던 자유를 가지게 되었는데 나쁜 일은 결코 하지 않고, 다른 사람의 소유에는 손도 대지 않는 사람은 주변 사람들에게 가장 한심하고 모자란 사람으로 여겨질 것입니다. 물론 공적인 자리에서는, 나쁜 일을 당하는 것에 대한 두려움 때문에 서로 거짓말을 하면서, 사람들이 그를 칭찬한다고 하더라도 말입니다. 이것이 그 주장에 관해 제가 해야 할 말의 전부입니다.

플라톤의 『국가』 「기게스의 반지」

(오흥명 옮김, 2025)

2

정언명령

이마누엘 칸트

"남들에게 어떻게 행동해야 합니까?" 이것은 예나 지금이나 동서양 사람들이 한결같이 던져온 공통 질문이다. 여러분도 마찬가지일 것이다. 그런데 그 공통 질문에 응답할 공통 보편의 해답은 없을까? 좋은 멘토링으로 자주 거론되는 것은 나사렛 예수의 '황금률(the Golden Rule)'과 공자의 준칙이다. "네가 대접받고 싶은 대로 너도 남들에게 행하라(Do unto others what you would have them do unto you)"는 것이 예수의 황금률이고 "네가 바라지 않는 것은 남에게도 강요하지 말라[己所不欲 勿施於人]"는 것이 공자의 행위 준칙이다. 그러나 근대로 접어들면서 인간의 판단과 행동을 안내할 훨씬 견고하고 보편타당한 이성적 원칙을 세워야 할 필요성이 높아졌다. 그런 공통 보편의 이성적 도덕법칙을 세워보기 위해 밤낮으로 생각하고 고민했던 근대 철학자가 이마누엘 칸트다. 인간은 신에 의지하지 않고 인간의 이성만으로 옳고 그름의 판단 기준을 세우고 그 기준에 따라 행동할 수 없을까? 인간이 다른 모든 고려를 떠나서 그렇게 행동하는 것이 '단지 옳기 때문에 그렇게 행동한다'고 말할 만한 행위의 준칙은 없을까?

오랜 모색 끝에 칸트가 내놓은 것이 그의 유명한 '정언명령(categorical imperative)'이다. 그는 인간이 신이나 하늘 같은 외부의 힘 아닌 그 자신의 내적 능력(이성)으로 누구나 인정할 만한 보편적 도덕법칙을 발견할 수 있다고 생각했다. 이성적 능력은 모든 인간이 가지고 있는 놀라운 공통의 능력이며, 그런 능력이 인간에게 있는 이상 누구에게나 타당한 공통의 행위 준칙을 만들 수 있다. 그의 묘비명에는 이렇게 씌어 있다. "더 자주, 더 곰곰이 생각해볼수록, 내 위에 별이 반짝이는 하늘과 내 안의 도덕법칙은 더욱더 새롭고 큰 존경과 경외심으로 내 마음을 가득 채운다." 그가 내놓은 정언명령은 어떤 것인가? 그 명령은 칸트 자신의 개인적 명령이 아니라 '인간이라면 따라야 할 이성의 것'이다. 이성적 정언명령과 아닌 것은 어떻게 구별되는가?

칸트의 주장은 대단히 강력하다. 그러나 그가 생각했던 것처럼 그의 정언명령이 도덕법칙으로 보편타당한 것일까? 때와 장소를 불문하고 모든 사람에게 그 법칙의 준수를 '의무'처럼 요구할 수 있을까? 이런 문제들 때문에 칸트식의 도덕 의무론에는 많은 논란이 따라붙는다. 여러분이

할 일은 우선 칸트가 내놓은 정언명령을 정확히 이해하고 그의 논거를 따져보는 일이며, 논란에도 불구하고 칸트의 주장이 왜 강한 힘을 갖는지 생각해보는 일이다. 이런 일은 여러분이 대학에서 반드시 거쳐야 할 윤리적 사유 훈련이자 도덕적 추론 훈련이다. 그런 훈련을 거친 사람과 그렇지 않은 사람은 판단과 행동에서 큰 차이가 날 수 있다. 바로 그런 차이가 사람의 품질을 좌우하고 그가 추구하는 삶의 행복에 큰 영향을 주는 것이 아닐까?

선한 의지와 기타 좋은 것들

세계 안에서 아니 세계 바깥에서라도 어디서든 아무 제한 없이 선하다고 여겨질 수 있는 것은 오직 **선한 의지**뿐이다. 지성, 위트, 판단력 그리고 그 밖에 정신이 지닌 모든 **재능**은 여러 면에서 의심의 여지 없이 선하고 바람직하다. 용기, 결연함, 끈기와 같은 기질적 속성들도 마찬가지다. 하지만 이런 본성적 자질들을 사용하는 의지가 선하지 않다면 그것들 역시 극도로 악하고 해로운 것이 될 수 있다. 이런 이유로 의지의 고유한 성질을 사람들은 **품성**이라 부른다. **운명의 신이 선사한 것들**, 즉 권력, 부, 명예, 심지어는 건강도, 또 자신이 처한 상황에 대해 느끼는—행복이라는 이름으로 불리는—모든 편안함과 만족감도 마찬가지다. 이런 것들도 보통의 경우에는 용기를 주지만, 어떨 때는 종종 용기를 넘어 만용에까지 이르게 한다. 이런 것들이 인간 심성에 미치는 영향을 바로잡고 보편적—합목적적으로 되게 해주며 이로써 행동 원리 전체 또한 바로잡아 보편적—합목적적으로 되게 해주는 선한 의지가 존재하지 않는다면 말이다. 순수하고 선한 특징을 지닌 의지를 장식으로라도 갖추지 않은 누군가가 계속 잘되는 것을 보게 되면 이성적이고 공평한 사람이라도 전혀 즐거움을 느끼지 않게 된다는 사실은 더 말할 나위도 없다. 따라서 선한 의지는 행복을 누릴 만한 자격을 갖추기 위해 필수 불가결한 본질적 조건 그 자체인 듯하다.

선한 의지는 무언가를 만들어내거나 이뤄내기 때문이 아니라, 또 미리 정해놓은 어떤 목적을 달성하는 데 유용하기 때문이 아니라 오직 자신의 의지로 무언가를 원하는 행위를 통해서만, 즉 그 자체로 선하다. 그 자체로 고찰해 보더라도 선한 의지는 어떤 본능적 충동, 심지어는—그렇게 말하기를 원한다면—모든 본능적 충동을 만족시키려고 의지가 성취해낼 수 있을 모든 것보다 훨씬 더 높이 평가되어야 한다. 운명이 특히 호의적이지 않아서 그랬든, 계모 같은 자연이 능력을 인색하게 마련해주어서 그랬든 이 선한 의지가 자신의 의도를 실현할 능력을 전혀 지니지 못하며, 따라서 아무리 많이 노력해도 아무것도 이뤄낼 수 없다 하더라도, 그래서 그저 선한 의지만 남는다고 해도 이 선한 의지는 (물론 그렇더라도 선한 의지는 그저 무언가를 바라는 데 그치지 않고 자신이 쓸 수 있는 모든 수단을 다 모아 자신의 목적을 달성하기 위해 사용한다.) 마치 자신 안에 그 온전한 가치를 지니는 보석처럼 그 자체로 빛날 것이다. 유용함이나 무익함은 이 가치에서 아무것도 더하거나 빼지 못한다. 그것은 일상 거래에서 보석을 더 잘 다룰 수 있기 위해 혹은 아직 충분히 보석 전문가가 되지 못한 사람의 주의를 끌려고 보석 둘레에 두르는 테와 같은 것일 뿐이다. 따라서 전문가에게 그 보석을 권하고 그 가치를 결정하는 데는 사용할 수 없다.

가언명령과 정언명령의 구분에 대하여

모든 **명령**은 **가언적**(**조건적**)이거나 **정언적**(**무조건적**)이다. 가언명령은 우리가 원하는 (혹은 원할 수 있는) 무언가를 이루려면 우리가 할 수 있으며 또 반드시 해야 하는 행동이 무엇인지 제시한다. 정언명령은 어떤 행동을 그 자체로 다른 목적과 상관없이 꼭 해야 하는 것으로 제시한다.

모든 실천적 법칙은 우리가 행할 가능성이 있는 어떤 행동을 선한 것으로, 따라서 이성을 근거로 행동함으로써 자신을 실천적으로 규정할 수 있는 주체에게 꼭 필요한 것으로 제시한다. 따라서 모든 명령은 어떤 식으로든 선한 의지의 원리를 따르자면 꼭 필요한 행동이 무엇인지 정해주는 공식들이다. 이제 그렇게 정해지는 행동이 그저 **다른 무언가를 위한** 수단으로만 선한 것이라면, 그 명령은 가언적이다. 하지만 만일 그것이 **그 자체**로 **선**하며, 따라서 그 자체로 이성을 따르는 의지에 꼭 필요한 것으로 제시된다면 그 명령은 **정언적**이다.

가언명령 일반에 대해 생각할 때면 나는 그 명령의 조건이 제시되기 전까지는 그 내용이 무엇일지 미리 알지 못한다. 하지만 **정언**명령에 대해 생각할 때면 나는 바로 그 내용이 무엇일지 알게 된다. 그 명령은 법칙 말고는 이 법칙에 적합한 것이어야 하는 준칙(어떤 사람이 정해놓고 실제로 그에 따라 행동하는 원칙-옮긴이)을 포함하지만, 그 어떤 제약조건도 그 안에 담고 있지 않다. 따라서 남은 것은 행동의 준칙이 일치해야 할 법칙 일반의 보편성뿐이다. 준칙과 법칙의 이러한 일치만이 그 명령을 진정 꼭 필요한 것으로 제시한다.

그러므로 정언명령은 오직 하나뿐인데, 정확하게 말하자면 다음과 같다. **그 준칙에 따라 행동하면서 동시에 그것이 보편적 법칙이 되기를 네가 원할 수 있는 그런 준칙에 따라서만 행동하라.**

의무인 행위에는 어떤 것이 있는가

이제 의무에 관해 말하는 모든 명령이 그 원리인 이 하나의 명령에서 도출될 수 있다고 해보자. 그러면 사람들이 의무라고 부르는 것이 공허한 개념이 아닌가 하는 문제는 해결하지 않은 채 내버려둔다고 하더라도 적어도 그 개념을 통해 우리가 생각하는 바가 무엇이고 이 개념이 말하고자 하는 바가 무엇인지를 보여줄 수는 있다.

보편적 법칙에 따라 어떤 결과들이 나타나게 되는데, 이 법칙은 원래 (형식적 측면에서는) 그 가장 보편적인 의미의 자연, 즉 보편적 법칙들에 따라 규정되는 사물들의 현존을 구성해준다. 그러므로 의무에 관한 보편적 명령의 내용은 다음과 같은 것일 수 있다. **네 행동 준칙이 네 의지로 인해 보편적 자연법칙이 되어야 할 것처럼 그렇게 행동하라.**

이제 일상적 분류법에 따라 몇 가지 의무를 열거해보도록 하겠다. 우리 자신에 대한 의무와 다른 인간들에 대한 의무, 완전한 의무와 불완전한 의무.

1) 절망에 빠질 정도로 나쁜 일이 계속 일어나 삶에 진저리가 난 사람도 여전히 이성을 지니고 있어서 스스로 목숨을 끊는 것이 자신에 대한 의무에 어긋나는 것은 아닌지 스스로 물을 수는 있다. 이제 그는 자신의 행동 준칙이 보편적인 자연법칙이 될 수 있는지 검토해볼 것이다. 그런데 그의 준칙은 다음과 같다. '삶이 연장되면 즐거운 일보다는 나쁜 일이 더 많이 일어날 거라고 예상하게 된다면 나는 나를 사랑하기 때문에 내 생명을 단축하는 것을 원칙으로 삼는다.' 그러면 이 자기애의 원리가 보편적인 자연법칙이 될 수 있는가만이 여전히 문제가 된다. 그런데 우리는 곧 다음과 같은 사실을 확인하게 된다. 감정은 삶을 촉진하는 것을 그 본분으로 삼는데, 바로 그 감정으로 인해 삶 자체가 파괴되는 것이 자연법칙이라면 그것은 자연 자체에 모순되며, 따라서 자연으로 존속할 수 없다. 그러므로 앞의 준칙은 보편적 자연법칙이 될 수 없고 모든 의무의 최고 원리에 전적으로 어긋난다.

2) 또 어떤 이는 곤궁에 빠지면 어쩔 수 없이 돈을 빌리게 된다. 그는 자신이 그 돈을 갚지 못할 수도 있음을 잘 알고 있지만, 정해진 시간에 갚겠다고 굳게 약속하지 않으면 돈을 절대 빌릴 수 없으리라는 사실도 안다. 그는 기꺼이 그렇게 약속할 마음이 있다. 하지만 다음과 같이 자문할 정도의 양심이 아직 그에게 남아 있다. '이런 식으로 곤경에서 벗어나는 것은 금지된 일이거나 의무에 반하는 일은 아닐까?' 하지만 그가 그렇게 결정했다고 가정해보자. 그러면 그의 행동 준칙은 다음과 같을 것이다. '나 자신이 돈이 궁한 처지에 있다고 생각하게 되면 나는 돈을 빌리면서 그 돈을 갚겠다고 약속할 것이다. 내가 돈을 갚는 일은 절대로 없으리라는 사실을 알고 있으면서도 말이다.' 아마도 이런 상황에서라면 자기애 혹은 자기 실리의 이런 원칙이 내 미래의 안녕 전체와 일치할 수도 있을 것이다. 하지만 지금 문제가 되는 것은 그렇게 행동하는 것이 옳은지 아닌지다. 그래서 나는 자기애의 요구를 하나의 보편적 법칙으로 바꾸어 이렇게 묻는다. '내 준칙이 하나의 보편적 법칙이 된다면 어떻게 될 것인가?' 그러면 나는 곧 다음과 같은 사실을 확인하게 된다. 그 준칙은 결코 보편적 자연법칙의 가치를 지닐 수 없으며 자기 자신과 조화를 이룰 수도 없고 필연적으로 자기모순에 빠질 수밖에 없다. 누구나 자신이 곤궁에 처했다고 생각하면 지키지 않을 생각이면서도 머릿속에 떠오르는 대로 약속을 할 수 있다는 것이 보편적 법칙이라면, 그 약속과 약속하면서 그가 품고 있던

목적 자체도 실현 불가능해질 것이기 때문이다. 그러면 아무도 누군가가 자신에게 약속하는 바를 믿지 않을 것이며 그가 약속하며 내뱉는 모든 말을 순전히 돈을 빌리기 위한 핑계일 뿐이라고 비웃을 테니까 말이다.

3) 세 번째 사람은 조금만 갈고 닦으면 온갖 방면에서 쓸 만한 인간이 될 수 있는 재능이 자기 안에 있음을 발견한다. 하지만 자신이 편안한 환경 속에 있음을 확인하고는 운 좋게도 자신이 타고난 소질을 더 넓히고 더 낫게 만들기보다는 오락에 몰두하는 것을 선호한다. 하지만 그는 여전히 이렇게 묻는다. '타고난 소질을 계발하기를 소홀히 하리라고 내가 정해놓은 준칙이 쾌락을 추구하는 나 자신의 성향과 일치하기는 하지만, 그것이 사람들이 의무라 부르는 것과도 일치할까?' 이제 그는, 비록 인간이 자신의 재능을 녹슬게 내버려두고 빈둥거리며 오락을 좇고 자손을 퍼뜨리는 일에만, 한마디로 말하자면 쾌락을 위해서만 자기 삶을 보낼 생각이라 해도 그러한 보편적 법칙에 따르는 어떤 천성이 여전히 존속할 수는 있다는 사실을 확인한다. 하지만 그가 이것이 하나의 보편적 자연법칙이 되기를 **원하거나** 타고난 본능을 통해 보편적 자연법칙으로서 우리 안에 놓여 있기를 **원하기**란 불가능한 일이다. 존재 가능한 온갖 목적들을 달성하는 데 그가 그 능력들을 사용할 수 있는 데다 이미 그에게 그 능력들이 주어져 있다면, 이성적 존재자인 그는 필연적으로 자기 안에 있는 모든 능력이 계발되기를 원하기 때문이다.

4) 일이 술술 잘 풀려서 형편이 괜찮은 네 번째 사람은 다른 사람이 큰 어려움과 싸워야만 하는 상황인 것을 보면서도 (그리고 그 사람을 도울 수 있으면서도) 다음과 같이 생각한다. '그게 나와 무슨 상관이람? 모든 사람 각자가 하늘이 원하시는 만큼 또는 스스로 해낼 수 있는 만큼 행복해질 수 있다면 난 그에게서 아무것도 빼앗지 않을 것이고 결코 그를 시샘하지도 않을 거야. 그의 안녕을 위해서나 곤궁 속에 빠진 그를 돕기 위해 내가 직접 뭔가 이바지하고 싶은 마음이 없을 뿐이야!' 이런 사유 방식이 보편적 자연법칙이 된다고 하더라도 인류는 아주 잘 존속할 것이다. 또 공감하고 호의를 베푸는 일에 대해서 누구든지 한마디씩 지껄여대고 때로는 그것을 실천하려고 열심히 노력도 하는 척하지만, 사실 할 수만 있다면 그와는 반대로 사람을 속이고 인간의 권리를 팔아버리거나 거기에 손해를 입히는 때보다는 의심의 여지 없이 훨씬 더 잘 존속할 것이다. 하지만 그런 준칙을 따르더라도 보편적 자연법칙이 잘 존속할 수 있다고 해도 이런 원리가 자연법칙으로 어디서나 타당하기를 **원하기**란 불가능한 노릇이다. 이렇게 결심한 의지는 자기모순에 빠지게 될 것이기 때문이다. 자신에게 다른 사람들의 사랑과 공감이 필요한데도, 자기 자신의 의지에서 솟아나온 그런 자연법칙을 통해서는 자신이 원하는 도움의 손길에 대한 모든 희망을 포기해야 하는 경우가 정말 많이 발생할 테니까 말이다.

이렇게 해서 우리는 최소한 다음과 같은 사실을 입증했다. '의무라는 개념이 우리의 행동에 의미를 지니면서 실제로 법칙을 부여해주어야 한다면 이 의무는 정언명령으로만 표현될 수 있을 뿐 가언명령으로는 표현될 수 없다.' 동시에 우리는 (과연 그런 것이 존재한다면) 모든 의무의 원리를 포함해야만 하는 정언명령의 내용을 어떤 경우에든 사용할 수 있도록 명확하게 제시했다.

목적 자체로서의 인간

이제 나는 이렇게 말한다. 인간, 그리고 일반적으로 모든 이성적 존재자는 이러저러한 의지가 마음대로 사용하는 수단에 불과한 것이 아니라 목적 그 자체로 실존한다. 그는 언제나 동시에—자기 자신에게 행해지는 것이든 다른 이성적 존재자에게 행해지는 것이든—모든 행동의 목적으로 여겨져야 한다. 경향성(Neigung)의 모든 대상은 제한된 가치만을 지닌다. 경향성과 그것이 원인이 되어 발생하는 욕구들이 존재하지 않는다면 그 경향성의 대상은 아무런 가치도 지니지 못하기 때문이다. 하지만 욕구의 원천인 경향성이 그것 자체를 바랄 만큼의 절대적 가치는 전혀 지니지 못하며, 오히려 보편적으로 모든 이성적 존재자는 그것에서 완전히 벗어나기를 바라는 것이 틀림없다. 그러므로 우리가 행동을 통해 얻을 수 있는 모든 대상의 가치는 언제나 제한적이다. 우리의 의지가 아니라 자연이 그것을 현존하게 해주는 근거인 존재자가 이성을 갖추지 못한 존재자라면, 그것은 수단으로서 상대적인 가치만을 지니고 따라서 물건이라 불린다. 반면 이성을 갖춘 존재자는 인격이라 불린다. 그 본성이 그를 이미 목적 그 자체로, 즉 한낱 수단으로 사용되어서는 안 되는 무언가로 드러내 보여주고 있기 때문이다. 따라서 그가 그렇게 존재하는 한, 의지는 제멋대로 행동하지 못하게 된다(그리고 그의 인격은 존중의 대상이다). 그러므로 인격은 우리 행동의 결과로 실존하게 되는, 우리에게 어떤 가치를 갖는 주관적 목적이기만 한 것이 아니다. 객관적 목적, 즉 그 현존 자체가 목적인 사물, 특히 그것을 자신의 수단으로 사용할 다른 어떤 목적도 그 대신 세울 수 없는 그런 목적이기도 하다. 이것이 없다면 절대적 가치를 지닌 것은 어디서도 전혀 마주칠 수 없을 테니까 말이다. 그와는 반대로 모든 가치가 한계를 지니고 따라서 우연적이라면, 이성은 어디서도 최고의 실천적 원리를 찾아낼 수 없을 것이다.

그러므로 최고의 실천적 원리가 존재해야 하고 인간의 의지와 관련해서는 하나의 정언명령이 존재해야 한다면, 그 원리는 다음과 같은 것이어야 한다. 그것이 **목적 자체**이기에 필연적으로 모든 사람 각자에게 목적인 어떤 것의 표상으로부터 의지의 **객관적** 원리가 구성되고, 그것이 보편적인 실천적 법칙으로 사용될 수 있어야 한다. 이 원리의 근거는 다음과 같다. **이성적 본성은 목적 그 자체로 실존한다.** 인간은 필연적으로 자기 존재에 대해 그런 식으로 생각하게끔 되어 있다. 인간이 그렇게 생각하는 한, 그것은 인간 행동의 **주관적** 원리다. 하지만 다른 모든 이성적 존재자 각각이 내게도 타당한 동일한 이성적 근거에 따라 자신의 현존에 대해 그런 식으로 생각한다. 그러므로 그것은 동시에 최고의 실천적 근거로서 하나의 **객관적**

원리이기도 하다. 이 원리로부터 의지의 모든 법칙이 도출될 수 있어야 한다. 따라서 실천적 명령은 다음과 같을 것이다. **너 자신의 인격이나 다른 모든 사람 각자의 인격 안에 있는 인간(성)을 결코 한낱 수단으로만 대하지 말고 언제나 동시에 목적으로 대하도록 그렇게 행동하라.**

이마누엘 칸트의 『도덕 형이상학을 위한 기초 놓기』

(김동훈 옮김, 2023)

이마누엘 칸트(Immanuel Kant, 1724~1804)

프로이센 출신의 독일 철학자. 근대 계몽주의를 정점에 올려놓은 사상가. 도덕의 근거를 인과율이 지배하지 않는 선험적 자유의 영역에서 찾았다. 완전히 자율적이고 자유로운 인격의 도덕률을 추구했다. 칸트 철학의 핵심은 이성이 이성 자신을 비판하는 것이다. 전쟁이 없는 영구(永久) 평화에 대한 생각을 글로 남겼다. 이는 국제연맹(League of Nations)의 사상적 기초가 되었다. 저서로 『순수이성비판』, 『실천이성비판』, 『판단력비판』, 『영구평화론』이 있으며, 「계몽이란 무엇인가」 등을 남겼다.

나는 걷는다

이문재

나는 걷는다
하늘 맨 아래에서
바다의 맨 위로
내가 걷는다
서편 하늘 초승달이
해를 내려다보는 초저녁이다

나는 걸었다
자궁에서 나온 길은
모두 무덤으로 이어져 있었다
모든 길은 땅으로부터
한치도 떨어져 있지 않았다
바다에도 단 한 뼘 빈틈이 없었다

나는 걷는다
젖은 신발 벗어
해에게 보여주지 않는다
달의 뒤편을 궁금해하지 않는다
오래된 책을 굳이 읽지 않는다
전쟁과 전쟁 사이가
평화라고 생각하지 않는다
시간이 어떤 의지를 갖고 있으리라고
나무가 인간을 먼저 배려하리라고
나는 믿지 않는다

국가는 걷지 않는다
기업은 걷지 않는다
경전은 걷지 않는다
문명은 걷지 않는다
인류는 걷지 않는다

나는 걷는다
내가 걷는다

이문재의 『제국호텔』
(문학동네, 2004)

3
공리의 원칙에 대하여

제러미 벤담

여러분은 어떤 행동을 할 때 무엇을 가장 먼저 따지는가? 혹 그 행동이 선한지 악한지를 생각하기보다는 자신에게 이익이 되는지, 손해가 되는지를 먼저 따지지 않는가? 더 단순히 말하면 인간은 일단 괴롭고 힘든 일은 무조건 피하고 즐겁고 기쁜 일을 좇는 성향을 갖고 있지 않은가? 그것이 인간이 행복을 추구하는 본능적 방식 아닌가? 그렇다면 이 같은 행복 추구 본능에 따라서 선과 악을 판단할 수는 없는가? 어떤 행동의 '결과'가 나의 행복을 증진하고 더 나아가 다수의 행복을 증진한다면 그 행동은 옳은 것이 아닌가? 이처럼 현실적인 판단 기준을 두고 왜 우리는 그 이상의 도덕적 행동 기준을 생각해야 한단 말인가?

공리주의의 창시자로 불리는 벤담은 이 물음에 대해 다음과 같이 대답한다. "고통과 쾌락은 우리가 행하고 말하고 생각하는 모든 것을 지배한다. 고통과 쾌락의 종속에서 벗어나려는 우리의 온갖 노력은 오히려 이 둘에 대한 우리의 종속을 증명하고 확인시켜줄 뿐이다." 이어서 그는 어떤 사람이 고통과 쾌락의 지배를 거부한다고 주장하더라도, 현실에서는 여전히 이 둘에게 종속된 채로 남아있을 것이라며 고통을 피하고 쾌락을 증진시키는 공리의 원칙을 자명한 원리로 제시했다. 자명한 원리란 다른 모든 것을 증명하는 데 사용될 수 있지만 그 자체는 증명할 수도 증명할 필요도 없는 원리를 말한다. 벤담이 공리의 원칙을 자명한 원리로 제시한 까닭은 모든 인간은 쾌락과 고통이라는 두 가지 감각-쾌락이 고통의 부재를 의미한다면 실은 한 가지 감각-의 지배를 받고 있다고 생각했기 때문이다.

벤담의 주장에 따르면 인간은 쾌락을 추구하는 존재로 쾌락이야말로 인간이 바라는 유일하고 으뜸가는 가치이다. 따라서 가능하면 쾌락의 양을 늘리고 고통의 양을 줄이는 것이 공리의 원칙에 부합한다. 나아가 그는 인간이 행동하고 말하고 생각하는 모든 것이 선인지 아닌지는 그 행위가 쾌락을 증진시키느냐 아니냐에 따라서만 판단할 수 있고 공동체를 운영하는 원리도 이에서 벗어날 수 없다고 주장한다. 쾌락은 인간 행위의 동기일 뿐 아니라 공동체 운영의 정당성을 판단하는 근거가 된다고 본 것이다. 벤담의 이 같은 윤리관은 과정이나 동기보다 효율과 결과를 중시한다는 점에서 일정한 한계를 지니고 있지만 종교적 신념이나 관습적 편견에 따라 어떤 사람의 행위를 부도덕하다고 낙인찍는 악습을 타파하고 도덕의 탈을 쓴 부당한 권위에 도전할 수 있는 기회를 열어주었다.

공리주의(utilitarianism)는 인간 행위의 옳고 그름을 판단할 잣대로 '최대 다수의 최대 행복(the greatest happiness for the greatest numbers)'이란 기준을 제시했다. 인간을 쾌락을 추구하는 존재로 파악하고, 최대 다수에게 최대 행복을 주는 것을 도덕적 선으로 파악하는 공리주의는 우리에게 도덕법칙에 대한 또 다른 시각을 제공한다.

1. 자연은 인간을 고통과 쾌락이라는 두 주권자의 지배하에 두었다. 오로지 고통과 쾌락만이 우리가 무엇을 해야 하는지를 알려주고, 우리가 무엇을 할지를 결정해준다. 한편으로는 옳음과 그름의 기준이, 다른 한편으로는 원인과 결과의 사슬이 그것들의 왕좌에 매여 있다. 고통과 쾌락은 우리가 행하고 말하고 생각하는 모든 것을 지배한다. 고통과 쾌락의 종속에서 벗어나려는 우리의 온갖 노력은 오히려 이 둘에 대한 우리의 종속을 증명하고 확인시켜 줄 뿐이다. 어떤 사람이 고통과 쾌락의 지배를 거부한다고 주장하더라도, 현실에서는 여전히 이 둘에게 종속된 채로 남아있을 것이다. '공리의 원칙(principle of utility)'은 이러한 종속을 인정하며, 이성과 법률의 손으로 행복의 체계를 세우는 것을 목표로 하는 사상체계의 토대를 이룬다. 이와 같은 종속에 의문을 제기하는 사상체계들은 분별이 아니라 소음을, 이성이 아니라 변덕을, 빛이 아니라 어둠을 다루고 있을 뿐이다.

2. 공리의 원칙이란 이해관계가 걸려있는 당사자인 개인이나 집단의 행복을 증가시키는 경향이 있을지 감소시키는 경향이 있을지(다시 말해서, 행복을 촉진하는 경향이 있을지 방해하는 경향이 있을지)에 따라서 모든 행동을 찬성하거나 반대하는 원칙을 의미한다. 여기에서 내가 말하는 모든 행동이란 사적인 개인들의 행동뿐만 아니라 정부의 행동까지 포괄하는 것이다.

3. '공리(utility)'란 이해 당사자에게 이익, 유리함, 쾌락, 좋음, 행복(그리고 이와 동등한 모든 것)을 산출하는 경향이 있거나, 혹은 (같은 말이지만) 손해, 고통, 해악, 불행을 방지하는 경향이 있는 어떤 대상의 속성을 의미한다. 만약 그 이해 당사자가 공동체 전체라면 그 공동체의 행복을 의미하며, 그 이해 당사자가 특정 개인이라면 그 개인의 행복을 의미한다.

4. 공동체의 이익은 도덕 용어에서 가장 일반적인 표현 중 하나이다. 이 표현이 종종 의미를 잃는 것은 전혀 놀랄 일이 아니다. 그것이 어

떤 의미가 있다면 그 의미는 다음과 같다. 공동체는 개인들로 구성된 가상의 단체로서, 말하자면 개인들이 그 구성원이다. 그렇다면 공동체의 이익이란 무엇인가? 공동체를 구성하는 구성원들의 이익의 총합이다.

5. 개인의 이익이 무엇인지 이해하지 못하고 공동체의 이익을 이야기하는 것은 무의미하다. 어떤 것이 한 개인의 쾌락의 총합을 증가시키는 경향이 있을 때, 혹은 (같은 말이지만) 그의 고통의 총합을 감소시키는 경향이 있을 때, 그것은 그의 '이익을 증진한다'(또는 그의 '이익을 위한다')라고 말할 수 있다.

6–7. 그렇다면, 어떤 행동이 공동체의 행복을 증가시키는 경향이 감소시키는 경향보다 더 클 경우, 그 행동은 공리의 원칙에 부합한다고 말할 수 있다. 특정한 개인이나 개인들에 의하여 수행되는 다른 종류의 행동일 뿐인 정부의 조치들도 그것이 공동체의 행복을 증가시키는 경향이 감소시키는 경향보다 더 클 경우, 공리의 원칙에 부합한다고 말할 수 있다.

8. 어떤 행동(특히 정부의 어떤 조치)이 공리의 원칙에 부합한다고 생각하는 경우, 공리의 '법률' 혹은 '명령'이라고 불리는 일종의 법률 혹은 명령이 있다고 가정하고, 해당 행동이 그러한 법률 혹은 명령에 부합한다고 말하는 것이 토론을 할 때 편리할 것이다.

9. 어떤 사람이 어떤 행동(또는 정부의 조치)에 대한 찬성이나 반대 입장을 그 행동이나 조치가 공동체의 행복을 증가시키는 경향이 있는지 감소시키는 경향이 있는지, 그리고 그 비중이 어떻게 되는지에 대한 판단에 따라 결정한다면, 그 사람을 공리 원칙의 지지자라고 말할 수 있다.

10. 공리의 원칙에 부합하는 행동에 대하여 우리는 언제나 그것이 마땅히 해야 할 행동이라고 하거나, 적어도 하면 안 되는 행동은 아니라고 말할 수 있다. 우리는 또한 그것을 행하는 것이 옳다고 하거나, 적어도 그것을 행하는 것이 그른 것은 아니라고 말할 수 있다. 이렇게 해석할 때만 '당위', '옳음', '그름'과 그런 종류의 다른 단어들이 비로소 의미를 갖는다. 그렇지 않다면 그 단어들은 아무런 의미도 없다.

11. 지금까지 공리의 원칙이 올바르다는 것이 공식적으로 의문시된 적이 있었는가? 자신이 의문시하고 있는 것이 무엇인지 이해하지 못한 사람들이 그런 의문을 가졌던 것으로 보인다. 이 원칙을 직접적으로 증명할 수 있는가? 그렇지 않은 것으로 보인다. 왜냐하면, 다른 모든 것을 증명하는 데 사용되는 것은 그 자체로 증명될 수 없기 때문이다. 증명의 연쇄는 어딘가에서든 출발해야 한다. 그 출발점에 근거를 제시하는 것은 불필요한 만큼이나 불가능한 일이다.

12. 아무리 멍청하거나 외고집이라 해도, 자기 인생에서 자주 혹은 대부분을 이 원칙에 따르지 않았던 사람이 과거나 현재에 존재할 가능성은 없다. 인간의 몸이 가진 자연적 조건에

의해서, 사람들은 삶을 살아가면서 대부분은 별생각 없이 이 원칙을 받아들인다. 자신의 행동을 결정하기 위해서가 아니더라도, 자신의 행동뿐만 아니라 다른 인간의 행동을 심판하기 위해서 이 원칙을 받아들인다. 하지만 가장 현명한 사람 가운데서조차 그것을 있는 그대로 조건 없이 받아들이려 했던 사람은 그리 많지 않았을 것이다. 실제로 이 원칙에 대하여 종종 이의를 제기한 사람이 적지 않았다. 이 원칙을 어떻게 적용해야 할지 항상 알 수는 없었거나, 혹은 감히 검토하기가 두려웠거나 차마 떨쳐버릴 수 없었던 어떤 편견 때문에 말이다. 원칙에 있어서든 실천에 있어서든, 옳은 길로든 그른 길로든, 인간의 모든 자질 가운데 가장 부족한 것이 일관성이다. 인간은 그렇게 만들어진 존재이다.

13. 어떤 사람이 공리의 원칙에 대항할 경우, 그 자신은 의식하지 못하겠지만 그 대항의 이유도 바로 이 원칙 자체에서 나온 것이다. 만약 그의 주장이 무언가를 증명한다면, 그것은 이 원칙이 틀렸다는 사실이 아니라 그가 이 원칙을 잘못 적용하고 있다는 사실뿐이다. 한 사람이 지구를 움직이는 것이 가능한가? 가능하다. 그러나 그 사람은 먼저 자신이 딛고 설 수 있는 또 하나의 지구를 발견해야 할 것이다.

제러미 벤담의 『도덕과 입법의 원리 서설』

(이기라 옮김, 2023)

제러미 벤담(Jeremy Bentham, 1748~1832)

영국의 철학자이자 법학자. 법률가 집안에서 태어나 옥스퍼드대학교 퀸스칼리지를 졸업하고 변호사 자격을 얻었으나 변호사로 활동하기보다는 당시의 부당한 현실을 바로잡기 위해 법률을 개혁하는 데 관심을 가졌다. 1789년에 펴낸 『도덕과 입법의 원리 서설』에서 법은 계산 가능한 공리(utility)에 근거해야 한다고 주장함으로써 공리주의의 창시자가 되었다. 벤담은 행복이란 쾌락의 양을 늘리고 고통의 양을 줄이는 것이며, 최대 다수의 최대 행복이야말로 가장 바람직한 도덕적 결과라는 공리주의적 윤리관을 제시했다.

4

도덕은 동감에서 나온다: 도덕감정론

애덤 스미스

이른바 '보이지 않는 손'으로 유명한 경제학자 애덤 스미스는 그의 저서 『국부론』에서 개인의 이기적 활동이 공동체 전체의 공익을 증진한다고 주장함으로써 개인의 사리사욕을 전면적으로 긍정한 것으로 알려져 있다. 하지만 애덤 스미스는 『국부론』에 앞서 『도덕감정론』을 저술한 윤리학자이기도 하다. 이 책에서 그는 도덕이 인간이 가진 감정의 일종인 동감 작용에서 생겨난다고 주장한다. 인간은 그냥 바라보는 즐거움 외에 아무런 유익이 없는데도 다른 사람의 행복을 보면 기뻐하고 다른 사람의 비참한 모습을 보게 되면 함께 슬퍼하는데 이것은 인간의 본성 속에 이기심과 다른 동감의 원리가 존재하기 때문이며 도덕은 바로 이런 감정에서 출발한다는 것이다. 그는 동시대의 다른 철학자들이 도덕을 규율이나 법칙과 같은 이성의 산물로 이해했던 것과 달리 타인에 대한 자비심과 같은 감정이야말로 도덕의 원천이라고 보고 인간이 이기적인 마음을 억제하고 자비로운 마음을 만족시킴으로써 인간의 본성이 완전해진다고 주장한다.

인간의 본성 속에는 이기심과 다른 동감의 원리가 존재한다

1. 인간이 아무리 이기적인 존재로 여겨진다 하더라도, 인간의 본성 속에는 분명히 다른 사람의 행운에 관심을 갖는 어떤 원리들이 있다. 다른 사람의 행복을 그냥 바라보는 즐거움 외에 아무런 유익이 없음에도 불구하고, 인간이 다른 사람의 행복을 필요로 하는 것은 이러한 원리들 때문이다. 우리가 다른 사람의 비참한 모습을 바라볼 때, 우리가 그것을 느끼거나 또는 아주 생생하게 마음에 떠올리는 연민과 동정의 감정이 이런 종류의 원리에 속한다.

우리가 다른 사람이 슬퍼하는 모습을 보고 가끔 유사한 감정을 갖는 것은 너무 명백한 사실이라서 어떤 예를 들어 그것을 증명하라고 요구할 필요가 없다. 왜냐하면 인간이 본성적으로 갖고 있는 모든 다른 고유한 열정들과 마찬가지로, 이러한 감정은 고결하거나 인간미가 풍부한 사람들에게만 나타나는 것은 아니기 때문이다. 아마 그들이 그러한 감정을 매우 예민하게 느낄 것이다. 하지만 대단한 악당이나 아주 비정한 무법자도 그러한 감정을 전혀 느끼지 못하는 것은 아니다.

2. 우리는 다른 사람들이 느끼는 것을 직접 경험하지 못한다. 따라서 우리는 그들이 느끼는 방식에 대한 직접적인 관념을 형성할 수 없다. 그러나 우리는 유사한 상황에서 우리 자신이 느끼는 것을 마음속에 떠올릴 수는 있다. 우리 형제가 힘든 상황에 있다 하더라도, 우리 자신이 편안한 상태에 있는 한, 우리의 감각은 그가 당하고 있는 고통을 결코 우리에게 알려줄 수 없다. 우리의 감각은 결코 우리 자신의 신체를 넘어서는 곳까지 이를 수 없다. 우리가 어떻게든 우리 형제의 기분을 파악할 수 있는 것은 오직 상상에 의해서다.

그러한 상상의 능력도 우리가 그와 같은 경우에 놓여 있다면 우리 자신이 무엇을 느낄 것인가를 우리에게 보여줄 뿐이다. 우리 자신을 그의 상황에 놓는 상상에 의해, 우리는 우리 자신이 완전히 동일한 고통을 겪는 모습을 마음속에 떠올린다. 말하자면, 우리는 그의 신체 속으로 들어가서 어느 정도 그와 동일한 사람이 된다. 그때부터 우리는 그의 기분에 대한 어떤 관념을 형성한다. 그리고 정도는 약하지만 전혀 다르지는 않은 어떤 기분을 느낀다.

우리가 그의 고통을 절실히 느껴, 그것을 받아들이고 우리 자신의 것으로 만들었을 때, 드디어 그 고통은 우리에게 영향을 주기 시작한다. 그러면 우리는 그가 느끼는 것을 생각하면서 몸을 떨고 전율한다. 왜냐하면 어떤 종류의 고통이나 불행에 빠져 있을 때 극도의 슬픔이 생겨나는 것처럼, 우리가 그러한 상황에 있다고 마음속으로 생각하거나 상상할 때, 그러한 생각이나 상상의 생생함이나 흐릿함에 비례하여 어느 정도 차이는 있겠지만, 동일한 감정이 생겨나기 때문이다.

3. 이것이 다른 사람들의 비참함에 대한 우리의 동료 감정(fellow-feeling)의 원천이다. 우리는 상상에 의해 고통당하는 사람과 입장을 바꾸어봄으로써 그가 느끼는 것을 마음속으로 떠올리거나 그것에 의해 영향을 받게 된다. 이러한 사실을 말하는 것만으로 충분히 납득되지 않는다면, 우리는 많은 관찰들을 통해 그러한 사실을 명백하게 증명할 수 있다.

우리가 다른 사람의 다리나 팔을 겨냥한 칼이 그것에 막 닿으려는 것을 볼 때, 우리는 자연적으로 우리 자신의 다리나 팔을 움찔하거나 뒤로 끌어당긴다. 그리고 칼이 다리나 팔에 닿을 때, 우리는 그것을 어느 정도 느끼며, 실제 고통을 당하는 사람만큼 그것에 의해 아픔을 느낀다. 느슨한 줄 위에서 춤추는 사람을 보고 있을 때, 군중은, 그가 하는 것을 보는 그대로, 그리고 자신이 그의 상황에 있다면 틀림없이 그렇게 할 그러한 방식으로, 자신도 모르게 자기 몸을 비틀거나 꼬면서 신체의 균형을 잡으려고 한다.

거리의 거지들 몸에 생긴 짓무른 상처와 종

기를 볼라치면, 성격이 예민하고 몸이 허약한 사람들은 자신의 같은 신체 부위가 가렵거나 불쾌해지는 느낌을 갖는다고 호소한다. 거지들의 비참한 상태를 보고 느끼는 공포는 그것을 보는 사람의 특정 부위에 영향을 준다. 그러한 공포는 자신이 실제로 그가 구경하고 있는 거지의 비참한 상태에 처해 있다면, 그리고 자신의 몸의 특정 부위에 실제로 짓무른 상처나 종기가 생긴다면 자신도 고통스러울 것이라고 생각하는 것으로부터 생겨난다.

4. 우리의 동료 감정을 불러일으키는 것은 고통과 슬픔을 유발시키는 상황에만 국한된 것은 아니다. 어떤 대상이 당사자에게 일으키는 열정이 무엇이든지, 그의 상황을 생각하면, 모든 주의 깊은 관망자의 가슴속에서는 유사한 감정이 솟아난다. 우리의 관심을 끄는 비극이나 로맨스의 주인공들이 구출될 때 우리가 느끼는 기쁨은 그들이 비탄에 빠졌을 때 느끼는 슬픔만큼이나 진지한 것이다. 그들의 비참함에 대한 우리의 동료 감정은 그들의 행복에 대한 동료 감정만큼이나 실제적인 것이다. 우리는 어려움에 처한 주인공들을 버리지 않은 신실한 친구들에 대해 주인공들만큼이나 감사한다. 또 우리는 주인공들을 해치고 버리거나 또는 속인 불성실한 배반자들에 대해 주인공들과 같은 마음으로 분개한다. 인간이 느낄 수 있는 열정이라면 무엇이든, 관망자는 상상에 의해 당사자의 상황을 절실하게 느낌으로써, 당사자의 감정과 일치하는 감정에 항상 도달할 수 있다.

5. 연민과 동정은 다른 사람의 슬픔에 대한 우리의 동료 감정을 이르는 말이다. 동감을 모든 열정에 대한 우리의 동료 감정이라고 말하더라도 그다지 부적절하지는 않을 것이다.

6. 어떤 경우에 동감은 다른 사람의 어떤 정서를 보는 것만으로도 생겨날 수 있다. 이런 경우, 주요 당사자 속에 열정을 일으킨 원인을 미처 알기도 전에, 그 열정은 거의 동시에 한 사람에게서 다른 사람에게로 옮겨지는 것처럼 보인다. 예를 들면, 어떤 사람의 표정과 몸짓에 슬픔과 기쁨이 강하게 표현되자마자 관망자는 유사한 감정을 느낀다. 웃는 얼굴은 그것을 보는 모든 사람에게 즐거운 대상인 반면, 슬픈 표정은 우울한 대상이다.

7. 그러나 이것이 보편적으로, 또는 모든 열정에 대해 타당한 것은 아니다. 표현되어도 전혀 동감을 불러일으키지 못하는 어떤 열정들이 있다. 우리는 그런 열정들에 대해 그 원인을 알기 전에는 오히려 불쾌감이 들고 화가 난다. 성난 사람의 격렬한 행동을 보면, 우리는 그를 화나게 한 적들에 대해서보다도 화를 내는 그 사람에 대해 더 불쾌해하는 경향이 있다. 우리는 그가 화를 내는 이유를 모르기 때문에, 우리는 그의 입장을 절실히 느낄 수 없으며, 따라서 그 열정을 전혀 이해할 수 없다. 오히려 우리는 그의 분노의 대상이 되고 있는 사람들이 처한 상황을 보고는 그들이 격분한 상대로부터 심한 폭력을 당할지 모른다고 여긴다. 그러므로 우리는 그들의 두려움과 분개에 기꺼이 동감해, 그들을 큰 위험에 빠뜨리는 것처럼 보이

는 사람에게 즉시 대항하고 싶은 마음이 든다.

8. 슬픔과 기쁨의 겉모습만 보고도 우리가 어느 정도 유사한 감정을 느낀다면, 그 이유는 그 겉모습이 우리에게 당사자가 처해 있는 어떤 행운과 불운에 대한 일반 관념을 연상시키기 때문이다. 열정들에 대한 일반 관념만으로도 우리는 어느 정도 영향을 받는다. 슬픔과 기쁨의 영향은 그러한 정서를 느끼는 본인에게서 끝이 난다. 슬픔과 기쁨의 표현은 우리가 관심을 갖고 있는, 그리고 당사자와 대립되는 이해관계를 갖고 있는 어떤 다른 사람의 존재를 우리에게 생각나게 하지 않는다. 하지만 분개의 표현은 그 반대다. 그러므로 행운과 불운의 일반 관념은 그것을 겪은 사람에 대한 관심을 유발하지만, 분노에 대한 일반 관념은 그것을 표현하는 사람에 대해 어떠한 동감도 불러일으키지 않는다. 인간은 본성적으로 이러한 열정에 공감하는 것을 더 싫어하며, 그 원인에 대해 알게 될 때까지 그것에 대항하려는 성향이 있다.

9. 다른 사람의 슬픔이나 기쁨에 대한 우리의 동감조차도, 그 원인에 대해 알기 전에는, 항상 매우 불완전하다. 고통스러운 처지에 있는 사람이 탄식을 늘어놓으며 자신의 괴로움을 표현하는 것을 보면, 우리는, 실제로 매우 민감하게 동감하기보다는, 약간의 동감하려는 마음과 함께, 그가 어떤 상황에 있는지 알아보고 싶은 호기심이 생긴다. 그래서 우리는 제일 먼저 그에게 '당신에게 무슨 일이 있소?'라고 묻는다. 그의 불행에 대해 잘 알지 못해 이런저런 추측으로 마음이 답답함에도 불구하고 그 물음에 대한 답을 듣기 전에는 우리의 동료 감정이 많이 유발되지 않는다.

10. 그러므로 동감은 열정에 대한 인식보다는 그 열정을 일으킨 상황에 대한 인식으로부터 생겨난다. 우리는 때때로 당사자가 전혀 인식할 수 없는 것처럼 보이는 열정을 느낀다. 그 이유는 우리 자신을 그의 처지에 놓을 때, 정작 당사자 자신에게는 생겨나지 않는 열정이 상상에 의해 우리 마음속에 생겨나기 때문이다. 당사자가 자신의 부적절한 행동을 전혀 인식하지 못함에도 불구하고, 우리는 그의 뻔뻔함과 무례함 때문에 얼굴을 붉히는데, 그 이유는 우리가 그렇게 어리석은 방식으로 행동했다면 얼마나 당황스러울지를 잘 알기 때문이다.

상호 동감의 기쁨과 상호 비동감의 고통

14. 그러나 동감의 원인이 무엇이건, 또는 그것이 어떻게 생겨나건, 우리의 마음속에서 일어나는 모든 감정들에 대한 동료 감정을 다른 사람들 속에서 발견하는 것만큼 우리를 기쁘게 하는 것은 없다. 그리고 그 반대의 상황처럼 우리를 충격에 빠뜨리는 것은 없다. 우리의 모든 감정을 자기애(self-love)의 어떤 세련된 형태로 보기를 좋아하는 사람들은 자신들의 원리에 따라 상호 동감의 기쁨과 상호 비동감의 고통을 잘 설명할 수 있다고 생각한다. 그들에 의하면, 자기가 약함을 알고 다른 사람들의 도움

이 필요하다고 생각하는 사람은 다른 사람들이 자신의 열정을 받아들이는 것을 보고 기뻐하는데, 그 이유는 자신이 도움을 받을 수 있을 것으로 확신하기 때문이다. 반대로 그는 다른 사람들이 자신의 열정을 받아들이지 않는 것을 보고 슬퍼하는데, 그 이유는 자신이 도움을 받지 못할 것으로 여기기 때문이다. 그러나 상호 동감에 대한 기쁨과 상호 비동감에 대한 고통의 감정은 항상 매우 순간적으로, 그리고 가끔 아주 사소한 경우에 일어나므로, 분명히 어떤 이기적인 고려에서 생겨난다고 할 수 없다.

16. 우리는 유쾌한 열정보다는 불쾌한 열정을 친구들과 더 나누고 싶어 한다. 우리는 유쾌한 열정에 대한 동감보다는 불쾌한 열정에 대한 동감으로부터 훨씬 더 큰 만족을 느낀다. 마찬가지로 우리는 유쾌한 열정에 대한 비동감보다 불쾌한 열정에 대한 비동감에 훨씬 더 큰 충격을 받는다. 자신의 슬픈 사정을 들어줄 수 있는 사람을 한 사람이라도 발견했을 때, 불행을 당한 사람들은 얼마나 고통이 덜어지겠는가? 그가 동감해주면, 그들은 자신의 고통의 짐이 덜어지는 것처럼 여긴다. 그가 그들의 고통의 짐을 나누어 지고 있다고 말해도 틀린 것이 아니다. 그는 그들이 느끼는 것과 같은 종류의 슬픔을 느낄 뿐만 아니라, 마치 그가 스스로 그 고통의 일부를 짊어지는 것처럼 그가 느끼기만 해도 그들이 느끼는 고통의 무게를 경감시키는 것처럼 보인다. 하지만 자신의 불행을 말함으로써, 그들의 마음속에는 어느 정도 슬픔이 새롭게 생겨난다. 그들은 고통을 일으킨 상황을 기억 속에 떠올린다. 그리고 이어서 그들은 이전보다 더 많은 눈물을 흘리며, 걷잡을 수 없는 슬픔에 빠지는 경향이 있다. 그러나 이러한 과정에서 그들은 기쁨을 얻고 고통에서 크게 벗어난다. 왜냐하면 그의 동감의 달콤함이 동감을 불러일으키기 위해 그들이 새롭게 생생히 떠올린 슬픔의 씁쓸함을 보상하고도 남기 때문이다. 반대로 불행한 사람들에게 가해질 수 있는 가장 잔인한 모욕은 그들의 재난을 경시하는 태도를 나타내는 것이다. 동료들의 기쁨에 아무 반응을 보이지 않는 것은 무례함일 뿐이지만, 그들이 고통에 대해 말할 때 진지한 표정을 짓지 않는 것은 진짜 인간 망종의 짓이다.

18. 사랑은 유쾌한 열정이고, 분개는 불쾌한 열정이다. 따라서 우리는 친구들이 우리의 우정을 받아들이는 것보다 우리의 분개에 공감해주기를 두 배로 더 바란다. 우리에게 일어날지도 모르는 좋은 일에 대해 친구들이 아무 반응을 보이지 않더라도 우리는 그들을 용서할 수 있다. 그러나 그들이 우리에게 가해질지도 모르는 침해에 대해 무관심하다면 우리는 인내심을 잃는다. 우리는 우리의 분개에 동감하지 않는 것에 대해 우리의 감사에 공감하지 않는 것보다 배나 더 큰 화를 낸다. 그들이 우리의 친구의 친구가 되지 않을 수는 있지만 우리가 적대하는 사람들의 적이 되지 않을 수는 없다. 우리는 그들이 친구의 적이 되는 것에는 별로 분개하지 않는다. 이 때문에 심기가 불편해 때때로 티격태격하겠지만 말이다. 그러나 그들이 우리의 적과 친구 관계를 맺는다면 우리는

진짜로 싸우게 된다. 사랑과 기쁨이라는 유쾌한 열정은 그 자체로도 마음을 만족스럽게 하고 기분을 좋게 만든다. 그러나 슬픔과 분개라는 괴롭고 고통스러운 감정은 위로하고 회복시키는 동감의 손길을 절실히 필요로 한다.

19. 어떤 일의 주요 당사자는 우리가 동감해주면 즐거워하고, 그렇지 않으면 마음 아파한다. 마찬가지로 우리도 그와 동감할 수 있을 때 즐겁고, 그렇게 할 수 없을 때 마음이 아프다. 우리는 성공한 사람을 축하해주기 위해 달려가기도 하지만 재난을 당한 사람을 위로해주기 위해서도 달려간다. 대화 중에 다른 사람의 마음의 모든 열정에 완전히 동감할 수 있다는 사실을 발견하면 우리는 마음이 즐겁다. 이 즐거움은 그가 처한 상황을 보고 우리가 느끼는 슬픔의 고통을 보상하고도 남는 것처럼 보인다. 반대로 우리가 그와 동감할 수 없다고 느낄 때, 우리는 항상 마음이 불쾌하다. 동감의 고통으로부터 면제되어 기쁘다는 느낌 대신에 그의 근심을 공유할 수 없다는 사실에 마음 아파한다. 자신의 불행을 크게 한탄하는 사람의 말을 듣고 그의 사정을 절실히 느끼려고 했지만, 도저히 그렇게 할 수 없을 때, 우리는 그의 슬픔에 충격을 받는다. 우리가 그의 사정에 공감할 수 없기 때문에, 우리는 그의 행위를 겁이 많고 심약하다고 말한다. 다른 한편 아주 사소한 행운에 너무 행복해하거나 우쭐하는 것을 보면, 우리는 기분이 언짢아진다. 우리는 그와 기분을 함께할 수 없기 때문에 그의 기뻐하는 태도가 우리 눈에 거슬린다. 그래서 우리는 그의 행위를 경박하고 어리석다고 말한다. 동료가 별로 웃기지도 않는 농담에 우리가 생각한 것보다 더 크고 오랫동안 웃는다면 우리는 기분이 안 좋다.

감정 일치의 화음

35. 이러한 모든 경우에, 관망자와 주요 당사자 사이에는 어떤 감정의 일치가 있을 수 있다. 관망자는 무엇보다도 먼저 할 수 있는 한 당사자의 입장에 자신을 놓고, 당사자에게 일어날 수 있는 모든 고통스러운 상황을 사소한 것까지 느끼기 위해 노력해야 한다. 그는 아주 하찮은 일들에 이르기까지 동료의 모든 사정을 다 고려하여, 상상에 의한 입장의 전환을 통해 가능한 한 완전하게 동감을 추구해야 한다.

36. 그러나 이러한 모든 노력에도 불구하고, 관망자의 정서는 여전히 당사자가 겪는 고통의 격렬함에 거의 미치지 못하는 경우가 많다. 동감하는 본성을 갖고 있음에도 불구하고, 인류는 당사자에게 닥친 일에 대해 당사자가 느끼는 만큼의 열정을 느끼지 못한다. 상상에 의한 입장의 전환을 통해 일어나는 동감은 순간적일 뿐이다. 자신은 안전하다는 생각, 자신은 실제로 고통을 당하고 있지 않다는 생각이 관망자에게 계속 일어난다. 그러한 생각에도 불구하고 당사자의 고통과 유사한 정도의 고통을 느낄 수는 있겠지만 그래도 당사자가 당하는 고통의 크기에는 미치지 못한다. 주요 당사자는 관망자의 이러한 상태를 눈치채고 관망자가 더 완전하게 동감해줄 것을 바란다. 그는

관망자의 감정과 자신의 감정의 완전한 일치만이 가져다줄 수 있는 그러한 구원을 갈망한다. 강한 불쾌감에 이르기까지 모든 점에서 관망자의 마음이 자신의 마음에 일치하는 것을 보고 당사자는 위로를 받는다. 그러나 당사자가 관망자의 동감을 얻어내기 위해서는 관망자가 동감할 수 있는 지점까지 자신의 열정을 억제해야 한다. 이렇게 말할 수 있을지 모르겠지만, 당사자는 자신의 주위에 있는 사람들이 자신이 느끼는 것과 같은 느낌을 갖도록 하기 위해서 마음속에 솟구치는 날카로운 감정을 누그러뜨려 표현해야만 한다. 실제로 관망자들이 느끼는 것은 어떤 점에서 당사자가 느끼는 것과 항상 다르다. 그래서 동정은 당사자의 원래 감정과 정확하게 일치하지 않는다. 왜냐하면 입장의 전환을 통해 일어나는 동감적 감정이 상상에 불과하다는 의식이 몰래 생겨나 본래 감정의 강도를 약화시킬 뿐만 아니라 본래의 감정을 아주 다른 감정으로 변질시키기 때문이다. 그러나 이 두 감정은 분명히 사회의 조화를 달성하는 데 충분한 정도의 일치를 이룰 수 있다. 이 두 감정은 결코 동음은 아니지만 화음일 수는 있으며, 이 정도만으로도 충분하다.

37. 이러한 화음을 만들어내기 위해, 자연은 관망자들에게는 주요 당사자의 입장이 되어볼 것을 가르치고, 주요 당사자에게는 어느 정도 관망자들의 입장이 되어볼 것을 가르친다. 관망자들이 계속해서 당사자의 입장에 자신을 놓고서, 당사자가 느끼는 것과 유사한 감정을 마음에 품는 것과 마찬가지로, 당사자도 끊임없이 관망자들의 입장에 자신을 놓고, 자신의 행운을 관망자들이 바라봄직한 방식으로 어느 정도 냉정하게 바라본다. 당사자가 당하는 고통스러운 상황을 관망자들이 실제로 겪는다면 자신들이 어떻게 느낄지를 관망자들이 끊임없이 생각하는 것처럼, 당사자도 자신이 관망자들의 눈으로 자신의 입장을 바라본다면 어떤 식으로 느낄지를 상상하는 마음이 끊임없이 일어난다. 관망자들의 동감이 어느 정도 당사자의 눈으로 그 상황을 보도록 만드는 것처럼, 당사자의 동감도 어느 정도 관망자들의 눈으로 자신의 상황을 보도록 만든다. 특히 관망자들이 직접 자신의 상황을 보고 있을 때에는 더욱 그러하다. 이처럼 관망자들의 눈을 의식하게 되면, 당사자의 열정은 처음보다 훨씬 더 누그러진다. 그렇게 되면 관망자가 없어서 그들이 어떤 식으로 자신의 상황을 어떻게 보았을까를 생각해보기 전에, 그래서 자신의 상황을 관망자들의 시각과 같은 정직하고 공정한 눈으로 보기 전에, 당사자가 처음 느꼈던 열정의 강렬함이 완화될 수밖에 없다.

38. 그러므로 한 사람의 친구만이라도 동행한다면, 마음은 그렇게 심한 혼란에 빠지지 않고 어느 정도 평정과 침착함을 회복할 수 있을 것이다. 친구가 나타나는 것을 보는 순간 우리의 마음은 어느 정도 진정되어 가라앉는다. 우리는 즉시 우리의 상황이 친구에게 어떻게 비칠지를 의식하고, 그의 눈에 우리 자신을 맞추기 시작한다. 왜냐하면 동감은 즉각적으로 일어나기 때문이다. 우리는 그냥 좀 아는 사람으로부터는 친구로부터 기대하는 수준의 동감을 기대하지 못한다. 우리는 친구에게 모든 사

소한 일들을 다 보여줄 수 있지만 그냥 좀 아는 사람에게는 그렇게 할 수 없다. 그러므로 우리는 그냥 좀 아는 사람 앞에서는 태연한 체하며, 우리의 상황을 건성으로 바라보는 그의 일반적인 관점에 맞추기 위해 노력한다. 우리는 낯선 사람들의 무리로부터는 거의 동감을 기대하지 않는다. 따라서 우리는 그들 앞에서 매우 태연한 척하면서, 그들이 받아줄 수 있을 것으로 기대하는 수준까지 우리의 열정을 억제하려고 애를 쓴다. 이러한 표정을 가장된 것이라고만 할 수는 없다. 우리가 우리 자신의 주인이라면, 친구 앞에서보다는 그냥 좀 아는 사람 앞에서, 그리고 그냥 좀 아는 사람들 앞에서보다는 낯선 사람들의 무리 앞에서 우리는 실제로 우리의 감정을 훨씬 더 잘 억제할 수 있다.

호감을 주는 미덕과 존경할 만한 미덕

40. 서로 다른 두 가지 노력, 즉 당사자의 감정에 공감하려는 관망자의 노력과 관망자의 시각에 맞추어 자신의 감정을 억누르려는 당사자의 노력에는 서로 다른 미덕이 요구된다. 관망자에게는 부드럽고, 온화하며, 호감을 주는 미덕, 솔직한 겸손과 관대한 인간애의 미덕이 요구되며, 당사자에게는 경외감이 들 정도의 위대하고 존경스러운 자기 부정과 자기 지배의 미덕, 즉 동요하는 내부의 기질들을 존엄성과 명예와 예의범절에 맞게 유지할 수 있는 열정에 대한 통제력이 요구된다.

41. 재난을 당해 슬퍼하는 사람과 함께 슬퍼하고, 침해를 당해 분노하는 사람과 함께 분노하며, 행복해서 즐거워하는 사람과 함께 즐거워하면서 자신과 대화를 나누고 있는 사람들의 모든 감정에 일일이 반응하면서 동감해주는 사람에게 우리는 얼마나 큰 호감을 가지겠는가? 우리 자신을 그의 동료들의 상황에 놓고, 그들의 마음을 느껴본다면, 우리는 그들이 표하는 감사에 공감하면서, 그처럼 다정한 친구의 부드러운 동감이 그들에게 얼마나 큰 위로가 될지를 느낄 수 있다. 반대로 다른 사람들의 행복과 불행에 대해 전혀 무관심하면서 오직 자신의 일에만 몰두해 있는 무정하고 냉혹한 사람을 볼 때 우리는 얼마나 불쾌할 것인가? 이 경우에도 우리는 그가 그와 대화하는 모든 사람, 특히 우리가 쉽게 동감하는 경향이 있는 불행을 당한 사람과 침해를 당한 사람이 그에게서 느끼는 고통에 공감한다.

42. 고통스러운 상황에서도 자기 통제력을 발휘해 마음의 평정을 유지하면서 다른 사람들이 공감하는 수준까지 감정을 억제하는 사람들의 행위에서 우리는 얼마나 고귀한 예의범절과 품위를 느끼는가? 이러한 마음의 평정과 자기 통제력이야말로 모든 열정의 고귀함을 이룬다. 우리는 경솔하게 한숨짓고 눈물 흘리고 계속 울어대면서 우리의 동정을 구하는, 저 소란스러운 슬픔의 표현에 역겨움을 느낀다. 그러나 우리는 눈이 부어오르고, 입술과 볼이 떨리면서도 애처롭게 모든 행동을 냉정하게 유지하려는, 저 절제되고, 조용하고, 장엄한 슬픔에 경의를 표한다. 그 모습을 보는 우리는 숙연해

진다. 우리는 그 모습을 존경스러운 눈으로 주의 깊게 바라본다. 그러면서 사람들이 서로 한마음으로 노력해서 유지하려는 저 고요함을 우리가 잘못해서 깨뜨리지 않도록 우리의 모든 행동을 조심한다.

43. 마찬가지로, 자제력을 잃고 화를 기분대로 마구 쏟아내는 사람의 무례하고 잔인한 분노를 볼 때 우리는 가장 큰 혐오감을 느낀다. 그러나 우리는 최대의 모욕을 받고도 자신의 가슴에서 일어나는 격정을 쏟아내는 것이 아니라 그 격정을 공정한 관망자의 마음에서 자연스럽게 일어남직한 의로운 분노로 통제하는 그러한 고상하고 관대한 분노에는 감탄한다. 그러한 분노는 당한 모욕을 모면하기 위해 공정한 관망자의 좀 더 정당한 감정이 지시하는 것 이상의 어떤 말이나 몸짓도 허용하지 않는다. 또 그것은 당한 모욕보다 더 크게 보복하거나 벌을 가하려는 생각조차 하지 않는다. 그러한 분노는 그 일에 별로 관심이 없는 모든 사람이 즐거운 마음으로 바라볼 수 있을 정도로만 표현될 뿐이다.

44. 그리하여 다른 사람들을 위해서는 많이 느끼고 스스로를 위해서는 조금만 느끼며, 우리의 이기적인 마음을 억제하고 우리의 자비로운 마음을 만족시킴으로써 인간의 본성이 완전해진다. 그리고 그렇게 함으로써만 인류의 품위와 적정성을 완전하게 갖추는 감정과 정열의 조화를 생산할 수 있다. 우리가 우리 자신을 사랑하는 것만큼 우리의 이웃을 사랑하는 것이 기독교의 위대한 법인 것처럼, 우리가 우리의 이웃을 사랑하는 것만큼, 또는 같은 말이지만, 우리의 이웃이 우리를 사랑하는 것만큼 우리 자신을 사랑하는 것이 자연의 위대한 교훈이다.

애덤 스미스의 『도덕감정론』

(윤원근 옮김, 2013)

애덤 스미스(Adam Smith, 1723~1790)

영국의 경제학자이자 철학자. 고전 경제학의 창시자로 경제학의 아버지로 불린다. 스코틀랜드에서 태어났고 글래스고대학교에 입학해 주로 도덕철학을 공부했다. 1748년부터 에든버러에서 공개 강연을 통해 인기를 얻었고, 자신보다 훨씬 나이가 많은 데이비드 흄과 역사, 정치, 철학, 경제, 종교 등 여러 방면에서 밀접하게 교류했다. 대표적인 저서로 『도덕감정론』과 『국부론』이 있다.

어떤 관료

김남주

관료에게 주인이 따로 없다!
봉급을 주는 사람이 그 주인이다!
개에게 개밥을 주는 사람이 그 주인이듯

일제 말기에 그는 면서기로 채용되었다
남달리 매사에 근면했기 때문이다

미군정 시기에 그는 군주사로 승진했다
남달리 매사에 정직했기 때문이다

자유당 시절에 그는 도청과장이 되었다
남달리 매사에 성실했기 때문이다

공화당 시설에 그는 서기관이 되었다
남달리 매사에 공정했기 때문이다

민정당 시절에 그는 청백리상을 받았다
반평생 국가에 충성하고 국민에게 봉사했기 때문이다

나는 확신하는 바이다

아프리카 어딘가에서 식인종이 쳐들어와서
우리나라를 지배한다 하여도
한결같이 그는 관리생활을 계속할 것이다

국가에는 충성을 국민에게는 봉사를 일념으로 삼아
근면하고 정직하게!
성실하고 공정하게!

김남주의 『김남주 시선집』
(창비, 2014)

5

인간이 인간인 이유: 맹자의 정의론

배병삼

인간은 왜 동물이 아니고 인간일까? 인간을 인간이라고 말하게 해주는 요소는 무엇일까? 사실 인간의 98%는 동물이고 사람다운 특별한 요소는 겨우 2%에 불과하다고 한다. 그 옛날 맹자도 "사람을 사람답게 만드는 요소는 너무나 미약하다[人之所以異於禽獸者幾希]"고 정확히 지적했다. 그렇다면 우리의 인간다움은 고작 2%의 요소에 아슬아슬하게 달려 있는 셈이다. 우리가 일상생활의 98%를 채우는 먹고사는 문제에 대한 고민을 제쳐두고, 일상의 삶에서 몇 번 부딪힐까 말까 하는 '선을 행하는 문제'에 매달리는 것은 바로 이 때문이다. 동물이 아니고 인간이기 위해서는 그 2%를 어떻게든 지켜내야 하기 때문에.

맹자의 시대에도 인간은 남의 살을 먹고, 자신의 이익을 위해 타인의 목숨을 빼앗기도 하는 이기적이고 잔인한 동물이었다. 그러나 맹자는 우리에게 묻는다. 낯선 집의 아기가 우물로 엉금엉금 기어갈 때 우선 달려가 구하지 않을 사람이 있겠는가라고. 그 순간 사람들은 그 아기가 뉘 집 자식인지, 그 아기를 구하면 내게 어떤 득이 돌아올지 따지고 계산하지 않는다. 누군가 우는 소리가 들리면 자신도 모르게 뒤를 돌아보고, 누군가 넘어지면 저절로 손을 내미는 것이 인간의 본능적인 반응이다. 맹자는 이런 사소해 보이는 본능적 행위에서 '사람다움[仁]의 씨앗'과 '정의[義]의 씨앗'을 찾았다. 그의 '네 가지 씨앗[四端]'론은 지금도 그 2%의 요소를 지켜내려는 강력한 인간론, 정의론, 도덕론이다.

불의(不義)의 시대

맹자(孟子: 기원전 372?~기원전 289?)가 살던 시대를 전국시대라고 부른다. 전국(戰國)이라는 이름을 따져 읽으면 처참하다. '전국시대'란 '나라들 간 전쟁의 시대(the warring states period)'라는 뜻이기에 그렇다. 앞선 춘추시대까지 합쳐 춘추–전국의 세월을 계산하면 도합 500년이 넘는다는 사실을 알고 나면, 우리는 2300년이란 세월의 격차를 넘어 맹자의 우울과 절망감을 헤아릴 수 있다. 전쟁과 광기, 죽임과 살상이 500년 넘도록 지속되었다니…….

공자가 춘추시대를 두려워했듯, 맹자도 시대를 아파하고 두려워했다. 실은 이 '두려움[懼]'이야말로 공자와 맹자가 만나게 되는 '해석학적 통로'다. 다음은 맹자가 당대 학술들을 논평하는 가운데 공자와 만나게 되는 경로를 술회하는 대목이다.

> "춘추시대에 이르자 신하 가운데 임금을 시해하는 자가 생기고, 자식 가운데 아버지를 살해하는 놈도 나왔다. 공자가 이를 '두려워하여' 『춘추』를 지었다. (孔子懼, 作春秋.) (……) 전국시대에 이르자 양주, 묵적의 도가 창궐하였다. 이것은 부정한 학설이 인민을 속여 인의(仁義)의 숨을 끊는 것이다. 인의가 막히면, 짐승을 몰아서 사람을 잡아먹는 데서 나아가 사람들로 하여금 서로 잡아먹게 만들 것이다. 나는 지금 이 시대가 두렵다." (吾爲此懼.)
>
> 『맹자』, 3b:9

맹자는 당대의 다양한 학술들, 곧 백가(百家)를 두루 섭렵하였던 것으로 보인다. 『맹자』 전편에 걸쳐 나타나는 양주와 묵가와의 논쟁, 법가·농가·종횡가·병가 등 제반 사상에 대한 비판은 그가 전국시대 각종 학술들을 연구했던 방증이다. 맹자는 여러 사상들의 편력을 통해 당시 유행하는 학술들이 '기술적 사유'에 불과하다는 결론을 내린다. 이들은 백성을 권력자의 정치적 목적을 '위한' 수단으로 도구화하고 소외시킨다는 점에서 공통적이었다. 사람의 처지를 아파하고 이를 치유하려는 학문이 아니라, 군주의 지배력을 증진하기 위해 인민을 도구로 조직하는 기술이거나, 수탈 대상으로 소외시키는 사상들이었다. 그 와중에 맹자는 단 한 사람, 공자만이 사람의 처지를 느껍게 아파하고, 짐승 수준으로 추락하는 시대의 타락을 참으로 두려워하는 사상가임을 발견한다. 공자의 그 두려움이 자신이 당대에 느끼는 고통과 같은 것임도 문득 깨닫는다. 맹자는 이 '두려움'의 공유를 통해 공자와 만난 것이다.

그가 공자에 대해 '직접 제자가 아니면서도 책을 통해서 스승으로 섬긴다'는 뜻인 "사숙(私淑)하였노라"고 말한 까닭이 이 때문이요, 또 그를 두고 "인류가 생겨난 이래 공자와 같은 스승은 없었노라"고 찬탄한 이유다. (전국시대에 공자의 후예로 자처한다고 해서 밥이 나오거나 떡이 생기는 것이 전혀 아니었음을 잊어서는 안 된다. 경제 사정은 도리어 공자를 알면 알수록 더 팍팍해질 뿐이다.)

우리는 『맹자』라는 책이 인장상식(人將相食)의 절망감, '사람이 서로를 잡아먹으려 한다'라는 두려움에서 비롯된 절박한 정치적 언어로 구성된 텍스트라는 사실을 염두에 두어야 한다. 맹자는 500년 넘게 오랜 전쟁과 살육으로 인간 세상이 동물의 세계보다 더 타락할 가능성에 전율하면서, 제 나름의 구제책을 들고서 이 나라 저 나라를 전전한 것이다.

의(義)와 이(利)

공자 사상의 핵심이 인(仁)으로 요약된다면, 맹자는 의(義)를 덧붙여 '인의'로 표현한다. 그만큼 전국시대는 불의(不義)가 일상화된 사회였다는 반증이기도 하다. 『맹자』의 첫 장을 열면 다음과 같은 대화가 눈길을 끈다.

> 맹자가 양혜왕을 만났다. 왕이 말했다. "노인장께서 천리를 멀다 않고 오셨는데, 제 나라를 이롭게 할 방안을 갖고 있겠지요?" 맹자, 말했다. "왕께서는 하필이면 이익[利]을 말씀하십니까! 오직 인의(仁義)가 있을 따름입니다. 왕이 '내 나라를 어떻게 이롭게 할까?'라고 하면, 대부는 '내 집을 어떻게 이롭게 하지?'라고 할 것이고, 사(士)와 서민은 '내 일신을 어떻게 이롭게 하지?'라고 할 것입니다. 아래위가 서로 '이익'을 취하려 들면 나라는 위태로워집니다. 반면 인(仁)한데 제 어버이를 버려둘 자가 없고 의(義)로우면서 제 임금을 제쳐둘 자가 있지 않습니다. 왕이라면 인의를 말할 따름입니다. 하필이면 '이익'을 말씀하십니까!"
>
> 『맹자』, 1a:1

인간도 짐승이다. 남의 살을 먹어야 살고, 제 유전자를 퍼트리려는 욕망을 갖고 있다는 점에서 다른 동물들과 매일반이다. 인간의 생존 본능과 성욕은 사자나 매, 연어나 다슬기와 다를 바 없다. 맹자는 이 점을 두고 "사람을 사람답게 만드는 요소는 너무나 미약하다"*고 지적한 바다. 광고 문안을 빌리자면, 인간에게 사람다움은 고작 2%에 불과하다. 나머지 98%는 동물이라는 뜻이다. 즉 맹자는 인간도 동물의 일원임을 인정한다. 그럼에도 동물들과 다른 '인간만의 특징'이 2%가 있다는 것이고, 그 2%를 인의(仁義)라고 이름 붙인 것이다. 이 미약한 '인과 의'를 보존할 때라야만 사람다운 사람이 되고 또 문명사회를 이룬다.

인용문을 검토하면 맹자는 지금 양혜왕에게 '인의(仁義) vs. 이익[利]'의 첨예한 대립 구도로 둘 가운데 하나를 택하라고 강요하고 있는 듯하다. 그래서 우리는 맹자를 도덕주의적, 이상주의적 사상가로 이해해왔다. 그러나 이것은 맹자가 이익의 추구라는 인간의 욕망을 도외시하고 인의(仁義), 곧 '사랑'과 '정의'라는 윤리적 가치만을 강조한 도덕주의자라는 뜻이 아니다. 이 대목은 정치가(군주)가 이익에 몰두한다면, 결국 국가(공동체)는 위험에 빠지고 말 것이라는 지적에 다름 아니다. 그것은 이어지는 문장에서 분명하다. '군주가 사적 이익을 추구하면, 그 아래 계급인 대부 역시 제 집안의 이익을 따지고, 또 그 아래 계급인 무사들은 제 몸의 이익을 챙기게 마련이다. 이렇게 이익을 놓고 위아래가 다투다 보면 끝내 그 국가는 위기에 빠지고 만다.'

맹자는 시장에서의 이익 추구는 당연한 것으로 수긍하고 또 적극 권장하기도 한다. (곧 사람의 구성 요소 가운데 98%는 동물임을 맹자는 인정한다.) 다만 그가 문제 삼은 것은 이익을 추구하는 '시장 영역'과, 정의를 중시하는 '공공 영역'이

* 人之所以異於禽獸者幾希(『맹자』, 4b:19)

선명하게 구분되어야 한다는 점이다. 그가 인식한 전국시대의 문제는 이 두 영역이 섞여서 공공 영역이 시장판으로, 즉 정의보다는 이익이 우선시되는 데 있다는 점이었다. 이것이 당대 위기의 핵심이었다.

이에 맹자는 공공 영역으로부터 시장 논리를 몰아내고 정의의 논리, 즉 공평성과 공정성이 관철되는 사회로 재건해야 한다는 점을 누누이 강조했던 것이다. 그러나 시장 영역이 범람하여 공공 영역이 침해된 것은 이 시대만이 아니다. 외려 『맹자』 속에 묘사된 시대상은 21세기 신자유주의의 폐해와 흡사하다. (『맹자』를 읽으면서 기시감을 느끼는 까닭도 이런 병폐의 동질성 때문인 듯싶다.)

오늘날 신자유주의적 자본주의가 몰고 온, 노약자를 무능력자로, 불구자를 거추장스러운 짐으로, 인간을 돈으로 환산하는 사태가 맹자의 하필왈리(何必曰利) 밑에 깔려 있던 배경이다. 하여 최근 한국 사회를 우울하게 묘사한 언론인의 칼럼과 맹자의 절박한 외침 사이에는 큰 차이가 없어 보인다.

> "일자리 못 찾고, 실직하고, 벌이가 적고, 병들고, 월세·학원비 밀린 이들은 다리 위에서, 집에서, 차 안에서, 공원에서 죽는다. 만일 가장이 생계를 유지할 능력이 없다면 그의 가족도 살아남기 어렵다. 국가는 경쟁력 강화하고 선진화하느라 겨를이 없고, 사회는 이미 정글로 변해 아무도 남의 가족을 돌보지 않는다. 그래서 나온 해결책이 가족 살해다. 사회가 낙오자로 찍기만 하면, 찍힌 이가 알아서 나머지 쓸모없는 가족을 사회로부터 제거한다. 이건 연쇄살인, 아니 청부 살인이다. 그런데도 세상은? 너무 조용하다."
>
> 이대근, 『경향신문』 2011년 2월 17일자

군주의 면전에 내뱉듯 일갈한 맹자의 '하필왈리'라는 쇳소리 속에는, 이익 추구로 황폐화된 일상적 삶을, 시급히 사람을 귀중히 여기는 사회로 재생시키지 않으면 머지않아 짐승들의 세상으로 추락하고 말 것이라는 절박감이 가득 들어 있다.

그러면 어떻게 새로운 문명을 건설할 것인가. 공자가 평천하의 토대로 가족 사랑에 주목했듯, 맹자는 사람의 마음을 엿본다. 맹자는 사람들 마음속에 인의(仁義), 즉 사랑과 정의를 다 같이 갖추고 있다고 본다. 공자의 평천하의 구상이 가족으로부터 출발한다면, 맹자의 출발점은 사람의 마음에서부터다. 인의(仁義)는 모든 사람의 마음속에 갖춰진 하나의 '덕성'이라는 것. 만물개비어아(萬物皆備於我)라! '자연의 이치가 나 속에 존재한다'라는 맹자의 선언이 이를 표 나게 드러내고 있다. 이를 오늘날 언어로 번역하자면, '만인은 다 같이 평등하게 고귀하다!' 그의 평등주의는 정치적 언어로 표출되기도 한다.

> 춘추시대 성간(成覸)이 제경공에 말했다. "성현들도 사나이요, 나도 사내다. 내가 왜 그들을 두려워한단 말인가!" 또 공자 제자 안연은 이렇게 말했다. "순임금은 어떤 사람이고, 나는 어떤 사람인가. 뜻을 이루려는 사람은 또한 순임금과 똑같이 행하면 되는 것을!"*

위대한 성왕도 일반인과 다를 바 없다면, 세속의 군주들이야 말할 바가 없다. 권력자나 대중은 다 같은 인간으로서 똑같은 마음을 갖고 있다. 보편적인 인간의 마음을 맹자는 사단(四端)의 논리로 구성한다. 인의예지(仁義禮智)라는 도덕성이 사람의 마음속에 네 가지 실마리로, 즉 측은지심, 수오지심, 사양지심, 시비지심으로 존재한다는 이론이다. 맹자는 잘 알려진 심리학 실험을 통해 특히 '사랑과 정의[仁義]'가 마음속에 보편적으로 깃들어 있는, 인간다움의 고유성임을 증명한다.

> 맹자 말씀하시다. "사람이라면 불인인지심(不忍人之心), 곧 '차마 하지 못하는 사람의 마음'을 다 갖고 있다. 누구나 '불인인지심'을 가졌다고 하는 까닭은, 어린 아기가 우물 안으로 엉금엉금 기어들려는 것을 보자마자 누구든 놀랍고 두렵고 측은한 마음이 들어 얼른 구하려 들 것이기 때문이다.
> 이를 볼 때, 측은한 마음이 없다면 사람이 아니요, 부끄러워하고 미워하는 마음, 곧 수오지심(羞惡之心)이 없어도 사람이 아니다. 측은지심은 인(仁)의 실마리요, 수오지심은 정의[義]의 실마리다. 무릇 사람이라면 모두 '인과 정의'의 실마리를 갖췄기에 누구나 그것을 키우고 또 채울 줄 알게 마련이다."
>
> 『맹자』, 2a:3, 요약

당신도 함께 맹자가 제공하는 '심리학 실험'에 참여해보자. 전혀 낯선 집의 어린아이가 우물 속으로 기어드는 장면을 문득 본다면 당신은 '그냥 즉각적으로' 아기를 구하려 들겠는가? 이 질문에 동의한다면, 측은지심(惻隱之心), 즉 타고나면서부터 만인의 마음속에 다 같이 존재한다는 인(仁)의 보편성을 긍정할 수 있을 것이다. 또 이런 '측은지심'을 인간이 공유한다는 점에 동의한다면, 자신의 잘못에 부끄러워하고 사회의 부정의에 대해 분노하는 정의[義]의 마음, 곧 수오지심(羞惡之心)을 사람들이 공유한다는 점에도 동의할 수 있으리라. 요컨대 사랑의 공유와 정의의 공감은 군주라서 특별하지 않고 천민이라고 해서 다르지 않다. 인간은 모두 평등하다! 모든 사람의 마음속에 사랑과 정의의 씨앗을 품고 있다.

4단론(四端論): 정의의 씨앗

누구에게나 사랑과 정의가 갖춰져 있다는 주장, 또 그 씨앗은 태어나면서 부여받은 것이라는 맹자의 보편적 정의론은 당시 치열한 논쟁거리였다. 이것은 인간 심리학의 문제를 넘어서 민감한 정치적 주제이기도 했다. 대표적으로 고자(告子)라는 사상가는 특별히 정의[義]는 사람의 마음속에 내재하는 것이 아니라, 바깥 사회 속에 존재한다고 주장한다.

> 고자는 말한다. "식색(食色) 즉 동물적 본능이 사람의 본성[性]이다. 사랑의 마음인 인(仁)은 내 마음속에 있고 밖에 있지는 않다는 점에 동

* 成覸謂齊景公曰 "彼丈夫也, 我丈夫也. 吾何畏彼哉!" 顔淵曰 "舜何人也, 予何人也? 有爲者亦若是." (『맹자』, 3a:1)

> 의한다. 그러나 정의[義]는 바깥, 곧 사회에 있지 사람의 마음속에 있을 수가 없다. 사랑[仁]이 마음속에 있다는 것은 친동생은 진정으로 사랑하지만, 외국 사람 동생을 사랑하는 마음이 일지 않는 데서 알 수 있다. 그러나 낯선 외국 노인에 대해서 집안 어른과 마찬가지로 존경의 예를 차리는 것을 볼 때, 의(義)가 바깥에 있다는 점을 알 수 있다."**

사단 가운데 유독 문제가 된 것은 정의[義]다. 고자에게 사람의 본성은 식색(食色) 곧 생물적 본능과 다를 바가 없다(본성=본능). 짐승의 마음속에 정의가 존재하지 않듯, 사람도 동물과 다름없는 생물이기에 정의는 마음속에 존재하지 않는다. 정의는 바깥에서 훈련되어 인간 내부로 이식된 것이지, 인간 고유의 특성이 아니라는 것. 이에 고자는 사람의 마음속 정의가 거처할 자리는 없다고 주장하는 것이다.*** 당연히 그는 정의의 소재를 인간의 바깥, 곧 사회나 관습, 전통에서 찾는다.****

그러나 맹자가 보기에 인간 외부에 존재하는 '고자식 정의'는 권력, 사회질서, 또는 전통이나 관습과 같은 언어와 다를 바 없다. 고자식 정의로부터 인민은 권력자의 수족으로 추락하는 길이 시작된다고 맹자는 우려한다. 인민의 마음속에 '의'가 없다면 그리하여 정의와 불의를 판단할 본성이 부재하다면, 인민들은 외부의 권력이나 사회 관습, 또는 전통(이것들은 모두 기성 권력의 도구다!)이 '정의의 이름'으로 강요하는 명령에 복종하고 집행하는 권리(?)만을 가질 뿐이다. 인민은 권력자의 정당성을 질문하지 못하고, 권력이 조직한 이른바 직분[分] 속에서 기술적인 의례를 집행하는 것을 정의로 여길 따름이다. 맹자는 이런 '기술적 정의'는 참된 정의가 될 수 없다고 누누이 강조한다. 직분에 따라 목숨을 바치는 것을 정의로 오해한 일본식 사무라이 에토스야말로 '타락한 정의'의 전형적 모습이다.

맹자는 권력의 문제에 대해 예민하다. 권력자는 자기 이익에 매몰될 위험성이 누구보다 크다고 염려한다. 맹자는 정의의 타락을 두려워하며 또 그런 현실적 경향에 강력하게 반발한다. 모든 인간의 마음속에 (군주든, 평민이든 가리지 않고) 보편적으로 정의가 내재한다는 그의 주장에는, 정의가 인간의 내부에 위치할 때라야만 자율적, 자각적, 자주적 인간으로서 자립이 가능하다는 신념이 담겨 있다. 그가 끝까지 정의를 인간 내부의 본성 속에 자리 잡고자 노력했던 까닭은, 정치의 세계, 곧 공공 영역이란 효율성이나 합리성, 경제성 등 어떤 특정한 가치를 위한 조직 운영이 아니라, 공동체 구성원들이 함께 더불어 살아가는 공화(共和)의 생활

** "告子曰 食色 性也 仁內也 非外也 義外也 非內也. (……) 吾弟則愛之, 秦人之弟則不愛也, 是以我爲悅者也, 故謂之內. 長楚人之長, 亦長吾之長, 是以長爲悅者也, 故謂之外也." (『맹자』, 6a:4)

*** "정의[義]는 바깥, 곧 사회에 있지 사람의 마음속에 있을 수가 없다."(인용문 참고)

**** 고자식의 '의(義)=외부적 가치'라는 용례는 우리도 상용하고 있다. 의족(義足), 의수(義手), 의안(義眼)은 두루 내 몸에 없는 발, 손, 그리고 눈을 바깥에서 가져와 끼워넣은 것이다. 또 의형제(義兄弟)라고 할 때 의(義)도 그렇다. 그러나 맹자에게 이런 식의 '외부적 가치=의'는 참된 의가 아니다.

세계여야 한다는 믿음 때문이다.

맹자의 정의는, 정치가에게는 정치 운영의 원리로서 제도화하는데, 이것이 '여민(與民) 체제'다.* 한편 인민들에게는 정의가 폭정에 저항할 최후의 보루가 된다. 오늘날 식으로 하자면 반파쇼, 반독재 투쟁을 할 수 있는 '인민 저항권'의 근거지다. 이에 그는 담담하게 말한다.

> 인민이 가장 귀중하고, 사직이 그다음이요, 군주는 가볍다. 그러므로 시골 백성[丘民]의 마음을 얻으면 천자가 되고, 천자의 신임을 얻으면 제후가 되며, 제후의 신임을 얻으면 대부가 된다. 제후가 사직을 위태롭게 하면 몰아낸다. 희생을 다 갖추었고 제물도 청결하고 제사도 때맞춰 지냈는데 만일 가뭄과 홍수가 빈발하면 사직도 갈아치운다.**

인민>사직>군주의 순서로 서술되는 가치의 등급은 맹자가 지향하는 여민 체제의 성격을 보여준다. 거꾸로 이것은 여민 체제가 가능하기 위해서는 '모든 인간은 타고나면서부터 그 내부에 정의감을 보존하고 있다'라는 인성론의 전제가 필수적임을 드러낸다. 인의(仁義) 곧 '사랑과 정의'를 모든 인간이 내부적으로 공유할 때라야만 '함께 더불어'라는 여민동락(與民同樂)의 공화 사회가 건설될 수 있기 때문이다.

차마 하지 못하는 마음 [不忍人之心]

맹자 사상은 성선설과 보편적 정의론, 그리고 마음속에 정의가 깃들인다는 의내설(義內說)을 동반한다. 만일 고자처럼 정의를 바깥 사회에 존재하는 것으로 외부화한다면 그 정의는 기존의 정치·사회·경제적 권력이 전취해버릴 것이다. 고자의 의외설(義外說)에서 파생된 것이 한당(漢唐)시대 이후 '제국 유교'가 강요한 삼강(三綱) 이데올로기다.***

'정의의 소재'에 대한 맹자와 고자의 논쟁은 결국 '무엇이 정의인가'를 판단할 지적 권력을 군주에게 양도할 것인가, 아니면 인간 내부에 확보할 것인가와 관련된다. 이 문제는 인간의 자유와 권력의 속성을 결정짓는 핵심적인 사안이다. 정의의 소재를 둘러싼 논쟁은 '인간이 조직 속의 요소로서 기계적으로 복무하는 존재냐', 아니면 '인간이 의·불의를 주체적으로 판단하고 행동하는 자율적 존재냐'를 선택하는 정치철학적 뇌관을 품고 있기 때문이다. 이다지

---

* 여민(與民)이란 말은, '여민동락(與民同樂)', 곧 '백성과 함께 같이 즐긴다'라고 한 구절로 잘 알려져 있다. 여민은 '군주와 인민이 함께 더불어 구성하는 정치'를 의미한다. 맹자 정치사상의 핵심이 '여민'이라는 말 속에 들어 있다.

** 孟子曰 "民爲貴, 社稷次之, 君爲輕. 是故得乎丘民而爲天子, 得乎天子爲諸侯, 得乎諸侯爲大夫. 諸侯危社稷則變置. 犧牲旣成 粢盛旣潔 祭祀以時 然而旱乾水溢, 則變置社稷." (『맹자』, 7b:14)

*** 유교는 근 2500년간 동아시아에서 영위된 장구하고 장대한 사상 체계다. 그러므로 부침을 거듭해왔다. 하나의 유교만 존재하는 것이 아니라는 말이다. 장구한 유교 사상사의 스펙트럼에 대해서는, 배병삼, 『우리에게 유교란 무엇인가』(2012)를 참고하라. 특히 우리가 '삼강오륜(三綱五倫) = 유교'로 아는 상식과 달리 '삼강(三綱)과 오륜(五倫)은 다르다'는 점도 이 책을 통해 알 수 있다. 오륜은 맹자가 제시한 도덕규범이지만, 삼강은 한나라 제국 체제하에서 동중서(董仲舒: 기원전 176?~기원전 104)가 제시한 '복종의 이데올로기'다. 그러므로 삼강과 오륜은 전혀 다른 것이다.

도 마음은 맹자에게 중요하다.

인간의 마음속으로 끌고 들어온 정의의 심리학을 맹자는 수오지심(羞惡之心)으로 명명한다. 맹자의 정의란, '자신에 대한 수치심[羞]'과 '사회에 대한 증오심[惡]'으로 구성되는 것이다. 수치심과 증오심은 동전의 양면이다. 수치심이란 '자기 자신의 잘못'을 성찰하는 양심이다. 새벽녘에 잠이 깨어 어제 한 일을 헤아려볼 때, 문득 목줄기를 발갛게 타오르는 뜨거운 기운을 느낄 때가 있다. 이것이 부끄러움이다. 이 마음이 있을 때 사람이요, 이것이 없으면 사람 탈을 쓴 짐승에 불과하다. 이를 두고 맹자는 "부끄러움이야말로 사람다움을 구성하는 가장 큰 요소다"****라고 지적한 터다. 사람과 짐승을 구별 짓는 경계선에 수치심, 즉 정의감의 반쪽이 자리하고 있다.

한편 증오심은 부끄러움을 공동체에 미루어 적용할 때 생기는 '공적 수치심'이다. 즉 수치심이 개인적 덕성이라면, 증오심은 공적 덕목이다. 제 몫은 꼭 챙기면서 남의 사정은 거들떠보지 않는 동료에 대한 미움, 제가 저지른 불법을 합법화하는 정치가에 대한 분노, 생명을 함부로 대하고 또 죽이는 권력자에 대한 증오심이 정의감을 구성한다. 그러니까 증오심의 밑바탕에는 수치심이 깔려야 하고, 수치심은 증오심으로 밀고 나아가야 한다. 그럴 때 안팎으로 정의가 선다.

마음속의 정의감(수치심)은 바깥으로 나아가 사회화될 때(증오심) 완전한 정의의 세계를 구성할 수 있다는 것이다. 이 점을 두고 성리학의 완성자 주희(朱熹)가 유교 사상의 구조를 수기치인(修己治人)으로도 표현한 바 있다. 즉 수기(나를 닦음)는 자기 잘못을 부끄러워하는 수치심에 해당하고, 치인은 '남을 다스린다'라는 뜻이기 전에 부정의한 사회를 광정하는 행위, 곧 증오심에 해당한다. 맹자나 주희나 나 자신에 대한 '성찰'과 더불어 사회의 부정의를 제거하려 나서는 '실천'을 유교의 핵심 구조로 본 점에서 동일하다.

따라서 맹자에게 선한 본성은 고작 개인 차원의 인간 특징으로 머무를 수 없고, 사회·정치적 차원으로 분출, 확대해 나아가지 않을 수 없다. 모두가 타고난 '차마 하지 못하는 마음[不忍人之心]'은 '차마 하지 못하는 정치' 곧 불인인지정(不忍人之政)으로 전환되어야, 또는 발효되어야만 한다.

> 사람이란 모두 '차마 하지 못하는 마음'을 갖고 있다. 위대한 성왕들은 이 '차마 하지 못하는 마음'을 갖고 있었기에, 이에 '차마 하지 못하는 정치'를 실천하였다. '차마 하지 못하는 마음'을 가지고 '차마 하지 못하는 정치'를 실행한다면, 천하를 잘 다스리는 일은 손바닥 위에서 놀리는 것과 다름없으리라.
>
> 『맹자』, 1b:5

이것은 맹자의 '마음'이 철학적 주제일 뿐만 아니라 사회론, 나아가 국가와 천하 단위의 정치론과 연속됨을 알려준다. 맹자의 성선설은 고작 인간론의 기초에 그치는 것이 아니라 정치사상

**** 恥之於人, 大矣! (『맹자』, 7a:7)

과 연결되어 끝내 '평천하'에 이르는 방대한 문명론의 골격을 형성하는 것임을 보여준다는 것.

뿐만 아니다. 마음은 한 걸음 더 나아가 하늘[天]과 직접 연결된다. 『맹자』의 마지막 진심(盡心)편, 첫 장에서 그 뜻이 천명된다.

> 맹자, 말씀하시다. "그 마음[心]을 다하는 사람은 그 본성[性]을 알 수 있고, 그 본성을 아는 자는 하늘[天]을 알게 된다. 그 마음을 보존하고, 본성을 잘 기르는 것이 하느님을 섬기는 것이다. 수명의 길고 짧은 것은 두 가지 이치가 아니니, 몸을 잘 닦아 하느님의 뜻[天命]을 기다리는 것이 하느님의 명을 세우는 일이 된다."
>
> 『맹자』, 7a:1

하느님은 바깥에 있지 않고, 인간의 내부로 사람의 마음속에 깃들이게 된 것이다. 이로써 사람은 고작 정치사회적 존재에서 한 걸음 더 나아가, 우주적 존재로까지 확장된다. 하늘과 우주, 또는 사람과 신성(神聖) 사이의 통로가 내부적으로 확보된 것이다. 여태 샤먼[巫]이나 군주가 독점했던 인간과 하늘 사이의 통로(제사)가 맹자에게서 개개인의 마음(과 본성) 속으로 들어온다. 이 점은 실로 파천황의 사태로서, 보편적이고 평등한 인간관으로의 전환이 시작된 것이다.

이에 그는 말한다. "인의예지의 실마리는, 바깥에서 안으로 녹아 들어오는 것이 아니라 사람이 타고날 때부터 하늘로부터 받아 보존하고 있는 것이다. 다만 생각하지 않을 뿐이다. 그러므로 말하기를 '구하면 얻고, 놓으면 잃는다'고 한 것이다."*

위민(爲民)? 여민(與民)!

맹자에게 인의(仁義), 사랑과 정의라는 가치는 인간의 내부에 존재하며, 또 누구나 갖추고 있다. 군주든 신민이든, 부귀한 자든 빈천한 자든, 사람의 고귀함은 다 같다. 인간은 그 누구나 자율적이며 자각적이고 자유롭다. 이것이 맹자의 마음, 성선설 아래 깔려 있는 전제다. 인간다운 삶은 사람들이 공유하는 인의라는 가치를 보전하고, 또 그 생활을 사람답게 '함께 더불어' 영위하는 것이다. 정치적 행위란 '인민들이 함께 더불어 살아가도록 만드는 기술'일 따름이다. 또 군주란 함께 더불어 사는 사회를 관리하며 보전하는 책임자, 곧 관리자일 따름이다. 내내 오해해왔듯, 군주는 국가의 소유자일 수는 없다. 이 점을 이해한다면 우리가 맹자 사상을 위민(爲民) 사상으로 알았던 것이 얼마나 터무니없는 잘못인지 알 수 있을 것이다.

'위민'이란 군주가 국가의 소유자임을 전제하고 있는 말이다. 또 자기 소유물을 백성들에게 시혜로 베풀 적에야 '인민을 위한다'는 말을 쓸 수 있다. 가령 조선을 이씨 집안의 사유물로 보는 점에 동의할 때, "어린 백성을 위하여 한글을 창제한" 세종의 정치를 위민 정치·애민 정치라고 규정할 수 있고 또 그의 은덕을 칭송할 수 있게 된다.

---

* "仁義禮智, 非由外鑠我也, 我固有之也, 弗思耳矣. 故曰 '求則得之, 舍則失之'." (『맹자』, 6a:4)

위민 정치는 국가가 군주의 사유물이라는 전제와 또 그것을 인민에게 널리 베푸는 시혜의 실천이라는 조건을 충족할 때라야 가능한 표현이다.** 맹자 사상을 '위민'으로 개념화할 수 있을지는 맹자가 국가를 특정인(군주)의 사유물로 보는가가 관건이 된다.

> 맹자가 제선왕에게 말했다. "여기 가족을 친구에게 맡기고 먼 나라로 떠난 신하가 있습니다. 돌아와 보니 맡겼던 가족이 추위에 얼고 굶주려 있다면 어떻게 하겠습니까?"
> 제선왕: "친구 관계를 끊습니다."
> 맹자: "포도대장이 휘하 군졸들을 제대로 다스리지 못하면 어쩌시겠습니까?"
> 제선왕: "파면시켜야지요."
> 맹자: "나라 안이 다스려지지 않는 것은 어쩌시겠습니까?"
> 임금은 눈을 딴 데로 돌리더니 다른 이야기를 하였다.
>
> 『맹자』, 1b:6

여기 '가족을 친구에게 맡기는 신하'와 '휘하 군졸들을 다스리지 못하는 포도대장'의 경우, 그리고 '나라를 제대로 다스리지 못하는 군주'에 이르는 세 가지 비유는 맹자의 군주에 대한 생각을 잘 보여준다. '가족을 친구에게 맡기다[託]'라는 비유는 군주가 인민을 하늘로부터 위탁을 받았다는 점을, 포도대장의 비유는 휘하 관료들의 일탈과 범법을 관리해야 할 책임이 군주에게 있다는 점을 꼬집어 제선왕 앞에 제시하는 것이다. 두 경우 다 책임을 물어 관계를 끊거나 해임해야 한다는 점에 왕이 동의한다면 '나라 안이 다스려지지 않은 것'은 군주의 책임일 수밖에 없다. 왕은 맹자가 내놓는 비유들의 칼날이 제 자신을 겨눈 것임을 알아채자 "눈을 딴 데로 돌려 다른 이야기를 한" 것이다.

군주는 국가 관리를 위탁받은 존재이며 또 휘하 관료들의 침탈을 관리해야 하는 책임자일 따름, 국가의 소유자는 아닌 것이다. 만일 관리자가 인민의 생존과 사회질서 유지라는 자기 책임에 실패한다면, 그 지위에서 물러나는 수밖에 없다. 여기서 역성혁명은 상식으로 끌려나온다. 맹자가 탕왕과 무왕의 혁명을 당연시한 까닭이 이 때문이다.

> 제선왕: "탕(湯)이 폭군 걸(桀)을 추방하고, 무왕이 폭군 주(紂)를 쳤다는 게 사실입니까?"
> 맹자: "전(傳)에 그런 말이 있습니다."
> 제선왕: "신하가 그 임금을 시역[弑]할 수 있습니까?"
> 맹자: "인(仁)을 해친 자를 역적[賊]이라 하고 의(義)를 해친 자를 잔학[殘]이라 하는데, 잔적(殘賊)한 인간을 '홀 사내[一夫]'라고 부릅니다. 듣건대 '홀 사내' 주(紂)를 '처단했다'는 말은 들었어도 임금을 '시역했다'는 말은 들은 바 없습니다."
>
> 『맹자』, 1b:8

** 어떻게 보면 모든 정치는 다 위민 정치다. 파쇼도, 독재도, 전제정치도 '인민을 위하지 않는 정치'는 없기 때문이다. 이렇게 넓게 규정한다면 위민은 실은 속살 없는 껍데기 개념일 가능성도 많다.

작자 미상, 〈맹자도(孟子圖)〉(17세기경)

맹자에게 군주 직위는 다른 공동체 구성원들과 마찬가지로 제 몫의 일, 곧 국가 관리를 충실히 수행할 때에 밥을 먹을 수 있는 한 직책에 지나지 않는다. 이 직분은 공자가 "군주는 군주답고, 신하는 신하답다(君君臣臣)"라고 했을 때의 '군주다움'에 해당하는 것이다. 그렇다면 당연히 군주답지 못한 군주는 그 자리에서 물러나야 한다.

이처럼 역성혁명은 신하가 군주를 반역한 것이 아니라, '자연권'으로서의 인의(仁義)를 해친 타락한 권력자에 대한 저항이요, 그 자체로서 정의로운 행동을 구성한다. 탕(湯)이라는 제후가 폭군인 걸(桀)을 쳐서 새로운 왕조를 개창한 것이나 또는 은 왕조의 폭군 주(紂)를 무너뜨리고 새로운 왕조를 연 무왕(武王)의 행위는 '일상적인 정치 행위'일 따름이다. 이건 '혁명'이니 뭐니 호들갑을 떨면서 색다른 이름을 붙일 것도 없다는, 놀랍도록 시큰둥한 태도가 인용문의 대화 속에 들어 있다.

맹자는 당시 전국시대의 정치가 위민(爲民), 즉 군주가 백성을 '위한다'면서 시혜해주는 정치로 인해 타락되고 또 야만으로 추락되고 있다고 보았다. 이에 그가 제시하려는 새로운 정치체제는 여민(與民), 곧 인민들이 '함께 더불어' 정치 현장에 참여하고 그럼으로써 '너의 나라'를 '우리들의 나라'로 전환시키는 것이다. 이 점이야말로 맹자의 핵심적인 정치적 주장이다. 우리는 위민과 여민 사이의 전혀 상반된 차원을 이해할 때에만 맹자 사상의 속살로 들어갈 수 있다. 맹자 정치관은 이 '與(더불어, 함께)' 자에서 부챗살처럼 펼쳐나가는 건축물이라고 해도 과언이 아니다. 요컨대 맹자의 꿈은 오늘날 오해하듯 위민(for the people)이 아니다. 그의 사상은 도리어 인민과 군주가 '함께·더불어' 행하는 여민 체제(with the people)이었음을 이해해야 한다. 오늘 우리가 『맹자』를 읽으면서 배워야 할 점은, '전쟁의 시대'라는 참혹한 시대를 넘어 건설하려던 '함께 더불어 사는 세상'이다.

맹자가 전하는 말

맹자에게 인간다운 삶이란 더불어 '관계를 맺으며' 사는 것이다. 당대의 문제는 관계망이 산산이 부서져버려 짐승의 무리로 타락했다는 점이었다. 맹자에게 나쁜 말 가운데 하나가 '홀로[獨]'라는 것이다. '홀로'란 곧 공공과의 유대가 끊어진, 그리하여 관계망을 잃고 한낱 몸뚱이로 전락해버린 짐승이라는 뜻을 내포하는 말이다. 맹자가 당대 정치의 급선무로 사람을 타락시키는 근원인 '고독'을 구제하는 데 있다고 호소한 것도 이 때문이다.

아내 없이 홀로 된 사내를 환(鰥)이라 하고, 남편 없이 홀로 된 여성을 과(寡)라 하고, 늙어서 자식이 없는 사람을 독(獨)이라 부르고, 부모 없는 아이를 고(孤)라고 부른다. 환·과·고·독은 가장 궁박한 사람들로서 그 처지를 하소연할 데가 없는 무고(無告)한 자들이다. 성왕인 문왕께서 인정(仁政)을 베풀 적에 반드시 이 넷을 먼저 챙겼다.*

지금 맹자는 고독한 인간을 '궁박한 백성으로서 처지를 알릴 데가 없는 자[窮民而無告者]'라는 경제·사회적 언어로 정의하고, 그것을 정치의 문제로 삼고 있다. 앞의 궁민(窮民)이란 경제적으로 빈곤한 처지를 말하고, 뒤의 무고자(無告者)란 그 처지를 알릴 데 없음, 곧 관계가 절연된 상태를 이른다. 맹자에게 경제적 빈곤도 문제지만, 관계가 끊겨 처지를 알릴 데 없이 '홀로 됨', 사회적 고독이야말로 최악의 인간 조건이다.

반면 즐거움[樂]은 '홀로'로서는 불가능하고 남과 더불어서 함께 누릴 때만이 가능하다. 낯익은 맹자의 '여민동락'이, 즉 "백성들과 더불어 즐김"이 그가 제시하는 문명의 비전인 까닭이다. 맹자에게 관계(공동체)를 파괴하고 인간을 고독한 개체로 분리시키는 짓이야말로 최악의 행위가 된다.

맹자는 역사 발전에 따른 시장의 발달, 재화의 축적, 기술의 발전과 같은 객관적 현실을 수용한다. 화폐·물질·기술은 그 자체로는 가치판단이 유보되는 탈도덕적인 것들이다. 이 점에서 맹자는 현실주의요, 또 합리적이다. 다만 맹자가 주의를 촉구하는 점은, 이것들이 관계 증진에 쓰일 공공재(公共材)로서의 성격을 유지해야 한다는 사실이다.

그가 보기에 재물과 기술의 치명적인 문제점은 (특히 새롭고, 신기한 것일수록) 이기심을 자극하여, 관계로서의 인간과 사회를 위태롭게 만드는 속성에 있다. 기술 또는 재물의 반(反)사회적 타락 경향성을 맹자는 염려한다. 이것들은 사회적 공공재로서의 성격을 유지하도록 언제나 조심스럽게 다뤄져야 하며, 결코 독점되지 않도록 유의해야 한다.

맹자는 '홀로'를 염려한 것과 같은 맥락에서 기술과 재물의 '독점'을 두려워한다. 재물이나 기술이 독점되면 그것들은 균형을 잃고 특정인의 소유 대상으로 타락하고 만다(군주의 독재/재벌의 발생). 더 나아가 공동체를 이익을 향한 경쟁으로 변모시키는데, 끝내 공동체는 이익의 추구를 위해 인간관계를 해체시키는 데까지 나아갈 것이다.

『맹자』의 첫 장이 양혜왕의 질문에 대해 '하필왈리(何必曰利)'라, "정치가의 질문이 어찌 이익에 대한 것일 수 있소이까?"라는 힐난으로 문을 여는 까닭이다. 정치가의 이익 추구는 사회를 경쟁적 이익 추구로 몰아가고 이것은 공동체를 황폐시키고, 끝내 인민들끼리 서로 살상하는 데까지 이르게 되리라는 것이다. (짐승들은 전쟁을 하지는 않는다!)

맹자는 그의 시대를 가장 깊은 밤으로 보았다. 허나 어둠이 깊으면 새벽이 멀지 않은 법. 그는 특유의 일치일란(一治一亂, 한 번 질서가 있으면 한 번은 혼란이 온다)이라는 순환적 역사관에 기대어 머지않아 새로운 평화의 시대[一治]가 도래할 것을 믿(고 싶)었다. 이에 그는 요순 시대라는 '과거'의 신화와 설화를 재해석함으로써, '미래'를 위한 새로운 문명의 비전을 제시하고자 하였던 것이다.

그것이 함께 더불어 사는, 여민 체제였다. 그러나 그 체제는 책상 앞에서 관념적으로 구성한 형이상의 독단(몽상)이 아니라, 당대 정치적

* "老而無妻曰鰥, 老而無夫曰寡, 老而無子曰獨, 幼而無父曰孤, 此四者, 天下之窮民而無告者. 文王發政, 施仁, 必先斯四者." (『맹자』, 1b:5)

현실과 인간의 마음에 대한 해부와 정치경제학적 분석을 바탕으로 짜인 청사진이었다. 다양한 관찰과 깊은 연구 끝에 맹자는 인간의 본질은 관계라는 사실을 깨달았고, 그 관계를 이끄는 힘은 이익이 아니라 사랑[仁]과 정의[義]라는 판단을 세웠다. 사랑은 관계를 만들고 확산하는 힘이요, 정의는 관계를 유지(한정)시키는 힘이다. 이 둘의 교차를 통해서 세계는 사랑으로 '아슬아슬하게' 유지된다. 『맹자』라는 책은 '사랑과 정의의 정치경제학'인 셈이다.

(배병삼, 2013)

배병삼(1959~)

영산대학교 교수. 1980년 광주민주화항쟁을 계기로 국가의 정체와 권력의 의미, 미국과 한국의 관계를 고민하고 성찰해왔다. 1993년 『다산 정약용의 정치사상에 관한 연구』로 정치학박사 학위를 받았다. 정치학의 관점에서 살핀 『맹자』의 주석 작업에 힘을 쏟고 있다. 저서로 『우리에게 유교란 무엇인가』, 『공자, 경영을 論하다』, 『논어, 사람의 길을 열다』, 『한글 세대가 본 논어』 등이 있다.

6

차별 없는 사랑, 겸애

묵적

묵적은 고대 동아시아에서 유일하게 평등한 사랑을 주장한 철학자다. 그는 본래 공자의 후학에게 유학을 배웠으나 먼저 자신의 어버이를 사랑하고 나서 다른 사람의 어버이를 사랑하라는 유학의 가르침을 차별적인 사랑, 별애(別愛)라고 비판하면서 혈연과 계급을 넘어 모든 사람을 차별 없이 사랑하는 겸애(兼愛)를 실천할 때 세상이 평화로워질 수 있다고 주장하였다. 그에 따르면 세상이 혼란스러운 까닭은 사랑이 부족해서가 아니라 사랑이 차별적으로 베풀어지기 때문이다. 그가 보기에 유가의 사랑인 인(仁)은 이런 차별을 정당화하는 사적인 사랑에 지나지 않는다. 여기에 실린 글은 묵적이 주장하는 겸애의 핵심적인 내용과 실천 방법을 담고 있다. 과연 그의 주장처럼 타인을 나와 똑같이 사랑하고 남의 부모를 나의 부모처럼 사랑하는 일이 가능한지 유가의 사랑인 인(仁)과 비교하면서 검토해보자.

천하가 어지러운 까닭

성인은 천하를 다스리는 자로 천하를 다스리자면 어지러움이 일어나는 원인을 살피지 않을 수 없다. 이것은 마치 의원이 사람의 병을 치료할 때 병이 일어나는 원인을 알면 치료할 수 있고 알지 못하면 치료하지 못하는 것과 같다. 천하가 어지러워지는 까닭은 무엇인가? 사람들이 차별 없이 사랑하지 않기 때문이다. 이른바 어지러움이란 신하가 임금을 사랑하지 않고 자식이 어버이를 사랑하지 않는 것이다. 자식과 어버이가 서로를 해쳐 자신의 이익을 도모하고 아우와 형이 서로를 해쳐 자신의 이익을 도모하며 신하와 임금이 서로를 해쳐 자신의 이익을 도모하는 것이 이른바 어지러움이다. 이것은 어째서인가? 모두 차별 없이 사랑하지 않기 때문이다.

도적이 일어나는 까닭도 마찬가지다. 도적은

자신의 집안만 아끼고 남의 집안을 아끼지 않기 때문에 남의 집 물건을 훔쳐 자신의 집안을 이롭게 하는 것이다. 대부와 제후들이 다른 나라를 공격하는 것도 마찬가지다. 대부와 제후들이 자신의 나라만 아끼고 남의 나라를 사랑하지 않기 때문에 남의 나라를 공격하여 자신의 나라를 이롭게 한다. 천하가 어지러워지는 것은 모두 이런 까닭이 갖추어져 있기 때문이다.

만약 천하의 사람들이 차별 없이 서로를 똑같이 사랑하게 하여 다른 사람을 자신처럼 아낀다면 어찌 자식이 어버이를 사랑하지 않고 어버이가 자식을 사랑하지 않으며 신하가 임금을 사랑하지 않고 임금이 신하를 사랑하지 않는 일이 일어날 수 있겠는가. 도적이 남의 집을 자신의 집과 똑같이 본다면 누가 남의 물건을 훔치겠으며 대부와 제후가 남의 나라를 자신의 나라와 똑같이 여긴다면 누가 남의 나라를 어지럽히겠으며 누가 남의 나라를 공격하겠는가. 천하의 사람들이 차별 없이 서로를 똑같이 사랑하게 한다면 나라와 나라가 서로 공격하지 않을 것이고 집안과 집안이 서로 어지럽히지 않을 것이고 도적도 사라질 것이다. 성인은 천하를 다스리는 자이니 어찌 미움을 금지하고 사랑을 권장하지 않을 수 있겠는가. 천하의 사람들이 차별 없이 서로를 똑같이 사랑하면 천하가 다스려지고 서로 미워하면 어지러워질 것이다. 묵자가 사람들에게 차별 없는 사랑을 권장하지 않을 수 없다고 말하는 까닭은 이런 이유에서다.

차별 없는 사랑의 이로움

묵자는 이렇게 말한다. 어진 사람이라면 반드시 천하에 이로운 일을 일으켜 천하에 해로운 일을 제거해야 한다. 그렇다면 천하에 해로운 일은 무엇인가? 나라와 집안이 서로 공격하고 사람과 사람이 서로 해치며 임금과 신하가 서로 아끼지 않고 부모와 자식이 서로 사랑하지 않으며 형제간에 서로 화목하지 않은 것이 천하에 해로운 일이다. 이런 해로움은 어디에서 생기는가? 서로 사랑하지 않기 때문에 생기는 것이다. 지금의 제후들은 오직 자신의 나라만 사랑하고 남의 나라를 사랑하지 않는다. 그 때문에 온 나라 백성을 동원하여 다른 나라를 공격하는 것이다. 지금의 대부들은 오직 자신의 집안만 사랑하고 남의 집안을 사랑하지 않는다. 그 때문에 온 집안사람을 동원하여 다른 집안을 공격하는 것이다. 지금 사람들은 자신만 사랑하고 다른 사람을 사랑하지 않는다. 그 때문에 온 힘을 다해 다른 사람을 해치는 것이다. 천하의 모든 사람들이 서로 사랑하지 않게 되면 강자가 약자를 공격하고 부자가 빈자를 억압하며 귀한 자가 천한 자를 업신여기기 마련이다. 그렇다면 어떻게 할 것인가? 모든 사람을 차별 없이 사랑하고 서로 이롭게 하는 법도[兼相愛交相利之法]로 바꾸어야 한다.

그러나 요즘 사람들은 "차별 없이 서로 사랑하는 일이 좋기는 하나 지극히 어려운 일이라 실행할 수 없다"라고 말한다. 묵자는 이렇게 말한다. 지금 사람들은 차별 없이 사랑하는 일이 얼마나 이로운지 알지 못하고 단지 실행하기 어려운 까닭만 이야기한다. 성을 공격하고

들에서 싸우며 자신을 죽여 명성을 이루는 일이야말로 참으로 어려운 일이지만 임금이 그런 일을 좋아하면 사람들은 모두 그렇게 한다. 하물며 차별 없이 서로 사랑하고 이롭게 하는 일은 이와 달라서 남을 사랑하면 남도 반드시 나를 사랑하고 남을 이롭게 하면 남도 반드시 나를 이롭게 해주는 일임에랴.

요즘 사람들은 "차별 없이 서로 사랑하는 일이 좋기는 하나 태산을 옆에 끼고 황하를 건너는 것처럼 실행할 수 없는 일이다"라고 말한다. 묵자는 이렇게 말한다. 이것은 올바른 비유가 아니다. 태산을 옆에 끼고 황하를 건너는 일은 아무리 힘센 사람이라 해도 예부터 지금까지 그렇게 한 사람이 없다. 차별 없이 서로 사랑하고 이롭게 하는 일은 이와 달라서 옛날 성왕들이 실행한 적이 있다. 옛날 주나라 문왕이 서쪽을 다스릴 때 마치 해와 달처럼 사방을 밝게 비추었다. 큰 나라가 작은 나라를 업신여기지 않았고 사람들이 홀아비나 과부를 업신여기지 않았으며 힘센 자들이 남의 곡식이나 가축을 빼앗지 않았다. 하늘도 문왕의 자애로움을 돌아보았으니 늙어서 자식 없는 이도 돌봄을 얻어 수(壽)를 누릴 수 있었고 형제 없이 홀로 사는 이들도 사람들과 어울려 살 수 있었고 어려서 부모를 잃은 고아도 의지할 곳이 있어서 성장할 수 있었다. 이것은 문왕이 실행했던 일로 내가 말하는 차별 없는 사랑을 실행한 예다. 오늘날 사람들이 참으로 천하가 부유하기를 바라고 가난을 싫어하며 평화를 바라고 혼란을 싫어한다면 마땅히 서로 차별 없이 사랑하고 이롭게 해주어야 한다. 이것이 성왕의 법도이고 천하를 다스리는 도리이니 힘써 행하지 않을 수 없다.

천하에서 가장 해로운 일

오늘날 천하에서 가장 큰 해로움은 무엇인가? 큰 나라가 작은 나라를 공격하고 큰 집안이 작은 집안을 어지럽히며 강한 자가 약한 자를 겁탈하고 다수가 소수를 폭행하며 머리 좋은 자가 어리석은 자를 속이고 귀한 자가 천한 자를 업신여기는 일이다. 이런 일은 어디에서 생기는가? 남을 사랑하고 이롭게 해주는 데서 생기는가? 아니다. 남을 미워하고 해치는 데서 생기는 것이다. 남을 미워하고 해치는 자들은 서로 차별 없는 사랑을 실천하는 자인가 아니면 서로 차별하는 자인가? 틀림없이 서로 차별하는 자일 것이다. 그렇다면 서로 차별하는 자들이야말로 천하에서 가장 큰 해로움을 만드는 자들이다. 그 때문에 묵자는 서로 차별하는 것은 옳지 않다고 말한다.

천하의 이로움은 어디에서 생기는가? 서로 미워하고 해치는 데서 생기는가? 아니다. 서로 차별 없이 사랑하고 이롭게 해주는 데서 생기는 것이다. 남을 사랑하고 이롭게 해주는 일은 차별 없는 사랑인가 차별하는 일인가? 차별 없는 사랑이다. 그렇다면 서로 차별 없이 사랑하는 일이야말로 천하에서 가장 이로운 일이 아닌가? 그 때문에 묵자는 차별 없는 사랑이 옳다고 말한다.

지금 우리가 천하의 이로움을 일으키려면 차별 없이 서로 사랑하는 일을 올바른 도리로 삼아야 할 것이다. 귀 밝은 이와 눈 밝은 이가 함께하면 두 사람 모두 보고 들을 수 있고 팔 없는 사람과 다리 없는 사람이 함께하면 자유롭게 움직일 수 있을 것이다. 사람들이 자신의 재능을 다른 사람에게 널리 가르쳐주면 처자식 없는 늙은이도 돌봄을 받아 수를 누릴 수 있고 부모 없는 어린아이도 의지하여 자랄 수 있을 것이다. 지금 오로지 차별 없이 서로 사랑하는 일을 올바름으로 여기는 것은 그 이로움을 따르는 것이다.

그럼에도 천하의 선비들은 차별 없이 사랑하는 일을 그르다고 비난하는 이들이 많다. 그렇다면 물어보자. 지금 두 선비가 벼슬길에 나아 갔는데 한 사람은 사람을 차별하는 태도를 고집하고 또 한 사람은 사람을 차별 없이 사랑하는 태도를 지킨다고 하자. 차별을 고집하는 이는 이렇게 말할 것이다. "내가 어찌 내 친구의 몸을 내 몸처럼 아낄 수 있겠으며 내 친구의 부모를 내 부모처럼 모실 수 있겠는가?" 그 때문에 친구가 굶주려도 먹여주지 않고 추위에 떨어도 입혀주지 않으며 병들어도 돌보지 않고 죽어도 장사를 치러주지 않을 것이다. 그러나 차별 없이 사랑하는 태도를 지키는 사람은 이렇게 말할 것이다. "내가 들으니 훌륭한 선비는 반드시 친구의 몸을 자신의 몸과 같이 아끼고 친구의 부모를 자신의 부모처럼 사랑하니 그런 뒤에야 훌륭한 선비가 될 수 있다고 한다." 그 때문에 친구가 굶주리면 먹여주고 친구가 추위에 떨면 입혀주며 병들면 돌보고 죽으면 장사를 치러줄 것이다.

그렇다면 한번 물어보자. 지금 어떤 사람이 들판에서 갑옷을 입고 투구를 쓰고 막 전투에 나아가 죽고 사는 것을 알 수 없다고 치자. 또 어떤 사람이 임금의 명령으로 먼 나라에 사신으로 가서 돌아올 수 있을지 기약할 수 없는 처지라 하자. 이런 경우 부모나 처자식을 맡길 때 차별 없이 사랑하는 사람에게 부탁할 것인가 아니면 차별하는 사람에게 부탁할 것인가? 내 생각에 마땅히 차별 없이 사랑하는 사람에게 맡길 것이다. 천하에서 가장 어리석은 자라 하더라도 또 스스로 차별 없는 사랑을 그르다고 비난하던 자라 할지라도 반드시 차별 없는 사랑을 실천하는 친구를 따를 것이다. 말로는 차별 없는 사랑을 그르다고 했지만 반드시 그런 사람을 가려서 차별 없이 사랑하는 이를 택할 것이다. 이것은 말과 행동이 일치하지 않는 것이다. 그런데도 천하의 선비들이 차별 없는 사랑을 이야기하면 그르다고 비난하니 그 까닭을 알 수 없다.

생각건대 차별 없는 사랑을 실행하기가 어렵다고 여겨서 그런 듯하다. 그러나 이보다 어려운 일을 실행한 경우가 얼마든지 있다. 옛날 초나라 영왕이 날씬한 허리를 좋아하자 초나라 선비들은 하루에 한 끼만 먹어서 지팡이를 짚고서야 일어설 수 있었고 담장에 의지한 뒤에야 걸을 수 있었다. 먹는 것을 줄이는 일은 지극히 어려운 일이지만 임금이 좋아했기 때문에 그렇게 한 것이다. 옛날 월나라 왕 구천이 용맹한 것을 좋아해서 배에 불을 지른 다음 북을 쳐서 군사들에게 명령하니 물과 불에 뛰어들어 죽은 자가 이루 헤아릴 수 없을 정도로 많았다. 타오르는 불에 몸을 던지는 것은 지극히 어려운 일이지만 임금이 좋아했기 때문에 그렇게 했던 것이다. 하지만 차별 없이 서로 사랑하는 일은 그런 일들과는 달리 서로에게 이로울 뿐 아니라 쉬운 일이다. 다만 윗사람 중에 차별 없는 사랑을 좋아하는 임금이 없었을 뿐이다. 내 생각에 참으로 윗사람이 차별 없는 사랑을 좋아하여 상과 명예로 그것을 권장하고 형벌로써 두렵게 하면 사람들이 다투어 서로 서랑하고 이롭게 해줄 것이다. 그 형세는 마치 불이 위로 타오르고 물이 아래로 흐르는 것처럼 천하에 막을 수 있는 자가 없을 것이니 차별 없는 사랑은 성왕의 도리이며 왕공과 대인들이 편안하고 만백성의 의식(衣食)을 풍족히 할 수 있는 수단이다.

만약 임금이 차별 없는 사랑을 살펴 힘써 실행하면 임금은 반드시 신하를 사랑하고 신하는 반드시 임금에게 충성하며 어버이는 반드시 자애롭고 자식은 반드시 효도하며 형은 반드시 아우를 사랑하고 아우는 반드시 형을 공경할 것이다. 그 때문에 군자가 신하를 사랑하는 군주, 충성스러운 신하, 효도하는 자식, 아우를 사랑하고 형을 공경하는 형제가 되기 위해서는 마땅히 차별 없는 사랑을 실행하지 않을 수 없다. 이것이 성왕의 도리이며 만백성에게 크게 이로운 일이다.

묵적의 『묵자』, 「겸애(兼愛)」
(전호근 옮김, 2017)

수레 기술자의 차별 없는 사랑

기술자 출신 철학자

어느 날 묵자는 제자들과 함께 나무로 만든 비행 물체를 수레에 싣고 높은 언덕으로 올라갔다. 그날은 삼 년이나 걸려 만든 비행기, 목연(木鳶)을 날려보기로 한 날이었기 때문이다. 수많은 제자들이 지켜보는 가운데 묵자가 만든 목연은 때마침 불어온 바람을 타고 하늘 높이 날아올랐다.

묵자의 비행 시험은 하루 종일 계속되었다. 비행기가 부서질 때까지.

지켜보던 제자들은 이렇게 말하며 감탄했다.

"우리 선생님의 기술은 천하제일입니다. 나무로 만든 연을 하늘에 띄우시다니요."

하지만 묵자의 대답은 단호했다.

"이 기술은 수레를 만드는 기술만 못하다. 수레는 얼마 안 되는 나무를 재료로 삼아 반나절 만에 만들 수 있지만 삼십 석의 무게를 견딜 수 있고 오랫동안 쓸 수 있다. 그런데 이 목연은 삼 년이나 걸려 만들었지만 하루 쓰고 망가졌다. 그러니 이런 비행기를 만들 일이 아니라 수레를 많이 만드는 것이 세상을 위해 좋은 일이다."

『한비자』에 나오는 이 이야기에 따르면 묵자는 자신의 뛰어난 기술로 하늘을 날고자 하는 개인적 야망을 실현하고자 했던 사람이 아니라 현실에 굳건히 뿌리를 내리고 많은 사람들과 함께 자신이 지닌 기술의 혜택을 나누는 공동체적 삶을 지향하는 철학자였다.

묵자(墨子, 기원전 480?~기원전 390?)는 이름이 적(翟)으로 중국 춘추전국시대 송나라 출신 기술자였다. 그가 살았던 시대는 대혼란의 시대였다. 하지만 다른 한편으로는 이전 시기보다 한층 풍요로워진 물질적 토대를 기반으로 찬란한 문화를 꽃피운 문화의 황금기이기도 했다. 그런 시대가 오기까지 많은 사람들이 노력이 있었지만 그중에서도 풍요를 이루는 데 직접 기여했던 사람들이 기술자 집단이었다. 하지만 대부분의 사람들은 그런 사실에 주목하지 않았다. 그 때문에 기술자 집단은 여전히 이전 시대와 마찬가지로 노예에 가까운 처지를 벗어나지 못하고 있었다. 묵자는 바로 그런 기술자 집단의 우두머리였다.

묵자도 동시대에 활동한 다른 철학자들과 마찬가지로 자신의 시대를 대혼란의 시대로 보았다. 하지만 혼란을 바라보는 관점은 다른 사상가들과 커다란 차이를 보였다. 그는 당시의 혼란을 이렇게 정리하고 있다.

"백성들에게는 세 가지 걱정이 있다. 굶주린 자가 먹지 못하는 것, 추위에 떠는 자가 입지 못하는 것, 수고롭게 일한 자가 쉬지 못하는 것이다. 이 세 가지야말로 백성들에게 가장 큰 걱정거리다."

이 말에서 그의 철학이 굶주리고 추위에 떠는 백성, 수고롭게 일한 자들의 처지를 대변하고 있음을 알 수 있다. 물론 묵자보다 앞서 활동했던 공자나 바로 뒤이어 활동했던 맹자 또한 비슷한 이야기를 했다. 하지만 공자와 맹자가 주로 농민을 대상으로 이야기했다면 묵자는 농민뿐만 아니라 일하는 사람 모두를 아울러 이야기하고 있다는 점에서 한층 더 소외된 계층에 가까이 다가갔다고 할 수 있다.

사람이 사람일 수 있는 이유

맹자는 인간은 짐승들과는 달리 자신의 본성 안에 인의예지(仁義禮智)의 덕성을 가지고 있기 때문에 인간이 존엄하다고 말했다. 그런가 하면 순자는 인간이 지닌 사회성이야말로 인간으로 하여금 다른 동물을 지배할 수 있게 했다고 주장했다. 그런데 묵자는 인간과 다른 동물들의 차이점을 이렇게 이야기한다.

"사람은 본디 날짐승, 길짐승, 고라니, 사슴, 새, 버러지들과는 다른 존재들이다. 짐승들이야 깃이나 털을 그대로 옷으로 삼고 물이나 풀을 그대로 먹을거리로 삼지만 사람은 이들과 달라서 자신의 노동력에 의지하는 자는 살아나갈 수 있고 그렇지 못한 자는 살아나갈 수 없다."

묵자가 생각하기에 사람은 노동을 통해 자연을 넘어서는 존재로 깃이나 털을 그대로 옷으로 삼고 물과 풀을 그대로 먹는 짐승들과는 전혀 다르다. 그는 사람이 사람인 이유를 노동하는 데에서 찾고 있다. 그에게서 일하지 않는 사람은 더 이상 사람일 수 없었던 것이다.

이 때문에 그가 말하는 사회 정의는 동시대의 다른 철학자들과는 사뭇 다른 방향에서 그려진다. 그는 남의 것을 훔친 자를 부도덕하다고 비판하지만 남의 소유물을 훔친 것보다 스스로 노동하지 않고 남의 노동을 훔친 행위, 곧 남의 노동을 착취하는 행위야말로 가장 부도덕한 행위라고 비판한다.

따라서 그는 그런 노동 착취 행위가 가장 큰 규모로 일어나는 침략 전쟁을 약자에 대한 강자의 부당한 폭력이라고 지적하며 전쟁은 가장 중대한 사회적 불의라고 격렬하게 비판한다. 실제로 그는 약자를 보호하기 위해 방어 집단을 구성하여 침략자에게 조직적으로 저항하기도 했다.

이른바 묵수(墨守)로 불리는 묵가 집단의 수

비는 여러 차례 강대국의 침략으로부터 약소국을 지켜내는 성과를 거두기도 했다. 앉아서 평화를 주장하기만 했던 다른 사상가들과 달리 행동으로 자신들의 가치를 실천했던 셈이다. 그들의 이러한 행위는 사회의 악을 근절하기 위해 개인의 주관적인 수양에 의지하거나 형벌 위주의 강제적 처방을 제시하는 유가나 법가의 방식에서 벗어나 사회의 구조적인 문제에 주목하여 근본적인 차원의 해결을 모색했다는 점에서 주목할 만하다.

사랑은 평등해야 한다

묵자가 바라보기에 당시 사회의 가장 심각한 문젯거리는 바로 생산 활동에 직접 종사하고 있는 백성들을 죽음으로 몰아넣는 전쟁이었다. 묵자는 이 같은 전쟁이 사람과 사람 사이에 사랑이 부족하기 때문이라고 생각했다. 정확하게는 사랑이 부족한 것이 아니라 사랑이 차별적으로 베풀어졌기 때문이라고 보았다. 그래서 그는 차별적인 사랑인 별애(別愛)를 물리치고 평등한 사랑인 겸애(兼愛)를 실천해야 한다고 주장한다. 별애란 사람을 사랑할 때 나와의 관계가 가까운지 먼지를 따져서 가까운 사람을 더욱 사랑하고 먼 사람을 덜 사랑하는 것이다. 그러나 겸애는 가까운지 먼지를 따지지 않고 모든 사람을 똑같이 내 어버이처럼 사랑하는 것이다. 그는 이렇게 이야기한다.

> "의원이 사람의 질병을 다스리자면 반드시 병이 일어나는 까닭을 알아야 병을 치료할 수 있다. 마찬가지로 천하의 어지러움을 다스리려면 반드시 어지러움이 일어나는 까닭을 알아야 한다. 어지러움은 서로 사랑하지 않는 데서 일어난다."

이어서 서로 사랑하면 모든 문제가 해결될 것이라고 이야기한다.

> "만일 어떤 사람이 다른 사람을 사랑하면 다른 이도 그를 사랑할 것이며, 그가 다른 사람을 이롭게 하면 다른 사람도 그를 이롭게 할 것이다. 이런 일에 무슨 어려움이 있겠는가."

대량 살상 행위가 일상적으로 일어나는 전쟁의 소용돌이 한가운데에서 사랑을 외치는 묵자의 외침은 어찌 보면 참으로 답답하고 안쓰럽게 여겨질 수도 있다. 그래서 묵자의 사상을 주관적 이상론이라고 비판하는 이들도 있다. 당시에도 그렇게 생각하는 사람들이 있었는데 그 사람은 이렇게 이야기하면서 묵자를 말렸다.

> "지금 온 천하가 차별 없는 사랑을 실천하지 않고 있는데 선생이 혼자 하려 하니 되겠습니까? 그만두는 게 어떻겠습니까?"

묵자는 이렇게 대답했다.

> "지금 여기에 어떤 사람이 있는데 자식이 열 명이라 칩시다. 그런데 한 사람만 농사짓고 아홉 사람이 놀고 있다면 더욱 열심히 농사짓지 않을 수 없습니다. 왜냐하면 먹는 사람은 많고 농사짓는 사람은 적기 때문입니다. 지금 천하가 차별 없는 사랑을 실천하지 않고 있다면 당신

은 마땅히 나더러 차별 없는 사랑을 더욱 실천하라고 권해야 할 것인데 어찌하여 도리어 나를 막으려 합니까?"

보다 많은 사람이 힘을 모으면 모든 사람이 서로 사랑하는 그런 일이 가능할 수도 있지 않을까? 적어도 묵자는 그렇게 믿었던 철학자였다. 이 때문에 그는 일체의 운명을 부정하고 인간의 주체적인 노력을 강조한다. 그는 인간이 얼마나 노력하느냐에 따라서 문제를 해결할 수도 있고 그렇지 않을 수도 있다고 주장했다. 그래서 그는 공자가 강조했던 천명을 인정하지 않고 인간의 실천적 의지를 강조한다. 가만히 앉아서 천명이 이르기를 기다리기보다 스스로 나서서 문제를 직접 해결해야 한다고 주장한 것이다.

그래서 그는 이상적인 인간상을 이야기할 때 공자가 강조했던 요임금이나 순임금보다 홍수를 막기 위해 8년 동안 천하를 돌아다녔던 우임금을 최고의 성인으로 높였다. 아울러 바로 그와 같은 사람에게 천하를 맡겨야 한다고 주장한다.

인간과 인간의 관계에서 겸애를 최상의 가치로 강조한 묵자의 철학은 2500년 전의 사상이라고는 믿을 수 없을 정도로 평등 지향적이며 강한 실천력을 아우르고 있다. 그 때문에 그의 주장은 한때 맹자가 "천하의 언론이 묵적에게 돌아갔다"고 이야기할 정도로 상당한 영향력을 발휘했다. 하지만 춘추전국시대가 끝나고 진나라가 천하를 통일한 뒤 전제군주제가 확립되면서 묵자의 철학은 잊히고 만다. 그의 철학이 다시 등장한 것은 2000여 년이 흐른 뒤인 청나라 말기의 일이다. 한때 그토록 많은 사람들의 지지를 받았던 사상이 2000년간 사라진 것은 수수께끼가 아닐 수 없다. 아무래도 시대를 너무 앞서갔던 탓일까?

(전호근, 2017)

묵적(기원전 480?~기원전 390?)

중국 춘추전국시대 제자백가 중 묵가(墨家)의 대표자. 문헌에 따라 출신 국가나 신분이 다르게 기록되어 있지만 『사기』와 『묵자』에 따르면 송나라 출신 수레 기술자로 추정된다. 만민 평등을 주장한 겸애설과 함께 전쟁에 반대하는 비공론(非攻論), 신분이 낮은 이도 관리로 등용해야 한다는 상현론(尙賢論), 백성의 이익에 어긋나는 소비를 금지하는 절용론(節用論) 등을 주장했다.

7

악의 평범성: 예루살렘의 아이히만

한나 아렌트

1960년, 이스라엘 비밀경찰 '모사드(Mossad)'는 2차 세계대전 기간 나치 정권의 유태인 학살 실무 책임자였던 아돌프 아이히만을 아르헨티나에서 붙잡아 비밀리에 예루살렘으로 압송한다. 아이히만은 이스라엘이 종전 후 15년간 행방을 추적해온 나치 전범들 가운데 최고위급 인물이었다. 그는 유럽 전역에서 수백만 명의 유태인들을 학살 지역으로 이송했고 아우슈비츠 강제수용소 부소장을 지냈다. 1961년 이스라엘이 아이히만을 예루살렘 법정에 세우자, 이 재판에 세계의 이목이 집중된다. 아이히만의 입에서 어떤 말이 나올까? 그는 나치의 악행을 어떻게 변명할까? 그는 '악의 화신'일까? 이 재판이 더욱 유명해진 것은 나치 박해를 피해 미국으로 망명해 있던 저명한 사회철학자 한나 아렌트가 법정 취재를 자청하고 나섰기 때문이다.

베스 하미쉬파스!

(Beth Hamishpath, 히브리어로 '정의의 집')

법정 정리가 큰 소리로 이렇게 외치면서 세 명의 판사가 도착했음을 알렸을 때 우리는 모두 서둘러 기립했다. 판사들은 제일 높은 단상에 자리를 잡았고 그 아래쪽에는 피고인이나 변호인과 법정 사이의 의견 교환이 필요한 경우를 대비해 통역사들이 대기하고 있었다. 아이히만은 중간 정도의 체격에 호리호리한 중년으로, 재판이 진행되는 동안 줄곧 앙상한 목을 의자 쪽으로 길게 빼고 앉아 있었다. 그는 한 번도 방청객 쪽으로 얼굴을 돌리지 않았고, 재판이 시작되기 훨씬 전부터 앓았던 것으로 보이는 입가의 신경성 경련을 필사적으로 자제하려고 애를 쓰고 있었다.

카를 아돌프 아이히만과 마리아 셰펄링의 아들 오토 아돌프 아이히만은 1960년 5월 11일 저녁 부에노스아이레스의 교외에서 체포되어 9일 후에는 이스라엘로 압송되었고,

1961년 4월 11일에는 15가지 죄목으로 기소되어 예루살렘 지방법원에서 재판에 회부되었다. '다른 사람들과 함께' 그는 유태인에 대한 범죄, 인류에 대한 범죄, 그리고 나치 정권 기간 특히 제2차 세계대전 기간에 전쟁 범죄를 저질렀다. 그를 법정에 세운 근거 법률은 1950년 이스라엘에서 제정된 '나치 및 그 부역자 처벌법'인데, 이 법은 "이러한 범죄 행위들 가운데 하나라도 범한 자는 사형에 처한다"고 규정하고 있다. 아이히만은 그에게 제기된 각각의 죄목에 대해 '기소장이 의미하는 바대로라면 나는 무죄'라고 주장했다.

변호사 로베르트 세르바티우스는 기자들과의 인터뷰에서 "아이히만이 신 앞에서는 유죄라고 느끼지만 법 앞에서는 아니다"라고 말했다. 피고 측 변호사가 무죄를 주장한 이유는 피고가 당시 존재하던 나치의 법률제도하에서는 어떠한 잘못도 저지르지 않았고, 그가 기소당한 항목들은 범죄가 아니라 '국가의 공식 행위'이므로 이에 관해서는 다른 어떤 정부도 재판권을 행사할 수 없으며, 복종하는 것이 그의 의무였고, '이기면 훈장을 받고 패배하면 교수형에 처해질' 행위들을 했을 뿐이라는 것 등이었다. 아이히만 자신의 입장은 달랐다. 무엇보다 살인 죄목의 기소는 잘못된 것이며, "유태인을 죽이는 일과 나는 아무런 관련이 없다. 나는 유태인이든 비유태인이든 결코 죽인 적이 없다. 이 문제에 관한 한 나는 어떤 인간도 죽인 적이 없고 유태인이든 비유대인이든 죽이라는 명령을 내린 적도 없다. 나는 정말 그런 일을 하지 않았다"라고 진술했다.

살인 방조죄로 기소되었더라면 그는 유죄를 인정했을까? 아마 그럴 것이다. 하지만 중요한 조건들을 달았을 것이다. 그가 한 일은 소급해보았을 때에만 범죄일 뿐 자기는 언제나 법을 준수하는 시민이었다고 그는 말했을 것이다. 왜냐하면 그가 최선을 다해 수행한 히틀러의 명령은 제3제국 내에서는 '법의 효력'을 지니고 있었기 때문이다. 아이히만이 달리 행동할 수도 있었을 것이라는 요즘 사람들의 말은 제3제국의 분위기가 어땠는지 알지 못하거나 잊어버린 것이다. 그는 그가 한 것으로 열거된 행위들을 사실상 열광적으로 실행에 옮기고자 한 것이 사실이며 이제 와서 "나는 항상 그 반대였다"고 주장하는 척하는 그런 사람들 가운데 한 명이 되기를 원치 않았다. 자신이 한 것은 자신이 한 것이고, 그는 그것을 부인하고 싶어 하지 않았다.

여섯 명의 정신과 의사들은 그를 '정상'이라고 판정했다. 의사들 중 한 명은 "적어도 그를 진찰하고 난 이후의 내 상태보다 더 정상이다"라고 말했다. 또 다른 한 명은 그의 전체적인 정신 상태—아내와 자식들, 부모와 형제자매 그리고 친구들에 대한 그의 태도가 '정상일 뿐만 아니라 지극히 바람직한' 것이었음을 인정했다. 그리고 대법원 항소가 끝난 후 그를 정기적으로 방문했던 한 목사는 아이히만이 '매우 긍정적인 생각을 가진 사람'이라고 발표함으로써 이러한 사실을 재확인시켜주었다. 더 난처한 것은, 그가 유태인에 대한 광적인 증오나 열광적인 반유대주의 혹은 그런 종류의 어떤 세뇌된 의식도 갖고 있지 않았다는 점이다. 그는 '개인적으로' 유태인에게 거부감을 가질 아무런 이유가 없었고 오히려 유태인 혐오자가 되지 않을 충분히 많은 '사적인 이유들'을 가지고 있었다.

그는 신념을 가지고 당에 가입한 것이 아니었고, 또 어떤 신념에도 설득된 적이 없었다. 당에 가입한 이유를 물어보면 베르사유 조약과 실업에 대한 상투적인 표현들만을 계속해서 반복했다. 그는 제대로 된 정보를 얻을 시간이 없었고, 알고 싶은 마음은 더더욱 없었다. 그는 당의 강령이 무엇인지 몰랐을 뿐만 아니라 『나의 투쟁』을 읽은 적도 없었다. 친구인 칼텐브루너가 "친위대에 가입하면 어떻겠어?"라고 물었고, 그는 "그러지 뭐"라고 대답했다. 사건의 전말은 그렇게 이루어졌고 그것이 전부였다.

1934년 아이히만이 직장을 얻는 데 성공했을 때, 친위대 제국지휘관 소속 보안대는 친위대 안에서 비교적 새로운 기구였다. 거기서 처음 일어난 일은 폰 밀덴슈타인이라는 상관이 그에게 시온주의의 고전인 테오도르 헤르츨의 『유대국가』를 읽게 한 것인데, 이 책으로 인해 아이히만은 그 즉시 시온주의자로 개종했다. 헤르츨의 책은 그가 진지하게 읽은 첫 번째 책으로 그에게 지속적인 영향을 주었다. 이후로 그는 약간의 히브리어를 수박 겉핥기식으로 배웠으며, 이디시어 신문을 더듬더듬 읽어나갈 수 있었다. (아이히만은 마지막 순간까지 시온주의를 하나의 이상주의로 간직한다. 하지만 자신의 이상주의가 유태인 대학살과 모순된다는 점을 전혀 자각하지 못하거나 반성하지 못했다.-편집자)

아이히만은 유태인 '강제 이주' 임무를 배정받았다. 이것은 말 그대로 모든 유태인들이 그들의 바람이나 시민권 소유 여부와 관계없이 강제로 이주, 곧 추방되어야 함을 의미했다. 이 작전을 위해 그는 장교로 승진했고 하급 중대 지휘관이 되었으며, '적수인 유태인들의 조직 방식과 이데올로기에 대한 포괄적인 지식'을 지녔다고 인정을 받았다. 임무를 완수하기 위해 그는 미친 듯이 애를 썼고, 그의 성공은 놀라웠다. 18개월이 채 걸리지 않아 오스트리아의 유태인 인구 가운데 약 60퍼센트에 해당하는 10만 5,000명이 오스트리아에서 '청소'되었는데 이들은 모두 '합법적으로' 추방되었다. 여기서 아이히만이 생전 처음으로 자신에게 몇 가지 특별한 재능이 있음을 발견했으리라는 것은 의심의 여지가 없다. 그는 두 가지 점에서 남들보다 뛰어났다. 조직 능력과 협상 능력이었다.

아이히만의 임무는 전체 작전 과정에서 가장 중요한 컨베이어 벨트 같은 것이었다. 얼마나 많은 유태인들이 어떤 특정 지역에서 이송될 수 있고 또 이송되어야 하는지에 대한 결정이 언제나 그와 그의 부하들에게 달려 있었기 때문이었다. 그리고 이송의 최종 목적지가 인가되는 것도 그의 사무실에서였다. 그럼에도 목적지를 결정하는 것은 그가 아니었다. 하지만 출발과 도착을 동시에 맞추는 어려움, 철도 당국과 교통부로부터 충분한 열차를 확보하기 위해 벌여야 하는 실랑이에 대한 걱정, 배차 시간을 조정하고 충분히 '흡수 가능한' 역들로 열차들을 보내고 열차가 '낭비되지' 않도록 충분한 인원수의 유태인들을 제시간에 대기시키고, 체포한 자들을 데려가기 위해 점령국이나 동맹국의 관계 당국에 도움을 요청하고, 각 나라마다 다르게 규정되고 계속해서 변하는 여러 가지의 유태인 분류 방식에 대한 규칙과 지시들을 따르는 일 등에 대한 끊임없는 걱정이 그가 일상적으로 수행해야 할 일들이었다. 최종 해결책의 유일하고도 외로운 책략가 히틀러에게는 전쟁의 주요 목적들 가운데 하나이자 경제적 군사적 고려 사항들과 무관하게 최우선 순위로 실행되어야 했던 것, 그리고 아이히만에게는 직업이자 일상 업무였던 것—그것이 유태인들에게는 글자 그대로 세상의 끝이었다.

아이히만의 결정적인 성격적 결함은 그가 타인의 관점에서 바라볼 수 있는 능력을 전혀 갖추지 못했다는 점이다. 비엔나 지역에서의 에피소드는 그의 이런 성격적 결함을 잘 드러내 보여준다. 그와 그의 부하들과 유태인들은 '모두 힘을 합쳐 일했고,' 어려움이 있을 때마다 유태인 지도층 인사들이 그에게 달려와 '흉금을 털어놓았고,' '그들의 모든 고통과 슬픔'을 이야기했으며 도움을 요청했다. 유태인들은 이민 가기를 원했고, 아이히만 자신은 그들을 돕기 위해 거기에 있었다. 마침 그 시기에 나치 당국은 유태인이 없는 제3제국을 원했기 때문이다. 이 두 가지 요구가 맞아떨어졌고, 자신은 "양쪽 모두에게 공평할 수 있었다"고 그는 말했다.

그의 말을 들으면 들을수록 말하기의 무능함(inability to speak)은 생각하기의 무능함(inability to think), 즉 다른 사람의 입장에서 생각하는 것의 무능함과 밀접히 연관되어 있음이 분명했다. 그와는 어떠한 소통도 가능하지 않았다. 이는 그가 거짓말을 하기 때문이 아니라 언어와 타인의 존재로부터, 현실 자체로부터 그를 방어해주는 가장 믿음직한 보호막으로 둘러싸여 있었기 때문이다.

보통의 범죄자는 자기의 범죄 집단이라는 좁은 범위 안에서만 효과적으로 자신을 범죄 없는 세계의 현실로부터 방어할 수 있다. 그러나 아이히만의 경우는 다르다. 그는 자신이 거짓말을 하는 것이 아니고 스스로를 기만하고 있는 것도 아니라는 확신을 갖고 있었고 그러기 위해 그는 단지 과거를 회상하기만 하면 되었다. 왜냐하면 그는 그가 살았던 세계와 한때 완벽한 조화를 이루었기 때문이다. 인구 8,000만 명이나 되는 독일 사회가 정확히 이와 동일한 방법을 통해서, 이제는 아이히만의 사고방식에 뿌리 깊게 자리 잡은 그런 동일한 자기기만과 거짓말, 어리석음을 통해서 현실과 사실성으로부터 자신들을 방어했다. 이런 거짓말들은 해마다 변했고 빈번하게 서로 모순되기도 했으며 당의 위계질서 내의 여러 분과들에서조차 일치되지 않았다. 하지만 자기기만의 관행은 너무나 일반적인 것이었고 생존을 위한 도덕적 전제조건이었기 때문에 나치 정권이 붕괴된 지 18년이나 지난 지금까지도 가끔씩은 그러한 허위가 독일 민족의 특성에 필수불가결한 요소가 되어버린 것은 아닌지 의심스러울 때가 있다. 전쟁 기간 중에 독일 국민 전체에게 가장 효과적인 거짓말은 히틀러와 괴벨스가 만들어낸 '독일 민족의 운명적 전투(der Schicksalskampf des deutschen Volkes)'라는 구호였다. 이 구호는 세 가지 사항들에 대해서 쉽게 자기기만에 빠지게 했다. 첫째, 전쟁은 전쟁이 아니다. 둘째, 그것을 촉발시킨 것은 독일이 아니라 운명이다. 셋째, 그것은 적들을 전멸시키지 않으면 자신이 전멸되고 마는 생사가 달린 문제다.

본질에 있어서나 의도에 있어서 명백히 범죄

적인 명령을 받았을 때 병사들이 그 명령을 수행해야 하는가에 관한 아이히만의 모호한 생각이 처음으로 드러난 것은 경찰 심문에서였다. 이때 그는 갑자기 자신이 전 생애에 걸쳐 칸트의 도덕 교훈, 그중에서도 특히 칸트의 의무에 대한 정의를 따르며 살아왔다고 강조했다. 이것은 한눈에 보기에도 터무니없고 이해할 수 없는 것이었다. 칸트의 도덕철학은 맹목적인 복종을 거부하는 인간의 판단 능력과 긴밀하게 연관된 것이기 때문이다. 심문관은 이 점에 주목하지 않았지만, 라베 판사는 호기심에서였는지 아니면 아이히만이 감히 칸트의 이름을 자신의 범죄와 연관해서 들먹인 것에 분개해서였는지 피고에게 질문을 던졌다. 그러자 모든 사람을 놀라게 할 정도로 아이히만은 정언명령에 대한 거의 정확한 정의를 내놓았다. "칸트에 관한 제 언급은 나의 의지의 원칙이 언제나 일반적인 법률의 원칙이 될 수 있도록 해야 한다는 것입니다." 계속되는 질문에 그는 자기가 칸트의 『실천이성비판』을 읽었다고 덧붙였다. 그리고 유태인 청소라는 최종 해결책을 수행할 임무를 부여받은 순간부터 자신은 칸트의 원칙대로 사는 것을 그만두었으며, 자신도 그것을 알고 있었지만 더 이상 자신은 '자기 행위의 주인'이 아닐뿐더러 "아무것도 바꿀 수 없다"는 생각으로 자신을 위로했노라고 말했다. 그가 법정에서 다 설명하지 못한 것은 그 자신의 표현처럼 '국가에 의해 범죄가 합법화된 시대'에는 칸트의 정식이 더 이상 적용 가능하지 않기 때문에 자신은 그저 그 정식을 기각하고 다음과 같이 왜곡해서 읽었다는 점이다. 즉 네 행위의 원칙이 이 땅의 입법자의 행위의 원칙과 동일한 것처럼 행위하라. 다시 말해 "만일 총통이 너의 행위를 안다면 승인할 그런 방식으로 행위하라."

그 후로 다음과 같은 아이히만의 최종진술이 있었다. 정의에 대한 자신의 희망은 사라졌다. 언제나 최선을 다해 진실을 말했음에도 법정은 자신을 믿지 않았다. 자신은 유태인 혐오자가 아니었고 결코 인류의 살인자가 되기를 바라지 않았다는 것을 법정은 믿지 않았다. 자신의 죄는 복종의 죄뿐이며 복종은 미덕으로 칭송되었고 그 미덕은 나치 지도자들에 의해 오용되었다. 자신은 집권 세력의 일원이 아니라 희생자였고 지도자들만이 처벌을 받아야 마땅하다. "나는 괴물이 아니다. 그렇게 만들어졌을 뿐이다." "나는 오류의 희생자다." 아이히만은 그렇게 말했다. '희생양'이라는 단어를 그가 사용하지는 않았지만, 여기에는 다른 사람들의 행위를 대신해 고통받아야 한다는 그의 깊은 확신이 있었다. 이틀 후인 1961년 12월 15일 금요일 아침 9시에 사형이 선고되었다.

사형이 선고되리라는 것은 예견된 일이었고 여기에는 누구도 반박을 하지 못했다. 그런데 이스라엘이 정작 사형을 집행했다는 것이 알려졌을 때는 상황이 완전히 달라졌다. 항의는 잠시 지속되었을 뿐이지만, 비판 의식이 퍼져나갔고 저명인사와 명망가들의 목소리도 들리기 시작했다. 가장 일반적인 의견은 아이히만의 행위가 인간의 처벌 범위를 능가했다는 것, 그런 엄청난 규모의 범죄에 대해 사형선고를 내리는 것은 무의미하다는 것이었다. 마틴 부버는 형의 집행을 '역사적 차원의 실수'라고 불렀다. 그는 이 일이 '독일에 있는 많은 젊은이들이 느끼는 죄책감을 덜어주는 데 도움을 줄' 것이라고 생각했기 때문이다. 이 주장은 놀랍게도 아이히만의 생각과 일치했다. 물론 부버는 아이히만이 독일 청년들의 어깨에서 죄책감을 덜어주기 위해 자신을 공개 처형해주기를 원했다는 것을 전혀 알지 못했다.

(1962년 5월 31일) 아돌프 아이히만은 위엄 있게 교수대로 향했다. 그는 붉은 포도주 한 병을 요구했고 그 절반을 마셨다. 그는 성경을 읽어주겠다고 제안한 개신교 목사 윌리엄 헐의 도움을 거절했다. 살 수 있는 시간이 두 시간 정도밖에 없기 때문에 '낭비할 시간'이 없다는 것이었다. 간수들이 그의 발목과 무릎을 묶을 때는 헐렁하게 묶어서 자신이 똑바로 설 수 있게 해달라고 요청했다. 검은 두건을 머리에 씌우려 할 때는 "필요 없다"고 말했다. 그는 완전히 자신을 통제하고 있었다. 아니, 그 이상으로, 그는 완벽한 자기 자신이었다. 그가 남긴 마지막 말의 기괴한 어리석음보다 이 점을 더 분명하게 증명하는 것은 없을 것이다. 자기는 신을 믿는 자라고 말문을 열면서 그는 자신이 기독교인이 아니며 죽음 이후의 삶을 믿지 않는다는 점을 일반적인 나치식으로 표현하기 시작했다. 그리고 마지막으로 그는 "잠시 후면 우리는 모두 다시 만날 것입니다. 이것이 모든 사람의 운명입니다. 독일 만세, 아르헨티나 만세, 오스트리아 만세. 나는 이들을 잊지 않을 것입니다"라고 말했다. 죽음을 앞두고 그는 장례식 연설에서 사용되는 상투어를 생각해냈다. 교수대 아래서 그의 기억은 그에게 마지막 속임수를 부렸다. 그는 '의기양양'했고, 이것이 자신의 장례식이라는 것을 잊고 있었다.

그것은 마치 인간의 사악함 속에서 진행된 이 오랜 과정이 우리에게 가르쳐주는 교훈을 마지막 순간에서야 그가 요약해주고 있는 듯했다. 말과 사고를 불가능하게 하는 악의 평범성(banality of evil)이라는 두려운 교훈을.

한나 아렌트의 『예루살렘의 아이히만』
(김선욱 옮김, 한길사, 2006)

한나 아렌트(Hannah Arendt, 1906~1975)

독일 출신의 사회철학자. 마르부르크대학교에서 하이데거의 제자로 철학을 공부했다. 유태인이라는 이유로 교수 자격 취득이 불가능해지자 1941년 미국으로 망명했다. 권력의 속성과, 정치, 권위, 그리고 전체주의 등이 주요 관심사였다. 저서로 『전체주의의 기원』, 『예루살렘의 아이히만』, 『폭력의 세기』 등이 있다.

8

도덕적 인간은 왜 나쁜 사회를 만드는가

로랑 베그

1961년 예루살렘에서 벌어진 아이히만 재판은 당시 전 세계로 중계되었고, 그 방송을 보던 사람 중에는 미국 예일대학교 심리학과 교수 스탠리 밀그램도 있었다. 그는 아이히만이 보여준 평범한 사람들의 권위에 대한 복종을 과학적으로 확인하고 분석하기 위한 실험을 설계했다. 이 유명한 실험의 결과는 1963년에 논문으로 발표되었고, 같은 해에 출간된 『예루살렘의 아이히만』에서 한나 아렌트가 제시한 '악의 평범성' 가설에 힘을 실어주었다. 다만 밀그램은 한 개인이 행동을 결정하는 데 더 큰 영향을 미치는 것은 그가 어떤 사람인가보다 그가 어떤 상황에 놓여있는가라고 보았다.

밀그램의 고전적 실험 이후 사회심리학자들은 다양한 실험들과 함께 권위에 대한 복종을 주제로 한 연구를 꾸준히 이어왔다. 무엇이 평범한 사람들로 하여금 권위에 복종하면서 끔찍한 악행까지도 태연하게 저지르도록 하는 걸까? 그것은 개인의 성격이나 도덕성의 문제인가, 아니면 그가 처한 상황이라는 사회적 환경의 문제인가?

'악의 평범성'이라는 표현은 평범해졌다. 이 표현을 고찰한 책이나 논문은 헤아릴 수 없이 많다. 생각 없이 절대악에 결탁하는 군중을 가리키는 '보통 사람들'이라는 표현 역시 마찬가지다. 이 표현은 역사학자이자 철학자인 한나 아렌트(Hannah Arendt)가 나치 친위대 고위 장교였던 아이히만의 경우를 다루면서 제시한 것이다. 아이히만은 딱히 유대인을 증오하지 않았으면서도 조직적인 유대인 학살을 주도했다.

'악의 평범성'은 중요한 관점의 전복을 뜻한다. 이 개념은 피해자뿐만 아니라 가해자에게 주의를 돌리며 그러한 가해자들이 특별히 악한 인간이 아니라 평범한 수백만 인구 중 하나라는 것을 보여준다. 아렌트가 생각한 악의 평범성은 "대규모로 자행되는 범죄 현상으로서 행위 주체의 특정한 악의, 어떤 병, 이데올로기적 신념으로 설명될 수 없다. ……행위가 아무리 흉측할지라도 그 행위 주체는 괴물 같지도, 악마 같지도 않다"는 것이었다. 이 현상은 사람들이 체제에 맹목적으로 순응한 나머지 자신이 무슨 짓을 하는지 잘 의식하지도 못한 채 악에 휘말리는 상황을 가리킨다. 단순한 명령의 하수인이 악의 집행자가 되어버리는 것이다.

아렌트는 1961년 예루살렘에서 벌어진 아이히만 재판을 다루면서 나치의 고위 간부를 평범한 인간으로 보았다. 아이히만은 증오심이 넘치거나 가학적인 사람, 정신적 문제가 있는 사람이 아니었다. 심지어 꽤 양심적인 사람으로 볼 수도 있었다. 비슷한 다른 예들이 있다. 히로시마에 원자폭탄을 투하한 장본인으로 알려져 있는 '애놀라 게이(Enola Gay)'의 조종사 폴 티베츠(Paul Tibbets)도 아주 평범한 사람이었다. 1968년 3월 16일 베트남 밀라이에서 노인, 여자, 어린이 500명의 학살을 주도했던 윌리엄 콜리(William Calley)도 그랬다. 로저 카이유아(Roger Caillois)는 프랑스 공화국의 사형 집행인 아나톨 데블레(Anatole Deibler)를 소재로 글을 쓴 바 있다. 언론에서 데블레는 '매일 아침 애완견을 산책시키고 오후에는 장을 보러 나가는 근면한 공무원이자 성실한 가장'의 삶을 꾸려나가는 다정다감한 사람으로 묘사되었다. 이 온정 넘치는 국가공무원은 단두대의 칼날을 400번도 넘게 휘둘렀지만 직업적으로 그 일을 했을 뿐, 괴물 같은 면모라고는 조금도 없었다.

권위에 대한 복종

상황적 압박의 파괴력을 가장 잘 보여준 과학적 시도는 아마 예일대학의 스탠리 밀그램의 실험일 것이다. 밀그램은 빼어난 연구들을 통하여 권위에 대한 복종을 다루었다. 그의 작업 덕분에 사회심리학은 복종에 대한 정치적, 철학적 성찰에 가시적인 성과를 얻었고 학술적 차원을 훌쩍 뛰어넘을 수 있었다.

스탠리 밀그램은 실험을 위해 20~50세 사이의 평범한 사람들을 선발했다. 참가자들은 기억과 학습에 대한 연구에 협조하는 대가로 몇 달러 상당의 사례를 받았다. 그들은 실험실에서 30대 초반의 실험자와 47세의 남성을 만났고 제비뽑기를 해서 누가 교사 역할을 하고 누가 학생 역할을 할지 정했다(이 남성은 실험공모자였고 제비뽑기는 참가자가 항상 교사 역할을 맡게 연출되었다). 교사는 학생에게 한 쌍의 단어를 기억하게 하고 학생이 오답을 말할 때마다 전기충격을 가해야 했다. 전기충격은 15볼트씩 단계적으로 높아져 최대 450볼트까지 이를 수 있었다. 교사역을 맡은 참가자는 전기충격의 단계에 대해서 미리 설명을 들었다. '가벼운 충격', '중간 단계의 충격', '강한 충격', '매우 강한 충격', '심한 충격', '극심한 충격', '위험', '심각한 위험' 그리고 맨 마지막 단계의 버튼들은 'XXX'라고만 표시되어 있었다.

실험참가자들은 전기충격기가 어떻게 기능하는지 설명을 들었을 뿐 아니라 직접 45볼트 상당의 전기충격을 경험해보았다. 학생은 의자에 묶인 채 오른쪽 손목에 전극을 붙이고 화상을 방지한다는 연고까지 발랐다. 물론 이 학생

역할의 공모자는 아무런 전기충격도 받지 않았다. 그러나 교사 역할의 참가자가 전기충격을 가하면 정말로 아픈 것처럼 비명을 지르거나 울부짖는 연기를 했다. 실험자는 교사가 자신을 바라보며 난감한 기색을 보일 때마다 학생이 발을 구르며 몸부림치는 한이 있더라도 미리 정해놓은 대로 실험을 계속해달라는 말만 되풀이하거나 아무 말도 하지 않았다.

실험 결과, 참가자들은 심한 스트레스 상태에서 평균 285볼트까지 전기충격을 가했으며 그중 65퍼센트는 최대 강도에 해당하는 450볼트 버튼을 눌렀다! 실험자가 계속해달라는 말을 하지 않았을 때에는 참가자의 80퍼센트가 120볼트 이하의 충격만을 가했다. 이 실험은 심리학 역사상 가장 큰 반향을 불러일으켰다. 밀그램의 초기 연구들은 50년 후까지도 수많은 저작들에 영감을 주었는데, 그 이유는 그만큼 이 연구들이 인간 심리를 새롭게 조명함으로써 대중에게 충격을 주었기 때문이다. 또한 밀그램의 실험은 정신과 의사와 학생으로 구성된 표본집단의 예측과도 정반대의 결과를 보였다. 이 표본집단은 당초 그렇게 극심한 전기충격을 가하는 사람은 전체 참가자의 2퍼센트도 되지 않을 것이라고 예측했던 것이다.

우리를 복종하게 만드는 조건들

밀그램은 권위에 대한 복종을 결정하는 요소들을 알아내기 위해 최초의 실험에 여러 가지 변화를 도입했다. 그는 우선 피해자와의 근접성이 권위에 대한 복종 효과를 감소시킬 것으로 예상하고 네 가지 조건을 구상했다. 첫째, 가해자와 피해자가 각기 다른 방에 분리되어 있어서 '피드백 없는' 조건이 있다. 둘째 조건에서는 실험참가자가 피해자의 반응(비명소리가 점점 커진다. 제발 그만해달라고 애원한다, 울부짖는다, 나중에는 아예 아무 소리도 들리지 않는다.)을 '청각적 피드백'으로만 접할 수 있다. 셋째, '근접' 조건에서는 가해자와 피해자가 한 방에서 50센티미터 거리에 있다. 이때에도 피해자의 반응은 '청각적 피드백'에서와 똑같이 사전에 정해져 있다. 넷째, 신체적 '접촉'의 조건이다. 실험자는 전기충격이 150볼트를 넘어서면 의자에서 일어나려고 몸부림치다가 손의 결박이 풀린 피해자를 다시 잡아매야 한다. 이때에 실험참가자는 실험자를 돕느라 잠시 피해자와 신체 접촉을 할 수밖에 없다. 실험 결과, 피드백이 없는 첫째 조건에서는 66퍼센트의 참가자가 450볼트 버튼을 눌렀다. 청각적 피드백이 있을 때에는 이 비율이 62.5퍼센트로 떨어졌고, 셋째 조건에는 40퍼센트로 떨어졌으며, 피해자와 신체적 접촉이 있는 마지막 조건에서는 30퍼센트를 나타냈다.

밀그램은 또 다른 실험에서 피해자와의 근접성 대신 권위(실험자)와의 근접성이 미치는 효과를 살펴보았다. 실험자가 바로 옆에 있을 때에는 실험참가자의 90퍼센트가 최대 충격을 가했지만 실험자의 지시가 전화로 전달되었을 때에는 22퍼센트, 실험 초반에 녹음테이프로 지시를 전달했을 때에는 12.5퍼센트만 그렇게 치명적인 충격을 가했다. 그 밖에도 여러 변화를 가미한 실험들이 있었다. 첫 번째 실험자가 내린 지시를 두 번째 실험자가 나타나 반박

했을 때 혹은 다른 참가자들이 실험의 가학성을 문제 삼으며 반항할 때에는 맹목적 복종이 감소했다. 이 모든 결과들은 권위에 대한 복종이 그 상황에 따르는 여러 변수들에 좌우된다는 것을 보여준다. 다른 여러 국가에서 이 실험을 재현한 결과들을 종합해보면, 피해자에게 최대 충격을 가하는 비율은 40퍼센트에서 90퍼센트까지 다양하게 나타났으며 그 평균은 62.5퍼센트였다. 게다가 이러한 복종의 비율은 실험이 실시된 연도(시대)와 무관한 것으로 나타났다.

복종하세요, 카메라 돌아갑니다!

최근 TV 프로듀서 크리스토프 닉(Christophe Nick)은 여러 사회심리학자들의 자문을 구해 밀그램의 실험을 미디어에 대한 복종이라는 새로운 주제로 재해석하여 다큐멘터리를 제작했다. 13,000명의 조사대상자 중에서 선발된 참가자들은 40유로의 사례금을 받고 〈익스트림 존〉이라는 가상의 게임쇼에 '조작수'로 참여했다. 이 다큐멘터리의 목적은 미디어가 우리 사회에 얼마나 큰 마력을 지니는가를 감안하고 TV가 타인에 대한 학대를 유도하는 권력이 될 수도 있음을 보여주려는 데 있었다. 스튜디오, 기술인력, 음향효과와 프로젝터 조명, 100여 명의 방청객, 피해자 역할을 맡은 배우까지 동원된 탓에 80명의 참가자들은 자기들이 새로운 TV프로그램에 참여하는 줄로만 알았다. 나머지 요소들은 스탠리 밀그램의 기억력 테스트와 (거짓) 전기충격을 거의 그대로 가져왔다. 전기충격은 '가벼운 충격(20볼트)'부터 'XXX(460볼트)'까지 7단계로 나뉘어져 있었다. 밀그램의 실험에서도 그랬듯이 참가자들이 망설일 때마다 "흔들리지 말고 계속해주세요." "계속하셔야 합니다. 게임 규칙이 그렇습니다." "게임을 위해 계속해주세요." 같은 지시가 주어졌다.

여기서도 여러 형태로 조금씩 변화를 주었다. 실험참가자들이 자기는 방송에 나가지 않는다고 생각하는 상황도 있었고, 방송에 출연하는 거라는 말을 미리 듣는 상황도 있었다. 전기충격이 200볼트를 넘어설 즈음 조연출이 뛰어들어 이런 방송이 어디 있느냐고 이의를 제기하다가 진행자에게 제지를 당한 후 스튜디오를 박차고 나가는 상황도 연출했다. 마지막 상황에서는 진행자가 80볼트 충격이 나왔을 때 참가자들에게 게임을 알아서 하라고 말하고 물러났다.

결과적으로 마지막 상황을 제외하면 참가자들의 70퍼센트 이상이 가학적 게임을 끝까지 수행했다(마지막 상황에서는 28퍼센트만 460볼트 스위치를 눌렀다). 미디어의 권위와 방청객들의 존재가 맞물려 상황적인 압박을 가할 때에 참가자의 3분의 2이상은 피해자가 울면서 그만하라고 소리 지르거나 완전히 실신해서 아무 반응이 없는데도 치명적인(가짜) 전기충격을 가했던 것이다.

이데올로기와 사이코패스

밀그램의 가장 큰 목표는 제2차 세계대전 당

시 나치가 자행한 범죄를 새로운 시각으로 바라보는 데 있었다. 밀그램은 실험 상황과 나치의 잔혹한 소행에는 커다란 차이가 있음을 인정하면서도 적어도 그 두 현상에 어떤 공통의 심리적 과정이 관여한다고 보았다. 홀로코스트에 대한 밀그램의 끈질긴 연구는 역사학자 크리스토퍼 브라우닝(Christopher Browning)에게서 새로운 반향을 얻는다. 브라우닝은 그의 책 『아주 평범한 사람들』에서 16개월간 83,000명 이상의 유대인들을 학살하거나 강제수용소로 보낸 '101예비경찰부대'의 활동을 상세히 다루었다. 브라우닝에 따르면 "공포와의 근접성은 반항자들의 수를 늘린 반면, 작업의 분화와 처형 장소의 분리는 사실상 사람들의 책임감을 실종케했다. 밀그램의 실험에서와 마찬가지로, 많은 경찰들이 감시가 사라지자 더 이상 명령에 복종하지 않았다."

밀그램은 개인이 어떤 사람인가보다 그가 어떤 상황을 맞닥뜨리느냐가 인간 행동을 결정하는 데 더 큰 영향을 미친다고 보았다. 밀그램의 접근이 얼마나 흥미롭고 독창적인가를 이해하려면 그의 실험결과를 다른 두 가지 중요한 분석들과 비교해봐야 한다. 밀그램의 입장과 (최소한 유대인 학살을 설명하는 방식으로는) 대비되는 첫 번째 분석은 이데올로기와 문화를 중요한 요인으로 본다. 나치가 피해자들을 깎아내리고 고문하고 학살한 방식은 대부분 단순히 '권위에 대한 복종'으로 축소될 수 없다는 것이다. 게다가 역사학자들은 브라우닝이 기술한 101예비경찰부대가 평균적인 독일인들이 아니라 반유대주의자들에 더 가까웠다고 지적한다. 하버드대학의 대니얼 골드하겐(Daniel Goldhagen)은 『히틀러의 자발적인 학살자들』에서 홀로코스트는 "유대인은 죽어 마땅하다"는 반유대주의에 심취한 독일인들이 자행한 일이라고 보았다. 유대인을 죽이거나 나치에게 넘겨주지 않고 도와줄 수 있는 기회가 많았던 독일 '국방군' 소속 1,900만 명 중에서 유대인을 구하려고 시도한 사람은 고작 100여 명에 불과했다.

밀그램의 관찰을 홀로코스트에 적용한다면 반유대주의 이데올로기에 경도되지 않은 사람들도 권위에 대한 복종에서 유대인 학살에 동참했다고 볼 수 있어야 할 것이다. 그들의 복종은 권위에 대한 맹목적 복종이기 이전에 이데올로기의 주술과 준거 집단의 영향력에 대한 복종이었다. 권위에 대한 복종이 유대인 학살의 궁극적 원인은 될 수 없다 해도 중요한 한 축을 담당했다는 점은 분명하다. 어쨌든 이 학살을 연구한 두 역사학자는 표적집단의 존엄성을 근본적으로 실추시키는 작업, 고도의 중앙집권화, 거의 관료제에 가까운 폭력의 조직화가 홀로코스트에 결정적 역할을 했다고 공통적으로 지적한다.

인간의 폭력성을 밀그램의 접근과 대조적으로 바라보는 두 번째 설명은 사이코패스 같은 개인적 요인들을 끌어들인다. 오늘날 한나 아렌트의 이름이 '악의 평범성' 개념과 단단히 결부되어 있기는 하지만, 사실 아렌트도 일부 가해자들의 가학 성향을 언급한 바 있다. 그녀도 드물게나마 괴물들이 존재한다는 데 동의한 것이다. 도덕성이 결여된 사이코패스들을 생각해보라. (반사회성에 초점을 맞추어 소시오패스라고 부르기도 하는) 사이코패스는 공감능력이 부족

프란시스코 고야(1746~1828)의
〈자식을 잡아먹는 사투르누스〉(1820)

하고 자신을 우월하게 여기며 처벌에 연연하지 않는다. 사이코패스들은 보통 사람들보다 속임수를 자주 쓰고 냉정한 계산하에 폭력 행위를 저지를 수 있다. 사이코패스들의 폭력은 사이코패스가 아닌 사람들의 폭력에 비해 개인적 이익을 동기로 삼는 경우가 3배 더 많은 반면, 감정적인 원인에서 비롯되는 경우는 10분의 1밖에 되지 않는다. 또한 사이코패스들은 도덕적 위반과 관습적 위반을 잘 구분하지 못한다. 보통 사람이라면 감정의 동요를 일으킬 법한 상황에서(슬피 우는 사람의 사진을 본다든가) 사이코패스들의 자율신경계 반응은 매우 낮게 나타난다. 이들은 실험 상황에서 도발을 당했을 때 보통 사람들보다 상대에게 심한 청각적 충격을 가했다. 사이코패스의 뇌 기능에 대해서 연구한 학자들은 이들이 편도체와 안와전두피질의 문제 때문에 처벌을 통해 학습하는 능력이 떨어진다고 보았다. 사이코패스들은 감정적으로 둔하기 때문에 어린 시절에 곧잘 동물을 학대하고 나중에는 인간을 괴롭히면서도 무감각할 수 있다. 이들은 그런 짓을 하고도 별로 후회하지 않으며 책임을 느끼지도 않는다. 타인을 조종하면서 크게 불편한 마음을 느끼지도 않는다.

인간의 공격성을 오로지 그 상황의 작용으로만 설명하고 이해할 수는 없다. 역사문화적 요인은 물론이요, 개인의 자질이라는 요인도 분명히 개입하기 때문이다. 인격의 역할에 대해서는 밀그램 자신도 인정한 바 있다. "복종과 불복종은 인격의 복잡한 측면에서 기인한다. 하지만 내가 알기로 우리는 그 측면을 아직 찾아내지 못했다." 굳이 사이코패스 같은 병적 인격을 들먹이지 않더라도 정상 인격의 측면들 가운데 권위에 쉽게 숙이고 들어가 대량 살상마저 저지르게 하는 것이 있을까?

개인의 성격과 복종의 상관관계

이 대목에서 우리는 보완적인 다른 가설을 시험해볼 만하다. 이 가설은 복종의 배경이 인격의 문제가 아니며, 오히려 일종의 초규범성에 이바지할 것이라고 본다는 점에서 아렌트의 생각을 계승한다. 아렌트는 아돌프 아이히만을 웬만큼 양심 있는 보통 사람으로 보았다. 사형집행인 데블러는 상냥하고 호감가는 인물로 묘사되었다. 이러한 긍정적 경향들은 대인관계에 분명히 이롭지만 일종의 사회적 순응의 형태로 악행을 유도할 가능성도 있지 않을까?

성격이 권위에 대한 복종에 미치는 영향을 평가하기 위해 나는 가짜 게임쇼 〈익스트림 존〉에 참여한 다양한 직업군의 남녀 참가자들 90퍼센트와 새로운 실험을 해볼 기회를 가졌다. 나는 그들에게 그르노블대학에서 실시하는 여론 조사에 20분간 참여하면 20유로를 주겠다고 제안했다. 이 실험은 가짜 게임쇼로부터 8개월 후에 이루어졌기 때문에 그들은 두 실험에 관련성이 있으리라고는 전혀 생각지 못했다. 나는 오늘날 다양한 문화권에서 통용되고 있는 오리건대학의 폴 코스타(Paul Costa)와 제프 맥크래(Jeff McCrae)가 개발한 5대 유형 성격검사를 바탕으로 참가자들의 성격을 파악했다. 우리는 이 성격의 다섯 차원을 기본적인 사회인지적, 정서적 과정의 표식들로 볼 수 있다. 참가자의 3분의 1은 배우자를 통해서도 성격을 파악했다. 이로써 본인이 생각한 자신의 성격이 가까운 사람들이 기술하는 바와 일치하는지도 살펴보았다.

실험 결과, 참가자가 성실한 사람일수록 피해자에게 가한 전기충격의 강도가 높은 것으로 나타났다. 일례로 가장 성실한 3분의 1이 평균 460볼트의 전기충격을 가한 반면, 가장 성실하지 않다고 하는 3분의 1이 가한 전기충격은 평균 363볼트였다. 성실한 사람일수록 권위에 복종하기 쉽다는 이 결과는 아이히만에 대한 한나 아렌트의 기술—진중하고 체계적인 공무원—과도 맞아떨어진다. 상냥한 성품을 지닌 사람들에게서도 비슷한 결과를 볼 수 있었다. 소위 친절하고 사근사근하다는 사람들이 (TV 프로그램 진행자와 불쾌한 갈등을 겪고 싶지 않아서 그랬는지) 피해자에게 기꺼이 전기충격을 가한 것이다. 이러한 두 가지 관찰은 성격의 특정한 면들이 권위에 쉽게 복종하게 만든다는 것을 보여준다. 친절하고 순리대로 움직일 줄 아는 사람들, 사회에 나무랄 데 없이 편입되어 있는 사람일수록 밀그램 모형과 기까운 상황 안에서 불복종을 꺼려했다. 우리는 이 두 가지 특징이 공격성, 항정신성 약물 남용, 위험한 성적 행동과는 거리가 멀고 오히려 좋은 가장의 자질, 수혈이나 봉사에 적극적인 태도, 높은 학업수준과 야심과 관련이 깊다는 것을 확인했다.

주목할 만한 결과는 또 있었다. 여성들의 경우, 정치적 소신이 권위에 대한 복종에 큰 영향을 미쳤다(남성들에게서도 이러한 영향은 관찰되었으나 통계적으로 그렇게 의미가 크지는 않았다). 정치적으로 좌파인 여성이 피해자에게 가하는 전기충격은 평균보다 낮았다(우파인 여성들의 평균 충격 강도는 422볼트, 좌파인 여성들은 344볼트였다). 이 결과는 1972년에 캘리포니아대학의 앨런 엘름스(Alan Elms)가 확인한 바와 일치한다. 당시에도 우파의 권위주의적 태도를 두드러지게 나타낸 사람들이 권위에 좀 더 잘 복종하는 것으로 나왔다. 서명운동, 불매운동, 집회 참여, 파업, 사무실 및 공장 점거 등의 경험이 있는 사람들은 다른 사람들보다 일찍 권위에 불복했다.

따라서 우리의 성격은 권위에 대한 복종에 부정할 수 없는 영향을 미친다고 하겠다. 우리의 경험들이 미래의 행동을 마련하는 것이다. 성격이 개인의 경험을 조직적인 표상으로 통합하는 역동적 본체라면 그러한 성격은 분명히 사회적 상황에 영향을 준다. 성격은 우리의 행위와 결정에 의해 만들어지며 본질적으로 습관과 실태로 구성된다. 일찍이 아리스토텔레스에게서부터 나타난 이러한 관념은 두 영역 중 어느 한쪽도 간과할 수 없게 한다. 권위에 복종하느냐 그렇지 않느냐를 결정하는 상황적 변수들뿐만 아니라 개인의 과거 경험들도 고려해야 하는 것이다. 다소 극단적인 신념을 내세우는 집단에 참여한 경험이 유해한 상황을 타개하는 긍정적 효과를 낳기도 한다. 그러나 집단에 대한 소속과 집단이 개인에게 부여하는 역할은 또 다른 맹목과 파괴의 요인이 되기도 한다.

로랑 베그의 『도덕적 인간은 왜 나쁜 사회를 만드는가』
(이세진 옮김, 부키, 2013)

로랑 베그(Laurent Bègue-Shankland, 1972~)

프랑스 그르노블대학교 사회심리학 교수이자, 학문적 업적이 뛰어난 교수들을 지원하는 프랑스대학협회(IUF)의 선임위원. 도덕적 인지(cognition)와 공격적 행위에 관한 연구를 주로 해왔다. 2013년 기발하고 황당한 연구에 주어지는 이그 노벨상(Ig Nobel Prize) 심리학 분야 수상자가 되어 화제가 되기도 했다. 그는 '술을 마신 사람은 자신을 매력적으로 생각한다'는 가설을 입증한 실험연구로 이 상을 받았다. 술을 마시면 상대에 대한 호감도가 높아진다는 기존의 생각(beer goggles effect)을 뒤집은 것이다.

9

수치

프리모 레비

아우슈비츠 생존 작가로 널리 알려진 프리모 레비는 『이것이 인간인가』에서 "나는 아우슈비츠가 존재했다는 사실만으로, 우리 시대에 그 누구도 신의 섭리에 대해 말할 수 없으리라 생각한다"고 말했다. 그러나 서양 지성사에서는 그 수용소에 있었던 개개인의 생사와 무관하게 어쨌건 인류가 그 생지옥으로부터 '구원'처럼 현대를 일구어냈다고 말한다. 20세기 인류의 역사는 아우슈비츠 수용소를 분기점으로 삼고 있다는 것이다. 이때 분기점이란, 2차 세계대전 이후 세계 정세의 심대한 변화를 가리키는 것만은 아니다. 더 근본적으로 아우슈비츠라는 강제수용소를 통해 인류가 인간성에 대한 새롭고도 심오한 사유에 도달할 수 있었다는 사실을 의미한다. 이 책에 실린 「수치」의 원전인 『가라앉은 자와 구조된 자』에서는 문자 그대로 '가라앉은 자'로부터 '구조된 자'에 이르기까지의 다양한 인간 군상의 행위와 동기를 적나라하게 보여주고 있다. 가해자의 변명과 수용소 내 포로 간의 권력관계, 협력자와 방관자, 이유 없이 저질러진 잔학한 폭력, 생존자에게 나타나는 수치심과 죄책감을 수사적 비유 없이 드러내는 레비의 사유는 통렬하고 고통스럽게 느껴진다. 그런데 이때의 '수치심(shame)'은 특정한 역사적 경험이나 예외적인 극한 사건에서 발생하는 감정이 아니다. 우리가 일상적으로 느끼는 부끄러움이나 죄책감과도 다르다. 레비가 말하는 수치심은 인간의 존재 자체에 대해 변화된 반응을 보여주는 감정, 인간이 인간 됨 자체를 심문하는 감정이다. 그는 이러한 수치심을 여러 차원으로 구분해서 설명하며, 극복해야 할 부정적인 감정으로서의 수치심이 아니라, 현대 인간의 윤리적 가능성을 새롭게 제시하는 감정으로서의 수치심을 주장한다. 프리모 레비가 수치심을 통해 새롭게 드러낸 바가 무엇인지, 이를 통해 우리가 추구해야 할 인간적 가치는 무엇인지에 대해 생각해보자.

나는 여기에 지우거나 고칠 말이 있다고 생각하지 않는다. 아니 오히려 덧붙일 말이 있다. 많은 사람들이(나 자신도) 포로 생활 중에 그리고 그 후에 '수치심', 즉 죄의식을 느꼈다는 것은 수많은 증언들에 의해 확인되고 입증된 사실이다. 어처구니없어 보일지도 모르지만 정말로 그랬다. 나는 이에 대해 해석하고 또 남들의 해석을 논평해보고자 한다.

처음에 언급했듯이, 해방과 함께 따라왔던 뭐라 정의할 수 없는 그 마음의 불편함은 꼭 수치심은 아니었지만 그렇게 받아들여졌다. 왜일까? 여러 가지 해석을 시도해볼 수 있다.

어둠에서 나왔을 때, 사람들은 자기 존재의 일부를 박탈당했다는 의식을 되찾고 괴로워했다. 원해서도 무기력해서도 아니었고 죄가 있어서도 아니었지만 우리는 수개월 또는 수년을 동물적인 수준에서 살았다. 우리의 나날들은 새벽부터 밤까지 배고픔과 피로와 추위, 두려움으로 채워져 있었고 사고하고 감정을 느끼기 위한 성찰의 자리는 없어졌다. 우리는 더러움과 사생활의 결핍과 자기 존재의 축소를 정상적인 삶이었을 때보다는 훨씬 덜 괴로워하면서 견뎠다. 우리의 도덕적 잣대가 변했기 때문이었다. 게다가 우리 모두는 도둑질을 했다. 부엌에서, 공장에서, 운동장에서, 요컨대 '다른 사람들에게서', 상대편에게서 훔쳤지만, 그래도 도둑질은 도둑질이었다. 소수의 몇몇 사람들은 심지어 자기 동료의 빵까지 훔치기도 했다. 우리는 우리의 나라와 문화뿐만 아니라 가족과 과거, 우리가 그렸던 미래 또한 잊어버렸다. 왜냐하면 우리는 동물들처럼 현재의 순간에만 국한되어 있었기 때문이었다. 이렇게 굴곡 없는 바닥 상태로부터 우리는 단지 드문 막간 동안에만 벗어날 수 있었다. 몇 안 되는 쉬는 일요일이나 잠에 곯아떨어지기 전의 짧은 순간, 공중 폭격이 맹렬히 퍼붓는 동안이 그 순간이었다. 하지만 이것은 고통스러운 순간이었다. 왜냐하면 그것은 우리에게 왜소해진 우리 존재를 외부로부터 측정할 기회를 주었기 때문이었다.

해방 후(종종 해방된 직후에) 일어난 자살의 많은 경우들은 이와 같이 몸을 돌려 "위험한 물"을 바라보는 데서 기인했다고 나는 믿고 있다. 해방은 어쨌든, 반성과 우울함이라는 해일과 함께 찾아온 위기의 순간이었다. 이와는 대조적으로 소비에트 수용소들을 포함해서 라거* 를 연구하는 많은 역사학자들은, 포로생활 **도중에** 자살이 일어난 경우는 드물다는 사실에 동일하게 주목했다. 이러한 사실에 대해서는 여러 가지 해석이 시도되었다. 나는 세 가지 해석을 제시하는데, 이 해석들이 상호 배타적인 것은 아니다.

첫째, 자살은 동물의 행위가 아니라 인간의 행위라는 점이다. 즉 심사숙고한 행위이고, 자연스럽지도 않고 충동적이지도 않은 하나의 선택이다. 라거에서는 선택의 기회가 별로 없었고 노예가 된 동물들처럼 살았다. 동물들은 종종 죽음을 거부하지 않고 받아들이기는 해도 자살하지는 않는다. 둘째, 흔히 말하듯이, '생각할 다른 일이 있었다'는 점이다. 하루 일과는 빡빡했다. 허기를 채우고, 어떤 식으로든 피로와 추

---

* Lager(독일어)는 잠자리, 안식처, 숙박소라는 뜻으로, 여기서는 유대인 강제수용소를 가리킨다.

위를 피하고 구타를 피할 생각을 해야 했다. 늘 코앞에 닥쳐온 죽음 때문에 죽음에 대한 생각에 집중할 시간이 없었다. 『제노의 의식』에서 스베보의 고찰은 거친 진실을 담고 있다. 이 작품에서 그는 아버지의 임종을 무자비하게 그리고 있다. "사람이 죽을 때는 죽음을 생각하는 것 말고 전혀 다른 할 일이 있지. 유기체인 그의 온몸은 호흡에 전념하고 있었지." 셋째, 대부분의 경우, 자살은 어떤 형벌도 덜어주지 못한 죄책감에서 생겨난다는 점이다. 이처럼 포로 생활의 힘겨움은 형벌로 인식되었고 죄책감은(형벌이 있다면 죄가 있다는 것이므로) 해방 후에 다시 나타나기 위해 제2선으로 밀려나 있었다. 다른 말로 하자면 어떤 죄(진짜 죄든 추정적인 죄든 간에)로 인해 매일 고통당함으로써 이미 속죄를 하고 있는 마당에 자살로 자기 자신을 벌줄 필요가 없었던 것이다.

그런데, 무슨 죄인가? 모든 것이 끝났을 때, 우리가 휩쓸려 들어가 있던 체제에 대항해서 아무것도 하지 않았다는, 아니면 충분히 하지 않았다는 인식이 떠올랐다. 라거 내부의, 정확히 말하자면 몇몇 라거들 내부의 실패로 돌아간 저항에 대해서 너무 많이, 너무 가볍게 이야기되었다. 누구보다 해명해야 할 전혀 다른 죄들이 있었던 사람들 쪽에서 그랬다. 저항을 시도했던 사람은 적극적 저항이 가능했던 집단적·개인적 상황들이 존재했다는 것을 안다. 또한 적극적 저항이 불가능했던 상황들이 훨씬 더 일반적이었다는 것도 안다. 특히 1941년에 수백만의 소비에트 군인 포로들이 독일군의 손에 넘어갔다는 것은 잘 알려진 사실이다. 그들은 젊고 일반적으로 영양 상태가 좋았으며 건장했다. 또 군사적·정치적으로 훈련되어 있었고, 종종 계급별로 사병과 부사관, 장교로 구성된 건제부대(建制部隊)를 이루고 있었다. 소비에트 군인 포로들은 조국을 침략한 독일군을 증오하고 있었다. 그런데도 그들이 저항하는 경우는 드물었다. 영양 부족과 약탈, 그리고 기타 여러 가지 신체적 불편, 이런 것들은 너무나도 쉽게 별 힘 안 들이고 유발시킬 수 있는 것들이고, 나치는 그 방면에서 대가였다. 이런 것들은 즉각적인 파괴력을 가지며, 파괴시키기 전에 먼저 마비시킨다. 격리, 굴욕, 학대, 강제 이주를 당하고 가족 관계가 찢겨지고 세상과의 접촉이 단절될 때는 더더욱 그렇다. 바로 이것이 게토나 임시 집결 수용소라는 지옥의 전(前) 단계를 거쳐 아우슈비츠에 상륙한 포로들 대부분이 처한 상황이었다.

그러므로 이성적인 측면에서 보면 그다지 수치스러워할 일은 아닐 것이다. 그래도 수치심은 그대로 남았다. 무엇보다도 저항할 힘과 가능성을 가졌던 사람들의 몇몇 빛나는 본보기 앞에서 그랬다. 이에 대해 나는 『이것이 인간인가』의 「마지막 사람」 장에서 언급했다. 이 장은 무감하고 겁에 질린 포로들 앞에서 한 저항자가 공개 교수형을 당하는 사건을 묘사하고 있다. 이것은 당시에는 우리를 잠깐 스쳐 갔다가 '나중에' 되돌아온 생각이다. 즉 너도 할 수 있었을 텐데, 당연히 너도 했어야 하는데, 라는 생각이다. 그리고 이것은 생환자가 자신의 이야기를 듣고서 사후약방문식으로 판단을 내리는 사람들(특히 젊은이들)의 두 눈에서 보는, 또는 본다고 믿는 심판이기도 하며, 아니면 사람들이 무자비하게 자신을 향해 내뱉는다고 느끼는 심판이기도 하다. 의식적으로든 아니든 생환자는 스스로를 피고로, 심판받는 사람으로 느끼며 자신을 해명하고 방어해야 할 것처럼 느끼게 된다.

물 한 컵의 장막

인간적 연대감의 측면에서 실패했다는 자책 또는 비난은 더욱 현실적이다. 동료에게 의도적으로 해를 끼치고 빼앗고 구타한 데 대해 자신이 유죄라고 느낀 생존자들은 소수다. 그런 일을 한 사람들은(카포*들, 그러나 그들만이 아니다.) 그 기억을 지운다. 그에 반해 거의 모든 사람들은 도움을 베풀지 않은 데 대해 자신이 유죄라고 느낀다. 더 약하고 더 서툴고 더 나이가 많거나 아니면 너무 어린 옆자리의 동료는 도움을 청함으로써, 또는 단순히 '있다'는 사실(이미 그 자체로 간청하고 있다.)만으로 집요하게 괴롭힌다. 그런 동료는 라거에서의 삶에서 늘 존재한다. 연대감을 요구하거나, 인간적인 말이나 충고 한마디를 구하거나, 그저 들어주기라도 바라는 것은 매일 보편적으로 있는 일이었지만, 그런 요구가 충족되는 일은 드물었다. 시간도, 공간도, 개인적인 프라이버시도, 인내심도, 기운도 없었다. 보통 그런 요구를 받는 사람도 자기 입장에서는 도움이 필요한 처지에 있었다.

내가 아우슈비츠에서 어떻게 살아남을 수 있었느냐고? 나의 원칙은 이것이었다. 첫째도, 둘째도 그리고 셋째도 내가 먼저라는 것. 그다음은 아무것도 없다. 그다음은 다시 나. 그러고 나서 다른 모든 사람들이라는 것이다.

1944년 8월, 아우슈비츠는 아주 무더웠다. 불볕더위가 내리쬐었고 열대성 바람이 비행기 폭격으로 부서진 건물들에서 먼지 구름을 일으켰다. 뜨거운 열기가 우리의 몸에서 땀을 말렸고 우리 혈관 속의 피를 걸쭉하게 만들었다. 우리 작업반은 한 창고에 무너진 벽의 잔해를 치우도록 보내졌다. 우리 모두는 갈증으로 괴로워하고 있었다. 갈증은 배고픔이라는 오래된 고통에 더해지는, 아니 배가되는 새로운 고통이었다. 수용소에도, 작업장에도 마실 수 있는 물은 없었다. 그즈음에는 마실 수는 없지만 몸의 먼지를 씻어내고 몸을 식히기에는 좋은 세탁실의 물조차 자주 부족했다. 기본적으로는 저녁에 나오는 죽과 오전 10시경에 배급되는 커피 대용품으로 갈증을 해소하기에 충분했다. 그러나 이제는 더이상 그것으로 충분하지 않았고 갈증은 우리를 괴롭혔다. 갈증은 배고픔보다 더 시급한 문제다. 배고픔은 신경(神經)에 복종하고 이따금 멈추기도 한다. 또 벅찬 감정이나 고통, 두려움 등에 의해 일시적으로 묻힐 수 있는 문제다(우리는 이것을 이탈리아로부터 떠나올 때 기차 여행을 하면서 깨달았다). 그런데 갈증은 그렇지 않다. 갈증은 숨 돌릴 틈을 주지 않는다. 배고픔은 기진맥진하게 만들지만 갈

* 수용소 측 협력자·관리자. 아우슈비츠에 수용된 포로들 중에서 선발한 자들로, 다른 포로들을 감시·감독할 수 있는 약간의 권력이 부여되어 있었다.

아드바셈(Vad Vashem, 이스라엘 국립 홀로코스트 박물관)의 '이름의 전당'

증은 광폭하게 만든다. 그 당시에 갈증은 밤이고 낮이고 우리를 따라다녔다. 낮에는 정돈 상태(강박적인 독일식 정돈 상태가 우리는 싫었지만, 그래도 정돈된 상태로 유지되던 작업장은 논리적이고 확실한 것들의 장소였다.)가 산산이 깨져버린 대혼란의 작업장에서 그랬고, 밤에는 환기가 안 되는 막사에서, 골백번도 더 들이마신 공기로 숨이 턱턱 막히는 동안에 그랬다.

카포가 잡동사니들을 치우도록 내게 할당한 곳은 창고의 구석 자리였다. 이곳은 설치 중에 폭격으로 파손된 화학 설비들이 차지하고 있는 넓은 방 옆이었다. 수직의 벽을 따라 2인치짜리 파이프가 있었는데 바닥의 약간 위에서 끝나는 파이프에는 수도꼭지가 붙어 있었다. 수도관인가? 수도꼭지를 한번 돌려보았다. 나는 혼자였고 아무도 나를 보지 못했다. 수도꼭지는 꽉 잠겨 있었지만 돌을 망치 삼아 수도꼭지를 몇 밀리미터 돌리는 데 성공했다. 수도꼭지에서 물방울이 흘러나왔다. 냄새도 없었다. 나는 손가락을 모아 물방울을 모았다. 정말 물인 것 같았다. 담을 용기가 없었다. 물방울은 수압을 느낄 수 없게 천천히 흘러나왔다. 파이프에는 절반 정도만 물이 차 있는 것이 분명했다. 1리터쯤, 어쩌면 그것에도 못 미칠 것 같았다. 나는 그 물을 당장에 몽땅 마셔버릴 수도 있었다. 어쩌면 그것이 가장 확실한 방법이었다. 아니면 내일을 위해 좀 남겨둘 수도 있었다. 또 알베르토와 절반씩 나눌 수도 있었다. 그것도 아니면 작업반의 모든 동료들에게 비밀을 털어놓을 수도 있었다.

나는 세 번째 방법을 택했다. 오래전에 내 친구 하나가 "우리주의"라고 딱 맞게 이름 붙인 이기주의가 가장 가까운 사람에게 확장된 것이었다. 우리는 그 물을 모두 마셨다. 찔끔찔끔한 모금씩, 수도꼭지 밑에 번갈아가며, 우리 단 둘이서만 몰래 마셨다. 그러나 수용소로 돌아오는 행진 길에 시멘트 가루로 온통 회색이 된 다니엘레가 내 옆에 서게 되었다. 그의 입술은 갈라지고 두 눈은 반짝이고 있었다. 나는 죄책감을 느꼈다. 알베르토와 눈짓을 교환하고는 단번에 서로를 이해했다. 아무도 보지 못했기를 우리는 바랐지만 다니엘레는 그 이상한 자세로, 벽의 잔해 더미 가운데서 등을 바닥에 대고 누워 있는 우리를 흘끗 보았던 것이다. 다니엘레는 뭔가 의심했고, 결국 짐작했다. 수개월이 지나, 해방 뒤 백러시아에서 다니엘레는 굳은 목소리로 내게 그 일에 대해 말했다. 왜 너희 둘은 되고 나는 안 되지? 그것은 다시 떠오른 '일반인의' 도덕률이었다. 오늘날 자유로운 인간인 내가 보기에 이것은 잔인한 카포가 내리는 끔찍한 사형선고와 별반 다르지 않다. 아무런 변명도 하지 못하고 조용히, 지우개질 한 번으로 생과 사가 결정되는 것이다. 뒤늦은 수치심은 합리화될 수 있을까, 없을까? 그 당시에도 나는 답하지 못했고 지금도 답하지 못하고 있지만, 수치심은 있었고 여전히 있다. 구체적이고, 무겁고, 영구적인 수치심 말이다. 다니엘레는 이제 죽고 없다. 그러나 우애 있고 애정어린 우리 생환자 모임에서 하지 못한 그 행동, 나누지 못한 물 한 컵의 장막은 '큰 대가'를 요구하며 우리 사이에 투명하게 놓여 있었다. 비록 겉으로 드러나진 않았지만 우리는 그것을 분명하게 느낄 수 있었다.

살아남은 자의 수치

다른 사람 대신에 살아남았기 때문에 부끄러운가? 특히, 나보다 더 관대하고, 더 섬세하고, 더 현명하고, 더 쓸모 있고, 더 자격 있는 사람 대신에? 그런 생각을 떨쳐버릴 수가 없다. 그래서 자신을 찬찬히 검토하고, 자신의 기억들을 모두 되살릴 수 있기를 바라면서 또 그 기억들 중 무엇도 가면을 쓰고 있거나 위장하고 있지 않기를 바라면서 스스로를 점검해본다. 그런데 아니다. 명백한 범법 행위를 발견하지 못한다. 누구의 자리를 빼앗은 적도 없고, 누구를 구타한 적도 없으며(그럴 힘이라도 있었겠는가?), 어떤 임무를 받아들인 적도 없고(맡겨지지도 않았지만……), 그 누구의 빵도 훔친 적이 없다. 그럼에도 그런 생각을 떨쳐버릴 수가 없다. 각자가 자기 형제의 카인이라는 것, 우리 모두가(나는 이번에는 매우 광대한, 아니 보편적인 의미에서 "우리"라고 한다.) 자기 옆 사람의 자리를 빼앗고 그 사람 대신에 산다는 것은 하나의 상상, 아니 의심의 그림자에 불과하다. 그러나 이와 같은 상상이 우리의 정신을 갉아먹는 것이다. 좀벌레처럼 우리 머릿속 깊숙이 자리 잡고 들어앉아 갉아먹으며 귀에 거슬리는 소리를 낸다.

수용소 생활에서 돌아온 뒤, 나보다 나이가 많은 한 친구가 나를 보러 왔다. 온화하면서도 비타협적이고 자신의 종교를 수양하는 사람이었다. 내게는 그의 종교가 언제나 엄격하고 심각하게만 보였다. 그는 살아 있는 나를 다시 보게 된 것을 기뻐했다. 일단 다치지 않았고, 전보다 더 성숙해지고 강인해졌으며 확실히 풍요로워진 것 같은 모습에도 기뻐했다. 그는 내가 살아남은 것이 우연일 리가 없고(내가 주장했고 지금까지도 주장하듯이) 운 좋은 상황들이 축적되어 일어난 일일 리가 없다고 말했다. 오히려 신의 섭리에 의한 일이라고 했다. 나는 표식을 받은 사람이고 선택받은 자라는 것이었다. 신앙심이 없는 내가, 아우슈비츠의 세월을 보낸 뒤에는 신앙심을 더 잃어버린 내가 은총을 입은 사람이고 구원받은 사람이라는 것이었다. 왜 하필 저죠? 그것은 알 수 없다고 그는 내게 대답했다. 아마도 내가 글을 쓰도록, 글을 써서 증언을 하도록 하기 위함일 것이라고 했다. 아닌 게 아니라 나는 그 당시 1946년에 내 포로 생활에 대한 책 한 권을 쓰고 있지 않았던가?

이러한 견해가 내게는 기괴해 보였다. 나는 겉으로 드러난 신경이 건드려진 것처럼 고통스러웠고, 앞서 말했던 의심이 되살아났다. '다른 사람 대신에, 다른 사람을 희생하여 내가 살아 있는 것일 수도 있다, 다른 사람의 자리를 빼앗은 것일 수도, 그러니까 사실상 죽인 것일 수도 있다.' 라거의 '구조된 자들'은 최고의 사람들, 선한 운명을 타고난 사람들, 메시지의 전달자들이 아니었다. 내가 본 것, 내가 겪은 것은 그와는 정반대임을 증명해주었다. 오히려 최악의 사람들, 이기주의자들, 폭력자들, 무감각한 자들, '회색 지대'의 협력자들, 스파이들이 살아남았다. 확실한 원칙은 아니었지만(인간사에서 확실한 원칙이란 없었고, 또 없다.) 그래도 원칙이었다. 나는 물론 내가 무죄라고 생각하고 있었지만, 구조된 사람들 무리에 어쩌다 섞여 들어간 것처럼 느꼈다. 그래서 내 눈앞에서, 남들의 눈앞에서 끝없이 스스로를 정당화하려고 애쓰고 있다고 느꼈다. 최악의 사람들, 즉 적자(適者)들이 생존했다. 최고의 사람들은 모두 죽었다.

크라코비아의 시계상이자 신실한 유대인이었던 하임은 죽었다. 그는 외국인인 나에게 언어의 어려움에도 나를 이해하고 자신을 이해시키려고 노력하면서, 사악함으로 가득한 첫 며칠의 고비에서 수용소의 기본적인 생존 법칙들을 설명해주려고 애썼다. 과묵한 헝가리 농부 사보도 죽었다. 키가 거의 2미터여서 누구보다도 배가 고팠지만, 기력이 있는 한 더 쇠약한 동료들이 밀고 당기는 것을 도와주는 데 주저함이 없었다. 그리고 자신의 주위로 용기와 믿음을 발산하던 소르본느대학의 교수 로베르도 죽었다. 5개 국어를 할 줄 알았던 그는 자신의 놀라운 기억 속에 모든 것을 기록하려 애썼고 만약 살아남았다면 내가 답할 수 없는 여러 의문들에 답을 주었을 것이다. 그리고 리보르노 항구의 부두 하역부였던 바루크도 죽었다. 첫날 바로 죽었는데, 처음 날아온 주먹에 주먹으로 답했기 때문이다. 연합한 세 명의 카포들에게 살해당했다. 이들과 다른 수많은 사람들은 자신들의 용기에도 불구하고 죽은 것이 아니라 자신들의 용기 때문에 죽은 것이다. 신앙심이 깊은 그 친구는 내가 증언하기 위해 살아남은 것이라고 말했다. 나는 할 수 있는 최대한으로 증언을 했다. 그리고 그러지 않을 수 없었던 것이다. 매번 기회가 있을 때마다 나는 아직도 증언하고 있다. 그러나 이러한 나의 증언이 생존의 특권을, 그리고 큰 문제 없이 여러 해를 사는 특권을 내게 가져다준 것일 수도 있다는 생각은 나를 괴롭힌다. 왜냐하면 특권에 걸맞은 결과가 보이지 않기 때문이다. 반복하지만 진짜 증인들은 우리 생존자가 아니다. 이것은 불편한 개념인데, 다른 사람들의 회고록을 읽고 여러 해가 지난 뒤 내 글들을 다시 읽으면서 차츰차츰 인식하게 된 것이다. 우리 생존자들은 근소함을 넘어서 이례적인 소수이고, 권력 남용이나 수완이나 행운 덕분에 바닥을 치지 않은 사람들이다. 바닥을 친 사람들, 고르곤* 을 본 사람들은 증언하러 돌아오지 못했고, 아니면 벙어리로 돌아왔다. 그러나 그들이 바로 "무슬림들", 가라앉은 자들, 완전한 증인들이고, 자신들의 증언이 일반적인 의미를 지녔을 사람들이다. 그들이 원칙이고 우리는 예외다. 또 다른 하늘 아래에서 비슷하면서도 다른 노예 생활을 경험하고 돌아온 솔제니친도 그 점에 주목했다.

> 장기 복역자들, 생존자이기 때문에 당신들이 축하하는 그 사람들 거의 대부분은 두말할 나위 없이 프리두르키(pridurki)거나 수감 생활 대부분의 시간 동안 프리두르키였다. 왜냐하면 라거는 절멸을 위한 것이기 때문이다. 이 점을 잊어서는 안 된다.

저 다른 수용소 세계의 언어에서는 어떤 식으로든 특권의 지위를 획득한 포로들로, 우리 쪽에서는 프로미넨테라고 불리는 사람들이다.

행운의 손길을 받은 우리는 크든 작든 지혜

---

* 그리스 신화에 등장하는 끔찍한 모습의 세 자매 괴물, 스텐노, 에우리알레, 메두사, 그중 메두사는 고르곤을 대표하는 존재로 인식되었는데, 그 얼굴을 본 사람은 돌이 되었다고 한다.

를 가지고 자신의 운명뿐만 아니라 다른 사람들, 정확히 말해 가라앉은 사람들의 운명에 대해 이야기하려고 노력했다. 그러나 그것은 '제3자를 대신한' 이야기, 자신이 직접 체험한 것들이 아니라 가까이서 본 것들에 대한 이야기였다. 최후의 말살, 그 완결된 작업에 대해서는 아무도 말하지 않았다. 자신의 죽음에 대해 말하기 위해 돌아온 사람이 아무도 없었던 것처럼 말이다. 가라앉은 사람들은 설령 종이와 펜이 있었다 하더라도 증언하지 못했을 것이다. 왜냐하면 그들의 죽음은 육신의 죽음에 앞서 시작되었기 때문이다. 죽기 수주, 또는 수개월 전에 그들은 이미 관찰하고, 기억하고, 가늠하고, 표현하는 능력을 잃었다. 그들 대신, 대리인으로서 우리가 말하고 있는 것이다.

아우슈비츠는 다시 돌아올 것인가

또 다른 좀 더 광범위한 수치심이 있다. 곧 세상에 대한 수치심이다. 존 던(John Donne)은 "어느 누구도 섬은 아니다"*(적절하든 아니든 수없이 인용되고 있다.)라며, 모두에게는 각자의 죽음의 종이 울린다고 기억할 만한 말을 남겼다. 그러나 타인과 자신의 죄 앞에서 그 죄를 보지 않도록, 그래서 느낄 수 없도록 등을 돌리는 사람들이 존재한다. 히틀러 치하의 12년간, 보지 않는 것이 모르는 것이며 모르는 것이 공모와 묵인에 대한 자신들의 부담을 덜어줄 것이라는 환상 속에서 대부분의 독일인들이 그렇게 행동했다. 그러나 자발적인 무지의 장막, 곧 T. S. 엘리엇이 말한 "부분적인 피신(partial shelter)"이 우리 포로들에게는 허용되지 않았다. 우리는 보지 않을 수 없었던 것이다. 과거와 현재의 고통의 바다는 우리를 둘러싸고 있었고, 그 수면은 해가 갈수록 거의 우리를 잠기게 할 정도로 차올랐다. 눈을 감거나 등을 돌리는 일은 소용없었다. 왜냐하면 그 고통의 바다는 온통 주위에, 수평선 끝까지 온 사방에 있었기 때문이다. 섬이 되는 것은 우리에게 불가능한 일이었고 우리가 원하지도 않는 일이었다. 우리 가운데 의로운 사람들은(더도 덜도 아니고, 여느 인간 집단에 있는 딱 그만큼 존재했다.) 자신들이 아닌 타인들이 저지른 잘못 때문에, 그리고 자신들이 거기에 연루됐다는 생각 때문에 가책과 수치심이라는 고통을 느꼈다. 왜냐하면 자신들의 주위와 눈앞, 그리고 내부에서 일어난 일이 돌이킬 수 없는 것이라고 느꼈기 때문이다. 그것은 결코 씻어낼 수 없을 것이다. 이는 인간종, 곧 우리는 엄청난 고통을 만들어낼 수 있는 잠재력을 가지고 있으며, 그 고통은 어떤 비용이나 노력도 필요치 않은, 무에서 생겨나는 유일한 힘이라는 것을 증명한다. 보지 않고, 듣지 않고, 아무것도 하지 않는 것만으로도 충분한 것이다.

우리는 종종 '아우슈비츠'가 다시 돌아올 것인지 질문을 받는다. 마치 우리의 과거가 우리에게 예지력을 주기라도 한 것처럼. 다시 말해 일방적이고, 체계적이고, 기계화된 또 다른 대량 학살, 정부 수준에서 의도되고, 무방비 상태

* "No man is an island." 17세기 영국 형이상학파의 대표 시인 존 던의 시 「누구를 위하여 종은 울리나」 중 일부.

의 무고한 사람들에게 자행되는, 그리고 경멸이라는 원칙에 의해 합법화되는 또 다른 대량 학살이 일어날 수 있겠느냐는 것이다. 다행히 우리는 선지자가 아니지만 무언가는 말할 수 있을 것이다. 서방 세계에는 거의 무시된 유사한 비극이 1975년경 캄보디아에서 일어났다는 사실 말이다.** 독일의 학살은 많지 않은 몇 가지 요소들, 각각은 필수불가결하지만 혼자서는 충분치 않은 그 요인들의 조합(전쟁 상태, 독일의 조직적이고 기술적인 완벽주의, 히틀러의 의지와 뒤틀린 카리스마, 독일 사회에 민주주의의 단단한 뿌리가 없었다는 점)과 노예제도에 대한 열망, 정신의 빈약함으로 인해 촉발될 수도 있었다. 그 후 이것들 스스로가 자양분이 되었다. 이러한 요인들은 다시 재현될 수 있으며, 부분적으로는 이미 전 세계 곳곳에서 재현되고 있다. 10년 또는 20년 안에(더 먼 미래에 대해 말하는 것은 무의미하다.) 이 모든 요인들이 재조합되는 일은 그다지 있을 법하지 않지만 불가능한 일도 아니다. 내 생각에 대량 학살은, 특히 서방 세계와 일본, 그리고 소련에서도 일어나긴 힘들 것 같다. 제2차 세계대전의 라거가 여전히 많은 사람들의 기억 속에 존재하며(국민적 차원에서든 정부 차원에서든), 내가 앞서 말한 수치심과 같은 일종의 면역 방어 체계가 작동하고 있기 때문이다.

세상의 다른 곳들에서 또는 나중에 일어날 수 있는 일들에 대해서는 판단을 유보하는 편이 좋을 것이다. 그리고 내가 택한 주제를 넘어서는 것이지만, 핵무기의 대재앙(분명히 쌍방 간에 일어나며 아마도 즉각적이고 결정적인 위기를 가져올 것이다.)은 더 크고 전혀 다른, 생소하고 새로운 공포다.

프리모 레비의 『가라앉은 자와 구조된 자』
(이소영 옮김, 돌베개, 2014)

** 1975~1979년 사이, 민주 캄푸차 정권 시기에 크메르 루즈라는 무장단체가 저지른 학살. 킬링필드로 알려진 이 학살로 3년 7개월간 200만 명의 캄보디아 국민들이 희생당했다.

프리모 레비(Primo Levi, 1919~1987)

유대계 이탈리아인 작가이자 화학자. 이탈리아 토리노대학교 화학과를 졸업했다. 제2차 세계대전 말기, 반파시즘 저항 운동에 참여하다가 체포당해 아우슈비츠로 이송당해, 11개월 동안 화학공장이 붙어 있는 제3수용소에서 노예보다 못한 일상을 보냈다. 1945년 10월, 평균 생존 기간이 3개월이라는 아우슈비츠 수용소에서 기적적으로 살아 돌아왔다. 이후 자신의 수용소 경험을 바탕으로 인간의 폭력성과 인간 존재의 의미 등에 대해 깊은 사유를 드러내는 많은 저서를 남겼다. 『이것이 인간인가』, 『휴전』, 『주기율표』, 『가라앉은 자와 구조된 자』 등의 회고록 형식의 저술을 비롯해 『지금이 아니면 언제?』, 『멍키 스패너』 등의 소설이 있다. 그러나 레비는 1987년, 아우슈비츠에서 살아 돌아온 지 23년이나 지난 다음 투신자살로 스스로 생을 마감했다.

10

전태일 평전: 바보회의 사상

조영래

1960~1970년대의 한국은 경제성장에 국운을 건 개발도상국의 하나였다. 그러나 그 성장 드라이브에는 장시간 저임금이라는 노동 착취가 아픈 대가로 따라붙고 있었다. 1970년 전태일은 어린 여공들이 발이 퉁퉁 붓도록 재봉틀을 돌리던 청계천 평화시장에서 "근로기준법을 준수하라. 우리는 기계가 아니다"라고 외치며 스물두 살의 나이로 분신 자살한다.

전태일이 죽음 직전에 외친 말은 근로기준법을 '제정하라'가 아니라 '준수하라'는 것이었다. 전태일은 근로기준법이 뭔지도 몰랐다가 그런 것이 있다는 사실을 알고 깊은 충격을 받았다. 법은 있었으나 지켜지지 않았고, 오히려 법을 준수하라고 요구하는 노동자들은 법의 처벌을 받았다. 1970년대의 노동 현실은 그러했다. 당시의 노동자들은 '기계'였다. "우리는 기계가 아니다"라는 전태일의 절규는 그 자체로 비장한 '인간 선언'이었다.

여기 수록된 글은 인권 변호사 조영래가 평화시장 재단사 전태일의 삶과 죽음을 기술한 평전의 일부다. 이 평전의 저자가 르포 작가나 기자가 아닌 인권 변호사라는 점은 의미심장하다. 전태일의 작업장에서는 서울대 음대가 내려다보였다고 한다. 청계천 평화시장과 대학은 서로 가까운 거리에 있었다. 하지만 전태일에게는 '대학생 친구 하나' 없었다. 조영래의 책은 법으로부터 철저히 소외되었던 젊은 노동자 친구에 대한 지식인의 속죄의 표현이자 그의 참혹한 죽음을 애도하는 윤리적 기억이다. 50년이 지난 지금, 청계천 평화시장 일대는 과거의 기억이 지워진 단정한 휴식 공간과 각종 쇼핑몰로 채워져 있다. 하지만 전태일이 죽음을 통해 호소했던 인간다운 삶의 꿈은 청계천에서, 서울에서, 대한민국에서 얼마나 성취되었을까?

노동자는 누구를 막론하고 그 자신과 가족을 위하여 인간의 존엄성에 어울리는 생활을 유지할 수 있는 공정하며 상당한 보수를 받을 권리를 가지며, 필요한 경우에는 다른 사회보장 방법으로써 보충을 받을 권리를 가진다. 모든 사람은 자신의 이익을 보장받기 위하여 노동조합을 조직하고 여기에 가입할 권리가 있다.

「세계인권선언」 제23조 3·4항

모든 사람은 노동시간의 합리적인 제도 및 정기적인 유급 휴가를 포함하는 휴식과 여가를 가질 권리가 있다.

「세계인권선언」 제24조

근로기준법의 발견

전태일의 아버지 전상수 씨는 젊은 시절에 대구에서 방직공장에 다녔는데, 어느 땐가 대구의 노동자들이 총파업을 하게 되어서 그 파업에 가담하였던 경력이 있었다. 그 당시만 해도 해방 직후의 혼란기여서 노동운동이 폭발적으로 일어나고 있을 무렵이었다. 전상수 씨는 이때 평범한 노동자로 그의 공장에서 있었던 파업에 가담하였을 뿐이고, 파업을 주도하는 간부는 아니었다고 한다. 그러나 그는 파업에 비교적 열성적으로 가담한 편이어서 파업이 오래 끌게 되면서는 일종의 하급연락원으로 싸우게 되었던 모양이다.

그 당시의 모든 노동운동이 그러했듯이 전상수 씨가 가담하고 있던 파업도 기업주와 경찰의 이중 탄압을 받아 꺾였다. 회사 측에서는 새로 직공들을 모집하여 파업을 깨려 하였는데, 파업 노동자들이 완장을 두르고 공장 문 앞에 진을 치고 막아서서 새로 온 일꾼들을 돌려보내며 버티어서, 파업은 한 달 넘도록 계속되었다. 그러나 결국에 가서는 회사 측이 파업 노동자들의 요구 조건을 끝내 듣지 아니하고 공장 문을 닫고 계속 버티는 바람에 먹고살 것이 당장 없었던 노동자들이 동요되었고, 거기에다 경찰이 파업 주동자들을 검거해버리는 바람에 파업이 결국 깨어졌다.

전상수 씨는 아들이 노동운동에 관심을 갖고 있는 것을 알았을 때, 자신의 젊은 시절이 생각났다. 그는 그 시절 노동운동을 적극적으로 주도하던 사람들이 예외 없이 일생을 그르치는 피해를 당하는 것을 무수히 목격하였다. 그의 세대 사람들에게는 '노동운동'이란 입 밖에 내기도 꺼려지는 금기였다.

전상수 씨는 아들이 노동운동에 뛰어드는 것을 어떻게 해서라도 막아야 한다고 생각했다. 태일이 처음으로 그에게 "옛날 얘기를 들려달라"고 부탁하였을 때 그는 굳은 표정으로 그런 것은 왜 묻냐고 하면서 일절 대답을 하지 않았다. 그러나 며칠이 지나지 않아 그는 아들의 노동운동에 대한 관심이 의외로 깊고 집요한 것임을 발견하였다. 생전 그런 일이 없었는데 며칠째 계속하여 제발 좀 가르쳐 달라고 졸라대는 것이었다.

전상수 씨는 생각을 달리하였다. 이 정도 되면 이제는 자기가 얘기 안 해준다고 영영 모를 리도 없고 하니 차라리 모두 다 아는 대로 이야기하여 그 일이 얼마나 어려운 일인가를, 아니 절대적으로 불가능한 일이라는 것을 깨닫게 해주고, 또 노동운동을 하면 장래 어떤 화를 입게 될 것인지도 알려주어 이 기회에 아주 단념하도록 만드는 것이 낫겠다는 판단이었다.

어쨌든 태일은 아버지로부터 노동운동에 관한 여러 가지 이야기를 듣게 되었다. 아버지의 결론은 물론 언제나 빤한 것이었다. 이만저만 하니 일찌감치 단념하고 기술이나 열심히 배웠다가 나이 서른 넘어서 무엇을 하든 네 마음대로 해보라. 이런 말이 나올 때 전태일의 대답은 으레, "제가 지금 무엇을 하려는 것이 아니라 이다음에 혹 필요하게 될까 싶어 그냥 알아두려는 것입니다"라는 식이었다. 그러다가도 부자간에 말이 잘못되어 언성을 높이게 되면, 그는 "아버지가 못한 일이니 내가 꼭 해내야 되겠다" 고 하기도 하였다.

태일은 아버지의 얘기를 들으며 차차로 노동운동이 얼마나 험난한 일인가를 짐작하게 되었다. 특히 아버지가 옛날 자기들이 파업 자금을 충분히 마련하지 못하여 실패한 이야기를 하면서 노동운동도 돈이 있어야 할 수 있다고 하였을 때에는 무척 실의에 잠기기도 하였다. 그럼에도 불구하고 그는 아버지의 얘기로 용기가 꺾이기보다는 오히려 더욱 강렬한 용기와 새로운 투지를 얻었는데, 특히 아버지와 얘기 도중에 우연히 근로기준법의 존재와 그 내용을 알게 되었을 때는 그의 전신에 새로운 희망과 확신과 환희가 벅차올랐다. 근로기준법의 발견은 실로 그의 운명을 좌우한 중대 사건 중의 하나였다.

근로기준법은, "근로조건의 기준을 정함으로써 근로자의 기본적 생활을 보장·향상시킴 ……을 목적으로" 하는 법이라고 그 법 제1조에 못 박혀 있다. 이제껏 '모든 환경으로부터 거부'당하며 살아온 전태일에게는 "근로자의 생활을 보장·향상"시키기 위하여 법률이 마련되었다는 사실 하나만으로도 암흑의 동굴 속에서 한 줄기 광명을 발견한 듯한 놀라운 환희였다. 근로자에게도, 모든 것을 빼앗긴 지지리도 천한 하바리 인생에게도 인간답게 살 권리는 있는 것이로구나. 이러한 눈물겨운 자각이야말로 자유를 위한 모든 저항의 시초가 아니던가? 그것은 일순간에 곧 저주받은 현실에 대한 무서운 분노로 변하여 끓어오르게 되는 것이 아닌가? 근로기준법 제42조, "근로시간은 휴게시간을 제하고 1일에 8시간, 1주일에 48시간을 기준으로 한다. 단, 당사자 간의 합의에 의하여 1주일에 60시간을 한도로 한다"는 규정을 보았을 때, 전태일은 무엇을 생각하였을까? 또 제45조, "사용자는 근로자에 대하여 1주일에 평균 1회 이상의 유급 휴일을 주어야 한다"는 구절을 보았을 때는? 하루에 14시간, 1주일에 98시간 이상의 노동이 어디에서나 공공연히 벌어지고 있었던 평화시장의 현실 속에서 장시간 노동에 시달리면서도 어쩔 수 없다고 생각하며 속만 태우던 그에게 이러한 발견은 실로 비상한 충격을 주었다.

그뿐인가? 유해 위험작업에 관한 규정(43조), 여공에 대한 월 1일의 유급 생리휴가(59조), 18세 미만의 어린 근로자들에 대한 교육시설

규정(63조), 건강진단(71조), 재해보상(제8장), 여자와 18세 미만 근로자에 관한 야간작업 금지 규정(56조) 등등의 꿈같은 신천지가 눈앞에 열릴 때, 전태일은 그 모든 규정들과는 너무나도 어긋나게 벌어지고 있는 평화시장의 비인간적 노동 현실에 대한 분노가 새삼스럽게 끓어올랐다. 근로기준법은 이러한 규정들이 실제로 지켜지도록 벌칙 규정을 두어, 예컨대 사용주가 13세 이상 16세 미만자의 근로시간인 7시간(경우에 따라서는 9시간)을 지키지 않을 때는 그 사용주를 2년 이하의 징역이나 2만원 이하의 벌금에 처하도록 되어 있으며, 또 제108조에는 근로감독관이 이 법에 위반된 사실을 알고도 고의로 묵과할 때는 3년 이하의 징역 또는 5년 이하의 자격정지에 처한다고 못 박고 있다. 그런데도 불구하고, 전태일은 평화시장에서 몇 년 동안 일하는 사이에 근로시간 같은 것은 아예 완전히 무시되어버리고 있는데도 그 때문에 업주가 처벌을 당했다거나 근로감독관이 문책당했다는 것을 한 번도 들어보지 못했다.

이제껏 '이렇게 좋은' 규정들이 있는 줄도 모르고 그저 직장에서는 주인이 맘대로 하는 것인 줄만 알고 찍소리 한 번 못 하고 속아 살아온 자신이 정말 너무나도 '바보'였다.

새로운 전망이 보일 때 사람들은 현실을 보다 철저히 반성하고 비판할 수 있다. 오늘의 현실이 언제까지나 그대로 있는 것이 아니라 조만간에 다른 것으로 고쳐질 수 있는 것이라고 확신할 때 분노하는 자의 가슴에 타고 있는 불씨에는 기름이 부어지고 저항하는 자의 팔뚝에는 뜨거운 핏줄이 솟는다. 이제 전태일은 자신이 '바보'였다는 것을 통절히 깨달았다. 또 나라의 법으로 보장되어 있는 근로조건을 쟁취하지 못하고 죽은 듯이 혹사당하고만 있는 평화시장 일대의 모든 노동자들이 다 '바보'라고 생각되었다. 그는 그 '바보'들의 모임인 바보회를 만든다.

재단사 친구들

1968년 봄 평화시장 재단사인 김개남(金開南·가명)은 전태일을 알게 되었다. 당시 태일은 한미사를 그만두고 딴 가게에서 일하고 있었다. 오랜 겨울이 끝나 바깥세상은 화창한 새 봄이 와 있었지만 그들은 어두침침한 평화시장 2층 복도에서 만났다.

전태일은 머리를 짧게 깎은 '스포츠가리'를 하고 거무죽죽한 작업복을 입고 있었다. 김개남은 새로 사귀게 된 이 평범한 재단사 친구의 얼굴이 무엇인가 무거운 고뇌에 짓눌려 있는 듯한 어두운 인상이라고 느꼈다. 자세히 보니 무언가 넋을 잃고 골똘한 생각에 잠겨 있는 듯한 표정 같기도 하였다.

개남과 태일은 작업장이 가까이 있었던 관계로 그 뒤에도 자주 마주하게 되었다. 개남은 만날 때마다 태일이 무슨 두꺼운 책을 항상 옆에 끼고 다니는 것을 보고 '특이한 친구'라고 생각했다. 주위에서 들리는 평으로는 이 '특이한 친구'는 "여공들에게 부드럽게 대하는 사람"이라 하였다. 우연히 마주치는 일이 잦았던 것이 차차로 깊은 교우 관계로 발전해갔다. 그들은 점심시간에 근처의 간이식당에서 30원짜리 우동을 함께 들기도 하였고, 서울음대가 내려다

보이는 평화시장 2층 복도의 창가에 나란히 서서 이야기를 나누기도 하였다. 각자의 가정환경이나 자라온 배경에 관한 얘기들이, 차차로는 나날의 고달픈 노동에 대한, 또는 세상의 이러저런 모습에 관한 얘기들로 그들의 짧은 여가를 메워나갔다.

그러는 사이에 개남은 태일이 평화시장 3만 노동자들이 다 같이 당하고 있는 작업환경이나 노동시간 문제 따위에 '이상하게도' 깊은 관심을 갖고 있으며, 그것이 그의 표정을 어둡고 무겁게 만드는 것이라는 사실을 알게 되었다. 둘의 이야기가 근로조건에 미칠 때면 평소에 말수가 적고 침착한 편인 태일이 얼굴에 홍조를 떠올리며 열기 띤 어조로 장광설을 늘어놓는 것을 개남은 자주 보게 되었다. 언젠가는 태일이 근로기준법 조문을 보여주며 1주일에 한 번씩 딱딱 쉬게 되어 있고 아이들에겐 야간작업을 시켜서는 안 되고 야간작업하면 수당을 더 주게 되어 있는데 평화시장에서 언제 그런 것 지켜지는 거 봤느냐고 하면서 열을 올릴 때에 그 말을 듣고 있는 개남 자신도 몸이 분노로 떨리는 듯한 것을 느꼈다. 여지껏 그저 빨리 기술만 익힐 것을 목표로 살아왔고 노동조건 문제 같은 것에 대해서는 별로 관심을 가져보지 못했던 개남도 태일과 대화가 거듭되면서 점차로 그것에 관심을 가지고 새로운 각도에서 작업장에서 일어나는 일들을 살펴보게 되었다.

1968년 말경이라고 개남은 기억한다. 태일이 근로조건 개선을 위해 재단사들의 모임을 만들자고 제의해왔다. 우리들 근로자 한 사람 한 사람을 떼어놓고 보면 가진 것 하나 없는 힘없는 존재들이지만, 뭉쳐서 싸우면 우리도 큰 힘을 낼 수 있다. 근로조건 개선이 쉬운 일은 아니나 재단사들 몇 명이라도 조직을 가지고 모든 방법을 다 동원해서 노력하면, 우리가 바라는 것만큼 다는 안 된다고 해도 적어도 근로기준법 조문 몇 개는 그대로 지켜지도록 만들 수 있다. 정 업주들이 말을 안 들으면 평화시장 3만 근로자가 일제히 파업을 해버리거나 데모를 하거나 하면 저희들이 안 들어주고 배겨낼 재주가 있겠느냐. 이러한 것이 태일의 이야기 취지였다.

그 말을 들으며 개남은, "야, 너무 커다란 것 아니냐?" 하는 섬뜩한 생각도 들었지만 '얘기는 좋은 얘기'이고 또 '그렇게 한번 해보고 싶은' 마음도 솟구쳐 올라 좋다고 찬성을 했다.

그들은 곧 머리를 맞대고 구체적인 의논으로 들어갔다. 먼저 모임의 성격을 어떻게 할 것인가가 이야기되었는데 처음부터 노동운동 단체로 내걸면 겁들을 내고 꺼릴 테니 우선은 친목 단체로 해두자고 합의가 되었다. 사람 모으는 문제는 둘이 힘닿는 대로 각자 아는 재단사들을 규합하기로 하되 친목회를 조직하면 서로 어려운 일 있을 때 도와줄 수 있고, 특히 직장을 옮기고 싶을 때 서로 정보를 교환하여 알선해줄 수 있다는 취지로 설득시켜 모으기로 하였다.

모임을 운영하자니 우선 모일 장소가 걱정이었다. 개남은 방 하나를 얻어서 자취하고 있었는데 방이 너무 비좁았고, 태일의 집은 평화시장에서 너무 멀리 떨어져 있을 뿐만 아니라 아버지가 무서워 모일 수가 없었다. 별 수 없이 비싼 찻값을 물더라도 시장 근처의 다방에서 모일 수밖에 없었다. 자연히 모임에 드는 비용도 많아질 것으로 예상되었는데 그것은 주로 태일과 개남이 부담하기로 하였다. 새로 가입하는 회원들에게 돈 부담을 시키면 모임이 잘 안 될 거라고 태일이 말했다.

한 사나흘 만에 10명 남짓한 인원이 모아졌다. 태일이 6, 7명, 그러고 개남이 3명을 모았다. 모집하다 보니 현재 직장을 가지고 있는 재단사들은 일에 쫓겨 잘 응하지 않았고 주로 직장을 옮기려고 잠시 쉬고 있는 사람들이 모였다. 태일도 그때 마침 직장을 바꾸려고 쉬고 있는 중이었다.

첫 번째 회합은 동화시장 아래 은하수다방에서 열렸다. 그들은 컴컴한 다방 한 구석 자리에 몰려 앉아 서로 인사를 나누었다. 처음 얼굴을 대하는 사람들이 많았으므로 화제는 자연히 누구누구를 아느냐는 식으로 시작되어 어느 공장은 어떻고 그곳 주인은 사람이 어떠하며 그곳은 임금이 어떠하다는 따위의 얘기가 나오고, 우리가 기왕에 친목 단체로 모였으니 앞으로는 직장 관계에서 서로서로 협조하자는 방향으로 흘러갔다. 이러한 별것 아닌 이야기가 진행되고 있는 동안에도 태일과 개남은 줄곧 주위 손님들이 이야기 내용을 들을까 봐 신경을 썼다.

한 시간가량 진행된 모임이 거의 끝나갈 무렵 태일이 일어나서 "앞으로 우리가 친목을 도모하되 개선해야 할 것이 있다. 우리도 그렇고 평화시장 일대의 3만 명 직공들이 다 혹사당하고 있으니 이것을 시정해야 한다. 다음 기회에는 그런 이야기를 해보자"라는 취지의 말을 하였다. 모인 사람들이 이 말에 별다른 반응을 보이지 않았는데 회합이 끝난 뒤 한 재단사가 태일에게로 다가와 악수를 청하면서 "좋은 얘기를 했다. 나도 직장 생활 하면서 느낀 것이 많으니 나중에 한번 이야기해보자"라고 하였다. 그날은 그렇게 헤어졌다. 이날의 찻값은 태일이 전액 부담하였는데 그 뒤로도 번번이 그가 대부분의 찻값을 부담하였다. 바로 얼마 전 그는 구로동의 어느 맞춤집에서 일하고 나오면서 월급을 탄 돈이 마침 있었는데 그 돈이 거의 이러한 찻값에 들어갔다고 한다.

두 번째 회합은 한 주일 후에 역시 은하수다방에서 열렸다. 먼젓번에 모였던 사람들이 전원 출석하기는 하였으나 태일이 뜻하던 대로 근로조건 개선에 관한 얘기가 활발하게 진행되지는 않았다. 태일이나 개남이나 모두 이런 식의 회합을 진행시키는 데에 익숙하지 못한 처지였으므로 모임은 산만한 화제가 오가는 가운데서 별다른 성과 없이 끝났다. 가끔 태일이 열변을 토할 때에 모두 침묵을 지키며 조용히 듣고 있는 정도였다.

대부분이 자기 눈앞에 닥치는 일상적인 문제만 생각하고 지금껏 살아왔던 것이리라. 그들은 몇 년을 하루같이 겪어왔던 비인간적인 노동조건과 생활의 고통에 대하여 새삼 분노를 터뜨리는 태일의 열변에 감동되기에 앞서 무엇을 어떻게 하자는 말인지 알 수 없다는 식의 당혹감이 일어났는지도 모른다.

이러한 회원들의 소극적 태도는 차차로 조금씩 나아지기는 했으나 크게 보면 바보회가 해체될 때까지 그대로 계속되었고, 이것이 태일을 몹시 실의에 빠지게 했다. 그는 모든 재단사들이 자기 마음과 같지 않다는 사실이 몹시 안타까웠고 노동운동이 얼마나 어려운가를 더욱 뼈저리게 느꼈다.

이런 가운데 태일은 엉뚱한 생각을 하였다. 그것은 거액의 돈을 마련해 평화시장 안에 모범적인 업체를 만들어서 근로기준법을 준수하고 노동자에게 인간적인 대우를 해주면서도 얼마든지 돈을 벌 수 있다는 것을 세상에 보여주고, 그럼으로써 다른 모든 업체들이 그 뒤를 따르도록 해보겠다는 생각이었다.

이러한 화려한 공상에 잠기다가도 그것이 현실적으로 실현 불가능한 일이 아닌가 하는 생각으로 돌아올 때에는 암담한 절망감과 함께 또 다른 엉뚱한 생각이 불현듯 고개를 쳐들기도 하였다. 그것은 정 안 되면 내 한목숨 바치면 이루어질 수 있을 것이 아닌가, 아무래도 내 한 몸이 죽어 없어져야 일이 이루어질는지도 모르겠다는 무서운 생각이었다.

재단사들의 모임이 시작된 이래로 태일과 개남은 거의 매일같이 평화시장 2층 복도에서 만나 서울음대 쪽을 창밖으로 내려다보며 머리를 맞대고 모임의 운영과 근로조건 개선 문제를 이야기하였다. 둘은 모임이 뜻대로 되어가지 않는다고 탄식을 하면서 모범업체를 만들어 보자는 구상을 중심으로 여러 가지 계획을 세워보다가 현실적인 어려움에 말이 미치면 마주 쳐다보며 "이게 원래 우리 힘으로 될 일이 아니지야……" 하며 허탈하게 웃기가 일쑤였다. 어떤 때는 태일이 심각한 표정으로 "한두 목숨 없어져야 근로조건 개선이 이루어진다"고 말하여 섬뜩하기도 하였다.

이런 가운데서도 태일의 비상한 열의로 재단사 모임은 계속되어 1969년 6월 말경에 정식으로 창립총회를 가지게 되었다. 그사이에 드문드문 있었던 몇 차례의 모임에서 태일은 근로기준법의 조문을 하나하나 회원들에게 설명해주었는데 그것이 그들에게 충격을 주었는지 그들도 점차로 태일의 이야기에 호응하기 시작하였다. 창립총회가 열릴 때쯤 해서는 벌써 대부분의 회원들이 일반 근로자들에 비하여 노동문제에 훨씬 민감하였고, 모임의 성격도 근로조건 개선을 위한 단체쯤으로 생각하게 되었다. 다만 문제는 회원들 중 상당수가 여전히 "우리의 미약한 힘으로 어떻게 근로조건 개선을 이룰 수 있는가" 하는 의문을 품고 있었고, 이 의문을 아무도 설득력 있게 풀어줄 수 없었다는 데 있었다.

창립총회는 남들의 눈을 피하여 덕수중학교(을지로 6가 현 거평프레야 자리에 있던 이 학교는 1990년에 중구 인현동으로 이전하였다.) 근처의 허름한 중국음식점 방에서 열렸다. 태일의 제의에 따라 명칭은 바보회로 부르기로 결정되었다. 얼마 후 그들은 창동 태일이네 집으로 자리를 옮겨 그곳에서 밤을 새우며 앞으로의 활동 계획을 토의하였다.

바보회의 사상

왜 전태일은 근로조건 개선을 목표로 하는 재단사 모임의 이름을 바보회로 하자고 제의하였는가? 또 어째서 회원들은 만장일치로 받아들였던 것인가?

전태일의 설명은 이러하였다. 우리는 당당하게 인간적인 대접을 받으며 살 권리가 엄연히 있는데도 불구하고, 여태껏 기계 취급을 받으며 업주들에게 부당한 학대를 받으면서도 바보처럼 찍소리 한 번 못 하고 살아왔다. 그러니 우리 재단사들의 모임은 바보들의 모임이다. 이것을 우리가 철저하게 깨달아야 하며 그래야만 언젠가는 우리도 바보 신세를 면할 수 있다.

또 그는 이런 이야기도 하였다. 재단사 모임을 시작하면서 그는 나이가 든 선배 재단사들을 찾아다니며 협조를 청하였는데 그들은 한결같이 "그건 이루어질 수 없는 일이다. 뭘 안다고 너희가 그런 엄청난 일을 벌이려 하느냐?"라고 막으면서 노동운동을 하겠다고 설치는 놈은 '바보'라고 하더라는 것이었다. 그렇다면 좋다. 우리가 한번 바보답게 되든 안 되든 들이박아나 보고 죽자. 이것이 그의 제안의 내용이었다.

태일의 이러한 설명이 끝나자 좌중에서 일제히 박수가 터져 나왔다. 만장일치. 아무도 반대하는 사람이 없었고 한두 사람의 찬성 발언을 거쳐 전체 의사로 채택되었다. 태일의 설명은 그들에게 깊은 공감을 불러일으켰으며, "좋다, 우리는 바보다!" 하는 어떤 법열(法悅)과 같은 감동과 연대감이 각자의 가슴속 깊은 곳에서 뜨겁게 응어리져 올라와 소리 없는 함성으로 그 자리에 메아리쳤다. 이제 그들은 '바보'로 살아오다가 또 다른 뜻의 '바보'로 새 출발을 한 것이다.

누가 바보이며 누가 바보가 아닌가? 우리 사회에서 '똑똑한 사람'이란 어떤 사람을 뜻하는가? 남의 등을 밟고 올라서는 사람, 남의 피땀의 성과를 가로채는 사람, 남을 속이며 남한테는 절대로 속지 않는 사람, 자신의 이득을 위하여 남에게 손해를 끼치며 남으로부터는 절대로 손해를 보지 않는 사람, 그리하여 돈을 벌든지 권력을 잡든지 하여간에 '출세'를 해서 세상 사람들의 찬탄과 부러움을 한 몸에 받으며 '명예롭게' 살아가는 사람들, 그들이 이른바 잘난 사람, 똑똑한 사람들이다.

이런 '똑똑한 사람' 말고 또 한 부류의 '약은 사람', '현명한 사람'들이 있다. 그들은 '현실과 타협'할 줄 알고 '현실에 적응'할 줄 아는, 이른바 처세에 능한 사람들이다. 강자에게 절대로 저항하지 아니하고, 어떤 부당한 취급을 당하더라도 고분고분 고개 숙이고 받아들이며, 반대로 약자 앞에서는 허리를 뻣뻣이 펴고 헛기침을 한다는 것이 그들의 처세철학 제1조다. 그들의 사전에는 현실에 대한 비판이나 강한 자에 대한 저항이라는 말이 없다. 일제 35년의 억압과 지배의 현실, 해방 이후의 정치적 격동, 그리고 6·25의 혼란을 몸으로 겪으면서 살아남았던 기성세대는 이러한 비굴한 처세철학을 뼛속까지 익힌 '현명한 사람들'로 가득 메워져 있다. 세상의 부모들은 자기 자식에게 '잘난 사람'이 될 것까지는 기대할 수 없어도 최소한 이러한 '약은 사람'이 되기를 기대하고 그렇게 가르친다. 그뿐인가? 강자들이 판을 치는 모든 사회기구가 한결같이 새로 자라나는 세대에게 가르치는 것은 '적응', '타협', '겸손', '순종', '온건' 등등의 '미덕'이다.

적응할 줄 아는 사람이 되어야 한다는 것은, 우리 사회에서 하나의 절대적인 진리, 당연한 삶의 요결(要訣), 전혀 의심할 여지 없는 공리처럼 되어 있다. 어릴 때부터 우리가 부모, 선배, 교사, 라디오, TV, 영화, 고명한 학자, 승려, 정치인 등등의 모든 권위로부터 귀에 못이 박히도록 되풀이해 들어온, 이 그럴 듯한 추상적 명제를 한 꺼풀만 벗겨놓고 보면 그것은 곧 어떠한 현실에건 저항하여서는 안 된다고 하는, 쓸개를 빼놓고 살아야 한다는, 거세된 노예가 되기를 강요하는 실로 무서운 주문(呪文)인 것이다.

흔히들 아무개는 군대에 갔다 오더니 '사람 다 되어서 왔다'고 하는 말들을 한다. 군대가 사람 만드는 곳이다. 군대에 갔다 오면 사회에 적응할 줄 아는 인간이 된다고 하는, 우리가 수없이 듣는 이 말이 뜻하는 것은 무엇일까? 철저한 상명하복(上命下服), "×으로 밤송이 까라면 깠지 무슨 이유가 필요하냐?"는 식의 어떠한 불합리하고 비인간적인 명령이라도 아무 이의 없이 지켜져야만 하는 숨 막히는 계급사회. 인간적인 존엄이니 자유니 평등이니 하는 것은 한 방울도 찾아볼 수 없는 이 호령과 기합과 '빳다 방망이'의 세계가 '사람을 만든다'는 것은 무엇을 뜻하는가? 그것은 바로 자신이 얼마나 무력하고 얼마나 왜소한 존재인가를 뼛속 깊이 깨달아 겸손(?)해진 인간, 강자의 지배에 도전하거나 저항하거나 이의를 내세운다는 것이 '달걀로 바윗덩어리를 치는' 것처럼 얼마나 어리석은 일인가를 철저히 터득하여 온순해진 지각 있는(?) 인간, 그러한 인간이 군대로부터 만들어져 나온다는 것을 뜻한다. 바로 이것이 '적응할 줄 아는 인간'의 정체다.

사회는 이러한 인간을 여러 가지 그럴듯한 표현을 써서 이상적인 인간상으로 미화한다. "사회가 필요로 하는 인간이 되어야 한다"는 설교는 대표적인 예의 하나다. 사회가 필요로 하는 사람"이란 물론 사회의 모든 구성원들의 참된 인간적 필요를 충족시키기 위해 공헌하고 봉사하는 사람을 뜻하는 말이 아니다. 회사원의 경우는 사장이 필요로 하는 사람이 곧 그것이다. 노동자의 경우는 기업주가 필요로 하는 일 잘하고 말 잘 듣고 부지런한 사람이 바로 그 '사회가 필요로 하는 사람'이다. 말하자면 지배하고 명령하는 강자의 이익에 가장 잘 봉사할 수 있는 사람, 그것이 바로 강자의 사회가 요구하는 이상적인 인간상이다. 그것은 하나의 존엄하고 독립된 주체적 인간으로 모든 내면적 욕구와 의지와 희망의 충족을 포기하고 강자를 위한 하나의 도구·기능·노동력으로 전락해버린 인간상이며, 또 그 참혹한 전락을 아무런 비판 없이 받아들이고 있는 인간상이다. "권리보다는 의무를, 자유보다는 책임을" 숭상하라고 하는 요구는 바로 이러한 인간을 만들어내기 위한 그들의 비장의 주문이다.

전태일과 그의 친구들은 '똑똑한 인간', '약은 인간'이 되기를 거부하고 스스로를 '바보'라고 선언하였다. 무엇인가 마음을 치는 대의의 부름이 있어 고난의 가시밭길을 스스로 나서는 사람은 세상의 눈으로 볼 때 바보다. 열심히 기술이나 배워 일류 재단사가 되고, 그래서 돈을 모으고, 잘되면 한밑천 장만하여 장사를 하든지 평화시장쯤에 공장을 하나 차리든지 하면 빠를 텐데, 부질없이 되지도 않을 근로조건 개선이나 부르짖고 다니다가 업주들의 미움을 사서 해고나 당하고 혹은 쥐도 새도 모르게 끌려가서 치도곤을 당하는 그런 아무 이득 없고 손해만 보는 어리석은 길을 택하다니. 그것은 바보다. "남들은 다 밸이 없어서 가만히 죽어지내고 있는 줄 아니. 즈이들이 무슨 통뼈라고 중뿔나게 나서서 노동운동이니 뭐니 하고 설쳐? 그런다고 뭐가 될 줄 아나. 결국 신세 조지고 피 보는 건 즈이들뿐이라고, 어리석은 것들." 어떤 사람들은 이렇게까지 말할지도 모른다.

인간을 비인간으로 만들고 있는 사회는 스스로 인간다운 삶을 되찾으려고 일어서는 사람들을 향하여 조소를 던지고 그들을 바보라고 낙인찍는다. 노예사회에서 벗어나 진정한 인간이 되려고 발버둥치는 사람들을 비정상적으로 취급한다.

세상 사람들은 전태일과 그의 친구들을 '바보'라고 한다. 왜 바보인가? 고난의 길을 자초하니 바보다. 세태와 타협할 줄 모르고 순응할 줄 모르니 바보다. 그러나 과연 그럴까? 억압받고 착취당하는 노동자들의 단결을 부르짖고 인간의 권리를 되찾기 위하여 나서자고 호소하는 전태일을 보고 나이 든 선배 재단사들이 '바보'라고 불렀을 때 그는 단연코 '좋다, 나는 바보다'라고 마음속으로 부르짖었다. 그것은 스스로를 비웃는 자조의 소리가 아니었다. 그것은 자신을 보고 바보라고 부르는 세상의 거꾸로 된 가치관에 대한 도전이었고, 자신이 가려고 하는 길이 절대로 그릇된 길이 아니라고 하는 강렬한 자기 확신의 표현이었다. 그것은 세상의 '똑똑한' 자들에 대한, 불을 토하는 매도였고 세상의 '약삭빠른' 자들에게 되돌려주는 동정 어린 비웃음이었다.

인간의 존엄을 버리지 않고 인간다운 대접을 요구하며 싸우는 것이 바보인가? 노예로 고통과 굴욕으로 가득 찬 지루한 나날을, 아무런 의의도 보람도 기쁨도 없는 껍데기의 삶을 애걸하며 또 애걸하며 비루하게 살아가는 것이 바보인가? 오늘의 현실이 절대로 변화될 수 없는 영구불변한 현실이라는 미신에 사로잡혀 있는 '약은' 자들이 참된 현실주의자는 아니다. 체념하고 굴종하는 사람이 현명한 사람일 수는 없다. 삭막한 겨울 벌판의 나무둥치 속에서 내일 화사하게 피어날 꽃잎을 바라보고 오늘의 꿈이 내일의 현실이 될 수 있게 하기 위하여 고난의 길을 딛고 일어서는 사람이야말로 참된 현실주의자인 것이다.

전태일과 그의 친구들이 택한 길은 인간의 길이었다. 그것은 노예가 되기를 거부하는, 스스로의 힘을 확신하는, 진리가 반드시 드러날 것을 의심치 않는, 억압과 착취의 저 깊은 고통의 밑바닥에서 억누를 수 없는 힘으로 오랜 침묵을 깨고 솟아오르는 새 시대의 목소리였다. 그들이야말로 자유와 평등을 지향하는 한국사회의 선구자였고 죽음과 같은 체념과 침묵의 벽을 깨는 시대의 참된 영웅들이었다. 오늘 그들은 약할지라도 내일은 반드시 강성해질 것이다. 오늘 그들의 외로운 목소리는 언젠가는 거대한 합성으로 메아리칠 것이다.

조영래의 『전태일 평전』
(전태일기념사업회, 2009)

조영래(1947~1990)

인권 변호사. 서울대학교 법과대학 졸업 후, 1971년 사법시험에 합격해 사법연수원에 다니던 중 서울대생 내란 음모 사건으로 구속되어 1년 6개월의 실형을 선고받았다. 수배 기간 동안 전태일의 삶을 기록한 전태일 평전을 집필했으며, '민주사회를 위한 변호사 모임'을 조직하는 일에 주도적 역할을 했다. 저서로 『전태일 평전』이 있다.

11
안티고네

소포클레스

『오이디푸스 왕』, 『콜로누스의 오이디푸스』, 『안티고네』는 그리스 비극 작가인 소포클레스의 3부작이다. 오이디푸스 왕과 왕비인 이오카스테 사이에는 에티오클레스, 폴리네이케스, 안티고네, 이스메네가 태어난다. 잘 알려져 있다시피 오이디푸스 왕과 왕비 이오카스테는 모자 관계다. 눈이 있어도 어머니를 알아 보지 못하고 근친상간을 저지른 자신을 처벌하기 위해, 오이디푸스는 자기 눈을 찔러 장님이 된다. 장님이 된 오이디푸스 왕의 지팡이 노릇을 한 딸이 안티고네다. 세상을 떠돌던 오이디푸스 왕은 콜로누스에서 영면에 든다. 오이디푸스 왕이 죽고 나자, 테베의 왕위를 물려받은 오이디푸스의 두 아들인 에티오클레스, 폴리네이케스 사이에 불화가 생긴다. 형인 에티오클레스가 번갈아가면서 테베를 통치하자고 했던 약속을 어기자, 동생인 폴리네이케스가 군사를 이끌고 테베로 쳐들어온다.

두 사람 모두 전사하고, 삼촌인 크레온이 테베를 통치하게 된다. 크레온은 자기 나라로 쳐들어온 폴리네이케스는 적군이자 반역자이므로 그의 시신을 매장하지 말라는 칙령을 내린다. 크레온의 칙령에 맞서서 안티고네는 오빠의 시신을 매장하려 든다. 이 비극에서 첫 장면은 안티고네가 여동생인 이스메네에게 오빠의 시신을 함께 매장하자고 제의하는 것으로 시작한다. 이스메네가 두려워하자, 안티고네는 자기 혼자서 오빠를 묻겠다면서 이스메네를 매몰차게 내친다.

왕인 크레온은 자신의 칙령은 곧 국법이므로 국법을 어긴 안티고네를 용서할 수 없다고 분노한다. 반면 안티고네는 국가법보다 상위법이 신의 법이며 그것이 가족을 섬기는 것이라고 맞선다. 크레온은 사사로운 가족의 사랑보다 공동체의 보편적 정의를 앞세운다. 크레온에게 폴리네이케스는 반역자이자 적군이지만, 안티고네에게 폴리네이케스는 반역자라고 하더라도 오빠라는 사실은 변하지 않는다. 안티고네는 죽은 자는 비록 적군이라도 안식을 취하도록 허락하는 것이 신의 법이라고 항변한다. 코로스가 안티고네에게 우호적인 태도를 보이자, 크레온 왕은 감히 남자인 자신에게 대드는 어린 여자의 고집과 오만에 질 수 없다고 판단한다. 안티고네는 크레온의 명령에 따라 빛이 들지 않는 깊은 동굴에 갇힌다.

안티고네가 오빠에 대한 사랑을 지키려면 자신의 선택에 목숨을 걸어야 한다. 국가법/신의 법, 공동체의 정의/시민의 권리, 남자/여자 사이의 이해관계가 충돌할 때, 우리는 어떤 선택과 결단을 내릴 수 있는가? 약 2400년 전 작품인 『안티고네』는 오늘날까지 그 점을 묻고 있다.

안티고네:

오, 나의 친자매 이스메네야! 넌 아니, 제우스 신께서 오이디푸스로부터 비롯된 모든 나쁜 일 중에서 그게 무엇이든 아직은 살아 있는 우리 둘에게 이루지 않으실 일이 무언지? 그게 무엇이 됐던 고통스럽지 않은 것, 불행하지 않은 것, 부끄럽지 않은 것, 불명예스럽지 않은 것은 너와 내가 겪은 나쁜 일 중에는 아무것도 없구나. 그리고 이제는 사람들이 말하기를 도시 전체에 장군께서 방금 어떤 포고를 내리셨다는데, 이게 무슨 소리니? 너는 뭔가 들은 게 있니? 아니면 네게도 감춰진 거니? 적들로부터 친구들에게로 다가오고 있는 나쁜 일들이 말이다.

이스메네:

안티고네 언니, 내게는 친구들에 대해선 아무한테서 어떤 이야기도 들려오지 않았어요. 즐거운 이야기도, 고통스러운 이야기도요. 우린 두 오빠를 잃었는데, 둘은 같은 날 서로의 손에 죽임을 당했죠. 그런데 아르고스 군대가 어젯밤 도망가버린 뒤로는 난 더는 아무것도 몰라요. 난 행복하지 못하지만, 그렇다고 더 불행해지지도 않았어요.

안티고네:

나도 잘 알고 있었어. 그래서 너만 들으라고 널 궁궐 문밖으로 불러낸 거야.

이스메네:

그게 뭔데요? 분명 언니는 어두운 얼굴빛을 하고선 무슨 일인가를 꾸미고 있네요.

안티고네:

크레온께서 장례 예식으로 우리 오빠 둘 중 하나는 예우해줄 만하고 다른 하나는 그렇지 않다고 여기지 않았니? 사람들 말에 따르면 크레온께서 에티오클레스는 법과 관례에 따라 제대로 격식을 갖춰 땅속에 묻어 거기서 죽은 이들에게 존중받게 해줬잖니? 하지만 비참하게 죽은 폴리네이케스의 주검은 시민들에게 포고령을 내려 선포하기를 장례 예식을 통해 매장하지도, 곡하지도 말라고 했다는구나. 곡해주는 사람도 무덤도 없이, 즐거이 굽어보는 새들에게 맛있는 먹이의 보물창고가 되게 내버려두라고 말이다. 사람들 말에 따르면 훌륭하신 크레온께서 네게도 그리고 내게도 같은 내용의 포고령을 내렸다는구나. 내게도 말이다. 또 아직 그 내용을 알지 못하는 사람들에게 분명하게 선포하러 이리 온다는구나. 그리고 이 일을 아무것도 아닌 것처럼 여기지 않고, 이 일 중 어떤 것이라도 저지르는 사람에게는 도시 한가운데서 사람들이 던진 돌을 맞아 죽는 형벌을 정해두었다는구나. 네게도 마찬가지란다. 그리고 이제 넌 곧 보여주게 될 거야. 네 본성이 고상한지 아니면 훌륭한 부모에서 나온 못난 딸인지 말이야.

이스메네:

오 불쌍한 내 언니, 사정이 그렇다면 내가 매듭을 풀든 묶든 무엇을 더 할 수 있겠어요?

안티고네:

네가 함께 애쓰고 일할 수 있을지 생각해보렴.

이스메네:

어떤 위험한 일인 거죠? 도대체 언닌 무슨 생각을 하는 거예요?

안티고네:

오빠의 주검을 함께 이 손으로 들어 옮길 수 있는지 말이야.

이스메네:

그러면 정말로 오빠를 장사지내주려는 거예요? 도시 전체에 금지된 일을요?

안티고네:

나만이라도 내 오빠이면서 네 오빠이기도 한 그분의 주검을 장사지내줄 거야. 네가 원하지 않는다면 말이야. 난 절대로 오빠를 배신한 자로 여겨지고 싶진 않아.

이스메네:

오 고집스러운 언니, 크레온께서 하지 말라고 했는데도요?

안티고네:

하지만 그분에게는 내 가족과 나 사이를 떼어놓을 아무런 권리도 없어.

이스메네:

아, 안 돼요, 언니! 생각해보세요. 아버지께서 얼마나 미움 당하면서 불명예스럽게 돌아가셨는지를요. 스스로 찾아낸 잘못의 대가로 자기 손으로 두 눈을 찌르고서 말이에요. 그다음엔 어머니이자 아내라는 두 명칭을 지닌 분께서 스스로 꼬아 만든 올가미로 목숨을 끊으셨고요. 세 번째로는 두 형제가 한 날에 서로를 겨누며 손에 잡은 칼로 서로를 베어 둘에게 정해진 운명을 함께 맞이했죠. 그런데 이제 둘만 남은 우리가 얼마나 끔찍한 최후를 맞이하게 될지 생각해보세요. 만일 우리가 법을 어겨 통치자의 결정이나 그 권위에 상처를 입힌다면 말이에요. 이제는 꼭 마음에 담아두어야 해요. 우리는 남자들과 맞서 싸울 수 없는 여자로 태어난 데다가 더 강한 사람들의 이끌림을 받고 있어서 이 명령이나 이보다 더 고통스러운 명령도 따라야 한다는 걸요. 그러니 난 지하에 계신 분들의 용서를 구하면서 권력을 가진 분들의 말을 따라 내게 요구된 대로 행동할 거예요. 지나친 행동은 전혀 이성적인 게 아니니까요.

안티고네:

난 네게 그렇게 하라고 재촉하고 싶지도 않고, 이후에 네가 함께하기를 원한대도 난 기꺼이 너와 함께 일하진 않을 거야. 너 좋을 대로 어떤 모습으로든 살렴. 하지만 난 오빠를 장사지낼 거야. 그렇게 하다가 죽는다고 해도 좋아. 사랑하는 여동생으로 그 곁에 누울 거야. 사랑하는 오빠 곁에, 경건한 범죄자로 말이야. 이곳보다 아래인 지하세계 사람들의 마음에 들어야만 하는 시간이 더 길고, 난 영원히 그곳에 있게 될 테니까. 하지만 너는 너 좋을 대로 신들에게는 명예로운 것을 업신여기며 살렴.

이스메네:

난 그걸 업신여기는 게 아니에요. 내가 시민들의 뜻을 거역하기에는 무기력한 모습으로 태어났다는 거죠.

안티고네:

넌 그런 핑계를 대렴. 하지만 난 내가 가장 사랑하는 오빠 주검 위에 흙 덮어주러 갈 거야.

이스메네:

아, 안 돼요. 불쌍한 언니! 내가 언니를 얼마나 걱정하는데요.

안티고네:

나 때문에 미리 염려하지 말고 네 운명이나 제대로 고치렴.

이스메네:

하지만 이 일을 아무에게도 드러내지 말고 은밀하게 감추세요. 나도 함께 그렇게 할게요.

안티고네:

아니, 안 돼. 차라리 드러내어 말하렴. 난 널 훨씬 더 미워하게 될 거야. 네가 이 사실을 모든 사람에게 미리 알리지 않고 침묵한다면 말이야.

이스메네:

언니는 침착해야 하는 일에 대해 뜨거운 가슴을 지녔네요.

안티고네:

하지만 난 내가 기쁘게 해주어야 하는 사람들 마음에 들게 행동할 줄은 알아.

이스메네:

그래요, 언니가 그렇게 할 수 있다면요. 하지만 언닌 불가능한 일을 원하고 있잖아요.

안티고네:

그러니까 내게 힘이 없어지면 언제든 그만둘 거야. 하지만 그전엔 아니야.

이스메네:

하지만 불가능한 일을 좇는 건 올바른 일이 아니에요.

안티고네:

네가 계속 그렇게 말할 거라면 넌 내게 미움받을 것이고 죽은 사람에게도 마땅히 미움받게 될 거야. 하지만 어리석은 나는 네가 염려하는 그 무시무시한 일을 겪도록 내버려두렴. 그런 일을 겪더라도 그건 아름답게 죽지 못하는 것만큼 내게 엄청나게 무시무시한 일은 아니니까.

이스메네:

그게 언니에게 좋아 보인다면, 가세요. 하지만 이건 알아두세요. 그게 사랑하는 사람들을 제대로 사랑하는 것이긴 하겠지만 분별없는 행동이라는 걸요.

(안티고네와 이스메네 퇴장)

(등장가)

합창(좌1):

일곱 성문이 있는 테베에 지금까지 비친 빛 중 가장 아름다운 햇살이여,
마침내 그 빛을 발했도다, 오 금빛으로 빛나는 낮의 눈이여!
디르케 강물 위에 내려앉아
아르고스에서 완전히 무장하고 온, 흰 방패를 지닌 자를
날카로운 박차를 가하며 황급히 도망치게

했다네.

합창대장(행진곡 운율):

폴리네이케스의 언쟁 때문에
그가 우리 땅으로 달려왔다네.
수많은 무기를 갖추고
말총으로 장식한 투구를 쓰고선.
눈처럼 흰 날개에 감싸인 독수리처럼
날카롭게 소리치며
이 땅 위로 날아 들어왔다네.

합창(우1):

피에 굶주린 창을 들고 지붕 위에 서서는
일곱 성문 에워싼 채 부리를 쩍 벌리고
주위를 빙 둘러보고는 떠나갔다네.
마침내 우리 피로 입을 가득 채우고
불의 신 헤파이스토스의 관솔 횃불로
망루 꼭대기를 휘감아보지 못한 채.
전쟁의 신 아레스가 내는 엄청난 소리가
그들 어깨 너머 어디서나 울려 퍼졌으니
용(의 후예인 테베인들-옮긴이)에 맞서 씨름하는 자들에겐
이길 수 없는 싸움이었다네.

합창대장(행진곡 운율):

제우스 신께서는 말로 크게 떠벌리는 허풍을 무엇보다도 미워하셔서
오만하게 황금빛 갑옷 쩔렁거리며
큰 파도처럼 다가오는 그들을 보시곤,
벌써 결승선 맨 끝에 다다른 운동선수인 듯 목소리 높여
승리의 함성 지르기 시작하던 그들을
불을 휘둘러 내쫓으셨다네.

합창(좌2):

땅에 내던져져 쓰러져서는 되튀어 올랐다네.
그때 횃불을 들고는 디오니소스적 광기에 사로잡혀
너무나 혐오스러운 소용돌이 바람
불어대며 미친 듯이 공격하던 그가 말이네.
그에게 이런 일이 일어났을 때
가장 강한 위대한 신 아레스께서는
다른 이들도 심하게 치시면서
각자에게 각자의 운명을 나눠주셨다네.

합창대장(행진곡 운율):

일곱 지휘관이 일곱 성문에
같은 숫자의 병사가 같은 숫자의 병사에 맞서 정렬해 있다가
제우스 신에게 순전히 청동으로 만든 공물을 바쳤다네.
한 아버지와 한 어머니에게서 태어난, 미움받은
두 사람만 빼고는 말일세. 그들은
둘 다 승리했지만, 서로에게 창을 꽂고서는
둘이 함께 죽음의 운명을 나누었다네.

합창(우2):

그런데 위대한 이름을 가진 승리의 여신 니케께서는
많은 전차를 보유한 테베를 마주 보고는 즐거워하시며
방금 벌어졌던 전쟁을 잊게 해주신다네.
밤새도록 춤추며 여러 신의 신전을 돌아다녀 보세.
오, 지축을 뒤흔드는 테베의
디오니소스 신이시여! 인도하여 주소서.

합창대장(행진곡 운율):

이제 신들께서 새롭게 정해주신 바에 따라
이 땅의 새로운 통치자가 되신

메노이케우스의 아들 크레온 왕께서 오시는구나.
온 백성에게 포고문을 보내시어
원로들의 모임을
이렇게 소집하셨는데
어떤 계획을 실행에 옮기시려는 걸까?

(크레온 등장)

크레온:

여러분, 신들께서는 우리 폴리스를 엄청난 파도로 뒤흔들어 놓으신 다음 다시 굳건하게 바로 세우셨소. 내가 여러분에게 전령을 보내어 테베 전역에서 이리로 오시도록 한 것은, 여러분께서 라이오스* 왕좌의 권위를 언제나 경건하게 섬겨온 사람들임을 잘 알고 있고 오이디푸스가 폴리스를 바로 세웠을 때도, 그가 완전히 몰락했을 때도, 여러분께서 그분들의 두 자녀 주위에 계시면서 마음을 굳게 하고 여전히 두 사람을 경건하게 섬겨주셨음을 알기 때문이오. 그런데 그들이 한 날 두 갈래 운명에 따라 자기들 손으로 서로를 치고 동시에 또 맞음으로써 치욕스러운 죽음에 이르렀기에 친족관계에 따르자면 죽은 이들과 가장 가까운 내가 모든 권력과 왕좌를 차지하게 되었소. 그런데 어떤 사람의 영혼과 의지와 이성적 판단 능력 모두를 철저하게 안다는 건 불가능하오. 그의 통치 행위와 그가 제정한 법률들을 통해 검증되어 나타나기 전에는 말이오. 그러니 폴리스 전체를 이끄는 사람이면서도 가장 좋은 결정을 내리지 않고 무언가가 두려워 입을 닫고 있다면 그 사람이 누구든 내게는 예나 지금이나 가장 나쁜 사람이오. 또 나는 자기 조국보다 친구를 더 소중하게 여기는 자는 누구든 아무짝에도 쓸모없는 사람으로 여긴다오. 언제나 모든 것을 살피시는 제우스께서 알아주시기를 바라건대, 이 땅이 안전할 때, 올바르게 이 땅을 세우고 그것을 배 삼아 험한 바다를 항해할 때라야 우리에게 친구가 생길 수 있음을 알기에, 난 폴리스의 시민들에게 행복이 아니라 불행이 다가오는 걸 보면서 침묵하지도 않을 것이고, 이 땅에 적대적인 사람을 절대 내 친구 삼지도 않을 테니 말이오. 그래서 난 이런 법들을 제정하여 이 폴리스를 더욱 번성케 하려 하오. 그리고 이제는 오이디푸스의 자녀들에 관해 그런 법들과 형제 격인 법령을 시민들에게 선포하고 있는 거요. 먼저 폴리스를 위해 싸우다가 죽은 에티오클레스는 누구보다 훌륭한 전사였으니 그의 시신을 장례의 예를 갖춰 매장하고 죽어 지하세계에 있는 이들 중 가장 훌륭한 사람들에게 바치는 모든 것을 예를 갖춰 그에게도 바칠 것이오. 그런데 이 사람과 한 핏줄인 자, 내가 말하는 건 폴리네이케스인데, 그자는 다른 나라로 도망갔다가 돌아와서는 자기 조상의 땅과 이 땅이 섬기는 신들의 신전을 완전히 불태워버리고 동족의 피를 마시려 했으며 남은 이들은 모두 노

* 라이오스는 트라케 지방의 도시 국가 테베의 창건자 카드모스의 증손자이자 오이디푸스의 아버지다. 라이오스의 아버지 랍다코스는 그리스 신화에 따르면 포도주의 신 디오니소스를 기리는 축제를 준비하던 여사제들에게 몸이 갈기갈기 찢겨 죽었다.

예 삼으려 했기에 나는 이 폴리스에 이렇게 선포하였소. 예를 갖춰 그 시체를 무덤에 매장하지도 슬프게 곡하지도 말고 그 육신은 땅에 묻히지 못한 채 새와 들개들 먹이가 되어 수치스럽게 망가진 모습으로 구경거리가 되게 하라고 말이오. 이것이 내가 원하는 바요. 나는 악한 자들을 정의로운 사람들보다 결코 더 존중하지 않을 것이오. 하지만 이 폴리스에 호의를 지닌 사람은 죽든 살든 똑같이 소중히 여길 것이오.

합창대장:

메노이케우스의 아들 크레온이시여, 이 폴리스에 적대적인 자와 호의를 가진 자에게 그렇게 해주는 게 왕께 만족스러운 해결책이군요. 왕께서는 어디서든 어떤 법률이든 살아 있는 우리만큼이나 죽은 자들에 관해서도 어떤 법률이든 제정하실 수 있지요.

크레온:

그러니 이제 내가 말한 바를 사람들이 따르는지 잘 지켜봐주시오.

합창대장:

좀 더 젊은 사람에게 이 짐을 지라고 명령하십시오.

크레온:

그런 뜻이 아니오, 시체를 감시할 자들은 이미 준비되어 있소.

합창대장:

그러면 왕께서 내리시는 이 다른 명령은 무엇인가요?

크레온:

이 법령을 따르지 않는 이들에게 굴복하지 말라는 것이오.

합창대장:

죽는 것을 사랑할 정도로 그렇게 어리석은 사람은 없습니다.

크레온:

분명 죽음이 그 대가가 될 거요. 하지만 이익을 얻을 거라는 기대가 사람들을 종종 완전한 파멸로 이끌지요.

(파수꾼 등장)

파수꾼:

왕이시여, 제가 발을 날쌔게 놀려 숨이 헐떡여질 정도로 그렇게 빠르게 달려왔다고는 말하지 않겠습니다. 이런저런 생각으로 여러 번 멈추었고, 길에서는 방향을 바꾸며 빙글빙글 돌기도 했습니다. 제 영혼이 제게 이런 이야기를 들려주었으니까요. '불쌍한 자여, 그에게 가면 벌을 받을 텐데 왜 그리로 가는 거냐?' '불운한 자여, 다시 멈춰 섰느냐? 만일 크레온 왕께서 다른 사람을 통해 이 사실을 알게 된다면 네가 어찌 고통을 당하지 않겠느냐?' 이런 생각들을 이리 굴리고 저리 굴리면서 느릿느릿 천천히 걸어 마침내 여기 도착했습니다. 그래서 짧은 길이 먼 길이 되고 말았습니다. 어쨌든 마지막에는 왕께서 계신 여기로 오자는 생각이 이겼습니다. 그리고 별것 아닌 일이라 해도, 저는 그 일에 관해 말하겠습니다. 운명이 정해준 것 말고는 아무 일도 겪지 않아도 되리라는 희망을 부여잡고 저는 여기로 왔으니까요.

크레온:

네가 겁내는 그 일이 도대체 무엇이냐?

파수꾼:

우선 왕께 저 자신에 대해 말씀드리고 싶습니다. 저는 그 일을 하지도 않았으며 누가 했는지 보지도 못했기에, 제게 어떤 불행이 닥친다면 그건 전혀 옳은 일이 아니니까요.

크레온:

넌 그 일을 하지 않았노라고 자기방어를 잘도 하고 있구나. 틀림없이 뭔가 전에는 듣도 보도 못한 일을 전하려는 것 같군.

파수꾼:

무시무시한 일을 하기 전에는 분명 많이 망설이게 되니까요.

크레온:

이제는 마침내 말하고 가버릴 때가 되지 않았나?

파수꾼:

그럼 정말로 왕께 말씀드리겠습니다. 누군가가 방금 제대로 격식을 갖춰 그 시신의 장례를 치르고는 가버렸습니다. 시체의 피부에 마른 먼지를 뿌리고 꼭 필요한 신성한 의식을 행하고는 말입니다.

크레온:

뭐라고? 감히 이런 짓을 한 자가 누구냐?

파수꾼:

저는 모릅니다. 거기에는 곡괭이로 내려친 자국도 갈퀴로 파헤친 흙 부스러기도 없었으니까요. 땅은 딱딱하고 말랐으며, 수레바퀴 자국도 없습니다. 그 일을 저지른 자의 어떤 흔적도 없는 겁니다. 낮의 첫 파수꾼이 우리에게 그 장면을 보여주었을 때, 모두 깜짝 놀라 어찌할 바를 몰랐습니다. 우선 시신이 보이지 않았습니다. 매장된 건 아니지만, 마치 저주를 피하려고 누군가가 그렇게 한 것처럼 흙먼지가 얇게 덮여 있었습니다. 들짐승이나 개들이 왔던 흔적도, 시체를 뜯어먹은 흔적도 보이지 않았습니다. 그러자 저희 사이에 험한 말들이 시끄럽게 오고 갔습니다. 파수꾼이 파수꾼을 욕했고, 심지어 주먹다짐까지 벌어졌지만 말리는 자가 없었습니다. 한 사람 한 사람마다 범인처럼 보이지만, 누가 범인인지는 확실하게 알 수가 없었습니다. 모두 자기는 모른다고 주장했으니까요. 우리는 빨갛게 달궈진 대장간 모루를 손에 들고 불 속을 가로질러 지나가면서 신들께 맹세할 준비가 되어 있었습니다. 그 일을 저지른 적도 없고, 그걸 생각해내서 저지른 사람이 누군지도 모른다고 말입니다. 그런데 아무리 찾아보아도 만족할 만한 결론이 나오지 않자 한 사람이 무슨 말을 했는데, 그 말을 듣자 모두가 두려움에 시선을 아래로 떨구었습니다. 그 말에 반대할 수도 없는 데다, 어떻게 행동해야 결과가 좋을지 알지도 못했으니까요. 그가 한 말은, 왕께 이 일을 보고하고 숨기지 말아야 한다는 것이었습니다. 이 의견이 힘을 얻었고, 제비를 뽑게 되었는데, 운이 없게도 제가 걸려 이 좋은 일을 맡게 되었습니다. 그래서 저는 원치 않았지만 여기 왔습니다. 사람들이 저를 반기지 않을 걸 잘 알면서도 말이죠. 나쁜 소식을 전하는 자를 좋아하는 사람은 아무도 없으니까요.

합창대장:

왕이시여, 아까부터 제게는 어쩌면 신들께서 이 일을 행하신 것은 아닌가 하는 생각이 듭니다.

크레온:

그만하시오. 그대의 말이 나를 분노로 가득 채우기 전에! 그대가 어리석은 데다 늙기까지 했다는 걸 보이지 마시오. 신들께서 죽은 이 자를 배려하신다는 말은, 정말 참을 수 없는 발언이오. 신들께서 좋은 일을 했다고 하시면서 그 자에게 특별히 높은 영예를 주고 그를 매장해주신 걸까요? 기둥으로 둘러싸인 신전과 거기 바쳐진 봉헌물들을 불태우고 조국의 땅과 법을 파괴하려던 자를? 아니면 그대는 신들께서 악한 자들을 존중한다고 생각하시오? 절대 그렇지 않소. 그런데 이 폴리스의 어떤 사람들은 오래전부터 이런 사실을 받아들이려 하지 않고, 내게 소란스럽게 투덜대왔소. 몰래 머리를 저어대면서, 나를 기꺼이 받아들이지도 않았고 당연히 져야 할 멍에를 메려 하지도 않았소. 난 아주 잘 알고 있소. 그자들에게서 받은 돈 때문에 어떤 이들이 이 일을 저질렀음을 말이오. 인간에게서 나온 것 중에 은화만큼 나쁜 건 없기 때문이오. 이것이 폴리스들을 파괴하고 사람들을 집에서 쫓아낸다오. 이것이 올바른 마음을 갖고 있던, 죽게 마련인 인간들을 가르쳐 철저하게 그 마음을 변질시켜서는 추악한 일을 하게 만드는 것이오. 또 이것이 무슨 일이건 할 수 있도록 사람들을 가르치고 모든 불경스러운 짓거리를 가르쳐 알게 하는 것이오. 하지만 돈을 받고 이런 짓을 하는 자는 시간이 지나면 언젠가는 모두 결국 그 일로 벌을 받게 된다오.

(파수꾼에게) 그건 그렇고, 이걸 잘 알아두어라. 제우스께서 여전히 내 경배를 받고 계신다면, 제우스께 맹세코 네게 말하겠다. 만일 너희가 이 장례를 손수 치른 자를 찾아내 내 눈앞에 보여주지 못하면, 하데스(즉, 죽음-옮긴이)만으로는 너희에게 충분치 않을 것이고, 그 전에 너희를 산 채로 매단 채 너희의 뻔뻔함을 드러낼 것이다. 네가 어디서 이득을 얻어내야 하는지 알고서나 도둑질하도록, 아무 데서나 이익 얻어내기를 좋아해서는 안 된다는 사실을 배우도록, 추악하게 얻어낸 이익으로 인해 고난을 겪은 사람이 아무런 해를 입지 않은 사람보다 더 많다는 걸 알도록 말이다.

파수꾼:

말씀을 드리도록 허락해주시겠습니까, 아니면 이대로 몸을 돌이켜 가버릴까요?

크레온:

지금도 네가 귀찮게 지껄이고 있다는 걸 모르느냐?

파수꾼:

제 말이 귀를 괴롭게 하나요, 아니면 영혼을 괴롭게 하나요?

크레온:

그런데 넌 어찌하여 내 고통이 어디 있는지 알려고 하느냐?

파수꾼:

그 일을 한 자는 당신의 마음을 괴롭히고, 저는 귀를 괴롭히죠.

크레온:

아, 넌 분명 수다쟁이로 태어났구나.

파수꾼:

그래도 전 그 일만큼은 절대 하지 않았습니

다.

크레온:

그 짓도 했구나. 은화를 받고 영혼을 미리 팔아버리고는 말이다.

파수꾼:

아, 슬프도다! 추측하는 사람이 잘못 추측한다는 것은 정말 섬뜩한 일이로다!

크레온:

이제 그 추측이란 걸 네 맘대로 지껄이거라. 하지만 이 일을 행한 자들을 내게 보이지 못하면, 비열하게 얻은 이익이 불행을 가져온다는 말이 온 세상에 퍼질 것이다.

(크레온 퇴장)

파수꾼:

그자가 발견되기를 정말 바라지만 그자가 체포되든 그렇지 않든 그건 운명이 결정할 일입니다. 왕께서 제가 여기 다시 오는 것을 볼 일은 없을 겁니다. 지금도 저는 미리 알았거나, 심지어는 예상하지 못한 신들의 도움을 받는 큰 은혜를 입었으니까요.

(제1정립가)

합창(좌1):

섬뜩한 것 많지만, 사람보다 더 섬뜩한 건 없다네.
남쪽에서 휘몰아치는 겨울바람 때문에
배를 에워싸고 높이 솟아오른 파도를 무릅써가며
그는 잿빛 바다 너머로 떠나간다네.
또 신 중에서 가장 존귀하며,
지치지 않는 대지의 여신 가이아를
말이 끄는 쟁기로
해마다 땅 갈아엎으며 괴롭힌다네.

합창(우1):

너무나 총명한 인간은
즐거운 새의 무리와 들판의 짐승 족속과
바다에서 나는 물고기들 주위로
꼬아 엮은 그물 던져 그것들을 사로잡는다네.
들짐승들과 산짐승들도
도구를 써서 길들인다네.
갈기가 빽빽하게 난 말과 산에 사는 지칠 줄 모르는 황소를
그 목둘레에 멍에를 씌워 묶어놓는다네.

합창(좌2):

언어도, 바람처럼 빠른 생각도, 폴리스를 세워 다스리려는 열정도,
노천에서 지내기 어렵게 만드는 추위와
화살처럼 쏟아지는 빗발에서 벗어나려는 생각도
인간은 스스로 배워 가지게 되었다네.
어디서나 길을 내며 나아가면서도, 막다른 길에 부딪혀
어디로도 가지 못한 채 죽음의 허무에 이른다네.
극복할 수 없던 질병에서 벗어날 길은 생각해내었지만
오직 다가오는 하데스에서 벗어날 길만은 내놓지 못한다네.

합창(우2):

기술을 발명해낸다는 점에서는
예상을 뛰어넘을 정도로 재간 넘치지만,
인간은 어떨 땐 악으로, 어떨 땐 선으로 나아간다네.

자기가 태어난 나라의 법과
신들께 지키기로 맹세한 관습을 존중하면서도
일상적으로는 아름답지 않은 것과 함께하려는 인간은
그 대담함 덕분에 폴리스 안에서 높은 지위를 얻게도 되지만,
폴리스 없이 떠돌게도 된다네.
이런 일을 하는 자가 나와 같은 집에 사는 자도,
나와 같은 생각을 하는 자도 아니길!

합창대장(행진곡 운율):

신께서 보내신 이 징조를 보니, 난 어찌할 바를 모르겠구나.
저 아이가 안티고네라는 걸 알면서
어찌 아니라고 부정할 것인가!
오, 불행한 자여,
불행한 아버지 오이디푸스의 딸이여,
대체 무슨 일인가? 정말로 그대가 왕의 법을 따르지 않고
현명하지 않은 일을 행하다가 붙잡혀
저 사람들에게 끌려온 것인가?

파수꾼:

이 사람이 바로 그 짓을 한 여자입니다. 이 여인이 예를 갖춰 장례를 치르는 걸 우리가 붙잡았습니다. 그런데 크레온 왕께서는 어디 계시죠?

합창대장:

왕께서 마침 다시 궁에서 나오시는군.

크레온:

무슨 일이냐? 내가 무엇에 맞춰 나왔다는 거지?

파수꾼:

왕이시여, 죽게 마련인 인간은 아무것도 맹세해서는 안 됩니다. 나중에 곰곰이 생각해 보면 처음에 판단했던 바가 거짓이 되니까요. 저는 아까 왕께서 위협하셔서 깜짝 놀라 제가 여기로 다시 올 일은 거의 없다고 굳게 믿었습니다. 그런데 그렇게 하지 않겠노라 맹세해놓고도 이렇게 다시 오게 됐습니다. 예를 갖춰 장례를 치르다가 체포된 이 처녀를 끌고서 말입니다. 이번엔 제비에 뽑히지도 않았는데도 말이죠. 예상 밖의, 예상을 벗어난 기쁨은 다른 쾌락보다 비할 데 없이 크니까요. 이건 다른 사람도 아닌 바로 제가 횡재를 한 겁니다. 왕이시여, 그러니 이제 친히 이 여인을 데려가셔서 원하시는 대로 조사해 보고 판결을 내리십시오. 하지만 저는 이제 자유롭고 정의로운 사람이니 이 불행한 일에서 벗어날 수 있겠죠.

크레온:

그런데 이 여인을 어디서 어떻게 붙잡아서 끌고 왔느냐?

파수꾼:

그녀가 예를 갖춰 그 사람의 장례를 치렀습니다. 그게 전부입니다.

크레온:

네가 하는 말이 무엇인지 정말 제대로 알고 말하는 거냐?

파수꾼:

저는 이 여인이 예를 갖춰 그 죽은 사람의 장례를 지내는 걸 보았습니다. 왕께서 금지하신 그 짓을 하는 걸 말이죠. 제가 아주 명확하고 분명하게 말씀드린 것 아닌가요?

크레온:

그러면 이 여인은 범행 중에 어떻게 발각되어 잡혔느냐?

파수꾼:

실제로 일어났던 일은 다음과 같습니다. 왕께 저 무시무시한 위협을 받고 돌아가자마자 저희는 죽은 자를 덮고 있던 먼지들을 모두 쓸어내어 썩어서 축축해진 몸을 잘 드러나게 해놓고는, 시체에서 불어올 냄새를 피해 바람을 등지고 앉아 언덕 꼭대기에서 내려다보고 있었습니다. 아무도 시체를 지키는 이 일을 소홀히 하지 못하도록 서로 시끄럽게 욕하고 소리 지르면서 말입니다. 오랫동안 그런 상황이 이어졌습니다. 환하게 빛나는 둥근 해가 하늘 한복판에 자리 잡고, 태양의 열기로 대기가 뜨거워질 때까지 말입니다. 그런데 그때 갑자기 대지에선 회오리바람이 불어오고, 하늘에서는 천둥 번개가 몰아쳐 들판을 휩쓸면서 평탄한 숲의 나뭇가지와 잎사귀들을 온통 망가뜨려놓아, 넓디넓은 하늘이 그 잎사귀와 가지들로 가득 찼습니다. 하지만 우리는 신이 보낸 듯한 이 고통을 눈을 감고 견뎌냈습니다. 그리고 긴 시간이 지난 뒤 돌풍이 잠잠해지자 이 소녀가 보였는데, 큰 소리로 날카롭게 울부짖고 있었습니다. 마치 새끼들이 사라진 둥지 바닥을 보곤 날카로운 소리로 비명 지르는 어미새 같았습니다. 그처럼 그녀도 시신의 맨몸이 드러나 있는 걸 보곤 크게 곡하며 울부짖기 시작했고, 그렇게 만든 사람들을 엄청나게 저주하는 기도를 올렸습니다. 그러곤 곧바로 손으로 마른 먼지를 가져와 시체를 덮고는, 잘 만든 청동 주전자를 높이 들어 시체 둘레에 제주(祭酒)를 세 번 뿌렸습니다. 저희가 그걸 보고 함께 급히 그녀를 쫓아가 즉시 체포했지만, 그녀는 전혀 놀라지 않았습니다. 저희는 지난번 일과 이번 일에 대해 그녀에게 캐물었습니다. 그런데 그녀는 아무것도 부인하지 않은 채 서 있기만 했습니다. 제게는 그것이 즐겁지만 동시에 괴로운 일이었습니다. 자신이 나쁜 일에서 벗어나는 건 매우 즐거운 일이지만, 친구를 재난으로 이끄는 건 괴로운 법이니까요. 하지만 당연하게도 제게는 이 모든 일을 얻는 것보다는 제 안위가 훨씬 중요합니다.

크레온:

그런데 너, 고개를 숙여 땅을 보고 있는 너는 이 말을 인정하느냐, 아니면 그렇게 한 적 없다고 부인하느냐?

안티고네:

제가 했음을 인정하고 부인하지 않습니다.

크레온:

(파수꾼에게) 너는 네가 원하는 대로 떠나도 된다. 무거운 짐에서 벗어나 자유로워졌으니 말이다.

(안티고네에게) 너는 내게 말하라. 길게 말고 짧게. 그 짓을 금지하는 포고령이 내린 걸 알고 있었느냐?

안티고네:

알고 있었습니다. 어떻게 안 그럴 수 있겠습니까? 누구나 알 수 있을 정도로 분명했으니까요.

크레온:

그런데도 감히 이 법을 위반했단 말이냐?

안티고네:

제게는 이것을 명하신 이는 제우스가 아니며, 저 아래 지하세계의 신들과 함께 사시는 정의의 여신 디케께서도 인간들 사이에 그런 법을 정해놓지는 않으셨으니까요. 그리고 저는 죽게 마련인 인간이지만 신들이 정하신 굳건한 불문율을 넘어설 수 있을 정도로, 왕께서 내린 포고령이 그렇게 강력하다고 생각지도 않아요. 그 불문율은 어제나 오늘이 아니라 언제나 영원히 살아있으며, 아무도 그것이 언제 생겨났는지 누구도 알지 못하니까요. 저는 그 어떤 사람의 생각이든 그것이 두려워 이 불문율을 어겨 신들의 징벌을 받지는 않겠다고 결심했습니다. 제가 언젠가는 죽으리라는 걸 잘 알고 있으니까요. 어찌 모르겠습니까? 왕께서 포고령을 내리지 않았다고 해도 말이죠. 하지만 때 이르게 제가 죽는대도, 전 그게 더 낫다고 말하렵니다. 나처럼 엄청난 불행 속에 사는 사람이면 누구에게든 어찌 죽음이 더 낫지 않을 수 있겠습니까? 그렇기에 이런 운명을 맞는 게 내게는 전혀 고통스럽지 않습니다. 내 어머니 아들의 주검에 예를 갖춰 장례를 치러주지 않는 걸 쳐다보고만 있었다면 그건 몹시 괴로웠을 겁니다. 하지만 지금 내가 당하는 일은 괴롭지 않습니다. 왕께서 보시기에 지금 제가 미련한 짓을 하다 잡힌 것 같다면, 저는 미련한 자에게 미련하다고 비난받는 거나 다름없습니다.

합창대장:

그 아버지에 그 딸이로다.

불행 앞에서도 물러설 줄 모르는 단호한 본성을 지녔도다.

크레온:

(합창대장에게) 하지만 그대는 알아야 할 것이오. 지나치게 강한 자가 가장 자주 좌절을 맛본다는 걸 말이오. 쇠도 불 속에서 너무 단단하게 달궈지면 깨져서 산산이 부서지는 것을 너무도 자주 볼 수 있을 거요. 작은 재갈로 성난 말들을 길들인다는 걸 난 알고 있소. 그러니 누구든지 다른 사람의 종이면서 우쭐대서는 안 되오. 그런데 전에도 이 아이는 첫째로는 정해진 법을 위반하고 제멋대로 행동하는 법을 너무도 잘 알았소. 그리고 두 번째로는 그 짓을 한 다음 자기가 그렇게 저지른 일들을 자랑하며 즐거워했소. 그러니 아무 벌도 안 받고 이런 짓을 할 권리가 이 아이에게 허락된다면 분명 이제는 내가 아니라, 이 아이가 사내일 거요. 하지만 이 애가 내 누이의 딸이든, 가족의 신 제우스께 속한 모든 사람보다 내게 더 가까운 혈육이든 상관없이 이 아이도, 이 아이와 한 핏줄인 저 아이도 가장 끔찍한 운명에서 벗어나지 못할 것이오. 이 장례 의식을 꾸민 책임을 내가 저 아이에게도 똑같이 물으려 하기 때문이오.

(하인들에게) 그 아이도 불러오너라. 방금 안에서 나는 보았노라. 그 애가 미쳐 날뛰며 제정신이 아닌 것을 말이다. 어둠 속에서 옳지 않은 일을 꾸미는 자들의 도둑 같은 심보는 앞질러 발각되는 경우가 많도다. 악한 일을 하다 붙잡힌 자가 그걸 미화하려 하면, 나는 그를 정말로 미워하노라.

안티고네:

왕께서는 나를 잡아 죽이는 것 이상 무엇을 더 원하시나요?

크레온:

아무것도 더 원하지 않는다. 목숨을 가지면 모든 걸 가진 거니까.

안티고네:

그러면 도대체 어찌하여 망설이시나요? 당신의 어떤 말도 제 마음에 안 들고, 앞으로도 결코 마음에 들지 않을 것처럼, 당신께도 제가 전혀 마음에 들지 않을 텐데 말이에요. 그리고 예를 갖춰 제 오빠를 장례 지내주고 얻는 것보다 더 높은 명성을 제가 달리 어디서 얻을 수 있겠습니까? 만일 두려움이 입을 다물게 하지 않았더라면 여기 있는 사람들 모두가 그게 마음에 든다고 말했을 거예요. 하지만 군주는 다른 많은 축복도 받지만, 원하는 바대로 행동하고 말하는 것도 그에게만 허락되지요.

크레온:

카드모스의 후예들 가운데 너만 그렇게 생각하는 거다.

안티고네:

이 사람들도 그렇게 생각하지만, 당신이 무서워 침묵하고 있는 거예요.

크레온:

이 사람들과 다르게 생각하는 게 창피하지 않니?

안티고네:

한 배에서 나온 이들을 존중하는 건 전혀 수치스러운 일이 아니니까요.

크레온:

그에게 맞서다 죽은 이도 너의 혈육이 아니냐?

안티고네:

한 어머니와 같은 아버지에게서 나온 혈육이지요.

크레온:

그런데 너는 왜 저자에게 경의를 표해서 그를 모욕하는 거냐?

안티고네:

죽어버린 시신은 그렇게 증언하지 않을 거예요.

크레온:

네가 불경스러운 자와 대등하게 그에게 경의를 표하는데도 말이냐?

안티고네:

그는 노예가 아니라 형제로서 죽었어요.

크레온:

이 땅을 약탈하다가 그렇게 되었지. 다른 이는 이 땅을 위해 맞서 싸우다가 그렇게 되었고.

안티고네:

하지만 하데스는 그들을 동등하게 대할 것을 요구합니다.

크레온:

그러나 폴리스에 유익한 인간이 악한 자와 같은 몫을 받아선 안 된다.

안티고네:

저 아래 지하세계에서는 이것이 죄가 없는 일이 될지 누가 아나요?

크레온:

적은 죽었다 해도 절대로 친구가 될 수 없다.

안티고네:

저는 모두 미워하기보다는 사랑하게끔 태어났어요.

크레온:

사랑해야 한다면 이제 지하세계로 가서 저들을 사랑하려무나. 하지만 내가 살아 있는 한 여자가 나를 지배하진 못할 것이다.

(이스메네가 끌려 들어온다.)

합창:

여기 문 앞에 정말로 이스메네가 왔도다.
눈썹 위론 슬픔의 구름 드리운 채
언니 사랑에 눈물 방울방울 흘러내려
선홍빛 아름다운 볼 적시니
고운 얼굴 망가지네.

크레온:

네가 독사처럼 집 안에 엎드린 채 몰래 내 피를 빨아먹고 있었는데, 난 몰랐구나. 왕좌에 대한 반역을 꾀하는, 재앙과도 같은 두 계집을 키워주고 있으면서도 말이다. 자, 이제 말해보아라. 너도 이 장례에 참여했다고 말할 테냐, 아니면 전혀 몰랐노라고 맹세할 테냐?

이스메네:

저도 그 일을 했습니다. 여기 제 언니가 동의해준다면요. 저도 함께 장례에 참여했으니 책임도 함께 집니다.

안티고네:

아니, 정의의 여신이 네가 이러는 걸 허락지 않을 거야. 넌 그걸 원치도 않았고, 난 너와 함께 그 일을 하지도 않았으니까.

이스메네:

하지만 언니가 불행 한복판에 있을 때, 함께 고통의 바다를 항해하는 게 제겐 부끄러운 일이 아니에요.

안티고네:

그 일을 누가 했는지는, 하데스와 저 아래 계신 분들이 아신다. 그리고 난 말로만 사랑하는 친구를 좋아하지 않아.

이스메네:

언니, 절 무시하지만 마시고, 죽은 오빠에게 경의를 표하고 언니와 함께 죽는 걸 막지 말아 주세요.

안티고네:

부디 나와 함께 죽지도, 네가 손대지 않은 일을 네 걸로 삼지도 말아. 나 하나 죽는 것으로 충분해.

이스메네:

언니를 떠나보내면 제게 어떤 삶이 가치가 있겠어요?

안티고네:

크레온 왕께 물어보렴. 너는 그분 말에만 신경 쓰잖니.

이스메네:

언니에겐 아무 도움도 안 되는데, 어째서 이렇게 절 괴롭히나요?

안티고네:

내가 널 비웃는다면, 그건 분명 고통을 느끼면서도 비웃는 거야.

이스메네:

그러면 이제라도 제가 언니를 도울 방법이 있을까요?

안티고네:

너 자신을 구하렴. 난 네가 빠져나간다고 해서 부러워하지 않아.

이스메네:

아, 불쌍한 저는 언니의 운명도 함께 나눌 수 없는 건가요?

안티고네:

넌 살기를, 난 죽기를 택했으니까.

이스메네:

하지만 제가 아무 말없이 그렇게 한 건 아니잖아요.

안티고네:

넌 이 사람들, 난 저 사람들에게 제대로 된 생각을 하는 것처럼 보인 거야.

이스메네:

하지만 잘못은 우리 둘에게 똑같이 있잖아요.

안티고네:

용기를 내렴. 너는 살아 있지만, 죽은 이들을 돕다가 내 영혼은 벌써 죽어버렸단다.

크레온:

내 생각에 이 두 소녀 중 하나는 방금 판단력을 상실했고 다른 아이는 분명 나면서부터 그랬던 것 같구나.

이스메네:

왜냐하면, 왕이시여, 불행을 겪는 사람들에게는 타고난 판단력도 머물지 않고 떠나버리니까요.

크레온:

적어도 불행을 겪으면서도 악을 행하기를 스스로 선택했을 때, 네 판단력은 이미 사라진 거다.

이스메네:

여기 있는 이 언니 없이 혼자 된 삶이 제게 무슨 의미가 있겠어요?

크레온:

아니, 이제 더는 '이 언니'라고 말하지 마라. 그 아이는 이제 없으니까 말이다.

이스메네:

하지만 왕께서는 당신 아들의 약혼녀를 죽이실 건가요?

크레온:

씨를 뿌릴 수 있는 다른 여인들의 밭도 있으니까.

이스메네:

하지만 이 언니처럼 왕자님께 잘 어울리는 여인은 없지요.

크레온:

난 사악한 여인들이 내 아들들과 함께하는 게 싫다.

안티고네:

오, 내 소중한 하이몬, 그대 아버지가 그대를 얼마나 무시하는지요!

크레온:

너도 네 결혼도 날 정말 화나게 하는구나.

합창대장:

왕께서는 정말로 이 여인에게서 당신 자손을 뺏으시려는 건가요?

크레온:

이 결혼을 끝장낼 분은 원래부터 하데스 신이시다.

합창대장:

이 여인의 죽음은 이미 결정된 것 같군요.

크레온:

자네에게 그렇게 보이는 대로 나도 그렇게 결정했네.

(하인들에게) 노예들아! 이제 더는 늑장 부리

지 말고 그 아이들을 안으로 끌고 가라. 이 여인들은 이제부터 밖으로 나오게 풀어주어서는 안 된다. 자기 삶에 가까이 다가오는 지하세계의 신 하데스를 보게 되면 용감한 남자들도 분명 도망가버리는 법이니까 말이다.

(크레온의 부하들이 안티고네와 이스메네를 데리고 나간다.)

(제2정립가)

합창(좌1):

삶에서 불행을 맛보지 않는 이들은 행복하다네.
신께서 어떤 사람의 집을 뒤흔들어 놓으시면,
재앙이란 재앙은 빠짐없이 가족 구성원 모두에게 닥쳐오기 때문이라네.
마치 미친 듯 불어대는 트라케의 바닷바람에
바닷속 어둠 위 내달리는 파도가
바닥에서부터 검은 모래 뒤흔들어 굴려올리고,
곶들은 울부짖는 바람과 파도를 맞곤
신음하며 울부짖는 것과 같다네.

합창(우1):

난 랍다코스 집안의 재앙이 죽은 자들의 재앙 위에
더해지는 걸 오래전부터 보아왔다네.
어떤 세대도 이 집안을 불행에서 벗어나게 해주지 못했고,
여러 신 중 하나가 그 집안을 뒤집어엎어 버렸다네.
이제는 오이디푸스 가문의 마지막 뿌리들 위에 비친 햇살을
저승 신들의 핏빛 붉은 먼지가, 또 어리석은 말과
저주받은 생각이 다시금 베어내 버리고 있다네.

합창(좌2):

제우스 신이시여, 인간들의 어떤 오만이 당신의 능력을 막을 수 있겠습니까?
모든 것을 사로잡는 잠도, 지치지 않는 신들의 달도
그것을 결코 막지 못하오니, 당신은 세월이 흘러도 늙지 않으시면서
올림포스의 지배자로서 찬란한 광채를 지니고 계십니다.
잠시 후에도, 먼 후일에도, 그리고 과거에도
이 법칙은 유효했고 유효하리니, 죽게 마련인 인간들의 삶에
엄청나게 큰일이 닥쳐올 때 아무런 해도 끼치지 않은 적은 없습니다.

합창(우2):

그 이유는 분명 이리저리 멀리 떠다니는 희망이
어떤 사람들에게는 유익한 것일지라도,
다른 이들에게는 경박한 욕망에 속아 생겨나는 것이기 때문이라네.
뜨거운 불에 발이 타버릴 때까진 아무것도 모르는
어리석은 자에게 그것은 은밀히 다가온다네.
그래서 누군가는 지혜를 좇아 이런 유명한 말을 했다네.
"신께서 그 정신을 불행으로 이끄는 이에겐,
나쁜 것도 때로는 좋은 것처럼 보이지만,

그가 불행 없이 지내는 시간은 아주 짧다네."

(하이몬 등장)

합창대장(행진곡 운율):

보십시오. 왕의 혈육 중
가장 어린 아들 하이몬이 왔습니다.
약혼녀 안티고네의 운명에 슬픔을 느끼고
결혼할 수 없게 되어 너무 고통스러운 걸까요?

크레온:

그런지 어떤지 우리는 곧 예언자보다 더 잘 알게 될 거요.

(하이몬에게) 오, 아들아. 혹시 넌 네 약혼녀에게 내려진 최후 판결 내용을 듣고서 아비에게 분노해서 이리로 온 거냐? 아니면 내가 어떤 일을 하든 나를 너의 적이 아니라 친구라 여기느냐?

하이몬:

아버지, 저는 아버지 편입니다. 아버지께서 가진 유익한 지식으로 저를 올바르게 이끌어주시니, 저는 거기에 따를 생각입니다. 아버지께서 잘 이끌어주셔서 이뤄지는 결혼보다 더 큰 가치를 갖는 결혼은 제게 없으니까요.

크레온:

그렇지, 내 아들아, 모든 일에 아버지의 판단을 지지하면서 마음속에 그런 생각을 품고 있어야 한다. 그걸 위해 사람들이 집안에 순종적인 자손을 낳아 갖기를 기원한단다. 원수에게는 나쁜 것으로 복수하고, 친구는 그 아버지가 하듯 존중하는 그런 자손 말이다. 하지만 쓸모없는 자식을 낳은 사람에 대해서는 그 사람이 자신에게는 고통만을 키워냈고 적들에게는 많은 웃음을 선사했다고 말할 수 있지 않겠느냐? 그러니 아들아, 결코 여자 때문에 쾌락에 빠져 이성을 저버려선 안 된다. 못된 여자가 집안의 배우자가 되면, 결국에는 사랑이 식고 그렇게 되면 그녀를 품는 일도 내키지 않게 된다는 것을 알아야 한다. 무엇이 악한 친구보다 더 큰 상처가 되겠느냐? 그러니 저 아이를 마치 적인 듯 내쫓아버리고, 하데스에서나 누군가와 결혼하게 하려무나. 폴리스 전체 시민 중 그 아이 혼자만 드러내놓고 반역하는 걸 내가 잡았으니, 폴리스에서 나 자신이 거짓말쟁이가 되기보다는 그 아이를 죽일 것이다. 그 아이는 가족의 수호신 제우스를 찬양하게 내버려두어라. 내가 가족으로 태어난 자가 질서를 지키지 않도록 허락해준다면, 그 밖의 친척들도 그렇게 할 것이 너무도 확실하니까 말이다. 집안에서 쓸모가 있는 사람은 모두 폴리스에서도 정의로운 사람임이 밝혀지게 된단다. 하지만 나는 법을 어기고 폭력을 행사하는 사람이나, 권력자들에게 명령하려 하는 사람은 그가 누구든 절대 인정하지 않을 것이다. 반면, 폴리스가 세운 사람이라면, 그 사람이 누구든 그 말을 들어야 한다. 그것이 작든 크든, 옳든 옳지 않은 것이든 간에 말이다. 또 이런 사람은 통치하기도 잘하고, 또 통치받기도 잘하려 하며, 창이 빗발처럼 쏟아지는 전장 속에서도 원래 그랬던 것처럼 정의롭고 좋은 조력자로 남아 있으리라 확신할 수 있을 것이다. 통치자가 없는 상태보다 더 나쁜 건 없다. 그것이 폴리스들을 파괴하고, 집들을 황폐하게 만들며, 함께 싸우는 동맹군을 붕괴시켜 패주하게 만든다. 하지만 통치자의 명령에 복종하면 올바르게 살아가는 많은 사람의 생명을 구한다. 그러니 존재하는 질서를 수호해야지, 결코 여자에게 져서는 안 된다. 그래야 한다면 남자에게 쫓겨 권좌에서 물러나는 것이 낫지, 여자보다 못한 자라고 불려서는 안 된다.

합창대장:

세월이 흐르면서 제가 지혜를 도둑질당한 게 아니라면 왕께서 주제에 관해 현명하게 말씀하신 것처럼 제게는 보입니다.

하이몬:

아버지, 신들께서는 인간에게 이성적 판단 능력이 자라나게 하셨습니다. 그것은 인간이 가진 모든 것 중 최고의 능력입니다. 저는 아버지께서 하신 말씀이 틀렸다고 말할 능력도 없고 그럴 생각도 없습니다. 하지만 다른 사람에게도 훌륭한 생각이 떠오를 수 있습니다. 저는 아버지를 위해서 모든 것을 미리 살펴보는 습관이 있습니다. 누군가의 말이나 행동, 아니면 그가 비난하는 바를 말입니다. 그걸 듣고는 아버지께서 즐거워하지 않으실 것이므로 어둠 속에서 떠도는 그런 말들을 저는 들을 수 있습니다. 아버지 얼굴은 보통 사람들에게는 무시무시하니까요. 폴리스 전체가 이 소녀에 대해 슬퍼하며 이렇게 말합니다. "가장 명예로운 일을 했기 때문에 그녀는 오히려 모든 여인 중에서 가장 비참한 사람으로 스러져간다. 피비린내 나는 전투 속에서 전사한 자기 친오빠의 주검을 매장하지 않은 채 버려두어 개들이나 육식 조류가 시체를 망쳐놓게 할 수가 없었던 이 소녀는 황금빛 명예를 얻을 자격이 충분하지 않은가?" 이런 말이 어두운 곳에서 은밀하게 돌아다니고 있습니다. 아버지, 아버지께서 하시는 일이 다 잘되는 게 제가 얻기를 바랄 수 있는 가장 소중한 일입니다. 자식들에게 아버지의 명성이 널리 퍼져나가는 것보다 더 큰 선물이 어디 있으며, 아버지에게는 자식들로부터 얻는 명성보다 더 큰 선물이 어디 있겠습니까? 그러니 아버지 마음속에 오직 한 가지 생각만을 품지는 마십시오. 아버지께서 말씀하시는 것은 옳지만 다른 모든 것은 그렇지 않다는 식으로 말입니다. 자신에게만 통찰력이 있고 자신에게는 다른 누구에게도 없는 혀와 영혼이 있다고 생각하는 사람은 누구나 그 내면을 열어보면 속이 비어있는 사람이라는 사실이 드러나니까요. 지혜로운 사람이라 해도 많이 배우는 것, 자기 고집만 내세우지 않는 것은 전혀 수치스러운 일이 아닙니다. 아버지께서는 얼마나 많은 나무가 사나운 겨울 돌풍에 제 몸을 맡김으로써 그 가지들을 구하는지 보시지요. 하지만 돌풍에 맞서 뻗대는 나무들은 뿌리째 뽑히고 맙니다. 마찬가지로 돛 줄을 팽팽하게 잡아당긴 채 바람에 자신을 맡기지 않으면 어떤 배라도 뒤집혀 남은 여정을 노 젓는 의자를 물속에 거꾸로 처박은 채 항해하게 됩니다. 그러니 노여움을 푸시고 양보해주세요. 어린 제게도 통찰력이라는 게 있다면, 이렇게 말씀드리고 싶습니다. 인간 내면이 날 때부터 온갖 지식으로 채워져 있는 게 가장 좋은 일이지만, 실제로는 그렇지 않은 경우가 많습니다. 그렇기에 좋은 말을 하는 사람에게 배우는 것도 훌륭한 일입니다.

합창대장:

왕이시여, 왕자가 맞는 말을 하면 배우시는 게 당연하고, 왕자님도 마찬가지입니다. 두 분 다 좋은 말씀을 하셨으니까요.

크레온:

그러면 이렇게 나이 든 내가 이토록 그 본성이 어린 자에게 지혜를 사랑하는 법에 관해 가르침을 받아야 한다는 거요?

하이몬:

옳지 못한 것에 관해서는 아무 가르침도 받으실 필요가 없습니다. 제가 젊다고 해도 제 나이가 아니라 제 행동을 보셔야 합니다.

크레온:

그러면 그 행동이라는 게 법을 어기는 자들을 섬기는 것이냐?

하이몬:

저는 악한 사람들을 섬기라고 요구하는 게 아닙니다.

크레온:

그러면 그 아이는 병에 걸리지 않았다는 말이냐?

하이몬:

이 폴리스 테베 사람 모두가 그렇지 않다고 말합니다.

크레온:

그러면 내가 어떻게 명령할지를 폴리스가 내게 말한다는 거냐?

하이몬:

방금 하신 말씀 어린아이가 하는 말 같은 걸 아시나요?

크레온:

내가 아닌 다른 이의 뜻을 따라 내가 이 땅을 다스려야 한다는 거냐?

하이몬:

어떤 폴리스도 한 사람의 것일 수는 없으니까요.

크레온:

관습에 따르자면 폴리스는 권력을 가진 자의 것이지 않으냐?

하이몬:

아무도 살지 않는 땅에서라면 아버지 혼자서도 잘 다스리시겠지요.

크레온:

이 녀석은 그 아이와 한통속인 것 같소.

하이몬:

아버지께서 여자라면요. 내가 정말로 염려하는 건 아버지시니까요.

크레온:

아, 이 정말 못된 놈! 아버지를 비난하면서도 그런 말이 나오느냐?

하이몬:

아버지께서 올바르지 않은 일을 저지르고 계신 걸 보고 있으니까요.

크레온:

왕으로서 내 권리를 경건한 마음으로 행사하는 게 잘못이라는 거냐?

하이몬:

신들의 명예를 짓밟는 건 어쨌든 경건한 게 아니니까요.

크레온:

더러운 놈, 여자 뒤꽁무니나 쫓아다니는 놈.

하이몬:

하지만 적어도 수치스러운 일에 굴복한 저를 발견할 수는 없으실 겁니다.

크레온:

어쨌든 네가 하는 이 모든 말은 저 아이를 위한 것이로구나.

하이몬:

그리고 아버지와 저, 지하세계의 신들을 위해 드리는 말씀입니다.

크레온:

그 아이가 아직 살아 있는 동안에는 너는 그 아이와 결혼할 수 없다.

하이몬:

그러면 그녀가 죽게 되고 그녀가 죽으면 또 한 사람도 죽을 겁니다.

크레온:

정말 이렇게 나를 위협하면서 건방지게 대들 거냐?

하이몬:

잘못된 생각에 반대하는 게 어째서 위협인가요?

크레온:

머릿속에 든 것도 없으면서 날 가르치려던 대가로 넌 울며 후회하게 될 거다.

하이몬:

내 아버지가 아니셨다면 난 당신이 제정신이 아니라고 말했을 겁니다.

크레온:

여자아이의 종이면서 내게 그런 식으로 지껄이지 마라.

하이몬:

아버진 말씀하려고만 하시고 말씀하신 다음에는 아무것도 들으려 하지 않으시는군요?

크레온:

그 말 진심이냐? 올림포스 신들에게 맹세하건대 나를 비난하여 모욕하고도 마냥 행복할 순 없다는 걸 잘 알아두어라. 그 가증스러운 것을 데려오너라. 그 신랑이 지켜보고 있는 가운데서 죽도록 말이다.

하이몬:

절대로 안 됩니다. 그건 꿈도 꾸지 마세요. 그녀는 절대로 제 곁에서 죽진 않을 거예요. 그리고 아버진 친구분 중에서 원하는 분들과 함께 이 미친 짓을 계속하시겠지만, 제 얼굴은 다시는 보실 수 없을 거예요.

(하이몬이 뛰쳐나간다.)

합창대장:

왕이시여, 왕자님이 분노하면서 서둘러 나가버렸네요. 저렇게 젊은 사람의 마음은 고통을 느끼면 위험해집니다.

크레온:

내버려 두시오. 가면서 저 혼자 할 수 있는 이상의 것을 생각해내 보라고 하지요. 하지만 그래도 저 두 아이를 죽음에서 벗어나게 해주진 못할 거요.

합창대장:

그러면 두 사람 다 죽일 생각이신가요?

크레온:

적어도 그 일에 참여하지 않은 아이는 아니오. 정말 잘 말해주었소.

합창대장:

그러면 어떤 식으로 그녀를 죽게 하시려는

건가요?

크레온:

사람들의 발길이 닿지 않은 외딴곳에 데리고 가 바위 굴에 가둬 그 안에 살게 하고 폴리스 전체가 그 아이의 피를 흘린 죄로 더럽혀지지 않으려면 필요한 정도로만 먹을 것을 줄 거요. 그러면 그 아이는 거기서 신 중에서 자신이 유일하게 경배하는 지하세계의 신 하데스에게 어떻게 해서든 죽지 않게 해달라고 기도하거나, 아니면 적어도 그때는 알게 될 거요. 지하세계에 있는 자들에게 기도하는 게 부질없는 짓이라는 걸 말이오.

소포클레스의 『안티고네』

(김동훈 옮김, 2023)

소포클레스(Sophocles; Σοφοκλῆς, 기원전 497/6~기원전 406/5)

아이스킬로스, 에우리피데스와 함께 고대 그리스 3대 비극작가로 불리며, 『오이디푸스 왕』, 『콜로누스의 오이디푸스』, 『안티고네』 등의 작품을 남겼다. 그중 특히 『오이디푸스 왕』은 고대 그리스 철학자 아리스토텔레스의 『시학』에서 가장 이상적인 비극 작품으로 제시되기도 했다.

12

불평등의 대가: 분열된 사회는 위험하다

조지프 스티글리츠

건강한 몸과 병든 몸이 있듯이 건강한 사회와 병든 사회를 구별할 수 있을까? 어떤 사회가 건강한지, 어떤 사회가 병들었는지 진단할 수 있는 증세는 무엇일까? 고르지 못한 세상을 고르게 하려고 노력하는 사회와 고르지 못한 세상을 더욱 고르지 못하게 만드는 사회, 어느 쪽이 건강한 사회일까? 불평등은 인간의 역사가 시작되는 그 순간부터 있었을지 모른다. 그러나 사람들 사이에 불화를 일으키고 점점 더 많은 사람들을 절망 속에 빠뜨리는 불평등은 분명 사회를 병들고 썩게 하는 심각한 질병이 아닐까?

2011년 세계는 참으로 특별한 역사적 경험을 했다. 세계 곳곳의 시민들이 마치 약속이나 한 듯이 부정부패와 심각한 빈부 격차, 실업에 반대하여 시위를 일으킨 것이다. 북아프리카 튀니지에서부터 시작된 이 민주화 운동은 예멘, 이집트, 리비아로 불길처럼 번져나갔고 이집트에서는 무바라크 정권이, 리비아에서는 42년간 장기 집권했던 카다피 정권이 무너졌다. 그리고 그해 9월에는 세계에서 가장 부유한 국가라는 미국에서까지 부패한 정치 경제 시스템과 심각한 불평등에 항의하고 변화를 요구하는 시위가 일어났다. "월가를 점령하라"는 시위가 그것이다. 이들 여러 지역의 국가적 상황과 정치적 사정은 각각 달랐어도, 시위자들이 모두 한목소리로 요구한 것은 바로 경제적 불평등에 대한 근본적인 변화였다. 노벨 경제학상 수상자이고 〈뉴욕 타임스〉 경제 문제 칼럼니스트인 조지프 스티글리츠는 2011년의 경험이 우리에게 '불평등이 단지 무능하고 게으른 특정 개인들만의 문제가 아니라는 것'을 일깨워주었다고 말한다. 병든 사회라 해도 썩은 부위를 도려내려는 노력조차 하지 않고 속수무책으로 썩어갈 수는 없지 않은가? 그러기 위해서는 불평등의 원인이 무엇이며, 그 문제를 강 건너 불구경하듯 방치할 때 사회는 어떤 대가를 치르게 되는지에 대한 진단이 절실히 필요하다고 스티글리츠는 강조한다.

뭔가 잘못되어 있다

세계 도처에서 사람들이 떨쳐 일어나 "뭔가가 잘못되었다"고 외치며 변화를 요구하는 역사의 순간이 있다. 격동의 시기였던 1848년과 1968년에 이런 일이 일어났고, 그 두 해는 각각 새로운 시대를 여는 출발점이 되었다. 2011년이 또 다른 그런 순간이 될지도 모른다.

아프리카 북부의 작은 나라 튀니지에서 시작된 젊은이들의 시위는 인접 이집트로 확산되고, 뒤이어 중동의 다른 나라들로 확산되었다. 어떤 곳에서는 시위의 불꽃이 얼마 가지 않아 사그라졌지만, 어떤 곳에서는 이집트의 호스니 무바라크와 리비아의 무아마르 카다피 같은 장기 독재자를 무너뜨렸다. 얼마 후 스페인, 그리스, 영국, 미국, 그 밖에 세계 도처의 사람들이 제 나름의 이유 때문에 거리로 뛰쳐나갔다.

2011년에 나는 이집트, 스페인, 튀니지의 초청을 기꺼이 수락했고, 마드리드의 부엔 레티로 공원에서, 뉴욕의 주코티 공원에서, 그리고 카이로에서 시위대를 만났다. 나는 시위대가 외치는 불만 사항이 나라마다 다르고 중동 사람들이 느끼는 정치적 불만은 서구인들이 느끼는 정치적 불만과 상당히 다르지만 어느 정도 일치하는 대목이 있다는 것을 확인했다. 세계 각지의 시위대들은 여러 면에서 경제 시스템과 정치 시스템이 제대로 작동하지 않고 있으며, 경제 시스템과 정치 시스템이 근본적으로 공정치 못하다는 공통된 인식을 가지고 있었다.

"뭔가가 잘못되었다는 시위대의 주장은 옳았다." 경제 시스템과 정치 시스템이 마땅히 이루어야 할 성과와 현실적인 성과 사이의 간극이 크게 벌어져 무시할 수 없을 정도가 되었다. 세계 각지의 정부들이 지속적인 실업 같은 중요한 경제 문제를 해결하지 못하고 공정성이라는 보편적 가치가 소수의 탐욕을 위해 짓밟히는 것을 목격하면서, 시스템이 불공정하다는 대중적 인식은 이윽고 배신감으로 바뀌었다.

튀니지와 이집트의 젊은이들이 독재에 항거하여 떨쳐 일어난 것은 충분히 이해할 수 있는 일이었다. 젊은이들은 자신의 개인적 이익을 보호하기 위해서 국민들을 희생시키는 늙고 둔감한 지도자들에게 지쳐 있었다. 더구나 이 나라들에서는 민주적인 절차를 통해 변화를 이룰 여지가 전혀 없었다. 하지만 선거 절차가 존재하는 서구 민주주의 국가에서도 선거 정치는 제대로 작동하지 않았다. 미국에서는 오바마 대통령이 '우리가 믿을 수 있는 변화'를 약속했지만, 대다수 미국인들은 그 후 그가 내놓은 경제정책을 보며 오십보백보라는 인상을 받았다.

하지만 미국과 세계 도처의 젊은 시위대들은 부모와 조부모, 그리고 교사들의 지지를 얻으면서 희망의 불씨를 키워갔다. 이들은 혁명가도 아니었고 무정부주의자도 아니었다. 체제를 전복하려는 생각도 없었다. 이들에게는 선거만으로도 시스템의 실패를 방치한 정부를 문책하여 변화를 일으킬 수 있다는 믿음이 있었다. 시위대는 체제 변화를 촉구해야 할 필요성을 통감하고 거리로 뛰쳐나올 수밖에 없었다. 스페인의 젊은 시위대들은 자신들의 운동에 로스 인디그나도스(los indignados)', 즉 분노한 사람들이라는 이름을 붙였다. 이들의 분노에 불을 붙인 것은 금융 부문의 무분별한 행동 때문에 많은 사람들이 극심한 고통을 겪고 있는 현실(2008년 경제 위기가 시작된 후로 청년 실업률이 40퍼센트를 넘어선 현실)이었다. 미국의 '월스트리트를 점령하라' 운동 역시 동일한 분노감을 드러낸 것이었다. 이들은 수많은 사람들이 집을 잃고 직장을 잃었는데도, 금융업자들은 여전히 거액의 상여금을 받고 있는 현실을 너무나 불공정하다고 느꼈다.

월스트리트 금융계를 겨냥하던 시위 운동의 초점은 얼마 지나지 않아 미국 사회 전반의 불평등 문제로 옮겨갔다. 시위대는 '우리는 99퍼센트다(We are the 99 percent)'라는 슬로건을 내걸었고, 내가 〈배너티 페어(Vanity Fair)〉지에 썼던 기사의 제목 '1퍼센트의, 1퍼센트를 위한, 1퍼센트에 의한'을 구호로 외쳤다. 당시 나는 이 기사에서 미국의 심각한 불평등 문제와 상위 계층에 지나치게 큰 발언권을 주고 있는 정치 시스템의 문제를 파헤쳤다.

세 가지 주제

세계 도처의 사람들은 다음 세 가지 주제에 공명하고 있었다. 첫째, 시장은 제대로 작동하지 않고 있었다. 누가 보기에도 시장은 효율적이지 않았고, 안정적이지도 않았다. 둘째, 정치 시스템은 시장 실패를 바로잡지 못했다. 셋째, 현재 경제 시스템과 정치 시스템은 근본적으로 공정하지 않다. 이 세 가지 주제는 서로 긴밀하게 연결되어 있다. 불평등은 정치 시스템 실패의 원인이자 결과다. 불평등은 경제 시스템의 불안정을 낳고, 이 불안정은 다시 불평등을 심화시킨다. 우리는 이러한 악순환의 소용돌이로 빨려 들어가고 있다. 여러 가지 정책들이 조화롭게 결합하여 시행될 때에만 우리는 이 소용돌이에서 빠져나올 수 있다.

시장 옹호론자들은 시장이 안정적이라고 주장하지만, 우리는 세계 금융 위기를 겪으면서 시장이 매우 불안정하며, 파멸적인 결과를 초래할 수 있다는 것을 확인했다. 금융업자들은 무분별하게 위험천만한 모험에 뛰어들었다. 정부의 지원이 없었다면 금융업자들은 물론이고 미국 경제 전체가 무너졌을 것이다. 그러나 '시스템'을 세밀히 분석한 결과를 보면 이런 상황은 우연히 이루어진 것이 아니다. 시스템 자체에 금융업자들이 이런 행동을 하도록 하는 여러 가지 유인이 존재하고 있었다.

흔히 시장의 미덕은 효율성에 있다고 말한다. 하지만 시장은 결코 효율적이지 '않다'. 경제학의 기본 가설(경제의 효율적인 작동을 위한 기본 전제)은 수요와 공급이 일치한다는 것이다. 그러나 현실 세계에서는 엄청나게 많은 수요가 충족되지 못하고 있다. 이를테면, 현실 세계에서는 빈곤 퇴치를 위한 투자, 아프리카를 비롯한 저개발 국가들의 개발을 촉진하기 위한 투자, 지구온난화 문제에 대처하는 방향으로 세계 경제를 전환시키기 위한 투자가 절실하다. 또한 현실 세계에는 엄청나게 많은 자원들이 제대로 활용되지 않은 채 낭비되고 있다. 즉 생산에 투입되지 못하는 노동자들과 기계들이 있고, 생산에 투입되고도 잠재력을 최대한으로 발휘하지 못하는 노동자들과 기계들이 있다. 일자리를 원하는 많은 사람들에게 일자리를 제공하지 못하는 시장의 무능력을 입증하는 실업은 가장 심각한 시장의 실패이고, 가장 심각한 비효율의 원천이며, 불평등의 주요한 원인이다. 상근직을 원하지만 그런 일자리를 구하지 못하는 미국인은 2012년 3월에 무려 2,400만 명에 달했다. 수백만 명의 미국인들이 자신이 살던 집에서 쫓겨나고 있다. 한편에서는 빈집이 넘쳐나고, 한편에서는 집 없는 사람들이 넘쳐난다.

미국의 경제 시스템이 대다수 미국인들의 후생을 개선하지 못하는 까닭은 무엇일까. 불평등이 이처럼 심화되고 있는 까닭은 무엇일까. 우리는 지금 불평등 때문에 큰 대가를 치르고 있다. 경제 시스템은 안정성과 효율성이 떨어져 성장 둔화를 겪고 있고, 민주주의 역시 위기에 처해 있다. 하지만 위태로운 것은 이뿐만이 아니다. 경제 시스템이 대다수 국민들에게 혜택을 베풀지 못하고 정치 시스템이 금전적인 이해관계에 포획된 채로 작동하면, 민주주의와 시장경제에 충만하던 자신감은 서서히 무너지고 미국의 세계적인 영향력 역시 서서히 무너질 것이다. 미국은 더 이상 기회의 땅이 아니며, 오랫동안 칭찬받아온 법치주의와 사법 시스템마저도 흔들리고 있다는 현실을 자각하게 되면, 국민적 일체감 역시 무너질 우려가 있다.

'월스트리트를 점령하라' 운동은 일부 국가에서 진행되는 세계화 반대 운동과 깊은 관련이 있다. 이 두 운동 사이에는 몇 가지 공통점이 있다. 그중 하나가 시스템에 문제가 있긴 하지만 그 문제는 충분히 바로잡을 수 있는 것이라는 믿음이다. 세계화 자체가 나쁜 것이 아니라, 각국 정부들이 세계화를 부실하게(즉 특수 이익집단에게 유리한 방향으로) 관리하고 있는 게 문제라는 것이다. 세계 각지의 사람들과 사람들을, 국가와 국가를, 경제와 경제를 연결시키는 세계화는 상호 번영을 촉진하는 데도 이용될 수 있지만, 탐욕과 고통을 확산시키는 데도 효과적으로 이용될 수 있다. 시장경제 역시 마찬가지다. 시장의 힘은 엄청나다. 그러나 시장은 도덕성을 가지고 있지 않다. 따라서 우리는 시장을 어떻게 관리할지 결정해야 한다. 시장은 지난 이백 년 동안 생산성과 생활 수준의 급속한 향상을 주도해온 주역이었다. 그러나 정부 역시 이런 발전 과정에서 중요한 역할을 담당했다. (물론 자유 시장주의자들은 이러한 사실을 거의 인정하지 않는다.) 다른 한편으로 시장은 부를 집중시키고, 환경 비용을 사회에 전가하고, 노동자들과 소비자들을 착취하는 부정적인 위력을 발휘할 수 있다. 우리는 시장을 길들이고 단련하여 대다수 국민들을 이롭게 하는 방향으로 작동하도록 이끌어야만 한다. 또한 이런 성과를 지속적으로 보장하기 위해서는 꾸준한 시장 관리가 이루어져야 한다. 미국에서는 진보 시대에 이런 시장 관리가 시행되어 최초의 독점금지법이 제정되었고, 뉴딜 시대에도 시장 관리가 시행되어 사회보장 연금, 고용 및 최저임금 관련 법률이 제정되었다. '월스트리트를 점령하라' 운동(그리고 세계 각지의 수많은 시위 운동)은 사실상 시장을 길들이고 단련하는 시장 관리가 다시 시행되어야 한다는 주장이나 다름없다. 시장이 적절히 관리되지 않으면 심각한 결과가 나타난다. 시장 시스템이 갈수록 서민들의 생활 수준을 하락시키고 있는 상황에서, 서민들의 요구가 받아들여지는 참된 민주주의가 보장된다면 지금처럼 개방화, 세계화된 형태의 시장 시스템은 유지될 수 없다. 결국은 정치 시스템이 무너지든가, 경제 시스템이 무너지든가, 둘 중 하나가 무너질 수밖에 없다.

시장의 실패

아무리 시장이 안정을 이룬 상황이라 해도, 제대로 관리하지 않고 방치해두면 시장은 심각한 불평등과 불공정을 초래하기 쉽다. 경제학계와 심리학계의 최근 연구에 따르면 사람들은 공정성을 중시한다. 세계 각지의 시위 운동에 불을 댕긴 것은 경제 시스템과 정치 시스템이 불공정하게 작동하고 있다는 대중적 인식이다. 튀니지, 이집트를 비롯한 중동의 일부 지역에서는 단순히 일자리를 구하기 어려울 뿐 아니라, 어쩌다 나온 일자리마저 연줄 있는 사람들이 차지하는 현실이었다.

미국과 유럽 사회는 비교적 공정하다고 평가되어왔지만, 그것은 피상적인 관찰에 불과했다. 일류 대학을 우수한 성적으로 졸업한 사람들은 대체로 좋은 일자리를 얻을 수 있었다. 그러나 대다수 사람들에게는 이런 기회가 허용되지 않았다. 일류 대학교에 갈 기회는 돈 많은 집에서 태어나 일류 유치원, 일류 초등학교, 일류 중고등학교에 간 사람들에게만 열려 있었다. 미국인들은 '월스트리트를 점령하라' 시위 운동이 제기하는 불만이 미국 사회가 견지해온 가치와 관련되어 있음을 확인했다. 시위에 참가한 사람들은 소수였지만, 미국인의 3분의 2가 이 시위를 지지했다. 처음에는 이처럼 높은 지지율을 믿지 못했던 사람들도 있었지만, 뉴욕 시장 마이클 블룸버그가 주코티 공원의 시위대를 해산하겠다고 발표하자 하룻밤 사이에 30만 명이 지지 서명에 동참하여 대중적 지지를 재확인했다. 이 시위를 지지한 것은 가난한 사람들과 불만을 품은 사람들만이 아니었다. 경찰이 오클랜드 시위대를 과잉 진압했다는 보도가 나오기도 했지만(경찰이 오클랜드 시위대를 폭력적으로 해산한 이튿날 시위에 합세한 3만 명은 과잉 진압설을 사실로 받아들였던 것으로 보인다.), 경찰 일부에서 시위를 지지하는 발언이 나온 것도 무시할 수 없는 대목이다.

금융 위기가 발생하자, 경제 시스템이 비효율적이고 위태로울 뿐 아니라 근본적으로 공정치 못하다는 대중적 인식이 나타났다. 금융 위기가 발생한 뒤(그리고 부시 행정부와 오바마 행정부가 금융 위기 타개책을 실시한 뒤) 실시된 여론 조사를 보면, 거의 절반에 가까운 미국인이 경제 시스템이 공정치 못하다고 생각하는 것으로 나타났다. 금융 부문의 많은 종사자들(앞으로는 이들을 '금융업자'라고 줄여 부르겠다.)은 별다른 노력 없이 거액의 상여금을 손에 넣은 반면에 이들 금융업자들이 야기한 금융 위기의 희생양이 된 사람들은 일자리에서 밀려나는 현실, 그리고 정부가 금융회사들에게는 구조의 손길을 내밀면서도 아무 잘못 없이 몇 달째 실직 상태에 있는 사람들에게는 실업보험을 연장해주지 않는 현실은 경제 시스템이 공정치 못하다는 인식을 강화했다. 사람들은 경제 위기의 와중에 일어난 일들을 보면서, 개인이 받는 상대적인 보수의 크기와 사회적 기여도 간에 상관관계가 '없다'는 것을 확인했다. 금융업자들은 사회와 소속 기업에 큰 피해를 입혔는데도 불구하고 거액의 보수를 챙겼다. 상위 계층과 금융업자들이 누리는 부는 다른 사람들을 우려먹으려는 의도와 기술에서 비롯한 것이라 할 수 있다.

미국인이 중시해온 공정성의 한 가지 양상이 바로 기회다. 미국인은 전통적으로 미국은 '균등한 기회'가 보장되는 나라라고 자부해왔다. 사람들 사이에서는 가난뱅이에서 갑부로 입신출세하여 아메리칸드림을 실현한 사람들의 이야기가 꾸준히 전해져왔다. 하지만 이제 아메리칸드림은 헛된 꿈으로 여겨지게 되었다. 아메리칸드림은 구체적인 자료에 근거한 것이 아니라, 흥미로운 일화와 허구적인 이야기들로 장식된 신화에 불과하다. 하위 계층에서 상위 계층으로 입신출세하는 확률을 따져보면, 미국인이 다른 공업 선진국 국민보다 훨씬 불리하다.

이와 일맥상통하는 신화가 '부자는 삼 대를 가지 못한다'는 말이다. 즉 상위 계층에 속한 사람(혹은 그의 후손)이 열심히 노력하지 않으면 얼마 못 가서 그 자리에서 밀려난다는 이야기다. 대개는 이것도 신화에 불과하다. 상위 계층의 자식들은 십중팔구 그 자리를 유지할 확률이 높다.

무너지는 가치들 – 평등, 공정, 정의

하지만 미국과 세계 도처의 젊은 시위대들은 부모와 정치인들이 해온 이야기를 액면 그대로 받아들였다. 민권운동이 진행되던 50년 전에 미국의 젊은이들이 그러했듯이 말이다. 그들은 평등, 공정, 정의의 가치에 입각하여, 아프리카계 미국인에 대한 국가적 처우에 큰 문제가 있고 국가적 정책 개혁이 필요하다는 것을 확인했다. 오늘날 미국의 젊은이들은 동일한 가치에 입각하여, 경제 및 사법 시스템의 작동 방식에 큰 문제가 있고 중하위 계층의 미국인들(소수집단만이 아니라 각양각색의 배경을 가진 대다수 미국인들)에게 혜택을 제공하는 방향으로 시스템 개혁이 필요하다는 것을 확인했다.

만약에 오바마 대통령과 미국의 사법 시스템이 경제 파탄을 야기한 사람들이 위법행위를 범한 '죄'가 있음을 확인했다면, 이 시스템이 제대로 작동했다고 말할 수 있었을 것이다. 사회정의가 보장되는 시스템이라면 잘못을 한 사람은 마땅히 문책을 당했어야 한다. 하지만 위법행위를 저지른 사람들은 대부분 기소되지 않았고, 기소된 경우에도 대부분 무죄판결을 받거나 유죄판결을 모면했다. 헤지펀드 업계에서 활동하던 일부 사람들이 내부자 거래로 유죄판결을 받았지만, 그것은 대중의 관심을 엉뚱한 곳으로 돌리는 눈속임에 불과했다. 정확히 말해서, 금융 위기를 초래한 것은 헤지펀드 업계가 아니라 은행들이었다. 지금도 잘못을 저지른 금융업자들은 그 대가를 치르지 않고 빠져나가고 있다.

경제가 파탄 났는데도 어느 누구에게도 책임을 물을 수 없고 어느 누구도 '책임지지' 않는다면, 그 경제 및 정치 시스템에는 큰 문제가 있음이 분명하다.

'우리는 99퍼센트다'라는 슬로건의 출현은 미국의 불평등 문제에 대한 논쟁에서 중요한 전환점이다. 미국인은 줄곧 계층 분석을 기피해왔고, 미국이 중산층의 나라라고 자부해왔다. 이런 믿음은 우리를 결속시키는 데 도움이 된다. 우리에게는 상위 계층과 하위 계층 사이, 부르주아 계급과 노동자 계급 사이에 계층 간 장벽이 없어야 한다는 믿음이 있다. 계층제 사회가 하위 계층이 출세할 가능성이 희박한 사회를 의미한다면, 지금의 미국은 구유럽에 비해 계층 간 장벽이 훨씬 높다. 99퍼센트에 속하는 사람들은 여전히 '우리는 중산층'이라고 생각하고 있지만, 최근에는 이런 인식이 조금씩 변화하여 미국인들 모두가 더불어 번창하고 있지 않다는 것을 확인하는 데까지 이르렀다. 대다수 미국인들이 고달픈 삶을 살고 있는데, 1퍼센트에 해당하는 최상위 계층은 이들과 전혀 다른 삶을 살고 있다. 이들 '99퍼센트'는 모두가 중산층이라는 허상이 아니라 경제적 간극이 존재하는 미국 경제와 사회의 현실을 기반으로 하여 새로운 연합을 형성하려 함으로써 새로운 국가적 정체성을 형성해가고 있다.

"당신들에게 직장과 번영을 제공하는 대가로 우리가 상여금을 챙길 수 있게 해달라. 당신들 모두에게 한몫씩 나눠주겠다. 물론 우리 몫으로 더 많이 챙길 테니 그건 이해해주기 바란다." 이것이 미국 사회의 상위 계층과 하위 계층 사이에서 오랫동안 유지되어온 합의였다. 그러나 줄곧 위태로웠던 상위 계층과 하위 계층 간의 암묵적인 합의는 이제 무너져버렸다. 1퍼센트에 속하는 사람들은 막대한 부를 움켜쥔 채 승승장구하면서 나머지 99퍼센트에게는 불안과 걱정만을 안겨주었다. 경제가 성장해도 대다수 미국인들은 그 혜택을 전혀 누리지 못하고 있다.

타락 - 꿈을 팽개친 엘리트 젊은이들

이 글은 평등과 공정성이라는 가치에 초점을 두고 있지만, 우리 시스템이 훼손하고 있는 또 다른 근본적인 가치가 있다. 그것은 바로 '공정한 승부' 의식이다. 금융업자들은 빈곤층에게 약탈적인 대출을 시행하거나, 시한폭탄이나 다름없는 주택 담보 대출을 제공하거나 초과 인출 수수료라는 명목으로 국민들로부터 수십억 달러의 거액을 뽑아냈다. 정상적인 인간이라면 이러한 일을 저지른 것에 대해 조금이나마 양심의 가책을 느꼈을 것이다. 하지만 놀랍게도 이들 가운데 양심의 가책을 느낀(그리고 지금까지 양심의 가책을 느끼는) 사람들은 극소수로 보였고, 내부 고발에 나선 사람들도 극소수에 불과했다. 이들은 대부분 더 많은 돈을 벌 수만 있다면 어떤 수단도 마다하지 않았다. 이들의 관행을 확인할 때마다 사람들의 가치관에는 조금씩 변화가 일어났다. 서브프라임 사태는 가난하고 못 배운 미국인들이 약탈 대상으로 이용되어 나타난 결과였다.

이런 상황은 대부분 '윤리적 타락'이라는 말로밖에 설명할 수 없다. 금융업을 비롯한 모든 경제 부문에 종사하는 많은 사람들의 도덕성이 훼손되었다. 규범이 변하여 많은 사람들의 도덕성이 훼손된 사회는 심각한 문제를 안고 있는 사회다.

자본주의의 올가미에 걸려들면 사람 자체가 달라지는 것 같다. 월스트리트 금융계에 입성한 엘리트들은 학창 시절 성적이 훨씬 뛰어났다는 것 외에는 대다수 미국인들과 아무런 차이가 없었다. 애초에 이들에게는 인간의 목숨을 구할 수 있는 발명을 하거나, 새로운 산업을 건설하거나, 극빈층이 가난에서 벗어나도록 돕겠다는 꿈이 있었다. 그러나 이들은 그 꿈을 보류한 채, 믿기지 않을 만큼 많은 보수를 손에 넣기 위해 믿기지 않을 만큼 장시간 노동을 감수했다. 하지만 바로 이 과정에서 이들의 도덕성은 무너졌다. 결국 이들은 꿈을 보류하는 것이 아니라, 완전히 내던져버렸다.

비단 금융기관만이 아니라 기업들 역시 대중의 원성을 살 만한 행위들을 다양하게, 그리고 지속적으로 수행하고 있다. 예를 들어, 담배 회사들은 매출을 늘리기 위해 은밀히 담배의 중독성을 높여갔다. 이들은 담배의 위험성을 입증할 '과학적 근거'가 없다면서 무수한 반박 자료를 제시했다. 엑손(Exxon)도 마찬가지다. 미국 국립과학원을 비롯한 연구소들이 지구 온난화의 위험성을 경고하는 연구 결과를 내놓고 있는데도, 엑손은 지구온난화의 근거가 없다는 인식을 퍼뜨리는 일에 막대한 비용을 쏟아부었다. 금융 부문의 비리 때문에 경제가 휘청거리고 있을 때 일어난 영국 BP 정유사의 원유 유출 사고 역시 기업의 무분별한 이윤 추구 관행을 확인시킨 사례였다. BP 정유사가 안전 확보를 게을리하여 일어난 원유 유출 사고 때문에 엄청난 환경오염이 발생했고 어업과 관광에 종사하던 멕시코만의 주민 수천 명이 생계를 위협받았다.

시장이 대다수 국민의 생활 수준을 개선하겠다는 약속을 제대로 이행했다면, 우리는 기업들이 저지른 모든 죄악과 불의, 환경 훼손 행위, 빈곤층 착취를 묵인했을지도 모른다. 그러나 시장 자본주의는 공언했던 약속을 지키지 않았고, 오히려 우리 사회에 엉뚱한 비용을 떠안겼다. 시장 자본주의는 불평등, 환경오염, 실업을 낳았고, '무엇보다도' 모든 것이 용인되고 어느 누구도 책임을 지려 하지 않는, 가치의 타락을 낳았다.

실업 청년들, 선택할 여지조차 없어지다

경제 시스템과 마찬가지로 정치 시스템 역시 제대로 작동하지 않고 있다. 세계적으로 청년 실업률이 높은 상황(스페인은 약 50퍼센트, 미국은 17퍼센트)을 고려하면, 어째서 더 일찍 시위 운동이 시작되지 않았는지 이해가 되지 않을 지경이다. 열심히 공부했을 뿐 아니라 해야 할 모든 의무를 완수한(일부 정치인들이 흔히 하는 말대로 '규칙을 준수한') 청년들과 실업자들이 앞으로 계속 실업자 신세로 남을 것인가, 아니면 기대에 못 미치는 일자리를 감내할 것인가 하는 냉혹한 선택의 주사위가 던져졌다. 아니, 이들은 그런 선택을 할 여지조차 없었다. 일자리가 아예 없는 데다 몇 년째 그런 상황이 계속되고 있었으니 말이다.

대중적 저항이 이처럼 뒤늦게 일어난 까닭은 무엇일까? 금융 위기가 발생한 직후에는 그나마 민주주의에 대한 기대감이 있었다. 즉 사람들 사이에는 정치 시스템이 제대로 작동하여 위기를 초래한 사람들에게 책임을 묻고 경제 시스템을 신속하게 보수할 거라는 믿음이 있었다. 그러나 거품이 꺼지고 몇 해가 흐르면서 사람들은 정치 시스템이 위기의 발발을 막는 데 실패했을 뿐 아니라, 불평등의 심화를 저지하고 하위 계층을 보호하고 기업의 약탈적인 관행을 막는 데도 실패했다는 것을 분명히 깨달았다. 그제야 비로소 사람들은 거리로 몰려나오기 시작했다.

미국인과 유럽인을 비롯해서 민주국가의 국민들은 대부분 자국의 민주정체에 대해 자부심을 지니고 있다. 하지만 오늘날 곳곳에서 터져 나오는 시위 운동은 '참된' 민주주의가 존재하는가라는 의문을 제기하고 있다. 참된 민주주의는 2년에, 혹은 4년에 한 번씩 투표를 하는 권리를 넘어서는 것이다. 국민의 선택이 의미 있는 선택이 되기 위해서는 정치인들이 국민의 목소리에 귀를 기울여야만 한다. 하지만 미국의 경우만 보아도, 정치 시스템은 날이 갈수록 '1인 1표(one person one vote)'의 원리보다는 '1달러 1표(one dollar one vote)'의 원리에 동화되어가고 있다. 정치 시스템이 시장의 실패를 바로잡지 못할 뿐 아니라, 오히려 시장의 실패를 심화시키고 있는 것이다.

정치인들은 도덕적 가치에 대해서, 그리고 우리 사회에 대해서 이러쿵저러쿵 말들을 늘어놓기를 잘한다. 하지만 정치인들이 임명하는 정부 고위직 공무원들은 대부분 금융 위기를 낳은 금융 부문의 핵심에 있었던 최고 경영자들과 기업의 경영진들이다. 제대로 작동하지 않는 금융 시스템을 설계한 장본인들에게 그 시스템을 재건하는 임무를 맡겼으니, 시스템이 제대로 작동하기를, 더구나 대다수 국민에게 유리한 방향으로 작동하기를 기대했던 것 자체가 어리석은 일이었다. 그들은 당연히 그 임무를 달성하지 못했다.

정치의 실패와 경제의 실패는 연관되어 있고, 상호 보강 효과를 발휘한다. 정치 시스템이 부유층의 관점에 포획되어있는 경우, 법률 및 규정(그리고 법률 및 규정의 집행)은 부유층의 횡포로부터 서민들을 보호하는 기능을 약화시킬 뿐만 아니라 오히려 사회의 나머지 구성원들을 희생시켜 부유층의 부를 불려주는 방향으로 설계될 여지가 많다. 즉 기본적인 경제 요인들이 시장을 움직이지만, 정치 역시 사회의 나머지 구성원들을 희생시켜 상위 계층에게 이득을 몰아주는 방향으로 시장에 영향을 미친다는 것이다. 경제 시스템은 무릇 규칙과 규정을 가지고 있어야 한다. 다시 말해 경제 시스템은 일정한 법률 체계 안에서 작동해야만 한다. 법률 체계에는 무수히 많은 종류가 있고, 이 모든 법률 체계는 성장, 효율성, 안정성뿐 아니라 분배에도 영향을 미친다. 경제 엘리트들은 나머지 구성원들을 희생시켜서 자신들에게 이득을 몰아주는 법률 체계를 지지한다. 하지만 이런 경제 시스템은 효율성도, 공정성도 충족시킬 수 없다. 예산 정책에서 통화정책까지, 심지어 사법 체계에까지 이르는 국가의 모든 주요 정책 결정에 불평등이 반영되어 있으며, 이런 정책들이 다시 불평등을 영속시키고 악화시키는 데 기여하고 있다.

정치 시스템이 상위 계층의 이익에 민감하게 반응할 경우, 경제적 불평등의 심화는 정치 권력의 불균형 심화로 이어지고 정치와 경제의 사악한 결합을 낳는다. 정치 시스템과 경제 시스템은 사회적 요인에 영향을 받을 뿐 아니라, 사회적 요인(사회적 관습과 제도)에 영향을 미치며, 이런 사회적 요인은 다시 불평등을 심화시킨다.

시위 참가자들은 정치인들 이상으로 현실을 정확히 읽고 있었다. 어찌 보면 이들이 요구하는 것은 아주 작은 것이었다. 다시 말해 이들이 바라는 것은 자신이 가진 능력을 사용할 기회를 보장받고 적절한 노동을 하여 적절한 임금을 받을 권리를 보장받고, 공정성이 강화된 경제와 사회에서 존엄한 대우를 받는 것이었다. 유럽과 미국의 시위대가 요구한 것은 혁명이 아니라 점진적인 발전이었다. 하지만 시야를 넓혀보면 이들이 요구하는 것은 아주 큰 것이다. 이들이 바라는 것은 돈이 아니라 사람이 중시되는 민주주의, 그리고 제대로 작동하는 시장경제다. 이 두 가지 요구는 서로 긴밀히 연관되어 있다. 시장이 제대로 작동하기 위해서는 정부의 적절한 규제가 있어야 한다. 그러나 정부의 규제가 온전하게 이루어지기 위해서는 특수이익집단이나 상위 계층의 이익이 아니라 일반 대중의 이익을 반영하는 민주주의가 확보되어야 한다.

조지프 스티글리츠의 『불평등의 대가』

(이순희 옮김, 열린책들, 2013)

조지프 스티글리츠(Joseph Eugene Stiglitz, 1943~)

미국의 신케인스학파 경제학자이자 컬럼비아대학교의 교수. 2001년에 노벨 경제학상을 수상했다. 경제적 불평등은 정치 시스템 실패의 원인이자 결과이며, 불평등은 경제 시스템의 불안정을 낳고, 그 불안정은 다시 불평등을 심화시킨다고 주장하며, 시장은 그 자체만으로는 효율적이지도 안정적이지도 않으며, 정치 시스템은 시장의 실패를 바로잡지 않았고, 경제적 불평등이 정치 시스템을 붕괴시킨 원인이라고 강조한다. 저서로 『불평등의 대가-분열된 사회는 왜 위험한가』, 『경제민주화를 말하다』, 『눈먼 자들의 경제』, 『세계화와 그 불만』 등이 있다.

13

변명

이병주

어느 날 나는 신문에서 일제 때 일본군에 끌려가 죽은 동포들의 명단을 보게 되고, 거기서 낯익은 이름 하나를 발견한다. 탁인수. 그는 내가 학병으로 징집되어 1945년 8월 중국 쑤저우에 있을 때 일본군 기밀문서에서 그 이름을 알게 된 조선인 독립운동가다. '탁인수 군법회의 기록'이라는 당시 문서에 따르면 그는 일본군 주둔지를 탈출하여 충의구국군에 가담했으나 장병중이라는 조선인 동포의 밀고로 일본군 헌병대에 체포되어 사형을 당한 사람이다. 해방 후 나는 상하이에서 우연히 자신을 장병중이라고 소개하는 사람을 만나는데…….

『역사를 위한 변명』은 마르크 블로크의 미완의 저작이다. 먼저 나는 그 제목에 마음이 끌렸고 읽어선 그 내용에 감동했고 그의 생애의 대강을 알고는 그를 사랑하고 존경하기에 이르렀다.

내가 『역사를 위한 변명』을 통해 마르크 블로크를 알게 된 것은 1966년 7월이다. 그 무렵, H신문이 '전후 20년 만에 처음으로 밝혀진' 것이란 타이틀을 달고 2차 세계대전 중 일본의 군인·군속으로 끌려가 전몰한 동포들의 명단을 발표하고 있었다. 그 명단을 읽은 감상이 블로크를 읽은 감동과 얽혀 나는 내 스스로 역사를 위한 변명을 모색해보고 싶은 충동을 느꼈다. 허나 이 얘기는 뒤로 미루기로 하고 마르크 블로크란 인물을 이 기회에 소개해놓고 싶다.

1939년 2차 세계대전이 발발하자 여섯 아이의 아버지이며 나이가 이미 53세를 넘은 블로크는 소르본대학의 교수인 신분으로 일개 대위로서 자진하여 군에 입대했다. 프랑스가 항복한 뒤에는 곧 항독운동(抗獨運動)에 참가, 리옹 지방 레지스탕스의 지도자로서 활약했다. 그러다가 게슈타포에 체포되어 1944년 6월 16일 나치스의 흉탄을 맞고 생을 마쳤다.

기록은 그의 최후를 다음과 같이 전한다.

> 1944년 6월 16일 27인의 프랑스인들이 감옥으로부터 끌려나와 리옹 북방 50킬로미터의 상거에 있는 생 디디에 드 포르망이라는 곳으로 연행되었다. 일행 가운덴 발랄하고도 날카로운 눈초리의 은발의 노인이 한 사람 끼어 있었다. 그 노인 곁에 열여섯 살의 소년이 공포에 질려 부들부들 떨고 있으면서 "아플까요?" 하고 물었다. 은발의 그 노인은 소년의 손을 꽉 쥐곤 애정 어린 어조로 말했다. "아프지 않다. 아플 까닭이 없다." 그리고 그 노인은 제일 먼저 총을 맞고 "프랑스 만세"를 외치면서 쓰러졌다. 이것이 독일군에 의해 총살당한, 프랑스가 세계에서 자랑하는 위대한 역사가 마르크 블로크의 최후의 순간이다.

마르크 블로크는 자기의 저서를 "아버지, 역사가 무슨 소용이 있어요?" 하는 어린이의 질문으로부터 시작해선 「변명」을 쓰게 된 동기와 이유를 설명한다.

> 끊임없는 위기 속에 있는 어지러운 사회가 자기 자신을 의심하기 시작할 적마다 그들은 과거를 거울로 삼을 것이 정당한 일이었던가, 또 충분히 과거를 참고로 했던가를 자문자답한다. 극적 사건의 소용돌이 속에서 나는 거짓이 없는 그 반향을 포착할 기회가 있었다. 그것은 1940년 6월의 일이다. 내 기억에 틀림이 없다면 독일군이 파리에 입성한 바로 그날이 아니었을까 싶다. 군대를 잃은 참모본부는 매일 무위 속에서 나태하게 보내고 있었다. 풍광 아름다운 노르망디에서 우리들은 재난의 원인을 몇 번이고 되풀이하며 마음속에서 묻고 있었다. "역사가 우리를 기만했다고 생각해야 될 것인가." 우리들 가운데의 한 사람이 중얼거렸다. 원숙한 그 어른의 번민이 "역사가 무슨 소용이 있을까요?" 한 어린이의 단순한 호기심과 겹쳐 내 앞에 문제로서 나타났다. 나는 그 어른의 고뇌와 그 소년의 호기심 쌍방에 답안을 준비하지 않을 수 없는 심정이 되었다.

그의 심정을 내 나름대로 풀이하면 이렇게 된다. 역사가 가능하자면, 아니 역사가 믿을 수 있는 것으로 되려면 그것이 정의의 방향, 진리의 방향으로 움직여가야 한다. 또한 역사가 인생에 유익한 것이 되자면 그 교훈이 살아, 보람 있게 작용을 해야 한다. 그런데도 눈앞엔 패리(悖理)의 상황이 펼쳐지고 불의의 경향으로 역사가 전개되지 않는가. 이것은 반드시 충격이 아닐 수 없고 그 충격이 그 사람들의 가슴마다에 역사에의 불신을 심고 역사에의 회의를 싹트게 한다. 마르크 블로크는 "그러나 그렇지 않다"라고 외치고 싶었고 그 외침이 『역사를 위한 변명』으로 나타난 것이다.

하지만 나는 그의 책에서 역사를 불신해선 안 된다는 안타까움을 읽을 수는 있어도 역사를 신뢰해야 한다는 그의 교훈에 설복될 수는 없었다. 역사를 위한 변명을 쓰고자 한 그의 심정은 이해할 수 있었지만 설혹 그 책이 미완으로 끝나지 않고 완성을 보았다고 해도 그가 목적으로 한 변명은 무망한 것으로 느껴졌다.

"역사의 대상은 인간이다……. 풍경·기계·제도의 배후에 역사가 파악하고자 하는 건 인간들이다."

그는 이렇게도 말했지만 마르크 블로크는

자기의 비극적 죽음을 예증으로 해서 역사를 위한 변명의 불모성을 스스로 증명하고 만 셈이다. 인생의 원통함을 구제하지 못한 채 파악되는 인간이란 해부대에 놓인 시체일 뿐이다. 역사는 비정의 학문으로선 가능할진 몰라도 칼로 찌르면 선혈이 터져 나오는 인간이 그 변명을 써야 할 성질의 학문은 못 된다. 마르크 블로크의 죽음과 그와 유사한 죽음을 역사는 어떠한 설득력으로써 변명할 수 있단 말인가. 내가 마르크 블로크의 책을 언제나 되풀이해 읽는 것은 그러니 그의 물음의 진지함에 있는 것이지 그의 논증이 훌륭한 탓은 아니다. 내가 그를 존경하고 사랑하는 것은 불신하면서도 역사를 외면하지 못하고 회의하면서도 역사 속에서 답을 찾고자 하는 마음을 지워버릴 수 없는 탓이며 "역사가 우리를 기망하고 있다고 생각해야 할 것이 아닌가" 하는 질문을 그와 더불어 나누고 있는 시간이 내겐 그지없이 소중한 시간이 되기 때문이다. 그의 유언의 1절에 다음과 같은 것이 있다.

> 나는 생애를 통해 표현과 사상의 성실을 위해서 최선을 다했다. 나는 선량한 프랑스인으로서 살았으며 선량한 프랑스인으로서 죽는다.

20년 만에 밝혀진 전몰자 명단을 읽으면서도 나는 그다지 충격을 받지는 않았다. 가깝게 6·25 동란의 쓰라린 기억이 있었고 20년이란 세월이 흐른 탓인지도 몰랐다. 다만 나는 역사를 위한 변명이 가능하자면 이들 전몰자들의, 그 죽음의 의미가 그들의 죽음을 보상할 수 있게 밝혀져야 한다는 생각을 해보았다.

일본의 공식 발표에 의하면 2차 세계대전 중, 동원된 한국인의 수는 22만, 그 가운데 2만 2,000명가량이 전사했다. 그 일부인 2,315명의 명단이 밝혀진 셈인데 그 유골은 일본 후생성 창고에 먼지를 뒤집어쓴 채 방치되어 있다고 했다. 그날 나는 일기에 다음과 같이 썼다.

> 미군의 특수부대가 6·25 때 전사한 그들 동포의 유골, 또는 시체를 찾기 위해 이 나라의 방방곡곡을 헤매고 있는 광경을 목격한 적이 있다. 그들은 그렇게 해서 찾은 유골, 또는 시체를 일본 고쿠라, 요코하마 기지로 옮겨가서 정중하게 선별 납관한 뒤 성조기를 둘러 본국으로 송환하는 것이다. 인간을 존중한다는 것은 사자(死者)까지 존중해야 한다는 정성을 나는 거기서 배웠다. 일본은 10여 년의 시간과 막대한 비용을 써서 태평양 전역에 걸쳐 그들 전사자의 유골을 찾았다. 단 한 구의 시체가 있다는 정보를 듣고 남방의 정글을 수십 명의 조사원이 헤맸다는 기록을 나는 가지고 있다. 2차 세계대전 때 전몰한 동포의 수는 2만이 넘는다고 하는데 겨우 2천 수백 명의 명단이 밝혀졌을 뿐 아니라 그나마도 그 유골이 전쟁이 끝나고도 20년 동안 일본 후생성 창고에 방치되어 있다고 하니 기가 막힌다. 살아 일제의 무자비한 마수에 번롱(翻弄)당하고, 가혹한 운명 속에 죽어서 20년이란 장장한 세월 동안 창고의 먼지를 쓴 채 있어야 하다니 참으로 억울하기 짝이 없는 영혼들이다. 『예기(禮記)』에 '사이불황(死而不荒)'이라는 말이 있는데 이들이야말로 죽어도 죽을 수 없고 죽어 눈을 감을 수 없는 '사이부장(死而不葬)'의 망자들이다…….*

일기는 이 정도로 끝내버렸지만 나의 감상은 꼬리에 꼬리를 물고 서렸다. 나는 다시금 명단 위에 눈을 쏟지 않을 수 없었다. 알 듯 말 듯한 이름들이 시각과 뇌리 사이로 간혹 왕복했기 때문이다.

성명이 있고 본 적이 있고 전사한 곳이 적혀 있었는데 성은 일본식이고 이름은 한국식인 것이 눈에 거슬리면서 야릇한 감회를 돋우기도 했다. 그런데 전사한 지명이 다양했다. 가장 빈번히 나타나는 지명이 필리핀과 유황도(硫黄島: '이오섬'을 한자음으로 읽은 이름)였다. 그 밖에, 영인 트랙·라바울·사이판·파라오·뉴기니·웨이크·뉴브리튼·인도네시아·마카사르·발리·술라웨시·브라운·말로엘라프·솔로몬·말레이·비스마르크…… 등 태평양 전역의 도시 이름이 차례로 나타나 있었다. 나는 그 인명과 지명들을 읽어 내려가며 나도 모르게 뺨에 눈물이 흐르고 있는 것을 느꼈다. 태평양에 점재(點在)한 섬마다에 우리 동포의 핏자국이 있다는 느낌, 태평양 바다 깊이 물고기가 뜯어 먹다 만 앙상한 뼈다귀가 깔려 있다는 느낌! 나는 선뜻 이러한 대화를 연상해보았다. 그 대화란,

> "이웃집 아저씨는 전쟁터에서 돌아오셨는데 10년이 넘도록 우리 아버지는 왜 돌아오질 않죠?"
>
> 열두세 살 되는 딸의 물음을 받고 어머니는 조용히 말한다.
>
> "네 아버지는 태평양 넓은 바다, 그 바다 밑을 걸어서 오시느라고 이렇게 늦단다."

그런데 그들의 죽음의 의미는 무엇일까. 전연 무의미한 것일까. 그렇다면 사람이 그처럼 무의미한 죽음을 할 수 있을까. 인류를 위한 희생도 아니고 조국을 위한 봉사도 아니고 어떤 사상, 어떤 신념을 위한 순교도 아니다. 변명할 여지도 없는 노예로서의 죽임일 뿐이다. 사람이라면 본의 아니게 전쟁에 끌려 나가선 안되는 것이며 누구를 위해 무엇을 하라는 명분이 뚜렷하지 못할 땐 무기 따위를 들어선 결단코 안 된다. 이것이 사람으로서의 최소한도의 각오라야 한다. 이왕 죽어야 할 바엔 항거하다가 죽어야 옳다. 노예의 죽음보다 비참한 죽음은 다시 없다. 그러면서도 이러한 다짐이 무력한 푸념밖엔 더 될 것이 없다는 걸 나 자신이 잘 알고 있다. 나는 '카이로 선언'이 있고 난 후에 일본군에 끌려간 비굴한 놈이다. 그런 까닭에 해럴드 래스키의 다음과 같은 문장은 비수로 우리의 심장을 에는 내용으로 된다.

> 전 세계에 걸쳐 오늘날 청년들은 죽음의 문전에 서 있다. 몇백만이란 청년들이 아직 성년에도 미달한 그 생명을 자유를 위해서 바치고 있다. 이 꿈을 위해서 이미 수백만의 청년이 죽어갔는데 전쟁이 끝날 무렵엔 보다 더한 수의 청년이 죽어 있을 것이며 혹은 장님이 되고 귀머거리가 되고 불구자가 되어 이 인생에 있어서의 아름다움과 완전히 격리된 채 그 여생을 보

---

* 이 구절은 『예기(禮記)』가 아니라 노자의 『도덕경(道德經)』에 나오며, 원문 또한 '사이불황(死而不荒)'이 아니라 '사이부장(死而不葬)'이다.-편집자.

> 내게 될 것이다. 전 세계의 청년이 그 생명, 그 소유물 일체를 바치도록 요구당한 것은 우리들의 생애에 있어서 이번이 두 번째다. 그들은 그들 자신이 일으키지도 않은 전쟁 속에 고투하고 있다. 그리고 전쟁의 결과에 아마 대부분은 참여하지도 못할 것이다. 그들이야말로 그들 자신이 만든 것이 아닌 운명의 희생자이며 자신들의 선택을 거부당한 운명의, 그 제단에 바쳐진 제물들이다……. 그들의 과감한 투쟁을 볼 때 현대 청년 앞에 마음으로부터의 겸허를 느끼지 않을 사람은 없을 것이다. 그들은 용기를 가지고 전쟁터로 나갔다.

이것은 연합국의 청년들에 대한 찬사다. 우리들은 그 연합국 청년들을 도살하고 세계를 정복하려고 서둔 흉악한 하수인들 편에 서서 총을 들었던 것이다.

이런 생각을 하다가 나는 지금 이렇게 명단을 지켜보고 있는 나와, 이미 백골이 되어버린 그들과의 차위(差違)에 생각이 미쳤다. 어떤 사람은 생자(生者)와 사자(死者)와의 차이를 폭탄이 떨어진 곳에 있었다는 것과 그곳을 살큼 피했다는 것과의 차밖엔 안 된다고 했는데 나는 그보다도 더욱 사소한 차라는 것을 발견했다. 일본 참모본부에 있는 어떤 장교의 연필 끝의 장난일 뿐이다. 그 연필 끝이 어떤 사람들은 태평양으로 보내고 나는 중국 쑤저우(蘇州)로 보냈다. 그 연필 끝의 역사를 어떻게 설명할 것인가. 마르크 블로크는 그래도 역사를 위한 변명을 고집할 수 있을 것인가. 마르크 블로크는 "있다"고 대답한다. "서둘러선 안 돼. 역사는 변명돼야 해." 그의 근엄한 소리가 들려오지만 변명되어야 한다는 것과 변명할 수 있다는 것과는 다르다.

그때 H신문의 명단 발표는 일주일 동안의 연재 발표였다. 나는 매일처럼 그 명단을 살피고 있었는데 마지막 부분에 단 한 사람, 본적도 전사 지명도 밝히지 않고 일본식 성명이 아닌 한국식 그대로의 이름만으로 있는 것이 눈에 띄었다. 그 이름이 탁인수였다.

탁인수! 나는 벼락을 맞은 사람처럼 심장의 경련을 느꼈다. 나는 가까스로 숨을 몰아쉬며 중얼거렸다.

"과연 바로 그 탁인수일까?"

1945년 8월 하순, 중국 쑤저우의 하늘은 연일 화려하게 맑았다. 여름의 열기가 홍분된 내 마음에 서려 나의 회상 속에 나타나는 그 하늘의 푸르름은 거의 보랏빛으로 아름답고, 은빛을 언저리로 한 하얀 뭉게구름은 소년의 꿈처럼 황홀하기도 했다. 얼마간의 외포(畏佈)가 섞인 미래에 대한 부푼 기대는 썩어가는 풀잎 내음에도 인생의 향기를 맡았고 구슬땀이 얼굴을 구르는 더위에도 생명력의 약동을 느꼈다. 일본의 항복, 조국의 해방이란 엄청난 사실이 역사라는 작용을 실감케 했고 일본의 용병이란 처지로부터 벗어난 해방의 뜻이 감당하기 어려운 감동으로 치밀어 올라 가끔 눈에 눈물이 고였다. 아직 일본의 군복을 입고 있을망정 나의 마음은 이미 자유인이었다. 날개를 달고 하늘을 나는 꿈을 밤마다 꾸었다.

이러한 어느 날 나는 부대장 부관인 야마사키 중위의 부름을 받았다. 야마사키는 대학에서 사학을 공부한 간부 후보생 출신의 장교였다. 나와는 간혹 어울려 잡담을 하는 그런 사이였다. 화제에 38선 문제가 올랐다. 그러고 나서 야마사키는 나더러 부대의 기밀문서를 소각해달라는 부탁을 했다. 기밀문서는 거의 반 트럭이나 될 만큼의 부피였다. 부대원이 고작 400명 안팎인데 웬 기밀문서는 이렇게 많으냐고 빈정댔더니 야마사카는, "일본 군대가 주로 페이퍼 플레이만 한다는 걸 이제사 알았나" 하곤, 덧붙였다.

"한 장 남기지 않고 완전 소각을 해주게."

나는 병정 세 사람을 시켜 그 문서의 더미를 제철 공장 후면에 있는 방공호 근처로 옮겼다. 그 방공호는 미완성인 것이어서 지붕이 덮여 있지 않았다. 그 속에서 문서를 태우고 난 뒤 흙으로 방공호를 메워버릴 작정을 세웠다.

기밀문서라고 했지만 대단한 건 아니었다. 일일 명령철, 작전 명령철이 대부분을 차지했고 하드커버로 장정된 전훈철(戰訓綴)이란 것이 십수 권 있었고 그 밖엔 잡서류였다.

일일 명령철이란 인사 명령, 근무 명령 등을 모은 것이고 작전 명령이라야 신편 사단에의 병력 차출, 분견대의 배치, 출동에 관한 명령, 연습에 관한 명령 등으로 이곳저곳 책장을 넘겨보아도 별반 흥미 있는 것이 눈에 띄지 않았다. 나는 그 명령철과 잡서류를 먼저 태우라고 이르고 제철 공장의 그늘에 앉아 전훈철을 뒤졌다.

전훈이란 일본 군대에 있어서의 관보(官報)다. 하사관 이상의 인사 동정, 즉 승진과 보직 내용이 소상하게 기록된 부분도 있고 대소 전투의 상황을 요령 있게 기록한 부분도 있었다. 그 밖에 군사시설, 교육방법에 관한 지침 같은 것도 있었다. 가령 이런 따위의 기사도 있다. 유황도에서 철근 콘크리트의 토치카를 만들었다는데 몇십 센티미터 이상의 두께를 가진 것은 직격탄에 의하지 않곤 파괴되지 않았고 그 이하의 것은 주변에 낙하된 폭탄의 폭풍으로 붕괴되었다. 그러니 앞으로 만드는 토치카는 이러이러하게 만들도록 설계도와 재료표를 붙여 지시한다…….

대본영(大本營) 발표라고 해서 허무맹랑 거짓 선전을 하고 있던 일본군도 이 전훈에만은 거짓을 하지 않았던 모양이다. 나는 그 훈철을 통해서 6개월 전 부대에서 출발한 주정중대(舟艇中隊)가 양쯔강 상류에서 전원 익사한 사실을 알았고 바로 몇 달 전, 쑤저우로부터 얼마 되지 않은 지점에서 제47부대가 신사군(新四軍)의 습격을 받고 대손해를 본 적이 있다는 사실도 알았다. 이렇게 흥미에 이끌려 책장을 넘기고 있는데 돌연 군법회의 기록이란 것이 눈에 띄었다. 얼핏 보니 거기 한국인의 이름이 나타나 있었다. 나는 읽다가 말고 병정들이 눈치채지 않게 그 부분을 뜯어 호주머니에 집어넣었다. 그리고 또 그런 것이 없는가 하고 바쁘게 전훈철을 뒤지고 있는데 병정들의 소리가 들렸다. 먼저 것은 다 태웠으니 나머지를 태우자는 것이다. 나는 병정들을 보고 가져가라고 일렀다. 야무지게 장정되어 있는 것이 돼서 태우기가 힘들었다. 나는 한 장 한 장 찢어서 불 속으로 던져지는 전훈철을 보며 아쉬움을 느꼈다. 다시 없는 역사의 자료가 될 수 있을 것이란 생각에서였다.

"제기랄! 이렇게 태워 없앨 것 야무지게도 해놨네" 하고 하나의 병정이 투덜댔다.

"이처럼 앞을 못 보는 놈들 밑에 절절맸다고

생각하니 어이가 없군."

다른 하나의 대꾸였다.

기밀문서 소각 작업은 꼬박 세 시간이 걸렸다. 작업이 끝나면 자기 방으로 와서 술이라도 한잔하라는 야마사키의 청이 있었지만 나는 호주머니 속의 문서가 마음에 걸려 그것을 읽을 장소를 물색하기에 바빴다.

나는 전에 내가 맡아 있던 소모품 창고를 택했다. 나는 창고의 문을 잠그고 광선이 잘 들어오는 구석진 곳을 골라 앉아 그 서류를 꺼냈다. 제목은 '탁인수 군법회의 기록'이라고 되어 있었고 사건 경위는 다음과 같이 적혀 있었다.

성명 탁인수. 본적 경북 X군 X면 X리. 생년 월일 다이쇼(大正) 10년 X월 X일. 학력 동경 W대학 경제학부 졸. 이자(者)는 쇼와(昭和) 19년(1944년) 1월 20일 조선 용산 부대를 거쳐 동년 2월 5일 중지(中支) 파견군 제70사단 제21부대에 입주, 창저우(常州)에서 초년병 교육을 마치고 동년 7월 전장(鎭江) 분견대에 파견되자 일주일 후인 7월 17일, 부대를 이탈 중국 충의구국군으로 분적(奔敵) 황군(皇軍)의 기밀을 팔아 충구군 참령(소좌 상당 계급)으로 임명되어 이적 행위를 거듭했음. 그러고는 쇼와 20년(1945년) 1월, 조선인을 규합하여 충구군 내에 조선인 부대를 만들 목적으로 상해에 잠입. 인원 포섭과 자금 조달의 공작을 시작했음. 그동안 십수 명의 조선인을 포섭(인명 생략). 약간의 자금도 모았는데 이 동태를 찰지(察知)한 상하이 화성돈로(華盛頓路) XX번에 거주하는 조선인 장병중이 제보해왔으므로 2월 3일 오전 7시 장강반점에 투숙 중인 것을 상하이 헌병대가 체포했음.

이어 군법 회장에서의 문답 내용이 있었는데 그 가운덴 이런 응수가 있었다.

문: 탈출한 동기는 무엇이냐?

답: 나는 입대할 때부터 탈출할 기회만 노려왔다.

문: 동기와 이유를 말하라니까.

답: 조선인이 일본의 병정 노릇을 할 수 없다는 신념이 탈출의 동기이고 이유다.

문: 너는 조선인이 일시동인(一視同仁)의 혜택을 받고 있는 사실에 감사하게 생각하지 않는가?

답: 나는 일본을 조국의 원수라고 생각한다.

문: 너는 조선 독립이 가능하다고 보는가?

답: 가능하건 않건 꼭 독립을 해야 한다고 생각한다.

문: 조선 독립이 목적이면 조선 독립을 위한 단체로 갈 것이지 왜 충의구국군으로 갔느냐?

답: 충칭(重慶)은 멀어 가기가 힘들었기 때문에 방편상 충의구국군에 편입을 했다.

문: 충의구국군 따위의 잡군이 조선 독립에 도움이 되리라고 생각했던가?

답: 독립운동은 우리가 할 일이지 충의구국군이 할 일이 아니다.

문: 네가 가담한 충의구국군의 본거는 어디에 있으며 사령관은 누구냐?

답: 답할 수 없다.

문: 왜 답할 수 없느냐?

답: 동맹군의 정보를 알릴 수 없다는 군인의

본분으로서 말할 수 없다.

문: 네가 포섭한 조선인의 이름을 대라.

답: 말할 수 없다.

문: 네가 순순히 본 법정이 묻는 말에 대답하고 반성하는 빛이 있으면 너는 살 수 있고 그렇지 않으면 죽음이 있을 뿐이다. 삶과 죽음 가운데서 어느 편을 택할 것이냐?

답: 나는 죽음을 택하겠다.

문: 또 할 말이 없는가.

답: 너희들이 조금이라도 도의를 안다면 나를 죄인 취급할 것이 아니라 일단 포로로 취급하라고 요구도 했겠지만 그런 도의가 있는 놈들 같지 않으니 할 말이 전연 없다.

문: 너는 가족을 생각해본 적이 있는가? 너의 불충·불효·불손한 행위가 너의 가족에게 미칠 화를 생각해본 적이 있는가?

답: 나의 불효는 장차 역사가 보상해주리라고 믿는다.

적전(敵前) 부대 이탈, 분적, 이적 등의 죄명으로 판결은 사형. 1945년 6월 15일 상하이 경비사령부에서 법무 장교 입회하에 교수형 집행.

이란 대목으로서 그 문서는 끝나고 있었다. 나는 넋을 잃고 앉아 있었다. 편편한 관념의 조각이 휘날릴 뿐 하나의 상념으로 이어지질 않았다. 탁인수란 이름이 뇌리에 꽉 차게 확대되기도 하고 장병중이란 이름이 그것에 겹쳐지기도 했다. 6월 15일이라면 그땐 나는 창수(常熟)란 곳에서 미군의 상륙에 대비한 진지 구축을 하고 있었을 무렵이다. 불과 두 달 남짓한 시간, 그 시간만 용케 견딜 수 있었더라면 탁인수는 그가 그처럼 바라고 애썼던 조국의 해방을 보았을 것이었다. 나는 8월 15일 역사를 실감했다. 탁인수는 자기의 불행을 역사가 보상할 것으로 믿고 죽었다. 나는 내가 실감한 역사라는 것이 보잘것없는 감상이란 걸 알았다. 그 엄숙한 탁인수의 역사 속에 내가 기어들 자리는 없었다. 나는 한 마리의 버러지에 불과했다. 어둠이 창고 안에 기어들자 나는 대강의 사항을 수첩에 적어놓고 그 문서를 가루가 되도록 찢어 마루청 틈서리에 버렸다.

창고에서 나와 노을이 짙은 영정(營庭)을 걸어가다가 나는 큰 실수를 저질렀다는 뉘우침을 깨달았다. 그 문서를 없애버려선 안 되는 것이었다. 나는 그 문서를 한 자 틀림없이 내 기억 속에서 재생할 수 있다는 자신을 가지고 그것을 믿고 한 짓이었지만 내 기억만으로 대처할 수 없는 국면이 반드시 있을 것이었다. 그 문서는 증거 재료로서 보존했어야 옳았다.

그렇게 되고 보니 내가 읽은 내용을 경위 설명과 함께 친구들에게도 얘기할 수 없게 되었다. 왜 그 문서를 없애버렸느냐는 힐난이 있을 것이다. 항복한 일본 군대 내에서 그만한 부피의 문서를 간수하기란 어렵지 않았으니 명령이면 그대로 복종해야 하는 어느덧 몸에 배어버린 습성만으로 나의 실수를 설명하기란 힘들었다.

이러한 가책이 커감에 따라 나는 하필이면 야마사키 중위가 내게 왜 일을 시켰을까 하는 생각으로 번졌고 그것이 단순한 우연이라고 치더라도 그 우연엔 나의 지각을 넘은 곳에 있는 어떤 의미가 있는 것이라고 믿어졌다. 장병중이란 자를 찾아내서 그를 징벌하라는 섭리의 명령일지도 몰랐다. '나의 불효를 역사가 보상한

폴 내쉬(1889~1946)의 〈참호 속의 봄, 리지 우드, 1917〉(1918)

다'고 탁인수는 그의 최후 진술에서 말했는데 역사가 그의 불행을 보상하기 위해선 나의 역할이 필요하다는 뜻으로서도 해석될 수 있었다.

H신문에 발표된 명단의 맨 끝에 있는 탁인수란 이름을 보고 심장의 경련이 일으킬 정도로 놀란 것은 이런 까닭이 있어서였다.

"그런데 과연 그 탁인수일까?"

한 가닥 의혹은 남았다.

1945년 9월 초, 나는 한국 출신의 학도병 30여 명과 함께 쑤저우에서 현지 제대를 하고 상해로 갔다.

처음으로 보는 국제도시 상하이의 경관에도 그 이색적인 풍물에도 나의 마음은 끌리지 않았다. 장병중이란 이름이 가슴 한가운데 걸려 있었기 때문이다. 나는 우선 어떤 사람의 호의로 자푸루(乍浦路)에 거처를 정했다. 상하이의 지리에 익숙하길 기다려 소재를 확인할 작정이었다. 그랬는데 뜻밖인 기회에 나는 장과 대면하게 됐다.

서(徐)라고 하는, 나와는 동향인 교포가 하룻밤 한국 요정인 금강주가(金剛酒家)에 나를 초청했다. 나는 두 사람의 친구를 데리고 그 장소에 갔다. 서는 세 사람의 손님을 동반하고 기다리고 있었다. 서로 인사를 주고받고 보니 그 가운데의 한 사람이 장이었다. 나는 전신이 경직하는 듯했다. 서라는 동향인도 장과 한패로구나 하는 생각이 들자 도저히 그 자리를 견딜 수가 없었다. 그러나 참아야 했다. 천재일우라고 할 수 있는 이 기회에 장이란 자의 거동을 냉철히 관찰해야겠다고 다짐했다.

장은 서른대여섯으로 보였다. 회색 플란넬의 양복바지 위에 감색 상의를 입고 격자무늬의 갈색 넥타이를 매었는데 사파이어 비슷한 넥타이핀이 유난히 눈을 끌었다. 몸집은 약간 뚱뚱한 편이었다. 로이드 안경이 얼굴의 윤곽을 선명히 한 느낌이었고 얼굴의 빛은 반들반들 윤이 나 있었다. 외관으로선 어느 모로 보나 빈틈없는 신사의 차림이었고 의젓한 태도였다. 동포의 애국 청년을 일본 헌병에게 팔아넘길 위인으로는 아무래도 보이지 않았다. 동명이인일지도 모른다고 생각을 해보려는데 주고받는 얘기 가운데 화성돈로에 있다는 그의 집 얘기가 나왔다. 집을 팔아야겠는데 중국인들이 정세의 탓으로 값을 낮잡아 본다는 얘기였다. 나는 묘한 압박감을 느끼고 한시라도 그 자리를 피하고 싶은 충동이 거듭 솟구쳐 올랐지만 그 충동을 억제하기로 했다. 장병중은 국제 정세와 국내 정세에 대해서 제법 그의 견식을 과시하려고 들었다. 그러면서 충칭에 있는 임시정부에 정치자금을 대주었다는 자랑을 말 가운데 은근히 섞기도 했다.

"애국자가 상하이에서 살기란 광대 줄타기보다 더 아슬아슬한 노릇이었습니다. 독립운동을 도와야 하는데 일본 놈들의 감시가 여간 심하지 않았으니까요."

이렇게 말하며 숨은 애국자로서 고생이 많았다는 듯 그는 사뭇 심각한 표정을 짓기도 했다. 그러나 장의 그런 포즈에 탁인수가 넘어갔을 것이라고 생각했다. 독립운동가인 척하는 포즈를 믿고 탁인수는 사정을 통했을 것이다. 장은 그런 포즈를 미끼로 많은 애국 청년을 유도해선 일본 헌병에게 넘기고 그 대가로 풍족한 물질적 생활을 해온 것이란 짐작도 들었다. 나는 보기 좋게 술잔으로 그 면상을 후려갈려 놓고 그의 죄상을 폭로할 수 있으면 얼마나 후련할까 하는 생각을 되뇌이면서도 그럴 용기가 없는 나 자신이 너무 안타깝고 억울했다. 내가 만일 그런 태도로 나갔다면 생명이 없어질 것이라고 판단할 수도 있었다. 증거 없는 발언은 모함이라고 되잡힐 것이고, 상하이의 그 무렵은 사람을 죽이기란 간단한 일이었다.

술자리가 익어가자 장은 멋진 사교춤 가락을 보였다. 여자를 다루는 솜씨가 보통이 아니었다. '나의 불효는 장차 역사가 보상할 것이다.' 탁인수의 말이 또렷또렷 뇌리에 새겨졌다. 그런데 그날이, 그 보상이 언제 이루어질 것인가. 동포의 애국 청년을 죽음의 구렁텅이에 몰아넣고 그 대가로 사파이어의 넥타이핀으로 치장하곤 멋진 춤가락을 보이며 여자들과 희희낙락하는 장병중의 거동을 보고 있으니 아무리 참으려고 해도 견딜 수가 없었다. 현기증이 났다. 기분이 좋지 않으니 돌아가 쉬어야 되겠다면서 나는 그 자리에서 일어섰다. 서가 만류를 했다. 그 꼴마저 보기가 싫었다. 나는 친구들은 남게 하고 굳이 그 자리에서 빠져나왔다. 장이 문간까지 따라나왔다.

"앞으로 서로 협력해서 건국 운동에 힘씁시다."

진정 귀를 씻고 싶은 장의 말이었다. 장병중이 내 어깨에 손을 얹을 것 같아서 나는 질겁을 했다. 현기증이 심하다는 듯 표정을 꾸미고 장이 청해온 악수를 가까스로 피하곤 금강주가를 뒤로했다. 거리로 나와서야 나는 비로소 깊은 숨을 내쉬었다.

초가을의 상하이의 밤. 자동차와 인력거와 사람들이 붐비고 있는 거리를 나는 혼자 걸어 브로드맨션 앞을 지나 가든 브리지에 섰다. 황푸강(黃浦江) 어두운 수면에 상하이의 불야성이 비치고 있었다.

그때에 떠오른 상념을 모조리 기억할 수는 없다. 다만 탁인수를 대신해서 장병중에게 보복할 책임이 내게 있다는 자각과 다짐을 굳힌 기억만은 지금도 생생하다. 가든 브리지의 난간 이곳저곳에 기대 서서 고낭(姑娘)과 키스하고 있는 미군 병사들이 보였다.

인력거에 인력거의 차부를 태우고 끌고 가는 미군 병사의 장난스러운 모습도 보였다. 그날 밤 나는 백계러시아인의 할머니가 경영하는 술집을 찾아 보드카를 마셨다. '타차냐'라는 그 집 손녀는 『죄와 벌』의 '소냐'처럼 가냘프고 아름답고 창백한 소녀였는데 내게 '오친 하라쇼' 란 러시아어를 가르쳐주었다.

"오친 하라쇼! 영어론 베리 굿이란 뜻이에요. 베리 굿. 트레 비앙보다 훨씬 이 말이 좋죠? 오친 하라쇼!"

10월 중순, 중칭으로부터 이연호 장군이 상하이로 왔다. 이 장군은 장제스 총통의 고문으로 계셨다. 그 본명은 이상천. 무인이며 문인인, 시인 이상화, 역사학자 이상백 선생의 백형이다. 나와는 초대면이었으나 집안의 어른들을 대니 우리 집안 어른과는 친숙한 사이라고 했다. 그분에게만은 나는 집안의 어른에게 대하듯 어리광을 피울 수 있었다. 어느 날 나는 탁인수의 사건을 얘기하고 장병중이 현재 상하이에 있다는 사실도 알리고 나의 도의적인 책임

같은 것도 말해보았다. 이 장군은 묵묵히 한동안을 앉아 있더니 입을 열였다.

"지금은 보복할 때가 아니고 지켜볼 때다. 지금 보복이 시작되면 나라의 일은 뒤죽박죽이 된다. 왜놈의 밀정은 장병중 하나만이 아니다. 이 상하이는 왜놈의 밀정이 우글거린 곳이다. 물론 도의적인 책임감을 포기해선 안 된다. 나는 자네보다 수십 배나 많은 밀정을 알고 있고 수십 건 증언해야 할 사건을 가지고 있다. 그러나 상하이에서만은 그런 일을 잊고 지내도록 하자."

그러고는 이렇게 덧붙였다.

"그런데 보복이나 복수라는 건 사람의 힘으론 비겁한 노릇이다."

나는 그와 비슷한 뜻의 말이 톨스토이의 『안나 카레니나』 권두에 있다면서 외워 보였다.

"복수는 내게 있다. 내가 갚을 것이다."

"그런 게 있었지, 바로 그거다."

이 장군은 호방하게 웃었다.

나는 당분간 탁인수의 사건과 장병중의 이름을 묻어두기로 했다. 그러나 때때로 그 사건과 그 이름은 나의 심상을 흐리게 하는 구름이 되었고 나의 양심을 찌르는 바늘 끝이 되었다.

그 이듬해 2월 나는 고국으로 돌아왔다. 아득히 부산항의 윤곽이 보이기 시작할 때 어쩌면 같은 배를 타고 돌아오게 되었을지도 모르는 탁인수를 생각했다. 같은 배는 아니었지만 동시에 상해를 떠난 다른 배에 장병중이 타고 있는 사실을 나는 알고 있었다. 그것도 우연한 기회에 알게 된 것이다. 나는 그때 탁인수의 고향을 찾아가볼 작정을 했지만 귀국 후에 뒤따른 황망한 나날 속에 그 작정은 묻혀버리고 말았다. 장병중에 대한 집념도 점차로 희석되어갔다. 그랬는데 어느 날 장 쪽에서 나를 찾았다. 그가 나를 직접 찾아온 것이 아니라 내가 그의 소재를 알려고 하지도 않았는데 우연한 기회에 그가 서울에서 무역 회사를 한다는 사실과 그 주소까지 알게 되고 보니 그가 나를 찾았다는 느낌으로 강세(强勢)되었다는 뜻이다.

그러나 장병중의 소재를 알았다고 해서 어떻게 문제를 만들어볼 방도가 없었다.

그 후, 수년이 지나 6·25 동란 당시 나는 장과 부산 광복동 거리에서 그와 지나친 일이 있다. 내가 그를 아는 척할 까닭도 없었고 그가 내게 인사할 까닭도 없었다. 그저 지나친 정도였는데 여전히 형편은 좋은 모양으로 피난민이 우글거리고 있는 거리에선 눈에 띄게 말쑥한 차림을 하고 있었다.

그리고 또 4, 5년의 세월이 흘렀다.

어느 날 신문을 펴 들었더니 장병중이 K도의 D군에서 제3대 국회의원 선거에 입후보했다는 기사가 나와 있었다. 나는 공연히 당황하기 시작했다. 이때를 놓치면 탁인수 사건에 대한 나의 도의적 책임을 다할 기회는 영영 없어질 것이란 짐작 같은 것도 들었다. 생각하면 우연이라고 하겠지만 어떤 의미가 있다고 보지 않을 수 없도록 우연은 연속되었다. 탁인수 사건의 문서를 보게 된 우연, 상해에 가자마자 장병중을 만나게 된 우연, 귀국하자 얼마 안 되어 그의 소재를 수월하게 알 수 있었던 우연, 6·25 때 광복동에서 지나친 우연 그리고 이 신문 보도를, 수백 명 입후보자에 섞여 깨알만 하게 기재되어 있는 보도를 읽게 된 우연……. 다시 말하면 섭리는 집요하리만큼 우연을 만들어 나의 행동을 재촉하는 것이라고 느껴지기도 했다.

나는 생각하다 못해 내가 근무하고 있는 학교에 일주일의 휴가원을 내놓고 K도의 D군으로 갔다. 거길 가서 무엇을 어떻게 하겠다는 계획도 작정도 없었다. 그저 가보지 않을 수 없는 초조감에 강박당한 행동이었다.

K도의 D군은 아담한 산과 들과 강으로써 꾸며진 소박한 고장이었다. 나는 읍내의 중심에 있는 여관에 자리를 잡고 나름대로의 동정을 살폈다. 장병중 외 일곱의 입후보자가 있었는데 대체의 공기로선 지방의 명망가인 C씨라는 사람이 결정적으로 우세했다. 그의 선친이 3·1운동 당시 지사인 데다가 본인도 부친의 유업을 맡아 일제강점기를 무난히 살아온 사람이고 그 군이 선출해 부끄럽지 않을 정도의 덕망과 능력의 소유자이기도 했다.

내가 그곳에 도착한 이틀 만엔가 읍내 국민학교('초등학교'의 전 용어)에서 합동 정견 발표회라는 것이 있었다. 가장 유망하다는 C씨의 연설은 그저 무난할 정도였는데 장병중이 연단에 서자 군중을 압도하는 듯한 효과를 거두었다. 그는 중국에서 자기가 얼마나 열렬하게 독립운동을 했는가를 신파조 웅변조로 지껄여댔다.

"누구나 말로는 애국한다고 한다. 그러나 애국자라면 실적이 있어야 한다. 실적을 가지고 사람을 평가해야 한다. 나는 생명을 바치고 조국 광복을 위해 싸웠다. 나는 그 대가로 여러분의 표를 원하는 것은 아니다. 그러한 실적이 있기에 누구보다도 충실한 일꾼이 되리라는 자신이 있기 때문에 여러분의 지지를 바란다."

대강 이런 결론으로 맺어진 연설이었는데 그 연설이 있고부터 읍내의 공기에 변동이 생긴 것 같았다. "장병중이 애국자다, 그리고 똑똑하다." 이런 말이 술집 한구석에 앉아 있는 나의 귓전을 스쳐 가기도 했다.

나는 새삼스럽게 탁인수 사건의 기록을 없애버린 나 자신을 뉘우쳤다. 그 기록만 있으면 그것을 복사해서 군내에 돌려 장의 가면을 갈기갈기 찢어놓을 수 있을 것인데 싶으니 가슴이 무거워 터질 것만 같았다. 뒷일이야 어떻게 되건 시장 한복판에 서서 장의 과거를 폭로해 볼까 하는 충동도 일었다. 그러면서도 내겐 그런 용기가 없다는 것을 내 자신이 너무도 잘 알고 있는 터였다.

생각한 끝에 나는 내 기억을 되살릴 수 있는 범위에서 탁인수 사건의 기록을 우리말로 재생해보기로 했다. 그것을 재생해서 인쇄물로 만들어 어떤 수단을 써서라도 군내에 돌리기만 하면 효과가 있을 것 같았다. 그 의논을 하기 위해 나는 서울에 가서 옛날 같이 일군(日軍)에 있었던 M이라는 친구를 찾았다. M에게만은 장에 관한 얘기를 한 적이 있었다. M군은 내 말을 듣자 집어치우라고 한마디로 잘라 말했다.

"그렇게 한 뒤 법률 문제가 귀찮아서가 아니라 입후보한 놈들 가운데 장병중이 같은 놈이 어디 한두 사람뿐인 줄 아나? 일제 때 경찰한 놈도 입후보하고 있고, 일제 때 헌병 노릇한 놈도 입후보하고 있고, 일제에 아부해서 출세하려고 덤빈 별의별 놈들이 입후보하고 있는 판인데 자네가 장병중을 방해한다고 대한민국의 국회가 올바로 될 줄 아나? 내버려둬. 국회가 친일파 민족 반역자의 소굴이 되건, 사기꾼의 집합소가 되건."

나는 본래 굳은 각오를 하고 간 것이 아니라 M군으로부터 용기를 얻을 양으로 찾아간 형편이었고 보니 M군이 그렇게 나오는 바람에 기가 꺾이고 말았다.

그날 밤, 다동 어떤 술집에서 M군은 이런 말도 했다.

"보라구, 전쟁으로 파괴된 서울을 재건할 생각은 않고 시체에 똥파리 엉겨 붙듯 이권에만 웅성대는 게 요즘 정치가들의 생리라네."

그리고 우스운 얘기 하나 할까 하고 다음과 같은 얘기를 들려주었다.

"언젠가 대전에서 J당대회가 있었지. 그것을 빈정댄 얘긴데 참 기가 막혀서 서민들의 비판의식을 보여준 좋은 예라고 생각했지. 얘기는 이랬어. 대전에서 후레자식들 대회가 있었는데 거기서 누가 1등을 했는지 아나? 제 어미를 서방질해서 돈 안 벌어 온다고 호되게 두드려 팬 놈이 1등을 했다네."

정치가나 정당이 그만큼 부패했고, 민심을 잃었다는 M군의 결론으로 나는 들었다.

나는 그길로 돌아와버렸다. 선거 결과 장병중은 3위로 낙선하고 C씨가 당선했다는 사실을 알았다. 그로써 반분이나마 풀렸다는 기분으로 나는 장병중을 까마득히 잊고 말았다.

"그런데 탁인수가 과연 그 탁인수일까?"

나는 몇 번이고 그 명단을 되풀이해서 보고 또 보고 했으니 본적지도 전사지도 밝혀놓지 않은 이름만의 활자가 명확한 답을 해줄 까닭이 없었다.

그리고 다시 6년이란 세월이 흘렀다. 작년, 그러니까 1971년이 저물 무렵 일본 후생성 창고에 있는 2,000여 위의 유골 봉환 문제가 어느 일각에서 일어나더니 그 가운데의 일부분이 돌아오게 되었다는 보도가 있었다. 나는 그 일을 서둘고 있는 J씨를 찾아가서 무슨 수단을 부려서도 탁인수의 유골만은 이번에 돌아오는 유골 가운데 끼이도록 해달라고 부탁했다. 드디어 작년 11월 20일, 246위의 유골이 돌아왔다. 다행하게도 탁인수의 유골이 그 속에 끼어 있었다.

그 유골이 돌아오고 나서야 비로소 탁인수가 바로 그 탁인수라는 것을 확인할 수가 있었다. 일제에 항거한 탓으로 해방 두 달 전에 참살당한 그의 영혼이 26년 동안 이역에서 방황하다가 드디어 고산(故山)의 품에 묻히게 된 것이다.

동시에 탁인수에겐 입대 전에 결혼한 부인이 탁인수의 유복자를 성인시키고 그냥 수절의 생활을 하고 있다는 사실도 알았다. 자그마하나마 26년 전 같은 운명에 묶였던 친구들의 정성으로 부산항을 굽어보는 양지바른 언덕에 순국열사로서의 그를 송덕하는 비를 세웠다.

그러나 나는 내게 과해진 문제가 낙착을 보았다고는 생각하지 않는다. 사람이 사람답게 살 수 있는 세상이 되려면 인과의 법칙이 일월성신의 운해처럼 분명해야 하는 것이다. 선인(善因)엔 선과(善果)가 있고 악인(惡因)엔 악과(惡果)가 있어야 한다. 이러한 섭리의 보람을 다하기 위해서 섭리는 우연이란 계기를 통해 필요로 한 사람을 소명한다. 나는 탁인수에 관한 섭리를 위해 분명히 섭리를 받은 사람이었다. 그런데 나는 그 소명의 명분을 다하지 못했고 나의 게으름과 나의 비겁함으로 인해서 섭리의 톱니바퀴를 어긋나게 비틀어놓은 결과가 되었다.

고발해야 할 일을 고발하지 않은 것은 스스로의 겁타(怯惰)만으로서 끝나는 노릇이 아니고 인과의 섭리를 어긋나게 하는 범죄행위이며 증언해야 할 것을 회피하는 것은 섭리의 법정에서 위증 행위가 된다고 볼 때 나는 천제(天帝)의 심판 앞에서는 장병중과 공범이 되는 것이다. 인과의 섭리가 일월성신의 운행처럼 정연하지 못한 탓이 나 같은 인간의 게으름과 비겁함 때문이라고 생각할 때 우울하지 않을 수 없다.

이런 경우 나는 부득이 마르크 블로크에게 물어보고 싶은 마음이 된다.

"블로크 교수, 당신이 나의 처지가 되었더라면 어떻게 하셨겠습니까?"

"……."

"섭리의 소명을 받았다고 생각하면 자기를 희생하더라도 결단적인 행동을 일으켜야 하는 것이 옳지 않았을까요. 당신이 리옹에서 레지스탕스를 한 것처럼……."

"……."

"탁인수나 당신 같은 희생자를 한 세대에 수백만 명씩 생산하고 있는 상황 속에 앉아 역사의 합리적 설명이 가능하다고 보십니까, 블로크 교수!"

"……."

"인과의 섭리가 행해지지 않고 악인(惡因)을 쌓은 인간들이 아직도 히틀러처럼, 무솔리니처럼 설치고 있다면, 그런 상황을 그대로 허용할 수밖에 없다면 역사를 위한 변명이 무슨 소용이 있겠습니까?"

"……."

"역사가 인생에게 유익하려면 악의 원인을 철저히 캐내어 그것을 근절하는 방법을 만들어내야 하지 않겠습니까?"

그제야 겨우 블로크 교수는 입을 연다.

"역사에 있어서의 유일한 원인의 탐구란 일종의 미신이며, 책임자를 가려내려고 하는 가치판단의 교활한 형식에 불과하다. 공죄가 어느 편에 있느냐고 재판관은 묻는다. 학자는 왜라고 묻고 그 답안이 단순할 수 없다는 결론으로 만족해버린다. 원인의 일원론은 역사의 설명에 있어서의 장애물일 따름이다. 역사는 원인의 파도를 파악해야 한다."

나는 이 블로크 교수의 말을 다음과 같이 풀이하기로 한다.

"역사는 원인을 파도로서 파악해야 하는데 그 파도에 휘말려 익사할 경우도 있다고."

동시에 이런 말도 들린다.

"섭리의 소명에 용감하게 응해야지만 섭리는 너를 소명한 것으로 작용을 정지하는 것이 아니라 보다 큰 규모로 보다 치밀하게 그물을 치고 작용한다. 그러나 섭리란 것을 나는 싫어한다. 섭리가 등장하면 역사는 퇴장해야 하니까."

나는 초조하게 반박해본다.

"역사를 위한 변명이 가능하자면 섭리의 힘을 빌릴 수밖엔 없을 텐데요."

이때 마르크 블로크 교수는 내게 부드러운 웃음을 보내며 말한다.

"서둘지 마라. 자네는 아직 젊다. 자네는 역사를 변명하기 위해서라도 소설을 써라. 역사가 생명을 얻자면 섭리의 힘을 빌릴 것이 아니라 소설의 힘, 문학의 힘을 빌려야 한다."

"어디 역사뿐일까요. 인생이 그 혹독한 불행 속에서도 슬기를 되찾고 살자면 문학의 힘을 빌릴 수밖엔 없을 텐데요."

그러면 마르크 블로크의 대답이 돌아온다.

"그렇다. 나도 문학을 외면한 어떤 인간의 노력도 인정하지 않는다."

간혹 이렇게 마르크 블로크 교수를 비롯한 철학자와 문인들과 밤을 세워가며 대화를 나눠보는 것이지만 탁인수의 죽음과 마르크 블로크의 죽음, 그리고 이와 유사한 죽음을 한 세대에 수백만 명씩 만들어내고 지금 이 순간에도 그러한 죽음이 세계 도처에 깔려 있을 것을 생각하면 역사를 위한 변명은 고사하고 인생을 위한 변명조차 성립할 수 없다는 느낌에 사로잡힌다.

그러나 뭣인가 변명에의 노력 없이 우리는 살아갈 수가 없다.

생각에 따라서는 우리가 살고 있는 하루하루가 변명에의 시도인 것이다.

가을의 밤이 깊었다.

나는 이제 막 써놓은 원고의 부피를 보면서 이것이 탁인수에게 대한 나의 변명이 될 수 있을까 하고 생각해본다.

어느덧 일기 시작한 가을의 밤바람이 창틀을 흔들고 나가는 소리가 쓸쓸하다. 그 바람 소리를 타고 들려오는 탄식이 있다.

秋墳鬼唱能家詩 恨血千年土中碧

"원한에 사무친 사람의 피는 천 년이 가도 흙 속의 벽옥처럼 완연하리라"라는, 아득히 천 년의 저편에서 들려오는 이하(李賀)의 탄식이다.

이병주의 『마술사』

(한길사, 2006)

이병주(1921~1992)

언론인, 소설가. 경남 하동 출생. 일본 메이지대학교 문예과 졸업. 부산 〈국제신보〉 편집국장 및 주필 역임. 태평양전쟁 시기 학도병으로 끌려가 중국 전선에 투입되었다. 5·16 군사정변 직후 필화 사건으로 징역 10년형을 선고받고 2년 7개월 복역. 금기시되었던 소재인 이데올로기 문제를 둘러싼 지식인의 고뇌를 주로 다뤘다. 그의 고향 하동에는 '이병주문학관'이 세워져 있다. 『지리산』, 『산하』, 『그래 5월』, 『관부연락선』 등 현대사를 소재로 역사소설을 즐겨 썼다.

CHAPTER 5

환대의 식탁

타인은 내게 누구인가

1

누가 이웃인가

루가의 복음서

공동번역성서 신약 「루가의 복음서」에 나오는 '사마리아인' 이야기는 진부할 정도로 유명하다. 그러나 그 이야기의 핵심 메시지를 이해하는 데 필요한 배경 문맥은 잘 알려져 있지 않다. 그 문맥을 빠뜨리고 나면 사마리아인 이야기는 곤경에 빠진 한 인간을 도와준 어떤 착한 이웃의 선행담 정도로 그 의미가 축소된다. 그런데 사마리아인 이야기는 그렇게 단순한 선행담이 아니다. 나사렛 예수가 활동했던 시대의 유대인 사회에서 '이웃'이라는 말이 의미하는 것은 혈연 동질성을 가진 동족 집단의 사람들과 그 동족 내부의 가까운 친구들이었다. 유대인에게는 유대인만이 이웃이다. 그들만이 한 식탁에 앉을 수 있고, 서로 초대하고 초대받으며 그 초대된 식탁에서 환대받는다. 종족이 다르면 이웃으로 간주되지 않는다. 다른 종족의 사람과 한 식탁에 앉는다는 것은 '금기'다. 이것이 '사마리아인' 이야기를 읽는 사람들이 기억해야 할 핵심적인 당대적 문화 정보다. 그런데 길에서 강도를 만나 죽어가는 유대인을 구출한 '사마리아 사람'은 누구인가? 그는 사마리아인이지 유대인이 아니다. 더 중요하게도, 유대인과 사마리아인은 서로 우호적 관계에 있었던 종족이 아니다. 오히려 그 반대다. 유대인과 사마리아인은 친구도 이웃도 아닌, 서로 자주 적대 관계에 놓이곤 하던 이종족이다. 그러니까 「루가의 복음서」의 사마리아인 이야기는 유대인의 이웃이 아닌 자가 유대인을 구출한 이야기다. 더구나 곤경에 빠진 유대인을 '피해서' 지나가버린 사제나 레위인은 모두 같은 유대인이다. 유대인이 모른 체하고 지나가버린 유대인 봉변자를 유대인이 아닌 사마리아인이 구해준 것이다.

이 이야기에 나오는 율법 교사(그는 말할 것도 없이 유대인이다)가 나사렛 예수에게 던지는 질문("그러면 누가 저의 이웃입니까?")은 일종의 도전이다. 텍스트에는 나와 있지 않지만 그 율법 교사는 예수가 유대 사회의 행동 기준을 어기고 이방 민족 사람들과 어울리는가 하면 심지어 창녀, 거지, 생선 장수처럼 지체와 신분이 낮은 사람들과도 한 식탁에 앉는다는 것을 소문으로 들어서 알고 있는 것 같다. 그 예수에게 그는 (짐짓 제가 옳다는 것을 드러내려고) "당신에게는 누가 이웃인가? 유대인 아닌 자가 당신의 이웃인가?"라고 도전적으로 묻고 있는 셈이다. 또 그 율법 교사에게 예수가 들려준 사마리아인 이야기는 텍스트 배후에 이런 반격을 담고 있다. "유대인은 유대인을 돕지 않았다. 그를 도운 것은 사마리아인이다. 그렇다면 누가 유대인의 이웃이냐?" 종족, 지체, 신분을 가리지 않고 모든 이를 초대해서 한자리에 앉고자 했던 것이 나사렛 예수가 차려 보인 '환대의 식탁'이다.

너도 가서 그렇게 행하라

어떤 율법 교사가 일어서서 예수의 속을 떠보려고 "선생님, 제가 무슨 일을 해야 영원한 생명을 얻을 수 있겠습니까?" 하고 물었다.

예수께서는 "율법서에 무엇이라고 적혀 있으며 너는 그것을 어떻게 읽었느냐?" 하고 반문하셨다.

"'네 마음을 다하고 네 목숨을 다하고 네 힘을 다하고 네 생각을 다하여 주님이신 네 하느님을 사랑하여라. 그리고 네 이웃을 네 몸같이 사랑하여라' 하였습니다."

이 대답에 예수께서는 "옳은 대답이다. 그대로 실천하여라. 그러면 살 수 있다" 하고 말씀하셨다.

그러나 율법 교사는 짐짓 제가 옳다는 것을 드러내려고 "그러면 누가 저의 이웃입니까?" 하고 물었다.

예수께서는 이렇게 말씀하셨다.

"어떤 사람이 예루살렘에서 예리고로 내려가다가 강도들을 만났다. 강도들은 그 사람이 가진 것을 모조리 빼앗고 마구 두들겨서 반쯤 죽여놓고 갔다. 마침 한 사제가 바로 그 길로 내려가다가 그 사람을 보고는 피해서 지나가버렸다. 또 레위 사람도 거기까지 왔다가 그 사람을 보고 피해서 지나가버렸다. 그런데 길을 가던 어떤 사마리아 사람은 그의 옆을 지나다가 그를 보고는 가엾은 마음이 들어 가까이 가서 상처에 기름과 포도주를 붓고 싸매어 주고는 자기 나귀에 태워 여관으로 데려가서 간호해 주었다. 다음 날 자기 주머니에서 돈 두 데나리온을 꺼내어 여관 주인에게 주면서 '저 사람을 잘 돌보아주시오. 비용이 더 들면 돌아오는 길에 갚아드리겠소' 하며 부탁하고 떠났다. 자, 그러면 이 세 사람 중에서 강도를 만난 사람의 이웃이 되어준 사람은 누구였다고 생각하느냐?"

율법 교사가 "그 사람에게 사랑을 베푼 사람입니다" 하고 대답하자 예수께서는 "너도 가서 그렇게 하여라" 하고 말씀하셨다.

『공동번역성서』「루가의 복음서」 10장 25~37절

2

우리는 왜 이웃을 사랑하기 어려운가

지그문트 프로이트

우리는 이웃을 사랑할 수 있는가? 이웃을 네 몸처럼 사랑하라는 명령은 나사렛 예수가 인류에게 준 가르침이지만 그 명령은 불가능하고 불합리하고 부조리한 주문은 아닌가? 오히려 "네 이웃이 너를 사랑하는 만큼만 네 이웃을 사랑하라"고 말하는 편이 훨씬 더 합리적이고 이성적이지 않겠는가?

정신분석학자 프로이트는 이웃을 사랑하기가 결코 쉬운 일이 아니라는 점을 일찍이 지적한 사람 중 하나다. 인간에게는 사랑하는 감정 못지않게 미워하고 파괴하고 고통을 가하려는 공격 본능이 내재되어 있기 때문이다. 섣불리 이웃 사랑을 이야기하기보다는 공격 본능을 인정하는 것이 사람들 사이의 관계를 사유하는 합리적이고 현실적인 길일 수 있다는 것이다. 문명은 이성적 노력을 통해 인간의 원초적 공격 본능을 억제하려 하지만, 본능적 미움의 감정은 이성적 판단보다 강하기 때문에 문명의 그런 노력은 별로 성공적이지 못하다. 프로이트는 이웃 사랑보다는 이웃에 대한 증오나 반목이 오히려 우리 내부의 단결과 화합을 용이하게 해준다고 말한다. 많은 경우 인간은 '우리'와 '그들'을 나누고 '그들'에 대해 적개심과 공격성을 보임으로써 '우리' 사이에 단합과 일체감을 형성한다.

"네 이웃을 네 몸처럼 사랑하라"는 명령에는 많은 이웃 가운데 '우리'의 범주 안에 들어오는 이웃만 이웃이라고 보는 시각이 숨겨져 있는 것은 아닌가? '우리'의 범주에 끼지 못하는 이민족, 이교도에 대해서는 적개심과 공격성을 드러내는 것이 인간 역사의 적나라한 모습이 아닐까? 프로이트는 우리가 문명의 이름으로 숨기고 있는 폭력성, 공격성, 파괴성을 드러냄으로써 사랑의 허구성을 과감히 폭로하고 있다. 프로이트의 이런 비관적 시각은 폭력으로 점철된 인류 역사에서 이웃을 사랑하는 것이 정말 가능한가라는 어려운 문제를 제기한다. 나는 나와 다른 이웃을 과연 사랑할 수 있을까? 사랑할 수 있다면 그 가능성은 어디서 찾을 수 있을까?

'네 이웃을 너 자신처럼 사랑하라'는 계명은 온 세상에 널리 알려져 있으며, 이 계명을 가장 자랑스러운 가르침으로 내세우는 그리스도교보다 분명 더 오래된 것이지만 확실히 아주 오래된 것은 아니다. 역사가 기록되기 시작한 시대에도 사람들에게 여전히 낯선 것이었으니 말이다. 마치 처음 듣는 듯 순진한 태도로 이 계명에 대해 생각해보기로 하자. 그러면 우리는 놀라움과 의아한 느낌을 억누를 수 없을 것이다. 왜 그래야 하지? 그게 우리한테 무슨 도움이 되는데? 하지만 무엇보다도 어떻게 그걸 실천하지? 어떻게 하면 그게 가능해질까? 내 사랑은 내게 아주 소중하기에 잘 따져보지도 않고 그냥 내던져버리면 안 되는 것이다. 그것은 내게 의무를 부과하며, 나는 희생을 각오하고라도 그 의무를 수행할 준비가 되어 있어야만 한다.

따라서 내가 다른 누군가를 사랑한다면, 그는 어떤 식으로든 그럴만한 가치가 있는 사람이어야 한다{그가 내게 가져올 수 있는 유익뿐만 아니라 내게 성적(性的) 대상의 의미를 지닐 수 있다는 사실은 고려하지 않도록 하겠다. 이 두 가지 관계 유형 모두 이웃 사랑의 명령과 관련해서는 고려 대상이 아니니까 말이다}. 만일 그가 중요한 점에서 나와 매우 닮아서 그 안에서 발견하는 나 자신을 내가 사랑할 수 있다면 그는 내 사랑을 받을 자격이 있다. 그가 나보다 훨씬 더 완벽해서 나 자신의 인격에 관해 내가 품고 있던 이상을 그에게서 발견하고 그것을 사랑할 수 있는 경우도 마찬가지다. 또 그가 내 친구의 아들이라면 나는 그를 사랑할 수밖에 없다. 그에게 불행이 닥치면 친구가 느끼게 될 고통은 내 고통이기도 할 것이고, 나는 그 고통을 그와 나눠 가질 수밖에 없을 테니까. 하지만 그가 내게 낯선 사람이며, 고유한 자신의 가치도 지니지 못하고 내 정서적 삶에 미리 어떤 의미도 획득해두지 못해 나를 사로잡지 못한다면 내가 그를 사랑하기는 어려울 것이다. 아니, 그를 사랑하는 건 잘못이다. 내 가족들 모두가 내 사랑을 내가 그들을 다른 사람보다 더 좋아하는 증거로 여긴다. 그런데 내가 낯선 사람을 자신들과 동등하게 대한다면 그것은 그들에게 잘못을 범하는 것이다. 하지만 벌레나 지렁이, 뱀처럼 이 지구에서 살아가는 존재자라는 이유만으로 내가 그를 그런 보편적 사랑으로 사랑해야 한다면 아주 작은 양의 사랑만이 그의 몫이 될까 봐 걱정된다. 그렇게 되면 이성적 판단에 따라 나 자신을 위해 정당하게 남겨놓은 사랑의 양만큼 그를 사랑하기는 불가능할 것이다. 이렇듯 그 계명의 실천을 합리적이라고 추천할 수 없다면, 그 명령을 그렇게 엄숙하게 선언해본들 무슨 소용이 있을까?

좀 더 가까이 들여다보면 더 많은 난점이 나타난다. 이 낯선 이는 일반적인 의미로도 사랑받을 만한 가치가 없을 뿐 아니라 진지하게 고백하자면 내 적개심, 심지어는 증오의 대상이 되어야 마땅하다. 그는 나를 조금도 사랑하지 않는 듯하고 나에 대한 존중의 태도도 전혀 보여주지 않는다. 그에게 유익을 가져다준다면 그는 망설임 없이 나를 해친다. 그러면서 내게 끼치는 손해의 크기가 그가 얻는 유익의 규모와 일치하는지 스스로 묻지도 않는다. 아니, 거기서 얻는 유익이 있을 필요도 없다. 그렇게 함으로써 어떤 쾌락을 얻고 만족할 수만 있다면 나를 조롱하고 모욕하며 비방하고 자신의 힘을 내게 과시하는 데 전혀 거리낌이 없다. 그가 그렇게 하고도 자신이 안전하다고 믿을수록, 그런 일을 당하면서도 내가 어찌할 바를 모를수록, 더 확실하게 나는 그가 내게 그렇게 행동하리라 예상할 수 있다. 그가 다른 태도를 보인다면, 낯선 사람인 나를 존중하는 태도를 보여주고 보살펴준다면, 앞에서 언급한 명령이 없더라도 나는 비슷한 방식으로 그에게 보답할 것이다. 아니, 저 엄청난 계명이 네 이웃이 너를 사랑하는 만큼 네 이웃을 사랑하라는 것이라면 나는 거기에 이의를 제기하지 않을 것이다.

그런데 훨씬 더 이해하기 힘들어 보이고 내 안에 더 격렬한 반항심을 불러일으키는 두 번째 계명이 있다. '네 원수를 사랑하라'는 계명이다. 하지만 곰곰 생각해보면 이 계명이 첫 계명보다 더 부당한 요구라고 해서 거부하는 건 잘못이다. 둘은 근본적으로는 같은 것이기 때문이다. 이제 어떤 위엄 있는 목소리가 나에게 다음과 같이 훈계하는 듯하다. '네 이웃이 사랑받을 만한 가치가 없기에, 아니 네 원수이기에 너는 그를 너 자신처럼 사랑해야 한다.' 그러면 나는 이 말이 '어리석기에 내가 믿나이다(credo quia absurdum)'와 마찬가지 말임을 깨닫게 된다.

따라서 나를 자기 자신처럼 사랑하라는 요구를 받는다면 내 이웃은 나와 마찬가지로 대답할 것이고, 내가 제시한 것과 마찬가지 이유로 나를 내쫓을 가능성이 매우 크다. 나와 똑같은 객관적 근거를 제시하지는 않겠지만 그도 궁극적으로는 나와 마찬가지 생각을 할 거라고 나는 믿는다. 어쨌든 인간 행동에는 차이들이 존재하는데 윤리는 그런 차이들이 생겨나는 조건들은 간과한 채 그것들을 '선'과 '악'으로 분류한다. 부인할 수 없는 이런 차이들이 제거되지 않는 한 고상한 윤리적 요구에의 복종은 악한 존재에게 곧장 유익을 가져다주며, 따라서 (선을 권장하고 악을 멀리하게 하려는-옮긴이) 문명의 목적을 해치게 된다. 여기서 우리는 프랑스 의회에서 사형제도를 논의할 때 일어났던 사건에 대해 상기하지 않을 수 없다. 한 연사가 사형제도를 없애야 한다고 열정적으로 연설했고 열렬한 박수갈채를 받았다. 그때 의사당에 다음과 같은 외침이 울려 퍼졌다. "살인자들부터 먼저 (살인을 멈추기를-옮긴이) 시작하시오."(Que messieurs les assassins commencent!)

이 모든 것 뒤에 숨어 있는 다음과 같은 현실을 사람들은 기꺼이 부인한다. '인간은 온화하고 사랑받고 싶어 하며 기껏해야 공격당하면 자신을 방어하는 능력 정도만 지닌 존재자가 아니다. 그의 타고난 충동 중 공격 성향이 아주 큰 몫을 차지할 수 있다.' 따라서 인간에게 이웃은 자신을 도와줄 수 있는 사람이거나 성적 대상이기만 한 것이 아니다. 이웃은 인간에게 자신의 공격본능을 만족시키라고 유혹하는 존재이기도 하며, 어떤 보상도 제공하지 않은 채 그의 노동력을 착취하고 그의 동의 없이 그를 성적으로 이용하고 그의 재산을 강탈하며 그에게 굴욕감을 주고 고통을 느끼게 하며 고문하고 죽이도록 유혹하는 존재이기도 하다. 인간은 인간에게 늑대다(homo homini lupus). 자신의 개인적 삶과 인류 역사를 통해 온갖 일을 경험해본 후에도 어느 누가 감히 이 명제에 이의를 제기할 수 있겠는가? 이 무자비한 공격본능은 보통 때는 아직 사용되지는 않은 채로 밖에서 오는 자극을 기다리거나, 더 온건한 방법으로도 그 목표를 달성할 수 있을 다른 어떤 목적을 위해서만 사용된다. 그런데 그 공격본능을 억누르는 역할을 하는 정신적 힘이 사라져서 상황이 유리해지면 그 본능은 심지어 저절로 발휘되기도 한다. 그렇게 되면 인간이 자신과 같은 종에 속한 개체에 대한 존중심이라고는 없는 야수라는 사실이 드러난다. 민족 대이동, 훈족의 침입, 칭기즈칸과 티무르가 지휘한 몽골족의 침입, 신심 깊은 십자군을 통한 예루살렘 정복, 심지어 지난 세계대전 때 자행된 끔찍한 범죄들을 기억하는 사람이라면 앞에서 내가 제시한 견해가 참이라는 사실을 인정하고 겸손하게 고개를 숙일 수밖에 없을 것이다.

우리는 우리 자신에게 이런 공격 성향이 실제로 존재함을 느낄 수 있으며, 다른 사람에게도 당연히 그렇다고 가정할 수 있다. 그것이 이웃과 우리 사이의 적절한 관계 형성을 방해하고 문명에는 큰 비용을 강요한다. 이렇듯 인간들이 애초부터 서로에게 지니는 적대감 때문에 문명사회는 끊임없이 파멸의 위협을 마주하게 된다. 심지어 협력하여 노동하면 얻게 되는 이익도 인간들을 하나로 뭉치게 하지는 못할 것이다. 충동적 열정이 예상 가능한 합리적 이익에 대한 고려보다 강하니까 말이다. 인간의 공격 충동을 제한하고 심리적 반응형성*을 통해 그것을 억눌러 드러나지 않게 하려면 문명은 온 힘을 짜내야만 한다. 그래서 사람들을 몰아세워 (다른 사회구성원이나 기존의 사회규범에의- 옮긴이) 동일시와 목적달성이 제한된** 애정 관계로 이끌고 따라서 성생활을 제한할 다양한 방법이 동원되었다. 자기 자신처럼 이웃을 사랑하라는 이상적 계명도 마찬가지 이유에서 생겨난 것이다. 실제로 이 계명이 정당성을 얻게 되는 것은 다른 무엇도 원래 인간 본성에 이토록 어긋나는 것일 수 없다는 사실을 통해서다. 하지만 그 모든 노력에도 불구하고 문명은 지금까지 그다지 많은 성공을 이뤄내지는 못했다.

범죄자들에게 강제력을 행사할 권리를 자기 자신에게 부여함으로써 문명은 야만적 폭력이 가장 난폭하게 활개 치는 것을 막을 수 있기를 바란다. 하지만 더욱 조심스럽고 섬세하게 표출되는 인간의 공격본능은 법으로는 잡아낼 수가 없다. 성장해가면서 우리 각자는 어렸을 적 함께 사는 인간들에게 걸었던 기대가 환상임을 깨닫고 그 기대를 내던져버리게 되고 자신의 삶이 그들의 악의로 인해 얼마나 어렵고 고통스러워졌는지 경험할 수 있게 된다. 그렇다고 인간의 활동에서 다툼과 경쟁을 배제하려 한다고 문명을 비난하는 것은 잘못된 일일 것이다. 그것들은 분명 문명에 없어서는 안 될 것이다. 하지만 대립이 꼭 적대관계는 아니며, 다만 잘못 이용되면 그것을 촉발하는 계기가 될 뿐이다.

공산주의자들은 인류를 악에서 구원하는

* 무의식에서 비롯된 어떤 충동을 그에 반대되는 행동 방식을 통해 막아내는 것을 말함. 누군가에 대한 공격 충동을 억누르려고 그를 지나치게 친절하게 대하는 것이 한 예다.

** 본능적 충동을 직접 만족시키지 않으면서, 만족의 정도가 약하고 사회적으로 용인될 만한 간접적 방식을 통해 부분적으로 만족시키는.

방법을 발견했다고 믿는다. 그들에 따르면 인간은 분명 선한 존재자이며 이웃에게 호의적인데, 사유재산제도가 그 본성을 망쳐버렸다. 사유재산의 소유는 어떤 사람에게 권력을 부여하며, 그 권력을 사용해서 이웃을 학대하고픈 유혹도 제공한다. 사유재산을 소유하지 못하는 사람은 압제자에 대한 증오에 휩싸여 저항하게 된다. 사유재산을 제거해서 모든 재화가 공유되며 모든 사람이 그것을 함께 누릴 수 있게 하면 인간들 사이에서 악의와 적개심이 사라질 것이다. 모든 욕구가 충족되기에 누구도 다른 사람을 자신의 적이라 생각할 이유가 없을 것이며, 꼭 필요한 노동에는 모두가 자발적으로 참여하리라는 것이다. 나는 공산주의 체제를 경제학적으로 비판하는 데는 전혀 관심이 없다. 사유재산의 폐지가 공산주의자들이 정해놓은 목적달성에 도움이 되거나 유익한지를 분석할 능력은 내게 없다. 하지만 공산주의 체제의 심리적 전제가 근거 없는 환상이라는 사실을 알아챌 수는 있다. 사유재산의 폐지와 함께 사람들은 인간의 공격본능을 실현할 수 있는 수단을 하나 빼앗게 된다. 물론 그것은 분명 하나의 강력한 수단이기는 하지만 그렇다고 가장 강력한 수단은 아니다. 그것을 폐지했어도 다른 사람을 공격하려는 의도를 실행하기 위해 악용되는 권력과 영향력의 차이들은 전혀 바꿔내지 못했고 그 본질도 바꿔내지 못했다. 공격본능은 재산으로 인해 만들어진 것이 아니며, 사람들이 지닌 재산이라고 해봐야 아주 보잘것없는 수준이었던 원시시대에 오히려 공격본능이 거의 무제한의 지배력을 행사했다. 유아기에도 이미 소유물이 항문기에 갖게 되는 최초형태, 즉 배설물의 형태를 벗어나자마자 공격본능이 나타난다. 남자아이에 대한 엄마의 사랑이라는 유일한 예외를 제외하면 이런 공격본능은 인간들 사이에 생겨나는 모든 애정 관계의 토대를 이룬다. 물적 재화에 대한 개인의 권리를 제거한다고 해도 여전히 성적 관계에 대한 특권이 남는데, 이것이 다른 점에서는 평등해진 인간들 사이에서 나타나게 될 가장 강한 질투와 가장 격렬한 적개심의 원천이 될 것이 틀림없다. 성생활을 완전히 자유롭게 해줌으로써 이것도 제거하게 되면 문명의 기본 단위인 가족을 없애게 될 텐데, 그러면 문명의 발전이 어떤 새로운 길로 접어들게 될지 미리 알 수는 없지만 하나는 예상할 수 있다. 파괴할 수 없는 인간의 본성적 경향, 즉 공격본능은 그렇게 되더라도 계속 인간 문명에 수반되리라는 것이다.

인간이 자신의 이러한 공격적 성향을 포기하기란 아마도 쉽지 않을 것이다. 그렇게 하면 기분이 편치 않을 테니까 말이다. 비교적 소규모인 문명권의 장점은 그 바깥에 있는 사람들을 적으로 삼음으로써 그런 충동을 발산할 수 있게 해준다는 것인데, 이 점을 과소평가해서는 안 된다. 상당한 규모의 인간들을 사랑 안에 서로 묶어두는 것은 언제나 가능한 일이다. 공격본능을 표출할 다른 대상이 남아있다면 말이다. 언젠가 나는 바로 이웃하고 있고 다른 점에서도 서로 가까운 공동체들이 서로 다투고 조롱하는 현상을 연구하는 데 몰두한 적이 있다. 스페인 사람들과 포르투갈인들, 북부 독일인들과 남부 독일 사람들, 영국인들과 스코틀랜드 사람들처럼 말이다. 이 현상에 나는 "작은 차이들에 근거한 나르시시즘"이라는 명칭을 부여했지만, 그 현상을 설명하는 데 그다지 큰 도움이 되지는 못했다. 이제 사람들은 이 현상을 통해 사람들이 간단하고 비교적 해롭지 않게 자신들의 공격본능을 만족시키며 그럼으로써 그 공동체 구성원들을 더 쉽게 하나로 모으게 된다는 사실을 알게 된다. 전 세계로 흩어진 유대 민족은 이런 방식으로 자신들이 사는 나라의 문명에 인정받을 만할 정도로 이바지했다. 하지만 안타깝게도 중세의 모든 유대인 학살로도 이 시대를 그리스도인들에게 더 우호적이고 안전하게 만들기에는 충분하지 않았다. 사도 바울이 인간에 대한 보편적 사랑을 그리스도교 공동체의 기초로 삼은 이후에 그 바깥에 남아있는 이들을 그리스도교가 극도로 배척하게 된 것은 피할 수 없는 결과였다. 자신들의 국가 공동체의 토대를 사랑 위에 세우지 않았던 로마인들에게는 종교적 불관용이 낯선 것이었다. 그들에게 종교가 국가적인 일이었고 국가에 종교가 온통 스며들어 있었는데도 말이다. 게르만족의 세계 지배라는 꿈을 꾸던 이들이 그것을 보완하기 위해 반유대주의를 부르짖었던 것도 불가사의한 우연적 사건은 아니었다. 우리는 러시아에 새로운 공산주의 문명을 세우려 시도하면서 공산주의자들이 부르주아에 대한 박해에서 그 심리적 버팀목을 찾았던 이유를 이해할 수는 있다. 다만 부르주아를 뿌리째 뽑아낸 다음에는 소련 사람들이 무슨 일을 시작할지 그저 근심스러워하며 지켜볼 뿐이다.

문명이 인간의 성생활뿐만 아니라 공격적 성향에도 그토록 많은 희생을 요구한다면 우리는 그 문명 안에서 인간이 스스로 행복하다고 느끼기가 어려워지리라는 것을 더욱 잘 이해하게 된다. 사실 원시인은 그 점에서는 우리 현대인보다 나았다. 본능적 충동에 대한 제약이라는 것을 아예 몰랐으니까 말이다. 대신 그런 행복을 오래도록 누릴 가능성은 매우 적었다. 반면 문명인은 행복해질 가능성 일부를 포기하는 대신 약간의 행복이라도 오래도록 안전하게 누릴 가능성을 택했다. 하지만 원초적 가족에서는 그 우두머리만이 본능적 충동을 마음껏 충족시킬 자유를 누렸다는 사실을 잊지 말기로 하자. 반면 다른 사람들은 노예적 억압 가운데서 살아갔다. 따라서 저 태곳적 문명 시대에는 문명의 유익을 즐기는 소수와 이 유익 향유의 기회를 박탈당한 다수가 극단적으로 대조를 이루었다. 오늘날 생존해 있는 원시인들에 관한 꼼꼼한 연구를 통해 우리는 본능적 충동과 관련된 그들의 삶이 자유롭다고 해서 그것을 전혀 부러워할 필요가 없다는 사실을 알게 되었다. 그런 그들의 삶에는 다른 제약이 존재하는데, 아마도 그 제약은 현대의 문명인이 받는 것보다 훨씬 더 엄격할 것이다.

우리가 오늘날의 문명 상황에 불만을 제기하는 것은 당연한 일이다. 삶을 잘 정돈하여 우리를 행복하게 해달라는 요구가 얼마나 제대로 충족되지 못했는지, 가차 없는 비판을 통해 그 불완전함의 뿌리를 발견하려 노력했더라면 아마도 피할 수 있었을 불행이 얼마나 그대로 방치되었는지 말이다. 이렇게 불만을 제기할 때 우리는 분명 우리의 정당한 권리를 행사하는 것이지 우리가 문명의 적임을 드러내는 것은 아니다. 우리 문명이 우리 욕구들을 더 잘 충족시키고 앞에서 제기된 비난에서 벗어나는 방향으로 변화를 이뤄내리라고 기대할 수는 있을 것이다. 하지만 우리는 아마도 문명의 본질에 수반되는, 어떤 개혁의 시도로도 극복할 수 없는 난제들이 존재하리라는 생각에도 익숙해져야 할 것이다. 우리는 본능을 제한당하는 것은 각오하고 있지만, 그 외에도 "집단의 심리적 빈곤"이라고 부를 수 있는 상태가 생겨날 위험에 주목해야 한다. 사회의 유대가 주로 구성원들 사이의 동일시로 이루어져 있고 지도자들이 집단 형성에서 마땅히 가져야 할 중요성을 얻지 못할 경우, 이런 상태가 생겨날 위험이 가장 크다.

지그문트 프로이트의 『문명 속의 불만』

(김동훈 옮김, 2023)

지그문트 프로이트(Sigmund Freud, 1856~1939)

오스트리아의 정신과 의사, 철학자, 정신분석의 창시자. 이성적인 사유의 배후에서 인간의 정신을 지배하는 무의식의 영역을 발견하고, 무의식과 억압의 방어 기제에 대한 이론을 연구했다. 피분석자와 정신분석가의 대화를 통해 무의식을 탐색하는 정신분석학의 임상 치료 방식을 창안한 것으로 유명하다. 정신분석학은 임상과 의학만이 아니라 문학, 철학, 문화 연구 영역에서도 활발하게 논의되고 있다. 저서로 『꿈의 해석』, 『창조적 작가와 백일몽』, 『문명 속의 불만』 등이 있다.

있다

진은영

창백한 달빛에 네가 너의 여윈 팔과 다리를 만져보고 있다
밤이 목초 향기의 커튼을 살짝 들치고 엿보고 있다
달빛 아래 추수하는 사람들이 있다

빨간 손전등 두 개의 빛이
가위처럼 회청색 하늘을 자르고 있다

창 전면에 롤스크린이 쳐진 정오의 방처럼
책의 몇 줄이 환해질 때가 있다
창밖을 지나가는 알 수 없는 사람들이 있다

있다고, 말할 수 있을 뿐인 때가 있다
여기에 네가 있다 어린 시절의 작은 알코올 램프가 있다
늪 위로 쏟아지는 버드나무 노란 꽃가루가 있다
죽은 가지 위에 밤새 우는 것들이 있다
그 울음이 비에 젖은 속옷처럼 온몸에 달라붙을 때가 있다
확인할 수 없는 존재가 있다
깨진 나팔의 비명처럼
물결 위를 떠도는 낙하산처럼
투신한 여자의 얼굴 위로 펼쳐진 넓은 치마처럼
집 둘레에 노래가 있다.

진은영의 『훔쳐가는 노래』
(창비, 2012)

얼굴

에마뉘엘 레비나스

네모: 『전체와 무한』에서 당신은 얼굴에 대한 이야기를 하고 있다. 당신이 자주 들먹이는 주제 가운데 하나다. 이 얼굴의 현상학은 어떤 것이며 또한 어디에 쓰이는가? 다른 사람을 마주해서 쳐다볼 때 일어나는 현상을 분석한 의도가 무엇이냐는 것이다.

레비나스: 얼굴의 '현상학'이라고 할 수 있는지 모르겠다. 현상학이란 나타나는 대로 기술하는 것이기 때문이다. 또한 남의 얼굴을 쳐다본다고 할 수 있을지 모르겠다. 왜냐하면 쳐다보는 것은 앎이요 지각이기 때문이다. 내 생각으로는, 차라리 얼굴로 나아가는 것(l'accès aux visage) 그게 곧 윤리라고 본다. 얼굴을 기술하려면 코와 눈과 이마와 턱을 보아야 한다. 그때에는 남을 물건으로 대하는 것이다. 남을 만나는 가장 좋은 방식은 그의 눈 색깔마저 보지 않는 것이다. 눈 색깔을 관찰할 때는 이미 남과 사귐의 관계에 있는 것이 아니다. 얼굴과의 관계를 지각(perception)이 덮칠 수도 있지만, 원래 얼굴이라고 하는 것은 지각되는 것이 아니다.

먼저, 얼굴의 정직함이 있다. 숨김없이 얼굴을 드러낸다. 얼굴의 살갗은 발가벗었고 헐벗은 채로 있다. 깔끔하긴 하지만 여하튼 발가벗었다. 그리고 헐벗었다. 얼굴에는 가난이 깔려 있다. 흔히 어떤 자세를 취하고 무슨 내용을 담아 그 가난을 없애려고 노력하는 것만 보아도 그 점을 알 수 있다. 얼굴은 위협 앞에 노출되어 있다. 마치 폭력을 저지르도록 우리를 끌어들이는 듯하다. 동시에 얼굴은 우리의 살인을 금지한다.

레비나스: 다른 사람의 얼굴의 첫 마디는 '당신은 살인할 수 없다'는 말이다. 그것은 명령이다. 마치 스승이 내게 하듯, 얼굴은 나타나면서 계명을 준다. 그러나 동시에 얼굴

파울 클레(1879~1940)의 〈세네시오〉(1922)

은 헐벗었다. 그는 가난한 자요, 내가 그를 위해 아직도 무언가 할 일이 있다. 나는 그에게 빚을 지고 있는 것이다. 나는, 내가 누구든 '제일인자'로서 그 부름에 응답할 수 있는 여유를 갖고 있는 존재다.

레비나스: 나는 책임성을 주체성의 바탕을 이루는 제일 구조로 보았다. 윤리의 각도에서 주체성을 기술했기 때문이다. 여기서 윤리란, 무슨 실존의 바탕이 미리 있고 거기에 덧붙여진 것이 아니다. 윤리 곧 책임성 안에서만 주체의 실마리가 풀린다. 책임성이란 다른 사람에 대한 책임성이다. 그러므로 내 문제가 아닌 것에 대한 책임성이요 얼핏 보면 나와 상관없는 것에 대한 책임성이다. 그러나 자세히 보면 나와 관계가 있고 내게 얼굴로 다가오는 것에 대한 책임성이다.

네모: 얼굴로 발견한 다른 사람이 어떻게 내가 책임질 사람이 되는가?

레비나스: 얼굴이 뭐가 아닌지를 말하지 말고 얼굴이 무언지를 내놓고 말하면 그렇게 된다. 이제 얼굴이 무언지 내놓고 말해보자. 남이 나를 볼 때 나는 그에 대해 책임이 있다. 책임을 지고 뭘 하지는 않더라도 말이다. 그의 책임이 '내게로 돌아온다.' 그것은 내가 한 것을 넘어선 책임성이다. 보통은 자기가 한 일에 대해서 책임을 진다. 그러나 『존재와 달리』에서 나는 책임이란 원래 '다른 사람에 대한' 것임을 밝혔다. 그의 책임을 내가 책임져야 한다는 뜻이다.

네모: 다른 사람에 대한 책임이 주체성의 구조를 이루고 있다는 말은 무슨 뜻인가?

레비나스: 책임성이 단지 주체의 속성 가운데 하나가 아니라는 말이다. 마치 윤리관계 이전에 주체가 이미 있는 것처럼 볼 수 없다는 말이다. 주체는 자기에 대해(pour soi) 있지 않다. 다시 한 번 말하지만 주체는 처음부터 다른 사람에 대해 있다. 다른 사람이 내게 가까운 것은, 그가 가까운 공간에 있다거나 또는 부모처럼 가까워서가 아니다. 내가 그에게 책임이 있는 한, 그가 내게 다가선다는 면에서 가까운 것이다. 그 구조는 지향성의 관계와 전혀 다르다. 지향성 관계는 우리를 대상—그

것이 사람이든 아니면 다른 대상이든—으로 갖다 붙인다. 가까움은 그런 지향성으로 돌아가지 않는다. 다른 사람이 내게 알려져서 가까운 것이 아니다.

레비나스: 다른 사람과의 관계는 책임성으로만 맺어진다. 그 책임을 받아들이든 거절하든, 어떻게 책임을 질지 알든 모르든, 그를 위해 뭔가를 뚜렷하게 할 수 있든 없든 그렇다. 다른 사람과 가까움—내가 그리는 그의 모습을 넘어—속에 드러나는 것은 그의 얼굴인데(어떻게 보면 사람의 몸 전체가 얼굴이라고 할 수 있다) 그의 얼굴은 내가 그를 섬기도록 '명령한다.'

에마뉘엘 레비나스의 『윤리와 무한』

(양명수 옮김, 다산글방, 2000)

3

만물은 서로 돕는다: 상호부조론

표트르 크로포트킨

러시아 출신의 아나키즘 사상가 크로포트킨은 민중들이 자발적으로 주도권을 쥐고서 국가 제도 자체를 폐지하고 권력을 분산시켜 억압의 기제를 제거함으로써 평화적으로 혁명을 이룰 수 있다고 믿었다. 그가 그렇게 할 수 있었던 것은 다윈주의자 토마스 헉슬리와는 달리 인간이 적자생존을 통해 진화해온 것이 아니라 상호 협력을 통해 진화해왔다고 생각했기 때문이다. 심지어 그에 따르면 대부분의 동물 종들도 종의 생존에 비우호적인 자연환경을 극복하기 위해 개별적인 개체들끼리의 투쟁을 최소화하고 상호 협력함으로써 진화해왔다. 협력하지 않는 종들은 도태되었지만, 무리를 지어 상호 협력하는 종들은 살아남아 번성해왔다는 것이다.
가장 진화된 고등 생물인 인간에게 있어서도 사정은 다르지 않다고 그는 주장한다. 물론 인간의 내면에 존재하는 경쟁의 충동을 부정하지는 않지만, 그것이 역사를 이끄는 주된 동인이라고 여기지는 않았다. 우리가 읽게 될 본문에서 그는 자신이 그렇게 생각할 수 있게 해주었던 여러 근거를 제시한다. 여러분은 어떻게 생각하는가? 인류는 헉슬리가 주장한 바대로 경쟁을 통한 적자생존을 통해 진화해왔는가, 아니면 크로포트킨의 주장처럼 상호 협력을 통해서 진화해왔는가?

동물계의 진화에서 상호부조와 상호원조가 수행하는 커다란 역할에 관해서는 앞에서 간략히 분석해 보았다. 이제 우리는 동일한 요소가 인류의 진화에서 수행하는 역할을 살펴보아야 한다. 우리는 고립된 삶을 살아가는 동물 종이 얼마나 적은지를 보았다. 그리고 서로 보호해주기 위해서든, 아니면 사냥과 식량의 비축을 위해서든, 새끼를 키우기 위해서든, 아니면 단지 더불어 삶을 즐기기 위해서든 사회를 이루고 살아가는 동물들이 얼마나 많은지도 보았다. 우리는 서로 다른 동물군이나 동물종 사이에서, 혹은 같은 종의 다른 군집들 사이에서 수많은 싸움이 벌어짐에도 불구하고, 평화와 상호원조가 그 군집이나 종 내부의 규칙이라는 사실 또한 보았다. 그리고 서로 결속하는 방법과 경쟁을 피하는 방법을 가장 잘 아는 종들에게, 생존하거나 계속해서 점진적으로 발전할 최상의 기회가 주어진다는 사실도 아울러 확인했다. 그러한 종들은 번성했지만, 비사회적인 종들은 쇠퇴했다.

만약 인간이 그토록 일반적인 규칙의 예외라면, 그리하여 원시시대의 인간처럼 무방비 상태의 존재가 다른 동물들처럼 상호원조를 통해서가 아니라 종의 이익에는 상관없이 개인적 이득을 위한 무모한 경쟁을 통해서 자신을 보호하고 발전할 방법을 찾아야 했다면, 그것은 우리가 자연에 대해 아는 모든 사실과 전적으로 상반된 것이라는 점은 분명하다. '자연 속에 존재하는 협동'이라는 생각에 익숙한 사람에게는, 그러한 사실이 극도로 변호하기 어려운 것처럼 보인다. 그러나 아무리 있음 직하지 않고 철학적이지 않더라도, 언제나 지지자들은 있는 법이다. 인류에 관하여 비관적 견해를 취하는 저술가들은 항상 있어 왔다. 다소 피상적으로, 그들은 자신의 제한된 경험을 통해 인간을 알고 있었다. 그들은 전쟁과 잔인함과 억압을 항상 주시하고 있는 연대기 편찬자들이 그에 관해서나 그 밖의 다른 것들에 관해 이야기하는 바를 통해 역사를 이해했다. 그리고 나서 그들은 인류가 언제든 서로 싸울 준비가 되어 있지만 단지 어떤 권위의 개입에 의해 그렇게 하지 못할 뿐인 존재들이 느슨하게 모여 있는 집합체에 불과하다고 결론을 내렸다.

홉스가 그런 견해를 취했다. 18세기의 홉스 추종자들 가운데 일부는 인류가 어느 시대에도, 심지어 가장 원시적인 조건 속에서도 영속적인 전쟁 상태로 살았던 적은 없었다는 사실을 입증하고자 애썼다. 인간은 "자연상태"에서조차 사회적이었고, 인류가 초기 역사 시대에 경험했던 온갖 공포를 유발했던 것은 인간의 고약한 천성이 아니라 지식의 결핍 때문이었다는 것이다. 반대로 홉스는, 사람들이 짐승처럼 살다가 단순히 변덕이 나면 우연히 모이게 됐을 뿐, 이른바 "자연상태"는 개인들 간의 영구적 투쟁에 불과하다고 생각했다. 홉스의 시대 이후로 학문은 어느 정도 발전해왔고, 덕분에 우리가 홉스나 루소의 사변적 사상보다는 안전한 근거 위에 서 있게 된 것이 사실이다. 그러나 홉스의 철학을 숭배하는 사람들은 여전히 많다. 다윈의 주요한 사상보다는 그의 용어를 빌려와 원시인에 대한 홉스의 견해를 지지하는 논증을 만들어내고, 심지어 홉스의 견해에 과학의 외피를 입히는 데 성공한 작가들도 적지 않게 존재했다. 알려진 것처럼, 헉슬리는 그러한 작가군의 주도적 인물이었다. 1888년 집필한 한 논문에서, 헉슬리는 모든 윤리적 개념들을 결여한 채 생존을 위해 끝장을 볼 때까지 싸우며 "끊임없는 제멋대로의 투쟁"의 삶을 살아가는 호랑이나 사자와 같은 부류로 원시인들을 묘사했다. 그의 말을 인용하자면, "제한되고 일시적인 가족관계를 넘어서, 홉스가 주장한 만인에 대한 개인의 투쟁은 실존의 일상적 상태였다."

홉스와 18세기 철학자들의 주된 오류는 인

류가 더 큰 육식동물의 "제한적이고 일시적인" 가족들처럼, 작은 가족의 형태로 흩어져 살기 시작했다고 생각한 것이었다는 사실은 여러 차례 언급했다. 그러나 실제로 그러한 내용은 사실이 아니었다는 점이 지금은 분명하게 입증이 되었다. 물론 우리에게 원시 인류의 삶의 양식에 대한 직접적인 증거는 없다. 현재 지질학자들은 그들의 흔적을 신생대 제3기 퇴적층인 선신세나 중신세에서 찾으려는 경향을 보이고 있기는 하지만, 우리는 그들이 처음 나타난 시기조차도 확정하지 못한 상태다. 그러나 우리에겐 그토록 멀리 떨어져 있는 고대에 빛을 비추어 볼 수 있게 해주는 간접적인 방법이 있다. 지난 40년간 가장 저급한 원시 인종의 사회제도에 관해 더없이 면밀한 조사가 수행되었다. 이에 따라 현재 남아있는 원시적인 민족의 제도 중에서 오래전에 사라졌음에도 불구하고 이전에 존재했던 명백한 흔적을 남긴 훨씬 더 오래된 제도의 자취가 밝혀졌다. 인간적 제도의 발생학을 다루는 과학은 그렇게 해서 바흐오펜, 맥레넌, 모건, 에드워드 타일러, 메인, 포스트, 코발레프스키, 러벅, 그리고 다른 많은 사람들의 손에서 발전하게 됐다. 그리고 그 과학은 인류가 고립된 소규모 가족의 형태로 그들의 삶을 시작하지는 않았음을 의심의 여지 없이 증명했다.

가족은 원시적인 조직의 형태가 아니라, 인간의 진화 과정에서 아주 최근에 나타난 산물이다. 선사인종학을 통해 역사를 거슬러 올라가 보면, 인류가 고등 포유류의 군집과 유사한 부족의 형태로 사회를 이루며 살았다는 사실을 알게 된다. 이러한 사회가, 부족이나 씨족 조직으로 이행하는 데는 극도로 느리고 오랜 진화가 요구되었다. 이러한 조직이 일부다처제이든 일부일처제이든 가족의 최초 기원으로 등장할 수 있기까지는, 다시 한 번 아주 오랜 진화를 겪어야만 했다. 그리하여 가족이 아니라 사회나 무리, 부족이 인류와 인류의 최초 조상들이 만든 조직의 원시적 형태였다. 이것이 지난한 연구 끝에 인종학이 도달한 결론이다. 그러한 과정에서 인종학은 단지 동물학자가 예견했을 수도 있는 결론에 도달한 것뿐이었다. 몇몇 육식동물과 확실히 소멸해가는 유인원 종 일부(오랑우탄과 고릴라)를 제외하면, 작은 가족 단위로 숲에서 고립된 채 흩어져 살아가는 고등한 포유류는 존재하지 않는다. 다른 모든 종들은 사회 속에서 살고 있다. 고립된 채 살아가는 유인원들은 인간 같은 존재로 발달할 수 없었을 것임을 다윈은 아주 잘 이해하고 있었다. 그는 인간이 고릴라처럼 강하지만 비사회적인 종으로부터가 아니라, 침팬지처럼 비교적 약하지만 사회적인 종으로부터 내려왔다고 생각하는 경향이 있었다. 그래서 동물학과 선사인종학은 가족이 아니라 무리가 사회적 삶의 최초 형태라는 사실에 견해가 일치한다. 최초의 인간 사회는 고등동물의 삶이 지닌 본질을 구성하는 그러한 사회가 발전한 결과물일 뿐이었다.

이제 실증적 증거로 넘어가보면, 빙하기나 초기 후빙기까지 거슬러 올라갔을 때, 인간의 최초 흔적은 그때부터 이미 인간이 사회 속에서 살아왔다는 명백한 증거를 제공한다. 심지어 구석기 시대에도 외따로 발견된 석기는 매우 드물다. 반대로, 부싯돌 하나가 발견되면 확실히 다른 부싯돌도 발견될 수 있으며, 그것도 다량으로 발견되는 경우가 대부분이다. 지금은 멸종된 포유류와 더불어 인간이 동굴 속이나 때때로 불쑥 튀어나온 바위 아래 거주하면서 가장 거친 종류의 석재 손도끼조차 제대로 만들지 못하던 시절에, 인간은 이미 사회를 이루고 사는 삶의 이점을 알고 있었다. 도르도뉴강의 여러 지류가 흐르는 계곡에, 바위의 표면 어떤 곳은 완전히 초기 구석기 시대의 인간이 거주하는 동굴로 뒤덮여 있었다. 때때로 동굴 거주지는 층을 이루고 있었고, 그 모습은 확실히 육식동물의 은신처보다는 제비들의 둥지 군락을 연상시켰다. 러벅의 말을 빌리면, 그러한 동굴 속에서 발견된 석기에 관해 "그 수가 헤아릴 수 없다고 과장 없이 말할 수 있다." 같은 사실이 다른 초기 구석기 시대 유적지에도 해당된다. 라르테의 조사에서 드러나는 것처럼, 남프랑스의 오리냐크 지역에 살던 사람들은 죽은 사람을 매장할 때 부족 전체의 식사에 참여했다. 그렇게 지극히 먼 과거에도 당시 인간들은 사회를 이루고 살았고, 부족신앙의 맹아를 지니고 있었다.

석기시대 후반에 관해서는 같은 사실이 훨씬 더 잘 입증된다. 신석기 시대 인간의 흔적이 무수히 발견되어, 우리는 그들의 생활 방식을 상당한 정도로 재구성할 수 있게 되었다. (극지방에서 남쪽으로 프랑스 중부, 독일 중부, 그리고 러시아 중부까지 퍼져 있었고, 지금은 미국이 된 지역의 상당 부분과 캐나다까지 뒤덮고 있었을 것이 분명한) 빙원이 녹기 시작했을 때, 얼음이 걷히고 난 표면은 먼저 늪과 습지로, 후에는 수많은 호수로 뒤덮였다. 호수의 물이 계곡의 저지대를 모두 채우자 물살은 앞으로도 계속될 물줄기를 파냈고, 오랜 시간이 흘러 그 물줄기는 우리의 강이 되었다. 그리고 유럽에서든, 아시아에서든, 아메리카에서든, 우리가 탐험하는 곳이 그 어디든 간에, 호상기라는 명칭이 적절할 그 시기에 문자 그대로 수없이 많았던 호숫가에서 우리는 신석기 인간의 흔적을 발견한다. 그 흔적들이 너무 많아서 상대적으로 높은 당시의 인구밀도에 우리는 놀랄 뿐이다. 신석기인들의 "주거지"는 현재 오래된 호숫가의 표식이 되는 단지 위에 서로 가까이 연이어 있다. 그러한 각각의 주거지에서 수많은 석기가 발견되었던 탓에, 긴 시간 동안 많은 부족들이 그곳에 거주했다는 사실을 의심하기는 어렵다. 고고학자들은 함께 모이곤 했던 작업자들의 수를 증언해주는 전체 석기 작업장을 발견하였다.

이미 토기를 사용했던 더 발전된 시기의 흔적이 덴마크의 조개더미에서 발견되었다. 잘 알려진 대로, 이러한 조개더미는 두께가 1.5~3미터, 너비가 30~60미터, 길이가 300미터 이상의 더미 형태로 나타났고, 해안가 일부를 따라 아주 흔하게 널려 있었기 때문에 오랫동안 저절로 생겨난 것으로 여겨졌다. 그러나 그 조개더미에는 "이런 저런 방식으로 인간이 사용하는 데 유용했던 것 이외에는 포함되지 않았고", 인간의 노동이 만들어낸 산물로 빽빽하게 들어차 있어서 러벅은 밀가르드에 머문 이틀 동안 석기 191점과 4조각의 토기 파편을 발굴해냈다. 조개더미의 바로 그 크기와 규모는, 역시 조개껍질 같은 것들을 모으며 우리 시대에 살고 있는 푸에고 섬의 부족들처럼, 여러 세대에 걸쳐 덴마크의 해안가 곳곳에 확실히 평화롭게 함께 살았던 수백 개의 소규모 부족이 거주했다는 사실을 입증해 준다.

문명의 계속된 발전을 대변하는 스위스의 호수변 주거지는 사회적 삶과 노동에 관한 훨씬 더 나은 증거를 제공해준다. 석기시대 동안에도 스위스 호수변에는 촌락들이 점처럼 드문드문 늘어서 있었는데, 이 촌락들 각각은 몇 개의 오두막으로 이루어져 있었고 호수 안에 있는 수많은 기둥으로 떠받친 토대 위에 건축돼 있었다. 대부분 석기시대 것으로 보이는 촌락들이 레만호를 따라 줄잡아 24개가, 콘스탄스 호에서는 32개가, 뇌샤텔호에서는 46개가 발견되었다. 그것들 각각은 가족 단위가 아니라 부족 단위로 함께 쏟아부은 엄청난 양의 노동을 증언해주고 있다. 호숫가에 사는 사람들은 틀림없이 거의 전쟁을 겪지 않고 살았을 것이라는 주장이 제기돼 왔다. 특히나 우리가 오늘날까지 해안가 기둥 위에 지어진 유사한 형태의 촌락에 살고 있는 원시 민족의 삶을 고려해보면, 아마도 그랬을 것이다.

위에서 간략히 살펴본 단서에서도 확인되듯이, 원시 인간에 대한 우리의 지식은 결론적으로 그다지 빈약하지 않고, 또 어느 정도는 홉스의 사상에 찬성하기보다는 반대되는 편이다. 더욱이 원시 인류에 대한 우리의 지식은 선사시대에 유럽의 거주민들과 동일한 수준의 문명 수준에 놓여 있는 원시 부족에 대한 직접적 관찰을 통해 상당 정도 보완될 수 있다.

원시 민족 연구를 시작하자마자 우리에게 강한 인상을 남기는 첫 번째 사실은 그들의 결혼관계가 복잡하게 조직되어 있다는 것이다. 대부분의 결혼관계에서 우리가 생각하는 의미에서의 가족은 맹아적 형태로도 찾아보기 힘들다. 하지만 그러한 결혼관계는 일시적인 변덕으로 남성과 여성이 무질서한 방식으로 함께 들어서게 되는 느슨한 집합은 결코 아니다. 그 결혼은 모두 일정한 조직의 형태를 띠고 있는데, 모건은 이 조직을 일반적인 관점에서 "부족"이나 씨족 조직이라 표현했다.

이 문제를 가능한 간략하게 이야기한다면, 원시 인류가 "집단혼"으로 묘사될 수 있는 단계를 거쳤다는 데는 의심의 여지가 없다. 즉 혈족과는 거의 상관 없이 부족 전체가 남편과 부인을 공유했던 것이다. 그러나 아주 이른 시기에 자유로운 성교에 대한 일정한 제재가 가해졌다는 사실 또한 확실하다. 한 어머니의 아들과 어머니의 자매, 손녀 그리고 고모나 이모 사이의 근친결혼은 곧 금지되었다. 뒤이어 같은 어머니의 아들과 딸 사이에서도 결혼이 금지되었고, 그 밖의 제약들도 뒤따랐다. 한 혈통에서 나온 후손으로 추정되는 모든 사람들(또는 한 집단으로 모인 모든 사람들)을 포함하는 부족이나 씨족 개념이 발전하면서, 씨족 내에서의 결혼은 전적으로 금지되었다. "집단혼"은 여전히 유지됐지만, 부인이나 남편은 다른 씨족에서 데리고 와야 했다. 한 씨족의 수가 많아져 여러 씨족으로 갈라지면, 각각의 씨족들은 여러 계급으로 (보통은 4개의 계급으로) 나누어졌고, 결혼은 명확하게 구분된 계급 사이에서만 허락되었다. 이러한 단계는 오늘날에도 카밀라로이어를 사용하는 호주인들 중에서 확인된다. 가족의 경우 그 최초의 맹아는 씨족 조직에서 나타났다. 전쟁에서 포로로 잡힌 다른 씨족의 여인은 처음에 전체 씨족에 속해 있었을 테지만, 이후에는 부족에 대한 일정한 의무를 지는 조건으로 포획한 사람이 소유할 수 있었다. 씨족에게 일정한 조공을 지불한 후에 그 포로는 그녀를 포획한 남성이 자기 집으로 데리고 갈 수 있었고, 그 하위 씨족 내에서 독립된 가정을 이룰 수 있었다. 이러한 현상은 확실히 전적으로 새로운 단계의 문명을 여는 것이었다.

이 복잡한 조직은 알려진 것들 가운데 가장 낮은 발전단계에 있던 사람들에게서 발달한 것이고, 이 조직이 여론 외에는 다른 권위를 알지 못했던 사회 속에서 유지되었다는 사실을 고려한다면, 우리는 가장 낮은 단계에서조차도 사회적 본능이 인간의 본성 속에 깊게 뿌리내리고 있었음이 분명하다는 사실을 즉시 알게 된다. 그러한 조직 속에 살면서 자신의 개인적인 욕망과 지속적으로 충돌하는 규칙에 자발적으로 복종할 수 있는 야만인은, 확실히 윤리적 원칙을 결여하고 자신의 열정에 대한 통제력이라고는 알지 못하는 야수가 아니다. 그러나 우리가 씨족이라는 조직이 매우 오래되었음을 고려하면, 이러한 사실은 훨씬 더 인상적이다. 원시 셈족, 호메로스 시대의 그리스인, 선사시대 로마인, 타키투스 시대 게르만족, 초기 켈트족과 슬라브인 모두에게 그들 나름의 씨족 조직이 존재했다는 사실을 이제 우리는 알고 있다. 이러한 조직은 호주인, 붉은 인디언, 에스키모와 "야만인 지대"의 다른 거주민들과 매우 유사했다. 그러므로 우리는 혼인법의 진화가 모든 인간종에서 같은 방향으로 계속 진행되었거나, 또는 씨족 규칙의 기원이 독립된 종족으로 분화되기 이전의 셈족과 아리안족, 폴리네시아인 등의 공통된 조상들 가운데서 발전하게 되었다는 사실을 인정해야 한다. 아울러 이러한 규칙들이 오래전에 공통된 혈족에서 분리된 종들 가운데서 현재까지도 유지되고 있다는 사실을 인정해야만 한다. 그러나 이 두 가지 사실 모두는 똑같이 인상적인 그 제도의 강인한 생명력을 암시한다. 그러한 생명력은 그 제도가 존재해 왔던 수만 년 동안 어떠한 개인의 공격으로도 무너뜨릴 수 없었다. 씨족 조직의 바로 그 지속성은 원시 인류를 오직 자신의 개인적 열망만을 좇으며, 다른 모든 인간에 맞서 자신의 힘과 교활함을 이용할 뿐인 무질서한 개인들의 집합체로 간주하는 것이 얼마나 그릇되었는가를 보여준다. 억제되지 않은 개인주의는 근대에 생겨난 것이지, 원시 인류의 특징은 아니다.

표트르 크로포트킨의 『만물은 서로 돕는다』
(오흥명 옮김, 2025)

표트르 크로포트킨(Pyotr Kropotkin, 1842~1921)

러시아 출신의 혁명가, 사회주의자, 아나키즘 사상가. 『상호부조론』, 『빵의 쟁취』, 『혁명가의 회고록』 등을 저술하였다. 생산수단의 공동 소유와 임금제 폐지, 자유로운 합의에 따라 조직된 공동체를 강조함으로써 훗날 사회주의 운동가들에게 지역 단위의 조합 설립과 공동 작업에 대한 영감을 제공했다.

4

재난 속에 피어난 공동체

레베카 솔닛

만약 내가 사는 동네에 태풍이나 홍수가 닥쳐 전기가 끊기고 통신과 교통이 두절되고 동네 사람들만 고립되었다고 하자. 어떤 일이 일어날 것 같은가? 경찰도 구급차도 달려올 수 없는 상황일 때, 사람들은 서로를 약탈하고 폭력을 휘두를까? 아니면 경찰도 구급차도 달려올 수 없기 때문에 오히려 다쳐 쓰러진 사람들을 돌보고 먹을 것을 나누고 서로서로 도움의 손을 내밀게 될까?

2005년 초대형 허리케인 카트리나가 미국 뉴올리언스를 강타했을 때, 미국인들은 그 무시무시한 재난이 몰고 온 처참한 결과에 경악을 금치 못했다. 대도시가 완전히 물에 잠기고 600여 명의 사망자와 20만 명의 이재민이 발생했다. 사람들은 재난 자체보다도 범죄에 대한 공포에 사로잡혔고 살인과 약탈에 관한 신문 보도가 잇달았다. 하지만 이 글의 필자 레베카 솔닛은 뉴올리언스가 오랫동안 범죄율이 높은 도시였음에도 불구하고 재해 기간 동안 범죄율은 더 높아지지 않았다고 보고한다. 뉴올리언스가 도움이 필요한 재난 지역이 아니라 마치 범죄자들의 소굴인 것처럼 무력으로 대처한 것은 오히려 정부와 경찰이었다. 일반 시민들의 행동방식은 전혀 달랐다. 그들은 이타주의를 발휘했고, 서로 도왔으며 재난을 이기기 위해 함께 노력했다. 레베카 솔닛은 이런 모습이 뉴올리언스에서만 있었던 예외적 경우가 아니라 거의 모든 재난 상황에서 공통적으로 발견되는 일이라고 말한다. 사회적 신분이나 재산, 공권력이 무의미해지는 황폐한 재난 속에서 모든 사람이 생존이라는 단 하나의 목표 아래 평등하게 모일 때, 그곳에 도래하는 것은 무엇일까? 인간이 다른 인간에 대해 늑대가 되는 생지옥 같은 상황일까, 아니면 지옥 속에 피어나는 짧은 유토피아일까?

당신은 누구인가? 우리는 누구인가? 위기의 순간에 이것은 생사를 가르는 질문이다. 허리케인 카트리나가 뉴올리언스를 덮쳤을 때, 멕시코만 연안 전역에서 친척이나 이웃, 혹은 생면부지의 타인들이 손을 내밀고, 인근 지역과 멀게는 텍사스에서 보트를 소유한 수많은 사람들이 뉴올리언스로 달려와 고립된 사람들을 구조한 덕분에 수천 명이 목숨을 건졌다. 반면 경찰과 방범대원, 정부 고위관료, 대중매체는 뉴올리언스 시민들이 너무 위험해, 침수되고 오염된 도시에서 구조 활동을 펼칠 수 없으며, 심지어 병원에 있는 환자들조차 구조할 수 없다고 결정하는 바람에 수백 명이 목숨을 잃었다. 탈출을 시도하던 사람들 중 몇몇은 총부리에 겨눠져서 돌려보내지거나 사살되었다. 집단 강간과 살육과 폭력에 대한 소문이 나돌았다. 나중에 이 소문은 사실이 아닌 것으로 밝혀졌지만, 사람들이 지붕과 도로와 혼잡한 대피소와 병원에서 물도 식량도 의약품도 충분히 구하지 못하고 치료도 받지 못한 채 참을 수 없던 더위 속에서 죽어가는 그 절체절명의 순간에, 대중매체와 뉴올리언스 경찰청장은 그런 괴소문들을 믿었고 그것을 확산시켰다. 군인들과 파견된 구조대원들은 괴소문들 때문에 피해자들을 오히려 적으로 보게 되었다. 믿음이 중요하다(물론 많은 이들이 자신의 믿음과 달리 관대하게 행동하기도 하고 그 반대인 경우도 많지만).

카트리나는 재난 속에서 벌어지는 상황을 극단적으로 보여주는 사례였다. 엄청난 재난이 닥쳤을 때 우리가 보이는 행동은 우리가 이웃을 재난의 참혹한 피해보다 더 큰 위협으로 여기느냐, 아니면 집과 상점에 있는 재산보다 더 소중하게 여기느냐에 달려있다(이 책에서 시민이라는 단어는 한 국가의 법적 시민권 소유자가 아니라, 도시나 공동체의 구성원을 뜻한다). 믿음이 행동을 결정한다. 그리고 우리의 행동은 자신과 타인들의 생사를 결정한다. 일상생활에서도 마찬가지지만 재난 상황에서는 더더욱 그렇다. 카트리나는 대부분의 재난에서와 마찬가지로 이타주의가 두드러졌다. 함께 고립된 타인들에게 물과 음식, 기저귀 같은 생필품을 공급하고 그들을 보호하는 데 앞장선 젊은이들, 이웃을 구조하거나 대피시킨 사람들, 무기와 연민으로 무장한 채 배를 타고서 불어난 물로 고립된 사람들을 찾으러 나간, 수백 수천의 집계되지 않은 사람들, 재난 이후 인터넷 사이트 'HurricaneHousing.org'를 통해 생면부지의 타인들에게 숙소를 제공하고, 괴소문 대신 피해자의 사진을 통해 더 많은 사람들의 참여를 유도한 20만여 사람들, 멕시코만 연안을 재건하고 복구하기 위해 모여든 수만 명의 지원자들.

지진이나 폭격, 태풍이 닥치면 사람들은 대부분 이타심이 발동해 자기 자신과 가족, 친구와 사랑하는 사람들뿐 아니라 타인과 이웃들을 보살피는 데 적극적으로 참여한다. 재난이 닥쳐오면 인간은 이기적으로 돌변하고 공황에 빠지거나 야만적인 모습으로 퇴보한다는 관점은 그다지 사실적이지 않다. 세계대전 대폭격에서부터 홍수와 토네이도, 태풍에 이르기까지, 많은 재난 속에서 사람들의 행동을 수십 년 동안 꼼꼼히 연구한 학자들이 이러한 사실을 입증했다. 그러나 사람들의 믿음은 학자들의 연구를 뒤따라가지 못하고 있다. 대재난을 당했을 때 주로 최악의 행동을 보이는 사람들은, 남들이 분명 야만적으로 행동할 것이므로 자신들은 야만적 행위를 막으려는 방어적 조치를 취하고 있다고 믿는 이들이다. 1906년 샌프란시스코 지진에서 2005년 뉴올리언스 홍수에 이르기까지, 무고한 사람들이 그런 자들에게 살해되었다. 살해자들은 오히려 희생자들이 범죄자이며 자신들은 질서의 수호자라고 주장했다. 믿음이 중요하다.

"오늘날도 여전히 카인이 형제를 죽이고 있다." 정부의 제방 관리 실패로 심각한 피해를 입은 뉴올리언스의 로어 나인스 워드(Lower Ninth Ward)에 있는 빛바랜 교회 벽화는 이렇게 선언한다. 〈창세기〉는 우주의 창조와 금지된 지식의 획득, 천국에서 추방, 아벨을 살해한 카인에 대해 이야기한다. 이 살인은 인간의 두 번째 타락이다. 본래의 고매함을 잃고 질투와 경쟁, 소외와 폭력 속으로 추락한 것이다. 하느님이 카인에게 아우는 어디에 있냐고 묻자, 카인은 되묻는다. "제가 아우를 지키는 사람입니까?" 카인은 대답을 거부하지만, 하느님은 이미 진실을 알고 있다. 아벨이 흘린 피가 그것을 빨아들인 땅에서 울부짖고 있음을, 여기서 카인은 영원한 사회적 질문을 제기한다. 우리에게는 다른 사람들에 대한 의무가 있는가? 우리는 서로를 돌봐야 하는가? 아니면 각자가 알아서 제 앞가림을 해야 하는가?

대부분의 전통 사회에서는 개인과 가족과 집단 사이에 헌신과 유대가 깊숙이 자리 잡고 있다. 사회라는 개념 자체가 친밀감과 애정으로 얽힌 네트워크라는 개념에 의존하며, 여기서 혼자 떨어져 존재하는 개인은 대체로 따돌림을 받거나 추방된 사람이다. 개인주의가 우세하고 이동이 자유로운 현대사회는 이런 전통적인 관계를 어느 정도 버렸으며, 남들을 책임지는 일, 특히 노약자와 취약 계층을 돕거나 그들의 빈곤과 절망을 덜어주기 위해 경제적으로 지원하는 일을 주저한다. 한마디로 형제자매 보살피기를 꺼린다. 남을 돕는 데 반대하는 입장은 인간 본성에 관한 특정 관점에 그 뿌리를 두는 경우가 많다. 인간은 본질적으로 이기적이어서 당신이 나를 보살피지 않을 것이므로 나도 당신을 돌볼 수 없다는 것이다. 나는 당신에게 먹을 것을 내줄 수 없다. 내가 남들에게 의지할 수 없으므로 굶주릴 때를 대비해 식량을 비축해야 하기 때문이다. 더 좋은 방법은, 만일 당신의 안녕이 나의 안녕과 무관하거나 오히려 나의 안녕에 방해가 된다고 생각한다면, 당신의 재산을 빼앗아 내 재산을 증식시키고 내 행동을 자연의 법칙이라고 정당화하는 것이다. 그러나 우리가 형제를 보살피는 이가 아니라면, 우리는 낙원에서 추방된 사람이다. 깨지지 않는 연대의 낙원에서.

이렇게 해서 나날의 생활이 사회적 재난이 된다. 재난은 때로 이런 상황을 더 악화시키지만 때로는 놀라운 해방을 불러와, 우리의 다른 자아를 위한 또 다른 세상을 보게 해준다. 평소의 구분과 양식이 모두 파괴되면, 대다수 사람들은 형제를 보살피는 사람이 되려 한다. 그리고 그런 목적의식과 유대감은 혼란과 두려움, 상실과 죽음 속에서도 기쁨을 가져온다. 우리가 이것을 알고 믿는다면 가능성에 대한 인식이 달라질 것이다. 말이 씨가 된다는 말이 있듯이, 어떤 믿음이라도 실행으로 옮겨지면 세상을 그 믿음대로 만들 수 있다. 믿음이 중요하다. 그리고 그 믿음 뒤에 있는 사실들도 중요하다. 믿음이 변하면 근본적으로 더 많은 것을 변화시킬 수 있다. 재난은 그 자체로는 끔찍하지만 때로는 천국으로 들어가는 뒷문이 될 수 있다. 적어도 우리가 되고 싶은 사람이 되고, 우리가 소망하는 일을 하고, 우리가 형제자매를 보살피는 사람이 되는 천국의 문 말이다.

2003년 10월, 나는 대형 허리케인이 캐나다 노바스코샤 주의 핼리팩스를 할퀴고 지나간 직후에 그곳을 찾았다. 나를 안내해준 사람이 허리케인에 대해 이야기해줬다. 나무와 지붕과 전봇대를 쓰러뜨린, 시속 100마일(약 160km)이 넘는 포효하는 바람이나 10피트(약 3m)에 육박하는 높이로 솟아오른 파도에 관한 이야기가 아니었다. 바로 이웃들에 대한 이야기였다. 모든 것이 엉망이 되어버린 지난 며칠에 대해 이야기하면서, 그의 얼굴이 행복으로 환해졌다. 그의 이웃들은 모두 집 밖으로 나와 서로 이야기를 나누고, 서로를 돕고, 즉석에서 급식소를 만들고, 노인들을 보살피며 함께 시간을 보냈다. 그들은 이제 모르는 사이가 아니었다. 그는 신중하게 말했다. “다음 날 아침에 일어났을 때 모든 것이 달라져 있었죠. 전기도 끊어지고 가게 문은 전부 닫히고 누구도 대중매체를 접할 수 없었어요. 그 결과 모두들 거리로 나와 목격자가 되었죠. 길거리 파티는 아니었지만, 어쨌든 모두가 동시에 밖에 나와 있었어요. 서로 모르는 사이인데도 서로를 보며 행복감을 느꼈죠.” 그의 기쁨이 내게 강렬한 인상을 남겼다.

한 친구가 내게 끔찍한 안개에 갇혔던 경험을 얘기해주었다. 짙은 안개가 캘리포니아의 센트럴밸리를 주기적으로 강타하곤 하지만, 그때는 목화 농장에서 날아온 먼지까지 안개에 섞여서 위험할 정도로 짙은 장막을 형성하는 통에 고속도로 순찰대가 교통을 전면 차단했다고 한다. 친구는 이틀 동안 다른 사람들과 함께 작은 식당에서 오도 가도 못하고 머물렀다. 그녀와 그녀의 남편은 식당에 딸린 작은 방의 벽에 붙은 긴 의자에서 처음 보는 사람들과 어깨를 맞대고 똑바로 앉아서 잠을 잤다. 그런데 먹을 것과 물이 서서히 바닥나는 상황에서도 그들은 경이로운 시간을 경험했다. 그곳에 모인 사람들은 공통점이 별로 없었는데도 마음을 열고 자신들의 삶을 터놓고 얘기한 것이다. 도로가 안전해졌을 때 친구와 그녀의 남편은 그곳을 떠나기가 아쉬운 마음까지 들었다. 그래도 그들은 휴일을 보내러 뉴멕시코의 집을 향해 출발했다. 집으로 돌아와 친지들에게 발이 묶여 있는 동안 넘치는 기쁨을 느꼈다는 얘기를 들려주자 모두들 당황한 얼굴로 그들을 쳐다보았다. 그 식당에서 보낸 시간은 미국 토박이인 그녀의 남편이 난생처음 자신이 사회에 속해 있음을 느끼게 해주었다. 파괴 속에서 구원이 찾아오는 것은 흔한 일이다.

친구의 이야기를 들으니, 1989년 베를린 장벽이 무너지기 3주 전에 로마 프리에타(Loma Prieta, 캘리포니아 중서부 산악지대. 1989년 지진의 진앙지) 지진이 일어났을 때 얼마나 많은 샌프란시스코만 주민들이 그 순간을 사랑했었는지가 떠올랐다. 물론 지진 자체를 사랑했다기보다, 지역공동체가 지진에 반응한 방식을 사랑한 것이지만. 그 지진은 우리 모두에게 충격적인 일이었고, 어떤 사람들에게는 치명적인 경험이었으며, 60명에게는 죽음을 가져온 끔찍한 사건이었다(수백만 명이 거주하는 지역에서 발생한 대규모 지진치고는 사망률이 매우 낮은 편이었다).

지진 이야기를 매개로 새로 알게 된 친구가 있다. 그녀는 해맑은 표정으로 정전이 된 며칠 동안 샌프란시스코의 이웃들이 거리에 나와서 어떻게 냉동된 식품을 해동시켜 바비큐를 해먹었는지, 모두들 얼마나 사교적이었는지, 공동체의 중심이 된 촛불 켜진 술집에서 어떻게 각계각층의 사람들이 함께 어울렸는지를 떠올렸다. 또 다른 친구는 그 도시의 남동쪽에 있는 캔들 공원에서 월드시리즈 야구 경기를 관람한 뒤 도심에 있는 집으로 돌아가다가, 신호등이 완전히 나간 교차로에서 누군가 교통정리를 하던 모습을 여전히 감동에 젖은 채 떠올렸다. 명령도 중앙집중식 조직도 없었지만, 사람들은 지역사회와 거리에서 그 순간에 필요한 일들을 해결하기 위해 나섰다.

1989년 10월 17일 로마 프리에타 지진이 중부 캘리포니아 해안을 뒤흔들었을 때, 놀랍게도 나는 평소에 내가 느끼던 분노가 더는 중요하지 않다는 사실을 깨달았다. 다른 모든 추상적이고, 막연한 것들과 함께 분노가 사라져버렸고, 나는 모든 것을 강력하게 흡수하는 현재 속에 던져졌다. 샌프란시스코만 일대에서 만난 대다수 사람들이, 며칠 동안 그 지역의 많은 부분을 마비시키고 몇 달 동안 베이 대교를 차단시키고 몇몇 고가도로를 영원히 폐쇄시킨 재난에서 기쁨을 느꼈다는 점은 더욱더 놀라웠다(일상생활 속에서 어떤 파열로 생겨난 순간적인 몰입감과 타인들과의 연대감, 행복이라고 하기에는 심각하지만 그래도 무척 긍정적인 감정을 '기쁨'이라고 표현하는 것이 적절하다면). 우리는 아비규환 속에서 기적을, 슬픔 속에서 기쁨을, 두려움 속에서 용기를 주는 이런 감정을 표현할 마땅한 단어조차 가지고 있지 않다. 우리가 재난을 반길 수는 없겠지만, 재난에 대한 실질적이고 심리적인 반응을 중요하게 평가할 수는 있을 것이다.

1989년 샌프란시스코의 로마 프리에타 지진 이후 몇 주 동안은 사랑과 우정이 중요했지, 장기 계획이나 오랜 불안은 그다지 중요하지 않았다. 삶은 오직 현재 속에 존재했으며 비본질적인 것들은 작아져 있었다. 지진은 무시무시했고 며칠간 계속된 여진도 마찬가지였다. 정도의 차이는 있었지만 대다수가 불안에 떨었다. 그러나 많은 이들이 적어도 정서적으로는 가난해지지 않고 오히려 풍요로워졌다. 이 같은 재난 속에서 피어난 기묘한 기쁨 가운데 좀 더 엄숙한 예는 2001년 9월 11일 직후에 나타났다. 많은 미국인이 전에 없던 긴박감과 목적의식, 연대의식과 위기의식을 새롭게 느꼈고, 그에 따라 행동했다. 그들은 자신에게 일어난 상황이 싫었지만, 짧게나마 자신의 변모를 즐겼다.

재난 속에서 자라나는 이러한 감정은 과연 뭘까? 로마 프리에타 지진 이후, 나는 이 물음에 대해 고민하기 시작했다. 9·11 이후에는 그것이 얼마나 이상한 현상이며, 얼마나 중요한 현상인지 알게 되었다. 자신의 고상을 덮친 대형 허리케인을 이야기하면 기쁨으로 얼굴이 환해지던 핼리팩스의 남자들을 만난 뒤부터, 나는 그런 현상을 연구하기 시작했다. 1906년 샌프란시스코 대지진 100주년을 앞두고 그것에 대한 글을 쓸 때는 이 특이한 감정이 얼마나 자주 나타나며, 재난 이후의 세상을 얼마나 크게 변화시키는지 감지하게 되었다. 허리케인 카트리나가 걸프 해안을 할퀴고 지나간 뒤에는 재난이 불러오는 제약과 가능성을 이해하기 시작했다. 이 책은 그런 놀랍고도 중요한 감정, 그리고 그런 감정을 불러일으키는 상황과 그런 감정이 만들어낸 상황에 대한 이야기다. 재난의 규모도 커지고 발생 횟수도 많아지는 시기로 들어설 때, 우리에게는 그런 것들이 아주 중요해진다. 격변기에는 종종 그렇듯이, 일상의 사회적 가능성과 인간 본성에 대한 질문이 다시금 제기되는 시기로 들어갈 때, 그런 것들은 무엇보다 중요해진다.

나는 재난을 겪은 사람들을 인터뷰할 때, 캐나다의 얼음 폭풍이나 중서부 지역의 폭설, 인도 남부의 살인적 무더위와 뉴멕시코의 산불, 뉴욕시의 정전, 멕시코시티의 지진, 루이지애나의 허리케인, 아르헨티나의 경제 붕괴, 캘리포니아와 멕시코의 지진에 대해 이야기하는 그들의 얼굴에서 당시에 느꼈던 기묘한 기쁨을 떠올리며 추억에 흠뻑 잠기는 표정을 발견하곤 했다. 나를 놀라게 한 것은 그들의 얼굴에 나타난 기쁨이었다. 대화가 아닌 글을 통해 접하게 된 사람들의 경우 그들이 직접 쓴 '기쁨'이라는 단어가 나를 놀라게 했다. 그것은 분명 재난이 불러일으키는 익숙한 감정은 아니지만, 돌무더기와 얼음과 불과 폭풍우와 홍수 속에서 실제로 나타난다. 이 기쁨은 그것이 아니었다면 무시되었을 열망, 말하자면 공적 삶과 시민 사회에 대한 열망, 소속과 목적과 권력에 대한 열망의 척도로서 중요하다.

재난은 기본적으로 끔찍하고 비극적이고 슬픈 일이며, 제아무리 긍정적인 효과와 가능성이 부수적으로 나타난다 해도 바람직하다고 말할 수는 없다. 그러나 마찬가지 이유, 즉 재난 속에서 생겨났다는 이유로 그런 효과를 무시할 수는 없다. 사람들이 자각한 열망과 가능성은 너무도 강력해서 폐허 속에서도, 잿더미 속에서도, 아수라장 속에서도 빛을 발한다. 여기에서 나타나는 상황은 다른 곳에서도 무관하지 않다. 요컨대 재난을 환영하자는 게 아니다. 재난이 이런 선물을 창조하지는 않지만, 선물이 도착하는 통로가 될 수 있다는 뜻이다. 재난은 사회적 열망과 가능성을 보여주는 놀라운 창을 제공하며, 재난 시에 증명된 것은 다른 곳에서도, 평상시에도, 다른 특별한 순간에도 중요하다.

대부분의 사회적 변화는 선택으로 생겨난다. 예를 들어, 우리는 사회 안전망이나 지역사회가 함께하는 농업의 가치를 믿기에 협동조합에 가입한다. 하지만 재난은 선호에 따라 우리를 분류하지 않는다. 재난은 우리가 무엇을 선택하건, 우리가 무슨 일을 하건, 스스로 생존하거나 이웃을 구하기 위해 솔선수범하여 용감하고 이타적으로 행동할 것을 요구하는 비상상황으로 우리를 던져넣는다. 비관적인 상황에서 생겨나는 긍정적인 감정들은 우리가 사회적 유대와 의미 있는 일들을 열망하고 있고, 그런 것들이 즉석에서 이루어질 수 있으며, 우리에게 커다란 보람을 안겨준다는 것을 증명한다. 다만 우리의 경제사회 구조 자체가 그렇게 되지 못하게 막고 있을 뿐이다. 또한 경제사회 구조는 이데올로기적이며, 부와 권력을 가진 자들을 위한 철학을 담고 있다. 가진 자들을 위한 이 철학은 우리 모두의 삶을 결정하며, 뉴스에서 재난 영화에 이르기까지 대중매체가 확산시키는 통념으로 더욱 강화된다. 이 이데올로기의 편린은 개인주의, 자본주의, 사회적 다윈주의 같은 다양한 이름으로 불리며, 홉스와 맬서스의 정치철학, 인습에 사로잡힌 현대 경제학자들의 글에서도 자주 등장한다. 그들은 우리가 합리적인 이유로 사적 이익을 추구한다고 가정하며, 이러한 목적에 맞춰진 왜곡된 시스템이 우리의 생존과 안녕에 필요한 것들을 훼손하는 현실을 외면한다.

재난은 우리가 속한 지역사회의 건강과 사회의 정의가 우리의 생사를 결정하는 요인 가운데 하나라는 사실을 증명한다. 우리에겐 유대가 필요하다. 게다가 유대는 목적의식과 직접성, 주체성뿐 아니라 기쁨까지 가져다준다. 재난 생존자들의 증언에서 발견되는 놀랍고 날카로운 기쁨 말이다. 사람들의 증언은 모든 낙원이 필요로 하는 시민들, 용감하고 융통성 있고 마음 씀씀이가 넓은 시민들이 이미 존재한다는 사실을 보여준다. 그 도래를 막기 힘들 정도로, 낙원의 가능성은 목전에 와 있다. 만일 지옥에서 낙원이 나타난다면, 그것은 기존 질서와 체제가 작동을 멈춘 상태에서 우리가 자유롭게 살며 다른 방식으로 행동한 덕분이다.

이 책은 1906년 샌프란시스코 대지진에서 시작해 그로부터 99년 뒤에 일어난 뉴올리언스 허리케인과 홍수에 이르기까지, 다섯 건의 대재앙을 심도 있게 살펴보고 있다. 그 사이에 1917년 핼리팩스의 폭발, 많은 사상자와 큰 변화를 가져온 멕시코시티 대지진, 2001년 9월 11일 뉴욕에 닥친 재앙에 평범한 뉴욕 시민들이 어떻게 반응했는지 그동안 알려지지 않은 이야기들이 들어있다. 이러한 주요 사례 사이사이에 런던 대공습, 중국과 아르헨티나의 지진, 체르노빌 핵 발전소 사고, 1995년 시카고 혹서, 정권 붕괴를 초래한 니카라과의 마나과 지진, 뉴욕의 천연두 전염병, 아이슬란드의 화산 폭발 이야기도 다룬다. 2004년 인도양에서 발생한 쓰나미, 2005년 파키스탄 지진, 2008년 중국의 지진과 미얀마의 태풍 등 최근 몇 년 동안 일어난 최악의 자연재해는 주로 아시아에서 발생했다. 하지만 그런 재해들을 여기서는 다루지 않았다. 그 재해들도 매우 중요하지만 언어와 거리와 문화적 차이로 나의 손이 미치지 않는 사건들이기 때문이다.

포스트모더니즘이 지적 지형을 바꾸어놓은 이래, 변하지 않는 보편적인 인간의 본질이 있음을 함의하는 인간 본성이라는 용어를 쓰는 것조차 문제가 되었다. 재난을 연구하다 보면 인간은 상황에 따라 다르게 발현되는 여러 가지 본성을 가지고 있음이 분명해지는데, 특히 두드러지는 본성은 회복력과 임기응변 능력, 관대함, 동정심, 용기 같은 것들이다. 정신의학에서는 재난의 영향을 일관되게 '트라우마', 곧 정신적 외상이라고 일컫는다. 이는 참을 수 없이 연약한 인간, 행동하기보다는 행동의 영향을 받는 자아, 한마디로 피해자가 되기 딱 좋은 인간을 암시한다. 재난 영화와 대중매체는 평범한 사람들이 재난에 직면하면 병적 흥분에 빠지고 광포해진다고 묘사한다. 우리는 우리 자신의 경험을 믿기보다, 우리를 가리켜 희생자나 야수라고 말하는 대중매체를 믿는다. 공식 자료들, 주류에 속하는 자료들은 확인해주지 않지만, 대부분의 사람들은 이와는 다른 인간 본성이 있다는 것을 경험적으로 안다. 이 책은 평범한 사람들이 재난에 훌륭하게 대처한 이야기를 다루며, 그러한 대처에 어떤 의미가 있는지를 다룬다. 지금은 널리 이야기되고 있지 않지만, 이 주제는 최악의 상황이 닥쳤을 때 우리가 어떤 존재인지를 말해줄 수 있는 주제다.

그러나 사람들의 훌륭한 대처와 아울러 무엇이 그것을 가로막고 숨기는지 이해하려면 고려해야 할 중요한 문제들이 있다. 하나는 재난이 닥쳤을 때 종종 야만적으로 대응하는 소수 권력자들의 태도다. 다른 하나는 대중매체의 믿음과 표현이다. 그들은 낙원과 우리의 가능성을 알아볼 수 없게 하는, 왜곡된 거울을 우리에게 제시한다. 대중매체와 엘리트들이 공통으로 갖고 있는 믿음은 2차적 재앙이 될 수 있다. 이런 사례는 허리케인 카트리나 이후에 극명하게 드러났다. 이 세 가지 주제는 거의 모든 재난에서 서로 얽혀 있다. 따라서 우리가 만약 낙원을 볼 수 있다면, 낙원의 가능성을 은폐하거나 반대하거나, 때로는 파괴하는 세력들이 누구인지 간파할 수 있을 것이다.

이러한 사회적 소망과 사회적 가능성은 최근 수십 년 동안 이어진 지배 담론을 거스른다. 최근의 역사는 사유화의 역사로 읽을 수 있을 것이다. 여기서 사유화란 경제의 사유화뿐 아니라 사회의 사유화이기도 하다. 마케팅과 대중매체는 사생활과 개인적 만족이라는 망상을 점점 더 부추기고, 시민들은 소비자들로 다시 정의되고, 공적 참여의 쇠퇴와 함께 집단이나 개인의 정치적 힘에 대한 인식과 공적 감정과 민족을 표현할 언어마저 사라져가고 있다. 사람들끼리의 자유로운 연합은 돈벌이에 도움이 되지 않는다. 대중매체와 상업광고는 우리에게 서로를 두려워하라고, 공적 활동은 위험하고 골치 아픈 일이니 안전한 공간에 틀어박혀 살라고, 전자 장비를 통해 소통하라고, 서로에게서 말고 대중매체에서 정보를 얻으라고 열심히 부추긴다. 그러나 재난 속에서는 사람들이 함께 모인다. 어떤 이들은 이러한 모임을 폭도로 여겨 두려워하지만, 많은 이들은 낙원과 가까운 시민사회의 경험으로 소중히 간직한다.

현대적 용어로서 사유화는 관할권·재화·용역·철도·수도·경찰·교육 등의 권한을 민간 부문과 변덕스러운 시장에 맡기는 것을 뜻하는 경제 용어다. 하지만 이러한 경제적 사유화는 우리가 서로를 보살피는 사람이 아니라고 말하는 욕망의 사유화, 상상력의 사유화 없이는 불가능하다. 재난은 피해자들을 다시 공적이고 집단적인 삶으로 돌아가게 함으로써, 부지불식간에 서서히 다가오는 사유화라는 재난을 어느 정도 지연시킨다. 참여와 주체성, 목적의식과 자유가 적절히 존재하는 사회에서, 재난은 재난일 뿐이다.

이제 낙원을 이야기하는 사람은 드물고, 설혹 그런 말을 하더라도 손에 잡히지 않는 먼 것으로 언급할 뿐이다. 우리가 듣는 이상적인 사회는 하나같이 인류가 타락하기 이전의 원시사회처럼 오래전에 있었거나, 히말라야 오지에 존재하는 영적인 왕국처럼 머나먼 곳들이다. 그것이 함의하는 바는 우리는 지금 여기에 있으며, 따라서 그런 이상적인 삶을 살 수 없다는 것이다. 그러나 만약 최악의 순간에 낙원이 이따금 우리 사이에서 섬광처럼 번쩍인다면 어떻게 될까? 만약 지옥의 문턱에서 우리가 그것을 본다면? 이 섬광들은 오래전에 존재했거나 멀리 떨어져 있는 이상 사회가 우리에게 보여주지 않는 것, 즉 우리가 어떤 사람이 될 수 있고 우리 사회가 어떤 사회가 될 수 있는지를 보여준다. 이때의 낙원은 사람들이 상황에 훌륭하게 대처하는 사회로, 평소에 우리 대부분이 자신이 지닌 가능성의 극대치에 이르지 못하고 축소된 자아와 음울한 사회로 추락하고 있음을 반증한다. 많은 사람들이 더 나은 사회를 꿈꾸는 일조차 하지 않지만, 막상 그런 사회를 만나면 그것을 알아볼 수는 있다. 비록 말로 표현할 수는 없더라도, 그러한 발견은 그들의 경험을 통해 빛을 발한다. 어떤 이들은 그런 사회를 인식하고 파악하며, 그것으로 뭔가를 만들어낸다. 그리하여 좋은 쪽이건 나쁜 쪽이건 파열 속에서 장기적인 사회·정치적 변화가 일어난다. 이 시대의 잠재적 낙원의 문은 지옥 속에 있다.

비상 상황(emergency)이라는 단어는 emerge에서 나왔다. 이 말은 액체에 잠겨 가라앉는 것을 뜻하는 라틴어 mergere에서 나온 merge의 반대말이다. 비상 상황은 익숙한 것에서 분리되어 갑작스럽게 새로운 환경에 던져지는 일이다. 그리고 그런 상황은 종종 우리의 임기응변 능력을 요구한다. 재앙(catastrophe)이라는 단어는 '아래'를 뜻하는 그리스어 kata와 '뒤집어지다'를 뜻하는 strephein에서 나왔다. 이 말은 예상되는 상황이 전복됨을 뜻하며, 원래는 반전을 뜻하는 말로 사용되었다. 예상치 못한 상황으로 들어가는 것이 늘 끔찍한 것은 아니지만, 이 단어는 불행을 뜻하는 쪽으로 진화했다. 재난(disaster)이라는 말은 '멀리' 또는 '없음'을 뜻하는 라틴어 dis-와 별 또는 행성을 뜻하는 astro의 합성어다. 문자 그대로 별이 없는 상태다. 원래 그 단어는, 블루스 뮤지션인 앨버트 킹의 고전 〈불길한 징조 속에서 태어나(Born Under a Bad Sign)〉에서처럼, 천체의 움직임과 관련된 불운을 암시했다.

그러나 1965년과 2003년에 미국 북동부에서 발생한 대규모 정전과 1989년 샌프란시스코만 지역에서 발생한 로마 프리에타 지진, 2005년 멕시코만 연안에서 발생한 허리케인 카트리나처럼 20세기에 일어난 몇몇 재난 속에서, 전력 공급 중단은 밤하늘을 뿌옇게 만드는 빛 공해를 사라지게 하는 결과를 낳았다. 재난이 닥친 도시들에서, 사람들은 문득 자신이 지금은 아주 외딴곳에서만 볼 수 있는 별들의 지붕 아래에 있음을 발견했다. 2003년 8월 15일 무더운 밤, 뉴욕시에서는 은하수가 보였다. 그것은 그날 늦은 오후 북동부 지방에서 정전이 발생하기 전까지는 볼 수 없던, 오래전에 사라진 '낙원의 영역'이었다. 우리는 현재의 사회질서를 이 인공 불빛과 비슷한 것, 즉 재난 시에 끊어질 수 있는 또 다른 종류의 전력으로 생각할 수 있다. 그 빈자리로 즉흥적이고 집단적이고 협동적이고 국지적인 사회가 복귀한다. 밤

하늘에 갑자기 나타나는 별들이 아무리 아름다워도, 요즘은 별빛에 비추어 길을 찾는 사람은 거의 없다. 그러나 연대와 이타주의와 즉흥성의 별자리는 우리 대부분의 마음속에 숨어 있다가 이런 순간에 다시 나타난다. 사람들은 재난이 닥쳤을 때 무엇을 해야 하는지 알고 있다. 현대적 의미에서 정전이라는 재난은 불행이지만, 이 오래된 천체들의 재출현은 이와 반대다. 재난은 지옥을 관통해 도달하는 낙원이다.

레베카 솔닛의 『이 폐허를 응시하라』
(정해영 옮김, 펜타그램, 2012)

레베카 솔닛(Rebecca Solnit, 1961~)

인권운동가이며 독립 기고가. 2010년 미국의 대안 잡지 〈유튼 리더(*Utne Reader*)〉가 '당신의 세계를 바꿀 25인의 선지자' 가운데 한 명으로 선정했다. 1980년대부터 인권운동, 기후 변화 문제, 아메리카 원주민의 토지권 반환 운동, 반전운동, 반핵운동 등의 현안에 참여했으며, 2011년 '월스트리트를 점령하라'는 시위에도 적극적으로 동참한 대중적 지식인이다. 저서로 『이 폐허를 응시하라』, 『어둠 속의 희망』, 『걷기의 희망』 등이 있다.

5

협력의 진화

리처드 도킨스

1976년 출간된 『이기적 유전자』를 통해 전 세계적 명성을 얻은 진화생물학자 도킨스는 책 제목에서 예상할 수 있는 것과는 다르게 이타주의를 진화의 산물이자 원동력으로 설명한다. 물론 첫눈에 보기에 이타주의는 '진화의 역설'처럼 보인다. 타자를 돕는 것은 소중한 자원을 낭비함으로써 자신의 생존 가능성을 감소시킬 테니까 말이다. 그런데 어떻게 이타주의가 출현하고 발전해올 수 있었던 것일까?

이전에는 많은 이들이 집단선택 이론을 통해 이 현상을 설명하려 했다. 개별적인 개체들이 자신을 희생해서라도 종 전체의 생존을 위해 제일 나은 방법을 선택한다는 식으로 말이다. 하지만 도킨스는 이런 설명에 만족하지 않고 호혜적 이타주의 이론을 통해 이타주의의 출현과 발전을 설명한다. 하나의 종 안에서, 심지어는 서로 다른 종들 사이에서도 자신의 이타적 행위의 혜택을 받은 개체가 나중에 자신에게 보답하리라고 기대하며 한 개체가 다른 개체에 이타적 행동을 제공함으로써 생존 확률을 높일 수 있었다는 것이다. 본문에서 그는 곤충에서부터 다양한 동물 세계를 거쳐 인간에게서까지 발견되는 호혜적 이타주의의 예들을 제시하고 있다. 여러분은 어떻게 생각하는가? 인간의 고상한 영혼에 걸맞은 도덕적 이상으로 제시되어 온 이타주의 역시 이기적 유전자를 통한 진화의 산물인가? 아니라면 이타주의의 존재를 어떻게 설명할 수 있을까?

지의류를 구성하는 생물의 경우와 같이 양자가 동시에 이익을 주고받는다면, 이론적으로 이렇게 협력이 진화할 것이라고 쉽게 생각할 수 있다. 그러나 이익의 제공과 이에 대한 보답 사이에 시간적 차이가 있을 때에는 문제가 생긴다. 왜냐하면 이익을 먼저 받은 개체가 상대를 속이고 자기가 보답할 차례가 와도 보답하지 않는 유혹에 빠지기 쉽기 때문이다. 이 문제의 해결은 매우 흥미롭기 때문에 자세히 논할 가치가 있다. 가설적인 예를 들어 설명하는 편이 가장 좋을 듯싶다.

호혜적 이타주의

어떤 종류의 새에게 해로운 병을 옮기는 매우 더러운 진드기가 기생한다고 가정하자. 이 새에게는 그 진드기를 가급적 빨리 제거하는 것이 매우 중요하다. 보통 몸에 붙은 진드기는 깃털을 손질할 때 제거할 수 있다. 그러나 부리로도 미치지 못하는 곳이 있다. 바로 머리 꼭대기다. 누구나 다음과 같은 해결책을 떠올릴 것이다. 자기 부리로는 머리 꼭대기를 긁지 못해도 친구는 대신 쪼아 줄 수 있지 않을까? 뒷날 이 친절한 새가 진드기에 옮았을 때, 전에 베푼 친절에 대한 보답을 받을지도 모른다. 사실 조류와 포유류에서는 서로 (깃)털을 골라주는 일이 매우 흔하다.

이것은 즉각적으로, 또 직관적으로 납득되는 해결책이다. 선견지명을 가진 자라면 서로 상대의 등을 긁어주는 협력 관계를 맺는 것이 현명한 해결책임을 이해할 수 있다. 그러나 직관적으로 느낄 수 있는 것에 대해 우리는 '조심하라'고 배웠다. 유전자는 선견지명이 없다. 친절 행위와 이에 대한 보답 사이에 시간차가 있는 상황에서 이기적 유전자론은 서로 등을 긁어주는 관계, 즉 '호혜적 이타주의'의 진화를 설명할 수 있을까?

윌리엄스는 이미 언급한 1966년의 저서에서 이 문제에 대해 간단히 논의하였다. 그는 다윈과 같은 결론에 도달했다. 즉, 지연성 호혜적 이타주의는 서로를 개체로서 식별하고 또 기억할 수 있는 종에서 가능하다는 것이다. 트리버스는 1971년의 논문에서 이 문제를 더 진전시켰다. 이 논문을 썼을 당시 그는 메이너드 스미스의 진화적으로 안정한 전략(Evolutionarily Stable Strategy, ESS)의 개념을 모르고 있었다. 만일 알았다면 트리버스는 당연히 그 개념을 활용했을 것이다. 왜냐하면 그 개념은 그의 이론을 표현하는 데에 딱 알맞은 방법이기 때문이다. 트리버스는 '죄수의 딜레마'—게임 이론에서 가장 인기 있는 수수께끼—에 대해 언급하는데, 미루어 짐작건대 그는 이미 메이너드 스미스와 비슷한 방식으로 생각하고 있었다.

B라는 개체가 머리 꼭대기에 진드기를 가지고 있다고 하자. A라는 개체는 그것을 잡아준다. 얼마 지나지 않아 A의 머리에 진드기가 붙었다. 그는 당연히 B를 찾아간다. B가 전날의 친절에 보답해줄지도 모르기 때문이다. 그러나 B는 A를 상대하지도 않고 가버린다. B는 사기꾼이다. 여기서 말하는 사기꾼이란 다른 개체의 이타적 행위의 이익은 받아들이지만, 상대에게 보답하지 않거나 보답을 충분히 하지 않는 개체를 말한다. 대가를 지불하지 않고 이익을 얻으므로 사기꾼은 상대를 가리지 않는 이타주의자보다 유리하다. 위험한 진드기를 없애는 이익에 비하면 다른 개체의 머리털을 손질해주는 대가는 분명히 사소할 테지만 그것을 무시할 수는 없다. 어느 정도 귀중한 에너지와 시간이 소요되기 때문이다.

봉과 사기꾼

어떤 개체군이 두 개의 전략 중 하나를 채택하는 개체들로 구성되어 있다고 하자. 메이너드 스미스의 분석에서와 마찬가지로, 여기서의 전략은 의식적인 전략이 아닌, 유전자에 의해 결정되는 무의식적인 행동 프로그램을 말한다. 이 두 전략을 '봉(Sucker)' 전략과 '사기꾼(Cheat)' 전략이라고 부르자. '봉'은 도움을 필요로 하는 상대라면 누구에게나 털 손질을 해준다. '사기꾼'은 봉의 이타적 행동을 받아들이지만 누구한테라도, 심지어 상대가 이전에 자기의 털을 골라주었던 개체일지라도 일절 털 손질을 해주지 않는다. 비둘기파와 매파에 대한 분석에서와 같이 여기서도 이득에 대한 임의의 수치를 부여하도록 하자. 털 손질을 받은 경우의 이익이 털 손질을 해주는 비용보다 크기만 하다면 정확한 수치는 상관없다. 진드기 기생률이 높을 경우에는 봉의 개체군 내 어느 개체든 남에게 털 손질을 해준 것과 같은 빈도로 자기도 털 손질을 받을 것이라 기대할 수 있다. 따라서 봉 개체군 내에서 봉의 평균 이득은 양의 값이 된다. 모든 개체가 잘 지낼 것이므로 '봉'이라는 호칭은 부적절할지도 모른다.

그러나 여기서 사기꾼 하나가 이 개체군에 출현하면 어떻게 될까? 사기꾼은 자기 혼자뿐이므로 이 사기꾼은 다른 모든 개체로부터 털 손질을 받지만 자기는 전혀 보답을 하지 않는다. 그의 평균 이득은 봉의 평균 이득을 상회한다. 그러므로 사기꾼의 유전자가 개체군 내에 퍼지기 시작할 것이며 조만간 봉의 유전자는 곧 절멸의 막다른 길로 몰리고 말 것이다. 왜냐하면 개체군 내 이 둘의 비율에 상관없이 사기꾼은 항상 봉보다 성적이 좋을 것이기 때문이다.

가령 사기꾼과 봉이 각각 50퍼센트일 경우를 생각해보자. 봉의 평균 이득이나 사기꾼의 평균 이득이나, 100퍼센트 봉으로만 구성된 개체군의 평균 이득에 비해 낮은 값이 될 것이다. 그러나 이 조건에서도 여전히 사기꾼은 봉보다 성적이 좋다. 사기꾼은 그 본성대로 누릴 수 있는 모든 이익을 누리면서 전혀 대가를 지불하지 않기 때문이다. 사기꾼의 비율이 90퍼센트까지 달하면, 진드기가 옮기는 병 때문에 어느 쪽이나 사망자가 발생할 것이므로 개체군 내 모든 개체의 평균 이득은 매우 낮다. 그러나 여전히 사기꾼은 봉보다 성적이 좋다. 비록 개체군 전체가 절멸할지언정 봉이 사기꾼보다 높은 성적을 올릴 기회는 전혀 없다. 고로 이들 두 전략만 고려하는 한, 봉의 절멸은 피할 수 없을 뿐만 아니라 개체군 전체의 절멸 가능성도 매우 높다.

원한자

이제 '원한자(Grudger)'라는 제3의 전략을 생각해보자. 원한자는 처음 대하는 상대와 이전에 자신의 털을 손질해준 개체에 대해서 털 손질을 해준다. 그러나 그를 속인 적 있는 상대라면 그것을 잊지 않고 원한을 품는다. 즉, 향후에는 그 개체의 털 손질을 거부한다. 원한자와 봉으로 구성된 개체군에서 이 둘을 구별하기는 불가능하다. 둘 모두 다른 개체에게 이타적으로 행하고, 평균 이득이 동등하게 높기 때문이다. 개체군 내 대부분의 개체가 사기꾼일 경우, 원한자 개체가 혼자 있다면 별로 성적이 좋지 않을 것이다. 개체군 내 모든 사기꾼에게 원한을 갖기까지는 시간이 걸릴 것이므로, 우연히 만난 거의 모든 개체의 털을 골라주느라 엄청난 에너지를 소모하게 된다. 더욱이 그 보답으로 그의 털을 손질해줄 자는 하나도 없다. 사기꾼에 비해 원한자가 드물 경우 원한자 유전자는 절멸하고 말 것이다.

그러나 어떻게 해서든지 원한자의 수가 증가하여 개체군 내 이들의 비율이 어떤 임계값에 도달하면, 이들끼리 만날 확률이 충분히 높아져서 사기꾼의 털을 손질하는 데 낭비되는 에너지를 상쇄할 수 있다. 이 임계값에 도달하면 원한자는 사기꾼보다 평균 이득이 높아 향후 사기꾼의 절멸은 가속화되기 시작한다. 그러나 사기꾼이 절멸 직전까지 감소하면 그들의 감소율은 낮아지기 시작해 매우 오랫동안 소수파로 생존할 것이다. 그 이유는 소수가 되면 사기꾼 개체가 동일한 원한자와 다시 만날 확률이 매우 적어지기 때문이다. 따라서 어떤 사기꾼에게 원한을 품는 개체는 개체군 내에서 극히 일부에 불과할 것이다.

경쟁의 결과

이상 세 가지 전략에 관해서 나는 마치 무엇이 일어날지 직관적으로 알고 있는 것처럼 적었다. 그러나 실제로 그렇게 자명한 것은 아니어서, 나는 컴퓨터 시뮬레이션을 통해 이 직관이 옳다는 것을 확인했다. 원한자 전략은 봉 전략이나 사기꾼 전략에 대해 실제로 진화적으로 안정한 전략(ESS)이다. 대부분이 원한자로 된 개체군에는 사기꾼도, 봉도 침입하지 못하기 때문이다. 그러나 사기꾼 전략도 ESS이다. 대부분이 사기꾼인 개체군 역시 원한자나 봉 누구도 침입할 수 없기 때문이다. 개체군은 이 두 ESS 중 한쪽에 안주하게 된다. 장기적으로 보면 한쪽에서 다른 쪽으로의 변화가 일어날 수도 있다. 각각의 이득에 실제로 어떤 수치를 주느냐에 따라(컴퓨터 시뮬레이션에서는 완전히 임의로 수치를 부여하였다) 이 두 안정 상태 중 하나의 '유인지대'가 커져 그쪽에 안주하는 것이 좀 더 가능할 것이다. 또 한 가지 주의해야 할 사항은, 사기꾼 개체군이 원한자 개체군보다 절멸 가능성이 클지 모르나 그렇다고 해서 사기꾼이 ESS의 지위를 잃는 것은 아니라는 점이다. 만약 한 개체군이 절멸에 이르게 하는 ESS에 도달하면 그 개체군은 절멸해버릴 것이다. 그저 안됐다고 할 수밖에 없다.

봉이 압도적 다수이고, 원한자는 임계 빈도를 조금 넘을 정도이며, 사기꾼도 원한자와 거의 비슷한 수의 조합으로 시작한 컴퓨터 시뮬레이션은 매우 흥미롭게 진행된다. 우선 맨 처음 벌어지는 것은 사기꾼의 무정한 착취로 인한 봉 개체군의 극심한 감소다. 사기꾼은 폭증하여 최후의 봉마저 사라져버릴 때 그 수가 정점에 이른다. 그러나 사기꾼에게는 원한자가 남아있다. 봉이 급격히 감소하는 동안 파죽지세로 밀고 들어오는 사기꾼의 공세를 받고 원한자의 수도 서서히 감소하였으나 다행히 세력은 유지할 수 있었다. 최후의 봉이 죽고 사기꾼이 남을 이기적으로 착취하지 못하게 되면서, 이번에는 사기꾼이 줄어드는 대신 원한자가 서서히 늘어나기 시작한다. 원한자의 증가는 꾸준히 여세를 몰아간다. 원한자가 급증하면서 사기꾼은 절멸 직전까지 격감했다가 그 이후 양쪽의 개체 수는 평형을 이룬다. 소수가 된 덕분에 원한 살 일이 적어지는 희소 특권을 사기꾼이 누리기 때문이다. 그러나 사기꾼은 서서히 그리고 냉혹하게 말살되어 결국 원한자만이 개체군에 남는다. 한 가지 역설적인 측면은, 봉의 존재가 사기꾼의 일시적 번영을 가능케 함으로써 초반에 원한자를 위험에 빠뜨린다는 것이다.

청소어

그런데 앞서 살펴본 털 손질을 받지 않으면 위험하다는 가설적인 사례는 상당히 그럴싸하다. 예컨대, 혼자 사육된 쥐에게는 발이 닿지 않는 머리 부위에 종기가 생기곤 한다. 한 연구에 의하면 집단으로 사육된 쥐는 서로 머리를 핥아주기 때문에 종기가 생기지 않는다고 한다. 호혜적 이타주의 이론이 실험적으로 검증된다면 흥미로울 것이다. 아마도 쥐는 그와 같은 연구에 적합한 재료가 될 듯하다.

트리버스는 청소어(cleaner-fish)의 상리 공생에 관해서도 논한다. 작은 어류와 새우류를 포함해서 약 50종이 대형 어류의 체표면에 붙어있는 기생충을 먹으면서 살고 있다고 알려져 있다. 대형 어류에게는 깨끗해진다는 분명한 이익이 있고, 청소어는 먹이를 배불리 먹을 수 있다. 즉, 이 관계는 상리 공생이다. 많은 경우 대형 어류가 입을 크게 벌리면 청소어가 입 속에 들어가 이를 쪼아 청소한 뒤 아가미를 청소하면서 아가미 틈으로 나온다. 어떤 사람들은 대형 어류가 청소가 끝날 때까지 점잖게 기다렸다가 청소어를 덥석 삼키리라 기대할지도 모르겠다. 그러나 실제로 대형 어류는 청소어를 해치지 않고 지나가도록 내버려둔다. 이것은 바로 이타주의의 한 장면이다. 많은 경우 청소어는 대형 어류의 일반 먹이와 몸집이 비슷하기 때문이다.

청소어는 특별한 세로줄 무늬를 지니고 있고 특별한 춤으로 과시 행동도 한다. 이것이 바로 청소어라는 표지다. 대형 어류는 이 특별한 세로줄 무늬에 특별한 춤을 추면서 접근하는 작은 물고기를 먹지 않는 경향이 있다. 이러한 작은 물고기를 먹는 대신 그들은 일종의 황홀경에 빠져든 것처럼 청소어가 자신들의 몸 안팎을 자유로이 드나드는 것을 허락한다. 이들도 이기적 유전자의 소유자임을 고려하면 이 기회를 이용하려는 냉혹한 사기꾼이 있다는 것도 놀랄 일은 아니다. 대형 어류에 안전하게 접근하기 위해 청소어와 똑같은 외양을 가지고 게다가 똑같은 춤을 추는 소형 어류가 있다. 이 사기꾼은 대형어가 청소를 기대하며 황홀경에 빠지면 기생충을 떼어내주기는커녕 그 지느러미에서 살점을 뜯어 물고 줄행랑을 친다. 이런 사기꾼이 있음에도 불구하고 청소어와 그 손님들의 관계는 대체로 우호적이고 안정적이다. 청소부란 직업은 산호초 생물 공동체의 일상생활에서 중요한 역할을 한다. 청소어는 각각 자기의 영역을 가지고 있으며 대형 어류들은 마치 이발소의 손님처럼 줄을 서서 자기 차례를 기다린다. 이 사례에서 지연성 호혜적 이타주의가 진화할 수 있었던 것은 아마도 이와 같은 지역 고착성이라는 성질 때문일 것이다. 대형 어류가 매번 새로운 청소어를 찾는 대신 같은 '이발소'에 계속 들러서 얻는 이익은 이 청소어를 잡아먹지 않는 대가보다 클 것임에 틀림없다. 청소어는 몸집이 작으므로 이를 납득하기 어려운 것도 아니다. 청소어로 의태(擬態)한 사기꾼의 존재는 진짜 청소어에게 간접적으로 위험할지도 모른다. 왜냐하면 사기꾼 때문에 대형 어류가 이러한 줄무늬 물고기를 잡아먹으려는 작은 압력이 생겨날 수 있기 때문이다. 한편 진짜 청소어가 보이는 특정 지역 고착성 덕분에 손님들은 진짜 청소어를 찾아내고 사기꾼을 멀리할 수 있다.

인간의 개체 식별 능력

인간에게는 오래도록 기억하는 능력과 개체 식별 능력이 잘 발달되어 있다. 따라서 호혜적 이타주의는 인간의 진화에서도 중요한 역할을 했으리라 기대할 수 있다. 트리버스는 우리의 심리적 특징(질투, 죄책감, 감사하는 마음, 동정 등)이 좀 더 사기를 잘 치거나, 사기꾼을 잘 알아차리거나, 남이 자기를 사기꾼이라 생각하지 않도록 좀 더 잘 처신하는 능력에 대한 자연 선택에 의해 형성됐다고 주장하기까지 한다. 특히 흥미로운 것은 '교활한 사기꾼'이란 존재다. 언뜻 보기에는 이들이 보답하는 것처럼 보이지만, 실제로는 받은 것보다 조금 부족하게 갚는다. 인간의 비대한 대뇌와 수학적으로 사고하는 성향이 더 교활하게 사기를 치거나 남의 사기를 좀 더 잘 간파하기 위한 메커니즘으로써 진화했을 가능성도 있다. 돈은 지연성 호혜적 이타주의의 공식적인 징표다.

호혜적 이타주의 개념을 인간에 적용하면 흥미롭고 매력적인 추측이 무궁무진하게 솟아난다. 계속하고 싶지만 이 같은 추측은 어느 누구도 나보다 더 잘할 수 있으므로 이후는 독자에게 맡기고자 한다.

리처드 도킨스의 『이기적 유전자』

(홍영남/이상임 옮김, 을유문화사, 2010)

리처드 도킨스(Richard Dawkins, 1941~)

영국 출신의 진화생물학자. 진화에 대한 유전자 중심적 관점을 대중화한 『이기적 유전자』로 유명하다. 그 외의 저서로 『확장된 표현형』, 『눈먼 시계공』, 『만들어진 신』 등이 있다. '문화 유전 단위'라는 뜻으로 그가 고안해낸 밈(meme)이라는 용어는 오늘날 문화의 진화를 설명하는 데 널리 사용된다.

공동체에 대한 헌신

페리클레스

우리 아테네인들은 검소하게 살면서도 아름다움을 사랑하고, 지혜를 사랑하지만 비겁하지 않습니다. 자신이 부자라고 말로 떠벌이기보다는 자신이 가진 부를 가지고 적절한 일을 하는 데 사용합니다. 자신의 가난을 인정하는 것은 우리에게 수치스러운 일이 아니지만, 열심히 일해서 가난에서 벗어나려 하지 않는 것은 수치스러운 일입니다. 우리 중 어떤 이들은 자기 가족뿐만 아니라 폴리스를 위해서도 열심히 일합니다. 다른 이들은 자기 일에 집중하면서도 폴리스의 일에 대해 무지하지 않습니다. 어쨌든 우리는 폴리스의 일에 참여하지 않는 사람을 단순히 공적인 일을 하지 않는 사람이 아니라 쓸모없는 사람이라 여기는 유일한 민족입니다. 그런데 우리 아테네인들은 토론이 행동을 방해한다고 생각하지 않습니다. 행동함으로써 도달해야 하는 목표에 이르려고 토론을 통해 미리 가르침을 얻지 않는 것이 오히려 행동을 방해한다고 생각합니다. 이런 사람이기에 우리는 어떤 사태를 올바르게 판단하며 그 사태의 해결을 위해 제대로 심사숙고하는 겁니다. 이렇듯 매우 용맹스러우면서도 우리가 감행하게 될 일에 대해서는 철저하게 따져본다는 점에서 우리는 알지 못하면 용맹스러워지고 손익을 따지다 보면 망설이는 다른 민족들과 다릅니다. 그런데 무시무시한 일과 즐거운 일을 아주 분명하게 구분할 줄 알면서도 위험한 일을 피하려 하지 않는 사람의 영혼이 가장 강하다고 해야 올바른 판단이겠죠. 그리고 도덕적 탁월함의 면에서도 우리는 다른 많은 민족과 반대입니다. 좋은 대접을 받기보다는 좋은 대접을 함으로써 친구를 얻으니까요. 은혜를 베푸는 사람은 자신이 베푸는 호의를 통해 그것을 받는 사람이 자신에게 계속 호의의 빚을 지게 하려 한다는 점에서 더 믿을만한 친구가 되기 마련입니다. 하지만 은혜를 입은 사람은 호의에서 우러나서가 아니라 이미 진 은혜의 빚을 갚으려고 자신이 도덕적으로 탁월한 행위를 하고 있음을 알고 있습니다. 그렇기에 그는 베푸는 사람보다는 그런 일을 하는 데 신경을 덜 쓰게 됩니다. 그리고 오직 우리만이 결과의 손익을 따져보기보다는 자유에 대한 믿음으로 두려움 없이 누군가를 돕습니다.

요약해서 말하자면 우리 폴리스 전체가 그리스의 학교입니다. 그렇기에 제가 생각하기에 우리는 제각기 매우 다양한 모습을 지니면서도 하나같이 품위를 갖춘, 재치 있고 자족적인 인격체로 성장하게 되는 것 같습니다. 그리고 이 말은 그냥 여기서 자랑삼아서 떠벌리는 허풍이 아니라 우리가 실제로 이뤄낸 일들에 관한 묘사입니다. 앞에서 언급한 사고방식이나 행동양식을 통해 우리 폴리스가 획득하게 된 힘 자체가 그것을 보여줍니다. 오늘날 소문보다 더 강하다는 사실이 확증된 나라는 오직 우리 폴리스뿐입니다. 우리를 공격해오는 적이 자신에게 손해를 입힌 우리에게 분노를 품지 않게 하고, 노예가 된 사람들이 주인이 될 만한 자격을 갖추지 못한 사람들에게 지배당하고 있다는 불만을 품지 않게 하는 나라도 역시 우리 폴리스밖에는 없습니다. 스스로 이런 힘을 획득한 우리는—엄청난 증거들이 여럿 있는 데다 증인 또한 분명히 있으므로—오늘날이든 다가올 미래든 사람들에게 경탄의 대상이 될 것입니다. 그리고 우리에게는 찬가를 부르는 호메로스도, 서사시를 통해 일시적으로 우리를 기쁘게 해줄 누군가도 필요하지 않습니다. 우리가 이룬 진짜 업적이 그런 문학적 비유를 불필요하게 만들 테니까요. 모든 바다와 육지가 우리에게 통행 가능한 곳이 되도록 우리는 그곳의 민족들을 용맹함으로 제압하고 어디에나 좋은 것에 관해서든 나쁜 것에 관해서든 영원한 기억을 심어놓았습니다. 여기 묻힌 이 사람들은 바로 이런 폴리스를 잃지 않기 위해 싸움으로써 조국을 위해 올바른 일을 하려다가 최후를 맞이하게 되었습니다. 따라서 뒤에 남겨진 모든 사람은 이 폴리스를 위해 분투할 결의를 다져야 마땅합니다.

제 생각으로는 이 사람들이 지금 맞이하게 된 최후가—처음부터 암시된 것이든 아니면 마지막에 확증된 것이든—이분들이 지닌 남자다운 도덕적 탁월함을 분명하게 드러내줍니다. 이들 중 다른 면에서는 도덕적 탁월함이 부족한 사람들이 있다 할지라도 조국을 위한 싸움을 마다하지 않은 그들의 남자다움은 칭송받아 마땅합니다. 그들은 지금의 선한 행동으로 과거 자신들의 악행을 덮어버렸고, 자기 자신의 이해관계 때문에 다른 사람들에게 해를 끼치기보다는 공동체를 위해 이바지했으니까요. 부자였던 이들 중 그 누구도 자신이 누렸던 풍요로움을 더 중요하게 생각하여 용기를 잃는 법이 없었고, 가난한 이들 중 그 누구도 도망가게 되면 부유하게 될 수 있으리라는 기대 때문에 두려움이 더 큰 힘을 발휘하게 내버려두지도 않았습니다. 그들은 적들을 벌하기를 더욱더 간절히 바라면서 여러 위험한 일 중에서도 그것을 가장 훌륭한 일로 여겼습니다. 그래서 그들은 위험을 감수하고 적들을 벌하리라 결심했습니다.

고대 그리스 도기화, 중무장 보병의 전투 장면 묘사

공동체를 위해 자신의 몸을 바친 개개인에게는 영원히 변치 않는 찬사와 가장 훌륭한 무덤이 바쳐졌습니다. 이 무덤은 그들이 그 안에 누워 있는 땅이라기보다는 그들이 얻은 명예가 그 안에 남아있어서, 때가 되면 우연히 거기 있는 이들이 언제든 말이나 행동으로 그들을 영원히 기억하게 되는 곳입니다. 그러니 훌륭한 사람들에게는 모든 땅이 무덤입니다. 조국 땅에 있는 비석의 비문만이 그들의 무덤을 표시해주는 건 아닙니다. 조국에서 가까운 곳도 아니고 그들에 관한 기억이 실제로 비석에 새겨져 있지 않더라도, 그들이 한 일을 알게 되어 자기 마음속에 새겨놓은 각각의 사람들 사이에 그 기억이 살아남아 있는 곳이면 어디든 그들의 무덤입니다. 여러분이 지금 이 사람들을 본받고자 한다면, 또 행복은 자유의 산물이며 자유는 용기를 통해 얻어진다고 판단한다면 전쟁의 위험을 그저 불안한 눈으로 바라보기만 해서는 안 됩니다. 전쟁하면서는 자신의 목숨을 아끼지 않는 이들이 더 올바른 사람이니까요. 그런데 그런 이들은 좋은 삶에 대한 희망이 없는 불행한 사람이 아니라, 패배하게 되면 상황이 정반대로 바뀌고 엄청나게 심한 변화를 겪게 되어 삶이 더욱 위험에 처하게 되는 사람입니다. 공동체를 위한 희망과 용기를 가지고 싸우다가 느끼지도 못하는 사이에 맞게 되는 죽음보다는 비겁해짐으로써 살아남아 나중에 겪게 되는 굴욕이 고결한 정신을 지닌 사람에게는 훨씬 더 고통스러운 법이니까요.

투키디데스의 『펠로폰네소스 전쟁사』 중
페리클레스의 '펠로폰네소스 전쟁 전몰자 추모 연설' 내용
(김동훈 옮김, 2023)

6

공동체를 지탱하는 사회자본

로버트 퍼트넘

개인은 혼자서는 행복할 수 없다. 이것은 사회생활의 진실이며 행복하고자 하는 사람이라면 늘 기억해야 하는 판단과 행동의 준칙이다. 혼자 제아무리 튼튼한 행복의 조건들을 구비하고 있어도 그가 상호 신뢰, 참여, 호혜성 같은 가치들이 잘 작동하는 공동체에 살고 있지 않다면 자기 혼자서 행복과 안전을 확보할 방법은 없다. 밤에 동네 공원으로 산책 나간 사람이 칼에 찔리거나 지갑을 강탈당할지 모른다는 걱정에 노상 시달려야 한다면 그는 그 동네에서 결코 행복할 수 없다.

신뢰, 호혜성, 연대, 결속, 네트워크, 동료애, 참여—이런 가치들은 공동체 성원의 행복을 좌우하는 무형의 자본이다. 공동체를 만들고 지탱하는 이 자본이 사회자본(social capital)이다. 실제로 미국에서 범죄 발생률은 사회자본의 크기와 축적 정도에 반비례하는 경향을 보인다. 우리의 상식과 달리 범죄는 부유한 동네나 가난한 동네가 아니라 사회자본이 결여된 곳에서 발생한다. 학생들의 학업 성취도 또한 사회자본이 축적된 곳이 그렇지 못한 곳에 비해 월등히 높다는 사실이 각종 연구를 통해 입증되었다.

18세기의 영국 철학자 흄은 농부의 우화를 통해서 '신뢰'라는 사회자본이 결여될 때 우리에게 어떤 문제가 발생하는가를 보여주었다. 두 사람의 농부가 있다. 그들에게는 동일하게 옥수수를 재배하는 농지가 있고, 한 사람은 오늘, 다른 사람은 내일 옥수수를 수확해야 한다. 두 사람이 힘을 합쳐 옥수수를 수확한다면 혼자 수확할 때보다 훨씬 많은 양을 얻을 수 있다. 그렇다면 당연히 힘을 합쳐야 하는 것 아닌가? 무엇이 문제인가? 문제는 실제 상황에서 그런 일이 좀처럼 발생하지 않는다는 사실이다. 왜 그럴까? 그들이 힘을 합치는 것은 그들 사이에 '신뢰'가 있어야만 가능하기 때문이다. '신뢰'가 없으면 아무리 힘든 일일지라도 혼자서 감당해야 한다. 두 번째 농부는 첫 번째 농부가 내일 자신의 옥수수 수확을 도와주리라 믿지 않기 때문에 첫 번째 농부를 도우려 하지 않는다. 첫 번째 농부는 두 번째 농부가 자신을 돕지 않았기 때문에 당연히 두 번째 농부의 옥수수 수확을 돕지 않을 것이다. 결국 그들은 홀로 힘들게 수확하고, 각자가 거둘 수 있는 옥수수의 양은 적어진다. 이 사례는 사회자본이 개인적 이익인 동시에 공적 이익이라는 것을 보여준다.

오늘날 사회자본이 결여된 곳에서는 사설 경비업체, 경찰, 폐쇄회로 같은 것들이 '신뢰'와 '연대감'을 대체하고 있다. 구성원 서로 간에 신뢰와 호혜성이 부족하면 결국 그 공동체는 비싼 비용을 지불하면서 서로를 감시할 수밖에 없기 때문이다. 이런 상황이 한 개인은 물론 공동체 전체에 행복을 가져다줄 리는 만무하다. 퍼트넘의 이 글은 다양한 사례를 통해 호혜성의 특징을 갖는 사회가 불신 사회보다 훨씬 능률적이고 행복한 사회임을 주장하고 있다. 특히 그는 시민교육(civic education)이 사회자본을 강화하는 교육이라는 점을 강조한다.

퍼트넘의 글을 읽으면서 여러분은 한국에서도 '시민교육'이 필요한가라는 질문을 깊이 생각해 볼 필요가 있다. 여러분이 다니는 대학은 한국에서 유일하게 시민교육을 실시하고 있는 곳이다. 왜 한국에서도 시민교육은 필요한가? 퍼트넘처럼 여러분도 시민교육이 한국 사회를 건강하게 하고 사람들의 행복을 증진시킬 사회자본 강화 교육이라 자신 있게 말할 수 있는가? 퍼트넘의 글은 시민교육에 필요한 철학을 세우고 프로그램을 만드는 데 유용한가?

최근 사회과학자들은 '사회자본(social capital)'이라는 개념을 통해 미국 사회의 성격 변화를 분석하는 틀을 만들었다. 개인적 생산성을 향상시키는 도구와 훈련이라는 의미의 물리적 자본과 인적(human) 자본에 비유해서 설명하자면, 사회자본 이론의 핵심은 사회적 네트워크가 중요한 가치를 가지고 있다는 생각이다. 스크루드라이버(물리적 자본) 혹은 대학 교육(인적 자본)이 개인적 집단적 생산성 모두를 향상시킬 수 있듯, 사회적 접촉 역시 개인과 집단의 생산성에 영향을 미친다는 것이다.

물리적 자본이 물리적 사물, 인적 자본이 개인의 특성을 가리키듯, 사회자본이란 개인들 사이의 연계, 그리고 이로부터 발생하는 사회적 네트워크, 호혜성과 신뢰의 규범을 가리키는 말이다. 이런 의미에서 사회자본은 몇몇 사람들이 '시민적 품성(civic virtue)'이라고 부르는 것과 밀접하게 관련되어 있다. 시민적 품성은 호혜적 사회관계의 촘촘한 네트워크 속에 자리 잡고 있을 때 가장 강력한 힘을 발휘한다는 사실에 '사회자본'은 주목한다. 바로 이것이 단순한 시민적 품성과 사회자본의 차이점이다. 시민으로서의 품성은 풍부하게 갖추고 있으면서 서로 연결되지 못한 고립적 개인들로 이루어진 사회는 사회자본이 풍부하다고 보기 어려운 것이다.

사회자본이라는 용어는 20세기 동안 각자 독립적 맥락에서 최소한 여섯 차례 고안되었던 것으로 밝혀졌다. 매 경우 이 용어는 우리의 삶이 사회적 유대에 의해 보다 풍부해진다는 사실을 지적했다. 이 개념을 처음 사용한 사람은 세상과 담을 쌓은 공론가가 아니라 1890년대에서 1920년, 즉 미국 역사에서 '진보의 시대(Progressive Era)'라고 불리던 시기에 사회개혁가로서 적극적 활동을 펼쳤던 리다 하니판(Lyda J. Hanifan)이었다. 당시 그는 웨스트버지니아 주에서 임명한 농촌학교 감독관 직책을 맡고 있었다. 성공적인 학교 교육과 운영을 위해서는 지역공동체의 적극적 참여가 중요하다는 사실을 강조하던 하니판은 1916년의 글에서 그 이유를 '사회자본'이라는 개념을 고안해 설명했다. 하니판에게 사회자본은 다음과 같다.

> (사회자본이란) 사람들의 일상생활에서 가장 중요하게 여기는 유형의 실체, 예를 들면 사회 단위를 구성하는 개인과 가족들 사이의 호의, 동료애, 동정심, 사회적 교섭 같은 것을 말한다. …… 개인들은 홀로 고립되면 사회적으로 속수무책이다. …… 한 사람이 자신의 이웃과 접촉하고, 이 사람들이 또 다른 이웃들과 접촉하는 식으로 계속 확대하면 사회자본이 축적될 것이다. 이렇게 형성된 사회자본으로 인해 개인의 사회적 욕구는 즉각 충족될 수 있으며, 공동체 전체의 생활 조건을 실질적으로 향상시키기에 충분한 사회적 잠재력을 갖게 될 수도 있다. 전체로서의 공동체는 모든 부분들의 협조로 인해 이익을 누릴 것이고, 개인은 자신의 사회적 접촉이 만들어내는 울타리 안에서 자기 이웃들의 도움, 동정, 동료애가 주는 장점을 찾아낼 것이다.

하니판의 설명은 사회자본에 관한 그 이후의 해석에서 나타나는 사실상 모든 중요한 요소들을 전부 포함하고 있었는데도, 이 새로운 개념은 다른 사회평론가들의 주목을 전혀 받지 못하고 흔적도 없이 사라졌다. 그러나 밀물과 썰물이 흐르고 모래가 드러나면서 가라앉은 보물이 다시 발견되듯, 이 개념 또한 1950년대 캐나다의 한 사회학자에 의해 독자적으로 재발견되었다. 벼락부자가 되어 교외의 고급 주택가로 이주한 사람들이 그 지역 단체의 회원으로 가입하는 현상을 규명하는 데 그는 이 개념을 사용했다.

1960년대에는 현대 거대 도시에서 이웃 간의 친밀한 유대 관계를 높이 평가한 도시 신개발주의자(urbanist) 제인 제이콥스가, 70년대에는 노예제도가 남긴 사회적 유산을 분석하는 연구에서 경제학자 글렌 로리가 각각 그 개념을 재발굴해냈다. 80년대에는 사회적 네트워크 속에 담겨 있는 사회 경제적 자원을 강조하기 위해 프랑스 사회학자 피에르 부르디외와 독일 경제학자 에케하르트 슐리히트(Ekkehart Schlicht)가 이 개념을 다시 끌어냈다. 마침내 1980년대 말 사회학자 제임스 콜먼(James S. Coleman)은 (하니판이 최초에 사용했던 의미 그대로) 교육과 사회 환경의 밀접한 관련성을 부각시키는 데 이 개념을 동원하면서 지식사회에 확고하게 정착시켰다.

저마다 독자적으로 이 용어를 동원하여 설명하려 했던 여러 사례에서도 잘 나타나 있지만, 사회자본은 개인적 측면과 집단적 측면, 즉 사적 측면과 공적 측면의 두 얼굴을 갖고 있다. 첫째, 개인들은 자기 스스로의 이익에 보탬이 되는 연결 관계를 형성한다. 야심에 차서 뭔가 그럴듯한 직장을 찾는 사람들이 널리 이용하는 전략 중의 하나가 '연결망 구축'이다. 우리들 대부분은 무엇을 배우고 알아서가 아니라 누구를 알기 때문에, 즉 인적 자본이 아니라 사회자본 때문에 직업을 얻는다. 경제사회학자 롤렌드 버트는 명함으로 가득 찬 파일을 갖고 있는 중역들이 보다 빠른 승진 기회를 누리고 있음을 보여준 적이 있다. 친구들 사이에 관계를 다루는 사회학자 클로드 피셔는 이렇게 지적했다. "사회적 네트워크는 우리의 모든 삶에서 중요하다. 직장을 구하는 데도 요긴한 경우가 종종 있지만, 도움을 받고 우정을 나누며 때로는 슬픔과 고민을 털어놓을 수 있는 누군가를 찾는 데 훨씬 요긴하다."

개인적 영향력과 우정이 사회자본의 전부라면, 약삭빠른 사람들은 그런 관계를 만들거나 손에 넣는 데 딱 알맞은 정도의 시간과 에너지만 투자할 것이라고 조심스레 예측해볼 수 있다. 그런데 사회자본은 공동체의 보다 넓은 범위에 영향을 미칠 수 있는 '외부 효과', 즉 의도하지 않은 효과도 가질 수 있다. 따라서 접촉 기회를 만드는 사람들에게 사회적 연계의 모든 비용과 혜택이 저절로 따라붙지는 않는다. 사회 자체의 연계는 낮으면서 개인들 사이의 연계는 잘 이루어질 수 있다. 또 사회적으로나 개인적으로 모두 높은 정도의 연계를 유지하는 경우도 있다.

전자는 후자에 비해 생산성이 높지 못하다. 개인적으로는 연계가 형편없는 사람이라도 연계가 잘된 공동체 속에 사는 경우에는, 그 사회가 누리는 풍부한 혜택을 일정 부분 얻을 수 있다. 옆집에 무슨 일이 일어났는지 주시하는 이웃들 때문에 우리 동네의 범죄율이 낮다면, 내가 대부분의 시간을 돌아다니는 데 보내느라 집을 비우고 길에서 이웃을 만나도 서로 인사조차 하지 않는다 해도 사회적 연계의 혜택은 같이 누릴 수 있다.

따라서 사회자본은 '개인적 이익'인 동시에 '공적 이익'이다. 사회자본에 대한 투자로부터 생긴 이득은 구경꾼에게도 일부 돌아가는 경우가 있는가 하면, 어떤 이득은 투자자의 직접 이익으로 되돌아가기도 한다. 예를 들어 로터리 클럽이나 라이온스 클럽 같은 봉사단체들은 장학금을 모으고 질병과 싸우는 데 지역의 에너지를 동원하면서 동시에 회원들에게는 사교와 사업상의 접촉 기회를 제공함으로써 개인적으로도 좋은 결과를 가져다준다.

사회적 연계는 또한 처세술에서도 중요하다. 네트워크는 (그 용어의 정의상) 상호 의무를 포함한다. 단순한 '접촉'으로서의 네트워크는 중요하지 않다. 지역공동체 참여의 네트워크는 '호혜성(reciprocality)'의 견고한 규범을 길러준다. "당신이(혹은 아마도 그 외의 다른 어느 누구가) 앞으로 언젠가 내 호의에 보답할 것이라고 예측하면서 나는 지금 당신을 위해 이 일을 하겠습니다"라는 것이 그런 규범이다.

경제학자 로버트 프랭크는 나와 개인적으로 만난 자리에서 "사회자본은 톰 울프의 소설 『허영의 모닥불(The Bonfire of the Vanities)』에 나오는 '호의은행(favor bank)'과 비슷하다"고 지적했다. 그러나 호혜성에 가장 간단명료한 정의를 내린 사람은 소설가도 경제학자도 아닌, 뉴욕 양키스의 감독이었던 요기 베라(Yogi Berra)였다. "네가 다른 사람의 장례식에 가지 않으면 다른 사람들도 네 장례식에 절대 안 와."

호혜성이 '한정적'으로 이루어지는 경우도 있다. "네가 내게 이걸 해주면 나도 네게 저걸 해주지" 하는 식이다. 그러나 이런 한정적 호혜성보다는 '포괄적' 호혜성이 한층 더 가치 있다. "네게 어떤 특정한 보답을 받으리라는 기대는 전혀 하지 않고 이걸 해주겠다. 어느 누군가 앞으로 내게 무언가 해줄 것이라고 자신 있게 예측하면서 말이야" 하는 식이다. "남에게서 대접을 받고자 하는 대로 너희도 남을 대접하라"는 성경의 황금률은 나름대로 일반적 호혜성의 원칙을 잘 표현하고 있다.

연례 기금 모집 행사의 홍보용 티셔츠에 "우리의 아침 식사 모임에 오십시오. 우리는 여러분의 화재 현장에 달려갑니다"라는 문구를 적은 오리건주 골든비치의 의용소방대도 유익한 사례다. 소방대원들은 마치 "우리는 한정적 호혜성의 규범에 따라 행동합니다"라고 말하는 듯하지만, 사람들은 소방대 행사에 가지 않더라도 불이 나면 소방대가 달려올 것이라는 포괄적 호혜성의 근본 규범을 알고 있기 때문에 티셔츠의 문구를 웃으면서 봐줄 수 있다. 낯선 사람의 친절에 의지해서 살던 『욕망이라는 이름의 전차』(테네시 윌리엄스 원작의 연극/영화)의 여주인공 블랑슈 뒤부아 역시 포괄적 호혜성에 의지하고 있었던 것이다.

포괄적 호혜성의 특징을 갖는 사회는 불신 사회보다 훨씬 능률적이다. 화폐의 사용이 물물교환보다 능률적이라는 사실과 같은 이치다. 우리가 매번 교환할 때마다 그 자리에서 가격 균형을 맞출 필요가 없다면 훨씬 더 많은 것을 이룰 수 있다. 신뢰성은 사회생활의 윤활유 역할을 한다. 다양한 부류의 사람들 사이에 상호작용이 빈번하게 이루어지면 포괄적 호혜성의 규범이 형성되는 경향이 있다. '시민적 참여(civic engagement)'와 사회자본은 행위의 상호 의무와 책임을 내포하고 있다. 하니판과 그 후계자들이 인식했듯, 사회적 네트워크와 호혜성의 규범은 서로 이득을 얻기 위한 협력을 촉진시킬 수 있다.

경제적 정치적 거래가 사회적 상호작용의 촘촘한 네트워크 속에서 이루어지면 기회주의적 처신과 부정행위를 할 동기가 줄어든다. 모조품이 난무할 가능성이 극단적으로 큰 다이아몬드 거래가 인종적으로 동질적인 폐쇄 집단 사이에 집중된 것은 바로 이런 이유에서다. 사회적 유대가 촘촘하면 그 안에서 소문도 무성하게 생기지만, 좋은 평판을 갈고 닦을 여러 귀중한 방법들도 수월하게 마련된다. 바로 이것이 복잡한 대규모 사회에서도 신뢰가 구축될 수 있는 핵심적 토대에 해당한다.

물리적 자본은 하나의 '사물'이 아니며, 종류가 다른 물리적 자본을 서로 교체해서 쓸 수는 없다. 달걀 거품기와 항공모함은 미국 경제의 분류법에 따르면 모두 물리적 자본에 속하지만, 거품기는 국가 방위를 위해서는 별로 쓸모가 없고 항공모함은 우리의 아침 식사 오믈렛에 그다지 도움이 되지 않는다. 사회자본, 즉 사회적 네트워크와 그에 연결된 호혜성의 규범은 다양한 용도를 갖고 있으며, 형태와 크기 역시 매우 다양하다. 여러분의 가족과 친족을 합친 확대가족, 교회의 주일학교, 통근 열차에서 포커를 하는 단골 회원들, 대학 기숙사 룸메이트, 회원으로 가입한 시민단체, 인터넷 채팅 그룹, 주소록에 적혀있는 직업 관련 인사들의 네트워크, 이 모두가 사회자본의 형태들이다.

'사회자본'은 개념상 사촌에 해당하는 '공동체'와 마찬가지로 포근하고 따스한 느낌을 준다. 하지만 도시사회학자 사비에르 브리그스(Xavier de Souza Briggs)는 사회자본을 해석하는 데는 달콤한 면만을 부각하는 경향이 숨어있다는 사실을 인식하라고 적절한 경고를 내린다. 곧 네트워크, 이와 결부된 호혜성의 규범은 일반적으로 그 네트워크 안에 있는 사람들에게는 좋지만, 그것의 외부적 효과는 항상 긍정적이지만은 않다. 예를 들면, 1995년 백인 극우주의자 티모시 맥베이(Timothy McVeigh)가 자동차에 시한폭탄을 싣고 오클라호마시티의 연방 건물을 폭파할 수 있도록 해준 것도 사회자본이었다. 호혜성의 규범으로 뭉친 맥베이의 친구 네트워크는 멕베이가 혼자서는 할 수 없었을 일을 가능하게 해주었다.

마찬가지로 도시 갱단, 님비 운동(자기가 사는 동네에는 이른바 '혐오시설'이 들어오지 못하게 하려는 'Not in My Backyard' 운동), 파워 엘리트 등도 넓은 시각에서 보자면 반사회적이지만 자기들에게는 유리한 목적을 달성하기 위해 사회자본을 이용하는 경우가 종종 있다. 이처럼 폐쇄적이고 반사회적인 지역사회 단체들이 자신의 반사회적 결과를 감추는 데 사회자본은 수사학적으로 아주 유용하다. KKK(Ku Klux Klan)단이 제안한 '고속도로 청소 구역 담당' 계획을 플로리다 주민들이 반대했을 때, 이 단체의 우두머리는 이렇게 맞섰다. "우리도 라이온스 클럽이나 엘크 협회와 마찬가지야. 우리도 공동체에 참여하고 싶어."

간단히 말해 사회자본 역시 다른 모든 형태의 자본과 마찬가지로 악의적으로 반사회적인 의도를 지향할 수 있다(맥베이는 자신의 목표를 성취하는 데 폭탄을 장착한 트럭 같은 물리적 자본, 그리고 폭탄 제조 전문가 같은 인적 자본에도 의지했다). 따라서 어떻게 하면 상부상조, 협조, 신뢰, 제도적 효율성 같은 사회자본의 긍정적 결과를 극대화하고, 파벌주의, 인종주의, 부패 같은 부정적 결과를 최소화할 수 있는가를 따지는 일이 중요하다. 이를 위해 학자들은 사회자본의 여러 가지 형태를 구분하는 작업을 진행해왔다.

어떤 형태의 사회자본은 반복적이고 집중적이며, 여러 갈래의 네트워크에 싸여 있다. 매주 금요일 퇴근해서 한잔 마시고 일요일에는 예배 시간에 서로 만나는 철강 노동자 집단이 이런 종류에 속한다. 반면 어떤 사회자본은 우연적이고 한 갈래로만 이루어진 익명 네트워크에 싸여 있다. 슈퍼마켓 계산대에서 한 달에 여러 번 만나긴 했어도 알듯 말듯 한 얼굴이 여기에 속한다. 학부모-교사협의회(Parent-Teacher Association, PTA) 같은 유형의 사회자본은 법인 서류를 갖춘 공식 단체로서 명문화된 회칙이 있고 정기적 회합을 가지며 전국 연맹과 연결되어 있다. 반면 농구장에서 만난 사람들과 팀을 짜서 펼치는 경기 같은 것은 보다 비공식적인 사회자본에 속한다. 구급차 자원봉사 단체 같은 사회자본의 형태는 명백히 공적인 목표를 지향하지만, 브리지 클럽은 회원들의 개인적 즐거움을 위해 존재한다. 그리고 앞에서 언급한 로터리 클럽 등은 공익과 개인 이익 양쪽으로 모두 기여한다.

사회자본의 유형을 구분하는 다양한 차원의 기준 중에서 아마 가장 중요한 것은 '연계형(bridging)'의 포괄적 유형과 '결속형(bonding)'인 배타적 유형의 구분이다. 그렇게 하기로 선택했건 혹은 필요성 때문에 그랬건, 몇몇 형태의 사회자본은 내부 지향적이며 네트워크의 배타적 정체성과 단체의 동질성을 강화하는 경향이 있다. 결속형 사회자본의 예로는 같은 인종에게만 자선과 구호 사업을 벌이는 단체, 교회에 기반을 둔 여성들의 독서회, 멋진 컨트리 클럽 등이 있다. 회원에게만 혜택을 주는 것이다. 한편 외부 지향적이며 다양한 사회적 계층을 망라하는 사람들이 모인 포괄적 네트워크도 있다. 이런 연계형 사회자본의 예로는 민권운동, 다수의 청년 봉사 단체, 초교파적 종교 단체 등을 들 수 있다.

결속형 사회자본은 개별적 호혜성을 강화하고 내부 연대를 동원하는 데 좋다. 예컨대 인종 집단에서의 촘촘한 네트워크는 그 공동체 구성원들 중 형편이 어려운 사람들에게 아주 중요한 사회적 심리적 후원을 제공하는 동시에 그 지역의 사업가에게는 창업 자금과 시장 그리고 신뢰할 만한 노동력을 확보해준다. 이와 대조적으로 포괄적인 연계형 네트워크는 회원과 외부 자원의 연계, 그리고 정보 확산에 보다 유용한 기능을 수행한다.

경제사회학자 마크 그래노비터는 직장 혹은 정치적 후원자를 찾을 때 나와는 다른 영역에서 활동하는 막연히 아는 사람과 나를 연계해주는 '약한' 유대가, 사회학적 활동 영역이 나와 매우 비슷한 친척이나 친한 친구들과 나를 연계해주는 '강한' 유대보다 실제로 더 효과적이라는 점을 밝혀주었다. 브릭스가 지적하듯 결속형 사회자본은 '당장 무엇을 손에 넣는 데' 좋은 반면, 연계형 사회자본은 '앞으로 나아가는 데' 아주 중요하다.

또한 연계형 사회자본은 광범한 정체성과 호혜성을 만들어낼 수 있는 반면, 결속형 사회자본은 우리의 자아를 한층 더 좁게 만든다. 1829년 고래잡이로 한창 붐비던 매사추세츠 항구 도시 뉴베드포드의 문화 강좌 창립 모임에서 회장 토머스 그린은 이 중요한 통찰력을 멋들어지게 표현했다.

> 서로 배우고 다시 가르침을 받기 위해 …… 사회의 모든 신분, 계급, 지위에 속하는 사람들이 여기 모였습니다. 우리가 이러한 목표를 실현하면서 하나로 섞여 있는 동안 서로를 보다 긴밀하게 아는 법을 배울 것입니다. 서로에 대해 전혀 몰라서, 아니면 제대로 알지 못해 생긴 많은 편견들을 없앨 것입니다. …… 우리가 서로 나누어져 있는 정당이나 분파 안에서는 많은 면에서 우리가 형제라고 간주하지 않는 사람은 배제하고 자기 형제만을 사랑하는 것을 배우는 경우가 종종 있습니다. …… 우리는 서로를 보다 잘 아는 법을 배워왔기 때문에, 서로에 대해 보다 호의적인 감정을 갖고 (문화 강좌를 떠나) 우리의 집과 난롯가로 돌아갈 수 있을 것입니다.

결속형 사회자본은 일종의 사회학적 강력 접착제 역할을 하고, 연계형 사회자본은 사회학적 윤활유 역할을 한다. 결속형 사회자본은 자기 집단에 대한 강력한 충성심을 창출함으로써 집단 외부에 대해서는 강한 적대감을 만들어낼 수도 있다. 뉴베드포드의 토머스 그린과 그 이웃들도 알고 있었듯, 바로 이런 이유에서 결속형 사회자본은 부정적인 외부 효과를 나타내는 경우가 훨씬 흔할 것이라고 예측할 수도 있다. 그렇지만 많은 경우 결속형과 연계형 사회자본은 모두 엄청나게 긍정적인 사회적 효과를 발휘할 수 있다.

많은 집단들은 어떤 사회적 차원에 따라 구성원들을 결속하는 동시에, 다양한 구성원들을 서로 연계시키고 있다. 예를 들면 흑인 교회에는 같은 인종과 종교에 속하는 사람들만 모이지만 그들끼리의 계급 차이는 초월하고 있다. 가톨릭 우애단체 '콜럼버스 기사단(Knights of Columbus)'은 남자 가톨릭교도라는 성별과 가톨릭이라는 종교에 따라 회원을 제한하지만 서로 다른 여러 인종 공동체들 사이의 분열과 대립을 극복하기 위해 창립되었다. 인터넷 채팅 그룹은 지역, 성별, 연령, 종교 등을 모두 초월하여 회원을 연계시키지만, 교육과 이데올로기 면에서는 고도로 동질적이다. 결국 결속과 연계는 사회적 네트워크를 깔끔하게 나눌 수 있는 '이것 아니면 저것'의 범주가 아니라, 우리가 다양한 형태의 사회자본을 비교할 수 있는 '정도의 차이'에 해당하는 차원이다.

로버트 퍼트넘의 『나 홀로 볼링』

(정승현 옮김, 페이퍼로드, 2009)

로버트 퍼트넘(Robert Putnum, 1941~)

미국의 정치학자. 하버드대학교 교수. 시민 참여와 시민사회, 사회적 자본에 관한 글로 유명하다. 1960년대 이후 미국 사회에서 시민, 사회, 협동체, 정치생활과 같은 사회자본이 급격하게 쇠퇴하고 있다고 주장한다. 사회의 연결망을 복원하기 위한 연속 세미나(Saguaro Seminar, 1997~2000)를 하버드대학교 정책대학원(Kennedy School)에서 개최했다. "정부와 사회 자본", "정치학과 사회 자본", "예술과 사회 자본", "기술과 사회 자본" 등이 세미나 주제다. 저서로 『나 홀로 볼링-미국의 쇠퇴하는 사회적 자본』, 『사회적 자본과 민주주의』, 『정치윤리학의 비교 연구』 등이 있다.

7

대동서(大同書)

캉유웨이

변법 유학자 캉유웨이가 집필한 대동서에는 대담하고 획기적인 주장이 담겨 있다. 청나라가 기울어져 가던 시기, 고통에 시달리는 백성을 구제하기 위해 새로운 세상을 강구하던 캉유웨이는 이상적인 사회의 모델을 유학의 고전『예기』에서 찾았다.『예기』에 기술되어 있는 대동의 시대에는 모든 사람이 천하의 공민(公民)으로 살게 되어 사람들이 제 부모 제 자식만 사랑하지 않고 모든 부모와 모든 자식을 똑같이 사랑하며 홀아비, 홀어미, 고아, 자식 없는 이와 병에 걸린 사람까지 모두 따뜻한 보살핌을 받을 수 있다. 캉유웨이는 자신의 시대에 대동의 이상을 실현하기 위해서는 가장 먼저 가족과 국가를 없애고 사유재산을 철폐해야 한다고 주장했다. 그의 주장에 따르면 인류가 만들어낸 가장 큰 해독은 가족과 국가이고 그중에서 가족의 해독이 더 심하다. 인류가 이기적이고 편협하며 간사하고 남을 속이게 된 것은 모두 가족이 만들어낸 폐단이다. 그러므로 먼저 가족을 없애야만 세상이 평화로워진다. 평화를 바라면서 가족제도를 그대로 두는 것은 물 없는 곳에 배를 띄우거나 땔나무를 지고서 불을 끄려 하는 것과 같다.

캉유웨이는 가족을 없애기 위한 구체적 방법으로 남녀가 부부로 결합하는 일을 금지할 필요가 있다고 이야기한다. 남녀의 혼인은 모두 본인 스스로의 선택에 따라 마음이 맞으면 서로 함께 사는 합약(合約)을 맺되 일정한 기한을 두어 종신토록 약속하게 해서는 안 된다. 사람은 저마다 다른 성품을 가지고 있으므로 서로 좋아한다고 하더라도 완전하게 같아질 수 없다. 만약 서로 맞지 않는 사람들을 억지로 같이 살게 하면 결국 서로 미워하게 될 것이니 합약을 맺어 함께 살다가 상대가 싫어지거나 새로운 사람을 좋아하게 되면 상대를 바꾸도록 허락해야 한다. 만약 영원히 기쁨을 같이할 사람이 있다면 희망에 따라 합약을 연이어 갱신하면 될 것이다.

이런 주장은 남녀가 평등한 존재라는 그의 확고한 이해에서 비롯된 것이다. 그는 남녀는 평등할 뿐 아니라 각기 독립적인 권리를 가지고 있는데 그것은 누구도 빼앗을 수 없는 하늘이 준 권리라고 했다. 이어서 그는 인류를 고통에서 구하기 위해서는 국가의 경계를 없애 세계를 하나로 통일해야 하며, 인종 간의 차별을 철폐해야 할 뿐 아니라 농·공·상과 같은 생업의 차별 또한 없애고, 급기야 인류와 다른 생물 간의 차별마저 없애서 모든 생물을 똑같이 사랑해야 한다고 주장했다. 국가와 국가 간의 경계가 사라지고 군대와 감옥이 없는 세상, 국민은 사라지고 모든 인류가 하늘의 백성으로 평등하게 살아가는 세상, 가족이 사라지고 모든 아이들의 양육과 노인들의 부양을 하나의 공동체가 책임지는 세상, 사람과 동물이 서로 해치지 않고 즐겁게 어울려 사는 세상이 대동의 이상이다.

부부 제도를 없애야 한다

남녀 간에는 교호(交好, 서로 사랑함)의 약속을 허락하되 영원히 부부가 될 수는 없게 한다. 남녀의 혼인은 모두 본인들의 선택을 따른다. 마음과 뜻이 서로 맞으면 합약(合約)을 맺어 교호(交好)의 약속이라 이름하고 부부라는 옛 명칭으로 부르지 않는다. 남녀는 이미 평등하고 독립적인 존재이므로 교호의 약속은 마치 두 나라 사이의 평화조약처럼 경중이나 고하의 차이가 없다. 만약 조금이라도 고하의 차이가 있게 되면 한쪽은 주인이 되고 다른 쪽은 종이 되어 합약이라고 이름 붙일 수 없게 된다. 이렇게 되면 천부의 인권과 독립의 뜻에 어긋나 남자는 존귀하고 여자는 억압당하는 풍조로 나아갈 것이므로 정부는 마땅히 이를 엄격히 금지하여 단지 친구 사이의 교제와 같게 해야 한다.

남녀의 합약은 기한을 두어 종신토록 약속할 수는 없게 해야 한다. 무릇 사람이라는 존재는 본성이 반드시 같지 않다. 쇠는 강하고 물은 부드러운 것처럼 음과 양의 작용이 다르고, 어질고 탐욕스러운 정도가 다르고, 달고 매운 것을 좋아함이 다르고, 슬기롭고 어리석음이 다르고 나아가고 물러남에 차이가 있다. 따라서 지극히 좋아하는 사이라 하더라도 절대 완전히 같을 수가 없기 때문에 한 번이라도 화합하지 않으면 평생토록 서로 다투게 된다. 그러므로 누구를 막론하고 잠시 합약하기는 쉬우나 오래 지속하기는 어려운 것이다. 만약 억지로 강요하면 형세가 반드시 서로 반목하게 되어 서로 만나도 말을 나누지 않거나, 평생토록 따로 살거나, 서로 미워하고 헤어지거나, 몰래 독을 먹여 해치고자 할지도 모른다.

억지로 죽을 때까지 함께 살게 해서 평생토록 괴롭게 살거나 때로 목숨마저 잃는 경우가 천하 고금에 셀 수 없을 정도로 많다. 교호를 끊고자 하면 명예가 손상되고 무정하다는 비난을 받을 것이고, 교호를 끊지 않자니 미친 남편이나 표독한 아내의 그릇된 행실을 앉아서 보고 있어야 하므로 한 순간도 편안하지 못할 텐데 하물며 영원히 참고 지내야 함에랴. 타고난 성품이 아무리 훌륭하다 하더라도 오랫동안 서로 화합하고 함께 즐거울 수만은 없다. 또한 사람의 감정이란 다른 사람을 보면 마음도 옮겨가기 마련이고, 오래되면 싫증이 나 새로운 상대를 도모하게 되고 아름다운 상대를 좋아하기 마련이다. 지난날 합약하여 이미 아름다운 상대를 얻었다 하더라도 이윽고 재능과 학식이 더 높고 자태가 더 아름다우며 성품이 더 온화하고 재물이 더 많은 상대를 만나게 되면 반드시 애모하는 마음이 생기고 상대를 바꾸어 교제하기를 바랄 것이다. 또 만나는 사람에 따라 세월이 흘러감에 따라 좋아하는 사람이 달라지면 반드시 그 마음과 뜻에 따라 옛 사람을 버리고 새 사람을 얻고자 할 것이다.

지난날의 풍속은 귀하든 천하든 여자가 남편을 따르게 되어 있어 억지로 같이 살게 할 수 있었다. 아시아의 옛 풍속은 남자가 여러 여자를 얻을 수 있었고 여자는 남자에게 제재당했기 때문에 아무리 고달프더라도 억지로 견뎌야 했다. 그러나 이러한 풍속은 인도(人道)의 자유와 천부의 인권을 크게 어긴 것으로 불행한 일이다.

이제 남녀가 평등하고 각기 독립하게 되면 처음에는 사졸이었다가 나중에는 임금이나 재상이 될 수 있고, 처음에는 선비나 상인이었다가 나중에는 농부나 기술자가 될 수 있다. 직업이 달라지고 귀천도 달라질 것이므로 남녀를 억지로 오래 묶어두기가 어려워지는데, 이것이 부부를 묶어두기 어려운 첫 번째 이유다. 또 남녀가 평등하고 각자 독립하면 비록 다시 합약하더라도 서로 좋아하는 마음만 합하는 데 지나지 않고 둘의 재산은 합칠 수가 없다. 재물을 얻기 위해 다른 곳으로 옮겨가거나 살던 지역을 피해 먼 곳으로 떠나게 되면 반드시 본래의 직업을 버리고 멀리 따라가야 하니 각자 교류하던 사람이 있어 서로 등지기가 어렵다. 이런 경우에 상대를 따라 옮겨가려니 직업을 버리기가 어렵고, 직업에 미련을 두자니 상대를 따라 옮길 수가 없게 되므로 결국 영구히 갈라지게 된다. 이는 인간의 정리로 할 수 있는 일이 아니며 또한 자유의 본분을 해치는 일이니 부부를 묶어두기 어려운 두 번째 이유다.

또 옛날 거난세(據亂世)의 풍속에서는 부부의 의리란 오로지 성씨(姓氏)를 전하는 데에 있었는데 이는 남자의 사사로운 욕구만 따른 것이다. 그 때문에 억지로 평생을 같이 살게 하여 부부관계를 영구히 확정한 뒤에 부자관계를 확정했던 것이다. 이제 태평세(太平世)에 이르면 남녀가 평등하여 각자 독립하고 아기가 태어나면 공공의 기관에서 양육하여 어느 한 성씨의 사사로운 개인이 되는 것이 아니라 세계의 공민(公民)이 된다. 남녀관계도 다만 인정의 기쁨을 따르는 것일 뿐이며 부자 간의 계승을 바르게 세우는 데에 목적이 있는 것이 아니다. 그렇다면 또 무엇 때문에 평생을 같이 살도록 강요하여 사람의 마음을 괴롭히겠는가? 가령 억지로 같이 살게 하더라도 아무런 의미가 없는 것이다.

만일 영원히 기쁨을 함께하려는 사람이 있다면 자주 합약을 갱신하여 사랑을 이어가면 죽을 때까지 같이 살 수 있으므로 인정에도 합당하고 각자의 자유도 보장되는 것이다. 두 사람이 뜻이 맞으면 평생 같이 살 수도 있고 새로운 사람이 생기면 상대를 바꾸는 것을 허락한다. 혹 예전에 좋아하던 사람과 다시 맺어지기를 원하면 역시 합약을 맺는다. 이렇게 하면 모든 것이 자유로우며 인정에도 순응하고 천리에도 합당한 일이라 할 수 있다.

지금 구미의 제도는 모두 이혼을 정당한 것으로 인정하고 있다. 최근 프랑스에서는 해마다 이혼하는 부부가 수만을 헤아린다고 한다. 중국의 법률도 역시 이혼을 인정하고 있다. 그러나 지구상의 모든 풍습은 부부가 죽을 때까지 같이 살기로 결정하고 난 뒤에 이혼하는 일은 부도덕한 일이라고 생각한다. 그 때문에 이혼한 사람을 두고 경박하고 인정머리 없다고 탓하고 그렇지 않으면 사람을 택할 때 신중하지 않았다고 헐뜯는다. 또 그렇지 않으면 그 집안에 법도가 없다고 비난하거나 이상한 일이나 우스운 이야깃거리로 삼는다. 마을에서는 경박한 행동이라고 사사로이 깎아내리고 관청에서는 행위의 옳고 그름을 따지며 신문에서는 비웃는 기삿거리로 삼아 소문이 점점 퍼져 사람들의 우스갯거리가 된다. 이러한 갖가지 비난은 사람을 견디지 못할 정도로 괴롭힌다. 그 때문에 비록 부부 간의 원한이 심각한 지경에 이르더라도 그때그때 미봉(彌縫)하며 억지로 참고 견딜 수밖에 없다. 그러나 부부관계란 은근한 가운데 서로 좋아하는 기쁨을 극진히 누리는 것인데, 싫은 것을 억지로 참고 견뎌야 한다면 그 괴로움은 이루 말할 수 없다.

태평세에는 모든 사람이 독립하여 누구나 자유롭고 누구나 평등하다. 그런데 만일 억지로 괴로움을 강요한다면 자유를 크게 손상하는 일이 되므로 차라리 부부관계를 세워 부자관계를 바르게 하는 거난세의 풍속보다 못하게 된다. 그렇다면 어찌 인정을 따르지 않을 수 있겠는가? 서로 좋아하는 마음을 따라 기한을 약속하게 하면 합치고 헤어지는 것을 기한에 맞춰 뜻대로 할 수 있으니 서로 마음이 맞으면 합약을 갱신하여 영원히 좋아할 수도 있고 다른 사람과 맺어지기를 원하면 약속을 바꾸어 새로운 삶을 도모할 수도 있다. 이렇게 하면 사랑하는 마음을 이룰 수 있게 되어 기뻐하는 사람들은 더욱 기뻐하고, 반면에 싫어하는 마음이 이미 생긴 경우에는 서로 헤어질 수 있으니 법적으로 허락되는 일이며 도덕에도 위배되지 않는다.

이렇게 되면 사람들이 싫은 것을 억지로 참고 견딜 일이 없으니 전 세계에서 이혼이나 절교의 괴로움도 없어질 것이다. 모든 사람이 바라는 것을 얻고 좋아하는 것을 즐길 수 있으니 이것이야말로 악기 소리가 아름답게 조화를 이루듯 참다운 사랑이라 할 수 있다.

혹 오늘 당장은 합약을 갱신하지 못했다 하더라도 훗날을 또 기약할 수 있고 때로 다시 만나게 되면 마치 옛 친구를 다시 만난 것처럼 더욱 가까워질 수도 있을 것이니 어찌 옛 풍속처럼 한 번 이혼하면 다시 돌아갈 수 없고 마치 원수처럼 대하겠는가?

가족의 경계를 없애고 하늘의 백성이 되어야 한다

무릇 대지 위의 인간은 태고 시절부터 지금에 이르기까지 부모와 자식의 도리를 벗어난 경우가 없다. 부모와 자식 간의 사랑은 타고난 본성이자 사람의 근본으로 억지로 만들어낸 것이 아니다. 인간은 다른 동물보다 지능이 높고 천성이 어질다. 하지만 인류가 처음 생겼을 때는 부부관계가 아직 확립되지 않았기 때문에 자식이 태어나면 어머니 홀로 자식을 길렀다. 그 까닭은 아버지가 누구인지 알기는 어렵지만 어머니는 분명했기 때문이다.

동물의 경우 어미만 알 뿐 아비는 알지 못한다. 그 까닭은 암수가 뒤섞여 짝이 일정하지 않기 때문이다. 마찬가지로 인류가 처음 탄생한 시대에는 남녀가 함부로 교제하여 짝이 일정하지 않았기 때문에 임신을 해도 누구의 자식인지 알 수가 없어 짐승의 암컷과 수컷이 질서 없이 교미하는 것과 다를 것이 없었다. 태고 시절에는 자식이 태어나면 여자 혼자 아이를 길렀기 때문에 사람이라도 어머니는 알았지만 아버지는 알지 못했던 것이다. 주(周)나라 왕실의 시조인 후직(后稷)도 어머니가 강원(姜嫄)인 줄은 알았지만 아버지가 누군지는 몰랐다. 그 때문에 강원이 밟고 임신했다는 큰 발자국에 따라 희(姬, 발자국)라는 성을 얻었다. 상(商)나라의 시조인 설(契)도 어머니가 유융씨(有娀氏)인 줄은 알았지만 아버지를 알지 못했다. 그 때문에 제비 알을 삼키고 임신했다는 전설에 따라 자(子, 알)를 성으로 삼았다. 후직과 설 이전에 어머니만 알고 아버지는 모르는 시대가 몇 천 년이나 계속되었는지 알 수 없는 일이다.

후세에 부부관계가 어느 정도 확정되었으나 여자의 수가 적은 곳에서는 일처다부제가 시행되어 여러 명의 남자가 한 여자를 공유하거나 여러 형제가 한 여자를 공유하여 여전히 어머니가 기준이 되었으니 이 또한 어머니만 알고 아버지는 모르는 시대였다.

남녀가 어지러이 교잡하는 시기가 오래 지속되자 정이 두터워져 서로 떨어지기를 원치 않는 경우도 있게 되고 힘센 자가 억지로 한 여자를 독점하려는 경우도 있게 되었다. 오래 사귀게 되면 정이 더욱 두터워지고 독점하게 되면 사랑이 한결같아지니 비로소 부부관계가 확립되었다.

남녀의 사랑은 인간의 가장 큰 욕망이다. 거칠고 어두워 무력이 판치던 시대에는 남녀 간에 일정한 배필이 없어서 여자를 빼앗기 위해 서로 죽이는 일이 이루 셀 수 없이 많았다. 마침내 성인이 나타나 사람들의 다툼을 걱정하여 남녀의 정에 따라 예법을 제정하여 그것을 지키게 했다. 남녀의 두 집안이 합약하면 사슴 가죽을 예물로 삼아 의례를 갖추고 술과 밥을 마련해 가까운 사람들을 불러 혼인한 사실을 알리고 그 일을 존중하게 하여 부부의 명분을 세우고 다른 사람이 어지럽히지 못하게 하였으니 비로소 부부 간의 의리가 성립되었다.

부부관계가 확정되면 그 사이에서 태어난 아이가 자기 아이라는 것을 확신하게 되어 아이를 사랑하는 마음과 돌보고 기르려는 마음이 더욱 깊어진다. 여러 아이들이 태어나면 비록 남녀와 선후(先後)의 차이가 있지만 모두 한 아버지의 자식이 되어 형제라고 부르며 한 집에서 양육하고, 오랫동안 같이 살며, 함께 먹고 놀며, 함께 노래하고 슬퍼하게 된다. 부모는 그들을 함께 사랑하고 자식들은 부모에게 의지한다. 이렇게 부부, 부자, 형제의 관계가 이루어져서 가족제도가 성립된 것이다.

형제들이 다시 부부관계를 맺어 아이를 낳으면 손자가 되고 손자들이 다시 부부를 이루면 증손(曾孫)과 현손(玄孫)이 태어나며 여러 자손들이 각기 부부를 이루어 자식을 낳게 되면 족속(族屬)을 이루게 되어 족제(族制)가 성립된다. 그러나 그 근본은 모두 한 부모에게서 비롯되는 것이다. 부부관계가 성립하지 않으면 부자 간에 서로 친애하는 일도 없게 된다. 그 때문에 부부관계가 있은 뒤에 부자관계가 있게 되고 부부관계가 확립되면 부자 간의 친애도 이루어지는 것이다. 그 때문에 족속이 수십만 명에 이른다 해도 모두 부자관계에서 비롯된 것이라 하겠지만 부자관계 또한 부부관계에서 나온 것이다.

부부, 부자, 형제의 관계는 자연에서 나온 것이지 사람이 좋아서 만들어낸 것이 아니다. 이 점은 짐승들도 마찬가지라 하겠다. 다만 인간은 지식이 풍부해서 사랑하는 힘을 미루고 넓혀 굳게 결속하지만 짐승들은 지식이 부족하여 사랑하는 힘을 넓혀서 굳게 결속할 줄 모른다. 심지어 오래되면 본래 지니고 있던 사랑하는 마음조차 아울러 잊어버리고 마니 인간과 동물의 차이가 여기에 있다고 하겠다. 그 때문에 인간은 부자, 형제로 말미암아 종족을 확립하지만 짐승들은 오래되면 모자 간의 사랑도 잊어버리게 된다. 인간은 가족에 대한 사랑을 미루어 나라와 종족에 미치기 때문에 갈수록 강성해지는데 짐승들은 부모 형제도 알지 못하기 때문에 갈수록 고립되고 약해진다. 인간과 짐승의 강약은 여기에서 비롯된 것으로 사랑하는 힘을 넓게 미루어 갈수록 굳게 결속하는 힘이 멀리 미치는 것이다. 이로 말미암아 미루어보면 무리를 규합하는 힘이 클수록 종족이 더 번성하는 것은 지식이 풍부하기 때문임을 알 수 있다. 사랑하는 힘을 넓게 미루지 못하여 굳게 결속하는 힘이 멀리 미치지 못하면 무리를 규합하는 힘이 약하고 종족이 번성하지 못하게 되니 지식이 부족하기 때문이다.

지구상의 가족 제도는 중국만큼 오래되고 문명적으로 잘 갖추어진 나라가 없다. 그 때문에 중국인의 수는 수억 명에 달하여 유럽의 두 배이자 만국(萬國)의 으뜸으로 지구상 인구의 1/3을 차지한다. 이것은 모두 부부, 부자를 중심으로 하는 가족제도에서 비롯된 것으로 공자가 어지러운 세상을 다스리기 위해서 만든 제도다. 종족을 번영시키고 굳게 결속하는 데 이보다 더 나은 제도가 없었으니 이것이 공자의 큰 공이다. 그 때문에 서양 사람들은 그들이 사는 곳을 집으로 여기지만 중국인들은 외국에서 살더라도 고향에 돌아갈 생각을 하지 않는 사람이 없다.

그러나 한쪽만 친하게 지내면 다른 쪽은 친하지 않게 되고 한쪽만 사랑하게 되면 다른 쪽은 사랑하지 않게 된다. 중국인들은 같은 성을 가진 사람끼리는 서로 친하게 지내고 돌보지만 다른 성을 가진 사람들과는 소원하게 지내며 돌보지 않는다. 그 때문에 두 성 사이에 서로 싸우거나 원수가 되기도 한다. 오랫동안 같은 혈통에 익숙해지면 나라가 있는 줄 모르고 오직 같은 성에만 집착하게 되어 급기야 무리지어 수만 리 떨어진 곳, 이를테면 미국 같은 곳에 가서도 성이 다르다고 해서 서로 돌보지 않고 싸우는 일이 많다. 한 나라 안에서도 만 가지 성으로 나누면 마치 만 개의 나라와 같다. 이를테면 부유하고 어진 사람이 기부하여 구휼 사업을 벌여도 자기 종족만 도와주어 다른 종족은 혜택을 입지 못하고 다른 나라 사람에게는 도움이 미치지 않는다. 그 외에도 향(鄉), 현(縣), 성(省)을 구분하여 친교를 맺기 때문에 같은 고향 사람끼리는 서로 친하게 지내지만, 다른 곳 출신과는 소원하게 지낸다. 그 때문에 종족이 아닌 지역에 기부를 할 경우는 향을 우선시하여 현에 미치는 경우는 적고, 성에 미치는 경우는 더욱 적다. 또 국가에 거금을 기부하여 학교, 병원, 빈민구제소, 고아원, 양로원 등을 설립했다는 말은 들어본 적이 없다.

그 때문에 그 폐단은 한 나라를 천 갈래 만 갈래로 갈라놓고 크게 합쳐야 할 것을 작게 분열시키고 말았다. 그 때문에 4억이나 되는 사람들이 서로 도울 줄을 몰라 지구상에서 가장 큰 나라가 도리어 작고 약한 나라가 되고 만 것이다. 이것은 지구상의 다른 나라에서는 찾아볼 수 없는 일이니 그 원인을 미루어보면 가족제도가 토착되고 누적된 데서 말미암은 것이다.

중국에서 사당과 묘소를 중시하여 조상을 존중하고 추모하는 풍습은 지극히 아름다운 일로 사당과 묘소에 제사를 지내지 않는 것은 근본을 망각하는 일이며 지극한 불효인데 지구상의 문명국을 살펴봐도 중국만 한 나라가 없다.

인도에서는 유해를 화장하고 무덤을 만들지 않으며 유럽의 경우는 무덤이 있기는 하나 아들 대까지는 예를 차리지만 손자 대에서는 끊어지며 아들이라 해도 다른 곳으로 이사하면 그만두게 된다. 사당의 경우는 다른 나라에는 아예 없다. 중국인들이 조상을 공경하고 종족을 보살피는 일은 지극히 아름다운 일로 종족간에 서로 의지할 수 있는데 이 또한 다른 나라에는 없는 풍속이다.

그러나 구미의 여러 나라는 문명국일 뿐 아니라 강대하다는 점에서 중국보다 낫다. 구미에서는 거액의 돈을 기부하여 학교, 병원, 빈민구제소, 양로원 등을 세워서 온 나라 사람들이 고루 혜택을 받게 하는 일이 셀 수 없을 정도로 많다. 따라서 종족끼리 돌보는 도리는 서양이 중국보다 못하지만 은혜를 널리 베푸는 도리는 중국이 서양만 못하다. 이 둘 중에서 과연 누가 더 나은가? 무릇 인(仁)을 베풀 때는 작은 것이 큰 것만 못하고 좁은 것이 넓은 것보다 못하다. 이를 기준으로 판단하자면 중국은 자기 종족을 번식시키고 자기 종족끼리만 사랑하기 때문에 인을 베푸는 범위가 좁은 셈이니 구미의 사람들이 인을 널리 베푸는 것만 못하다. 중국의 인도(仁道)는 가족제도로 인해 좁아졌으니 그렇다면 가족제도 또한 구미만 못한 것이다.

가족이 억지로 함께 사는 데서 생기는 괴로움

부귀한 사람은 맛있는 음식과 편안한 가마, 화려한 의복과 값진 보석으로 부모를 공양하는데 이를 효도라 일컬을 만하다. 그러나 이같이 할 수 있는 사람은 수십만 명 중에 한 사람도 찾기 어려울뿐더러 이 또한 외관상의 아름다움일 뿐이다. 며느리와 시어머니가 함께 살면서 서로 기뻐하지 않고 작은 일로 말미암아 미움이 쌓여 마침내 서로 미워하게 되는 일은 대부분의 사람들이 그렇다.

무릇 사람의 성품이란 쇠는 강하고 물은 부드럽고 활시위는 팽팽하고 가죽은 느슨한 것처럼 저마다 다르며 달고 매운 것, 검은 것과 흰 것에 대한 기호도 각기 다르다. 이처럼 성품이 다르므로 아무리 어진 시어미와 현명한 며느리라 하더라도 함께 살게 되면 갈등이 일어나게 마련이다. 현명한 사람은 천 명 중 한 명을 찾기가 어렵고 못난 사람은 열 명 중에 아홉이나 된다. 그 때문에 아들과 며느리가 반드시 효도하는 것도 아니고 시아버지와 시어머니가 자애로운 것도 아니다. 아들과 며느리 중에는 부모의 기색을 살펴 부모의 뜻을 잘 받들지 못하고 사납게 굴며 거역하는 이도 있고, 혹은 시어머니의 꾸지람이 지나치게 심하다는 이유로 사납게 구는 경우도 있다.

혹 시누이와 올케의 사이가 나빠 서로 미워하는데 시어머니가 자기 딸 말만 듣는 경우도 있고, 며느리가 시집간 딸의 자식들을 잘 보살피지 않는다고 미워하는 경우도 있다. 또 부모가 유달리 편애하는 자식이 있어서 다른 형제들로부터 미움과 질투를 사는 일도 있고, 아들과 며느리가 몰래 저축한 재물을 다른 형제자매가 은밀히 가로채 싸움이 나는 수도 있다.

또 형제 중에 누구는 잘 살고 누구는 못 사는데 재산이 많은 아들끼리 서로 다투어 부모를 노하게 하는 경우도 있고, 안팎에 외로운 자손들을 아들과 며느리가 돌보지 않아 원망과 분노를 사기도 한다. 이런 일들은 모두 하찮고 자질구레한 일, 작은 이해득실로 인해 틈이 생기게 된 것이니 때로 한 마디 말로 체면을 손상시키고 혹은 한 가지 일로 위엄을 잃는 경우다. 결국 피차에 의심이 생기고 시기하게 되어 서로 용서하고 이해하지 못하게 된다. 그 때문에 작게는 안색을 붉히고 크게는 언성을 높이게 된다. 처음에는 서로 꾸짖다가 그다음에는 싸우고 심하면 몽둥이로 때리고 끝에 가서는 독약을 타게 된다.

뿐만 아니라 형제 간에 소송을 벌이거나 적자와 서자들이 서로 관계를 끊기도 하고 올케와 시누이 사이에 욕설을 주고받으며 숙부와 조카 사이에 서로 원망하거나 동서들끼리 다투기도 하고 심지어 시어머니와 며느리가 서로 말을 듣지 않는 일이 자주 있다. 이 때문에 목숨을 잃거나 스스로 목숨을 끊는 사람이 셀 수 없다.

나라에 태평한 날이 있어도 집안에는 태평한 날이 없다. 집안사람들의 입과 혀는 무기보다 무섭고 원한은 물불보다 무섭다. 이름은 형제자매이지만 적국보다 사이가 나쁘고 이름은 며느리와 시어머니이고 시동생과 형수이지만 남보다 원한이 깊다. 현명한 사람은 자기 마음이 괴로워도 애써 참고 말을 아끼기 때문에 바깥사람들은 속사정도 모르고 훌륭한 집안이라고 한다. 하지만 어리석고 못난 사람은 자기 감정을 그대로 드러내 결국 집안에 화를 끼치고 그 해로움이 집안의 여러 대에 미치게 한다. 이런 불행은 모두 하찮은 일이 쌓여 깊은 원한을 이룬 결과다. 이런 일이 일어나지 않는 집안이 없다. 형제, 자매, 동서 중에는 성품이 탐욕스럽고 사나우며 교활한 사람들이 있기 마련이어서 없는 일을 만들어서까지 헐뜯는다. 그 때문에 부부가 헤어지기도 하고 형제가 서로 죽이는 경우도 적지 않다.

또 사나운 며느리가 시어머니를 억압하여 밥도 못 먹게 하는 경우나 모진 시어머니가 며느리를 구박해서 목숨을 끊게 하는 경우도 있다. 또 의붓자식이 나빠서 재산을 모두 차지하고 계모를 내쫓기도 하고 계모가 음흉하고 악독해서 전실 자식을 해치기도 한다. 나이 어린 며느리가 사나운 시어머니 때문에 죽기도 하고 어린 아이들은 계모 때문에 죽는가 하면 조카며느리가 시아버지의 형제나 외삼촌에 의해 팔리는 신세가 되기도 한다. 중국의 4억 인구와 만리나 되는 땅에는 가족 간에 벌어지는 참상이 도처에 가득하고 원망하는 마음이 하늘을 찌른다. 몇 안 되는 식구의 집안과 부엌 여자들의 우여곡절을 책으로 쓴다면 한 나라의 국사(國史)를 이룰 만큼 방대할 것이다.

부귀할수록 불효와 불우(不友)가 더 심하고 예법이 엄할수록 괴로움이 더 깊다. 자손과 여자들이 많을수록 가족 간에 생기는 미움과 원망은 더욱 많고 모여 살며 함께 밥먹는 사람이 많을수록 원망은 더 커진다. 내가 고향에서 30년 동안 살면서 들은 소리라고는 시어머니와 며느리 사이에 서로 꾸짖는 소리와 형수와 시동생이 서로 원망하고 욕하는 소리와 형제가 서로 싸우는 소리뿐이었다. 선대의 성현들이 남긴 훌륭한 말씀은 모두 빈말일 뿐이었다. 그들이 남긴 말씀에 따라 구제할 방도를 찾아보았으나 아무런 도리가 없었다.

한 가족끼리만 서로 보살피게 되면 부모는 자기 자식만 사랑하고 할아버지는 자기 손자만 귀여워해서 오직 자기 자손만 돌보고 남의 자손은 돌보지 않는다. 자기 자손만 돌보고 사촌의 자식은 돌보지 않고, 자기 자손만 가르치고 남의 자식은 가르치려 하지 않는다. 그 때문에 부귀한 집안의 자손은 돌봄과 가르침을 받아 신체 또한 건강해서 이목이 총명하고 정신이 왕성하여 학식에 통달할 수 있다. 반면 빈천한 집안의 자손은 돌봄과 가르침을 받지 못해 신체가 허약하고 이목도 밝지 못하며 정신도 흐려 학식에 어두우며 심지어 병에 걸려도 치료받지 못한다. 또 거지처럼 추위와 굶주림에 시달리고, 글자도 모르고 콩과 보리도 구별하지 못할 정도로 어리석다. 그렇다면 부유한 사람이 재산을 기부해서 학교를 세워 가난한 아이들을 가르치고, 병원을 설립하여 병든 아이들을 구제해야 할 것이다. 하지만 모든 사람이 자기 자손만 사랑하니 어찌 그 남은 재산으로 널리 대중을 구제하겠는가? 이 때문에 병원이나 학교가 시원찮아서 대중에게는 훌륭한 혜택이 거의 베풀어지지 않는 것이다.

가정이 인성과 종족에 끼치는 피해

한 가족이 모여 살면서 서로 지극히 사랑하면 반드시 집안을 부유하게 해 후손에게 물려주려는 생각을 하게 된다. 무릇 가족의 수효는 한없이 늘기를 바라고 부유하기 바라는 마음도 한없이 커진다. 그러나 가족의 수효가 늘면 비용도 따라서 늘기 마련인데 수입은 한정되어 있다. 부유해지고 싶은데 잘 되지 않으면 부정직한 술수를 쓰고 남을 속이려 하는 마음이 생긴다. 심지어 염치를 돌아보지 않고 도둑질마저 하게 되고 도리를 따지지 않고 뇌물을 주거나 받게 된다. 더욱 심한 경우에는 사람을 죽이고 재물을 빼앗기도 하며 간악한 계략을 꾸며 큰 죄를 짓고도 죽음을 두려워할 줄 모르고 예사로 여긴다.

남의 물건을 탐내 부정직한 술수를 쓰거나

앙리 마티스(1869~1954)의 〈춤 II〉(1910)

사기를 치며 도둑질을 하고 간악한 계략을 꾸미며 사람을 죽이고 약탈하는 일은 가장 커다란 죄악인데 그 원인을 알고 보면 모두 자기 집안을 부유하게 만들려는 데서 비롯된 것이다. 탐욕과 부정, 사기와 절도, 간악한 계략, 살인, 약탈의 씨앗이 심어지고 나면 대대로 자손들에게 전파되어 복잡하고 답답해져 건잡을 수 없게 된다. 그 때문에 탐욕, 부정, 사기, 절도, 간악한 계략, 살인, 약탈의 성품이 갈수록 더 크게 퍼져 인간의 성품은 점점 더 악해지고 도리는 갈수록 무너지고 서로 나쁜 영향을 주고받아 마침내 습성이 되어 다함이 없게 된다.

설혹 가정을 이루고 있으면서 부자가 되기를 바라지 않는다 하더라도 이미 가족을 사랑하는 이상 가족에 대한 책임이 있기 때문에 반드시 그들을 돌볼 방도를 생각하게 된다. 무릇 한 명의 남자가 자기 자신만 부양하기는 쉽지만 혼자 힘으로 여러 사람을 부양하기는 어렵다. 때로 상황이 가로막기도 하고 질병이 가로막기도 하며 재능과 지혜가 남만 못하거나 근력이 미치지 못하는 경우가 있다. 그러나 가족들은 배고프면 먹을 것을 기다리고, 병이 들면 의사를 기다리며, 추우면 입을 것을 기다린다.

또 자녀들이 성장하면 시집을 가거나 장가를 드는 일 따위가 줄줄이 이어진다. 며느리가 손자를 낳게 되어 슬하에 한 무리가 이루어지면 식구가 나날이 많아져 집도 늘려야 하고, 식구들은 시끄럽게 떠들며 한 사람에게 의지한다. 그 때문에 같은 수입으로 예전에는 남들이 부러워하는 생활을 했지만 지금은 가난하게 살 수밖에 없다. 어떻게 할 도리가 없어 그저 하늘을 바라보며 이맛살을 찌푸릴 뿐이다. 논밭을 팔고 집을 처분해도 빚은 나날이 늘어나 번뇌가 가득하니 근심걱정으로 마음만 상한다. 하물며 반복되는 재난이 예고 없이 찾아오고 가족의 죽음이 잇따르니 슬픔과 그리움으로 육친을 생각하게 되고 장례와 제사를 치르느라 비용을 끝없이 지출하게 된다. 아무리 힘써 일해도 곤궁을 면치 못하고 빚에 쪼들리며 살게 되니 기운도 떨어지고 마음 또한 다치게 된다. 이렇게 살게 되면 비록 지조 있는 선비라 할지라도 속임수를 쓰고 싶은 마음이 싹트게 되어 청렴을 해치고 지조를 버리거나 남의 비난을 아랑곳하지 않고 잔인해진다. 결국에는 구차하고 천박해져 부끄러운 일도 마다하지 않고 탐욕으로 남을 속이는 행동도 하게 되는데 이 또한 어쩔 수 없이 그렇게 된 것이다. 하지만 사람이란 한 번 이런 짓을 저지르고 나면 어쩔 수 없이 두 번 세 번 거듭하게 되고 습관처럼 익숙해져 마침내 성품으로 굳어져 끝내 파렴치한 인간이 되고 만다.

구미의 경우 개인의 독립이 성행하고 있지만 태평세에 도달하려면 아직 멀었다. 왜냐하면 구미에도 여전히 가족이 있기 때문이다. 가족이 있으면 사람들은 자기 자식만 아낀다. 그 때문에 자기 자식은 잘 기르지만 남의 자식은 돌보지 않고 자기 자식은 가르쳐도 남의 자식은 가르치지 않는다. 비록 고아원에서 이들을 거두어 길러주고 교육도 시켜준다고 하지만 가르치고 길러주는 수준이 변변치 못할뿐더러 몇 년 후에는 일을 하게 되어 있다. 전문적인 학교는 모두 학비가 매우 비싸고 그조차도 대도시의 대학이 아니면 뛰어난 재능을 발휘할 수 없다. 그 때문에 가난한 집안의 아이들은 배움에 대한 열망이 있어도 대학에 가지 못하고 소학교나 중학교를 마친 뒤에 일터로 나가야 한다. 또 질병에 걸리면 병원에서 치료해준다고는 하나 그 또한 조잡하고 불결하다. 런던, 스코틀랜드, 아일랜드에 아직도 맨발로 다니는 거지가 많고 유럽의 여러 나라에 가난한 사람들이 많은 걸 보면 양육과 교육이 충분치 못함을 알 수 있다.

가족은 태평세의 장애물이다

가족은 태평세의 장애물이다. 가족이 있기 때문에 생기는 해로움은 다음의 여러 가지가 있다. 가족이 있으면 자연히 자기 가족만을 사랑하게 되어 이기적인 세상이 된다. 그 결과 인류 전체에 이기적이고 편협하며 간사하고 남을 속이며 남의 것을 훔치고 탐욕을 부리며 부도덕한 성품이 조장되어 인간이 선해지기 어렵게 된다.

저마다 자기 가족만 사랑하여 공공의 사업에 필요한 비용을 모으기가 어렵기 때문에 의사를 많이 양성하지 못하므로 인류의 건강이 나빠진다. 아울러 사람들이 자기 가족을 아끼기 때문에 사유재산을 공유화할 수 없다. 그 때문에 전 세계 사람을 공적으로 양육할 비용을 마련하기 어렵다. 따라서 많은 사람들이 빈곤에 시달려도 구제하지 못하고 육아원, 유치원,

양로원, 빈민구제소들의 운영비를 마련할 수 없고 도로, 교량, 건설, 국토개발, 건물설립 등 공공복지사업에 드는 비용 또한 모을 수 없다. 따라서 가족은 거난세에는 인도(人道)를 지탱하기 위해 필수적이지만 태평세에는 인간을 서로 격리시킨다는 점에서 크게 해롭다.

태평한 대동세를 위해서는 반드시 가족을 없애야 한다. 무릇 인간의 성품이 모두 선해지고 인격이 모두 고르게 갖추어지며 모든 사람이 잘 양육되고 건강하게 살며 사람들이 모두 평화롭고 풍속과 교화가 모두 아름다운 세상이 바로 태평세다. 그러나 가족을 없애지 않고서는 이런 세상을 실현할 방도가 없다. 가족은 거난세와 승평세(升平世)에는 필요하지만 태평세를 이루는 데는 가장 큰 방해물이다. 가족제도를 그대로 두고 태평세에 도달하고자 한다면 물 없는 곳에 배를 띄워 항구에 도달하기를 바라는 것과 같다. 뿐만 아니라 태평세에 도달한 뒤에도 가족제도를 그대로 둔다면 마치 흙을 짊어지고 샘을 파는 격이요 또한 땔나무를 가지고 불을 끄는 것과 같아서 갈수록 어려워질 것이다. 그 때문에 태평세에 도달하고 싶다면 반드시 국가를 없애고 가족을 없애야 한다.

캉유웨이의 『대동서』
(전호근 옮김, 2023)

캉유웨이(康有爲, 1858~1927)

중국 역사상 몇 안 되는 변법 유학자로 1858년 청(淸)제국이 저물어가던 시대에 광동성 남해현의 사대부 집안에서 태어났다. 어린 시절부터 현령이었던 아버지의 훈도 아래 유학의 경전을 공부했지만 오래지 않아 일본과 유럽의 역사를 공부하며 근대에 눈뜨면서 개혁의 필요성을 절감하고 27세 무렵부터 개혁의 이상을 담아 『대동서』 집필을 시작했다. 1898년 황제였던 광서제를 설득하여 변법을 국시로 정하고 부국강병을 모색하는 개혁정책을 추진하여 국정과 교육, 산업 전반에 걸친 대개혁을 단행했으나 서태후를 정점으로 하는 보수파 세력이 일으킨 무술정변으로 실패로 돌아갔다. 이후 일본을 거쳐 이탈리아, 미국, 캐나다 등지를 떠돌아다니다가 1911년 신해혁명이 일어나 공화국이 선포되면서 다시 중국으로 돌아왔으나 이미 멸망한 청나라의 선통제를 복위시키려는 복벽운동에 가담하는 등 개혁과 거꾸로 가는 행보를 보이다가 삶을 마쳤다.

8

대도시와 정신적 삶

게오르크 짐멜

이상은 자신이 시골에서 머문 며칠 동안의 경험을 한마디로 '권태'라고 표현한 수필을 발표한 적이 있다. 이상처럼 개항 이래 많은 젊은이들이 녹색의 자연을 갑갑해하며 시골 집과 벗들을 뒤로한 채 회색빛의 도회로 나아갔다. 그런데 사실 도시인의 삶은 얼마나 고독한가? 누구나 한 번쯤은 거대한 마천루가 솟아있는 화려한 거리에서, 쉴 새 없이 쏟아져 나오는 군중들과 어깨를 부딪치면서도 불쑥 고독을 느낀 적이 있을 것이다. '군중 속의 고독'이라는 말처럼 도시를 새로운 거주지로 삼은 근대인들은 소외되어 있다. 그러나 짐멜은 도시인의 고독을 단순히 극복해야 할 부정적 정서로 치부하는 것을 넘어, 그 감정의 기원과 성격을 독창적으로 탐구한다.

현대의 삶에서 가장 심층적인 문제들은 개인이 자기 자신의 독립과 개성을 사회나 역사적 유산, 외적 문화 및 삶의 기술의 압도적인 힘들로부터 지켜내려는 요구에서 유래한다. 18세기 사람들이 국가와 종교에서 역사적으로 형성된 구속들로부터의 해방을 외친 것은 모든 인간의 존엄성이 방해받지 않고 구현되도록 하기 위해서였다. 19세기 사람들은 단순한 자유 이외에 개인의 특수성, 즉 개인을 남과 비교될 수도, 또한 대체될 수도 없는 존재로 만들고, 그런 만큼 더욱더 다른 사람들과 보완 관계를 맺도록 하는 특수성을 요구했던 것으로 보인다. 니체는 개인의 처절한 투쟁이, 사회주의는 일체의 경쟁 제거가 개인이 완벽하게 발전할 수 있는 조건이라고 보았던 것 같다. 어느 경우든 이 모든 것에는 동일한 근본 동기가 작동하고 있다. 다름 아닌 사회적·기술적 메커니즘 속에서 평준화되고 소모되는 데 대한 개인의 반항이 그것이다.

대도시에 사는 개인들에게 전형적인 심리적 상태는 신경과민이다. 이는 외적·내적 자극들이 급속도로, 그리고 끊임없이 바뀌는 데서 기인한다. 인간의 의식은 그때그때의 인상이 선행하는 인상과 구분되는 차이에 의해 촉발된다. 우리의 의식은 인상들이 고정된 경우, 혹은 그 차이가 경미하거나 대립적 인상들이라도 규칙적이고 익숙한 흐름에 따라 교체되는 경우보다 급속도로 이미지들이 교체되면서 밀려오거나, 하나의 이미지 안에서 포착되는 내용의 변화가 급격하거나 밀려드는 인상들이 전혀 예기치 못한 경우에 더 큰 부담을 갖는다. 이러한 심리적 현상은 대도시의 거리를 걸을 때나 빠르고 다양한 경제적·직업적·사회적 삶을 경험할 때 발생한다. 따라서 우리에게 요구되는 의식의 총량을 비교해보면, 대도시는 소도시나 시골의 삶과 커다란 차이를 보여준다. 후자에서는 감각적·정신적 생활의 리듬이 더 느리면서 더 익숙하고 더 평탄하게 흘러간다.

여기서 대도시의 정신적 삶이 어떻게 해서 정서적 관계에 더 의존하는 소도시적 삶에 비해 지적 성격을 띠게 되는지를 이해할 수 있다. 소도시의 정서적 관계들은 꾸준하고 지속적인 습관들을 통해서 가장 잘 발전한다. 이와 달리 우리의 지성은 내적 힘들 중에서 적응력이 가장 뛰어나다. 지성은 대립적으로 변화하는 인상들에 적응하는 데에 어떠한 충격도, 내적 동요도 필요로 하지 않는다. 전형적인 대도시인은 외부 환경의 흐름이나 그 모순들에 의해서 삶이 뿌리째 위협받는 상황에 대해 방어 메커니즘을 만들어낸다. 대도시인은 그러한 외부 환경에 대해 감정적인 반응이 아니라 본질적으로 지적인 반응을 보인다. 개인의 주체적 삶을 대도시의 억압적 힘으로부터 지키기 위한 자구책으로 이러한 이성적 태도는 다양한 방향으로 발전하고 다양한 개별 현상들과 얽혀 나타난다.

예로부터 대도시는 화폐경제의 본거지였다. 왜냐하면 다양한 경제적 교역으로 북적대는 곳에서는 교환 수단이 매우 중요하기 때문이다. 시골처럼 교역이 그다지 활발하지 않은 곳에서 교환 수단은 대도시에서만큼 중요하지 않다. 화폐경제와 이성의 지배는 아주 깊이 연관되어 있다. 양자는 사람과 물건을 취급함에 있어 순수한 객관성이라는 공통점을 지닌다. 순수하게 이성적인 사람은 개별적인 모든 것에 대해 냉담하다. 그 이유는 개별적인 것 안에서는 논리적 이성으로 다 포착될 수 없는 관계와 반응들이 발생하기 때문이다. 이는 화폐 원칙에 현상의 개별성이 자리 잡지 못하는 것과 같다. 왜냐하면 화폐는 모든 현상들에 공통적인 것, 즉 모든 성질과 특성을 단지 수량적인 문제로 평준화시키는 교환가치만을 문제 삼기 때문이다. 사람들 사이의 정서적 관계는 그들의 개체성에 기초하는 반면, 이성적 관계는 사람들을 마치 숫자를 대하는 것처럼, 즉 객관적으로 평가 가능한 결과에 대해서만 관심을 가질 뿐, 그 자체로는 무관한 요소들처럼 다룬다. 대도시인이 배달원이나 고객, 심부름꾼, 혹은 형식적 인간관계의 범위에 속하는 사람들을 대하는 태도가 여기에 해당한다. 이는 각자의 개체성을 어쩔 수 없이 알게 되고 서로를 대하는 태도에 풍부한 감정이 묻어나게 되는 소규모 집단과 다르다. 이 집단에서는 서로에 대한 객관적 계산은 중요하지 않다.

경제심리학의 영역에서 근본적인 것은, 단순한 사회에서 생산은 상품을 주문하는 고객을 위해 이루어지기 때문에 생산자와 고객이 서로를 알게 된다는 사실이다. 그러나 현대의 대도시는 거의 전적으로 시장을 위한 생산, 즉 생산자가 보지 못하고 전혀 알지 못하는 고객을 위한 생산에 의해서 유지된다. 이렇게 되면 고객과 생산자 양측의 이해관계는 몰인정한 객관성을 띠게 되고, 이성적 계산에 입각한 경제적 이기주의는 예측할 수 없는 개인적 관계 때문에 흔들리는 것을 두려워할 필요가 없게 된다. 이러한 현상은 분명 대도시에서 자가생산과 직접적 상품 교환의 잔재를 몰아내고 맞춤 고객을 위한 노동을 하루가 다르게 축소시키는, 대도시에 지배적인 화폐경제와 매우 밀접한 관련이 있다. 그런 만큼 아무도 다음과 같은 질문을 던질 필요가 없을 것이다. 정신적·지적 흐름이 먼저 형성되고 여기서 화폐경제가 파생된 것인가, 아니면 거꾸로 화폐경제가 정신적, 지성주의적 흐름을 형성하기 위한 결정적 요소였는가라는 질문이 바로 그것이다. 확실한 것은 대도시적 삶의 형식이 이러한 상호작용의 가장 비옥한 토양이라는 점이다. 나는 이 점을 영국의 유명한 헌법사가의 다음과 같은 말을 통해 입증하고 싶을 따름이다. 영국의 역사 전체를 통해 런던은 결코 영국의 심장이 아니라, 종종 영국의 이성으로, 또는 언제나 영국의 돈주머니로 행세했다는 것이다.

현대적 정신은 점점 더 계산적인 것이 되어 왔다. 실제 삶의 계산적 정확성은 화폐경제가 이룩한 것으로, 이는 세계를 계산 문제로 환원하고 세계의 모든 부분을 수학 공식으로 표현하려는 자연과학의 이상에 부합한다. 화폐경제는 우선 수많은 사람들이 하루하루를 저울질하고, 계산하고, 숫자로 규정하고, 질적 가치를 양적 가치로 환원하는 일로 소진하게끔 만들어버렸다. 화폐가 지닌 계산적 본질을 통해 삶의 요소들 간의 관계에서 동일한 것과 동일하지 않은 것을 규정하는 정확성과 확실성, 약속과 협정의 명확성이 지배하게 되었다. 이는 외적으로는 회중시계가 널리 보급된 결과이기도 하다. 그러나 이러한 특성이 나타나게 된 원인이자 그 결과라고 볼 수 있는 것은 대도시의 조건들이다. 전형적인 대도시인의 인간관계와 업무는 매우 다양하고 복잡한 것이 보통이다. 무엇보다도 서로 다른 관심을 가진 수많은 사람들이 밀집한 결과 그들의 관계나 활동들은 다양한 형태의 조직을 이루게 된다. 따라서 약속이나 업무 추진에 있어서 정확을 기하지 않으면 사회 전체는 수습하기 어려운 혼동 상태로 붕괴될 것이다. 만약 베를린에 있는 모든 시계 바늘이 단 한 시간 동안이라도 느닷없이 제각기 다른 방향으로 간다면, 베를린 전체의 경제적 관계와 그 밖의 모든 관계는 오랜 기간 교착상태에 빠지게 될 것이다. 게다가 대도시에서는 공간적으로 멀리 떨어져 있다는 사실 때문에 기다리거나 헛걸음질하는 것은 엄청난 시간 낭비를 의미하게 된다. 이렇게 대도시에서 사는 기술은 모든 활동과 상호관계가 확고하고 객관적인 시간의 도식을 아주 정확히 따르지 않고서는 도저히 성립될 수 없다.

대도시 삶이 팽창하고 복잡해짐에 따라 필연적으로 요구되는 정확성, 계산 가능성, 치밀성은 대도시의 화폐경제적, 지성주의적 성격과 밀접한 연관을 맺고 있을 뿐만 아니라, 삶의 내용들에도 반드시 일정한 색채를 부여한다. 또한 그것은 외부로부터 보편적이고 도식적인 정확성을 지닌 삶의 형식을 받아들이려 하지 않고 자기 스스로 삶의 형식을 규정짓고자 하는 비합리적, 본능적 그리고 지배적 기질과 충동들을 배제시키지 않을 수 없다. 그러한 기질과 충동들을 특징으로 하는 자기 주권적인 존재들 역시 도시는 결코 받아들이지 않는다. 이 경우 그러한 존재는 도시의 전형적 존재와 대립하게 된다. 러스킨이나 니체 같은 인물들이 대도시에 대해 느낀 깊은 증오는 여기서 설명된다. 이들은 도식화될 수 없는 고유성을 지닌, 따라서 누구에게나 똑같이 적용될 수 없는 삶에서만 삶의 가치를 발견한다. 따라서 이들은 대도시를 증오하는 것과 똑같은 이유에서 화폐경제와 지성주의적 존재를 증오한다.

삶의 형식의 정확성과 치밀성으로 가장 비인격적인 구조를 만든 바로 그 요소들이 다른 한편에서 가장 인격적인 구조에도 영향을 미친다. 아마 둔감함처럼 절대적으로 대도시에 해당되는 정신적 현상은 없을 것이다. 우선 둔감함은 대도시의 지성주의를 고양시킨다고 생각되는 신경 자극이 급속도로 변화하면서 대립적 형태로 밀려들기 때문에 생긴다. 그렇기 때문에 처음부터 정신적으로 무기력한 둔한 사람들은 둔감해지지 않는 게 보통이다. 마치 무절제한 향락 생활이 신경을 더 이상 어떠한 반응도 보이지 않을 때까지 극도로 자극하면서 결국 우리를 둔감하게 만드는 것과 마찬가지로, 대수롭지 않은 인상들도 그 변화가 급격하고 대립적인 경우 신경에 무리할 정도의 반응을 요구하게 된다. 즉 신경은 마지막 남은 힘을 다 써버리는 바람에 환경이 바뀌지 않는 한 더 이상 새로운 힘을 축적할 시간이 없을 정도로 이리저리 혹사당한다. 이렇게 되면 새로운 자극에 대해 거기에 합당한 에너지를 가지고 반응하는 능력이 없어지게 되는데, 이러한 무능력이 한적하고 변화가 없는 환경에서 자란 사람들보다 대도시에서 자란 사람들에게 뚜렷이 나타나는 바로 그 둔감함이다.

대도시의 둔감함의 이와 같은 생리학적 원천에는 화폐경제에서 유래하는 다른 원천이 합세한다. 둔감함의 본질은 사물의 차이에 대한 마비 증세다. 그렇다고 우둔한 사람에게처럼 그것이 전혀 지각되지 않는다는 뜻이 아니라, 사물의 차이들이 지닌 의미나 가치, 나아가 사물 자체를 공허한 것으로 받아들인다는 뜻이다. 둔감해진 사람에게 그러한 차이들은 모두 똑같이 침침하고 음울한 색조로 나타나며 다른 것보다 선호될 가치가 있는 것은 아무것도 없게 된다. 영혼의 이러한 심정은 철저하게 대도시 안에 침투된 화폐경제에 대한 충실한 주관적 반영이다.

돈은 사물의 모든 다양성을 균등한 척도로 재고, 모든 질적 차이를 양적 차이로 표현하며, 무미건조하고 무관심한 태도로 모든 가치의 공통분모임을 자처함으로써 아주 가공할 만한 평준화 기계가 된다. 돈은 이로써 사물의 핵심과 고유성, 특별한 가치, 비교 불가능성을 가차없이 없애버린다. 사물들은 부단히 흐르는 돈의 흐름 속에서 각자의 비중에 따라 부유하면서 동일한 수준에 놓이게 되고, 다만 이 수준

위에서 얼마나 큰 범위를 차지하는가에 따라서만 구분된다. 개별적인 경우에 있어서는 사물이 돈과의 등가관계 속에서 채색되거나 퇴색되는 정도가 거의 눈에 띄지 않을지 모른다. 그러나 부유한 사람이 돈으로 살 수 있는 대상들과 맺는 관계를 통해서, 아니 아마도 이미 대중들이 어디에서나 이러한 대상들에 공적으로 부여하는 전반적인 성격을 통해서, 돈에 의한 사물의 평가는 이제 확연히 인식할 수 있는 현상으로 바뀌었다.

따라서 화폐 순환의 본거지면서 사물의 구매 가능성에 있어 소도시와 비교되지 않을 정도로 큰 대도시는 또한 둔감함의 고유한 터전이 된다. 어떻게 보면 사람과 사물이 몰려 있기 때문에 개인들이 고도의 신경전을 벌이지 않을 수 없는 상황의 결과가 둔감함으로 나타난다. 다시 말해서 동일한 조건이 양적으로 팽창하면 그러한 상황의 결과는 그 반대, 즉 둔감함이라는 고유한 적응 현상으로 전환하는 것이다. 이러한 적응 현상을 통해 신경은 대도시 삶의 내용 및 형식에 맞출 수 있는 가능성을 그에 대한 반응을 중단하는 데서 찾는다. 이는 일정한 성격의 자기보존에 해당하는 것으로, 여기에는 외부세계 전체의 가치를 부정한다는 대가가 따른다.

인간 주체는 전적으로 자신을 삶의 이러한 존재 형태와 타협시키는 반면에, 그에게는 대도시에 대항하는 자기보존 과정에서 이에 못지않게 부정적인 성격의 사회적 태도가 요구된다. 서로에 대한 대도시인들의 정신적 태도는 형식적 측면에서 속내 감추기라고 볼 수 있다. 만약 무수한 사람들과의 쉴 새 없는 만남에 대해서 매번 내적인 반응을 보여야 한다면(만나는 사람 거의 대부분을 알고 그와 긍정적인 관계를 갖게 되는 소도시라면 몰라도) 사람들은 내적으로 완전히 해체되어 상상하기 어려운 정신적 상태에 빠지게 될 것이다. 혹은 이러한 심리적 사정 때문에, 혹은 대도시 삶에서 스쳐 지나가는 요소들에 대해 당연히 갖게 되는 불신 때문에, 우리는 그처럼 속내 감추기의 태도를 취하지 않을 수 없다. 그 결과 우리는 여러 해 동안 이웃들의 얼굴조차 알지 못하고 지낼 수 있으며, 또한 소도시 주민들이 보기에 차갑고 감정도 없는 사람으로 보일 수 있는 것이다.

그렇다. 내가 잘못 알고 있지 않는 한, 외적으로 속내를 감추는 이러한 태도 속에는 단지 냉담함만이 들어 있는 것이 아니라 우리가 의식하는 것보다 더 자주 은밀한 반감, 상호 적대감과 반발심이 깊숙이 자리 잡고 있다. 이러한 심적 상태는 어떤 계기에서든 가깝게 접촉하는 순간 당장 증오와 투쟁으로 번질 수 있을 것이다.

반감은 잠재적 또는 실제적 적대심의 전 단계에 해당한다. 반감은 거리를 두면서 회피하는 태도를 가져온다. 이러한 태도 없이는 대도시적 삶은 영위될 수 없을 것이다. 그러한 반감의 정도, 방향, 그것이 나타났다가 사라지는 주기, 반감을 표명하는 형식들, 이 모든 것이 합쳐져서 대도시 삶의 분리 불가분한 전체를 이룬다. 대도시적 삶을 형성함에 있어서 직접적으로는 불협화음으로 보이는 것이 실상은 그 안에 깔린 기초적 사회화의 형식들 가운데 하나일 뿐이다.

이처럼 현저한 반감을 숨기면서 속내를 드러내지 않는 태도는 다시금 대도시의 훨씬 보편적인 삶의 형식으로 나타난다. 말하자면 이러한 태도는 개인들에게 일정한 방식의 자유를 어느 정도 보장해준다. 이러한 자유는 사회적 삶 전반의 커다란 발전 경향들 가운데 하나로부터 기인한다. 역사에서 발견되는 가장 초기 단계의 사회적 조직은 상대적으로 작은 집단이다. 이 집단은 이웃 집단이나 낯선 집단, 혹은 어떤 식으로든 적대적인 집단에 대해서 강한 폐쇄성을 지니는 반면에, 내부적으로는 그럴수록 더 긴밀한 결속력을 지닌다. 이러한 결속력은 개개 구성원들이 자신의 고유한 특성들을 펼치거나 자유롭게 스스로 책임을 지는 일을 할 여지를 아주 제한적으로만 허용한다. 이런 식으로 정치 집단, 가족 집단, 정당 조직 그리고 종교 공동체가 생겨난다. 생긴 지 얼마 안 된 단체는 자기보존의 필요에서 강력한 경계 설정과 구심적 통일성을 요구하며, 따라서 개인에게는 내적·외적 발전을 위한 어떠한 자유나 특수성도 허용할 수 없다. 이러한 단계에서 사회적 진화는 동시에 두 가지 상이한, 그럼에도 불구하고 상호 일치하는 방향으로 진행된다. 집단이 수적으로나 공간적으로 그 의미나 삶의 내용들이 커지는 정도에 따라 집단의 직접적인 내적 통일은 느슨해지고, 다른 집단에 대해 엄격히 설정되었던 원래의 경계는 상호 관계와 결합에 의해서 완화된다. 이와 동시에 개인은 처음에 그어진 한계를 훨씬 넘어 행동의 자유를 얻으며, 보다 규모가 커진 집단 안에서의 노동 분업의 기회와 필요성에 따라 주어진 개성과 특수성을 획득한다. 물론 개별 집단들의 특수한 조건 및 세력들에 따라서 일반적인 도식이 수정되기는 하지만, 국가, 기독교, 길드, 정당 그리고 여타 무수한 집단들이 이 같은 공식에 따라 발전해왔다.

그러나 내가 보기에 그러한 일반적 도식은 대도시적 삶 안에서 개체성이 발전하는 모습에서도 인식될 수 있다. 고대나 중세 소도시의 삶은 개인에게 외부를 향한 이동과 관계를 제한하고, 내부에서의 자립심과 분화에 제한을 가한다. 현대인은 그러한 제한 속에서는 숨도 쉴 수 없을 것이다. 오늘날에도 대도시인은 소도시에 가면 적어도 비슷한 종류의 답답함을 느끼게 된다. 우리의 환경에 속하는 집단의 크기가 작으면 작을수록, 다른 집단들과의 관계에서 경계가 해체될 가능성이 제한되어 있으면 있을수록, 그 집단은 더욱더 치밀하게 개인의 행위들, 생활양식 및 사고들을 감시하게 되고, 어떠한 양적, 질적 변종도 전체의 틀을 깨뜨리는 것으로 받아들이게 될 것이다.

고대의 폴리스는 이러한 방향에 따라 전적으로 소도시적 성격을 가졌던 것으로 보인다. 멀거나 가까운 적들에게 끊임없이 존재를 위협받는 상황 때문에 정치적·군사적 유대는 긴밀해질 수밖에 없으며, 시민의 시민에 의한 감시가 이루어지고 독자적 삶을 살려는 개인은 모든 사람의 질시를 받게 된다. 개인의 독자적 삶은 기껏해야 자기 가족에 대해 폭군적인 태도를 취하는 것으로 대신하게 되면서 억압된다.

아테네의 삶이 보여주는 대단한 역동성과 자극, 독특한 다채로움은 탁월한 개성을 지닌 몇몇 인물들이 개성을 말살시키는 소도시가 부단히 행사하는 외적·내적 압력에 대항해 싸워나갔던 사실로 설명될 것이다. 여기서 긴장된 분위기가 생성되는데 이러한 분위기에서 약한 자들은 억압되고, 강한 자들은 자신을 열정적으로 지켜나가도록 고무되었다. 바로 이 과정을 통해 아테네에서는 다른 식으로 표현하기 힘든, 우리 식의 정신적 발전에 비추어 '보편적인 인간성'이라고 부를 수 있는 것이 싹텄다. 여기서 주장하려는 것은 삶의 가장 광범위하고 보편적인 내용과 형식들은 가장 개별적인 것과 밀접한 연관성을 지닌다는 사실인데, 이러한 연관성은 객관적이고 역사적인 타당성을 지닌다. 가장 보편적인 것과 가장 개별적인 것은 모두 공통적인 단계를 거친다. 다시 말해 이 양자는 모두 결집력이 강한 조직과 집단을 공동의 적으로 갖는다. 이러한 조직과 집단은 자기보존을 위해서 외부에 있는 광범위하고 보편적인 것뿐 아니라 내부에 있는 자유롭고 개별적인 것을 모두 자신의 적으로 보면서 그에 맞서 자신을 방어한다.

봉건시대에 '자유인'은 국법의 지배를 받는 사람, 즉 가장 광범위한 사회집단의 법에 의해서 지배를 받는 사람이었던 반면, 국법에서 배제된 채 봉건적 결사체로부터만 권리를 부여받는 사람은 자유롭지 못했다. 이와 마찬가지로 오늘날에도 좀 더 정신적이고 세련된 의미에서 대도시인은 소소한 일들과 편견들에 얽매이는 소도시인들에 비해 '자유롭다'. 큰 집단의 정신적 생활 조건들인 상호 무관심이나 속내 감추기는 개인의 독립이 성공할 경우 다른 어느 곳에서보다 대도시처럼 인구가 극도로 밀집한 곳에서 가장 강하게 느껴진다. 이는 신체적 거리의 가까움과 협소함에서 비로소 정신적 거리가 잘 드러나기 때문이다. 경우에 따라서는 사람들이 가장 외롭고 쓸쓸하게 느끼는 곳은 다름 아닌 대도시의 혼잡 속이라고 하는데, 이는 위에서 말한 자유의 이면일 따름이다. 왜냐하면 한 사람이 누리는 자유가 반드시 그의 정서적 안정으로 나타날 필요는 결코 없다는 사실은 대도시에서 가장 잘 나타나기 때문이다.

세계사적으로 집단의 크기와 인격의 내적·외적 자유 사이에는 상관관계가 존재한다는 점에 비추어 대도시는 자유의 본거지라고 할 수 있다. 이는 비단 행정구역의 크기나 인구수 때문만은 아니다. 그 밖에도 대도시는 그 가시적 범위를 넘어서 세계주의의 본거지이기도 하다. 이는 소유 재산이 일정한 수준을 넘어서면 점점 빠른 속도로 그리고 저절로 늘어나는 것과 유사하게 도시의 시야, 경제적·인격적·정신적 관계들, 즉 도시의 관념적 행정권은 일정한 선을 넘어서자마자 기하급수적으로 커지기 때문이다. 도시의 범위가 역동적으로 확장되면, 이는 다음 단계에 그와 동일한 크기만큼 늘어나는 것이 아니라 그보다 더 큰 크기로 확장되는 발판이 된다. 마치 실이 짜여질 때 실 마디마다 새로운 실들이 저절로 불어나는 것과 같다.

바로 이 지점에서 삶의 양이 매우 직접적으로 질과 특성으로 전환된다. 소도시적 삶의 영역은 주로 소도시 안에 포함되어 있거나 소도시와 더불어 이미 결정된다. 대도시에서는 도시 내부의 삶의 물결들이 도시를 넘어 보다 넓은 국가적·국제적 영역으로 뻗어나간다. 대도시의 가장 중요한 본질은 그 기능의 크기가 물리적 경계를 넘어선다는 데 있다. 또한 그러한 활동은 다시 내부에 영향을 주면서 대도시의 삶에 무게와 중요성과 책임감을 가져다준다.

대도시는 그 직접성을 넘어서는 작용들의 총합으로 이루어진다. 이것이 바로 그 존재가 표출되는 대도시의 실제적 범위다. 여기서 다음과 같은 사실을 알 수 있다. 즉 대도시의 크기에 비례하는 개인의 자유는 비단 이동의 자유라든가 편견이나 고루함의 제거라는 소극적 의미로만 이해되어서는 안 된다는 점이다. 자유의 본질은 궁극적으로 어디서든 각자 소유하고 있는 특별하고 비교될 수 없는 것이 삶을 살아가는 가운데 표출된다는 점이다. 우리 자신에게나 다른 사람들에게 우리가 자신의 고유성을 따르고 있음이(여기에 자유가 있다) 확연하게 드러나는 때는 그 표출된 고유성이 다른 사람의 고유성과 구분될 때다. 우리 각자가 다른 어느 누구로도 대체될 수 없다는 점이야말로 우리가 사는 방식이 다른 사람에 의해 강요될 수 없음을 증명한다.

도시는 무엇보다 경제적 분업이 최고로 발달한 장소다. 도시는 내부에 여러 가지 극단적인 현상들을 낳는데, 파리에 생긴 새로운 직업, 즉 '열네 번째 사람'이라는 돈벌이 좋은 직업도 그 한 가지다. 이 직업은 사교 모임에 참석한 인원이 열세 사람인 경우, 모자란 열네 번째 자리를 신속하게 채워주기 위해 모임에 적절한 복장을 하고 참석해주는 일인데, 사람들은 집에 간판을 달고 이 일에 종사했다. 도시는 규모가 커짐에 따라 더욱더 분업에 결정적인 조건들을 제공한다. 고도의 다양한 성과들을 수용할 만한 크기의 집단이 이 경우다. 개인들이 몰려 있어 수요자를 둘러싼 경쟁을 벌이는 경우 각 개인은 다른 사람에 의해 쉽게 퇴출당하지 않도록 자신의 성과를 전문화시키지 않을 수 없다. 여기서 결정적인 것은 도시의 삶은 생계를 위한 투쟁을 자연과의 투쟁으로부터 사람을 둘러싼 투쟁으로 전환시킨다는 점이다. 또한 여기서 얻은 이득은 자연이 베푼 것이 아니라 사람이 베푼 것이라는 점이다. 여기에는 이미 암시한 것과 같은 전문화의 원천뿐 아니라 보다 더 심층적인 원천이 작용한다. 다시 말해 공급자는 수요자 안에 언제나 새로운, 보다 독특한 욕구들을 불러일으키도록 노력해야 한다는 것이다. 아직 다 고갈되지 않은 수입의 원천을 발견하기 위해, 또한 쉽게 대체될 수 없는 기능을 찾기 위해 자신의 성과를 전문화시키지 않으면 안 되는 필연성이 생기고 이는 나아가 일반 대중의 욕구를 분화·세련화시키고 풍부하게 만든다. 이로써 당연히 대중 내부에는 개별적 차이가 점점 커질 수밖에 없다.

이는 좁은 의미에 있어서의 정신적이고 심리적인 특성들의 개별화로 이어진다. 도시는 크기에 비례해서 그러한 개별화를 촉구한다. 여기에는 명백히 일련의 원인들이 존재한다. 우선 대도시 삶의 차원에서는 고유한 인격을 펼치기 어렵다는 점이다. 의미와 에너지의 양적 고양이 어느 한도에 이르면 사람들은 질적 특수화를 시도하는데, 이는 차이에 대한 감수성을 자극함으로써 어떤 식으로든 주위의 사회집단이 자신을 주목하게 만들기 위해서다. 궁극적으로 이런 사람들은 괴팍한 행동의 유혹을 받기에 이르는데, 이는 유별남, 변덕, 멋 부리기 등 대도시 특유의 과장된 행동으로 나타난다. 그러나 그 의미는 결국 그러한 행동의 내용에 있는 것이 아니라 형식에 있다. 즉 자신은 다른 사람과 다르고 남보다 돋보이며 이로써 주목받는 존재라는 점이 중요하다. 결국 많은 사람에게 이러한 존재 형식은 다른 사람의 의식을 통해 우회적으로 일종의 자긍심과 자신도 한몫을 차지하는 사람이라는 자부심을 획득하는 유일한 수단이다. 이와 같은 의미에서, 다음과 같은 계기는 비록 사소하게 생각되지만 대도시적 존재 형식에 분명한 영향을 미친다. 소도시의 관계와 비교해볼 때 대도시에서 개인들의 만남은 짧고 드물다는 점이 그것이다. 그렇기 때문에 자주 그리고 오랜 시간 만날 수 있기 때문에 상대방의 인격에 대해 분명한 이미지를 얻을 수 있는 소도시에서보다 대도시에서 자신을 돋보이게 하고 상대에게 다가가 자신의 개성을 강조하려는 유혹이 훨씬 더 크다.

대도시가 어떻게 해서 가장 개인적인 존재가 되고자 하는 충동을 불러일으키게 되는지에 대한 가장 심층적인 이유는 내가 보기에 다음과 같다. 현대 문화의 발전은 객관 정신이 주관 정신보다 더 우세하다는 특징을 지닌다. 다시 말해 생산 기술이나 제도, 과학이나 가정용품들에 구현된 정신의 총합은 나날이 발전하는 데 비해 인간 주체들의 정신적 발전은 매우 불완전하며 점점 더 뒤처진다. 이를테면 수백 년 전부터 사물과 제도 및 편의시설들에 구현된 엄청난 문화를 조망해보고, 이러한 문화를 동시대 개인들의(적어도 상류계층 사람들의) 문화적 발전과 비교해보면 성장 속도에서 양자의 놀라운 차이점이 드러난다. 많은 점에서 개인들의 문화는 지성, 유연성, 이상주의에 있어서 오히려 퇴보하고 있다. 이러한 차이는 근본적으로 분업이 늘어난 결과다. 왜냐하면 분업은 개인에게 점점 일면적인 성과만을 요구하게 되고, 그러한 일면적 업적이 증대하게 되면 개인의 인격 전체를 위축시키기 때문이다. 어쨌든 (객관 정신이 구현된) 객관 문화가 비대해지는 경우, 개인은 점점 더 이를 따라잡을 수 없게 된다. 명백히 의식할 수는 없지만, 실제적인 삶에서 그리고 거기에서 느끼는 어렴풋한 전반적인 감정에서 개인은 이제 무시해도 좋은 존재로 격하된다. 곧 개인은 사물들과 세력들의 거대한 조직에 비해서 한낱 먼지와 같은 존재로 격하되는데, 이들 사물과 세력은 개인에게서 모든 진보, 정신력, 가치들을 점점 빼앗아가고, 그것들을 주관적 삶의 형식이 아니라 순수하게 객관적 삶의 형식으로 만들어간다.

대도시는 이처럼 모든 개인적인 것을 초월하는 문화의 본래 터전이다. 대도시에서는 건물과 교육시설들, 공간을 뛰어넘는 기술의 기적과 편의시설들, 공동체적 삶의 형태들 그리고 국가의 제도들 안에 엄청난 양의 객관 정신이 비인격적인 결정체를 이루고 있기 때문에 개인은 그것에 대해 굴복하지 않을 수 없다. 한편으로는 관심을 끄는 자극들이 도처에서 밀려오고 시간과 의식의 충전을 통해 거의 움직이지 않아도 마치 강물에 휩쓸려가듯이 저절로 떠밀려가는 삶을 살게 되면서 개인의 삶은 엄청나게 편리해졌다. 다른 한편으로 삶은 점점 더 개인적 색채들이나 비교 불가능한 특성들을 몰아내는 비인격적 내용들과 제공물들로 채워진다. 그 결과 개인적인 것을 구제하기 위해서는 극단적으로 자신의 개성과 특성을 짜내야 한다. 즉 누군가를 자신의 목소리에 귀 기울이도록 하기 위해서, 혹은 자신만을 위한 경우라도, 개인적인 것을 과장할 필요성이 생긴다. 객관 문화의 우세 때문에 주관 문화가 위축되는 것, 바로 이것이 가장 극단적인 개인주의의 설교자들이, 특히 누구보다 니체가 대도시를 격렬하게 미워하는 이유다. 또한 이들이 대도시에서 그렇게 열렬하게 사랑을 받고, 바로 대도시인들에게 그들의 충족되지 못한 갈망의 선지자이자 구원자로 비치는 이유이기도 하다.

대도시의 양적 조건에서 자라난 두 가지 형식의 개인주의, 즉 개인의 독립과 인격의 특이성이라는 두 가지 개인주의가 역사적으로 차지하는 위치에서 보면, 정신의 세계사에서 대도시는 전적으로 새로운 가치를 획득하고 있음을 알 수 있다. 18세기에 개인은 정치, 농업, 길드, 종교에서 억압적이고 무의미한 구속을 받아왔는데, 이러한 제한들은 인간에게 부자연스러운 형식과 이미 오래전부터 정당성을 상실한 불평등을 강요해왔다. 이러한 상황에서 자유와 평등에 대한 요구가 생겨났다. 다시 말해서 자연이 불어넣었지만 사회나 역사에 의해 훼손될 수 있는 인간의 존엄성을 개화시킬 사회적·정신적 상황하에서, 개인의 완전한 활동의 자유가 가능하리라는 신념이 생겨났던 것이다. 자유주의의 이러한 이상 이외에 19세기에는 한편에서는 괴테와 낭만주의에 의해, 다른 한편에서는 경제적 노동 분업에 의해 또 다른 이상이 자라났다. 역사적 구속으로부터 벗어난 개인들이, 이제 각자 남과 구분되는 존재가 되고자 하는 이상이 그것이다. 더 이상 모든 개인 안에 존재하는 '보편적 인간'이 아니라 질적 유일성과 대체 불가능성이 개인적 가치를 유지하게 된다. 우리 시대의 외적·내적 역사는 개인 주체가 전체 속에서 자신의 역할을 어떻게 규정하는가에 대한 이 두 가지 방식 간의 투쟁과 분규 속에서 진행되고 있다.

우리에게 대도시의 고유한 조건들은 이 두 방식이 발전할 기회이자 자극을 제공하게 되는데, 이를 통해 대도시는 이 두 가지 방식 간의 갈등과 조화의 시도가 이루어지는 장소로서의 기능을 갖는다. 이로써 대도시는 정신적 존재의 발전에 있어서 전적으로 고유한, 그 의미가 분명한 위치를 획득한다. 대도시는 삶을 포괄하는 대립된 조류들이 동등한 권리로 만나고 전개되는 장소로서 위대한 역사적 형상물의 하나임이 밝혀진다. 따라서 대도시의 개별적 현상들이 우리에게 호감을 주든 주지 못하든 우리는 대도시에 대해 재판관의 태도로 임할 수 없다. 대도시에 작용하는 힘들은 전체 역사적 삶의 뿌리와 정점에 자리 잡고 있고 우리는 하나의 세포 같은 덧없는 존재로서 그러한 삶에 속해 있기 때문에 우리의 과제는 불평하거나 용서하는 일이 아니라 오로지 이해하는 데 있다.

게오르크 짐멜의 『짐멜의 모더니티 읽기』
(김덕영/윤미애 옮김, 새물결, 2005)

게오르크 짐멜(Georg Simmel, 1858~1918)

독일 출생의 사회학자. 베를린에서 기독교로 개종한 부유한 유대인 상인의 아들로 태어났다. 베를린대학교에서 역사와 철학을 공부하고 왕성한 집필 활동으로 신문과 잡지 등에 200여 편의 글을 발표하였다. 『사회분화론』, 『돈의 철학』, 『사회학의 근본문제』 등 다양한 분야에 관한 저서들을 남겼다.

9

우정의 조건

김현경

『사람, 장소, 환대』의 저자 김현경에게 우정은 기독교적 사랑이나 연애 감정과 본질적으로 다른 것이다. 그것은 오직 당사자들이 서로 순수한 선물을 주고받음에만 의지해 생겨나는데, 친구 사이만이 아니라 가족 구성원 사이에서도 생겨날 수 있다. 이런 면에서 본문에서 말하는 우정은 아리스토텔레스가 말하는 필리아와 그 외연이 일치한다. 그런데 전업주부처럼 경제적으로 독립하지 못하고 타인과의 인격적 관계에 의지하여 살아가는 사람이나 실직이나 파산 등으로 경제력을 상실한 사람은 이러한 관계를 주체적으로 만들 능력이 없기에 그들과 타인들 사이에는 우정이 생겨나기가 어렵다.

이 문제를 해결하기 위해서는 절대적 환대에 대한 논의가 필요하다고 저자는 주장한다. 절대적 환대는 우정이나 사랑 같은 단어가 의미를 갖기 위한 조건이다. 여러분은 어떻게 생각하는가? 절대적 환대가 그녀의 말대로 가능할까? 아니면 가부장제를 보완하는 국가 시스템으로 그녀가 제기한 문제가 해결 가능하다고 생각하는가? 둘 다 아니라면 다른 어떤 해결책을 제시할 수 있을까?

증여와 환대

환대에 대한 논의는 아마도 그 어원의 영향으로 쉽게 주인과 손님의 대립 속에 갇히며, 손님의 몫을 주인의 관점에서 결정하는 문제, 곧 증여의 문제로 귀착되곤 한다. 증여의 의무가 관습과 도덕의 영역에 속하듯이, 환대의 권리 역시 법의 틀 바깥에 있다고 여겨진다. 하지만 칸트가 『영구평화론』에서 "모든 사람이 누릴 수 있는 일시적 체류의 권리이자 교제의 권리"로서 환대의 권리를 주창했을 때, 그는 이 권리의 근거를 주인과 손님의 관계 윤리가 아니라

"인류에게 공동으로 귀속되는 지구의 표면에 대한 공통의 권리"에서 찾았다. 칸트는 무엇보다 자신이 박애가 아니라 법적인 권리에 대해 말하고 있음을 분명히 하였다.

환대를 주인이 손님에게 베푸는 호의로 이해할 경우, 환대의 범위 또는 한계에 대한 질문이 곧바로 제기된다. 초대하지 않은 손님 역시 환대해야 하는가? 찾아온 사람이 손님이 아니라 도둑이라도 마찬가지인가? 그에게 무엇을 베풀어야 하는가? 한 끼 식사? 잠자리? 아니면 그저 친절한 말 몇 마디? 그를 얼마나 머무르게 할 것인가? 내가 원할 때 그를 내보낼 자유가 나에게 있는가? 마지막으로, 환대의 윤리를 주권자(국민 또는 국가)와 외국인의 관계에 적용할 수 있는가?

어떤 이들은 환대를 단순한 우호의 몸짓으로 이해한다. 놀러 온 이웃에게 차 한 잔을 대접하는 것처럼 말이다. 이런 환대는 사소한 증여를 포함할 수 있지만, 그 증여의 의미는 상징적인 것에 그친다. 말하자면 이런 환대는 우정의 전 단계를 구성하는 것으로, 여기서 한 걸음 더 나아가느냐 마느냐는 전적으로 환대하는 사람에게 달려 있다고 여겨진다. 상대방이 기대에 어긋나게 행동한다면, 환대하는 사람—주인—이 호의의 표현들을 거두어들일 수도 있을 것이다. 환대가 '가진 자의 논리'를 대변한다는 비판은 이 개념에 대한 이러한 이해 방식에서 비롯된다.

조건부로 주어지는 이 인색한 환대의 맞은편에, 타자에 대한 사적 공간의 무조건적이고 전면적인 개방이 있다. 예고 없이 방문한 이방인을 위한 환대, 보답을 기대하지 않으며 심지어 상대방이 누구인지조차 확인하지 않는 환대, 데리다는 이러한 환대—순수한' 환대 혹은 '절대적' 환대—가 불가능한 이상이라고 말한다. 페넬로페 도이처가 부연한 바와 같이, "내가 아무리 개방적인(hospitable) 사람일지라도, 오는 사람 모두에게 문을 열어주지는 않을 것이며, 그들에게 조건이나 제한 없이 무엇이든 갖게 하지도 않을 것이다." 하지만 이 불가능성은 무의미하지 않다(고 도이처는 믿는다). 현실적인 (조건부의) 환대는 이 불가능한 환대의 그림자 속에서 일어나며, 이 불가능성과 관계 맺음으로써 스스로를 변형의 가능성 앞에 개방하기 때문이다.

그런데 대척점에 있는 것 같은 이 두 가지 입장은 겉보기만큼 다르지 않다. 데리다처럼 하나를 불가능한 이상의 편에, 다른 하나를 가능한 현실의 편에 둔다면 더욱 그렇다. 두 입장은 삼각형의 이데아와 현실의 삼각형처럼 서로를 반영하고 승인하면서, 둘 사이의 심연을 강조한다. 이 심연이 건널 수 없는 것처럼 보이는 것은 우리가 사적 공간의 개방과 공공성의 창출을 혼동하고 있기 때문이다. 한 사람이 자기 집 문을 두드리는 모든 사람을 들어오게 하여 먹여주고 재워주는 것은 가능하지 않다. 하지만 한 사회가 그 사회에 '도착한' 모든 낯선 존재들을—새로 태어난 아기들과 국경을 넘어온 이주자들을—조건 없이 환대하는 것은 얼마든지 가능하다. 우리는 모두 낯선 존재로 이 세상에 도착하여, 환대를 통해 사회 안에 들어오지 않았던가?

환대의 범위와 한계에 대한 질문은 나와 타자의 대립을 슬그머니 '우리'와 '그들'의 대립으로 바꾸어놓음으로써 혼란을 가중시킨다. "아무리 개방적인 사람일지라도, 오는 사람 모두에게 문을 열어주지는 않을 것"이라고 말한 후에, 도이처는 아주 당연하다는 듯이 "무조건적인 이민을 허용하는 국가에 대해서도 동일한 말을 할 수 있다"고 덧붙인다(아무리 관대한 이민 정책을 펴는 국가라도 '관용의 문턱'이 있을 거라고). 환대의 주체는 이렇게 해서 '나'에서 '우리'로 바뀐다. 하지만 만일 절대적 환대가 불가능하다면, 나는 어떻게 '우리'가 될 수 있었던 것일까? 아니, 내가 '우리'에 속하는지 아닌지 나는 어떻게 아는가?

게다가 환대에 대한 논의가 '한계' 또는 '문턱'에 초점을 맞출 때("그를 들일 수 있는 곳은 여기까지이다" "이것이 내가 줄 수 있는 것의 한계이다" ……) 환대는 증여와 혼동되는 경향이 있다. 그러나 내가 내 집을 방문한 이웃에게 (그가 경제적으로 곤경에 처해 있음을 알면서도) 고작 차 한 잔만 대접한다면, 이는 반드시 내가 인색해서가 아니라 그 이상의 대접이 어떤 의미에서 금지되어 있기 때문이다. 가난한 친구에게도 때로는 밥을 얻어먹어야 하는 것과 같은 이유에서 말이다. 물론 이 말이 이웃을 돕는 행위가 환대의 이름으로 금지되어 있다는 뜻은 아니다. 주는 사람이 주었다는 사실을 잊고, 받는 사람이 받았다는 사실을 망각하는 한, 환대는 주는 행위를 포함할 수 있다. 그러므로 환대와 증여는 동일한 것이 아니다. 우정의 조건은 환대임을 주장하면서, 나는 무엇보다 이 점을 강조하고자 한다.

먼저 환대가 재분배를 포함한다는 점을 확인하기로 하자. 환대란 타자에게 자리를 주는 것 또는 그의 자리를 인정하는 것, 그가 편안하게 '사람'을 연기할 수 있도록 돕는 것, 그리하여 그를 다시 한 번 '사람'으로 만들어주는 것이다. 사람이 된다는 것은 사회 안에 자리를 갖는다는 것 외에 다른 게 아니기 때문이다. 사람을 연기하려면 최소한의 무대장치와 소품이 필요하다. 이를테면 누군가를 초대할 수 있는 공간, 갈아입을 옷, 찻주전자와 차를 살 돈 같은 것 말이다. 그러므로 환대는 자원의 재분배를 포함하기 마련이다. 이것은 아이들이 소꿉놀이를 시작할 때 먼저 장난감을 나누는 것과 비슷한 이치이다. 아무리 욕심 많은 아이라도 상대방이 아무것도 갖고 있지 않으면 서로 초대할 수도, 선물을 주고받을 수도 없다는 걸 알기에, 기꺼이 살림을 나누어준다.

재분배는 증여와 어떻게 다른가? 칼 폴라니는 시장 바깥에서 이루어지는 교환을 모두 증여로 간주하면서, 재분배를 증여의 한 형태로 보았다. 그는 증여를 크게 호혜적 교환과 재분배로 나누었는데, 양자의 차이는 선물이 움직이는 방향에 있다. 전자의 경우, 선물의 흐름이 두 점 사이를 오가는 화살표로 나타난다면, 후자는 화살표가 중심에서 사방으로 뻗어나간다. 이러한 분류의 문제점은 증여의 외연이 지나치게 넓어진다는 것이다(폴 벤느는 "그리스인이 아닌 사람은 모두 야만인이라고 정의하는 것이나 마찬가지"라고 비아냥거린다). 친구에게 밥을 사는 것에서 실업자에게 연금을 주는 것까지, 극히 다양하고 이질적인 실천을 하나의 개념에 쓸어 담는다면, 그 개념은 분석의 도구로서 유용성을 잃을 것이다. 벤느는 폴라니를 비판하면서, 증여의 본질이 개인적인 관계(personal relation)

의 추구에 있다고 주장한다. 개인적인 관계를 추구하지 않는 호혜적 교환, 예컨대 물물교환은 증여가 아니다(화폐의 사용 여부는 중요한 기준이 못 된다). 마찬가지로 현대 복지국가에서 이루어지는 다양한 방식의 소득재분배는 증여의 범주에서 제외되어야 한다. 벤느의 정의는 폴라니의 것보다 더 견고해 보이지만, 여전히 빈틈이 발견된다. 기부(donation)는 증여인가 아닌가? (신장 기증이나 아동 후원처럼) 받는 사람이 누구인지 알 수 있으면 증여이고, (헌혈이나 불우이웃 돕기처럼) 수혜자가 불특정 다수일 때는 증여가 아닌가? 아니면 이 둘은 모두 진정한 의미에서 개인적 관계를 추구하는 것이 아니므로 증여에서 제외해야 할까? 기부를 두 범주로 나누는 것도, 증여에서 아예 제외하는 것도 그리 설득력 있는 해결책 같지 않다.

증여에 대한 폴라니와 벤느의 논의가 놓치고 있는 것은 증여가 내포하는 인정의 차원—증여가 인정을 추구하며, 인정을 통해서 비로소 구성된다는 사실—이다. 국가가 세금을 걷어서 가난한 사람을 도울 때와 자선단체가 모금을 하여 같은 일을 할 때, 물질의 흐름이라는 관점에서는 아무 차이가 없다. 두 경우 모두 형편이 넉넉한 사람에게서 그렇지 못한 사람에게로 부가 흘러간다. 그래서 폴라니는 그 두 가지를 모두 재분배에 포함시킨다. 하지만 행위자들의 입장에서 그 둘은 결코 같지 않다. 주는 사람의 입장에서 세금을 납부하는 것은 의무이지만, 모금에 참여하는 것은 자발적인 선택이다. 받는 사람의 입장에서 실업수당이나 생활보조금을 수령하는 것은 권리이지만, 자선단체의 도움을 받는 것은 '고마운 일'이다. 고마워한다는 것은 도움받은 사실을 잊지 않는다는 뜻이다. 기부자는 익명으로 기부를 한 경우에도 자신의 행동이—"이름 모를 사람의 작은 선행"으로나마—기억되기를 원한다. 이 점에서 기부는 개인적 관계를 추구하는 선물—벤느가 엄밀한 의미의 증여라고 생각했던 것—과 하나의 카테고리로 묶일 수 있다. 순수한 의도에서건 이해관계에 따라서건, 답례를 바라건 바라지 않건, 선물을 할 때 우리는 받는 사람의 마음에 기억을 남기려 한다. 이는 복지국가가 수행하는 재분배와 대조를 이룬다. 국가가 납세자의 돈을 복지수급자의 통장으로 옮길 때, 돈을 낸 사람은 어떤 인정도 기대하지 않으며, 받는 사람은 어떤 기억의 의무도 지지 않는다.

증여는 인정을 추구할 뿐 아니라, 인정을 통해서 비로소 구성된다. 폴라니는 재화와 서비스의 이동 방향에 따라 재분배와 호혜적 교환을 구분하는데, 이는 증여가 실물의 흐름으로 이루어져 있다는 인상을 준다. 폴라니의 관심이 근대 경제학의 언어가 포섭하지 못하는 실물의 흐름으로서의 '살림살이 경제'를 향하는 만큼, 그의 독자들은 언어의 너울을 걷어내고 순전히 물질적인 것의 층위에서 증여를 분석할 수 있다고 생각하기 쉽다. 하지만 소유가 그렇듯이, 증여는 인정의 문제이다. 내가 어떤 물건을 소유한다는 것은 다른 사람들이 나를 그 물건의 소유자로 인정한다는 뜻이다. 증여도 마찬가지이다. 주는 행위 자체는 증여가 아니다. 주는 행위를 증여로 구성하는 것은 준 사람과 받은 사람의 관계에 대한 특정한 해석이다. 노예가 주인에게 아무리 헌신적으로 봉사해도 그것은 증여로 인정되지 않는다. 노예가 주는 모든 것은 이미 주인에게 속해 있다고 여겨지기 때문이다. 그래서 노예가 주인에게 몸값을 지불하고 풀려나는 경우에도, 해방은 주인의 순수한 증여로 간주되었다. 마찬가지로 우리는 식당 종업원이나 아파트 경비원이 우리의 한 끼 식사와 편안한 잠자리에 얼마나 큰 기여를 하든, 그들이 보수를 받고 일하는 한 개인적으로 감사할 필요가 없다고 생각한다. 그 보수가 아무리 형편없더라도 말이다. "가난한 노동자들은 다른 모든 사람들에게 자비를 베푸는 익명의 기부자"라는 바버라 에런라이크의 말은 문제의 핵심을 정확히 찌르고 있다. 이는 증여의 논리가 환대의 논리와 전혀 다른 것임을 의미한다. 환대 역시 주는 행위이지만, 이 줌은 증여로 계산되지 않는다. 환대란 주는 힘을 주는 것이며, 받는 사람을 줄 수 있게 만들어주는 것이다.

공동체에 관한 두 개의 상상

우정의 조건은 절대적 환대이다. 환대의 조건 또는 한계에 대한 논의들이 암시하는 바와 달리, 절대적 환대는 자아와 타자 사이의 경계를 완전히 허무는 것을 의미하지 않는다. 사람들 사이에 어떤 벽도 존재하지 않는 '절대 공동체'에 대한 환상은 매우 오래된 것이다. 혁명의 시간이나 축제의 시간에 사람들은 실제로 그런 공동체의 임재를 경험하곤 한다. 하지만 절대 공동체를 시적 형태가 아니라 산문적 형태로 현실 속에 고정시키려는 시도는 번번이 끔찍한 결과를 낳았다. 문도 없고, 문지방도 없으며, '자기만의 방' 따위는 더더구나 없는 그런 공동체에서 우정은 가능하지 않을 것이다. 거기서는 비밀을 간직할 수도 고백을 할 수도 없고, 혼자만의 시간을 즐기는 일도 함께하는 시간을 기다리는 일도 없을 것이기 때문이다.

칼 세이건의 『코스모스』에는 사방으로 훤히 열려 있고 투명한 의사소통이 이루어지는 공동체의 예가 나온다.

> 긴수염고래는 20헤르츠의 소리를 아주 크게 낸다. 20헤르츠는 피아노가 내는 가장 낮은 옥타브의 소리에 해당한다. 바닷속에서 이렇게 낮은 주파수의 소리는 거의 흡수되지 않는다. 미국 생물학자 로저 페인의 계산에 따르면, 지구상에서 가장 먼 두 지점에 떨어져 있더라도 두 마리의 고래가 상대방의 소리를 알아듣는 데 아무런 어려움이 없다고 한다. 남극해의 로스 빙붕에 있는 고래가 멀리 알류샨열도에 있는 상대방과도 대화할 수 있다는 이야기다. 고래는 자기들 역사의 거의 전 기간 동안 지구적 규모의 통신망을 구축하고 살아왔던 것이다. 광대무변의 심해에서 1만 5천 킬로미터나 떨어져 있다고 하더라도 고래들은 사랑의 노래로 서로의 관계를 확인할 수 있다.

대양을 가로질러 신호를 주고받는 두 마리 고래에 대한 묘사는 장거리 국제전화로 사랑을 확인하는 연인의 모습을 떠올리게 한다. 세이건이 말하지 않은 것은 이들의 통화 내용이 다른 고래들에게도 모두 들린다는 점이다. 게다가 그 고래들 역시 통화 중이다! 바닷속은 모든 사람이 제각기 전화기에 대고 큰 소리로 떠드는 지하철 안처럼 엄청나게 시끄러울 것이다. 그렇게 굉장한 음파의 진동 속에서 무언가를 알아들을 수 있게 하려면, 모두가 같은 소리를 내는 방법밖에 없다. 매미의 합창이나 개구리의 울음소리, 아니면 시위대의 구호와 노래처럼 말이다. 집단적이고 직접적인 커뮤니케이션을 통해 전달되는 메시지는 단순할 수밖에 없다.

이 공동체를 『코스모스』의 마지막 장에 나오는 또 하나의 열린 공동체와 비교해보기로 하자. 바로 거대한 도서관이 있었던 도시 알렉산드리아이다. 알렉산드리아 도서관의 방대한 장서, 책을 사들이고 연구를 후원하는 데 돈을 아끼지 않았던 왕들과 그 밑에 모여들었던 고대 최고의 지성들, 화재로 소실되기 전까지 700년에 걸쳐 이곳에 축적되었던 인류의 정신적 유산에 대해 감회 어린 말투로 언급한 후 세이건은 덧붙인다.

> 알렉산드리아는 서구 역사에서 가장 위대한 도시였다. 많은 지성들이 세계 곳곳에서부터 이곳으로 몰려와서 같이 생활하고 서로 배우면서 교류했다. 알렉산드리아의 거리는 하루도 빠짐없이 상인, 학자, 여행객들로 넘쳐났다. 그리스,이집트, 아라비아, 시리아, 히브리, 페르시아, 누비아, 페니키아, 이탈리아, 갈리아 등지에서 온 사람들이 이곳에 모여 각 지방의 상품과 사상을 교환했다. 코즈모폴리턴이라는 단어가 진정한 의미를 가진 곳도 바로 여기였을 것이다.

고래들의 공동체와 마찬가지로, 이 고대의 코즈모폴리스를 조직하는 원리는 열린 커뮤니케이션—누구나 제약 없이 참여할 수 있다는 의미에서—이다. 하지만 그것이 열려 있는 방식은 사뭇 다르다. 고래들은 아무 매개 없이 동시성 속에서, 모두가 모두에게 직접 연결되어 있다. 동일한 소리의 장(場) 안에 갇혀 있기에, 그들은 교신 대상을 선택할 수 없으며 침묵 속으로 물러날 수도 없다. 다른 말로 하면 그들은 서로에게 청각적으로 완전히 노출되어 있는데, 이는 언제나 상대방을 침범할 수 있고, 또 상대방에 의해 침범될 수 있음을 뜻한다. 반면 도서관의 도시 알렉산드리아에서 영혼들은 책을 매개로 서로에게 접근한다. 그들을 연결하는 것은 소통이 아니라 소통 가능성이다. 커뮤니케이션의 지평 전체를 감싸는 소리의 궁륭이 아니라, 도처에서 조용히, 산발적으로 일어나는 교류들이다. 이 교류는 거리에서 사람들과 이야기를 나누는 것과 혼자 책 속으로 침잠하는 것을 모두 포괄한다. 독서와 대화 사이에는 아무런 본질적인 차이가 없다. 독서는 또 다른 대화—비동시적으로 이루어지는 대화—이기 때문이다.

공동체에 대한 이 두 가지 상상은 서로 경합하면서 지성사 안에서 꾸준히 마찰을 일으켜 왔으며, 그 찌꺼기가 대중, 공중, 다중 같은 개념 안에 침전되어 있다. 유감스럽게도 오늘날 공동체에 대해 이야기하는 사람들은 고래들의 소통 방식을 배타적으로 선호하는 경향이 있다. 공동체를 나타내는 전형적인 이미지는 강강수월래를 할 때처럼 모든 사람이 손에 손을 잡고 둥글게 둘러서 있는 것이다. 모두가 모두의 얼굴을 볼 수 있고, 모두를 향해 말할 수 있도록 말이다. 시선과 귀와 두 손을 온전히 타인에게 내어주는 이 '열린' 자세에 비해, 도서관에 웅크리고 앉아 책을 읽는 사람의 모습은 너무나 '개인주의적'이고 '폐쇄적'으로 보인다. 수그린 머리는 나의 관심사는 오직 책이라고 말하는 것 같고, 구부린 등은 그러니 부디 건드리지 말아달라고 말하는 것 같다. 책을 읽는 것은 자신을 눈앞에 보이는 세상보다 더 큰 세상과 연결하는 행위이다. 하지만 도서관의 적막함은 이 사실을 자꾸 잊게 만든다. 내가 대학에 다닐 때, 도서관에서 공부하는 학생들은 '밀실'에 숨어 있다고 여겨졌으며, '광장'으로 나오라는 부름을 받곤 했다.

공동체에 대한 이 같은 제한된 표상은 공동체(Gemeinschaft)와 사회(Gesellschaft)를 대립시키는 전통과 관련이 있다. 페르디난트 퇴니스 이래 다양하게 변형되어온 이 대립을 요약하자면 이러하다. 공동체는 소규모이고, 단순하며, 구성원들이 혈연이나 지연으로 이어져 있고, 대면적이고 정서적인 관계를 맺는다. 반면 사회는 대규모이고, 복잡하며, 구성원들이 형식적이고 계약적인 관계 외에는 아무 관계도 맺지 않은 채 익명의 개인으로서 서로를 대한다. 도덕과 관습의 지배를 받는 공동체와 달리, 사회에서는 이득과 손실에 대한 냉정한 계산이 우선한다.

이러한 이분법은 이론적으로 여러 가지 난점을 야기하지만, 여기서는 그냥 넘어가기로 한다(독자들은 구조와 상호작용 질서에 대한 앞의 논의와 이 이분법을 비교해보아도 좋을 것이다. 형식적이고 계약적인 관계와 대면적이고 정서적인 관계는 현대 사회를 조직하는 씨줄과 날줄일 뿐, 상이한 시간과 공간에 속하는 대립하는 원리가 아니다). 내가 말하고 싶은 것은 이러한 이분법이 현대 사회(및 도시 문화)에 대한 적대와 전통 사회(또는 시골 생활)의 이상화로 쉽게 이어진다는 점이다. 도시는 삭막하고 차갑고 '옆집에서 누가 죽어도 모를 정도로' 사람들이 서로 무관심한데, 시골에서는 '누구네 집 숟가락이 몇 개인지, 누구네 집에 쌀이 떨어졌는지도 훤히 안다'는 식이다. 대낮에도 문을 걸어 잠그고 지내는 도시의 주부들과 남의 집 부엌을 제집처럼 드나드는 시골 아낙들, 학원에서 컵라면으로 저녁을 때우는 도시 아이들과 남의 집에 가서 밥도 얻어먹고 숙제도 하는 시골 아이들 등등.

하지만 이렇게 친밀한 공동체 속에서 살아가는 것이 과연 즐겁기만 할까? 대학을 졸업하고 지리산 자락의 고향 마을로 내려간 친구의 말이 떠오른다. 다른 건 다 좋은데 저녁마다 술병을 들고 찾아오는 이웃 때문에 미칠 지경이라고. 초대하지 않은 손님의 방문을 순수한 마음으로 환영하지 못하는 건 그가 지나치게 개인주의적이기 때문일까(데리다는 순수한 환대란 초대하지 않은 손님에 대한 환대라고 말한다)? '공동체적 삶'을 택한 이상, 어느 정도의 사생활 침해는 감내해야 하는 것일까? 공동체와 사회의 대립은 이리하여 공동체주의와 개인주의의 대립으로 나아간다. 공동체주의를 열렬히 지지하는 사람이라도 개인의 욕구를 완전히 부정하지는 못하기 때문에, 이것은 결국 비율의 문제로 귀착된다(공동체주의와 개인주의를 어떻게 '조화'시킬 것인가).

절대 공동체에 대한 환상은 이처럼 '개인이

냐 공동체냐'라는 잘못된 양자택일을 강요한다. 공동체에 속한다는 것이 나와 다른 사람 사이의 벽을 없애는 것—문자 그대로 '하나가 되는 것'—을 의미한다면, 공동체에 대한 옹호는 사생활 침해를 정당화하는 구실로 쉽게 전락할 것이다. 하지만 개인과 공동체는 결코 대립적인 개념이 아니며, 공동체 정신을 추구하는 것과 사생활의 자유를 갖는 것 사이에는 본디 아무 모순도 없다. 개인에게 자리/장소를 마련해주고 그의 영토에 울타리를 둘러주는 것이 바로 공동체의 역할인 까닭이다. 뒤르켐이 지적했듯이, 공공성이 강화될수록 사생활의 자유는 오히려 커진다. 가부장제 하에서 기혼 여성과 미성년 자녀는 사생활의 자유를 갖지 못한다. 그들은 집안에서도 마음 편히 쉴 수 없고, 가부장의 눈치를 보면서 일종의 대기 상태에 있어야 한다. 물론 가부장의 성격이 어떠냐에 따라 그들이 느끼는 압박의 정도는 달라진다. 하지만 가부장이 언제든지 그들을 야단칠 수 있고 심지어 때릴 수 있다는 사실은 바뀌지 않는다(개인 공간에 대한 침범은 최종적으로 몸에 대한 침범으로 나타난다. 몸은 자아의 마지막 영토이자, 나머지 영토들—"개개의 인간 존재를 둘러싼 가상의 구"—에 대해 개인이 행사하는 주권의 원천이다). 그런데 가부장이 이런 권력을 행사할 수 있는 것은 국가가 가정을 가부장의 사적 영토로 간주하고 그 안에서 일어나는 일에 대해 개입을 자제하기 때문이다. 다른 말로 하면, 가부장 사회의 약자들이 겪는 사생활 박탈은 그들이 공공의 힘이 미치지 않는 곳에 고립되어 있다는 사실과 관련된다. 좀 더 일반적으로 말해서, 프라이버시의 결여—'자기만의 방'이 없다는 것—와 공적 공간에서의 배제는 장소상실(placelessness)의 두 형태로서, 동전의 양면처럼 맞붙어 있다. 사회 안에 자리/장소가 없는 사람, 사회 바깥에 있는 사람은 자신을 위해 나서줄 제삼자를 갖지 못했기에, 사적 관계 안에서도 자신의 자리/장소를 지킬 수 없다.

개인과 공동체, 사적인 것과 공적인 것의 관계를 이렇게 이해할 때, 비로소 우리는 절대적 환대의 가능성에 대한 질문에 절충주의적 답변(절대적 환대는 불가능하지만 그 불가능성의 지평을 향해 나아가는 것은 가능하다 등등) 이상의 것을 제시할 수 있게 된다. 절대적 환대가 사적 공간의 무조건적이고 완전한 개방을 의미한다면, 우리는 데리다가 그랬듯이 최악의 상황을 머릿속에 그리면서 그러한 환대가 과연 가능한지 자문해야 할 것이다. 하지만 절대적 환대가 타자의 영토에 유폐되어 자신의 존재를 부인당하는 사람들에게 도움의 손길을 뻗치는 일, 그들을 인지하고 인정하는 일, 그들에게 '절대적으로' 자리를 주는 일, 즉 무차별적이고 무조건적으로 사회 안에 빼앗길 수 없는 자리/장소를 마련해주는 일이라면, 우리는 그러한 환대가 필요하며 또 가능하다고 말할 수 있다. 그러한 환대는 실로 우정이나 사랑 같은 단어가 의미를 갖기 위한 조건이다.

그러므로 환대에 대한 질문은 필연적으로 공공성에 대한 논의로 나아간다. 환대는 공공성을 창출하는 것이다. 아동학대방지법을 만드는 일, 거리를 떠도는 청소년들을 위해 쉼터를 마련하는 일, 집 없는 사람에게 주거수당을 주고 일자리가 없는 사람에게 실업수당을 주는 일은 모두 환대의 다양한 형식이다. 자유로운 인간들의 공동체라는 현대적 이상은, 생산력이든 자본주의의 모순이든 역사의 수레바퀴가 어떤 자동적인 힘에 의해 앞으로 굴러감에 따라서가 아니라, 이러한 공공의 노력을 통해 실현된다.

김현경의 『사람, 장소, 환대』

(문학과지성사, 2015)

김현경(1969~)

서울대학교에서 인류학을 공부하고 프랑스로 건너가 사회과학고등연구원에서 '역사와 문명' 전공으로 박사학위를 받았다. 학술 논문에도 대중적인 에세이에도 속하지 않는 새로운 글쓰기 형식을 실험하고 있다. 지은 책으로 『사람, 장소, 환대』, 『공간주권으로의 초대』(공저)가 있다.

방문객

정현종

사람이 온다는 건
실은 어마어마한 일이다.
그는
그의 과거와
현재와
그리고
그의 미래와 함께 오기 때문이다.
한 사람의 일생이 오기 때문이다.
부서지기 쉬운
그래서 부서지기도 했을
마음이 오는 것이다—그 갈피를
아마 바람은 더듬어볼 수 있을
마음,
내 마음이 그런 바람을 흉내낸다면
필경 환대가 될 것이다.

정현종의 『광휘의 속삭임』
(문학과지성사, 2008)

영원한 평화를 위한 세 번째 확정 조항

"세계시민의 권리는 일반적 환대의 조건들에 근거해서만 적용되어야 한다."

이마누엘 칸트

앞 조항들에서와 마찬가지로 여기서도 중요한 것은 인간에 대한 사랑이 아니라 권리다. 이때 환대라는 말은 어떤 외국인이 다른 나라 땅에 들어왔다고 해서 그 나라 사람에게 적대적인 대우를 받지 않을 권리를 지님을 뜻한다. 그 나라 사람이 이 외국인을 추방할 수는 있다. 그 일로 그가 목숨을 잃게 되지만 않는다면 말이다. 하지만 그가 자기 자리에서 평화롭게 행동하는 한, 그를 적대적으로 대할 수는 없다. 이 외국인이 요구할 수 있는, 그 나라에 손님으로 머물 수 있는 권리란 존재하지 않는다(그렇게 되려면 그를 일정 기간 동거인으로 인정해주는 특별한 계약이 요구될 것이다). 그에게는 모든 사람에게 허락되는 방문권, 즉 어떤 사회에 가서 자신의 모습을 보일 수 있는 권리만이 존재한다. 그가 그런 권리를 갖는 것은 지구 표면을 함께 점유할 수 있는 권리 덕분이다. 둥근 지구 표면에서는 무한정 사방으로 흩어져 나갈 수가 없고, 결국에는 나란히 함께 살아가면서 서로의 존재를 용인해야만 하기 때문이다. 그런데 원래는 지구상의 어떤 지점에서 살아갈 권리를 누구도 다른 사람보다 더 많이 갖고 있지 않다. 이 지구 표면에서 사람이 살 수 없는 곳들, 바다와 모래사막이 이러한 공동의 삶을 나눠놓기는 한다. 하지만 선박이나 낙타(황무지의 선박) 덕분에 이 주인 없는 지역들을 가로질러 사람들이 서로 가까워지고, 지구 표면을 함께 점유할 수 있는 권리를 사용하여 왕래가 가능해질 수 있을 정도는 된다. (예를 들자면 바르바레스크인*처럼) 가까운 바다를 지나는 배들을 약탈하거나 난파선 선원들을 노예로 삼는 해안가 사람들이나 (아라비아의 베두인족처럼) 유목민 부족들에게 접근하게 되는 것을 그들을 약탈할 일종의 권리로 여기는 모래사막 주민들이 행하는, 환대와는 거리가 먼 행위들은 자연법에 어긋난다. 하지

* 바르바레스크인은 16세기에서 18세기까지 북아프리카 서해안을 중심으로 해적질과 노예 매매를 일삼던 이슬람교도들을 가리킨다.

만 다른 나라에 온 외국인의 환대받을 권리가 이전에 거기 살고 있던 사람들과 교류를 가능하게 하는 데 필요한 것 이상으로 확장될 수는 없다. 이런 식으로 멀리 떨어져 있는 세계 여러 지역이 서로 평화로운 관계를 맺으며 그런 관계가 마침내는 법률로 공표되고 그럼으로써 결국 인류가 세계 시민적 상황에 점점 더 가까이 다가갈 수 있다.

이것을 우리 대륙의 문명화된 국가, 특히 상업 국가의 비우호적인 행동거지와 비교해보자면, 낯선 나라나 민족을 방문하면서 (그들에게는 이런 방문이 정복이나 매한가지인데) 그들이 보여주는 정의롭지 못한 행동은 깜짝 놀랄 만큼 엄청난 것이다. 아메리카 대륙, 아프리카 대륙, 향신료 군도, 희망봉 등을 발견했을 때 그들에게 그것들은 아무에게도 속하지 않은 땅이었다. 그들이 그 원주민들은 아무것도 아니라고 여겼기 때문이다. 그들은 그저 회사 지부를 설립하려 할 뿐이라는 핑계를 대고는 외인 군대를 동인도(힌두스탄)에 투입했다. 하지만 그들은 이 군대를 동원해서 원주민들을 억압했고, 그 지역의 여러 나라를 부추겨 광범위한 지역에서 전쟁을 벌이게 했으며, 그로 인해 굶주림과 폭동이 발생했고, 배신이 행해졌다. 인류를 짓밟는 온갖 해악을 한탄하는 소리가 계속해서 울려 퍼지는데도 말이다.

그래서 이런 손님들을 이미 경험해본 적이 있던 중국과 일본은 현명하게도 다음과 같이 행동했다. 중국은 이 손님들에게 입항은 허용했지만, 입국은 허용하지 않았다. 일본은 입항도 오직 한 유럽 민족, 즉 네덜란드인에게만 허용했다. 하지만 그 경우에도 네덜란드인을 마치 포로처럼 대하면서 원주민들과의 접촉을 막았다. 여기서 가장 나쁜 점은 (혹은, 도덕적 심판관의 관점에서 볼 때는 가장 좋은 점은) 다음과 같은 사실이다. 그들은 앞에서 제시된 이런 폭력행위로도 전혀 만족을 얻지 못했다. 이 모든 무역회사도 곧 붕괴할 지경에 있다. 가장 잔인하고 가장 교묘한 노예제의 본거지인 사탕 군도조차도 진정한 이득이 아니라 간접적인 이득만 가져다주었다. 즉, 수병들을 교육하여 함대를 구성해서는 다시 유럽 안에서 전쟁을 수행하려는, 그렇게 칭찬할 만하지는 않은 의도만을 실현할 수 있게 해주었다. 이것을 원하는 자들이 누구냐 하면 신앙심을 가지고 법석을 떨고, 불법 행위를 물 마시듯 자행하면서도 정통 신앙을 믿는 자신이 신에 의해 선택된 자로 여겨지기를 원하는 자들이다.

일단 지구상의 여러 민족 사이에서 (좀 더 긴밀한 것이든 아니면 좀 더 광범위한 것이든) 접촉이 어디서나 행해졌기 때문에, 지구상의 한 곳에서 권리가 침해되면 이제는 다른 모든 곳에서도 그것을 느끼게 되었다. 따라서 세계 시민의 권리라는 이념을 떠올리는 것은 공상적으로 그리고 과장되게 권리에 관해 생각하는 방식이 아니다. 오히려 이 이념은 국가법뿐만 아니라 국제법상으로도 존재하는 불문율을 보완하려면 꼭 필요하다. 우선은 공적인 인권 일반을 증진하기 위해서, 다음으로는 그렇게 해서 영원한 평화를 성취하기 위해서. 이런 조건이 충족되어야만 사람들은 자신이 영원한 평화에 계속 접근해가고 있다고 자부할 수 있다.

이마누엘 칸트의 『영원한 평화』

(김동훈 옮김, 2023)

업힌

안희연

산책 가기 싫어서 죽은 척하는 강아지를 봤어

애벌레처럼 둥글게 몸을 말고
나는 돌이다, 나는 돌이다 중얼거리는 하루

이대로 입이 지워져버렸으면, 싶다가도
무당벌레의 무늬는 탐이 나서
공중을 떠도는 먼지들의 저공비행을
유심히 바라보게 되는 하루

생각으로 짓는 죄가 사람을 어디까지 망가뜨릴 수 있을까
이해받고 용서받기 위해
인간이 저지를 수 있는 최대치란 무엇일까

화면 속 강아지는 여전히 죽은 척하고 있다
꼬리를 툭 건드려도 미동이 없다

미동, 그러니까 미동
불을 켜지 않은 식탁에서 밥을 물에 말아 먹는 일
이 나뭇잎에서 저 나뭇잎으로 옮겨가는 애벌레처럼
그저 하루를 갉아 먹는 것이 최선인

살아 있음,
나는 최선을 다해 산 척을 하는 것 같다
실패하지 않은 내가 남아 있다고 믿는 것 같다

애벌레는 무사히 무당벌레가 될 수 있을까
무당벌레는 자신의 무늬를 이해하고 용서할 수 있을까

예쁜 걸 곁에 두면 예뻐질 줄 알고
책장 위에 차곡차곡 모아온 것들

나무를 깎아 만든 부엉이, 퀼트로 된 새 인형, 엽서 속 검은 고양이, 한쌍의 천사 조각상이
일제히 나를 쳐다보는 순간이 있다
나는 자주 그게 끔찍해 보인다

안희연의 『여름 언덕에서 배운 것』
(창비, 2020)

10

에밀리에게 바치는 한 송이 장미

윌리엄 포크너

남북전쟁 이전 에밀리 그리어슨이 속한 그리어슨 가문은 남부의 가치를 상징하는 명문 귀족 집안이었지만 전쟁에서 패한 이후 몰락의 길을 걷는다. 그러던 어느 날 북부 출신의 호머 배런이 마을의 보도 포장 공사 감독으로 등장하고, 에밀리 그리어슨 양이 그와 사랑에 빠졌다는 소문이 온 동네에 퍼져나간다. 하지만 17세기풍으로 지어진 그리어슨 가문의 저택은 한때는 마을에서 가장 고급스러운 주택이었으나 지금은 요염한 몰락을 드러내는 흉물이 되었다. 이제 그 저택에는 결혼도 하지 않고 저택을 지키며, 저택과 함께 쓸쓸히 늙어가는 에밀리 그리어슨이 살고 있는데……

I

에밀리 그리어슨 양이 세상을 떠났을 때, 우리 마을 사람들 모두가 그녀의 장례식에 참석했다. 남자들은 쓰러진 기념비에 대한 존경 가득한 애정의 마음을 품고서, 여자들은 정원사와 요리사를 겸한 늙은 하인 외에 적어도 10년은 아무도 보지 못했던 그녀의 집 내부를 보고 싶다는 호기심을 품고서.

정사각형의 그 하얀 목조 주택은 둥근 지붕과 첨탑과 소용돌이 모양의 발코니가 무척이나 우아한 17세기풍 저택으로, 그 집이 서 있는 곳은 한때는 우리 마을에서 가장 고급스러운 주택가였다. 하지만 차량 정비소와 조면기가 밀어닥치면서 이웃의 위엄 어린 명패들은 하나둘 사라져 갔고, 마침내 에밀리 양의 집만 목화를 실어 나르는 마차와 급유 펌프들 사이로 고집스럽고 요염한 몰락을 드러내며 흉물 중의 흉물로 남게 되었다. 그리고 이제 유명을 달리한 에밀리 양은 제퍼슨 전투에서 전사한 북군과 남군 유·무명용사들의 무덤이 있는 삼나무 숲에 누워 위엄 어린 명패들을 대표하고 있다.

살아 있는 동안 에밀리 양은 하나의 전통이자 의무이며 관심의 대상이었다. 즉 마을에 세습되는 일종의 책임이었다. 흑인 여성은 앞치마를 두르지 않고는 거리를 다닐 수 없다는 법령을 시행한 바 있던 시장 사토리스 대령이 1894년 그녀의 부친이 사망한 날, 지금부터 그녀의 세금을 영구적으로 면제하겠다고 하면서부터. 에밀리 양이 그런 혜택을 순순히 받아들이지 않을까 봐, 사토리스 대령은 그녀의 부친이 시 정부에 돈을 빌려 주었기에 시 입장에서는 그렇게라도 상환해야 한다는 그럴듯한 이야기를 지어냈었다. 딱 대령 세대의 사고방식을 가진 남자만이 지어낼 수 있고, 딱 한 여자만 믿을 수 있는 이야기였다.

더 현대적인 신념을 가진 다음 세대가 시장과 시의원이 되자, 그들은 그 조치에 적잖은 불만의 소리를 냈다. 그리고 새해 첫날, 그들은 그녀에게 납세고지서를 발송했다. 2월이 되어도 답신은 없었다. 그들은 그녀에게 공적인 서신을 보내 편리한 시간에 보안관 사무실로 출두해 줄 것을 요청했다. 일주일 뒤 다시 시장이 직접 방문하거나 차를 보내겠다는 서신을 보내자, 고풍스러운 편지지에 색 바랜 잉크로 쓴 한 장짜리 답신이 왔다. 더 이상 바깥출입은 하지 않는다는 글이 가늘고 유려한 필치로 쓰여 있었다. 납세고지서도 동봉되어 있었지만 거기에 대해선 아무런 언급이 없었다.

시의원들은 특별 회합을 소집했다. 그리고 그들의 대표단이 8년인가 10년 전 도자기 그림 수업이 중단된 이후 그 어떤 방문객도 통과한 적 없던 그녀의 집 대문을 두드렸다. 늙은 흑인이 그들을 어둠침침한 복도로 안내했는데, 그곳으로 올라가는 계단은 더욱 짙은 어둠에 잠겨 있었고 먼지 냄새와 밀폐된 공간에서 나는 눅눅한 냄새가 풍겼다. 흑인은 그들을 응접실로 데려갔다. 응접실은 가죽으로 덮인 육중한 가구들로 장식되어 있었다. 흑인이 창문 한쪽을 가리고 있던 블라인드를 걷자, 그들은 가죽에 균열이 가 있는 것을 볼 수 있었다. 그들이 자리에 앉자 그들의 허벅지 부근에서 희미하게 피어오른 먼지가 한 줄기 햇살 속에서 느리게 소용돌이쳤다. 벽난로 앞에 세워진 빛바랜 금박 이젤에는, 크레용으로 그려진 에밀리 양 부친의 초상화가 놓여 있었다.

그녀가 들어오자 그들은 자리에서 일어났다. 검은 옷의 그녀는 작은 키에 통통했고, 허리까지 드리워져 끝을 허리띠 안으로 집어넣은 가느다란 금목걸이를 하고 있었으며, 빛바랜 황금색 손잡이가 달린 흑단 지팡이를 짚고 있었다. 그녀의 골격은 작고 가는 편이었다. 다른 사람이었으면 비만해 보였을 몸이 통통한 정도로만 보이는 것은 그 때문인 듯했다. 그녀의 얼굴은 고인 물속에 오랫동안 잠겨 있었던 시체처럼 통통 불어 있었고, 파리한 안색 역시 시체를 연상시켰다. 퉁퉁 불은 얼굴에 감추어진 그녀의 두 눈은 손님들이 용건을 말하는 동안 그들의 얼굴을 일일이 살피고 있었는데, 마치 반죽 덩어리 속에 박힌 두 개의 조그만 석탄 쪼가리 같았다.

그녀는 그들에게 앉으라고 권하지 않았다. 자신 역시 그냥 문가에 선 채 대표자가 당황하며 말을 멈출 때까지 조용히 듣고만 있었다. 그러는 동안 그들은 금목걸이 끝에 달려 있는, 허리띠 안에 감춰져 보이지는 않는 시계의 째각

거리는 소리를 들을 수 있었다. 그녀의 목소리는 건조하고 차가웠다. "난 제퍼슨 시에 낼 세금이 없습니다. 사토리스 대령이 내게 그걸 설명해 주었어요. 여러분 누구라도 시의 기록을 조사해 본다면 납득이 갈 겁니다."

"하지만 이미 조사를 했습니다. 저희는 시 당국자들입니다, 에밀리 양. 보안관이 서명한 통지서를 받지 않으셨나요?"

"물론 서류 한 장을 받은 적은 있어요." 에밀리 양이 말했다. "그걸 보낸 사람이 보안관이었나 보군요. 하지만…… 난 제퍼슨 시에 낼 세금이 없습니다."

"하지만 어떤 문서에도 그런 내용은 적혀 있지 않았습니다. 아시겠지만, 우리는 보내 드린 통지서대로……"

"사토리스 대령을 만나 보세요. 난 제퍼슨 시에 낼 세금이 없습니다."

"그렇지만, 에밀리 양……"

"사토리스 대령을 만나 보세요." (사토리스 대령은 죽은 지 거의 10년이 되어 가고 있었다.) "난 제퍼슨 시에 낼 세금이 없어요. 토베!" 흑인이 나타났다. "여기 신사분들께 나가시는 길을 안내해 줘요."

II

그렇게 그녀는 그들을 모조리 퇴각시켰다. 30년 전, 어떤 냄새 때문에 찾아온 그들의 아버지들을 퇴각시켰을 때처럼. 그녀의 부친이 세상을 떠난 지 2년 뒤이자 우리가 그녀와 결혼할 거라고 믿고 있었던 그녀의 애인이 그녀를 버린 지 얼마 되지 않았을 때의 일이었다. 부친이 죽은 뒤로 그녀는 거의 외출을 하지 않았는데, 애인마저 떠나자 더욱 사람들 눈에 띄는 일이 드물어졌다. 몇몇 부인들이 그녀의 집을 찾아가는 만용을 부렸으나 당연히 받아들여지지 않았다. 그 집에 사람이 산다는 유일한 표지는, 한 흑인 남자가—당시엔 청년이었다—장바구니를 들고 그 집을 들락거린다는 것뿐이었다.

"남자도 누구든 제대로 부엌일을 할 수 있다고 생각하나 보지?" 부인들이 수군거렸다. 그래서 그 집에서 냄새가 풍겼을 때 사람들은 그리 놀라지 않았다. 그 냄새는 시끄럽고 바글거리는 세계와 높고 장엄한 그리어슨 가문 사이를 다시 연결시켰다.

이웃에 사는 한 여인이 시장인 여든 살의 스티븐스 판사에게 불만을 털어놓았다.

"하지만 내가 뭘 할 수 있겠어요, 부인?" 그가 말했다.

"왜요? 냄새를 멈추게 하라고 사람을 보내면 될 거 아니에요." 여인이 말했다. "이런 경우에 적용할 수 있는 법은 없나요?"

"굳이 그런 걸 찾아볼 필요까지는 없습니다." 스티븐스 판사가 말했다. "그녀의 깜둥이 하인이 마당에서 뱀이나 쥐를 죽였는지도 모르죠. 하인한테 말해 보겠습니다."

다음 날 그는 그 냄새에 대한 불만을 두 건 더 접수했는데, 그중 한 남자는 이렇게 조심스럽게 탄원했다. "정말 그에 대해 뭔가 조치를 취해야 합니다, 판사님. 에밀리 양을 성가시게 하고 싶지는 않지만, 뭔가 조치를 취해야 해요." 그날 밤 시의원들이 모였다. 세 사람은 마을의 원로였고, 한 사람은 떠오르는 젊은 세대였다.

"복잡할 거 없습니다." 젊은 시의원이 말했다. "그녀에게 집을 깨끗이 치우라는 전갈을 보내면 충분합니다. 집을 치울 시간을 주고, 만약 그렇게 하지 않는다면……"

"이봐요, 의원님." 스티븐스 판사가 말했다. "숙녀의 면전에 대고 고약한 냄새가 난다고 면박을 주라는 말씀이오?"

결국 다음 날 밤 자정이 지난 시각, 네 명의 남자가 에밀리 양의 잔디밭을 가로질러 가서 집 주변 벽돌 바닥을 따라 도둑처럼 살금살금 돌아다니며 코를 킁킁거렸고, 지하실 문 틈새에도 코를 들이대고 냄새를 맡았다. 그러는 동안 그들 중 하나는 어깨에 둘러멘 자루 속에 손을 넣었다 뺐다 하며 씨앗을 뿌리는 동작을 규칙적으로 반복했다. 그들은 지하실로 통하는 문을 부수고 그 안쪽까지 구석구석 석회를 뿌렸고 별채들 주변에도 석회를 뿌렸다. 그들이 잔디밭을 다시 가로지를 때 어둠에 잠겨 있던 창 하나에 불이 들어왔고, 그들은 그 불빛을 배경으로 마치 조상(彫像)처럼 상체를 꼿꼿이 세운 채 꼼짝 않고 앉아 있는 에밀리 양을 볼 수 있었다. 그들은 아무 소리도 내지 않고 잔디밭을 지나 거리에 줄지어 서 있는 아카시아 그늘 속으로 기어 들어갔다. 2주일쯤 지나자 냄새는 사라졌다.

사람들이 그녀에게 진심으로 미안해하기 시작한 것은 바로 그 일이 있고부터였다. 그녀의 왕고모 와이엇 노부인이 어떤 식으로 완전히 정신이 나갔는지를 기억하고 있던 우리 마을 사람들은, 그리어슨 가문 사람들이 실제보다 너무 잘난 척한다고 여겼다. 그들은 마을 청년들 중에는 에밀리 양의 배필로 적합한 사람은 없다는 듯 굴었다. 오랫동안 우리는 그 가문을 다음과 같은 하나의 풍경으로 여겼다. 뒤쪽에는 하얀 옷을 입은 가냘픈 에밀리 양이 서 있고, 앞쪽에는 그녀의 부친이 그녀에게 등을 보인 채 말채찍을 들고 두 다리를 벌린 실루엣으로 서 있는 풍경으로. 활짝 열린 현관문이 그 두 사람의 모습을 가두는 액자였다. 그녀가 서른이 되어도 여전히 독신으로 머물러 있자, 우리는 기쁨까지는 아니지만 우리의 예상대로 되었다는 기분을 느꼈다. 비록 그 가문에 정신병적인 기질이 있다 해도 그녀에게 기회를 잡을 가능성만 있었다면, 그녀가 그 모든 기회를 거절하지는 않았을 거라 생각하며.

그녀의 부친이 세상을 떠난 날, 저택만이 그녀에게 남겨진 전부라는 얘기가 돌았다. 어떤 점에서 우리는 반가웠다. 마침내 에밀리 양을 연민할 수 있어서였다. 그리고 빈털터리 신세로 홀로 남겨졌으니 그녀도 이제 인간다운 모습을 보일 거라고, 비로소 동전 한 푼에 울고 웃는 인간의 그 유서 깊은 전율과 절망을 배우게 될 거라고 생각했다.

그다음 날, 마을 부인들 모두는 관례대로 조문도 하고 장례도 도우려고 그녀의 집을 방문했다. 문간에서 그들을 맞이한 에밀리 양은 평소 옷차림 그대로였고, 얼굴에선 슬픔의 흔적을 찾을 수 없었다. 그녀는 그들에게 자신의 아버지는 죽지 않았다고 말했다. 성직자들과 의사들이 그녀를 찾아가 시신을 매장해야 한다고 설득한 사흘 동안에도 같은 말을 반복했다. 그들이 하는 수 없이 법과 공권력을 동원하려 하자 마침내 그녀는 굴복했고, 그들은 서둘러 그녀의 부친을 매장했다.

당시 우리는 그녀가 미쳐 버렸다고 말하지는 않았다. 그녀로선 그럴 수밖에 없을 거라 생각했다. 우리는 그녀의 부친이 쫓아냈던 그 많은 청년들을 모두 기억하고 있었기에, 남은 게 아무것도 없는 사람들이 그렇듯이 그녀도 자신의 모든 것을 앗아간 바로 그 대상에게 매달릴 수밖에 없을 거라고, 누구라도 그녀와 같은 처지가 되면 그렇게 될 거라고 이해한 것이다.

III

그녀는 오랫동안 앓았다. 우리가 다시 그녀를 보았을 때, 그녀는 머리를 짧게 잘라서 소녀처럼 보였다. 교회의 색유리에 그려진 천사들과 어렴풋이 닮은, 비극적이면서도 평화로운 모습이었다.

시 정부는 보도 포장 공사와 관련된 계약을 체결했었는데, 그녀의 부친이 세상을 떠난 그 해 여름에 그 공사가 시작되었다. 건설 회사는 깜둥이들과 노새들과 기계들을 들여왔고, 북부 출신의 호머 배런이란 사람을 감독으로 데려왔다. 그는 덩치가 크고 거무튀튀하며 몸놀림이 재발랐고, 큰 목소리에 얼굴보다 밝은 색의 눈동자를 가지고 있었다. 어린 남자애들은 떼를 지어 몰려다니며 그가 깜둥이들에게 욕을 퍼붓는 소리와 깜둥이들이 곡괭이를 들었다 내리치면서 부르는 노랫소리에 귀를 기울이곤 했다. 그는 금세 마을 사람 모두와 안면을 텄다. 광장 부근 어딘가에서 왁자한 웃음소리가 들리면 어김없이 호머 배런이 그 중심에 있었다. 얼마 지나지 않아, 일요일 오후면 그와 에밀리 양이 말 대여소에서 빌린 사륜마차를 타고 드라이브를 즐기는 장면이 눈에 띄기 시작했다. 노란색 바퀴가 달린, 한 쌍의 밤색 말이 끄는 마차였다.

처음에 마을 사람들은 에밀리 양에게 흥밋거리가 생겼다는 사실을 반가워했다. 부인들은 "그리어슨 가문 여자가 북부 출신 일용직 노동자를 진지하게 생각할 리는 없을 거야"라고 떠들어 댔다. 하지만 나이 많은 노인네들은 아무리 슬픈 일을 겪었다 해도 진정한 숙녀라면 노블레스 오블리주를 잊으면 안 된다고 여겼다. 하지만 실제로 노블레스 오블리주라는 말을 입 밖으로 꺼내지는 않았고 그저 "불쌍한 에밀리, 친지들이 와줘야 할 텐데"라고만 했다. 그녀에겐 앨라배마에 사는 몇 명의 친척들이 있었다. 하지만 정신병이 있던 왕고모 와이엇 부인의 유산 문제로 그녀의 아버지와 심하게 다툰 뒤로, 두 집안 사이엔 전혀 왕래가 없었다. 그래서 그들은 장례식에조차 얼굴을 비치지 않았던 것이다.

나이 든 사람들이 "불쌍한 에밀리"라고 말한 뒤부터, 수군거림이 시작되었다. "정말 그럴 수 있다고 생각해?" 또 누군가는 손으로 입을 가리며 말했다. "물론이지. 달리 뾰족한 수가……" 한 쌍의 말이 딸깍거리며 빠르게 지나가는 일요일 오후만 되면, 햇볕을 가리는 비늘창 뒤에서 견직 옷의 바스락거리는 소리와 함께 다음과 같은 말이 들려왔다. "불쌍한 에밀리."

그녀는 고개를 한껏 높이 치켜들고 다녔는데, 심지어 우리가 이제 그녀는 몸까지 버렸다고 여길 때조차 그랬다. 그것은 그리어슨 가 마지막 인물의 위엄을 인정하라는 요구, 아니 그보다 더한 요구처럼 보였다. 또한 속세와의 접촉을 통해 자신이 그 어떤 것에도 휘둘리지 않는다는 사실을 새삼 확인하고 싶어 하는 몸짓 같기도 했다. 그녀가 쥐약, 그러니까 비소를 구입했을 때도 마찬가지로 당당한 자세였다. 그때는 사람들의 입에서 "불쌍한 에밀리"라는 말이 나오기 시작한 지 1년이 넘은 때로, 당시 종자매 둘이 그녀의 집을 방문해 있었다.

"독약이 좀 필요해요." 그녀가 약사에게 말했다. 서른 살이 넘은 그녀는 여전히 가냘픈 몸매였다. 아니 보통 때보다 더 여위어 있었다. 하지만 검은 눈은 차갑고 오만했으며, 관자놀이와 눈 주변의 살은 긴장해 있었다. 마치 바다를 살피는 등대지기의 얼굴 같았다. "독약이 필요해요." 그녀가 다시 말했다.

"예, 에밀리 양. 어떤 종류로 드릴까요? 쥐 잡을 때 쓰는 걸로 드릴까요? 그런 거라면……"

"여기 있는 것 중 제일 좋은 걸로 주세요. 무슨 종류든 상관없어요."

약사는 여러 가지 이름들을 말했다. "코끼리까지 죽일 수 있는 것도 있습니다. 하지만 원하시는 게……"

"비소." 에밀리 양이 말했다. "그것도 좋은 거겠죠?"

"비소……? 그래요, 좋은 거죠. 하지만 사시려는 게……"

"비소로 주세요."

약사가 그녀를 내려다보았다. 그녀는 똑바로 선 채 팽팽히 당겨진 깃발 같은 얼굴로 그를 올려다보았다. "드려야죠, 물론." 약사가 말했다. "그걸 원하신다면요. 그런데 무슨 용도로 쓸 건지 밝혀야 한다고 법에 나와 있습니다."

에밀리 양은 그를 응시하기만 했다. 그의 눈을 똑바로 응시하려고 고개를 뒤로 조금 젖혔는데, 약사가 눈길을 돌리고는 약제실로 들어가 비소를 꺼내 포장할 때까지 그녀는 그 자세를 계속 유지했다. 흑인 급사 소년이 그녀에게 포장한 약을 가져다주었다. 약사는 나오지 않았다. 그녀가 집으로 돌아와 포장을 뜯어보니, 상자에는 해골과 뼈가 그려져 있고 그 아래에는 다음과 같이 쓰여 있었다. '쥐약.'

IV

다음 날 우리는 모두 이렇게 말했다. "그녀가 자살하려나 봐." 그리고 그게 최선일 거라고 말하기도 했다. 처음 그녀가 호머 배런과 함께 있는 모습을 봤을 땐 우리는 이렇게 말했었다. "그와 결혼할 건가 봐." 그 뒤에는 이렇게 말했다. "아직 그를 설득 중인가 봐." 왜냐하면 호머가 스스로 자신은 결혼에 적합한 남자가 아니라고 밝혔기 때문이었다. 그가 남자를 좋아해서 엘크스 클럽에서 젊은 남자들과 술을 마신다는 사실도 알려져 있었다. 그 뒤 우리는 그들이 일요일 오후 번쩍거리는 사륜마차를 타고 지나갈 때면, 비늘창 뒤에서 "불쌍한 에밀리"라고 말했던 것이다. 에밀리 양은 고개를 높이 쳐들고 있었고, 모자를 비딱하게 쓴 호머 배런은 이빨 사이에 시가를 물고 노란 장갑을 낀 손에 고삐와 채찍을 쥐고 있었다.

그러던 어느 날 그들의 관계가 마을의 수치이며 젊은이들에게 좋지 않은 선례라는 얘기가 몇몇 부인들 사이에서 흘러나왔다. 남자들은 그 일에 끼어들고 싶어 하지 않았지만, 결국 여자들의 성화에 못 이겨 침례교 목사로 하여금—에밀리 양 가문은 성공회 신도들이었다—그녀를 방문하게 했다. 그는 그녀와 면담하는 동안 무슨 일이 있었는지는 발설하지 않았지만, 다시 방문하는 것은 완강히 거부했다. 다음 일요일에도 두 사람은 거리를 돌아다녔다. 그 이튿날 목사의 아내가 앨라배마에 사는 에밀리 양의 친지에게 편지를 보냈다.

그리하여 그녀는 다시 한지붕 아래서 혈족과 함께 지내게 되었고, 우리는 한발 물러나 일이 어떻게 전개되어 가는지를 지켜보았다. 처음엔 아무 일도 일어나지 않았다. 그러자 우리는 그들이 결혼하게 될 거라고 확신했다. 우리는 에밀리 양이 보석 가게에 가서 은으로 된 남성용 화장실용품 세트를 주문하고 각 용기마다 이니셜 H. B.를 새겨 넣도록 했다는 사실을 알게 되었다. 이틀 뒤 우리는 그녀가 잠옷을 포함해 남성용 정장 일습을 구입했다는 사실까지 알아냈다. 우리는 말했다. "결혼을 했군." 우리는 진심으로 기뻐했다. 종자매 둘이 에밀리 양 이상으로 그리어슨 가문 티를 내고 있었기에 우리의 기쁨이 더 컸을지도 모른다.

그리하여 호머 배런이 떠났을 때도 우리는 그다지 놀라지 않았다. 보도 공사는 얼마 전에 끝나 있었고, 그에 대한 떠들썩한 공적인 행사가 없었다는 데는 다소 실망했지만, 그가 떠난 건 에밀리 양을 신부로 맞을 준비를 하기 위해서이거나 그녀로 하여금 사촌들을 돌려보낼 시간을 벌어 주기 위해서라고 믿었다(당시 우리는 그 사촌들을 몰아내는 일에 일종의 비밀결사처럼 가담해 에밀리 양에게 협력하고 있었다). 아니나 다를까, 일주일이 지난 뒤 그들은 떠났다. 그리고 우리 모두가 예상했듯, 사흘 후 호머 배런이 마을로 돌아왔다. 이웃에 사는 한 사람이 어둑해지던 저녁 무렵, 흑인 남자가 그를 부엌문으로 들여보내는 걸 보았다.

그리고 그것이 우리 마을 사람이 본 호머 배런의 마지막 모습이었다. 에밀리 양도 한동안은 보이지 않았다. 흑인 남자가 장바구니를 들고 드나들었지만 현관문은 굳게 닫혀 있었다. 이따금 우리는, 남자들이 석회를 뿌려 대던 날 밤에 그랬듯이 잠깐 동안 창문에 앉아 있는 그녀를 볼 수 있었지만, 거의 6개월 동안 그녀는 거리에 나타나지 않았다. 이윽고 우리는 그 역시 예상할 수 있었던 일이었음을 깨달았다. 여자로서의 그녀의 인생을 수없이 좌절시킨 부친의 기질은, 그가 죽어서도 사라지지 않을 만큼 치명적이고 맹렬했기 때문이었다.

우리가 에밀리 양을 다시 보았을 때, 그녀는 몸집이 불고 머리칼이 희어지고 있었다. 그다음 몇 년에 걸쳐 그것은 점점 더 희어지더니, 진행이 멈추었을 때는 후추와 소금을 섞어 놓은 것 같은 철회색을 띠고 있었다. 일흔네 살의 나이로 세상을 떠날 때까지 그녀의 머리칼은 활동적인 남자의 그것 같은 강인한 철회색을 그대로 유지했다.

그때 이후로 그녀의 집 현관문은 굳게 닫혔다. 마흔 살 무렵부터 6, 7년가량 도자기 그림 수업을 진행했던 기간만 제외하고. 당시 그녀는 아래층에 있는 여러 개의 방들 중 하나를 화실로 개조해 그림 수업을 진행했고, 사토리스 대령 세대들이 딸이나 손녀들을 그녀에게 보냈다. 마치 일요일마다 꼬박꼬박 헌금함에 넣을 25센트짜리 동전을 쥐여 주고 교회에 보내듯이. 그러는 동안에도 그녀는 세금을 면제받았다.

그러다가 새로운 세대가 시 정부의 등뼈와 정신이 되었고, 그림 수업을 받던 학생들도 자라서 하나둘 그녀를 떠나게 되었다. 물감과 붓과 여성 잡지에서 오려 낸 사진들이 담긴 상자를 들려서 그녀에게 아이들을 보내는 일은 더 이상 일어나지 않았다. 마지막 학생이 떠나며 닫혀 버린 현관문은 다시는 열리지 않았다. 마을에 무료 우편배달이 시작되었을 때, 에밀리 양만이 자신의 집 문에 번지가 적힌 금속판과 우편함을 다는 것을 거부했다. 그녀는 그들의 말을 들으려고도 하지 않았다.

날이 가고 달이 바뀌고 해가 변하는 동안, 우리는 장바구니를 들고 드나드는 흑인의 머리가 점점 희어지고 허리가 굽어 가는 것을 지켜보았다. 해마다 12월이면 우리는 그녀에게 납세고지서를 보냈고, 일주일 후면 그것은 수취인이 없다는 이유로 우체국을 통해 반송되었다. 가끔 아래층 창문들 중 하나에서—저택의 위층은 아예 폐쇄시킨 게 분명했다—그녀의 모습이 보이곤 했다. 마치 벽감에 놓인 조상처럼 앉아 있는 그녀가 과연 우리를 보고 있는 것인지 아닌지는 확인할 길이 없었다. 그렇게 그녀는 한 세대에서 다음 세대로 넘어갔다. 피할 수 없는 대가를 치르며, 무엇에도 영향받지 않고, 고요하고, 괴팍하게.

또한 그렇게 세상을 떠났다. 그녀가 병들었을 때, 먼지와 어둠이 가득한 그 집에서 그녀를 돌보는 사람이라곤 늙어 제대로 몸도 못 가누는 흑인 남자뿐이었다. 우리는 그녀가 병이 든 것조차 몰랐다. 흑인 남자로부터 무언가 정보를 얻으려는 노력을 오래전에 포기했기 때문이었다. 그는 누구와도 말을 하지 않았다. 사용하지 않아 녹이 슨 것처럼 거칠었던 그의 목소리로 보아, 그는 심지어 그녀와도 말을 하지 않고 지냈을지도 모른다.

그녀는 아래층의 한 방에, 커튼이 드리워진 육중한 호두나무 침대 위에 시체가 되어 누워 있었다. 그녀의 회색 머리는, 햇볕을 받지 못해 누렇게 변색되고 곰팡이가 핀 오래된 베개 위에 얹혀 있었다.

V

흑인 남자는 맨 처음으로 방문한 부인들을 현관문에서 맞이하고는 그들을 집 안으로 안내했다. 그리고 그들의 낮게 쉬쉬거리는 소리와 재빠르고 호기심 어린 눈길을 뒤로한 채 모습을 감추었다. 집 안을 똑바로 통과해 뒷문으로 빠져나간 뒤 다시는 나타나지 않은 것이다.

곧 종자매 둘이 들이닥쳤고, 그들은 다음 날 장례식을 거행했다. 마을 사람들은 꽃 더미 아래 누운 에밀리 양을 보려고 찾아왔다. 에밀리 양 부친의 크레용 초상화가 상여와 낮고 음산하게 속삭이는 부인들을 생각에 잠긴 듯 굽어보고 있었다. 나이가 아주 많은 남자들은—그들 중엔 남군의 군복을 다려 입고 온 사람들도 몇 있었다—현관 앞이나 잔디밭에 서서 마치 에밀리 양이 자신들과 동년배라도 되는 듯 그녀에 대한 얘기를 주고받았다. 그들은 그녀와 함께 춤을 추었다고 믿고 있었으며, 어쩌면 구애를 했을지도 모른다는 얼굴을 하고 있었다. 그들은 나이 든 사람들이 흔히 그렇듯이 시간의 수학적인 흐름에 둔감해져 있었다. 그들에게 과거란 희미하게 사라져 가는 길이 아니라 결코 겨울이 찾아오지 않는 거대한 초원이었고, 그 초원과 현재를 구분하는 것은 최근 10년이라는 좁은 병목이었다.

이미 우리는 위층에 40년 동안 아무도 본 적 없는 방이 있다는 것을 알고 있었고, 그 방으로 들어가려면 완력을 써야 할 것임도 알고 있었다. 사람들은 에밀리 양을 품위 있게 땅속에 묻고 난 뒤에야 그 방의 문을 열었다.

문을 부순 완력이 방 안의 먼지를 퍼지게 한 듯했다. 신방으로 꾸며진 그 방 어디에나, 얇고 매캐한 먼지가 마치 무덤 속 관을 덮는 보처럼 덮여 있었다. 커튼의 봉과 고리를 가린 빛바랜 장미색 밸런스커튼 위에도, 장미색 전등갓 위에도, 화장대 위에도, 우아한 크리스털 그릇들 위에도, 그리고 새겨진 이니셜이 알아볼 수 없을 정도로 희미해진 은으로 된 남성용 화장용품들 위에도. 그 물건들 사이에 막 벗어 놓은 듯한 칼라와 넥타이가 놓여 있었다. 그것들을 집어 들자, 그것들이 놓여 있던 먼지 쌓인 가구 표면에 남은 초승달 모양의 창백한 자국을 볼 수 있었다. 의자 위에는 얌전하게 개켜진 남자의 정장이 있었고, 그 아래에는 침묵에 싸인 한 짝의 구두와 벗어 놓은 양말 한 켤레가 놓여 있었다.

그 남자는 침대에 누워 있었다.

한참 동안 우리는 그 자리에 서서, 움푹 파인 그 해골의 환한 미소를 내려다보았다. 그 주검은 한때는 포옹하는 자세를 취하고 있었음에 분명했지만, 지금은 사랑보다 더 오래 지속되는, 자신을 저버린 일그러진 사랑마저 정복

해 버린, 긴 잠에 빠져 있었다. 잠옷 아래에서 썩어 간 그의 잔해는 그가 누운 침대에 그대로 달라붙어 있었다. 그의 위에, 그리고 그의 베개 위에도, 끈질기게 견뎌 온 세월의 먼지가 차곡차곡 쌓여 있었다.

그리고 우리는 두 번째 베개 위에서 머리가 놓였던 움푹한 자국을 발견했다. 누군가가 거기서 뭔가를 집어 들었고, 그것을 보려고 몸을 기울이자 그 희미하고 잘 보이지 않는 메마른 먼지 같은 것이 매캐한 냄새를 풍겼다. 우리가 본 것은 한 올의 기다란 철회색 머리카락이었다.

윌리엄 포크너의 『윌리엄 포크너』

(하창수 옮김, 현대문학, 2013)

윌리엄 포크너(William Faulkner, 1897~1962)

1959년 미국 소설가. 미국 미시시피주 뉴올버니에서 출생하여 그 근처 옥스퍼드에서 평생 살면서 작품 활동을 했다. 헤밍웨이, 피츠제럴드, 더스패서스 등과 함께 '로스트 제너레이션'을 대표하는 작가이며, 제임스 조이스와 버지니아 울프, 마르셀 프루스트와 함께 모더니즘 문학을 이끈 작가로 평가된다. 미국 남부 사회의 변천사를 소설화한 대표적 작가다. 주요 작품으로 『소리와 분노』, 『팔월의 빛』, 『압살롬, 압살롬!』 등이 있다. 1949년 노벨문학상을 받았다.

CHAPTER 6

호모 프로스펙투스

더 나은 삶을 향한 꿈

1

인공 지능의 타자로서의 인간

리하르트 다비트 프레히트

우리는 인공 지능의 시대를 살고 있다. 한때 우리는 과학의 눈부신 발달 과정을 지켜보면서도 결코 기계가 넘볼 수 없는 인간의 영역이 있다고 믿었다. 하지만 2016년 구글이 개발한 인공 지능 바둑 프로그램인 알파고가 이세돌 9단을 이기자 상황이 달라졌다. 오늘날 상당수의 사람들은 기계가 모방할 수 없는 인간적 영역이 존재한다고 믿기보다는 인간의 능력을 훌쩍 뛰어넘는 인공 지능이 등장해 우리의 자리를 위협할 것을 염려하고 있다. 과거에 인간은 이성적 능력을 내세워 자연을 인간보다 낮은 것으로 인식했으나, 오늘날 인간은 이성이 아닌 감성적 능력에서 인공 지능이나 기계가 모방할 수 없는 인간다움을 찾는 데 열중하고 있다. 이러한 변화된 상황은 우리로 하여금 기계에 무엇을 허용하고 무엇을 허용하지 말아야 할지 숙고하게 만든다.

오늘날 우리는 새로운 밀레니엄의 시작점에 서 있다. 인간은 밀레니엄마다 로고스를 통해 주변 자연과 동물 세계로부터 점점 멀어지고 스스로를 소외시켜 왔다. 로고스는 세계의 탈주술화를 주도했지만, 동시에 위대한 탈주술사인 스스로에게 마법을 걸어 이제는 자기 존재를 제대로 바라보는 눈을 잃어버렸다. 현재의 로고스 신도들은 '에뮬레이션(emulation)'을 통해 막대한 잠재력을 가진 뇌를 꿈꾼다. 실리콘밸리의 대제사장들은 기계가 불완전한 인간이 아니라 인간이 불완전한 기계라고 가르친다. 이 로고스는 무결함을 추구하기 때문에 모든 형태의 우연적 요소와 자연적 방해물, 유한한 육신의 한계를 집어던진다. 인간의 뇌는 스캔되어 컴퓨터 속에서 모형화되고, 뇌 성능을 향상시키는 약물인 누트로픽(nootropic)은 뉴런과 시냅스를 춤추게 하고, 최적의 정자는 체외 수정을 통해 최상의 난자와 결합하고, 뇌 이식 수술은 뛰어난 사이보그를 만들어낸다.

기술의 무한한 발전에 대한 욕망과 기술적

사고의 터무니없는 환상은 인간의 깊은 상심(傷心)으로 더욱 고무된다. 기계는 인간보다 보고 듣고 계산하고 평가하는 능력이 한층 뛰어나다. 우리가 우리의 본질을 앞으로도 계속 로고스를 통해 정의 내리고, 기계를 기준으로 측정하려 든다면 우리가 낙오하지 않기 위해 할 수 있는 일이라고는 최적화밖에 없다. 그런데 그 세계는 지극히 단조롭다. 즉 '감흥이 없고' 진부하다. 바로 여기에 포인트가 있다. 인간에게서 진부하지 않은 점을 새로 발견해서 인간에 대한 정의를 새로 내리고, 인간을 자연의 타자가 아닌 인공 지능의 타자로 보는 것이다. 이는 컴퓨터가 자기 방식으로 점점 더 똑똑해질수록 우리에게 어쩔 수 없이 강요하는 새로운 자기 인식이다. 스탠퍼드대학교의 컴퓨터 공학자 도널드 커누스는 이렇게 말한다. "인공 지능은 '생각'이 필요한 영역에서는 이미 인간을 훌쩍 뛰어넘었지만, 인간이나 동물이 '아무 생각 없이' 하는 일에서는 아직 한참 멀었다. 사실 그게 한층 더 어려운 일이다."

상황은 역설적이다. 인간은 자신을 동물 대신 컴퓨터와 더 비교하게 되면서 컴퓨터의 능력이 인간 지능과 얼마나 비교가 되지 않는지 깨달았다. 다트머스대학교의 워크숍에 참여한 과학자들과 그 후계자들은 머잖은 시기에 기계가 인간 지능의 차원으로 진입할 거라고 희망했지만, 그것은 공염불이었다. 그 과정에서 늘 똑같은 일이 반복되었다. 1960년대부터 오늘날까지 인공 지능 환상가들은 번번이 목표가 코앞이라고 믿고 또 믿었으며, 앞으로 10년 안에 인간에게 적합한 지능이 나타날 거라고 예측했다. 하지만 기대는 늘 실패로 돌아갔다. 아무리 패턴 인식이 정밀해지고 통계 시스템의 성능이 개선되어도 진짜 지능은 생겨나지 않았다.

스위스의 발달 심리학자 장 피아제의 유명한 표현에 따르면 인간 지능은 "우리가 무엇을 해야 할지 모를 때 투입하는 것이다." 그런데 이런 상황에서 논리와 계산이 하는 역할은 많지 않고, 설사 그 역할을 한다고 하더라도 특정 연령대 이후부터다. 인간 지능 속에서는 감정과 직관, 자발성, 연상이 스며들어 있다. '건강한 인간 오성(Common Sense)'은 합리성과 동의어가 아니다. 여기선 공감 능력도 합리성만큼이나 중요하다. 인간은 인공 지능 연구자들이 생각하는 것보다 훨씬 덜 논리적으로 사고한다. 아니, 논리적일 때가 드물다. 인간성을 이루는 것은 결코 논리적 사고가 아니다.

인공 지능의 미래를 논하려면 '대뇌 피질과 이성에 대한 비판'이 필요하다. 인간 지능이 논리적이고 엄격한 합리성으로 구축되어 있다는 주장은 잘못된 해석이자 터무니없는 과장이다. 그렇다 보니 독일의 IT 전문가 중에는 '인공 지능'의 개념을 마케팅 정도로 여기는 사람이 많다. 컴퓨터와 달리 인간은 '규칙을 기반으로' 사고하지 않는다. 인간이 결정을 내릴 때 그 세계는 세심하게 경계 지어져 있지 않고, 특정 목표의 실현을 위해 엄격하게 확정되어 있지도 않다. 인간의 정신은 프로그램화된 시스템으로 작동하는 것이 아니라 감정과 사고, 단어와 문장을 통해 매일 가변적으로 움직인다. 인간을 자신과 세계에 대한 성찰로 이끄는 것은 바로 자신 안의 프로그램화되지 않은 요소다. 반면에 컴퓨터는 자신이 무엇을 알고 있는지 모르고, 자신의 앎을 비판할 줄도 모른다. 2016년 한국의 바둑 챔피언 이세돌을 격파한 구글 딥마인드의 알파고는 자신이 무엇을 했는지 알지 못하고, 자신의 행동을 설명할 수도 없다. 인공 지능은 바둑이 무엇인지 모르고, 인간이 왜 바둑을 두는지도 모른다. 인간이 놀이와 게임을 하는 이유를 기계가 어떻게 이해하겠는가?

오늘날 인공 지능의 능력은 퍽 인상적이지만 형식적으로든 내용적으로든 인간 지능을 닮지는 않았다. 물론 지능과 어느 정도 관련이 있는 건 사실이다. 하지만 오성과는 거리가 멀고 이성과는 아무 관련이 없다. 게다가 이런 상황이 가까운 시일 안에 바뀔 것 같지도 않다. 컴퓨터가 곧 우리를 대체하리라는 전망은 보이지 않는다. 오히려 컴퓨터가 우리를 대체하지 못하리라는 사실만 계속 확인하게 된다. 컴퓨터는 우리에게 환상적인 다층성과 예측 불가능한 복잡성 속에서 아날로그를 재발견하라고 가르친다. 그런 다양하고 훌륭한 능력은 인간들끼리만 서로 어느 정도씩 구분하는 것이 아니라, 원칙적으로 인간과 기계도 구분한다.

바둑 챔피언을 무너뜨린 인공 지능은 감정적이지 않다. 감정은 많은 고대 그리스 철학자와 이마누엘 칸트 같은 여러 계몽주의 철학자들이 생각한 것처럼 인간의 비합리적인 결함이 아니다. 우리의 오성은 감정 없이는 무엇을 해야 할지 모른다. 행복감을 근본적으로 결정짓는 것도 감정적 의지의 충동과 그것의 충족이다. 의무감조차 감성에서 비롯된다. 인공 지능이 센서를 통해 인간의 감정을 감지하고 목소리나 행동으로 흉내 낸다고 해서 감정적인 존재가 되는 것은 아니다. 감성 컴퓨팅과 실제 감정의 관계는 만화 영화 주인공 도널드 덕과 실제 청둥오리의 관계와 비슷하다. 게다가 인공 지능은 인간의 감정을 모두 읽어낼 수도 없다. 감정은 마음의 움직임이 관념을 불러일으킬 때 생겨난다. 자기 연민, 후회, 외로움 같은 슬픔의 복잡한 형태는 읽어내기 어렵다. 고소함, 자부심, 확인 같은 기쁨의 복잡한 형태도 마찬가지다. 또한 감각적으로 파악한 정보가 당혹스러움인지 놀라움인지는 그 감정을 느끼는 사람조차 제대로 분간하지 못할 때가 있다. 기계는 실제 감정의 뉘앙스와 즉흥성을 느끼지 못하고, 그것을 이해하거나 생산해내지도 못한다.

세심한 감수성은 인간을 앞으로도 계속 동물로 만든다. 이 감수성 측면에서 보면 우리는 기계보다 오히려 식물에 더 가깝다. 인간의 생물학적 취약성을 공포스럽게 깨달은 이번 코로나 바이러스 사태로 많은 사람이 그 점을 생생하게 느꼈을 것이다. 그런데 우리의 동물적 감수성을 새로 발견한 건 충분히 납득할 수 있는 불안만 불러일으키는 것이 아니라, 생물학적으로 아직 폭넓게 미지의 상태로 남아있는 영역으로의 환상적인 여행이기도 하다. 우리 장 속에서 살아가는 약 100조 개에 이르는 수천 종의 미생물을 떠올려봐도 알 수 있다. 그것들의 전체 무게는 심지어 뇌의 무게를 초과한다. 인간보다 훨씬 오래된 이 미생물들은 소화 과정만 돕는 것이 아니라 우리의 사고에도 영향을 끼치고, 더 나아가 우리의 행동에도 영향을 끼치는 것으로 보인다. 결국 자연의 다른 많은 것이 그렇듯, 미생물군은 우리가 아직 모르고 있는 엄청난 다양성을 지닌 생태계인 것이다.

생물 철학(Philosophy of Biology)은 다른 생물체가 인간에게 어떤 의미인지에 대해선 별 관심이 없다. 대신 각 생물에게 지각과 감정, 삶이 어떤 의미인지를 이해하고자 노력한다. 박쥐가 인간에게 어떤 의미인지는 박쥐로 살아가는 것이 박쥐에게 어떤 의미인지와는 완전히 별개의 문제다. 찰스 다윈은 개코원숭이를 제대로 이해하는 사람은 존 로크보다 더 위대한 철학자라고 말했다. 여기서 개코원숭이를 제대로 이해한다는 것은 개코원숭이로 살아가는 것이 개코원숭이에게 어떤 의미인지 이해한다는 뜻이다. 이런 방향의 연구에선 결코 생물체를 관찰하지 않는다. 대신 그 생물체가 어떻게 관찰하는지를 관찰한다. 이 방면의 선구자 야콥 폰 윅스퀼은 20세기 초에 동물들은 하나의 동일한 환경 속에서 살아가는 것이 아니라 각각 자기만의 환경 속에서 살아간다는 사실을 인지했다. 다시 말해, 내 환경은 내가 나의 환경으로 지각하고 만들어나가는 환경인 것이다. 그런 점에서는 진드기도 인간과 다르지 않다. 또 내 지각의 한계는 나에게 특별히 맞추어진 내 환경의 한계인 것이다. 그런 의미에서 공간과 시간, 행동과 의미는 지극히 주관적이다. 윅스퀼은 어떤 생물학이든 바로 이 인식을 중심에 놓아야 한다고 생각했지만, 오늘날까지도 그 요구는 실현되지 않고 있다.

10년 전에야 낯선 환경 속의 낯선 생명체를 어떻게 이해할 수 있을지에 대한 문제가 다시 대두되었다. 애틀랜타 조지아공과대학교의 철학자 이안 보고스트는 『에이리언* 현상학(Alien Phenomenology)』을 통해 이 문제를 소생시킨다. 라이스대학교의 영문학자 티모시 모턴은 '낯선 이방인'으로서 동물과 식물에 대해 말한다. 우리가 다른 인간에게 느끼는 '친숙한 이방인'에 대비해서 사용한 개념이다. 콜린칼리지의 철학자 레비 브라이언트는 이것을 '초월적 경험주의'라 불렀다. 칸트에 따르면 초월론 철학은 어떤 것이 갖고 있는 가능성의 조건에 대한 물음이다. 초월적 경험주의는 인간과 다른 경험 주체에게도 이 질문을 던진다. 다른 생물체의 경험 가능성을 조건 짓는 것은 무엇일까?

인간의 감수성 및 그에 수반하는 지능은 다른 무수한 조건 가운데 하나일 뿐이다. 만일 우리가 '합리성'의 한 부분만 떼어 그 가능성을 증폭시킨다면 어떤 존재가 만들어질까? 바로 인공 지능이다. 컴퓨터의 완전히 다른 '경험 세계'가 오늘날 에이리언 현상학에 대한 물음에 불을 지폈다. 인간과 동물, 자연과 문화, 주체와 객체처럼 우리가 정말 좋아하는 구분은 덜 중요해지고, 가끔은 시야에서 완전히 사라지기도 한다. 대신 식물과 동물, 인간은 인공 지능의 타자로서 점점 가까워진다.

에이리언 현상학 내에서도 차이는 크다. 예를 들어 '원숭이에게 세계는 어떻게 보일까?' 하는 책은 쓸 수 있지만, '컴퓨터에게 세계는 어떻게 보일까?' 하는 책은 기껏해야 개그 소재일 뿐이다. 인공 지능은 어떤 '세계'도 구축하지 못하고, 자기가 어떤 세계에 살고 있다는 감정도

* 여기서 에이리언이란 '모기, 나무, 바위, 컴퓨터 게임 같은' 인간 외의 존재를 가리킨다. 여기에 '현상학'이 붙은 것은 이 에이리언들이 주변 세계를 경험해나가는 방식을 탐구한다는 의미다. 예를 들어 두꺼비가 우리에게 무슨 의미인지 묻기보다 세계가 두꺼비에게 어떤 의미인지 묻고, 저기 기어가는 두꺼비가 무엇이냐고 묻는 대신 기어갈 때 두꺼비의 배에 닿는 바닥의 느낌이 어떨지 물으면서 인간 중심주의, 주체와 객체, 자연과 문화의 이분법에서 벗어나자는 말이다.

없다. 마르틴 하이데거가 20세기 전반기에 내세운 '세계 내(內) 존재(In-der-Welt-Sein)'는 모든 인간적 경험의 근본 토대다. 여기서부터 인간은 (다른 생물도 마찬가지다) 자신에게 무엇이 중요하고 무엇이 중요하지 않은지 구분한다. 엄청난 이 무언의 지식이 우리의 일상을 관통하고, 행동과 언어를 결정한다. 의미는 논리적으로 발견되는 것이 아니라 맥락과 관계 속에서 포착된다. 우리의 사고에는 분위기와 뉘앙스, 복잡한 관련성을 온몸으로 느끼는 섬세한 감각이 포함되어 있다. 모든 주제는 개인적이고 문화적인 선행 지식의 지평 속에서 나타난다. 매사추세츠공과대학교의 철학자이자 랜드 연구소 회원인 휴버트 드레이퍼스는 1960년대부터 철학의 이러한 귀중한 지식을 컴퓨터 공학의 동료들에게 지칠 줄 모르고 설명해오고 있다.

나중에 자세히 설명하겠지만 인간의 사고는 결코 논리적 문제 해결과 동일하지 않다. 인공 지능과는 달리 인간에게는 무엇을 보느냐만이 아니라 어떻게 보느냐도 중요하다. 우리가 사물을 중립적으로 지각하지 않고, 사실 판단과 관련해서도 중립적이지 않다는 것은 '세계 내 존재'의 불가피한 특성이다. 우리가 맞거나 틀렸다고 생각하는 것은 전반적으로 믿음의 문제다. 그것도 우리 자신이 생각하는 것보다 훨씬 더 광범하게 말이다. 삶은 대부분 어차피 해명될 수 없거나 정말 갖은 수고를 들여야만 해명될 수 있다. 명확한 증거를 근거로 삶의 방향을 잡아나가는 일은 지극히 드물다. 대신 신뢰와 불신에 기대는 일이 훨씬 많다. 인간과 사물, 미디어는 결국 항상 감정적으로 채색된 채 인지되고 평가된다. 무언가에 대해 평가를 내리자면 어쨌든 그 평가를 가능하게 하는 가치가 존재할 수밖에 없다. 실제로 인간 세계를 구성하는 것은 물질로서의 원자가 아니라 가치 평가다. 우리 행성에 사는 대다수 사람들이 인정하듯이 우리는 신뢰, 진실, 자유, 우정, 존경, 충성, 이웃사랑 등을 중요한 가치로 평가한다. 그렇다면 우리는 그것들을 주관적인 가치가 아닌 객관적으로 옳은 것으로 여기는 셈이다. 분석 철학자들은 난처해하겠지만 심지어 우리는 특정한 우정과 특정한 진리가 있다고 믿는다. 언어 철학 저편의 실제 삶에서는 주관적으로 느끼는 가치가 상위 개념으로서 정말 막대한 역할을 한다. 그 가치는 세계 내에 우리와 함께 존재하고, 우리는 그것을 세계 내의 사물만큼이나 객관적인 것으로 여긴다.

그에 반해 인공 지능은 어떤 가치도 느끼지 못한다. 설사 인간의 가치를 프로그래밍해서 입력한다고 해도 인공 지능은 그것을 소유하지 못한다. 직접 느끼지 못하는 가치는 가치가 아니기 때문이다. 사랑, 우정, 매력, 배려 같은 가치는 감정 없이는, 모든 감각의 온전한 참여 없이는 설명할 수 없다. 한 인간의 카리스마를 개나 돌고래, 코끼리가 인공 지능보다 더 쉽게 느끼는 것도 그런 이유에서다. 컴퓨터에 입력한 가치는 천연의 미묘한 차이가 사라지고 똑같은 인위적인 냄새만 폴폴 풍기는 합성 방향제에 지나지 않는다. 소중한 친구와의 우정은 함께 보낸 시간의 총량이나 서로 나눈 단어의 수, 주고받은 호감이나 선물의 양으로 측정될 수 없다. 많은 시간을 쏟을 정도로 어떤 일이 소중한 이유도 인공 지능은 알지 못한다. 스스로 알아내기도 어렵다. 그 일이 소중한 이유는 자신이 직접 한 일이기 때문이다. 손으로 직접 그린 그림과 몸소 겪은 경험은 나 자신의 자발적 주체성에서 특별한 가치를 이끌어낸다. 특히 자신이 잘한 일이라면 자존감과 함께 그 일의 가치도 높아진다.

인간은 세계의 사물과 '가치 관계'로 엮여 있다. 이것은 현상학자 막스 셸러의 화두였다. 그가 볼 때 가치를 느끼는 것은 색깔을 보는 것만큼이나 자연스러운 일이었다. 가치든 색깔이든 감각적으로 느끼면 그에 대한 감정이 생길 수밖에 없다. 그런 점에서 가치는 색깔만큼이나 객관적이다. 셸러는 심지어 가치에도 자연스러운 서열이 있다고 생각했다. 맨 아래 단계는 감각적인 느낌과 관련이 있는데, 여기서는 유쾌한 것과 불쾌한 것으로 나뉜다. 더 높은 단계는 '삶의 가치'로서 고결한 것과 저속한 것으로 구분된다. 그 위는 정신적으로 느끼는 단계로서 아름다운 것과 추악한 것, 정의로운 것과 불의한 것, 성스러운 것이 있다. 모든 문화권에서는 이런 구분이 공통적으로 나타나고, 긍정적인 가치(유쾌하고 고결하고 아름답고 정의롭고 성스러운 것)가 부정적인 가치(불쾌하고 추악하고 불의한 것)보다 더 높이 평가된다. 이건 오늘날의 모든 인류학자와 민속학자들이 동의하는 내용이다. 물론 그렇다고 해서 이것들을 '선험적으로' '타당한 것'으로 여겨야 할지는 또 다른 문제다.

가치가 객관적으로 존재하는지를 두고는 논쟁을 벌일 수 있지만, 가치가 인간에게 가장 중요한 의미가 있다는 사실에 대해선 이론의 여지가 없다. 하지만 한 문화권의 기본 가치가 전반적으로 동일하다고 해도, 정확하게 어떤 것을 아름답거나 공정하다고 느낄지는 사람마다 다르다. 어떤 사람은 피카소의 작품을 아름답게 느끼지만, 다른 사람은 그렇지 않다. 또 누군가는 모두에게 몫이 똑같이 돌아갈 때만 공정하다고 생각하지만, 누군가는 각자가 받는 몫의 차이가 엄청나게 크더라도 자기 몫에 이르는 기회와 과정이 공평하다면 공정하다고 생각한다. 가치는 비슷할 수 있고 심지어 똑같을 수도 있다. 하지만 항상 개인이나 문화적인 면에서 큰 차이를 보이는 것이 사실이다. 그 때문에 가치는 프로그램화할 수 없다. 최소한 개인적인 자유가 오늘날 서구 문화권의 수준으로 유지된다면 말이다.

인간이 자신의 경험을 높이 평가하거나 등한시한다면, 그러니까 존중하거나 배척한다면 그것은 자신의 행동에 큰 영향을 준다. 인간은 환경을 논리적으로 분류하는 것이 아니라 자신의 성향에 따라 호불호를 결정한다. 식물이 자연스레 햇빛으로 몸을 뻗듯 우리가 무언가로 향하는 것은 호모 사피엔스의 특질 때문만이 아니라 개인적 성격도 큰 역할을 한다. 쾌락을 추구할지 아니면 최대한 괴로움을 피하는 쪽을 우선할지는 객관적인 삶의 위기와 통계의 문제가 아니다. 그림이나 음악, 철학, 운동, 혹은 컴퓨터 프로그래밍에 매력을 느끼는 것도 합리적·논리적 결정에 따른 것이 아니다. 심지어 논리학자가 되는 것도 논리적 이유가 있어서가 아니다. 그보다 훨씬 중요한 요소는 어떤 교육을 받았고, 무엇에 민감하게 반응하느냐이다. 미적으로 섬세한 감각을 가진 사람이 컴퓨터 공학자가 되는 일은 드물고(물론 그런 일도 당연히 가능하다), 감정적으로 너무 메마른 사람이 예술가가 되는 일도 별로 없다. 그 센서 때문에 우리는 세상의 사물을 매우 상이한 강도로 인지하고, 다양한 가치를 개인적으로 가꾸어나간다.

아무것도 없는 텅 빈 세계에서 관심과 가치를 가꾸어나가는 것이 아니다. 인간은 사회적 동물이다. 무언가에 끌리고 무언가를 추구한다면, 그건 계산에 따른 것이 아니라 타인의 영향을 받아서다. 타인이 설사 개인적으로 알지 못하거나 이미 이 세상 사람이 아닌 예술가, 정치인, 학자라고 하더라도 영향을 받을 수 있다. 사회적으로 공유된 관심과 가치는 공유되지 않은 가치와는 완전히 다른 의미로 발전할 때가 많다. 반면에 인공 지능은 공동체를 모른다. 인간 심리에 정말 중요한 인정과 존경의 문화도 알지 못한다. 우리는 자신이 누구인지 타인의 눈을 통해 느끼고, 타인에게 자신에 대해 이야기하면서 스스로를 어떤 사람으로 여기고 있는지 드러낸다. 인간은 기계와 달리 이야기 속에서 자신과 관계를 맺고, 그로써 이야기에 의존한다. 우리는 일상의 대부분을 현재에 사는 것이 아니라 과거나 미래에 있을 법한 장면을 불러내어 하나의 의미 관계로 연결시킨다. 그때 이 장면들이 직접 경험한 것인지, 아니면 그냥 다른 데서 읽었거나 영화에서 본 것인지는 중요하지 않다. 인간은 허구를 현실만큼이나 강렬하게 경험할 때가 많고, 심지어 가끔은 현실보다 더 강렬하게 경험하기도 한다. 영화의 내용이 '사실'이 아님을 알면서도 함께 울고 웃는 이유도 그 때문이다.

인간이 현재에만 살지 않지 않는다는 사실을 인공 지능은 모른다. 한편 인간은 자신이 하나의 시간 속에 살고 있음을 안다. 체험은 아무리 비슷하게 반복될지라도 늘 각각의 특별함을 갖고 있다. 똑같은 강물에 발을 두 번 담글 수 없다는 헤라클레이토스의 깨달음은 우리의 시간과 체험을 소중하게 만든다. 얼마나 많은 것이 올바른 순간, 즉 타이밍에 좌우되는가? 삶은 시간의 지평 속에서 일어나고, 솔로몬의 말처럼 "만물에는 자기만의 시간이 있다." 이 시간은 한정되어 있고, 산술적으로 경험되지 않는다. 어릴 때는 시간이 좀 더 천천히 흘러가고, 노년에는 더 빨리 지나가는 것처럼 느껴진다. 만일 우리가 영원히 산다면 80세까지만 살 수 있을 때와 비교해서 분명 많은 결정을 다르게 내릴 것이다. 심지어 많은 사물에서 가치를 얻는 데도 상당히 큰 문제가 생길 수 있다. 인생에서 치료 불가능한 것이 권태다. 이 병은 인간이 영원히 살게 되면 필연적으로 나타난다.

감정, 추구, 가치, 시간 감각이 중요한 이유는 나 자신이 그것들을 나의 감정으로, 나의 추구로, 나의 가치와 시간 감각으로 체험하기 때문이다. 자신의 온 감정과 의식은 '자아' 주변에 몰려 있다. '자아'는 뇌 연구자와 철학자조차 그 실체를 명확히 규명할 수 없음에도 나 자신이 나로 느끼는 중심부다. 또한 나의 모든 정신적·정서적·의지적 행동이 들락거리는 꼭대기 방이자, 인생의 온갖 부침에도 무너지지 않는 아성이자, 내가 나 자신을 수십 년 동안 동일한 것으로 느끼게 해주는 편집되지 않은 영화다.

이 모든 것은 가치 평가와 행동에 막대한 영향을 끼치고, 그로써 도덕에서도 막중한 역할을 한다. 우리가 자신의 행위를 반성하고 그에 대해 책임을 질 수 있는 것도 스스로를 '나'로 자각함으로써 가능하다. 어떤 동물에게 얼마만큼 도덕적 능력이 있는지는 우리가 그 동물들을 생각하는 위상에 달려 있다. 예를 들어 '자의식'이 있는 것으로 추정되는 원숭이와 돌고래는 올챙이나 진딧물보다 도덕적 능력이 크다. 물론 의도적으로 '선하게' 행동할 수 있는 동물은 지극히 드물다. 아니, 좀 더 정확히 말하자면 인간밖에 없어 보인다. 우리는 다른 동물과 달리 정신이 건강한 상태라면, 비록 모든 인간이 그것을 행동으로 옮기지는 않더라도 특정 연령대부터 도덕관념이 생긴다. 그러나 기계는 도덕을 모른다. 자유롭게 결정을 내리지 않고, 항상 자신에게 입력된 '인공 정자의 프로그램'에 따라서만 움직인다. 처리할 수 있는 정보량이 아무리 많고, 패턴이 아무리 세분화되고, 픽셀이 아무리 미세하더라도 기계는 일관되지 않게 행동할 능력이 없다. 인간은 모순을 견딜 수 있고, 일부 문제는 결정을 내리지 않은 채로 내버려 두기도 한다. 반면에 인공 지능은 터널시야밖에 없다. 즉 다른 건 고려하지 않고 오직 목표물만 일직선으로 바라본다. 따라서 인간 사이에서 일어나는 문제에서는 쉽게 과부하가 걸린다.

우리의 감정, 가치, 시간 감각, 자의식, 도덕관은 진화 과정에서 그 실효성이 입증되었기에 지금의 모습을 띠고 있다. 이것들은 지상에서 우리의 유한한 실존에 대한 의도치 않은 적응이며, 이것들의 도움으로 복잡한 물리적·생물학적·문화적 환경을 무사히 뚫고 나갈 수 있었다. 미국 심리학자이자 철학자 윌리엄 제임스가 20세기 전환기에 확인해주었던 것처럼, 그 과정에서 팩트는 대개 부차적인 역할밖에 하지 않았다. 그보다 상위의 역할은 우리가 최대한 불안에 떨지 않으면서 나아가고자 하는 소망이다. 만일 인공 지능이 직접 인간에게 삶의 방향을 정립하는 틀을 제공하고 상황을 바꾸고자 한다면, 인간은 장기적으로 가장 기초적인 삶의 본능을 잃을 뿐 아니라 자신을 인간으로 만들어준 매우 중요한 요소를 상실하게 된다.

인식은 인간 심리와 무관한 가치가 아니고, 환경에 대한 적응에 이용된다. 인간 지능은 훌륭하다. 물론 객관적인 세계를 꿰뚫어볼 만큼은 아니지만 그 세계 속에 자리를 잡고 살아갈 만큼은 훌륭하다. 또 인간 지능은 인공 지능보다 내용이 어마어마하게 풍성하다. 단순히 몇몇 정선된 목표 기능을 하는 데만 최적화되어 있지 않기 때문이다. 하나의 세계를 구축함과 동시에 그 속에 우리가 존재한다는 감정을 선사하는 의식의 능력은 일상에서는 대개 명확하게 드러나지 않는 무수한 '무언의' 능력을 전제한다. 이 능력은 오성과 마찬가지로 우리를 인간으로 만드는 데 기여한다. 우리는 컴퓨터보다 계산을 못 하고 보고 듣는 능력도 훨씬 떨어지지만, 무한히 복잡한 상황에서 정말 멋진 방식으로 방향을 잡아 나갈 때가 많다. 반면에 인공 지능의 세계는 인간의 세계보다 훨씬 작다. 그 세계에는 커누스가 말한 것처럼 '아무 생각 없이 하는 일'이 존재하지 않는다.

리하르트 다비트 프레히트의 『인공 지능의 시대, 인생의 의미』 (박종대 옮김, 열린책들, 2022)

리하르트 다비트 프레히트(Richard David Precht, 1964~)

현대 독일 철학의 아이콘으로 불리는 철학자. 쾰른대학교에서 철학, 독일 문화, 예술사를 공부했다. 현재 뤼네부르크대학교, 베를린 한스 아이슬러 음악대학교에서 철학 및 미학과 초빙 교수로 재직 중이며 독일어권의 가장 개성 넘치는 지성인 중 한 명으로 평가받고 있다. 저서로 『나는 누구인가』, 『사냥꾼, 목동, 비평가』 등이 있다.

2

상호의존의 정치학: 돌봄민주국가

김희강

개인주의의 발달은 현대사회의 특징 가운데 하나이다. 인간은 개인, 즉 혼자 살아가는 존재라는 믿음, 따라서 개인에게 닥치는 모든 일들을 오로지 혼자의 힘으로 해결해야 한다는 것이 현대를 살고 있는 사람들이 갖고 있는 생각이다. 게다가 신자유주의는 국가와 공동체의 책임을 가볍게 만듦으로써 현대인들의 삶을 철저하게 단자화했다. 그런 조건에서 발생한 코로나 팬데믹은 인간의 상호의존성에 관해 근본적인 물음을 던졌다. 어쩌면 인간은 개인주의를 창안한 사상가들의 주장과 달리 서로가 서로에게 기대고 의존하는 관계일지도 모른다는 생각이 그것이다. 코로나 팬데믹은 인간이 생각보다 취약한 존재이며, 따라서 개인, 공동체, 국가 등에 의존하며 살아갈 수밖에 없다는 사실을 새삼 환기시켰다. 이 상호의존의 관점에서 우리가 살고 있는 세계를 둘러보는 일이야말로 우리에게 주어진 임무이다.

돌봄이 배제된 자유주의

자유주의 인간상

자유주의는 자유롭고 평등한 개인들을 상정한다. 예를 들어, 로크는 자연상태에서 인간을 "평등하고 독립적"이며 각자 "자신의 몸과 소유물에 대한 절대적인 주인"으로 간주한다(Locke 1980[1690], 65, 9). 이러한 인간은 자신의 몸과 행동을 규율하고 자신의 소유물을 의지대로 처리할 수 있는 완전히 자유로운 상태이다. 또한 자연에서 부여받은 권리를 누리며 유사한 능력을 행사하는 측면에서 인간은 평등하다. 칸트도 인간을 이성에 기초한 합리적인 행위자이자 도덕적으로 자율적인 존재로서 자유롭고 평등하다고 설명한다(Kant 1996[1785]). 자유주의는 이러한 인간상을 전제함으로써, 모든 인간은 자유롭고 평등하게 대우받아야 한다는 규범적 이상(ideal)을 함께 규정한다. 자유롭고 평등한 개인들은 양도할 수 없는 선험적 권리를 부여받으며, 정치사회의 역할은 개인들의 이러한 권리를 보호하고 보장함으로써 이들의 자유와 평등을 보호하고 보장하는 것이다.

그러나 인간을 자유롭고 평등하고 자족적이며 합리적인 행위자로 간주하는 자유주의 인간상은, 그러한 자유주의적 개인으로 성장하기 위해 태어난 후 상당 기간 동안 모든 인간은 누군가의 신체적·정신적·물질적 돌봄을 받아야 하는, 돌봄이라는 탯줄에 사실상 묶여 있음을 간과하게 된다. 또한 독립적인 성인이 되었다고 할지라도 질병이나 장애를 겪을 때 그리고 쇠약한 노년기에, 누군가의 돌봄을 필요로 한다는 사실을 외면하게 된다. 모든 인간은 누군가에게 돌봄을 받지 않고는 생존할 수 없는 존재로 태어나며, 태어난 후 몇 년간은 누군가의 돌봄을 받고 성장해야 한다. 성장한 후에도 죽음에 이르기까지 필연적으로 누군가의 돌봄을 필요로 한다는 사실은 여전히 유효하다. 그러나 인간을 자족적이며 합리적인 존재로 상정하는 자유주의 인간상은 모든 인간이 경험하는 돌봄과 의존, 돌봄관계에 대한 고려가 빠져 있다. 이 점에서 헬드는, 의존과 돌봄이 부재한 자유주의 전제는 "단지 익숙함을 제외한다면 어떤 근거도 없는 이데올로기적이고 검증되지 않은 출발선"일 뿐이라고 일축한다(Held 2006, 199).

돌봄이 없는 자유주의 인간상은 롤즈(John Rawls)의 정의론에서도 반복된다(Kittay 1999, 152-209; Eichner 2010, 18-26). 롤즈에게 정의란 자유롭고 평등한 존재로 특징지어진 개인들 간에 이루어진 합의의 결과이다. 이때 개인은 "온전히 협력적인 사회의 구성원"으로서 자유롭고 평등한 존재이다. 롤즈는 개인은 정의감(a sense of justice)과 좋음의 개념(a conception of the good)을 가질 수 있는 능력이 있다는 점에서 평등하며, 타당한 자기 인증적 주장을 할 수 있고 독립된 좋음의 개념을 갖는다는 점에서 자유롭다고 보았다(Rawls 2001, 18-24). 그러나 롤즈가 전제하는 인간상은 돌봄인이 아니다. 그의 이론 전반에서 의존이라는 인간 삶의 필수적인 조건과 모든 인간이 필연적으로 삶의 일부로 겪게 되는 돌봄관계에 대한 이해는 특별히 찾아볼 수 없다. 예컨대, 롤즈의 인간 개념과 사회 개념의 전제를 이루는 "정의의 여건"에서 의존이라는 여건은 고려되지 않는다(Rawls 1971, 126-127). "온전히 협력적인 구성원"이라는 규범에는 의존적이고 취약한 존재로서 인간이 다뤄지지 않는다(Rawls 1971, 546). 혹자는 롤즈의 원초적 입장에서 대표자가 의존인 혹은 돌봄제공자의 지위를 가정할 수 있다고 반박할 수 있겠다. 그러나 롤즈의 정의론은 돌봄과 의존에 대해 직접적으로 다루지 않았을 뿐만 아니라, 원초적 입장에서 이들의 지위가 고려될 수 있다고 쳐도 이는 단지 최소 수혜자로서만(최소 수혜자의 입장으로만) 대표될 뿐이다. 더군다나 롤즈의 이론 틀에서 의존인이나 돌봄제공자가 최소 수혜자의 위치로 동화될 수 있음이 얼마나 온전히 뒷받침될 수 있을지는 여전히 모호하다(Kittay 1999, 154-155, 205-206).

또한 몇몇 비판가들이 지적하듯, 롤즈에게 있어 장애인이나 특별한 필요를 가진 사람들은 그의 이론 틀에서 매우 예외적인 사례로 다뤄질 뿐이다(Kittay 1999, 171; Nussbaum 2002, 190,

211, note 22, 23; 2003, 513; Eichner 2010, 151, note 21). 롤즈는 신체적·심리적 능력이 '정상적인' 개인을 사회의 협력적인 구성원으로 상정함으로써, 돌봄이 필요한 의존적인 개인과 그들에게 돌봄을 제공하는 돌봄제공자의 필요를 고려하지 않고 있다. 특히 심각한 신체적·정신적 장애가 있는 사람들은 정의의 장에서 일단 제쳐둘 이슈라고 지적하고, 단지 법률제정의 단계에서나 논의해 볼 수 있을 것이라 언급한다(Rawls 1993, 272, note 10, 302). 따라서 아이들, 병약한 노약자, 장애인, 아픈 사람 같이 생존과 발달을 위해 구체적으로 돌봄이 필요하거나 이러한 의존적인 개인을 돌보기 위해 특수한 돌봄필요를 갖는 모든 개인은 롤즈의 원초적 입장에서 원칙적으로 배제되게 된다.

의존과 돌봄이 없는 전형적인 자유주의 인간상은 심지어 자유주의 내부에서도 한계로 지적받는다. 자유주의의 사회계약론에 기초한 인간상을 비판하는 대표적인 학자로 너스바움(Martha C. Nussbaum)을 들 수 있다(Nussbaum 2002). 너스바움은 자유주의 사회계약론에서 상정하는 자유롭고 평등하며 자족적인 인간은 존재론적·인식론적으로 인간의 조건을 잘못 이해한 결과라고 비판한다. 이러한 인간상은 인간의 삶에서 단지 일정 기간에만 존재할 뿐, 따라서 인간 삶의 제한된 면만을 반영하기 때문에 역시 과장된 개념이라는 것이다. 반면에 현실의 인간은 극단적이고 비대칭적인 의존상태에 처한 무력한 신생아에서 삶을 시작하며, 늙어서는 삶의 마지막을 신체적·정신적으로 누군가에게 의존하게 된다. 또한 유년기와 노년기 사이의 성인도 언제든 정서적·신체적 의존이 필요할 수 있다고 지적한다. 실제사회는 "돌봄을 주고받는 사회"이며 그 사회는 인간의 돌봄필요와 의존에 대처하는 방식을 찾아야 한다고 강조한다(Nussbaum 2002, 188-189).

결론적으로, 자유주의에서 상정하는 자유롭고 평등하며 자족적이고 합리적인 인간은 돌봄인이 아니다. 자유주의 인간상의 관점에서 보면, 의존적인 사람, 돌봄필요가 있는 사람은 사회의 온전한 구성원이 아니라 단지 "어린 아이 혹은 동물"처럼 다뤄진다(Kymlicka 2001, 299). 다시 말해, 능력 있고 합리적인 성인이 아닌 사람은 자유주의의 이론 틀 안에서 차별과 혐오 혹은 단지 온정주의의 대상으로 남겨질 여지가 크다.

자유주의 사회상

자유주의는 자족적이고 합리적인 개인들이 가상적인 사회계약을 통해 현대의 민주주의 정치사회를 형성한다고 전제한다. 로크, 홉스, 루소의 전형적인 경우에서 볼 수 있듯이, "사회는 자신의 개인적 이익을 보호하고 증진시키는 데 관심을 가진 사람들간에 이루어지는 계약의 산물 혹은 협상의 과정"으로 간주된다(Mulhall and Swift 1996, 47). 자유주의의 사회계약은 상호 무심한 개개인 사이의 자발적인 상호관계이며, 정치사회는 이러한 상호관계에 의해 구성된 것임을 분명히 한다. 그러나 사회계약에 기초한 정치사회는 가장 근본적인 수준에서 우리가 우리를 돌보는 사람과 연결되고 우리를 돌보는 사람이 더 큰 사회와 연결되는 돌봄관계에 대한 이론적·실천적 논의의 공간을 찾을 수 없다. 다시 말해, 자유주의는 사회의 정초가 되는 돌봄관계에 대한 이해가 미흡하다.

롤즈로 돌아가면, 정의의 여건은 "서로에게 무관심한 사람들이 자원이 적당히 부족한 여건하에서 사회적 이득의 분배에 대해 상충하는 요구를 할 때" 발생하기 때문에, 사회란 상충하는 요구를 조정하고 상호분배를 위한 "협력 사업(cooperative venture)"으로 상정된다(Rawls 1971, 128, 4). 즉 롤즈는 사회를 협력적 시스템으로 보는데, 이때의 사회적 협력(social cooperation)은 구성원 간의 관계와 상호행동이 공적 규칙과 과정에 의해서 규율될 수밖에 없다는 사실에 기초한다. 이 점에서 사회는 구성원 간 호혜(reciprocity)의 특징을 가지며, 이는 사회적 협력이 단지 위계에 의해 특정 규칙으로 조정(coordination)되지 않는다는 점을 명확히 한다(Rawls 2001, 6). 그럼에도 롤즈의 사회상은 돌봄관계가 인간과 사회의 생존과 존속에 근원적이라고 보는 입장에서 본다면 충분히 설득적이지 않다. 롤즈의 사회에서 시민은 사회적 협력의 참여자로서 혼자서는 획득할 수 없는 사회적 이득을 분배받을 수 있지만, 이들이 필연적으로 속하게 되는 의존과 돌봄의 유대관계는 사회의 핵심적인 요소로 인정받지 못한다. 결국 사회란 자유롭고 평등한 사람들만의 협력의 산물일 뿐, 모든 인간이 경험하는 불가피한 의존과 돌봄 필요, 돌봄관계에 대한 이해는 롤즈 논의에서 전반적으로 부재하다.

돌봄관계와 관련해 롤즈 이론에서 주목할 지점은 가족이다. 일반적으로 가족은 가장 기본적이고 본질적인 돌봄관계가 형성되고 지원되는 곳이기 때문에, 롤즈의 정의론에서 가족이 어떻게 다뤄지는지를 살펴봄으로써 돌봄관계에 대한 롤즈의 입장을 유추할 수 있을 것이다. 그러나 이미 몇몇 여성주의 학자들이 제시하고 있듯, 롤즈에게 가족은 정의의 대상과 이슈로서 모호하거나 중요하지 않게 다뤄지고 있다(Okin 1989, 25-40; Nussbaum 2003, 499-507; Eichner 2010, 23-26). 롤즈는 가족이 사회 기본구조로서 정의의 대상임을 분명히 하고 있다(Rawls 1971, 7). 특히 가족 내 정의와 성별화된 가사분담이 야기하는 성불평등을 보지 못했다는 오킨(Susan Okin)의 비판 이후, 롤즈 이론은 가족에 대해 보다 자세하게 설명하고 있다. 롤즈에게 가족은 미래의 시민을 길러내고 다음 세대를 양성하는 사회의 "필수적인 역할"을 수행하는 것으로 판단된다. 특히 자녀를 기르고 돌보며 교육하는 역할을 하는 가족은 도덕성을 기르는 학교로, 시민을 일차적으로 사회화시키는 장소로 간주된다. 따라서 롤즈는 이러한 가족 내에서 돌봄을 담당하는 여성에게 차별과 불이익이 발생하고 취약한 아동에게 학대가 일어난다면, 이는 부정의로서 가족은 여성과 아동에게 기본적 자유와 기회를 보장하는 정의의 원칙이 적용되어야 하는 대상이라는 점을 강조한다(Rawls 2001, 162-168).

그럼에도 불구하고 롤즈에게 가족은 여전히 사적 공간으로서 공권력의 적용을 받아야 하는 정의의 대상으로 확실하게 다뤄지지 않는다. 롤즈에 따르면, 가족은 사회의 기본구조이기 때문에 정의의 원칙의 적용을 받지만, 동시에 정의의 원칙은 가족의 "내적인 삶(internal life)"에 직접적으로 적용될 수 없다고 보았다. 예를 들면, 가족 내 여성차별과 아동학대가 존재한다면 이는 시민의 기본권 보장을 위배하는 것이기 때문에 제재·교정되어야 하는 것이지만, 가족 내에서 아이를 키우는 방식이나 구성원이 가사와 돌봄을 분담하는 정도에 대해서는 특정 가족의 자발성과 자율성으로 존중해 주어야 한다는 것이다(Rawls 2001, 164-166). 다른 예로, 자유롭고 평등한 시민이 갖게 되는 정의감은 부분적으로 부모의 사랑과 지원, 교육을 통해서 길러진다고 지적하지만, 부모자녀관계를 통해 자녀의 정의감이 어떻게 육성·함양되는지에 대해서 롤즈는 "암상자(black box)"로 남겨둔다(Eichner 2010, 19). 결국 롤즈의 이론은 사회구성원을 길러내고 돌봄을 제공하는 가족의 역할과 기여, 이에 대한 사회적인 인정과 지원에 대해서는 주의 깊게 생각하지 않은 것으로 보인다.

이러한 배경하에 자유주의 사회의 역할은 이미 돌봄을 받고 성인이 된 자족적인 개인의 자유가 어떻게 보호될 수 있을지, 개인의 권리보호를 위해서 사회는 어떤 역할을 해야 하는지, 사회적 협력의 산물(예를 들면, 권리, 재화 같은 기본적 가치)을 이들에게 어떻게 평등하게 나눌 것인지에 초점이 맞춰진다. 자유주의 사회상에서는 돌봄관계의 가치를 보장하고 보호하는 사회의 역할에 대한 논의가 빠져 있다. 아이너(Maxine Eichner)에 따르면, 이러한 롤즈의 한계는 단지 돌봄이 평등하게 분배되어야 하는 사회적 협력의 산물로 등록된다 할지라도 해결될 수 있는 것은 아니다. 롤즈의 근본적인 문제점은 분배되어야 하는 기본적 가치(primary goods)에 돌봄이 포함된다 할지라도, 그 목록 중에서 돌봄이 왜 더 중요하고 우선하는지 설명하지 못하기 때문이라고 보았다. 또한 이는 가족에서 진행되는 돌봄관계를 사회가 지원하고 보장해야 하는 역할과 책임을 설명할 수 없게 만든다고 보았다(Eichner 2010, 21).

더 나아가, 자유주의가 돌봄관계를 평가·교정할 수 있는 사회의 역할을 상정하고 있는지(혹은 상정할 수 있는지)에 대해서도 의문이다. 자유주의 중립성의 가치는 명확한 공사 구분 아래 주로 사적 영역에서 진행되는 돌봄관계에 대한 사회의 지원과 평가를 주저하게 만든다(Eichner 2010, 22). 앞서 언급했듯이, 비록 롤즈는 돌봄을 제공하는 가족의 역할을 언급하고는 있으나, 그러한 가족의 역할이 어떻게 사회적으로 인정받을 수 있을지 또한 어떻게 보호되고 증진될 수 있을지에 대해서 언급하고 있지 않다(Eichner 2010, 19). 돌봄관계는 단지 사적 영역의 역할과 가치로 상정되고 있기 때문에, 이를 평가하거나 교정하는 사회의 역할을 제한시킨다. 그 결과 부정의한 돌봄관계로 인해서 배제되고 차별받는 의존인과 돌봄제공자의 문제도 롤즈의 논의 틀에서는 적절하게 다뤄지기 어렵다.

결과적으로, 돌봄사회가 주목하는 것이 인간의 돌봄필요가 충분히 충족되고 있는지, 돌봄관계가 보호되고 조장되고 있는지, 평등한 돌봄관계가 유지되고 있는지에 관해서라면, 자유주의 사회가 주목하는 것은 사회적 협력의 산물을 어떻게 평등하게 나눌 것인지, 개인의 권리를 보호하기 위해 사회를 어떻세 구성하고 조직할 것인지에 관해서이다. 자유주의 사회는 자족적이며 자율적인 인간을 전제하고 있기 때문에, 그러한 사회의 역할은 인간의 자유와 권리를 보호하는 방식으로 인간존엄성(human dignity)을 실현한다. 그러나 인간의 의존과 돌봄, 모든 인간이 일생의 일부분으로 필연적으로 속하게 되는 돌봄관계를 고려한다면, 인간존엄성의 존중은 단지 개인이 갖는 자유와 권리의 보호를 넘어서야 할 것이다. 따라서 돌봄사회가 구성원들에게 돌봄에 대한 지원과 성장을 위한 환경을 보장하는 것은 자유주의 사회가 개인의 안전과 기본적인 권리보호를 보장하는 것만큼이나 근본적인 것이다(Eichner 2010, 52).

김희강의 『돌봄민주국가』
(박영사, 2022)

김희강(1974~)

고려대학교 행정학과 교수. 이화여자대학교 정치외교학과를 졸업하고 시카고대학교에서 정치철학 박사학위를 받았다. 국가론, 공공철학, 돌봄국가와 돌봄윤리, 규범적 정책분석, 여성주의 이론과 정책, 이주(이민) 등을 연구한다. 주요 저서로는 『돌봄민주국가』, 『규범적 정책분석』 등이 있다. 현재 돌봄윤리 연구의 국제네트워크인 Care Ethics Research Consortium 운영위원 및 국제 돌봄윤리 저서 시리즈 자문위원으로 활동 중이다.

3

모두를 위한 평등

김지혜

차별은 나쁜 것이고 평등은 좋은 것이다. 이 주장에 반대할 사람은 없을 것이다. 하지만 무엇이 차별이고 무엇이 평등인지, 즉 '차별'과 '평등'을 판단하는 잣대에 대해서는 의견의 일치를 이루는 것이 어려운 게 현실이다. 또한 '차별'과 '평등'은 누가, 어떤 맥락에서 이야기하느냐에 따라 전혀 다른 의미가 되기도 한다. 그래서 사람들은 차별은 나쁘고 평등은 좋은 것이라고 주장하지만, 정작 그 주장이 현실에서는 공허하게 들리는 경우도 없지 않다. '모두를 위한 평등'이라는 이 글의 제목에 등장하는 '모두'는 정확히 누구를 가리키는 것일까? 혹시 우리는 '모두'에게 평등한 세상은 불가능하다고, 따라서 적당히 '나'에게 유리한 평등이면 상관없다고 생각하며 살고 있는 것은 아닐까?

모두를 위한 화장실

영화 〈히든 피겨스〉(2016)에는 주인공 캐서린 존슨(타라지 P. 헨슨)이 비를 맞으며 화장실로 달려가는 장면이 나온다. 흑인 여성 전용 화장실을 가려면 건물 밖으로 나와 다른 건물을 향해 800미터를 가야 했다. 1960년대 초반 당시 미국에서는 여성용과 남성용 화장실을 구분하는 것에 더해 백인용과 유색인용 화장실을 구분해야 했으니, 적어도 4개의 화장실이 필요했다. 이 영화 속 주인공이 일하는 건물에는 4개의 화장실이 모두 설치되어 있지 않았고, 그래서 캐서린은 본인이 사용 가능한 화장실을 찾아 다른 건물로 뛰어가야 했다.

화장실은 그 사회의 평등수준을 가늠하게 하는 꽤 훌륭한 척도다. 온갖 개인적 특징이나 재산, 지위고하를 막론하고 화장실은 단지 인간이라는 이유로 모든 사람에게 꼭 필요한 공간이기 때문이다. 모든 사람이 반드시 적어도 하루에 몇 번씩 가야만 하는 공간이 어떻게 설계되고 분배되어 있는지를 보면 사회가 사람들을 어떻게 구분하고 있으며 누가 주류이고 누가 배제되어 있는지 알 수 있다.

1990년대 초반 내가 대학을 다닐 때를 기억해보면, 학과 건물에 여자 화장실이 격층으로 설치되어 있었다. 남자 화장실이 층마다 있었던 것과 달랐다. 다행히 캐서린처럼 다른 건물로 뛰어가야 하는 정도는 아니었지만 계단을 오르내리면서 불평했던 기억이 생생하다. 그때는 학과에 여성이 적기 때문이니 어쩔 수 없다고 생각했는데, 돌아보면 여성이 적고 그래서 화장실이 적게 필요한 것 자체가 그 공간의 평등수준을 보여주는 것이기도 했다.

그렇다면 모두가 평등한 사회에서 화장실은 어떤 모습일까? 우선 화장실이 실제로 이용 가능하려면 몇 가지 조건이 필요하다. 화장실이 충분히 가까워야 하고, 진입이 쉬워야 하며, 화장실 안에서 용변과 손 세척이 가능하고, 이 과정이 수치감, 불안감이나 위험 없이 안전하고 편안해야 한다. 이런 조건으로 모든 사람이 화장실을 이용할 수 있으려면, 우리에게 몇 가지의 화장실이 필요할까?

오늘날 익숙한 공중 화장실은 남성용과 여성용을 별도로 갖춘 모습이다. 화장실이 성별로 분리된 역사는 꽤 오래전으로 거슬러 올라가며 그 이유가 무엇이었는지는 논쟁이 있다. 연구자에 따라 18세기 프랑스 파리에서 상류계급의 품위를 표시하기 위한 목적으로 처음 설치되었다고도 하고, 19세기 후반 산업혁명 시대에 일터로 나온 여성을 전통적 성역할 관념에 따라 남성과 공간적으로 분리시킨 것이라는 주장도 있다. 당시 성희롱과 성폭력으로부터 여성을 보호하기 위한 초창기의 법적 조치로서 남녀 화장실이 분리되었다고도 한다.

그다음으로 장애인 화장실이 설치되기 시작했다. 기존의 화장실은 휠체어를 사용하거나 거동이 불편한 사람들에게 적합하지 않았다. 그래서 휠체어가 들어갈 수 있게 공간을 넓게 만들고, 용변기에 앉고 일어설 때 지지할 수 있도록 안전대를 설치했다. 휠체어에 앉아서 이용할 수 있게 손 세척대와 거울 높이를 조절했다. 밀고 당기는 문 대신 자동문을 설치해 휠체어가 쉽게 문을 통과할 수 있도록 만들기도 했다. 장애인 화장실은 노인과 유아, 임산부를 위한 공간으로도 설치되었다.

그런데 초기에 많은 건물과 시설에서 장애인용 화장실을 남녀공용으로 한 개만 설치하면서 문제가 생겼다. 남녀공용 화장실은 불편하고 불안하기도 했고, "장애인을 사회적으로 무성적인 존재로 여기는 것"이니 성별을 구분해 화장실을 설치하라는 요구가 일었다. 여성용 화장실과 남성용 화장실 외에 여성 장애인용 화장실과 남성 장애인용 화장실을 설치했다. 성별과 장애의 조건에 맞추기 위해 화장실은 최소 4개가 필요하게 되었다.

하지만 문제는 여기서 끝나지 않는다. 남녀로 분리된 화장실을 사실상 이용할 수 없는 사람들이 있기 때문이다. 예를 들어 트랜스젠더 여성의 경우, 여자 화장실에서는 사람들이 남자라고 생각해 무서워하고 거부한다. 반면 남자 화장실에서는 여성스러운 외모 때문에 본인이 성폭력의 두려움을 겪는다. 트랜스젠더와 인터섹스, 성별의 전형에서 벗어난 외모를 가진 사람들에게는 성별이분법적인 화장실이 안전하지도 편안하지도 않다.

그럼 이제 화장실을 어떻게 설계해야 할까? 모든 화장실이 남녀로 분리된 상황은 트랜스젠더에게 일상적으로 고통을 준다. 그러니 성별 구분이 없는 화장실이 필요하다. 하지만 최근 여성들은 남녀 분리 화장실을 더 강력하게 요구하고 있다. 2016년 강남역 인근 건물의 남녀 공용화장실에서 살인사건이 발생하고, 공공화장실에 카메라를 설치해 불법촬영을 하는 사건 등이 불거지면서, 화장실에 대한 공포가 말할 수 없이 커졌기 때문이다. 상충되어 보이는 이 논쟁들 속에서 모두에게 평등한 화장실을 만드는 건 과연 가능한 일일까?

다양성을 포함한 보편성

사람은 누구나 화장실을 가야 한다. 모든 사람이 평등하다면, 사람으로서 누구나 가야 하는 화장실이 정말로 누구나 갈 수 있게끔 마련되어야 한다. 그런데 이 단순한 인간의 '보편성'이 실제 사람들의 '다양성'을 만나면서 복잡해진다. 이때 어차피 모두를 만족시킬 수는 없다고 결론을 지어야 할까? 차별이 있기는 하지만 완전한 해결은 불가능하다는 체념을 현실 인식으로 받아들여야 하는 것일까? 평등은 도대체 어떻게 실현될 수 있는 것일까?

화장실 논쟁의 시작은 보편적인 인간을 범주로 구분하는 사회적 작용에 있다. 누군가는 범주를 없애야 한다고 주장한다. 영화 〈히든 피겨스〉의 화장실에서 사용된 인종 범주는 없어져야 하는 구분이었다. 백인용과 유색인용 화장실 분리는 백인이 흑인을 배제하려는 의도가 있는 분명한 차별이었다. 더 근본적으로 사람을 인종으로 구분할 수 있다고 생각하는 관념 자체에 문제가 있었다.

인종주의(racism)는 사람이 생물학적으로 여러 인종으로 구분될 수 있고, 그러한 구분이 신체적·지적·도덕적인 우열로 이어진다는 믿음 또는 그러한 행동을 뜻한다. 하지만 20세기에 들어서 인종을 결정하는 생물학적 요소는 없고, 인종이란 사회에서 임의로 발명된 사회적 구성(social construct)의 산물일 뿐이라는 것이 밝혀졌다. 당연히 인종에 따라 결정되는 신체적·성격적 특징이나 도덕적 품성 따위는 없으며 인종 간에 우열이 있을 수 없다.

성별은 어떤가? 여성과 남성 사이에는 신체적 차이가 있기는 하지만 여성 혹은 남성의 이분법적인 구분으로는 모든 사람을 포괄할 수 없다. 성염색체, 성호르몬, 성기 등의 특징을 볼 때 남성 또는 여성의 어느 한 성별로 설명할 수 없는, 인터섹스인 사람들이 있다. 출생 당시 신체적으로 규정된 성별과 주관적으로 인식하는 성별이 서로 일치하지 않는, 트랜스젠더인 사람들도 있다. 이들은 이분법적인 성별체계 속에서 어디에도 온전히 속하지 못하게 된다.

인종처럼 어떤 구분은 아예 없애야 한다는 데 동의하고, 또 이분법적인 성별 범주가 불완전하다는 것을 인정한다면, 아예 아무것도 구분하지 않는 것은 어떤가? 차별이 사람을 구분하는 행위에서 시작된다고 하면, 그 해결책으로 모든 구분을 없애는 대안을 상상해볼 수 있다. 이렇게 아예 모든 구분을 없애는 방법으로 평등이 이루어질 수 있을까? 사람은 보편적이면서도 다양한데, 이 두 가지 속성은 과연 서로 화합할 수 있는 걸까?

보편성과 다양성 사이의 긴장은 수많은 평등의 쟁점에 깊숙이 깔려 있다. 대표적으로 정부가 실시하는 블라인드 채용은 특정한 구분을 가리는 방식으로 보편성을 추구한다. 2017년 '공공기관 블라인드 채용 가이드라인'에서 설명하듯, 입사지원서의 항목이나 면접 등 채용 과정에서 출신지, 가족관계, 학력, 외모 등을 밝히지 않게 한다. 이런 정보 때문에 "편견이 개입되어 불합리한 차별을 야기"하는 효과를 차단하려는 것이다.

블라인드 채용에서 출신지, 가족관계, 학력, 외모 등의 정보를 가리는 것은 그런 구분으로 사람을 평가하는 것이 정당하지 않다는 원칙에서 출발한다. 실제로 채용과 관련이 있고 타당한 기준은 '실력' 그 자체여야 하고, 그러기 위해서는 평가하는 사람의 편견 어린 눈을 말 그대로 가리는 것이다. '같은 것을 같게' 취급한다는 이런 **형식적 평등**(formal equality)은, 모든 사람에게 같은 기준을 똑같이 적용함으로써 세상이 평등해질 것이라고 기대한다.

이 방법은 평등을 실현하는 데 어느 정도나 효과가 있을까? 가령 실력이 뛰어남에도 불구하고 지방 출신이라서 번번이 채용을 거절당한 사람이 있다고 하자. 그에게 블라인드 채용은 매우 중요한 평등 실현의 방법이다. 하지만 실제로 이 방법으로 지방 출신의 채용 기회는 얼마나 높아질까? 정말 다른 사람들과 똑같은 채용 확률을 가지게 될까? 물론 예외적인 경우도 있지만 현실적으로 그러기 어려운 때가 많다. 왜냐하면 평등 실현의 선행 조건인 동등한 '실력'을 갖추는 것부터가 이미 지방 출신이라는 조건으로 인해 어려운 경우가 많기 때문이다.

그래서 **실질적 평등**(substantive equality)의 중요성이 강조된다. 블라인드 채용은 평가자의 편향을 줄이기 위한 중요한 방법이지만, 개인의 편견만 없앤다고 차별이 해소되지 않는다는 사실을 부인할 수 없다. 실질적으로 평등을 구현하고자 한다면 모든 사람을 똑같이 대우하는 것만으로 부족하다. 불평등의 대물림을 끊는 재분배 정책도 필요하고, 소수자에 대한 편견과 낙인과도 싸워야 하며, 개인들의 다양성을 고려한 제도를 만드는 등 다른 조치들이 있어야 한다.

다시 화장실 쟁점으로 돌아가보자. 가령 지금의 화장실을 누구나 사용할 수 있도록 간판을 '모두를 위한 화장실'로 바꾼다면 어떨까? 성별 분리 때문에 곤란했던 사람들의 화장실 이용은 조금 나아지겠지만, 여전히 문제들이 남는다. 간판을 바꾼다고 저절로 장애인 접근이 향상되지 않는다. 남성용 변기가 설치된 기존 시설을 모두가 함께 이용한다면 상대적으로 여성을 위한 화장실 수가 부족하고 여성의 성범죄 공포도 해결되지 않는다.

그렇기 때문에 보편성과 다양성을 모두 충족시키는 대안이 필요하다. 다양성 없는 보편성은 허상이며 눈속임이 되기 쉽고, 간판만 바꾸어 단 '모두를 위한 화장실'은 한계가 있을 수밖에 없다. 실질적으로 모두에게 편안하고 안전한 화장실이 되려면, 화장실을 이용하는 다양한 사람들이 모두 고려되어야 한다. 그런 모습의 화장실은 새로 설계해야 하고 그러려면

'모두를 위한 화장실' 안내판

연구가 필요하다. 다양성을 모두 '포함'하는 보편성을 찾아야 한다.

세계적으로 이미 실험은 시작되었다. 유럽과 미국 등지에서는 '모든 젠더 화장실(all-gender restroom)'을 만들어 사용하고 있다. 트랜스젠더나 젠더규범에 부합하지 않는 외양을 가진 사람들, 보호자와 피보호자가 서로 다른 성별인 경우 등 다양한 조건에서 화장실의 접근 가능성을 높였다. 그냥 간판만 바꾼 건 아니었다. 새로운 설계들이 등장했다. 화장실 칸을 칸막이로 구분하는 대신 별도의 방으로 설계하여 사생활을 보호하고, 세면대를 화장실 칸 안에도 설치해 개별적으로 사용할 수 있도록 했다.

2017년 내가 덴마크 코펜하겐을 갔을 때 이미 코펜하겐대학을 비롯한 여러 공공시설에 '모든 젠더 화장실'이 일상화되어 있었다. 한국에서도 이런 변화가 가능할까? 여성, 트랜스젠더, 장애인, 노인, 아동 등 누구든 안전하고 편안하게 화장실을 이용할 권리를 누리도록 보장하기 위한 아이디어를 고민하고 실행해내면 좋겠다.

화장실을 둘러싼 차별의 문제는 단지 시설의 문제만은 아니다. "화장실에 갈 시간이 없다"는 이야기는 판매직노동자, 운전기사, 병원노동자, 콜센터상담사, 택배기사 등 노동 현장의 곳곳에서 터져 나온다. '모두를 위한 화장실'은 관념 속의 평등을 현실로 구현하는 매우 구체적인 인권 프로젝트이다. '다양성을 포함하는 보편성'을 만들기 위한 이 창의적인 프로젝트를 위해 우리는 함께 토론하고 연구해야 한다.

차이의 인정

얼마 전까지만 해도 우리에게 조금 더 익숙한 평등의 의미는 분배에 관한 것이었다. '불평등'이란 주로 경제적 불평등을 의미했고, 학자들은 사회가 공동으로 창출한 부와 자원을 구성원들에게 재분배하는 이론과 제도를 발전시키는 데 관심을 가졌다. 최소한 누구나 생계를 보장받고 기본적인 교육과 의료서비스를 받으며 인간답게 살 수 있도록 사회보장제도를 구축하고 발전시켜왔다.

그런데 경제적 불평등은 특정 집단을 열등하게 여기는 문화적 규범에서 기인하는 것이기도 했다. **인정의 정치**(politics recognition)는 이런 불인정과 무시에 집단적으로 대항하는 평등주의 운동으로 등장했다. '내 존재를 인정하라'고 외치며 사회적 편견과 모욕에 저항하고, 존엄한 인간으로서의 동등한 대우와 존중을 요구했다. 자원의 평등을 위한 물질적 분배 요구와 함께, 추상적으로 보이는 사회적 관계와 문화의 변혁을 요구하는 시대가 되었다.

낸시 프레이저(Nancy Fraser)는 "경제 부정의와 문화 부정의는 통상 서로 비늘처럼 얽혀 있으므로 하나가 다른 하나를 변증법적으로 강화할 수 있다"고 말한다. 사회적으로 무시당하는 사람은 경제적 기회를 얻지 못하고, 그 결과로 다시 무시당하고 배제된다. 이 악순환을 프레이저는 다음과 같이 설명한다.

> 가령 불공정하게 어떤 것에 편견을 갖는 문화적 규범들은 국가와 경제 속에 제도화되어 있으며, 동시에 경제적 불이익은 공적 영역과 일상에서의 문화 만들기에 동등하게 참여하는 것을 방해한다. 그 결과는 종종 문화적 종속과 경제적 종속의 악순환이다.

아이러니하게도 한국에서는 차별금지법 제정 시도가 성소수자에 대한 불인정을 공개적으로 드러나게 만든 촉발제가 되었고, 성소수자는 그에 대한 저항으로 인정의 정치 또는 정체성 정치(politics of identity)에 나서게 되었다. 성소수자가 경험하는 고용차별, 의료접근권, 사회보장권 등 구체적인 기회와 자원에 관계된 산적한 사안들이 있지만, 이 모든 싸움의 최전선에는 성소수자를 '있는 그대로' 동등한 사람으로 인정하라는 요구가 있었다. 인정이 모든 것의 시작이기 때문이었다.

인정은 단순히 사람이라는 보편성에 대한 인정이 아니라 사람이 다양하다는 것, 즉 차이에 대한 인정을 포함한다. 집단의 차이를 무시하는 '중립'적인 접근은 일부 집단에 대한 배제를 지속시킨다. '중립'이라고 가장된 입장은 사실 주류 집단을 정상으로 상정하고 다른 집단을 일탈로 규정하며 억압하는 편향된 기준이기 때문이다. 아이리스 매리언 영(Iris Marion Young)이 말하는 **차이의 정치**(politics of difference)는 이렇게 중립성으로 은폐된 배제와 억압의 기제에 도전하기 위해 '차이'를 강조한다.

평등을 위해 차이를 강조한다니, 얼핏 모순된 주장으로 보일 수 있다. 사람이 '동등'하다는 평등을 말하기 위해 '차이'를 말하는 건, 형식적 평등의 관점에서는 이해되지 않는다. 여성을 차별하지 말라면서 여성의 차이를 말하고 여성정책을 만드는 것이 모순되어 보인다. 성소수자, 이주민 등 특정 집단의 권리를 주장하면, 그건 평등이 아니라 우대를 요구하는 거라고 생각한다.

만일 모든 구분이 자의적이고 편견에 의한 것이라면, 오히려 그 구분을 없애야 맞는 접근이 아니냐고 질문할 수 있다. '흑인은 백인과 다르지 않다'는 주장은 받아들일 수 있지만, "흑인의 생명은 소중하다(Black Lives Matter)"는 구호는 인종의 분리를 강화하는 배타적인 구호처럼 느낀다. 이 운동을 비판하며 나온 구호가 "모든 생명은 소중하다(All Lives Matter)"였던 사실은, '보편성'이 때로 차별을 은폐하는 억압의 기제로 사용될 수 있음을 단적으로 보여준다. 후자의 구호는 사실상 흑인이 경험하는 차별이 드러나지 않게 억누르는 효과가 있기 때문이었다.

소수자가 차이를 강조하는 이유는 그렇게 함으로써 억압된 상태에서 해방되어 가시적인 정치적 주체로서 목소리를 내고 실질적 평등을 쟁취하려는 의도이다. 그럼에도 불구하고 차이를 강조하는 접근은 기존의 분리된 체제와 낙인을 심화시키거나 유지시킬 위험이 내재되어 있다. 예컨대 장애인을 위한 정책은 장애인에게 불리한 사회구조를 보완하는 기회와 자원을 제공하겠지만, 동시에 장애인이 사회의 지원을 받는 열등한 수급자라는 집단적 낙인을 만들 수도 있다. 집단의 차이를 강조할수록 차별이 고착될 것 같기도 한 '차이의 딜레마'를 어떻게 해결해야 할까?

아이리스 영은 '차이'라는 단어의 용례에 주목한다. '다르다'는 말은 모든 사람에게 공평하게 사용되지 않는다. 배제되고 억압된 사람들만이 '다르다'고 지칭되고, 주류인 사람들은 중립적으로 여겨진다. '중립'의 사람들에게는 수많은 가능성이 있을 뿐이다. 결국 '다르다'는 말은 '서로 다르다'는 상대적인 의미가 아니라 절대적으로 고정된 특정 집단을 의미한다. 그리하여 '차이'가 낙인과 억압의 기제로 생성되는 것이다.

마치 한국사회에서 '다문화'라는 말이 모든 사람이 다양한 문화를 가졌다는 뜻이 아니라, 문화적 소수자만을 지칭하는 용어로 사용되는 것처럼 말이다. 이때의 차이란 주류 집단인 '한국인'을 기준점으로 삼아서 다르다는 것으로서, 사실상 '정상'에서 벗어난다는 의미를 내포한다. 다양성을 강조하는 말로 종종 사용되는 "다름은 틀림이 아니다"라는 흔한 구호도, 여기서 '다름'이 주류 집단의 기준에서 '일탈'된 무언가를 지칭하고 있다면 그 자체로 '틀림'을 전제하는 형용모순이 된다.

아이리스 영은 억압적 의미를 가지는 '차이'를 재정의해야 한다고 말한다. "주류 집단의 입장을 보편적이라고 보면서 비주류만을 다르다고 표기하는 것이 아니라, 차이를 관계적으로 이해해 상대화하는 것"이다. 여성이 다르듯 남성이 다르고, 장애인이 다르듯 비장애인이 다르다고 보는 상대적인 관점이다. 따라서 차이는 본질적으로 고정된 것이 아니라 맥락에 따라 유동적이다. 휠체어를 탄 사람은 '언제나' 차이가 있는 것이 아니라, 운동경기와 같은 특정 맥락에서 차이가 있더라도 다른 맥락에서는 차이가 없어진다.

이런 긴 논의는 결국 식상할 정도로 당연한,

하지만 그래서 더 어려운 결론으로 이어진다. 우리는 모두 같기도 하고 다르기도 하다. 우리를 본질적으로 가르는 차이란 없다는 점에서 우리는 사람으로서 보편성을 공유하지만, 세상에 차별이 있는 한 차이는 실재하고 우리는 그 차이에 대해 이야기해야 한다.

평등한 사회의 시민이 된다는 것

불평등한 사회에서의 삶은 자신의 지위에 따라 크게 달라진다. 이런 사회에서는 지위의 유동성에 따라 개인의 만족감이 달라진다. 불평등이 있더라도 높은 지위에 오를 수 있는 '기회'가 있다면 사람들은 안심한다. 하지만 그 편안한 지위에 오르기 위해 평생에 걸쳐 쏟는 수고로움은 이루 말할 수 없다. "억울하면 성공해!"라는 흔한 말처럼, 열등한 지위에서 겪어야 하는 모욕과 무시를 피하기 위해 타인의 인정이 따라올 것이라 예상되는 성취들을 최소한이라도 확보하고자 한다.

불평등한 사회가 주는 삶의 고단함이다. 어느 정도 지위에 올라가야 정말 모든 사람의 인정을 받아 만족스러운 상태가 될지도 알 수 없다. 결국 일정 지위에 올라간 사람들은 남들보다 더 인정받고 다른 사람을 무시하려는 동기를 가지며, 이는 매우 불행한 결과를 가져온다. 학식과 경험이 많으며 사회를 이끌어가도록 책임을 맡은 사람들이 평등한 사회를 만드는 데 가장 큰 저항 세력으로 등장하기 때문이다.

더군다나 지위의 유동성을 가로막는 조건들, 예컨대 성별, 인종, 민족, 장애, 성적 지향, 성별정체성 등과 같은 인적 특징들은 기본적으로 불평등을 고착시키는 요소가 된다. 이를 만회하기 위해 다른 능력을 남들보다 더 많이 키우라는 요구를 받는다. 여자라서, 이주민이라서, 장애인이라서, 성소수자라서 남들보다 더 많이 노력하라는 요구를 받는다. 개인의 불굴의 노력으로 그 불리함을 '극복'한 성공신화를 칭송한다.

불평등한 사회가 고단한 이유는 구조적 문제를 개인의 노력으로 해결하도록 부당하게 종용하기 때문이다. 불평등이라는 사회적 부정의에 대한 책임을, 차별을 당하는 개인에게 지우는 것이다. 그래서 삶이 불안하다. 아프거나 실패하거나 어떤 이유로건 소수자의 위치에 놓이지 않도록 끊임없이 조심해야 한다. 원치 않게 소수자의 위치에 놓였을 때 그 사실을 부정하며 고통을 감내하느라 많은 시간을 보내야 한다.

사회가 하나의 기준을 정하고 개인을 그 기준에 맞추는 이 동화주의 경향은 자유에 대한 근본적 침탈이 된다. 존 스튜어트 밀은 1859년에 발표한 『자유론』에서 이렇게 경고한다.

> 우리 삶이 획일적인 하나의 형태로 거의 굳어진 뒤에야 그것을 뒤집으려 하면, 그때는 불경(不敬)이니, 비도덕적이니, 심지어 자연에 반하는 괴물과도 같다는 등 온갖 비난과 공격을 감수해야 한다. 사람들은 잠시만 다양성과 벽을 쌓고 살아도 순식간에 그 중요성을 잊어버리게 되기 때문이다.

밀이 우려했듯 이미 우리의 삶은 상당히 획

일적인 형태로 굳어져 있다. 그러니 우리는 선택해야 한다. 불평등한 세상을 유지하기 위한 수고를 계속할 것인가? 아니면 평등한 세상을 만드는 불편함을 견딜 것인가? 이 선택은 단순히 개인의 수고로움이나 불편에 관한 것이 아니라, 어떤 사회를 만들 것인가에 대한 공동의 가치와 지향에 관한 것이다. 우리가 정말 평등한 사회를 만들고자 하는가에 대한 결정을 내려야 한다.

차별을 둘러싼 긴장들은 '내가 차별을 하는 사람이 아니면 좋겠다'는 강렬한 욕망 혹은 희망을 깔고 있다. 정말 결정해야 하는 것은, 그럼에도 불구하고 세상의 불평등과 차별을 직시할 용기가 있느냐는 것이다. 차별에 민감하거나 둔감할 수 있는 자신의 위치를 인식하며, 너무나도 익숙한 어떤 발언, 행동, 제도가 차별일지도 모른다는 의심으로 세상을 볼 수 있는가? 내가 보지 못한 차별을 누군가가 지적했을 때 방어하고 부인하기보다 겸허한 마음으로 경청하고 성찰할 수 있는가?

차별과 억압이 일상에서 무의식적이고 비의도적인 습관, 농담, 감정, 용어 사용, 고정관념 등으로 이루어지는 경우가 많다는 점을 생각하면, 아이리스 영의 말처럼, 무작정 사람들을 비난하기 어렵다. "그럼에도 불구하고", 영은 말한다. "무의식적이었고 의도하지 않았더라도 억압에 기여한 행동, 행위, 태도에 대해 사람들과 제도는 책임을 질 수 있고, 책임을 져야 한다." 여기서 '책임'이란 자신이 "무의식적으로 했던 행동을 성찰하고 습관과 태도를 바꾸어야 할" 책임을 말한다.

그러니 내가 모르고 한 차별에 대해 "그럴 의도가 아니었다" "몰랐다" "네가 예민하다"는 방어보다는, 더 잘 알기 위해 노력을 기울여야 했는데 미처 생각지 못했다는 성찰의 계기로 삼자고 제안한다. 서로 다른 위치에 있는 우리들은 서로에게 차별의 경험을 이야기해주고 경청함으로써 은폐되거나 익숙해져서 보이지 않는 불평등을 감지하고 싸울 수 있다. 우리가 생애에 걸쳐 애쓰고 연마해야 할 내용을 '차별받지 않기 위한 노력'에서 '차별하지 않기 위한 노력'으로 옮기는 것이다.

이 모든 변화가 시민들의 자발적인 노력을 통해 일종의 문화혁명으로 이루어질 수도 있다. 평등한 사회를 만드는 책임 있는 시민으로 살아가는 법을 시민운동을 통해 배우는 것이다. 하지만 평등의 가치가 공동체의 원칙으로 천명되고 새로운 질서가 우리 사회 곳곳에 뿌리내리도록 하기 위해 법과 제도 역시 필요하다. 일상의 성찰과 함께 평등의 실현을 위한 법과 제도에 관한 논의가 필요하다.

이 모든 일은 평등이라는 원칙을 기준으로 새로운 질서를 만드는 일이다. 인류는 계속해서 공동체의 운영규칙을 만들고 집행함으로써 개인의 자유와 존엄성과 평등을 해치는 폭력에 대해 단호하게 거부하는 태도를 보이듯이, 차별에 대해서도 단호하게 거부하는 규칙을 만들고 따르기로 약속할 수 있고, 그렇게 해야 한다.

누가 이 평등을 향한 운동에 동참할 수 있을까? 모두가 동참하리라 기대할 수는 없을 것이다. 아무런 저항 없이 평등이 진보한 역사는 없으니 말이다. 하지만 누군가는 자신의 위치나 지위에 관계없이 정의의 편에 섰고 소수자에게 연대의 손을 내밀었다. 결국은 우리 모두가 소수자이며 "우리는 연결될수록 강하다"는 정신이 세상을 변화시켜왔다. 당신이 있는 자리에서 당신은 어떤 선택을 하겠는가?

김지혜의 『선량한 차별주의자』

(창비, 2019)

김지혜(1973~)

강릉원주대학교 다문화학과에서 소수자, 인권, 차별에 관해 가르치고 연구한다. 이주민, 성소수자, 아동·청소년, 홈리스 등 다양한 소수자 관련 현안에 관심을 가지고 현장과 밀접한 연구를 통해 사회에 구체적인 변화를 만들어낼 수 있는 법·정책적 대안을 제시하려고 노력한다.

4

지구의 파괴를 더 이상 성장이라 불러서는 안 된다

마야 괴펠

유엔(UN)을 중심으로 GDP를 번영의 주요 척도로 사용하는 것을 중단하자는 목소리가 끊임없이 나오고 있다. 유엔이 환경을 보호하고 빈곤과 불평등을 종식하기 위해 설정한 17가지 지속가능발전목표(UN-SDGs)가 더 중요하다는 것이다. GDP는 경제성장을 위해 세계의 주요 지표가 된 경제활동의 잣대이다. 국가의 소비자 및 정부 지출과 기업 투자를 합산한 것으로서 수출 가치에서 수입을 뺀 값을 더한 것이 바로 GDP이다. 오늘날 사람들은 GDP를 높이는 것이 곧 경제성장을 촉진하는 것이라고 믿고 있다. 하지만 자원의 남획, 산림 벌채, 화석연료 연소가 발생할 때 GDP가 상승한다는 것을 어떻게 이해하면 좋을까? 자연을 파괴하는 것을 부의 증가로 간주하는 저 사고방식은 과연 정당한 것일까?

하와이의 '마우나로아 관측소(Mauna Loa Observatory)'는 1958년부터 대기권의 이산화탄소 비율을 측정해왔습니다. 관측소는 애초부터 의도적으로 일체의 문명과 떨어진 외딴곳에 세워졌습니다. 화산을 등져 바람이 잘 불지 않는 입지는 해발고도 3천 미터이며, 아메리카 대륙으로부터 약 4천 킬로미터 떨어진 지점입니다. 그 어떤 것도 측정 결과를 왜곡할 수 없습니다. 이런 방식으로 60년이 넘게 끊임없이 추적해온 데이터는 세상에서 가장 귀중한 정보라고 할 수 있습니다.

측정값이 그리는 그래프 곡선을 보면 이산화탄소가 가파르게 증가해온 것을 알 수 있습니다. 증가 추세가 주춤하는 예외적인 국면은 세 번 있습니다. 1970년대 중반과 1990년대 초반, 그리고 2008년 이후 얼마 동안 곡선의 상승 기세가 잠깐 꺾입니다.

왜 그럴까요?

1970년대 중반의 굵직한 사건은 이른바 '석유파동'입니다. 아랍의 산유국들이 석유 생산량을 고작 5% 낮추었는데 순식간에 유가가 거의 두 배 넘게 뛰었습니다. 1990년대 초에는 소비에트가 붕괴했습니다. 그리고 2008년에는 금융 위기가 많은 국가들의 경제성장에 제동을 걸었습니다. 세 사건은 정치적으로는 서로 성격이 판이한 위기였지만, 경제적으로는 똑같은 결과를 낳았습니다. 생산이 줄고, 수송량이 급감했으며, 소비가 위축되면서 이산화탄소의 배출이 줄어들었습니다. 바꿔 말해서 경제가 타격을 입자, 기후변화의 속도가 느려졌습니다. 반대로 경제가 성장하면 기후변화는 빨라지겠죠.

더 간단히 말하자면, 오늘날과 같은 형태의 경제성장은 곧 기후변화를 불러옵니다. 그리고 가팔라진 경제성장은 환경 파괴를 앞당깁니다. 이것이 바로 우리 문명이 안고 있는 치명적인 허점입니다.

믿기 어려운가요?

그렇다면 마우나로아 관측소의 이산화탄소 측정 그래프와 지난 60년 동안 전 세계의 경제성장 그래프를 비교해봅시다. 우선 눈에 띄는 점은 두 그래프 모두 계속해서 상승한다는 사실입니다. 이산화탄소 감축 목표를 달성한다 치더라도 전체 그림을 바꿀 정도는 아닙니다. 두 그래프는 거의 일치합니다.

인정하고 싶지는 않겠지만 움직일 수 없는 현실입니다. 그리고 경제와 기후변화 사이의 이런 연관 관계를 해결하고자 지금까지 이뤄진 모든 시도는 만족할 만한 성과를 전혀 거두지 못했습니다. 교토나 파리의 기후 협약도, 재생에너지의 개발도 대기권의 이산화탄소 비중이 늘어나는 것을 막지 못했습니다.

자원의 고갈, 산림의 벌채, 생물종의 다양성 상실, 플라스틱 쓰레기 문제는 어떤가요? 이들 문제 역시 경제성장과 더불어 그 심각성은 계속 높아지기만 합니다. 그 가파른 상승세가 마치 하키스틱처럼 하늘을 뚫을 기세입니다.

전망은 암울합니다. 그러나 놀라운 일은 아니지요. 인류가 경제적 풍요라는 환상을 고집하는 한, 이런 경제성장은 다른 한쪽을 계속 무너뜨리고 파괴해 결국 붕괴를 초래하고 말 것입니다.

이런 환경 파괴의 원인 가운데 하나는 빠르게 늘어나는 세계인구일까요? 물론 인구가 중요한 원인 가운데 하나이기는 합니다. 하지만 독일의 인구는 지난 몇십 년 동안 눈에 띄게 늘어나지는 않았습니다. 심지어 한동안 감소 추세가 나타나기도 했지요. 독일에서 이산화탄소 배출을 줄이는 데 결정적으로 기여를 한 것은 무엇보다도 구동독 산업 시스템의 해체였습니다. 또 많은 기술적 개선과 재활용 시스템의 발달로 에너지와 자원 소비가 전체 경제 규모와 비교해 확연히 줄어들기는 했습니다. 냉장고, 자동차, 보일러 등이 예전만큼 많은 에너지를 소비하지 않는 것도 사실입니다. 그러나 1990년부터 지금까지 전력 소비는 10%가 넘게 증가했습니다. 종합적으로 볼 때 에너지 소비는 고작 3% 낮아졌습니다.

그런 점에서 1972년 발표된 보고서 〈성장의 한계〉가 담은 진단은 여전히 정확합니다. 경제

성장은 우리가 지구로부터 얻어낼 수 있는 자원의 양이 한정되어 있는 만큼, 제한될 수밖에 없습니다. 그럼에도 우리는 여전히 경제력, 곧 경제성장을 자원의 한계를 고려하지 않고 측정합니다.

GDP는 어떤 하나의 국가가 1년에 생산했거나 제공한 모든 상품과 서비스의 전체 가치만 계산합니다. 250년 전 영국에서 GDP라는 개념이 처음 만들어졌을 때만 해도 토양과 가축과 자원까지 세세히 구분해 계산했습니다. 이 개념은 2차 세계대전에 접어들어 정치적으로 이용되기 시작했습니다. 특히 미국은 경제 규모가 전쟁에 필요한 무장을 얼마나 빨리 이뤄낼 수 있을지 되도록 정확히 알고 싶어 했습니다. 이후 GDP는 성장과 부를 측정하는 지표가 되었습니다. 하나의 생각이 숫자가 되었으며, 이 숫자로 결정이 내려져 정책 방향을 잡아 나갔습니다. 이 숫자 뒤에 얼마나 많은 가치 손실과 환경 파괴의 폐해가 숨어 있는지 그 전모는 끝내 숨겨졌지요.

그런 예로 어떤 것이 있을까요?

해변을 기름으로 덮어버린 유조선 사고는 GDP를 올라가게 만듭니다. 기업들이 앞다투어 달려와 기름을 걷어내는 일을 자사의 홍보 방편으로 쓰면서 일종의 서비스 부가가치가 발생한 것으로 계상하기 때문입니다. 바다의 기름띠가 생태계에 미치는 해악은 GDP에 계상하지 않습니다. 자연은 지금껏 우리가 보았듯 그냥 거기 있는 것으로 취급되는 통에 그 어떤 경제 결산에도 항목으로 잡히지 않기 때문이지요. 또 아이를 출산한 경우 아버지나 어머니가 육아휴직으로 출근을 하지 않으면 GDP는 떨어집니다. 새로운 생명과 함께 시작하는 단란한 가족의 행복을 경제는 계산조차 하지 못하기 때문입니다.

우리가 GDP라는 지표로 나타내고자 하는 것을 아마도 가장 인상 깊게 꼬집은 사람은 존 F. 케네디(John F. Kennedy)의 동생 로버트 케네디(Robert Kennedy)일 것입니다. 1968년 그는 이렇게 말했습니다.

"GDP는 인생을 인생답게 만드는 모든 것을 놓친다."

그럼에도 대부분의 경제학 교과서는 GDP를 금과옥조처럼 떠받듭니다. 물론 이런 관점은 호모 이코노미쿠스와 밀접한 관련을 가집니다. 이기적일 뿐만 아니라 배부른 줄 모르는 호모 이코노미쿠스는 왕성한 소비나 일을 덜 하는 것으로 개인적 만족을 채우려 듭니다.

다시금 상기해봅시다. 풍부한 자원과 소수의 사람만 있는 텅 빈 세상에서는 생산을 늘릴수록 부를 쌓을 수 있다는 논리가 긍정적으로 들립니다. 바로 이런 논리 위에 우리가 세운 경제 시스템은 성장하기 위해 생산하며, 이로 얻은 이득을 다시 투자해 혁신을 이루고, 더욱더 많은 생산에 골몰합니다. 물론 생산량 증가는 소비자에게 이득을 줍니다. 경제의 이런 발전 공식은 대다수 인간이 부유하지 않거나 아예 빈곤에 시달려야만 했던 '옛 현실', 저는 오늘날과 대비하기 위해 이런 표현을 쓰고 싶은데, 아무튼 '옛 현실'에서는 꽤 설득력을 가졌습니다. 오늘날에도 이런 공식은 양질의 식량, 안전한 주거, 의복, 의료와 에너지 공급이 부족한 나라에서는 설득력을 발휘합니다.

하지만 '이스털린 역설'이 다시 떠오르지 않

습니까? 빠르고 높은 성장이 행복을 선물한다는 공식은 어느 시점부터는 물질과 소유가 행복을 보장해주지 못합니다. 오히려 배가 부르고 나면 물질적 풍요로 배고프던 시절의 돈과 물질이 가졌던 가치를 잃어버리고 맙니다.

그러나 정확히 성장에만 초점을 맞춘 경제 시스템은 이런 이치를 조금도 개의치 않지요. 성장이 그만하면 '충분한지 아닌지' 하는 물음조차 관심 밖입니다. 오늘날 우리는 이미 인간이 먹고사는 데 필요한 재화와 서비스를 충분히 생산하고 있습니다. 다시 말해서 지금은 인간의 기본적인 욕구를 해결하는 것이 경제활동의 목표가 아닙니다. 우리의 경제 시스템은 오로지 돈을 목표로 할 뿐입니다. 말하자면 먹고살기 위한 경제가 돈벌이를 위한 경제로 수단과 목적이 뒤바뀐 셈입니다. 그리고 흥미롭게도 우리는 평소에는 의식하지 못할지라도 이 경제 시스템에서 계속 성장하기 위해 누가 무슨 일을 해야 하는지 정확히 압니다. 그리고 저마다 상대가 성장을 위한 자신의 몫을 다해주기를 기대합니다. 이 기대가 어긋날 때 갈등과 충돌이 빚어집니다.

그렇지 않은가요?

좀 더 구체적인 예를 들어볼까요? 만약 애플(Apple)이 주기적으로 새로운 버전의 '아이폰(iPhone)'을 출시하지 않는다면 주식시장은 어떻게 반응할까요? 새로운 버전이 옛 버전보다 훨씬 더 쓸모가 있는지는 중요한 문제가 아닙니다.

애플의 주기적인 새 기기 출시에 관련 세금 규정을 바꿔 더 높은 세금을 부과하겠다고 하면, 애플은 뭐라고 할까요? 분명 투자자들은 세금 때문에 휴대전화가 덜 팔린다고 난리를 칠 것입니다. 애플의 직원들도 세금 때문에 일자리를 잃는 것은 아닌지 전전긍긍하겠죠. 그러면 다시 투자자들이 아우성을 칩니다. 인건비로 생산 단가가 오르고 세금이 높아지면 새 휴대전화를 구입할 고객의 구매력이 줄어든다면서요.

기업은 끊임없이 새로운 것을 생산해야만 하고, 소비자는 새로운 것을 소비해야만 합니다. 엔지니어는 계속해서 새것을 만들어내고, 기업은 막대한 광고비를 들여 새것을 팝니다. 그래야 은행이 대출을 해주고, 정부는 이른바 '우대조건'을 만들어주기 때문입니다. 이런 새것 타령의 진실은 간단합니다.

"성장을 위협할 수 있는 것은 무엇이든 하지 마라!"

성장의 엔진이 돌아가야 돈이 생깁니다. 겉보기로는 오로지 성장만이 일자리와 투자와 세금을 확보해주는 것처럼 보입니다. 이 시스템 안에서는 누구나 성장을 거들 자신의 몫을 소화해야만 합니다. 그리고 '다른 사람도 다 이렇게 하잖아?' 하면서 누구도 왜 그래야만 하는 건지 의문을 제기하지 않습니다.

그런 이유로 저는 주식시장의 현황을 알리는 방송 바로 뒤에 기후 문제를 다룬 프로그램을 방영해야 한다고 생각합니다. 오로지 성장만 추구하는 경제는 주가가 위로 올라가기만 하면 만사형통인 것으로 여깁니다. 심지어 주식을 가지지 않은 사람도 이런 환상에 사로잡히죠. 그러나 정확히 말해서 주가의 동향은 우리 인간이 정말 잘 살아가고 있는지, 미래는 어떻게 되는지 아무것도 알려주지 않습니다.

앞에서 언급한 영국의 세 경제학 아버지들이 살았던 '옛 현실'에서는 누구도 이 모든 새로운 것들이 무엇으로 만들어지는지 묻지 않았습니다. '옛 현실'은 자원과 환경 문제를 고민하지 않았습니다. 세상은, 경제는 오로지 앞으로만 나아가는, 물론 부침을 겪으며 우여곡절을 거칠지라도 꾸준히 앞으로만 나아가는 게임처럼 보였습니다.

그러나 앞만 보고 나아가는 우리에게 미래는 없습니다.

우리 인간과 자연의 관계를 다룬 장(자연과 생명)에서 이미 살펴보았듯, 인간은 그동안 경제활동을 순환이 아니라 전 세계적인 규모를 자랑하는 거대한 컨베이어벨트로 꾸몄습니다. 이 컨베이어벨트는 원자재와 에너지를 이용해 상품을 만들어낸 다음, 한편으로는 돈을, 다른 한편으로는 쓰레기를 끊임없이 배출해냅니다.

1970년대부터는 민간경제의 주역에게 되도록 많은 자율성을 부여한 경제학자들은 정부가 간섭해서는 안 된다고 강조했습니다. 자율적인 시장이야말로 자원을 매우 효율적으로 배분하고, 수요와 공급의 균형을 가장 잘 이뤄낼 수 있다고 이들은 목청을 높였습니다. 그래야만 성장이 가속화해서 부의 분배가 자연스럽게 일어난다는 논리입니다. 더 나아가 이 논리를 토대로 부자에게 높은 세금을 매겨서는 곤란하다고도 했습니다. 부자의 투자가 이뤄져야 새로운 일자리가 생기며, 임금이 지불될 수 있다고 본 것입니다. 다시 말하면 부자들이 올리는 높은 수익이 사회의 하층부까지 고루 혜택을 주는 '낙수 효과'를 불러일으키는데, 정부의 지나친 규제가 있을 경우 애덤 스미스가 말한 낙수 효과가 일어나지 못하게 시장을 억압한다고 본 것입니다.

이 말은 1980년대부터 대다수의 국가에서 부유세와 상속세를 낮추며, 국가의 공익사업을 민영화하고, 금융시장의 탈규제화를 위한 구실로 쓰였습니다.

50년이 채 지나지 않아 이런 계산은 맞지 않는 것으로 확인되었습니다. 물론 옥스퍼드 대학교가 운영하는 국제 통계 사이트 '데이터로 본 우리의 세계(Our World in Data)'에 따르면 1820년 전체 인구에서는 94%였던 절대 빈곤층의 비율이 오늘날 10%로 떨어지기는 했습니다. 세계의 경제 엘리트들이 연례적으로 회동을 가지는 이른바 '다보스 포럼'에서 '마이크로소프트'의 전임 회장 빌 게이츠(Bill Gates)와 대중 과학서를 주로 쓴 베스트셀러 저자 스티븐 핑커(Steven Pinker)가 내놓는 주장이 흥미롭습니다. 그들은 공리주의의 화신을 자처하며 이처럼 경제 모델이 지구상의 빈곤 문제를 효과적으로 퇴치한다면 부의 불평등과 편중을 불평할 사람은 없을 거라고 호언장담했습니다. 특히 스티븐 핑커는 지금까지 생태 위기를 심각하게 받아들이지 않으려는 자세를 고집하고 있습니다.

그러나 인류학자로서 데이터를 다루는 데 있어 법의학자인 치밀함을 자랑하는 제이슨 히켈(Jason Hickel)은 빈곤층 비율을 다룬 이 통계 자료를 불신의 눈으로 바라봅니다. 통계를 면밀히 살펴본 그는 글로벌 차원에서 빈곤 수준을 다룬 신뢰할 만한 데이터는 대략 1981년부터 비로소 만들어졌다는 결론에 도달했습니다. 그 밖에도 세계은행이 사용하는 빈곤 기준,

곧 '극빈층'을 정하는 기준에 논란의 여지가 많음을 분명히 밝히고 있습니다. 2011년 기준 미국에서 식생활과 주거와 의료 문제를 해결하는 데 필요한 비용의 하한선이 하루 1.90달러라고 정한 것은 정말 터무니없는 통계라고 히켈은 지적합니다. 빈곤을 측정하는 기준을 그동안 많은 학자들이 품위 있는 인생이라고 말한 수준에 맞춘다면 하루당 최소 7.40달러에서 15달러는 되어야 합니다. 극빈층이 획기적으로 줄었다는 성공 역사는 이로써 말이 되지 않는 실패의 역사로 확인될 뿐입니다. 7.40달러를 기준으로 잡을 때 2019년 기준 극빈층은 42억 명입니다. 이는 1981년보다 늘어난 규모입니다.

1981년에서 2019년 사이에 전 세계 GDP는 28.4조 달러에서 82.6조 달러로 늘어났습니다. 그러나 이 가운데 오로지 5%만이 세계 인구 60%에 해당하는 하층민의 몫입니다. 그리고 1981년부터 이 빈곤층의 경계를 넘어선 생활 수준을 대다수의 국민이 누리게 된 나라가 어디인지 알고 있습니까?

그곳은 바로 중국입니다.

중국의 경우를 통계에서 제외하고 본다면, 시장 친화적인 경제성장 모델은 '낙수 효과'와 그다지 상관이 없습니다. 절대 빈곤에 시달리는 사람들이 1981년보다 더 많아졌을 뿐만 아니라, 늘어나는 세계 인구에서 빈곤층의 비율은 60%로 정체된 상태를 보입니다. 이른바 '선진국'에서도 1980년 이후 빈부 격차가 다시 늘어나고 있습니다. 지난 100년 동안 약간 줄어들었던 빈부 격차가 다시 커지는 추세로 돌아선 것입니다.

오늘날 부자와 기업에 부과되는 세율은 몇십 년 이래 최저 수준입니다. 억만장자의 수는 빠르게 늘어나고 있습니다.

기대와 다르게 부자들은 세금을 덜 내서 비축한 자산을 생산 활동에 투자하지 않았습니다. 오히려 그 돈으로 인프라나 건물과 같은 공유재산을 사들였습니다. 민영화는 국가의 민간 순자산이 지난 50년간 국민소득의 200~300%(1970)에서 400~700%(2018)로 급증했다는 사실의 다른 표현일 뿐입니다. 반면 정부의 공공 소득은 줄어들었지요. 이런 형태의 성장으로 독일의 경우 주정부는 부유해졌지만 중앙정부는 가난해졌습니다. 생산을 위해 투입되던 자본은 금융자본이라는 형태의 비생산적인 자산으로 변모했습니다. 공공재를 사용하며 내는 수수료는 월세 또는 임차료라는 형태로 올라갔지만, 이로써 새로운 가치는 전혀 창출되지 않았습니다.

이런 식으로 곳간에 쌓인 엄청난 자본금이 즐겨 투입되는 또 다른 시장은 주식시장입니다. 알고 있겠지만 주식시장은 고용으로 돈을 버는 곳이 아닙니다. 돈이 돈을 버는 곳이 주식시장입니다. 최근 10년 동안 미국의 500여 개 대기업은 자사의 주식 가치를 지키느라 5조 달러를 지출했습니다. 그 가운데 450여 기업은 한 해에 올린 수익의 절반 이상을 이런 식으로 썼습니다. 특히 트럼프 정부의 감세 정책은 이런 추세에 더욱 힘을 실어주었지요. 2018년에만 기업들이 주식시장에 쏟아부은 돈은 1조 달러에 이릅니다.

주가를 방어하는 일은 주가조작과 다르지 않습니다. 시장에서 거래되는 주식의 수가 줄어들면 주가는 올라갑니다. 기업이 벌이는 사업에 아무런 중요한 변화가 없음에도 이런 식으로 조작된 주가는 기업의 성공이라고 치장됩니다. 기업 경영자의 연봉은 당연히 이런 주가 실적으로 올라가지요.

우리의 '새로운 현실'에서 하키스틱처럼 가파른 상승세를 보여주는 두 가지는 주가와 임원 연봉뿐입니다. 이런 어처구니없는 실상은 '새로운 현실'의 작은 단면에 지나지 않습니다.

반대로 빈민층은 금융 위기 이전에 싼 이자로 뿌려지다시피 한 대출금으로 집을 구입했습니다. 결국 부동산 거품이 꺼지면서 이 대출금은 빈민층에게 독이 되었지요. 정부는 대출금을 회수하지 못해 도산한다며 엄살을 떠는 금융기관을 구제하기 위해 공적 자금, 곧 세금을 투여했습니다. 이런 위험한 게임으로 몇몇 극소수의 부자는 막대한 돈을 벌었습니다. 그 수익은 계속해서 공익사업을 민영화하는 자본으로 투자되었고, 손실은 고스란히 일반 국민이 떠안아야만 했습니다.

금융 위기에서 보듯, 큰 파도는 배를 잘 띄우지만 작은 쪽배는 집어삼킵니다. 금융 위기를 중앙은행이 찍어낸 돈으로 막아내면서 최상위 1% 부유층의 재산과 수입은 거의 수직으로 급상승했습니다.

모든 사람을 위한 경제성장은 결국 말이 되지 않는 이야기입니다. 생태적으로도, 사회적으로도 애당초 성립할 수 없는 이야기입니다. 숫자로 요란스럽게 꾸며진 성장 신화 뒤에서는 지구라는 우리의 별을 체계적으로 파괴하는 작태가 벌어질 뿐입니다. 부자와 빈민의 관계는 고스란히 봉건시대로 되돌아갔습니다. 이 극심한 불균형에도 우리 사회가 무너지지 않으려면 계속 성장해야만 한다고 자본가들은 강변하고 있지 않습니까?

자본주의 시스템은 모든 미사여구를 동원해가며 치장하기 바쁘지만 그 본래 목적은 아주 단순합니다. 매출과 수익과 소유의 끝없는 성장, 어떤 대가와 희생을 치르고서라도 자본을 불리는 것만이 목적입니다.

돈은 이미 극소수의 몇몇 곳간에만 어마어마하게 넘쳐납니다. 저는 2019년 여름에 겪은 일을 결코 잊을 수가 없습니다. 당시 뉴욕의 유엔 본부에서는 매년 아이들의 기본 교육에 필요한 예산이 390억 유로가 부족해 그 재원 마련 방안을 놓고 열띤 토론이 이어졌습니다. 그런데 유엔 건물에서 250미터 떨어진 곳에 있는 금융사 'JP모건'은 불과 몇 달 만에 주주들에게 400억 유로의 배당금을 지급하기로 결정했습니다. 주식으로 벌어들인 그 막대한 수익금을 어디에 써야 좋을지 몰라 배당을 선택한 것입니다.

많은 가난한 사람들을 보다 더 행복하게 만들어주기 위한 돈이 충분해질 때까지 경제가 계속 성장해야만 하는 것은 아닙니다. 화폐의 증가를 가치 창출과 보다 명확하게 연결시켜야 합니다. 하는 일도 없이 돈만 굴려 돈을 버는 불공정 행위를 줄이기 위해 정치와 경제를 바꾸겠다는 의지가 필요합니다. 정치와 경제를 바꾸는 의지가 뭐냐고요? 무얼 염두에 둔 말이냐고요? 성장과 관련해 우리가 제기해야 하는 질문은 세 가지입니다.

'재화와 서비스는 어떻게 생겨날까?'

'재화와 서비스는 어떻게 고객을 찾을까?'

'이 과정에서 발생하는 수익은 어떻게 처리될까?'

한 가지만큼은 분명합니다. 이 과정에는 정말 많은 사람들이 참여하며, 저마다 자신이 기여한 부분에 대해서는 대가를 얻기 원합니다. 그러나 만약 이 사람들이 저마다 자신의 이득만 추구한다면, 오로지 돈으로만 모든 걸 평가한다면 무슨 일이 일어날까요?

이 질문의 답을 경제학자 마리아나 마추카토(Mariana Mazzucato)는 자신의 책 『가치의 모든 것(The Value of Everything)』에서 추적하고 있습니다. 마추카토 역시 경제사상의 역사를 찬찬히 훑으면서 여러 사상가들이 가치와 부의 형성을 어떻게 설명했는지 복기해냈습니다.

19세기까지, 곧 애덤 스미스와 데이비드 리카도가 활동하던 시기까지만 하더라도 가치를 계산하는 일종의 객관적 지표가 있었습니다. 이를테면 가치 생산에 투입된 토지와 물질의 양, 필요로 하는 도구와 기술 수단, 또는 투자한 시간과 노동의 품질 등이 그런 객관적 지표입니다. 가치는 이런 자원들을 결합한 생산 활동의 결과물입니다. 비록 어떤 물건이나 서비스에 요구된 가격을 치르는 사람이 없다 할지라도, 그 물건이나 서비스의 가치가 사라지는 것은 아닙니다.

우리가 인생을 살아가는 데 있어 꼭 필요한 물건과 서비스의 가치가 반드시 가격만으로 평가될 수는 없습니다. 애덤 스미스는 이런 이치를 물과 다이아몬드의 예를 들어 설명했습니다.

이러한 생산적 활동 외에 비생산적인 활동도 있습니다. 비생산적인 활동은 기존의 재화나 서비스 사이를 이리저리 옮겨 다닙니다. 그 좋은 예가 돈의 거래나 분배입니다. 비생산적인 활동은 중간 마진이나 수수료를 받지만, 생산적 가치를 내는 것은 분명 아닙니다. 이에 애덤 스미스는 자본가가 돈을 불리기 위해 아무리 힘들게 일한다 할지라도 비생산적 활동이므로 그에 주어지는 보상은 적어야만 한다고 보았습니다.

공리주의와 경제의 수치화는 가치와 가격의 구분을 외면합니다. 이윤의 극대화에 골몰하는 호모 이코노미쿠스는 오로지 어떻게 해야 잉여 가치로 많은 돈을 벌 수 있을지에만 관심을 가집니다. 다시 말해서 사물의 가치는 시장의 가격이 결정할 뿐입니다. 이렇게 정해지는 가격은 물건의 내용이나 품질과 전혀 관련이 없습니다. 호모 이코노미쿠스에게는 가격이 곧 가치입니다. 주관적인 선호도(고객의 선호도)가 객관적인 자원을 구축하고, 교환가치는 이용가치에서 떨어져나와 완전히 따로 놀게 됩니다.

이런 식으로 순전히 말뿐인 약속만으로도 가치 창출이 가능해졌습니다. 그리고 이로써 힘들이지 않고 돈을 벌 수 있는 비법, 그동안 찾아내지 못했던 수많은 꼼수가 등장했습니다. 자본 또는 상품을 이리저리 옮겨놓는 과정에서 터무니없는 수수료를 요구하는 시장이 활짝 열렸습니다. 이제 공리주의로 인해 무슨 일이 일어났는지 짐작이 가나요? 최대 다수의 최대 행복을 목표로 하는 사회에서 가치 창출은 대단히 비싼 비용을 요구하는 일이 되었습니다.

이게 무슨 말인지 마추카토는 제약 산업을 예로 들어 분명히 풀어주고 있습니다. 암 치료제에 환자가 기꺼이 1만 5천 유로를 지불할 각오가 되어 있다는 이유로 이 약은 '가치 있는 신약'으로 둔갑합니다. 그리고 버젓이 의료보험에 약의 수가를 요구하는 것이 적법해집니다. 이 '신약'이 이미 시장에 나와 있던 것을 약간 바꾸었다는 사실은 전혀 문제가 되지 않습니다. 암을 이겨내고 살아남을 수만 있다면 인간은 얼마든 아낌없이 돈을 지불할 거라는 심리를 이런 꼼수가 노리는 것도 전혀 문제가 되지 않습니다. 이렇게 터무니없는 고가의 약이 등장할 수 있는 것은 부가가치를 만들어내는 데 혈안이 된 권력 덕입니다.

관심이 있는 독자분은 한번 제약사들이 합병한 이후 약품 가격이 급등한 사례를 찾아보기 바랍니다. 합병이 이뤄지고 난 후 제약사의 새로운 소유주가 예전 회사의 약품 가격을 어떻게 올려놓았는지 보면 기가 찰 노릇입니다.

그러나 기업의 성장 지표와 GDP는 '가치'가 새롭게 창출된 것인지 아닌지 전혀 구분하지 않습니다. 오히려 높은 실적만이 성공과 발달의 확실한 증거일 따름입니다. 이렇게 해서 교환가치 경제의 세계관에 사로잡힌 사람들조차 어리둥절한 일이 속출합니다.

주관적 가치 이론을 떠받드는 부자는 자신이 열심히 일해서 성공했다고 자부할 뿐만 아니라, 사회적으로 높은 부가가치를 창출했다고 주장하기도 합니다. 그러나 주관적 가치 이론은 일종의 순환 논리입니다. 이 이론은 무엇인가 가치 있는 것을 생산했기 때문에 수익이 났다고 주장합니다. 그런데 그 가치가 정확히 무엇이냐고 물으면 수익이라는 답이 돌아오죠. 이 같은 가치 이론의 논리는 공정한 분배나 사회적으로 바람직하고 친환경적인 가치 창조 등의 문제는 아예 무시합니다.

그저 돈에만 눈먼 성장 모델이 전 세계적인 위기를 불러옵니다. 우리는 무엇이 발전이며, 바람직한 경제란 어떤 것인지 세심하게 토론하면서 대안을 찾아야만 합니다. 그러자면 먼저 그동안 당연하게만 여겨오던 개념과 생각을 다르게 보는 법부터 익혀야만 합니다. 그리고 어떤 변화가 가능하며 바람직한지 서로 지혜를 모으는 자세가 필요합니다.

상품이 아니라 과정을,
컨베이어벨트가 아니라 순환을,
소모 부품이 아니라 시스템을,
자원 착취가 아니라 자원 재생을,
경쟁이 아니라 협동을,
중심을 잃고 흔들리는 대신 균형을,
돈이 아니라 가치를.

이루고자 하는 목표와 이를 위해 주의해야 할 점을 우리는 개념, 곧 언어로 표현합니다. 어떤 구상이나 이론을 다듬는다는 것은 곧 언어가 가진 한계가 무엇인지 밝히는 일입니다. 지금껏 우리의 생각을 가로막던 이런 한계를 알아낼 때 이를 넘어설 길도 열립니다. 그래야 미래를 꾸려갈 가능성의 공간이 열리기도 합니다.

미래는 어느 날 문득 찾아오는 게 아니라, 우리가 매일 조금씩 만들어나가는 결과물입니다. 기술 혁신은 물론이고 우리의 행동, 결정, 더

불어 삶의 바람직한 규칙이 어우러져 미래가 만들어집니다. 중요한 것은 우리가 어떤 목적을 추구하느냐 하는 것입니다.

유한한 자원을 가진 한정된 세계에서 끊임없이 성장만 추구하는 경제는 지속될 수 없습니다. 무엇이 미래에 인간의 안녕을 보장해줄지 우리는 새롭게 생각해야만 합니다. 이를 위해서는 바람직한 미래에 필요한 새로운 개념과 구상이 있어야 합니다. 지구라는 이 별의 파괴가 계속된다면 더는 성장일 수 없습니다. 오로지 돈만 늘리는 것이 가치 창조는 분명 아닙니다. 성장의 한계란, 생태계와 사회에 해악을 끼치는 비생산적 행동을 극복하고 넘어서야 한다는 이정표와 같습니다.

마야 괴펠의 『미래를 위한 새로운 생각』
(김희상 옮김, 나무생각, 2021)

마야 괴펠(Maja Göpel, 1976~)
독일에서 가장 영향력 있는 정치경제학자이며, 지구 환경과 지속가능한 사회를 위해 중요한 목소리를 내고 있는 베스트셀러 작가이자 유명 연사이기도 하다. 지속가능한 사회와 미래 세대가 살아갈 지구의 환경을 고민하는 책임 있는 학자로서 '로마 클럽(Club of Rome)', '세계미래회의(World Future Council)', '발라톤 그룹(Balaton Group)', 독일 연방정부 바이오경제위원회 회원으로 활발히 활동하고, '미래를 위한 과학자 모임(Scientists for Future)'이라는 단체를 만들기도 했다.

5

인기 있는 디지털 자아

라우라 비스뵈크

페이스북, 인스타그램, 트위터 등의 소셜네트워크서비스(SNS)가 일반화됨에 따라 디지털 자아는 현실의 자아와 동등하게 중요한 것으로 인식되고 있다. 이것은 우리가 일상의 상당 시간을 디지털 자아를 관리하는 데 쓰고 있다는 사실을 통해 확인된다. 심지어 현실의 자아보다 디지털 자아를 더 중요하게 생각하는 사람들도 많아서, 이제는 디지털 자아가 현실의 자아에 상당한 영향을 끼치는 시대가 되었다고 말할 수도 있다. 오늘날 사람들은 얼굴을 맞대고 이야기하는 것보다 SNS를 통해 메시지를 주고받는 것을 선호하며, 자신이 올린 게시물에 '좋아요' 같은 관심이 표시될 때마다 심리적인 만족감을 느낀다. 우리는 인스타그램이나 페이스북에서 자신의 이미지를 꾸미는 데 상당한 노력을 기울이고 있다. 맛있는 음식을 먹을 때, 아름다운 풍경을 마주했을 때, 우리는 가장 먼저 스마트폰을 꺼내어 사진을 찍고 그것을 곧장 SNS를 통해 공유한다. 그런데 이러한 일상적 경험이 마냥 긍정적이기만 한 것일까? 혹시 우리가 무심코 하는 이런 행동이 디지털을 통해 자아를 연출하려는 무의식적인 행동, 아니 자기검열의 일종은 아닐까? 현실의 자아와 디지털 자아 사이의 거리가 점점 멀어지는 현상은 어떻게 이해하면 좋을까?

산책도 인테리어도 '좋아요'를 위해

인터넷은 슬프지 않다. 소셜 미디어 플랫폼의 유저들은 인생의 긍정적 순간들을 사진과 영상에 담아 올리면서 행복하고 인기 있는 사람으로 자신을 연출하느라 바쁘다. 자기 연출의 중심에 개인의 위기나 이별은 없다. 인기 있는 디지털 자아를 홍보하는 것이 그보다 더 중요하기 때문이다. 또 남들에게 집단 소속을 알리기 위해 서로의 사진에 링크를 걸거나 서로의 영상에 열심히 댓글을 단다. 수많은 삶의 순간들이 오직 이미지를 위해 탄생하고, 그것으로 남들의 가상 시선을 붙잡고자 한다. 성공적인 디지털 마케팅이라는 전제는 이미 우리의 언어에도 뿌리를 내렸다. 시내 산책은 '인스타워크스(instawalks)'가 되고 자기 집 실내 인테리어는 '인스타그래머블'해야 한다.

이런 명칭들은 삶의 현실을 만들어내는 획일화된 미학을 입증한다. 유저들은 긍정적 반응을 보고서 어떤 사진이 제일 잘 먹히는지 알게 되고, 그런 종류의 사진을 더 많이 생산한다. 아침 식사용 그린 스무디, 주말의 꽃꽂이, 햇살 밝은 실내의 빈티지 책상에 놓인 디자인북, 해변에서 파트너와 찍은 행복한 셀피, 헬스클럽 거울에 비친 근육, 파티를 시작하기 직전 웃고 떠드는 친구들의 단체 사진, 직접 구운 채식 케이크, 의욕을 북돋는 짧은 말 한마디……. 젊고 창의적이며 돈 많은 이들 중 하나로 자신을 드러내어 최대한 많은 관심을 얻으려는 사람들은 묻지도 따지지도 않고 서둘러 이런 영상 언어와 가상의 내용을 모방한다. 심지어 휴가지도 포토 로케이션의 잠재력에 따라 평가된다. 최고의 사진 배경을 찾는 비결이 온라인에 넘쳐나고, '좋아요를 보장하는 엄청난 셀피가 가능한 휴가지 다섯' 같은 제목도 눈에 띈다. 반응이 폭발하는 외부 효과가 정언 명령이 된다.

인기는 친구들 사이에서만 중요한 것이 아니다. 포스팅으로 얻을 수 있는 측정 가능한 관심 면에서도 인기는 매우 중요하다. 디지털 자아의 자기 홍보 활동은 사회적 관심이라는 불문율을 향한다.

소외, 질투, 우울

가상의 온라인 연출이 일상의 중요한 요소로 부상하면 남들에게 잘 보이려고 온갖 술수를 쓰게 되고 당연히 그것 자체가 스트레스 요인이 될 것이다. 심한 경우 진짜 자신의 감정이 무엇인지 헷갈릴 수도 있다. 온라인에서 퓨디파이(PewDiePie)로 유명한 펠릭스 아르비드 울프 셸베리(Felix Arvid Ulf Kjellberg)가 대표적인 사례이다. 1억 명 이상의 구독자를 보유해 구독자 수 1위를 자랑하던 유튜버인 그는 자신의 채널에 브이로그('비디오'와 '블로그'의 합성어로, 자신의 일상을 동영상으로 촬영한 영상 콘텐츠 - 옮긴이)를 지속적으로 올렸다. 그러나 2016년 브이로그를 그만 찍겠다고 선언하면서 정기적으로 영상을 만들기가 너무 힘들고 부담스러웠다고 고백했다. 즐겁고 스릴 넘치던 영상 속 일상과는 전혀 다른 고백이었다. 나중의 영상에서 그는 브이로그 제작이 세계관을 바꾸었노라고 말했다. 브이로거들은 현실을 보지 않는다. 재미나게 산다는 인상을 줘서 최대한 조회 수를 올리기 위해 브이로그에 담을 수 있는 사건만을 본다.

유튜버 로건 폴(Rogan Paul) 역시 흥미로운 사건을 찾아 조회 수를 올리고 싶은 마음이 현실을 가리는 정신 상태에 이르렀다. 그러다 '자살 숲'으로도 알려진 일본 아오키가하라 숲에서 급기야 미친 짓을 저질렀다. 그곳에서 실제 자살로 죽은 시신을 발견하자 카메라를 줌인하여 시신을 자세히 촬영하고 즉각 유튜브 계정에 올렸다. 이내 쏟아진 분노의 물결을 타고 수많은 유튜버들이 어떻게 인간이 그 지경까지 갈 수 있느냐고 물었다. 미국 드라마 〈브레이킹 배드〉에 출연한 에런 폴(Aaron Paul)도 분통을 터트렸다.

젊은 러시아 여성 마리나 로니나(Marina Lonina) 역시 스마트폰 앱 페리스코프로 라이브 영상을 자주 찍었다. 그런데 당시 열일곱 살이던 친구가 술이 취한 상태에서 강간을 당했을 때도 그 영상을 찍었다. 성범죄가 벌어지는 동안에도 친구 걱정보다 조회 수와 좋아요 숫자를 올리고 싶은 마음이 더 컸던 것이다. 결국 경찰에 신고를 한 사람은 그 라이브 영상을 보던 유저였다.

인생의 흥미로운 단면을 온라인으로 연출하려는 충동은 자신뿐 아니라 타인에게도 고통을 안길 수 있다. 자신과 자신의 환경에서 소외되는 것은 물론이고 그 영상을 보는 사람들에게서 질투심을 유발하기 때문이다. 소셜 미디어가 등장하면서 초 단위로 남들과 나를 비교할 수 있게 되었다. 스마트폰으로 24시간 내내 가상 공간의 친구들과 그들의 성공을 지켜볼 수 있다. 그것이 현실과 같지 않다는 사실을 잘 알면서도 그런 가상 자기 연출의 영향을 받지 않을 수가 없다. 700명 이상의 대학생을 대상으로 실시한 미주리대학교의 연구 결과에 따르면, 질투심 어린 시선으로 타인의 업데이트를 지켜보다 보면 자기 삶에 대한 불만이 가중된다고 한다. 심한 경우 이 불만이 우울로 발전할 수도 있다. 영상이 그만큼 강력한 힘을 발휘하는 것이다.

소셜 미디어를 많이 이용하면 자신마저 타인의 눈으로 바라보게 된다. 물론 그것 자체는 특별할 것이 없다. 자기 연출은 인간 존재의 중요한 요인이며, 사회학자 어빙 고프먼(Erving Goffman) 역시 1959년 『자아 연출의 사회학』에서 이 사실을 지적한 바 있다. 개인들은 자기 연출을 통해 타인에게 남기는 인상에 큰 관심을 둔다. 무대에 선 배우가 관객이 지켜보고 있다는 사실을 알고 자신의 행동을 최대한의 효과에 맞추듯이 소셜 네트워크에서도 사람들은 특정 목표 집단에게 인상을 남길 만한 내용을 선택하고 짜맞춘다. 모든 인간에게는 긍정적 자기 연출과 인정의 욕망이 있다. 그 사실은 의문의 여지가 없다. 하지만 인스타그램에 언제 무슨 사진을 올릴지 궁리하다 못해 그에 맞춰 하루 일과를 짜는 수준에 이르렀다면, 인생의 황금 같은 시간을 성공적인 가상 연출이라는 한 가지 목표에 투자하는 것이 과연 얼마나 보람 있을지 고민해볼 때다.

관심의 양이 모든 걸 좌우한다

소셜 네트워크에서 누리는 인기는 특히 '디지털 네이티브'라고 불리는 젊은 층에게 대단히 중요하다. 인스타그램 팔로워가 많으면 또래 집단에서 명성을 누릴 수 있다. 트위터 팔로워 숫자 역시 디지털 인기도에서 빼놓을 수 없는 부분이다. 들어주는 사람이 많으면 소위 말발도 잘 먹힐 것이다. 특히 마케팅과 광고 분야의 경우 학력이나 경력보다 디지털 영향력이 직업 전망을 더 크게 좌우한다. 그만큼 영향력을 구축할 능력을 갖추었다는 증거일 테니까 말이다.

그래서 요즘엔 팔로워나 좋아요를 많이 얻

는 방법을 알려주는 사이트도 있다. 심지어 일정 수의 팔로워를 돈 주고 사는 방법도 있다. 외견상의 관심과 가상의 영향력을 돈과 교환하는 것이다. 특히 단기간에 소셜 미디어 팔로워가 급증한 정치인들에게 그런 의심과 비난이 많이 쏟아진다. 2017년 오스트리아 자유당 대표는 페이스북 친구가 하룻밤 사이에 4만 500명이나 늘어서 오스트리아 국민당 대표의 팬 숫자를 추월했다. 그는 그것이 실제 계정이라고 주장했지만 국민당은 '수십만 개의 가짜 계정'이 존재한다고 추정했다. 2018년 미국 대통령의 트위터 팔로워는 5,250만 명이었다. 하지만 그중 4분의 1 이상은 진짜가 아니라 알고리즘에 의한 것이었다.

노출 빈도를 높이는 또 하나의 전략은 파트너 관계를 맺는 것이다. 맞팔, 즉 서로 친구 맺기 방법으로 서로의 계정에 클릭을 해줘서 관심의 숫자를 늘린다. 그 알고리즘은 마태 효과에 기반한다[마태 효과란 마태복음의 구절, "무릇 있는 자는 더욱 받아 풍족하게 되고, 없는 자는 있는 것까지도 빼앗기리라"대로 부익부 빈익빈 현상을 말한다. 1969년 미국 사회학자 로버트 머튼(Robert K. Merton)은 사실상 동일한 연구 성과를 놓고도 저명한 과학자들이 무명의 과학자들에 비해 많이 보상받는 현실이 앞서와 같은 마태복음 구절로 요약된다고 주장했다.-옮긴이]. 관심을 받는 사람에게 관심이 쏟아진다. 좋아요가 많을수록 노출이 많이 된다. 인기는 더 많은 관심을 낳고 더불어 더 많은 인기를 불러온다. 많은 유저들이 이 점을 중요하게 생각한다. 페이스북 친구 목록과 인스타그램 팔로워 숫자가 신분의 상징이 되고 디지털 가치를 반영하기 때문이다.

그 결과 심한 경우 영향력이 적은 유저의 의견은 아예 묵살하는 사태가 벌어진다. 특히 젊은 소셜 미디어 인플루언서와 대부분 더 젊은 그들의 팬들 사이에서 더욱 그런 현상이 두드러진다. 팔로워 숫자가 적은 사람이 비판 의견을 내면 "누구세요?"라는 비아냥 섞인 대답으로 묵살해버린다. 비판의 내용은 중요하지 않다. 가소로울 정도로 낮은 그 사람의 인기만이 기준이 된다. 너 대체 누구야? 아무도 널 몰라. 비판하는 사람의 팔로워 숫자가 많으면 그의 비판도 정당성을 얻는다. 하지만 팔로워가 4,000명밖에 안 되는 루저가 2만 5,000명이나 되는 위너를 비판한다면 그건 가소로운 짓이다. 대표적인 사례가 최근 트위터에서 벌어진 유튜버 로건 폴과 코믹 배우 크리스 델리아(Chris D'Elia) 간의 설전이다. 크리스가 앞서 언급했던 자살 숲 영상을 비난하자 두 사람 사이에 설전이 벌어졌다. 로건과 그의 팬들은 계속해서 크리스가 대체 누구인지 모르겠으며 같이 대화를 섞기에는 너무 늙었고 돈도 많이 못 벌며 무엇보다 팔로워 숫자가 너무 적다고 끊임없이 비아냥거렸다. 하지만 크리스는 말려들지 않고 더 이상의 댓글을 달지 않음으로써 설전을 끝내버렸다.

해시태그, 온라인 자아의 이벤트화

가상의 연출을 위해서는 적합한 포즈와 조명, 적합한 영상 제작 능력이 필요하겠지만 그에 못지않게 시간과 의지, 그리고 돈이 필요하다. 해상도 높은 카메라가 장착된 스마트폰이나 스크린 주변으로 부드러운 빛을 던져 얼굴의 잡티가 잘 드러나지 않게 하는 휴대전화 케이스는 돈이 있어야만 장만할 수 있다. 유저들은 연출된 사진으로 다양한 메시지를 전달하고자 한다. 휴가지에선 '나 여기 있어', 요가 시간에는 '나 이거 할 수 있어', 생일 선물 포장을 뜯을 때는 '나 이거 가졌어'라고 말한다. 그리고 그 모든 사진과 영상에 공통된 메시지는 '난 무언가를 체험하고 있어'이다. 그것이 때로 가장 센세이셔널한 영상을 노리는 경쟁으로 변질될 수 있다. 유명인과 함께 찍은 셀피나 송신탑 꼭대기에서 찍은 셀피가 도서관에서 찍은 셀피보다 당연히 더 많은 좋아요를 받기 때문이다.

이렇듯 모두가 경쟁하듯 가장 스펙터클한 장면을 찾다 보니 사고도 적지 않고 심지어 생명을 잃는 경우도 생긴다. 2018년 오스트레일리아의 한 부부가 리스본 근교 휴양지 에리세이라에서 셀피를 찍다가 40미터 높이의 담에서 떨어져 사망했다. 2015년 많은 언론이 셀피를 찍다가 죽는 사람이 상어에 물려 사망한 사람의 숫자보다 많다는 흥미로운 뉴스를 전했다. 물론 비교의 적절성 여부는 생각해봐야 할 지점이다. 상어를 만나는 사람보다 셀피를 찍는 사람이 훨씬 많기 때문이다. 또 상어를 만나면 위험하다는 사실은 대부분의 사람들이 인지하고 있기 때문에 피하려고 노력할 테지만 스마트폰을 자기 얼굴로 향하는 것이 위험하다고 생각하는 사람은 없다. 따라서 이 비교가 통계적으로 유의미한 결과를 내놓지는 못하겠지만 그럼에도 위험한 모험의 아우라로 일상을 포장하고픈 충동이 얼마나 만연한지 알 수 있다. 질투와 칭찬을 담은 타인의 시선이 얼마나 간절하면 그 많은 사람들이 생명의 위험을 무릅쓰면서까지 사진과 영상을 찍어댄단 말인가.

체험 지향은 영상뿐 아니라 해시태그에서도 잘 드러난다. 해시태그란 소셜 네트워크 서비스에서 특정 내용을 편리하게 분류, 검색할 수 있게 만든 핵심어이다. 가령 스스로를 '여행자'라고 칭하는 유저들이 많다. 국제 호스텔에서 하룻밤만 묵어도 이런 현상을 금방 몸으로 느낄 수 있다. 서구의 지폐로 값싼 낙원에서 잘 지내면서 나름의 '대안 여행' 콘셉트를 실천하는 '배낭여행자'는 제외하더라도 소셜 미디어 채널에는 말도 안 되는 '자칭 여행자'들이 넘쳐난다. 뉴욕으로 도심 휴가를 떠나서 맨해튼과 브루클린 밖으로는 한 발짝도 안 나가거나, 자신과 연령대와 계층이 다른 사람과는 절대 접촉하지 않는 사람들도 그에 속한다. 이들 '여행자'는 빈티지 쇼핑 투어를 마치고 젠트리피케이션이 한창인 브루클린의 카페에서 노트북을 펼쳐놓고 휴식을 취한다. 집에서 하던 행동과 똑같은데 장소만 다르다. 물론 여행자의 자격 요건을 정하는 기준은 없다. 하지만 소셜 네트워크에 이런 자칭 개념들이 넘쳐나는 것 또한 사실이다. 그런 식의 집단적 자기 유형화의 충동은 대체 어디서 오는 것일까?

소셜 미디어 유저의 다수는 '저니(journey)', 즉 비유로서의 여행을 하는 중이다. 그냥 살을 빼는 것이 아니라 '웨이트로스 저니' 중이며, 그냥 운동을 시작한 게 아니라 '피트니스 저니'를 시작한다. 그냥 요가를 하는 게 아니라 '요가 저니' 중이며 그냥 경험에서 배우는 게 아니라 인생이라는 이름의 여행을 하는 중이다. 또 평범하기 그지없는 모든 활동을 '어드벤처'라는 이름을 붙여 이벤트화한다. 버섯을 찾으러 숲에 들어가도 모험이다. 댄스 수업 신청을 하고 그것을 온라인에 '뉴 어드벤처 어헤드(new adventure ahead)'라는 타이틀로 자랑을 한다. 자고로 모험이라 하면 일정 정도의 위기, 잠재적 위험을 담아야 한다. 대체 이 사람들은 어떤 위험을 기대하는 것일까?

연출된 일상의 단면을 사진으로 찍어 #여행자, #여행, #모험 같은 해시태그를 다는 행위는 온라인 자아의 이벤트화와 체험 지향의 표현이다. 이벤트는 액션, 재미, 집단 도취 등 오락을 목표로 삼는 체험의 약속이다. 그렇기에 특별히 재미난 인생을 찾기 위한 공동의 자아 연출 기회를 제공한다. 사람들은 다른 체험의 세계로 들어가기 위해 수많은 소비 수단을 선택한다. 나이트클럽, 전시회, 운동 경기, 패션쇼……. 하지만 사건이 넘쳐나는 자아상을 만들어내 관심을 끌려면 이것만으론 부족하다. 온라인 자아의 성공적인 체험 마케팅은 지극히 일상적인 활동의 이벤트 성격을 부각하는 쪽으로 나아가고 있다. 친구와 자전거를 타고 요리를 해도 이벤트가 된다.('오늘은 완전 짱 케이크를 만들었어요. 정말 재미있었어요!') 그러나 애타게 바라던 타인의 시선은 오지 않는다. 그런 사람들을 보며 '와, 정말 인생 재미나게 사네!'라고 외칠 사람은 많지 않다. 오히려 '얼마나 사는 게 재미가 없으면 케이크 하나 구우면서 저 난리를 칠까?'라고 생각할 테니 말이다.

네트워크 감옥과 자기 검열

일상의 순간을 자발적으로 기록하고 공개하는 행위는 포스트 모던적 감시 구조로 해석될 수 있다. 그래서 이런 현상이 코미디언들의 개그 소재가 되기도 한다. 오스트리아 코미디언 미하엘 니아바라니(Michael Niavarani)는 페이스북을 '자발적 기반의 비밀 경찰'이라고 부른다. 코미디언 키스 로웰 젠슨(Keith Lowell Jensen)은 트위터에 이런 글을 남겼다. "우리가 알아서 카메라를 살 것이고, 아무도 우리를 봐주지 않을까 봐 벌벌 떨게 되리라는 것을 오웰은 미처 예상치 못했다." 빅 브라더가 우리를 지켜보고 있다. 아니 우리를 지켜봐주었으면 좋겠다!

이쯤 되면 절로 제러미 벤담의 이상적 감옥 모델이 떠오르지 않을 수 없다. 철학자 미셸 푸코가 평생 매력적이라고 생각했던 감옥 말이다. '팬옵티콘' 감옥은 원형이고 감방은 그 원형 벽을 따라 붙어 있으며 한가운데에는 감시탑이 있다. 이 탑에서는 모든 감방을 볼 수 있지만 감방에 든 죄수는 탑 안을 볼 수 없다. 따라서 자신이 관찰당하고 있는지 아닌지 확신할 수가 없다. 죄수들은 당연히 벌을 면하고 싶기에 늘 관찰당한다고 가정하며 생활할 것이다. 시간이 흐르면 이런 기분이 몸에 배어서 나중에 감옥에서 나온 후에도 자신의 행동을 스스로 규제한다. 푸코는 팬옵티콘의 주요 효과가 이처럼 죄수들에게 의식적이고 지속적인 가시성의 상태를 조장하는 것이라고 주장한다. 그래야 권력 행사가 보장되기 때문이다. 죄수들은 감시당하고 있다는 사실을 늘 유념해야 하지만 결코 확신할 수는 없다. 그 상태가 지배와

리디아 발리매-마크(1925~2004)의 〈가면들〉

통제의 내면화를 불러오며, 푸코는 이를 생명 권력(bio-pouvoir)이라고 부른다.

팬옵티콘의 규제 효과는 페이스북으로도 이월이 가능하다. 페이스북의 가상 팬옵티콘에선 감시자와 죄수의 명확한 구분이 없다. 유저는 감시자이자 죄수이고 관음증 환자이자 노출증 환자이다. 서로를 관찰하고 서로 어떤 내용을 어떻게 공유할지를 판단한다. 팬옵티콘 효과는 모두가 항상 관찰당할 수 있다는 사실을 안다는 데 있다. 따라서 개인은 아무것도 숨기는 것이 없을 때까지 스스로를 규제한다. 이런 규제 행동은 광범위한 결과를 낳을 수 있다. 가령 억압당할지 모른다는 두려움에 유저들이 자신의 의견을 억누르게 된다.

이런 두려움은 얼토당토않은 것이 아니다. 앞으로는 미국 비자를 신청하려면 트위터나 페이스북 등의 소셜 네트워크 계정을 제출해야 한다는 것이 미국 국토방위부의 주장이다. 물론 아직까지 결정된 사항은 아니다. 미국이 이렇게 얻은 정보로 무슨 짓을 할 것인지도 불명확하다. 하지만 혹시 미국에 비판적인 글을 올리거나 미국 대통령을 풍자했다가 임시 체류 기간이 줄어들지도 모를 일이다. 그와 관련된 공식적인 정보는 없지만 어쨌든 이런 종류의 통제가 위축 효과를 발휘해 자기 검열을 하게 만들 수는 있을 터이다.

전체적으로 볼 때, 네트워크만큼 타인의 시선이 중요하고 또 타인의 시선에 영향을 미칠 수 있을 것 같은 착각이 많은 곳도 없다. 사람들은 가상의 스포트라이트를 더 밝히기 위해 돈을 투자하고 생명의 위험까지 무릅쓰며, '제일 강력한 브랜드는 너 자신이다' 따위의 조언을 남발하는 '퍼스널 브랜딩 전문가'나 '휴먼 브랜딩 전략가'에게 손을 내민다. 그를 통해 얻은 디지털 인기로 다시 투자금을 회수할 수도 있다. 인플루언서들이 대표적인 사례이다. 설사 상업적인 이익이 없다 해도 자기 연출은 그 자체로도 상당히 달콤하다. 잘 수정한 얼굴로 한 주에도 몇 차례씩 디지털 박수를 받을 수 있다. 잡티와 주름을 제거하거나 10킬로그램을 감량해 온라인 자아를 관리해주는 앱이 수두룩하다. 활력 및 체험을 의미하는 '젊은' 현상이 더 강력한 기세로 뻗어나간다. 젊음은 나이의 문제가 아니라 세상을 바라보는 태도의 문제이다. 따라서 젊음의 시기는 무한정 연장이 가능하며 사진 보정 작업 덕분에 시각적으로도 오래 젊음을 유지할 수 있다.

그러나 디지털 관심이라는 이 새로운 화폐를 얻기 위한 경쟁은 고단하고 힘들다. 정보의 도구, 만남의 플랫폼, 소통과 인정의 수단으로 탄생한 디지털이 우리도 모르는 사이 실제의 자아를 넘어서고 심지어 이것을 위협할 수 있다. 우리는 침몰하고 낙오되어 아무도 모르는 인간이 될 수 있으며 멸시와 조롱거리가 될 수 있다. Who are you? 누구세요?

라우라 비스뵈크의 『내 안의 차별주의자』
(장혜경 옮김, 심플라이프, 2020)

라우라 비스뵈크(Laura Wiesböck, 1987~)

오스트리아의 사회학자. 빈대학교를 졸업한 후 옥스퍼드대학교, 프랑스, 가나 등에서 공부했으며 현재 빈대학교에서 사회학을 가르치며 사회 불평등의 원인과 행태, 결과를 연구하고 있다. 특히 성적 평등의 사회학, 권력, 언어, 이민 문제에 관심을 갖고 집필 및 연구 활동을 이어가고 있다.

6

멋진 신세계

올더스 헉슬리

알파계급에 속한 견습생들이 '부화－습성 훈련 런던 총본부'를 방문한다. 그들은 제일 먼저 수정실을 방문한다. 소장은 학생들에게 인공 배양 장치를 보여주면서 수정실에서 이루어지는 현대식 수정 방식에 대해 설명한다. 수술을 통해 몸에서 추출된 난소는 최적의 상태에서 성장하고, 수정란은 인공 배양 장치에 넣어 보관되는 것이다. 알파와 베타의 수정란은 이 상태를 유지하지만 감마와 델타, 엡실론의 수정란은 서른여섯 시간 후 보카노프스키 처리에 들어간다. 보카노프스키 처리란 8~96쌍의 일란성 쌍둥이를 만드는 과정을 의미한다. 일반적으로 1개의 난자에서는 하나의 태아가 태어나는 반면, 이곳에서는 보카노프스키 법에 의해 96개까지 만들 수 있다. 이곳에서는 이 과정을 통해 표준형 남녀, 균등한 집단을 생산하여 사회안정에 중요한 기여를 한다. 소장은 그곳을 지나가던 헨리 포스트를 불러 학생들의 견학을 도와주라고 지시하는데…….

겨우 34층밖에 안 되는 나지막한 회색 빌딩 정문 위에는 '런던 중앙 인공부화 및 조절국'이라는 간판이 내걸려 있고, 세계국가의 모토인 '공동사회, 동일성, 안정'이라는 방패 모양의 현판이 붙어 있다.

굉장히 넓은 1층의 그 방은 북쪽을 향해 있었다. 방 안에는 열대지방의 더위가 감돌고 있었으며 창밖은 여름인데도 차가웠다. 창문을 통해서 냉혹하고 여윈 빛이 쏘아보듯 스며들어서는 천으로 덮어씌운 어떤 시체나 실험용 창백한 거위살을 굶주린 듯이 찾고 있는 것 같았으나, 실제로는 실험실의 유리와 니켈과 음침하게 반짝이는 자기 그릇만 눈에 띌 뿐이었다. 그래서인지 겨울 같은 음산함을 자아내고 있었다. 종업원들 전체가 흰 바지를 입고 있었고, 손에는 창백한 시체 빛깔의 고무장갑을 끼고 있었다. 빛은 차갑게 죽어 있었으며 하나의 유령 같았다. 그 빛은 현미경의 노란 원통에서만 풍요롭게 살아 있는 어떤 물질을 발하고 있었다. 버터처럼 윤이 나는 망원경 도관(導管)을 따라 깔린 빛은 작업대 아래로 길게 떨어지며 감미로운 빛의 가닥을 이루고 있었다.

"여기가 인공부화실입니다." 국장이 문을 열면서 말했다.

인공부화 및 조절국 국장이 방에 들어서자 300개의 수정 매개물들이 거의 숨도 쉬지 않고 조용히, 저마다 기구들 위에 엎드린 채 혼자서 콧노래를 부르거나 휘파람을 불면서 자기 일에 열중하고 있었다. 아주 젊고 혈색이 분홍빛이며 풋내기로 보이는 한 무리의 학생들이 새로 도착하여 조심스럽게 굽실거리면서 국장의 뒤를 바싹 따르고 있었다. 학생들은 모두 노트 한 권씩을 들고 있었는데, 그들은 그 위대한 인간이 말을 할 때마다 그것을 받아 이 노트에 휘갈겨 썼다. 말[馬] 같은 국장의 입에서 나오는 말들을 직접 받아쓰는 것이었다. 이것은 좀처럼 얻기 어려운 특권이었다. 국장은 여러 방을 돌아다니며 신입생들을 몸소 지도하는 것을 규칙으로 삼고 있었다.

"여러분들의 전반적인 이해를 돕기 위해서," 국장은 학생들에게 설명했다. 학생들이 자신의 일을 총명하게 하려면 어느 정도 일반적인 개념이 필요하다. 사회의 선량하고 행복한 구성원이 되려면 일반적인 개념은 되도록 적게 아는 것이 오히려 낫지만 말이다. 왜냐하면 누구나 다 아는 바와 같이 세부사항은 미덕과 행복에 도움을 주지만 일반적이고 총괄적인 사항은 지적인 필요악(惡)이 되고 있기 때문이다. 사회의 중추를 구성하고 있는 것은 철학자들이 아니라 늘 조그마한 세공 톱질꾼들이거나 인지세(印紙稅) 징수인들이다.

"내일부터," 국장은 학생들에게 미소를 지으면서도 약간 위협적인 친절을 보이며 말했다. "여러분에게 중요한 일이 맡겨질 것입니다. 여러분은 일반적인 것에 대해서는 알아볼 시간적 여유조차 없을 것입니다. 아무튼……."

아무튼 이것은 특권이었다. 학생들은 국장의 입에서 나온 말을 받아 직접 노트에 적는 것이었다. 남학생들은 미친 듯이 휘갈겨 적었다.

키가 크고 야위었으나 꼿꼿하게 생긴 국장은 방 안으로 침입하듯이 들어섰다. 그는 턱이 길고 컸으며 이가 조금 두드러졌으나 말하지 않을 때에는 장밋빛의 두툼한 입술로 덮여 있었다. 나이가 많을까, 적을까 30? 40? 50? 그것은 말하기가 어려웠다. 그러나 이러한 질문을 하는 사람은 아무도 없었다. 아무튼 이와 같이 안정된 포드 기원 632년에는 그러한 질문을 아무도 하지 않았었다.

"처음부터 시작하지요." 국장이 말을 시작하자, 보다 열성적인 학생들은 국장의 이 말까지 노트에 적었다. 처음부터 시작됐다. 국장은 손을 흔들면서 말했다. "이것들은 부화기입니다." 그리고 그는 격리된 문을 열더니 숫자가 적혀 있는 시험관들이 들어 있는 선반들을 학생들에게 보여주었다. "이것은 이번 주에 할당된 난자들인데," 그는 설명했다. "이 난자들은 혈액과 같은 온도에서 보관됩니다. 그러나 남성 배우자들은……" 이때 그는 문을 또 하나 열고서 말했다. "이것들은 37도가 아니라 35도에서 보존되어야 합니다. 혈액의 온도에서는 불임이 되기 때문입니다." 그것은 숫양에게 열을 가하면 새끼를 낳지 못하는 이치와 같다.

국장은 여전히 부화기에 기대어 현대적인 임신 과정을 학생들에게 간단히 설명해주었고 학생들은 그 말들을 노트에 휘갈겨 썼다. 우선 그는 외과적인 새 도입 방식에 대하여 말했다. "이 수술은 사회의 공익을 위해서 자발적으로 받는 수술이며 그것은 6개월분의 상여금 같은 것이죠." 그는 솎아낸 난소가 살아남게 해서 그것을 적극적으로 발달하게 하는 기술에 대해 계속 설명한 다음에 최적의 온도, 염분, 점성도에 대해 설명했다. 따로 떨어져서 성숙된 난자들이 보존되는 알코올에 대해서도 말했고, 이어서 그는 자신의 담당 학생들을 실험용 탁자로 안내한 다음에 알코올을 시험관에서 어떻게 덜어내는가, 특별히 덥혀진 현미경의 슬라이드 위로 알코올이 어떻게 한 방울 한 방울씩 떨어지는가, 그 알코올 속에 있는 난자들이 비정상적인지 아닌지는 어떻게 검사하는가, 난자들의 수는 어떻게 세어지며, 또 숨구멍들이 있는 저장기에 어떻게 옮겨지는가, 마음대로 헤엄치는 정자가 들어 있는 따뜻한 육즙 속에 이 저장기가 어떻게 가라앉는가(그리고 그는 처리 방법을 학생들에게 직접 보여주었다)에 대해 설명했다. 1세제곱센티미터에 10만 개의 정자가 있다고 그는 주장했다. 그리고 10분 뒤에 그 저장기를 어떻게 그 알코올로부터 들어내며 그 내용물은 어떻게 다시 검사하는가, 만약 수정되지 않은 난자가 남아 있으면 어떻게 다시 알코올 속에 담그는가도 설명했다. 필요에 따라서는 수정된 난자를 부화기에 도로 넣는 방법도 덧붙여 말했다. 이럴 때는 알파나 베타 계급은 분명히 병에 담겨지고 감마, 델타, 엡실론 계급은 다시 끄집어내져서 36시간 뒤에 보카노프스키 절차를 밟는다고 설명했다.

"보카노프스키 절차라는 것은," 국장은 되풀이해서 말했다. 그러자 학생들은 노트의 그 낱말에 줄을 그었다.

1개의 난자, 1개의 배아, 1명의 성인(成人)이 정상이다. 그렇지만 보카노프스키 절차에 의한 난자는 싹이 나고 증식하여 분열된다. 80 내지 96개의 싹들은 저마다 완전한 배아로 성장하며 각각의 배아는 완전한 크기의 성인으로 자란다는 것이었다. 전에는 1명밖에 자라지 못하던 곳에서 96명의 인간이 성장하면서 말이다.

"본질적으로," 국장은 결론을 지었다. "보카노프스키 방법이란 인간배아의 진화를 구속하는 일련의 연속물입니다. 정상적인 성장을 억제하는데도 역설적으로 난자가 충분히 싹트는 반응을 보인다는 말입니다."

'싹트는 반응.' 연필들이 바쁘게 움직였다.

국장은 지적했다. 아주 천천히 움직이는 컨베이어 위에서 시험관으로 가득 차 있는 선반이 커다란 금속상자 속으로 들어가고 있었으며, 또 다른 가득 찬 선반은 밖으로 나오고 있었다. 기계 돌아가는 소리가 흐릿하게 가르랑거렸다. 시험관들이 한 번 들어갔다가 나오는 데에는 8분이 걸린다고 국장은 학생들에게 말했다. 그 8분은 난자가 강한 엑스선을 견디어낼 수 있는 최대한의 시간이라고 했다. 몇몇 난자는 죽었고, 나머지 가운데 가장 둔감한 것이 2개로 나누어지더니 대부분의 난자에서는 싹이 4개고 그중에는 8개가 나왔으며, 이들은 모두 다 부화기에 다시 넣어져서 그곳에서 싹이 성장하기 시작했다. 그리고 이틀이 지난 뒤 그 싹들은 갑자기 냉각에 냉각을 거듭하여 발육을 억제시킨다. 배아들은 2개, 4개, 8개로 차례로 분열한다. 일단 싹이 나면 거의 죽음을 당할 때까지 알코올이 투약되었다. 그러고 나서는 또다시 급성장하여 배아를 반복한 배아는 이후부터는 일반적인 존재로 있지 못하게 구속된다. 평화롭게 성장하도록 남겨지는 일은 너무도 비참하기 때문이라는 것이다. 이 무렵까지 본디의 난자는 정상적으로 80개 내지 96개의 배아가 되어가고 있으므로, 이것은 자연에 대한 놀라운 향상이라는 데 동의할 수밖에 없다. 지난날 모체발아 시대에는 1개의 난자가 우연히 분열하는 쌍둥이나 세쌍둥이가 우연한 사고로 이따금씩 수십 쌍씩이나 분열했지만 이제는 그렇지 않았다.

"수십 개씩 말이지." 국장은 그 말을 되풀이하면서 마치 부조금이라도 주려는 것처럼 양팔을 불쑥 내밀었다. "수십 개씩." 그러나 한 학생은 어리석게도 그것이 어떤 점에서 이익이 되느냐고 물어보았다.

"좋아, 꼬마 학생!" 국장은 민첩하게 돌아서서 그 학생을 바라보았다. "모르겠어요? 그걸 정말 몰라요?" 그는 한 손을 들어보였다. 그의 표정은 엄숙했다. "보카노프스키 절차는 사회적 안정을 위한 중요한 수단입니다!"

'사회적 안정의 중요한 도구.' 동일한 집단 속에 있는 표준적인 남자들과 여자들. 작은 공장은 단 하나의 동일한 보카노프스키식의 난자에서 태어난 인간들로 운영되고 있었다.

"96명의 동일한 쌍둥이들이 96개의 동일한 기계에서 일하고 있습니다."

그는 열의를 다해 말하고 있었기 때문에 목소리가 떨렸다.

"여러분들은 자신이 어디에 존재하고 있는지 분명히 알고 있습니다. 인류 역사상 처음으로 말이죠." 그는 세계국가의 모토를 인용했다. "공동사회, 동일성, 안정." 위대한 말이다.

"만약 우리가 보카노프스키 방법을 무한정으로 실시할 수 있다면 모든 문제들이 다 해결되겠지요."

표준적인 감마들과 변하지 않는 델타들, 균일한 엡실론들에 의해서 해결이 되었다. 수백만의 일란성 쌍둥이들. 대량생산의 원칙이 마침내 생물학에 응용되었다.

"하지만, 맙소사," 국장은 고개를 좌우로 흔들었다. "우리는 무한정으로 보카노프스키 방법을 실시할 수는 없습니다."

96이 한계인 것 같았고, 72가 평균치인 듯했다. 동일한 난소와 동일한 남성 배우자로부터 되도록이면 많은 쌍둥이를 만들어내는 것, 그것이 그들이 할 수 있는 최선의 방책(슬프게도 차선책)이었다. 그리고 그것조차도 어려운 일이었다.

"그것은 자연에서는 난자 200개를 성숙시키는 데 30년이 걸리기 때문이지만, 우리가 하는 일은 현재 여기서 인구를 안정시키자는 데 목적이 있어요. 4반세기 이상이나 걸려서 쌍둥이를 만들어낸들 그게 무슨 소용이 있겠습니까?"

확실히 아무 소용이 없었다. 그러나 포드스냅* 기술은 '성숙' 과정을 굉장히 촉진시킨다. 그들은 2년 안에 적어도 150개의 난자를 성숙시킬 수 있었다. 이런 식으로 임신시켜 보카노프스키 절차를 밟는다면, 다시 말해 72배로 증가시켜서 같은 2년 동안에 동일한 쌍둥이 150쌍의 경우로부터 평균적으로 거의 1만 1000명의 형제자매를 얻게 되는 것이다.

"그리고 이것은 예외적인 경우인데 난소 1개에서 우리와 같은 1만 5000명의 인간이 태어나게 할 수도 있다는 말입니다."

이때 부드럽고 아름다운 머리카락을 지닌 혈색 좋은 젊은이가 우연히 지나가고 있었는데 그는 이 젊은이에게 손짓을 해보였다. "어이, 포스터 군." 그가 불렀다. 그 혈색 좋은 젊은이가 다가왔다. "우리에게 단 1개의 난소 생산 기록을 말해줄 수 없겠나, 포스터 군?"

"여기(인공부화 및 조절국)에서는 1만 6012입니다." 포스터는 서슴지 않고 말했다. 그는 말을 매우 빨리했고, 푸른 눈은 발랄했으며, 그리고 분명히 숫자 인용을 즐기고 있었다. "1만 6012, 이건 189개의 쌍둥이 경우에서 나온 거예요. 물론 이보다 더 많이 나온 예도 있고요." 그는 거침없이 말했다.

"열대지방 센터에서는, 예를 들어 싱가포르 같은 데에서는 1만 6500 이상을 생산해냈다는 말입니다. 그리고 몸바사**에서는 실제로 1만 7000의 기록을 갖고 있고요. 그러니까 그건 불공평하지요. 선생님은 흑인의 난소가 어떻게 뇌하수체에 반응하는가를 보셔야 합니다. 유럽 것만 가지고 일해온 사람들이 흑인을 다루면 그들은 아주 놀라게 될 것입니다. 게다가,"

그는 웃으면서(그의 눈은 투쟁이라도 할 듯한 기세였고 치켜올린 턱은 도전이라도 할 듯한 자세였다) 덧붙여 말했다.

"게다가, 우리는 그들에게 질 생각은 없습니다. 현재 나는 놀라운 델타-마이너스 난소를 만들어내고 있습니다. 아직은 18개월밖에 안 되었지만 이미 1만 2700명의 아이들이 태어났거나, 아니면 배양기나 태아기에 있습니다. 그러나 그들은 튼튼합니다. 우린 그들을 이길 거예요."

"그것참 내 맘에 드는 생각이군!" 국장은 큰 소리로 말하고 포스터 군의 어깨를 두드려주었다. "자, 나와 같이 가서 학생들에게 자네의 그 전문 지식을 말해주지 않겠나?"

포스터 군은 겸손하게 웃었다. "기꺼이 그러죠." 그들은 갔다.

병(瓶)을 채우는 방에서는 모든 것이 조화를 이루는 소음과 질서 있는 활동이 일어나고 있었다. 적당한 크기로 잘린 신선한 암퇘지의 얼어붙은 복막조각이 지하 저장실로부터 작은 승강기에 실려 위로 올라왔다. 쌩 지나는 소리, 그러고 나서 찰칵, 승강기의 문이 잘리듯이 열렸다. 그러자 병 배치 계원이 손을 내밀어 그 육질 조각을 집어 병에 넣은 다음에 그것을 슬슬 다듬어 매만지고 있었다. 일렬로 선 병들이 끝없이 컨베이어를 따라서 손이 닿지 않는 곳으로 이동하면, 쌩 찰칵! 다른 복막 조각이 지하실에서 올라와 다른 병 속에 들어가고, 컨베이어 위에서 천천히 움직이는 그 끝없는 행렬이

* 디킨스 소설 『우리 서로의 친구(Our Mutual Friend)』에 나오는 자기만족에 빠진 남자.

** 아프리카의 케냐 남부, 인도양 연안에 있는 항구도시.

올라와 병 속에 들어가는 것이었다.

병 배치원 옆에는 입병(入瓶) 계원들이 서 있었다. 행렬이 나아갔다. 알들은 하나씩 하나씩 그들의 시험관에서 더 큰 용기로 옮겨졌다. 그들은 솜씨 좋게 복막 조각을 찢고 상실기(桑實期) 배아를 그 자리에 떨어뜨리고 염분 용액을 집어넣었다…… 그리고 그 병들은 이미 그곳을 통과하여 라벨을 붙이는 계원들 손으로 들어갔다. 유전(遺傳)과 임신 시기, 보카노프스키 그룹 회원번호 등 세부사항들이 시험관에서 병으로 옮겨졌다. 이렇게 해서 더 이상 무명이 아니라 이름이 붙고, 신원이 밝혀지고 컨베이어가 천천히 나아간다. 벽에 뚫린 구멍을 통해서 '사회 운명 예정실'로 천천히 들어갔다.

"88세제곱미터의 인텍스카드라고요." 포스터 군은 흥미진진하게 말했다.

"관련된 모든 정보가 그 카드에 들어 있지." 국장이 덧붙였다.

"아침마다 새로운 정보가 들어오지."

"매일 오후마다 조정되고."

"그것을 기초로 담당직원들이 계산을 하지."

"이러이러한 특성이 있는 수많은 사람들이 있습니다." 포스터 군이 말했다.

"또 이러이러한 양으로 분포되어 있지."

"어느 시기에도 가능한 가장 알맞은 디캔팅률***로 말이야."

"예측할 수 없는 손실은 단기간에 해결됩니다."

"신속히 끝나죠." 포스터 군은 반복했다. "지난번 일본에서 마지막 지진이 일어난 뒤에 제가 일해야만 했던 초과 근무시간이 얼마나 됐던지!" 그는 호탕하게 웃으며 고개를 좌우로 흔들었다.

"운명 예정 담당원들은 임신 담당원들에게 숫자 지시문을 전달하죠."

"그리고 그들이 요구한 배아를 줍니다."

"그러면 병들이 이쪽으로 와서 상세하게 운명이 예정되고."

"그 뒤에 그 병들은 배아 저장실로 보내지죠."

"그러면 지금 그곳으로 가볼까요."

그리고 포스터 군은 문을 열고 층계를 내려가 지하실로 들어갔다.

실내 온도는 아직도 열대 온도였다. 그들은 점점 희미해지는 불빛 속으로 내려갔다. 지하실에는 2개의 문이 있고 통로가 이중으로 구부러져 있었기 때문에 햇빛이 침투할 수 없었다.

"배아들은 마치 사진 필름과 같습니다." 포스터 군은 익살맞게 말하면서 두 번째의 문을 밀어젖혔다. "배아들은 붉은 광선에만 견딜 수 있어요."

그리고 사실상 그를 따라온 학생들에게 이 방은 마치 여름 오후에 눈을 감았을 때 진홍빛으로 보이는 어둠처럼 무덥고 침침했다. 툭 튀어나온 측면 벽에 컨베이어 선반이 있고, 또 안쪽으로 들어간 컨베이어가 있어 계단식으로 나란히 열지어 있는 병들이 수많은 루비처럼 빛나고 있었다. 그 루비들 사이에서는 충혈된 눈과 결핵성 피부병 낭창(狼瘡)의 모든 증상들을 지닌 남녀 유령들이 희미하게 붉은 모습으로

*** 다른 용기에 담는 과정. 여기서 디캔팅률은 출산율을 뜻함.

이리저리 움직이고 있었다. 기계의 윙윙거리는 소리와 덜커덕거리는 소리가 공기를 흔들었다.

"학생들에게 숫자로 몇 마디 설명해주게나, 포스터 군." 말하기에도 지친 국장이 말했다.

포스터 군은 기꺼이 학생들에게 설명하기 시작했다.

길이 220미터, 폭 200미터, 높이 10미터. 그는 위쪽을 가리켰다. 마치 물을 마시고 있는 병아리처럼 학생들은 높은 천장을 쳐다보았다.

3층으로 된 선반. 1층, 2층, 3층.

층마다 거미집처럼 된 강철 구조물은 사방으로 퍼져서 어둠 속으로 자취를 감추고 있었다. 가까이에는 3명의 붉은 유령들이 이동식 계단으로부터 바쁘게 큰 병들을 내려놓고 있었다.

사회 운명 예정실로부터의 에스컬레이터.

각 병들은 15개의 선반 가운데 하나에 옮겨질 수 있었다. 각 선반은 눈에 보이지는 않으나 시간당 33과 1/3센티미터의 속도로 움직이는 컨베이어였다. 하루에 8미터씩 267일간 모두 2136미터를 움직이는 것이다. 1층 방에서 한 바퀴 돌고, 2층에서 한 바퀴 돌고, 3층에서 반 바퀴 돌아 267일째 아침에 이르면 디캔팅 룸* 에서 햇빛을 보게 된다. 이제 독립적인 존재가 되는 것이다.

"하지만 중간 휴식시간 동안에 우리는 그 배아들에게 여러 가지 짓들을 하지요. 그래요, 많은 일을." 포스터 군은 설명을 끝냈다. 그의 웃음에는 자만과 승리감이 넘쳐흐르고 있었다.

"암, 그래야지." 국장은 다시 한 번 말했다. "한 바퀴 돌아보자고. 학생들에게 모든 것을 설명해주지그래, 포스터 군."

포스터 군은 학생들에게 적절하게 잘 설명했다.

복막의 밑바닥에서 자라고 있는 배아에 대해서 학생들에게 설명해주었다. 배아가 먹는 진한 혈액 대용품을 학생들로 하여금 맛보게 하고, 배아가 무슨 이유 때문에 태반제제(胎盤製劑)와 갑상선 호르몬에 의하여 자극을 받아야 하는가에 대해 설명했다. 난소 황체기 추출물에 대해서도 설명했다. 0에서 시작하여 2040미터에 이르는 동안 12미터마다 자동적으로 분출하게 되어 있는 분사식 장치를 보여주었다. 이 과정의 마지막 96미터에서 투여하는 뇌하수체의 양이 점점 증가한다 말하고, 112미터에서 병마다 설치된 인공 영양 순환에 대해서 설명했다. 혈액 대용물 저장소와, 액체로 하여금 태반 위를 넘어서 인공폐와 노폐물 여과기로 가게 하는 원심력 펌프를 보여주었다. 배아가 빈혈에 걸리는 경우가 많기 때문에 그 예방이 매우 어렵다는 사실과 그런 경우에는 배아의 간장에 대해서도 설명했다.

각 8미터에서 마지막 2미터 사이에 있는 배아들이 모두 동시에 운동에 익숙해지도록 흔들려지는 간단한 과정을 보여주었다. 이른바 '난자 배양에 있어 정신적 외상'의 중요성에 대해 암시한 다음에, 병에 있는 배아를 적당히 훈련시킴으로써 그 위험한 충격을 최소한도로 줄이는 예방조치들을 하나하나 설명했다. 200미터 근방에서 실시되는 성별 검사에 대해서도

* 병에서 태아를 꺼내 양육하는 방.

말했다. 라벨을 붙이는 방법—남성에게는 T, 여성에게는 0, 그리고 생식능력이 없는 것으로 운명 지어진 것에는 빈 종이에 검은 물음표를 한다고 설명해주었다.

포스터 군은 말했다. "물론 대개 임신은 하나의 귀찮은 것입니다. 1200개 가운데에서 1개의 난소가 임신능력이 있다면, 우리의 목적을 위해서는 충분합니다. 하지만 우리는 선택을 잘하고 싶습니다. 물론 늘 안전을 충분히 염두에 두어야 합니다. 그래서 우리는 여성의 태아 중 30퍼센트가 정상적으로 성장하게 합니다. 그 밖의 태아에게는 나머지 과정에서 24미터마다 남성 호르몬을 주입시킵니다. 그 결과 그들은 불임 여성으로 배양되었습니다. 구조적으로는 정상적입니다만(단, 그는 인정하지 않을 수 없었다. 그들에게 약간의 콧수염이 난다는 것을) 불임입니다. 확실히 불임입니다." 포스터 군은 계속해서 말했다. "이렇게 해서 우리는 자연을 단지 노예적으로 모방하는 제국으로부터 벗어나 인간의 발명이라는 더욱 흥미 있는 세계로 옮겨가게 되었습니다."

그는 손을 비볐다. 그들은 배아를 부화시키는 것에 그저 만족하지 않았기 때문이다. 암소라도 그런 일은 할 수 있을 것이다.

"우리도 역시 앞일을 미리 정하여 조절하는 일을 합니다. 우리는 우리의 갓난아기들을 사회화된 인간으로 만들고, 알파 아니면 엡실론으로, 미래의 하수구 노동자 아니면 미래의 ……로 배양하는 것입니다." 그는 '미래의 세계 감독관들'이라고 말할 참이었으나 생각을 바꾸어 '미래의 인공부화 국장들'이라고 말했다.

국장은 자신을 칭찬해주는 말에 미소로 답했다.

그들은 11번 선반 위의 320미터 지점을 지나가고 있었다. 한 젊은 베타—마이너스 기계공이 지나가는 병 1개의 혈액 대용품 펌프 위에서 드라이버와 스패너를 갖고 분주하게 일하고 있었다. 그가 나사를 돌리자 전기모터의 윙윙거리는 소리가 들렸다. 아래를 조이고, 조이고, 마지막으로 한 번 더 조인 다음에, 그는 회전계(回轉計)를 보고 나서 일을 끝마친 다음 두어 걸음 물러나서 다음 펌프에서 똑같은 일을 하기 시작했다.

포스터 군은 설명했다. "분당 회전수를 줄임으로써 혈액 대용품의 순환속도가 느려집니다. 그러므로 폐를 통과하는 데에는 상당한 시간이 걸립니다. 따라서 배아는 산소를 더 적게 받게 되지요. 배아를 표준 이하로 만드는 데 산소 부족만한 것은 없습니다." 그는 다시 손을 비볐다.

"하지만 배아를 표준 이하로 떨어뜨리는 이유는 뭐죠?" 머리가 좋은 한 학생이 물었다.

"바보 같으니!" 국장은 오랜 침묵을 깨고 말했다. "엡실론 계급의 배아는 엡실론의 유전은 물론이고 엡실론의 환경을 가져야 한다는 사실이 자네 머리엔 안 떠오르나?"

그에게는 그런 생각이 분명히 떠오르지 않았다. 그의 머리는 혼란스러웠다.

포스터 군은 말했다. "계급이 낮으면 낮을수록 산소가 더욱더 부족해지는 것입니다." 산소 부족의 영향을 제일 먼저 받는 것은 두뇌였다. 그다음은 골격. 정상적인 산소의 70퍼센트만 공급하면 난쟁이가 된다. 70퍼센트 이하가 되면 눈이 없는 괴물이 된다.

"그들은 아무런 쓸모가 없게 됩니다." 포스터 군은 결론지었다.

그러나 (그의 목소리는 자신과 열의에 차 있었다) 성숙기간을 단축시키는 기술이 발견되면 그것은 대단한 성공이요 사회에 큰 이익이 되리라!

"말[馬]을 생각해보세요."

그들은 말에 대해 생각했다.

말은 6세에, 코끼리는 10세에 성숙한다. 그러나 인간은 13세가 되어도 성적으로 성숙하지 않을 뿐더러 20세가 되어서야 신체적으로 완전해진다. 물론 이렇게 신체적 발달이 지지부진하기 때문에 인간의 지성이 크게 발달하게 되는 것이다.

포스터 군은 매우 당연하다는 듯이 말했다. "하지만 엡실론에 있어서는 인간의 지성이 필요치 않습니다."

인간의 지성이 필요치 않았기 때문에 그것을 받아들이지 않았다. 하지만 엡실론의 정신이 10세 때 성숙되었다고 하더라도 엡실론의 신체는 18세가 되어야 비로소 일을 할 수 있도록 맞춰진다. 그동안의 오랜 시일은 쓸데없이 성숙한 것에 불과하다. 만약 암소처럼 되도록 빨리 신체적으로 성숙할 수 있다면 공동사회에 굉장한 시간절약 공헌이 될 수 있을 게 아닌가!

"굉장하구나!" 학생들은 중얼거렸다. 포스터 군의 열정은 파급 효과가 강했다.

포스터 군은 약간 전문적인 이야기를 하기 시작했다. 인간을 그렇게도 느리게 성장하게 만드는 비정상적인 내분비 조정에 대해서 말하고, 그 설명을 위해 배종(胚種) 돌연변이의 예를 들어 말했다. 이 배종 돌연변이가 가져오는 영향을 없앨 수 있을까? 엡실론의 배아, 즉 태아는 적당한 기술로 개나 암소와 같이 정상적으로 바꿀 수 있을까? 이것이 문제였다. 그러나 그 문제도 거의 해결된 거나 다름없었다.

몸바사에서 필킹턴은, 4세에 성적으로 성숙해지고 6세 반 만에 완전히 자라난 개체를 만들어냈었다. 과학적인 성공의 하나다. 그러나 사회적으로는 거의 쓸모가 없었다. 6세의 성인 남녀는 너무나 어리석었기 때문에 엡실론의 일조차도 해낼 수가 없었다. 그리고 이 생산과정은 전부가 아니면 아무것도 아니라는 식이었다. 수정하는 데 완전히 실패했느냐, 아니면 완전한 전체를 변화시켰느냐였다. 그들은 20세 된 성인들과 6세 된 성인들 사이에서 이상적(理想的)인 타협점을 아직도 찾고 있었지만 지금까지는 성공하지 못했다. 포스터 군은 한숨을 쉬며 고개를 좌우로 흔들었다.

그들은 진홍색의 어두컴컴한 골목을 지나 9번 선반에 있는 170미터 근처에 이르렀다. 여기서부터 나아가 9번 선반은 완전히 덮여 있었고, 병들은 어떤 터널 같은 곳 안으로 계속 들어가는 것이었다. 이 터널은 2, 3미터마다 여기저기에서 구멍이 가로막고 있었다.

"열 조절실입니다." 포스터 군이 말했다.

뜨거운 터널들과 시원한 터널들이 엇갈려 나타났다. 강한 엑스선에서 나오는 불쾌감에 더 서늘해졌다. 양육을 위해 병에 옮겨 담아질 때까지 태아들은 무서운 추위를 겪었다. 그리고 태아들은 열대지방으로 보내어져 광부와 인조견사를 만드는 사람, 강철 노동자들이 될 예정이었다. 나중에 그들의 정신은 자신들의 육체에 내려진 판단에 스스로 서명하도록 만들어질 것이다.

"우리는 그들이 더위에서 잘 자라도록 조절합니다." 포스터 군은 결론지었다. "2층에 있는 우리 동료들이 그들에게 더위를 사랑하는 법을 가르칠 것입니다."

국장이 간결하게 말했다. "그런데 그것이 행복과 미덕의 비결입니다. 자기가 해야 할 일을 좋아하는 것이죠. 조절활동의 목표란 바로 그것입니다. 자신의 피할 수 없는 사회적 운명을 사람들이 좋아하도록 만드는 것입니다."

터널과 터널 사이에 있는 한 틈바구니에서 간호사 1명이, 통과하고 있는 병 속의 갖풀과 같은 내용물을 길고 가느다란 주사기로 조심스럽게 조사하고 있었다. 학생들과 안내인들은 잠시 말없이 그녀를 바라보며 서 있었다.

"자, 레니나." 마침내 그녀가 주사기를 뽑아내고 꼿꼿이 일어섰을 때 포스터 군이 말했다.

그녀는 깜짝 놀랐다. 그녀는 낭창에 걸린 것처럼 자줏빛 눈을 갖고 있는데 누구든 그 아름다움을 알아볼 수 있었다.

"헨리!" 그녀는 불타는 듯한 미소를 그에게 지어 보였다. 가지런한 산홋빛 치열이 드러났다.

"매력적이군, 매력적이야." 국장은 중얼거리고 나서 그녀의 등을 두세 번 가볍게 두드려주자 보답으로 그녀는 그에게 존경심에서 우러나오는 미소를 지었다.

"그들에게 무엇을 하고 있는 중입니까?" 포스터 군은 매우 직업적인 어조로 말했다.

"아, 늘 있는 장티푸스와 수면병이죠."

"열대지방 노동자들은 150미터에서 예방접종을 받기로 되어 있습니다." 포스터 군은 학생들에게 설명했다. "배아에게는 아직도 아가미가 있습니다. 우리는 미래 인간의 질병을 예방하고 이 물고기들에게 면역을 시키고 있습니다." 그리고 레니나에게 다시 시선을 돌려 "오늘 오후 5시 10분 전에 옥상에서 기다릴게요. 보통 때처럼" 하고 말했다.

"매력적이군." 국장은 또다시 마지막으로 가볍게 등을 두드리면서 말하고는 다른 사람들을 따라서 같이 가버렸다.

10번 선반에서는 다음 세대의 화학 노동자들이 납과 수산화나트륨, 타르, 염소에 대한 저항력을 기르는 훈련을 받고 있었다. 253명의 로켓 엔진 조종사 배아의 선두주자가 3번 선반에서 1100미터를 통과하고 있었다. 특수 기계장치가 용기를 끊임없이 회전시키고 있었다. 포스터 군은 설명했다.

"배아의 균형감각을 향상시키기 위해 대기 밖에서 수선을 한다는 것은 대단히 까다로운 일입니다. 배아가 높이 곧바로 올라갔을 때에는 그 순환을 늦추면서 그들이 거의 굶을 정도로 혈액 대용품의 공급을 줄이고, 그들이 거꾸로 있게 되면 그 공급을 늘립니다. 배아들은 거꾸로 있는 것을 행복이라고 생각하는 법을 배웁니다. 사실상 그들은 거꾸로 서 있을 때가 정말로 행복한 것입니다."

포스터 군은 계속했다. "그리고 이번엔 알파 플러스의 지식인들을 위해 매우 흥미 있는 조절활동을 보여드리겠습니다. 5번 선반에는 알파 플러스의 지식인들이 많이 있습니다. 2층입니다." 그는 1층으로 내려가기 시작한 두 학생에게 소리쳤다.

"태아들은 900미터 근방에 있습니다." 포스

터 군은 설명했다. "학생들은 태아가 꼬리를 상실할 때까지는 유용한 지적인 조절활동을 아무것도 할 수가 없지요. 저를 따라오십시오."

그러나 국장은 자신의 시계를 들여다보았다. 그는 말했다. "3시 10분 전이야. 지적 태아를 볼 시간은 없을 것 같아. 우리는 아이들이 오늘 오후 수면을 끝내기 전에 육아실로 올라가야만 해."

포스터 군은 실망하여 간청했다. "디캔팅 룸을 적어도 한 번은 봐야 하는데……."

국장은 너그러운 웃음을 지으면서 말했다. "그럼 좋아. 꼭 한 번만 잠깐 보는 걸세."

올더스 헉슬리의 『멋진 신세계/연애대위법』

(이경직 옮김, 동서문화사, 2013)

올더스 헉슬리(Aldous Huxley, 1894~1963)

영국 출신의 소설가. 토머스 헉슬리의 셋째 아들로 태어나 이튼칼리지와 옥스퍼드대학교를 졸업했다. 지적 정보와 함께 재치와 풍자로 가득 찬 다양한 방면의 저술 활동으로 유명한 헉슬리는 20세기 관념소설의 큰 줄기를 이룬 대표적 작가다. 주요 작품으로『어릿광대의 춤』,『연애대위법』,『불멸의 철학』 등이 있다.

인간의 가치 탐색
문명 전개의 지구적 문맥

초판 1쇄 발행 2011년 2월 21일
개정 6판 1쇄 발행 2025년 9월 1일
개정 6판 2쇄 발행 2025년 9월 11일

엮은이 경희대학교 후마니타스칼리지 문명 전개의 지구적 문맥 편찬위원회
편찬위원장 고봉준
편찬위원 고봉준 김동훈 이기라 전호근
제작 후마니타스 교양교육연구소

펴낸이 김진상
펴낸곳 경희대학교 출판문화원

주소 서울시 동대문구 경희대로 26
전화 02-961-0106~8
팩스 02-961-0291
설립 1960년 9월 16일 제5-8호
등록 1977년 11월 8일 제6-5호
홈페이지 www.khupress.com
전자우편 press@khu.ac.kr

ISBN 978-89-8222-804-9 (03300)

* 이 책의 인용 자료는 정상적인 절차를 밟아 사용하였습니다.
미처 연락이 닿지 않거나 누락된 부분은 확인 과정을 거쳐 저작권 문제를 해결하도록 하겠습니다.